원가관리회계

COST & MANAGEMENT ACCOUNTING

이 책의 머리말

본서는 원가관리회계의 기본기를 다지도록 만들어진 교재입니다. 본서는 각 장별로 본문과 예제, 객관식, 주관식 연습문제 순으로 구성되어 있습니다. 바람직한 학습순서는 우선 본문의 내용을 읽고 해당 예제를 풀이하면서 이해도를 높이고 나서, 객관식 문제와 주관식 문제를 통해 마무리를 하는 것입니다. 문제의 수가 적지 않기 때문에 모든 문제를 학습하는데 시간이 너무 오래 걸린다고 생각되면, 홀수 또는 짝수 문항을 골라서 우선 학습하고 차후에 나머지 문제들을 학습하면 효율적으로 학습할 수 있습니다.

본서의 특징은 다음과 같습니다.

1. 원가회계는 T계정의 원가흐름을 통해 보다 쉽게 설명하였습니다. 모든 원가계산방법을 하나의 논리로 설명하여 원가회계에 대한 이해도 향상을 도모했습니다.

2. 관리회계는 변동원가계산에 의한 자료정리를 통해 보다 쉽게 설명하였습니다. 모든 계산방법을 하나의 논리로 설명하여 관리회계에 대한 이해도 향상에 힘썼습니다.

3. 수험생들이 특히 어려워하는 표준원가계산 · 종합예산 · 성과평가는 변동원가계산과 전부원가계산에 의한 자료정리로 일관되게 설명하였습니다.

4. 본서는 2024년 출간된 6판의 개정판입니다. 오타 및 편집상 오류 등이 수정되었고, 객관식 연습문제와 주관식 연습문제 중 난이도가 지나치게 높은 문제를 삭제하여 기본기를 다지는 목적에 충실할 수 있도록 개정하였습니다.

본서를 읽는 모든 분들이 책을 통해 목표하는 바를 달성할 수 있길 기원합니다.

2026년 1월

저자 씀

이 책의 차례

제 1 장 원가관리회계의 기초개념과 제조원가의 흐름

제 2 장 간접원가배부와 개별원가계산

제 3 장 활동기준원가계산

이 책의 **차례**

제 5 장 결합원가계산

제 6 장 표준원가계산

제 7 장 전부원가 · 변동원가 · 초변동원가계산

이 책의 차례

제 8 장 원가의 분류와 추정

제 9 장 원가 · 조업도 · 이익분석

제 10 장 관련원가와 의사결정

제 11 장 불확실성하의 의사결정

제 12 장 책임회계와 성과평가

이 책의 차례

제 1 장

원가관리회계의 기초개념과 제조원가의 흐름

cost & management accounting

SECTION

01 회계시스템과 원가관리회계의 의의

회계시스템이란 기업에 영향을 주는 거래를 확인하여 이에 대한 영향을 통합하고 비교할 수 있도록 화폐금액으로 측정하여 조직내부의 경영자나 조직의 외부정보이용자에게 전달하는 시스템이다.

오늘날 회계시스템은 경영자나 외부정보이용자들에게 유용한 정보를 제공하기 위해 단순히 과거사건에 대하여 화폐금액으로 기록하는 것 이외에 생산자료나 수요예측자료 및 산업동향자료 등과 같은 비재무적인 정보 등도 제공하고 있다. 즉, 회계시스템은 재무적인 정보 이외에 비재무적인 정보를 통합하여 제공함으로써 정보이용자에게 보다 더 유용한 정보를 제공할 수 있는 것이다. 조직의 회계정보는 정보이용자의 다양한 목적에 따라 다양하게 활용되며, 이는 정보이용자의 목적에 따라 다음과 같이 재무회계와 관리회계로 나눌 수 있다.

- 재무회계(financial accounting) : 회계기준에 따라 일반목적의 외부공표용 재무제표를 작성하여 투자자(주주), 채권자, 정부와 소비단체 등 외부이해관계자(외부정보이용자)의 의사결정에 유용한 정보를 제공하는 회계이다.
- 관리회계(management accounting) : 기업내부의 정보이용자인 경영자에게 계획단계의 의사결정과 통제단계의 의사결정과정에서 기업의 목표를 달성하는 데 도움을 줄 수 있는 유용한 회계정보를 제공하는 내부회계이다. 이러한 목적을 위하여 관리회계에서 제공하는 보고서에는 판매보고서, 재무보고서, 예산자료 및 성과보고서 등이 있다.

구 분	재무회계	관리회계
목 적	외부보고 목적(외부이해관계자에게 의사결정에 유용한 정보제공)	내부보고 목적(기업내부이해관계자의 관리적 의사결정에 대한 유용한 정보제공)
정보이용자	기업외부의 주주 · 채권자 · 정부기관 등 광범위한 이해관계자	기업내부 여러 계층의 의사결정자(경영자)
근 거 기 준	일반적으로 인정된 회계원칙에 근거하여 작성함	일반적인 기준은 없다.
정보의 특성	과거지향적 · 계량적정보	미래지향적 · 계량적/비계량적정보
정보의 범위	기업전체의 정보	부문별/제품별 등의 정보
보 고 양 식	재무제표	특수목적의 보고서로서 일정한 양식은 없다.
보 고 시 점	1년(또는 분기, 반기)	필요에 따라 수시로 보고

그렇다면 원가회계(cost accounting)란 무엇인가?

- 원가회계(cost accounting) : 외부보고용 재무제표를 작성하고, 내부관리용 장기계획이나 경영정책을 수립하는데 필요한 원가정보를 제공할 목적으로 제조활동과 영업활동에 관한 원가자료를 인식 · 측정하고 분류 · 집계하여 해석 · 보고하는 회계시스템의 한 분야이다.

외부보고용 재무제표 작성시 필요한 자료로는 재무상태표의 재고자산 항목과 포괄손익계산서의 매출원가 항목 등이 될 것이며, 단기의사결정시 필요한 내부관리용 원가정보는 대부분 변동원가계산에 의한 정보가 될 것이다.

SECTION 02 제조기업의 의의 및 경영활동과정

1 의 의

제조기업은 원재료를 구입한 후 노동력과 공장의 생산설비를 이용하여 제품을 생산하고, 생산한 제품을 판매하여 이익을 얻는 것을 목적으로 하는 기업조직이다. 매입한 상품을 추가적인 가공 없이 그대로 외부에 재판매하는 상기업과는 대비된다.

2 제조기업의 경영활동과정

제조기업과 관련된 일련의 활동들은 다음과 같이 구매활동, 제조활동과 판매활동으로 이루어져 있다.

- 구매활동 : 기업 외부로부터 제품제조에 필요한 각종 생산요소들(원재료, 노동력, 생산설비, 수도, 전력, 가스 등)을 구입하는 과정으로 기업외부와 거래가 이루어지는 외부활동이다. 이 중 원재료 구매활동은 원재료계정과 관련이 있다.
- 제조활동 : 구매과정에서 구입된 재화 및 용역을 노동력과 공장의 제반 생산설비와 결합하여 제품을 제조하는 과정으로 기업내부에서 거래가 이루어지는 내부활동이다. 제조활동은 재공품계정과 관련이 있다.
- 판매활동 : 제조활동을 통하여 완성된 제품을 외부에 판매하는 과정으로 기업외부와 거래가 이루어지는 외부활동이다. 판매활동은 제품계정과 관련이 있다.

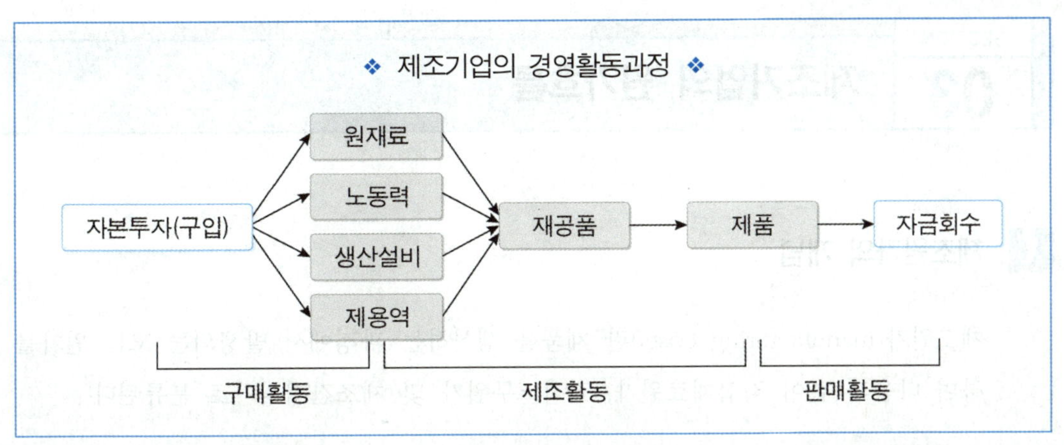
❖ 제조기업의 경영활동과정 ❖
자본투자(구입)
원재료
노동력
생산설비
제용역
재공품
제품
자금회수
구매활동
제조활동
판매활동

SECTION 03

제조기업의 원가흐름

1 제조원가의 개념

제조원가(manufacturing costs)란 제품을 생산하는 과정에서 발생되는 모든 원가를 의미하며 다음과 같이 직접재료원가, 직접노무원가 및 제조간접원가로 분류된다.

(1) 직접재료원가(direct material costs, DM)

특정 제품을 생산하기 위하여 투입된 원재료를 화폐액으로 표시한 것으로 특정 제품에 직접적으로 추적할 수 있는 원가이다.

(2) 직접노무원가(direct labor costs, DL)

특정 제품을 생산하기 위하여 생산직 종업원에게 지급하는 노동의 대가를 화폐액으로 표시한 것으로 특정 제품에 직접적으로 추적할 수 있는 원가이다.

(3) 제조간접원가(factory overhead costs, OH)

직접재료원가와 직접노무원가를 제외한 공장에서 발생하는 모든 제조원가로서 이에는 간접재료원가, 간접노무원가, 감가상각비, 전력비, 공장소모품비, 수선비, 보험료, 복리후생비, 여비교통비, 특허권사용료와 세금과 공과 등을 그 예로 들 수 있다.
이러한 제조간접원가는 원가행태에 따라 변동원가인 변동제조간접원가와 고정원가인 고정제조간접원가로 나누어진다.

재 공 품			
기 초	×××	당기제품제조원가	×××
당기총제조원가			
1. 직접재료원가(DM)	×××		
2. 직접노무원가(DL)	×××		
3. 제조간접원가(OH)	×××	기 말	×××
	×××		×××

제 품			
기 초	×××	매 출 원 가	×××
당기제품제조원가	×××	기 말	×××
	×××		×××

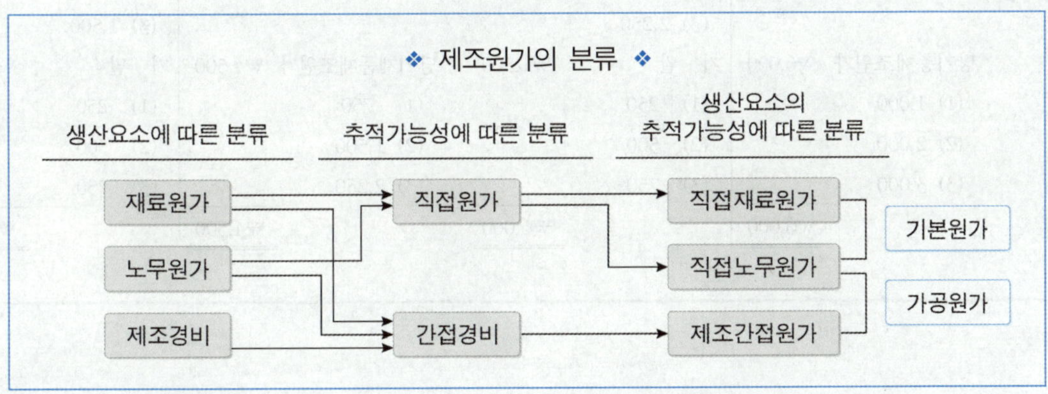

- 기본원가(prime costs, 기초원가) : 제품생산에 추적이 용이한 직접재료원가(DM)와 직접노무원가(DL)의 합을 말한다.
- 가공원가(conversion costs, 전환원가) : 원재료를 가공하는 과정에서 발생하는 직접노무원가(DL)와 제조간접원가(OH)의 합을 말한다.

예제 01 제조원가의 흐름

당기에 영업을 개시한 (주)서울은 직접재료원가 ₩1,000, 직접노무원가 ₩2,000과 제조간접원가 ₩3,000이 발생하였다. 기말재공품과 기말제품의 가액이 각각 ₩1,500이고 매출원가가 ₩3,000인 경우 재공품계정과 제품계정의 원가흐름을 나타내시오. 단, 원가요소별 비율은 동일하다고 가정한다.

해답

(1)은 직접재료원가, (2)는 직접노무원가, (3)은 제조간접원가를 나타낸다.

재 공 품

—		당기제품제조원가	₩4,500
		(1) 750	
		(2) 1,500	
		(3) 2,250	
당기총제조원가	₩6,000	기 말	₩1,500
(1) 1,000		(1) 250	
(2) 2,000		(2) 500	
(3) 3,000		(3) 750	
	₩6,000		₩6,000

제 품

—		매출원가	₩3,000
		(1) 500	
		(2) 1,000	
		(3) 1,500	
당기제품제조원가	₩4,500	기 말	₩1,500
(1) 750		(1) 250	
(2) 1,500		(2) 500	
(3) 2,250		(3) 750	
	₩4,500		₩4,500

2 제조원가의 계정흐름과 회계처리

(1) 원재료계정

원재료계정(raw material account)은 재공품계정에 투입될 원재료의 원가를 기록하는 재고자산계정이다. 원재료계정 차변은 기초원재료와 원재료 당기매입의 합이고 원재료계정 대변은 원재료 사용액과 기말원재료의 합이다. 원재료 사용액은 특정제품의 추적가능성 여부에 따라 직접재료원가와 간접재료원가로 나누어진다.

- 직접재료원가(direct material costs) : 제품의 주된 실체를 구성하거나 제품에 그대로 부착되는 부문품을 말한다. 예를 들어, 가구제조업의 목재, 자동차공업의 엔진, 타이어, 카스테레오 등이 있다.
- 간접재료원가(indirect material costs) : 제품전체 또는 다수의 제품에 대하여 공통적으로 발생하기 때문에 특정제품별로 소비된 재료의 가치를 직접 추적할 수 없는 원가를 말한다. 예를 들어 가구제조시의 못과 나사, 자동차의 볼트, 동력용 연료, 공장소모품(윤활유 · 벨트 · 전구 · 장갑)과 소모성공구비품(드라이버 · 스패너 · 검사기구)등이 있다. 이러한 간접재료원가는 제조간접원가에 포함된다.

1) 원재료계정의 원가흐름

원 재 료

차변		대변	
기 초	×××	사 용 액	
		직접재료원가	×××
당 기 매 입		간접재료원가	×××
현 금	×××		
매 입 채 무	×××	기 말	×××
	×××		×××

직접재료원가 = 기초원재료 + 당기원재료매입액 − 기말원재료 − 간접재료원가

원재료와 관련하여 매입채무가 있는 경우 발생주의에 의한 매입액을 구하여 당기매입의 매입채무에 기록한다.

매입채무

차변		대변	
현 금(지급)	×××	기 초	×××
기 말	×××	매 입	×××

2) 회계처리

① 원재료 구입시

(차) 원재료	×××	(대) 현금(또는 매입채무)	×××

② 원재료 사용시

(차) 직접재료원가(재공품)	×××	(대) 원재료	×××
제조간접원가(재공품)	×××		

예제 02 원재료의 회계처리

(주)서울의 기초 원재료가액은 ₩20,000이다. 당기에 총 ₩80,000의 원재료를 매입하였는데, 그 중 미지급액은 ₩30,000이다. 재고조사결과 기말원재료는 ₩30,000이고 원재료 투입액 중 간접재료원가는 ₩10,000이다.

[물 음] 원재료와 관련된 분개를 하고, 이를 원재료계정과 재공품계정에 각각 나타내시오.

해답

1) 회계처리

① 원재료 구입시

(차) 원 재 료	80,000	(대) 현 금	50,000
		매 입 채 무	30,000

② 원재료 사용시

(차) 직접재료원가(재공품)	60,000	(대) 원 재 료	70,000
제조간접원가(재공품)	10,000		

2) 원재료계정과 재공품계정

원 재 료

차변		대변	
기 초	₩20,000	사 용	₩70,000
		(1) 직접재료원가 60,000	
		(2) 간접재료원가 10,000	
매 입	80,000	기 말	30,000
	₩100,000		₩100,000

재 공 품

차변		대변	
기 초	×××	당기제품제조원가	×××
당기총제조원가	×××		
(1) 직접재료원가	₩60,000		
(2) 직접노무원가	×××		
(3) 제조간접원가	10,000	기 말	×××
	×××		×××

(2) 노무원가계정

노무원가계정(labor account)은 재공품계정에 투입될 노무원가를 기록한다. 노무원가계정은 원재료계정과 달리 저장이 되지 않으므로 재고가 없고 발생액과 소비액이 일치한다. 노무원가(labor costs)는 제품의 제조과정에서 노동에 대한 대가로 지급되는 비용으로서 원재료와 마찬가지로 특정제품의 추적가능성 여부에 따라 직접노무원가와 간접노무원가로 나누어진다.

- 직접노무원가(direct labor costs) : 제품을 제조하는데 발생되는 노무원가 중 특정 제품에 대하여 직접 추적할 수 있는 원가를 말한다. 예를 들어, 제조를 직접 담당하는 조립공, 판금공과 단조공 등에 지급되는 급여가 있다.
- 간접노무원가(indirect labor costs) : 직접노무원가 이외의 노무원가로서 제품 전체 또는 다수의 제품에 대하여 공통적으로 발생하기 때문에 특정 제품별로 소비된 노동의 가치를 직접 추적할 수 없는 원가를 말한다. 예를 들어, 공장감독자, 공장사무원과 경비 등 기타관리직원들에게 지급되는 급여가 있다. 이러한 간접노무원가는 제조간접원가에 포함된다.

❖ 노무관련원가 : 유휴시간급 · 초과시간급 · 복리후생비 ❖

① 유휴시간급(idle time wage) : 작업자의 책임이 아닌 다른 이유로 작업을 수행하지 않은 시간에 대하여 지급되는 급여로서 그 예로는 재료부족, 정전과 기계고장 등으로 발생한 유휴시간에 대한 급여가 있다. 유휴시간급은 작업이 중단된 시간에 대한 급여이므로 특정작업에 직접 추적 할 수 없으므로 제조간접원가로 분류된다.

② 초과시간급(overtime premium) : 정규작업시간을 초과하여 수행된 경우 지급되는 급여로서 수행되는 추가작업이 명백히 초과근무의 원인이 될 경우에는 추가작업과 관련된 제품의 직접노무원가로 분류된다. 그러나 대부분의 경우 그 원인을 알 수 없으므로 제조간접원가로 분류된다.

③ 복리후생비(payroll fringe wage) : 노무관련원가로서 복리위생시설, 의료보험료, 고용보험료, 퇴직급여 등을 말하며 제조간접원가로 분류된다. 그러나 종업원을 위해 회사가 일정비율을 대신 지급하는 경우에는 직접노동과 관련된 복리후생비를 직접노무원가로 분류할 수 있다.

1) 노무원가의 원가흐름

노 무 원 가

발 생 액		소 비 액	
현 금	×××	직접노무원가	×××
미지급노무원가	×××	간접노무원가	×××
	×××		×××

직접노무원가와 관련하여 미지급노무원가가 있는 경우 발생주의에 의한 노무원가를 구한다.

미지급노무원가

현 금(지급)	×××	기 초	×××
기 말	×××	노무원가(발생액)	×××

2) 회계처리

① 노무원가 발생시

(차) 노무원가	×××	(대) 현금(또는 미지급노무원가)	×××

② 노무원가 대체시

(차) 직접노무원가(재공품)	×××	(대) 노 무 원 가	×××
제조간접원가(재공품)	×××		

예제 03 노무원가의 회계처리

당기에 지급된 급여는 ₩150,000이며 지급되지 않은 급여는 ₩50,000이다. 당기에 생산직 근로자에 대한 급여는 ₩170,000이고 나머지는 공장감독자에 대한 급여이다.

[물 음] 노무원가와 관련된 분개를 하고, 이를 노무원가계정과 재공품계정에 각각 나타내시오.

해답

1) 회계처리

① 노무원가 발생시

(차) 노 무 원 가	200,000	(대) 현 금	150,000
		미지급노무원가	50,000

② 노무원가 대체시

(차) 직접노무원가(재공품)	170,000	(대) 노 무 원 가	200,000
제조간접원가(재공품)	30,000		

2) 노무원가계정과 재공품계정

노 무 원 가

발생액		소비액	
(1) 현금	₩150,000	(1) 직접노무원가	₩170,000
(2) 미지급노무원가	50,000	(2) 간접노무원가	30,000
	₩200,000		₩200,000

재 공 품

기 초	×××	당기제품제조원가	×××
당기총제조원가			
(1) 직접재료원가	×××		
(2) 직접노무원가	₩170,000		
(3) 제조간접원가	30,000	기 말	×××
	×××		×××

(3) 제조간접원가

제조간접원가(factory overhead costs)는 직접재료원가와 직접노무원가를 제외한 공장에서 발생한 모든 비용으로서 이에는 간접재료원가, 간접노무원가와 공장건물과 기계장치의 감가상각비, 수도광열비, 냉난방비, 공장소모품비, 세금과 공과 등이 있다.

1) 제조간접원가의 원가흐름

제조간접원가

간접재료원가	×××	재 공 품	×××
간접노무원가	×××		
감가상각비	×××		
수도광열비	×××		
소 모 품 비	×××		
	×××		×××

2) 회계처리

① 제조간접원가 집계시

(차) 제조간접원가	×××	(대)	간접재료원가	×××
			간접노무원가	×××
			감가상각비	×××
			수도광열비	×××
			소모품비	×××

② 재공품에 대체시

(차) 재공품	×××	(대)	제조간접원가	×××

(4) 판매관리비

제조활동이 아닌 제품을 판매하는 과정에서 발생하는 비용은 판매비(selling costs)로 본다. 판매비는 제조간접원가와 달리 공장에서 발생되지 않고 영업소와 관련해서 발생된다. 이에는 영업소의 임차료, 영업소사원에 대한 급여, 영업소와 소모품비의 제세공과금 등이 있다. 그리고 관리비(administrative costs)는 조직을 관리하고 유지하는 비용으로서 이에는 경영자와 사무직원의 급여, 관리부서의 건물사용과 관련된 비용 등이 있다.

- 재고가능원가(inventoriable costs) : 제품의 제조원가인 직접재료원가, 직접노무원가와 제조간접원가는 제조과정을 거쳐 판매될 때까지 재고자산으로 기록된다. 이와 같이 재고자산의 원가로서 판매시점까지 비용이 이연되므로 재고가능원가라고 한다.
- 재고불능원가(noninventoriable costs) : 판매관리비는 비제조원가로서 발생한 기간에 비용으로 처리된다.

예제 04 제조간접원가의 회계처리

당기 감가상각비는 건물과 기계장치에 대하여 각각 ₩1,000,000과 ₩500,000이 발생하였으며 공장 감독자급여로 ₩200,000, 보험료로 ₩300,000이 지급되었다. 건물의 감가상각비와 보험료 중 40%는 판매관리비이다.

[물 음] 제조간접원가와 관련된 분개를 하고, 이를 제조간접원가계정과 재공품계정에 각각 나타내시오.

해답

1) 회계처리

① 제조간접원가 집계시

(차)	제조간접원가	1,480,000	(대)	감가상각비	1,500,000
	판매관리비	520,000		감독자급여	200,000
				보험료	300,000

② 재공품에 대체시

(차)	재공품	1,480,000	(대)	제조간접원가	1,480,000

2) 제조간접원가계정과 재공품계정

제조간접원가

차변		대변	
감가상각비(건물)	₩600,000 *1	재공품	₩1,480,000
감가상각비(기계)	500,000		
감독자급여	200,000		
보험료	180,000 *2		
	₩1,480,000		₩1,480,000

재 공 품

차변		대변	
기 초	×××	당기제품제조원가	×××
당기총제조원가			
(1) 직접재료원가	×××		
(2) 직접노무원가	×××		
(3) 제조간접원가	₩1,480,000 *3	기 말	×××
	×××		×××

*1 ₩1,000,000 × 0.6 = ₩600,000

*2 ₩300,000 × 0.6 = ₩180,000

*3 ₩1,000,000 × 0.6 + ₩500,000 + ₩200,000 + ₩300,000 × 0.6 = ₩ 1,480,000

(5) 재공품계정

재공품계정(work-in-process account)은 제조공정 중에 미완성된 상태로 있는 제품에 부과된 직접재료원가, 직접노무원가와 제조간접원가를 기록하는 재고자산계정이다.

재공품계정 차변은 기초재공품원가와 당기총제조원가(current manufacturing costs)의 합이고 당기총제조원가는 당기에 발생한 직접재료원가, 직접노무원가와 제조간접원가의 합이다. 또한 재공품계정 대변은 당기제품제조원가와 기말재공품원가의 합인데, 당기에 완성이 되면 당기제품제조원가(costs of goods manufactured)로 제품계정에 대체되고 미완성된 부분은 기말재공품원가가 된다.

1) 재공품계정의 원가흐름

재 공 품

차변		대변	
기 초	×××	당기제품제조원가	×××
당기총제조원가			
(1) 직접재료원가(DM)	×××		
(2) 직접노무원가(DL)	×××		
(3) 제조간접원가(OH)	×××	기 말	×××
	×××		×××

당기총제조원가 = 직접재료원가 + 직접노무원가 + 제조간접원가

당기제품제조원가 = 기초재공품원가 + 당기총제조원가 − 기말재공품원가

2) 회계처리

① 제조원가 집계시(당기총제조원가)

(차) 재 공 품	×××	(대) 직접재료원가	×××
		직접노무원가	×××
		제조간접원가	×××

② 제품 완성시(당기제품제조원가)

(차) 제　　품	×××	(대) 재 공 품	×××

3) 제조원가명세서

제조원가명세서(statement of costs of goods manufactured)란 일정기간 동안 재공품계정에 집계된 제조원가의 변동사항을 요약한 표로서 당기제품제조원가에 대한 계상내역을 나타낸다.

제조원가명세서

직접재료원가		×××
기초재고액	×××	
당기매입액	×××	
사용가능액	×××	
기말재고액	(×××)	
직접노무원가		×××
제조간접원가		×××
당기총제조원가		×××
기초재공품원가		×××
합　　계		×××
기말재공품원가		(×××)
당기제품제조원가		×××

▶ 예제 05 재공품계정

당기의 기초재공품과 기말재공품은 각각 ₩50,000과 ₩100,000이고, 당기 중에 발생한 직접재료원가는 ₩100,000, 직접노무원가는 ₩200,000, 제조간접원가는 ₩300,000이다.

[물　음] 재공품과 관련된 분개를 하고, 당기총제조원가와 당기제품제조원가를 구하시오.

해답

1) 회계처리

① 제조원가 집계시(당기총제조원가)

(차) 재 공 품	600,000	(대)	직접재료원가	100,000
			직접노무원가	200,000
			제조간접원가	300,000

② 제품 완성시(당기제품제조원가)

(차) 제 품	550,000	(대) 재 공 품	550,000

2) 재공품계정

재 공 품

기 초	₩50,000	당기제품제조원가	₩550,000
당기총제조원가			
(1) 직접재료원가	100,000		
(2) 직접노무원가	200,000		
(3) 제조간접원가	300,000	기 말	100,000
	₩650,000		₩650,000

(6) 제품계정

제품계정(finished goods account, product account)은 완성 후 판매를 위하여 보관하고 있는 제품에 집계된 제조원가의 총액을 기록하는 재고자산계정이다.

제품계정의 차변은 기초제품원가와 당기제품제조원가의 합이며 이를 판매가능제품원가라고도 한다. 또한 제품계정의 대변은 매출원가(cost of goods sold, COGS)와 기말제품원가의 합인데, 제품계정의 대변 합계액은 차변의 합계액인 판매가능제품원가와 항상 일치한다.

1) 제품계정의 원가흐름

제		품	
기 초	×××	매 출 원 가	×××
당기제품제조원가	×××	기 말	×××
	×××		×××

매출원가 = 기초제품 + 당기제품제조원가 − 기말제품

2) 회계처리

① 제품완성시

(차) 제 품	×××	(대) 재 공 품	×××

② 제품판매시

(차) 매 출 원 가	×××	(대) 제 품	×××

3) 매출원가명세서

매출원가명세서란 제품계정의 흐름을 나타내는 명세서이다.

매출원가명세서	
기초제품재고액	×××
당기제품제조원가	×××
판 매 가 능 액	×××
기말제품재고액	×××
매 출 원 가	×××

4) 포괄손익계산서

포괄손익계산서	
매 출	×××
매 출 원 가	×××
매 출 총 이 익	×××
판 매 관 리 비	×××
영 업 이 익	×××

예제 06 제품계정

당기의 기초제품과 기말제품은 각각 ₩100,000과 ₩200,000이고, 당기제품제조원가는 ₩900,000이다. 또한 당기매출은 ₩1,000,000인데 전부 외상으로 판매하였다.

[물 음] 제품과 관련된 분개를 하고, 이를 제품계정에 나타내시오.

해답

1) 회계처리

① 제품완성시

(차)	제 품	900,000	(대) 재 공 품	900,000

② 제품판매시

(차)	매 출 채 권	1,000,000	(대) 매 출	1,000,000
	매 출 원 가	800,000	제 품	800,000

2) 제품계정

제	품		
기 초	100,000	매 출 원 가	800,000
당기제품제조원가	900,000	기 말	200,000
	1,000,000		1,000,000

(7) 제조기업의 원가흐름

원재료계정, 재공품계정과 제품계정의 원가흐름을 나타내면 다음과 같다.

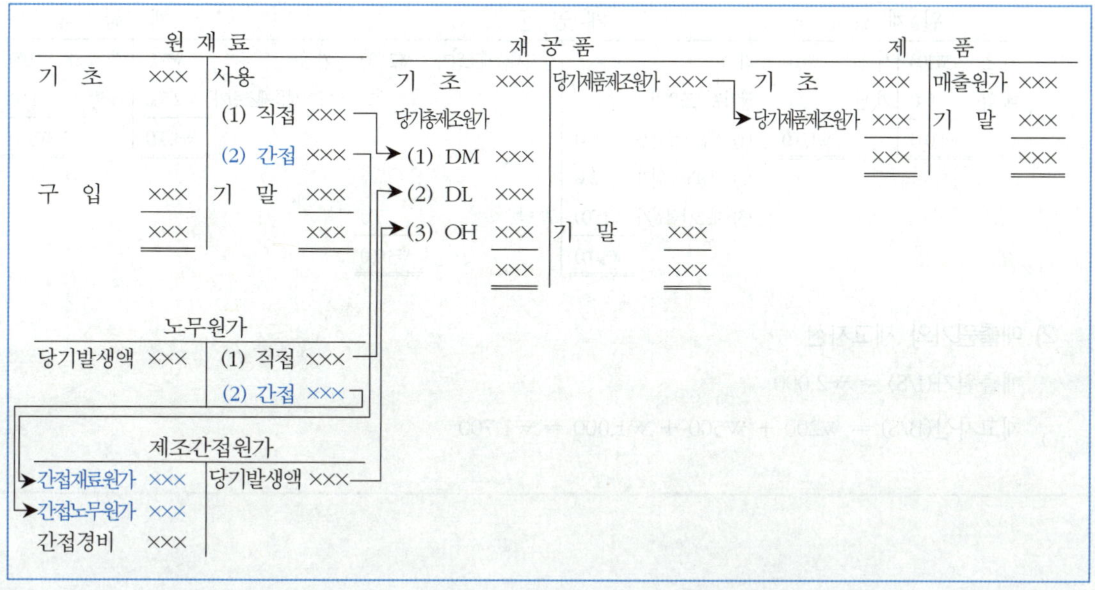

예제 07 제조원가의 흐름(1)

(주)서울의 당해연도 원재료매입액은 ₩900, 직접노무원가는 ₩1,200이고 제조간접원가는 ₩1,000이 발생하였다. 다음은 (주)서울의 재고와 관련된 원가자료이다.

	기 초	기 말
원재료	₩100	₩200
재공품	–	500
제 품	500	1,000

[물 음] 원재료계정, 재공품계정과 제품계정을 각각 작성하시오. 또한 재무제표상 매출원가와 재고자산가액을 구하시오.

해답

1) 원가의 흐름

원 재 료

차변		대변	
기 초	₩100	사 용	₩800
매 입	900	기 말	200
	₩1,000		₩1,000

재 공 품

차변		대변	
기 초	–	당기제품제조원가	₩2,500
당기총제조원가			
(1) 직접재료원가	800		
(2) 직접노무원가	1,200		
(3) 제조간접원가	1,000	기 말	500
	₩3,000		₩3,000

제 품

차변		대변	
기 초	₩500	매출원가	₩2,000
당기제품제조원가	2,500	기 말	1,000
	₩3,000		₩3,000

2) 매출원가와 재고자산

매출원가(I/S) = ₩2,000

재고자산(B/S) = ₩200 + ₩500 + ₩1,000 = ₩1,700

예제 08 제조원가의 흐름(2)

(주)서울의 20×1년 12월 31일로 종료되는 회계연도의 원가자료는 다음과 같다.

	기 초	기 말
원 재 료	₩3,000	₩2,000
재 공 품	7,200	5,000
제 품	11,000	26,000

(1)	원재료 매입액 :	₩20,500	간접재료원가 :	₩5,000
(2)	직접노무원가 :	35,000		
(3)	공장감독자 급여 :	3,500	공장보험료 :	9,000
	공장건물재산세 :	6,000	기계임차료 :	4,000
	공장수도광열비 :	6,500	공장건물감가상각비 :	7,300
(4)	매출액 :	150,000		
	판매수수료 :	15,000	일반관리비 :	30,000

[물 음] 20×1년 당기제품제조원가와 영업이익을 구하시오.

해답

1) 당기제품제조원가

원 재 료

차변	금액	대변	금액
기초	₩3,000	사 용	
		(1) 직접	₩16,500
		(2) 간접	5,000
매 입	20,500	기 말	2,000
	₩23,500		₩23,500

재 공 품

차변	금액	대변	금액
기 초	₩7,200	당기제품제조원가	₩95,000
당기총제조원가			
(1) 직접재료원가	16,500		
(2) 직접노무원가	35,000		
(3) 제조간접원가	41,300*	기 말	5,000
	₩100,000		₩100,000

제 품

차변	금액	대변	금액
기 초	₩11,000	매출원가	₩80,000
당기제품제조원가	95,000	기 말	26,000
	₩106,000		₩106,000

* ₩5,000 + ₩3,500 + ₩6,000 + ₩6,500 + ₩9,000 + ₩4,000 + ₩7,300 = ₩41,300

당기제품제조원가 = ₩95,000

2) 영업이익

포괄손익계산서

매 출 액	₩150,000
매 출 원 가	(80,000)
매 출 총 이 익	₩70,000
판 매 관 리 비	(45,000)*
영 업 이 익	₩25,000

* ₩15,000 + ₩30,000 = ₩45,000

(8) 포괄손익계산서

기업은 포괄손익계산서에 비용을 분류하는 경우 기능별비용으로 표시하는 방법과 성격별 비용으로 표시하는 방법 중에서 신뢰성 있고 목적적합한 정보를 제공할 수 있는 방법을 선택할 수 있다.

1) 기능별 비용분류법

기능별 비용분류법은 매출원가법으로 불리우는데, 비용을 기능별로 통합하여 공시하는 방법을 말한다. 이 방법은 성격별 분류보다 재무제표이용자에게 더욱 목적적합한 정보를 제공할 수 있다는 장점이 있는 반면에, 비용을 기능별로 배분하는데 자의적인 배분과 판단이 개입될 수 있는 단점이 있다.

포괄손익계산서(기능별 분류)	
매 출	×××
매 출 원 가	(×××)
매 출 총 이 익	×××
기 타 수 익	×××
판 매 관 리 비	(×××)
기 타 비 용	(×××)
법인세비용차감전순이익	×××

2) 성격별 비용분류법

성격별 비용분류법은 당기손익에 포함된 비용을 원재료 구입, 운송비, 감가상각비, 종업원급여 등과 같이 성격별로 통합하여 공시하는 방법을 말한다. 성격별 분류는 비용을 기능별로 재배분하지 않으므로 적용이 간단하고, 기능별 분류보다 미래현금흐름을 예측하는 데 유용하다는 장점이 있다.

포괄손익계산서(성격별 분류)		
매 출		×××
기 타 수 익		×××
제품과 재공품의 변동	×××	
원재료와 소모품의 사용액	×××	
종 업 원 급 여 비 용	×××	
감가상각비와 기타상각비	×××	
기 타 비 용	×××	
총 비 용		(×××)
법인세비용차감전순이익		×××

성격별 비용분류법은 모든 제조원가를 비용으로 인식하므로, 해당 제조원가 합계금액에 재고자산의 증감을 반영하면 매출원가를 구할 수 있다.

예제 09 성격별 비용분류법

당기에 영업을 개시한 (주)서울은 매출액이 ₩8,000이고 당기총제조원가가 ₩10,000이다. 기말재공품과 기말제품이 각각 ₩1,000과 ₩3,000인 경우 매출원가와 매출총이익을 구하시오.

해답

1) 매출원가

당기총제조원가는 당기에 발생한 직접재료원가, 직접노무원가와 제조간접원가의 합으로서 판매시 매출원가로 미판매시에는 재공품과 제품이 된다. 그러므로 매출원가는 다음과 같다.

당기총제조원가	₩10,000
재공품증가	(1,000)
제품증가	(3,000)
매출원가	₩6,000

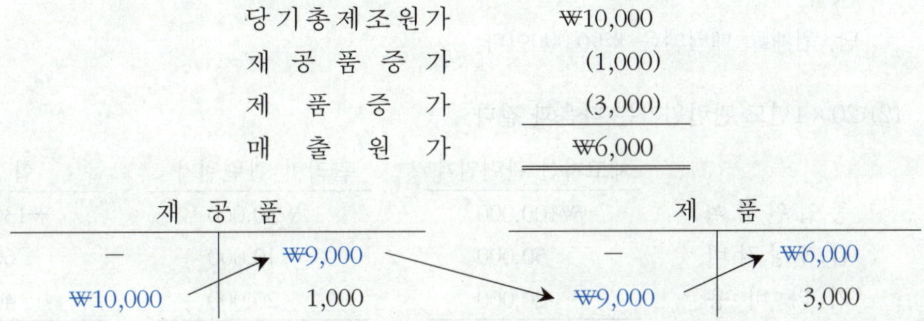

① 당기총제조원가는 매출원가와 재고자산 중 하나가 된다. 당기총제조원가 ₩10,000 중 재고자산이 ₩4,000이라면 매출원가는 나머지 원가인 ₩6,000이 될 것이다.

② 당기총제조원가 ₩10,000에서 재공품 증가 ₩1,000을 차감하면 당기제품제조원가 ₩9,000이 된다. 이 금액에 제품증가 ₩3,000을 차감하면 매출원가 ₩6,000이 된다.

2) 매출총이익

포괄손익계산서(성격별 분류)

매출	₩8,000
당기총제조원가	(10,000)
재공품증가	1,000
제품증가	3,000
매출총이익	₩2,000

포괄손익계산서(기능별 분류)

매출	₩8,000
매출원가	(6,000)*
매출총이익	₩2,000

* 매출원가 = ₩(9,000) + 3,000 = ₩(6,000)

예제 10 기능별 · 성격별 비용분류법

다음은 (주)서울의 20×1년도 재무제표 정보 중 일부자료이다. 20×1년도의 매출이 ₩600,000인 경우 20×1년도의 매출원가와 당기순이익은 얼마인가?

(1) 재고자산

	기 초	기 말	증감액
원 재 료	₩30,000	₩20,000	₩10,000 감소
재 공 품	50,000	100,000	50,000 증가
제 품	100,000	130,000	30,000 증가

단, 원재료 매입액은 ₩90,000이다.

(2) 20×1년도 관련원가는 다음과 같다.

	재고자산 관련원가	관리비 관련원가	합 계
종업원급여	₩100,000	₩30,000	₩130,000
감가상각비	50,000	10,000	60,000
기타비용	20,000	20,000	40,000
	₩170,000	₩60,000	₩230,000

해답

1) 매출원가

원 재 료

차변		대변	
기 초	₩30,000	사 용	₩100,000
매 입	90,000	기 말	20,000
	₩120,000		₩120,000

재 공 품

차변		대변	
기 초	₩50,000	당기제품제조원가	₩220,000
직접재료원가	100,000	기 말	100,000
직접노무원가	100,000		
제조간접원가	70,000		
	₩320,000		₩320,000

제 품

차변		대변	
기 초	₩100,000	매출원가	₩190,000
당기제품제조원가	220,000	기 말	130,000
	₩320,000		₩320,000

매출원가는 ₩190,000이다.

2) 당기순이익

포괄손익계산서(기능별 분류)

매 출	₩600,000
매 출 원 가	(190,000)
매 출 총 이 익	₩410,000
판 매 관 리 비*	(60,000)
당 기 순 이 익	₩350,000

포괄손익계산서(성격별 분류)

매 출	₩600,000
원 재 료 매 입	(90,000)
종 업 원 급 여	(130,000)
감 가 상 각 비	(60,000)
기 타 비 용	(40,000)
원 재 료 감 소	(10,000)
재 공 품 증 가	50,000
제 품 증 가	30,000
당 기 순 이 익	₩350,000

* 관리비 관련원가

성격별 분류법에서 원재료 매입이 아닌 원재료 사용액을 비용처리하는 경우에는 다음과 같이 원재료 사용액 ₩100,000을 포괄손익계산서에 대입한다. 이는 원재료 매입 ₩90,000과 원재료 감소 ₩10,000을 합한 금액과 일치한다. 즉, 원재료 매입이 아닌 원재료 사용액인 경우에는 원재료 증감을 고려하지 않는다. 이를 나타내면 다음과 같다.

포괄손익계산서(성격별 분류)

매 출	₩600,000
원 재 료 사 용	(100,000)
종 업 원 급 여	(130,000)
감 가 상 각 비	(60,000)
기 타 비 용	(40,000)
재 공 품 증 가	50,000
제 품 증 가	30,000
당 기 순 이 익	₩350,000

SECTION

04 상기업과 서비스업

1 상기업

상기업은 완성품인 상품을 구입하여 시장에 재판매한다. 따라서 재고자산은 이미 완성된 형태로 구입하기 때문에 판매가능한 완제품을 나타내는 상품재고라는 단 하나의 재고자산계정만을 가지고 있다. 상품계정의 차변은 기초상품원가와 당기매입액의 합이고 상품계정의 대변은 매출원가와 기말상품원가의 합이다. 다음은 상기업의 매출원가명세서와 손익계산서를 나타낸 것이다.

❖ 상기업의 매출원가명세서와 손익계산서 ❖

매출원가명세서		손익계산서	
기 초 상 품	×××	매 출	×××
당기매입액	×××	매 출 원 가	(×××)
판매가능액	×××	매출총이익	×××
기 말 상 품	(×××)	판매관리비	(×××)
매 출 원 가	×××	영 업 이 익	×××

예제 11 상품계정과 손익계산서

(주)서울은 노트북 전문판매업체이다. 연초의 상품재고는 미착상품을 포함하여 ₩250,000이고 당해연도 매입분은 ₩1,300,000이며 매입부대비용은 ₩130,000이다. 또한 당해연도 판매관리비는 ₩800,000이며, 기말상품은 미착상품을 포함하여 ₩150,000이다. 당해연도 수익이 ₩2,500,000이라고 할 경우 당사의 손익계산서를 작성하시오.

해답

상품

기초	₩250,000	매출원가	₩1,530,000
매입	1,430,000	기말	150,000
	₩1,680,000		₩1,680,000

손익계산서

매출	₩2,500,000
매출원가	(1,530,000)
매출총이익	₩970,000
판매관리비	(800,000)
영업이익	₩170,000

2 서비스업

고객에게 무형의 제품(intangible product)을 제공하는 서비스업은 재료원가가 없고 노무원가가 가장 중요한 원가범주에 속한다. 또한 서비스원가는 고객에게 제공되는 즉시 소비되므로 저장될 수 없다. 그러므로 서비스업은 제품재고를 가질 수 없다. 서비스업의 예로는 회계법인 또는 세무법인의 고객에 대한 감사서비스와 세무서비스의 제공 등이 있다. 서비스업의 손익계산서에서 용역원가에는 고객에게 청구가 가능한 서비스시간에 대한 인건비와 보고서 비용과 같은 기타 청구가능한 직접비용(direct cost)을 포함하며, 고객에게 청구할 수 없는 서비스원가 등의 간접원가(indirect cost)는 판매관리비에 포함시킨다.

❖ 서비스업의 손익계산서 ❖

손익계산서

용역수익	×××
용역원가	(×××)
용역이익	×××
판매관리비	(×××)
영업이익	×××

예제 12 서비스업 손익계산서

(주)서울컨설팅은 20×1년에 신설된 M&A전문 용역회사이다. 당해연도에 고객에게 청구된 용역수수료는 ₩200,000이며, 이 중 수금된 금액은 ₩180,000이다. 용역을 수행한 직원의 직접인건비 및 직접경비는 ₩60,000이며 간접경비는 ₩75,000이다. 앞의 자료를 이용하여 (주)서울컨설팅의 손익계산서를 작성하시오.

해답

손익계산서

용 역 수 익	₩200,000
용 역 원 가	(60,000)
용 역 이 익	₩140,000
판 매 관 리 비	(75,000)
영 업 이 익	₩65,000

COST&MANAGEMENT ACCOUNTING

객관식 연습문제

01 다음 설명 중 옳지 않은 것은?

① 전환원가는 원재료를 완제품으로 전환하는데 발생하는 직접노무원가와 고정 및 변동제조간접원가의 합이다.

② 고정제조간접원가는 생산설비의 예정조업도에 기초하여 배부시 실제조업도에 상관없이 단위당 고정원가는 일정하게 유지된다.

③ 당기총제조원가는 당기에 발생한 기본원가와 제조간접원가의 합이다.

④ 기본원가는 직접재료원가와 직접노무원가의 합이다.

⑤ 직접재료원가, 직접노무원가와 제조간접원가는 재고불능원가이다.

02 (주)세무의 20×1년도 기초 및 기말 재고자산은 다음과 같다.

	기초잔액	기말잔액
원재료	₩34,000	₩10,000
재공품	37,000	20,000
제 품	10,000	48,000

원재료의 제조공정 투입금액은 모두 직접재료원가이며, 20×1년 중에 매입한 원재료는 ₩76,000이다. 20×1년의 기본원가(prime costs)는 ₩400,000이고, 전환원가(가공원가 : conversion costs)의 50%가 제조간접원가이다. (주)세무의 20×1년 매출원가는 얼마인가?

① ₩679,000　　② ₩700,000　　③ ₩717,000
④ ₩727,000　　⑤ ₩747,000

03 (주)세무는 실제원가계산을 사용하고 있으며, 20×1년 원가자료는 다음과 같다. 20×1년 직접재료매입액은 ₩21,000이었고, 매출원가는 ₩90,000이었다. 가공원가의 40%가 직접노무원가라면 기본원가(prime costs)는 얼마인가?

	기초잔액	기말잔액
직접재료	₩3,000	₩4,000
재 공 품	50,000	45,000
제 품	70,000	60,000

① ₩42,000 ② ₩44,000 ③ ₩50,000
④ ₩53,000 ⑤ ₩55,000

04 20×1년 초에 설립된 (주)대한은 자동차를 생산, 판매하는 기업으로 20×1년 동안 다음과 같은 원가가 발생하였다.

- 직접재료원가 ₩550
- 간접재료원가 ₩150
- 판매직급여 ₩150
- 공장근로자급여 ₩600
- 공장감독자급여 ₩300
- 관리직급여 ₩350
- 공장감가상각비 ₩1,000
- 광고선전비 ₩100

이 자료를 바탕으로 원가계산을 했을 경우, 다음 설명 중 옳은 것은? 단, 기말재공품재고액은 ₩500이다. 2024 회계사

① 기본원가(prime costs)는 ₩1,050이다.
② 제조간접원가는 ₩1,500이다.
③ 재고불능원가는 ₩500이다.
④ 당기총제조원가는 ₩2,700이다.
⑤ 당기제품제조원가는 ₩2,550이다.

05 (주)서울의 1월 중 비용과 월초 및 월말 재고자산 자료는 다음과 같다.

1월 중 발생비용		재고자산	1월 초	1월 말
직접노무원가	₩300	재공품 재고	₩1,000	₩800
감가상각비 – 공장	50	직접재료 재고	300	100
감가상각비 – 영업점포	50			
감가상각비 – 본부사옥	100			
공장감독자 급여	100			
그 밖의 제조간접원가	200			

1월 중 직접재료의 매입은 발생하지 않았다. 회사의 1월 당기제품제조원가는 얼마인가?

① ₩850 ② ₩900 ③ ₩1,050
④ ₩1,100 ⑤ ₩1,200

06 (주)국세의 4월 매출액은 ₩20,000이며, 매출총이익률은 30%이다. (주)국세의 공장에서 4월에 발생한 원가관련 자료는 다음과 같다.

[재고자산 현황]

일 자	직접재료	재공품	제 품
4월 1일	₩1,000	?	₩3,000
4월 30일	₩2,000	₩3,000	₩4,000

- 4월에 매입한 직접재료금액은 ₩4,500이다.
- 4월 1일에 미지급임금은 ₩2,000이며, 4월 30일 미지급임금은 ₩4,000이다.
- 4월에 지급한 임금은 ₩6,000이다.
- (주)국세의 공장에서 발생한 임금의 50%는 생산직 종업원의 임금이다.
- 4월에 발생한 제조간접원가 중 임금을 제외한 나머지 부분은 ₩1,500이다.

(주)국세의 4월 1일 재공품 금액은 얼마인가?

① ₩2,500 ② ₩3,000 ③ ₩3,500
④ ₩4,000 ⑤ ₩5,000

해답 해설

01	02	03	04	05	06				
⑤	①	①	⑤	③	⑤				

01 정답 ⑤

⑤ 직접재료원가, 직접노무원가와 제조간접원가는 **재고가능원가**로서 판매관리비처럼 기간비용 처리할 수 없다.

02 정답 ①

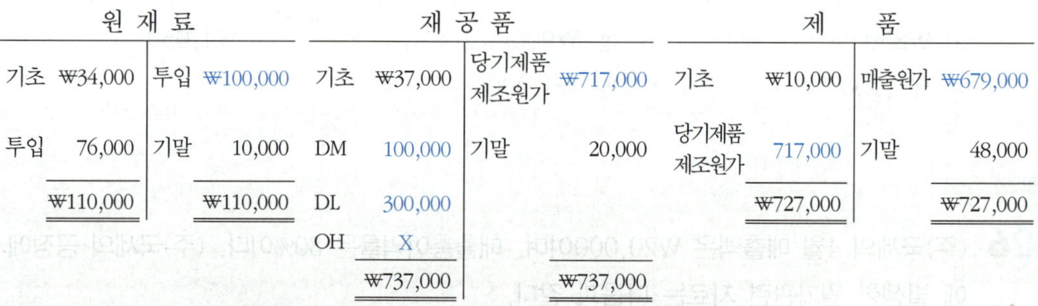

원재료

차변		대변	
기초	₩34,000	투입	₩100,000
투입	76,000	기말	10,000
	₩110,000		₩110,000

재공품

차변		대변	
기초	₩37,000	당기제품제조원가	₩717,000
DM	100,000	기말	20,000
DL	300,000		
OH	X		
	₩737,000		₩737,000

제품

차변		대변	
기초	₩10,000	매출원가	₩679,000
당기제품제조원가	717,000	기말	48,000
	₩727,000		₩727,000

1) 제조간접원가(X)의 추정 : 제조간접원가는 가공원가의 50%이다.

X = (₩300,000 + X) · 0.5

X = ₩300,000

2) 매출원가 = **₩679,000**

03 정답 ①

원재료

차변		대변	
기초	₩3,000	투입	₩20,000
매입	21,000	기말	4,000
	₩24,000		₩24,000

재공품

차변		대변	
기초	₩50,000	당기제품제조원가	₩80,000
직접재료원가	20,000	기말	45,000
직접노무원가	*X*		
제조간접원가	*Y*		
	₩125,000		₩125,000

제품

차변		대변	
기초	₩70,000	매출원가	₩90,000
당기제품제조원가	80,000	기말	60,000
	₩150,000		₩150,000

1) 재공품계정의 차변과 대변의 합을 이용하여 다음의 식을 도출한다.

₩50,000 + ₩20,000 + (X + Y) = ₩125,000

(X + Y) = ₩55,000

2) 가공원가의 40%가 직접노무원가이므로 다음의 식이 성립된다.

X = (X + Y) × 0.4

(1)식을 대입한다.

X = ₩55,000 × 0.4 = ₩22,000

X(직접노무원가) = ₩22,000이므로 Y(제조간접원가) = ₩33,000이다.

3) 기본원가 = 직접재료원가 + 직접노무원가

= ₩20,000 + ₩22,000 = **₩42,000**

04 정답 ⑤

재 공 품

당기총제조원가		당기제품제조원가	₩2,550
DM	₩550		
DL	600		
OH	1,450[①]		
		기 말	50
	₩2,600		₩2,600

[①] 제조간접원가 : ₩150(간접재료원가) + 300(공장감독자급여) + 1,000(공장감가상각비) = ₩1,450

① 기본원가 : ₩550(DM) + 600(DL) = **₩1,150**

② 제조간접원가 : **₩1,450**

③ 재고불능원가 : ₩150(판매직급여) + 350(관리직급여) + 100(광고선전비) = **₩600**(판매관리비)

④ 당기총제조원가 : ₩550(DM) + 600(DL) + 1,450(OH) = **₩2,600**

⑤ 당기제품제조원가 : ₩2,600(당기총제조원가) − 50(기말재공품) = **₩2,550**

05 정답 ③

영업점포 및 본부사옥의 감가상각비는 판매비와관리비에 속한다.

직접재료

기 초	₩300	투 입	₩200
매 입	−	기 말	100
	₩300		₩300

재 공 품

기 초	₩1,000	당기제품제조원가	₩1,050
직접재료원가	200		
직접노무원가	300		
제조간접원가	350*	기 말	800
	₩1,850		₩1,850

* ₩50 + ₩100 + ₩200 = ₩350

∴ 당기제품제조원가 = **₩1,050**

06 정답 ⑤

원 재 료

기초	₩1,000	사용	₩3,500
매입	4,500	기말	2,000
	₩5,500		₩5,500

재 공 품

기초	₩5,000	완성품	₩15,000
당기총제조원가	13,000	기말	3,000
(1) 3,500			
(2) 4,000*1			
(3) 5,500*2			
	₩18,000		₩18,000

제 품

기초	₩3,000	매출원가	₩14,000*3
완성품	15,000	기말	4,000
	₩18,000		₩18,000

*1 당기급여는 ₩8,000이고 이 중 직접노무원가는 ₩8,000 × 0.5 = ₩4,000이다.

미지급 임금

현금	6,000	기초	2,000
기말	4,000	발생	8,000

*2 제조간접원가 = ₩8,000 × 0.5 + ₩1,500 = ₩5,500

*3 매출총이익률이 30%이므로 매출원가율은 70%이다.
₩20,000 × 0.7 = ₩14,000

∴ 4월 1일 재공품 = **₩5,000**

COST&MANAGEMENT ACCOUNTING

주관식 연습문제

01 제조원가의 흐름(1)

(주)서울의 20×1년도 생산 및 판매활동에 관한 자료는 다음과 같다.

	기 초	기 말
원 재 료	₩36,000	?
매입채무	20,000	₩10,000
재 공 품	20,000	—
제 품	?	44,000

(1) 매입채무는 직접재료의 구입과 관련하여 발생한 것이며 당기매입채무의 지급액은 ₩270,000이다.
(2) 당기매출원가는 ₩2,208,000이다.
(3) 당기총제조원가는 ₩2,162,000이다.
(4) 당기 중에 사용한 직접재료원가는 ₩272,000이다.
(5) 당기에 발생한 직접노동시간은 160,000시간이며, 시간당 임률은 ₩6.5이다.
(6) 당기의 매출총이익은 ₩856,000이고, 영업이익은 ₩420,000이다.

[물 음] 위의 주어진 자료를 이용하여 다음 각 항목들을 계산하시오.

1) 기말원재료재고액
2) 당기제조간접원가
3) 당기제품제조원가
4) 기초제품재고액
5) 당기판매관리비

해답

원 재 료

기초	₩36,000	투입	₩272,000
매입	260,000	기말	24,000
	₩296,000		₩296,000

매입채무

지급	₩270,000	기초	₩20,000
기말	10,000	매입	260,000
	₩280,000		₩280,000

재 공 품

기초	₩20,000	당기제품제조원가	₩2,182,000
당기총제조원가	2,162,000	기말	–
1) ₩272,000			
2) 1,040,000*			
3) 850,000			
	₩2,182,000		₩2,182,000

제 품

기초	₩70,000	매출원가	₩2,208,000
당기제품제조원가	2,182,000	기말	44,000
	₩2,252,000		₩2,252,000

* 직접노무원가 : 160,000시간 × ₩6.5/시간 = ₩1,040,000

손익계산서

매 출	₩3,064,000
매 출 원 가	(2,208,000)
매출총이익	₩856,000
판매관리비	(436,000)
영 업 이 익	₩420,000

1) 기말원재료재고액 = **₩24,000**
2) 당기제조간접원가 = **₩850,000**
3) 당기제품제조원가 = **₩2,182,000**
4) 기초제품재고액 = **₩70,000**
5) 당기판매관리비 = **₩436,000**

02 제조원가의 흐름(2)

(주)서울의 20×1년 4월 생산 및 판매활동에 관한 자료는 다음과 같다.

(1) 직접재료 ₩10,000과 간접재료 ₩7,000을 제조과정에 투입하였다.

(2) 공장근로자에게 지급한 총임금은 ₩12,000이었으며, 이 중 ₩10,000은 직접노무원가에 해당된다.

(3) 간접노무원가 이외에 기타 제조간접원가의 발생내역은 다음과 같다.

감가상각비	₩3,000
보 험 료	1,000
수도광열비	1,600

(4) 4월 중 매출액은 ₩30,000이며, (주)서울의 원가가산율은 20%이다.

(5) 재고자산과 관련된 자료는 다음과 같다.

	4월 1일	4월 30일
원 재 료	₩3,000	₩2,000
재 공 품	3,400	14,000
제 품	5,000	4,000

[물 음] 당기제품제조원가와 매출원가는 각각 얼마인가?

해답

원 재 료

기초	₩3,000	투 입	
		(1) 직접	₩10,000
		(2) 간접	7,000
매입	16,000	기말	2,000
	₩19,000		₩19,000

재 공 품

기 초	₩3,400	당기제품제조원가	₩24,000
당기총제조원가	34,600	기 말	14,000
(1) ₩10,000			
(2) 10,000			
(3) 14,600*1			
	₩38,000		₩38,000

제 품

기 초	₩5,000	매출원가	₩25,000*2
당기제품제조원가	24,000	기말	4,000
	₩29,000		₩29,000

*1 ₩7,000 + ₩2,000 + ₩3,000 + ₩1,000 + ₩1,600 = ₩14,600

*2

매 출	₩30,000	
매 출 원 가	x	× 0.2
매출총이익	$0.2 \cdot x$	

₩30,000 − $x = 0.2 \cdot x$, x = ₩25,000

∴ 당기제품제조원가 = **₩24,000**, 매출원가 = **₩25,000**

03 재고자산의 원가계산

(주)서울은 20×1년 3월 2일에 전기누전으로 화재가 발생하여 공장이 전소되었다. 이 화재로 인한 손실액은 보험회사가 전액을 보상해 주기로 하였는데, 보험회사는 회사와의 협상을 위하여 역사적 원가인 재고자산의 취득원가를 알고자 한다. 다행히 이 회사의 회계장부는 다른 건물에 보관되어 있어서 화를 면하였다. 따라서 20×1년 1월 1일부터 20×1년 3월 21일까지의 생산 및 판매활동에 관한 자료가 다음과 같이 입수되었다.

기초원재료	₩8,000	직접재료 구입액	₩80,000
기초재공품재고액	17,000	기초제품재고액	15,000
직접노무원가	90,000	기본원가	147,000
제조간접원가	가공원가의 50%	매출액	250,000
매출총이익률	25%	총판매가능액	225,000

[물　음] 3월 21일의 원재료재고액, 재공품재고액과 제품재고액을 구하시오.

해답

원재료

차변		대변	
기초	₩8,000	투입	₩57,000
매입	80,000	기말	31,000
	₩88,000		₩88,000

재공품

차변		대변	
기 초	₩17,000	당기제품제조원가	₩210,000
당기총제조원가	237,000		
(1) ₩57,000			
(2) 90,000			
(3) x *1		기 말	44,000
	₩254,000		₩254,000

제품

차변		대변	
기 초	₩15,000	매출원가	₩187,500 *2
당기제품제조원가	210,000	기말	37,500
	₩225,000		₩225,000

*1 $x = (₩90,000 + x) \times 0.5$

$x = ₩90,000$

*2

매출	₩250,000	
매출원가	187,500	×0.25
매출총이익	₩62,500	

∴ 원재료 = **₩31,000**

재공품 = **₩44,000**

제품 = **₩37,500**

04 제조원가의 흐름(3)

(주)서울의 회계과장은 내부연수로 한 달간 업무공백 상태에 있었다. 업무 복귀 후 회계과장은 신입사원이 작성한 20×1년 6월의 포괄손익계산서를 다음과 같이 보고 받았다.

포괄손익계산서

(20×1년 6월 1일 ~ 20×1년 6월 30일)

I. 매출액		₩2,700,000
II. 원가 및 비용		2,549,000
1. 간접노무원가	₩72,000	
2. 수도광열비	90,000	
3. 직접노무원가	540,000	
4. 기계감가상각비	126,000	
5. 원재료 매입액	954,000	
6. 영업소비품감가상각비	108,000	
7. 보험료	24,000	
8. 지급임차료	100,000	
9. 급여(영업 및 관리직)	160,000	
10. 광고선전비	375,000	
III. 순이익		₩151,000

위의 보고를 받은 후 회계과장은 상기 포괄손익계산서가 잘못 작성되었다는 것을 알고 이를 수정하기 위하여 다음의 자료를 신입사원에게 전달하고 재작성할 것을 지시하였다. 당사의 원가배분기준상 수도광열비와 보험료 및 지급임차료는 50%가 제조활동과 관련이 있고 나머지는 판매부문활동과 관련이 있다. 회계과장의 재고자산에 대한 조사 후 파악된 월초 및 월말 재고자산은 다음과 같다.

	월 초	월 말
원재료	₩40,000	₩135,000
재공품	80,000	105,000
제 품	200,000	294,000

[물음 1] 기초원가와 가공원가를 구하시오.

[물음 2] 제조원가명세서를 작성하시오.

[물음 3] 수정된 포괄손익계산서를 작성하시오.

해답

원 재 료

차변		대변	
기초	₩40,000	투입	₩859,000
매입	954,000	기말	135,000
	₩994,000		₩994,000

재 공 품

차변		대변	
기 초	₩80,000	당기제품제조원가	₩1,679,000
당기총제조원가	1,704,000	기 말	105,000
(1) ₩859,000			
(2) 540,000			
(3) 305,000*			
	₩1,784,000		₩1,784,000

제 품

차변		대변	
기 초	₩200,000	매출원가	₩1,585,000
당기제품제조원가	1,679,000	기말	294,000
	₩1,879,000		₩1,879,000

* ₩72,000 + ₩90,000 × 0.5 + ₩126,000 + ₩24,000 × 0.5 + ₩100,000 × 0.5 = ₩305,000

[물음 1] 기초원가와 가공원가

1) 기초원가 = 직접재료원가 + 직접노무원가 = ₩859,000 + ₩540,000
= **₩1,399,000**

2) 가공원가 = 직접노무원가 + 제조간접원가 = ₩540,000 + ₩305,000
= **₩845,000**

[물음 2] 제조원가명세서

제조원가명세서

직접재료원가		₩859,000
기초재고액	₩40,000	
당기매입액	954,000	
사용가능액	₩994,000	
기말재고액	(135,000)	
직접노무원가		540,000
제조간접원가		305,000
간접노무원가	₩72,000	
수도광열비	45,000	
기계감가상각비	126,000	
보험료	12,000	
지급임차료	50,000	
당기총제조원가		₩1,704,000
기초재공품재고액		80,000
합 계		₩1,784,000
기말재공품재고액		(105,000)
당기제품제조원가		₩1,679,000

[물음 3] 포괄손익계산서

포괄손익계산서(기능별 분류법)

매출액		₩2,700,000
매출원가		(1,585,000)
기초제품재고액	₩200,000	
당기제품제조원가	1,679,000	
판매가능액	₩1,879,000	
기말제품재고액	(294,000)	
매출총이익		₩1,115,000
판매관리비		(750,000)*
수도광열비	₩45,000	
비품감가상각비	108,000	
보험료	12,000	
지급임차료	50,000	
급료	160,000	
광고선전비	375,000	
영업이익		₩365,000

* 판매관리비 : ₩90,000 × 0.5 + ₩108,000 + ₩24,000 × 0.5 + ₩100,000 × 0.5 + ₩160,000 + ₩375,000 = ₩750,000

포괄손익계산서(성격별 분류법)

매 출 액	₩2,700,000
원가 및 비용	(2,549,000)
원재료 증가	95,000
재공품 증가	25,000
제 품 증가	94,000
영 업 이 익	₩365,000

제 2 장

간접원가배부와 개별원가계산

cost & management accounting

SECTION 01

원가배분

1 원가할당

원가를 원가대상(cost object, 원가집적대상)에 관련지우는 과정을 원가할당(cost assignment)이라고 한다. 여기에서 원가대상은 원가를 부담할 수 있는 실체로서 제품 또는 서비스, 제조부문, 보조부문, 사업부, 활동과 고객 등이 있다.

원가를 원가대상에 정확하게 할당하는 것은 제품원가계산시 가장 중요한데, 원가할당의 정확성을 증가시키기 위해서는 원가와 원가대상의 관련성을 살펴보아야한다. 원가와 원가대상의 관련성에 따라 원가는 직접원가와 간접원가로 나누어진다.

- 직접원가(direct costs) : 직접원가는 관찰에 의해 원가대상에 명확하게 추적할 수 있는 원가로서 오직 하나의 원가대상에 사용되는 원가이다. 특정제품 생산을 위한 직접재료원가, 직접노무원가가 이에 해당되며, 보조부문의 동력부를 원가대상이라고 할 경우 동력부의 급여와 동력용연료도 동력부의 직접원가가 될 것이다.
- 간접원가(indirect costs) : 다수의 원가대상에 공통적으로 사용되는 원가이다. 간접원가는 원가대상에 추적할 수 없는 원가로서 여러 제품에 공통적으로 사용되는 기계관련원가(감가상각비, 연료비, 유지보수비), 공장임대료와 관리비 등이 이에 해당된다.

앞에서 본 바와 같이 직접원가는 특정원가대상에 쉽고 정확하게 추적이 되는 원가이므로 직접추적(direct tracing)을 한다. 그러나 간접원가는 원가대상에 직접추적이 불가능하므로 원가배분(cost allocation)을 해야 한다.

- 원가배분(cost allocation) : 원가집합*(cost pool)에 집계된 간접원가들을 합리적인 기준에 따라 둘 이상의 특정원가대상에 배분하는 과정을 말한다.

* 동일한 원가동인을 갖고 있는 간접원가들을 하나의 집단으로 묶어 놓은 것

- 원가할당 방법
  (1) 직접원가 : 원가대상에 직접추적
  (2) 간접원가 : 원가대상에 원가배분

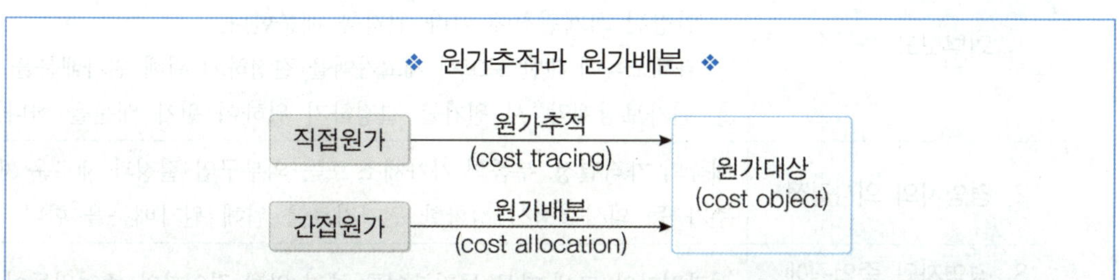

2 원가배분 절차

직접원가인 직접재료원가와 직접노무원가는 인과관계가 높은 재료사용량과 노무시간에 의해 제품에 직접추적을 한다. 간접원가는 다음의 절차를 통해 원가대상에 배분된다.

- 1단계 : 원가대상(cost object)을 선정한다.
  원가배분을 위해서는 먼저 간접원가를 집계할 원가대상을 선택한다. 주요 원가대상은 제품과 부문이다.
- 2단계 : 선택된 원가대상과 관련된 원가를 산정하고 집계한다.
  둘 이상의 원가대상에 공통적으로 발생한 간접원가를 원가집합에 집계한다.
- 3단계 : 원가배분기준을 결정하여 배부율을 구한다.
  원가집합에 원가가 집계되면 각 원가대상에 배분하기 위하여 원가대상과 원가집합 간에 인과관계를 잘 반영한 합리적인 원가배분기준(cost allocation base)을 결정한다. 이후 원가집합을 결정된 배분기준으로 나누어 배부율을 구한다.
- 4단계 : 원가대상에 원가를 배분한다.
  배분기준이 결정되면 배부율을 구하고 이에 따라 원가집합에 집계된 공통원가를 원가대상에 배분한다. 원가배분의 대표적인 유형은 보조부문의 원가를 제조부문에 배분하고 제조부문에 집계된 원가를 배부*하는 것이다.

* 부문공통원가 및 보조부문원가를 할당하는 경우 배분(allocation)이라 하고, 최종 원가대상인 제품에 간접원가를 할당하는 경우 배부(application)라고 한다.

3 원가배분의 목적

경영자는 원가배분을 통해 다음과 같은 목적들을 달성할 수 있다.

1. 외부보고	① 재무보고를 위한 재고가액과 매출원가를 결정하는 경우로서 일반적으로 인정된 회계원칙에 따라 원가를 배분한다. ② 과세소득에 대한 보고시 재고가액을 결정하기 위해 원가배분을 한다. ③ 원가보상계약* 시 원가를 결정하기 위하여 원가 배분을 한다.
2. 경영자의 의사결정	제품의 가격결정, 부품의 자가제조 또는 외부구입 결정과 새로운 제품의 추가 등 의사결정시 정확한 원가자료를 위해 원가배분을 한다.
3. 경영자와 종업원에 대한 성과평가 및 동기부여	성과평가와 그에 따른 동기부여를 하기 위해 경영자와 종업원들이 각각 통제할 수 있는 원가를 배분한다.

* 원가보상계약 : 시장가격이 없는 경우 사용하는 가격결정방법으로서 원가에 일정한 이익을 가산하여 가격을 결정한다. 주로 정부와의 거래에서 많이 사용되며, 공급자는 원가를 결정하기 위하여 간접원가를 제품에 배분한다. 이 때 공급자는 간접원가의 배분에 대한 정당성을 입증해야 한다.

4 원가배분의 기준

경영자는 원가배분의 목적을 설정하고 원가배분목적에 부합하는 원가배분기준을 결정해야 한다. 다음은 원가배분기준 결정시 지침이 되는 기준으로서 배분기준의 적용순서는 인과관계기준을 우선 적용하되 인과관계기준을 알 수 없는 경우에는 부담능력기준이나 수혜기준 등을 적용한다.

(1) 인과관계기준

인과관계기준(cause and effect relationship criterion)은 가장 이상적인 배분기준으로 원가가 발생된 원인을 확인하고 원가대상에 제공된 특정활동에 비례하여 배분한다. 예를 들어 기계관련원가의 경우 기계시간에 따라 원가가 발생하므로 기계시간을 배분기준으로 기계관련원가를 배분하면 이는 인과관계기준에 해당된다.

(2) 부담능력기준

부담능력기준(ability-to-bear criterion)은 수익창출능력 또는 이익창출능력에 비례하여 공통원가를 배분한다. 이러한 경우 수익창출능력이 높은 사업부에 공통원가가 많이 배분되고, 수익창출능력이 낮은 사업부에 공통원가가 적게 배분되어 성과평가를 왜곡시킬 수 있는 문제점이 있다. 부담능력기준의 예로는 매출액 또는 영업이익을 기준으로 본사관리비를 배분하는 경우가 있다.

(3) 수혜기준

수혜기준(benefit received criterion)은 원가대상이 공통원가로부터 제공받은 경제적 효익의 정도 또는 혜택을 받은 비율에 비례하여 원가를 배분하는 기준으로서 수익자 부담기준이라고 한다. 수혜기준의 예로는 식당부문원가를 제조부문에 배분시 제조부문의 종업원수를 기준으로 배분하는 경우가 있다.

(4) 공정성 또는 공평성기준

공정성 또는 공평성기준(fairness and equity criterion)은 원가대상에 원가를 배분하는 것이 공정하고 공평해야 한다는 기준으로 이는 원가배분결정의 지침이 되는 업무적 차원의 기준이라기보다는 원가배분을 통해 달성하고자 하는 목표를 나타내는 것이라고 할 수 있다. 공정성과 공평성기준에 의한 예로는 공통원가의 독립적인 배분법이 있다.

(5) 증분기준

증분기준(incremental criterion)은 최초의 사용자를 주사용자로 간주하여 최초의 사용자 혼자만이 사용할 때 발생한 원가를 최초의 사용자에게 배분하고 그 이후 추가적인 사용자가 발생할 경우 추가적인 사용자로 인하여 증가되는 공통원가만을 추가적인 사용자에게 순차적으로 배분하는 기준이다. 추가적인 사용자에게는 유리한 배분기준이므로 새로운 사용자에게 동기를 부여할 수 있어 동기부여기준이라고도 한다.

▶ 예제 01 원가배분기준

여러 개의 회사로 구성된 서울그룹은 20×1년 초 컨설팅회사와 1년간 컨설팅계약을 체결하였다. 지금까지 컨설팅계약은 자회사들과 컨설팅회사 간에 독립적으로 체결하였지만 올해부터는 서울그룹 전체로 계약을 맺어 수수료가 많이 절감되었다. 서울그룹 내에서 컨설팅계약은 일반적으로 자회사 A와 B의 순서로 계약을 맺어 왔으며, 서울그룹과 관련된 자료들은 다음과 같다.

	A	B
(1) 컨설팅시간	600시간	400시간
(2) 매출액	120억	180억
(3) 컨설팅에 의한 이익증가	5억	15억
(4) 개별 계약시 수수료	0.8억	0.8억

[물 음] 1년 후 컨설팅회사에 지급된 수수료는 1억원으로 이는 컨설팅시간에 시간당 수수료를 곱한 금액이다. 다음의 기준들을 이용하여 수수료 1억원을 자회사 A와 B에 배분하시오.

1) 인과관계기준
2) 부담능력기준
3) 수혜기준
4) 공정성과 공평성기준
5) 증분기준

해답

1) 인과관계기준 : 컨설팅시간에 의해 컨설팅비용이 발생하므로 인과관계기준은 컨설팅시간이 된다.

2) 부담능력기준 : 자회사의 매출액을 기준으로 배분한다.

3) 수혜기준 : 컨설팅에 의한 매출증가 또는 비용감소에 의한 이익증가를 기준으로 배분한다.

4) 공정성과 공평성기준 : 개별 계약시 수수료를 기준으로 한다. 이는 공통원가의 독립적인 배분법에 해당된다.

5) 증분기준 : 개별 계약순서에 의해 A에게 0.8억을 우선배분하고 0.2억은 B에게 배분한다.

	A	B
(1) 인과관계기준*1	0.6억	0.4억
(2) 부담능력기준*2	0.4억	0.6억
(3) 수혜기준*3	0.25억	0.75억
(4) 공정성과 공평성기준*4	0.5억	0.5억
(5) 증분기준	0.8억	0.2억

*1 $1\text{억}\times\frac{600\text{시간}}{1{,}000\text{시간}} = 0.6\text{억}$, $1\text{억}\times\frac{400\text{시간}}{1{,}000\text{시간}} = 0.4\text{억}$

*2 $1\text{억}\times\frac{120\text{억}}{300\text{억}} = 0.4\text{억}$, $1\text{억}\times\frac{180\text{억}}{300\text{억}} = 0.6\text{억}$

*3 $1\text{억}\times\frac{5\text{억}}{20\text{억}} = 0.25\text{억}$, $1\text{억}\times\frac{15\text{억}}{20\text{억}} = 0.75\text{억}$

*4 $1\text{억}\times\frac{0.8\text{억}}{1.6\text{억}} = 0.5\text{억}$, $1\text{억}\times\frac{0.8\text{억}}{1.6\text{억}} = 0.5\text{억}$

SECTION
02 제조부문원가의 배부

직접재료원가와 직접노무원가는 개별제품과의 인과관계에 따라 직접대응을 시킬 수 있으나 제조간접원가는 인과관계를 추적할 수 없기 때문에 제조부문에 집계를 한 후에 일정한 배부기준에 따라 제품에 배부하여야 한다.

제조부문의 수가 여러 개인 경우 다음과 같이 공장전체 배부율과 제조부문별 배부율로 나누어진다.

1 공장전체 제조간접원가배부율

공장전체의 총제조간접원가를 공장전체 제조부문의 배부기준으로 나누어 단일 제조간접원가배부율을 산정한 후에 제품에 제조간접원가를 배부하는 방법이다. 이 방법은 제조부문과 보조부문을 구분하지 않고 공장전체에서 발생한 모든 제조간접원가를 집계한 후 제품에 배부한다. 이 방법은 계산이 쉽다는 장점이 있으나 제조간접원가의 규모와 성격이 제조부문 간에 상이할 경우에는 제품원가계산이 부정확하다는 단점이 있다.

$$\text{공장전체 제조간접원가배부율} = \frac{\text{공장전체 제조간접원가}}{\text{공장전체 제조부문 배부기준}}$$

2 부문별 제조간접원가배부율

각 제조부문별로 제조간접원가를 집계한 후에 각 제조부문의 특성에 맞는 배부기준으로 나누어서 각 제조부문별로 서로 다른 제조간접원가 배부율을 산정하여 제품에 배부하는 방법이다. 이 방법은 부문별로 상이한 배부기준을 사용할 수 있으므로 원가계산이 정확하고 원가관리의 통제에 좋은 정보를 제공한다는 장점이 있으나 계산이 번거롭고 노력이 많이 소요된다는 단점이 있다.

$$부문별\ 제조간접원가배부율 = \frac{제조부문별\ 제조간접원가^{*}}{제조부문별\ 배부기준}$$

* 제조부문의 제조간접원가에 직접배분법, 단계배분법 및 상호배분법 등에 의하여 보조부문으로부터 배분받은 제조간접원가를 합산한 금액이다.

예제 02 제조부문이 한 개인 경우

당기에 영업을 개시한 (주)서울은 한 개의 제조부문을 통해 제품 A, B, C를 생산 · 판매하고 있다. 다음은 제품 A, B, C와 제조부문의 제조간접원가 자료이며 당기에 착수한 제품들은 모두 완성되었다고 가정한다.

	A	B	C	합 계
직접재료원가	₩200	₩300	₩500	₩1,000
직접노무원가	500	500	1,000	2,000
제조간접원가	?	?	?	3,000

	A	B	C	합 계
노동시간	500시간	250시간	250시간	1,000시간
기계시간	1,000	1,000	1,000	3,000

[물 음] 아래의 방법을 이용하여 제조간접원가를 제품에 배부하시오.

1) 직접노무원가를 기준으로 제조간접원가를 배부하시오.
2) 노동시간을 기준으로 제조간접원가를 배부하시오.
3) 기계시간을 기준으로 제조간접원가를 배부하시오.

해답

1) 직접노무원가기준

$$\text{제조간접원가배부율} = \frac{₩3,000}{₩2,000} = 150\%(\text{직접노무원가기준})$$

	A	B	C	합 계
직접재료원가	₩200	₩300	₩500	₩1,000
직접노무원가	500	500	1,000	2,000 ⟍ × 150%
제조간접원가	750*	750*	1,500*	3,000 ⟋
	₩1,450	₩1,550	₩3,000	₩6,000

* ₩500 × 1.5 = ₩750, ₩500 × 1.5 = ₩750, ₩1,000 × 1.5 = ₩1,500

2) 직접노동시간기준

$$\text{제조간접원가배부율} = \frac{₩3,000}{1,000\text{시간}} = ₩3/\text{노동시간}$$

	A	B	C	합 계
직접재료원가	₩200	₩300	₩500	₩1,000
직접노무원가	500	500	1,000	2,000
제조간접원가	1,500*	750*	750*	3,000
	₩2,200	₩1,550	₩2,250	₩6,000

* ₩3 × 500시간 = ₩1,500, ₩3 × 250시간 = ₩750, ₩3 × 250시간 = ₩750

3) 기계시간기준

$$\text{제조간접원가배부율} = \frac{₩3,000}{3,000\text{시간}} = ₩1/\text{기계시간}$$

	A	B	C	합 계
직접재료원가	₩200	₩300	₩500	₩1,000
직접노무원가	500	500	1,000	2,000
제조간접원가	1,000*	1,000*	1,000*	3,000
	₩1,700	₩1,800	₩2,500	₩6,000

* ₩1 × 1,000시간 = ₩1,000, ₩1 × 1,000시간 = ₩1,000, ₩1 × 1,000시간 = ₩1,000

예제 03 공장전체 · 부문별 배부율 — 제조부문이 두 개인 경우

당기에 영업을 개시한 (주)서울은 두 개의 제조부문 X, Y가 있으며 이를 통해 제품 A, B, C를 생산 · 판매하고 있다. 다음은 제품 A, B, C와 제조부문의 제조간접원가 자료이며 당기에 착수한 제품들은 모두 완성되었다고 가정한다.

	A	B	C	합 계
직접재료원가	₩200	₩300	₩500	₩1,000
직접노무원가	500	500	1,000	2,000
제조간접원가				
X 부문	?	?	?	1,000
Y 부문	?	?	?	2,000

	A	B	C	합 계
X 부문				
노동시간	200시간	300시간	500시간	1,000시간
기계시간	500	250	250	1,000
Y 부문				
노동시간	400시간	400시간	200시간	1,000시간
기계시간	2,000	1,000	1,000	4,000

[물음 1] (주)서울은 공장전체 제조간접원가배부율을 사용하고 있다.

1) 직접노무원가를 기준으로 제조간접원가를 배부하시오.
2) 노동시간을 기준으로 제조간접원가를 배부하시오.
3) 기계시간을 기준으로 제조간접원가를 배부하시오.

[물음 2] (주)서울은 제조부문별 제조간접원가배부율을 사용하고 있다.

1) 제조부문 X는 노동시간을 제조부문 Y는 기계시간을 기준으로 제조간접원가를 배부하시오.
2) 제조부문 X는 기계시간을 제조부문 Y는 노동시간을 기준으로 제조간접원가를 배부하시오.

해답

[물음 1] 공장전체 제조간접원가배부율

1) 직접노무원가기준

$$제조간접원가배부율 = \frac{₩1,000 + ₩2,000}{₩2,000} = 150\%(직접노무원가기준)$$

	A	B	C	합 계
직접재료원가	₩200	₩300	₩500	₩1,000
직접노무원가	500	500	1,000	2,000
제조간접원가	750*	750*	1,500*	3,000 (× 150%)
	₩1,450	₩1,550	₩3,000	₩6,000

* ₩500 × 1.5 = ₩750, ₩500 × 1.5 = ₩750, ₩1,000 × 1.5 = ₩1,500

2) 노동시간기준

$$제조간접원가배부율 = \frac{₩1,000 + ₩2,000}{1,000시간 + 1,000시간} = ₩1.5/노동시간$$

	A	B	C	합 계
직접재료원가	₩200	₩300	₩500	₩1,000
직접노무원가	500	500	1,000	2,000
제조간접원가	900*	1,050*	1,050*	3,000
	₩1,600	₩1,850	₩2,550	₩6,000

* ₩1.5 × (200시간 + 400시간) = ₩900, ₩1.5 × (300시간 + 400시간) = ₩1,050,
₩1.5 × (500시간 + 200시간) = ₩1,050

3) 기계시간기준

$$제조간접원가배부율 = \frac{₩1,000 + ₩2,000}{1,000시간 + 4,000시간} = ₩0.6/기계시간$$

	A	B	C	합 계
직접재료원가	₩200	₩300	₩500	₩1,000
직접노무원가	500	500	1,000	2,000
제조간접원가	1,500*	750*	750*	3,000
	₩2,200	₩1,550	₩2,250	₩6,000

* ₩0.6 × (500시간 + 2,000시간) = ₩1,500, ₩0.6 × (250시간 + 1,000시간) = ₩750,
₩0.6 × (250시간 + 1,000시간) = ₩750

[물음 2] 제조부문별 제조간접원가배부율

1) 제조부문 X는 노동시간, Y는 기계시간

$$X부문\ 제조간접원가배부율 = \frac{₩1,000}{1,000시간} = ₩1/노동시간$$

$$Y부문\ 제조간접원가배부율 = \frac{₩2,000}{4,000시간} = ₩0.5/기계시간$$

	A	B	C	합 계
직접재료원가	₩200	₩300	₩500	₩1,000
직접노무원가	500	500	1,000	2,000
제조간접원가				
X 부문	200*	300*	500*	1,000
Y 부문	1,000*	500*	500*	2,000
	₩1,900	₩1,600	₩2,500	₩6,000

*1 ₩1 × 200시간 = ₩200, ₩1 × 300시간 = ₩300, ₩1 × 500시간 = ₩500

*2 ₩0.5 × 2,000시간 = ₩1,000, ₩0.5 × 1,000시간 = ₩500, ₩0.5 × 1,000시간 = ₩500

2) 제조부문 X는 기계시간, Y는 노동시간

$$X부문\ 제조간접원가배부율 = \frac{₩1,000}{1,000시간} = ₩1/기계시간$$

$$Y부문\ 제조간접원가배부율 = \frac{₩2,000}{1,000시간} = ₩2/노동시간$$

	A	B	C	합 계
직접재료원가	₩200	₩300	₩500	₩1,000
직접노무원가	500	500	1,000	2,000
제조간접원가				
X 부문	500*1	250*1	250*1	1,000
Y 부문	800*2	800*2	400*2	2,000
	₩2,000	₩1,850	₩2,150	₩6,000

*1 ₩1 × 500시간 = ₩500, ₩1 × 250시간 = ₩250, ₩1 × 250시간 = ₩250

*2 ₩2 × 400시간 = ₩800, ₩2 × 400시간 = ₩800, ₩2 × 200시간 = ₩400

SECTION

03 보조부문원가의 배분방법

보조부문(service department)은 제조를 직접 담당하지 않고 다른 부문에 용역을 제공하며 제조부문의 활동을 간접적으로 지원하는 부문을 말한다. 보조부문으로는 동력부, 수선부, 식당부 등이 있다.

제품은 보조부문을 직접 통과하지 않으므로 보조부문은 제조활동에 직접 참가하지는 않는다. 그러나 보조부문은 제조부문의 생산활동을 보조하므로 보조부문의 원가도 당연히 제조원가에 포함되어야 한다.

보조부문원가를 할당시 주의할 점은 보조부문의 원가는 제조활동과 직접적인 관련이 없으므로 제품에 바로 배부하는 것이 아니라 제조부문에 배분을 한 후 다시 제품에 배부하게 된다. 이와 같이 보조부문의 원가를 제조부문에 배분하게 되면 제조부문에서는 보조부문의 용역사용에 대한 불필요한 낭비가 감소하게 될 것이다.

1 공통제조간접원가가 있는 경우

제조간접원가로 분류되는 각 원가요소는 어느 부문에서 발생하였는가를 직접 추적할 수 있는 원가요소와 둘 이상의 부문에 공통적으로 발생하기 때문에 직접 추적할 수 없는 원가요소로 나누어진다. 직접 추적할 수 없는 원가요소는 공통제조간접원가로서 원가요소의 성질에 따라 적절한 배분기준을 사용하여 각 제조부문과 보조부문에 우선 배분되어야 한다.

❖ 부문공통원가의 배분기준 ❖

부문공통원가	배 분 기 준
전 력 비	각 부문의 전력사용량
복 리 후 생 비	각 부문의 종업원수
간 접 노 무 원 가	각 부문의 종업원수 혹은 급여지급액
보 험 료	보험목적자산의 가액, 각 부문의 건물점유면적
감 가 상 각 비	건물점유면적, 기계가액
재 산 세, 임 차 료	각 부문의 건물점유면적

2 보조부문원가의 제조부문에 대한 배분방법

공통제조간접원가 배분 후에는 보조부문의 원가를 배분한다. 보조부문원가의 배분방법에는 보조부문 상호간의 용역수수관계를 어떻게 인식하느냐에 따라 다음과 같이 직접배분법, 단계배분법과 상호배분법으로 나누어진다.

(1) 직접배분법

직접배분법(direct method)은 보조부문 상호간의 용역수수관계를 완전히 무시하고 보조부문의 원가를 제조부문이 사용한 용역량에 따라 제조부문에만 배분하는 방법이다. 직접배분법은 적용하기가 단순하다는 장점이 있으나 보조부문 상호간의 용역수수관계가 밀접할 경우 제조부문의 부문별 제조간접원가배부율이 왜곡된다는 단점이 있다.

(2) 단계배분법

단계배분법(step method)은 보조부문 상호간의 용역수수관계를 우선순위에 따라 배분하는 방법으로서, 우선순위가 높은 부문의 보조부문원가를 우선순위가 낮은 부문과 제조부문에 배분한다. 따라서 특정 보조부문의 원가가 다른 보조부문에 배분된 후에는 특정보조부문은 없어지므로 다른 보조부문을 배분시 특정보조부문에 역으로 재배분 되지는 않는다.

보조부문원가 배분시 우선순위의 기준

① 다른 보조부문에 제공하는 용역의 비율이 큰 보조부문의 순서로 배분
② 다른 보조부문에 용역제공시 제공을 받는 다른 보조부문의 수가 많은 순서로 배분
③ 보조부문의 원가가 큰 순서로 배분

단계배분법은 보조부문 상호간의 용역수수관계를 일부 인식한다는 장점이 있으나 보조부문의 수가 많은 경우 배분순서를 정하는데 많은 시간이 소요되고, 배분순서가 부적절한 경우 직접배분법보다도 정확성이 떨어질 수 있는 단점이 있다.

(3) 상호배분법

상호배분법(reciprocal method)은 보조부문 상호간의 용역수수 관계를 완전히 인식하여 각 보조부문원가를 제조부문과 다른 보조부문에도 배분한다. 상호배분법은 가장 정확한 배분방법으로서 단계법과 달리 배분순서를 인위적으로 정할 필요가 없다는 장점이 있으나 보조부문의 수가 여러 개일 경우 시간과 비용이 많이 소요되고 계산하기가 어려운 단점이 있다.

배분대상 보조부문 제조간접원가
= 자기부문의 제조간접원가 + 타보조부문으로부터 배분받은 제조간접원가

예제 04 보조부문 제조간접원가의 배분

(주)서울은 두 개의 보조부문 S_1, S_2와 두 개의 제조부문 P_1, P_2가 있다. 다음은 부문에 대한 용역수수 관계와 제조간접원가 자료이다.

제공부문 \ 사용부문	보조부문		제조부문	
	S_1	S_2	P_1	P_2
S_1	–	20%	60%	20%
S_2	40%	–	30%	30%
부문원가	₩100,000	₩200,000	₩300,000	₩300,000

[물 음] 다음의 방법을 이용하여 보조부문원가를 각 제조부문에 배분하시오.

1) 직접배분법

2) 단계배분법

1. 보조부문 배분시 S_1부터 먼저 배분하시오.

2. 보조부문 배분시 S_2부터 먼저 배분하시오.

3) 상호배분법

해답

1) 직접배분법

	S_1	S_2	P_1	P_2
배분전 원가	₩100,000	₩200,000	₩300,000	₩300,000
S_1	(100,000)	–	75,000*1	25,000*1
S_2	–	(200,000)	100,000*2	100,000*2
배분후 원가	₩0	₩0	₩475,000	₩425,000

*1 ₩100,000 × 0.6/0.8 = ₩75,000, ₩100,000 × 0.2/0.8 = ₩25,000

*2 ₩200,000 × 0.3/0.6 = ₩100,000, ₩200,000 × 0.3/0.6 = ₩100,000

2) 단계배분법

① S_1부터 배분

	S_1	S_2	P_1	P_2
배분전 원가	₩100,000	₩200,000	₩300,000	₩300,000
S_1	(100,000)	20,000*1	60,000*1	20,000*1
S_2	–	(220,000)	110,000*2	110,000*2
배분후 원가	₩0	₩0	₩470,000	₩430,000

*1 ₩100,000 × 0.2 = ₩20,000, ₩100,000 × 0.6 = ₩60,000, ₩100,000 × 0.2 = ₩20,000

*2 ₩220,000 × 0.3/0.6 = ₩110,000, ₩220,000 × 0.3/0.6 = ₩110,000

② S_2부터 배분

	S_2	S_1	P_1	P_2
배분전 원가	₩200,000	₩100,000	₩300,000	₩300,000
S_2	(200,000)	80,000*1	60,000*1	60,000*1
S_1	–	(180,000)	135,000*2	45,000*2
배분후 원가	₩0	₩0	₩495,000	₩405,000

*1 ₩200,000 × 0.4 = ₩80,000,　　₩200,000 × 0.3 = ₩60,000,　　₩200,000 × 0.3 = ₩60,000

*2 ₩180,000 × 0.6/0.8 = ₩135,000,　　₩180,000 × 0.2/0.8 = ₩45,000

3) 상호배분법

	S_1	S_2	P_1	P_2
배분전 원가	₩100,000	₩200,000	₩300,000	₩300,000
S_1	(195,652)	39,130*1	117,392*1	39,130*1
S_2	95,652*2	(239,130)	71,739*2	71,739*2
배분후 원가	₩0	₩0	₩489,131	₩410,869

*1 ₩195,652 × 0.2 = ₩39,130,　　₩195,652 × 0.6 = ₩117,392,　　₩195,652 × 0.2 = ₩39,130

*2 ₩239,130 × 0.4 = ₩95,652,　　₩239,130 × 0.3 = ₩71,739,　　₩239,130 × 0.3 = ₩71,739

S_1 = ₩100,000 + 0.4 · S_2 ⋯ ①

S_2 = ₩200,000 + 0.2 · S_1 ⋯ ②

②식을 ①식에 대입하면 S_1 = ₩195,652이고, S_1을 ②식에 대입하면 S_2 = ₩239,130이다. 배부대상 보조부문 제조간접원가는 S_1 = ₩195,652, S_2 = ₩239,130이다.

P_1 = ₩300,000 + 0.6 · S_1 + 0.3 · S_2 ⋯ ③

P_2 = ₩300,000 + 0.2 · S_1 + 0.3 · S_2 ⋯ ④

S_1 = ₩195,652, S_2 = ₩239,130를 ③과 ④식에 대입한다.

P_1 = ₩300,000 + 0.6 · ₩195,652 + 0.3 · ₩239,130 = ₩489,131

P_2 = ₩300,000 + 0.2 · ₩195,652 + 0.3 · ₩239,130 = ₩410,869

3 보조부문원가 배분의 기타문제

(1) 자기부문의 소비용역

자기부문 소비용역(self-service)이란 보조부문이 생산한 용역을 보조부문이 스스로 소비하는 것을 말한다. 예를 들면, 동력부문이 생산한 동력을 동력부문 스스로가 사용하거나 식당부문이 생산한 음식을 식당부문에서 근무하는 종업원이 소비하는 경우가 자기소비에 해당된다.

보조부문을 운영하는데 발생한 모든 원가는 궁극적으로 다른 부문에 배분되어야 하기 때문에 자기부문 소비용역은 보조부문원가배분에서 별도로 고려하지 않는다. 즉, 보조부문의 용역제공비율 계산시 자기부문이 소비한 용역은 무시하고 나머지 용역량만을 가지고 용역제공비율을 구한다는 것이다.

(2) 보조부문에서 수익이 창출되는 경우

보조부문에서는 일반적으로 수익이 창출되지 않는다. 그러나 보조부문에서 수익이 창출된다면 보조부문의 총원가에서 보조부문에서 창출된 수익을 차감한 순원가를 제조부문에 배분한다.

예제 05 자기부문의 소비용역

(주)서울은 두 개의 보조부문 수선부(S_1), 동력부(S_2)와 두 개의 제조부문 P_1, P_2가 있다. 보조부문에서 당기 중 생산하여 다른 부문에 제공한 용역과 제조간접원가는 다음과 같다.

사용부문 / 제공부문	보조부문		제조부문		합 계
	수선부(S_1)	동력부(S_2)	P_1	P_2	
수선부(S_1)	250시간	250시간	250시간	250시간	1,000시간
동력부(S_2)	500kWh	500kWh	500kWh	500kWh	2,000kWh
부문원가	₩12,000	₩24,000	₩50,000	₩100,000	

[물 음] 상호배분법 사용시 제조부문의 제조간접원가는 각각 얼마인가?

해답

1) 용역제공비율 계산시 자기부문의 소비용역은 없는 것으로 본다.

사용부문 / 제공부문	보조부문		제조부문	
	수선부(S_1)	동력부(S_2)	P_1	P_2
수선부(S_1)	–	1/3	1/3	1/3
동력부(S_2)	1/3	–	1/3	1/3
부문원가	₩12,000	₩24,000	₩50,000	₩100,000

2) - 1 상호배분법

S_1 = ₩12,000 + 1/3 · S_2 ··· ①

S_2 = ₩24,000 + 1/3 · S_1 ··· ②

①식에 3을 곱하면 다음과 같다.

3 · S_1 = ₩36,000 + S_2 ··· ①

S_2 = ₩24,000 + 1/3 · S_1 ··· ②

①식과 ②식을 합하면 S_2는 제거되고 S_1 = ₩22,500이다. 또한 S_1을 ②식에 대입하면 S_2 = ₩31,500이다.

다음은 제조부문의 제조간접원가를 구하는 식이다.

P_1 = ₩50,000 + 1/3 · S_1 + 1/3 · S_2 ··· ③

P_2 = ₩100,000 + 1/3 · S_1 + 1/3 · S_2 ··· ④

S_1 = ₩22,500, S_2 = ₩31,500를 ③과 ④식에 대입한다.

P_1 = ₩50,000 + 1/3 · ₩22,500 + 1/3 · ₩31,500

= ₩68,000

P_2 = ₩100,000 + 1/3 · ₩22,500 + 1/3 · ₩31,500

= ₩118,000

※ 자기부문 소비용역을 제거하지 않은 경우의 용역제공비율은 다음과 같다.

사용부문 / 제공부문	보 조 부 문		제 조 부 문	
	수선부(S_1)	동력부(S_2)	P_1	P_2
수선부(S_1)	0.25	0.25	0.25	0.25
동력부(S_2)	0.25	0.25	0.25	0.25
부 문 원 가	₩12,000	₩24,000	₩50,000	₩100,000

2) - 2 상호배분법

S_1 = ₩12,000 + 0.25 · S_1 + 0.25 · S_2 … ①

S_2 = ₩24,000 + 0.25 · S_1 + 0.25 · S_2 … ②

위의 식을 정리하면 다음과 같다.

0.75 · S_1 = ₩12,000 + 0.25 · S_2 … ①

0.75 · S_2 = ₩24,000 + 0.25 · S_1 … ②

①식에 3을 곱하면 다음과 같다.

2.25 · S_1 = ₩36,000 + 0.75 · S_2 … ①

0.75 · S_2 = ₩24,000 + 0.25 · S_1 … ②

①식과 ②식을 합하면 S_2는 제거되고 S_1 = ₩30,000이다. 또한 S_1을 ②식에 대입하면 S_2 = ₩42,000이다.

다음은 제조부문의 제조간접원가를 구하는 식이다.

P_1 = ₩50,000 + 0.25 · S_1 + 0.25 · S_2 … ③

P_2 = ₩100,000 + 0.25 · S_1 + 0.25 · S_2 … ④

S_1 = ₩30,000, S_2 = ₩42,000를 ③과 ④식에 대입한다.

P_1 = ₩50,000 + 0.25 · ₩30,000 + 0.25 · ₩42,000 = ₩68,000

P_2 = ₩100,000 + 0.25 · ₩30,000 + 0.25 · ₩42,000 = ₩118,000

자기부문 소비용역을 제거하든 제거하지 않든 제조부문에 배분되는 보조부문의 제조간접원가는 동일하다. 그러나 계산의 편의를 위해 자기부문 소비용역을 제거하는 것이 보다 간편한 방법이 될 것이다.

4 보조부문원가의 원가행태별 배분

제조부문이나 보조부문에서 발생되는 제조간접원가는 조업도의 변화에 따라 변화되는 변동제조간접원가와 조업도의 변화와 무관한 고정제조간접원가로 나누어진다. 제조간접원가를 변동원가와 고정원가로 구분하지 않고 하나의 배분기준을 적용하여 배분하는 방법을 단일배분율법이라 하고 변동원가와 고정원가로 구분하여 복수의 배분기준을 사용하는 방법을 이중배분율법이라고 한다.

(1) 단일배분율법

단일배분율법(single rate method)은 보조부문원가를 변동원가와 고정원가로 구분하지 않고 모든 보조부문원가를 공통적인 단일기준에 의해 배분하는 방법이다. 즉, 보조부문의 제조간접원가를 배분시 실제(예정)용역사용량을 기준으로 배분하는 방법이다.

이 방법은 간편하다는 장점이 있으나 고정원가도 마치 변동원가처럼 취급하여 동일한 기준에 의하여 배분한다는 단점이 있다. 이와 같이 단일배분율법은 고정원가를 변동원가처럼 취급하기 때문에 보조부문의 용역을 외부구입시 고정원가에 대해 잘못된 의사결정을 내릴 수 있다.

(2) 이중배분율법

이중배분율법(dual rate method)은 보조부문원가를 변동원가와 고정원가로 구분하여 변동원가는 실제(예정)용역사용량을 기준으로 배분하고 고정원가는 최대용역사용가능량을 기준으로 배분하는 방법이다.

일반적으로 변동원가는 조업도의 변동과 직접적으로 비례하여 발생하므로 실제(예정)용역사용량을 기준으로 배분하는 것이 합리적이다. 그러나 고정원가는 장기간 경제적 효익을 제공할 설비 등을 보유함으로써 발생하는 원가이므로, 장기적인 관점에서 다른 부문이 특정보조부문의 설비를 사용할 수 있는 최대사용가능량에 따라 배분해야만 한다.

앞에서 본 바와 같이 이중배분율은 변동원가와 고정원가의 인과관계에 대한 차이점을 인식하려는 방법이므로 단일배분율법에 비해 이론적으로 타당하며, 보조부문의 용역을 외부구입시 올바른 의사결정을 할 수 있다.

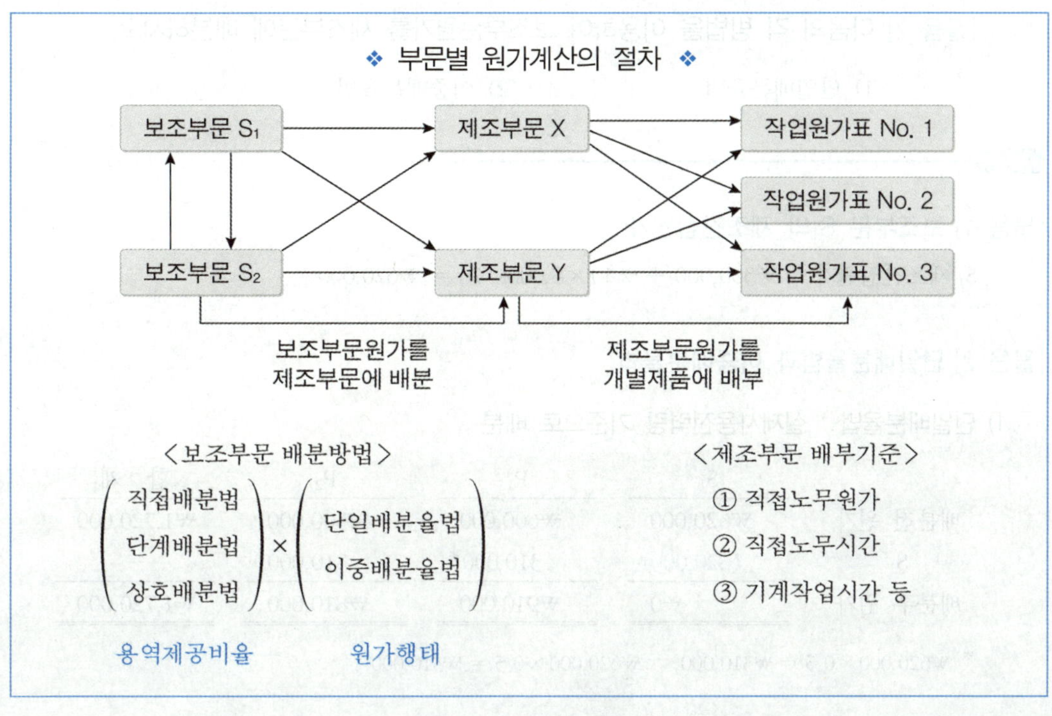

▶ 예제 06 단일배분율법과 이중배분율법

(주)서울은 한 개의 보조부문 S_1과 두 개의 제조부문 P_1, P_2로 구성되어 있다. 20×4년 3월 중 보조부문은 월 ₩300,000의 고정제조간접원가와 kWh당 ₩40의 변동제조간접원가가 발생하였다. 한편, 3월 중 각 제조부문의 최대사용전력량과 실제사용전력량은 다음과 같다.

	P_1	P_2	합 계
실제사용전력량	4,000kWh	4,000kWh	8,000kWh
월간 최대사용전력량	6,000kWh	4,000kWh	10,000kWh

제조간접원가	P_1	P_2	S_1
변 동 원 가	₩350,000	₩300,000	?
고 정 원 가	250,000	200,000	?
합 계	₩600,000	₩500,000	?

[물음 1] 보조부문 S_1의 제조간접원가는 얼마인가?

[물음 2] 다음의 각 방법을 이용하여 보조부문원가를 제조부문에 배분하시오.

1) 단일배분율법　　　　　2) 이중배분율법

해답

[물음 1] 보조부문 S_1의 제조간접원가

S_1 제조간접원가 = ₩300,000 + ₩40 × 8,000kWh = ₩620,000

[물음 2] 단일배분율법과 이중배분율법

1) 단일배분율법 : 실제사용전력량 기준으로 배분

	S_1	P_1	P_2	합 계
배분전 원가	₩620,000	₩600,000	₩500,000	₩1,720,000
S_1	(620,000)	310,000*	310,000*	–
배분후 원가	₩0	₩910,000	₩810,000	₩1,720,000

* ₩620,000 × 0.5 = ₩310,000,　₩620,000 × 0.5 = ₩310,000

2) 이중배분율법 : 실제사용전력량 기준으로 배분

① 변동제조간접원가

	S_1	P_1	P_2	합 계
배분전 원가	₩320,000	₩350,000	₩300,000	₩970,000
S_1 : 변동원가	(320,000)	160,000*	160,000*	–
배분후 원가	₩0	₩510,000	₩460,000	₩970,000

* ₩320,000 × 0.5 = ₩160,000,　₩320,000 × 0.5 = ₩160,000

② 고정제조간접원가 : 월간 최대사용전력량 기준으로 배분

	S_1	P_1	P_2	합 계
배분전 원가	₩300,000	₩250,000	₩200,000	₩750,000
S_1 : 고정원가	(300,000)	180,000*	120,000*	–
배분후 원가	₩0	₩430,000	₩320,000	₩750,000

* ₩300,000 × 0.6 = ₩180,000,　₩300,000 × 0.4 = ₩120,000

이중배분율법 하에서의 제조부문 P_1과 P_2의 제조간접원가는 다음과 같다.

P_1 = ₩510,000 + ₩430,000 = ₩940,000

P_2 = ₩460,000 + ₩320,000 = ₩780,000

SECTION

04 개별원가계산과 종합원가계산

제품원가계산은 각 기업의 제품생산방식과 원가집계방법에 따라 크게 개별원가계산과 종합원가계산으로 나눌 수 있다.

- 개별원가계산(job-order costing) : 종류가 다양한 개별적인 제품들을 주문방식으로 생산하는 기업에 적용되는 원가계산방법으로서 다품종소량생산을 하는 기업에 적합한 원가계산방법이다. 적용되는 기업분야로는 조선업, 건설업, 항공기산업, 기계제조업 등이 있으며 특별주문이나 수요에 따라 제품을 개별적으로 생산하는 기업들이 이에 해당된다.
- 종합원가계산(process costing) : 동종제품을 연속적으로 대량생산하는 기업에 적용되는 원가계산방법으로서 동종제품을 대량생산하는 기업에 적합한 원가계산방법이다. 종합원가계산은 개별원가계산에 비해 직접노무원가의 비중이 제조간접원가 보다 상대적으로 작은 제품에 적합한 원가계산방법이다. 적용되는 기업분야로는 정유업, 화학공업, 제지업, 금속제조업 등과 같이 동종제품을 연속적으로 대량생산하는 기업들에게 적합하다.

〈 개별원가계산 〉

재 공 품

	A	B	C		
기 초			xxx	당기제품제조원가	xxx
당기총제조원가				기 말	xxx
(1) 직접재료원가	xxx	xxx	xxx		
(2) 직접노무원가	xxx	xxx	xxx		
(3) 제조간접원가	xxx	xxx	xxx		

〈 종합원가계산 〉

재 공 품

기 초	xxx	완성품원가	xxx
	A		
당기투입원가	xxx	기 말	xxx
(1) 재료원가	xxx		
(2) 가공원가	xxx*		

* 직접노무원가 + 제조간접원가

개별원가계산은 여러 가지의 제품을 생산하며 원가를 직접재료원가, 직접노무원가와 제조간접원가로 분류하고 종합원가계산은 단일(동종)제품을 대량생산하며 재료원가와 가공원가로 분류한다.

SECTION 05 개별원가계산의 의의

1 개별원가계산의 의의

개별원가계산에서는 제품마다 그 종류, 모양, 크기 등이 서로 다르기 때문에 개별작업별로 원가를 구분하여 계산한다. 개별원가계산은 여러 종류의 제품을 고객의 요구에 따라 소량으로 주문생산하는 제조업에서 흔히 볼 수 있으며, 작업내용을 명확히 구분할 수 있는 회계법인이나 법률법인등과 같은 서비스업에도 적용할 수 있다.

개별원가계산과 관련하여 조선업에 대한 사례를 들면 다음과 같다.

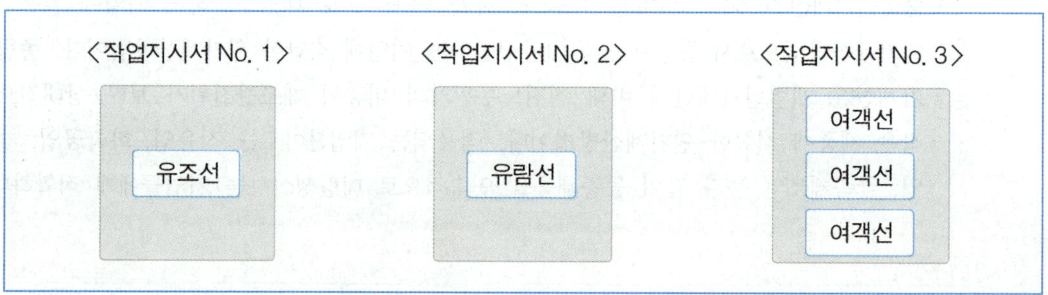

위의 작업지시서는 작업장에서 형태, 크기, 작업내용이 완전히 다른 유조선 1척, 유람선 1척 및 여객선 3척을 건조한다는 것을 나타낸다. 이러한 경우 각 제품은 작업내용이 서로 다르기 때문에 각각 별도의 작업으로 분류되지만, 여객선은 3척을 건조하더라도 동일한 작업이므로 하나의 묶음으로 처리되어 하나의 작업으로 분류된다. 그러므로 여객선의 단위당 원가는 작업지시서 No.3에 집계된 원가를 생산량으로 나누면 될 것이다.

앞에서 본 바와 같이 개별원가계산에서 원가집계의 대상이 되는 것은 각각의 개별제품이며, 작업을 착수시 원가계산이 시작되어 완성과 함께 제품원가가 확정된다.

2 개별원가계산의 목적

개별원가계산은 각 개별작업에 직접재료원가, 직접노무원가 및 제조간접원가를 보다 정확하게 관련시켜, 수익과 비용을 적절히 대응시킴으로써 경영자의 의사결정에 유용한 정보를 제공한다. 개별원가계산의 경우에는 일반적으로 제품의 단위당 원가가 매우 크므로 종합원가계산의 제품보다 정확하게 제품원가를 계산해야 한다.

3 개별원가계산의 특징

① 개별작업에 대한 원가의 추적가능성 여부에 따라 원가를 직접원가와 제조간접원가로 분류한다. 직접원가는 실제원가를 제품별로 직접대응시키고 제조간접원가는 실제원가 또는 예정원가를 각 제품에 배부한다.

② 개별원가계산의 경우에는 각 개별작업별로 원가를 기록하기 때문에 각 개별작업별로 작업원가표가 작성된다.

③ 개별원가계산에서는 기말재공품의 평가문제가 발생되지 않는다. 왜냐하면 개별원가계산에서는 특정작업이 완성되면 작업원가표에 집계된 원가가 그대로 완성품원가가 되고 특정작업이 미완성되면 작업원가표에 집계된 원가가 그대로 기말재공품원가가 되므로 기말재공품을 별도로 평가할 필요가 없기 때문이다.

④ 개별원가계산에서는 총원가에 비하여 생산량이 적기 때문에 단위당 원가가 일반적으로 크게 나타난다.

4 작업지시서와 작업원가표

① 작업지시서(제조지시서)

작업지시서(job-order)는 작업현장에 대하여 내리는 제조명령을 기재한 서식으로 보통 생산부문에서 작성한다. 작업지시서는 반드시 주문받은 제품별로 1매씩 작성하는 것이 원칙이며, 작업지시서별로 직접원가는 집계하고 제조간접원가는 배부한다.

② 작업원가표(개별원가계산표)

작업원가표(job-cost sheet)는 작업지시서에 따라 작업이 수행되면서 회계부문에서 개별작업별로 원가를 기록하는 문서이다. 작업원가표도 작업지시서의 경우와 마찬가지로 제품종류별(작업별)로 1매씩 작성한다. 제조원가중 직접재료원가와 직접노무원가는 개별작업에 대해 직접대응을 시킬 수 있기 때문에 발생시점에서 작업원가표에 기록되지만 제조간접원가는 직접대응을 시킬 수 없기 때문에 기말에 적정한 기준에 의해 배부된 금액을 작업원가표에 기록한다.

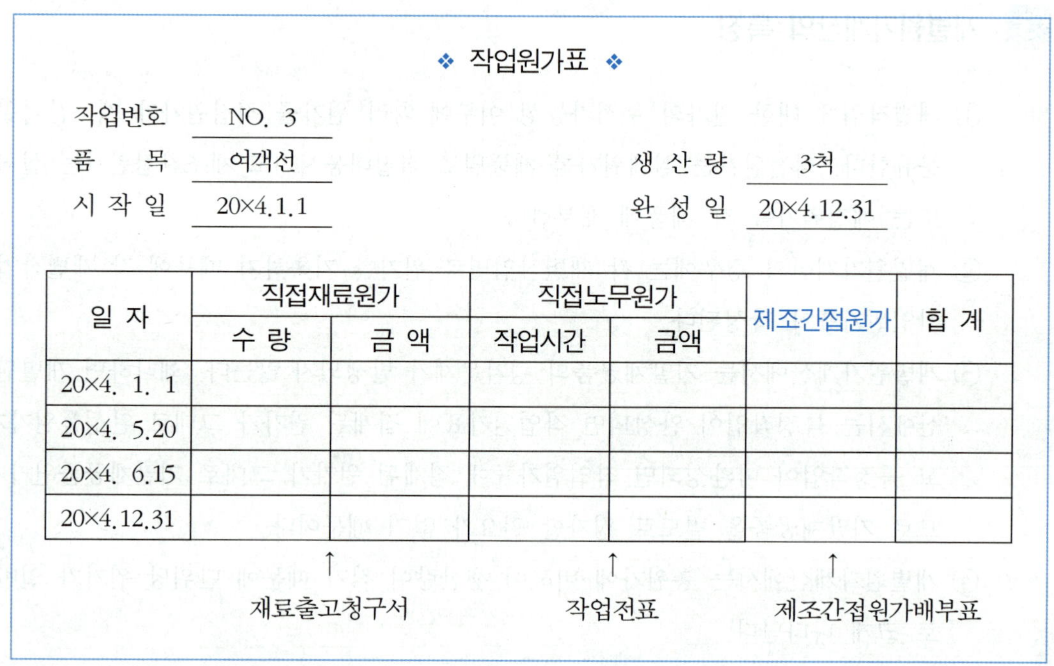

❖ 작업원가표 ❖

작업번호 NO. 3

품 목 여객선 생 산 량 3척

시 작 일 20×4.1.1 완 성 일 20×4.12.31

일 자	직접재료원가		직접노무원가		제조간접원가	합 계
	수 량	금 액	작업시간	금액		
20×4. 1. 1						
20×4. 5.20						
20×4. 6.15						
20×4.12.31						

↑ 재료출고청구서 ↑ 작업전표 ↑ 제조간접원가배부표

③ 기타서류

- 재료출고청구서 : 작업현장에서 재료출고를 창고부서에 요청할 때 사용하는 서류이다. 재료출고청구서는 직접재료원가를 각각의 작업원가표에 배부하기 위한 기초자료가 된다.
- 작업전표 : 종업원별로 각 작업에서 일한 작업시간을 기록하는 서류이다. 작업전표는 직접노무원가를 각각의 작업원가표에 배부하기 위한 기초자료가 된다.
- 제조간접원가배부표 : 제조간접원가를 각각의 제품에 배부하기 위하여 작성하는 표이다.

④ 문서의 흐름

위에서 설명한 문서의 흐름을 도표로 나타내면 다음과 같다. 제조부문에서 주문에 따라 작업지시서가 발행되면 작업지시서에 의해 작업이 진행됨에 따라 재료출고청구서에 의해 직접재료원가 소비액이, 작업전표에 의해서는 직접노무원가 소비액이 집계되며 제조간접원가배부표에 의해서는 제조간접원가배부액이 각각의 작업원가표에 집계된다.

완성된 작업지시서의 작업원가표에 집계된 금액은 당기제품제조원가가 되고 미완성된 작업지시서의 작업원가표에 집계된 금액은 기말재공품원가가 된다.

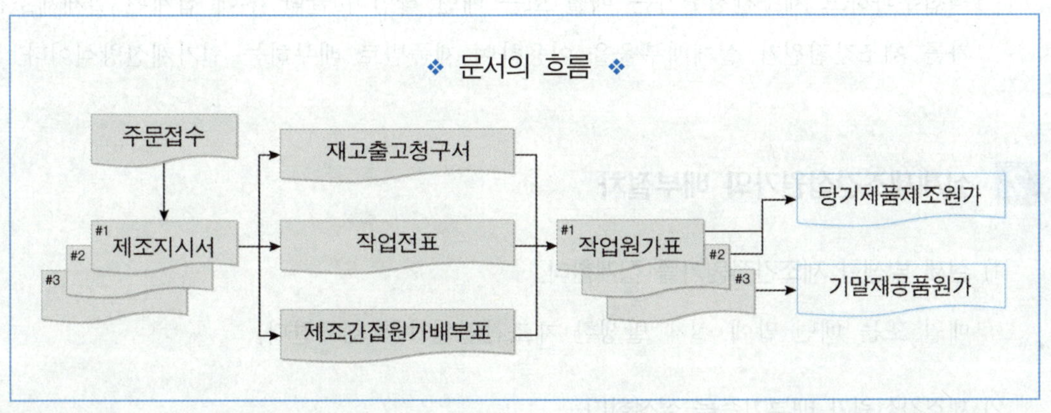

SECTION 06

실제개별원가계산

1 의 의

실제개별원가계산은 실제직접재료원가와 실제직접노무원가는 작업지시서별 작업원가표에 직접부과하고 제조간접원가는 매월 또는 매년 작업이 끝난 후에 집계된 실제제조간접원가를 제조간접원가 실제배부율을 이용하여 제품별로 배부하는 원가계산방식이다.

2 실제제조간접원가의 배부절차

1) 실제 발생한 제조간접원가를 집계한다.

매월 또는 매년 말에 실제 발생한 제조간접원가를 집계한다.

2) 제조간접원가 배부기준을 설정한다.

제조간접원가 배부기준으로는 직접노무원가 · 노무시간 · 기계시간 · 생산량 · 원재료 소비량 등이 사용되는데 다양한 배부기준 중에서 가장 합리적인 배부기준을 선택한다.

3) 제조간접원가 실제배부율 산정한다.

1)에서 구한 실제 제조간접원가를 2)에서 선택한 배부기준의 실제조업도로 나누어 실제배부율을 구한다.

$$\text{제조간접원가 실제배부율} = \frac{\text{실제 제조간접원가}}{\text{실제 조업도}}$$

4) 제조간접원가를 제품에 배부한다.

$$\text{제조간접원가 배부액} = \text{실제조업도} \times \text{제조간접원가 실제배부율}$$

3 실제원가계산의 단점

① 기말에 실제 발생한 제조간접원가를 집계해야만 제품원가계산을 할 수 있기 때문에 신속한 제품원가계산이 이루어지지 않는다.

② 조업도의 변동에 따라 제품의 단위당 고정제조간접원가가 달라진다. 호경기에는 제품의 단위당 원가가 낮고 불경기에는 높아져 재무제표작성을 위한 재고자산평가나 매출원가의 산정에 있어서 동일한 제품의 원가를 서로 다르게 평가하는 문제점이 있다.

예제 07 실제 제조간접원가의 배부

당기에 영업을 개시한 (주)서울은 작업번호가 #101, #102, #103인 세 가지 작업을 착수하여 모두 완성하였다. 세 가지 작업에 대한 실제원가자료는 다음과 같으며 제조부문은 X부문만 존재한다.

	#101	#102	#103	합 계
직접재료원가	₩500	₩500	₩1,000	₩2,000
직접노무원가	1,000	1,500	1,500	4,000
제조간접원가	?	?	?	8,000

	#101	#102	#103	합 계
직접노동시간	500시간	250시간	250시간	1,000시간
기 계 시 간	3,000시간	3,000시간	2,000시간	8,000시간
생 산 량	500개	500개	1,000개	2,000개

[물음 1] 다음과 같은 배부기준하에서 각 작업의 작업별 제조원가를 구하시오.

1) 직접노무원가기준
2) 직접노동시간기준
3) 기계시간기준
4) 생산량기준

[물음 2] [물음 1]의 배부방법 중 1)을 이용하여 재공품계정을 작성해보시오.

해답

[물음 1] 작업별 제조원가

1) 직접노무원가기준

$$제조간접원가\ 배부율 = \frac{₩8,000}{₩4,000} = 200\%(직접노무원가기준)$$

	#101	#102	#103	합 계
직접재료원가	₩500	₩500	₩1,000	₩2,000
직접노무원가	1,000	1,500	1,500	4,000
제조간접원가	2,000*	3,000*	3,000*	8,000
	₩3,500	₩5,000	₩5,500	₩14,000

(합계 직접노무원가 4,000 × 200% → 8,000)

* ₩1,000 × 2 = ₩2,000, ₩1,500 × 2= ₩3,000, ₩1,500 × 2= ₩3,000

2) 직접노동시간기준

$$제조간접원가\ 배부율 = \frac{₩8,000}{1,000시간} = ₩8/노동시간$$

	#101	#102	#103	합 계
직접재료원가	₩500	₩500	₩1,000	₩2,000
직접노무원가	1,000	1,500	1,500	4,000
제조간접원가	4,000*	2,000*	2,000*	8,000
	₩5,500	₩4,000	₩4,500	₩14,000

* ₩8 × 500시간 = ₩4,000, ₩8 × 250시간 = ₩2,000, ₩8 × 250시간 = ₩2,000

3) 기계시간기준

$$제조간접원가\ 배부율 = \frac{₩8,000}{8,000시간} = ₩1/기계시간$$

	#101	#102	#103	합 계
직접재료원가	₩500	₩500	₩1,000	₩2,000
직접노무원가	1,000	1,500	1,500	4,000
제조간접원가	3,000*	3,000*	2,000*	8,000
	₩4,500	₩5,000	₩4,500	₩14,000

* ₩1 × 3,000시간 = ₩3,000, ₩1 × 3,000시간 = ₩3,000, ₩1 × 2,000시간 = ₩2,000

4) 생산량기준

$$\text{제조간접원가 배부율} = \frac{₩8,000}{2,000\text{개}} = ₩4/\text{개}$$

	#101	#102	#103	합 계
직접재료원가	₩500	₩500	₩1,000	₩2,000
직접노무원가	1,000	1,500	1,500	4,000
제조간접원가	2,000*	2,000*	4,000*	8,000
	₩3,500	₩4,000	₩6,500	₩14,000

* ₩4 × 500개 = ₩2,000, ₩4 × 500개 = ₩2,000, ₩4 × 1,000개 = ₩4,000

[물음 2] 재공품 계정

(1)은 직접재료원가, (2)는 직접노무원가, (3)은 제조간접원가를 나타낸다.

재 공 품

차변				대변			
기 초			−	당기제품제조원가			
					#101	#102	#103
				(1)	₩500	₩500	₩1,000
				(2)	1,000	1,500	1,500
				(3)	2,000	3,000	3,000
당기총제조원가				기 말			
	#101	#102	#103		#101	#102	#103
(1)	₩500	₩500	₩1,000	(1)	−	−	−
(2)	1,000	1,500	1,500	(2)	−	−	−
(3)	2,000	3,000	3,000	(3)	−	−	−

SECTION 07

정상개별원가계산

1 의 의

실제개별원가계산은 기말에 실제제조간접원가가 집계되기 전에는 기중에 제품이 완성되어도 제품원가계산을 할 수 없으며, 조업도에 따라 제품원가가 일정하지 않은 문제점이 있다. 이러한 문제점을 해결하는 원가계산방법이 바로 정상개별원가계산이다.

정상개별원가계산에서는 실제직접재료원가와 실제직접노무원가는 제품별로 직접부과하고 제조간접원가는 기초에 결정된 제조간접원가 예정배부율(predetermined over-head rate)을 이용하여 제품별로 배부한다. 이와 같이 정상원가계산에서는 사전에 설정한 제조간접원가배부율을 이용하여 배부하므로 제품에 대한 원가계산을 신속히 할 수 있으며, 제품원가가 조업도에 영향을 받지 않게 된다.

2 제조간접원가 배부절차

1) 제조간접원가 예산액을 추정한다.

제조간접원가 예산액은 과거에 발생한 원가자료를 분석하고, 가격과 기술에 있어서 예상되는 변화를 반영하여 추정한다.

2) 제조간접원가의 예정조업도를 설정한다.

예정조업도로는 직접노무원가 · 노무시간 · 기계시간 · 생산량 · 원재료 소비량 등이 사용되는데 다양한 배부기준 중에서 가장 합리적인 배부기준을 선택한다.

3) 제조간접원가 예정배부율을 산정한다.

1)에서 추정한 제조간접원가 예산액을 2)에서 정한 예정조업도로 나누어 예정배부율을 산정한다. 제조간접원가 예정배부율을 산정할 때는 월별자료를 사용하지 않고 연간자료를 사용하여야 월별, 계절별 예산이나 조업도 변동으로 인한 제조간접원가 배부율의 변동을 방지할 수 있다.

$$제조간접원가\ 예정배부율 = \frac{제조간접원가예산}{예정조업도}$$

4) 제조간접원가를 제품에 배부한다.

$$제조간접원가\ 예정배부액 = 실제조업도 \times 제조간접원가\ 예정배부율$$

예제 08 제조간접원가의 예정배부율

당기에 영업을 개시한 (주)서울은 정상원가계산을 이용하여 제품원가계산을 하려고 한다. 정상원가계산을 적용시 기초에 제조간접원가 예정배부율을 결정해야 하는데, 제조간접원가예산에 대하여 다음과 같이 (주)서울은 추정하였다.

제조간접원가 예산 = ₩100,000 + ₩10 · X

[물음 1] X를 직접노동시간이라고 가정한다. 직접노동시간이 10,000시간인 경우 제조간접원가 예정배부율을 구하시오.

[물음 2] X를 기계시간이라고 가정한다. 기계시간이 5,000시간인 경우 제조간접원가 예정배부율을 구하시오.

해답

1) 제조간접원가 예정배부율

$$\frac{제조간접원가예산}{예정조업도} = \frac{₩100{,}000 + ₩10 \times 10{,}000시간}{10{,}000시간} = ₩20/노동시간$$

2) 제조간접원가 예정배부율

$$\frac{제조간접원가예산}{예정조업도} = \frac{₩100{,}000 + ₩10 \times 5{,}000시간}{5{,}000시간} = ₩30/기계시간$$

예제 09 정상원가계산(1)

당기에 영업을 개시한 (주)서울은 작업번호가 #101, #102, #103인 세 가지 작업을 착수하여 모두 완성하였다. 세 가지 작업에 대한 실제원가자료와 실제조업도는 다음과 같으며 기초에 설정한 제조간접원가 예산은 ₩1,500이다.

	#101	#102	#103	합 계
직접재료원가	₩200	₩300	₩500	₩1,000
직접노무원가	500	500	1,000	2,000
제조간접원가	?	?	?	3,000

	#101	#102	#103	합 계
직접노동시간	500시간	250시간	250시간	1,000시간
기 계 시 간	1,000시간	1,000시간	1,000시간	3,000시간
생 산 량	500개	500개	1,000개	2,000개

[물음 1] 다음과 같은 배부기준 하에서 각 작업의 작업별 제조원가와 제조간접원가차이를 구하시오.

1) 직접노무원가예산은 ₩1,000이다.
2) 예정 직접노동시간은 5,000시간이다.
3) 예정 기계시간은 300시간이다.
4) 예정 생산량은 750단위이다.

[물음 2] [물음 1]의 배부방법 중 1)을 이용하여 재공품계정을 작성하시오.

해답

[물음 1] 배부차이

1) 직접노무원가기준

제조간접원가 배부율 $= \dfrac{₩1,500}{₩1,000} =$ 150%(직접노무원가기준)

	#101	#102	#103	합 계
직접재료원가	₩200	₩300	₩500	₩1,000
직접노무원가	500	500	1,000	2,000 ↘ × 150%
제조간접원가	750*	750*	1,500*	3,000
	₩1,450	₩1,550	₩3,000	₩6,000

* ₩500 × 1.5 = ₩750, ₩500 × 1.5 = ₩750, ₩1,000 × 1.5 = ₩1,500

제조간접원가 배부차이 = ₩0 [₩3,000(실제) − ₩3,000(장부가)]

2) 직접노동시간기준

제조간접원가 예정배부율 = $\frac{₩1,500}{5,000시간}$ = ₩0.3/노동시간

	#101	#102	#103	합 계
직접재료원가	₩200	₩300	₩500	₩1,000
직접노무원가	500	500	1,000	2,000
제조간접원가	150*	75*	75*	300
	₩850	₩875	₩1,575	₩3,300

* ₩0.3 × 500시간 = ₩150, ₩0.3 × 250시간 = ₩75, ₩0.3 × 250시간 = ₩75

제조간접원가 배부차이 = ₩2,700과소배부 [₩3,000(실제) − ₩300(장부가)]

3) 기계시간기준

제조간접원가 예정배부율 = $\frac{₩1,500}{300시간}$ = ₩5/기계시간

	#101	#102	#103	합 계
직접재료원가	₩200	₩300	₩500	₩1,000
직접노무원가	500	500	1,000	2,000
제조간접원가	5,000*	5,000*	5,000*	15,000
	₩5,700	₩5,800	₩6,500	₩18,000

* ₩5 × 1,000시간 = ₩5,000, ₩5 × 1,000시간 = ₩5,000, ₩5 × 1,000시간 = ₩5,000

제조간접원가 배부차이 = ₩12,000과대배부 [₩3,000(실제) − ₩15,000(장부가)]

4) 생산량기준

$$\text{제조간접원가 예정배부율} = \frac{₩1,500}{750\text{개}} = ₩2/\text{개}$$

	#101	#102	#103	합 계
직접재료원가	₩200	₩300	₩500	₩1,000
직접노무원가	500	500	1,000	2,000
제조간접원가	1,000*	1,000*	2,000*	4,000
	₩1,700	₩1,800	₩3,500	₩7,000

* ₩2 × 500개 = ₩1,000, ₩2 × 500개 = ₩1,000, ₩2 × 1,000개 = ₩2,000

제조간접원가 배부차이 = ₩1,000과대배부 [₩3,000(실제) − ₩4,000(장부가)]

[물음 2] 재공품계정

(1)은 직접재료원가, (2)는 직접노무원가, (3)은 제조간접원가를 나타낸다.

재 공 품

기 초			−	당기제품제조원가			
					#101	#102	#103
				(1)	₩200	₩300	₩500
				(2)	500	500	1,000
				(3)	750	750	1,500
당기총제조원가				기 말			
	#101	#102	#103		#101	#102	#103
(1)	₩200	₩300	₩500	(1)	−	−	−
(2)	500	500	1,000	(2)	−	−	−
(3)	750	750	1,500	(3)	−	−	−

3 장점과 단점

(1) 장 점

① 제품에 대한 실제조업도만 파악되면 제조간접원가를 구할 수 있으므로 제품원가를 신속히 구할 수 있다. 따라서 신속한 제품원가계산을 통해 경영자에게 적시성 있는 정보를 제공할 수 있다.

② 기초에 설정한 제조간접원가 예정배부율이 일정하므로 단위당 제조간접원가가 조업도에 의해 영향을 받지 않는다.

③ 제조간접원가 배부차이에 대한 정보는 경영자의 의사결정과 통제활동에 도움을 준다. 예를 들어 제조간접원가 예정배부율에 대한 예측이 정확했음에도 불구하고 과대배부액이 계속 발생한다면 이는 원가절감에 의한 것이고, 과소배부액이 계속 발생한다면 원가낭비가 발생하고 있다는 것을 경영자에게 알려준다.

(2) 단 점

① 연초에 제조간접원가 예정배부율 결정시 관리자의 주관이 개입될 수 있다.

② 기말에 배부차이가 발생하면 이를 조정하는 회계처리를 하는데, 회계처리 및 계산이 복잡해질 수 있다.

4 제조간접원가 배부차이의 회계처리

정상원가계산에서는 제조간접원가를 예정배부하므로 실제발생액과 예정배부액의 차이인 배부차이가 발생된다.

배부차이 = 실제발생액 − 예정배부액

정상원가계산하에서는 제조간접원가를 예정배부하므로 제조간접원가계정의 차변에는 실제발생된 제조간접원가가 대변에는 예정배부액이 나타난다. 물론 실제원가계산하에서는 제조간접원가의 차변(실제발생액)과 대변(실제배부액) 모두 실제제조간접원가가 될 것이다.

(1) 배부차이의 유형

1) 과소배부가 발생하는 경우

제조간접원가 실제발생액이 예정배부액 보다 큰 경우

제조간접원가			재 공 품	
실제발생액 (₩300,000)	예정배부액 (₩250,000)	→	예정배부액 (₩250,000)	
	과소배부 (₩50,000)			

① 기말에 집계된 간접재료원가와 간접노무원가가 각각 ₩50,000이고 기계의 감가상각비가 ₩200,000인 경우 실제발생액은 ₩300,000이다.

(차) 제조간접원가	300,000	(대)	간접재료원가	50,000
			간접노무원가	50,000
			감 가 상 각 비	200,000

② 기중에 예정배부된 제조간접원가가 ₩250,000인 경우 이를 분개로 나타내면 다음과 같다.

(차) 재 공 품	250,000	(대)	제조간접원가	250,000

③ 실제발생액보다 재공품에 예정배부된 금액이 ₩50,000 작으므로 과소배부가 발생된다. 과소배부 ₩50,000을 전액 매출원가에 가산하여 조정하는 경우 이를 분개로 나타내면 다음과 같다.

(차) 과 소 배 부	50,000	(대)	제조간접원가	50,000
매 출 원 가	50,000		과 소 배 부	50,000

위의 분개를 다음과 같이 나타낼 수도 있다.

(차) 매 출 원 가	50,000	(대)	제조간접원가	50,000

2) 과대배부가 발생하는 경우

제조간접원가 실제발생액이 예정배부액 보다 작은 경우

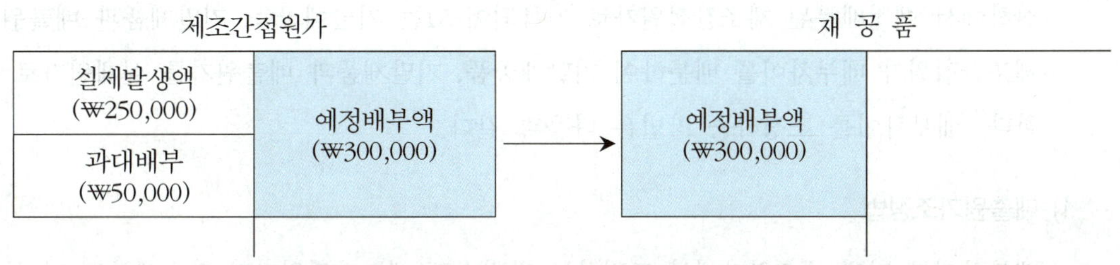

① 기말에 집계된 간접재료원가와 간접노무원가가 각각 ₩50,000이고 기계의 감가상각비가 ₩150,000인 경우 실제발생액은 ₩250,000이다.

(차) 제조간접원가	250,000	(대)	간접재료원가	50,000
			간접노무원가	50,000
			감 가 상 각 비	150,000

② 기중에 예정배부된 제조간접원가가 ₩300,000인 경우 이를 분개로 나타내면 다음과 같다.

(차) 재 공 품	300,000	(대)	제조간접원가	300,000

③ 실제발생액보다 재공품에 예정배부된 금액이 ₩50,000 크므로 과대배부가 발생된다. 과대배부 ₩50,000을 전액 매출원가에서 차감하여 조정하는 경우 이를 분개로 나타내면 다음과 같다.

(차) 제조간접원가	50,000	(대)	과 대 배 부	50,000
과 대 배 부	50,000		매 출 원 가	50,000

위의 분개를 다음과 같이 나타낼 수도 있다.

(차) 제조간접원가	50,000	(대)	매 출 원 가	50,000

(2) 배부차이의 조정방법

외부보고용 재무제표는 실제원가계산에 기초하여 작성되어야 한다. 그러므로 정상원가계산하에서 예정배부된 제조간접원가로 기록되어 있는 기말재공품, 기말제품과 매출원가에 제조간접원가 배부차이를 배분하여 기말재공품, 기말제품과 매출원가를 실제원가로 전환한다. 배부차이를 조정하는 방법은 다음과 같다.

1) 매출원가조정법

배부차이를 전액 매출원가에서 조정하는 방법으로 제조간접원가가 과소배부된 만큼 매출원가가 과소계상 되어 있으므로 매출원가를 증가시킨다. 또한 과대배부된 경우에는 매출원가를 감소시킨다.

(차) 매 출 원 가	×××	(대) 제조간접원가	×××

이 방법은 배부차이가 작거나 재고자산에 배분되는 금액이 작을 경우에 적용하는 방법이다.

2) 기타손익법

배부차이를 전액 기타손익으로 처리하는 방법으로 과소배부된 경우에는 기타비용으로 처리하여 비용을 증가시키고 과대배부된 경우에는 기타수익으로 처리하여 비용을 감소시킨다.

(차) 기 타 비 용	×××	(대) 제조간접원가	×××

이 방법은 비정상적인 원인으로 인하여 배부차이가 발생하여 원가성이 없는 경우에 사용하는 방법이다.

3) 이연법

월차계산 등에서 주로 이용되는 방법으로 원가차이를 별도로 회계처리하지 않고 연말까지 이연시키는 방법이다.

4) 총원가 비례배분법

배부차이를 기말재공품, 기말제품, 매출원가의 총액비율로 배분하는 방법이다. 이 방법은 배부시 기준금액이 되는 총원가의 비율과 총원가에 포함되어 있는 제조간접원가의 비율이 같다고 가정한다. 그러므로 각각의 비율에 차이가 있는 경우 실제원가와 일치하지 않는다.

과소배부된 경우에는 총원가의 비율에 의해 기말재공품, 기말제품 및 매출원가를 증가시키고 과대배부된 경우에는 감소시킨다.

(차) 재 공 품	×××	(대) 제조간접원가	×××
제 품	×××		
매 출 원 가	×××		

5) 원가요소 비례배분법

기말에 재공품, 제품, 매출원가에 포함된 제조간접원가의 비율에 따라 각 계정에 배부차이를 배분하는 방법으로서 실제원가계산과 동일한 결과를 얻을 수 있다.
원가요소 비례배분법은 총원가비율과 총원가에 포함되어 있는 제조간접원가의 비율이 현저히 다를 경우에 유용한 방법이다.

(차) 재 공 품	×××	(대) 제조간접원가	×××
제 품	×××		
매 출 원 가	×××		

▶ 예제 10 정상원가계산(2)

당기에 영업을 개시한 (주)서울은 제조간접원가를 각 작업에 예정배부한다. 기초에 설정한 제조간접원가예산은 ₩1,000,000이고 예정조업도는 10,000직접노동시간이다. 다음은 두 가지 작업에 대한 실제자료이다. 단, #101은 당기에 판매되었고, #102는 기말제품이다.

	#101	#102	합 계
직접재료원가	₩60,000	₩50,000	₩110,000
직접노무원가	100,000	200,000	300,000
제조간접원가	?	?	150,000
직접노동시간	400시간	800시간	1,200시간
기계작업시간	200시간	300시간	500시간

[물음 1] 제조간접원가 예정배부율을 구하시오.

[물음 2] 제조간접원가 배부차이를 구하시오.

[물음 3] 원가요소 비례배분법에 따라 제조간접원가 배부차이를 #101과 #102에 배부하시오.

[물음 4] 실제원가계산을 가정한다. 제조간접원가 실제배부율을 구하고, #101과 #102에 실제제조간접원가를 배부하시오.

해답

자료정리

(1)은 직접재료원가, (2)는 직접노무원가, (3)은 제조간접원가를 나타낸다.

재 공 품

차변	#101	#102	대변	#101	#102
기 초	—				
			(1)	₩60,000	₩50,000
			(2)	100,000	200,000
			(3)	40,000	80,000
(1)	₩60,000	₩50,000			
(2)	100,000	200,000	기 말	—	
(3)	40,000*	80,000*			

제 품

차변	#101	#102	대변	#101	#102
기 초	—		매출원가		
			(1)	₩60,000	—
			(2)	100,000	—
			(3)	40,000	—
			기 말		
(1)	₩60,000	₩50,000	(1)	—	₩50,000
(2)	100,000	200,000	(2)	—	200,000
(3)	40,000	80,000	(3)	—	80,000

* 400시간 × ₩100/시간 = ₩40,000, 800시간 × ₩100/시간 = ₩80,000

[물음 1] 제조간접원가 예정배부율

$$\text{제조간접원가 예정배부율} = \frac{\text{제조간접원가예산}}{\text{예정조업도}} = \frac{₩1,000,000}{10,000\text{시간}}$$

$$= ₩100/\text{직접노동시간}$$

[물음 2] 제조간접원가 배부차이

	실 제	배부액
제조간접원가	(400시간 + 800시간) × ₩125/시간 = ₩150,000	(400시간 + 800시간) × ₩100/시간 = ₩120,000

과소배부 ₩30,000

= (400시간 + 800시간) × (₩125/시간 − ₩100/시간)

[물음 3] 원가요소 비례배분법(실제원가계산과 동일)

	배분 전	제조간접원가	비 율	배부차이	배분 후
#101	₩200,000	₩40,000*1	1/3	₩10,000*2	₩210,000
#102	330,000	80,000*1	2/3	20,000*2	350,000
합 계	₩530,000	₩120,000	1	₩30,000	₩560,000

*1 400시간 × ₩100/시간 = ₩40,000, 800시간 × ₩100/시간 = ₩80,000

*2 400시간 × (₩125/시간 − ₩100/시간) = ₩10,000, 800시간 × (₩125/시간 − ₩100/시간) = ₩20,000

[물음 4] 실제원가계산

1) 제조간접원가 실제배부율

$$\text{제조간접원가 실제배부율} = \frac{\text{실제제조간접원가}}{\text{실제조업도}} = \frac{₩150,000}{400\text{시간} + 800\text{시간}}$$

$$= ₩125/\text{직접노동시간}$$

2) 제조간접원가 배부

(1)은 직접재료원가, (2)는 직접노무원가, (3)은 제조간접원가를 나타낸다.

재 공 품

차변	#101	#102	대변	#101	#102
기 초	—				
			(1)	₩60,000	₩50,000
			(2)	100,000	200,000
			(3)	50,000	100,000
(1)	₩60,000	₩50,000			
(2)	100,000	200,000	기 말	—	
(3)	50,000*	100,000*			

제 품

차변	#101	#102	대변	#101	#102
기 초	—		매출원가		
			(1)	₩60,000	—
			(2)	100,000	—
			(3)	50,000	—
			기 말		
(1)	₩60,000	₩50,000	(1)	—	₩50,000
(2)	100,000	200,000	(2)	—	200,000
(3)	50,000	100,000	(3)	—	100,000

* 400시간 × ₩125/시간 = ₩50,000, 800시간 × ₩125/시간 = ₩100,000

#101 = ₩210,000

#102 = ₩350,000

COST&MANAGEMENT ACCOUNTING

객관식 **연습문제**

01 한 연구결과에 의하면, 기계위주의 제조환경에서 외부구입부품이나 재료원가가 큰 비중을 차지하고 있는 전자업계에서는 품목별 제조간접원가의 배부율이 직접노무원가의 500%에 까지 이른다는 사실을 보여주고 있다. 이는 제조활동에 기계관련자원의 소비가 큰 비중을 차지하는 대신 직접노무원가가 상대적으로 작게 발생하기 때문이다. 이와 같이 기계위주의 제조환경에서 직접노무원가나 직접노동시간을 배부기준으로 사용할 경우 공장의 관리자에게 초래될 수 있는 상황으로 적절하지 않은 것은?

① 직접노무원가가 많이 소요되는 작업이나 부품의 생산을 회피하고 외부의 공급업자들에게 지나치게 의존하려는 경향을 발견할 수 있다.

② 제조원가에서 큰 비중을 차지하는 재료원가나 경비에 대해 적절한 관리활동을 하는 것보다는 오히려 직접노동시간을 통제하는데 더 많은 관심을 갖게 된다.

③ 제조현장의 작업을 가급적이면 간접노무로 분류하지 않고 직접노무로 분류함으로써 과도한 제조간접원가 부담을 줄이려고 할 것이다.

④ 종업원의 증가를 억제한다는 기업의 목표가 설정된 경우에는 제품설계단계에서부터 직접노동시간의 감소를 유도하여 궁극적으로는 감량경영과 자동화를 증진시키는데 기여할 수 있다.

⑤ 직접노무원가를 파악하고 집계하는데 소요되는 관리비용이 과도하게 소요된다면 직접노무원가를 제품에 직접 추적시키는 것보다는 제조간접원가계정에 포함시켜 제품별로 배부하는 것이 원가효익의 관점에서 적절하다.

02 (주)서울은 두 개의 제조부문과 두 개의 보조부문을 가지고 있다. 각 부문에서 발생한 제조간접원가와 부문간의 용역수수 관계는 다음과 같다.

용역사용 / 용역제공	S_1	S_2	P_1	P_2
부문발생원가	₩100,000	₩200,000	₩600,000	₩400,000
S_1	–	20%	40%	40%
S_2	50%	–	30%	20%

직접배분법, 단계배분법과 상호배분법 적용시 제조부문 P_1에서 개별작업에 배부해야 할 원가 총액은 각각 얼마인가?

	직접배분법	단계배분법	상호배분법
①	₩510,000	₩540,000	₩537,778
②	770,000	760,000	762,222
③	630,000	700,000	700,000
④	770,000	760,000	793,333
⑤	620,000	580,000	732,222

03 (주)세무는 제조부문(P_1, P_2)과 보조부문(S_1, S_2)을 이용하여 제품을 생산하고 있으며, 단계배분법을 사용하여 보조부문원가를 제조부문에 배분한다. 각 부문 간의 용역수수관계와 부문원가가 다음과 같을 때 P_2에 배분될 보조부문원가는? (단, 보조부문원가는 S_2, S_1의 순으로 배분한다.)

	제조부문		보조부문		합 계
	P_1	P_2	S_1	S_2	
부문원가	—	—	₩100,000	₩120,000	—
S_1	24시간	40시간	20시간	16시간	100시간
S_2	400kWh	200kWh	200kWh	200kWh	1,000kWh

① ₩92,500 ② ₩95,000 ③ ₩111,250

④ ₩120,500 ⑤ ₩122,250

04 (주)갑은 현재 보조부문의 원가를 생산부문의 부문직접원가를 기준으로 배부하고 있다. 생산부문과 보조부문의 관련 자료는 아래와 같다.

	생산부문		보조부문	
	A	B	C	D
부문직접원가	500만원	400만원	300만원	600만원
서비스 제공비율				
보조부문 C	40%	50%	—	10%
보조부문 D	30%	60%	10%	—

(주)갑은 보조부문 C의 원가를 우선 배부하는 단계배부법으로 보조부문의 원가배부방법을 변경하고자 한다. 이 변경이 생산부문 A에 배부되는 보조부문원가에 미치는 영향은?

① 90만원 감소 ② 120만원 증가 ③ 150만원 증가
④ 170만원 감소 ⑤ 190만원 증가

05 (주)동산의 원가계산을 담당하고 있는 김 과장은 다른 보조부문에 대한 용역제공비율 순서로 보조부문의 원가를 배분하고 있다. 그런데 김 과장이 단계배분법에 의해 보조부문의 원가를 배분하는 중 실수로 다른 보조부문으로부터 배분받은 원가를 누락하고 다음과 같이 보조부문의 원가를 배분하였다.

제공부서	제조부문		보조부문		
	M_1	M_2	A_1	A_2	A_3
배분전 원가	₩17,500	₩25,000	₩7,500	₩10,000	₩5,000
A_3	1,500	1,000	1,500	1,000	—
A_2	3,750	3,750	2,500	—	—
A_1	3,750	3,750	—	—	—
배분후 원가	₩26,500	₩33,500	—	—	—

다음 중 아래의 질문 (가)와 (나)의 답안이 바르게 짝지어진 것은?

(가) 김 과장의 실수로 인해 제조부문에 배부되지 못한 보조부문의 원가는 얼마인가?
(나) 김 과장의 실수를 바로잡았을 때 제조부문 M_1과 M_2의 배분후 원가는 얼마인가?

	(가)	(나)	
		M_1	M_2
①	₩5,000	₩26,500	₩33,500
②	5,000	29,000	36,000
③	5,000	29,500	35,500
④	5,250	28,000	37,000
⑤	5,250	30,000	35,000

06 대한회사는 제조부문(성형, 조립)과 보조부문(수선, 동력)을 이용하여 제품을 생산하고 있으며, 제조부문과 보조부문에 관련된 자료는 다음과 같다.

제공부문	제조부문		보조부문		합 계
	성 형	조 립	수 선	동 력	
수 선	400시간	200시간	100시간	400시간	1,100시간
동 력	4,000kWh	4,000kWh	8,000kWh	2,000kWh	18,000kWh

수선부문과 동력부문에 집계된 부문원가는 각각 ₩160,000, ₩80,000이다. 대한회사는 상호배분법을 사용하여 보조부문원가를 제조부문에 배분한다. 조립부문에 배분될 보조부문원가는 얼마인가?

① ₩80,000 ② ₩95,000 ③ ₩110,000
④ ₩125,000 ⑤ ₩145,000

07 (주)세무는 두 개의 제조부문(P1, P2)과 두 개의 보조부문(S1, S2)을 운영하고 있으며, 보조부문원가를 상호배분법에 의해 제조부문에 배분하고 있다. 각 부문의 용역수수관계는 다음과 같다.

2024 세무사

	제조부문		보조부문	
	P1	P2	S1	S2
S1	40%	30%	–	30%
S2	40%	40%	20%	–

두 개의 보조부문(S1, S2)으로부터 제조부문 P1, P2에 배분된 금액이 각각 ₩140,000과 ₩130,000일 경우, 보조부문원가를 배분하기 이전의 보조부문 S1에 집계된 원가는?

① ₩50,000 ② ₩100,000 ③ ₩220,000
④ ₩250,000 ⑤ ₩270,000

08 경영자는 보조부문 원가를 배분하기 위해 단일배분율과 이중배분율의 두 가지 방법을 사용한다. 다음은 단일배분율법과 이중배분율법의 특징에 대한 설명이다. 다음 중 타당하지 않은 것은?

① 단일배분율법은 동일한 단위당 배분율을 이용하여 각 원가집합의 원가를 원가대상으로 배분하는 방법이다.
② 이중배분율법은 한 원가집합에 있는 원가를 변동원가집합과 고정원가집합이라는 두 개 원가집합으로 먼저 분류한 후 각각의 집합에서 다른 원가배분기준을 적용하는 방법이다.
③ 단일배분율법은 실행하는데 비용이 적게 드는 반면에 보조부문으로부터 배분된 고정원가를 운영부문의 변동원가처럼 보이도록 만든다.
④ 단일배분율법은 사업부 경영자가 자기 부문에 이익이 됨은 물론 전사적인 입장에서 최대의 이익이 되는 보조부문의 외부구매결정을 하도록 유도할 수 있다.
⑤ 이중배분율법은 사업부관리자에게 변동원가와 고정원가의 형태가 어떻게 다른가를 보여줄 수 있다.

09 서울회사는 개별원가계산을 사용하고 있으며, 직접노무원가의 150%를 제조간접원가로 예정배부하고 있다. 제조간접원가 배부차이는 전액 매월 말 매출원가에서 조정한다.

기초재공품 :	직접재료원가	₩6,000	당기투입원가 :	직접재료원가	₩45,000
	직접노무원가	4,000		직접노무원가	36,000
	제조간접원가	6,000		실제제조간접원가	59,000
		₩16,000			₩140,000

당월 중 제조간접원가 배부차이는 얼마인가?

① ₩5,000 과대배부　② ₩5,000 과소배부　③ ₩7,000 과대배부
④ ₩7,000 과소배부　⑤ ₩0

10 (주)서울은 20×1년 한 해 동안 다음과 같은 정보가 입수되었다.

실제제조간접원가	₩225,000
실제기계작업시간	25,000
예정기계작업시간	20,000
제조간접원가 배부액	₩200,000

제조간접원가 예정배부율을 계산하기 위해서 사용된 제조간접원가 예산은 얼마인가?

① ₩160,000 ② ₩200,000 ③ ₩225,000
④ ₩230,000 ⑤ ₩240,000

11 서울회사는 개별원가시스템을 채택하고 있다. 제조간접원가의 예정배부율은 직접노무원가의 150%이다. 제조간접원가의 배부차이는 매월 말 매출원가계정에서 조정한다. 추가정보는 다음과 같다.

(1) 작업 #701만이 20×9년 2월 말에 작업이 진행 중이며 원가는 다음과 같다.

직접재료원가	₩8,000
직접노무원가	4,000
제조간접원가배부액	6,000
	₩18,000

(2) 작업 #702, #703, #704, #705는 20×9년 3월 중 작업이 시작된 것이다.
(3) 20×9년 3월 중 작업에 투입된 직접재료원가는 ₩52,000이다.
(4) 20×9년 3월 중 발생한 직접노무원가는 ₩40,000이다.
(5) 20×9년 3월 중 제조간접원가의 실제 발생액은 ₩64,000이다.
(6) 20×9년 3월 말 현재 진행 중인 작업은 #705뿐이며, 이 작업과 관련된 직접재료원가는 ₩5,600, 직접노무원가는 ₩3,600이다.

서울회사가 20×9년 3월 중에 생산한 제품의 당기제품제조원가는 얼마인가?

① ₩155,400 ② ₩156,000 ③ ₩155,200
④ ₩159,400 ⑤ ₩170,000

12 (주)세무는 정상개별원가계산을 사용하며, 직접노무시간을 기준으로 제조간접원가를 배부하고 있다. 20×1년 연간 제조간접원가 예산은 ₩5,000,000이다. 20×1년 실제 발생한 제조간접원가는 ₩4,800,000이고, 실제직접노무시간은 22,000시간이다. 20×1년 중 제조간접원가 과소배부액이 ₩400,000이라고 할 때 연간 예산직접노무시간은?

① 22,000시간　② 23,000시간　③ 24,000시간
④ 25,000시간　⑤ 26,000시간

13 (주)세무는 정상원가계산을 사용하며, 20×1년 재고자산 및 원가자료는 다음과 같다.

	기 초	기 말
직접재료	₩20,000	₩30,000
재 공 품	25,000	38,000
제 　 품	44,000	32,000

- 당기의 직접재료 매입액은 ₩90,000이다.
- 당기의 직접노무원가 발생액은 ₩140,000이다.
- 직접노무시간당 직접노무원가는 ₩40이다.
- 당기의 매출액은 ₩300,000이며, 매출총이익률은 20%이다.

직접노무시간을 기준으로 제조간접원가를 예정배부할 때, 20×1년 제조간접원가 예정배부율은?

2023 세무사

① ₩6.0　② ₩6.6　③ ₩7.0
④ ₩7.4　⑤ ₩7.8

14 (주)수원은 제조간접원가 배부기준으로 기계작업시간을 사용하여 정상개별원가 계산을 적용하고 있다. (주)수원의 20×9년 연간 고정제조간접원가 예산은 ₩690,000이고, 실제 발생한 제조간접원가는 ₩1,618,000이다. 20×9년 연간 예정조업도는 27,600기계작업시간이고, 실제 기계작업시간은 총 28,800시간이다. 20×9년의 제조간접원가 배부차이가 ₩110,000(과대배부)일 때 변동제조간접원가 예정배부율은 얼마인가?

① ₩27.4　② ₩29.6　③ ₩35.0
④ ₩36.4　⑤ ₩37.6

15 (주)국세는 개별-정상원가계산제도를 채택하고 있다. (주)국세는 제조간접원가를 예정배부하며, 예정배부율은 직접노무원가의 60%이다. 제조간접원가의 배부차이는 매기 말 매출원가에서 전액 조정한다. 당기에 실제 발생한 직접재료원가는 ₩24,000이며, 직접노무원가는 ₩16,000이다. 기초재공품은 ₩5,600이며, 기말재공품에는 직접재료원가가 ₩1,200이고 제조간접원가 배부액 ₩1,500이 포함되어 있다. 또한 기초제품은 ₩5,000이며, 기말제품은 ₩8,000이다. 제조간접원가 배부차이를 조정한 매출원가가 ₩49,400이라면, 당기에 발생한 실제 제조간접원가는 얼마인가?

① ₩7,200　② ₩9,600　③ ₩10,400
④ ₩12,000　⑤ ₩13,200

16 다음은 정상원가계산을 사용하는 (주)대한의 20×9년 1년 동안의 제조간접원가계정으로서 배부차이를 조정하기 직전기록이다.

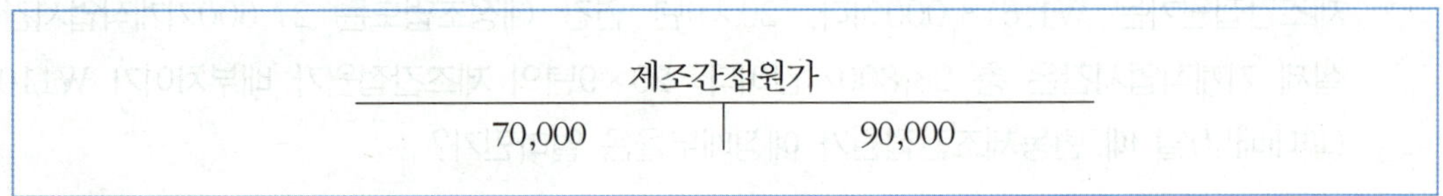

제조간접원가	
70,000	90,000

다음 물음에 대한 답을 올바르게 나열한 것은?

(A) 20×9년의 제조간접원가 실제발생액은 얼마인가?
(B) 20×9년의 제조간접원가 배부액은 얼마인가?
(C) 회사는 제조간접원가 배부차이를 매출원가에서 조정하고 있다. 배부차이를 조정하기 위해 필요한 분개는?

	(A)	(B)	(C)					
①	₩70,000	₩90,000	(차)	매출원가	20,000	(대)	제조간접원가	20,000
②	70,000	90,000	(차)	제조간접원가	20,000	(대)	매출원가	20,000
③	90,000	70,000	(차)	제조간접원가	20,000	(대)	매출원가	20,000
④	90,000	70,000	(차)	매출원가	20,000	(대)	재공품	20,000
⑤	90,000	70,000	(차)	매출원가	20,000	(대)	제조간접원가	20,000

17 (주)세무는 20×1년 초에 영업을 개시하였다. (주)세무는 정상원가계산을 적용하고 있으며, 제조간접원가 배부기준은 직접노무시간이다. (주)세무는 20×1년 초에 연간 제조간접원가를 ₩100,000으로, 직접노무시간을 4,000시간으로 예상하고 있다. 20×1년 생산 · 판매 관련 자료는 다음과 같다.

- 20×1년 중 작업 #201, #202, #203을 착수하였다.
- 20×1년 중 작업별 실제발생한 원가 및 직접노무시간은 다음과 같다.

	#201	#202	#203	합 계
직접재료원가	₩27,500	₩28,000	₩4,500	₩60,000
직접노무원가	₩50,000	₩54,000	₩26,000	₩130,000
직접노무시간	2,000시간	2,000시간	1,000시간	5,000시간

- 20×1년 실제발생한 제조간접원가는 총 ₩120,000이다.
- 20×1년 중 작업 #201과 #202는 완성되었으나, #203은 20×1년 말 현재 작업중이다.
- 작업 #201은 20×1년 중에 판매되었으나, #202는 20×1년 말 현재 판매되지 않았다.

(주)세무가 제조간접원가 배부차이를 원가요소기준 비례배부법으로 조정할경우, 20×1년 기말 제품재고금액은? 2025 세무사

① ₩125,500 ② ₩129,500 ③ ₩130,000
④ ₩132,000 ⑤ ₩134,000

18 (주)세무는 정상원가계산을 적용하고 있으며, 제조간접원가는 기본원가(prime cost)의 50%를 예정 배부한다. (주)세무는 제조간접원가 배부차이를 원가요소기준 비례배부법으로 조정한다. 9월의 기본원가, 매출액과 배부차이 조정 후 기말재고자산은 다음과 같다.

• 기본원가	₩750,000	• 매출액	₩1,000,000
• 기말재공품	120,000	• 기말제품	180,000

9월의 배부차이 조정 후 매출원가율이 80%일 때, 배부차이는? (단, 기초재고자산은 없다)

① ₩10,000 과대배부 ② ₩15,000 과소배부 ③ ₩15,000 과대배부
④ ₩25,000 과소배부 ⑤ ₩25,000 과대배부

19 20×1년 초에 설립된 (주)대한은 정상원가계산제도를 채택하고 있으며, 제조간접원가 배부기준은 직접노무시간이다. (주)대한은 당기 초에 제조간접원가를 ₩32,000, 직접노무시간을 4,000시간으로 예상하였다. (주)대한의 20×1년 생산 및 판매 관련 자료는 다음과 같다.

- 당기 중 세 가지 작업 #101, #102, #103을 착수하여, #101과 #102를 완성하였고, #103은 기말 현재 작업 중에 있다.
- 당기 중 발생한 제조경비는 총 ₩12,500이며, 이는 감가상각비 ₩9,000, 임차료 ₩3,500으로 구성되어 있다.
- 당기 중 작업별 실제발생 원가자료와 실제 사용된 직접노무시간은 다음과 같다.

구 분	#101	#102	#103	합 계
직접재료원가	₩4,000	₩4,000	₩2,000	₩10,000
직접노무원가	₩3,000	₩2,000	₩4,000	₩9,000
직접노무시간	1,000시간	500시간	500시간	2,000시간

- 작업 #101은 당기 중에 ₩16,000에 판매되었으나, 작업 #102는 기말 현재 판매되지 않았다.

(주)대한이 기말에 제조간접원가 배부차이를 총원가기준 비례배부법으로 조정할 경우, (주)대한의 20×1년도 매출총이익은 얼마인가? 2024 회계사

① ₩1,500 ② ₩2,000 ③ ₩2,500
④ ₩3,000 ⑤ ₩3,500

해답 해설

01	02	03	04	05	06	07	08	09	10
③	②	③	④	②	②	①	④	②	①
11	12	13	14	15	16	17	18	19	
①	④	①	③	④	②	③	⑤	③	

01 정답 ③

제조간접원가의 배부기준이 직접노무원가인 경우 간접노무원가를 직접노무원가로 분류시 제조간접원가가 더 많이 배부된다.

02 정답 ②

1) 직접배분법

	S_1	S_2	P_1	P_2
부문제조간접원가	₩100,000	₩200,000	₩600,000	₩400,000
S_1	(100,000)	–	50,000*1	50,000*1
S_2	–	(200,000)	120,000*2	80,000*2
배분후 제조간접원가	–	–	₩770,000	₩530,000

*1 ₩100,000 × 0.4/0.8 = ₩50,000,　₩100,000 × 0.4/0.8 = ₩50,000

*2 ₩200,000 × 0.3/0.5 = ₩120,000,　₩200,000 × 0.2/0.5 = ₩80,000

2) 단계배분법

	S_2*1	S_1	P_1	P_2
부문제조간접원가	₩200,000	₩100,000	₩600,000	₩400,000
S_2	(200,000)	100,000*2	60,000*2	40,000*2
S_1	–	(200,000)	100,000*3	100,000*3
배분후 제조간접원가	–	–	₩760,000	₩540,000

*1 S_2가 S_1보다 보조부문에 대한 용역제공비율이 더 크므로 우선배분한다.

*2 ₩200,000 × 0.5 = ₩100,000,　₩200,000 × 0.3 = ₩60,000,　₩200,000 × 0.2 = ₩40,000

*3 ₩200,000 × 0.4/0.8 = ₩100,000,　₩200,000 × 0.4/0.8 = ₩100,000

3) 상호배분법

S_1 = ₩100,000 + 0.5 · S_2 …… ①

S_2 = ₩200,000 + 0.2 · S_1 …… ②

②식을 ①식에 대입하면 S_1 = ₩222,222, S_1을 ②식에 대입하면 S_2 = ₩244,444이다.

S_1 = ₩222,222, S_2 = ₩244,444

	S_1	S_2	P_1	P_2
부문제조간접원가	₩100,000	₩200,000	₩600,000	₩400,000
S_1	(222,222)	44,444*1	88,889*1	88,889*1
S_2	122,222*2	(244,444)	73,333*2	48,889*2
배분후 제조간접원가	—	—	₩762,222	₩537,778

*1 222,222 × 0.2 = ₩44,444, 222,222 × 0.4 = ₩88,889, 222,222 × 0.4 = ₩88,889

*2 244,444 × 0.5 = ₩122,222, 244,444 × 0.3 = ₩73,333, 244,444 × 0.2 = ₩48,889

03 정답 ③

1) 용역제공비율

자기소비용역은 우선 제거하고 용역제공비율을 구한다.

사용부서 / 공급부서	S_1	S_2	P_1	P_2	합 계
S_1	—	0.2	0.3	0.50	1
S_2	0.25	—	0.5	0.25	1
부문원가	₩100,000	₩120,000	—	—	

2) 단계배분법

	S_2	S_1	P_1	P_2
배분전	₩120,000	₩100,000	—	—
S_2	(120,000)	30,000*1	60,000*1	30,000*1
S_1	—	(130,000)	48,750*2	81,250*2
	—	—	₩108,750	₩111,250

*1 ₩120,000 × 0.25 = ₩30,000, ₩120,000 × 0.5 = ₩60,000, ₩120,000 × 0.25 = ₩30,000

*2 ₩130,000 × $\frac{0.3}{0.8}$ = ₩48,750, ₩130,000 × $\frac{0.5}{0.8}$ = ₩81,250

04 정답 ④

1) 생산부문 직접원가기준 배부

생산부문 A에 배부되는 보조부문원가 = 500만원

	보조부문		생산부문	
	C	D	A	B
부분직접원가	300만원	600만원	500.0만원	400.0만원
보조부문 C	(300만원)	–	166.6만원*1	133.4만원*1
보조부문 D	–	(600만원)	333.4만원*2	266.6만원*2
	–	–	1,000.0만원	–

*1 $₩300만원 \times \frac{500만원}{900만원} = ₩166.6만원$, $₩300만원 \times \frac{400만원}{900만원} = 133.4만원$

*2 $₩600만원 \times \frac{500만원}{900만원} = 333.4만원$, $₩600만원 \times \frac{400만원}{900만원} = 266.6만원$

2) 단계배부법

생산부문 A에 배부되는 보조부문원가 = 330만원

	보조부문		생산부문	
	C	D	A	B
부분직접원가	300만원	600만원	500만원	400만원
보조부문 C	(300만원)	30만원*1	120만원*1	150만원*1
보조부문 D	–	(630만원)	210만원*2	420만원*2
	–	–	830만원	970만원

*1 ₩300만원 × 0.1 = 30만원, ₩300만원 × 0.4 = 120만원, ₩300만원 × 0.5 = 150만원

*2 $₩630만원 \times \frac{0.3}{0.9} = 210만원$, $₩630만원 \times \frac{0.6}{0.9} = 420만원$

3) 생산부분 A에 배부되는 보조부문원가의 차이

500만원 − 330만원 = **170만원**

05 정답 ②

(가) 배분되지 못한 제조간접원가

배분전 원가 − 배분후 원가

= (₩17,500 + ₩25,000 + ₩7,500 + ₩10,000 + ₩5,000) − (₩26,500 + ₩33,500)

= **₩5,000**

(나) 단계배분법 배분후 원가

제공부서	보조부문			제조부문	
	A_3	A_2	A_1	M_1	M_2
배분전 원가	₩5,000	₩10,000	₩7,500	₩17,500	₩25,000
A_3	(5,000)	1,000	1,500	1,500	1,000
A_2	–	(11,000)	2,750	4,125	4,125
A_1	–	–	(11,750)	5,875	5,875
배분후 원가	–	–	–	₩29,000	₩36,000

① A_3의 배분비율은 본 문제의 자료를 그대로 이용한다.

② A_2의 배분비율은 본 문제의 자료를 이용하면 다음과 같다.

$$A_1 = \frac{₩2,500}{₩10,000},\quad M_1 = \frac{₩3,750}{₩10,000},\quad M_2 = \frac{₩3,750}{₩10,000}$$

③ A_1의 배분비율은 본 문제의 자료를 이용하면 다음과 같다.

$$M_1 = \frac{₩3,750}{₩7,500},\quad M_2 = \frac{₩3,750}{₩7,500}$$

06 정답 ②

1) 용역제공비율 : 자기소비용역은 우선 제거한다.

	S_1(수선)	S_2(동력)	P_1(성형)	P_2(조립)
S_1(수선)	–	0.4	0.40	0.20
S_2(동력)	0.5	–	0.25	0.25
제조간접원가	₩160,000	₩80,000	?	?

2) 상호배분법

S_1 = ₩160,000 + $0.5 \cdot S_2$ …… ①

S_2 = ₩80,000 + $0.4 \cdot S_1$ …… ②

S_1 = ₩250,000, S_2 = ₩180,000를 아래에 대입하면

P_1(성형) = $0.4 \cdot S_1 + 0.25 \cdot S_2$ …… ③
= 0.4 · ₩250,000 + 0.25 · ₩180,000
= ₩145,000

P_2(조립) = $0.2 \cdot S_1 + 0.25 \cdot S_2$ …… ④
= 0.2 · ₩250,000 + 0.25 · ₩180,000
= ₩95,000

07 정답 ①

자료정리

	제조부문		보조부문	
	P1	P2	S1	S2
배분전원가			x	y
S1	0.4 · A	0.3 · A	(A)	0.3 · A
S2	0.4 · B	0.4 · B	0.2 · B	(B)
배분후원가	₩140,000	₩130,000		

(1) 완전히 상호배분된 원가

0.4 · A + 0.4 · B = ₩140,000

0.3 · A + 0.4 · B = ₩130,000

∴ A = ₩100,000 , B = ₩250,000

(2) 제조부문에 배분될 보조부문원가

A = 0.2 · B + x

₩100,000 = ₩50,000 + x

∴ 보조부문 S1 배분전원가(x) : **₩50,000**

08 정답 ④

단일배분율법을 사용하면 보조부문의 고정원가가 마치 변동원가처럼 보이는 문제가 발생한다. 이로 인해 운영부서가 회사전체의 이익에 반하는 의사결정을 내릴 가능성이 생긴다.

09 정답 ②

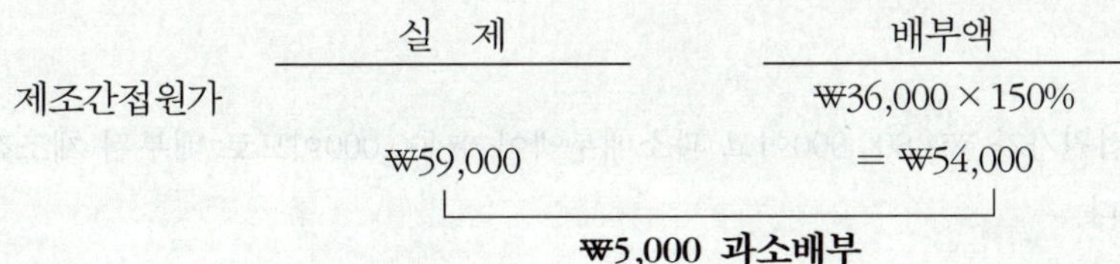

10 정답 ①

1) 제조간접원가 배부액 = 실제조업도 × 예정배부율

₩200,000 = 25,000시간 × 예정배부율

예정배부율 = ₩200,000/25,000시간

= ₩8/시간

2) 예정배부율 = 제조간접원가예산 / 예정조업도

₩8 = 제조간접원가예산 / 20,000시간

∴ 제조간접원가예산 = ₩8 × 20,000시간

= **₩160,000**

11 정답 ①

재 공 품

기 초	#701	#702~#704	#705	제 품	#701	#702~#704	#705
직접재료원가	₩8,000	–	–	직접재료원가			–
직접노무원가	4,000	–	–	직접노무원가	당기제품제조원가		–
제조간접원가	6,000	–	–	제조간접원가			–
당기투입	#701	#702~#704	#705	기 말	#701	#702~#704	#705
직접재료원가		₩52,000		직접재료원가	–	–	₩5,600
직접노무원가		40,000 (150%)		직접노무원가	–	–	3,600 (150%)
제조간접원가		60,000		제조간접원가	–	–	5,400
		₩170,000				₩170,000	

당기제품제조원가 = ₩170,000 − ₩14,600 (#705 기말재공품)

= **₩155,400**

12 정답 ④

① 실제발생한 제조간접원가가 ₩4,800,000이고 과소배부액이 ₩400,000이므로 배부된 제조간접원가는 ₩4,400,000이다.

② 배부된 제조간접원가가 ₩4,400,000이고 실제직접노무시간이 22,000시간이므로 예정배부율은 노무시간당 ₩200이다.

③ 제조간접원가예산이 ₩5,000,000이고 예정배부율이 ₩200이므로 예산직접노무시간은 **25,000시간**이다.

1) 제조간접원가 예정배부율

$$\text{예정배부율} = \frac{\text{제조간접원가예산}}{\text{예정조업도}}$$

$$\text{₩200/시간} = \frac{\text{₩5,000,000}}{\textbf{25,000시간}}$$

2) 제조간접원가 배부액

실제조업도 × 예정배부율 = 배부액

2,000시간 × ₩200/시간 = ₩4,400,000

13 정답 ①

직접재료	
20,000	80,000
90,000	30,000
110,000	110,000

재공품		
	25,000	228,000
DM	80,000	
DL	140,000①	38,000
OH	21,000	
	266,000	266,000

제품	
44,000	240,000
228,000	32,000
272,000	272,000

① 직접노무시간 : $\frac{\text{₩140,000}}{\text{₩40/시간}} = \text{3,500시간}$

∴ 제조간접원가 예정배부율 : $\frac{\text{₩21,000}}{\text{3,500시간}} = \textbf{₩6}$

14 정답 ③

1) 배부액 = ₩1,618,000(실제) + ₩110,000(과대)

= ₩1,728,000

2) 제조간접원가 예정배부율

28,800시간 × 예정배부율 = ₩1,728,000

예정배부율 = ₩60/시간

3) 제조간접원가 예정배부율

= 변동제조간접원가 예정배부율 + 고정제조간접원가 예정배부율 = ₩60/시간

$$\text{₩60/시간} = \text{변동제조간접원가 예정배부율} + \frac{\text{₩690,000}}{\text{27,600시간}}$$

∴ 변동제조간접원가 예정배부율 = **₩35/시간**

15 정답 ④

재공품			
기초	₩5,600	완성품	₩50,000
당기총제조원가	49,600	기말	5,200
(1) 24,000		(1) 1,200	
(2) 16,000		(2) 2,500	
(3) 9,600		(3) 1,500	
	₩55,200		₩55,200

제품			
기초	₩5,000	매출원가	₩47,000
완성품	50,000	기말	8,000
	₩55,000		₩55,000

① 예정배부된 경우 매출원가는 ₩47,000이다. 그러나 배부차이가 전액 조정된 매출원가가 ₩49,400이므로 과소배부액이 ₩2,400이다.

② 과소배부액이 ₩2,400이고 당기총제조원가상 제조간접원가가 ₩9,600이므로 실제 제조간접원가는 **₩12,000이** 된다.

16 정답 ②

제조간접원가			
발 생 액	70,000	배 부 액	90,000
과대배부	20,000		
	90,000		90,000

(차)	제 조 간 접 원 가	20,000	(대) 과 대 배 부	20,000
	과 대 배 부	20,000	매 출 원 가	20,000

이는 다음과 같이 나타낼 수도 있다.

(차)	제 조 간 접 원 가	20,000	(대) 매 출 원 가	20,000

17 정답 ③

(1) 제조간접원가 예정배부율

$$\frac{₩100,000}{4,000\text{시간}} = ₩25/\text{시간}$$

(2) 제조간접원가 배부액

5,000시간 × ₩25/시간 = ₩125,000

(3) 제조간접원가 배부차이

실제 발생액	배부액
₩120,000	₩125,000

₩5,000 (과대)

(4) 조정후 원가(원가요소기준 비례배부법)

	#201(매출원가)	#202(기말제품)	#203(기말재공품)	합 계
직접재료원가	₩27,500	₩28,000	₩4,500	₩60,000
직접노무원가	50,000	54,000	26,000	130,000
배 부 액	50,000①	50,000①	25,000①	125,000
배 부 차 이	(2,000)	(2,000)	(1,000)	(5,000) (과대)
조 정 후 원 가	₩125,500	₩130,000	₩54,500	₩310,000

① 제조간접원가 배부액

#201 : 2,000시간 × ₩25/시간 = ₩50,000

#202 : 2,000시간 × ₩25/시간 = ₩50,000

#203 : 1,000시간 × ₩25/시간 = ₩25,000

∴ 기말제품재고금액 : **₩130,000**

18 정답 ⑤

재 공 품

차변		대변	
기초	—	완성품	?
당기총제조원가	₩1,125,000		
기본원가	750,000		
제조간접원가	375,000	기말	? (₩120,000)

제 품

차변		대변	
기초	—	매출원가	? (₩800,000)
완성품	?		
		기말	? (₩180,000)

① 기본원가의 50%를 예정배부하므로 제조간접원가 배부액은 ₩375,000이다.

② 매출액이 ₩1,000,000이고 배부차이 조정 후 매출원가율이 80%이므로 배부차이 조정 후 매출원가는 ₩800,000이다.

③ 정상원가계산하의 당기총제조원가는 기본원가 ₩750,000과 예정배부된 제조간접원가 ₩375,000의 합인 ₩1,125,000이다.

④ 배부차이 조정 후 기말재공품 + 기말제품 + 매출원가 = ₩1,100,000이다.

∴ 배부차이 : ₩1,125,000[③] − 1,100,000[④] = **₩25,000**

19 정답 ③

(1) 제조간접원가예정배부율

$$\frac{₩32,000}{4,000\text{시간}} = @8$$

(2) 배부차이 조정 전 계정별 잔액

	(매출원가) #101	(기말제품) #102	(기말재공품) #103	합 계
직접재료원가	₩4,000	₩4,000	₩2,000	₩10,000
직접노무원가	3,000	2,000	4,000	9,000
제조간접원가	8,000	4,000	4,000	16,000
조정 전 잔액	₩15,000	₩10,000	₩10,000	₩35,000

(3) 배부차이

실제	배부액
₩12,500	2,000시간 × @8 = ₩16,000

배부차이 ₩3,500 (과대)

(4) 배부차이 조정 후 계정별 잔액

	(매출원가) #101	(기말제품) #102	(기말재공품) #103	합 계
조정 전 잔액	₩15,000	₩10,000	₩10,000	₩35,000
배 부 차 이	(1,500)	(1,000)	(1,000)	(3,500)
조정 전 잔액	₩13,500	₩9,000	₩9,000	₩31,500

(5) 매출총이익

매출액	₩16,000
매출원가 (#101)	(13,500)
매출총이익	**₩2,500**

COST&MANAGEMENT ACCOUNTING

주관식 **연습문제**

01 보조부문원가의 배분(1)

(주)서울은 가구를 제조하는 회사로서 2개의 제조부문(조각부와 도료부)과 2개의 보조부문(창고부와 전력부)으로 구성되어 있다. 각 부문에서 발생한 원가 및 부문간의 용역수수관계는 다음과 같다.

	보조부문		제조부문	
	창고부	전력부	조각부	도료부
조각부	–	–	100%	–
도료부	–	–	–	100%
창고부	–	30%	20%	50%
전력부	20%	–	40%	40%
발생원가	₩100,000	₩440,000	₩400,000	₩350,000

[물 음] 다음 각 방법을 사용하여 보조부문원가를 각 제조부문에 배분하시오.

1) 직접배분법
2) 단계배분법(단, 창고부원가를 먼저 배분한다.)
3) 상호배분법

해답

1) 직접배분법

	창고부	전력부	조각부	도료부
배분전 원가	₩100,000	₩440,000	₩400,000	₩350,000
창 고 부	(100,000)	–	28,571*1	71,429*1
전 력 부	–	(440,000)	220,000*2	220,000*2
배분후 원가	–	–	₩648,571	₩641,429

*1 ₩100,000 × 0.2/0.7 = ₩28,571, ₩100,000 × 0.5/0.7 = ₩71,429

*2 ₩440,000 × 0.4/0.8 = ₩220,000, ₩440,000 × 0.4/0.8 = ₩220,000

2) 단계배분법

	창 고 부	전 력 부	조 각 부	도 료 부
배분전 원가	₩100,000	₩440,000	₩400,000	₩350,000
창 고 부	(100,000)	30,000*1	20,000*1	50,000*1
전 력 부	–	(470,000)	235,000*2	235,000*2
배분후 원가	–	–	**₩655,000**	**₩635,000**

*1 ₩100,000 × 0.3 = ₩30,000, ₩100,000 × 0.2 = ₩20,000, ₩100,000 × 0.5 = ₩50,000

*2 ₩470,000 × 0.4/0.8 = ₩235,000, ₩470,000 × 0.4/0.8 = ₩235,000

3) 상호배분법

	창고부(S_1)	전력부(S_2)	조각부(P_1)	도료부(P_2)
배분전 원가	₩100,000	₩440,000	₩400,000	₩350,000
창 고 부(S_1)	(200,000)	60,000*1	40,000*1	100,000*1
전 력 부(S_2)	100,000*2	(500,000)*2	200,000*2	200,000*2
배분후 원가	–	–	**₩640,000**	**₩650,000**

*1 ₩200,000 × 0.3 = ₩60,000, ₩200,000 × 0.2 = ₩40,000, ₩200,000 × 0.5 = ₩100,000

*2 ₩500,000 × 0.2 = ₩100,000, ₩500,000 × 0.4 = ₩200,000, ₩500,000 × 0.4 = ₩200,000

S_1 = ₩100,000 + 0.2 · S_2 ··· ①

S_2 = ₩440,000 + 0.3 · S_1 ··· ②

②식을 ①식에 대입하면 S_1 = ₩200,000이고, S_1을 ②식에 대입하면 S_2 = ₩500,000이다. 배부대상 보조부문 제조간접원가 S_1 = ₩200,000, S_2 = ₩500,000이다.

P_1 = ₩400,000 + 0.2 · S_1 + 0.4 · S_2 ··· ③

P_2 = ₩350,000 + 0.5 · S_1 + 0.4 · S_2 ··· ④

S_1 = ₩200,000, S_2 = ₩500,000를 ③과 ④식에 대입한다.

P_1 = ₩400,000 + 0.2 · ₩200,000 + 0.4 · ₩500,000
= **₩640,000**

P_2 = ₩350,000 + 0.5 · ₩200,000 + 0.4 · ₩500,000
= **₩650,000**

02 보조부문원가의 배분(2)

(주)서울은 두 개의 제조부문인 조립부문과 도색부문, 두 개의 보조부문인 수선부문과 동력부문을 가지고 있다. 수선부문과 동력부문의 예정용역공급량은 다음과 같으며, 회사는 각 부문에 제공한 용역공급량을 기준으로 보조부문 제조간접원가를 예정배부하고 있다.

제공부문 \ 사용부문	조립부문	도색부문	수선부문	동력부문
수 선 부 문	200회	300회	100회	500회
동 력 부 문	300시간	500시간	200시간	200시간

제조간접원가의 배부기준은 노동시간이며, 제조부문과 보조부문의 제조간접원가 예산과 예정노동시간은 다음과 같다.

	변동제조간접원가	고정제조간접원가	노동시간
조 립 부 문	₩150,000	₩150,000	50,000시간
도 색 부 문	200,000	100,000	60,000
수 선 부 문	300,000	150,000	–
동 력 부 문	350,000	250,000	–
합 계	₩1,000,000	₩650,000	110,000시간

[물음 1] 공장전체 제조간접원가 예정배부율을 구하시오.

[물음 2] 직접배분법을 이용하여 부문별 제조간접원가 예정배부율을 구하시오.

[물음 3] 단계배분법을 이용하여 부문별 제조간접원가 예정배부율을 구하시오. (보조부문 배분시 수선부문부터 먼저 배분하시오.)

[물음 4] 상호배분법을 이용하여 부문별 제조간접원가 예정배부율을 구하시오.

해답

	수선부문	동력부문	조립부문	도색부문	합 계
수선부문	—*	(0.5) 500회	(0.2) 200회	(0.3) 300회	1,000회
동력부문	(0.2) 200시간	—*	(0.3) 300시간	(0.5) 500시간	1,000시간

* 자기소비용역은 용역제공비율 계산시 고려대상에서 제외된다.

[물음 1] 공장전체 제조간접원가 예정배부율

$$\text{공장전체 제조간접원가 예정배부율} = \frac{\text{공장전체 제조간접원가 예산}}{\text{제조부문 예정조업도(직접노동시간)}^*}$$

$$= \frac{₩1,000,000 + ₩650,000}{50,000\text{시간} + 60,000\text{시간}}$$

$$= \mathbf{₩15/\text{시간}}$$

* 배부율 산정시 조업도는 항상 제조부문 조업도만 고려한다.

[물음 2] 부문별 제조간접원가 예정배부율(직접배분법)

	수선부문	동력부문	조립부문	도색부문	합 계
Ⅰ. 배분전 제조간접원가 예산	₩450,000	₩600,000	₩300,000	₩300,000	₩1,650,000
Ⅱ. 수선부문 배분	(450,000)	—	180,000*1	270,000*1	—
Ⅲ. 동력부문 배분	—	(600,000)	225,000*2	375,000*2	—
Ⅳ. 배분후 제조간접원가 예산	—	—	₩705,000	₩945,000	₩1,650,000
Ⅴ. 제조부문 노동시간			50,000시간	60,000시간	110,000시간
Ⅵ. 예정배부율(Ⅳ÷Ⅴ)			**₩14.1/시간**	**₩15.75/시간**	**₩15/시간**

*1 ₩450,000 × 0.2/0.5 = ₩180,000, ₩450,000 × 0.3/0.5 = ₩270,000

*2 ₩600,000 × 0.3/0.8 = ₩225,000, ₩600,000 × 0.5/0.8 = ₩375,000

[물음 3] 부문별 제조간접원가 예정배부율(단계배분법)

	수선부문	동력부문	조립부문	도색부문	합 계
I. 배분전 제조간접원가 예산	₩450,000	₩600,000	₩300,000	₩300,000	₩1,650,000
II. 수선부문 배분	(450,000)	225,000*1	90,000*1	135,000*1	–
III. 동력부문 배분	–	(825,000)	309,375*2	515,625*2	–
IV. 배분후 제조간접원가 예산	–	–	₩699,375	₩950,625	₩1,650,000
V. 제조부문 노동시간			÷ 50,000시간	÷ 60,000시간	÷ 110,000시간
VI. 예정배부율(IV÷V)			**₩13.9875/시간**	**₩15.84375/시간**	₩15/시간

*1 ₩450,000 × 0.5 = ₩225,000, ₩450,000 × 0.2 = ₩90,000, ₩450,000 × 0.3 = ₩135,000

*2 ₩825,000 × 0.3/0.8 = ₩309,375, ₩825,000 × 0.5/0.8 = ₩515,625

[물음 4] 부문별 제조간접원가 예정배분율(상호배분법)

	수선부문	동력부문	조립부문	도색부문	합 계
I. 배분전 제조간접원가 예산	₩450,000	₩600,000	₩300,000	₩300,000	₩1,650,000
II. 수선부문 배분	(633,333)*1	316,667*2	126,666*2	190,000*2	–
III. 동력부문 배분	183,333*3	(916,667)*1	275,000*3	458,334*3	–
IV. 배분후 제조간접원가 예산	–	–	₩701,666	₩948,334	₩1,650,000
V. 제조부문 노동시간			÷ 50,000시간	÷ 60,000시간	÷ 110,000시간
VI. 예정배부율(IV÷V)			**₩14.03/시간**	**₩15.8/시간**	₩15/시간

*1 수선부문 = S_1, 동력부문 = S_2

S_1 = ₩450,000 + $0.2 \times S_2$ ··· ①

S_2 = ₩600,000 + $0.5 \times S_1$ ··· ②

②식을 ①식에 대입하면 다음과 같이 계산된다.

S_1(수선) = ₩633,333, S_2(동력) = ₩916,667

P_1 = ₩300,000 + $0.2 \cdot S_1 + 0.3 \cdot S_2$ ··· ③

P_2 = ₩300,000 + $0.3 \cdot S_1 + 0.5 \cdot S_2$ ··· ④

S_1= ₩633,333, S_2 = ₩916,667을 ③과 ④식에 대입하면

P_1 = ₩701,666, P_2 = ₩948,334

*2 ₩633,333 × 0.5 = ₩316,667, ₩633,333 × 0.2 = ₩126,666, ₩633,333 × 0.3 = ₩190,000

*3 ₩916,667 × 0.2 = ₩183,333, ₩916,667 × 0.3 = ₩275,000, ₩916,667 × 0.5 = ₩458,334

03 공장전체배부율과 제조부문별배부율

(주)대한은 가구를 제조하는 회사로서 두 개의 제조부문과 두 개의 보조부문이 있다. 두 개의 제조부문은 절단부문과 조립부문으로 되어 있으며, 절단부문에서 목재를 절단하고 조립부문에서는 절단된 목재를 조립한다. 작업의 특성상 절단부문은 안전을 위하여 자동화가 되어 있으며 조립부문은 대부분의 작업을 조립공이 수작업으로 조립하여 제품을 완성하고 있다.

제조부문을 지원하는 보조부문으로는 수선부와 동력부가 있다. 수선부의 변동원가와 고정원가는 각각 ₩75,000과 ₩5,000이며, 동력부의 변동원가와 고정원가는 ₩150,000과 ₩200,000이다. 다음은 제조부문과 관련된 2월의 실제원가자료이다.

	절단부문	조립부문
직접노동시간	1,000시간	4,000시간
기계작업시간	2,000시간	–
제조원가		
(1) 직접재료원가	₩248,000	₩600,000
(2) 직접노무원가	70,000	400,000
(3) 변동제조간접원가	50,000	200,000
(4) 고정제조간접원가	350,000	120,000
제조부문의 용역사용량		
(1) 수선작업시간	100시간	25시간
(2) 전력 실제사용량	480kWh	320kWh
(3) 전력 최대사용량	500kWh	500kWh

(주)대한은 여러 종류의 제품들을 생산하고 있으며, 다음은 2월 중에 착수되어 완성된 제품 A와 제품 B에 대한 자료이다.

	절단부문		조립부문
제품	직접노동시간	기계작업시간	직접노동시간
A	200시간	800시간	800시간
B	300시간	400시간	1,500시간

[물음 1] 공장전체 제조간접원가배부율을 구하시오. 단, 배부기준은 직접노동시간이다.

[물음 2] 제조부문별 제조간접원가배부율을 구하시오. 절단부문은 기계작업시간을 기준으로 조립부문은 직접노동시간을 기준으로 제품에 배부한다.
(단, 보조부문원가 배분시 동력부의 부문원가는 이중배분율법을 사용한다.)

[물음 3] (주)대한의 경우 공장전체배부율과 제조부문별 배부율 중 어느 것이 보다 더 합리적인 배부방법인가?

[물음 4] 공장전체 제조간접원가배부율을 적용하는 경우 제품 A와 제품 B에 배부된 제조간접원가는 각각 얼마인가?

[물음 5] 제조부문별 제조간접원가배부율을 적용하는 경우 제품 A와 제품 B에 배부된 제조간접원가는 각각 얼마인가?

해답

[물음 1] 공장전체 제조간접원가배부율

$$\text{공장전체 제조간접원가배부율} = \frac{\text{공장전체 제조간접원가}}{\text{제조부문 노동시간}}$$

$$= \frac{₩1,150,000^{*}}{1,000\text{시간} + 4,000\text{시간}}$$

$$= \mathbf{₩230/시간}$$

* 절단부문 제조간접원가 + 조립부문 제조간접원가 + 수선부 제조간접원가 + 동력부 제조간접원가
= (₩50,000 + ₩350,000) + (₩200,000 + ₩120,000) + (₩75,000 + ₩5,000) + (₩150,000 + ₩200,000)
= ₩1,150,000

[물음 2] 제조부문별 제조간접원가배부율

	보조부문		제조부문	
	수선(단일배분)	동력(이중배분)	절 단	조 립
배 부 전	₩80,000	₩350,000	₩400,000	₩320,000
수 선	(80,000)	−	64,000*1	16,000*1
동 력				
(1) 변동원가	−	(150,000)	90,000*2	60,000*2
(2) 고정원가	−	(200,000)	100,000*3	100,000*3
제조간접원가	−	−	₩654,000	₩496,000
배부기준			÷ 2,000시간	÷ 4,000시간
			₩327/시간	**₩124/시간**

*1 ₩80,000 × $\frac{100시간}{125시간}$ = ₩64,000, ₩80,000 × $\frac{25시간}{125시간}$ = ₩16,000

*2 ₩150,000 × $\frac{480kWh}{800kWh}$ = ₩90,000, ₩150,000 × $\frac{320kWh}{800kWh}$ = ₩60,000

*3 ₩200,000 × $\frac{500kWh}{1,000kWh}$ = ₩100,000, ₩200,000 × $\frac{500kWh}{1,000kWh}$ = ₩100,000

[물음 3] 합리적인 배부방법

제조부문간 성격이 상이하므로 제조부문별 제조간접원가배부율이 보다 합리적인 배부방법이다. 또한 제조부문별 제조간접원가배부율은 제조부문과 보조부문의 용역수수관계를 반영하므로 공장전제 제조간접원가배부율에 비해 보다 합리적이다.

[물음 4] 공장전제 제조간접원가배부율 적용시 각 제품에 배부된 제조간접원가

제품 A : 절단부문 + 조립부문

= (₩230 × 200시간) + (₩230 × 800시간)

= **₩230,000**

제품 B : 절단부문 + 조립부문

= (₩230 × 300시간) + (₩230 × 1,500시간)

= **₩414,000**

[물음 5] 제조부문별 제조간접원가배부율 적용시 각 제품에 배부된 제조간접원가

제품 A : 절단부문 + 조립부문

= (₩327 × 800시간) + (₩124 × 800시간)

= **₩360,800**

제품 B : 절단부문 + 조립부문

= (₩327 × 400시간) + (₩124 × 1,500시간)

= **₩316,800**

04 정상원가계산 - 원가차이 배부

당기에 영업을 개시한 (주)서울은 작업번호가 #101, #102, #103인 세 가지 작업을 착수하여 #101, #102는 완성을 하고 #103은 완성을 하지 못하였다. 또한 완성분 중 #101은 판매를 하였으나 #102는 판매를 하지 못하여 재고로 남아있다. 기초에 설정한 제조간접원가 예산은 ₩150,000이며 예산상 직접노동시간은 50,000시간이다. 다음은 세 가지 작업에 대한 실제 자료이다.

	#101	#102	#103	합 계
직접재료원가	₩20,000	₩10,000	₩5,000	₩35,000
직접노무원가	10,000	5,000	10,000	25,000
제조간접원가	?	?	?	70,000

	#101	#102	#103	합 계
직접노동시간	10,000시간	7,500시간	2,500시간	20,000시간
기 계 시 간	1,000시간	1,000시간	1,000시간	3,000시간
생 산 량	500개	500개	1,000개	2,000개

당기에 발생한 실제 제조간접원가는 공장감독자에 대한 급여가 ₩23,000, 공장 건물 및 기계장치 관련 감가상각비는 ₩30,000이고 제세공과금(전기료 및 수도세 등) ₩17,000이 집계되었다.

[물음 1] 제조간접원가 예정배부율을 구하시오.

[물음 2] 배부차이 조정 전 기말재공품, 기말제품과 매출원가를 각각 구하고, 배부차이를 계산하시오.

[물음 3] 아래의 방법에 따라 배부차이를 배부한 후 각 계정별 잔액을 계산하시오.

1) 매출원가조정법
2) 기타손익법
3) 총원가 비례배분법
4) 원가요소 비례배분법

해답

[물음 1] 예정배부율

$$\text{제조간접원가 예정배부율} = \frac{\text{제조간접원가예산}}{\text{예정조업도}} = \frac{₩150{,}000}{50{,}000\text{시간}}$$

$$= \mathbf{₩3/\text{노동시간}}$$

[물음 2] 배부차이 조정 전 잔액 및 배부차이

1) 원가흐름

재공품

차변	#101	#102	#103	대변	#101	#102	#103
기초	–			당기제품제조원가			
				(1)	₩20,000	₩10,000	–
				(2)	10,000	5,000	–
				(3)	30,000	22,500	–
당기총제조원가				기말			
(1)	₩20,000	₩10,000	₩5,000	(1)	–	–	₩5,000
(2)	10,000	5,000	10,000	(2)	–	–	10,000
(3)	30,000*	22,500*	7,500*	(3)	–	–	7,500

제품

차변	#101	#102	#103	대변	#101	#102	#103
기초	–			매출원가			
				(1)	₩20,000	–	–
				(2)	10,000	–	–
				(3)	30,000	–	–
당기제품제조원가				기말			
(1)	₩20,000	₩10,000	–	(1)	–	₩10,000	–
(2)	10,000	5,000	–	(2)	–	5,000	–
(3)	30,000	22,500	–	(3)	–	22,500	–

* 10,000시간 × ₩3 = ₩30,000, 7,500시간 × ₩3 = ₩225,000, 2,500시간 × ₩3 = ₩7,500

∴ 기말재공품 = **₩22,500**, 기말제품 = **₩37,500**, 매출원가 = **₩60,000**

2) 배부차이

실 제	배부액
₩70,000	₩60,000
(20,000시간 × ₩3.5)	(20,000시간 × ₩3)

₩10,000 과소배부
(20,000시간 × ₩0.5)

[물음 3] 원가차이조정

1) 매출원가 조정법

기말재공품 = **₩22,500**, 기말제품 = **₩37,500**, 매출원가 = **₩70,000**(₩60,000 + ₩10,000)

2) 기타 손익법

기말재공품 = **₩22,500**, 기말제품 = **₩37,500**, 매출원가 = **₩60,000**, 기타비용 = **₩10,000**

3) 총원가 비례배분법

	배분전 장부가액	비 율	원가차이	배분후 금액
기말재공품	₩22,500	0.1875	₩1,875	₩24,375
기 말 제 품	37,500	0.3125	3,125	40,625
매 출 원 가	60,000	0.5000	5,000	65,000
합 계	₩120,000	1.0000	₩10,000	₩130,000

∴ 기말재공품 = **₩24,375**, 기말제품 = **₩40,625**, 매출원가 = **₩65,000**

4) 원가요소 비례배분법

	배분전 장부가액	제조간접원가	비 율	원가차이	배분후 금액
기말재공품	₩22,500	₩7,500	0.125	₩1,250	₩23,750
기 말 제 품	37,500	22,500	0.375	3,750	41,250
매 출 원 가	60,000	30,000	0.500	5,000	65,000
합 계	₩120,000	₩60,000	1.000	₩10,000	₩130,000

∴ 기말재공품 = **₩23,750**, 기말제품 = **₩41,250**, 매출원가 = **₩65,000**

05 실제개별원가계산과 정상원가계산

(주)서울은 공장에는 두 개의 제조부문 X, Y가 있다. 회사의 기초재공품은 ₩180,000(작업 #101)이며 당기 중 새로운 작업 #102, #103이 착수되었고 작업 #101, #102가 완성되었다. 당기 중 발생한 실제제조원가와 기타자료는 다음과 같다.

	#101	#102	#103	합 계
직접재료원가	₩50,000	₩100,000	₩60,000	₩210,000
직접노무원가	80,000	70,000	90,000	240,000
직접노동시간				
X부문	200시간	150시간	150시간	500시간
Y부문	150	260	240	650
기 계 시 간				
X부문	200	140	110	450
Y부문	150	250	200	600

X부문과 Y부문에서 발생한 실제제조간접원가는 각각 ₩100,000과 ₩60,000이고, 기초에 설정된 제조간접원가 예산은 각각 ₩120,000과 ₩80,000이다.

X부문은 직접노동시간을 기준으로, Y부문은 기계시간을 기준으로 제조간접원가를 각 제품에 배부한다. X부문의 예정직접노동시간은 800시간이고 Y부문의 예정기계시간은 500시간이다.

[물음 1] 실제원가계산에 의한 당기제품제조원가와 기말재공품원가를 구하시오.

[물음 2] 정상원가계산에 의한 당기제품제조원가와 기말재공품원가를 구하시오. 단, 배부차이는 조정하지 않으며, 정상원가계산에 의한 기초재공품은 ₩180,000이라고 가정한다.

해답

[물음 1] 실제원가계산

1) 제조부문별 배부율

$$X부문 = \frac{X부문\ 실제제조간접원가}{X부문\ 실제직접노동시간} = \frac{₩100,000}{500직접노동시간}$$

$$= ₩200/직접노동시간$$

$$Y부문 = \frac{Y부문\ 실제제조간접원가}{Y부문\ 실제직접노동시간} = \frac{₩60,000}{600기계시간}$$

$$= ₩100/직접노동시간$$

2) 당기제품제조원가(#101, #102)와 기말재공품(#103)원가

1. 당기제품제조원가(#101, #102)

기초재공품원가(#101) + 당기총제조원가(#101, #102)

= [₩180,000 + (₩50,000 + ₩80,000 + ₩55,000*1) + (₩100,000 + ₩70,000 + ₩55,000*2)

= **₩590,000**

*1 #101 = (200시간 × ₩200) + (150시간 × ₩100)

*2 #102 = (150시간 × ₩200) + (250시간 × ₩100)

2. 기말재공품(#103)원가

₩60,000 + ₩90,000 + ₩50,000* = **₩200,000**

* (150시간 × ₩200) + (200시간 × ₩100)

[물음 2] 정상원가계산

1) 제조부문별 예정배부율

$$X부문 = \frac{X부문\ 제조간접원가예산}{X부문\ 예정직접노동시간}$$

$$= \frac{₩120,000}{800직접노동시간}$$

$$= ₩150/직접노동시간$$

$$Y부문 = \frac{Y부문\ 제조간접원가예산}{Y부문\ 예정직접노동시간}$$

$$= \frac{₩80,000}{500기계시간}$$

$$= ₩160/기계시간$$

2) 당기제품제조원가(#101, #102)와 기말재공품(#103)원가

1. 당기제품제조원가(#101, #102)

기초재공품원가(#101) + 당기총제조원가(#101, #102)

= [₩180,000 + (₩50,000 + ₩80,000 + ₩54,000*1)] + (₩100,000 + ₩70,000 + ₩62,500*2)

= **₩596,500**

*1 #101 = (200시간 × ₩150) + (150시간 × ₩160) = ₩54,000

*2 #102 = (150시간 × ₩150) + (250시간 × ₩160) = ₩62,500

2. 기말재공품(#103)원가

₩60,000 + ₩90,000 + ₩54,500* = **₩204,500**

* (150시간 × ₩150) + (200시간 × ₩160) = ₩54,500

06 정상개별원가계산 - 제조원가의 흐름

정상개별원가계산을 적용하는 (주)서울은 20×1년 12월 31일 현재 재무상태표와 손익계산서를 작성하려 한다. 관련 자료는 다음과 같다.

구 분	20×1년 1월 1일	20×1년 12월 31일
원재료재고액	₩10,000	?
재공품재고액	95,000	?
제품재고액	130,000	₩230,000
제조간접원가(실제)	0	310,000
매입채무	20,000	10,000
매출원가	0	475,000

매입은 내부정책상 외상매입으로만 이루어지며, 재공품재고액은 작업원가표상의 자료를 토대로 한 것이다. 기초재공품의 기본원가는 다음과 같으며, 기초재고와 관련된 원가차이는 없었다.

작업개시일	작업번호	직접재료원가	직접노무원가
20×0년 10월 20일	#101	₩8,000	?
20×0년 11월 12일	#102	?	₩18,000
		₩20,000	₩30,000

20×1년 12월 31일 현재 진행 중인 작업은 작업번호 #103 하나뿐이며, 직접재료원가와 직접노무원가는 각각 ₩20,000과 ₩40,000이다. 회사는 사업개시 이후 제조간접원가는 직접노무원가를 기준으로 개별작업에 예정배부하여 왔으며, 제조간접원가 예정배부율은 당해연도까지 변함이 없다. 20×1년도에 관한 추가적인 자료는 다음과 같다.

• 20×1년 재료공급자에게 지불된 금액	₩150,000
• 공정에 투입된 간접재료원가	20,000
• 직접노무원가 발생액	200,000
• 20×1년 당기제품제조원가의 직접재료원가	100,000
• 기말제품의 제조간접원가	114,000

※ 기초재고는 모두 당기에 완성되거나 판매되었다고 가정하는 경우 다음 물음에 답하시오.

[물음 1] 당기투입 직접재료원가를 구하시오.

[물음 2] 당기 원재료 구입액을 구하시오.

[물음 3] 제조간접원가 예정배부율을 구하시오.

[물음 4] 당기 중에 배부된 제조간접원가를 구하시오.

[물음 5] 제조간접원가 배부차이를 구하시오.

[물음 6] 기말재공품에 배부된 제조간접원가와 기말재공품 총원가를 구하시오.

[물음 7] 당기제품제조원가를 구하시오.

[물음 8] 원가요소기준법을 적용하여 배부차이를 조정할 때, 기말재공품, 기말제품과 매출원가의 수정 후 금액을 구하시오.

[물음 9] 재무상태표와 손익계산서에 보고되는 재고자산과 매출원가를 각각 구하시오.

해답

자료정리

(1), (2), (3)은 각각 직접재료원가, 직접노무원가, 제조간접원가를 나타낸다.

원재료

차변		대변	
기 초	10,000	투 입	120,000
		직접	100,000
		간접	20,000
매 입	140,000	기 말	30,000
	150,000		150,000

매입채무

차변		대변	
지 급	150,000	기 초	20,000
기 말	10,000	매 입	140,000
	160,000		160,000

재공품

차변		대변	
기 초	95,000	당기제품제조원가	575,000
(1)	20,000	(1)	100,000
(2)	30,000	(2)	190,000
(3)	45,000	(3)	285,000
당기총제조원가	600,000	기 말	120,000
(1)	100,000	(1)	20,000
(2)	200,000	(2)	40,000
(3)	300,000	(3)	60,000
	695,000		695,000

제 품

차변		대변	
기 초	130,000	매출원가	475,000
당기제품제조원가	575,000	기 말	230,000
		(1)	40,000
		(2)	76,000
		(3)	114,000
	705,000		705,000

[물음 1] 직접재료원가

당기투입 직접재료원가 = **₩100,000**

[물음 2] 원재료 매입액

당기원재료 구입액 = **₩140,000**

[물음 3] 제조간접원가 예정배부율

$$제조간접원가\ 배부율 = \frac{기초재공품\ 제조간접원가}{기초재공품\ 직접노무원가} = \frac{₩45,000}{₩30,000} = 150\%$$

[물음 4] 제조간접원가

제조간접원가 예정배부액 = ₩200,000 × 1.5 = **₩300,000**

[물음 5] 배부차이

실제발생액(12.31.)	예정배부액
₩310,000	₩300,000

₩10,000 과소배부

[물음 6] 기말재공품

1) 기말재공품 제조간접원가 = ₩40,000 × 1.5 = **₩60,000**

2) 기말재공품 장부금액 = **₩120,000**

[물음 7] 당기제품제조원가

당기제품제조원가 = **₩575,000**

[물음 8] 수정 후 금액

	기말잔액	제조간접원가	비율	배부차이	수정 후 장부금액
기말재공품	₩120,000	₩60,000	0.20	₩2,000	₩122,000
기 말 제 품	230,000	114,000	0.38	3,800	233,800
매 출 원 가	475,000	126,000①	0.42	4,200	479,200
	₩825,000	₩300,000	1.00	₩10,000	**₩835,000**

① 매출원가에서 당기발생 제조간접원가 ₩126,000(= ₩300,000 − ₩60,000 − ₩114,000)만 당기발생분 원가 차이를 배부받을 수 있다.

[물음 9] 재고자산과 매출원가

1) 재고자산 = 기말원재료 + 기말재공품 + 기말제품

= ₩30,000 + ₩122,000 + ₩233,800 = **₩385,800**

2) 매출원가 = **₩479,200**

제 3 장

활동기준원가계산

cost & management accounting

SECTION
01 전통적 원가계산의 문제점

기업이 여러 가지의 제품을 생산하는 경우 직접재료원가와 직접노무원가는 각 제품에 대하여 직접추적이 가능하지만 여러 제품에 공통적으로 발생하는 제조간접원가는 인위적인 배분을 하게 된다.

전통적인 원가계산에서는 일반적으로 직접노무원가, 노동시간과 기계시간 등을 이용하여 각 제품에 제조간접원가를 배부하게 되는데, 이 배부기준들이 제조간접원가의 발생원인과 인과관계가 낮은 경우에는 제조간접원가가 잘못 배부되어 각 제품들의 원가가 왜곡될 수 있는 문제점이 있다. 또한 이러한 원가왜곡은 제품에 대한 수익성 분석시 잘못된 의사결정을 내려 수익성 있는 제품을 폐기하거나 수익성 없는 제품을 계속 생산하게 되는 문제점이 발생할 수도 있다.

다음은 잘못된 원가배분과 관련된 사례로서 정확한 원가배분과의 차이를 살펴보기로 한다.

[사 례]

다음은 어느 식당에서 4명의 친구가 회식을 한 내역이다.

	요 리	후 식	음 료	합 계
갑	₩11,000	−	₩4,000	₩15,000
을	20,000	₩8,000	14,000	42,000
병	15,000	4,000	8,000	27,000
정	14,000	4,000	6,000	24,000
합 계	₩60,000	₩16,000	₩32,000	₩108,000
평 균	₩15,000	₩4,000	₩8,000	₩27,000

(1) 전통적인 원가계산

전통적인 원가계산의 경우에는 발생한 비용 ₩108,000을 인원수(단일조업도)에 의해 배부하게 된다. 왜냐하면 전통적인 원가계산에서는 개인별 소비내역(활동내용)이 반영되지 않고 인원수(단일조업도)에 의한 균등배부가 이루어지기 때문이다. 인원수에 의한 경우 개인별 부담액은 다음과 같이 1인당 ₩27,000이 될 것이다.

갑 : ₩27,000　　을 : ₩27,000　　병 : ₩27,000　　정 : ₩27,000

(2) 활동기준원가계산

활동기준원가계산의 경우에는 개인별 소비내역(활동내용)에 의하여 다음과 같이 배부될 것이다.

갑 : ₩15,000　　을 : ₩42,000　　병 : ₩27,000　　정 : ₩24,000

위에서 본 바와 같이 개인별 소비내역을 반영하지 않고 인원수 기준에 의하여 단순 배부한 결과 갑과 정은 비용을 과대부담하고, 을은 비용을 과소부담하는 원가왜곡현상이 발생하게 된다. 이러한 현상은 음식의 다양성(활동의 다양성)과 개인별 소비차이를 무시하며, 획일적인 균등부담(단일의 배부기준)으로 개인별 음식요금이 과대 또는 과소부담되고 있다는 것이다.

이는 전통적 원가계산에서 발생하는 원가왜곡현상으로 총원가가 일정한 상태에서 어느 한 제품에 원가가 과대계상 되면 다른 제품에는 원가가 과소계상 될 수밖에 없다. 이러한 제품간에 상호부담현상(product-cost cross subsidization)을 피넛버터원가*계산(Peanut-butter costing)이라고 한다.

* 땅콩버터를 식빵에 균등하게 바른다는 것으로 원가평준화(cost smoothing)라고도 한다. 개별제품들이 서로 다르게 활동을 소비하여도 원가를 획일적인 방법으로 개별제품에 배부하여 발생되며, 어느 제품의 원가가 과소계상되면 다른 제품의 원가는 과대계상된다.

1 원가왜곡현상이 발생하는 이유

과거에 비해 생산공정이 자동화 · 기계화 되면서 제품원가에서 차지하는 제조간접원가의 비중이 매우 높아졌다. 이러한 경우 제조간접원가의 정확한 배분이 매우 중요한데, 다음과 같은 이유로 제조간접원가의 원가왜곡현상이 발생한다.

① 생산하는 제품의 다양성(product diversity)에 의해 원가왜곡현상이 발생한다. 제품의 다양성이란 각 제품들의 크기, 복잡성, 작업준비시간 및 배치 크기 등이 서로 동일하지 않고 차이가 나는 것을 말한다. 앞의 사례에서 친구들이 동일한 음식을 소비하였다면 단일조업도에 의해 배분하여도 원가왜곡현상이 발생하지 않을 것이다.

② 회사전체의 총원가 중 제조간접원가의 비중이 크고 제조간접원가 중 단일조업도수준 활동에 비례하지 않는 비단위수준 제조간접원가(nonunit-realated overhead costs)가 많을 경우 원가왜곡현상이 발생한다.

㉑ 작업준비비는 작업준비를 위한 원가로서 제품 생산량에 상관없이 한 배치(묶음)의 제품이 생산될 때마다 발생한다. 예를 들어 작업준비비가 한 배치(묶음)당 ₩100,000이고 한 배치(묶음)가 100단위인 경우 제품을 10단위 생산하든 또는 100단위를 생산하든 생산수량과 상관없이 배치당 작업준비비는 ₩100,000으로 동일하다. 즉, 작업준비횟수가 작업준비비의 발생원인이므로 생산량이 아니라 작업준비횟수에 의해 작업준비비는 증가하게 된다. 이와 같이 비단위수준 제조간접원가를 인과관계가 없는 단일조업도에 의해 획일적으로 배부하는 경우 원가왜곡현상이 발생하게 된다.

2 원가왜곡현상이 가격결정에 미치는 영향

제조간접원가에 대한 원가왜곡현상은 원가배분과 가격결정 및 시장상황에 다음과 같은 영향을 미친다.

제품의 종류	원가배분	가격결정	시장상황
조업도가 낮으나 복잡한 제품	과소계상	과소계상	판매증가, 실질적 수익성은 하락
조업도가 높으나 단순한 제품	과대계상	과대계상	가격경쟁력 하락, 판매감소

① 조업도가 낮으나 복잡한 제품 : 조업도가 낮은 경우 전통적인 원가계산은 단일조업도에 의해 제조간접원가를 제품에 배부하므로 제조간접원가를 적게 배부할 것이다. 그러나 이러한 제품은 활동을 많이 소비하는 복잡한 제품이므로 실제로는 제조간접원가를 많이 배부해야 한다. 이와 같은 경우 제조간접원가가 과소계상 되어 원가가 과소계상 되고 판매가격 또한 과소계상 될 것이다. 이러한 제품은 판매가격이 낮아 판매는 증가되지만 실질적인 수익성은 하락하게 될 것이다.

② 조업도가 높으나 단순한 제품 : 조업도가 높은 경우 전통적인 원가계산은 단일조업도에 의해 제조간접원가를 제품에 배부하므로 제조간접원가를 많이 배부할 것이다. 그러나 이러한 제품은 활동을 적게 소비하는 단순한 제품이므로 실제로는 제조간접원가를 적게 배부해야 한다. 이와 같은 경우 제조간접원가가 과대계상 되어 원가가 과대계상 되고 판매가격 또한 과대계상 될 것이다. 이러한 제품은 판매가격이 너무 높아 가격경쟁력이 하락되어 판매가 감소될 것이다.

SECTION
02 활동기준원가계산의 도입배경과 의의

1 활동기준원가계산의 도입배경

활동기준원가계산(activity-based costing : ABC)은 1970년대와 1980년대를 걸쳐 미국기업들이 약화된 경쟁력을 회복하고자 하는 노력의 일환으로 개발되었으며, 활동기준원가계산의 도입배경은 다음과 같다.

① 공장의 자동화로 제조원가에서 제조간접원가가 차지하는 비중이 점차 증가(직접노무원가는 감소)하여 직접노무원가나 다른 조업도를 기준으로 획일적인 배부를 하는 전통적인 배부방식은 원가왜곡현상이 발생하여 올바른 원가정보를 경영자에게 제공하지 못하였다.

② 정보기술의 발전으로 활동기준원가계산을 구축하고 운영하는 비용이 기존에 비해 많이 감소되었다.

2 활동기준원가계산의 의의

활동기준원가계산은 원가가 발생하는 원인을 규명하고 활동에 대한 체계적인 분석을 통하여 모든 활동을 부가가치활동(value-added activity)과 비부가가치활동(non-value-added activity)으로 구분하여 비부가가치활동은 가급적 줄여 필요한 활동만을 실행하게 한다. 활동 분석 후에는 활동별로 원가를 집계하고 집계된 원가를 활동별 원가동인을 통하여 최종적으로 원가대상에 배부한다.

부가가치활동이란 제품생산시 고객의 가치증가를 위하여 반드시 필요한 활동을 의미하며, 비부가가치활동은 제품생산시 고객의 가치증가에 도움이 되지 않는 활동으로 원가절감을 위하여 제거되어야하는 활동이다.

❖ 부가가치활동과 비부가가치활동의 예 ❖

활 동	부가가치활동	비부가가치활동
제품설계	○	
작업준비		○
대 기		○
운 반		○
가 공	○	
재 작 업		○
수 선		○
저 장		○
검 사		○
제품배달	○	

SECTION

03 활동의 구분 및 활동기준원가계산의 계산절차

1 활동기준원가계산의 기본요소

(1) 자원

자원(resource)은 활동을 수행하기 위하여 사용되거나 소비되는 경제적 요소를 말한다. 소비된 자원원가는 제품 원가계산시 자원동인에 의하여 활동별로 집계된다. 자원의 예로는 노무원가 · 감독자급여 · 소모품비 · 설비의 감가상각비 등이 있다.

(2) 활동

활동(activity)은 가치창출을 위하여 사람이나 설비에 의해 수행되는 기본적인 작업단위를 말한다. 활동원가는 제품 원가계산시 활동동인에 의하여 각 제품별로 집계된다. 활동의 예로는 제품설계활동 · 재료이동활동 · 작업준비활동 · 품질검사활동 등이 있다.

(3) 원가대상

원가대상(cost object)은 원가를 개별적으로 집계하고 할당하는 목적물을 말한다. 그 예로는 제품이나 서비스가 대표적인 원가대상이지만 부문 · 프로젝트 · 고객 · 활동 등도 원가대상이 될 수 있다.

(4) 원가동인

원가동인(cost driver)은 원가를 발생시키거나 발생정도에 영향을 미치는 요인을 의미한다. 원가동인은 원가를 활동이나 제품 및 서비스에 할당하기 위해서 사용되는 측정 가능한 요소로서 다음과 같이 자원원가동인과 활동원가동인으로 나누어진다.

- 자원원가동인(resource cost driver) : 활동에 의해서 소비되는 자원의 양을 나타내는 측정치를 말한다. 이는 자원의 원가를 활동별로 할당하여 활동원가를 산출하기 위한 것으로서 소비된 자원에 의해서 결정된다. 그 예로는 공장감독자 급여의 경우 감독시간이나 인원수, 건물임차료 및 감가상각비의 경우 건물면적, 전력비의 경우는 전력소비량 등이 자원원가동인이다.
- 활동원가동인(activity cost driver) : 원가대상에 의해서 소비되는 활동의 양을 나타내는 측정치를 말하며, 활동원가를 원가대상(제품 · 고객 · 서비스)에 할당하기 위해서 사용된다. 그 예로는 기계작업활동의 경우 기계시간, 제품검사활동의 경우 검사시간 또는 검사횟수, 작업준비활동의 경우 작업준비시간 또는 작업준비횟수 등이 있다.

앞의 내용들을 간략히 정리하면 다음과 같다. 제품을 생산하기 위해서는 활동이 필요하고, 활동이 사용하는 자원이 곧 제품의 원가라는 것이 활동기준원가계산의 기본적인 시각이다. 즉, 활동사용량만큼 활동원가를 제품에 배부하므로 전통적인 원가계산에 비해 보다 정확한 제조간접원가 배부가 가능하게 된다.

이러한 활동기준원가계산은 보다 확장되어 제조간접원가의 배부에만 국한되어 사용되는 것이 아니라 판매부문과 일반관리부문 및 연구개발부문 등 모든 부분에 폭 넓게 사용되며, 다양한 서비스제품에 대한 정확한 원가정보를 필요로 하는 서비스업체에서도 사용되고 있다.

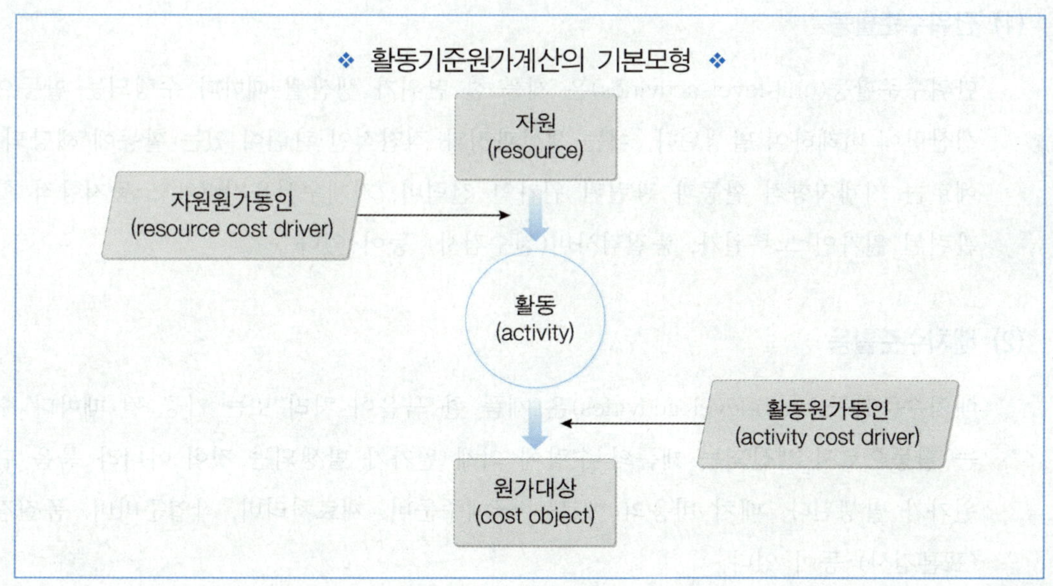

2 활동기준원가계산절차(5단계)

- 1단계 : 활동분석
- 2단계 : 활동중심점의 설정 및 활동별 원가집계
- 3단계 : 활동중심점별 활동원가동인의 선택
- 4단계 : 활동중심점별 원가배부율의 계산
- 5단계 : 제품별 원가집계

- 1단계 : 활동분석

활동분석(activity analysis)은 제품을 생산하거나 서비스를 제공하는데 필요한 활동들을 구분하고 분석하는 것을 말하며, 공정가치분석(process value analysis)이라고도 한다. 활동기준원가계산은 활동분석시 모든 활동을 부가가치활동과 비부가가치활동으로 구분한 후 비부가가치활동을 감소시켜 원가를 절감할 수도 있다.

활동분석의 방법은 특정활동의 담당자나 관리자와의 면담·관찰·설문조사 등의 방법으로 활동을 식별·분류 및 평가할 수 있으며, 이를 통해 활동을 계층적 수준에 따라 다음과 같이 네 가지 활동유형으로 분류 할 수 있다.

(1) 단위수준활동

단위수준활동(unit-level activities)은 제품 한 단위가 생산될 때마다 수행되는 활동으로서 생산량에 비례하여 발생된다. 이는 생산과정과 직접적인 관련이 있는 활동에 해당되며 그 예로는 기계지향적 활동과 관련된 원가인 전력비, 기계수선유지비와 노동지향적 활동과 관련된 원가인 노무원가, 품질검사비(전수검사) 등이 있다.

(2) 배치수준활동

배치수준활동(batch-level activities)은 제품 한 묶음이 처리 또는 가공 될 때마다 수행되는 활동으로서 생산되는 제품의 수량에 의해 원가가 발생되는 것이 아니라 묶음 단위로 원가가 발생된다. 배치 비용의 예로는 구매주문비, 재료처리비, 작업준비비, 품질검사비(표본검사) 등이 있다.

(3) 제품수준활동

제품수준활동(product-level activities)은 특정제품을 개발, 유지하거나 지원하는데 수행되는 활동으로서 제품설계, 제품디자인이나 제조기술의 변경작업 등과 같이 제품종류별로 이루어진다. 제품수준활동은 제품 한 단위 수준이나 제품의 배치 수준에 비례하지 않고 제품별로 원가가 발생된다. 제품수준활동의 예로는 제품개발비와 제품설계비, 제품시험성능검사비와 제품설계변경비 등이 있다.

(4) 설비수준활동

설비수준활동(facility-level activities)은 생산설비의 유지와 관련된 활동으로서 이는 공장관리와 건물안전관리 등과 같이 제품 한 단위 수준이나 제품의 배치 수준 및 특정제품라 인과도 직접적인 관련이 없는 활동이다. 설비수준활동의 예로는 공장관리비, 공장건물감가상각비, 공장보험료, 공장조경비, 공장재산세, 공장수위의 급여 등이 있다.

이러한 설비수준활동원가는 앞의 활동들과는 달리 활동기준원가회계를 도입한다 하더라도 각 제품들과 직접적인 인과관계를 파악하기 어려워 인위적인 배부기준을 사용하여 각 제품에 배분한다.

외부보고의 경우에는 앞에서 본 바와 같이 제품에 배부하지만 제품에 대한 의사결정의 경우에는 비관련원가이므로 제품에 배부하지 않는다. 예를 들어 설비수준활동은 공장전체의 유지와 관련된 활동이므로 생산되는 제품 중 어느 하나를 폐기하거나 새로운 제품을 생산하는 개별제품의 관련손익 분석에서는 비관련원가로서 배부되지 않는다.

앞에서 설명한 계층적 활동분석은 제조간접원가가 단일조업도에 비례하지 않고 다양한 활동에 의해서도 발생할 수 있다는 것을 보여주고 있다. 따라서 활동기준원가계산은 단일조업도 이외의 다른 원가동인을 인식하므로 전통적인 원가계산보다 정확하며, 제품생산과 관련된 의사결정시 신뢰성을 높이게 된다.

❖ 활동유형별 원가 ❖

활 동 유 형	대표적 활동	원 가 동 인
단위수준활동	노동지향적활동 기계지향적활동 품질검사활동(전수검사)	직접노무원가, 노동시간 기계시간 생산수량(검사시간)
배치수준활동	구매주문활동 재료이동 및 보관활동 재료처리활동 기계작업준비활동 품질검사활동(표본검사) 생산일정계획 선적활동	주문횟수 재료이동횟수(시간) 재료처리횟수(시간) 작업준비횟수(시간) 품질검사횟수(시간) 생산가동횟수 선적횟수
제품수준활동	제품개발비 제품설계비 제품시험성능검사비 제품설계변경비	제품개발시간 제품설계시간 성능검사횟수(시간) 제품설계변경횟수
설비수준활동	공장관리비 공장건물감가상각비 공장보험료 공장조경비 공장재산세	점유면적, 종업원수, 기계시간, 노동시간 등

• 2단계 : 활동중심점의 설정 및 활동별 원가집계

활동분석 후 확인된 각 활동들을 유사한 활동은 서로 통합하여 하나의 활동중심점으로 설정할 수 있다. 활동중심점(cost center)이란 관련된 원가를 분리하고 집계할 수 있는 조직단위를 말하는데, 활동중심점을 설정하게 되면 활동을 수행하는 과정에서 소비한 자원의 원가를 파악하여 자원동인을 기준으로 각 활동별 원가를 집계한다.

활동중심점의 수와 관련된 측정비용과 잘못된 의사결정에 따른 손실은 다음과 같다.

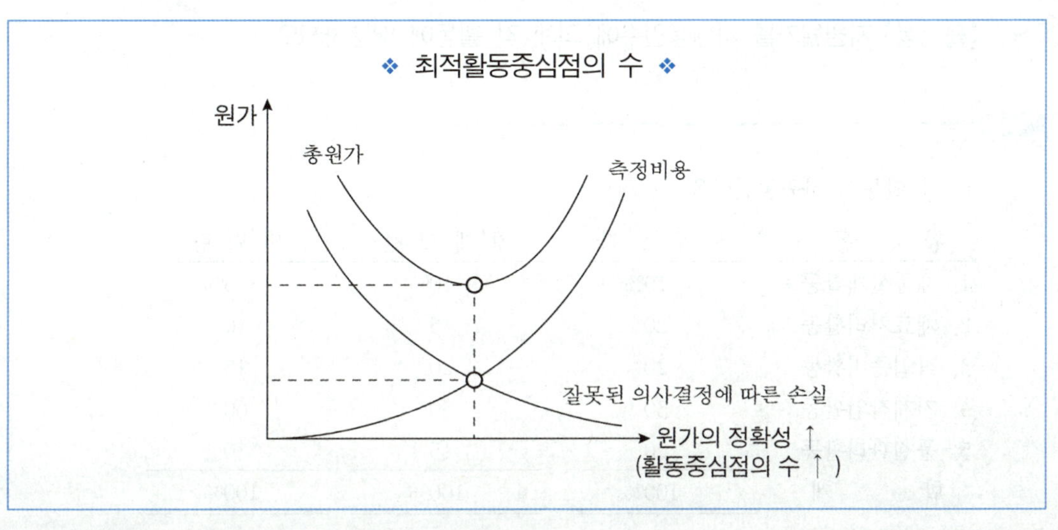

위의 그림에서 확인할 수 있듯이 활동중심점의 수가 증가되면 원가의 정확성이 증가되어 잘못된 의사결정에 따른 손실이 감소하게 된다. 그러나 측정비용이 증가되므로 측정비용과 잘못된 의사결정에 따른 손실의 합이 최소가 되는 적정 활동중심점의 수를 결정해야 한다.

예제 01 자원배분

(주)서울은 다양한 제품을 생산하는 기업으로서 활동기준원가계산에 의하여 제조간접원가를 제품에 배부하고 있다. 다음은 (주)서울과 관련된 원가자료이다.

(1) 간접노무원가 : ₩100,000
　설비감가상각비 : 200,000
　공장전력비 : 100,000

(2) 각 활동이 소비한 자원동인수

활　　동	노 무 시 간	기 계 시 간	전 력 량
제품설계활동	100시간	200시간	50kWh
재료처리활동	200	100	100
작업준비활동	200	400	150
기계작업활동	300	1,000	600
품질관리활동	200	300	100
합　　계	1,000시간	2,000시간	1,000kWh

[물　음] 자원원가를 자원동인수에 의해 각 활동에 배분하시오.

해답

1. 각 활동의 자원동인비율

활　　　동	노 무 시 간	기 계 시 간	전 력 량
1. 제품설계활동	10%	10%	5%
2. 재료처리활동	20	5	10
3. 작업준비활동	20	20	15
4. 기계작업활동	30	50	60
5. 품질관리활동	20	15	10
합　　계	100%	100%	100%

2. 자원원가의 배분

활　　　동	간접노무원가	설비감가상각비	공장전력비	활 동 원 가
1. 제품설계활동	₩10,000	₩20,000	₩5,000	₩35,000
2. 재료처리활동	20,000	10,000	10,000	40,000
3. 작업준비활동	20,000	40,000	15,000	75,000
4. 기계작업활동	30,000	100,000	60,000	190,000
5. 품질관리활동	20,000	30,000	10,000	60,000
합　　계	₩100,000	₩200,000	₩100,000	₩400,000

- 3단계 : 활동중심점별 활동원가동인의 선택

활동중심점별로 원가를 집계한 후에는 집계된 원가를 각 제품에 배부하기 위한 활동원가동인을 선정해야 한다. 여기에서 활동원가동인(activity cost driver)은 원가대상에 의해서 소비되는 활동의 양을 나타내는 측정치를 말한다.

원가동인 선택시 주의할 점은 원가동인이 활동별원가와 직접적인 인과관계가 있고 쉽게 적용 할 수 있어야 한다. 또한 원가동인 측정과 관련된 비용의 발생도 고려해야 하는데, 정확한 원가동인은 비용이 많이 발생하므로 정보의 효익과 비용의 관계를 고려하여 적절한 원가동인을 결정해야 한다.

❖ 원가동인의 유형 ❖

원가동인의 유형	거래동인 (transaction driver)	시간동인 (duration driver)	직접동인 (intensity driver)
적용상황	제품 간에 소요되는 시간이 동일한 경우 수행된 활동의 활동 빈도를 집계하여 원가동인으로 사용	제품 간에 소요되는 시간이 동일하지 않는 경우로써 활동을 수행하기 위하여 소요된 시간을 원가 동인으로 사용	제품 간에 서로 다른 자원이 소비되므로 활동을 수행할 때마다 소요된 자원을 직접 측정
적용예	검사횟수, 주문건수, 작업준비횟수 등	검사시간, 작업준비시간, 노동시간 등	직접 측정
측정비용과 정확성 순서	3순위 (가장 낮다)	2순위 (중간)	1순위 (가장 높다)

[원가동인 적용에 대한 예]
작업준비활동과 관련하여 발생된 원가가 있는 경우 작업준비횟수를 기준으로 제품에 배부한다면 이는 거래동인에 해당한다. 그러나 각 제품에 소요되는 작업준비시간이 동일하지 않을 경우에는 작업준비횟수보다 작업준비시간이 좀 더 합리적인데 이는 시간동인에 해당된다. 또한 작업준비를 할 때마다 서로 다른 작업준비자가 사용되며, 작업준비자간의 급여가 현격히 차이가 나는 경우에는 소요된 자원을 직접 측정하여 배부하는데, 이는 직접동인에 해당된다.

• 4단계 : 활동중심점별 원가배부율의 계산

2단계에서 집계된 활동별 원가를 3단계에서 결정한 각 활동별 원가동인수로 나누어 활동별 배부율을 계산한다. 활동기준원가계산에서는 제조간접원가 배부시 활동별 배부율을 사용하고 전통적인 원가계산에서는 제조간접원가 배부시 공장전체 배부율 또는 부문별 배부율을 사용한다. 활동기준원가계산이 전통적인 원가계산보다 제조간접원가에 대한 배부율수가 더 많으므로 좀 더 정확한 제조간접원가 배부가 가능해지고 이로 인해 원가왜곡으로 인한 잘못된 의사결정의 가능성이 감소된다.

$$\text{활동중심점별 원가배부율} = \frac{\text{활동중심점별원가}}{\text{활동중심점별 원가동인수}}$$

• 5단계 : 제품별 원가집계

4단계에서 구한 활동중심점별 원가배부율에 각 제품이 사용한 활동별 원가동인 수를 곱하여 제품별 제조간접원가를 집계한다.

> 제품별 제조간접원가 = 제품별 활동원가동인수 × 활동중심점별 원가배부율

예제 02 전통적인 배부방법과 활동기준원가계산의 비교

(주)서울은 2가지 종류의 제품 A와 B를 생산하는 기업으로서 활동기준원가계산에 의해 제조간접원가를 제품에 배부하고 있다. 직접노무원가의 노무시간당 임률은 ₩50이며, 제품 A, B와 관련된 원가자료는 다음과 같다.

	제품 A	제품 B
생산량	1,000단위	2,000단위
판매가격	₩650	₩700
직접재료원가	400	500
직접노무원가	100	50
직접노무시간	2시간	1시간

활동	활동원가	원가동인	원가동인 수		
			제품 A	제품 B	합계
제품설계활동	₩35,000	설계시간	150시간	200시간	350시간
재료처리활동	40,000	재료처리횟수	50회	350회	400회
작업준비활동	75,000	작업준비횟수	25회	50회	75회
기계작업활동	190,000	기계시간	100시간	1,800시간	1,900시간
품질관리활동	60,000	검사시간	20시간	40시간	60시간
합계	₩400,000				

[물음 1] 직접노무시간에 의한 공장전체 제조간접원가배부율을 구하시오.

[물음 2] 공장전체 제조간접원가배부율 적용시 제품 A와 B의 단위당 원가를 구하시오.

[물음 3] 활동기준원가계산(ABC)을 적용시 제품 A와 B의 단위당 원가를 구하시오.

[물음 4] 공장전체 제조간접원가배부율을 적용하는 경우와 활동기준원가계산을 적용하는 경우 제품 A와 B의 단위당 손익을 구하시오.

해답

[물음 1] 공장전체 제조간접원가배부율

$$\text{공장전체 제조간접원가배부율} = \frac{\text{공장전체 제조간접원가}}{\text{제조부문의 총노무시간}}$$

$$= \frac{₩400{,}000}{(1{,}000\text{단위} \times 2\text{시간}) + (2{,}000\text{단위} \times 1\text{시간})}$$

$$= ₩100/\text{시간}$$

[물음 2] 제품 A와 B의 단위당 원가

	제 품 A	제 품 B
직접재료원가	₩400	₩500
직접노무원가	100	50
제조간접원가	200*	100*
단위당 원가	₩700	₩650

* 2시간 × ₩100 = ₩200, 1시간 × ₩100 = ₩100

직접노무시간에 의해 제조간접원가를 배부하므로 제품 B보다 제품 A에 제조간접원가가 더 많이 배부된다.

[물음 3] 활동기준원가계산(ABC)을 적용시 제품 A와 B의 단위당 원가

1) 각 제품의 단위당 원가

	제 품 A	제 품 B
직접재료원가	₩400	₩500
직접노무원가	100	50
제조간접원가	75	162.5
단위당 원가	₩575	₩712.5

2) 단위당 제조간접원가

활 동	제 품 A	제 품 B
1. 제품설계활동	₩100*1 × 150시간	₩100*1 × 200시간
2. 재료처리활동	100*2 × 50회	100*2 × 350회
3. 작업준비활동	1,000*3 × 25회	1,000*3 × 50회
4. 기계작업활동	100*4 × 100시간	100*4 × 1,800시간
5. 품질관리활동	1,000*5 × 20시간	1,000*5 × 40시간
합 계	₩75,000	₩325,000
÷ 생 산 량	÷ 1,000단위	÷ 2,000단위
단위당 제조간접원가	₩75/단위	₩162.5/단위

*1 $\frac{₩35,000}{350시간} = ₩100$ *2 $\frac{₩40,000}{400회} = ₩100$ *3 $\frac{₩75,000}{75회} = ₩1,000$

*4 $\frac{₩190,000}{1,900시간} = ₩100$ *5 $\frac{₩60,000}{60시간} = ₩1,000$

제품 B의 경우 제품 A에 비해 비단위수준 제조간접원가인 재료처리활동과 기계작업활동이 많이 발생되어 제조간접원가가 더 많이 배부되었다.

[물음 4] 단위당 손익의 비교

1) 공장전체 제조간접원가배부율 적용시 단위당 손익

	제 품 A	제 품 B
판 매 가 격	₩650	₩700
단 위 당 원 가	700	650
단 위 당 이 익	₩(50)	₩50

2) 활동기준원가계산 적용시 단위당 손익

	제 품 A	제 품 B
판 매 가 격	₩650	₩700.0
단 위 당 원 가	575	712.5
단 위 당 이 익	₩75	₩(12.5)

3) 공장전체 제조간접원가배부율 적용시 제품 A는 손실이 발생하고 제품 B는 이익이 발생하였다. 그러나 이는 직접노무시간에 의한 획일적인 배부방법을 적용한 결과로 제품원가를 왜곡한다. 원가동인에 의한 보다 정확한 원가배부방법인 활동기준원가계산의 경우에는 제품 A가 이익이 발생하고 제품 B는 손실이 발생한다.

SECTION 04

고객수익성분석

고객수익성분석(customer-profitability analysis)이란 고객으로부터의 수익과 비용을 보고하고 분석하는 것이다. 활동기준원가계산은 고객수익성 분석시 회사가 고객에게 제공하는 서비스원가를 다양한 고객별로 분석할 수 있게 도와준다. 이 때 고객과 관련된 고객원가계층(customer-cost hierarchy)은 다음과 같다.

(1) 고객산출량단위수준원가(customer output unit-level cost)

고객에게 제품 한 단위를 판매하기 위해 소요되는 원가로서 그 예로는 판매되는 상자 당 제품취급원가 등이 있다.

(2) 고객배치수준원가(customer batch-level cost)

고객에게 판매된 제품군과 관계된 원가로서 그 예로는 제품에 대한 주문처리비와 배달비 등이 있다.

(3) 고객유지원가(customer sustaining cost)

고객에게 인도된 제품의 수량, 배치와 상관없이 특정고객을 유지하기 위해 발생하는 원가로서 그 예로는 고객방문비와 고객에 대한 견본비인 판매촉진비 등이 있다.

(4) 유통경로원가(distribution channel cost)

고객에게 인도된 제품의 수량, 제품의 배치와 특정고객과 상관없이 특정유통경로와 관련하여 발생하는 원가로서 그 예로는 소매영업팀의 관리비, 관리자급여 등이 있다.

(5) 기업유지원가(corporate-sustaining cost)

특정고객이나 특정유통경로로 추적할 수 없는 원가로서 그 예로는 최고경영자와 일반관리자의 급여 및 일반관리비 등이 있다.

고객원가계층은 고객의 수익성 파악뿐만 아니라 다음과 같이 고객과 관련된 의사결정에도 유용한 자료를 제공한다.

① 특정고객과의 거래와 관련되어 유지 또는 추가여부 의사결정
관련원가는 고객산출량단위수준원가, 고객배치수준원가와 고객유지원가이다.

② 특정 유통경로의 폐지 또는 추가여부 의사결정
관련원가는 고객산출량단위수준원가, 고객배치수준원가, 고객유지원가와 유통경로원가이다.

예제 03 활동기준원가계산(ABC) - 고객에 대한 수익성분석

서울제과의 파주사업부는 활동기준원가계산을 도입하여 3가지 유형의 고객에 대한 수익성 분석을 검토하고 있다. 3가지 유형의 고객에 대한 파주사업부의 원가자료는 다음과 같다. 단, 점포간접비는 유통경로원가가 포함되지 않은 고객과 관련된 원가라고 가정한다.

	백화점	대형마트	편의점
매 출	₩57,000	₩63,000	₩52,000
매출원가	38,000	47,000	35,000
점포간접비	?	?	?
활동(원가동인)			
주문(주문횟수)	30	25	13
배달(배달횟수)	98	36	28
진열(진열시간)	183	166	24
상자취급(상자수)	15,500	20,500	7,900

[물음 1] 점포간접비 발생액은 ₩36,000이고 각 상품의 점포간접비배부액은 매출원가의 30%이다. 이러한 경우 각 고객별 영업이익률을 구하고 어느 고객이 가장 수익성이 좋은지 검토하시오.

[물음 2] 활동기준원가계산에 의한 경우 각 고객별 영업이익률을 구하고 어느 고객이 가장 수익성이 좋은지 검토하시오. 단, 점포간접비와 관련된 활동별 배부율은 다음과 같다.

주문활동 : ₩100/회, 배달활동 : ₩80/회
진열활동 : ₩20/시간, 상자취급활동 : ₩0.2/상자

[물음 3] 서울제과는 서울사업부와 파주사업부가 있으며, 파주사업부는 점포간접비이외에 유통경로원가가 ₩6,000 발생하였다. 서울제과의 기업유지원가가 ₩10,000이고 서울사업부의 영업이익이 다음과 같은 경우 서울제과의 활동원가계층별 영업이익을 구하시오.

	백화점	대형마트	편의점	합 계
매　　출	₩108,000	₩76,000	₩48,000	₩232,000
매출원가	68,000	50,000	32,000	150,000
점포간접비	?	?	?	50,000
고객수준영업이익	?	?	?	₩32,000
유통경로원가	–	–	–	12,000
유통경로수준영업이익				₩20,000

[물음 4] 활동기준원가계산 하에서 고객별 수익성을 비교하고 전통적인 방식과 차이가 나는 원인을 설명하시오.

해답

[물음 1] 기존방법 하에서 각 고객별 영업이익률과 수익성 분석

1) 각 고객별 영업이익과 영업이익률

	백화점	대형마트	편의점	합 계
매　　출	₩57,000	₩63,000	₩52,000	₩172,000
매출원가	38,000	47,000	35,000	120,000
점포간접비	11,400	14,100	10,500	36,000 (← 30%)
고객수준영업이익	₩7,600	₩1,900	₩6,500	₩16,000
영업이익률*	13.33%	3.02%	12.5%	9.3%
	① 순위	③ 순위	② 순위	

* $\frac{\text{영업이익}}{\text{매출}}$

2) 수익성 검토

점포간접비를 매출원가의 30%로 배부하는 경우 백화점, 편의점과 대형마트 순으로 수익성이 좋다.

[물음 2] 활동기준원가계산의 경우 각 고객별 영업이익률과 수익성 분석

1) 각 고객별 영업이익과 영업이익률

	백화점	대형마트	편의점	합 계
매 출	₩57,000	₩63,000	₩52,000	₩172,000
매출원가	38,000	47,000	35,000	120,000
점포간접비				
1. 주 문 *[1]	3,000	2,500	1,300	6,800
2. 배 달 *[2]	7,840	2,880	2,240	12,960
3. 진 열 *[3]	3,660	3,320	480	7,460
4. 상자취급 *[4]	3,100	4,100	1,580	8,780
고객수준영업이익	₩1,400	₩3,200	₩11,400	₩16,000
영업이익률	2.46% ③ 순위	5.08% ② 순위	21.92% ① 순위	9.3%

*[1] 30회 × ₩100 = ₩3,000, 25회 × ₩100 = ₩2,500, 13회 × ₩100 = ₩1,300

*[2] 98회 × ₩80 = ₩7,840, 36회 × ₩80 = ₩2,880, 28회 × ₩80 = ₩2,240

*[3] 183시간 × ₩20 = ₩3,660, 166시간 × ₩20 = ₩3,320, 24시간 × ₩20 = ₩480

*[4] 15,500개 × ₩0.2 = ₩3,100, 20,500개 × ₩0.2 = ₩4,100, 7,900개 × ₩0.2 = ₩1,580

2) 수익성 검토

활동기준원가계산 하에서는 편의점, 대형마트와 백화점의 순으로 수익성이 좋다.

[물음 3] 서울제과의 영업이익

	서울사업부	파주사업부	합 계
매 출	₩232,000	₩172,000	₩404,000
매출원가	150,000	120,000	270,000
매출총이익	₩82,000	₩52,000	₩134,000
점포간접비	50,000	36,000	86,000
고객수준영업이익	₩32,000	₩16,000	₩48,000
유통경로원가	12,000	6,000	18,000
유통경로수준영업이익	₩20,000	₩10,000	₩30,000
기업유지원가	–	–	10,000
영업이익	₩20,000	₩10,000	₩20,000

의사결정시 유통경로원가는 특정고객과 관련이 없으므로 고객에게 배부하지 않으며, 기업유지원가는 특정사업부와 관련이 없으므로 사업부에 배부하지 않는다.

[물음 4] 고객별 수익성에 차이가 나는 이유

1) 고객의 다양성

고객이 동일하지 않으므로 활동의 소비량이 동일하지 않다.

2) 조업도에 비례하지 않는 간접비의 존재

단일조업도(상품매출원가)에 비례하지 않고 다양한 원가동인에 의하여 비례하여 증가하는 간접비가 있기 때문이다.

SECTION 05

전통적 원가계산과 활동기준원가계산의 비교

1 전통적인 원가계산과 활동기준원가계산의 배부절차

(1) 전통적인 원가계산

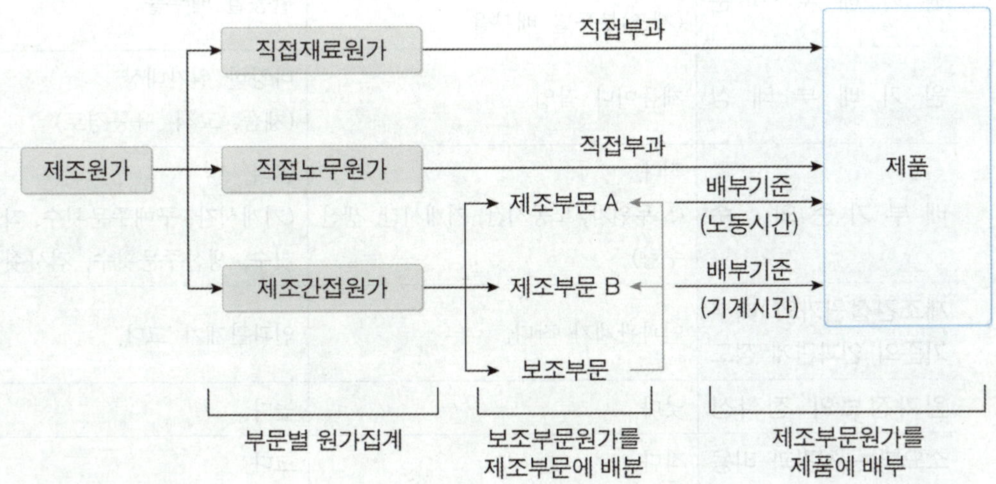

(2) 활동기준원가계산

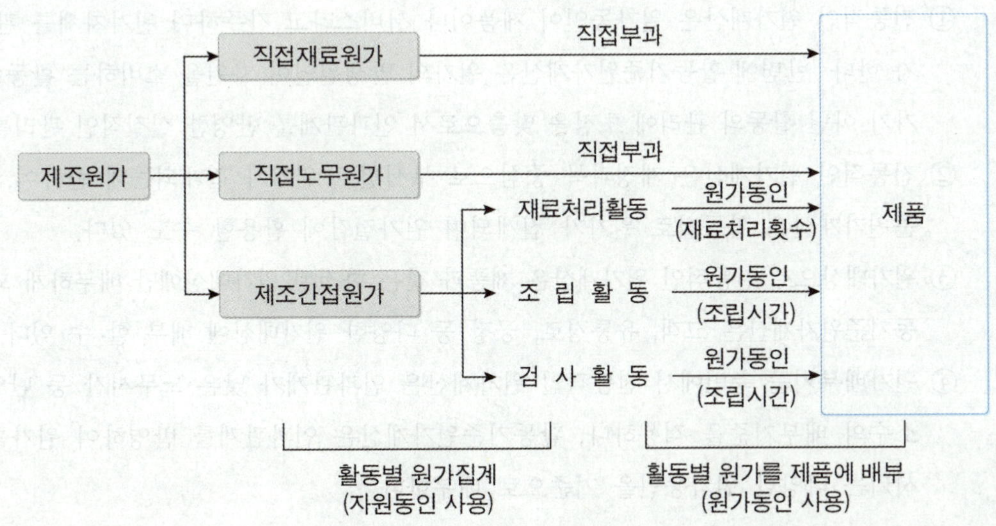

2 전통적 원가계산과 활동기준원가계산의 비교

구 분	전통적 원가계산	활동기준원가계산
기 본 가 정	각 제품이 자원을 소비한다.	활동이 자원을 소비하고, 제품이 활동을 소비한다.
초 점	원가관리	활동관리
원 가 배 부 기 준	공장전체 배부율, (제조)부문별 배부율	활동별 배부율
원 가 배 부 대 상	제품이나 작업	다양한 원가대상 (제품, 고객, 유통경로)
배 부 기 준 의 수	적다. (노무원가, 노동시간, 기계시간, 생산수량)	많다. (기계시간, 구매주문횟수, 작업준비횟수, 생산주문횟수, 검사횟수 등)
제조간접원가와 배부기준의 인과관계 정도	인과관계가 작다.	인과관계가 크다.
원가정보의 정확성	낮다.	높다.
소요되는 시간과 비용	작다.	크다.

앞에서 본 바와 같이 전통적인 원가계산과 활동기준원가계산은 다음과 같은 차이점이 있다.

① 전통적인 원가계산은 원가동인이 제품이나 서비스라고 간주하며 원가자체를 관리하고자 한다. 반면에 활동기준원가계산은 원가의 발생원인이 자원을 소비하는 활동이며 원가가 아닌 활동의 관리에 초점을 맞춤으로서 인과관계를 반영한 실질적인 관리를 한다.

② 전통적인 원가계산은 계정과목 중심으로 부서별로 원가가 집계되는데 반하여, 활동기준원가계산은 활동별로 원가가 집계되며 원가절감에 활용할 수도 있다.

③ 원가대상으로 전통적인 원가계산은 제품과 같은 한정된 원가대상에만 배부하게 되나, 활동기준원가계산은 고객, 유통경로, 공정 등 다양한 원가대상에 배부 할 수 있다.

④ 원가배부기준 측면에서 전통적인 원가계산은 인과관계가 낮은 노무시간 등 단일 또는 소수의 배부기준을 적용하나, 활동기준원가계산은 인과관계를 반영하여 원가를 발생시키는 다양한 원가동인을 기준으로 배부한다.

예제 04 활동기준원가계산 – 전통적인 원가계산과의 비교

(주)서울은 2가지 종류의 태블릿PC(고급형, 보급형)를 제조하고 있다. 당사는 과거 수년간 보급형을 제조해 왔으며, 최근 새로운 시장을 공략하기 위해 고급형을 도입하였다. 고급형을 도입한 이후 고급형에 대한 매출은 급속도로 증가하였으나 이익은 지속적으로 감소하고 있는 상황이다. 현재 당사의 원가회계시스템은 직접노동시간을 기준으로 제조간접원가를 배부하고 있으며, 고급형 생산에는 2시간의 노동시간이, 보급형에는 1시간이 소요된다. 고급형과 보급형의 원가와 활동관련 자료는 다음과 같다.

	고 급 형	보 급 형
판 매 가 격	₩140	₩80
직 접 재 료 원 가	45	30
직 접 노 무 원 가	20	10
생 산 량	5,000단위	40,000단위

활 동	활동원가	원가동인	원가동인 수 고급형	원가동인 수 보급형	합 계	배부율
구 매 주 문	₩180,000	주문횟수	200회	400회	600회	₩300
품 질 관 리	250,000	검사횟수	1,000	1,000	2,000	125
생 산 준 비	220,000	준비횟수	500	500	1,000	220
기 계 유 지	350,000	기계시간	2,000시간	1,500시간	3,500시간	100
	₩1,000,000					

[물음 1] 공장전체 제조간접원가 배부율을 구하시오.

[물음 2] [물음 1]의 배부율을 이용하여 각 제품의 단위당 이익을 구하시오.

[물음 3] 활동기준원가회계제도를 이용하여 각 제품의 단위당 이익을 구하시오.

[물음 4] 기존원가회계시스템 하에서 산출된 고급형에 대한 원가가 과소계상되는 이유를 설명하시오.

해답

[물음 1] 공장전체 제조간접원가 배부율

$$공장전체\ 제조간접원가\ 배부율 = \frac{₩1,000,000}{(5,000단위 \times 2시간) + (40,000단위 \times 1시간)} = ₩20/시간$$

[물음 2] 각 제품의 단위당 이익

	고 급 형	보 급 형
판 매 가 격	₩140	₩80
직접재료원가	45	30
직접노무원가	20	10
제조간접원가	40*	20*
단위당 이익	₩35	₩20

* 2시간 × ₩20/시간 = ₩40,　1시간 × ₩20/시간 = ₩20

[물음 3] ABC하에서 각 제품의 단위당 이익

1) 단위당 이익

	고 급 형	보 급 형
판 매 가 격	₩140	₩80
직접재료원가	45	30
직접노무원가	20	10
제조간접원가	99	12.625
단위당 이익	₩(24)	₩27.375

2) 단위당 제조간접원가

활　　동	고 급 형	보 급 형
1. 구 매 주 문	₩300 × 200회	₩300 × 400회
2. 품 질 관 리	125 × 1,000	125 × 1,000
3. 생 산 준 비	220 × 500	220 × 500
4. 기 계 유 지	100 × 2,000시간	100 × 1,500시간
합　계	₩495,000	₩505,000
÷ 생　산　량	÷ 5,000단위	÷ 40,000단위
단위당 제조간접원가	₩99/단위	₩12.625/단위

[물음 4] 고급형에 대한 원가가 과소계상되는 이유

고급형제품은 조업도가 낮으나 많은 자원을 소비하는 복잡한 제품인데도 불구하고 (주)서울은 직접노동시간에 의한 단일배부기준으로 제조간접원가를 배부하였기 때문이다.

① 제품의 다양성

② 조업도에 비례하지 않는 제조간접원가의 존재

SECTION 06

활동기준원가계산의 유용성과 문제점

1 활동기준원가계산 도입시 고려할 사항

활동기준원가계산 도입시 정확한 원가의 배분이외에도 기업의 효율성을 개선시킬 수 있지만 종업원들은 자신들의 업무가 비부가가치활동으로 간주될 수도 있기에 반감을 가질 수도 있다. 그러므로 활동기준원가계산을 성공적으로 도입하기 위하여 다음과 같은 사항을 고려해야 한다.

① 종업원들의 적극적인 참여를 유도할 수 있게 경영자의 많은 지원과 관심이 필요하다.

② 활동기준원가계산을 먼저 도입한 기업을 벤치마킹하여 시행착오를 감소시킨다. 이러한 경우 많은 시간과 비용을 절감할 수 있다.

③ 활동기준원가계산의 실행에 따른 시간과 비용을 절감시키기 위해 시스템을 단순하게 설계하도록 노력한다.

④ 활동기준원가계산 설계시 외부전문가 이외에 경영자와 종업원도 참여시킨다. 이러한 경우 활동기준원가계산에 대한 반감이 감소하여 시스템을 효율적으로 실행시킬 수 있다.

2 활동기준원가계산의 유용성

활동기준원가계산의 유용성은 정확한 원가배분 이외에도 계획단계와 통제단계의 의사결정 측면에서도 파악할 수 있다.

① 활동에 관한 정보를 제공한다. 활동에 관한 정보를 제공함으로써 부가가치활동과 비부가가치활동을 구분할 수 있으며, 비부가가치활동으로 분류시에는 비부가가치활동을 감소시켜 제품원가를 절감시킬 수 있다.

② 활동기준원가계산에서는 단위기준동인 및 비단위기준동인을 기준으로 제조간접원가를 배부함으로써 보다 정확한 제품원가를 구할 수 있다.

③ 관련원가의 파악이 쉬워지고 의사결정의 신뢰성이 높아진다. 전통적 원가계산에서는 원가를 조업도의 변화에 따라 비례적으로 변화하는 변동원가와 고정원가로 분류하기 때문에 일부 고정원가(비단위수준활동원가)가 활동소비량에 따라 변화하는 것을 파악할 수 없다. 그러나 활동기준원가계산에서는 활동원가계층에 따라 원가를 분류하고 다양한 원가동인에 의하여 원가를 추정하므로 의사결정의 신뢰성이 높아진다.

3 활동기준원가계산의 문제점

① 활동을 명확히 정의하고 구분하는 기준이 존재하지 않으므로 활동분석 자체가 주관적일 수 있다. 또한 원가동인도 발견하기 어렵고 원가동인의 선택도 주관적일 수 있다.

② 활동분석과 원가동인의 파악 등 활동에 관한 정보를 얻는데 많은 비용과 시간이 소요되어 활동정보로부터 얻는 효익 보다 비용이 더 커질 수도 있다.

③ 제조간접원가 중 원가동인을 설명할 수 없는 활동원가계층인 설비수준활동(공장감가상각비, 공장냉난방비, 조경비)에 대하여는 전통적인 원가계산과 마찬가지로 인위적인 배부를 할 수 밖에 없는 문제점이 있다.

④ 제조간접원가를 절감하려면 활동원가를 발생시키는 활동의 동인수를 감소시켜야 하는데, 동인수 감소시 동일한 수량을 생산하기 위해서는 배치당 생산량이 증가하여 재고과잉의 문제가 발생할 수 있다.

> ㉎ 감자를 한 번 튀겨낼 때 감자를 최대 10개 튀길 수 있다면, 10개 이하에서는 몇 개를 튀겨내든 그 비용은 동일하다. 이러한 경우 튀겨내는 비용이 동일하다고 한 번에 너무 많은 감자를 튀겨낸다면 불필요한 재고가 누적되는 재고과잉의 문제가 발생된다.

4 활동기준원가계산의 도입이 필요한 기업

전통적인 원가계산하에서 원가왜곡현상이 나타나는 기업으로서 다음과 같은 기업들이 활동기준원가계산 도입시 그 효익이 크다고 할 수 있다.

① 복잡한 생산공정에서 여러 가지 제품을 생산하는 경우

② 생산과정에서 거액의 제조간접원가가 발생하는 경우

③ 비단위수준활동원가가 제조원가에서 차지하는 비중이 높은 경우

④ 경쟁업체의 가격이 너무 높거나 너무 낮은 경우

⑤ 고객들이 가격인상에 대해서 불평을 하지 않는 경우

⑥ 생산과 판매에 자신 있는 제품의 이익은 낮고 생산과 판매에 자신이 없는 제품의 이익은 높은 경우

COST&MANAGEMENT ACCOUNTING

객관식 **연습문제**

01 활동기준 원가계산(Activity Based Costing)시스템은 조업도기준 원가계산(Volume Based Costing)시스템에 비하여 보다 정확한 제품원가를 제공할 수 있다. 다음 중에서 활동기준원가계산시스템을 도입함에 따라서 그 효과를 크게 볼 수 있는 기업의 일반적 특성에 해당되지 않는 것은?

① 생산과정에 거액의 간접원가가 발생하는 경우

② 제품, 고객 및 생산공정이 매우 복잡하고 다양한 경우

③ 회사가 치열한 가격경쟁에 직면한 경우

④ 제품의 제조와 마케팅 원가에 대해서 생산작업자와 회계담당자 사이에 심각한 견해차이가 있는 경우

⑤ 생산과 판매에 자신있는 제품의 이익은 높고, 생산과 판매에 자신없는 제품의 이익이 낮은 경우

02 활동기준원가계산 시스템에 대한 설명 중 옳은 것을 모두 묶은 것은?

> (ㄱ) 제품과 고객이 매우 다양하고 생산공정이 복잡한 경우, 일반적으로 활동기준원가계산이 전통적원가계산보다 정확한 제품원가 정보를 제공한다.
>
> (ㄴ) (ㄱ)설명의 주된 이유는 활동기준원가계산은 원가 발생행태보다 원가를 소모하는 활동에 초점을 맞추어 원가를 집계하여 배부하기 때문이다.
>
> (ㄷ) 생산과정에서 거액의 간접원가가 발생하는 경우 활동기준원가계산이 전통적원가계산보다 원가관리에 효과적이다.

① (ㄱ) ② (ㄱ), (ㄴ) ③ (ㄱ), (ㄷ)

④ (ㄴ), (ㄷ) ⑤ (ㄱ), (ㄴ), (ㄷ)

03 다음의 활동기준원가계산과 관련된 기술 중에서 적절하지 못한 것은?

① 활동기준원가계산은 활동을 원가대상의 중심으로 삼아 활동의 원가를 계산하고, 이를 토대로 하여 다른 원가를 계산하는 것을 중심적으로 다루는 원가계산시스템이다.

② 다품종소량생산의 제조업체가 이를 적용할 경우 도움이 된다.

③ 서비스업체에서는 활동기준원가계산을 적용하기 어렵다.

④ 활동기준원가계산은 원가 중에서 제조간접원가의 비중이 높은 기업에 적용할 경우 도움이 된다.

⑤ 활동기준원가계산은 R&D에서 고객서비스에 이르기까지 경영기능 전반에 걸친 원가계획 및 통제에 유용한 정보를 제공해 줄 수 있다.

04 (주)세무는 20×1년 제품 A와 B를 각각 1,800개와 3,000개를 생산·판매하였다. 각 제품은 배치(batch)로 생산되고 있으며, 제품 A와 B의 배치당 생산량은 각각 150개와 200개이다. 활동원가는 총 ₩1,423,000이 발생하였다. 제품생산과 관련된 활동내역은 다음과 같다.

활 동	원가동인	활동원가
재료이동	이동횟수	₩189,000
재료가공	기계작업시간	1,000,000
품질검사	검사시간	234,000
합 계		₩1,423,000

제품 생산을 위한 활동사용량은 다음과 같다.

- 제품 A와 B 모두 재료이동은 배치당 2회씩 이루어진다.
- 제품 A와 B의 총 기계작업시간은 각각 300시간과 500시간이다.
- 제품 A와 B 모두 품질검사는 배치당 2회씩 이루어지며, 제품 A와 B의 1회 검사시간은 각각 2시간과 1시간이다.

제품 A에 배부되는 활동원가는? (단, 재공품은 없다.) 2023 세무사

① ₩405,000 ② ₩477,000 ③ ₩529,000
④ ₩603,000 ⑤ ₩635,000

05 서울스틸은 각 작업에 대한 원가계산을 위하여 다음의 자료를 수집하였다. 작업 A의 기초원가는 ₩300,000이고, 각 활동의 원가동인이 다음과 같다면 작업 A의 총원가는 얼마인가?

활 동	원 가	원가동인	최대활동량
생산준비	₩20,000	생산준비시간	1,000시간
재료처리	30,000	재료처리횟수	2,000회
기계사용	500,000	기계작업시간	20,000시간
품질관리	100,000	품질관리횟수	12,500회
수선유지	40,000	기계작업시간	20,000시간

작업	기초원가	생산수량	생산준비	재료처리	기계작업	품질관리
A	₩300,000	12,000개	30시간	56회	4,000시간	70회

① ₩610,000 ② ₩110,000 ③ ₩482,000
④ ₩420,000 ⑤ ₩410,000

06 (주)서울은 휴대전화기를 생산한다. 현재 회사는 제조간접원가를 공장전체 배부율로 제품에 배부하고 있다. 회사의 경영진은 제조간접원가를 좀 더 정교하게 배부할 필요가 있다고 판단하고, 회계담당부서로 하여금 주요 생산활동과 그 활동에 대한 원가동인을 파악하라고 지시하였다. 다음은 활동, 원가동인, 그리고 배부율에 대한 자료이다.

활 동	원가동인	배부율
재료취급	부품의 수	부품당 ₩1,000
조 립	직접노무시간	시간당 ₩40,000
검 사	검사부문에서의 검사시간	분 당 ₩10,000

현재의 전통적인 원가계산방법은 직접노무시간에 기초하여 1시간당 ₩150,000의 배부율을 사용한다. 휴대전화 제작을 위하여 한 번의 작업(batch)으로 50대의 휴대전화가 제조되었다. 전통적인 원가계산방법과 활동기준원가계산방법을 사용할 경우 휴대전화 한 대당 배부될 제조간접원가는 각각 얼마인가? 한 번의 작업(batch)에는 1,000개의 부품, 직접노무시간 8시간, 그리고 검사시간 15분이 필요하다.

	전통적 방법	활동기준방법		전통적 방법	활동기준방법
①	₩24,000	₩29,400	②	₩26,400	₩29,400
③	24,000	24,000	④	14,000	24,900
⑤	14,000	47,000			

07 다음은 단일제품을 생산하여 판매하는 (주)국세의 연간 활동원가 예산자료와 4월의 활동원가 자료이다.

• 연간 활동원가 예산자료

활 동	활동원가	원가동인	원가동인수량
재 료 이 동	₩5,000,000	이 동 횟 수	1,000회
성 형	₩3,000,000	제 품 생 산 량	24,000단위
도 색	₩1,500,000	직접노동시간	6,000시간
조 립	₩2,000,000	기계작업시간	2,000시간

• 4월 중에 생산한 제품의 활동원가 자료

제품생산량 : 2,000단위, 직접노동시간 : 500시간, 기계작업시간 : 200시간

활동기준원가계산에 의할 경우, (주)국세가 4월 중에 생산한 제품의 활동원가 금액은 ₩1,050,000으로 계산되었다. (주)국세가 4월 중 제품을 생산하는 과정에서 발생한 재료의 이동횟수는 얼마인가?

① 95회 ② 96회 ③ 97회
④ 98회 ⑤ 99회

08 (주)국세는 가구판매업체로, 두 종류의 상품인 원목옷장과 자개옷장을 구입하여 판매하고 있다. 현재 (주)국세는 간접원가인 입고처리원가(receiving cost) ₩400,000을 옷장의 직접구입원가기준으로 상품에 배부하는 원가계산방법을 사용하고 있다. (주)국세의 원가관리담당자는 자개옷장이 원목옷장보다 더 무겁고 조심스럽게 취급되며, 원목옷장은 자개옷장보다 1회 입고시 더 많은 수량이 입고된다는 사실을 파악하였다.

현재의 원가계산방법을 변경하기 위해, (주)국세의 원가관리담당자는 활동분석을 통해 파악한 원가동인인 입고처리시간을 기준으로 입고처리원가를 상품에 추적하는 방안을 고려하고 있다. (주)국세의 원가관리담당자가 입고처리활동을 분석한 결과 다음과 같은 자료를 수집하였다.

구 분	원목옷장	자개옷장
구 입 량	20,000개	1,000개
단위당 구입원가	₩500	₩2,500
입 고 횟 수	12회	12회
입고횟수당 처리시간	5시간	5시간

위 자료에 근거한 설명으로 옳지 않은 것은?

① 현재 사용하고 있는 원가계산방법에서는 입고처리원가가 상품의 직접구입원가에 비례하여 발생한다고 전제하고 있다.
② 현재 사용하고 있는 원가계산방법은 상대적으로 자개옷장의 원가를 과소평가하고 있다.
③ 입고 1회당 입고수량 차이는 두 원가계산방법에 따른 원가차이를 설명하는 요인이 될 수 있다.
④ 새로운 원가계산방법을 적용하면 현재의 원가계산방법을 사용한 경우보다 원목옷장의 원가가 높아진다.
⑤ 상품입고 과정의 복잡성이나 난이도가 두 원가계산방법에 따른 원가차이를 설명하는 요인이 될 수 있다.

09 (주)국세는 활동기준원가계산 방법에 의하여 제품의 가공원가를 계산하고 있다. (주)국세의 각 활동과 활동별 원가배부율은 다음과 같다.

활 동	원가동인	단위당 배부율
재료처리	부 품 수	₩10
기계작업	기계시간	120
조립작업	조립시간	75
검 사	검사시간	100

제품 A 1단위를 제조하기 위해서는 부품 200개, 기계작업 10시간, 조립작업 20시간, 검사 5시간이 요구된다. (주)국세는 50단위의 제품 A를 단위당 ₩50,000에 판매하여 ₩1,500,000의 매출총이익을 달성하였다. 이 경우, 제품 A의 단위당 직접재료원가는 얼마인가? (단, 기초재고자산과 기말재고자산은 없다고 가정한다.)

① ₩5,200　② ₩14,800　③ ₩15,250
④ ₩20,000　⑤ ₩30,000

10 우편 및 전화주문 판매를 하는 (주)서울은 활동기준원가(Activity Based Costing : ABC)시스템을 통해 주요 고객의 수익성을 파악하고자 한다. 주요 고객의 연간 자료는 다음과 같다.

	고객 '甲'	고객 '乙'	고객 '丙'
총매출	₩8,000	₩10,000	₩20,000
반품 – 수량	4개	0개	2개
반품 – 액수(판매가)	₩2,000	₩0	₩5,000
연간 총전화주문건수	4건	0건	8건
연간 총우편주문건수	4건	2건	2건
건당 평균 전화주문처리시간	0.25시간	0시간	0.2시간

매출원가는 판매시가의 75%이다. 배송비용은 고객이 부담하며, 반품에 따른 배송비만 고객이 부담하면 반품은 항상 허용된다. 활동 및 활동원가의 동인율(activity cost driver rate)이 다음과 같을 경우, ABC를 통해 계산한 '甲'으로부터의 연간 이익은 얼마인가?

활 동	활동원가동인율
우편주문처리	₩50/주문건수
전화주문처리	₩800/시간
반 품 처 리	₩100/반품수량
고 객 유 지	₩500/명

① ₩(400) ② ₩(100) ③ ₩300
④ ₩500 ⑤ ₩2,000

11 (주)서울은 가전제품을 생산하여 판매하는 기업이다. (주)서울의 경영자는 현재 생산하고 있는 양문냉장고의 설계를 변경하는 경우 원가를 얼마나 절감할 수 있는지 알아보려고 한다. 20×0년의 양문냉장고 예상판매량 100대를 현재 설계된 대로 생산하는 경우 직접재료원가 ₩100,000, 직접노무원가 ₩50,000, 그리고 제조간접원가 ₩350,000이 발생할 것으로 추정된다. (주)서울은 활동기준원가계산(activity-based costing)을 적용하고 있는데 제조간접원가를 발생 원인에 따라 항목별로 구분한 결과는 다음과 같다.

제조간접원가 항목	금 액	원가동인 및 발생 현황	
기계가동원가	₩100,000	기계가동시간	100시간
작업준비원가	50,000	작업준비시간	10시간
검 사 원 가	100,000	검 사 시 간	10시간
재 작 업 원 가	100,000	재 작 업 시 간	20시간

설계를 변경하는 경우 기계가동시간과 재작업시간은 20% 감소되며, 작업준비시간은 25% 감소될 것으로 예상된다. 그러나 검사시간은 현재보다 20% 늘어날 것으로 예상된다. (주)서울이 설계를 변경하는 경우 단위당 제조간접원가를 얼마나 절감할 수 있는가? (단, 상기 자료외의 원가는 고려하지 않는다.)

① ₩275 ② ₩325 ③ ₩375
④ ₩425 ⑤ ₩475

12 (주)세무는 활동기준원가계산에 의하여 판매관리비를 고객별로 배부한다. 활동기준원가계산을 적용하기 위해 20×1년 초에 수집한 연간 예산 및 관련 자료는 다음과 같다. 2025 세무사

- 연간 판매관리비 예산 : ₩500,000(급여 ₩300,000, 기타 ₩200,000)
- 자원소비단위(활동)별 판매관리비 배분비율

	고객주문처리	고객관계관리	계
급 여	60%	40%	100%
기 타	70%	30%	100%

- 활동별 원가동인과 연간 활동량

활 동	원가동인	활동량
고객주문처리	고객주문횟수	80회
고객관계관리	고객수	30명

20×1년 중 주요 고객 A가 12회 주문할 경우, 이 고객에게 배부될 판매관리비는?

① ₩6,000 ② ₩8,000 ③ ₩14,000
④ ₩48,000 ⑤ ₩54,000

해답 해설

01	02	03	04	05	06	07	08	09	10
⑤	⑤	③	④	⑤	①	①	④	②	①
11	12								
②	⑤								

01 정답 ⑤

생산과 판매에 자신이 있는 제품의 이익은 낮고, 생산과 판매에 자신이 없는 제품의 이익이 높은 경우 활동기준원가계산을 적용시 큰 효과를 얻을 수 있다.

02 정답 ⑤

모두 맞는 설명이다.

03 정답 ③

모든 업체에서 활동기준원가계산 적용이 가능하다.

04 정답 ④

(1) 제품별 배치(batch)수

제품 A 배치 수 : $\frac{1{,}800개}{150개} = 12개$

제품 B 배치 수 : $\frac{3{,}000개}{200개} = 15개$

(2) 활동원가 배부

활동	배부율	활동원가 배부액 제품 A		제품 B	
재료이동	₩3,500[①]	24회 × ₩3,500 =	₩84,000	30회 × ₩3,500 =	₩105,000
재료가공	₩1,250[②]	300시간 × ₩1,250 =	₩375,000	500시간 × ₩1,250 =	₩625,000
품질검사	₩3,000[③]	48시간 × ₩3,000 =	₩144,000	30시간 × ₩3,000 =	₩90,000
			₩603,000		₩820,000

① $\dfrac{₩189,000}{12개\times2회 + 15개\times2회} = ₩3,500$

② $\dfrac{₩1,000,000}{300시간 + 500시간} = ₩1,250$

③ $\dfrac{₩234,000}{24회\times2시간 + 30회\times1시간} = ₩3,000$

05 정답 ⑤

1)

활　동	활동별 배부율	
1. 생산준비	₩20,000 ÷ 1,000시간	=₩20/시간
2. 재료처리	30,000 ÷ 2,000회	= 15/회
3. 기계사용	500,000 ÷ 20,000시간	= 25/시간
4. 품질관리	100,000 ÷ 12,500회	= 8/회
5. 수선유지	40,000 ÷ 20,000시간	= 2/시간

2) ₩300,000 + (30시간 × ₩20 + 56회 × ₩15 + 4,000시간 × ₩25 + 70회 × ₩8 + 4,000시간 × ₩2)

= **₩410,000**

06 정답 ①

1) 전통적인 원가계산

단위당 제조간접원가 $= \dfrac{직접노무시간 \times ₩150,000}{50대}$

$= \dfrac{8시간 \times ₩150,000}{50대}$

= **₩24,000/대**

2) 활동기준원가계산

단위당 제조간접원가

$= \dfrac{(부품수 \times ₩1,000) + (직접노무시간 \times ₩40,000) + (검사시간 \times ₩10,000)}{50대}$

$= \dfrac{(1,000개 \times ₩1,000) + (8시간 \times ₩40,000) + (15분 \times ₩10,000)}{50대}$

= **₩29,400/대**

07 정답 ①

1) 활동별 배부율

활 동	활동원가	원가동인량	예정배부율
1. 재 료 이 동	₩5,000,000	1,000회	₩5,000
2. 성 형	₩3,000,000	24,000단위	125
3. 도 색	₩1,500,000	6,000시간	250
4. 조 립	₩2,000,000	2,000시간	1,000

2) 예정배부된 활동원가

예정배부된 활동원가 ₩1,050,000에서 재료이동활동원가 ₩475,000을 역으로 구할 수 있다. 재료이동활동원가의 배부율이 ₩5,000이므로 재료이동횟수는 **95회**가 된다.

활 동	예정배부액		
1. 재 료 이 동	₩5,000 × **95회**	=	₩475,000
2. 성 형	125 × 2,000단위	=	250,000
3. 도 색	250 × 500시간	=	125,000
4. 조 립	1,000 × 200시간	=	200,000
합 계			₩1,050,000

08 정답 ④

배부기준	원목옷장	자개옷장
직접구입원가기준	20,000개 × ₩500 = ₩10,000,000(80%)	1,000개 × ₩2,500 = ₩2,500,000(20%)
활동원가기준	12회 × 5시간 = 60시간(50%)	12회 × 5시간 = 60시간(50%)

1) 직접구입원가기준의 경우 제품에 대한 배부액은 다음과 같다.

원목옷장 = ₩400,000 × 0.8 = ₩320,000

자개옷장 = ₩400,000 × 0.2 = ₩80,000

2) 활동원가기준의 경우 제품에 대한 배부액은 다음과 같다.

원목옷장 = ₩400,000 × 0.5 = ₩200,000

자개옷장 = ₩400,000 × 0.5 = ₩200,000

3) 새로운 원가계산방법을 적용하면 현재의 원가계산방법을 사용한 경우보다 자개옷장의 원가가 높아진다.

09 정답 ②

매 출	₩2,500,000
매 출 원 가	1,000,000
매 출 총 이 익	₩1,500,000

			제품 A
1) 직접재료원가			X
2) 가공원가			
1. 재료처리	₩10 × 200개	=	₩2,000
2. 기계작업	120 × 10시간	=	1,200
3. 조립작업	75 × 20시간	=	1,500
4. 검 사	100 × 5시간	=	500
3) 단위당 원가			₩20,000*

* $\frac{₩1,000,000}{50단위}$ = ₩20,000

단위당 직접재료원가는 다음과 같다.

X − (₩2,000 + ₩1,200 + ₩1,500 + ₩500) = ₩20,000

∴ X(직접재료원가) = **₩14,800**

10 정답 ①

	甲	
총 매 출	₩8,000	
매 출 환 입	2,000	
매 출	₩6,000	75%
매 출 원 가	4,500	
매 출 총 이 익	₩1,500	
판 매 관 리 비	1,900*	
영 업 이 익	₩(400)	

* 판매관리비

1. 우편주문처리	4건 × ₩50	=	₩200
2. 전화주문처리	4건 × 0.25시간 × ₩800	=	800
3. 반품처리	4개 × ₩100	=	400
4. 고객유지			500
			₩1,900

11 정답 ②

설계변경시 제조간접원가 절감액은 다음과 같다.

활동원가	금 액	원가동인	배부율	×	활동증감	=	증분제조간접원가
1. 기계가동원가	₩100,000	100시간	₩1,000		(20시간)		₩(20,000)
2. 작업준비원가	50,000	10시간	5,000		(2.5시간)		(12,500)
3. 검 사 원 가	100,000	10시간	10,000		2시간		20,000
4. 재 작 업 원 가	100,000	20시간	5,000		(4시간)		(20,000)

단위당 제조간접원가 절감액 = 제조간접원가 절감액/생산량

= ₩32,500/100대

= **₩325/대**

12 정답 ⑤

(1) 활동별 배분

	고객주문처리	고객관계관리	합 계
급 여	₩180,000	₩120,000	₩300,000
기 타	140,000	60,000	200,000
합 계	₩320,000	₩180,000	₩500,000

(2) 활동별 배분율

① 고객주문처리 : $\frac{₩320,000}{80회}$ = ₩4,000/회

② 고객관계관리 : $\frac{₩180,000}{30명}$ = ₩6,000/명

(3) 고객에게 배부될 판매관리비

₩4,000/회 × 12회 + ₩6,000/명 × 1명 = **₩54,000**

COST&MANAGEMENT ACCOUNTING

주관식 연습문제

01 활동기준원가계산

(주)서울은 A와 B 두 가지 종류의 제품을 생산하여 할인매장에서 판매하고 있다. 원가계산을 위한 제조간접원가 배부율은 직접노동시간에 의한 공장전체제조간접원가 배부율이며, 생산 및 원가자료는 다음과 같다.

	제품 A	제품 B
생산량	1,000개	5,000개
단위당 직접재료원가	₩40	₩60
단위당 직접노동시간	2시간	3시간
노동시간당 임률	₩15	₩15

회사는 할인매장에 공급하는 제품의 목표판매가격을 전부원가의 130%로 설정하고 있다. 그러나 회사는 제품 B와 관련하여 경쟁업체 (주)대한으로부터 시장점유율에 있어 심각한 도전을 받고 있는데, 그 이유는 동일한 제품 B에 대한 (주)대한의 판매가격은 단위당 ₩240이기 때문이다.

(주)서울의 경영진은 (주)대한의 가격이 지나치게 낮은 점에 놀라 당신에게 이 문제를 검토하도록 하였다. 당신은 회사의 전통적인 원가계산시스템이 회사의 제품원가를 왜곡하는 것이 아닌가라는 의문을 가지고 있다. 의문의 대상인 제조간접원가의 검토결과 네가지 활동원가로 나누어지며 그에 대한 자료는 다음과 같다.

활　동	원가동인	활동원가
재 봉 작 업	기 계 시 간	₩450,000
검 사 작 업	생 산 묶 음	180,000
공 정 설 계	공정변경횟수	90,000
공 장 관 리	공 장 면 적	96,000

그리고 추가적으로 다음과 같은 정보를 수집할 수 있었다.

> (1) 제품 A와 제품 B 단위당 각각 기계시간 4시간과 1시간이 소요된다.
> (2) 제품 A는 50개를 하나의 생산묶음으로 하고, 제품 B는 250개를 하나의 생산묶음으로 한다.
> (3) 공정변경횟수의 3/4은 제품 A와 1/4은 제품 B와 관련되어 있다.
> (4) 공장면적의 60%는 제품 A가, 40%는 제품 B가 생산에 사용한다.

[물음 1] 직접노동시간을 배부기준으로 한 공장전체의 제조간접원가배부율을 구하시오.

[물음 2] 직접노동시간을 기준으로 하는 경우 제품 A와 제품 B에 대한 목표가격을 계산하시오. 이러한 경우 제품 B를 장기적으로 생산할 것인지를 결정하시오.

[물음 3] ABC시스템과 관련된 정보를 이용하여 각 제품별 목표가격을 계산하시오.

해답

[물음 1] 공장전체제조간접원가 배부율

$$\text{공장전체제조간접원가} = \frac{\text{공장전체제조간접원가}}{\text{전체 제조부문 직접노동시간}}$$

$$= \frac{₩450{,}000 + ₩180{,}000 + ₩90{,}000 + ₩96{,}000}{1{,}000\text{개} \times 2\text{시간} + 5{,}000\text{개} \times 3\text{시간}}$$

$$= \mathbf{₩48/\text{시간}}$$

[물음 2] 전통적인 원가계산에 의한 목표판매가격

1) 제품별 목표판매가격

	제품 A	제품 B
직접재료원가	₩40	₩60
직접노무원가	30	45
제조간접원가*	96	144
합 계	₩166	₩249
(× 130%)	₩215.8	**₩323.7**

* 2시간 × ₩48/시간 = ₩96, 3시간 × ₩48/시간 = ₩144

2) 전통적인 원가배부방법에 의한 제품 B의 판매가격은 **₩323.7**이다. 이는 경쟁회사의 판매가격 ₩240보다 높으므로 (주)서울은 장기적으로 **제품 B의 생산을 중단할 것**이다.

[물음 3] 활동기준원가계산에 의한 목표판매가격

1) 활동기준원가계산에 의한 제품별 제조간접원가

활 동	제품 A	제품 B
1. 재 봉 작 업	4,000시간 × ₩50/시간*1	5,000시간 × ₩50/시간*1
2. 검 사 작 업	₩180,000 × 0.5*2	₩180,000 × 0.5*2
3. 공 정 설 계	₩90,000 × 0.75	₩90,000 × 0.25
4. 공 장 관 리	₩96,000 × 0.6	₩96,000 × 0.4
합 계	₩415,100	₩400,900
÷ 생 산 량	÷ 1,000개	÷ 5,000개
단위당 제조간접원가	₩415.1/개	₩80.18/개

*1 $\frac{₩450,000}{1,000개 \times 4시간 + 5,000개 \times 1시간} = ₩50/시간$

*2 제품 A = $\frac{1,000개}{50개}$ = 20묶음, 제품 B = $\frac{5,000개}{250개}$ = 20묶음

2) 제품별 목표판매가격

	제품 A	제품 B
직 접 재 료 원 가	₩40.00	₩60.00
직 접 노 무 원 가	30.00	45.00
제 조 간 접 원 가	415.10	80.18
합 계	₩485.10	₩185.18
목 표 가 격	₩630.63	₩240.73

(× 130%)

02 수익성분석

(주)서울은 복사용지 판매업체로, 구입한 복사용지를 5개의 대형할인점(A, B, C, D, E)을 통해 1박스 당 ₩10,000에 판매하고 있다. (주)서울이 모든 대형할인점에 제공하는 복사용지의 매출총이익률은 15%로 동일하다. 20×8년도 한 해 동안 고객별로 매출액(반품 차감전)을 집계한 결과, 할인점 A : ₩1,000,000, 할인점 B : ₩2,000,000, 할인점 C : ₩2,500,000, 할인점 D : ₩3,000,000 그리고 할인점 E : ₩1,500,000인 것으로 파악되었다.

할인점 A는 20×8년 7월에 거래를 시작하였으며, 할인점 B, C, D, E는 지난 10년 동안 거래해 온 고객이다. 소비자가 구입한 제품을 대형할인점에 반품하는 경우, 대형할인점은 택배를 이용하여 (주)서울로 반품하며, 배송비용은 (주)서울이 부담한다. (주)서울은 대형할인점과의 고객관계를 유지하기 위하여 총 ₩1,031,000의 판매비와관리비를 사용하고 있다.

(주)서울은 5개 대형할인점의 수익성을 파악하여 영업 전략을 수립하기 위해 활동기준원가계산을 적용하기로 하였다. 활동기준원가계산 적용을 위해 (주)서울의 판매비와관리비를 발생시키는 활동을 파악한 결과, 주문처리활동, 배송활동, 고객유지활동, 반품처리활동 등 4가지 활동이 파악되었다. 주문처리에 소요된 자원은 ₩105,000, 배송처리에 소요된 자원은 ₩186,000, 고객유지에 소요된 자원은 ₩600,000, 그리고 반품처리에 소요된 자원은 ₩140,000으로 조사되었다.

(주)서울은 주문처리활동의 원가동인으로 주문건수, 배송활동의 원가동인으로 배송거리, 고객유지활동의 원가동인으로 접대횟수 그리고 반품처리활동의 원가동인으로 반품수량을 사용하였다.

다음은 (주)서울의 고객인 대형할인점과 관련된 원가동인 자료이다.

구 분	대형할인점 A	B	C	D	E
주문건수	5건	5건	10건	5건	10건
배송거리	100km	120km	150km	150km	100km
접대횟수	2회	2회	2회	3회	3회
반품수량	20박스	10박스	10박스	20박스	10박스

[물음 1] (주)서울이 고객인 대형할인점 A, B, C, D, E로부터 20×8년 한 해 동안 벌어들인 영업이익은 얼마인가?

[물음 2] (주)서울이 20×8년 한 해 동안 영업활동으로 가장 효율적으로 수행한 대형할인점을 선정하고, 그 근거를 제시하시오.

해답

[물음 1] 고객별 영업이익

손익계산서 작성시 반품수량은 제외하고 매출액을 구해야 한다.

구 분	A	B	C	D	E	합 계
매 출*1	₩800,000	₩1,900,000	₩2,400,000	₩2,800,000	₩1,400,000	₩9,300,000
매출원가	680,000	1,615,000	2,040,000	2,380,000	1,190,000	7,905,000 (85%)
매출총이익	₩120,000	₩285,000	₩360,000	₩420,000	₩210,000	₩1,395,000 (15%)
판매관리비						
1. 주문처리	₩3,000*2 × 5 = ₩15,000	₩3,000 × 5 = ₩15,000	₩3,000 × 10 = ₩30,000	₩3,000 × 5 = ₩15,000	₩3,000 × 10 = ₩30,000	105,000
2. 배송처리	₩300*3 × 100 = ₩30,000	₩300 × 120 = ₩36,000	₩300 × 150 = ₩45,000	₩300 × 150 = ₩45,000	₩300 × 100 = ₩30,000	186,000
3. 고객유지	₩50,000*4 × 2 = ₩100,000	₩50,000 × 2 = ₩100,000	₩50,000 × 2 = ₩100,000	₩50,000 × 3 = ₩150,000	₩50,000 × 3 = ₩150,000	600,000
4. 반품처리	₩2,000*5 × 20 = ₩40,000	₩2,000 × 10 = ₩20,000	₩2,000 × 10 = ₩20,000	₩2,000 × 20 = ₩40,000	₩2,000 × 10 = ₩20,000	140,000
영업이익	₩(65,000)	₩114,000	₩165,000	₩170,000	₩(20,000)	₩364,000

*1 A : ₩1,000,000 − 20 × ₩10,000 = ₩800,000, B : ₩2,000,000 − 10 × ₩10,000 = ₩1,900,000
C : ₩2,500,000 − 10 × ₩10,000 = ₩2,400,000, D : ₩3,000,000 − 20 × ₩10,000 = ₩2,800,000
E : ₩1,500,000 − 10 × ₩10,000 = ₩1,400,000

*2 ₩105,000/35건 = ₩3,000

*3 ₩186,000/620km = ₩300

*4 ₩600,000/12회 = ₩50,000

*5 ₩140,000/70박스 = ₩2,000

[물음 2] 영업이익률

	B	C	D
영업이익률 (영업이익/매출)	₩114,000 / ₩1,900,000 = 6%	₩165,000 / ₩2,400,000 = 6.875%	₩170,000 / ₩2,800,000 = 6.07%
	③ 순위	① 순위	② 순위

∴ 대형할인점 C의 영업이익률이 가장 높으므로 대형할인점 C가 가장 효율적으로 영업활동을 수행하였다.

03 전통적인 원가계산과 ABC원가의 비교

(주)서울은 두 가지 제품 A, B를 생산·판매하고 있다. 제품 A의 설계는 제품 B보다 단순하다. 이 회사의 제조공정은 두 개의 제조부문(P_1, P_2)과 두 개의 보조부문(S_1, S_2)으로 구성되어 있다. 20×4년 한 해 동안의 총제조간접원가는 ₩600,000이고, 이 중 ₩200,000은 제조부문 P_1에, ₩140,000은 제조부문 P_2에, ₩100,000은 보조부문 S_1에, ₩160,000은 보조부문 S_2에 추적된다. 기존의 원가계산시스템에서 S_1은 기계시간을 기준으로, S_2는 총직접노동시간을 기준으로 보조부문원가를 제조부문에 배분하며, 제2단계에서는 직접노동시간을 배부기준으로 각 제조부문에 집계된 제조간접원가를 제품에 배부한다. 두 제조부문의 직접노동시간당 임률은 동일하게 ₩10이다.

총직접노동시간

제 품	제조부문(P_1)	제조부문(P_2)	합 계
A	1,500	2,000	3,500
B	1,500	3,000	4,500
합 계	3,000	5,000	8,000
기계시간	400	600	

한편, 이 회사는 20×4년 처음으로 ABC시스템을 설계·운용하기 시작하였으며, 활동원가를 네 개의 활동으로 추적하고, 각 활동별 원가동인은 다음과 같이 확인되었다.

활 동	원가동인	가공원가	제품별 원가동인수		
			제품 A	제품 B	합 계
P_1 제조	노동시간	₩120,000	1,500	1,500	3,000
P_2 제조	노동시간	150,000	2,000	3,000	5,000
작업노동	준비횟수	200,000	50	150	200
품질관리	검사횟수	210,000	150	350	500
		₩680,000			

기타 관련정보는 다음과 같다.

	제품 A	제품 B
단위당 판매가격	₩120	₩150
단위당 직접재료원가	60	80
판매량	5,000단위	6,000단위

[물음 1] 기존 원가계산시스템을 이용하여 제품의 단위당 원가를 계산하시오.

[물음 2] ABC시스템을 이용하여 제품의 단위당 원가를 계산하시오.

[물음 3] 활동원가가 ₩600,000일 경우 ABC시스템을 이용하여 제품의 단위당 원가를 계산하시오.

활 동	원가동인	제조간접원가	제품별 원가동인수		
			제품 A	제품 B	합 계
P_1 제조	노동시간	₩90,000	1,500	1,500	3,000
P_2 제조	노동시간	100,000	2,000	3,000	5,000
작업노동	준비횟수	200,000	50	150	200
품질관리	검사횟수	210,000	150	350	500
		₩600,000			

[물음 4] 기존 원가계산시스템이 제품원가를 왜곡하는 주된 이유를 [물음 3]의 자료를 이용하여 설명하시오.

해답

[물음 1] 전통적인 원가계산

	S_1 (기계시간)	S_2 (노동시간)	P_1 (3,000노동시간)	P_2 (5,000노동시간)	합 계
배분전 제조간접원가	₩100,000	₩160,000	₩200,000	₩140,000	₩600,000
S_1 배분	(100,000)	–	40,000*1	60,000*1	–
S_2 배분	–	(160,000)	60,000*2	100,000*2	–
	–	–	₩300,000	₩300,000	₩600,000
			÷ 3,000시간	÷ 5,000시간	
			₩100/시간	₩60/시간	

*1 ₩100,000 × 400시간/1,000시간 = ₩40,000, ₩100,000 × 600시간/1,000시간 = ₩60,000

*2 ₩160,000 × 3,000시간/8,000시간 = ₩60,000, ₩160,000 × 5,000시간/8,000시간 = ₩100,000

	제품 A	제품 B
직접재료원가	₩300,000*[1]	₩480,000*[1]
직접노무원가	35,000*[2]	45,000*[2]
제조간접원가		
P_1	1,500시간 × ₩100/시간 = 150,000*[3]	1,500시간 × ₩100/시간 = 150,000*[3]
P_2	2,000시간 × ₩60/시간 = 120,000*[4]	3,000시간 × ₩60/시간 = 180,000*[4]
총원가	₩605,000	₩855,000
생산량	÷ 5,000개	÷ 6,000개
단위당 원가	**₩121**	**₩142.5**

*[1] 5,000단위 × ₩60 = ₩300,000, 6,000단위 × ₩80 = ₩480,000

*[2] 3,500시간 × ₩10/시간 = ₩35,000, 4,500시간 × ₩10/시간 = ₩45,000

*[3] 1,500시간 × ₩100/시간 = ₩150,000, 1,500시간 × ₩100/시간 = ₩150,000

*[4] 2,000시간 × ₩60/시간 = ₩120,000, 3,000시간 × ₩60/시간 = ₩180,000

[물음 2] 활동기준 원가계산(가공원가)

	제품 A		제품 B	
직접재료원가	₩60 × 5,000 =	₩300,000	₩80 × 6,000 =	₩480,000
가공원가				
1. P_1 제조	₩40 × 1,500 =	60,000	₩40 × 1,500 =	60,000
2. P_2 제조	₩30 × 2,000 =	60,000	₩30 × 3,000 =	90,000
3. 작업준비횟수	₩1,000 × 50 =	50,000	₩1,000 × 150 =	150,000
4. 품질검사횟수	₩420 × 150 =	63,000	₩420 × 350 =	147,000
총제조원가		₩533,000		₩927,000
판매량		÷ 5,000개		÷ 6,000개
단위당 원가		**₩106.6**		**₩154.5**

[물음 3] 활동기준원가계산(제조간접원가)

	제품 A		제품 B	
직접재료원가	₩60 × 5,000 =	₩300,000	₩80 × 6,000 =	₩480,000
직접노무원가	₩10 × 3,500 =	35,000	₩10 × 4,500 =	45,000
제조간접원가				
1. P_1 제조	₩30 × 1,500 =	45,000	₩30 × 1,500 =	45,000
2. P_2 제조	₩20 × 2,000 =	40,000	₩20 × 3,000 =	60,000
3. 작업준비횟수	₩1,000 × 50 =	50,000	₩1,000 × 150 =	150,000
4. 품질검사횟수	₩420 × 150 =	63,000	₩420 × 350 =	147,000
총제조원가		₩533,000		₩927,000
판매량		÷ 5,000개		÷ 6,000개
단위당 원가		**₩106.6**		**₩154.5**

[물음 4] 원가왜곡 발생이유

총 제조간접원가 중 약 68%[(₩200,000+₩210,000)/₩600,000]가 작업준비시간과 품질검사횟수와 같이 비단위수준 활동원가동인에 의해서 발생했음에도 불구하고 기존의 원가계산시스템은 제조간접원가 전체를 단일조업도인 노동시간에 의해 획일적으로 배분하였다.

제 4 장

종합원가계산

cost & management accounting

SECTION 01

종합원가계산의 의의

제품원가계산은 각 기업의 제품생산방식과 원가의 집계방법에 따라 개별원가계산과 종합원가계산으로 나누어진다.

- 종합원가계산(process costing) : 하나 또는 그 이상의 제조공정(process, 표준화된 생산과정)을 통하여 대량생산되는 동질적인 제품에 대한 원가계산방법이다. 이러한 종합원가계산은 고객의 주문에 따라 제품을 생산하는 개별원가계산과는 달리 연속적인 제조공정을 통하여 같은 종류의 제품을 대량생산하는 기업에게 적합하다.

❖ 개별원가계산과 종합원가계산의 비교 ❖

	개별원가계산	종합원가계산
생산활동의 성격	주문에 의하여 각 기간 동안 서로 다른 다양한 제품을 다양한 작업을 통하여 소량생산	장기적으로 단일공정 또는 연속공정에서 단일 또는 동종제품을 대량생산
원가계산	개별작업별 원가계산 : 개별작업별로 작업원가표상 집계된 원가를 작업된 제품수량으로 나누어 단위당 원가를 계산	공정별 원가계산 : 공정별로 일정기간(월, 분기)동안 발생한 총원가를 해당 기간 동안 생산된 수량으로 나누어 공정별로 단위당 원가를 계산
원가집계	개별작업에 대한 추적가능성 유무에 따라 직접원가(직접재료원가, 직접노무원가)와 간접원가(제조간접원가)로 분류	원가발생시점에 따라 재료원가와 가공원가로 분류
중요사항	제조간접원가의 배부	완성품환산량과 환산량단위당 원가의 계산
적용대상산업	조선업 · 건설업 · 항공기산업 · 기계제조업 · 주문인쇄업	제분업 · 시멘트생산업 · 철강업 · 화학공업 · 식품가공업 · 섬유업
장점	종합원가계산보다 정확	개별원가계산보다 경제적이며, 계산방법이 덜 복잡함
단점	회계기록에 많은 비용이 발생	개별원가계산에 비하여 원가가 부정확

종합원가계산을 적용하는 기업은 연속적으로 제품을 생산하므로 생산이 종료되기 전에는 생산수량과 모든 단위가 완성되는 시점을 별도로 파악할 수 없다. 이와 같이 종합원가계산은 제품 1단위에 대한 제조원가를 개별적으로 계산한다는 것이 실질적으로 매우 어렵다. 따라서 월간 또는 주간 등 인위적인 일정한 기간을 설정하여 생산량과 제조원가를 파악해 단위당 원가를 계산하고 이를 통해 완성품원가와 기말재공품원가를 구하게 된다. 종합원가계산에서 단위당 원가를 통해 완성품원가와 기말재공품원가를 구하는 이유는 동일한 공정을 통하여 제조된 각 제품은 동질적이므로 완성품과 기말재공품의 단위당원가는 동일하다고 가정하기 때문이다.

개별원가계산(job-order costing)에서는 개별작업별로 제조원가를 집계하여 작업원가표를 작성하는데, 완성된 작업의 원가는 당기제품제조원가가 되고 미완성분은 자연스럽게 기말재공품원가가 되므로 종합원가계산과 달리 재공품평가에 대한 문제는 발생되지 않는다. 또한 서로 다른 제품이므로 완성품과 재공품의 단위당원가는 동일하지 않다.

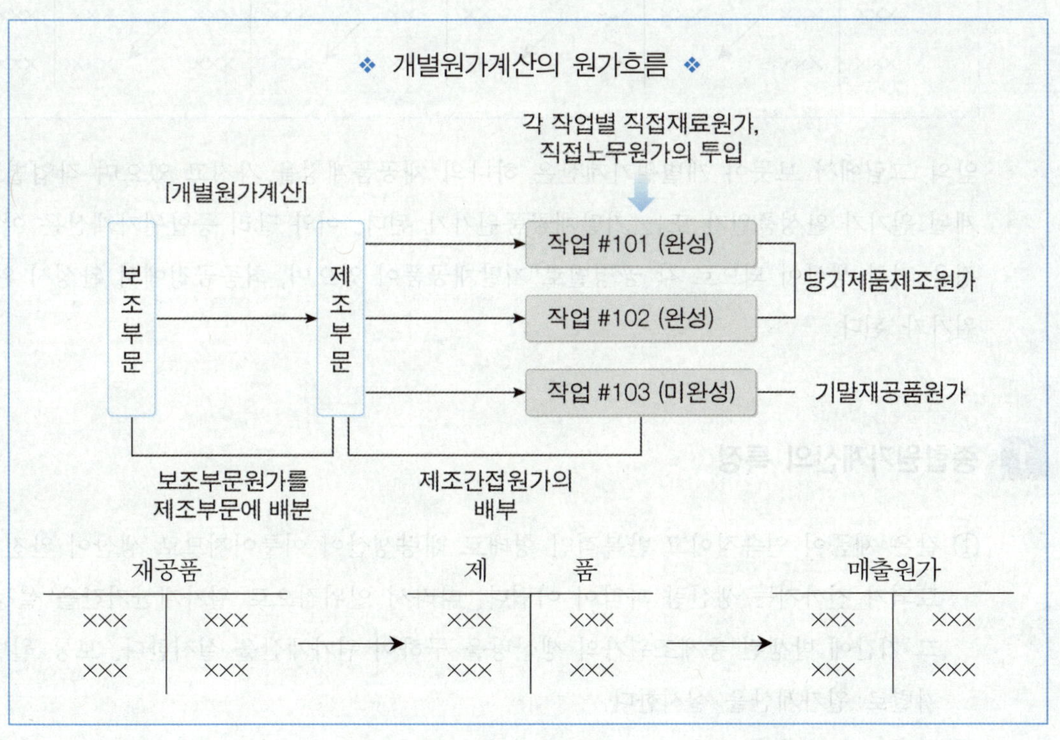

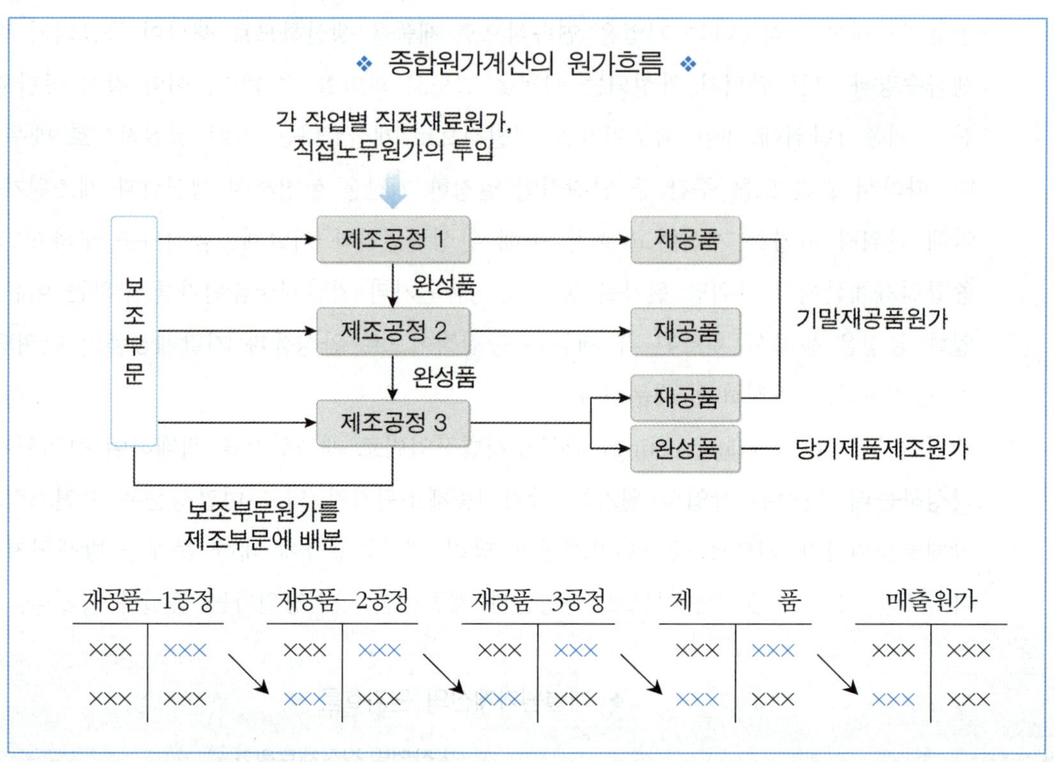

앞의 그림에서 보듯이 개별원가계산은 하나의 재공품계정을 가지고 있으며 작업별로 집계된 원가가 완성품원가 또는 기말재공품원가가 된다. 이와 달리 종합원가계산은 여러 공정을 거쳐 생산이 되므로 각 공정별로 기말재공품이 있으며, 최종공정에서 완성시 완성품원가가 된다.

1 종합원가계산의 특징

① 같은 제품이 연속적이고 반복적인 형태로 대량생산이 이루어지므로 생산이 완전히 종료되기 전까지는 생산량 파악이 어렵다. 따라서 인위적으로 원가계산기간을 설정하여 그 기간에 발생된 총제조원가의 생산량을 구하여 원가계산을 실시한다. 보통 월별, 분기별로 원가계산을 실시한다.

② 동일공정을 거쳐 생산되는 제품은 동질적이므로 각 제품의 단위당 원가는 동일하다고 가정하고, 제품의 원가를 평균개념에 의하여 산출한다.

③ 동일 공정 내에서 발생하는 원가는 그 공정에 모두 집계하면 되므로 직접원가와 간접원가를 구분할 필요가 없다.

④ 일반적으로 재료원가는 특정시점에서 일시에 투입되고 가공원가는 공정의 진척도에 따라 비례적으로 발생하므로 원가를 재료원가와 가공원가로 집계한다.

⑤ 각 공정별로 원가가 집계되어 공정별로 제조원가보고서가 작성된다. 따라서 공정별로 원가가 집계되므로 원가에 대한 책임소재가 명확해지기 때문에 원가관리, 원가통제, 성과평가가 용이해진다. 이 때 원가통제와 성과평가는 제품별로 이루어지는 것이 아니라 공정별로 이루어진다.

⑥ 형태, 크기, 작업내용이 같은 동종제품을 계속적으로 대량생산하기 때문에 개별작업별로 작업지시서를 발행할 필요가 없다. 또한 제품별로 작업지시서를 발행할 필요가 없으므로 개별원가계산보다 단순하고 관리비용이 적게 든다.

⑦ 종합원가계산은 개별원가계산처럼 제조간접원가를 각 제품별로 배부할 필요가 없다. 개별원가계산은 상이한 여러 종류의 제품을 생산하므로 제조간접원가를 인과관계에 따라 각 제품에 배부한다. 그러나 종합원가계산의 경우에는 단일제품 또는 동종 제품을 생산하므로 제조간접원가를 제품에 동일하게 배부한다.

2 종합원가계산의 장 · 단점

장 점	단 점
• 일반적으로 개별원가계산보다 기장절차가 단순하여 원가계산시 시간이 절약되고 비용이 적게 발생된다. • 제품이 아닌 공정이나 부문별로 제조원가가 집계되므로 원가중심점의 성과평가와 원가관리에 유용한 정보를 제공해준다.	• 공정에 있는 기말재공품들의 완성도가 서로 다르므로 재공품의 완성도를 정확히 측정하기란 현실적으로 매우 어렵다. • 기장절차의 단순화로 보다 상세한 원가정보를 상실할 가능성이 있다. 그러므로 개별원가계산에 비해 상대적으로 원가계산의 정확성이 낮다.

SECTION

02 종합원가계산의 절차

1 종합원가계산의 회계처리

(1) 제조공정에 제조원가 집계

제조공정별로 제조원가를 집계하고 이를 재공품계정에 대체하는 회계처리를 한다. 종합원가계산의 특성상 노무원가와 제조간접원가가 구분되어 있지 않는 경우에는 가공원가계정으로 처리할 수 있다.

(차)	재 공 품	×××	(대)	원 재 료	×××
				노 무 원 가	×××
				제조간접원가	×××

(2) 제품의 완성과 판매

제품이 최종적으로 완성되면 재공품을 제품으로 대체하는 회계처리를 한다.

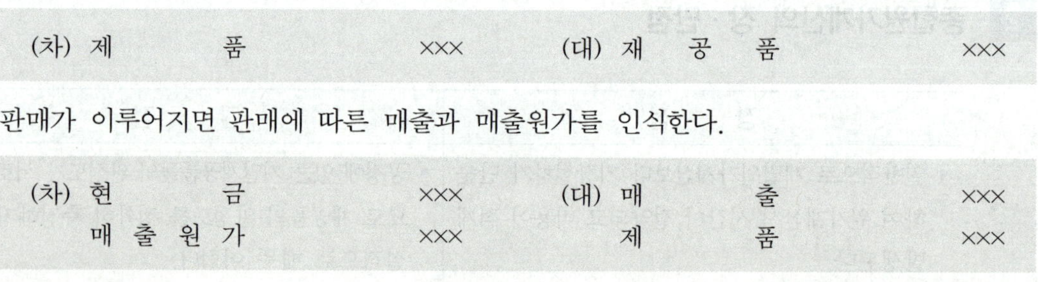

(차)	제 품	×××	(대)	재 공 품	×××

판매가 이루어지면 판매에 따른 매출과 매출원가를 인식한다.

(차)	현 금	×××	(대)	매 출	×××
	매 출 원 가	×××		제 품	×××

2 완성품환산량

(1) 의 의

종합원가계산에서는 제조공정별로 원가를 집계한 다음 제품의 단위당 원가를 계산하기 위해 공정별로 산출물의 수량이 결정되어야 한다. 그런데 기말재공품의 경우 미완성상태이므로 완성품과 동일한 물량(비중)으로 취급하여 단위당 원가를 구하는 것은 합리적이지 않다.

이와 같은 이유로 재공품을 완성품과 비교가능한 수량으로 전환하는데, 이를 완성품환산량이라고 한다.

- 완성품환산량(equivalent units) : 특정기간에 발생한 총원가를 당기완성품과 기말재공품에 적절히 배분하기 위해 공정에서 수행된 총 작업량을 완성품수량으로 환산한 것을 말한다.

❖ 완성품환산량의 예 ❖

① 당기착수완성품

수량 = 100개 (완성도 100%)

완성품환산량 = 100개 × 100% = 100개

② 기말재공품

수량 = 50개(완성도 60%)

완성품환산량 = 50개 × 60% = 30개

이처럼 완성이 되지 않은 재공품의 생산량을 얼마로 할 것인가와 관련된 문제가 바로 완성품환산량이다. 그러므로 재공품이 없다면 완성품수량과 완성품환산량은 항상 일치한다.

(2) 완성품환산량의 계산방법

완성품환산량은 원가요소별로 다르게 계산한다. 그 이유는 원가의 소비시점이 원가요소별로 다르기 때문이다.

① 재료원가 : 일반적으로 재료원가는 특정시점에 일시에 모두 투입된다. 따라서 재공품과 완성품의 재료원가 투입시점 통과 유무에 따라 재료원가의 환산량이 결정된다.

② 가공원가 : 일반적으로 가공원가는 공정 전반에 걸쳐서 균등하게 발생하므로 재공품은 가공된 진척정도에 따라 가공원가의 환산량이 결정된다.

앞의 원가요소별 환산량 계산방법은 절대적인 방법이 아니며, 상황에 따라 달라질 수 있다. 예를 들어 여러 가지의 상이한 재료가 투입되는 경우에는 각각의 재료원가 환산량을 적용할 수 있고, 노무원가와 제조간접원가의 상관관계가 낮은 경우에는 노무원가와 제조간접원가 각각의 환산량을 적용할 수도 있다. 또한 재료원가와 가공원가 모두 공정전반에 걸쳐 균등하게 발생하면 가공된 진척정도에 따라 재료원가환산량도 가공원가환산량을 사용한다.

예제 01 완성품환산량

당기에 영업을 개시한 (주)서울은 단일공정에서 단일제품을 생산하고 있다. 1월에 1,000단위를 착수하여 800단위를 완성하였으며 기말재공품의 수량은 200단위이고 완성도는 80%이다. 원재료는 공정의 초기에 일시에 모두 투입되고, 가공원가는 공정전반에 걸쳐 균등하게 발생되는 경우 1월의 재료원가와 가공원가 완성품환산량을 구하시오.

해답

	물 량(완성도)	재료원가(0%)	가공원가(0~100%)
기 초 재 공 품	–	–	–
당기착수완성품	800개(0~100%)	800	800
기 말 재 공 품	200개(0~ 80%)	200	160
	1,000개	1,000개	960개

3 종합원가계산의 5단계 기본절차

종합원가계산에서는 다음과 같은 5단계의 기본절차를 거쳐 당기완성품과 기말재공품의 원가를 계산한다.

- 1단계 : 물량의 흐름을 파악한다.
- 2단계 : 원가요소별 산출량에 대한 환산량을 계산한다.
- 3단계 : 원가요소별 기초재공품원가와 당기투입(발생)원가를 집계한다.
- 4단계 : 원가요소별 완성품환산량 단위당 원가를 계산한다.
- 5단계 : 완성품과 기말재공품에 총원가를 배분한다.

1) 1단계 : 물량흐름(physical flow)을 파악한다. 차변계정의 물량의 합은 대변계정의 물량의 합과 항상 일치한다.

종합원가계산시 1단계에서는 재공품계정의 차변과 대변의 구성항목에 대한 물량을 확인한다. 차변계정항목은 항상 기초재공품수량과 당기착수량으로 구성되며, 대변계정항목은 완성품수량(기초재공품완성품 + 당기착수완성품)과 기말재공품수량으로 구성된다.

기초재공품수량 + 당기착수량
 = 당기완성품수량(기초재공품완성품수량 + 당기착수완성품수량) + 기말재공품수량

2) 2단계 : 원가요소별로 산출량에 대한 환산량을 계산한다.

재공품이 있는 경우에는 물량과 완성품환산량이 일치하지 않아 완성품과 재공품에 대한 환산량을 구해야 한다. 일반적으로 재료원가는 일정시점에서 전량 투입되고 가공원가는 공정전반에 걸쳐 발생되므로 재료원가와 가공원가로 분류하여 환산량을 구한다.

완성품환산량 = 완성품수량* + 기말재공품수량 × 완성도

* 완성품수량은 기초재공품과 당기착수완성분으로 구성된다. 기초재공품의 경우 원가흐름의 가정이 선입선출법인 경우에는 '기초재공품수량 × 당기추가완성도' 를 적용하고 평균법인 경우에는 '기초재공품수량 × 100%'를 적용한다.

3) 3단계 : 원가요소별로 기초재공품원가와 당기투입원가를 집계한다.

재공품계정의 차변계정 원가합계액을 집계하여 환산량 단위당원가를 구하기 위한 자료를 제공한다. 여기서 주의할 점은 원가흐름에 대한 가정이 선입선출법인 경우에는 당기투입원가만을 이용하여 환산량 단위당원가를 구하고, 평균법 가정 시에는 기초재공품원가 + 당기투입원가를 이용하여 환산량 단위당원가를 구하게 된다.

총원가 = 기초재공품원가 + 당기투입(발생)원가

4) 4단계 : 원가요소별 완성품환산량 단위당 원가를 계산한다.

3단계를 통한 당기투입원가(선입선출법) 또는 총원가(평균법)에 2단계를 통한 재료원가환산량과 가공비환산량을 각각 이용하여 환산량 단위당원가를 구한다.

완성품환산량 단위당원가 = 원가* ÷ 완성품환산량

* 선입선출법은 당기투입원가이고 평균법은 총원가(기초재공품원가 + 당기투입원가)이다.

5) 5단계 : 완성품원가와 기말재공품원가를 계산한다.

4단계에서 구한 환산량 단위당원가에 2단계에서의 항목별 환산량을 이용하여 차변의 총원가를 대변의 완성품원가와 기말재공품원가에 배분한다. 5단계에서 주의할 점은 차변의 합계액과 대변의 합계액이 일치하는지 꼭 확인하여야 하는데, 차변과 대변의 합계액은 원가흐름의 가정에 상관없이 항상 동일하다.

1) 완성품원가 = (전기분 기초재공품 원가 + 당기분 기초재공품 원가) + 당기착수완성품 원가
2) 기말재공품 원가

위의 5단계에 의한 계산절차를 정리한 것이 제조원가보고서(production-cost report)가 되며, 제조원가보고서의 궁극적인 목적은 완성품원가와 기말재공품원가의 집계이다.

예제 02 종합원가계산 5단계 기본절차

20×4년에 영업을 개시한 (주)서울은 단일공정에서 단일제품을 생산하고 있다. 1월에 1,000단위를 착수하여 800단위를 완성하였으며 기말재공품의 수량은 200단위이고 완성도 80%이다. 원재료는 공정초기에 일시에 모두 투입되고, 가공원가는 공정전반에 걸쳐 균등하게 발생된다. 1월에 발생한 재료원가와 가공원가가 각각 ₩10,000과 ₩19,200인 경우 완성품원가와 기말재공품원가를 각각 구하시오.

해답

제조원가보고서

(20×4년 1월 1일 ~ 1월 31일)

	[단계 1] 물량흐름	[단계 2] 완성품환산량 재료원가	가공원가	
기초재공품	–			
당기착수량	1,000개			
	1,000개			
당기완성품	800개	800개	800개	
기말재공품	200(80%)	200	160	
	1,000개	1,000개	960개	
[단계 3] 총원가의 요약				
기초재공품원가		–	–	–
당기투입원가		₩10,000	₩19,200	₩29,200
합 계		₩10,000	₩19,200	₩29,200
완성품환산량		÷ 1,000개	÷ 960개	
[단계 4] 환산량 단위당원가		₩10	₩20	
[단계 5] 총원가의 배분				
완성품원가		₩10 × 800 +	₩20 × 800 =	₩24,000
기말재공품원가		10 × 200 +	20 × 160 =	5,200
합 계				₩29,200

[분 개]

① 1월 중 제조에 소요된 재료원가

(차) 재 공 품 10,000 (대) 매입채무(현금) 10,000

② 1월 중 발생한 노무원가 및 제조간접원가

(차) 재 공 품 19,200 (대) 가 공 원 가 19,200

③ 1월 중 당기완성품을 제품계정으로 대체

(차) 제 품 24,000 (대) 재 공 품 24,000

4 원가흐름에 대한 가정

원가흐름의 가정은 기초재공품이 없는 경우에는 불필요하며, 기초재공품이 있는 경우 선입선출법과 평균법으로 나누어진다.

① 기초재공품이 없는 경우 : 기초재공품이 없으므로 원가흐름의 가정이 필요 없다. 당기발생제조원가(당기투입원가)를 당기완성품환산량을 이용하여 당기착수완성품과 기말재공품에 배부한다.

② 기초재공품이 있는 경우 : 기초재공품원가를 기말재공품에 반영시키는 방법에 따라 선입선출법과 평균법으로 나누어진다.

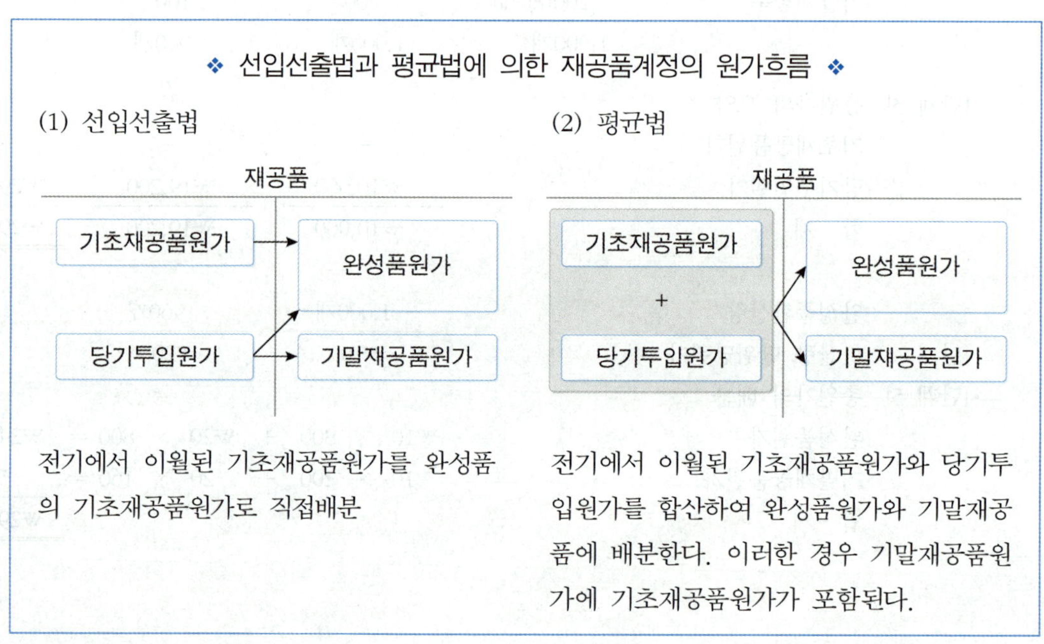

(1) 선입선출법(first-in first-out method)

선입선출법은 기초재공품을 먼저 가공하여 완성한 다음 당기착수분을 가공한다는 가정으로 전기에서 이월된 기초재공품원가를 먼저 완성품원가에 배분하고 당기투입원가는 완성품환산량을 기준으로 당기완성품과 기말재공품에 비례배분하는 방법이다.

선입선출법에서는 완성품원가를 기초재공품과 당기착수완성품으로 구분하므로 제품의 단위당 원가는 당기에 완성된 제품이라도 기초재공품 완성분인가 또는 당기착수완성분인가에 따라 다를 수 있다.

1) 선입선출법의 특징

① 선입선출법은 기초재공품을 우선적으로 가공하여 완성품으로 만든 다음에 당기착수량을 가공한다고 가정한다.

② 기초재공품이 먼저 완성품이 되었다고 간주하므로 기초재공품원가는 모두 완성품원가에 배부된다.

③ 완성품은 기초재공품에서 완성된 것(기초재공품완성분)과 당기투입량에서 완성된 것(당기착수완성분)으로 구분된다.

④ 완성품환산량 계산시에도 당기착수완성분은 원가요소별로 각각 100%의 완성도를 가지게 되나 기초재공품완성분은 전기완성도분에서 완성품이 되기 위하여 당기에 추가투입된 재료 및 추가 가공된 부분만을 별도로 계산해야 한다.

⑤ 기초재공품완성분은 전기원가와 당기원가로 구성되어 있고 당기착수완성분은 모두 당기원가만으로 구성되어 있다고 본다. 따라서 동일한 완성품이라 하더라도 기초재공품완성분인가, 아니면 당기착수완성분인가에 따라 제품 단위당 원가가 달라진다.

⑥ 선입선출법은 당기에 수행한 작업량에만 당기투입(발생)원가를 배부하므로 투입 측면을 강조한다.

2) 원가계산 절차

- 1단계 : 물량흐름을 파악한다. 차변계정 물량의 합은 대변계정 물량의 합과 항상 일치한다.

> 기초재공품수량 + 당기착수량
> = 당기완성품수량(기초재공품완성품수량 + 당기착수완성품수량) + 기말재공품수량

- 2단계 : 원가요소별 산출량에 대한 당기완성품환산량계산시 기초재공품은 당기에 추가로 완성된 부분에 대해서만 환산량에 포함시킨다.

> 당기완성품환산량 = 기초재공품수량 × 당기 추가완성도 + 당기착수완성품수량
> × 100% + 기말재공품수량 × 완성도

- 3단계 : 원가요소별로 당기투입원가를 집계한다. 환산량 단위당 원가를 계산시 대상이 되는 금액은 오직 당기투입원가뿐이다.

- 4단계 : 3단계에서의 당기투입원가를 2단계에서 구한 당기완성품환산량으로 나누어 원가요소별로 완성품환산량 단위당 원가를 계산한다.

완성품환산량 단위당 원가 = 당기투입(발생)원가 ÷ 당기완성품환산량

- 5단계 : 전기에서 이월된 기초재공품원가는 완성품원가에 직접배분한다. 당기투입원가는 4단계의 환산량 단위당 원가에 2단계의 환산량을 곱하여 완성품과 기말재공품에 배분한다.

(1) 완성품원가 = (전기분 기초재공품 원가 + 당기분 기초재공품 원가) + 당기착수완성품 원가
(2) 기말재공품 원가

3) 선입선출법의 장 · 단점

장 점	단 점
• 실제 물량흐름과 일치하므로 실제물량흐름에 보다 충실한 원가흐름가정이다. • 원가의 당기투입측면을 강조하므로 당기업적과 능률을 정확히 파악하므로 계획과 통제목적에 유용하다.	• 평균법에 비해 계산과정이 복잡하다. • 전기와 당기의 원가요소 가격수준과 작업능률이 동일한 경우 평균법 사용이 실무적으로 간편하다.

예제 03-1 기초재공품이 있는 경우 — 선입선출법

단일공정에서 단일제품을 생산하고 있는 (주)서울은 20×4년 7월에 4,500단위를 착수하여 4,000단위를 완성하였다. 원재료는 공정의 초기에 일시에 모두 투입되고, 가공원가는 공정전반에 걸쳐 균등하게 발생된다. 7월에 발생한 당기투입원가와 물량흐름이 다음과 같을 경우 선입선출법에 의한 완성품원가와 기말재공품원가를 각각 구하시오.

	물량흐름	재료원가	가공원가
기초재공품(40%)	500개	₩1,000	₩1,920
당기착수량	4,500	31,500	22,000
당기완성량	4,000		
기말재공품(60%)	1,000		

해답

제조원가보고서(선입선출법)

(20×4년 7월 1일 ~ 7월 31일)

	[단계 1] 물량흐름	[단계 2] 완성품환산량 재료원가	가공원가	
기초재공품	500개(40%)			
당기착수량	4,500			
	5,000개			
당기완성품				
기초재공품	500개	−	300개	
당기착수	3,500	3,500개	3,500	
기말재공품	1,000(60%)	1,000	600	
	5,000개	4,500개	4,400개	
[단계 3] 총원가의 요약				
기초재공품원가		−	−	₩2,920
당기투입원가		₩31,500	₩22,000	53,500
합 계		₩31,500	₩22,000	₩56,420
완성품환산량		÷ 4,500개	÷ 4,400개	
[단계 4] 환산량 단위당 원가		₩7	₩5	

[단계 5] 총원가의 배분

완성품원가		
기초재공품	₩2,920 + ₩7 × − + ₩5 × 300 =	₩4,420
당기착수완성품	7 × 3,500 + 5 × 3,500 =	42,000
		₩46,420
기말재공품원가	7 × 1,000 + 5 × 600 =	10,000
합 계		₩56,420

(2) 평균법(weighted average method)

평균법은 기초재공품이 마치 당기에 착수되어 완성된 것처럼 간주하여 전기에서 이월된 기초재공품원가와 당기투입원가를 분리하지 않고 총원가로 집계한 다음 이를 총완성품환산량을 기준으로 당기완성품과 기말재공품에 비례배분하는 방법이다.

이처럼 평균법에서는 당기에 완성된 제품이라면 그것이 기초재공품이든 당기에 착수되어 완성된 것이든 구분하지 않는다. 따라서 완성품의 단위당 원가는 전기의 원가와 당기의 원가가 가중평균 되어 당기에 완성된 모든 제품의 단위당 원가가 동일하게 된다.

1) 평균법의 특징

① 평균법은 기초재공품의 전기완성도를 무시하고 당기에 처음 착수된 것처럼 간주하여 당기착수분과 동등하게 본다. 그러므로 전기에 발생되어 기초재공품에 이미 배부되어 있는 기초재공품원가도 당기에 발생한 원가로 간주한다.

② 기초재공품도 당기에 착수한 것으로 간주하므로 기초재공품의 기완성도는 없는 것으로 본다. 따라서 산출량은 모두 당기투입량에서 발생한 것으로 본다.

③ 완성품환산량계산시 기초재공품의 기완성도를 완전히 무시하고 0%로 가정하므로 당기완성품은 모두 원가요소별로 100%의 완성도를 가지게 된다. 그러므로 투입측면보다는 산출측면을 강조한 것이다. 물론 기말재공품의 완성품환산량은 선입선출법과 동일하게 그 공정에서 측정한 완성도에 의해 완성도가 결정된다.

위의 내용을 요약하면 평균법은 항상 기초재공품의 완성도를 0%로 가정하는 특수한 형태의 선입선출법이라고 할 수 있다.

2) 원가계산 절차

- 1단계 : 물량흐름을 파악한다. 차변계정의 물량의 합은 대변계정의 물량의 합과 항상 일치한다.

> 기초재공품수량 + 당기착수량
> = 당기완성품수량(기초재공품완성품수량 + 당기착수완성품수량) + 기말재공품수량

- 2단계 : 원가요소별 산출량에 대한 환산량계산시 기초재공품을 당기착수완성품과 똑같이 당기에 착수해서 완성한 것으로 가정하여 환산량을 계산한다.

> 완성품환산량 = 당기완성품수량(기초재공품수량 × 100% + 당기착수완성품수량 × 100%)
> + 기말재공품수량 × 완성도

※ 선입선출법하에서의 완성품환산량에 전기로부터 이월된 기초재공품 관련 재료원가 · 가공원가환산량을 가산하면 평균법하에서의 완성품환산량과 일치한다.

- 3단계 : 선입선출법은 원가요소별로 당기투입원가만을 집계하여 완성품환산량 단위당 원가를 구하지만 평균법은 원가요소별로 기초재공품원가와 당기투입원가를 합산한 총원가를 집계하여 완성품환산량 단위당 원가를 구한다.

> 총원가 = 기초재공품원가 + 당기투입(발생)원가

- 4단계 : 원가요소별 완성품환산량 단위당 원가를 계산한다.

> 완성품환산량 단위당 원가 = 총원가 ÷ 완성품환산량

- 5단계 : 완성품과 기말재공품에 총원가를 배분한다.

> (1) 완성품원가 = 기초재공품 원가 + 당기착수완성품 원가
> (2) 기말재공품 원가

3) 평균법의 장 · 단점

장 점	단 점
• 계산이 간편하다. • 많은 기업들이 평균법을 적용하므로 기업간 제품원가에 대한 비교가 용이하다.	• 완성품환산량 단위당 원가가 전기분에 의해서도 영향을 받기 때문에 당기원가를 왜곡시킨다. • 기초재공품에 능률 및 비능률이 발생되어 포함되어 있다면 당기에까지 영향을 미치게 되어 당기업적 및 능률을 정확히 평가할 수 없다.

예제 03-2 기초재공품이 있는 경우 — 평균법

단일공정에서 단일제품을 생산하고 있는 (주)서울은 20×4년 7월에 4,500단위를 착수하여 4,000단위를 완성하였다. 원재료는 공정의 초기에 일시에 모두 투입되고, 가공원가는 공정전반에 걸쳐 균등하게 발생된다. 7월에 발생한 당기투입원가와 물량흐름이 다음과 같을 경우 평균법에 의한 완성품원가와 기말재공품원가를 각각 구하시오.

	물량흐름	재료원가	가공원가
기초재공품(40%)	500개	₩1,000	₩1,920
당기착수량	4,500	31,500	22,000
당기완성량	4,000		
기말재공품(60%)	1,000		

해답

제조원가보고서(평균법)

(20×4년 7월 1일 ~ 7월 31일)

	[단계 1] 물량흐름	[단계 2] 완성품환산량 재료원가	가공원가	
기초재공품	500개(40%)			
당기착수량	4,500			
	5,000개			
당기완성품				
기초재공품	500개	500개	500개	
당기착수	3,500	3,500	3,500	
기말재공품	1,000 (60%)	1,000	600	
	5,000개	5,000개	4,600개	
[단계 3] 총원가의 요약				
기초재공품원가		₩1,000	₩1,920	₩2,920
당기투입원가		31,500	22,000	53,500
합 계		₩32,500	₩23,920	₩56,420
완성품환산량		÷ 5,000개	÷ 4,600개	
[단계 4] 환산량 단위당 원가		₩6.5	₩5.2	

[단계 5] 총원가의 배분

완성품원가		
기초재공품원가	₩6.5 × 500 + ₩5.2 × 500 =	₩5,850
당기착수완성품	6.5 × 3,500 + 5.2 × 3,500 =	40,950
		₩46,800
기말재공품원가	6.5 × 1,000 + 5.2 × 600 =	9,620
합 계		₩56,420

별해

자료정리

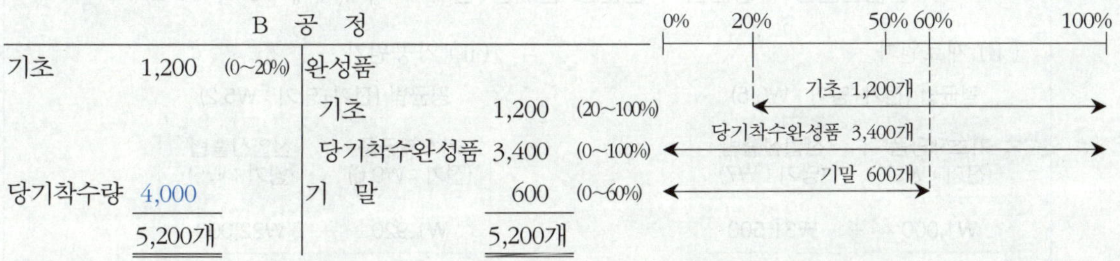

[예제 03-1]

선입선출법	재료원가(0%)	가공원가(0~100%)	
기초재공품 500(40~100%)	—	300개	
당기착수완성품 3,500(0~100%)	3,500개	3,500	
기말재공품 1,000(0~60%)	1,000	600	
A. 완성품환산량	4,500개	4,400개	
B. 총원가			합 계
기 초 재 공 품	—	—	₩2,920
당 기 투 입 원 가	₩31,500	₩22,000	53,500
합 계	₩31,500	₩22,000	₩56,420
C. 환산량 단위당 원가(B÷A)	₩7	₩5	

[예제 03-2]

평 균 법		재료원가(0%)	가공원가(0~100%)	
기초재공품	500(0~100%)	500개	500개	
당기착수완성품	3,500(0~100%)	3,500	3,500	
기말재공품	1,000(0~60%)	1,000	600	
A. 완성품환산량		5,000개	4,600개	
B. 총원가				합 계
기 초 재 공 품		₩1,000	₩1,920	₩2,920
당기투입원가		31,500	22,000	53,500
합 계		₩32,500	₩23,920	₩56,420
C. 환산량 단위당 원가(B÷A)		₩6.5	₩5.2	

❖ 선입선출법과 평균법의 환산량 단위당 원가의 이해(예제 03-1, 03-2) ❖

(ⅰ) 재료원가

평균법 (전기+당기 : ₩6.5)

기초재공품 (전기 : ₩2)		선입선출법 (당기 : ₩7)
₩1,000	+	₩31,500
500개	+	4,500개

(ⅱ) 가공원가

평균법 (전기+당기 : ₩5.2)

기초재공품 (전기 : ₩9.6)		선입선출법 (당기 : ₩5)
₩1,920	+	₩22,000
200개	+	4,400개

※ 전기와 당기의 단위당 원가가 동일한 경우에는 선입선출법과 평균법의 환산량 단위당 원가는 동일하다. 왜냐하면 선입선출법에 의한 환산량 단위당 원가는 당기의 단위당 원가이고 평균법에 의한 환산량 단위당 원가는 전기 발생분 기초재공품 단위당 원가와 당기 단위당 원가의 합이기 때문이다. 이를 확인하면 다음과 같다.

평균법 (전기+당기 : ₩10)

기초재공품 (전기 : ₩10)		선입선출법 (당기 : ₩10)
₩1,000	+	₩10,000
100개	+	1,000개

그러므로 전기와 당기의 단위당 원가가 동일한 경우에는 선입선출법과 평균법에 의한 완성품원가와 기말재공품원가는 항상 동일하다.

SECTION

03 공정별 원가계산

대부분의 제조기업들은 두 개 이상의 연속되는 공정을 통하여 제품을 생산하고 있다. 이러한 기업들은 정확한 제품원가계산과 효율적인 원가관리를 위해 공정별로 원가계산을 실시하는데, 이를 공정별 원가계산이라고 한다.

재공품 − 1공정

차변		대변	
기 초	×××	완성품	×××
재료원가 ×××			
가공원가 ×××			
당기투입원가	×××	기 말	×××
재료원가 ×××			
가공원가 ×××			
	×××		×××

재공품 − 2공정

차변		대변	
기 초	×××	완성품	×××
전공정원가 ×××*1			
재료원가 ×××			
가공원가 ×××			
당기투입원가	×××	기 말	×××
전공정원가 ×××*2			
재료원가 ×××			
가공원가 ×××			
	×××		×××

*1 전기에 1공정에서 인수된 원가

*2 당기에 1공정에서 인수된 원가

- 1공정 : 단일공정 하에서의 종합원가계산절차와 동일한 방법으로 완성품원가와 기말재공품원가를 구한다. 1공정 완성품원가는 2공정의 당기투입원가 중 전공정원가로 대체된다.
- 2공정 : 2공정은 1공정과 달리 재료원가, 가공원가이외에 전공정원가라는 원가항목이 하나 더 있다. 전공정원가(transferred-in costs)는 전공정의 완성품원가로서 전공정의 물량을 대체받으면서 인수한 원가가 된다. 전공정원가는 인수 받은 시점에 따라 기초재공품에 포함되어 있는 전기이월분 전공정원가와 당기착수량과 관련된 당기이월분 전공정원가로 나누어진다.

연속되는 공정 하에서 후속공정들이 전공정의 완성품원가를 별도로 집계하지 않는다면 전공정원가만큼 완성품원가는 과소계상 될 것이다. 이러한 이유로 후속공정에서는 후속공정에서 발생한 재료원가와 가공원가 이외에도 전공정원가라는 별도의 항목을 집계하여 후속공정의 완성품과 기말재공품에 배부해야 한다.

연속공정에서 각 공정의 원가흐름에 대한 가정시 주의 할 점은 원가흐름의 가정이 반드시 공정별로 일치할 필요는 없다는 것이다. 예를 들어, 1공정에서 선입선출법으로 평가하고 2공정에서는 1공정과 달리 평균법으로 평가할 수도 있고 반대로 1공정에서는 평균법으로 평가하고 2공정에서는 1공정과 달리 선입선출법으로 평가할 수도 있다.

1 공정별원가계산시 고려사항

연속공정 하에서 제1공정 이후의 공정부터는 재료원가와 가공원가 외에 전공정원가(전공정완성품원가)에 대해서도 완성품환산량을 구하고 환산량 단위당 원가를 구한다. 이를 제외하고는 앞 절의 종합원가계산절차가 그대로 적용된다.

① 제1공정의 완성품수량과 제2공정의 당기착수량은 별다른 언급이 없는 한 일치한다.

② 제2공정에 투입되는 원가요소를 재료원가, 가공원가 이외에 전공정원가를 추가한다.

③ 원가요소별로 완성품환산량 계산시 전공정원가에 대한 완성도는 기초재공품이든 기말재공품이든 관계없이 항상 100%이다. 왜냐하면 전공정원가는 이미 전공정에서 모두 투입되었고 제2공정의 물량은 이미 제1공정을 통과한 물량들로만 구성되었기 때문이다.

④ 원가흐름별 전공정원가 완성품환산량

원가흐름의 가정과 상관없이 공정초(0%시점)에 투입되는 재료원가의 완성품환산량 수량과 동일하다.

(i) 선입선출법 : 당기에 제1공정에서 완성되어 인수 받은 수량이므로 제2공정의 당기착수량이 전공정원가 완성품환산량이다.

(ii) 평균법 : 기초재공품도 당기에 인수 받았다고 가정하므로 제2공정의 차변물량(기초재공품 + 당기착수량)이 전공정원가 완성품환산량이다.

⑤ 원가흐름별 전공정원가

(ⅰ) 선입선출법 : 제2공정의 전공정원가는 제1공정 당기완성품원가(당기인수분)이다.

(ⅱ) 평균법 : 제2공정의 전공정원가는 기초재공품 전공정원가(전기인수분) + 제1공정 당기완성품원가(당기인수분)이다.

2 회계처리

공정별 종합원가계산의 원가흐름을 분개하면 다음과 같다.

(1) 1공정 제조원가의 집계

(차)	금액	(대)	금액
재공품－1공정	×××	원재료	×××
		노무원가	×××
		제조간접원가	×××

(2) 1공정 완성품의 2공정 대체

(차)	금액	(대)	금액
재공품－2공정 (전공정원가)	×××	재공품－1공정	×××

(3) 2공정 제조원가의 집계

(차)	금액	(대)	금액
재공품－2공정	×××	원재료	×××
		노무원가	×××
		제조간접원가	×××

(4) 2공정에서 제품의 완성

(차)	금액	(대)	금액
제품	×××	재공품－2공정	×××

예제 04 연속되는 제조공정

(주)서울은 두 개의 연속되는 제조공정을 통하여 단일제품을 생산하고 있다. 재료는 A공정의 착수시점에서 투입되고 추가적인 재료는 B공정의 완료시점에서 투입된다. 가공원가는 두 공정의 진행정도에 따라 전체공정에 걸쳐 균등하게 발생된다. A공정에서 가공이 끝난 제품은 즉시 B공정으로 대체되며, B공정에서 완성된 최종제품은 제품계정으로 대체된다. 20×4년 7월 중의 생산활동에 관한 자료는 다음과 같다.

(1) A공정의 자료

	물량흐름	재료원가	가공원가
기초재공품(40%)	500개	₩1,000	₩1,920
당기착수량	4,500	31,500	22,000
당기완성량	4,000		
기말재공품(60%)	1,000		

(2) B공정의 자료

	물량흐름	전공정원가	재료원가	가공원가
기초재공품(20%)	1,200개	₩10,780	—	₩4,400
전공정대체수량	4,000	?	36,800	37,760
당기완성량	4,600			
기말재공품(60%)	600			

[물음 1] A공정은 평균법을 사용하고, B공정은 선입선출법을 적용한다고 가정시 B공정의 제조원가보고서를 작성하시오.

[물음 2] A공정은 선입선출법을 사용하고, B공정은 평균법을 적용한다고 가정시 B공정의 제조원가보고서를 작성하시오.

해답

[물음 1] 선입선출법

제조원가보고서(선입선출법) − B공정
(20×4년 7월 1일 ~ 7월 31일)

	[단계 1]	[단계 2] 완성품환산량		
	물량흐름	전공정원가	재료원가	가공원가
기초재공품	1,200개(20%)			
당기착수량	4,000			
	5,200개			
당기완성품				
기초재공품	1,200개	−	1,200개	960개
당기착수	3,400	3,400개	3,400	3,400
기말재공품	600(60%)	600	−	360
	5,200개	4,000개	4,600개	4,720개

		전공정원가	재료원가	가공원가	합계
[단계 3]	총원가의 요약				
	기초재공품원가	−	−	−	₩15,180
	당기투입원가	₩46,800*	₩36,800	₩37,760	121,360
	합　계	₩46,800	₩36,800	₩37,760	₩136,540
	완성품환산량	÷4,000개	÷4,600개	÷4,720개	
[단계 4]	환산량 단위당 원가	₩11.7	₩8	₩8	

[단계 5] 총원가의 배분

	계산	금액
완성품원가		
기초재공품	₩15,180 + ₩11.7 × − + ₩8 × 1,200 + ₩8 × 960 =	₩32,460
당기착수완성품	11.7 × 3,400 + 8 × 3,400 + 8 × 3,400 =	94,180
		₩126,640
기말재공품원가	11.7 × 600 + 8 × − + 8 × 360 =	9,900
합　계		₩136,540

* A공정의 완성품원가(평균법) = ₩46,800

[물음 2] 평균법

제조원가보고서(평균법) − B공정

(20×4년 7월 1일 ~ 7월 31일)

		[단계 1]	[단계 2] 완성품환산량			
		물량흐름	전공정원가	재료원가	가공원가	
	기초재공품	1,200개(20%)				
	당기착수량	4,000				
		5,200개				
	당기완성품					
	기초재공품	1,200개	1,200개	1,200개	1,200개	
	당기착수	3,400	3,400	3,400	3,400	
	기말재공품	600(60%)	600	−	360	
		5,200개	5,200개	4,600개	4,960개	
[단계 3]	총원가의 요약					
	기초재공품원가		₩10,780	−	₩4,400	₩15,180
	당기투입원가		46,420*	₩36,800	37,760	120,980
	합 계		₩57,200	₩36,800	₩42,160	₩136,160
	완성품환산량		÷5,200개	÷4,600개	÷4,960개	
[단계 4]	환산량 단위당 원가		₩11	₩8	₩8.5	
[단계 5]	총원가의 배분					
	완성품원가					
	기초재공품		₩11 × 1,200 + ₩8 × 1,200 + ₩8.5 × 1,200 =			₩33,000
	당기착수완성품		11 × 3,400 + 8 × 3,400 + 8.5 × 3,400 =			93,500
						₩126,500
	기말재공품원가		11 × 600 + 8 × − + 8.5 × 360 =			9,660
	합 계					₩136,160

* A공정의 완성품원가(선입선출법) = ₩46,420

SECTION

04 공 손

제조기업이 제품 생산시 일부가 파손되거나 규격과 품질면에서 미달하는 불합격품이 발생되는데 이는 다음과 같이 나누어진다.

- 공손(spoilage) : 폐기처분 또는 매각처분 이외에는 용도가 없는 불합격품을 말한다.
- 재작업품(reworks) : 재작업을 통해 합격품으로 판매될 수 있는 불합격품을 말한다.
- 감손(shrinkage) : 제조과정에서 증발로 소실되거나 제품화되지 못한 원재료의 투입분을 말한다.

위의 세 가지 항목 중 가장 중요한 것은 공손으로서 공손은 제품원가계산 이외에 원가절감과도 관련이 있다. 왜냐하면 공손품 발견시 공손품에 더 이상 추가적인 원가를 투입하지 않으므로 공손품에 추가될 수 있는 원가를 미연에 방지할 수 있기 때문이다.

1 공손에 대한 기본적인 전제조건

① 공손은 검사시점(inspection point)인 특정시점에서 발생되고 공손이 발견되면 더 이상 검사시점 이후로는 추가가공하지 않는다고 가정한다. 그러므로 검사시점은 공손의 완성도와 항상 일치한다.

② 공손수량의 확정 후(물량흐름을 파악한 후)에 원가흐름의 가정에 따라 선입선출법 또는 평균법을 적용한다. 즉, 원가흐름의 가정과 관계없이 공손수량을 실제의 물량흐름에 따라 계산하므로 선입선출법과 평균법의 공손수량은 항상 일치한다.

③ 수정된 선입선출법(modifed first-in first-out method)을 가정하므로 기초재공품이 당기에 검사를 받아 기초재공품에서 공손이 발생하여도 이를 기초재공품수량에서 차감하여 조정하지 않고 당기착수량에서 발생한 것처럼 가정한다.

④ 정상공손원가 배부시 선입선출법 하에서는 검사를 통과한 양품수량을 기준으로 배부한다. 평균법도 정상공손원가배분이 선입선출법과 동일하지만 기초재공품은 검사시점 통과에 상관없이 항상 정상공손원가를 배부 받게 된다.

2 정상공손과 비정상공손

- 정상공손(normal spoilage) : 능률적인 작업조건하에서도 양질의 합격품을 얻기 위해 불가피하게 발생되는 공손을 정상공손이라 한다. 이는 제품의 원가로서 검사시점 통과 유무에 따라 완성품과 기말재공품에 반드시 배부를 해야 한다.
- 비정상공손(abnormal spoilage) : 작업의 비능률로 발생되는데 이는 회피가능하며 통제할 수 있는 공손이다. 이는 기간비용으로 처리한다.

(1) 정상공손수량과 비정상공손수량의 파악

정상공손의 범위를 일정 비율까지 정해놓고 해당 범위 내에서 발생하는 것은 정상공손으로 간주하고, 이를 초과하여 발생하는 것은 비정상공손으로 본다. 일정 비율은 실무적인 부분으로 시험문제에서는 해당 비율을 구체적으로 제시한다. 참고로 공손수량은 실제 물량을 확정하는 개념으로 원가흐름의 가정과는 관련이 없다. 따라서 선입선출법과 평균법의 정상공손수량과 비정상공손수량은 항상 동일하다.

(2) 정상공손수량의 계산

- 검사시점 통과기준 : 당기 중에 검사시점을 통과한 합격품(양품)수량의 일정비율로 정상공손수량을 결정한다.
- 검사시점 도달기준 : 당기 중에 검사를 받은 수량의 일정비율로 정상공손수량을 결정한다. 검사를 받은 수량은 검사시점을 통과한 양품수량에 공손수량을 포함한 수량과 일치한다.

정상공손은 검사시점을 통과한 합격품을 생산하기 위하여 필연적으로 발생한 공손을 의미한다. 그러므로 합격품의 일정비율로 산정하는 것이 합리적이다. 이에 반해 검사시점 도달기준은 정상공손수량을 산정하는데 비정상공손수량이 영향을 미치게 되는 문제점이 있다.

예제 05 정상공손수량과 비정상공손수량

하나의 공정에서 하나의 제품을 생산하고 있는, (주)서울의 20×4년 3월의 원가자료는 다음과 같다.

기 초 재 공 품	2,000단위(완성도 : 30%)
당 기 착 수 량	8,000단위
기 말 재 공 품	1,000단위(완성도 : 80%)
공 손	1,000단위(완성도 : ? %)

원재료는 공정의 초기에 투입되며, 가공원가는 공정의 진행에 따라 균등하게 발생된다. 다음 물음에 답하시오.

[물음 1] 품질검사에 합격한 수량의 10%를 정상적인 공손수량으로 간주한다.

1) 검사시점이 20%인 경우 정상공손수량과 비정상공손수량은 얼마인가?
2) 검사시점이 50%인 경우 정상공손수량과 비정상공손수량은 얼마인가?
3) 검사시점이 90%인 경우 정상공손수량과 비정상공손수량은 얼마인가?

[물음 2] 품질검사를 받은 수량의 10%를 정상적인 공손수량으로 간주한다.

1) 검사시점이 20%인 경우 정상공손수량과 비정상공손수량은 얼마인가?
2) 검사시점이 50%인 경우 정상공손수량과 비정상공손수량은 얼마인가?
3) 검사시점이 90%인 경우 정상공손수량과 비정상공손수량은 얼마인가?

해답

[물음 1] 통과기준 : 검사시점통과수량

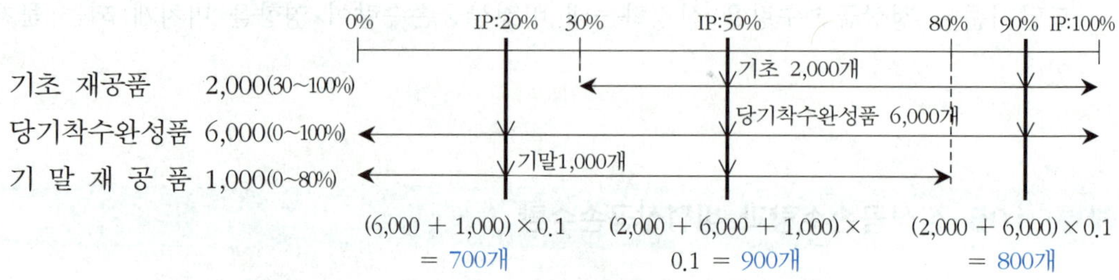

1) 검사시점 20% : 정상공손수량 = 700개, 비정상공손수량 = 300개
2) 검사시점 50% : 정상공손수량 = 900개, 비정상공손수량 = 100개
3) 검사시점 90% : 정상공손수량 = 800개, 비정상공손수량 = 200개

[물음 2] 도달기준 : 검사시점통과수량 + 공손수량

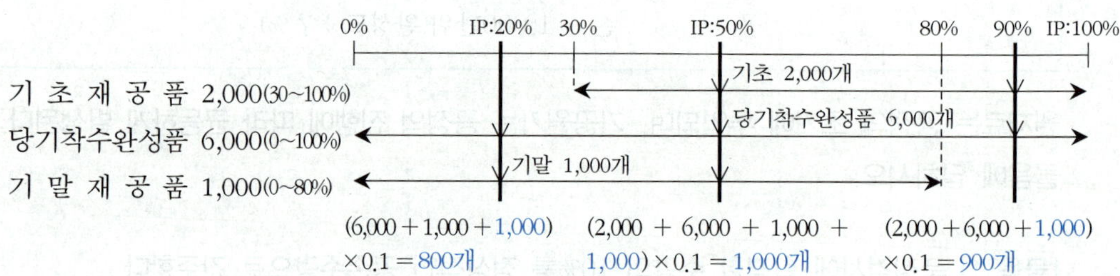

1) 검사시점 20% : 정상공손수량 = 800개, 비정상공손수량 = 200개
2) 검사시점 50% : 정상공손수량 = 1,000개, 비정상공손수량 = –
3) 검사시점 90% : 정상공손수량 = 900개, 비정상공손수량 = 100개

3 정상공손원가의 배부

정상공손원가는 제품생산을 위해 불가피하게 발생된 것이므로 반드시 검사시점을 통과한 완성품과 재공품에 배부해야 한다.

정상공손원가 배부는 완성품환산량이 아닌 물량단위에 의해 배부해야 한다. 합격품을 검사시점까지 도달하도록 하기 위해 정상공손원가가 발생하였으므로 검사시점에서의 자격(물량단위)으로 배부해야지 검사시점 이후의 가공여부와 관련 있는 완성품환산량을 기준으로 배부하는 것은 합리적이지 못하기 때문이다.

❖ 원가흐름별 정상공손원가 배부 ❖

	선입선출법	평균법
기 초 재 공 품	1) 검사시점을 전기에 통과 당기 정상공손원가를 배부 받지 못한다. 2) 검사시점을 당기에 통과 당기 정상공손원가를 배부 받는다.	1) 검사시점을 전기에 통과 기초재공품에 포함되어 있는 전기분 정상공손원가를 당기 정상공손원가에 가산하고 배부 받는다. 2) 검사시점을 당기에 통과 당기 정상공손원가를 배부 받는다.
당기착수완성품	검사시점을 당기에 통과했으므로 항상 당기 정상공손원가를 배부 받는다.	검사시점을 당기에 통과했으므로 항상 당기 정상공손원가를 배부 받는다.
기 말 재 공 품	1) 검사시점을 당기에 통과 당기 정상공손원가를 배부 받는다. 2) 검사시점을 미통과 당기 정상공손원가를 배부 받지 못한다.	1) 검사시점을 당기에 통과 당기 정상공손원가를 배부 받는다. 2) 검사시점을 미통과 당기 정상공손원가를 배부 받지 못한다.

예제 06 기말재공품이 검사시점을 통과하지 않은 경우

(주)서울은 20×4년 7월에 4,500단위를 착수하여 4,000단위를 완성하였다. 원재료는 공정의 초기에 일시에 모두 투입되고, 가공원가는 공정전반에 걸쳐 균등하게 발생된다. 품질검사를 합격한 수량의 10%가 정상공손수량이며 검사시점은 80%이다. 또한 7월에 발생한 당기투입원가와 물량흐름은 다음과 같을 경우 물음에 답하시오.

	물량흐름	재료원가	가공원가
기초재공품(40%)	500개	₩1,000	₩1,000
당기착수량	4,500	31,500	22,500
당기완성량	4,000		
기말재공품(60%)	500		

[물음 1] 선입선출법에 의한 완성품원가와 기말재공품원가를 구하시오.

[물음 2] 평균법에 의한 완성품원가와 기말재공품원가를 구하시오.

해답

[물음 1] 선입선출법

제조원가보고서(선입선출법)

(20×4년 7월 1일 ~ 7월 31일)

	[단계 1]	[단계 2] 완성품환산량	
	물량흐름	재료원가	가공원가
기초재공품	500개(40%)		
당기착수량	4,500		
	5,000개		
당기완성품			
기초재공품	500개	–	300개
당기착수	3,500	3,500개	3,500
기말재공품	500(60%)	500	300
정상공손	400(80%)	400	320
비정상공손	100(80%)	100	80
	5,000개	4,500개	4,500개

[단계 3] 총원가의 요약

기초재공품원가	–	–	₩2,000
당기투입원가	₩31,500	₩22,500	54,000
합 계	₩31,500	₩22,500	₩56,000
완성품환산량	÷4,500개	÷4,500개	
[단계 4] 환산량 단위당 원가	₩7	₩5	

[단계 5] 총원가의 배분

완성품원가		
기초재공품	₩2,000 + ₩7 × – + ₩5 × 300 =	₩3,500
당기착수완성품	7 × 3,500 + 5 × 3,500 =	42,000
		₩45,500
기말재공품원가	7 × 500 + 5 × 300 =	5,000
정상공손	7 × 400 + 5 × 320 =	4,400
비정상공손	7 × 100 + 5 × 80 =	1,100
합 계		₩56,000

	배분전원가	정상공손원가	배분후원가
완 성 품	₩45,500	₩4,400	₩49,900
기 말 재 공 품	5,000	–	5,000
정 상 공 손	4,400	(4,400)	–
비 정 상 공 손	1,100	–	1,100
	₩56,000	–	₩56,000

[물음 2] 평균법

제조원가보고서(평균법)

(20×4년 7월 1일 ~ 7월 31일)

	[단계 1]	[단계 2] 완성품환산량	
	물량흐름	재료원가	가공원가
기초재공품	500개(40%)		
당기착수량	4,500		
	5,000개		

당기완성품			
기초재공품	500개	500개	500개
당기착수	3,500	3,500	3,500
기말재공품	500(60%)	500	300
정상공손	400(80%)	400	320
비정상공손	100(80%)	100	80
	5,000개	5,000개	4,700개

[단계 3] 총원가의 요약			
기초재공품원가	₩1,000	₩1,000	₩2,000
당기투입원가	31,500	22,500	54,000
합 계	₩32,500	₩23,500	₩56,000
완성품환산량	÷ 5,000개	÷ 4,700개	
[단계 4] 환산량 단위당 원가	₩6.5	₩5	

[단계 5] 총원가의 배분

완성품원가		
기초재공품	₩6.5 × 500 + ₩5 × 500 =	₩5,750
당기착수완성품	6.5 × 3,500 + 5 × 3,500 =	40,250
		₩46,000
기말재공품원가	6.5 × 500 + 5 × 300 =	4,750
정상공손	6.5 × 400 + 5 × 320 =	4,200
비정상공손	6.5 × 100 + 5 × 80 =	1,050
합 계		₩56,000

	배분전원가	정상공손원가	배분후원가
완 성 품	₩46,000	₩4,200	₩50,200
기 말 재 공 품	4,750	—	4,750
정 상 공 손	4,200	(4,200)	—
비 정 상 공 손	1,050	—	1,050
	₩56,000	—	₩56,000

별해

자료정리

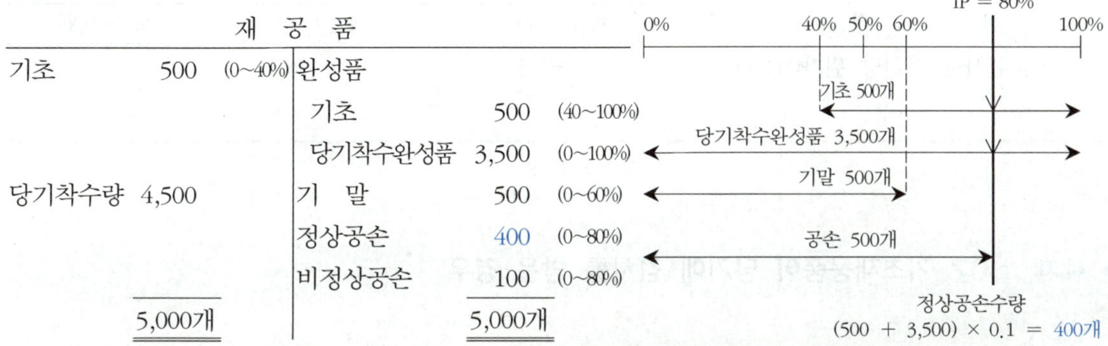

i) 선입선출법

선입선출법		재료원가(0%)	가공원가(0~100%)	
기초재공품	500(40~100%)	–	300개	
당기착수완성품	3,500(0~100%)	3,500개	3,500	
기말재공품	500(0~60%)	500	300	
정상공손	400(0~80%)	400	320	
비정상공손	100(0~80%)	100	80	
A. 완성품환산량		4,500개	4,500개	
B. 총원가				합 계
기 초 재 공 품		–	–	₩2,000
당 기 투 입 원 가		₩31,500	₩22,500	54,000
합 계		₩31,500	₩22,500	₩56,000
C. 환산량 단위당 원가(B÷A)		₩7	₩5	

ii) 평균법

평 균 법		재료원가(0%)	가공원가(0~100%)
기초재공품	500(0~100%)	500개	500개
당기착수완성품	3,500(0~100%)	3,500	3,500
기말재공품	500(0~60%)	500	300
정상공손	400(0~80%)	400	320
비정상공손	100(0~80%)	100	80
A. 완성품환산량		5,000개	4,700개

B. 총원가			합 계
기초재공품	₩1,000	₩1,000	₩2,000
당기투입원가	31,500	22,500	54,000
합 계	₩32,500	₩23,500	₩56,000
C. 환산량 단위당 원가(B÷A)	₩6.5	₩5	

예제 07 기초재공품이 당기에 검사를 받은 경우

(주)서울은 단일제품을 생산하고 있으며, 종합원가계산제도를 실시하고 있다. 공정 중에 원재료 A와 원재료 B가 투입되는데 각각 완성도 20%시점과 60%시점에서 일시에 모두 투입된다. 제품에 대한 검사는 공정의 60%시점에서 실시한다. 검사는 원재료 B를 투입하기 직전에 실시되므로 공손에는 원재료 B가 투입되지 않는다. 정상공손 허용률은 검사를 통과한 합격품의 2%이다. 또한 가공원가는 전공정을 통해 균등하게 발생된다.

생산자료		원가자료	
기초재공품	2,500개(40%)		₩700,000
		재료원가 A	₩524,000
당기투입량	3,520개	재료원가 B	₩415,000
		가공원가	₩792,400
기말재공품	900개(10%)		?
기말재공품	1,000개(80%)		?

당기완성품 수량은 4,000단위이며, 원가흐름의 가정은 선입선출법을 가정한다. 다음 물음에 답하시오.

[물음 1] 정상공손 및 비정상공손수량을 구하시오.

[물음 2] 정상공손원가 배분 후 완성품원가 및 기말재공품원가의 합을 구하시오.

해답

자료정리

재공품					
기초	2,500	(0~40%)	완성품		
			기초	2,500	(40~100%)
			당기착수완성품	1,500	(0~100%)
당기착수량	3,520		기말	900	(0~10%)
			기말	1,000	(0~80%)
			정상공손	100	(0~60%)
			비정상공손	20	(0~60%)
	6,020개			6,020개	

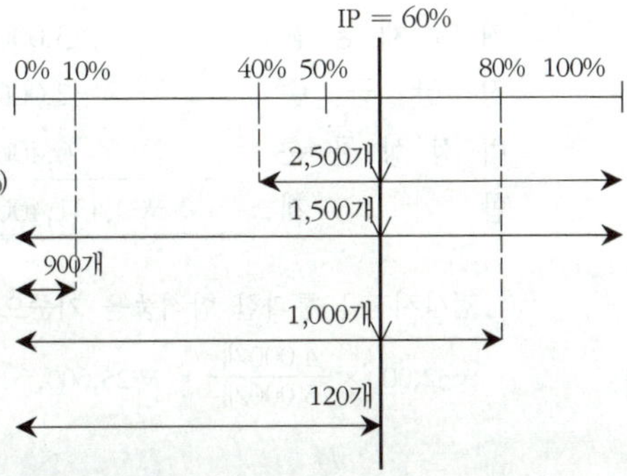

IP = 60%

0% 10% 40% 50% 80% 100%

2,500개, 1,500개, 900개, 1,000개, 120개

정상공손수량 = (2,500 + 1,500 + 1,000) × 0.02
= 100개

선입선출법		재료A(20%)	재료B(60%)	가공원가(0~100%)	
기초재공품	2,500 (40~100%)	–	2,500	1,500	
당기착수완성품	1,500 (0~100%)	1,500	1,500	1,500	
기말재공품	900 (0~10%)	–	–	90	
기말재공품	1,000 (0~80%)	1,000	1,000	800	
정상공손	100 (0~60%)	100	–	60	
비정상공손	20 (0~60%)	20	–	12	
A. 완성품환산량		2,620개	5,000개	3,962개	
B. 총 원 가					합 계
기초재공품원가		–	–	–	₩700,000
당기투입원가		524,000	415,000	792,400	1,731,400
합 계		₩524,000	₩415,000	₩792,400	₩2,431,400
C. 환산량 단위당 원가(B÷A)		₩200	₩83	₩200	

완성품원가		
기초재공품원가	₩700,000 + ₩200 × – + ₩83 × 2,500 + ₩200 × 1,500 =	₩1,207,500
당기착수완성품	200 × 1,500 + 83 × 1,500 + 200 × 1,500 =	724,500
합 계		₩1,932,000
기말재공품	200 × – + 83 × – + 200 × 90 =	18,000
기말재공품	200 × 1,000 + 83 × 1,000 + 200 × 800 =	443,000
정상공손	200 × 100 + 83 × – + 200 × 60 =	32,000
비정상공손	200 × 20 + 83 × – + 200 × 12 =	6,400
합 계		₩2,431,400

	배분전 원가	정상공손	배분후 원가
완 성 품	₩1,932,000	₩25,600*	₩1,957,600
기 말 재 공 품	18,000	–	18,000
기 말 재 공 품	443,000	6,400*	449,400
정 상 공 손	32,000	(32,000)	–
비 정 상 공 손	6,400	–	6,400
합 계	₩2,431,400	–	₩2,431,400

* 검사시점을 통과한 합격품을 기준으로 정상공손원가를 배분한다.

$₩32,000 \times \frac{4,000개}{5,000개} = ₩25,600$, $₩32,000 \times \frac{1,000개}{5,000개} = ₩6,400$

[물음 1] 정상공손 및 비정상공손수량

정상공손 = (2,500개 + 1,500개 + 1,000개) × 0.02 = 100개

비정상공손 = 120개 − 100개 = 20개

[물음 2] 완성품원가 및 기말재공품의 원가

완성품원가 = ₩1,957,600

기말재공품원가 = ₩18,000 + ₩449,400 = ₩467,400

4 공손품에 처분가치가 있는 경우

공손품을 판매할 수 있고 그 순실현가치(NRV)가 양(+)의 가치를 가지는 경우에는 정상공손원가와 비정상공손원가에서 공손품의 순실현가치만큼 차감하여 재고자산계정인 공손품계정으로 계상한다. 또한 차감 후 순정상공손원가는 제품원가로, 차감 후 순비정상공손손실은 기타비용으로 처리한다.

순실현가치(NRV) = 공손수량 × (단위당 판매가격 − 단위당 추가비용)

만약 공손품 폐기시 순실현가치가 음(−)의 가치를 가져 손실이 발생하는 경우에는 그 손실액만큼 정상공손과 비정상공손에 가산하여 정상공손원가는 제품원가로 배부하고 비정상공손손실은 기타비용으로 처리한다.

예제 08 기초재공품이 전기에 검사시점을 통과한 경우

(주)서울은 20×4년 3월에 5,000단위를 착수하여 4,800단위를 완성하였다. 원재료는 공정의 초기에 일시에 모두 투입되고, 가공원가는 공정전반에 걸쳐 균등하게 발생된다. 검사시점을 통과한 수량의 5%가 정상공손수량이며 검사시점은 50%이다. 공손의 단위당 판매가치와 추가비용은 각각 ₩3과 ₩2이다. 3월의 원가자료는 다음과 같다.

	물량흐름	재료원가	가공원가	정상공손원가
기초재공품(60%)	1,000개	₩4,000	₩2,000	₩450
당기착수량	5,000	20,000	54,000	
당기완성량	4,800			
기말재공품(75%)	800			

[물음 1] 선입선출법에 의한 완성품원가와 기말재공품원가를 구하시오.

[물음 2] 평균법에 의한 완성품원가와 기말재공품원가를 구하시오.

[물음 3] 공손품 폐기시 처분가치는 없으며, 단위당 폐기손실이 ₩1인 경우 물음 1과 물음 2에 다시 답하시오.

해답

[물음 1] 선입선출법

제조원가보고서(선입선출법)
(20×4년 3월 1일 ~ 3월 31일)

	[단계 1] 물량흐름	[단계 2] 완성품환산량 재료원가	가공원가	
기초재공품	1,000개(60%)			
당기착수량	5,000			
	6,000개			
당기완성품				
기초재공품	1,000개	–	400개	
당기착수	3,800	3,800개	3,800	
기말재공품	800(75%)	800	600	
정상공손	230(50%)	230	115	
비정상공손	170(50%)	170	85	
	6,000개	5,000개	5,000개	
[단계 3] 총원가의 요약				
기초재공품원가		–	–	₩6,450
당기투입원가		₩20,000	₩54,000	74,000
합 계		₩20,000	₩54,000	₩80,450
완성품환산량		÷5,000개	÷5,000개	
[단계 4] 환산량 단위당 원가		₩4	₩10.8	

[단계 5] 총원가의 배분

완성품원가		
기초재공품	₩6,450 + ₩4 × – + ₩10.8 × 400 =	₩10,770
당기착수완성품	4 × 3,800 + 10.8 × 3,800 =	56,240
		₩67,010
기말재공품원가	4 × 800 + 10.8 × 600 =	9,680
정상공손	4 × 230 + 10.8 × 115 =	2,162
비정상공손	4 × 170 + 10.8 × 85 =	1,598
합 계		₩80,450

	배분전원가	공손품처분가치	정상공손원가	배분후원가
완 성 품	₩67,010	–	₩1,596*	₩68,606
기말재공품	9,680	–	336*	10,016
정 상 공 손	2,162	(230)	(1,932)	–
비정상공손	1,598	(170)	–	1,428
공손품계정	–	400	–	400
	₩80,450	–	–	₩80,450

* $₩1,932 \times \frac{3,800개}{4,600개} = ₩1,596$, $₩1,932 \times \frac{800개}{4,600개} = ₩336$

[물음 2] 평균법

제조원가보고서(선입선출법)
(20×4년 3월 1일 ~ 3월 31일)

	[단계 1]	[단계 2] 완성품환산량		
	물량흐름	재료원가	가공원가	
기초재공품	1,000개(60%)			
당기착수량	5,000			
	6,000개			
당기완성품				
기초재공품	1,000개	1,000개	1,000개	
당기착수	3,800	3,800	3,800	
기말재공품	800(75%)	800	600	
정상공손	230(50%)	230	115	
비정상공손	170(50%)	170	85	
	6,000개	6,000개	5,600개	
[단계 3] 총원가의 요약				
기초재공품원가		₩4,000*	₩2,000*	₩6,450*
당기투입원가		20,000	54,000	74,000
합 계		₩24,000	₩56,000	₩80,450
완성품환산량		÷6,000개	÷5,600개	
[단계 4] 환산량 단위당 원가		₩4	₩10	
[단계 5] 총원가의 배분				
완성품원가				

기초재공품	₩4 × 1,000 + ₩10 × 1,000 =	₩14,000
당기착수완성품	4 × 3,800 + 10 × 3,800 =	53,200
		₩67,200
기말재공품원가	4 × 800 + 10 × 600 =	9,200
정상공손	₩450* + 4 × 230 + 10 × 115 =	2,520
비정상공손	4 × 170 + 10 × 85 =	1,530
합 계		₩80,450

* 기초재공품원가의 재료원가(₩4,000), 가공원가(₩2,000)와 정상공손원가(₩450)이다.

	배분전원가	공손품처분가치	정상공손원가	배분후원가
완 성 품	₩67,200	–	₩1,963*	₩69,163
기말재공품	9,200	–	327*	9,527
정 상 공 손	2,520	(230)	(2,290)	–
비정상공손	1,530	(170)	–	1,360
공손품계정	–	400	–	400
	₩80,450	–	–	₩80,450

* 평균법 하에서 기초재공품은 항상 정상공손원가를 배분받는다.

$₩2{,}290 \times \frac{4{,}800개}{5{,}600개} = ₩1{,}963, \quad ₩2{,}290 \times \frac{800개}{5{,}600개} = ₩327$

[물음 3]

1) 선입선출법

	배분전원가	공손품폐기손실	정상공손원가	배분후원가
완 성 품	₩67,010	–	₩1,976*	₩68,986
기 말 재 공 품	9,680	–	416*	10,096
정 상 공 손	2,162	₩230	(2,392)	–
비 정 상 공 손	1,598	170	–	1,768
공손품폐기손실	400	(400)	–	–
	₩80,850	–	–	₩80,850

* $₩2{,}392 \times \frac{3{,}800개}{4{,}600개} = ₩1{,}976, \quad ₩2{,}392 \times \frac{800개}{4{,}600개} = ₩416$

2) 평균법

	배분전원가	공손품폐기손실	정상공손원가	배분후원가
완 성 품	₩67,200	—	₩2,357*	₩69,557
기 말 재 공 품	9,200	—	393*	9,593
정 상 공 손	2,520	₩230	(2,750)	—
비 정 상 공 손	1,530	170	—	1,700
공손품폐기손실	400	(400)	—	—
	₩80,850	—	—	₩80,850

* 평균법 하에서 기초재공품은 항상 정상공손원가를 배분받는다.

$₩2,750 \times \frac{4,800개}{5,600개} = ₩2,357, \quad ₩2,750 \times \frac{800개}{5,600개} = ₩393$

별해

자료정리

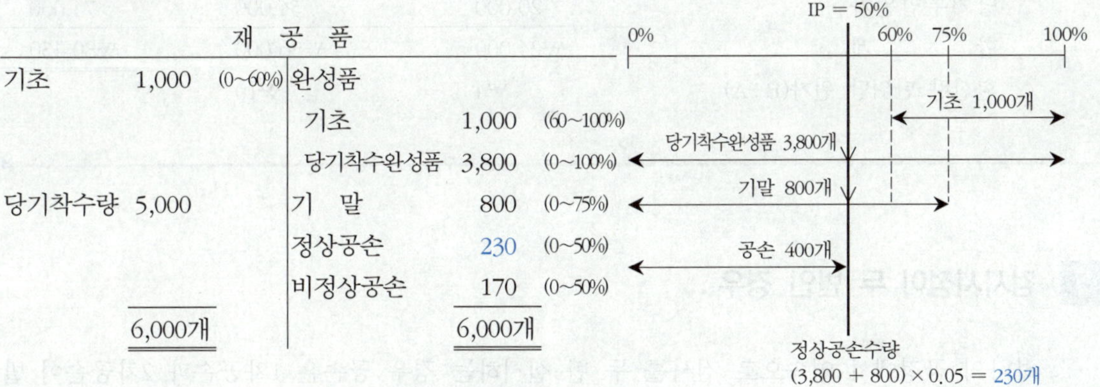

i) 선입선출법

선입선출법		재료원가(0%)	가공원가(0~100%)
기초재공품	1,000 (60~100%)	—	400개
당기착수완성품	3,800 (0~100%)	3,800개	3,800
기말재공품	800 (0~75%)	800	600
정상공손	230 (0~50%)	230	115
비정상공손	170 (0~50%)	170	85
A. 완성품환산량		5,000개	5,000개

B. 총원가			합 계
기초재공품	–	–	₩6,450
당기투입원가	₩20,000	₩54,000	74,000
합 계	₩20,000	₩54,000	₩80,450
C. 환산량 단위당 원가(B÷A)	₩4	₩10.8	

ii) 평균법

평 균 법		재료원가(0%)	가공원가(0~100%)	
기초재공품	1,000 (0~100%)	1,000개	1,000개	
당기착수완성품	3,800 (0~100%)	3,800	3,800	
기말재공품	800 (0~75%)	800	600	
정상공손	230 (0~50%)	230	115	
비정상공손	170 (0~50%)	170	85	
A. 완성품환산량		6,000개	5,600개	
B. 총원가				합 계
기초재공품		₩4,000	₩2,000	₩6,450
당기투입원가		20,000	54,000	74,000
합 계		₩24,000	₩56,000	₩80,450
C. 환산량 단위당 원가(B÷A)		₩4	₩10	

5 검사시점이 두 번인 경우

하나의 공정에서 연속으로 검사를 두 번 실시하는 경우 공손은 1차공손과 2차공손이 발생한다.

(1) 공손수량의 결정

원가흐름의 가정에 상관없이 정상 · 비정상공손수량은 항상 동일하다.

① 1차 정상공손수량 : 1차 검사시점을 통과한 또는 도달한 수량에 일정비율로 결정한다. 이때 주의할 사항은 2차 공손은 1차 검사시점을 통과한 합격품이므로 반드시 1차 정상공손수량 결정시 대상수량에 포함시켜야 한다.

② 2차 정상공손수량 : 2차 검사시점을 통과한 또는 도달한 수량에 일정비율로 결정한다.

(2) 정상공손원가의 배부

검사시점 통과유무에 따라 정상공손원가를 배부한다. 단, 평균법의 경우 기초재공품은 검사시점 통과유무에 상관없이 항상 정상공손원가를 배부 받는다.

① 1차 정상공손원가 : 당기에 1차 검사시점을 통과한 완성품(기초재공품 포함), 기말재공품과 2차 정상 · 비정상공손에 배부한다. 2차 정상 · 비정상공손은 1차 검사시점을 통과한 합격품이므로 반드시 배부대상에 포함시켜야 한다.

② 2차 정상공손원가 : 2차 정상공손원가는 자신의 원가에 1차 정상공손원가의 배부액을 합산한 후 당기에 2차 검사시점을 통과한 완성품(기초재공품 포함)과 기말재공품에 배부한다.

예제 09 검사시점이 두 번인 경우

(주)서울은 종합원가계산시스템을 사용하고 있으며 공손품에 대한 검사를 두 번 실시한다. 첫 번째 검사는 공정의 50%시점에서 실시하며, 검사시점을 통과한 양품의 5%를 정상공손으로 간주한다. 두 번째 검사는 공정의 80%시점에서 실시하며, 검사시점을 통과한 양품의 4%를 정상공손으로 간주한다. 두 공정에서 발견된 공손품의 처분가치는 단위당 ₩10이다. 원재료는 공정의 착수시점에서 모두 투입되고, 가공원가는 공정의 진행정도에 따라 균등하게 발생한다. 20×4년 3월의 생산활동에 관한 자료는 다음과 같다.

	물량흐름	재료원가	가공원가
기초재공품(20%)	4,000개	₩14,000	₩33,600
당기착수량	24,000	168,000	248,000
당기완성품	22,000		
1차 공손(50%)	2,000		
2차 공손(80%)	1,000		
기말재공품(60%)	3,000		

[물음 1] 선입선출법 가정시 다음에 답하시오.

1) 1차 정상공손수량과 2차 정상공손수량

2) 완성품원가, 기말재공품원가, 비정상공손손실

[물음 2] 평균법 가정시 다음에 답하시오.

1) 1차 정상공손수량과 2차 정상공손수량

2) 완성품원가, 기말재공품원가, 비정상공손손실

해답

[물음 1] 선입선출법

제조원가보고서(선입선출법)

(20×4년 3월 1일 ~ 3월 31일)

	[단계 1]	[단계 2] 완성품환산량	
	물량흐름	재료원가	가공원가
기초재공품	4,000 개(20%)		
당기착수량	24,000		
	28,000 개		
당기완성품			
기초재공품	4,000 개	–	3,200개
당기착수	18,000	18,000개	18,000
기말재공품	3,000 (60%)	3,000	1,800
1차 정상공손	1,300 (50%) *1	1,300	650
1차 비정상공손	700 (50%)	700	350
2차 정상공손	880 (80%) *2	880	704
2차 비정상공손	120 (80%)	120	96
	28,000 개	24,000개	24,800개

*1 (4,000단위 + 18,000 + 3,000 + 1,000) × 0.05 = 1,300단위

*2 (4,000단위 + 18,000) × 0.04 = 880단위

	재료원가	가공원가	합계
[단계 3] 총원가의 요약			
기초재공품원가	–	–	₩47,600
당기투입원가	₩168,000	₩248,000	416,000
합 계	₩168,000	₩248,000	₩463,600
완성품환산량	÷ 24,000개	÷ 24,800개	
[단계 4] 환산량 단위당원가	₩7	₩10	

[단계 5] 총원가의 배분

완성품원가		
기초재공품	₩47,600 + ₩7 × − + ₩10 × 3,200 =	₩79,600
당기착수완성품	7 × 18,000 + 10 × 18,000 =	306,000
		₩385,600
기말재공품원가	7 × 3,000 + 10 × 1,800 =	39,000
1차 정상공손	7 × 1,300 + 10 × 650 =	15,600
1차 비정상공손	7 × 700 + 10 × 350 =	8,400
2차 정상공손	7 × 880 + 10 × 704 =	13,200
2차 비정상공손	7 × 120 + 10 × 96 =	1,800
합 계		₩463,600

배분전 원가		공손품처분가치	1차 정상공손원가	2차 정상공손원가	배분후 원가
완성품	₩385,600	−	₩2,200*	₩4,488	₩392,288
기말재공품	39,000	−	300*	−	39,300
1차 정상공손	15,600	₩(13,000)	(2,600)	−	−
1차 비정상공손	8,400	(7,000)	−	−	1,400
2차 정상공손	13,200	(8,800)	88*	(4,488)	−
2차 비정상공손	1,800	(1,200)	12*	−	612
공손품계정	−	30,000	−	−	30,000
합 계	₩463,600	−	−	−	₩463,600

* ₩2,600 × 22,000/26,000 = ₩2,200, ₩2,600 × 3,000/26,000 = ₩300, ₩2,600 × 880/26,000 = ₩88, ₩2,600 × 120/26,000 = ₩12

[물음 2] 평균법

제조원가보고서(평균법)

(20×4년 3월 1일 ~ 3월 31일)

	[단계 1]	[단계 2] 완성품환산량	
	물량흐름	재료원가	가공원가
기초재공품	4,000개(20%)		
당기착수량	24,000		
	28,000개		
당기완성품			
기초재공품	4,000개	4,000개	4,000개
당기착수	18,000	18,000	18,000
기말재공품	3,000 (60%)	3,000	1,800

1차 정상공손	1,300(50%)	1,300	650	
1차 비정상공손	700(50%)	700	350	
2차 정상공손	880(80%)	880	704	
2차 비정상공손	120(80%)	120	96	
	28,000개	28,000개	25,600개	
[단계 3] 총원가의 요약				
기초재공품원가		₩14,000	₩33,600	₩47,600
당기투입원가		168,000	248,000	416,000
합 계		₩182,000	₩281,600	₩463,600
완성품환산량		÷28,000개	÷25,600개	
[단계 4] 환산량 단위당원가		₩6.5	₩11	

[단계 5] 총원가의배분

완성품원가		
기초재공품	₩6.5 × 4,000 + ₩11 × 4,000 =	₩70,000
당기착수완성품	6.5 × 18,000 + 11 × 18,000 =	315,000
		₩385,000
기말재공품원가	6.5 × 3,000 + 11 × 1,800 =	39,300
1차 정상공손	6.5 × 1,300 + 11 × 650 =	15,600
1차 비정상공손	6.5 × 700 + 11 × 350 =	8,400
2차 정상공손	6.5 × 880 + 11 × 704 =	13,464
2차 비정상공손	6.5 × 120 + 11 × 96 =	1,836
합 계		₩463,600

배분전 원가		공손품처분가치	1차 정상공손원가	2차 정상공손원가	배분후 원가
완성품	₩385,000	–	₩2,200*	₩4,752	₩391,952
기말재공품	39,300	–	300*	–	39,600
1차 정상공손	15,600	₩(13,000)	(2,600)	–	–
1차 비정상공손	8,400	(7,000)	–	–	1,400
2차 정상공손	13,464	(8,800)	88*	(4,752)	–
2차 비정상공손	1,836	(1,200)	12*	–	648
공손품계정	–	30,000	–	–	30,000
합 계	₩463,600	₩0	₩0	₩0	₩463,600

* ₩2,600 × 22,000/26,000 = ₩2,200, ₩2,600 × 3,000/26,000 = ₩300, ₩2,600 × 880/26,000 = ₩88, ₩2,600 × 120/26,000 = ₩12

별해

자료정리

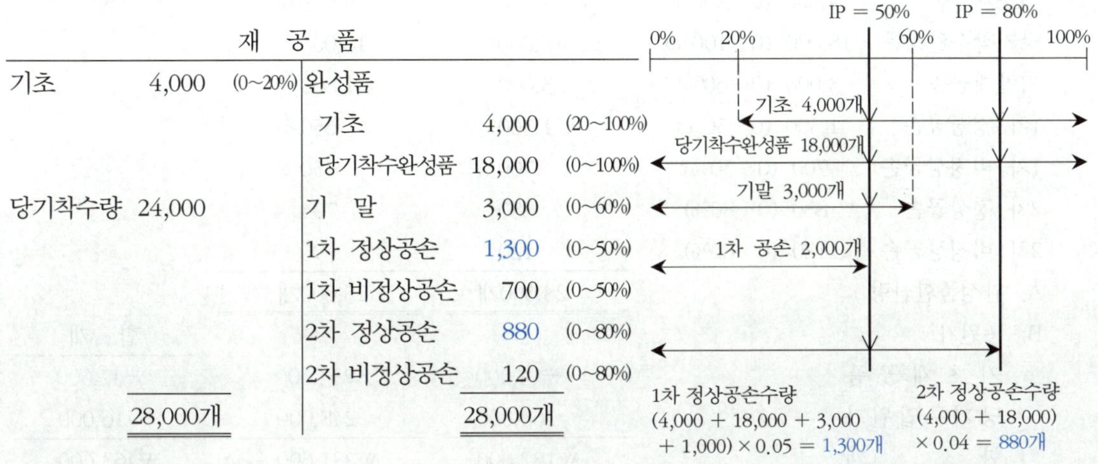

재공품					
기초	4,000	(0~20%)	완성품		
			기초	4,000	(20~100%)
			당기착수완성품	18,000	(0~100%)
당기착수량	24,000		기 말	3,000	(0~60%)
			1차 정상공손	1,300	(0~50%)
			1차 비정상공손	700	(0~50%)
			2차 정상공손	880	(0~80%)
			2차 비정상공손	120	(0~80%)
	28,000개			28,000개	

i) 선입선출법

선입선출법			재료원가(0%)	가공원가(0~100%)	
기초재공품	4,000	(20~100%)	–	3,200개	
당기착수완성품	18,000	(0~100%)	18,000개	18,000	
기말재공품	3,000	(0~60%)	3,000	1,800	
1차 정상공손	1,300	(0~50%)	1,300	650	
1차 비정상공손	700	(0~50%)	700	350	
2차 정상공손	880	(0~80%)	880	704	
2차 비정상공손	120	(0~80%)	120	96	
A. 완성품환산량			24,000개	24,800개	
B. 총원가					합 계
기 초 재 공 품			–	–	₩47,600
당기투입원가			₩168,000	₩248,000	416,000
합 계			₩168,000	₩248,000	₩463,600
C. 환산량 단위당 원가(B÷A)			₩7	₩10	

ii) 평균법

평 균 법		재료원가(0%)	가공원가(0~100%)	
기초재공품	4,000 (0~100%)	4,000개	4,000개	
당기착수완성품	18,000 (0~100%)	18,000	18,000	
기말재공품	3,000 (0~60%)	3,000	1,800	
1차 정상공손	1,300 (0~50%)	1,300	650	
1차 비정상공손	700 (0~50%)	700	350	
2차 정상공손	880 (0~80%)	880	704	
2차 비정상공손	120 (0~80%)	120	96	
A. 완성품환산량		28,000개	25,600개	
B. 총원가				합 계
기 초 재 공 품		₩14,000	₩33,600	₩47,600
당 기 투 입 원 가		168,000	248,000	416,000
합 계		₩182,000	₩281,600	₩463,600
C. 환산량 단위당 원가(B÷A)		₩6.5	₩11	

6 공손의 회계처리방법

(1) 공손무인식법(method of neglect)

공손무인식법은 공손과 관련된 완성품환산량을 인식하지 않음으로써 공손원가를 양품의 원가와 분리계산하지 않는 방법이다. 이는 공손원가를 양품의 원가로 자연스럽게 전가시키는데, 다음과 같은 문제점이 있다.

① 공손과 관련된 재료원가, 가공원가 환산량을 무시하므로 전체적인 완성품환산량은 감소한다. 완성품환산량 감소시 환산량 단위당 원가는 증가하는데, 그 이유는 공손원가가 환산량 단위당 원가에 포함되기 때문이다. 이러한 경우 정상공손원가 이외에 비정상공손원가까지도 제품원가에 포함되어 제품원가가 과대계상 된다.

② 공손원가는 검사를 받는 경우에 한하여 배부되어야 한다. 그러나 공손무인식법 하에서는 환산량 단위당 원가가 증가되어 기말재공품이 검사를 받지 않았을 경우에도 당기 공손원가의 일부가 포함되는 문제점이 있다.

③ 공정의 비효율성으로 발생하는 비정상공손을 구분하지 않아 경영자의 통제활동에 유용한 정보를 제공하지 못해 품질개선에 소홀해질 수 있다.

(2) 공손인식법(method of recognition)

공손인식법은 공손과 관련된 완성품환산량을 인식하는 방법이다. 이 방법은 공손무인식법에 비해 공손원가를 정확하게 계산하므로 제품원가계산목적에 부합된다. 그러므로 공손의 회계처리방법에 대한 구체적인 언급이 없으면 제품원가계산목적에 적합한 공손인식법에 의해 완성품환산량을 구하면 된다.

예제 10 공손무인식법과 공손인식법

(주)서울은 단일공정에서 단일제품을 생산하고 있으며, 종합원가계산시스템을 사용하고 있다. 원재료는 공정의 착수시점에서 모두 투입되며, 가공원가는 공정의 진행정도에 따라 균등하게 발생한다. 공손품은 공정의 완료시점에서 발생되고 발생된 공손은 모두 정상공손이다. 20×4년 4월 중의 생산활동에 관한 자료는 다음과 같다.

	물량흐름	재료원가	가공원가
기초재공품(50%)	800개	₩2,600	₩560
당기착수량	3,200	24,000	18,480
당기완성량	2,800		
기말재공품(40%)	1,000		
정 상 공 손	200		

[물음 1] 공손원가의 회계처리가 공손무인식법인 경우

1) 선입선출법 적용시 4월 중의 제조원가보고서를 작성하시오.
2) 평균법 적용시 4월 중의 제조원가보고서를 작성하시오.

[물음 2] 공손원가의 회계처리가 공손인식법인 경우

1) 선입선출법 적용시 4월 중의 제조원가보고서를 작성하시오.
2) 평균법 적용시 4월 중의 제조원가보고서를 작성하시오.

해답

[물음 1] 공손무인식법

1) 선입선출법

제조원가보고서(선입선출법)
(20×4년 4월 1일 ~ 4월 30일)

		[단계 1]	[단계 2] 완성품환산량		
		물량흐름	재료원가	가공원가	
	기초재공품	800개(50%)			
	당기착수량	3,200			
		4,000개			
	당기완성품				
	기초재공품	800개	–	400개	
	당기착수	2,000	2,000개	2,000	
	기말재공품	1,000(40%)	1,000	400	
	정상공손	200(100%)	–	–	
		4,000개	3,000개	2,800개	
[단계 3]	총원가의 요약				
	기초재공품원가		–	–	₩3,160
	당기투입원가		₩24,000	₩18,480	42,480
	합 계		₩24,000	₩18,480	₩45,640
	완성품환산량		÷ 3,000개	÷ 2,800개	
[단계 4]	환산량 단위당 원가		₩8	₩6.6	
[단계 5]	총원가의 배분				
	완성품원가				
	기초재공품원가	₩3,160 + ₩8 × – + ₩6.6 × 400 =			₩5,800
	당기착수완성품	8 × 2,000 + 6.6 × 2,000 =			29,200
					₩35,000
	기말재공품원가	8 × 1,000 + 6.6 × 400 =			10,640
	합 계				₩45,640

완성품원가 = ₩35,000, 기말재공품원가 = ₩10,640

2) 평균법

제조원가보고서(평균법)

(20×4년 4월 1일 ~ 4월 30일)

	[단계 1]	[단계 2] 완성품환산량		
	물량흐름	재료원가	가공원가	
기초재공품	800개(50%)			
당기착수량	3,200			
	4,000개			
당기완성품				
기초재공품	800개	800개	800개	
당기착수	2,000	2,000	2,000	
기말재공품	1,000(40%)	1,000	400	
정상공손	200(100%)	–	–	
	4,000개	3,800개	3,200개	
[단계 3] 총원가의 요약				
기초재공품원가		₩2,600	₩560	₩3,160
당기투입원가		24,000	18,480	42,480
합 계		₩26,600	₩19,040	₩45,640
완성품환산량		÷ 3,800개	÷ 3,200개	
[단계 4] 환산량 단위당 원가		₩7	₩5.59	
[단계 5] 총원가의 배분				
완성품원가				
기초재공품		₩7 × 800 +	₩5.95 × 800 =	₩10,360
당기착수완성품		7 × 2,000 +	5.95 × 2,000 =	25,900
				₩36,260
기말재공품원가		7 × 1,000 +	5.95 × 400 =	9,380
합 계				₩45,640

완성품원가 = ₩36,260, 기말재공품원가 = ₩9,380

[물음 2] 공손인식법

1) 선입선출법

제조원가보고서(선입선출법)

(20×4년 4월 1일 ~ 4월 30일)

	[단계 1] 물량흐름	[단계 2] 완성품환산량 재료원가	가공원가	
기초재공품	800개(50%)			
당기착수량	3,200			
	4,000개			
당기완성품				
기초재공품	800개	–	400개	
당기착수	2,000	2,000개	2,000	
기말재공품	1,000(40%)	1,000	400	
정상공손	200(100%)	200	200	
	4,000개	3,200개	3,000개	
[단계 3] 총원가의 요약				
기초재공품원가		–	–	₩3,160
당기투입원가		₩24,000	₩18,480	42,480
합 계		₩24,000	₩18,480	₩45,640
완성품환산량		÷ 3,200개	÷ 3,000개	
[단계 4] 환산량 단위당 원가		₩7.5	₩6.16	

[단계 5] 총원가의 배분

완성품원가		
기초재공품	₩3,160 + ₩7.5 × – + ₩6.16 × 400 =	₩5,624
당기착수완성품	7.5 × 2,000 + 6.16 × 2,000 =	27,320
		₩32,944
기말재공품원가	7.5 × 1,000 + 6.16 × 400 =	9,964
정상공손	7.5 × 200 + 6.16 × 200 =	2,732
합 계		₩45,640

완 성 품 원 가 = ₩35,676 (정상공손원가 ₩2,732 포함)

기말재공품원가 = ₩9,964

2) 평균법

제조원가보고서(평균법) (20×4년 4월 1일 ~ 4월 30일)	[단계 1] 물량흐름	[단계 2] 완성품환산량 재료원가	가공원가	
기초재공품	800개(50%)			
당기착수량	3,200			
	4,000개			
당기완성품				
기초재공품	800개	800개	800개	
당기착수	2,000	2,000	2,000	
기말재공품	1,000(40%)	1,000	400	
정상공손	200(100%)	200	200	
	4,000개	4,000개	3,400개	
[단계 3] 총원가의 요약				
기초재공품원가		₩2,600	₩560	₩3,160
당기투입원가		24,000	18,480	42,480
합　계		₩26,600	₩19,040	₩45,640
완성품환산량		÷ 4,000개	÷ 3,400개	
[단계 4] 환산량 단위당 원가		₩6.65	₩5.6	
[단계 5] 총원가의 배분				
완성품원가				
기초재공품		₩6.65 × 800 + ₩5.6 × 800 =		₩9,800
당기착수완성품		6.65 × 2,000 + 5.6 × 2,000 =		24,500
				₩34,300
기말재공품원가		6.65 × 1,000 + 5.6 × 400		8,890
정상공손		6.65 × 200 + 5.6 × 200 =		2,450
합　계				₩45,640

완 성 품 원 가 = ₩36,750 (정상공손원가 ₩2,450 포함)

기말재공품원가 = ₩8,890

별해

자료정리

[물음 2] 공손인식법

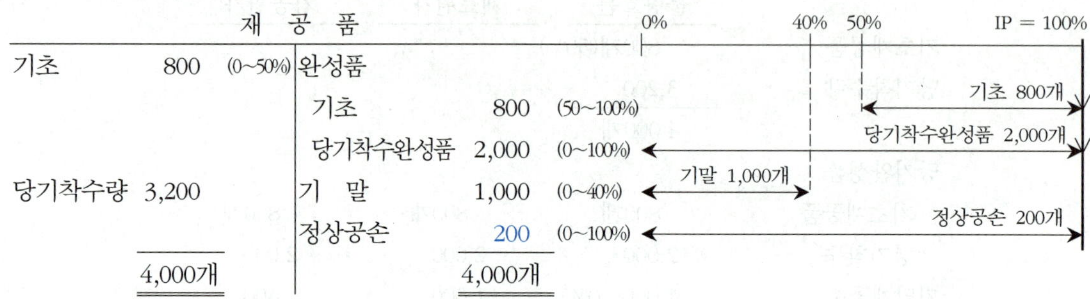

재공품					
기초	800	(0~50%)	완성품		
			기초	800	(50~100%)
			당기착수완성품	2,000	(0~100%)
당기착수량	3,200		기 말	1,000	(0~40%)
			정상공손	200	(0~100%)
	4,000개			4,000개	

i) 선입선출법

선입선출법			재료원가(0%)	가공원가(0~100%)	
기초재공품	800	(50~100%)	―	400개	
당기착수완성품	2,000	(0~100%)	2,000개	2,000	
기말재공품	1,000	(0~40%)	1,000	400	
정상공손	200	(0~100%)	200	200	
A. 완성품환산량			3,200개	3,000개	
B. 총원가					합 계
기초재공품			―	―	₩3,160
당기투입원가			₩24,000	₩18,480	42,480
합 계			₩24,000	₩18,480	₩45,640
C. 환산량 단위당 원가(B÷A)			₩7.5	₩6.16	

ii) 평균법

평 균 법			재료원가(0%)	가공원가(0~100%)	
기초재공품	800	(0~100%)	800개	800개	
당기착수완성품	2,000	(0~100%)	2,000	2,000	
기말재공품	1,000	(0~40%)	1,000	400	
정상공손	200	(0~100%)	200	200	
A. 완성품환산량			4,000개	3,400개	
B. 총원가					합 계
기 초 재 공 품			₩2,600	₩560	₩3,160
당기투입원가			24,000	18,480	42,480
합 계			₩26,600	₩19,040	₩45,640
C. 환산량 단위당 원가(B÷A)			₩6.65	₩5.6	

SECTION
05 작업공정별 원가계산

- 작업공정별원가계산(operation-costing · 혼합원가계산) : 제품별로 공통된 특성과 개별적 특성을 함께 가지고 있는 제품들을 작업별로 정량 생산하는 시스템에서 사용되는 원가계산제도이다.

작업공정별원가계산은 개별원가계산(작업별원가계산)방식과 종합원가계산(공정별원가계산)방식을 결합한 원가계산방법으로 신발 · 의류제조업, 자동차제조업과 식품가공업 등 원재료의 종류는 크게 다를지라도 동일한 가공을 수행하는 다품종 · 대량생산업종에 적합하다. 혼합원가계산에서 재료원가는 개별원가계산방법과 마찬가지로 원가가 소비되는 시점에서 각 제품별로 구분 · 파악하여 각 제품별로 직접배부하고, 가공원가는 종합원가계산방식에 의한 환산량 단위당 원가를 구하여 완성품환산량을 기준으로 각 제품에 배부한다. 아래의 표는 작업별 원가계산하의 물량흐름과 원가흐름이다.

<table>
<tr><th>원가계산시스템</th><th>개별원가계산</th><th>작업별원가계산</th><th>종합원가계산</th></tr>
<tr><td rowspan="2">생 산 시 스 템</td><td>개별주문생산
– 건설업
– 영화, 병원</td><td>배치생산
– 의류업
– 자동차</td><td>연속흐름생산
– 제지산업
– 화학공업</td></tr>
<tr><td colspan="3"> 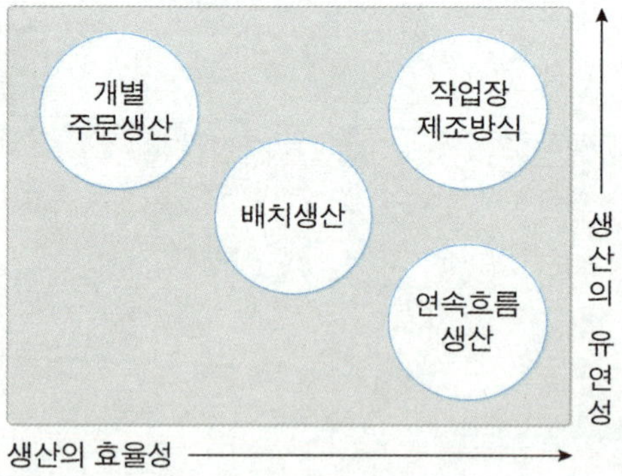개별 주문생산
작업장 제조방식
배치생산
연속흐름 생산
생산의 유연성 ↑
생산의 효율성 →</td></tr>
<tr><td>제 품 의 성 격</td><td>주문형 제품</td><td>배치 마다는 상이하나 배치 내에는 동일한 제품</td><td>표준형 제품</td></tr>
<tr><td>원 가 정 보 의
보 고 시 스 템</td><td>주문서별 보고</td><td>주문서별 또는
기간별 보고</td><td>기간별 · 공정별 보고</td></tr>
</table>

예제 11 작업공정별 원가계산

(주)서울은 플라스틱의자들을 포함한 다양한 플라스틱제품들을 생산하고 있다. 3가지 플라스틱의자 모델은 각각 표준형, 고급형 및 호화형으로 디자인은 같지만 매우 변형된 제품들이다. 회사는 정량(batch)생산방식을 사용하며 작업별 원가계산제도를 채택하고 있다. 생산공정은 공정흐름이 사출공정과 그 후속공정인 성형, 연마, 마무리공정의 순으로 되어 있다.

플라스틱판은 사출공정에서 생산이 되며 표준형의자는 성형공정이 끝난 후 판매된다. 또한 고급형의자는 연마공정까지 끝난 후 판매되며, 호화형의자는 마무리공정까지 모두 끝난 후 판매가 된다. 각 공정에서 모든 제품이 같은 단계를 거치며, 20×4년 5월에 생산작업으로 ₩898,000의 총제조원가가 발생하였다. 생산량과 발생된 재료원가와 가공원가는 다음과 같다.

	생산량	사출	성형	연마	마무리
플라스틱판	5,000개	₩60,000	–	–	–
표준형	6,000	72,000	₩24,000	–	–
고급형	3,000	36,000	12,000	₩9,000	–
호화형	2,000	24,000	8,000	6,000	₩12,000
재료원가	16,000개	₩192,000	₩44,000	₩15,000	₩12,000
가공원가		392,000	132,000	69,000	42,000
총원가		₩584,000	₩176,000	₩84,000	₩54,000

[물 음] 5월 동안 (주)서울이 생산한 각 제품에 대한 총원가를 구하시오.

해답

[물 음] 총원가

1) 단위당 가공원가

	사 출	성 형	연 마	마 무 리
1. 가공원가	₩392,000	₩132,000	₩69,000	₩42,000
2. 생 산 량	÷16,000	÷11,000	÷5,000	÷2,000
3. 단위당가공원가	₩24.5	₩12	₩13.8	₩21

2) 총원가

	플라스틱판	표 준 형	고 급 형	호 화 형
1. 재료원가	₩60,000	₩96,000*1	₩57,000*2	₩50,000*3
2. 가공원가				
사 출	₩24.5 × 5,000	₩24.5 × 6,000	₩24.5 × 3,000	₩24.5 × 2,000
성 형	–	₩12.0 × 6,000	₩12.0 × 3,000	₩12.0 × 2,000
연 마	–	–	₩13.8 × 3,000	₩13.8 × 2,000
마 무 리	–	–	–	₩21.0 × 2,000
3. 합 계	₩182,500	₩315,000	₩207,900	₩192,600

*1 ₩72,000 + ₩24,000 = ₩96,000

*2 ₩36,000 + ₩12,000 + ₩9,000 = ₩57,000

*3 ₩24,000 + ₩8,000 + ₩6,000 + ₩12,000 = ₩50,000

SECTION 06

감손과 재작업

1 누증적 감손의 회계처리

(1) 의의

감손(waste, shrinkage)은 제조과정 중에서 증발, 소화 등으로 제품화 되지 못하고 소실된 원재료로서 이 경우의 감손은 형체가 없으므로 가치는 전혀 없다. 감손도 공손과 같이 정상감손원가는 정상품에 배분하고 비정상감손원가는 기타비용으로 처리한다.

(2) 감손과 수율

예를 들어 어떤 기업이 A라는 제품을 생산하기 위하여 100kg의 원재료를 제조과정에서 투입하였는데, 제조과정에서 원재료의 일부가 소실되었다. 제조과정에서 소실된 양을 알아보기 위해 가공이 끝난 제품의 무게를 달아보니 60kg이었다.

이 때 투입량 100kg에서 산출량 60kg을 차감한 40kg이 감손량이 된다. 이 경우에 재료투입량과 감손량과의 비율을 감손율이라 하고, 재료투입량과 제품산출량과의 비율을 수율(yield rate)이라고 한다. 이를 산식으로 표시해보면 다음과 같다.

$$\text{감손율} = \frac{\text{감손량}}{\text{투입량}} = \frac{40\text{kg}}{100\text{kg}} = 40\%$$

$$\text{수 율} = \frac{\text{산출량}}{\text{투입량}} = \frac{60\text{kg}}{100\text{kg}} = 60\%$$

이 때 감손율은 40%이고 수율은 60%이다. 그러므로 제조과정에 투입된 원재료는 제조과정에서 감손되거나, 아니면 제품으로 산출될 것이므로 감손율과 수율을 합하면 100%가 된다. 완성도와 수율 및 감손율의 관계를 그림으로 나타내면 다음과 같다.

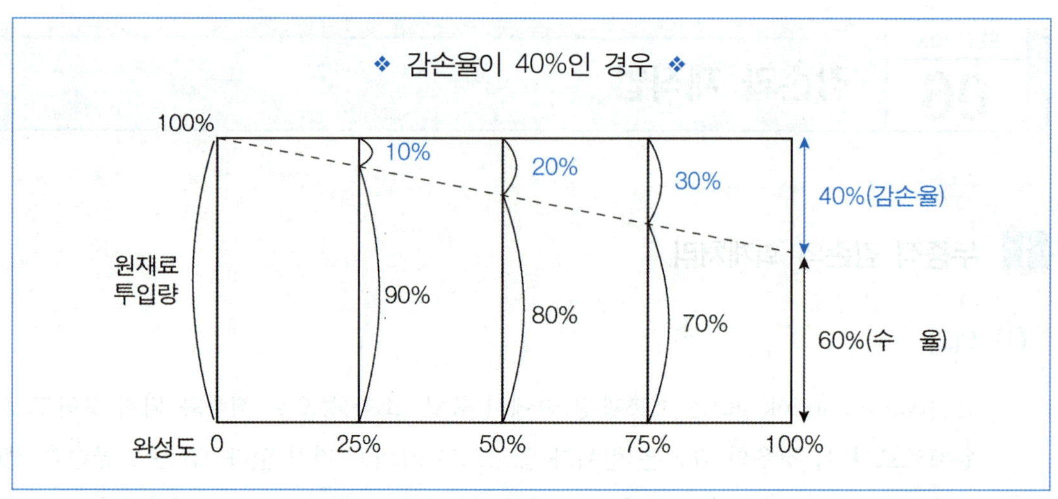

감손량을 이용해 현재의 완성도를 다음과 같이 구할 수 있다.

$$\text{현재의 완성도} = \frac{\text{현재의 감손량}}{\text{100\% 완성시 발생하는 감손량}} = 100\%$$

$$= \frac{\text{현재의 감손율}}{\text{예상총감손율}}$$

(3) 감손의 가공원가 원가계산

감손이 공정전반에 걸쳐 균등하게(누증적으로) 발생하는 경우에는 투입량을 기준으로 물량흐름을 표시하고 다음의 각 방법에 의하여 원가계산을 한다.

1) 비분리계산법

감손을 따로 분리시키지 않고 투입량을 기준으로 가공원가의 완성품환산량을 계산하는 방법이다. 비분리계산법은 감손이 있음에도 불구하고 감손이 없는 것처럼 간주하여 완성품환산량을 구하여 원가계산을 하는 방법이다.

2) 분리계산법

감손을 따로 분리시켜서 실제가공량을 기준으로 가공원가의 완성품환산량을 계산하는 방법이다. 다시 말하면 재료가 공정초에 전량 투입되는 경우에는 비록 감손이 되었더라도 재료는 100% 투입된 상태에서 감손이 발생하였으므로 감손의 재료원가 완성도는 100%이다. 그러나 가공원가의 경우에는 공정초에 원재료가 투입되자마자 감손된 것도 있을 것이고, 중간정도 가공을 받은 후에 감손된 것도 있고, 가공이 거의 끝난 상태에서 감손된 것도 있을 것이므로 감손이 평균적으로 발생한다면 감손의 가공원가 완성도는 현재까지 작업된 완성도의 50%가 된다.

※ 누중적 감손과 평균적 감손의 차이점
누중적 감손은 완성품에서 발생한 정상감손과 기말재공품에서 발생한 정상감손을 파악할 수 있으나 평균적 감손은 완성품과 기말재공품에서 발생하는 정상감손을 개별적으로 파악할 수 없는 감손이다. 따라서 평균적 감손은 완성품과 기말재공품의 가공원가 완성품환산량에 의하여 인위적으로 정상감손원가를 배분한다.

예제 12 감 손

(주)서울은 하나의 제조공정을 거쳐서 동일 종류의 제품을 생산하고 있다. 제조과정의 전공정을 통하여 20%의 감손이 발생하며, 재료는 공정초기에 모두 투입된다. 감손은 모두 정상적인 것으로 간주한다.

	수 량	완성도
기 초 재 공 품	1,840kg	40%
당 기 착 수 량	8,000	
당 기 완 성 품	4,800	
기 말 재 공 품	3,520	60%

[물음 1] 기초재공품의 감손전 수량(투입량)은 얼마인가?

[물음 2] 기말재공품의 감손전 수량(투입량)은 얼마인가?

[물음 3] 원가흐름의 가정이 평균법인 경우에 비분리계산법으로 완성품환산량을 계산하시오.

[물음 4] 원가흐름의 가정이 평균법인 경우에 분리계산법으로 완성품환산량을 계산하시오.

[물음 5] 원가흐름의 가정이 선입선출법인 경우에 비분리계산법으로 완성품환산량을 계산하시오.

[물음 6] 원가흐름의 가정이 선입선출법인 경우에 분리계산법으로 완성품환산량을 계산하시오.

해답

[물음 1] 기초재공품 감손전 수량

현재의 감손율 = 0.2 × 0.4 = 0.08

$$감손전\ 수량 = \frac{1,840}{0.92} = 2,000kg$$

[물음 2] 기말재공품 감손전 수량

현재의 감손율 = 0.2 × 0.6 = 0.12

$$감손전\ 수량 = \frac{3,520}{0.88} = 4,000kg$$

[물음 3] 비분리계산법 : 투입량기준

	물 량	완성품환산량 재료원가	완성품환산량 가공원가
기초재공품	2,000(0.4)		
당기착수량	8,000		
합계	10,000		
완성품	6,000	6,000	6,000
기말재공품	4,000(0.6)	4,000	2,400
합계	10,000	10,000	8,400

[물음 4] 분리계산법 : 산출량기준

	물 량	완성품환산량 재료원가	완성품환산량 가공원가
기초재공품	2,000(0.4)		
당기착수량	8,000		
합계	10,000		
완성품	6,000(1.0)	6,000	5,400*1
기말재공품량	4,000(0.6)	4,000	2,256*2
합계	10,000	10,000	7,656

*1 (6,000 + 4,800) × 1.0 × 0.5 = 5,400단위　　*2 (4,000 + 3,520) × 0.6 × 0.5 = 2,256단위

	완성품	기말재공품
투입량	6,000kg	4,000kg
산출량	(4,800)	(3,520)
감손량	1,200kg	480kg

		재료원가	가공원가
완 성 품	4,800(1.0)	4,800	4,800*1
완성품감손량	1,200(1.0)	1,200	600*2
기 말 재 공 품	3,520(0.6)	3,520	2,112*3
기말재공품감손량	480(0.6)	480	144*4
합 계	10,000	10,000	7,656

*1 $4,800 \times 1 = 4,800$단위 *2 $1,200 \times 1 \times 0.5 = 600$단위

*3 $3,520 \times 0.6 = 2,112$단위 *4 $480 \times 0.6 \times 0.5 = 144$단위

[물음 5] 비분리계산법 : 투입량기준

	물 량	완성품환산량 재료원가	완성품환산량 가공원가
기 초 재 공 품	2,000(0.4)		
당 기 착 수 량	8,000		
합 계	10,000		
기초재공완성	2,000	−	1,200
당기착수완성	4,000	4,000	4,000
기 말 재 공 품	4,000(0.6)	4,000	2,400
합 계	10,000	8,000	7,600

[물음 6] 분리계산법 : 산출량기준

	물 량	완성품환산량 재료원가	완성품환산량 가공원가
기 초 재 공 품	2,000(0.4)		
당 기 착 수 량	8,000		
합 계	10,000		
기 초 재 공 품	2,000	−	1,032*1
당기착수완성	4,000	4,000	3,600*2
기 말 재 공 품	4,000(0.6)	4,000	2,256*3
합 계	10,000	8,000	6,888

*1 $(1,840 + 1,600) \times 0.6 \times 0.5 = 1,032$단위 *2 $(4,000 + 3,200) \times 1.0 \times 0.5 = 3,600$단위

*3 $(4,000 + 3,520) \times 0.6 \times 0.5 = 2,256$단위

2 재작업

재작업품(rework units)이란 생산과정에서 일부가 파손되거나 규격·품질면에서 표준에 미달하는 불합격품 중에서 재작업을 통해 합격품 등으로 판매될 수 있다는 점에서 폐기처분 또는 매각처분 이외에는 용도가 없는 공손품과 다르다. 공손과 마찬가지로 정상재작업은 제품의 원가로 계상하고 비정상재작업은 기타비용으로 처리한다. 재작업은 발생시 외주를 주는 경우와 공정의 특정시점에서 재투입되는 경우로 크게 나눌 수 있다.

(1) 재작업을 외주하는 경우

공정에서 추가적으로 재작업과정을 거치지 않았으므로 재작업으로 인한 완성품환산량은 영향을 받지 않는다. 그러나 재작업을 외주하였으므로 재작업으로 인한 외주가공원가는 제품원가에 반영시켜야한다.

(2) 공정의 특정시점에서 재투입되는 경우

당해 공정에서 추가적으로 재작업이 수행되므로 가공원가의 경우 완성품환산량의 계상은 공손과는 달리 추가재작업분[재작업물량×(검사시점 − 재투입시점)]의 완성품환산량이 추가된다.

예제 13 정상재작업과 비정상재작업 수량

(주)서울은 평균법에 의한 종합원가계산을 적용하고 있다. 공정도에 의하면 재료는 공정초기 시점에 모두 투입되고 재작업 검사시점은 50%이다. (재작업물량은 공정 20% 시점으로 재투입된다.) 이월된 기초재공품의 완성도는 60%이고 정상재작업허용률은 검사시점의 통과물량의 3%이다. 당월의 물량흐름은 다음과 같다.

기초재공품	1,000단위(60%)	재작업수량	200단위
당기착수량	5,000단위	기말재공품	800단위(70%)

[물 음] 정상재작업수량과 비정상재작업수량을 구하시오.

해답

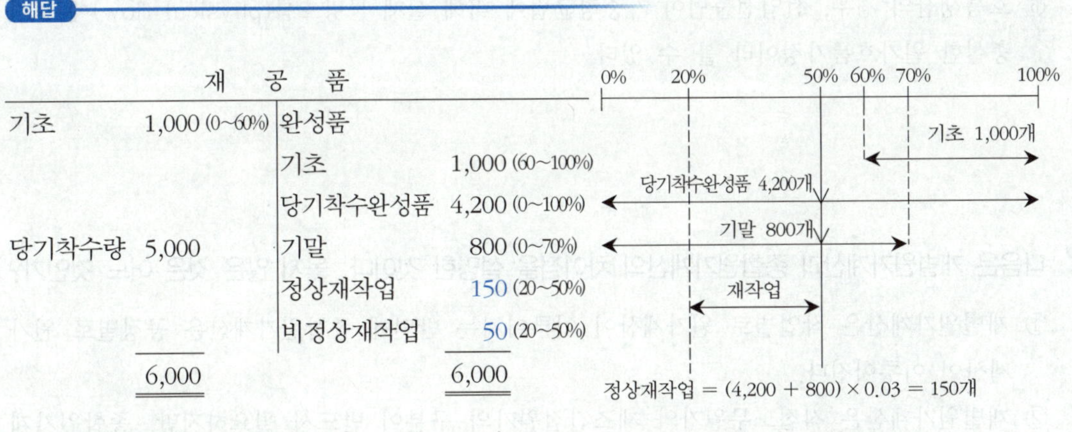

COST&MANAGEMENT ACCOUNTING

객관식 연습문제

01 가중평균법(weighted average method)을 적용한 공정별 원가계산에 대한 설명으로 가장 부적절한 것은?

① 가중평균법은 마치 기초재공품 모두를 당기에 착수 · 완성한 것으로 가정한다.

② 적시재고관리(Just – In – Time ; JIT)를 적용하고 원가요소의 기간별 가격차이가 크지 않다면 선입선출법과 거의 차이가 없다.

③ 가중평균법은 착수 및 원가발생시점에 관계없이 당기 완성량의 평균적 원가를 계산한다.

④ 선입선출법에 비해 가중평균법은 당기의 성과를 이전의 기간과 독립적으로 평가할 수 있는 보다 적절한 기회를 제공한다.

⑤ 흐름생산의 경우, 선입선출법이 가중평균법에 비해 실제 물량흐름(physical flow)에 보다 충실한 원가흐름가정이라 볼 수 있다.

02 다음은 개별원가계산과 종합원가계산의 차이점을 설명한 것이다. 옳지 않은 것은 어느 것인가?

① 개별원가계산은 작업별로 원가계산이 이루어지는 반면에 종합원가계산은 공정별로 원가계산이 이루어진다.

② 개별원가계산은 직접노무원가와 제조간접원가의 구분이 반드시 필요하지만, 종합원가계산은 원칙적으로 필요하지 않다.

③ 개별원가계산은 제조간접원가의 배부문제가 원가계산의 초점이 되지만, 종합원가계산은 기말재공품의 평가가 원가계산의 초점이 된다.

④ 개별원가계산에서는 원가계산기간이 매우 중요하지만, 종합원가계산에서는 중요하지 않다.

⑤ 개별원가계산에서는 원가흐름의 가정이 필요 없지만, 종합원가계산에서는 필요하다.

03 (주)나라는 연속적인 공정을 통해 단일의 제품을 대량으로 생산하고 있다. 당사는 제품원가의 정확한 계산과 효율적인 원가관리를 위해 가장 적합한 원가계산방법으로 종합원가계산방법을 선택하였다. 다음의 설명 가운데 그 특징을 모두 열거한 것은?

> (가) 모든 제품단위가 완성되는 시점을 별도로 파악하기가 어려우므로 인위적인 기간을 정해 원가를 산정한다.
> (나) 원가계산에서 가장 중요한 서류는 작업된 단위, 부서에 할당된 원가, 작업된 단위원가, 부서에서 이전될 원가 및 기말재공품원가 등이 요약보고된 작업원가집계표이다.
> (다) 각 공정별로 원가가 집계되므로 원가에 대한 책임소재가 명확해 진다.
> (라) 주어진 상황에 따라 직접재료원가, 직접노무원가 및 제조간접원가로 구분하여 원가를 계산하지만, 일반적으로는 원가를 재료원가와 가공원가로 구분하여 원가계산을 실시한다.

① (가), (나)　　② (다), (라)　　③ (나), (다), (라)
④ (가), (다), (라)　　⑤ (가), (나), (다), (라)

04 (주)서울은 종합원가계산제도를 채택하고 있으며, 원재료는 공정의 초기에 전량 투입되고, 가공원가는 공정 전반에 걸쳐서 진척도에 따라 균등하게 발생한다. 재료원가의 경우 평균법에 의한 완성품환산량은 78,000단위이고, 선입선출법에 의한 완성품환산량은 66,000단위이다. 또한 가공원가의 경우 평균법에 의한 완성품환산량은 54,400단위이고, 선입선출법에 의한 완성품환산량은 52,000단위이다. 기초재공품의 진척도는 몇 %인가?

① 10%　　② 20%　　③ 30%
④ 50%　　⑤ 70%

05 (주)국세는 단일제품을 생산하고 있으며, 종합원가계산제도를 채택하고 있다. 직접재료는 공정이 시작되는 시점에서 100% 투입되며, 가공원가는 공정 전체에 걸쳐 균등하게 발생한다. 평균법과 선입선출법에 의한 가공원가의 완성품환산량은 각각 85,000단위와 73,000단위이다. 기초재공품의 가공원가 완성도가 30%라면, 기초재공품 수량은 몇 단위인가?

① 12,000단위　　② 21,900단위　　③ 25,500단위
④ 36,000단위　　⑤ 40,000단위

06 서울제조는 단일제품을 생산하고 있으며, 선입선출법에 의한 종합원가계산을 채택하고 있다. 제품의 제조과정에서 두 가지 재료가 투입되는데, 재료 A는 공정의 25%시점에서, 재료 B는 75%시점에서 각각 투입되며, 가공원가는 전공정을 통해 평균적으로 균일하게 발생한다. 20×1년 4월의 생산활동과 관련된 자료는 다음과 같다.

(1) 월초재공품 수량은 2,500단위, 완성도는 40%, 원가는 700,000이다.
(2) 월말재공품 수량은 2,000단위이며, 이 중 1,000단위는 완성도가 10%, 나머지 1,000단위는 80%이다.
(3) 당월 착수량은 3,500단위이고, 완성량은 4,000단위이다.
(4) 20×1년 4월 중에 발생한 원가는 다음과 같다.

재료 A의 원가 :	₩500,000	재료 B의 원가 :	₩600,000
가공원가 :	₩1,170,000		

앞의 자료를 이용하여 당월 완성품원가를 구하면 얼마인가?

① ₩2,270,000 ② ₩2,380,000 ③ ₩2,970,000
④ ₩1,870,000 ⑤ ₩1,680,000

07 (주)대한의 3월 제조와 관련된 자료는 다음과 같다. 가중평균법을 사용하는 경우 월말 재공품에 포함되는 가공원가는 얼마인가?

월초 재공품 완성도	60%
월말 재공품 완성도	40%
월초 재공품 수량	9,200개
당월 착수량	20,000개
월말 재공품 수량	2,000개
월초 재공품 가공원가	₩30,320
당월 발생 가공원가	₩52,000

① ₩1,782 ② ₩2,352 ③ ₩3,422
④ ₩4,432 ⑤ ₩5,880

08 (주)세무는 선입선출법 하의 종합원가계산을 사용하고 있으며, 가공원가는 공정 전반에 걸쳐 균등하게 발생한다. 당기 생산관련 자료는 다음과 같다.

	물 량
기초재공품	2,000(완성도 60%)
당기착수량	8,000
당기완성량	8,000
기말재공품	2,000(완성도 40%)

기말재공품에 포함된 가공원가가 ₩320,000일 때 당기에 발생한 가공원가는?

① ₩2,964,000　② ₩3,040,000　③ ₩3,116,000
④ ₩3,192,000　⑤ ₩3,268,000

09 (주)서울은 종합원가계산을 사용하고 있으며 선입선출법을 적용하고 있다. 전기와 당기 모두 원재료는 공정 초에 모두 투입되고, 가공원가는 전공정에 걸쳐 균등하게 발생한다. 기초재공품의 직접재료원가 완성품환산량은 2,000개, 가공원가 완성품환산량은 1,200개이고 기초재공품의 직접재료원가는 ₩16,000, 가공원가는 ₩15,000이다.

당기 직접재료원가의 완성품환산량은 8,000개이고, 가공원가의 완성품환산량은 8,800개이다. 만일 당기에 평균법을 적용할 경우 완성품환산량 단위당 원가는 직접재료원가가 ₩8.4, 가공원가가 ₩12.76이 된다. 주어진 자료를 이용하여 당기 선입선출법에 의해 계산된 직접재료원가와 가공원가의 완성품환산량 단위당 원가는 각각 얼마인가?

	재료원가	가공원가
①	₩8.3	₩12.5
②	₩8.3	₩12.8
③	8.5	11.5
④	8.5	12.8
⑤	8.5	11.0

10 평균법을 이용하여 종합원가계산을 수행하는 회사에서 기말재공품 완성도를 실제보다 과대평가할 경우 과대평가 오류가 완성품환산량, 완성품환산량 단위당 원가, 당기완성품원가, 그리고 기말재공품원가에 각각 어떠한 영향을 미치겠는가?

	완성품환산량	완성품환산량 단위당 원가	당기완성품원가	기말재공품원가
①	과대평가	과소평가	과소평가	과대평가
②	과소평가	과대평가	과소평가	과소평가
③	과대평가	과소평가	과대평가	과대평가
④	과소평가	과대평가	과대평가	과소평가
⑤	과소평가	과소평가	과대평가	과대평가

11 (주)세무는 평균법 하의 종합원가계산을 적용하고 있으며, 당기 생산관련 자료는 다음과 같다.

	물 량
기초재공품	500(완성도 80%)
당기착수량	2,100
당기완성량	2,100
기말재공품	400(완성도 60%)

품질검사는 완성도 40% 시점에서 이루어지며, 당기 검사를 통과한 정상품의 2%를 정상공손으로 간주한다. 당기의 정상공손수량은?

① 32개　② 34개　③ 40개
④ 50개　⑤ 52개

※ 다음의 자료를 이용하여 [문제 12]~[문제 13]에 답하시오.

(주)한국은 세 개의 공정을 통하여 제품을 생산하고 있으며, 가중평균법에 의한 종합원가계산을 적용하여 제품원가를 계산하고 있다. 직접재료는 각 공정의 초기에 전량 투입되고 가공원가는 전 공정에 걸쳐 균등하게 발생한다. 20×1년 2월 최종공정인 제3공정의 생산 및 원가자료는 다음과 같다.

구 분	물량단위	가공원가 완성도	전공정 원가	직접 재료원가	가공원가
기초재공품	3,000단위	40%	₩14,750	₩2,000	₩10,250
당기투입	12,000단위	?	₩56,500	₩58,000	₩92,950
완성품	10,000단위	?			
기말재공품	4,000단위	60%			

제3공정에서는 공손품 검사를 공정의 50%시점에서 실시하며, 당월에 검사를 통과한 합격품의 5%를 정상공손으로 간주한다. 정상공손원가는 당월완성품과 월말재공품에 배부하는 회계처리를 한다. 20×1년 2월 중 제3공정에서 발견된 공손품은 추가가공 없이 즉시 모두 폐기하며, 공손품의 처분가치는 ₩0이다.

12 20×1년 2월 제3공정의 원가요소별 완성품환산량을 계산하면 얼마인가?

	전공정원가	직접재료원가	가공원가
①	15,000단위	14,500단위	12,900단위
②	15,000단위	15,000단위	13,400단위
③	15,000단위	15,000단위	12,900단위
④	14,500단위	14,500단위	13,400단위
⑤	14,500단위	14,500단위	12,900단위

13 20×1년 2월 제3공정의 비정상공손원가와 완성품원가와 관련된 월말 분개로서 옳은 것은?

① (차) 제　　품　177,425　(대) 재공품－제3공정　171,050
　　　　　　　　　　　　　　　　비 정 상 공 손　6,375

② (차) 제　　품　173,875　(대) 재공품－제3공정　170,050
　　　　　　　　　　　　　　　　비 정 상 공 손　3,825

③ (차) 제　　품　173,875　(대) 재공품－제3공정　180,250
　　　비 정 상 공 손　6,375

④ (차) 제　　품　174,375　(대) 재공품－제3공정　180,750
　　　비 정 상 공 손　6,375

⑤ (차) 제　　품　173,875　(대) 재공품－제3공정　177,700
　　　비 정 상 공 손　3,825

14 (주)세무는 단일 공정을 통해 제품을 대량으로 생산하고 있으며, 평균법으로 종합원가계산을 적용하고 있다. 원재료는 공정 초에 전량투입되며, 가공원가는 공정전반에 걸쳐 균등하게 발생한다. 20×1년 당기착수량은 1,250개이며, 당기완성량은 1,210개, 기초재공품 수량은 250개(가공원가 완성도 80%), 기말재공품 수량은 50개(가공원가 완성도 60%)이다. 품질검사는 가공원가 완성도 40%시점에서 이루어진다. 정상공손허용률은 10%이며, 검사시점 통과기준과 도달기준을 각각 적용하였을 때 두 방법간의 비정상공손수량의 차이는 몇 개인가?

2023 세무사

① 20개　② 22개　③ 24개
④ 26개　⑤ 28개

15 (주)대한은 반도체를 생산하고 있으며, 선입선출법에 의한 종합원가계산을 적용하여 반도체 원가를 계산하고 있다. 직접재료는 생산공정의 초기에 전량 투입되며, 전환원가(conversion costs)는 공정 전반에 걸쳐 균등하게 발생한다. 2월의 생산자료를 보면, 기초재공품 15,000개(전환원가 완성도 40%, 원가 ₩10,000), 당월 생산착수수량 70,000개, 당월 생산착수완성품 55,000개, 기말재공품 5,000개(전환원가 완성도 80%), 공손품 10,000개이다. 2월 중 직접재료원가 ₩140,000과 전환원가 ₩210,000이 발생하였다. 공정의 20% 시점에서 품질검사를 실시하며, 정상공손 허용수준은 합격품의 10%이다. 정상공손원가는 합격품에 가산되고, 비정상공손원가는 기간비용으로 처리된다. 공손품은 모두 폐기되며, 공손품의 처분가치는 없다. (주)대한의 2월의 정상공손원가는 얼마인가? 2023 회계사

① ₩15,000　② ₩15,600　③ ₩16,200
④ ₩16,800　⑤ ₩17,400

16 (주)세무는 단일제품을 생산하고 있으며, 선입선출법에 의한 종합원가계산을 사용하고 있다. 제품제조를 위해 원재료 A와 원재료 B가 사용되는데 원재료 A는 공정초에 전량 투입되며, 원재료 B는 공정 완료시점에 전량 투입된다. 전환원가는 공정 전반에 걸쳐 균등하게 발생한다. 품질검사는 공정의 50% 시점에서 이루어지며, 당기 검사를 통과한 합격품의 10%를 정상공손으로 간주한다. 공손품의 처분가치는 없다. 당기 생산 및 원가 자료는 다음과 같다.

구 분	물량 (전환원가 완성도)
기초재공품	1,000단위(60%)
당기 착수	9,000
기말재공품	1,000(60%)

구 분	재료원가		전환원가
	원재료 A	원재료 B	
기초재공품	₩30,000	₩0	₩33,500
당기발생원가	180,000	80,000	255,000

당기에 착수하여 당기에 완성된 제품이 7,000단위일 때, (주)세무의 정상공손원가배분 후 당기 완성품원가는? 2024 세무사

① ₩466,500　② ₩523,500　③ ₩530,000
④ ₩533,500　⑤ ₩540,000

17 (주)청주는 단일공정을 거쳐서 제품을 생산하며, 선입선출법에 의한 종합원가계산을 적용하고 있다. 20×0년도 기초재공품은 1,000단위(완성도 40%)이고, 기말재공품은 3,000단위(완성도 80%)이며, 당기 완성품은 5,000단위이다. 공정 중에 품질검사를 실시한 결과 공손품 500단위가 발생하였고, 모두 정상공손으로 간주하였으며, 공손품의 처분가치는 없다. 기초재공품과 기말재공품은 모두 당기에 품질검사를 받은 것으로 판명되었다. 재료원가와 가공원가는 공정 전반에 걸쳐 균등하게 발생한다. 제품원가계산 결과 당기의 완성품환산량 단위당 원가는 ₩180이고, 완성품에 배부된 정상공손원가는 ₩33,750이었다. 품질검사는 완성도 몇 시점에서 이루어진 것으로 추정되는가?

① 55% ② 60% ③ 65%
④ 70% ⑤ 75%

18 (주)서울은 배치 제조공정에 의하여 옵션품목이 장착되지 않은 기본형과 기본형에 옵션품목이 장착된 고급형 및 고객의 특별주문에 의해 고급형에 특수컬러를 도색한 주문형의 3가지 유형의 승용차를 생산하고 있으며, 작업별 원가계산을 하고 있다. 다음 원가 계산자료를 활용하여 주문형의 1대당 제조원가를 계산하면 얼마인가?

(1) 재료원가

유 형	생산된 단위	재료원가총액		
		기본형	옵션품목장착	특수컬러도장
기본형	100대	₩408,000,000	–	–
고급형	80		₩96,000,000	–
주문형	20			₩8,000,000

(2) 가공원가

유 형	생산된 단위	가공원가총액		
		기본형	옵션품목장착	특수컬러도장
기본형	100대	₩840,000,000	–	–
고급형	80		₩72,000,000	–
주문형	20			₩4,000,000

① ₩8,640,000 ② ₩8,940,000 ③ ₩8,620,000
④ ₩8,540,000 ⑤ ₩8,520,000

19 (주)세무는 직접재료를 가공하여 제품을 생산하고 있다. 직접재료는 공정초기에 전량 투입되며, 전환원가는 공정 전반에 걸쳐 균등하게 발생한다. 직접재료의 20%가 제조과정에서 증발되는데, 이러한 증발은 정상적이며 제조과정에서 평균적으로 발생한다. 완성품 1단위에는 직접재료 0.1kg이 포함되어 있고, 당기에 2,000단위가 완성되었다. 당기에 투입된 직접재료는 190kg, 기말재공품(전환원가 완성도 25%)은 38kg, 기초재공품은 90kg이었다. 기초재공품의 전환원가 완성도는? (단, 공손은 발생하지 않는다)

① 25% ② 30% ③ 40%
④ 50% ⑤ 60%

20 (주)세무는 단일제품을 생산하고 있으며, 선입선출법에 의한 종합원가계산을 적용하고 있다. 직접재료는 공정초기에 전량 투입되고, 전환원가는 공정 전반에 걸쳐 균등하게 발생한다. 직접재료의 10%가 제조과정에서 증발되는데, 이러한 증발은 정상적이며 제조과정에서 평균적으로 발생한다. 당기 생산 및 원가 관련 자료는 다음과 같다.

구 분	물량 (전환원가 완성도)
기초재공품	4,750kg(50%)
당기 착수	45,000
당기 완성	36,000
기말재공품	9,400(60%)

구 분	직접재료원가	전환원가
기초재공품	₩11,200	₩18,000
당기발생원가	90,000	195,750

(주)세무의 기말재공품 원가는? 2025 세무사

① ₩47,000 ② ₩57,800 ③ ₩83,000
④ ₩93,800 ⑤ ₩108,200

해답 해설

01	02	03	04	05	06	07	08	09	10
④	④	④	②	⑤	②	②	②	④	①
11	12	13	14	15	16	17	18	19	20
③	③	⑤	③	②	③	②	⑤	④	①

01 정답 ④

이는 선입선출법에 대한 설명으로 선입선출법은 가중평균법과 달리 당기의 성과를 이전 기간과 독립적으로 평가하므로 종업원에게 동기부여를 할 수 있게 한다.

02 정답 ④

④ 개별원가계산은 이종제품을 주문생산, 소량생산, 단속생산하는 형태의 기업에 적용되는 원가계산방법으로 기말재공품원가가 자동적으로 계산되기 때문에 원가계산기간이 중요하지 않지만, 종합원가계산은 동종제품을 대량생산, 연속생산하는 기업에 적용되는 원가계산방법으로 기말재공품의 평가문제가 발생되기 때문에 원가계산기간이 매우 중요하다.

03 정답 ④

(나) 개별원가계산 하에서 가장 중요한 서류는 작업된 단위, 부서에 할당된 원가, 작업된 단위원가, 부서에서 이전될 원가 및 기말재공품원가 등이 요약보고된 작업원가집계표이다.

04 정답 ②

평균법과 선입선출법의 완성품환산량 차이는 기초재공품과 관련되어 있다.

1) 원재료는 공정 초기에 투입되므로 재료원가의 선입선출법과 평균법의 환산량 차이는 기초재공품 수량만큼 차이가 난다.

∴ 기초재공품 수량 = 78,000개 − 66,000개 = 12,000개

2) 가공원가의 선입선출법과 평균법의 환산량 차이는 기초재공품의 전기완성분을 당기에 만들었는가에 대한 환산량 차이이다.

기초재공품 전기완성물량 = 54,400개 − 52,000개 = 2,400개

$$\therefore \text{기초재공품 전기완성도} = \frac{\text{가공원가환산량}}{\text{물량}} = \frac{2{,}400\text{개}}{12{,}000\text{개}} = 20\%$$

05 정답 ⑤

선입선출법과 평균법의 가공원가 환산량차이는 기초재공품의 전기완성도분 만큼 차이가 난다.

1) 기초재공품의 수량을 X라고 가정하면 이는 다음과 같다.

재공품			
기 초	X (0~30%)	완 성 품	?
당기착수량	?	기말재공품	?

2) 기초재공품의 물량(X)에 전기완성도(30%)를 곱하면 선입선출법과 평균법의 가공원가 환산량차이 12,000단위를 구할 수 있다.

X · 0.3 = 12,000단위

X = **40,000단위**

06 정답 ②

재공품(FIFO)					재료 A(25%)	재료 B(75%)	가공원가(균등)
기 초	2,500 (0~40%)	완 성					
			기 초	2,500 (40~100%)	–	2,500	1,500
			당기착수완성품	1,500 (0~100%)	1,500	1,500	1,500
		기말재공품		1,000 (0~ 10%)	–	–	100
착 수	3,500	기말재공품		1,000 (0~ 80%)	1,000	1,000	800
	6,000개			6,000개	2,500	5,000	3,900

				합 계
기초재공품원가	–	–	–	₩700,000
당기투입원가	₩500,000	₩600,000	₩1,170,000	2,270,000
합 계	₩500,000	₩600,000	₩1,170,000	₩2,970,000
완성품환산량	÷2,500개	÷5,000개	÷3,900개	
환산량 단위당 원가	₩200	₩120	₩300	

완성품원가

기초재공품	₩700,000 + ₩200 × – + ₩120 × 2,500 + ₩300 × 1,500 =	₩1,450,000
당기착수완성품	200 × 1,500 + 120 × 1,500 + 300 × 1,500 =	930,000
합 계		**₩2,380,000**

07 정답 ②

평 균 법			재료원가	가공원가	
기초재공품	9,200	(0~100%)	9,200	9,200	
당기착수완성품	18,000	(0~100%)	18,000	18,000	
기말재공품	2,000	(0~40%)	2,000	800	
A. 완성품환산량			29,200	28,000	
B. 총 원 가					합 계
기초재공품원가			?	₩30,320	? + 30,320
당기투입원가			?	52,000	?
합 계			?	₩82,320	?
C. 환산량 단위당 원가(B÷A)			?	₩2.94	

∴ 기말재공품 가공원가 = ₩2.94 × 800 = **₩2,352**

08 정답 ②

1) 선입선출법에 의해 가공원가 완성품환산량을 구한다.

재 공 품(FIFO)						가공원가(균등)
기 초	2,000	(0~60%)	완 성			
			기 초	2,000	(60~100%)	800
			당기착수완성품	6,000	(0~100%)	6,000
당기착수량	8,000		기 말	2,000	(0~40%)	800
	10,000개			10,000개		7,600

2) 가공원가의 완성품환산량 단위당 원가를 추정한다.

$$\text{가공원가의 완성품환산량 단위당 원가} = \frac{\text{당기투입가공원가}}{\text{가공원가 완성품환산량}}$$

$$Y = \frac{X}{7{,}600\text{개}}$$

3) 기말재공품 가공원가를 이용한 가공원가의 완성품환산량 단위당 원가

800개 × Y = ₩320,000

Y = ₩400

4) 당기에 발생한 가공원가

$$Y = \frac{X}{7{,}600개}$$

$$₩400 = \frac{X}{7{,}600개}$$

$\therefore$ X(당기발생 가공원가) = 7,600개 × ₩400

= **₩3,040,000**

09 정답 ④

평균법에 의해 계산된 완성품환산량 단위당 원가는 기초재공품 전기분과 선입선출법에 의해 계산된 완성품환산량 단위당 원가를 가중평균한 것이다.

1) 당기투입원가 재료원가

$$\frac{₩16{,}000 + X}{2{,}000개 + 8{,}000개} = ₩8.4$$

X = ₩68,000(당기투입재료원가)

2) 당기투입원가 가공원가

$$\frac{₩15{,}000 + Y}{1{,}200개 + 8{,}800개} = ₩12.76$$

Y = ₩112,600(당기투입가공원가)

3) 선입선출법에 의한 환산량 단위당 원가

1. 재료원가 환산량 단위당 원가 $= \frac{₩68{,}000}{8{,}000개} =$ **₩8.5**

2. 가공원가 환산량 단위당 원가 $= \frac{₩112{,}600}{8{,}800개} =$ **₩12.795**

10 정답 ①

1) 완성품환산량 : **과대평가**

2) 완성품환산량 단위당 원가 $= \frac{기초재공품원가 + 당기투입원가}{완성품환산량\uparrow}$: **과소평가**

3) 당기완성품원가 = 완성품의 완성품환산량 × 환산량 단위당 원가 : **과소평가**

4) 기말재공품원가 : **과대평가**

재공품(WAM)

	완 성 품	↓
	기 말 재 공 품	↑
	합 계	일정

11 정답 ③

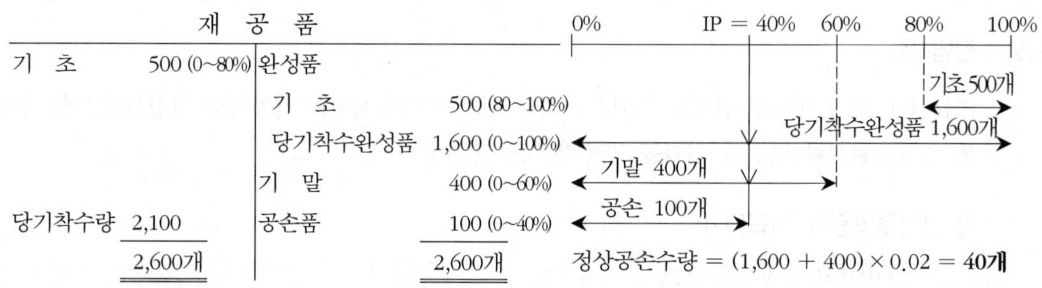

재 공 품

기 초	500 (0~80%)	완성품	
		기 초	500 (80~100%)
		당기착수완성품	1,600 (0~100%)
		기 말	400 (0~60%)
당기착수량	2,100	공손품	100 (0~40%)
	2,600개		2,600개

정상공손수량 = (1,600 + 400) × 0.02 = **40개**

12,13 정답 ③, ⑤

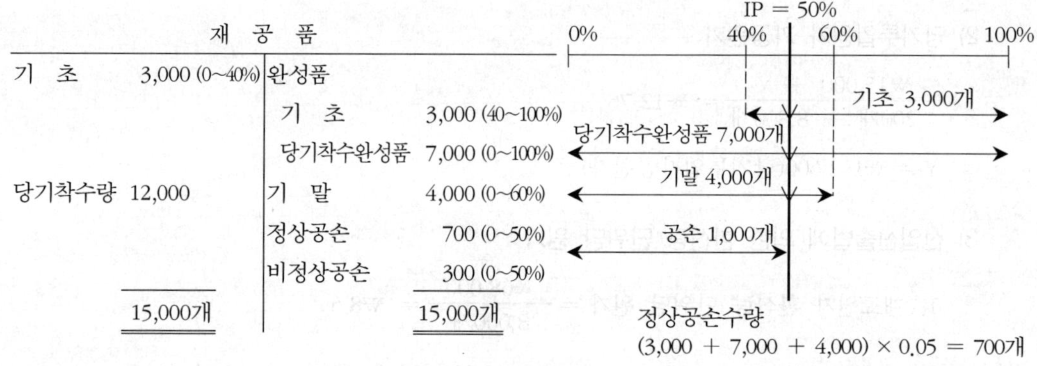

재 공 품

기 초	3,000 (0~40%)	완성품	
		기 초	3,000 (40~100%)
		당기착수완성품	7,000 (0~100%)
당기착수량	12,000	기 말	4,000 (0~60%)
		정상공손	700 (0~50%)
		비정상공손	300 (0~50%)
	15,000개		15,000개

정상공손수량
(3,000 + 7,000 + 4,000) × 0.05 = 700개

※ 정상공손수량은 선입선출법이든 평균법이든 항상 동일하다.

평 균 법		전공정(0%)	원재료(0%)	가공원가	
기초재공품	3,000 (0~100%)	3,000	3,000	3,000	
당기착수완성	7,000 (0~100%)	7,000	7,000	7,000	
기말재공품	4,000 (0~60%)	4,000	4,000	2,400	
정 상 공 손	700 (0~50%)	700	700	350	
비정상공손	300 (0~50%)	300	300	150	
A. 완성품환산량		**15,000**	**15,000**	**12,900**	
B. 총 원 가					합 계
기초재공품		₩14,750	₩2,000	₩10,250	₩27,000
당기투입원가		56,500	58,000	92,950	207,450
합 계		₩71,250	₩60,000	₩103,200	₩234,450
C. 환산량 단위당 원가(B÷A)		₩4.75	₩4	₩8	

완 성 품		
기 초	₩4.75 × 3,000 + ₩4 × 3,000 + ₩8 × 3,000 =	₩50,250
당기착수완성	4.75 × 7,000 + 4 × 7,000 + 8 × 7,000 =	117,250
합 계		₩167,500
기말재공품	4.75 × 4,000 + 4 × 4,000 + 8 × 2,400 =	54,200
정 상 공 손	4.75 × 700 + 4 × 700 + 8 × 350 =	8,925
비정상공손	4.75 × 300 + 4 × 300 + 8 × 150 =	3,825
합 계		₩234,450

	배분 전 원가	정상공손	배분 후 원가
완 성 품	₩167,500	₩6,375*	₩173,875
기말재공품	54,200	2,550*	56,750
정 상 공 손	8,925	(8,925)	–
비정상공손	3,825	–	3,825
	₩234,450	–	₩234,450

* $₩8,925 \times \frac{10,000단위}{10,000단위 + 4,000} = ₩6,375$, $₩8,925 \times \frac{4,000단위}{10,000단위 + 4,000} = ₩2,550$

(차) 제 품	173,875	**(대) 재 공 품**	177,700
비정상공손	3,825		

14 정답 ③

물량(평균법)

기초	250 (0.8)	완성	
		기 초	250 (0.8)
		당 기	960
당기	1,250	공손	240 (0.4)
		기말	50 (0.6)
	1,500		1,500

(1) 검사시점 통과기준

정상공손수량 : (960개(당기착수완성) + 50(기말))× 10% = 101개

비정상공손수량 : 240개 − 101 = 139개

(2) 검사시점 도달기준

정상공손수량 : (960개(당기착수완성) + 240(공손) + 50(기말))× 10% = 125개

비정상공손수량 : 240개 − 125 = 115개

∴ 비정상공손수량의 차이 : 139개 − 115 = **24개**

15 정답 ②

물량(선입선출법)				재료	전환
기초	15,000 (0.4)	완성			
		기초	15,000 (0.4)	−	9,000
		당기	55,000	55,000	55,000
		정상공손	6,000① (0.2)	6,000	1,200
당기	70,000	비정상공손	4,000② (0.2)	4,000	800
		기말	5,000 (0.8)	5,000	4,000
	85,000		85,000	70,000	70,000
				@2	@3

원가(선입선출법)			
기초	10,000		
재료	140,000	정상공손	6,000×@2 ＋ 1,200×@3 ＝ **15,600**
전환	210,000		
	360,000		

① 정상공손수량 : (55,000 (당기착수완성) ＋ 5,000 (기말)) × 10% ＝ 6,000

② 비정상공손수량 : 10,000 － 6,000 ＝ 4,000

16 정답 ③

물량(선입선출법)					재료 A	(1.0) 재료 B	전환
기초	1,000 (0.6)	완성					
		기초	1,000	(0.6)	－	1,000	400
		당기	17,000		7,000	7,000	7,000
		정상공손	800[①]	(0.5)	800	－	400
당기	9,000	비정상공손	200[①]	(0.5)	200	－	100
		기말	1,000	(0.6)	1,000	－	600
	10,000		10,000		9,000	8,000	8,500
					@20	@10	@30

원가(선입선출법)			
기초	63,500	완성	63,500 ＋ 7,000×@20 ＋ 8,000×@10 ＋ 7,400×@30 ＝ 505,500
당기			
재료A	180,000	정상공손	800×@20 ＋ 400×@30 ＝ 28,000
재료B	80,000	비정상공손	200×@20 ＋ 100×@30 ＝ 7,000
전환	225,000	기말	1,000×@20 ＋ 600×@30 ＝ 38,000
	578,500		578,500

	배분 전 원가	정상공손 원가	배분 후 원가
완 성	₩505,500	₩24,500②	**₩530,000**
정 상 공 손	28,000	(28,000)②	–
비정상공손	7,000	–	7,000
기 말	38,000	3,500②	41,500
합계	₩578,500	–	₩578,500

① 정상공손수량 : (0단위(기초) + 7,000(당기착수완성) + 1,000(기말)) × 10% = 800단위
비정상공손수량 : 1,000단위 − 800 = 200단위

② 정상공손원가 배분

완성: $₩28,000 \times \frac{7,000단위}{8,000단위} = ₩24,500$

기말: $₩28,000 \times \frac{1,000단위}{8,000단위} = ₩3,500$

17 정답 ②

1) 환산량

재료원가와 가공원가가 공정 전반에 걸쳐 균등하게 발생하므로 재료원가와 가공원가의 환산량은 동일하다.

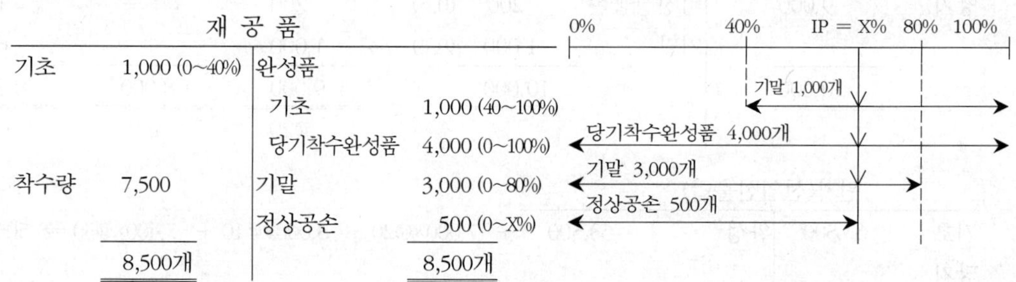

선입선출법		재료원가 + 가공원가
기 초 재 공 품	1,000 (40~100%)	600
당기착수완성품	4,000 (0~100%)	4,000
기 말 재 공 품	3,000 (0~80%)	2,400
정 상 공 손	500 (0~X%)	500 · X
완 성 품 환 산 량		7,000 + 500 · X

2) 완성품에 배부된 정상공손원가

기초재공품과 기말재공품이 모두 품질검사를 받았으므로 정상공손원가를 배분받는다.

$$\text{정상공손원가} \times \frac{\text{완성품수량}}{\text{검사시점통과수량}} = [(500 \cdot X) \times ₩180] \times \frac{5{,}000\text{개}}{8{,}000\text{개}} = ₩33{,}750$$

3) 검사시점 : X = 60%

18 정답 ⑤

	기본형	옵션품목장착	특수컬러도장
1) 재료원가 단위당 원가	$\frac{₩408,000,000}{100 + 80 + 20}$ = ₩2,040,000/대	$\frac{₩96,000,000}{80 + 20}$ = ₩960,000/대	$\frac{₩8,000,000}{20}$ = ₩400,000/대
2) 가공원가 단위당 원가	$\frac{₩840,000,000}{100 + 80 + 20}$ = ₩4,200,000/대	$\frac{₩72,000,000}{80 + 20}$ = ₩720,000/대	$\frac{₩4,000,000}{20}$ = ₩200,000/대

주문형 1대당 제조원가

= 재료원가 + 가공원가

= (₩2,040,000 + ₩960,000 + ₩400,000) + (₩4,200,000 + ₩720,000 + ₩200,000)

= **₩8,520,000**

19 정답 ④

1) 감손 고려 전 물량흐름

재공품

기초	100kg (0~50%)	완성		
		기초	100kg	(50~100%)
당기착수	190kg	당기착수	150kg	(0~100%)
		기말	40kg	(0~25%)
	290kg		290kg	

2) 감손 고려 후 물량흐름

재공품

기초	90kg (0~50%)	완성		
			기초	80kg (50~100%)
당기착수	190kg		당기착수	120kg (0~100%)
		기말		38kg (0~25%)

① 전기에서 이월된 기초재공품 100kg은 완성도가 50%이므로 감손으로 0.2×0.5=0.1 만큼 감소되어 90kg이 된다. 기초재공품을 추가가공하여 완성시 0.2가 감소하므로 최종적으로는 80kg이 된다.

② 당기착수완성품 150kg은 20% 감손으로 완성 시 120kg이 된다.

③ 기말재공품 40kg은 완성도가 25%이므로 감손으로 0.2×0.25 = 0.05만큼 감소되어 38kg이 된다.

3) 기초재공품 완성도 추정

① 당기에 투입된 직접재료는 190kg이다. 이중 기말재공품이 25% 완성되었고 감손으로 0.2 × 0.25 = 0.05만큼 감소되어 38kg이 되었다.

② 기말재공품은 감손 고려 전 직접재료는 40kg(=38kg/0.95)이며, 당기착수량 190kg 중 기말재공품 40kg을 제외한 150kg이 당기착수완성품이 된다.

③ 당기착수완성품 150kg은 20% 감손으로 인해 완성물량은 120kg이 된다.

④ 당기에 12,000단위가 완성되었고 1단위에는 20% 감손 고려 후 직접재료 0.1kg이 포함되어 있다. 그러므로 당기완성품과 관련된 직접재료는 감손 고려 후 2,000단위×0.1kg = 200kg이다.

⑤ 20% 감손 고려 후 당기완성품 200kg에서 당기착수완성품이 120kg이므로 기초재공품에서 완성된 물량은 80kg이다.

⑥ 20% 감손 고려 후 완성된 기초재공품이 80kg이므로 20% 감손 고려 전 물량은 100kg이다.

⑦ 이월 된 기초재공품이 90kg이고 감손 고려 전 기초재공품은 100kg이다. 100kg의 10%가 감손되었으므로 기초재공품의 기완성도는 50%(=10%/20%)가 된다.

20 정답 ①

물량(선입선출법)									재료	전환
기초	5,000①	4,750(0.5)	4,500	완성						
					기초	5,000①	4,750(0.5)	4,500	–	2,500
					당기	35,000③		31,500②	35,000	35,000
당기	45,000		40,500	기말		10,000④	9,400(0.6)	9,000	10,000	6,000
	50,000		45,000			50,000		45,000	45,000	43,500
									@2	@4.5

원가(선입선출법)			
기초	29,200	완성	29,200 + 35,000×@2 + 37,500×@4.5 = 267,950
재료	90,000	기말	10,000×@2 + 6,000×@4.5 = 47,000
전환	195,750		
	314,950		314,950

① 기초재공품 착수량 : $\frac{4{,}750\text{단위}}{1 - 10\% \times 50\%} = 5{,}000$단위

② 당기착수완성품 : 36,000단위 − 5,000단위 × (1 − 10%) (기초재공품 완성수량) = 31,500단위

③ 당기착수완성품의 당기착수물량 : $\frac{31{,}500\text{단위}}{(1 - 10\%)} = 35{,}000$단위

④ 기말재공품의 당기착수물량 : 45,000단위 − 35,000 = 10,000단위

∴ 기말재공품 원가 : **₩47,000**

COST&MANAGEMENT ACCOUNTING

주관식 연습문제

01 선입선출법과 평균법의 비교

(주)서울은 목공예기념품을 제조하는 회사로서 종합원가계산을 적용하고 있다. 회사의 생산공정은 공정초기에 통나무재료가 투입된 후 조각작업을 통하여 기념품이 완성된다. 20×1년 7월의 생산 및 원가자료는 다음과 같다.

기초재공품 :	3,000개(50%)	완성품수량 :	22,000개
재료원가 :	₩12,000		
가공원가 :	10,500		
당월착수량 :	25,000개	기말재공품 :	6,000개(75%)
재료원가 :	₩128,000		
가공원가 :	254,500		

[물음 1] 선입선출법을 적용한 경우 완성품원가와 기말재공품원가를 구하시오.

[물음 2] 평균법을 적용한 경우 완성품원가와 기말재공품원가를 구하시오.

해답

자료정리

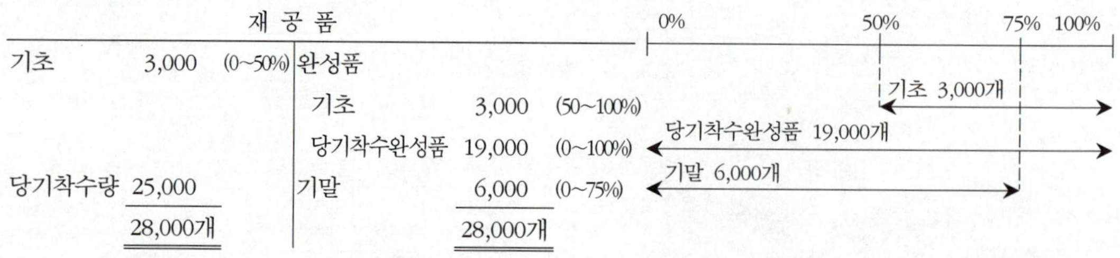

[물음 1] 선입선출법

선입선출법		재료원가(0%)	가공원가(0~100%)	
기초재공품	3,000 (50~100%)	–	1,500	
당기착수완성품	19,000 (0~100%)	19,000	19,000	
기말재공품	6,000 (0~75%)	6,000	4,500	
A. 완성품환산량		25,000개	25,000개	
B. 총원가				합 계
기 초 재 공 품		–	–	₩22,500
당기투입원가		₩128,000	₩254,500	382,500
합 계		₩128,000	₩254,500	₩405,000
C. 환산량단위당원가(B÷A)		₩5.12	₩10.18	
완성품				
기초재공품	₩22,500 +	₩5.12 × –	+ ₩10.18 × 1,500 =	₩37,770
당기착수완성품		5.12 × 19,000 +	10.18 × 19,000 =	290,700
합 계				₩328,470
기말재공품		5.12 × 6,000 +	10.18 × 4,500 =	76,530
				₩405,000

[물음 2] 평균법

평균법		재료원가(0%)	가공원가(0~100%)	
기초재공품	3,000 (0~100%)	3,000	3,000	
당기착수완성품	19,000 (0~100%)	19,000	19,000	
기말재공품	6,000 (0~75%)	6,000	4,500	
A. 완성품환산량		28,000개	26,500개	
B. 총원가				합 계
기 초 재 공 품		₩12,000	₩10,500	₩22,500
당기투입원가		128,000	254,500	382,500
합 계		₩140,000	₩265,000	₩405,000
C. 환산량단위당원가(B÷A)		₩5	₩10	
완성품				
기초재공품		₩5 × 3,000 +	₩10 × 3,000 =	₩45,000
당기착수완성품		5 × 19,000 +	10 × 19,000 =	285,000
합 계				₩330,000
기말재공품		5 × 6,000 +	10 × 4,500 =	75,000
				₩405,000

02 공정별원가계산

(주)서울은 A, B 공정 즉 두 개의 연속공정을 통하여 단일제품을 생산하고 있다. 다음은 A공정과 B공정에 대한 자료이다. 두 공정의 원재료는 공정개시시점에 투입된다.

(1) A공정 원가자료

	물량흐름	재료원가	가공원가
기초재공품(80%)	10,000개	₩200,000	₩300,000
당기착수량	100,000	1,500,000	900,000
당기완성량	?		
기말재공품(40%)	20,000		

(2) B공정 원가자료

	물량흐름	전공정대체원가	재료원가	가공원가
기초재공품(60%)	40,000개	₩730,000	₩510,000	₩244,000
전공정대체원가	?	?	1,440,000	1,558,000
당기완성량	100,000개			
기말재공품(20%)	?			

[물음 1] A공정은 선입선출법을 사용한다고 가정하는 경우, B공정의 전공정대체원가를 구하시오.

[물음 2] 선입선출법을 가정하는 경우 B공정의 제조원가보고서를 작성하시오.

[물음 3] 평균법을 가정하는 경우 B공정의 제조원가보고서를 작성하시오.

해답

자료정리

A공정

기 초	10,000 (0~80%)	완 성 품	
		기 초	10,000 (80~100%)
		당기착수완성품	80,000 (0~100%)
당기착수량	100,000	기말	20,000 (0~40%)
	110,000개		110,000개

B공정

기 초	40,000 (0~60%)	완 성 품	
		기 초	40,000 (60~100%)
		당기착수완성품	60,000 (0~100%)
당기착수량	90,000	기말	30,000 (0~20%)
	130,000개		130,000개

[물음 1] A공정 : 선입선출법

선입선출법		재료원가(0%)	가공원가(0~100%)	
기초재공품	10,000 (80~100%)	—	2,000	
당기착수완성	80,000 (0~100%)	80,000	80,000	
기말재공품	20,000 (0~40%)	20,000	8,000	
A. 완성품환산량		100,000개	90,000개	
B. 총원가				합 계
기초재공품원가		—	—	₩500,000
당기투입원가		₩1,500,000	₩900,000	2,400,000
		₩1,500,000	₩900,000	₩2,900,000
C. 환산량단위당원가		₩15	₩10	
완성품				
기초재공품		₩500,000 + ₩15 × —	+ ₩10 × 2,000 =	₩520,000
당기착수완성품		₩15 × 80,000 +	10 × 80,000 =	2,000,000
합 계				₩2,520,000
기말재공품		₩15 × 20,000 +	10 × 8,000 =	380,000
합 계				₩2,900,000

∴ B 공정의 전공정대체원가(A공정의 완성품원가) = **₩2,520,000**

[물음 2] B공정 : 선입선출법

선입선출법		전공정원가(0%)	재료원가(0%)	가공원가(0~100%)	
기초재공품	40,000 (60~100%)	—	—	16,000	
당기착수완성	60,000 (0~100%)	60,000	60,000	60,000	
기말재공품	30,000 (0~20%)	30,000	30,000	6,000	
A. 완성품환산량		90,000개	90,000개	82,000개	
B. 총원가					합 계
기 초 재 공 품		—	—	—	₩1,484,000
당기투입원가		₩2,520,000	₩1,440,000	₩1,558,000	5,518,000
		₩2,520,000	₩1,440,000	₩1,558,000	₩7,002,000
C. 환산량단위당원가		₩28	₩16	₩19	
완성품원가					
기초재공품	₩1,484,000 +	₩28 × — +	₩16 × — +	₩19 × 16,000 =	₩1,788,000
당기착수완성품		28 × 60,000 +	16 × 60,000 +	19 × 60,000 =	3,780,000
합 계					₩5,568,000
기말재공품		28 × 30,000 +	16 × 30,000 +	19 × 6,000 =	1,434,000
합 계					₩7,002,000

∴ 당기제품제조원가(완성품원가) = **₩5,568,000**, 기말재공품원가 = **₩1,434,000**

[물음 3] B공정 : 평균법

평 균 법		전공정원가(0%)	재료원가(0%)	가공원가(0~100%)	
기초재공품	40,000 (0~100%)	40,000	40,000	40,000	
당기착수완성	60,000 (0~100%)	60,000	60,000	60,000	
기말재공품	30,000 (0~20%)	30,000	30,000	6,000	
A. 완성품환산량		130,000개	130,000개	106,000개	
B. 총원가					합 계
기초재공품원가		₩730,000	₩510,000	₩244,000	₩1,484,000
당기투입원가		2,520,000	1,440,000	1,558,000	5,518,000
합 계		₩3,250,000	₩1,950,000	₩1,802,000	₩7,002,000
C. 환산량단위당원가		₩25	₩15	₩17	

완성품		
기초재공품	₩25 × 40,000 + ₩15 × 40,000 + ₩17 × 40,000 =	₩2,280,000
당기착수완성품	25 × 60,000 + 15 × 60,000 + 17 × 60,000 =	3,420,000
합 계		₩5,700,000
기말재공품	25 × 30,000 + 15 × 30,000 + 17 × 6,000 =	1,302,000
합 계		₩7,002,000

∴ 당기제품제조원가(완성품원가) = **₩5,700,000**, 기말재공품원가 = **₩1,302,000**

03 완성품환산량과 공손품수량

(주)서울은 단일제품을 대량생산하는 업체로서 종합원가계산을 사용하여 원가계산을 한다. 당기 중 완성품 수량은 3,500개이고 기말재공품은 400개(완성도 80%)이다. 또한 공정의 50% 완성시점에서 검사를 실시하며 이와 관련된 원가자료는 다음과 같다.

	수 량	완성도	재료원가	가공원가
기초재공품	500개	40%	₩25,000	–
당기착수량	3,500	–	110,000	₩120,000

다음 물음에 답하시오.

[물음 1] 선입선출법과 평균법에 의한 정상공손수량을 각각 구하시오.

1) 당기 중 검사를 통과한 합격품의 1%를 정상공손으로 허용하는 경우 정상공손수량은 몇 단위인가?

2) 당기 중 검사를 받은 수량의 1%를 정상공손으로 허용하는 경우 정상공손수량은 몇 단위인가?

[물음 2] 다음의 경우 기초재공품과 기말재공품에 대한 재료원가의 완성품환산량을 각각 구하시오. 단, 원가흐름의 가정은 선입선출법을 가정하며 정상공손수량은 40개라고 가정한다.

1) 원재료가 공정의 초기에 전량 투입되는 경우

2) 원재료가 공정의 60% 시점에서 전량 투입되는 경우

3) 원재료가 공정의 진행에 따라 균등하게 투입되는 경우

[물음 3] 다음의 경우 기초재공품과 기말재공품에 대한 재료원가의 완성품환산량을 각각 구하시오. 단, 원가흐름의 가정은 평균법을 가정하며 정상공손수량은 40개라고 가정한다.

1) 원재료가 공정의 초기에 전량 투입되는 경우

2) 원재료가 공정의 60% 시점에서 전량 투입되는 경우

3) 원재료가 공정의 진행에 따라 균등하게 투입되는 경우

[물음 4] 공손무인식법의 문제점을 논하시오.

해답

[물음 1] 정상공손수량

원가흐름의 가정에 상관없이 정상공손수량과 비정상공손수량은 모두 동일하다. 그러므로 정상공손수량과 비정상공손수량이 확정된 후 원가흐름을 가정한다.

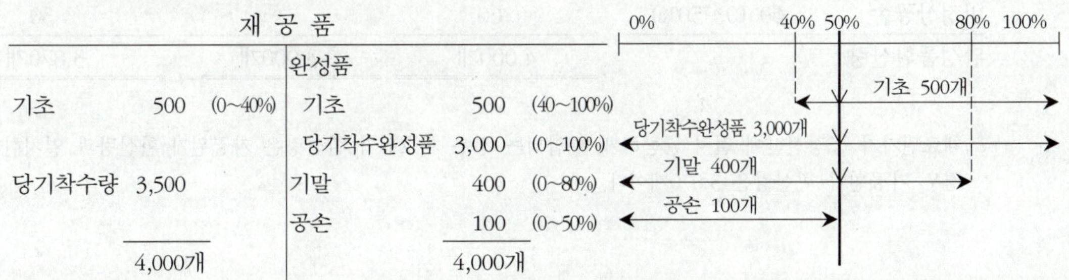
재 공 품

			완성품		
기초	500	(0~40%)	기초	500	(40~100%)
			당기착수완성품	3,000	(0~100%)
당기착수량	3,500		기말	400	(0~80%)
			공손	100	(0~50%)
	4,000개			4,000개	

1) 통과기준

검사를 통과한 합격품에 정상공손허용률 1%를 곱하여 정상공손수량을 구한다.

정상공손수량 : (500개 + 3,000개 + 400개) × 0.01 = 39개

2) 도달기준

통과한 합격품에 검사를 받은 공손수량을 추가해서 정상공손수량을 구한다.

정상공손수량 : (500개 + 3,000개 + 400개 + 100개) × 0.01 = 40개

[물음 2] 재료원가 환산량

선입선출법		재료원가(0%)	재료원가(60%)	재료원가(0~100%)
기초재공품	500 (40~100%)	–	500	300
당기착수완성	3,000 (0~100%)	3,000	3,000	3,000
기말재공품	400 (0~80%)	400	400	320
정상공손	40 (0~50%)	40	–	20
비정상공손	60 (0~50%)	60	–	30
완성품환산량		3,500개	3,900개	3,670개

재료원가가 공정전반에 걸쳐 균등하게 투입되는 경우 재료원가 환산량은 가공원가 환산량과 일치된다. 이러한 경우 가공원가 환산량은 3,670개이다.

[물음 3] 재료원가 환산량

평 균 법		재료원가(0%)	재료원가(60%)	재료원가(0~100%)
기초재공품	500 (0~100%)	500	500	500
당기착수완성	3,000 (0~100%)	3,000	3,000	3,000
기말재공품	400 (0~80%)	400	400	320
정상공손	40 (0~50%)	40	–	20
비정상공손	60 (0~50%)	60	–	30
완성품환산량		4,000개	3,900개	3,870개*

* 재료원가가 공정전반에 걸쳐 균등하게 투입되는 경우 재료원가 환산량은 가공원가 환산량과 일치한다. 이 경우 가공원가 환산량은 3,870개이다.

[물음 4] 공손무인식법의 문제점

공손무인식법은 공손과 관련된 환산량을 인식하지 않으므로 환산량 단위당원가가 증가된다. 이러한 경우 다음과 같은 문제점이 있다.

① 환산량 단위당원가에 정상공손원가와 비정상공손원가가 포함되어 완성품과 기말재공품에 비정상공손원가가 포함되는 문제점이 있다.

② 정상공손원가는 검사시점을 통과한 양품수량을 기준으로 배분한다. 그러나 공손무인식법은 환산량 단위당원가에 정상공손원가가 포함되어 검사통과 유무에 상관없이 배분되는 문제점이 있다.

③ 공정의 비효율성으로 발생하는 비정상공손원가를 구분하지 않아 경영자의 통제활동에 유용한 정보를 제공하지 못하는 문제점이 있다.

04 기초재공품이 전기에 검사를 받은 경우

다음은 단일제품을 생산하여 판매하는 (주)서울의 생산 및 원가자료이다.

생산자료		원가자료	
기초재공품	500개(80%)	재료원가 : ₩300,000,	전환원가 : ₩100,000
		정상공손원가 : ₩34,000	
기말재공품	500개(60%)		
당기투입량	4,000개	재료원가 : ₩1,950,000,	전환원가 : ₩2,735,000

재료는 공정 초에 일시에 투입되며, 전환원가는 공정 전반에 걸쳐서 균등하게 발생된다. 검사는 50% 공정시점에서 이루어지며, 정상공손허용률은 검사시점을 통과한 합격품의 10%이다. 당기완성품은 3,500개이며, 원가흐름은 가중평균법을 가정한다.

다음 물음에 답하시오

[물음 1] 정상공손 및 비정상공손수량을 구하시오.

[물음 2] 평균법하에서 배분대상 정상공손원가는 얼마인가?

[물음 3] 정상공손원가 배분 후 완성품원가 및 기말재공품원가를 구하시오.

해답

자료정리

재 공 품					
기초	500	(0~80%)	완 성 품		
			기 초	500	(80~100%)
			당기착수완성품	3,000	(0~100%)
당기착수량	4,000		기 말	500	(0~60%)
			정상공손	350	(0~50%)
			비정상공손	150	(0~50%)
	4,500개			4,500개	

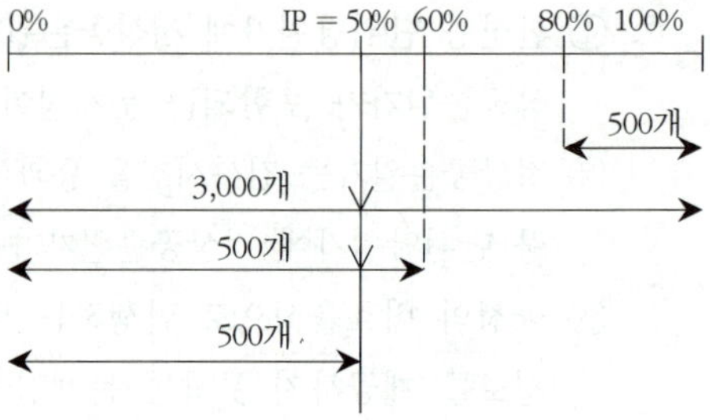

0% IP = 50% 60% 80% 100%

500개

3,000개

500개

500개

정상공손수량 = (3,000 + 500) × 0.1
= 350개

평 균 법		재료원가(0%)	가공원가(0~100%)	
기초재공품	500 (0~100%)	500	500	
당기착수완성	3,000 (0~100%)	3,000	3,000	
기말재공품	500 (0~60%)	500	300	
정상공손	350 (0~50%)	350	175	
비정상공손	150 (0~50%)	150	75	
A. 완성품환산량		4,500개	4,050개	
B. 총 원 가				합 계
기초재공품원가		₩300,000	₩100,000	₩434,000
당 기 투 입 원 가		1,950,000	2,735,000	4,685,000
합 계		₩2,250,000	₩2,835,000	₩5,119,000
C. 환산량 단위당 원가(B÷A)		₩500	₩700	

완성품원가		
기초재공품원가	₩500 × 500 + ₩700 × 500 =	₩600,000
당기착수완성품	500 × 3,000 + 700 × 3,000 =	3,600,000
합 계		₩4,200,000
기말재공품	500 × 500 + 700 × 300 =	460,000
정상공손	₩34,000[*1] + 500 × 350 + 700 × 175[*2] =	331,500
비정상공손	500 × 150 + 700 × 75 =	127,500
합 계		₩5,119,000

[*1] 500개(기초재공품) [*2] 3,000개(당기착수량) + 500개(기말재공품)

	배분전 원가	정상공손	배분후 원가
완 성 품	₩4,200,000	₩290,062.5*	₩4,490,062.5
기 말 재 공 품	460,000	41,437.5	501,437.5
정 상 공 손	331,500	(331,500.0)	–
비 정 상 공 손	127,500	–	127,500.0
합 계	₩5,119,000	–	₩5,119,000.0

* 평균법이므로 기초재공품의 정상공손원가를 당기발생 정상공손원가에 가산하고 기초재공품에도 정상공손원가를 배분한다.

$$₩331,500 \times \frac{3,500개}{4,000개} = ₩290,062.5, \quad ₩331,500 \times \frac{500개}{4,000개} = ₩41,437.5$$

[물음 1] 정상공손 및 비정상공손수량

정상공손 = (3,000개 + 500개) × 0.1 = **350개**

비정상공손 = 500개 − 350개 = **150개**

[물음 2] 배분대상 정상공손원가

정상공손원가 = ₩34,000 + (₩500 × 350 + ₩700 × 175) = **₩331,500**

[물음 3] 완성품원가 및 기말재공품의 원가

완성품원가 = **₩4,490,062.5**

기말재공품원가 = **₩501,437.5**

05 검사시점이 두 번인 경우

(주)서울은 단일공정에서 하나의 제품만을 생산하고 있으며, 3월의 생산 및 원가자료는 다음과 같다.

(1) 생산자료

	물량단위
기초재공품	2,000(가공원가 완성도 20%)
당기착수량	12,500
당기완성품	11,000
1차 공손품	1,000
2차 공손품	1,000
기말재공품	1,500(가공원가 완성도 70%)

(2) 원가자료

	재료원가	가공원가
기초재공품	₩20,000	₩4,000
당기투입원가	125,000	128,500

원재료는 공정 초기에 모두 투입되며, 가공원가는 공정전반에 걸쳐 균등하게 발생한다. 공손품의 검사는 공정의 40%시점과 80%시점에서 두 번 실시하며, 1차 정산공손수량과 2차 정상공손수량은 각각 500개, 550개이다. 그리고 공손품의 처분가치는 단위당 ₩3.20이다.

[물음 1] 선입선출법을 적용하는 경우 완성품원가와 기말재공품원가를 구하시오.

[물음 2] 평균법을 적용하는 경우 완성품원가와 기말재공품원가를 구하시오.

해답

자료정리

[물음 1] 선입선출법

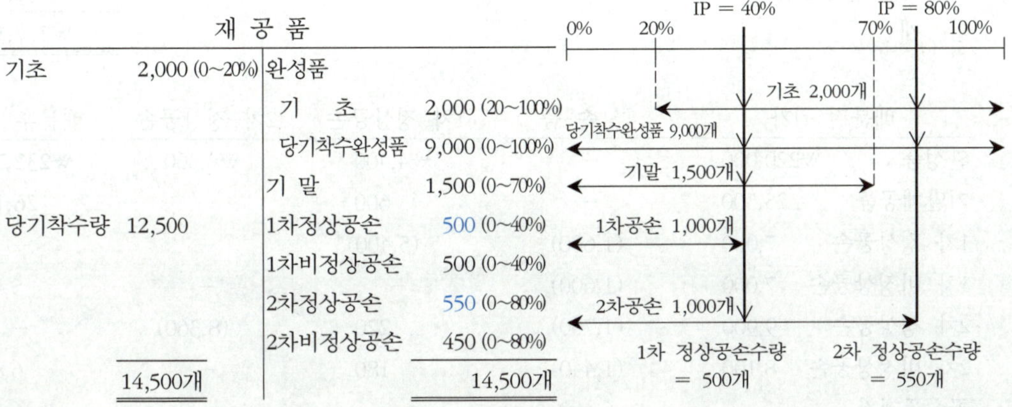

선입선출법		재료원가(0%)	가공원가(0~100%)	
기초재공품	2,000 (20~100%)	–	1,600	
당기착수완성	9,000 (0~100%)	9,000	9,000	
기말재공품	1,500 (0~70%)	1,500	1,050	
1차 정상공손	500 (0~0%)	500	200	
1차 비정상공손	500 (0~40%)	500	200	
2차 정상공손	550 (0~80%)	550	440	
2차 비정상공손	450 (0~80%)	450	360	
A. 완성품환산량		12,500개	12,850개	
B. 총원가				합 계
기초재공품원가		–	–	₩24,000
당 기 투 입 원 가		₩125,000	₩128,500	253,500
합 계		₩125,000	₩128,500	₩277,500
C. 환산량 단위당 원가		₩10	₩10	

완성품

기초재공품원가	₩24,000 + ₩10 × – + ₩10 × 1,600 =	₩40,000
당기착수완성	10 × 9,000 + 10 × 9,000 =	180,000
		₩220,000

기말재공품	₩10 × 1,500 + ₩10 × 1,050 =	25,500
1차 정상공손	10 × 500 + 10 × 200 =	7,000
1차 비정상공손	10 × 500 + 10 × 200 =	7,000
2차 정상공손	10 × 550 + 10 × 440 =	9,900
2차 비정상공손	10 × 450 + 10 × 360 =	8,100
합 계		₩277,500

배분전 원가		공 손 품	1차 정상공손	2차 정상공손	배분후 원가
완성품	₩220,000	–	₩4,400	₩8,360	**₩232,760**
기말재공품	25,500	–	600	–	**26,100**
1차 정상공손	7,000	(1,600)	(5,400)*	–	–
1차 비정상공손	7,000	(1,600)	–	–	5,400
2차 정상공손	9,900	(1,760)	220	(8,360)	–
2차 비정상공손	8,100	(1,440)	180	–	6,840
공손품계정	–	6,400	–	–	6,400
합 계	₩277,500	–	–	–	₩277,500

* ₩5,400 × 11,000/13,500 = ₩4,400, ₩5,400 × 1,500/13,500 = ₩600
₩5,400 × 550/13,500 = ₩220, ₩5,400 × 450/13,500 = ₩180

[물음 2] 평균법

평 균 법		재료원가(0%)	가공원가(0~100%)	
기초재공품	2,000 (0~100%)	2,000	2,000	
당기착수완성	9,000 (0~100%)	9,000	9,000	
기말재공품	1,500 (0~70%)	1,500	1,050	
1차 정상공손	500 (0~40%)	500	200	
1차 비정상공손	500 (0~40%)	500	200	
2차 정상공손	550 (0~80%)	550	440	
2차 비정상공손	450 (0~80%)	450	360	
A. 완성품환산량		14,500개	13,250개	
B. 총원가				합 계
기초재공품원가		₩20,000	₩4,000	₩24,000
당기투입원가		125,000	128,500	253,500
합 계		₩145,000	₩132,500	₩277,500

C. 환산량 단위당 원가	₩10	₩10	
완성품			
기초재공품원가	₩10 × 2,000 +	₩10 × 2,000 =	₩40,000
당기착수완성	10 × 9,000 +	10 × 9,000 =	180,000
			₩220,000
기말재공품	10 × 1,500 +	10 × 1,050 =	25,500
1차 정상공손	10 × 500 +	10 × 200 =	7,000
1차 비정상공손	10 × 500 +	10 × 200 =	7,000
2차 정상공손	10 × 550 +	10 × 440 =	9,900
2차 비정상공손	10 × 450 +	10 × 360 =	8,100
합 계			₩277,500

배분전 원가		공 손 품	1차 정상공손	2차 정상공손	배분후 원가
완성품	₩220,000	−	₩4,400	₩8,360	**₩232,760**
기말재공품	25,500	−	600	−	**26,100**
1차 정상공손	7,000	(1,600)	(5,400)*	−	−
1차 비정상공손	7,000	(1,600)	−	−	5,400
2차 정상공손	9,900	(1,760)	220	(8,360)	−
2차 비정상공손	8,100	(1,440)	180	−	6,840
공손품계정	−	6,400	−	−	6,400
합 계	₩277,500	−	−	−	₩277,500

* ₩5,400 × 11,000/13,500 = ₩4,400, ₩5,400 × 1,500/13,500 = ₩600
₩5,400 × 550/13,500 = ₩220, ₩5,400 × 450/13,500 = ₩180

06 재공품이 여러 개인 경우

다음은 6월과 7월에 걸친 공정자료이다. 재료 X는 공정초기에 투입되고 재료 Y는 공정 50% 시점에 투입되며, 가공원가는 공정전반에 걸쳐서 투입된다. 선입선출법을 가정한다.

(1) 6월의 환산량 단위당 원가는 다음과 같다.
재료 X : ₩130, 재료 Y : ₩80, 가공원가 : ₩250

(2) 7월의 환산량 단위당 원가는 다음과 같다.
재료 X : ₩135, 재료 Y : ₩85, 가공원가 : ₩260

(3) 6월초 기초재공품원가는 ₩620,000이며 6월과 7월의 생산자료는 다음과 같다.

	6월	7월
당기 착수	4,500개	5,000개
당기 완성	5,000	6,000

(4) 6월말 기말재공품 2,000개의 완성도는 다음과 같다.

1,000개 : 90%, 500개 : 40%, 500개 : 20%

[물음 1] 6월의 가공원가 완성품환산량이 5,200개이다. 기초재공품의 완성도는?

[물음 2] 6월의 기말재공품과 완성품원가는?

[물음 3] 7월의 가공원가 완성품환산량은 5,600개이다. 기말재공품의 완성도는?

[물음 4] 7월의 기말재공품과 완성품원가는?

해답

[물음 1] 기초재공품완성도

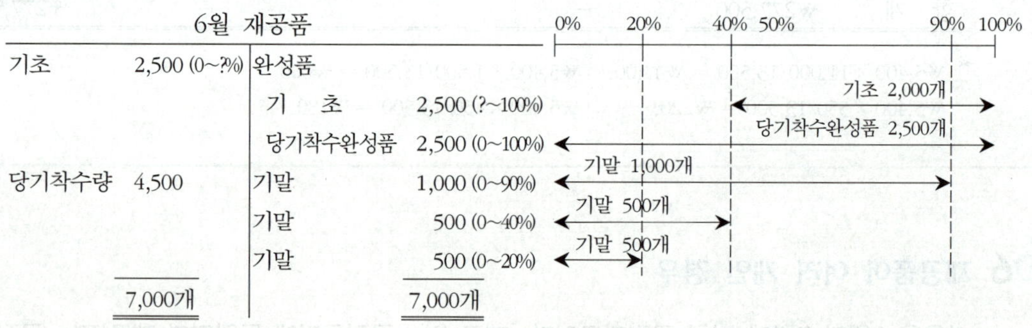

6월 가공원가 환산량 = 기초재공품환산량 + 당기착수완성품환산량 + 기말재공품환산량

5,200개 = 2,500개 × x% + 2,500개 + (1,000개 × 0.9 + 500개 × 0.4 + 500개 × 0.2)

$x = 60\%$

당해연도 6월의 기초재공품가공을 60%하였으므로 기초재공품의 전기 완성도는 40%이다.

[물음 2] 기말재공품과 완성품 원가

선입선출법		재료원가 X(0%)	재료원가 Y(50%)	가공원가(0~100%)	
기초재공품	2,500 (40~100%)	—	2,500	1,500	
당기착수완성품	2,500 (0~100%)	2,500	2,500	2,500	
기말재공품	1,000 (0~90%)	1,000	1,000	900	
기말재공품	500 (0~40%)	500	—	200	
기말재공품	500 (0~20%)	500	—	100	
A. 완성품환산량		4,500개	6,000개	5,200개	
B. 총원가*					합 계
기초재공품		?	?	?	₩620,000
당기투입원가		?	?	?	?
합 계		?	?	?	?
C. 환산량단위당원가(B÷A)		?	?	?	

완성품원가

기 초 재 공 품	₩620,000 + ₩130 × — + ₩80 × 2,500 + ₩250 × 1,500 =	₩1,195,000
당기착수완성품	130 × 2,500 + 80 × 2,500 + 250 × 2,500 =	1,150,000
합 계		₩2,345,000
기말재공품(0~90%)	130 × 1,000 + 80 × 1,000 + 250 × 900 =	435,000
기말재공품(0~40%)	130 × 500 + 80 × — + 250 × 200 =	115,000
기말재공품(0~20%)	130 × 500 + 80 × — + 250 × 100 =	90,000
합 계		₩2,985,000

* 환산량 단위당 원가가 주어졌으므로 총원가자료는 필요 없다.

∴ 6월 기말재공품원가 : **₩640,000**

6월 완성품원가 : **₩2,345,000**

[물음 3] 기말재공품 완성도

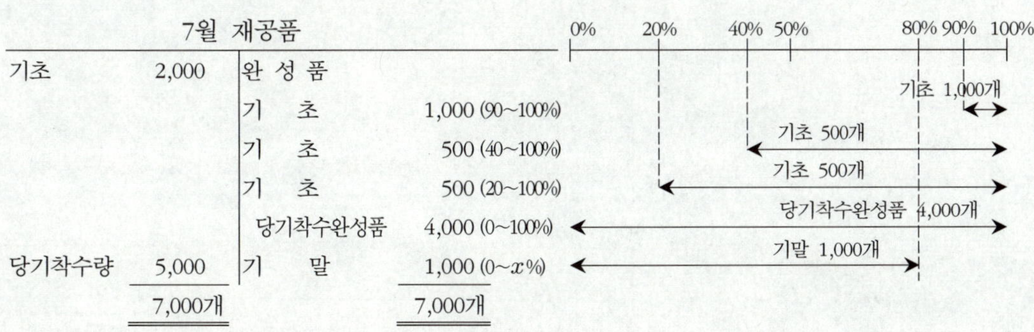

7월 가공원가환산량 = 기초재공품환산량 + 당기착수완성품환산량 + 기말재공품환산량

5,600개 = (1,000개 × 0.1 + 500개 × 0.6 + 500개 × 0.8) + 4,000개 + 1,000개 × x%

∴ x = **80%**

[물음 4] 기말재공품과 완성품원가

선입선출법		재료원가 X(0%)	재료원가 Y(50%)	가공원가(0~100%)	
기초재공품	1,000 (40~100%)	–	–	100	
기초재공품	500 (0~100%)	–	500	300	
기초재공품	500 (0~90%)	–	500	400	
당기착수완성품	4,000 (0~40%)	4,000	4,000	4,000	
기말재공품	1,000 (0~80%)	1,000	1,000	800	
A. 완성품환산량		5,000개	6,000개	5,600개	
B. 총원가					합 계
기 초 재 공 품		?	?	?	₩640,000
당 기 투 입 원 가		?	?	?	?
합 계		?	?	?	?
C. 환산량단위당원가(B÷A)		?	?	?	

완성품원가

기초재공품	₩435,000 +	₩135 × – +	₩85 × – +	₩260 × 100 =	₩461,000
	₩115,000 +	135 × – +	85 × 500 +	260 × 300 =	235,500
	₩ 90,000 +	135 × – +	85 × 500 +	260 × 400 =	236,500
당기착수완성품		135 × 4,000 +	85 × 4,000 +	260 × 4,000 =	1,920,000
합 계					₩2,853,000
기말재공품		135 × 1,000 +	85 × 1,000 +	260 × 800 =	428,000

∴ 7월 기말재공품원가 : **₩428,000**, 7월 완성품원가 : **₩2,853,000**

제 5 장

결합원가계산

cost & management accounting

SECTION

01 결합원가계산의 기초

1 결합원가계산의 의의

- 결합제품(joint products) : 동일한 공정에서 동일한 재료를 투입하여 동시에 생산되는 두 종류 이상의 서로 다른 제품을 결합제품이라고 한다.
- 결합원가(joint costs) : 결합제품을 생산하기 위해서는 동일한 원재료를 동일한 제조공정을 통하여 가공해야 하는데, 이 때 발생하는 원가가 결합원가이다.

결합원가계산이란 결합원가를 결합제품에 어떤 방법으로 배분할 것인가를 결정하고 그에 따라 각 결합제품의 원가를 결정하는 것이다. 결합제품의 예는 다음과 같다.

업 종	결 합 제 품
정 유 업	중유, 경유, 등유, 휘발유, 나프타, 타르
정 육 업	고기, 가죽, 뼈, 아교
낙 농 업	우유, 버터, 크림, 요구르트

이러한 제품들은 일정한 제조단계에 도달할 때까지는 하나하나 식별할 수 없으며, 특정단계(분리점)에 이르러서야 비로소 개별제품으로 확인된다. 개별제품은 다음과 같이 주산품, 부산물과 작업폐물로 나누어진다.

- 주산품(main products) : 동일공정에서 둘 이상의 제품이 생산될 때 상대적인 시장가치가 크고 중요한 제품
- 부산물(by-products, 부산품) : 주산품에 비해 상대적으로 판매가치가 낮은 제품
- 작업폐물(scrap) : 제조과정 중에 나오는 원재료의 찌꺼기로서 판매가치가 매우 낮으며, 폐기하는 과정에서 추가비용이 발생할 때는 부(−)의 가치를 갖는다.

2 분리점과 분리원가

- 분리점(split-off point) : 결합제품이 일정한 제조단계에 도달하여 개별제품으로 확인할 수 있는 지점을 분리점이라고 한다.
- 분리원가(separable costs) 또는 추가가공원가(additional processing costs) : 분리점 이후에 개별제품으로 가공하기 위해 발생되는 원가를 말한다.

분리점에서 확인된 각 개별제품은 중간제품으로 판매되기도 하고 추가가공을 거친 후에 완제품으로 판매되기도 한다. 이러한 결합제품들은 원가계산시 분리점 이후의 추가가공원가는 개별제품에 대해 직접추적이 가능하지만 결합원가는 각 제품에 대해 직접 추적할 수 없는 공통원가이다. 그러므로 결합제품의 원가를 계산하기 위해서는 공통원가인 결합원가를 인위적인 기준으로 개별제품에 배분한다.

3 결합제품의 특징

① 결합제품은 분리점에 도달하기 전까지는 개별제품으로 식별되지 않으며, 분리점 이후에야 비로소 개별제품으로 확인된다.

② 결합제품의 경우 인위적으로 제품배합(product mix)을 조정할 수 없다.

③ 어떠한 결합제품도 다른 결합제품을 수반하지 않고 독자적으로 생산될 수는 없다. 그러므로 개별제품에 대한 수익성 분석이 아니라 분리점에서 생산된 결합제품 전체의 수익성분석으로 생산여부를 결정한다.

④ 결합원가를 인과관계에 따라 개별제품으로 추적하는 것이 불가능하므로 어떠한 배분기준을 사용하더라도 정확한 제품원가계산은 불가능하다.

4 결합원가의 배분 목적

① 결합원가배분의 주목적은 외부보고용 재무제표를 작성하기 위한 각 제품의 재고자산 평가와 매출원가의 결정이다.

② 정부기관과 원가보상계약에 의해 결합제품을 공급하는 경우 공정한 가격에 대한 원가의 정당성을 입증하거나 결합제품에 대한 손해배상 청구시 보험금 산정에 대한 원가 정보를 제공하기 위해서이다.

③ 내부관리목적으로 부문경영자의 성과평가나 동기부여를 위해서이다.

SECTION 02

결합원가의 배분

결합원가는 결합제품을 생산하는데 소요된 원가이므로 결합제품의 원가에 포함되어야 한다. 그러나 결합원가와 결합제품과의 명백한 인과관계를 파악하기가 어려워 인위적인 배분기준에 의하여 결합원가를 개별제품에 배분하게 된다. 결합원가를 배분하는 방법에는 다음과 같이 물량기준법, 분리점에서의 상대적 판매가치법, 순실현가치법과 균등이익률법이 있다.

결합원가배분과 관련하여 주의할 점은 결합원가배분방법에 따라 각 결합제품에 배분되는 결합원가와 각 제품의 이익은 다르지만 총결합원가와 전체이익은 영향을 받지 않는다는 것이다.

1 물량기준법

물량기준법(physical quantities method)은 각 결합제품의 물리적 단위인 수량 · 무게 · 부피 · 면적 등의 물량을 기준으로 결합원가를 배분하는 방법이다. 이는 시장가격을 모르거나 시장가격의 변동이 심한 경우 쉽게 사용할 수 있다.

그러나 물량기준법은 개별제품의 수익창출능력을 반영하지 못해 기간손익이 왜곡될 수 있는 문제점이 있다. 예를 들어, 금 · 은 · 납을 함유하고 있는 원광석을 캐내는 광산의 경우 결합원가를 무게(톤)를 기준으로 배분시 가장 무겁지만 수익창출능력이 가장 낮은 납제품에 거의 모든 결합원가가 배분되어 납제품은 상당한 손실이 발생하는 것처럼 보일 수 있다. 이와 같이 결합제품 간에 가격차이가 큰 경우에는 상대적 판매가치법을 적용하면 될 것이다.

장 점	단 점
• 제품의 판매가치를 모르거나 가격의 변동이 심한 경우에도 적용하기가 간편하고 이해하기 쉽다.	• 결합제품의 물리적 단위가 서로 상이한 경우에는 적용하기 어렵다. • 결합원가를 배분할 때 개별제품의 수익성을 전혀 고려하지 않는다.

2 상대적 판매가치법

상대적 판매가치법(relative sales value method, 분리점에서의 판매가치법)은 분리점에서의 개별제품이 갖는 상대적인 판매가치를 기준으로 결합원가를 배분하는 방법이다.

이 방법은 순실현가치법이나 균등이익률법과 같이 각 개별제품의 원가에 대한 부담능력(ability−to−bear)에 따라 결합원가를 배분하는데, 판매가치가 높은 제품에는 많은 원가를 부담시키고 판매가치가 낮은 제품에는 적은 원가를 부담시킴으로써 수익과 비용이 적절히 대응된다.

상대적 판매가치법의 장점은 수익창출능력의 크기에 따라 결합원가를 배분하여 분리점에서의 제품별 매출총이익률이 동일하게 나타남으로써 결합원가가 각 개별제품의 수익과 적절하게 대응된다는 것이다. 그러나 이 방법은 원가에 따라 판매가격을 결정하는 것이 아니라 판매가격에 따라 원가를 결정함으로써 원가에 일정한 이익을 가산하는 원가가산가격결정방법에는 부적합한 방법이다.

장　　점	단　　점
• 물량기준법과 달리 개별제품의 수익성이 고려되어 수익과 비용이 적절히 대응된다. • 물리적 단위가 상이한 경우에도 적용이 가능하다.	• 분리점의 판매가치가 없는 경우에는 적용할 수 없다. 이러한 경우에는 물량기준법 또는 순실현가치법을 적용하여야 한다. • 원가에 이익을 가산하는 원가가산가격결정방법에는 부적합한 방법이다.

예제 01 결합원가의 배분(물량기준법, 상대적 판매가치법)

(주)서울은 결합공정에서 원재료를 가공하여 분리점에서 연산품 A와 B를 생산한다. 6월 중 투입된 원재료는 2,000kg이며, 생산 및 판매활동에 관한 자료는 다음과 같다.

제　품	물량흐름	판매가격
A	1,500kg	₩10/kg
B	500kg	50/kg

6월 중 결합공정에서 발생한 재료원가와 가공원가는 각각 ₩10,000과 ₩20,000이었다. 다음 물음에 답하시오.

[물음 1] 물량기준법에 의한 결합원가 배분시 제품 A와 제품 B의 단위당 원가를 각각 구하시오.

[물음 2] 상대적 판매가치법에 의한 결합원가 배분시 제품 A와 제품 B의 단위당 원가를 각각 구하시오.

해답

자료정리

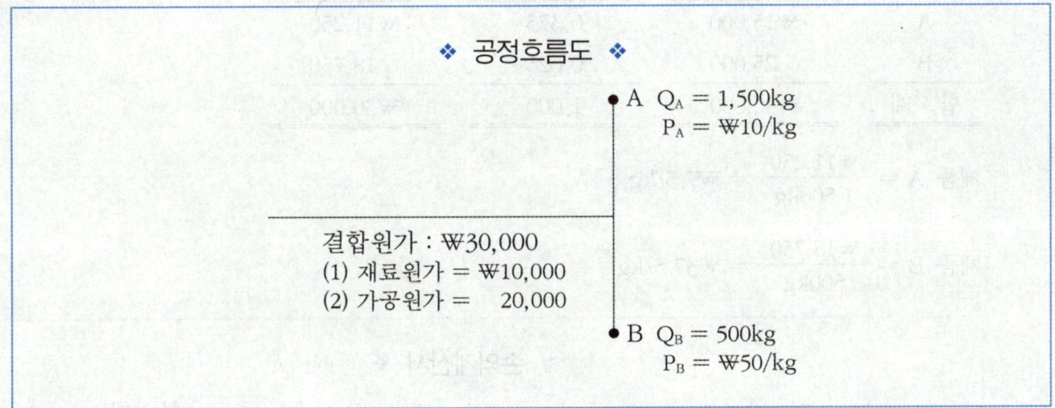

[물음 1] 물량기준법

물량기준법은 제품의 물량단위당 결합원가배분액이 동일하다.

제 품	물 량	배분비율	결합원가
A	1,500kg	0.75	₩22,500
B	500	0.25	7,500
합 계	2,000kg	1.00	₩30,000

$$\text{제품 A} = \frac{₩22,500}{1,500\text{kg}} = ₩15/\text{kg}$$

$$\text{제품 B} = \frac{₩7,500}{500\text{kg}} = ₩15/\text{kg}$$

❖ 손익계산서 ❖

제 품	A	B	합 계
매 출	₩15,000	₩25,000	₩40,000
결 합 원 가	22,500	7,500	30,000
손 익	₩(7,500)	₩17,500	₩10,000
매출총이익률	(50%)	70%	

[물음 2] 상대적 판매가치법

상대적 판매가치법은 분리점에서의 제품의 매출총이익률이 서로 동일하다.

제 품	판매가치	배분비율	결합원가
A	₩15,000	0.375	₩11,250
B	25,000	0.625	18,750
합 계	₩40,000	1.000	₩30,000

$$\text{제품 A} = \frac{₩11,250}{1,500\text{kg}} = ₩7.5/\text{kg}$$

$$\text{제품 B} = \frac{₩18,750}{500\text{kg}} = ₩37.5/\text{kg}$$

❖ 손익계산서 ❖

제 품	A	B	합 계
매 출	₩15,000	₩25,000	₩40,000
결 합 원 가	11,250 (× 0.75)	18,750 (× 0.75)	30,000 (× 0.75)
손 익	₩3,750	₩6,250	₩10,000
매출총이익률	25%	25%	

3 순실현가치법

(1) 의 의

순실현가치법(net realizable value method, NRV)은 분리점에서의 순현실가치를 기준으로 결합원가를 결합제품에 배분하는 방법이다.

결합제품이 분리점에서 바로 판매가 될 수 없어 추가가공을 하는 경우에는 분리점에서의 추정을 통해 추가가공시 판매가치를 측정한다. 판매가치의 추정치로 사용되는 것이 분리점에서의 순실현가치법인데, 순실현가치는 개별제품의 추정되는 최종판매가치에서 추적가능한 분리점 이후의 추가적인 원가와 추적가능한 판매관리비를 차감한 금액을 말한다.

분리점에서의 순실현가치 = 최종판매가치 − 추가가공원가 − 추가판매관리비

이 방법은 각 개별제품의 원가부담능력에 따라 결합원가를 배분해야 한다는 것으로 순실현가치법을 사용하는 제품은 분리점에서의 판매가치를 적용하는 제품에 비해 추가가공으로 인한 순실현가치만큼 결합원가를 더 많이 배분받는다. 이러한 순실현가치법은 결합원가만이 이익창출에 기여하고, 분리점 이후의 추가가공원가는 이익창출에 기여하지 않는다고 가정하므로 결합원가 배분에 있어 합리적이지 못한 문제점이 있다.

그러므로 추가가공된 제품의 분리점에서의 판매가치를 알 수 있다면 분리점에서의 판매가격이 추정된 순실현가치보다 우선 적용되어 결합원가가 배분된다.

장 점	단 점
• 분리점에서의 판매가치를 알 수 없는 경우에 적용할 수 있다. • 연산품의 수익성을 고려하여 결합원가를 배분한다.	• 추가가공원가가 이익창출에 기여하지 않는다고 가정한다. • 원가에 이익을 가산하는 원가가산 가격결정방법에는 부적합한 방법이다.

(2) 순실현가치가 부(−)인 제품이 있는 경우

순실현가치법은 원가부담능력에 따라 결합원가를 배분한다. 따라서 주산품의 순실현가치가 부(−)인 경우에는 원가부담능력이 없으므로 결합원가를 배분하지 않는다. 즉, 순실현가치가 부(−)인 연산품은 없는 것으로 보고 나머지 연산품의 순실현가치를 기준으로 결합원가를 배분한다.

주산품과 달리 작업폐물은 부의 순실현가치인 경우 작업폐물이 생산되는 결합공정의 제조간접원가로 보아 결합원가에 가산한다.

4 균등이익률법

(1) 의 의

균등이익률법(uniform percentage contribution method)이란 결합제품들은 단일제품의 성격을 가지고 있으므로 각 개별제품의 이익률이 동일하다는 가정 하에, 결합제품들의 이익률이 동일하도록 결합원가를 배분하는 방법이다. 이 방법은 순실현가치법과 달리 결합공정은 물론이고 추가공정도 이익에 기여한다는 가정 하에서 결합원가를 배분한다.

분리점 이후에 추가가공을 하는 경우에 순실현가치법을 사용하여 결합원가를 배분하면 결합원가만이 이익창출에 기여하고 분리점이후의 추가가공원가는 이익창출에 전혀 기여하지 못하므로 각 제품의 매출총이익률이 서로 다르다. 그러나 순실현가치법과 달리 균등이익률법을 적용할 경우에는 모든 제품이 동일한 매출총이익률을 갖게 된다.

장 점	단 점
• 추가가공원가도 수익창출에 기여한다고 가정하므로 순실현가치법의 단점을 극복할 수 있다.	• 개별제품의 이익률이 균등하도록 결합원가를 배분하다보면 추가가공원가가 큰 제품의 경우 부(−)의 결합원가가 배분될 수도 있다.

※ 균등이익률법의 결합원가배분 절차

개별제품의 결합원가 배분액

= [개별제품 매출 − 개별제품 매출총이익(균등이익률)]* − 개별제품 추가가공원가

* 3단계에 해당된다.

- 1단계 : 모든 결합제품의 최종판매가치 합계액(총매출액)에서 결합원가와 모든 추가가공원가의 합계액을 차감하여 전체매출총이익을 계산한다.
- 2단계 : 전체매출총이익률(전체매출총이익/전체매출)을 계산한다.
- 3단계 : 개별제품의 매출에 전체매출총이익률을 각각 곱하여 개별제품별 매출총이익을 계산한다.
- 4단계 : 개별제품의 매출에서 3단계의 매출총이익을 차감하고, 분리점 이후에 추가가공원가가 있는 경우에는 개별제품의 추가가공원가도 차감한다.

예제 02 결합원가의 배분(순실현가치법, 균등이익률법)

(주)서울은 결합공정에서 원재료를 가공하여 분리점에서 연산품 A와 B를 생산한다. 6월 중 투입된 원재료는 2,000kg이며, 생산 및 판매활동에 관한 자료는 다음과 같다.

제　품	물량흐름	판매가격
A	1,500kg	₩10/kg
B	500kg	−

그리고 6월 중 결합공정에서 발생한 재료원가와 가공원가는 각각 ₩10,000과 ₩20,000이었다. 제품 A와 달리 제품 B는 분리점에서 판매가 불가능하여 추가가공을 거친 후 판매가 되는데, 추가가공원가는 ₩10,000이며 추가가공 후 판매가격은 ₩90/kg이다.

[물음 1] 순실현가치법에 의한 결합원가 배분시 제품 A와 제품 B의 단위당 원가를 각각 구하시오.

[물음 2] 균등이익률법에 의한 결합원가 배분시 제품 A와 제품 B의 단위당 원가를 각각 구하시오.

해답

자료정리

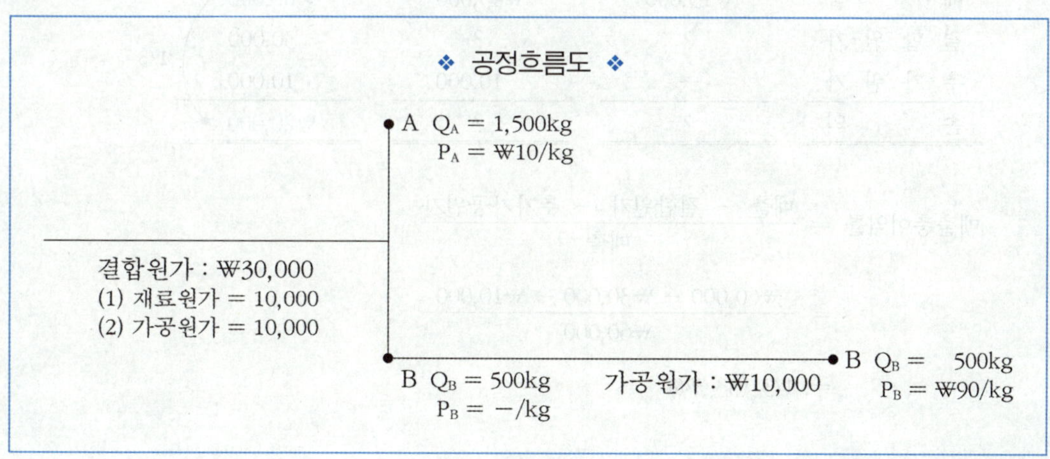

[물음 1] 순실현가치법

제 품	판매가치	추가가공원가	NRV	비 율	결합원가
A	₩15,000	–	₩15,000	0.3	₩9,000
B	45,000	₩10,000	35,000	0.7	21,000
합 계	₩60,000	₩10,000	₩50,000	1.0	₩30,000

제품 A = ₩9,000 / 1,500kg = ₩6/kg

제품 B = (₩21,000 + ₩10,000) / 500kg = ₩62/kg

❖ 손익계산서 ❖

제 품	A	B	합 계
매 출	₩15,000	₩45,000	₩60,000
결 합 원 가	9,000	21,000	30,000
추 가 원 가	–	10,000	10,000
손 익	₩6,000	₩14,000	₩20,000
매출총이익률	40%	31.1%	

[물음 2] 균등이익률법

1) 회사의 전체손익계산서를 통해 매출총이익률을 추정한다.

제 품	A	B	합 계
매 출	₩15,000	₩45,000	₩60,000
결 합 원 가	?	?	30,000
추 가 원 가	–	10,000	10,000
손 익	?	?	₩20,000

1/3

$$매출총이익률 = \frac{매출 - 결합원가 - 추가가공원가}{매출}$$

$$= \frac{₩60,000 - ₩30,000 - ₩10,000}{₩60,000}$$

= 1/3 (33.3%)

2) 매출총이익률을 각 제품에 동일하게 적용한다(위의 손익계산서에서 결합원가와 매출총이익의 순서만 바뀐 것 뿐이다).

제 품	A	B	합 계
매 출	₩15,000 ↘1/3	₩45,000 ↘1/3	₩60,000 ↘1/3
매출총이익	5,000	15,000	20,000
추가원가	–	10,000	10,000
결합원가	₩10,000	₩20,000	₩30,000

제품 A = ₩10,000/1,500kg = ₩6.7/kg

제품 B = (₩20,000 + ₩10,000)/500kg = ₩60/kg

3) 균등이익률법에서는 모든 제품의 매출총이익률이 동일하게 된다.

❖ 손익계산서 ❖

제 품	A	B	합 계
매 출	₩15,000	₩45,000	₩60,000
결합원가	10,000	20,000	30,000
추가원가	–	10,000	10,000
손 익	₩5,000	₩15,000	₩20,000
매출총이익률	1/3	1/3	

SECTION

03 복수의 분리점이 있는 경우의 결합원가배분

1 의 의

결합제품을 생산하는 과정에서 두 개 이상의 결합공정과 분리점이 있는 경우 1차분리점의 결합원가와 1차분리점 이후의 추가원가의 합은 2차분리점의 결합원가가 된다. 이와 같은 경우 다음과 같이 결합원가를 배분한다.

① 물량기준법과 상대적판매가치법 : 공정의 흐름대로 물량 또는 분리점의 판매가치를 적용하여 순차적으로 결합원가를 배분한다.

② 순실현가치법 : 최종분리시점의 순실현가치부터 최초의 분리시점까지의 순실현가치를 공정흐름의 역순으로 계산하고 결합원가 배분시에는 순실현가치를 기준으로 결합원가를 순차적으로 배분한다.

③ 균등이익률법 : 결합제품 전체에 대한 매출총이익률을 구하고 추가가공원가를 차감하여 결합원가를 배분한다.

2 순실현가치법 하의 결합원가 배분 계산절차

- 1단계 : 제품의 물량흐름과 모든 결합원가 및 분리원가의 발생시점을 명확하게 나타내는 물량흐름관계를 도표로 작성한다.
- 2단계 : 각 제품들의 마지막 분리점에서 시작하여 각 분리점에서의 순실현가치를 결정하기 위해 각 제품의 최종판매가치에서 분리원가를 차감해 나간다. 즉, 뒤에서부터 (backwards) 거꾸로 각 제품의 순실현가치를 구한다.
- 3단계 : 순실현가치를 구한 후 원가계산을 위한 결합원가 배분은 최초의 분리점에서 시작하여 공정의 흐름에 따라 상대적 순실현가치에 비례하여 결합원가를 배분한다.

예제 03 복수의 분리점이 있는 경우

(주)서울은 부문1에서 원재료를 가공하여 연산품 A와 B를 생산한다. 제품 A는 분리점에서 바로 판매할 수 있으나 제품 B는 부문2에서 추가로 가공하여 판매한다.

지난 3월 중 원재료 6,000ℓ를 투입하여 제품 A 2,000ℓ와 제품 B 4,000ℓ를 생산하는데 결합원가가 ₩30,000 발생하였다. 그리고 부문2에서 제품 B를 가공하여 제품 C와 제품 D를 각각 2,000ℓ씩 생산하는데 추가가공원가로 ₩40,000이 발생하였다.

부문3에서는 제품 C와 제품 D에 대한 추가가공원가로 각각 ₩28,000과 ₩20,000이 발생하였다. 제품 A, C와 D의 판매가격은 각각 ₩20, ₩34과 ₩40이다.

[물음 1] 공정의 물량흐름관계를 도표로 나타내고, 도표 위에 물량흐름과 결합원가 및 분리원가의 발생지점을 명확하게 나타내 보이시오.

[물음 2] 순실현가치법을 이용하여 결합원가를 배부하고 제품의 단위당원가를 구하시오.

해답

[물음 1] 공정흐름도

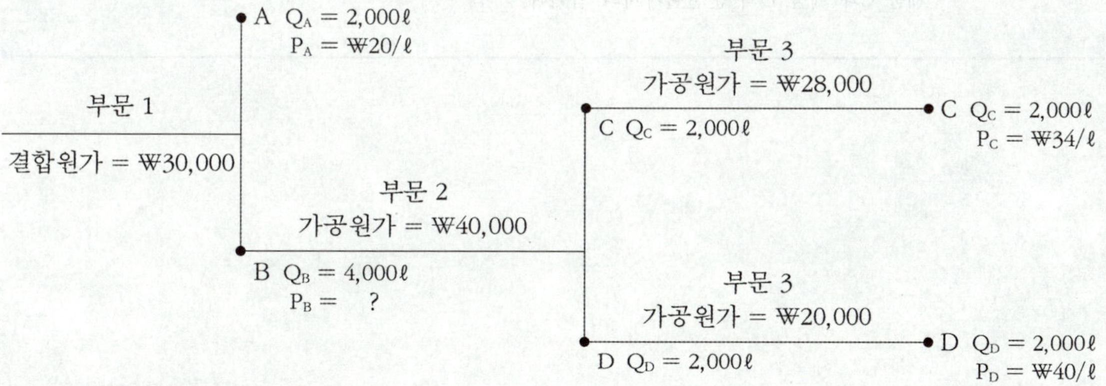

[물음 2] 순실현가치에 의한 제품단위당 원가

1) 순실현가치법

제 품	판매가치	추가원가	NRV_1	추가원가	NRV_2	비 율	결합원가
A	₩40,000	–	₩40,000	–	₩40,000	0.4	₩12,000
C	68,000	₩28,000	40,000	₩40,000	60,000	0.6	18,000
D	80,000	20,000	60,000				
합 계	₩188,000	₩48,000	₩140,000	₩40,000	₩100,000	1.0	₩30,000

2) 제품 단위당원가

결합원가와 추가가공원가를 합산하여 총원가를 구하고 생산량으로 나누어 제품 단위당원가를 구한다.

제품 A = ₩12,000/2,000ℓ = ₩6/ℓ

$$\text{제품 C} = [(₩18,000 + ₩40,000) \times \frac{₩40,000}{₩100,000^{*}} + ₩28,000] / 2,000\ell$$

$$= ₩25.6/\ell$$

$$\text{제품 D} = [(₩18,000 + ₩40,000) \times \frac{₩60,000}{₩100,000^{*}} + ₩20,000] / 2,000\ell$$

$$= ₩27.4/\ell$$

* 제품 C와 제품 D의 순실현가치의 합이다.

SECTION 04

부산물의 회계처리

1 의 의

- 부산물(by-products, 부산품) : 주산품의 제조과정에서 필연적으로 생산되는 부차적인 물품으로서, 주산품에 비해서 가치나 수량면에서 상대적으로 중요성이 낮은 제품

부산물은 결합제품 중 수익성이 상대적으로 떨어지는 제품으로 주조공장의 밑찌꺼기, 비누공장의 글리세린, 코크스공장의 가스 · 타르 · 암모니아 등이 있다. 한편, 작업폐물은 제조공정 중에 나오는 원재료의 찌꺼기로서 판매가치가 지극히 낮으며 오히려 폐기하는 과정에서 추가비용이 발생할 때는 부(-)의 가치를 갖기도 한다. 이러한 작업폐물의 처리비용은 작업폐물이 생산되는 결합공정의 제조간접원가로 보아 결합원가에 가산한다.

주산품, 부산물 및 작업폐물의 구별은 상대적인 개념으로서 명확하게 구분한다는 것은 어려운 일이어서 동일산업 내에서도 회사마다 다르거나 같은 회사 내에서도 상황에 따라 달라질 수 있다.

2 부산물의 회계처리방법

부산물의 회계처리방법은 크게 생산시점에서 부산물의 가치를 인식하는 방법과 판매시점에서 부산물의 가치를 잡이익으로 처리하는 방법으로 나누어진다.

(1) 생산기준법(생산시점의 순실현가치법)

생산기준법은 부산물의 가치가 중요성이 있어서 재고자산이나 이익에 상당한 영향을 미치는 경우에 사용한다. 이 방법은 결합원가 중에서 부산물의 순실현가치에 해당하는 부분은 부산물에 먼저 배분하고 나머지 결합원가를 주산품에 배분한다.

부산물가치에 결합원가를 직접대응하는 이유는 부산물의 가치가 주산품의 단위당 원가에 상당한 변화를 가져올 정도로 부산물의 중요성이 있기 때문에 생산시점에서 부산물을 재고자산으로 기록해야 한다는 것이다.

① 부산물 생산시

결합원가를 부산물의 순실현가치만큼 부산물에 배분한다. 따라서 주산품에 배분되는 결합원가는 그만큼 줄어든다. 분리점에서 완제품 A, B가 생산되었다면 회계처리는 다음과 같다.

(차) 제 품 A	×××	(대) 재 공 품	×××
제 품 B	×××		
부 산 물*	×××		

* 분리점에서의 부산물 순실현가치

② 부산물 판매시

재고자산으로 계상되어 있는 부산물을 대기하고 처분가액을 차기한다. 단, 순처분가액이 생산시점에서 예상한 순실현가치와 다른 경우에는 처분손익을 인식한다.

(차) 현 금	×××	(대) 부 산 물	×××

(2) 판매기준법(판매시점의 잡이익법 및 매출원가 차감법)

부산물의 가치가 불확실하거나 가치가 아주 작아서 재고자산이나 이익에 미치는 영향이 미미한 경우에 사용하는 방법이다. 이 방법은 모든 결합원가를 주산품에 배분하므로 부산물에는 결합원가가 배분될 수 없다.

부산물이 생산된 기간과 판매되는 기간이 같지 않을 경우 수익 · 비용대응의 원칙에 위배되는 문제점이 있으나 부산물의 중요성이 떨어지는 경우 사용하는 방법이므로 중요성의 원칙에 의해 사용될 수 있다.

① 부산물 생산시

부산물 생산에 대한 회계처리는 없고 모든 결합원가는 주산품에만 배분된다. 분리점에서 완제품 A, B가 생산되었다면 회계처리는 다음과 같다.

(차) 제 품 A	×××	(대) 재 공 품	×××
제 품 B	×××		

② 부산물 판매시

만약 부산물의 처분비용이 있으면 판매가치에서 처분비용을 차감한 순수익을 잡이익으로 처리하거나 주산품의 매출원가에서 차감한다. 부산물 판매시의 회계처리는 다음과 같다.

• 잡이익법

(차) 현 금	×××	(대) 잡 이 익	×××

• 매출원가 차감법

(차) 현 금	×××	(대) 매 출 원 가	×××

예제 04 부산물원가의 배분

당기에 영업을 개시한 (주)서울은 하나의 원재료를 결합공정에 투입하여 분리점에서 주산품 A, B와 부산물 C를 생산하고 있다. 주산품 A는 분리점에서 판매가치가 없어 추가가공 후 ₩25에 판매하고 있다. 20×1년 1월의 결합원가는 ₩30,000이었으며 결합원가의 배분방법은 순실현가치법을 이용하고 있다. 생산 및 가격에 관한 자료는 다음과 같다.

제 품	생산량	추가가공원가	단위당 판매가격
A	1,000단위	₩5,000	₩25
B	2,000	−	10
C	500	−	2

[물음 1] 부산물의 판매가치를 판매시점에 잡이익으로 인식하는 경우 제품 A, 제품 B와 부산물 C의 단위당 원가는 얼마인가?

[물음 2] 부산물의 판매가치를 생산시점에서 인식하는 경우 제품 A와 제품 B의 단위당 원가는 얼마인가?

[물음 3] 부산물 C를 주산품으로 분류하는 경우 제품 A, 제품 B와 제품 C의 단위당 원가는 얼마인가? 단, 제품 C의 단위당 판매가격은 ₩20이라고 가정한다.

[물음 4] 부산물 C가 작업폐물로서 처분가치는 없고 오히려 처리비용이 단위당 ₩20이다. 생산기준법 적용시 제품 A와 제품 B의 단위당 원가는 얼마인가?

해답

자료정리

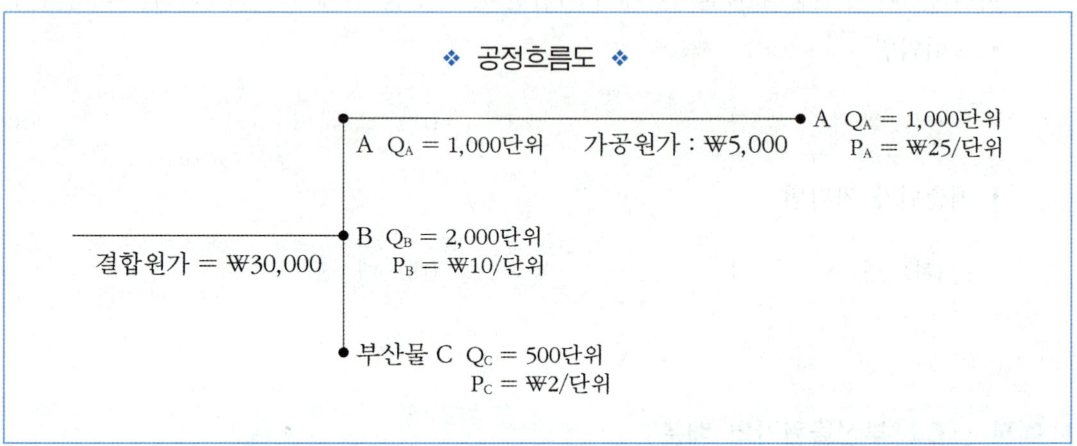

[물음 1] 순실현가치 : 판매시점인식

제 품	판매가치	추가가공원가	NRV	비 율	결합원가
A	₩25,000	₩5,000	₩20,000	0.5	₩15,000
B	20,000	–	20,000	0.5	15,000
합 계	₩45,000	₩5,000	₩40,000	1.0	₩30,000

제품 A = $\frac{(₩15,000 + ₩5,000)}{1,000}$ = ₩20/단위, 제품 B = $\frac{₩15,000}{2,000}$ = ₩7.5/단위

부산물 C = ₩0/단위

부산물 C에는 결합원가배분액이 없으므로 부산물 C의 단위당원가는 ₩0이다.

제 품	A	B	부산물 C	합 계
수 익	₩25,000	₩20,000	₩1,000	₩46,000
결 합 원 가	15,000	15,000	–	30,000
추 가 원 가	5,000	–	–	5,000
손 익	₩5,000	₩5,000	₩1,000	₩11,000

[물음 2] 순실현가치 : 생산시점인식

제 품	판매가치	추가가공원가	NRV	비 율	결합원가
A	₩25,000	₩5,000	₩20,000	0.5	₩14,500
B	20,000	–	20,000	0.5	14,500
합 계	₩45,000	₩5,000	₩40,000	1.0	₩29,000*

* ₩30,000 – ₩1,000(부산물가치) = ₩29,000

제 품 A = (₩14,500 + ₩5,000)/1,000단위 = ₩19.5/단위

제 품 B = ₩14,500/2,000단위 = ₩7.25/단위

부산물 C = ₩1,000/500단위 = ₩2/단위

제 품	A	B	부산물 C	합 계
수 익	₩25,000	₩20,000	₩1,000	₩46,000
결합원가	14,500	14,500	1,000	30,000
추가원가	5,000	–	–	5,000
손 익	₩5,500	₩5,500	–	₩11,000

[물음 3] 모두 주산품인 경우

제 품	판매가치	추가가공원가	NRV	비 율	결합원가
A	₩25,000	₩5,000	₩20,000	0.4	₩12,000
B	20,000		20,000	0.4	12,000
C	10,000	–	10,000	0.2	6,000
합 계	₩55,000	₩5,000	₩50,000	1.0	₩30,000

제 품 A = (₩12,000 + ₩5,000)/1,000단위 = ₩17/단위

제 품 B = ₩12,000/2,000단위 = ₩6/단위

제 품 C = ₩6,000/500단위 = ₩12/단위

[물음 4] 작업폐물 부의 가치

제 품	판매가치	추가가공원가	NRV	비 율	결합원가
A	₩25,000	₩5,000	₩20,000	0.5	₩15,500
B	20,000	–	20,000	0.5	15,500
합 계	₩45,000	₩5,000	₩40,000	1.0	₩31,000*

* ₩30,000 + ₩1,000(작업폐물의 처분비용) = ₩31,000

제품 A = (₩15,500 + ₩5,000)/1,000단위 = ₩20.5/단위

제품 B = ₩15,500/2,000단위 = ₩7.75/단위

SECTION 05 결합원가와 종합원가계산의 연계

연속공정의 종합원가계산에서 단일제품을 생산하는 경우에는 전공정원가를 후속공정의 단일제품에 바로 대체하지만, 후속공정에서 여러 가지 제품이 생산되는 경우에는 전공정원가(결합원가)를 어느 제품에 얼마나 배분해야 하는지에 대한 문제가 발생한다.

1 종합원가계산에서의 결합원가

분리점 이후에 생산되는 결합제품에 대한 배분대상 결합원가는 결합공정의 완성품원가이다. 그러므로 결합공정에 재공품이 있는 경우 종합원가계산에 의한 완성품원가가 배분대상 결합원가이다. 또한 결합공정에 공손이 있는 경우에는 정상공손원가를 배분한 완성품원가가 배분대상 결합원가가 될 것이다.

2 배분대상 물량

어느 제품에 얼마나 결합원가를 배분할 것인지는 대체된 물량에 의해서 결정된다. 그러므로 손익계산서상 매출에 대한 실제판매량을 기준으로 결합원가를 배분하는 것이 아니라 전공정에서 인수한 당기착수량을 기준으로 결합원가를 배분한다. 그러므로 물량기준법, 상대적 판매가치법, 순실현가치법과 균등이익률법 모두 분리점에서 각 결합제품들의 당기착수량을 사용하여 결합원가를 배분한다.

(1) 배분대상 결합원가

결합공정의 완성품원가로서 정상공손원가를 포함한다.

(2) 배분대상 물량

각 결합제품들의 판매량이 아닌 결합공정에서 인수된 당기착수량이다.

예제 05 종합원가계산을 활용한 결합원가

(주)결합은 종합원가계산과 결합원가계산(순실현가치법)을 혼합하여 사용한다. 결합공정을 완료하면 연산품 A와 연산품 B가 분리된다. 결합공정에서 발생한 직접재료원가는 ₩8,000이고 가공원가는 ₩2,220이다. 직접재료는 결합공정의 초기에 투입된다. 결합공정에서 기초재공품은 없고, 기말재공품은 100톤이며, 가공원가 완성도는 40%이다. 공손과 감손은 없으며, 연산품 A와 연산품 B의 관련자료는 다음과 같다.

	연산품 A	연산품 B
결합공정 완성량	300톤	400톤
톤당 예상판매가격	₩100	₩50
톤당 추가가공원가	₩60	–

[물음 1] 배분대상이 되는 결합공정의 결합원가를 구하시오.

[물음 2] 결합원가배분에 의한 연산품 A의 예상 톤당 영업이익을 구하시오.

해답

자료정리

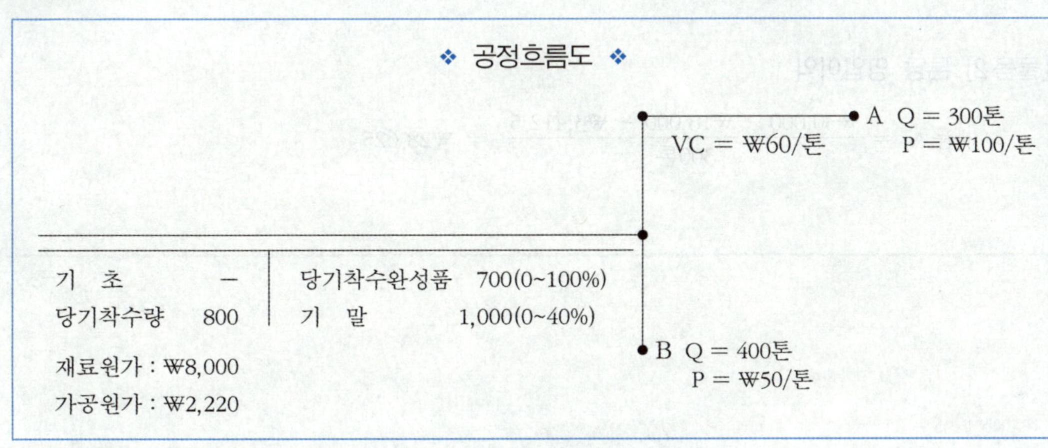

[물음 1] 배분대상 결합원가

1) 배분대상 결합원가 : 결합공정의 완성품원가이다.

선입선출법		재료원가(0%)	가공원가(0~100%)	
당기착수완성	700 (0~100%)	700	700	
기말재공품	100 (0~40%)	100	40	
A. 완성품환산량		800	740	
B. 총원가				합 계
기초재공품원가		–	–	–
당기투입원가		₩8,000	₩2,220	₩10,220
합 계		₩8,000	₩2,220	₩10,220
C. 환산량 단위당 원가		₩10	₩3	
당기착수완성품		₩10×700 +	₩3×700 =	9,100
기말재공품		10×100 +	3×40 =	1,120
합 계			=	₩10,220

2) 순실현가치법

제 품	판매가치	추가가공원가	NRV	비 율	결합원가
A	₩30,000	₩18,000	₩12,000	0.375	₩3,412.5
B	20,000	–	20,000	0.625	5,687.5
합 계	₩50,000	₩18,000	₩32,000	1.000	₩9,100.0

[물음 2] 톤당 영업이익

$$\text{제품 A} = \frac{₩30,000 - ₩18,000 - ₩3,412.5}{300\text{톤}} = ₩28.625$$

SECTION

06 추가가공여부 의사결정

앞의 절들은 모두 재무제표 작성과 관련되어 결합제품의 원가배분에 대한 내용이었으나 이번 절에서는 결합제품을 분리점에서 판매할 것인가 아니면 추가가공하여 판매할 것인가에 대한 추가가공여부 의사결정에 대한 내용이다.

1 의 의

결합제품이 분리점에서 시장가치를 가지고 있고 동시에 추가가공의 기회도 갖고 있는 경우에는 결합제품을 분리점에서 판매할 것인가 아니면 추가가공 후에 판매할 것인가를 결정하게 된다. 이와 같은 의사결정문제를 즉시 판매 · 추가가공 의사결정(decision to sell or process further)이라고 한다.

2 의사결정기준

즉시 판매 · 추가가공 의사결정은 분리점에서의 가치와 추가가공하여 판매하는 경우의 가치를 비교하여 의사결정한다. 즉, 추가가공하는 경우에 증가되는 수익이 증가되는 비용보다 커 증분이익이 발생하는 경우에는 결합제품을 추가가공 후에 판매하고 반대의 경우에는 추가가공 없이 분리점에서 즉시 판매한다.

(1) 증분수익 = 추가가공 후의 판매가치 − 분리점에서의 판매가치

(2) 증분비용 = 추가가공원가 + 추가판매비

(3) 증분손익 = 증분수익 − 증분비용 (증분손익 > 0 : 추가가공, 증분손익 < 0 : 분리점 판매)

결합제품을 추가가공하는 경우에 증가되는 수익이란 추가가공 후의 판매가치에서 분리점에서의 판매가치를 차감한 금액을 말한다. 그리고 추가가공하는 경우에 증가되는 비용이란 추가가공원가와 추가판매비 등을 합한 금액을 말한다.

여기서 한 가지 유의 할 점은 결합원가나 결합원가의 배분방법은 추가가공여부 의사결정에 영향을 미치지 못한다는 점이다. 왜냐하면 결합원가는 분리점 이전에 결합제품을 가공하는데 이미 발생한 과거원가(sunk cost, 매몰원가)로서 결합제품을 분리점에서 판매하든 추가가공해서 판매하든 결합원가의 총액이 일정하므로 추가가공 여부에 대한 의사결정에 있어서 비관련원가이기 때문이다. 그러므로 결합원가는 추가가공여부에 대한 의사결정시 고려하지 않는다.

3 고려해야 할 질적 정보

즉시 판매 · 추가가공 의사결정시에는 위에서 살펴본 양적 정보뿐만 아니라 다음과 같은 질적 정보도 고려하여 최종적인 결정을 내려야 한다.

① 추가가공한 제품의 시장수요 및 시장성이 있는지의 여부
② 추가가공설비를 구입하기 위한 자금조달은 가능한지의 여부
③ 추가가공설비의 대체적 용도가 존재하는지의 여부

예제 06 추가가공여부 의사결정(1)

(주)서울은 결합공정에서 원재료를 가공하여 분리점에서 연산품 A와 B를 생산한다. 6월 중 투입된 원재료는 2,000kg이며, 생산 및 판매활동에 관한 자료는 다음과 같다.

제 품	물량흐름	판매가격
A	1,500kg	₩10/kg
B	500kg	50/kg

그리고 6월 중 결합공정에서 발생한 재료원가와 가공원가는 각각 ₩10,000과 ₩20,000이었다. 제품 B는 추가가공을 하여 판매할 수도 있는데, 이때 추가가공시 가공원가는 ₩10,000이며 추가가공 후 판매가격은 ₩90/kg이다.

[물 음] 제품 B에 대한 추가가공여부 의사결정을 하시오.

해답

자료정리

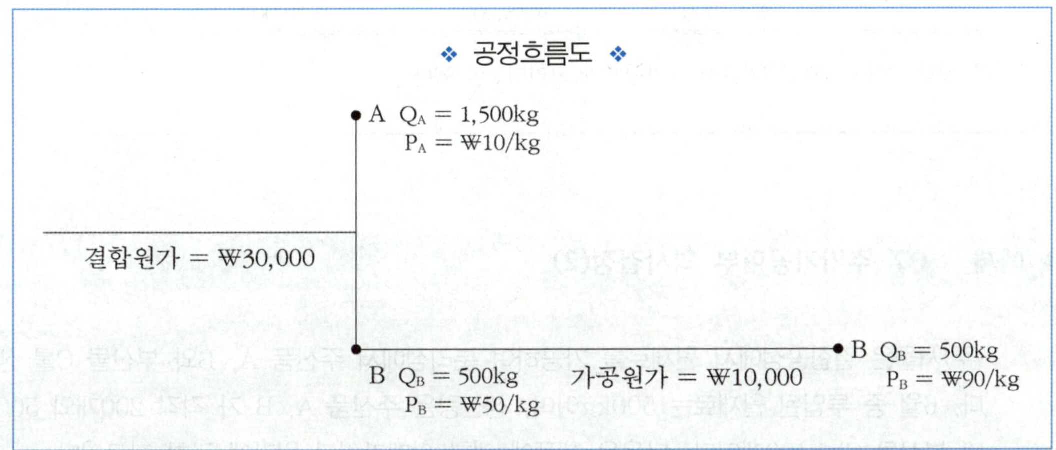

1) 제품 B 분리점 판매시 (주)서울의 손익계산서

[손익계산서]

제 품	A	B	합 계
매 출	₩15,000	₩25,000	₩40,000
결합원가	?	?	30,000
손 익	?	?	₩10,000

2) 제품 B 추가가공 판매시 (주)서울의 손익계산서

[손익계산서]

제 품	A	B	합 계
매 출	₩15,000	₩45,000	₩60,000
결합원가	?	?	30,000
추가원가	—	10,000	10,000
손 익	?	?	₩20,000

3) 위의 손익계산서를 보면 제품 B 추가가공시 (주)서울의 전체이익이 ₩10,000(₩20,000 − ₩10,000) 증가하므로 제품 B를 추가가공 하여야 한다. 제품 B에 대한 손익의 증감은 다음과 같이 간단히 나타낼 수 있다.

제품 B	분리점 판매	추가가공후 판매	증분손익
수 익	₩25,000	₩45,000	₩20,000
비 용*	–	10,000	10,000
이 익	₩25,000	₩35,000	₩10,000

* 결합원가는 비관련원가로서 추가원가만 고려대상이 된다.

예제 07 추가가공여부 의사결정(2)

(주)서울은 결합공정에서 원재료를 가공하여 분리점에서 주산품 A, B와 부산물 C를 생산한다. 6월 중 투입된 원재료는 500kg이며, 생산량은 주산품 A, B 가 각각 200개와 500개이며 부산물 C는 100개이다. 다음은 제품에 대한 판매가격과 원가에 관한 자료이다.

	A	B	C
판 매 가 격	₩500/개	₩200/개	₩50/개
변동판매관리비	50	80	30

6월 중 결합공정에서 발생한 재료원가와 가공원가는 각각 ₩12,000과 ₩20,000이고, 부산물의 가치는 생산시점에서 인식한다. 앞의 자료들을 이용하여 다음 물음에 답하시오.

[물음 1] 순실현가치를 기준으로 결합원가를 배분하여 주산품 A와 B의 단위당 제조원가를 구하시오.

[물음 2] 주산품 A를 추가가공하여 제품 D를 생산할 수 있다고 가정한다. 제품 D의 개당판매가격은 ₩1,000, 추가가공원가는 개당 ₩200이고 판매관리비는 개당 ₩100이다. 제품 A를 추가가공하여 제품 D로 판매하는 것이 얼마나 유리(불리)한가?

해답

자료정리

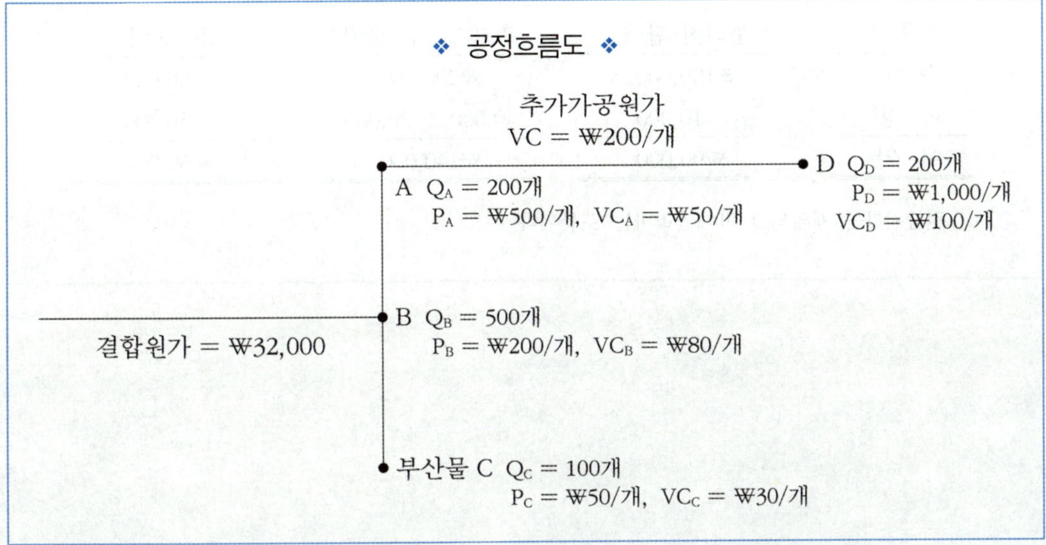

[물음 1] 순실현가치

제 품	판매가치	판매관리비	NRV	비 율	결합원가
A	₩100,000	₩10,000	₩90,000	0.6	₩18,000
B	100,000	40,000	60,000	0.4	12,000
합 계	₩200,000	₩50,000	₩150,000	1.0	₩30,000*

* (₩12,000 + ₩20,000) − (₩50 − ₩30) × 100개 = ₩30,000

$$\text{제품 A} = \frac{₩18,000}{200\text{개}} = ₩90/\text{개}$$

$$\text{제품 B} = \frac{₩12,000}{500\text{개}} = ₩24/\text{개}$$

[물음 2] 추가가공 의사결정

제품 A 추가가공시 (주)서울의 전체이익이 ₩50,000(₩140,000 − ₩90,000) 증가하므로 제품 A를 추가 가공하여야 한다. 이에 대한 손익의 증감은 다음과 같다.

제품 A	분리점 판매	추가가공후 판매	증분손익
수 익	₩100,000	₩200,000	₩100,000
비 용*	10,000	40,000 + 20,000	50,000
이 익	₩90,000	₩140,000	₩50,000

* 결합원가는 제외되고 판매관리비는 포함된다.

COST&MANAGEMENT ACCOUNTING

객관식 연습문제

01 결합원가와 관련된 설명으로 옳지 않은 것은 무엇인가?

① 분리점이란 연산품과 부산품 등 결합제품을 개별적인 제품으로 식별할 수 있게 되는 제조과정 중의 한 점을 말한다.

② 균등이익률법에서는 조건이 같다면 추가가공원가가 높은 제품에 더 많은 결합원가가 배부된다.

③ 분리점판매가치법에서 분리점의 판매가치를 계산할 때에는 판매량이 아닌 생산량을 이용한다.

④ 물량기준법은 제품의 판매가격을 알 수 없을 때 유용하게 사용될 수 있다.

⑤ 기업이익을 극대화하기 위한 추가가공 의사결정을 할 때에는 기 배분된 결합원가를 고려하지 않는다.

02 결합원가계산에 대한 설명 중 옳지 않은 것은?

① 순실현가치법은 분리점에서 판매가치를 알 수 없어 분리점 이후의 추가적인 원가와 판매관리비 등을 차감한 순실현가치를 기준으로 배분하는 방법이다.

② 균등이익률법은 결합제품들이 단일제품의 성격을 가지고 있으므로 각 개별제품의 이익률이 동일하다는 가정 하에 결합제품들의 이익률이 동일하도록 결합원가를 배분하는 방법이다.

③ 균등이익률법에서는 특정제품의 매출총이익률이 매우 낮음에도 불구하고 개별제품의 이익률이 균등하도록 결합원가를 배분하다보면 부(−)의 결합원가가 특정제품에 배분되는 경우가 발생할 수도 있다.

④ 순실현가치법은 원가부담능력에 따라 결합원가를 배분한다. 따라서 주산품의 순실현가치가 부(−)인 경우에는 원가부담능력이 없으므로 결합원가를 배분하지 않는다.

⑤ 작업폐물은 일반적으로 처리를 위한 추가적인 원가가 소요되어 부(−)의 가치를 갖게 되는데, 주산품과 동일하게 부(−)의 순실현가치인 경우 원가부담능력이 없으므로 결합원가를 배분하지 않는다.

03 두 연산품 A와 B는 결합생산된 후 각각 추가가공되고 나서 판매된다. 결합원가는 분리점에서의 판매가치에 의해 배분된다. 다른 모든 수치가 일정할 때 연산품 A의 분리점에서 판매가치가 증가하면 A와 B의 매출총이익은 어떻게 변하는가?

	제품 A	제품 B
①	증 가	감 소
②	증 가	증 가
③	감 소	감 소
④	감 소	증 가
⑤	감 소	불 변

04 서울정유는 수입한 정유를 정제하여 제품 X, Y, Z를 생산하고 있다. 다음은 2007년 1월 한 달 간 정제공정에 투입된 총공통원가와 X, Y, Z의 생산량에 관한 자료이다. 공통원가는 각 제품이 공정에서 분리되는 시점에서의 상대적 판매가치에 비례하여 배분한다. Y에 배분된 공통원가는 얼마인가? 단, 2007년 1월 1일 현재 기초재공품은 없다.

- 1월 한달 동안 정제공정에 투입된 재료원가(원유) ₩150,000,000
- 1월 한달 동안 정제공정에 투입된 노무원가와 제조경비 ₩130,000,000

제품 X, Y, Z의 생산량과 단위당 판매가격은 다음과 같다.

제 품	생산량	단위당 판매가격
X	20,000ℓ	₩15,000
Y	16,000	12,000
Z	12,000	9,000

① ₩150,000,000 ② ₩100,000,000 ③ ₩108,000,000
④ ₩89,600,000 ⑤ ₩85,714,280

05 서울석유는 석유화학업종으로 연산품원가계산을 적용하고 있다. 회사의 생산흐름은 다음과 같다.

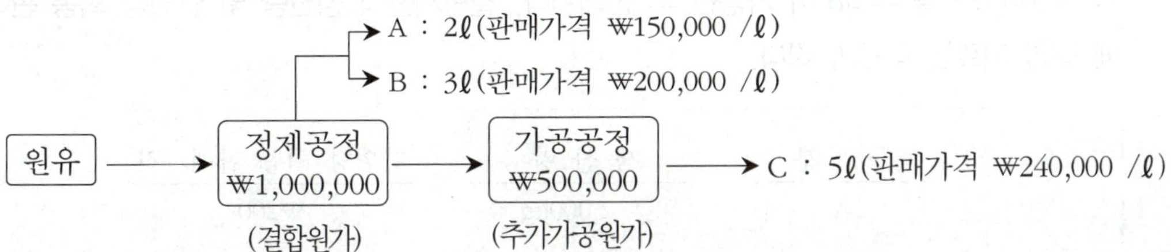

C제품 생산량 5ℓ중 1ℓ의 기말재고가 있을 경우 재고자산금액은 얼마인가? 단, 결합원가의 배분은 순실현가치법으로 하되 C제품 재고를 제외하고는 기초재고, 기말재고는 없는 것으로 한다.

① ₩140,000　② ₩187,500　③ ₩260,000
④ ₩300,000　⑤ ₩340,000

06 다음 자료를 이용하여 물음에 답하시오.

	A	B	합 계
단 위	10,000개	8,000개	18,000개
결합원가	?	?	₩70,000
분리점에서의 판매가치	N/A	₩60,000	
추가가공원가	₩40,000	30,000	
추가가공 후의 판매가치	60,000	90,000	

결합원가는 순실현가치법에 따라 배분하며, A, B는 모두 추가가공 후 판매한다. B제품의 판매에 따른 이익은 얼마인가?

① ₩0　② ₩7,500　③ ₩10,000
④ ₩11,000　⑤ ₩28,889

07 (주)국세는 동일 공정에서 세 가지 결합제품을 A, B, C를 생산하고 있으며, 균등이익률법을 사용하여 결합원가를 배부한다. A와 B는 추가가공을 거치지 않고 판매되며, C는 추가가공원가 ₩200,000을 투입하여 가공한 후 판매된다. 결합제품의 생산량 및 단위당 최종 판매가격에 대한 자료는 다음과 같다.

구 분	생 산 량	단위당 최종 판매가격
A	2,000kg	₩200
B	2,000	100
C	2,500	160

C제품에 배부된 결합원가가 ₩120,000인 경우, 총결합원가는 얼마인가? (단, 공손 및 감손은 발생하지 않았고, 기초 및 기말재공품은 없는 것으로 가정한다.)

① ₩600,000 ② ₩620,000 ③ ₩640,000
④ ₩660,000 ⑤ ₩680,000

08 (주)한국화학은 20×1년 2월 초 영업을 개시하여 당월에 제1공정에서 원재료 R을 가공하여 결합제품 A와 B를 생산한다. 제품 A는 제2공정에서 추가가공을 거쳐 판매되고, 제품 B는 제3공정에서 결합제품 C와 D로 분리된 후 각각 제4공정과 제5공정에서 추가가공을 거쳐 판매된다. 20×1년 2월의 각 공정에서 발생한 원가자료는 다음과 같다.

- 제1공정 : 제품 A, B의 결합원가 ₩100,000
- 제2공정 : 제품 A의 개별원가(분리원가) ₩15,000
- 제3공정 : 제품 C, D의 결합원가 ₩70,000
- 제4공정 : 제품 C의 개별원가(분리원가) ₩50,000
- 제5공정 : 제품 D의 개별원가(분리원가) ₩20,000

20×1년 2월 (주)한국화학의 제품별 생산량과 kg당 판매가격은 다음과 같다.

제 품	생 산 량	kg당 판매가격
A	500kg	₩120
C	1,000kg	₩200
D	800kg	₩150

(주)한국화학이 순실현가능가치를 기준으로 결합원가를 배부하는 경우, 20×1년 2월 제품 D의 총제조원가는 얼마인가?

① ₩60,000 ② ₩70,000 ③ ₩80,000
④ ₩90,000 ⑤ ₩100,000

09 서울화학은 하나의 결합공정에서 주산품 X, Y와 부산품 M을 생산하고 있다. 다음은 2011년 7월의 생산 및 원가자료이다.

	X	Y	M	합 계
생 산 량	8,000개	5,000개	500개	13,500개
최종판매가격	₩5/개	₩8/개	₩3/개	
추가가공원가	₩20,000	₩10,000	–	₩30,000
결 합 원 가				₩101,500

결합원가는 순실현가치를 기준으로 주산품에만 배분된다. 부산품을 생산시점에서 인식할 때 X제품에 배부되는 결합원가와 판매시점에서 인식할 때 Y제품에 배분되는 결합원가는 각각 얼마인가?

	생산시점 X	판매시점 Y
①	₩40,000	₩30,600
②	20,600	30,600
③	40,000	60,900
④	40,600	60,900
⑤	60,000	60,900

10 (주)대한은 결합공정과 추가공정을 통해 제품을 생산하며, 분리점에서 순실현가능가치를 기준으로 결합원가를 배부한다. 20×1년의 생산 및 원가자료는 다음과 같다.

(1) 제1공정

제1공정에서는 원재료를 투입하여 제품 A 100단위와 제품 B 300단위를 생산하였으며, 결합원가는 총 ₩40,000이었다. 제품 A는 단위당 ₩200에 판매되고, 제품 B는 제2공정에서 추가가공을 거쳐 제품 C로 판매된다.

(2) 제2공정

당기에 제1공정으로부터 대체된 제품 B는 제품 C 280단위로 생산되었으며, 추가가공원가는 총 ₩12,400이었다. 제품 C의 단위당 판매가격은 ₩150이다. 제품 B를 제품 C로 추가 가공하는 과정에서 부산물 20단위가 생산되었다. 부산물은 단위당 ₩20에 즉시 판매할 수 있다. 부산물은 생산시점에 순실현가능가치로 인식한다.

제품 C의 총제조원가는 얼마인가? 단, 각 공정의 기초 및 기말 재공품은 없다.

① ₩35,600 ② ₩36,000 ③ ₩36,400
④ ₩36,700 ⑤ ₩37,000

11 (주)세무는 결합공정을 통하여 주산품 X, Y와 부산품 B를 생산하고 있다. 당기 중 발생한 결합원가는 ₩20,000이며, 결합원가는 분리점에서 순실현가능가치(NRV)를 기준으로 각 제품에 배부한다. 부산품 B는 생산기준법(생산시점에서 순실현가능가치로 인식)을 적용하며, 부산품 B의 단위당 판매비는 ₩5이다. 당기의 생산 및 판매 자료는 다음과 같다.

제 품	분리점 이후 추가가공원가(총액)	단위당 최종 판매가격	생산량	판매량
X	₩4,000	₩60	200단위	180단위
Y	2,000	40	250	200
B	–	15	200	150

(주)세무의 기말재고자산 금액은? (단, 기초재고와 기말재공품은 없다.) 2024 세무사

① ₩3,500 ② ₩3,750 ③ ₩4,000
④ ₩4,100 ⑤ ₩4,250

12 (주)국세는 동일한 원재료를 투입해서 하나의 공정을 거쳐 제품 A, 제품 B, 제품 C를 생산하며, 분리점까지 총 ₩40,000의 원가를 발생한다. (주)국세는 분리점까지 발생한 원가를 분리점에서의 상대적 판매가치를 기준으로 결합제품에 배분한다. 결합제품의 생산량, 분리점에서의 단위당 판매가격, 추가가공원가 및 추가가공 후 단위당 판매가격은 다음과 같다.

제품	생산량(단위)	분리점에서의 단위당 판매가격	추가가공원가	추가가공 후 단위당 판매가격
A	1,500	₩16	₩6,300	₩20
B	2,000	8	8,000	13
C	400	25	3,600	32

(주)국세가 위 결합제품을 전부 판매할 경우에 예상되는 최대 매출총이익은 얼마인가? (단, 결합공정 및 추가가공과정에서 재공품 및 공손은 없는 것으로 가정한다.)

① ₩10,900　② ₩12,000　③ ₩20,000
④ ₩50,900　⑤ ₩60,000

해답 해설

01	02	03	04	05	06	07	08	09	10
②	⑤	④	④	②	②	①	③	③	②
11	12								
③	②								

01 정답 ②

균등이익률법에서는 조건이 같다면 추가가공원가가 높은 제품에 더 적은 결합원가가 배부된다. 동일한 이익률을 먼저 적용하므로 추가가공원가가 있는 경우에는 결합원가 배부액이 작아진다.

02 정답 ⑤

작업폐물은 부의 순실현가치인 경우 일반적으로 작업폐물이 생산되는 결합공정의 제조간접원가로 보아 결합원가에 가산하게 된다.

03 정답 ④

분리점에서의 상대적 판매가치 기준으로 결합원가를 배분하는 조건이다(매출액은 변화가 없다).
A의 상대적 판매가치 증가 → 결합원가 배분액 증가 → 매출총이익 감소
B의 상대적 판매가치 감소 → 결합원가 배분액 감소 → 매출총이익 증가

04 정답 ④

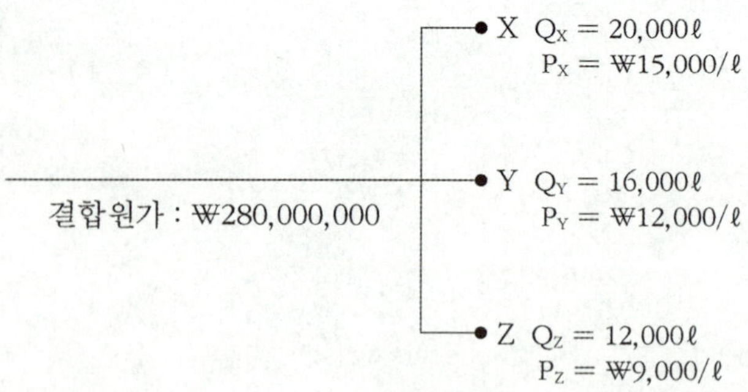

제 품	판매가치	비 율	결합원가
X	₩300,000,000	0.50	₩140,000,000
Y	192,000,000	0.32	**89,600,000**
Z	108,000,000	0.18	50,400,000
합 계	₩600,000,000	1.00	₩280,000,000

05 정답 ②

제 품	판매가치	추가가공원가	순실현가치	비 율	결합원가
A	2ℓ × ₩150,000	−	₩300,000	0.1875	₩187,500
B	3ℓ × ₩200,000	−	600,000	0.3750	375,000
C	5ℓ × ₩240,000	₩500,000	700,000	0.4375	437,500
합 계	₩2,100,000	₩500,000	₩1,600,000	1.0000	₩1,000,000

∴ C제품의 재고가액 = ₩937,500 ÷ 5ℓ

= (₩437,500 + ₩500,000) ÷ 5ℓ

= **₩187,500/ℓ**

06 정답 ②

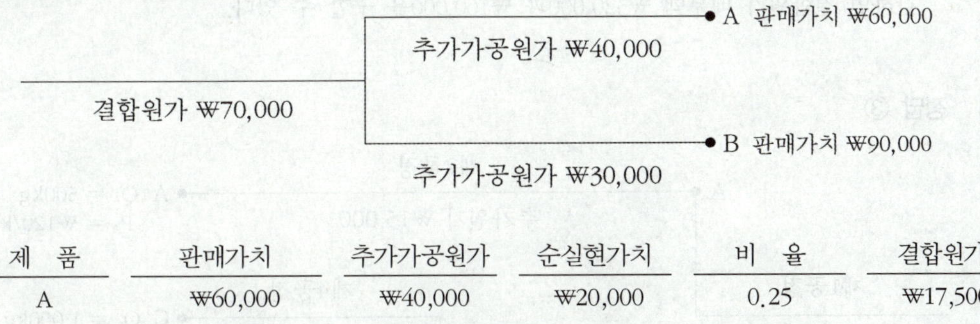

제 품	판매가치	추가가공원가	순실현가치	비 율	결합원가
A	₩60,000	₩40,000	₩20,000	0.25	₩17,500
B	90,000	30,000	60,000	0.75	52,500
합 계	₩150,000	₩70,000	₩80,000	1.00	₩70,000

∴ B제품의 이익 = 매출 − 결합원가 − 추가가공원가

= ₩90,000 − ₩52,500 − ₩30,000

= **₩7,500**

07 정답 ①

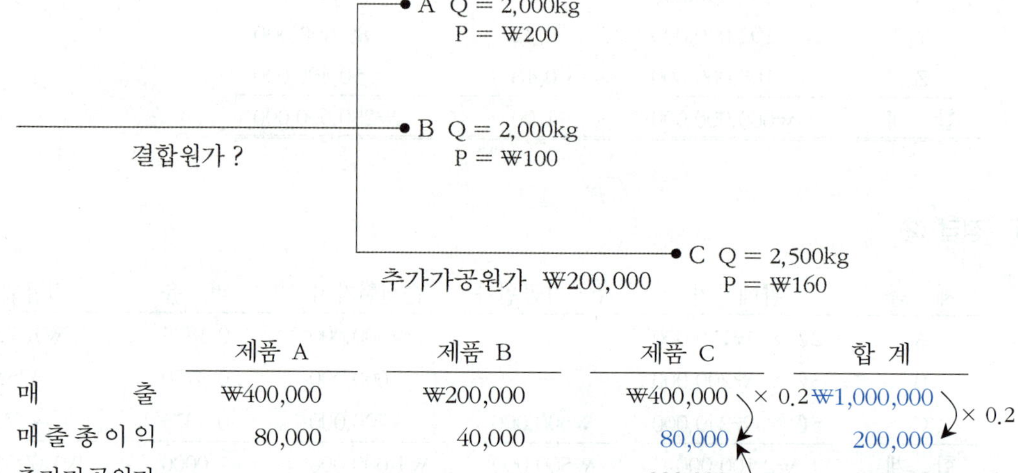

	제품 A	제품 B	제품 C	합 계
매 출	₩400,000	₩200,000	₩400,000	× 0.2 ₩1,000,000 × 0.2
매출총이익	80,000	40,000	80,000	200,000
추가가공원가	–	–	200,000	200,000
결 합 원 가	₩320,000	₩160,000	₩120,000	**₩600,000**

1) 제품 C에 배부된 결합원가가 ₩120,000이므로 매출총이익은 ₩80,000이 된다.

2) 제품 C의 매출총이익이 ₩80,000이므로 균등이익률은 20%가 된다.

3) 제품 A와 제품 B에도 매출액에 균등이익률을 곱하여 매출총이익을 구하고 이를 매출액에서 차감하면 결합원가 배부액 ₩320,000과 ₩160,000을 구할 수 있다.

08 정답 ③

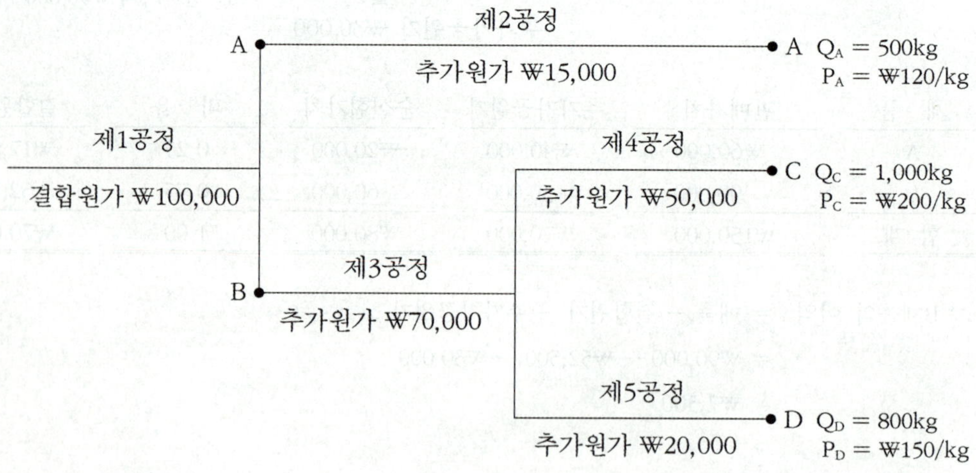

제품	최종판매가치	추가원가	순실현가치	추가원가	순실현가치	비율	결합원가
A	₩60,000	₩15,000	₩45,000	–	₩45,000	0.2	₩20,000
C	200,000	50,000	150,000				
			+	₩70,000	180,000	0.8	80,000
D	120,000	20,000	100,000				
					₩225,000	1.0	₩100,000

제품 D의 총원가 $= \{(₩80,000 + 70,000) \times \frac{₩100,000}{₩150,000 + 100,000}\} + 20,000 = ₩80,000$

09 정답 ③

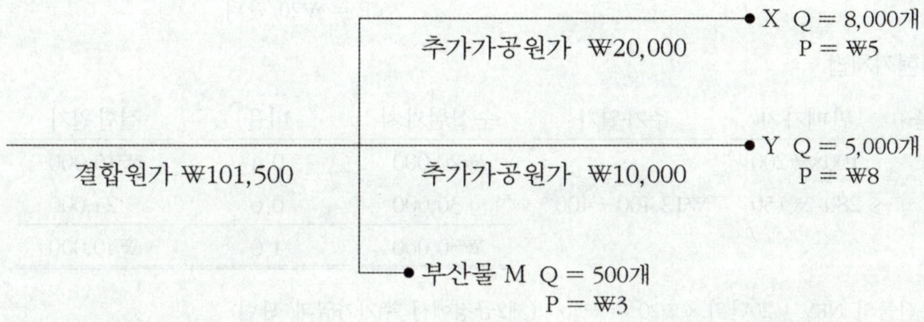

1) 생산시점 인식

제 품	판매가치	추가가공원가	순실현가치	비 율	결합원가
X	8,000 × ₩5	₩20,000	₩20,000	0.4	**₩40,000**
Y	5,000 × ₩8	10,000	30,000	0.6	60,000
합 계	₩80,000	₩30,000	₩50,000	1.0	₩100,000*

* ₩101,500 − 500 × ₩3(부산물)

2) 판매시점 인식

제 품	비 율	결합원가
X	0.4	₩40,600
Y	0.6	**60,900**
합 계	1.0	₩101,500

10 정답 ②

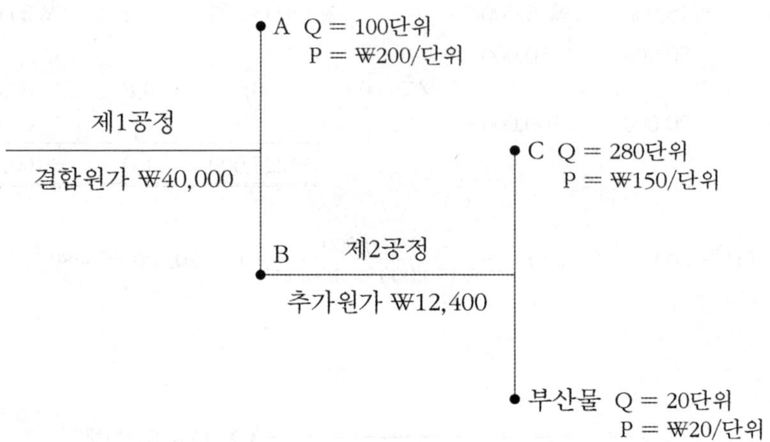

1) 순실현가치법

제품	판매가치	추가원가	순실현가치	비율	결합원가
A	100×₩200	−	₩20,000	0.4	₩16,000
C	280×₩150	₩12,400−400*	30,000	0.6	24,000
			₩50,000	1.0	₩40,000

* 부산물의 NRV : 20단위 × ₩20 = ₩400 (제2공정에서 추가가공과 관련)

2) 제품 C 총제조원가

= ₩24,000 + (12,400 − 400)

= **₩36,000**

11 정답 ③

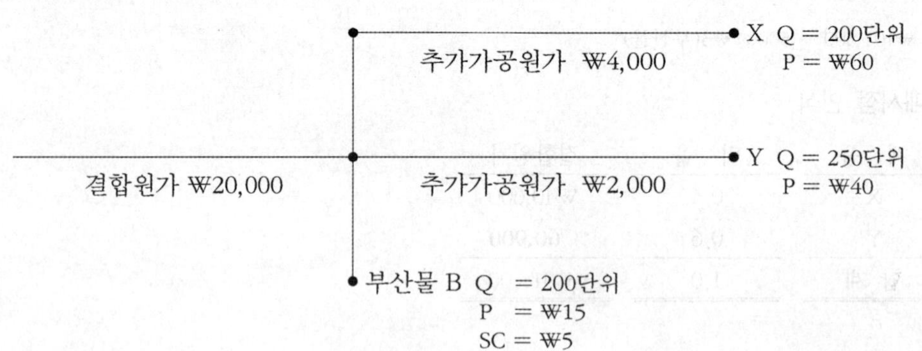

(1) 결합원가 배분

제품	순실현가능가치 (NRV)		배부율	결합원가
X	200단위 × ₩60 − 4,000 =	₩8,000	0.5	₩9,000
Y	250단위 × ₩40 − 2,000 =	8,000	0.5	9,000
		₩16,000	1.0	₩18,000[①]

① 배부대상 결합원가 : ₩20,000 − 200단위 × (₩15 − 5) = ₩18,000

(2) 단위당 제품원가

제품 X : $\frac{₩4,000 + 9,000}{200단위}$ = ₩65

제품 Y : $\frac{₩2,000 + 9,000}{250단위}$ = ₩44

부산물 B : ₩15 − 5 = ₩10

(3) 기말재고자산 금액

제품 X	: (200단위 − 180) × ₩65 =	₩1,300
제품 Y	: (250단위 − 200) × ₩44 =	2,200
부산물 B	: (200단위 − 150) × ₩10 =	500
합 계	:	₩4,000

12 정답 ②

결합원가 ₩40,000

- A: Q = 1,500, P = ₩16 → 추가가공원가 ₩6,300 → A Q = 1,500, P = ₩20
- B: Q = 2,000, P = ₩8 → 추가가공원가 ₩8,000 → B Q = 2,000, P = ₩13
- C: Q = 400, P = ₩25 → 추가가공원가 ₩3,600 → C Q = 400, P = ₩32

1) 최대매출총이익이므로 각 제품의 추가가공여부를 먼저 확인한다.

	제품 A	제품 B	제품 C
증 분 수 익	₩4 × 1,500	₩5 × 2,000	₩7 × 400
증 분 비 용	6,300	8,000	3,600
이 익	₩(300)	₩2,000	₩(800)
	분리점판매	추가가공판매	분리점판매

2) 최대매출총이익이므로 결합원가를 제품에 배부할 필요가 없다.

	A(분리점)	B(추가가공)	C(분리점)	합 계
매 출	₩24,000	₩26,000	₩10,000	₩60,000
결 합 원 가	?	?	?	40,000
추가가공원가	−	8,000	−	8,000
매 출 총 이 익	?	?	?	**₩12,000**

COST&MANAGEMENT ACCOUNTING

주관식 연습문제

01 순실현가치법과 균등이익률법

(주)서울은 1공정에서 원재료를 가공하여 분리점에서 결합제품 A, B, C를 생산한다. 6월중 투입된 원재료는 2,100kg이며, 생산 및 판매활동에 관한 자료는 다음과 같다.

제 품	물 량 흐 름	판 매 가 격
A	1,500kg	₩10/kg
B	500kg	90/kg
C	100kg	200/kg

그리고 6월 중 1공정에서 발생한 재료원가와 가공원가는 각각 ₩10,000과 ₩20,000이었다. 제품 A와 달리 제품 B는 2공정에서 추가가공을 거친 후 판매가 되는데, 추가가공원가는 ₩10,000이며 추가가공 후 판매가격은 ₩90/kg이다. 그리고 제품 C도 역시 3공정에서 추가가공이 필요한데 추가가공원가는 ₩30,000이며 판매가격은 ₩200/kg이다.

[물음 1] 순실현가치법에 의한 결합원가를 제품 A, B, C에 배부하시오.

[물음 2] 균등이익률법에 의한 결합원가를 제품 A, B, C에 배부하시오.

[물음 3] 제품 C가 주산품이 아니라 작업폐물이고, 추가가공원가는 발생하지 않는다고 가정한다. 작업폐물의 처분가치는 없고 처분비용이 단위당 ₩100인 경우 순실현가능가치법에 의해 결합원가를 배부하시오.

해답

자료정리

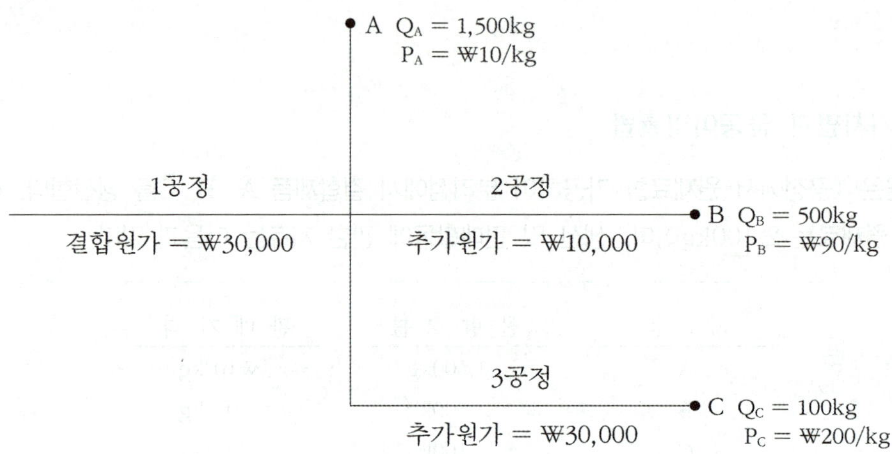

[물음 1] 순실현가치법

제 품	판매가치	추가가공원가	NRV	비 율	결합원가
A	₩15,000	–	₩15,000	0.3	**₩9,000**
B	45,000	₩10,000	35,000	0.7	**21,000**
C	20,000	30,000	(10,000)	–	–
합 계	₩80,000	₩40,000	₩40,000	1.0	**₩30,000**

제품 C에는 결합원가를 배분하지 않는다. 왜냐하면 순실현가치법은 원가부담능력에 따라 결합원가를 배분하기 때문에 주산품의 순실현가치가 부(−)인 경우에는 원가부담능력이 없으므로 결합원가를 배분하지 않는다.

[물음 2] 균등이익률법

1) 회사의 전체손익계산서를 통하여 매출총이익률을 추정한다.

제 품	A	B	C	합 계
매 출	₩15,000	₩45,000	₩20,000	₩80,000
결 합 원 가	?	?	?	30,000
추가가공원가	–	10,000	30,000	40,000
매 출 총 이 익	?	?	?	₩10,000

× 0.125

$$\text{매출총이익률} = \frac{\text{매출} - \text{결합원가} - \text{추가가공원가}}{\text{매출}}$$

$$= \frac{₩80,000 - ₩30,000 - ₩40,000}{₩80,000} = 0.125$$

2) 결합원가의 배분

균등이익률법은 거액의 추가가공원가가 발생하는 제품의 경우 부(−)의 결합원가가 특정제품에 배분될 수 있다. 또한 주산품의 순실현가치가 부(−)인 경우에도 부(−)의 결합원가를 배분된다.

제 품	A	B	C	합 계
매 출	₩15,000	₩45,000	₩20,000	₩80,000
매출총이익	1,875	5,625	2,500	10,000 (× 0.125)
추가가공원가	−	10,000	30,000	40,000
결 합 원 가	**₩13,125**	**₩29,375**	**(₩12,500)**	₩30,000

[물음 3] 작업폐물

제 품	판매가치	추가가공원가	NRV	비 율	결합원가
A	₩15,000	−	₩15,000	0.3	**₩12,000**
B	45,000	₩10,000	35,000	0.7	**28,000**
합 계	₩60,000	₩10,000	₩50,000	1.0	₩40,000*

* ₩30,000 + ₩10,000(작업폐물) : 작업폐물의 처분비용을 결합원가에 가산한다.

작업폐물은 일반적으로 처리를 위한 추가적인 원가가 소요되어 부(−)의 가치를 갖게 되는데, 주산품과 달리 작업폐물이 부의 순실현가능가치인 경우 작업폐물이 생산되는 결합공정의 제조간접원가로 보아 결합원가에 가산한다.

02 결합원가의 배분

당기에 영업을 개시한 (주)서울은 결합제품 A, B와 부산물 C를 생산하고 있다. 1공정에서 발생한 결합원가는 ₩110,000이며, 결합제품 A와 결합제품 B는 2공정과 3공정에서 각각 추가가공을 거친 후 판매된다. 부산물 C는 결합제품과 달리 추가가공하지 않고 분리점에서 판매한다.

제 품	생산량	판매량	추가가공원가	단위당 판매가격
A	500	400	₩60,000	₩200
B	1,000	1,000	60,000	120
C	100	—	0	120
합 계	1,600	1,400	₩120,000	

부산물 C는 처분시 단위당 처분비용 ₩20이 발생되며, 결합원가의 배분은 순실현가능가치법에 의한다.

[물음 1] 생산시점에서 부산물의 순실현가능가치를 주산품에 배분될 결합원가에서 차감하고자 한다. 이러한 경우 제품 A, B와 부산물 C의 단위당 원가는 얼마인가?

[물음 2] 판매시점에서 부산물의 순실현가능가치를 잡이익 또는 매출원가에서 차감하고자 한다. 이러한 경우 제품 A, B와 부산물 C의 단위당 원가는 얼마인가?

해답

자료정리

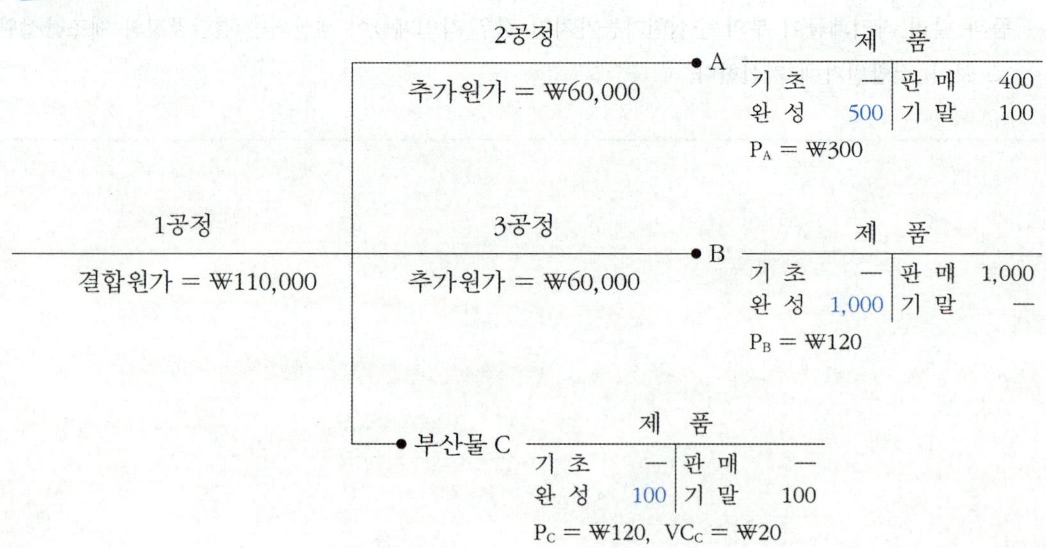

[물음 1] 부산물의 가치를 생산시점에서 인식

제 품	판매가치*1	추가원가	순실현가치	비 율	결합원가
A	₩100,000	₩60,000	₩40,000	0.4	₩40,000
B	120,000	60,000	60,000	0.6	60,000
합 계	₩220,000	₩120,000	₩100,000	1.0	₩100,000*2

*1 판매량이 아닌 당기착수량에 대한 추정된 판매가치이다.
500 × ₩200, 1,000 × ₩120

*2 부산물의 순실현가치를 생산시점에서 인식하므로 이를 결합원가에서 차감한다.
₩110,000 − [100 × (₩120 − ₩20)] = ₩100,000

$$\text{제품 A} = \frac{₩40,000 + ₩60,000}{500} = \textbf{₩200/단위}$$

$$\text{제품 B} = \frac{₩60,000 + ₩60,000}{1,000} = \textbf{₩120/단위}$$

$$\text{부산물 C} = \frac{₩10,000}{100} = \textbf{₩100/단위}$$

[물음 2] 부산물의 가치를 판매시점에서 인식

제 품	판매가치*1	추가원가	순실현가치	비 율	결합원가
A	₩100,000	₩60,000	₩40,000	0.4	₩44,000
B	120,000	60,000	60,000	0.6	66,000
합 계	₩220,000	₩120,000	₩100,000	1.0	₩110,000*2

*1 판매량이 아닌 당기착수량에 대한 추정된 판매가치이다.
5,000 × ₩200, 1,000 × ₩120

*2 부산물의 순실현가치를 판매시점에서 인식하므로 이를 결합원가에서 차감하지 않는다.

$$\text{제품 A} = \frac{₩44,000 + ₩60,000}{500} = \textbf{₩208/단위}$$

$$\text{제품 B} = \frac{₩66,000 + ₩60,000}{1,000} = \textbf{₩126/단위}$$

부산물 C = **₩ − /단위**

03 복수의 분리점

(주)서울은 A, B, C공정을 통하여 제품 X, Y, Z를 생산하고 있다. A공정에서는 원재료 5,000단위를 투입하여 제품 X 3,000단위와 반제품 W 2,000단위를 생산하였으며, B공정에서는 A공정에서 생산된 반제품 W(2,000단위)를 추가가공하여 제품 Y 1,500단위와 제품 Z 500단위를 생산하였다.

A공정과 B공정에서 발생한 원가자료는 다음과 같다.

	A공정	B공정
직접재료원가	₩150,000	₩0
직접노무원가	60,000	15,000
제조간접원가	90,000	45,000
	₩300,000	₩60,000

C공정에서 제품 X, Y, Z를 완성하는데 추가로 소요된 원가와 판매가격은 다음과 같다.

제 품	추가가공원가	판매가격
X	₩60,000	₩120
Y	18,000	180
Z	12,000	240
합 계	₩90,000	

당기에 생산된 X, Y, Z는 모두 판매되었으며 기초와 기말재고자산은 없다.

[물 음] 다음의 결합원가배분방법에 따라 완제품 X, Y, Z의 단위당 원가 및 매출총이익률을 구하시오.

1) 순실현가치법
2) 균등이익률법

해답

자료정리

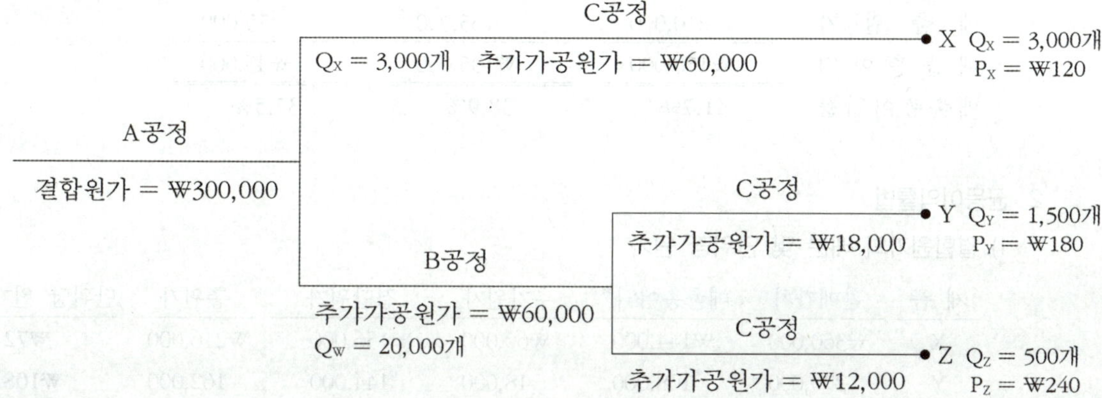

[물 음]

1. 순실현가능가치법

1) 결합원가의 배분 및 단위당 원가

제 품	판매가치	추가가공원가	NRV	추가가공원가	NRV	비율	결합원가
X	₩360,000	₩60,000	₩300,000	–	₩300,000	0.5	₩150,000
Y	270,000	18,000	252,000				
				₩60,000	300,000	0.5	150,000
Z	120,000	12,000	108,000				
합 계	₩750,000	₩90,000	₩660,000	₩60,000	₩600,000	1.0	₩300,000

제품 X, Y, Z의 총원가와 단위당 원가는 다음과 같다.

$$\text{제품 X} = ₩150,000 + ₩60,000 = ₩210,000,\quad \frac{₩210,000}{3,000\text{개}} = \mathbf{₩70/\text{단위}}$$

$$\text{제품 Y} = (₩150,000 + ₩60,000) \times \frac{₩252,000}{₩360,000} + ₩18,000 = ₩165,000,\quad \frac{₩165,000}{1,500\text{개}} = \mathbf{₩110/\text{단위}}$$

$$\text{제품 Z} = (₩150,000 + ₩60,000) \times \frac{₩108,000}{₩360,000} + ₩12,000 = ₩75,000,\quad \frac{₩75,000}{500\text{개}} = \mathbf{₩150/\text{단위}}$$

2) 제품별 매출총이익률

	제품 X	제품 Y	제품 Z
매 출 액	₩360,000	₩270,000	₩120,000
매 출 원 가	210,000	165,000	75,000
매 출 총 이 익	₩150,000	₩105,000	₩45,000
매출총이익률	41.7%	38.9%	37.5%

2. 균등이익률법

1) 결합원가의 배분 및 단위당 원가

제 품	판매가치	매출총이익*1	추가원가	결합원가	총원가	단위당 원가
X	₩360,000	₩144,000	₩60,000	₩156,000	₩216,000	**₩72**
Y	270,000	108,000	18,000	144,000	162,000	**₩108**
Z	120,000	48,000	12,000	60,000	72,000	**₩144**
합 계	₩750,000	₩300,000	₩90,000	₩360,000*2	₩450,000	

×0.4

*1 판매가치 × 매출총이익률

매출총이익률 : $\frac{₩750,000 - (₩300,000 + ₩60,000 + ₩90,000)}{₩750,000} = 40\%$

*2 결합원가배분액 + 추가가공원가(B공정) = ₩300,000 + ₩60,000

2) 제품별 매출총이익률

	제품 X	제품 Y	제품 Z
매 출 액	₩360,000	₩270,000	₩120,000
매 출 원 가	216,000	162,000	72,000
매 출 총 이 익	₩144,000	₩108,000	₩48,000
매출총이익률	40%	40%	40%

04 결합공정에 공손이 있는 경우의 결합원가 배분

당기에 영업을 개시한 (주)서울은 단일의 원재료를 투입하여 주산품 甲, 乙과 부산물 丙을 생산하며, 결합공정에서 완성된 원재료 1ℓ로부터 제품 甲, 乙, 丙이 각각 2단위, 2단위, 1단위씩을 생산한다. 결합공정에서 기초 재공품은 없었으며 당기 중 1,100ℓ의 원재료가 공정에 투입되어 기말재공품 200ℓ(완성도는 60%), 공손품 100ℓ(모두 정상공손이며 검사시점은 50%이다)를 생산하였다.

현재 선입선출법을 적용하여 원가계산을 하고 있으며, 원재료는 공정시점에 전량 투입되고 가공원가는 전공정에 걸쳐서 균등하게 발생한다. 결합원가는 주산품의 순실현가능가치의 비율로 각 주산품에 배부되며, 부산물은 생산시점에서 인식되고 있다.

- 판매수량 : 제품 甲 - 1,300단위 제품 乙 - 1,000단위 부산물 丙 - 0단위
- 판매단가 : 제품 甲 - ₩200 제품 乙 - ₩100 부산물 丙 - ₩42

결합공정에서 당기에 발생한 재료원가는 ₩132,000이고 가공원가가 ₩194,000일 경우 다음 물음에 답하시오.

[물음 1] 결합제품 甲과 乙에 배부될 결합원가는 각각 얼마인가?

[물음 2] 부산물의 순실현가능가치를 판매시점에 인식한다면 결합제품 甲과 乙에 배부될 결합원가는 각각 얼마인가?

[물음 3] 부산물 丙이 분리점에서 시장가치가 없다고 가정한다. 부산물을 처리하기 위해 추가가공시 부의 순실현가능가치가 (₩1,400)인 경우 결합원가의 배분은 어떻게 달라지는지 간략하게 설명하시오.

해답

자료정리

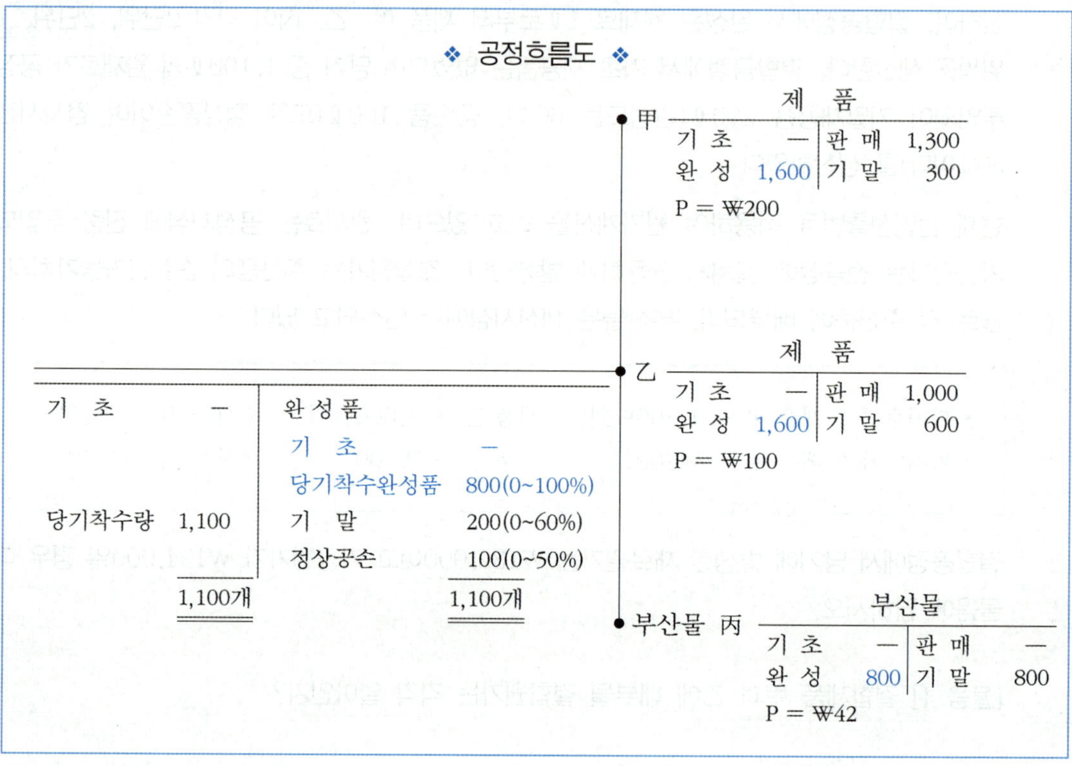

선입선출법		재료원가(0%)		가공원가(0~100%)		합 계
당기착수완성품	800 (0~100%)	800		800		
기말재공품	200 (0~60%)	200		120		
정상공손	100 (0~50%)	100		50		
A. 완성품환산량		1,100단위		970단위		
B. 당기투입원가		₩132,000		₩194,000		₩326,000
C. 환산량 단위당 원가(B÷A)		₩120		₩200		
당기착수완성품		₩120 × 800	+	₩200 × 800	=	₩256,000
기말재공품		120 × 200	+	200 × 120	=	48,000
정상공손		120 × 100	+	200 × 50	=	22,000
합 계						₩326,000

	배분전원가	정상공손원가	배분후원가
완성품	₩256,000	₩17,600*1	₩273,600
기말재공품	48,000	4,400*2	52,400
정상공손	22,000	(22,000)	–
합 계	₩326,000	₩0	₩326,000

*1 $₩22,000 \times \frac{800}{1,000} = ₩17,600$ *2 $₩22,000 \times \frac{200}{1,000} = ₩4,400$

[물음 1] 생산시점인식

제 품	판매가치	비 율	결합원가
甲	₩320,000	2/3	₩160,000
乙	160,000	1/3	80,000
	₩480,000	1	₩273,600 − 800 × ₩42*

* 부산물의 판매가치를 생산시점에서 인식하므로 결합원가(₩273,600)에서 차감한다.

[물음 2] 판매시점인식

제 품	판매가치	비 율	결합원가
甲	₩320,000	2/3	₩182,400
乙	160,000	1/3	91,200
	₩480,000	1	₩273,600

[물음 3] 작업폐물

부산물의 순실현가능가치가 부의 경우에는 결합원가에 가산한다. **결합원가 ₩273,600에 부산물의 부의 순실현가능가치 ₩1,400을 가산한 ₩275,000을 제품 甲과 乙에 배부**한다.

05 기말재고자산이 존재하는 경우의 결합원가계산

당기에 영업을 개시한 (주)파주는 A, B, C 세 개의 제조공정을 거쳐 화학제품을 생산하는 기업이다. A공정에서는 주산품 X, Y와 부산물 Z가 생산되는데, 주산품 X, Y는 각각 B공정과 C공정에서 추가가공을 거쳐서 완성되지만 부산물 Z는 분리점에서 바로 판매된다. 각 공정의 재료는 공정의 초기에 투입되며 가공원가는 공정의 진행에 따라 발생한다.

1) 공정별 원가

	A공정	B공정	C공정
직접재료원가	₩740,000	—	—
직접노무원가	360,000	₩287,500	₩150,000
제조간접원가	738,000	112,500	50,000
합　계	₩1,838,000	₩400,000	₩200,000

2) 공정별 생산량

	A공정	B공정	C공정	합　계
기초재공품	—	—	—	—
당기착수량	74,000개	40,000개	20,000개	134,000개
완성품	72,000	40,000	20,000	132,000
기말재공품	2,000	—	—	2,000

3) 추가자료

- A공정의 당기완성품 72,000개는 X : 40,000개, Y : 20,000개, Z : 12,000개로 구성되어 있으며 기말재공품의 가공원가 완성도는 60%이다.
- 당기 제품별 판매량은 X : 30,000개, Y : 15,000개, Z : 10,000개이며 단위당 판매가격은 각각 ₩40, ₩50, ₩6이다.
- 당사는 결합원가를 순실현가능가치법에 의하여 배부하고 있으며 부산물은 생산시점에 인식하는 방법을 사용하고 있다.

[물음 1] A공정의 결합원가를 배부하시오.

[물음 2] 각 제품별 단위당 원가를 계산하시오.

[물음 3] 당사의 기말재공품원가와 기말제품원가를 계산하시오.

해답

자료정리

A공정 → B공정 → X

B공정 재공품

기 초	—	완 성	40,000
착수량	40,000	기 말	

가공원가 : ₩400,000

X 제 품

기 초	—	판 매	30,000
완 성	40,000	기 말	10,000

P_X = ₩40

A공정 재공품

기 초	—	완성품	72,000
착수량	74,000	기 말	2,000

재료원가 : ₩740,000
가공원가 : ₩1,098,000

A공정 → C공정 → Y

C공정 재공품

기 초	—	완 성	20,000
착수량	20,000	기 말	—

가공원가 : ₩200,000

Y 제 품

기 초	—	판 매	15,000
완 성	20,000	기 말	5,000

P_Y = ₩50

A공정 → Z 부산물

기 초	—	판 매	10,000
완 성	12,000	기 말	2,000

P_Z = ₩6

[물음 1] 결합원가의 배부

1) A공정의 결합원가

선입선출법		재료원가(0%)	가공원가(0~100%)	
당기착수완성품	72,000(0~100%)	72,000	72,000	
기말재공품	2,000(0~60%)	2,000	1,200	
A. 완성품환산량		74,000개	73,200개	
B. 당기투입원가		₩740,000	₩1,098,000	₩1,838,000
C. 환산량 단위당 원가(B÷A)		₩10	₩15	

완성품원가 ₩10 × 72,000 + ₩15 × 72,000 = ₩1,800,000
기말재공품 ₩10 × 2,000 + 15 × 1,200 = 38,000
합 계 ₩1,838,000

2) 결합원가 배분

제 품	판매가치	추가가공원가	순실현가치	비 율	결합원가
X	₩1,600,000*1	₩400,000	₩1,200,000	0.6	**₩1,036,800**
Y	1,000,000*1	200,000	800,000	0.4	**691,200**
합 계	₩2,600,000	₩600,000	₩2,000,000	1.0	₩1,728,000*2

*1 판매가치를 구할 경우에는 판매량이 아닌 생산량(착수량)을 이용한다. 전공정에서 완성되어 대체된 물량(결합원가)은 당기생산량(전공정원가)과 일치하기 때문이다.

*2 결합원가(완성품원가) − 부산물순실현가치 = ₩1,800,000 − (12,000개 × ₩6)
= ₩1,728,000

[물음 2] 제품별 단위당 원가

	결합원가 + 추가가공원가	생산량	단위당 원가
제 품 X	₩1,036,800 + ₩400,000	40,000단위	**₩35.92**
제 품 Y	₩691,200 + ₩200,000	20,000	**44.56**
부산물 Z	₩72,000(결합원가배분액)	12,000	**6.00**

[물음 3] 재고자산

1) 기말재공품(A공정) : **₩38,000**

2) 기말제품

제 품 X	10,000개 × ₩35.92 =	₩359,200
제 품 Y	5,000개 × ₩44.56 =	222,800
부산물 Z	2,000개 × ₩6 =	12,000
		₩594,000

06 추가가공여부 의사결정

(주)서울은 동일한 원재료를 투입하여 제품 甲, 乙과 丙을 생산하고 있으며 이에 관한 자료는 다음과 같다.

제 품	생산량	분리점의 판매가치	분리 후 추가가공원가	최종 판매가치
甲	1,000단위	₩300/단위	₩150,000	₩500/단위
乙	2,000	200/단위	250,000	300/단위
丙	500	20/단위	15,000	40/단위

분리 후 추가가공원가는 모두 변동원가이며, 당기의 결합원가는 ₩500,000이다.

[물음 1] 이들 제품을 모두 분리점에서 판매할 경우 (주)서울의 매출총이익은 얼마인가?

[물음 2] 이들 제품을 모두 추가가공하여 판매할 경우 (주)서울의 매출총이익은 얼마인가?

[물음 3] 각 제품의 추가가공여부를 결정하여 의사결정을 한다면 (주)서울의 최대 매출총이익은 얼마인가?

[물음 4] 제품 甲의 최종 판매가치가 아직 확정되어 있지 않았다고 가정시 제품 甲을 추가 가공하기 위한 최종제품 甲의 최소 판매가치는 얼마인가? 단, 제품 甲의 분리점의 판매가치와 분리 후 추가가공원가는 위의 자료와 같다.

[물음 5] 제품 甲의 분리점의 판매가치를 모른다고 가정할 경우 추가가공하여 판매하지 않고 분리점에서 판매하기 위한 제품 甲의 분리점에서의 최소 판매가치는 얼마인가? 단, 제품 甲의 최종판매가치와 분리 후 추가가공원가는 위의 자료와 같다.

해답

자료정리

결합원가 = ₩500,000	Q = 1,000 P = ₩300	추가원가 = ₩150,000	갑 Q = 1,000 P = ₩500
	Q = 2,000 P = ₩200	추가원가 = ₩250,000	을 Q = 2,000 P = ₩300
	Q = 500 P = ₩20	추가원가 = ₩15,000	병 Q = 500 P = ₩40

[물음 1] 분리점판매

	甲	乙	丙	합 계
매 출	₩300,000	₩400,000	₩10,000	₩710,000
매출원가				
결합원가	–	–	–	500,000
추가가공원가	–	–	–	–
매출총이익				₩210,000

[물음 2] 추가가공판매

	甲	乙	丙	합 계
매 출	₩500,000	₩600,000	₩20,000	₩1,120,000
매출원가				
결합원가	–	–	–	500,000
추가가공원가	150,000	250,000	15,000	415,000
매출총이익				₩205,000

[물음 3] 최대매출총이익

[증분접근법]

	甲	乙	丙
증분수익(매출)	₩200,000	₩200,000	₩10,000
증분비용(추가가공원가)	150,000	250,000	15,000
증분이익	₩50,000	₩(50,000)	₩(5,000)
추가가공여부	추가가공판매	분리점판매	분리점판매

	甲(추가가공)	乙(분리점판매)	丙(분리점판매)	합 계
매　　출	₩500,000	₩400,000	₩10,000	₩910,000
매출원가				
결합원가	–	–	–	500,000
추가가공원가	150,000	–	–	150,000
매출총이익				**₩260,000**

[물음 4] 추가가공 의사결정

	분리점 판매	추가가공 후 판매
매　　출	1,000단위 × ₩300	1,000단위 × x
변동원가	–	150,000
	₩300,000	1,000단위 × x – ₩150,000

제품 甲을 분리점에서 판매하든 추가가공 후 판매하든 결합원가는 이미 발생하였으므로 제품 甲의 생산, 판매 의사결정과는 아무런 관련이 없는 비관련 원가이다. 따라서 제품 甲을 추가가공 후 판매하기 위해서는 추가가공 후 판매시 이익이 분리점에서의 판매시 이익보다 커야 한다.

₩300,000 ≤ 1,000단위 × x – ₩150,000

최종 제품 甲의 판매가치가 최소한 **₩450/단위 이상**이어야 한다.

[물음 5] 추가가공 의사결정

	분리점 판매	추가가공 후 판매
매　　출	1,000단위 × x	1,000단위 × ₩500
변동원가	–	150,000
	1,000단위 × x	₩350,000

제품 甲을 분리점에서 판매하기 위해서는 분리점에서 판매시 이익이 추가가공 후 판매시 이익보다 커야 한다.

1,000단위 × x ≥ ₩350,000

분리점에서의 제품 甲 판매가치가 최소한 **₩350/단위 이상**이어야 한다.

제 6 장

표준원가계산

cost & management accounting

SECTION
01 표준원가계산의 기초

실제원가계산은 재무회계 목적으로 재고자산 평가와 손익결정을 위하여 유용하게 사용되며, 미래원가를 예측하는데 기본적인 자료로서 사용되기도 한다. 그러나 실제원가계산은 제품원가에 대한 측정시기가 지연되고, 단위당 고정원가가 조업도수준에 따라 영향을 받아 제품원가가 일정하지 않다는 단점이 있다. 이러한 단점을 극복하기 위해 표준원가계산(standard costing)이 등장하게 되었다.

1 표준원가계산의 의의

- 표준원가(standard costs) : 효율적인 작업조건하에서 제품을 1단위 생산할 때 달성가능한 원가를 말한다. 표준원가는 과학적인 방법을 통하여 사전에 설정된 제품 1단위당 표준수량(SQ)과 표준가격(SP)으로 나누어지며, 표준원가는 기업의 예산편성과 성과평가의 기초자료가 된다.
- 표준원가계산(standard costing) : 직접재료원가, 직접노무원가, 변동제조간접원가와 고정제조간접원가의 제품 1단위당 표준원가를 기초에 설정한 후 제품 1단위당 표준원가에 실제생산량(또는 환산량)을 곱하여 당기투입원가(SQ×SP)를 구하는 원가계산방법이다.

2 표준원가계산의 유용성

① 단위당 표준원가에 연간기대조업도를 곱하면 종합예산상 제조원가예산을 쉽게 구할 수 있다.

② 제품원가계산이 쉽고 회계처리가 신속해진다.

③ 표준원가를 이용하여 제품의 가격을 쉽고 신속하게 결정할 수 있다.

④ 전기와 당기의 단위당 표준원가가 동일한 경우 원가흐름의 가정이 불필요하다. 이러한 경우 기말재고자산가액과 매출원가의 계산이 손쉬워져 기장업무와 관련된 비용을 절감할 수 있다.

⑤ 표준이 사전에 설정되므로 종업원의 동기부여에 기여하고 책임회계를 가능하게 한다.

⑥ 표준에서 벗어난 것을 중점적으로 통제하고 관리할 수 있어 예외에 의한 관리*가 가능해진다.

* 예외에 의한 관리(management by exception)
기말에 경영자는 실제원가와 표준원가의 차이분석을 하게 된다. 차이분석시 경영자는 모든 차이에 대하여 주의를 기울이는 것이 아니라 중요한 차이를 보이는 사항 즉, 예외적인 사항을 중점적으로 통제하고 관리하는데 이를 예외에 의한 관리라고 한다.

3 표준원가계산의 한계점

① 표준원가계산제도를 수립하고 운영하는데 많은 비용이 수반된다. 그 이유는 각각의 원재료와 노무원가 등에 대한 상세한 표준이 설정되어야 할 뿐만 아니라 환경변화에 따라 수정되어야 하기 때문이다. 그러므로 표준원가계산은 생산기술이 안정화되어 있고 기업업무의 변화가 적은 상황에서만 유용하다고 볼 수 있다.

② 원가차이에 대한 수정 조치가 적시에 이루어지지 못할 수 있다. 일반적으로 원가차이는 월 또는 분기별로 보고되는데 이는 중요한 문제를 수정조치 하는데 적시성이 떨어질 수 있다.

③ 표준에 대한 설정이 잘못되면 차이분석을 하는 자체가 무의미해진다.

④ 예외에 의한 관리에 중점을 두게 되면 하급자들이 불리한 차이를 감추거나 보고하지 않을 가능성이 있다.

⑤ 전부원가계산하에서 고정제조간접원가의 경우 생산량이 증가할수록 유리한 조업도차이가 발생하므로 경영자는 과다생산의 유인이 있다. 이러한 경우 재고과잉의 문제가 발생한다.

4 표준원가계산의 역기능

1) 과다재고보유의 가능성

원재료가격차이를 구매부서 관리자의 성과평가자료로 활용할 경우 과다재고를 보유할 가능성이 있다. 왜냐하면 원재료를 대량구입시 할인을 받을 수 있기 때문이다. 이러한 경우 필요이상의 재고를 보유하여 재고유지비용이 증가된다. 이에 대한 대처방법은 과다재고보유에 대한 재고유지비용을 구매부서에 부담시켜 과다재고보유의 유인을 감소시키거나 필요한 원재료만을 구입하도록 하는 적시생산시스템(just-in-time production system)을 도입하는 것이다.

2) 외부효과

외부효과(externality)란 개인의 행동이 조직 내의 다른 개인에게 영향을 미칠 수 있을 경우에 발생한다. 예를 들면 구매부서가 품질이 좋지 않은 원재료를 구입할 경우 이는 제조부문에 영향을 미쳐 불량품의 증가, 재작업의 증가 및 기계고장을 발생시킬 수 있다. 이에 대한 대처방법은 원재료 구입시 검사를 철저히 하고, 구매부서의 성과평가시 재료능률(수량)차이도 포함시키는 것이다.

외부효과를 해결하기 위해서는 부문관리자가 자신과 관련이 없는 원가차이에 대하여도 책임을 지게 하는 것이다. 이런 경우 부문경영자는 자신과 관련이 없는 원가차이들에 영향을 줄 수 있는 다른 부문관리자들을 감시하게 되는데, 이를 상호감시의 유인(mutual monitoring incentives)이라고 한다.

3) 최대노력의 포기

부문관리자가 표준을 달성하여 상여금을 받게 되면 더 이상 노력을 하지 않을 수 있다. 왜냐하면 과거실적이 너무 좋아 달성하기 어려운 새로운 표준이 설정되면 부문관리자는 처음부터 노력을 포기하기 때문이다. 이에 대한 대처방법은 지속적인 개선이 이루어지도록 달성가능한 표준을 설정하는 것이다.

5 표준원가계산의 변화

① 표준원가가 성과평가의 척도로 사용될 경우 달성가능한 표준원가보다는 지속적인 개선을 위하여 이상표준원가(ideal standard costs, 이론적표준원가)의 개념이 적용되고 있다. 이러한 이상표준원가는 지속적인 원가절감이 가능하게 한다.

② 자동화된 환경하에서는 차이분석의 주기가 단축되고 있다. 생산주기가 짧아지면서 월단위 차이보고서는 유용성이 감소되었고, 일단위로 차이를 보고하는 조직들이 많아졌다.

③ 적시생산시스템이 도입됨에 따라 재료가격차이는 산출되지 않는다. 왜냐하면 재료가격차이는 공급업자와의 장기계약에 따라 미비하거나 존재하지 않는 경우가 많기 때문이다.

④ 자동화된 환경 하에서는 표준원가를 대신하여 제품의 품질이나 적시조달과 같은 새로운 성과평가척도가 적용됨에 따라 표준원가는 재고자산평가와 매출원가의 산정과 같은 재무보고 목적에 초점이 맞추어지고 있다.

SECTION 02

표준의 설정

기업에서 표준원가계산을 적용하기 위해서는 먼저 표준원가를 설정해야 하는데, 표준원가란 효율적인 작업조건하에서 제품 1단위를 생산할 때 달성 가능한 원가 또는 발생할 것으로 예상되는 원가를 말한다. 표준을 설정할 때는 과거의 자료뿐만 아니라 미래의 기대치도 반영해야 한다.

제품 1단위당 표준원가는 기본적으로 물량단위로 표시되는 표준수량(SQ)과 화폐금액으로 표시되는 표준가격(SP)으로 구성되고 다음과 같은 식으로 표현된다.

> 표준원가 = 표준수량(SQ) × 표준가격(SP)
>
> - SQ(standard quantity allowed for actual output) : 실제산출물에 허용된 표준수량
> - SP(standard price per unit of input) : 투입물 단위당 표준가격

표준원가계산은 기초에 원가요소별로 직접재료원가, 직접노무원가, 변동제조간접원가와 고정제조간접원가에 대해 제품 1단위당 표준원가를 설정한다. 다음은 원가요소별 표준설정과 관련된 설명이다.

예를 들어 어떤 제품을 1단위 생산하는데 직접재료에 대하여 3kg을 허용하고 ₩5/kg의 가격을 설정한다면 이는 제품 1단위당 표준원가가 ₩15이 된다. 또한 제품 1단위를 생산하는데 노무시간을 2시간 허용하고 노무시간당 직접노무원가, 변동제조간접원가와 고정제조간접원가를 각각 ₩3/시간, ₩2/시간과 ₩5/시간을 설정한다면 이는 각각 제품 단위당 ₩6, ₩4과 ₩10이 된다. 이는 다음과 같이 표준원가표로 나타낼 수 있다.

❖ 표준원가표 ❖

	표준수량(SQ)	×	표준가격(SP)	=	단위당 표준원가
직접재료원가	3kg		₩5/kg		₩15/개
직접노무원가	2시간		₩3/시간		6
변동제조간접원가	2시간		₩2/시간		4
고정제조간접원가	2시간		₩5/시간		10
					₩35/개

표준원가표에 있는 원가요소별 제품 1단위당 표준원가에 기중에 생산되는 실제생산량(또는 환산량)만을 곱하여 당기투입원가(SQ × SP)를 구할 수 있다. 물론 당기투입원가(SQ × SP)는 기말시점에 원가요소별 실제원가와 비교하여 원가차이는 재고자산과 손익에 반영하여 보고하고 원가요소별 가격차이와 능률차이는 원가통제와 성과평가의 대상이 된다.

1 표준직접재료원가

제품단위당 표준직접재료원가 = 제품 1단위당 표준수량(SQ) × 재료의 단위당표준가격(SP)

1) 표준수량(SQ)

제품 1단위를 생산하는데 허용된 원재료의 수량으로서 정상적인 공손이나 감손을 고려하여 설정한다.

2) 표준가격(SP)

표준가격은 기업이 지급할 것으로 예상되는 한 단위의 표준원재료에 대한 가격이다. 표준가격은 원재료의 구입가격 뿐만 아니라 운반, 하역 등과 관련된 부대비용 및 매입할인 등을 고려하여 설정한다.

2 표준직접노무원가

제품단위당 표준직접노무원가 = 제품 1단위당 표준직접노동시간(SQ) × 노동시간당 표준임률(SP)

1) 표준수량(SQ)

제품 1단위를 생산하는데 허용된 노동(작업)시간으로서, 실질적인 노동시간뿐만 아니라 휴식시간, 대기시간, 기계고장시간과 기계수선시간 등을 고려하여 설정한다.

2) 표준가격(SP)

표준직접노동시간에 대하여 허용된 표준임률을 의미하는 것으로 근로자들에게 지급되는 임금뿐만 아니라 기타 노무관련원가를 고려하여 설정하여야 한다.

3 표준제조간접원가

제조간접원가는 변동원가요소와 고정원가요소가 혼합되어 있어 투입 · 산출간의 관계를 파악하기 어렵다. 이러한 이유로 표준제조간접원가는 일정기간에 발생할 수많은 항목들의 합인 제조간접원가예산액으로 설정된다. 그러나 표준원가계산에 의해 당기투입원가를 구하기 위해서는 제조간접원가가 총액이 아닌 제품 1단위당 표준변동제조간접원가와 제품 1단위당 표준고정제조간접원가로 설정되어야 한다.

(1) 표준변동제조간접원가

변동제조간접원가란 조업도가 변화함에 따라 총액이 비례적으로 증감하는 제조간접원가로서 이에는 간접재료원가, 간접노무원가, 연료비, 전력비 및 수선비등이 있다.

제품단위당 표준변동제조간접원가 = 제품 1단위당 표준조업도(SQ) × 표준배부율(SR, SP)

1) 표준조업도(SQ)

제품 1단위를 생산하는데 허용된 조업도를 의미하며 표준조업도에는 노동시간, 기계시간, 재료투입량 등이 있다.

2) 표준배부율(SR, SP)

선택된 조업도에 대한 표준배부율(standard application rate)을 의미하며, 이는 변동제조간접원가예산과 기준조업도(denominator level)를 통해 추정한다.

(2) 표준고정제조간접원가

고정제조간접원가란 일정한 조업도범위 내에서 조업도의 변화와 관계없이 총액이 일정한 제조간접원가로서 이에는 공장과 기계장치의 감가상각비, 임차료, 공장관리자의 연간급여, 보험료 및 재산세 등이 있다.

제품단위당 표준고정제조간접원가 = 제품 1단위당 표준조업도(SQ) × 표준배부율(SR, SP)

1) 표준조업도(SQ)

제품 1단위를 생산하는데 허용된 조업도를 의미하며, 표준조업도에는 노동시간, 기계시간, 재료투입량 등이 사용될 수 있다.

2) 표준가격(SR, SP)

선택된 조업도에 대한 표준배부율을 의미하며, 이는 고정제조간접원가예산과 기준조업도(denominator level)를 통해 추정한다. 고정제조간접원가예산은 변동제조간접원가예산과 달리 관련 범위 내에서 조업도에 비례하지 않고 총액으로 나타난다.

$$고정제조간접원가\ 표준배부율 = \frac{고정제조간접원가예산}{기준조업도^{*}}$$

* 기준조업도 : 공급측면을 고려한 이론적 최대조업도 · 실제적 최대조업도와 수요측면을 고려한 정상조업도 · 연간 기대조업도로 크게 나누어진다.

구분	내용
이론적 최대조업도	• 최상의 작업환경에서 최고의 능률로 생산설비를 100% 가동할 경우의 조업도로서 이론적으로만 생산가능한 조업도
실제적 최대조업도	• 이론적 최대조업도에서 정상적인 수선, 기계고장 및 종업원의 휴식기간 등 불가피한 작업중단에 따른 조업도 감소분을 고려한 조업도 • 불리한 원가차이가 손금인정시 순이익이 가장 낮아 세금의 이연효과가 극대화됨
정상조업도	• 수요의 계절적, 주기적 변동 및 추세변동을 평준화시킨 조업도 • 매출액변동이 큰 계절상품의 경우 안정적인 제품가격 유지 가능
연간 기대조업도	• 다음 회계연도의 예상되는 판매량을 기초로 결정한 조업도 • 경영자가 다음 연도의 예산상 이익을 달성하기 위한 예측판매량이 고려됨 • 종합예산편성의 자료로 이용되어 종합예산조업도라고도 함 • 단기적인 계획과 통계측면에서 유용함

SECTION

03 원가차이분석

원가차이분석은 당기에 발생한 원가요소별 실제원가를 당기총제조원가상 장부금액인 표준원가와 비교하여 그 차이를 식별하고 각 차이의 원인을 규명한 것이다. 이러한 차이분석은 원가통제와 성과평가에 유용한 정보를 제공한다.

원가차이로는 유리한 차이(favorable variance : F)와 불리한 차이(unfavorable variance : U)가 있는데, 유리한 차이는 장부금액보다 실제발생원가가 작아 이익을 증가시키고 불리한 차이는 장부금액보다 실제발생원가가 더 커서 이익을 감소시킨다.

예제 01 원가차이 분석

당기에 영업을 개시한 (주)서울은 원가관리를 목적으로 표준원가계산시스템을 사용하고 있으며, 직접노동시간을 기준으로 제조간접원가를 배부하고 있다. 제품 1단위당 표준원가는 다음과 같다.

	표준수량	×	표준가격	=	단위당 표준원가
직접재료원가	3kg		₩5/kg		₩15/개
직접노무원가	2시간		3/시간		6
변동제조간접원가	2시간		2/시간		4
고정제조간접원가	2시간		5/시간		10
					₩35/개

1) (주)서울의 연간 고정제조간접원가 예산은 ₩100,000이고, 기준조업도는 20,000직접노동시간(10,000개)이다.
2) 당기에 실제생산량은 6,000개이며, 재공품재고는 존재하지 않는다. 실제생산량 6,000개에 대한 실제발생원가는 다음과 같다.

직접재료원가	16,800kg × ₩6/kg =	₩100,800
직접노무원가	10,800시간 × ₩2.5/시간 =	27,000
변동제조간접원가		32,400
고정제조간접원가		90,000
합 계		₩250,200

3) 당기에 구입한 원재료는 20,000kg(₩6/kg)이다.

[물 음] 원가요소별로 모든 원가차이를 구하시오.

해답

(1) 원가흐름

i) 가격차이 구입시점 분리

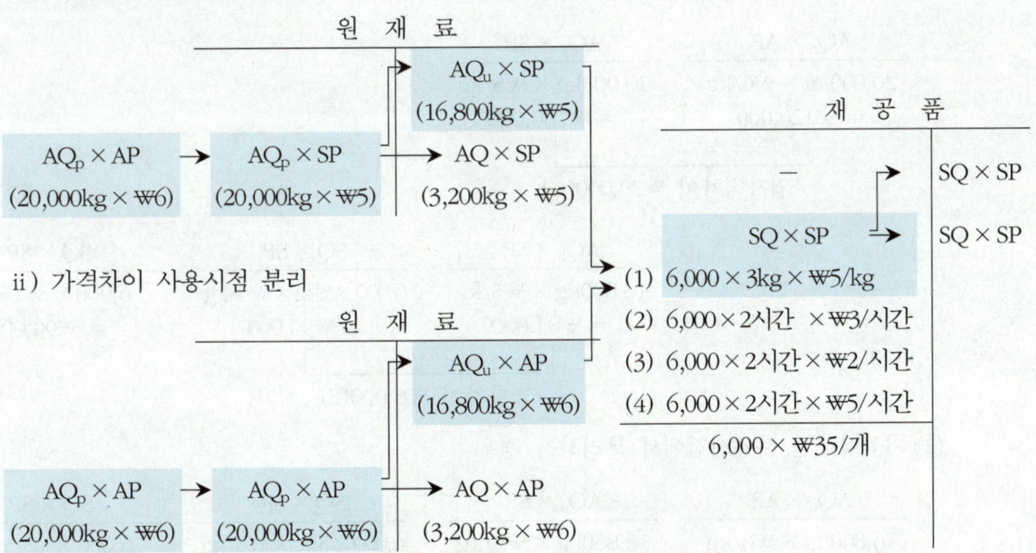

표준원가계산은 제품 단위당 표준원가에 실제생산량을 곱하여 당기투입원가(당기총제조원가)를 표준원가로 기록한다. 당기투입원가가 표준원가이므로 완성품원가와 기말재공품원가도 표준원가로 기록된다.

(2) 고정예산

원가요소별 표준수량과 표준가격을 통하여 고정예산을 추정하면 다음과 같다.

1. 직접재료원가(SP) $= \dfrac{₩150,000}{10,000 \times 3kg} = ₩5/kg$

2. 직접노무원가(SP) $= \dfrac{₩60,000}{10,000 \times 2시간} = ₩3/시간$

3. 변동제조간접원가(SP) $= \dfrac{₩40,000}{10,000 \times 2시간} = ₩2/시간$

4. 고정제조간접원가(SP) $= \dfrac{₩100,000}{10,000 \times 2시간} = ₩5/시간$

(3) 원가차이

1) 직접재료원가

① 가격차이를 구입시점에서 분리하는 경우

$AQ_p \times AP$	$AQ_p \times SP$		
20,000kg × ₩6/kg = ₩120,000	20,000kg × ₩5/kg = ₩100,000		
구입가격차이 ₩20,000(U)			
	$AQ_u \times SP$	$SQ \times SP$	$SQ \times SP$
	16,800kg × ₩5/kg = ₩84,000	6,000 × 3kg × ₩5/kg = ₩90,000	6,000 × ₩15/개 = ₩90,000
	능률차이 ₩6,000(F)		

② 가격차이를 사용시점에서 분리하는 경우

$AQ_u \times AP$	$AQ_u \times SP$	$SQ \times SP$	$SQ \times SP$
16,800kg × ₩6/kg = ₩100,800	16,800kg × ₩5/kg = ₩84,000	6,000 × 3kg × ₩5/kg = ₩90,000	6,000 × ₩15/개 = ₩90,000
가격차이 ₩16,800(U)		능률차이 ₩6,000(F)	

2) 직접노무원가

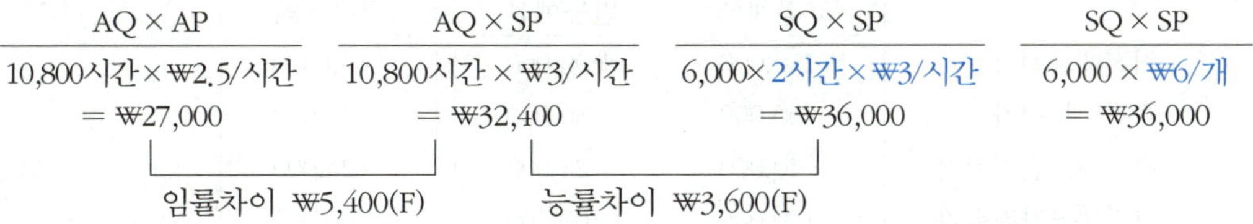

3) 변동제조간접원가

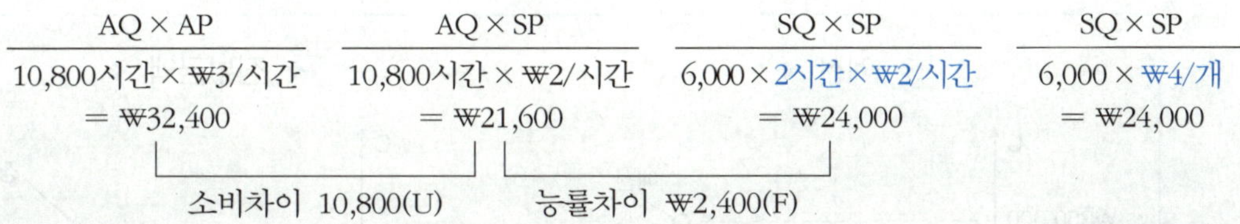

4) 고정제조간접원가

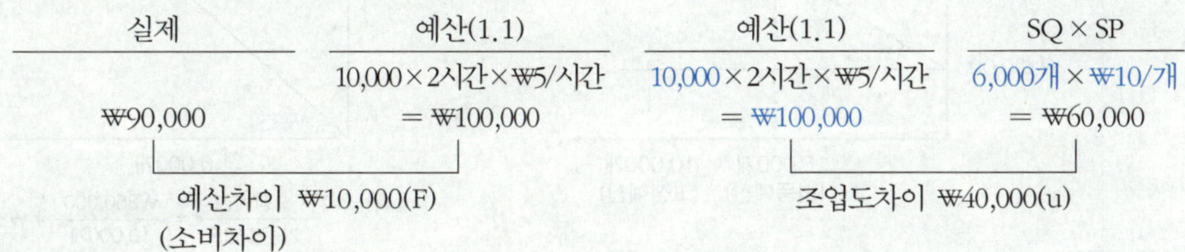

(4) 예산과 장부금액

	(10,000, 6,000) 변동원가계산		(10,000, 6,000) 전부원가계산
가 격(P)	?	가 격(P)	?
변동원가(VC)	3kg × ₩5/kg + 2시간 × ₩3/시간 + 2시간 × ₩2/시간	전부원가(VC + fc)	15 + 6+ 4 + 10*
공헌이익(CM)	?	매출총이익	
고정원가(FC)		판매관리비	? + ?
(1) 제조간접원가	₩100,000		
(2) 판매관리비	?		

$* \dfrac{\text{고정제조간접원가예산}}{\text{기준조업도}} = \dfrac{₩100,000}{10,000}$

	(10,000개) 고정예산	(6,000개) 변동예산	(6,000개) 장부금액
직접재료원가	₩150,000	₩90,000	₩90,000
직접노무원가	60,000	36,000	36,000
변동제조간접원가	40,000	24,000	24,000
고정제조간접원가	100,000	100,000	60,000
	₩350,000	₩250,000	₩210,000

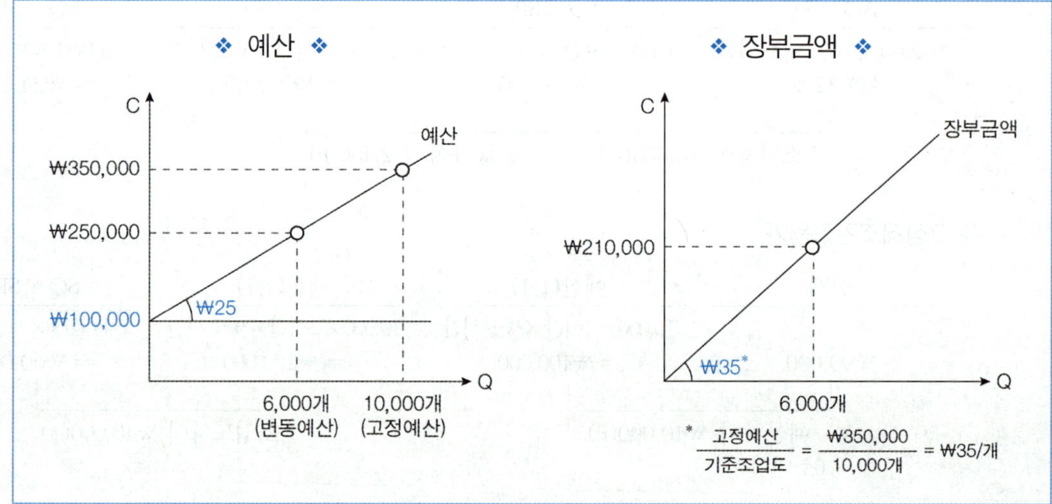

고정예산과 변동예산은 단위당 변동원가와 고정제조간접원가가 동일하다. 이와 달리 표준원가로 기록된 장부금액은 단위당 변동원가는 동일하지만 고정제조간접원가는 다르다. 장부금액은 고정제조간접원가를 고정예산 · 변동예산과 달리 고정원가가 아닌 변동원가처럼 취급한다.

※ 원가차이분석시 주의할 사항은 다음과 같다.

① 직접재료원가의 가격차이를 구입시점에서 분리하든 사용시점에서 분리하든 직접재료원가의 능률차이는 동일하다.

② 제품 1단위당 동일한 표준수량을 사용하는 경우 직접노무원가, 변동제조간접원가와 고정제조간접원가의 장부금액 비율은 표준가격의 비율차이와 일치한다.

③ 제품 1단위당 동일한 표준수량을 사용하는 경우 직접노무원가와 변동제조간접원가의 능률차이의 비율은 표준가격의 비율차이와 일치한다.

④ 변동제조간접원가의 능률차이는 변동제조간접원가를 구성하는 각 항목들의 능률차이가 아니라 배부기준으로 선택된 조업도의 사용에 있어서의 능률과 관련된 것이다.

⑤ 고정제조간접원가의 예산과 장부금액은 단위당 고정원가가 동일하므로 능률차이는 없고 조업도 차이만 있다.

⑥ 고정제조간접원가를 변동원가화하여 나타난 조업도차이는 성과평가에서 제외된다.

⑦ 변동예산은 고정예산에서 조업도의 변화에 따라 고정제조간접원가를 제외한 변동제조원가만 증감하지만 장부금액은 조업도의 변화에 따라 고정제조간접원가도 증감한다.

1 직접재료원가

직접재료원가차이(direct material variance)는 실제직접재료원가와 실제생산량에 허용된 표준수량(SQ)×표준가격(SP)의 차이로서 이 차이는 가격차이와 능률(수량)차이로 나누어진다. 일반적으로 가격차이는 구매부문이 능률차이는 제조부문이 책임을 갖는다.

(1) 재료원가 가격차이

재료원가 가격차이(material price variance)란 원재료의 표준가격(SP)과 실제가격(AP)의 차이를 말하며, 실제가격(AP)이 표준가격(SP)보다 작다면 원가가 적게 발생되어 유리(F)한 차이이고 반대의 경우에는 불리(U)한 차이이다.

재료원가 가격차이는 다음과 같이 구입시점에서 가격차이를 분리하는 경우와 사용시점에서 분리하는 경우로 나누어진다.

1) 가격차이 구입시점에서 분리

$AQ_p \times AP - AQ_p \times SP = AQ_p \times (AP - SP)$

- AQ_p(actual quantity of material purchased) : 실제구입량
- AP(actual price per unit of input) : (투입물단위당) 실제가격
- SP(standard price per unit of input) : (투입물단위당) 표준가격

재료구입시점에서 가격차이를 분리하는 경우에는 실제구입량(AQ_p)에 대한 구입가격차이(material purchase price variance)를 분석한다. 이러한 경우 원재료계정은 표준가격(SP)으로 기록된다. 원재료계정이 표준가격(SP)으로 기록되는 경우 다음과 같은 장점이 있다.

① 전기와 당기의 표준가격(SP)이 동일한 경우 원가흐름의 가정이 필요 없어 기장업무와 관련된 비용을 절감할 수 있다.

② 원가차이에 대한 정보를 사용시점에서 분리하는 경우보다 빠르게 알 수 있어 그 원인에 대한 개선조치를 신속히 취할 수 있다.

2) 가격차이 사용시점에서 분리

$(AQ_u \times AP) - (AQ_u \times SP) = AQ_u \times (AP - SP)$

- AQ_u(actual quantity of material used) : 실제사용량
- AP(actual price per unit of input) : (투입물단위당) 실제가격
- SP(standard price per unit of input) : (투입물단위당) 표준가격

재료원가 가격차이를 사용시점에서 분리하는 경우에는 실제사용량(AQ_u)에 대한 가격차이를 분석한다. 이러한 경우 원재료계정은 실제가격(AP)으로 기록된다.

(2) 재료원가 능률(수량)차이

재료원가 능률(material efficiency variance 또는 material quantity variance)차이란 원재료의 효율적 사용과 관련된 차이이다. 원재료의 실제사용량(AQ_u)이 실제생산량에 허용된 표준투입량(SQ)보다 적게 투입된 경우에는 유리(F)한 차이이고, 반대의 경우에는 불리(U)한 차이이다.

여기에서 유의할 점은 재료원가 가격차이를 구입시점에서 분리하든 또는 사용시점에서 분리하든 재료원가 능률차이는 두 방법 모두 동일하다는 것이다.

1) 재료원가 능률차이

$(AQ_u \times SP) - (SQ \times SP) = (AQ_u - SQ) \times SP$

- SQ(standard quantity allowed for actual output) : 실제산출량에 허용된 표준투입량
- SP(standard price per unit of input) : 투입물단위당 표준가격

예제 1의 직접재료원가 가격차이와 능률차이를 나타내면 다음과 같다.

① 가격차이를 구입시점에서 분리하는 경우

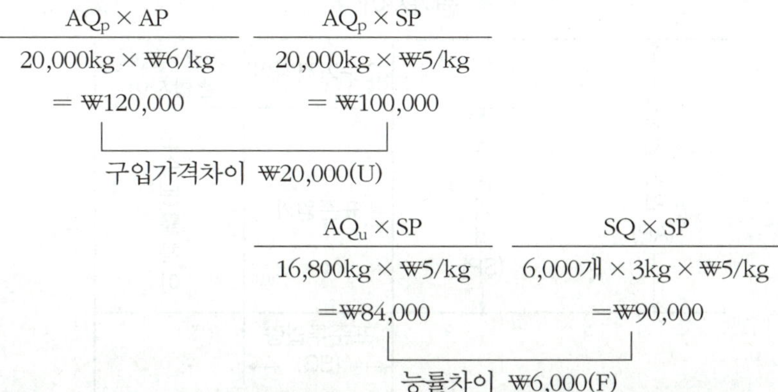

② 가격차이를 사용시점에서 분리하는 경우

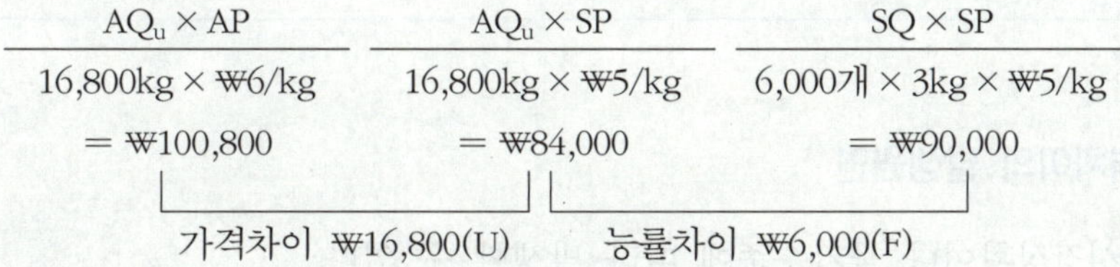

(3) 가격 · 능률 혼합차이

다음 그림에서 보듯이 원가차이는 순수가격차이와 순수능률차이 그리고 혼합차이(가격 · 능률)로 나누어진다. 혼합차이를 가격차이와 능률차이 중 어느 쪽에 포함시킬 것인가는 경영자가 두 차이 가운데서 어느 것을 더 중시하느냐에 따라 달라진다. 일반적으로 가격차이는 통제불능한 외부요인에 의해 발생되지만 능률차이는 통제가능하므로 능률차이에 대한 정보가 상대적으로 중요하다. 따라서 가능한 순수한 능률차이를 구하기 위해서는 가격 · 능률 혼합차이를 가격차이의 일부에 포함시킨다. 이러한 경우 가격차이는 순수가격차이와 가격 · 능률 혼합차이의 합으로 나타난다.

이와 같은 이유로 원가차이는 다음과 같다.

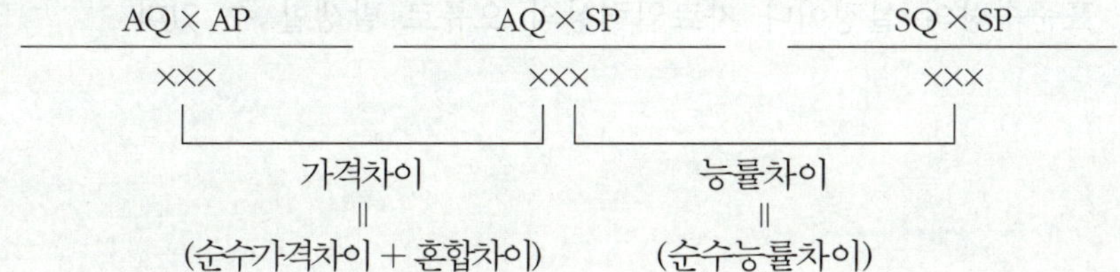

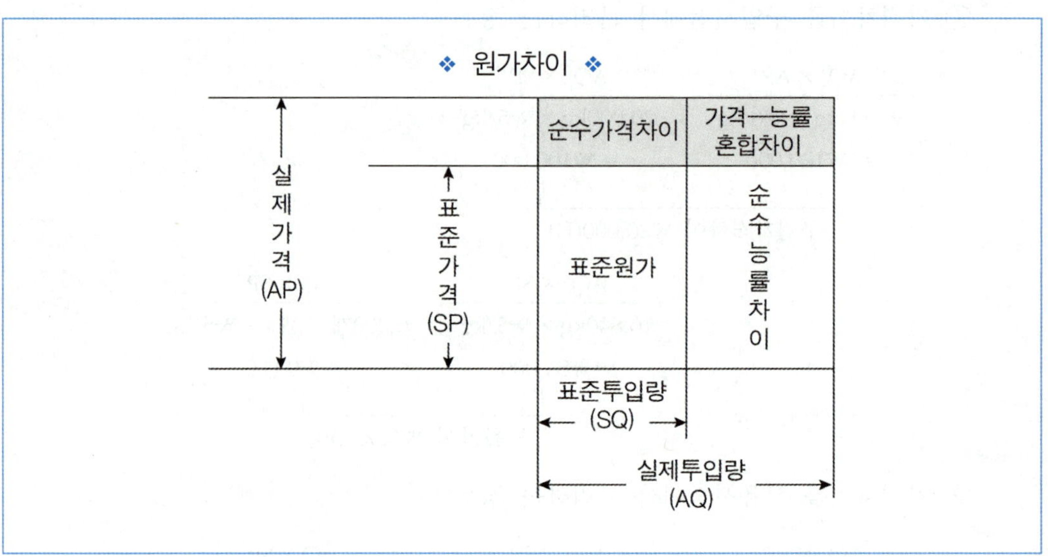

(4) 재료원가 가격차이의 발생원인

① 원재료의 시장상황이나 물가수준에 따라 발생할 수 있다.

② 구입처를 변경하여 구입하는 경우에 발생할 수 있다.

③ 표준설정시 가정한 재료와 상이한 재료를 구입한 경우에 가격차이가 발생할 수 있다.

④ 부적절한 표준가격의 설정이나 자료입력상의 오류로 발생할 수 있다.

(5) 재료원가 능률(수량)차이의 발생원인

① 노무자의 숙련도에 따라 능률차이가 발생할 수 있다.

② 표준설정시 가정한 재료의 질과 상이한 질의 재료를 사용하는 경우에도 능률차이가 발생할 수 있다. 예를 들어 저품질의 재료를 구입시 가격차이는 유리하지만 불량률이 높아 더 많은 재료를 투입해야 하므로 능률차이는 불리하게 된다.

③ 기술혁신에 의해서도 능률차이가 발생할 수 있다.

④ 부적절한 표준수량의 설정이나 자료입력상의 오류로 발생할 수 있다.

2 직접노무원가

직접노무원가차이(direct labor variance)란 실제직접노무원가와 실제생산량에 허용된 표준노동시간(SQ) × 표준임률(SP)의 차이로서 이 차이는 임률차이(labor rate variance, labor price variance : 가격차이)와 능률차이(labor efficiency variance)로 나누어진다. 일반적으로 임률차이는 인사부문이 능률차이는 제조부문이 책임을 갖는다.

다음은 직접노무원가차이 분석시 주의해야할 사항이다.

① 노동력은 원재료와 달리 저장 가능하지 않으므로 임률차이는 구입시점과 사용시점이 동일하다.

② 일반적으로 임률은 연봉계약이나 노동조합과의 단체협약을 통해 고정되어 있기 때문에 거의 발생하지 않는다. 그러므로 임률차이 보다는 능률차이가 차이분석시 보다 중요한 차이가 될 것이다.

③ 직접재료원가의 혼합차이와 마찬가지로 직접노무원가 혼합차이도 순수능률차이를 구하기 위해 임률차이에 포함시킨다.

1) 직접노무원가 임률차이

$$(AQ \times AP) - (AQ \times SP) = AQ \times (AP - SP)$$

2) 직접노무원가 능률차이

$$(AQ \times SP) - (SQ \times SP) = (AQ - SQ) \times SP$$

- AQ(actual quantity) : 실제노동시간
- AP(actual price) : 노동시간당 실제가격
- SQ(standard quantity) : 실제산출량에 허용된 표준노동시간
- SP(standard price) : 노동시간당 표준임률

예제 1의 직접노무원가 임률(가격)차이와 능률차이를 나타내면 다음과 같다.

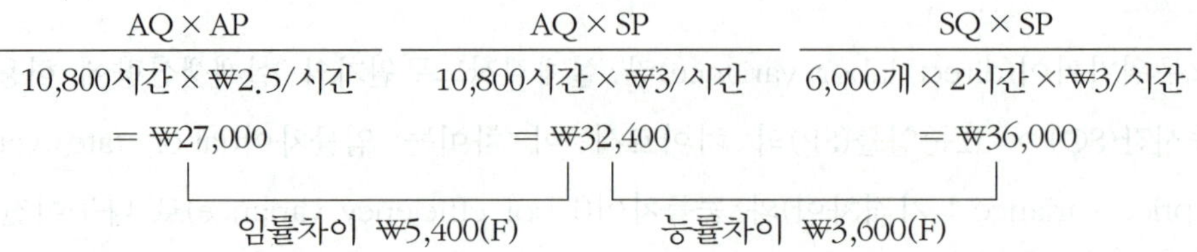

(1) 직접노무원가 임률차이의 발생원인

① 생산작업을 위하여 실제사용된 노동력의 등급에 따라서 임률차이가 발생할 수 있다. 예를 들면 저임률의 비숙련 노동자를 사용해야 하는 곳에 고임률의 숙련 노동자를 투입하면 불리한 가격차이가 발생된다.

② 저임률의 노동자 사용은 능률적이지 못해 초과근무를 하게 된다. 초과근무시 초과근무 수당이 직접노무원가계정에 부과되어 실제노무원가가 증가되면 임률차이가 불리하게 발생된다.

③ 부적절한 표준임률의 설정이나 자료입력상의 오류가 발생한 경우이다.

(2) 직접노무원가 능률차이의 발생원인

① 노동인력의 등급에 따라서 능률차이가 발생한다. 기술수준이 높은 숙련 노동자는 비숙련 노동자에 비해 생산성이 높아 유리한 능률차이가 발생된다. 물론 임률차이는 불리하게 발생되지만 일반적으로 직접노무원가의 총차이는 유리하게 나타난다.

② 저질의 원재료나 낙후된 설비로 인해 작업시간이 많이 소요되거나 조업이 중단될 수 있는데, 이러한 경우 불리한 능률차이가 발생한다.

③ 부적절한 표준시간의 설정이나 자료입력상의 오류가 발생한 경우이다.

(3) 직접노무원가 차이에 대한 책임

① 임률차이는 인사부문이 책임을 갖는다. 그러나 임률차이가 노동의 비효율적인 사용에 의해 발생한 경우에는 제조부문이 책임을 갖게 된다.

② 능률차이는 제조부문이 책임을 갖는다. 그러나 잘못된 저질의 노동자를 고용하여 발생된 능률차이인 경우에는 인사부문도 책임을 갖게 된다.

3 변동제조간접원가

변동제조간접원가차이(variable overhead variance)란 변동제조간접원가 실제발생액과 실제생산량에 허용된 표준조업도(SQ) × 표준배부율(SP)의 차이로서 이 차이는 소비차이(spending variance)와 능률차이(efficiency variance)로 나누어진다.

소비차이는 실제발생한 변동제조간접원가와 실제조업도(AQ) × 표준배부율(SP)의 차이로서 가격차이가 아닌 소비차이라고 하는데 그 이유는 다음과 같다.

① 표준원가계산에서는 변동제조간접원가가 매우 많은 항목으로 구성되어 있음에도 불구하고 변동제조간접원가를 단일의 조업도(노동시간, 기계시간)에 비례하는 것처럼 나타낸다. 이는 구성항목들의 실제 가격차이가 아니므로 소비차이라고 한다.

② 소비차이에는 변동제조간접원가 항목들의 가격차이뿐만 아니라 수량차이도 포함되어 있다. 예를 들어 수도물 사용시 리터당 실제요금이 더 비싸거나 실제사용량이 많은 경우 실제원가는 증가하게 되어 소비차이가 불리하게 된다. 불리한 소비차이는 과소비와 동일하다. 왜냐하면 과소비란 비싼 것을 구입하거나 필요이상 많이 소비하는 경우를 모두 포함하기 때문이다.

1) 변동제조간접원가 소비차이

(AQ × AP) − (AQ × SP) = AQ × (AP − SP)

2) 변동제조간접원가 능률차이

(AQ × SP) − (SQ × SP) = (AQ − SQ) × SP

- AQ(actual quantity) : 실제조업도
- AP(actual application rate, AR) : 조업도 단위당 실제배부율
- SQ(standard quantity) : 실제산출량에 허용된 표준조업도
- SP(standard application rate, SR) : 조업도 단위당 표준배부율

여기서 주의할 점은 실제변동제조간접원가를 실제배부율에 실제조업도를 곱하여 구하는 것이 아니라 기말에 실제발생한 제조간접원가를 원가행태별로 변동제조간접원가와 고정제조간접원가로 분류하여 구한다는 것이다. 그러므로 변동제조간접원가의 실제배부율은 기말에 집계된 실제변동제조간접원가를 선택된 실제조업도로 나누어 사후적으로 구하게 된다.

예제 1의 변동제조간접원가 소비차이와 능률차이를 나타내면 다음과 같다.

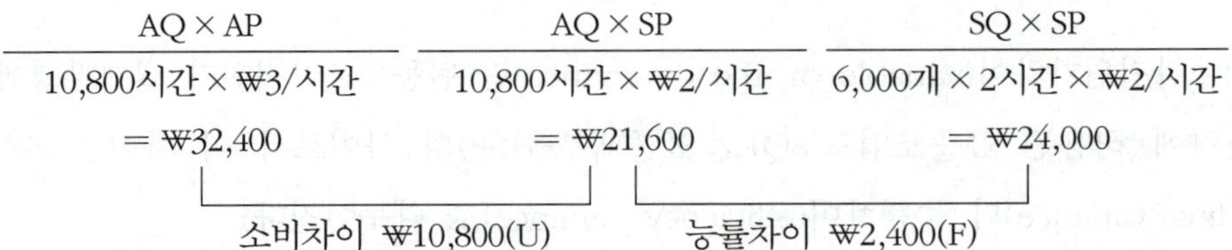

예제 1에서와 같이 변동제조간접원가가 직접노동시간을 기준으로 배부되는 경우에는 직접노무원가 차이분석에 사용된 실제투입량과 표준투입량이 변동제조간접원가 차이분석에도 그대로 사용된다. 이러한 경우 직접노무원가의 능률차이와 변동제조간접원가의 능률차이는 표준가격에 비례하여 나타난다.

(1) 변동제조간접원가 소비차이의 발생원인

① 변동제조간접원가 구성항목들의 가격차이와 능률차이로 발생할 수 있다.

② 변동제조간접원가의 표준배부율이 잘못 설정된 경우이다.

(2) 변동제조간접원가 능률차이의 발생원인

변동제조간접원가 능률차이 발생원인은 변동제조간접원가를 구성하는 개별항목의 능률적 또는 비능률적 사용이기 보다는 변동제조간접원가의 배부기준으로 선택된 조업도(노동시간, 기계시간)의 사용에 있어서의 능률과 관련된다.

4 고정제조간접원가

고정제조간접원가차이(fixed overhead variance)란 고정제조간접원가 실제발생액과 실제생산량에 허용된 표준조업도(SQ)×표준배부율(SP)의 차이로서 이 차이는 소비차이(spending variance)와 조업도차이(denominator volume variance)로 나누어진다. 소비차이는 실제발생한 고정제조간접원가와 기초에 설정한 고정제조간접원가 예산의 차이로서 이를 예산차이(budget variance)라고도 한다.

고정제조간접원가 소비차이도 다음과 같은 이유로 가격차이가 아니라 소비차이라고 한다.

① 표준원가계산에서는 고정제조간접원가가 매우 많은 항목으로 구성되어 있음에도 불구하고 고정제조간접원가를 단일의 조업도(노동시간, 기계시간)에 비례하는 것처럼 나타낸다. 이는 구성항목들의 실제 가격차이가 아니므로 소비차이라고 한다.

② 소비차이에는 고정제조간접원가 항목들의 가격차이뿐만 아니라 수량차이도 포함되어 있다. 예를 들어 기계장치 리스시 실제 대당 리스료가 비싸거나 더 많은 수량을 리스시 실제고정제조간접원가가 증가하게 되어 소비차이는 불리하게 된다.

1) 고정제조간접원가 예산(소비)차이

고정제조간접원가 실제발생액 − 고정제조간접원가 예산

2) 고정제조간접원가 조업도차이

고정제조간접원가 예산 − 고정제조간접원가 배부액(SQ × SP)

= (기준조업도 − 실제생산량) × 제품 1단위당 고정제조간접원가 표준배부율

예제 1의 고정제조간접원가 예산(소비)차이와 조업도차이를 나타내면 다음과 같다.

실제 발생액	예 산	SQ × SP
	10,000개 × (2시간 × ₩5/시간*)	6,000개 × (2시간 × ₩5/시간*)
	10,000개 × ₩10/개	6,000개 × ₩10/개
₩90,000	= ₩100,000	= ₩60,000

예산차이 ₩10,000(F)　　조업도차이 ₩40,000(U)

$$* \frac{\text{고정제조간접원가예산}}{\text{기준조업도}} = \frac{₩100,000}{10,000\text{개}} = ₩10/\text{개}$$

$$= \frac{₩100,000}{10,000\text{개} \times 2\text{시간}} = ₩5/\text{시간}$$

(1) 고정제조간접원가 예산(소비)차이의 발생원인

① 고정제조간접원가 구성항목들의 가격차이와 능률차이로 발생할 수 있다.

② 고정제조간접원가의 표준배부율이 잘못 설정된 경우이다.

(2) 고정제조간접원가 조업도차이의 발생원인

고정제조간접원가의 조업도차이는 기준조업도와 실제생산량에 대한 차이이다. 발생원인은 변동원가처럼 고정제조간접원가에 대하여도 단위당 표준원가를 기초에 설정하기 때문이다.

예제 1의 조업도차이는 다음과 같이 나타낼 수 있다.

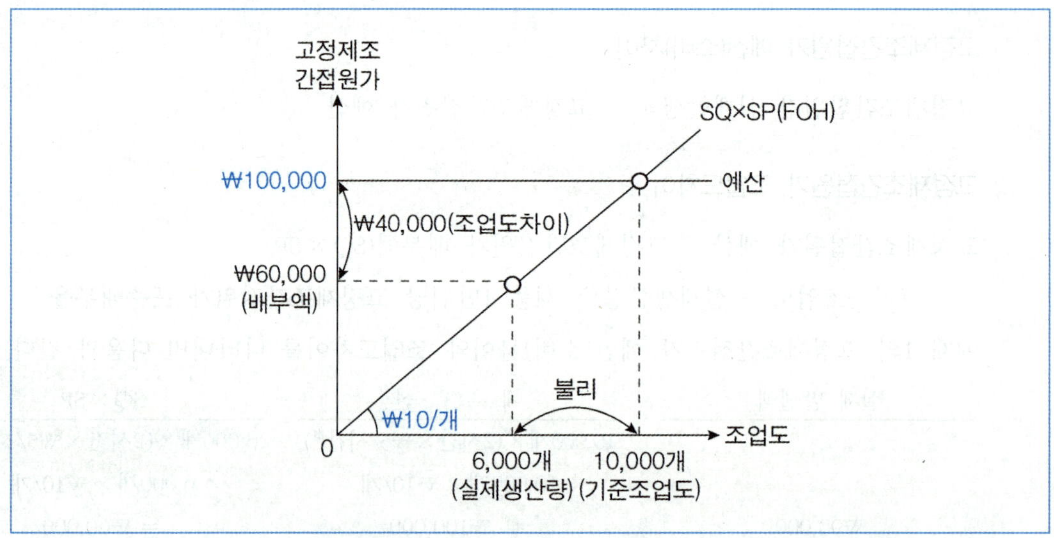

기초에 설정된 예산 ₩100,000은 조업도 수준에 상관없이 일정하지만 단위당 고정제조간접원가를 설정하기 위해 기준조업도(10,000개)로 나누어주면 단위당 고정제조간접원가는 ₩10/개이 된다. 이러한 경우 고정제조간접원가는 더 이상 고정원가가 아니라 변동원가의 성격이 된다. 왜냐하면 단위당 고정제조간접원가 ₩10/개에 실제생산량을 곱하면 배부액(SQ×SP)이 되는데, 이 배부액은 생산수량에 따라 변동되기 때문이다. 그러므로 배부액은 더 이상 고정원가가 아닌 변동원가이다. 이는 회계상 오류가액으로서 제조부문의 능률과는 아무런 관련이 없다.

(3) 기준조업도와 실제생산량의 관계

실제생산량 < 기준조업도 : 불리한 차이

실제생산량 > 기준조업도 : 유리한 차이

① 일반적으로 기준조업도를 높게 설정하면 불리한 차이가 발생되고 기준조업도를 낮게 설정하면 유리한 차이가 발생된다.

② 실제생산량이 증가할수록 유리한 조업도차이가 발생한다. 이러한 경우 경영자는 과다생산을 하게 되어 재고과잉의 문제가 발생한다.

(4) 고정제조간접원가 조업도차이와 성과평가

조업도차이는 통제불가능한 원가차이로서 제조부문의 성과평가시 제외되는데, 그 이유는 다음과 같다.

① 고정원가의 성격은 총액이 일정하고 조업도에 따라 단위당 고정원가가 변동된다. 그러나 표준원가계산에서는 제품 1단위당 고정제조간접원가를 기초에 미리 결정하여 실제생산량에 상관없이 단위당 고정원가가 일정하게 된다. 이러한 경우 고정제조간접원가는 더 이상 고정원가가 아닌 변동원가의 성격이 된다. 이는 회계상 오류가액으로서 제조부문과는 아무런 관련이 없다.

② 고정제조간접원가의 예산과 장부금액은 제품 1단위당 고정제조간접원가가 동일하므로 예산과 장부금액의 차이는 기준조업도와 실제생산량의 차이이다. 이러한 조업도차이는 대부분 기준조업의 선택과 관련하여 발생하는 차이이므로 예측을 잘못한 경영자의 책임이 될 것이다.

③ 판매부문이 목표판매량을 달성하지 못하는 경우 제조부문의 실제생산량이 감소되어 불리한 조업도차이가 발생할 수 있다. 이는 제조부문이 아니라 판매부문이 목표를 달성하지 못해서 발생한 차이가 된다.

(5) 수요의 하향악순환

기준조업도로 연간기대조업도 사용시 너무 낮은 예측판매량을 설정하는 경우 단위당 고정원가가 증가하여 제품원가가 증가하고 이로 인해 판매가격이 상승하여 실제판매량이 감소하게 된다. 이러한 경우 차기 연간기대조업도는 더욱 낮게 설정되며, 단위당 고정원가는 더욱 높아진다. 원가가 높아지므로 판매가격이 상승하여 실제판매량도 감소하게 되는데 이러한 일련의 과정을 수요의 하향악순환(downward demand spiral)이라고 한다.

> 제품수요↓ → 기대조업도↓ → 단위당고정제조간접원가↑ → 단위당원가↑
> → 제품가격↑ → 제품수요↓

기업은 수요의 하향악순환을 막기 위해 기준조업도로 실제적인 최대조업도를 사용하기도 하는데, 실제적인 최대조업도를 사용시 장점은 다음과 같다.

① 정상조업도 또는 연간기대조업도는 미사용 생산능력의 원가를 제품원가에 전가시켜 단위당 원가가 상승하는 문제점이 있다. 이와 달리 실제적 최대조업도를 사용하는 경우 단위당 원가가 하락하게 되어 판매가격을 감소시켜 가격경쟁력을 높일 수 있다.

② 획득된 생산능력과 사용된 생산능력의 차이인 미사용 생산능력의 파악으로 단기적으로는 특별주문수락의 수락여부, 장기적으로는 다운사이징(downsizing)과 같이 의사결정에 유용한 정보를 얻게 된다.

③ 실제적 최대조업도를 사용하는 경우 일반적으로 불리한 원가차이가 발생된다. 불리한 원가차이가 비용(손금)으로 인정이 될 경우 순이익이 낮게 계상되어 세금의 이연효과를 극대화시킬 수 있다.

5 제조간접원가에 대한 다양한 분석

(1) 차이분석

제조간접원가를 변동제조간접원가와 고정제조간접원가로 구분하여 차이분석시 이 방법을 4분법(four−way analysis)이라고 한다. 그러나 대부분의 제조간접원가는 혼합원가이므로 실제발생액을 변동제조간접원가와 고정제조간접원가로 구분하는 것은 매우 어렵다. 이러한 경우에 사용할 수 있는 방법이 3분법(three−way analysis)과 2분법(two−way analysis)에 의한 분석이다.

1) 4분법

변동제조간접원가 차이 = ① 소비차이(a)와 ② 능률차이(b)

고정제조간접원가 차이 = ③ 예산(소비)차이(c)와 ④ 조업도차이(d)

2) 3분법

① 제조간접원가 소비차이 = 변동제조간접원가 소비차이(a) + 고정제조간접원가 예산(소비)차이(c)

② 제조간접원가 능률차이(b) = 변동제조간접원가 능률차이(b)

③ 제조간접원가 조업도차이(d) = 고정제조간접원가 조업도차이(d)

3) 2분법

① 변동예산차이 = 제조간접원가의 소비차이((a) + (c)) + 제조간접원가능률차이(b)

② 조업도차이(d)

4) 1분법

실제발생액과 장부금액의 차이이다.

i) 변동제조간접원가

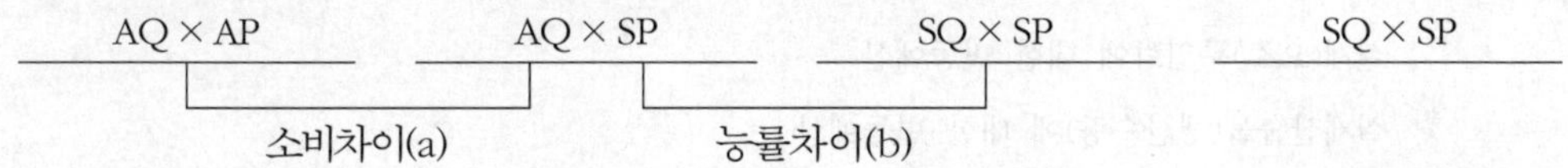

ii) 고정제조간접원가

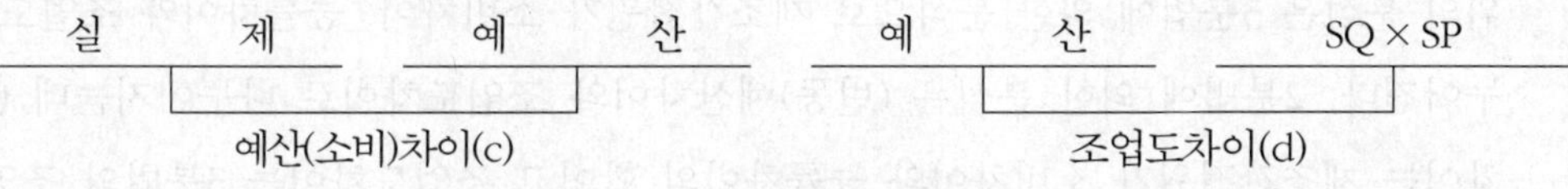

i) + ii)

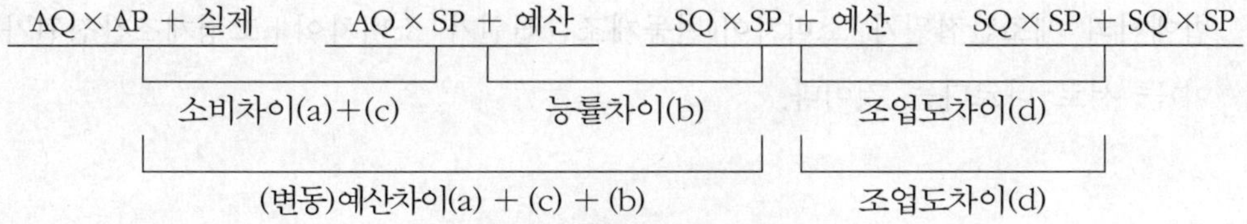

예제 1의 자료를 이용하여 모든 제조간접원가 차이를 나타내면 다음과 같다.

i) 변동제조간접원가

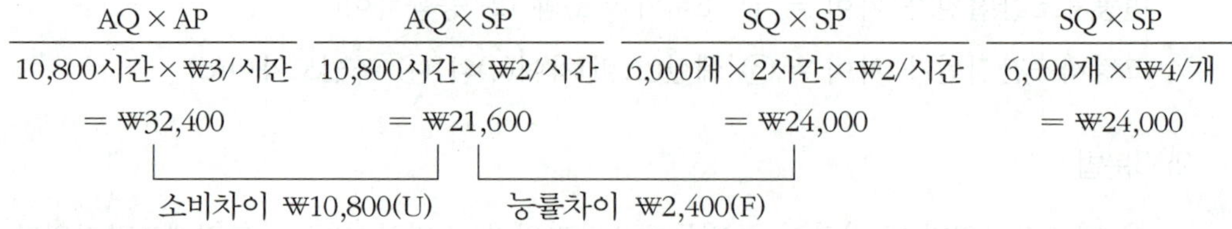

ii) 고정제조간접원가

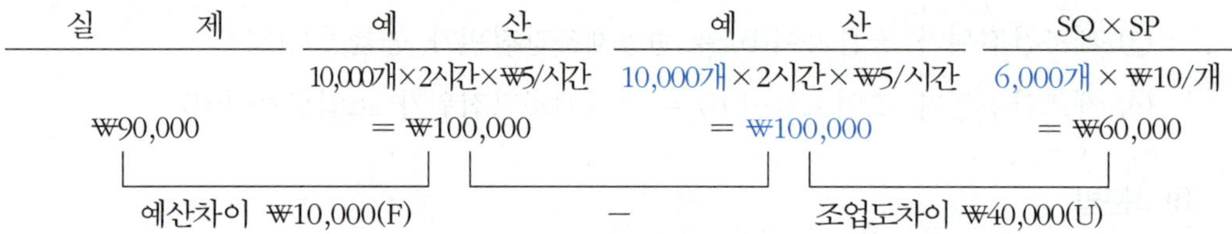

iii) (i)+(ii) = 제조간접원가

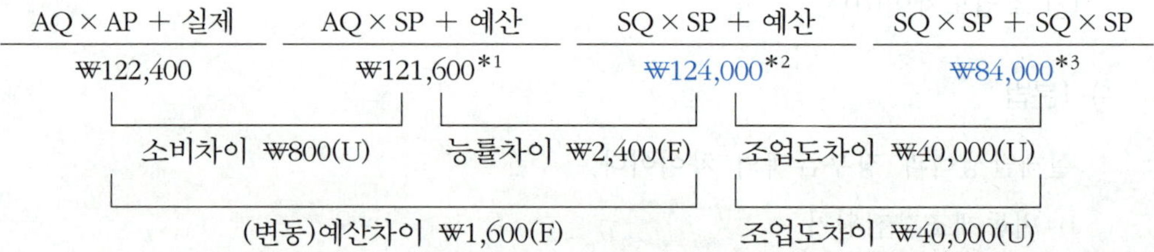

*1 실제(요소)투입량에 대한 변동예산

*2 실제산출물(생산수량)에 대한 변동예산

*3 장부금액

위의 분석은 3분법에 의한 분석으로 제조간접원가 소비차이, 능률차이와 조업도차이로 나누어진다. 2분법에 의한 분석은 (변동)예산차이와 조업도차이로 나누어지는데 (변동)예산차이는 제조간접원가 소비차이와 능률차이의 합이고 조업도차이는 3분법의 조업도차이와 동일하게 나타난다. 한 가지 주의할 점은 4분법에서의 변동제조간접원가 소비차이와 3분법에서의 제조간접원가 소비차이(변동제조간접원가 소비차이+고정제조간접원가 예산차이)는 서로 다르다는 것이다.

(2) 제조간접원가 차이분석의 특징

① 변동제조간접원가는 산출기준의 변동예산상 원가와 장부금액이 동일한 실제생산량을 사용하므로 조업도차이가 없다.

② 고정제조간접원가는 조업도에 상관없이 총액이 동일하므로 투입·산출관계가 존재하지 않는다. 그러므로 변동제조간접원가와 달리 능률차이가 존재하지 않는다.

③ 제조간접원가의 구성항목은 다양하지만 전통적인 원가계산하에서는 단일조업도를 기준으로 차이분석을 하므로 정확한 분석은 아니다.

예제 02 고정예산과 변동예산

(주)서울은 단일제품을 생산·판매하고 있는 회사이다. 다음 자료는 20×1년도의 고정예산자료와 실제원가자료이다.

	고정예산	실제성과
생산·판매수량	1,000개	600개
단위당 판매가격	₩120	₩150
직접재료원가	₩10,000 (2,000kg × ₩5/kg)	₩7,200 (1,200kg × ₩6/kg)
직접노무원가	20,000 (2,000시간 × ₩10/시간)	12,000 (1,500시간 × ₩8/시간)
변동제조간접원가	30,000 (2,000시간 × ₩15/시간)	19,500 (1,500시간 × ₩13/시간)
고정제조간접원가	40,000 (2,000시간 × ₩20/시간)	50,000
원가 합계	₩100,000	₩88,700

회사는 원재료계정을 표준원가로 기록하며 당기원재료 구입량은 1,500kg이다. 재공품재고는 존재하지 않으며, 제조간접원가의 배부기준은 직접노동시간이다. 다음 물음에 답하시오.

[물음 1] 원가요소별로 제품 단위당 표준원가를 구하시오.

[물음 2] (주)서울의 모든 원가차이를 구하시오.

[물음 3] (주)서울의 실제성과, 변동예산, 고정예산의 영업이익을 구하시오. 단, 손익계산서 작성은 공헌이익손익계산서로 작성하시오. 단, 직접재료원가의 실제원가는 AQ_U × AP를 사용하시오.

해답

	(1,000, 600) 변동원가계산		(1,000, 600) 전부원가계산
가 격(P)	₩120	가 격(P)	–
변동원가(VC)	2kg × ₩5/kg + 2시간 × ₩10/시간 + 2시간 × ₩15/시간	전부원가(VC+fc)	10 + 20 + 30 + 40*
공헌이익(CM)	₩60	매출총이익	–
고정원가(FC)		판매관리비	? + ?
(1) 제조간접원가	₩40,000		
(2) 판매관리비	?		

$* \frac{\text{고정제조간접원가예산}}{\text{기준조업도}} = \frac{₩40,000}{1,000}$

[물음 1] 제품 단위당 표준원가

	표준수량	×	표준가격	=	단위당 표준원가
직접재료원가	2kg		₩5/kg		₩10/개
직접노무원가	2시간		10/시간		20
변동제조간접원가	2시간		15/시간		30
고정제조간접원가	2시간		20/시간		40
					₩100/개

[물음 2] 원가차이

1) 직접재료원가 : 가격차이를 구입시점에서 분리하는 경우

AQ_P × AP	AQ_P × SP
1,500kg × ₩6/kg = ₩9,000	1,500kg × ₩5/kg = ₩7,500

구입가격차이 ₩1,500(U)

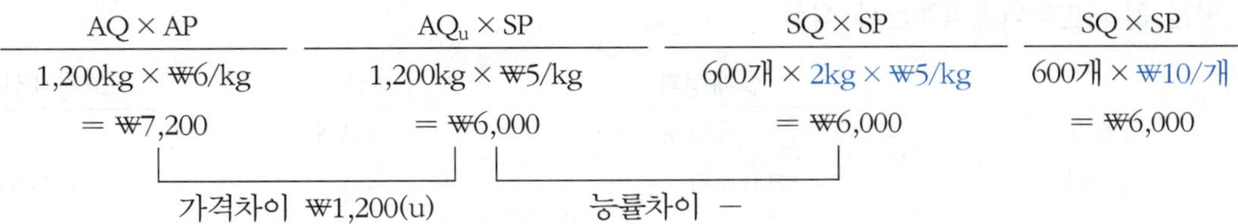

2) 직접노무원가

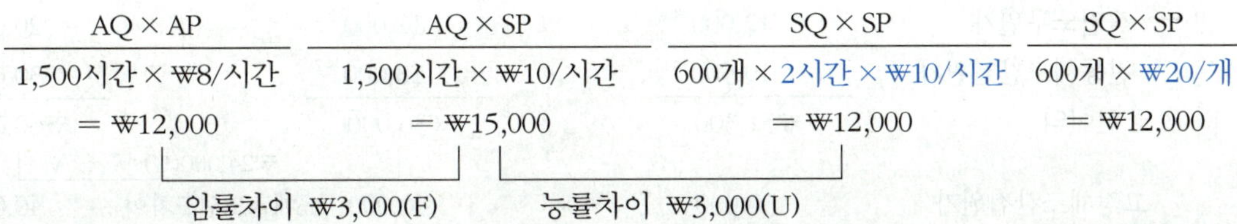

3) 변동제조간접원가

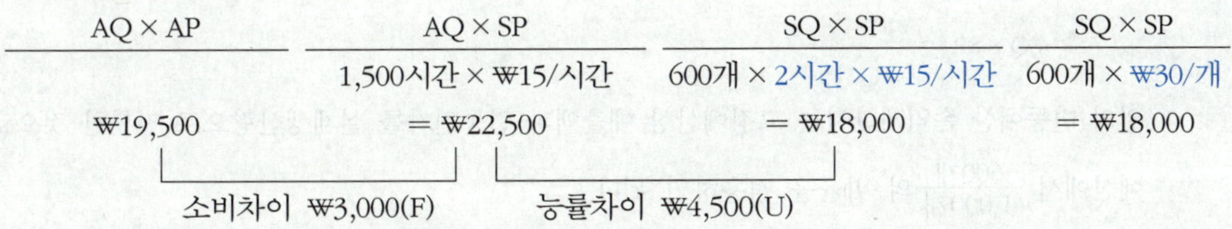

4) 고정제조간접원가

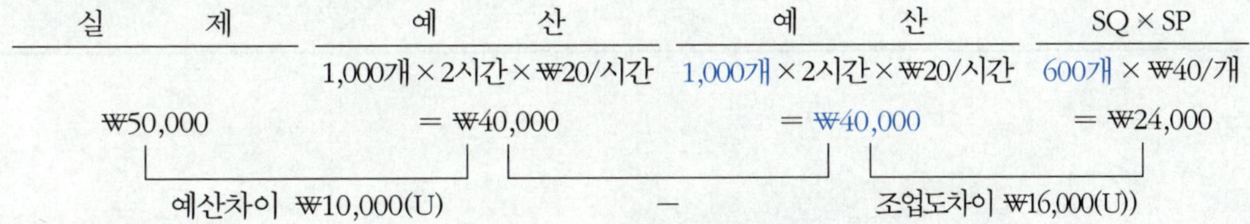

[물음 3] 공헌이익손익계산서 작성

	실제성과		변동예산		고정예산
판매량	600개		600개		1,000개
매출액	₩90,000		₩72,000		₩120,000
	₩18,000(F) 매출가격차이				
변동원가					
직접재료원가	7,200*1		6,000*2		10,000
직접노무원가	12,000*1		12,000*2		20,000
변동제조간접원가	19,500*1		18,000*2		30,000
공헌이익	₩51,300		₩36,000		₩60,000
			₩24,000(U) 매출조업도차이		
고정제조간접원가	50,000		40,000		40,000
영업이익(손실)	₩1,300		₩(4,000)		₩20,000

*1 AQ × AP

*2 SQ × SP

위의 변동예산 손익계산서는 고정예산상 매출액과 변동원가를 실제생산량으로 전환한 것으로 고정예산에서 $\frac{600개}{1,000개}$의 비율을 적용하면 된다.

그러나 고정제조간접원가는 제품생산량에 상관없이 일정하므로 고정예산상 고정제조간접원가는 변동예산상 고정제조간접원가와 항상 일치한다.

SECTION

04 복수생산요소의 배합차이와 수율차이

앞에서 설명한 직접재료원가와 직접노무원가의 차이분석은 한 종류의 생산요소를 투입하여 제품을 생산하는 경우를 가정한 것이다. 그러나 화학제품 · 식료품 · 직물제품 등을 생산하는 기업의 공정에서는 한 종류가 아닌 여러 종류의 원재료나 노동력을 투입하여 제품을 생산한다. 이러한 경우 투입되는 원재료들과 노동력들이 상호간에 대체성이 있다면 투입배합을 변경시킴으로써 제조공정에 영향을 미칠 수 있다. 이와 같은 경우에는 능률(수량)차이 안에 배합차이와 수율차이가 혼합되어 있다.

1 배합과 수율의 의미

- 배합 : 여러 종류의 생산요소를 투입하여 한 종류의 제품을 생산하는 경우에 그 제품의 생산에 투입된 전체생산요소의 수량 가운데 특정생산요소의 수량이 차지하는 상대적인 비율을 말한다.
- 수율 : 수율이란 생산요소의 표준투입량과 그로부터 산출되는 제품생산량과의 비율을 말한다.

예를 들어 고급밀가루 500g과 보통밀가루 500g을 투입하여 과자를 800g 생산한다면 배합비율은 5 : 5이고 생산수율은 80%(800g÷1,000g)가 될 것이다.

2 배합차이와 수율차이

- 배합차이(mix variance) : 실제 총투입량을 고정시킨 상태에서 실제배합과 표준배합의 차이로 인한 능률차이를 말한다.
- 수율차이(yield variance) : 표준배합비율로 고정시킨 상태에서 실제수율과 표준수율의 차이로 인한 능률차이를 말한다.

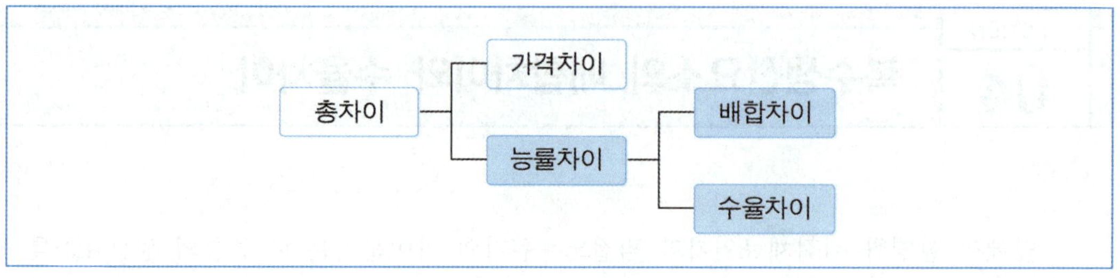

배합차이와 수율차이 분석시 차이의 의미는 다음과 같다.

① 배합차이가 유리하다는 것은 표준배합비율 보다 상대적으로 저렴한 원재료나 노동력을 실제 제품 생산시 더 많이 투입하였다는 것이다.

② 수율차이가 유리하다는 것은 제품 생산시 예산상 총투입량보다 실제 총투입량이 더 적게 투입되었다는 것이다.

예제 03 직접재료원가 배합차이와 수율차이

표준원가계산을 적용하는 (주)서울은 밀가루 A와 B를 배합하여 짜장면을 생산하고 있다. 다음 자료는 짜장면 생산과 관련된 재료원가의 표준원가와 실제원가에 대한 자료이다.

1) 짜장면 1그릇을 생산하기 위한 원가표준

	표준수량	표준가격
재료 A	50g	₩20/g
재료 B	50g	10/g

2) 실제 생산량 : 500그릇

3) 실제 사용된 원재료와 구입가격은 다음과 같다.

	실제 소비량	실제가격	합 계
재료 A	10,000g	₩20/g	₩200,000
재료 B	30,000	15/g	450,000
	40,000g		₩650,000

[물음 1] 직접재료원가의 가격차이와 능률차이를 구하시오.

[물음 2] 직접재료원가의 능률차이를 배합차이와 수율차이로 구분하시오.

해답

[물음 1] 직접재료원가 가격차이와 능률(수량)차이

	AQ × AP	AQ × SP	SQ × SP
A	10,000g × ₩20/g = ₩200,000	10,000g × ₩20/g = ₩200,000	500 × 50g × ₩20/g = ₩500,000
B	30,000g × ₩15/g = 450,000	30,000g × ₩10/g = 300,000	500 × 50g × ₩10/g = 250,000
합 계	₩650,000	₩500,000	₩750,000

가격차이 ₩150,000(U)　　능률차이 ₩250,000(F)

[물음 2] 직접재료원가 배합차이와 수율차이

	AQ × SP	ΣAQ × BM × SP	SQ × SP
A	10,000g × ₩20/g = ₩200,000	40,000 × 0.5 × ₩20/g = ₩400,000	500 × 50g × ₩20/g = ₩500,000
B	30,000g × ₩10/g = 300,000	40,000 × 0.5 × ₩10/g = 200,000	500 × 50g × ₩10/g = 250,000
합 계	₩500,000	₩600,000	₩750,000

배합차이 ₩100,000(F)*1　　수율차이 ₩150,000(F)*2

AQ × BM × SP = 실제총투입량 × 표준배합비율 × 표준가격

*1 직접재료원가 배합차이를 실제배합비율과 표준배합비율의 차이로도 나타낼 수 있다.

	ΣAQ × SP	ΣAQ × BM × SP
A	40,000g × 0.25 × ₩20/g	40,000g × 0.5 × ₩20/g
B	40,000g × 0.75 × ₩10/g	40,000g × 0.5 × ₩10/g
	₩500,000	₩600,000

A의 표준가격이 더 높으므로 A의 실제투입량이 적을 때 배합차이는 유리한 차이이다. A의 표준배합비율은 0.5인데 실제배합비율이 0.25이므로 즉, 비싼 원재료를 조금 사용하였으므로 배합차이는 유리한 차이이다.

*2 짜장면 500단위 생산에 허용된 밀가루는 총 50,000g 인데, 실제 사용한 밀가루는 총 40,000g이므로 10,000g이나 적게 투입되었다. 이런 경우 수율차이는 유리한 차이가 발생된다.

SECTION 05

표준원가계산제도하의 원가흐름과 회계처리

기업은 표준원가계산제도를 채택시 실제원가흐름을 추적할 필요가 없다. 왜냐하면 개별원가계산의 경우에는 각 제품별로 사전에 설정되어 있는 표준원가를 이용하여 개별제품의 원가를 계산하면 되고 종합원가계산의 경우에도 다른 공정으로 대체되는 생산량에 대해서 표준원가로 평가하므로 역시 실제원가흐름을 추적할 필요가 없기 때문이다.

그러나 표준원가계산제도를 채택하게 되면 실제원가계산과 달리 원가차이가 발생한다. 만약 실제발생원가가 표준원가보다 크면 그 차이는 불리(U)한 것이므로 비용처럼 차변에 기록하며, 실제원가가 표준원가보다 작으면 그 차이는 유리(F)한 것이므로 수익처럼 대변에 기록한다.

1 회계처리

원가차이 분석시 살펴본 내용들을 회계처리하면 다음과 같다. 단, 원가차이는 불리한 차이로 가정한다.

① 직접재료원가

- 원재료 가격차이를 구입시점에서 분리하는 경우

㉠ 원재료 매입시

(차)	원재료($AQ_p \times SP$)	×××	(대)	매입채무($AQ_p \times AP$)	×××
	구입가격차이(U)	×××			

㉡ 원재료 사용시

(차)	재공품($SQ \times SP$)	×××	(대)	원재료($AQ_u \times SP$)	×××
	수량차이(U)	×××			

• 원재료 가격차이를 사용시점에서 분리하는 경우

㉠ 원재료 매입시

(차)	원재료($AQ_p \times AP$)	×××	(대)	매입채무($AQ_p \times AP$)	×××

㉡ 원재료 사용시

(차)	재공품($SQ \times SP$)	×××	(대)	원재료($AQ_u \times AP$)	×××
	가격차이(U)	×××			
	수량차이(U)	×××			

② 직접노무원가

(차)	재공품($SQ \times SP$)	×××	(대)	노무원가($AQ \times AP$)	×××
	임률차이(U)	×××			
	능률차이(U)	×××			

③ 변동제조간접원가

(차)	재공품($SQ \times SP$)	×××	(대)	변동제조간접원가(실제)	×××
	소비차이(U)	×××			
	능률차이(U)	×××			

④ 고정제조간접원가

(차)	재공품($SQ \times SP$)	×××	(대)	고정제조간접원가(실제)	×××
	예산차이(U)	×××			
	조업도차이(U)	×××			

⑤ 완성품 대체시

(차)	제품($SQ \times SP$)	×××	(대)	재공품($SQ \times SP$)	×××

2 원가흐름

표준원가계산하에서 원가흐름은 다음과 같이 나타나며, 원재료 계정은 가격차이를 구입시점에서 분리하는 경우와 사용시점에서 분리하는 경우 각각 다르게 기록된다. 구입시점에서 가격차이를 분리하는 경우 원재료 계정이 AQ × SP로 기록되며, 사용시점에서 가격차이를 분리하는 경우에는 AQ × AP로 기록된다. 그러나 재공품계정과 제품계정은 항상 표준원가(SQ × SP)로 기록된다.

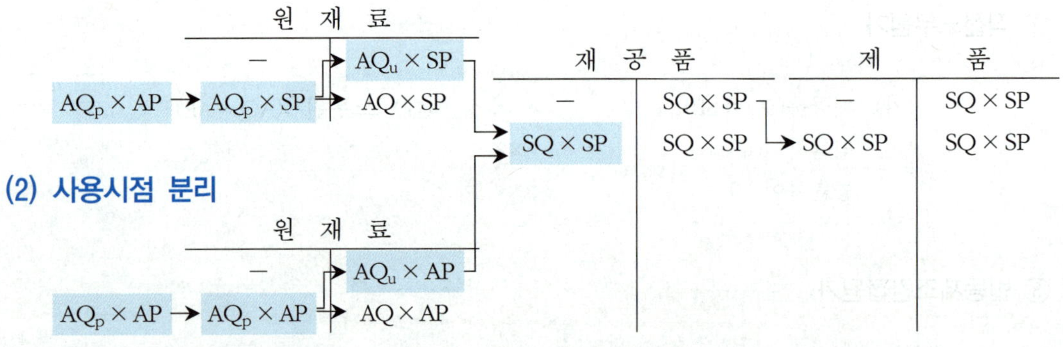

SECTION

06 원가차이의 조정

표준원가계산하에서 외부보고목적의 재무제표를 작성 할 때에는 원가차이를 반영하여 적절히 매출원가와 재고자산을 수정해 주어야 한다. 원가차이를 회계처리하는 방법에는 다음과 같이 세 가지가 있다.

① 매출원가에서 조정하는 방법

② 매출원가와 재고자산에 비례배분하는 방법

　㉠ 총원가 비례배분법

　㉡ 원가요소 비례배분법

③ 기타수익과 기타비용으로 처리하는 방법

1 매출원가조정법

매출원가조정법은 원가차이가 정상적이고 그 금액이 중요하지 않을 때 사용하는 방법이다. 모든 원가차이를 매출원가에서 조정하므로 불리한 차이일 경우에는 매출원가에 가산하고, 유리한 차이일 경우에는 매출원가에서 차감한다.

원가차이를 매출원가에서 모두 조정하므로 재고자산은 조정되지 않아 표준원가로 기록된다.

2 비례배분법

비례배분법이란 원가차이의 금액이 크고 중요한 경우에 원가차이를 매출원가와 기말재고자산에 배분하는 방법이다. 배분방법에는 크게 총원가 비례배분법과 원가요소별 비례배분법이 있다.

㉠ 총원가 비례배분법 : 이 방법은 각 계정에 총원가의 비율에 따라 원가차이를 배분하는 방법이다. 원가차이가 불리한 경우에는 기말재고자산과 매출원가를 증가시키고, 유리한 경우에는 기말재고자산과 매출원가를 감소시킨다. 따라서 조정 후에는 재고자산과 매출원가는 표준원가로 기록되지 않고 모두 실제원가에 가까운 금액으로 수정된다.

㉡ 원가요소별 비례배분법 : 이 방법은 각 계정에 포함된 원가요소의 비율에 따라 원가차이를 배분하는 방법이다. 원가요소별 비례배분법은 결과치가 실제원가와 같아지므로 이론적으로는 가장 우수하나 계산과정이 복잡하다는 단점이 있다.

3 기타수익 · 비용법

기타수익 · 비용법은 비능률이나 낭비를 나타내는 원가차이는 원가성이 없으므로 재고자산 및 매출원가에 포함시키면 안 된다는 논리이다. 이 방법을 사용하는 경우에는 재고자산과 매출원가가 모두 표준원가로 기록되게 된다.

예제 04 원가차이조정

당기에 영업을 개시한 (주)서울은 표준원가계산제도를 사용하고 있다. 다음은 기말에 표준원가로 기록된 각 계정금액과 기타자료이다.

	원재료	재공품	제 품	매출원가
수정전장부가				
직접재료원가	₩10,000	₩20,000	₩30,000	₩50,000
가공원가	–	30,000	20,000	50,000
합 계	₩10,000	₩50,000	₩50,000	₩100,000

한편, 당기 중 발생한 원가차이는 다음과 같으며, 제조간접원가는 직접노무시간에 비례하여 발생한다고 가정한다.

직접재료 가격차이(구입시점에서분리)	₩5,000(U)
직접재료 능률(수량)차이	10,000(F)
직접노무원가차이	4,000(F)
제조간접원가차이	5,000(U)
	₩4,000(F)

회사는 매년 말 외부보고 목적의 재무제표를 작성하기 위하여 원가차이를 배분하고 있다.

[물음 1] 매출원가에서 원가차이를 조정하는 경우 조정 후 매출원가를 계산하시오.

[물음 2] 총원가 비례배분법에 의하여 다음을 계산하시오.

1) 원가차이를 비례배분하는 명세표
2) 원가차이 배분 후 각 계정잔액
3) 다른 가정은 모두 똑같고 오직 직접재료 가격차이(사용시점에서 분리) ₩5,000(U)이 라고 가정할 경우 1)과 2)를 다시 계산하시오.

[물음 3] 원가요소 비례배분법에 의하여 다음을 계산하시오.

1) 원가차이를 비례배분하는 명세표
2) 원가차이 배분 후 각 계정잔액
3) 다른 가정은 모두 똑같고 오직 직접재료 가격차이(사용시점에서 분리) ₩5,000(U)이 라고 가정할 경우 1)과 2)를 다시 계산하시오.

해답

자료정리

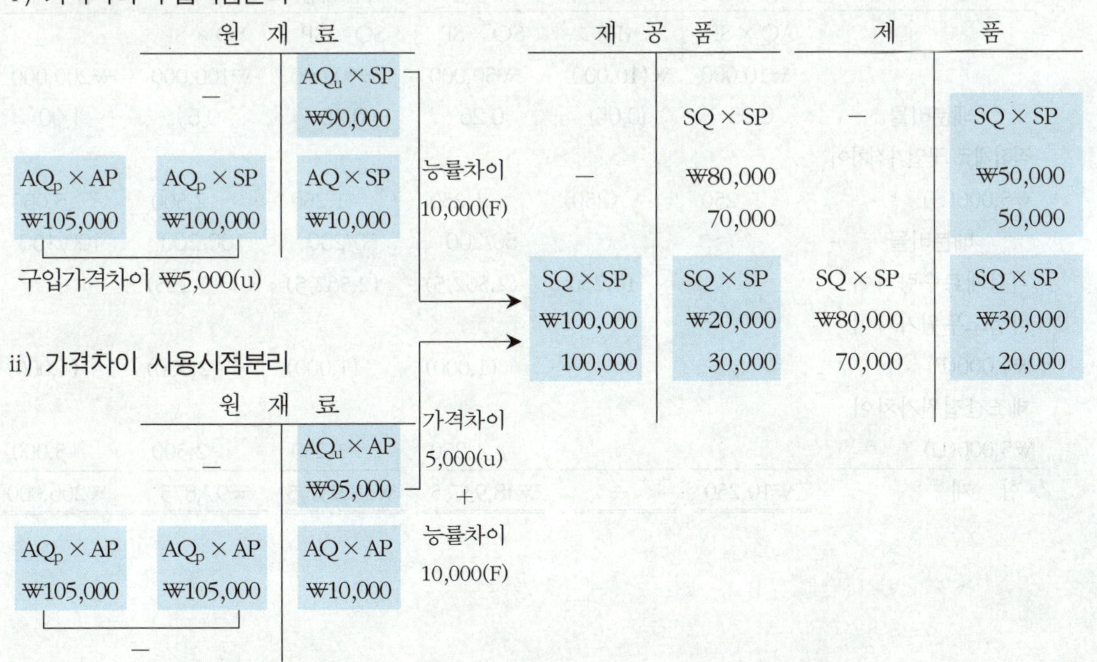

[물음 1] 매출원가 조정법

조정 후 매출원가 = ₩100,000 + ₩(4,000)(F)

= ₩96,000

[물음 2] 총원가 비례배분법

1) 총원가 비례배분법 – 가격차이를 구입시점에서 분리하는 경우

재료원가 가격차이를 구입시점에서 분리하는 경우 기말원재료는 표준가격으로 기록되어 AQ × SP로 표시된다. 실제요소수량(AQ)이므로 재료원가 수량차이는 배분 받을 수 없고 직접재료원가 가격차이만을 배분 받아야 한다. 이와 달리 기말재공품, 기말제품과 매출원가는 SQ × SP이므로 직접재료원가 가격차이와 수량차이 모두를 배분 받아야 한다.

가공원가는 기말원재료에게 배분할 필요가 없으므로 기말재공품, 기말제품과 매출원가에 가공원가 관련 모든 원가차이를 배분해야 한다. 이때 직접재료 구입가격차이를 직접재료 수량차이에도 배분하는 (1) 방식과 직접재료 구입가격차이를 직접재료 수량차이에 배분하지 않는 (2) 방식이 있다.

(1) 직접재료 구입가격차이를 직접재료 수량차이에도 배분하는 방식

① 원가차이 배분

총 원 가	기 말 원재료	직접재료 수량차이	기 말 재공품	기말제품	매출원가	합 계
	AQ × SP	(F)	SQ × SP	SQ × SP	SQ × SP	
	₩10,000	₩(10,000)	₩50,000	₩50,000	₩100,000	₩200,000
배분비율	0.05	(0.05)	0.25	0.25	0.5	1.00
직접재료 구입가격차이 ₩5,000(U)	250	(250)	1,250	1,250	2,500	5,000
배분비율			50/200	50/200	100/200	100/100
직접재료수량차이		10,250	(2,562.5)	(2,562.5)	(5,125)	–
직접노무원가차이 ₩4,000(F)			(1,000)	(1,000)	(2,000)	(4,000)
제조간접원가차이 ₩5,000(U)			1,250	1,250	2,500	5,000
합 계	₩10,250	–	₩48,937.5	₩48,937.5	₩97,875	₩206,000

② 원가차이 배분 후 각 계정잔액

	원재료	재공품	제 품	매출원가
배분전 잔액	₩10,000	₩50,000	₩50,000	₩100,000
차이 배분액	250	(1,062.5)	(1,062.5)	(2,125)
배분 후 잔액	₩10,250	₩48,937.5	₩48,937.5	₩97,875

(2) 직접재료 구입가격차이를 직접재료 수량차이에 배분하지 않는 방식

① 원가차이 배분

총 원 가	기 말 원재료	–	기 말 재공품	기말제품	매출원가	합 계
	AQ × SP		SQ × SP	SQ × SP	SQ × SP	
	₩10,000		₩50,000	₩50,000	₩100,000	₩210,000
배분비율	10/210		50/210	50/210	100/210	210/210
직접재료 구입가격차이						
₩5,000(U)	238		1,190	1,190	2,382	5,000
배분비율			50/200	50/200	100/200	100/100
직접재료수량차이						–
₩10,000(F)			(2,500)	(2,500)	(5,000)	(10,000)
직접노무원가차이						
₩4,000(F)			(1,000)	(1,000)	(2,000)	(4,000)
제조간접원가차이						
₩5,000(U)			1,250	1,250	2,500	5,000
합 계	₩10,238	–	₩48,940	₩48,940	₩97,882	₩206,000

② 원가차이 배분 후 각 계정잔액

	원재료	재공품	제 품	매출원가
배분전 잔액	₩10,000	₩50,000	₩50,000	₩100,000
차이 배분액	250	(1,062.5)	(1,062.5)	(2,125)
배분 후 잔액	₩10,250	₩48,940	₩48,940	₩97,882

2) 총원가 비례배분법 – 가격차이를 사용시점에서 분리하는 경우

재료원가 가격차이를 사용시점에서 분리하는 경우 기말원재료는 실제가격으로 기록되어 AQ×AP로 표시된다. 실제요소수량(AQ)과 실제가격이므로 재료원가와 관련된 어떠한 원가차이도 기말원재료에 배분하면 안된다. 이와 달리 기말재공품, 기말제품과 매출원가는 SQ×SP이므로 직접재료원가 가격차이와 수량차이 모두를 배분 받아야 한다. 즉, 재료원가 관련 가격차이와 수량차이는 기말원재료를 무시하고 기말재공품, 기말제품과 매출원가에 배분한다. 가공원가는 기말원재료에 배분할 필요가 없으므로 기말재공품, 기말제품과 매출원가에 가공원가 관련 모든 원가차이를 배분해야 한다.

① 원가차이 배분

총 원 가	기 말 원재료	–	기 말 재공품	기말제품	매출원가	합 계
	AQ×AP		SQ×SP	SQ×SP	SQ×SP	
	₩10,000		₩50,000	₩50,000	₩100,000	₩210,000
배분비율			0.25	0.25	0.50	1.00
직접재료 구입가격차이						
₩5,000(U)			1,250	1,250	2,500	5,000
직접재료수량차이						
₩10,000(F)			(2,500)	(2,500)	(5,000)	(10,000)
직접노무원가차이						
₩4,000(F)			(1,000)	(1,000)	(2,000)	(4,000)
제조간접원가차이						
₩5,000(U)			1,250	1,250	2,500	5,000
합 계	₩10,000	–	₩49,000	₩49,000	₩98,000	₩206,000

② 원가차이 배분 후 각 계정잔액

	원재료	재공품	제 품	매출원가
배분 전 잔액	₩10,000	₩50,000	₩50,000	₩100,000
차이 배분액	–	(1,000)	(10,000)	(2,000)
배분 후 잔액	₩10,000	₩49,000	₩49,000	₩98,000

[물음 3] 원가요소 비례배분법

1) 원가요소 비례배분법 – 가격차이를 구입시점에서 분리하는 경우

재료원가 가격차이를 구입시점에서 분리하는 경우 기말원재료는 표준원가인 AQ×SP로 기록된다. 실제요소수량(AQ)이므로 재료원가 수량차이는 배분 받을 수 없고 직접재료원가 가격차이만을 배분 받아야 한다. 이와 달리 기말재공품, 기말제품과 매출원가는 SQ×SP이므로 직접재료원가 가격

차이와 수량차이 모두를 배분 받아야 한다.

가공원가는 기말원재료에게 배분할 필요가 없으므로 기말재공품, 기말제품과 매출원가에 가공원가 관련 모든 원가차이를 배분해야 한다.

① 원가차이 배분

A. 직접재료원가	기 말 원재료	직접재료 수량차이	기 말 재공품	기말제품	매출원가	합 계
	AQ × SP	(F)	SQ × SP	SQ × SP	SQ × SP	
	₩10,000	₩(10,000)	₩20,000	₩30,000	₩50,000	₩100,000
배분비율	0.1	(0.1)	0.2	0.3	0.5	1.0
직접재료 구입가격차이						
₩5,000(U)	500	(500)	1,000	1,500	2,500	5,000
배분비율			20/100	30/100	50/100	100/100
직접재료 수량차이		10,500	(2,100)	(3,150)	(5,250)	–
	₩10,500	–	₩18,900	₩28,350	₩47,250	₩105,000
B. 가공원가	**기 말 원재료**	**–**	**기 말 재공품**	**기말제품**	**매출원가**	**합 계**
	–		SQ × SP	SQ × SP	SQ × SP	
			₩30,000	₩20,000	₩50,000	₩100,000
배분비율			0.3	0.2	0.5	1.0
1. 직접노무원가차이						
₩4,000(F)			(1,200)	(800)	(2,000)	(4,000)
2. 제조간접원가차이						
₩5,000(U)			1,500	1,000	2,500	5,000
			₩30,300	₩20,200	₩50,500	₩101,000
C. 합 계(A+B)	₩10,500	–	₩49,200	₩48,550	₩97,750	₩206,000

② 원가차이 배분 후 각 계정잔액

	원재료	재공품	제 품	매출원가
배분 전 잔액	₩10,000	₩50,000	₩50,000	₩100,000
차이 배분액	500	(800)	(1,450)	(2,250)
배분 후 잔액	₩10,500	₩49,200	₩48,550	₩97,750

2) 원가요소 비례배분법 – 가격차이를 사용시점에서 분리하는 경우

재료원가 가격차이를 사용시점에서 분리하는 경우 기말원재료는 실제가격인 AQ×AP로 기록된다. 실제요소수량(AQ)과 실제가격이므로 재료원가와 관련된 어떠한 원가차이도 기말원재료에 배분하면 안된다. 이와 달리 기말재공품, 기말제품과 매출원가는 SQ×SP이므로 직접재료원가 가격차이와 수량차이 모두를 배분 받아야 한다. 즉, 재료원가 관련 가격차이와 수량차이는 기말원재료를 무시하고 기말재공품, 기말제품과 매출원가에 배분한다.

가공원가는 기말원재료에게 배분할 필요가 없으므로 기말재공품, 기말제품과 매출원가에 가공비 관련 모든 원가차이를 배분해야 한다.

① 원가차이 배분

A. 직접재료원가	기 말 원재료	–	기 말 재공품	기말제품	매출원가	합 계
	AQ × AP		SQ × SP	SQ × SP	SQ × SP	
	₩10,000		₩20,000	₩30,000	₩50,000	₩110,000
배분비율			0.2	0.3	0.5	1.0
직접재료가격차이						
₩5,000(U)			1,000	1,500	2,500	5,000
직접재료수량차이						
₩10,000(F)			(2,000)	(3,000)	(5,000)	(10,000)
	₩10,000	–	₩19,000	₩28,500	₩47,500	₩105,000

B. 가공원가	기 말 원재료	–	기 말 재공품	기말제품	매출원가	합 계
	–		SQ × SP	SQ × SP	SQ × SP	
			₩30,000	₩20,000	₩50,000	₩100,000
배분비율			0.3	0.2	0.5	1.0
1. 직접노무원가차이						
₩4,000(F)			(1,200)	(800)	(2,000)	(4,000)
2. 제조간접원가차이						
₩5,000(U)			1,500	1,000	2,500	5,000
			₩30,300	₩20,200	₩50,500	₩101,000
C. 합 계 (A+B)	₩10,000	–	₩49,300	₩48,700	₩98,000	₩206,000

② 원가차이 배분 후 각 계정잔액

	원재료	재공품	제 품	매출원가
배분 전 잔액	₩10,000	₩50,000	₩50,000	₩100,000
차이 배분액	–	(700)	(1,300)	(2,000)
배분 후 잔액	₩10,000	₩49,300	₩48,700	₩98,000

4 한국채택국제회계기준

기업회계기준서 제1002호는 표준원가법의 적용결과인 표준원가가 실제원가와 유사한 경우 표준원가법을 사용하여 재고자산을 측정할 수 있도록 하고 있다. 그러나 유사한 경우의 판단기준이 없으며 원가차이의 회계처리 방법이 제시되지 않고 있다. 이는 표준원가로 외부보고용 재무제표에 보고할 수 있지만 그 차이가 유사한 경우이므로 유사하지 않은 경우에는 실제원가와 표준원가의 원가차이를 조정한 후 보고해야 한다는 것이다.

SECTION 07

표준종합원가계산

개별원가계산의 경우에는 종합원가계산과 달리 표준원가를 적용하기가 어렵다. 왜냐하면 개별원가계산은 형태, 크기, 작업내용 등이 서로 다른 제품들을 주문생산하기 때문에 모든 작업별로 표준수량과 표준가격을 설정하기가 어렵기 때문이다.

개별원가계산과 달리 종합원가계산의 경우에는 동일한 제품을 연속적으로 대량생산하기 때문에 모든 생산활동이 정형화되어 생산요소의 표준수량과 표준가격을 쉽게 설정할 수 있다. 그러므로 표준원가는 종합원가계산에서 보다 유용하다.

1 공손품이 없는 경우 표준종합원가계산

※ 표준종합원가계산에서의 원가계산절차 5단계 적용

- 1단계 : 물량흐름의 파악
- 2단계 : 선입선출법에 의한 완성품환산량을 계산
- 3단계 : 기초에 설정되어 있는 단위당 표준원가를 환산량 단위당 원가로 사용
- 4단계 : ① 2단계의 완성품환산량에 3단계의 단위당 표준원가를 곱하여 장부금액(SQ×SP, 당기투입원가)을 집계
  ② 집계된 장부금액과 실제가액의 차이가 원가차이임
- 5단계 : ① 완성품과 기말재공품의 표준원가를 구함
  ② 원가차이를 배부

(1) 완성품환산량

표준종합원가계산하에서는 선입선출법에 의한 완성품환산량을 적용한다. 왜냐하면 전기에 발생한 원가차이는 전기의 성과평가와 관련된 차이이므로 당기의 성과평가와는 관련이 없기 때문이다. 물론 성과평가 이외에 종업원의 동기부여측면이나 원가관리 측면에서도 선입선출법에 의한 완성품환산량이 평균법에 의한 완성품환산량보다 좋은 척도가 될 것이다.

(2) 완성품환산량 단위당 원가

실제종합원가계산에서와 같이 완성품환산량 단위당 원가를 구하는 과정이 생략되어 신속한 제품원가계산이 가능하다.

① 기초에 설정한 제품 1단위당 표준원가가 완성품환산량 단위당 원가가 된다.

② 재료원가의 완성품환산량 단위당 원가는 직접재료원가 단위당 표준원가를 사용하고 가공원가의 완성품환산량 단위당 원가는 직접노무원가, 변동제조간접원가와 고정제조간접원가의 단위당 표준원가의 합을 사용한다.

표준종합원가계산하에서는 환산량 단위당원가가 표준원가이므로 재공품계정과 제품계정 모두 표준원가로 기록된다.

(3) 완성품원가의 계상

① 전기와 당기의 표준이 동일한 경우 : 완성품원가는 완성품수량에 단위당 표준원가를 곱하고 기말재공품은 재료원가와 가공원가의 완성품환산량에 단위당 표준원가를 곱하여 구한다.

> 완성품원가 = 완성품수량 × 제품 1단위당 표준원가
>
> 기말재공품원가 = 재료원가환산량 × 재료원가 단위당 표준원가 + 가공원가환산량 × 가공원가 단위당 표준원가

② 전기와 당기의 표준이 다른 경우 : 원가흐름에 대한 언급이 없으면 선입선출법을 적용하여 완성품원가를 구한다.

(4) 원가차이 분석

실제원가와 당기투입원가상 장부금액(SQ × SP)을 비교하여 차이분석을 한다. 여기서 장부금액이란 선입선출법에 의한 완성품환산량에 단위당 표준원가를 곱한 값이다. 종합원가계산에서의 표준수량과 표준가격은 다음과 같다.

> • 표준수량(SQ) : 재료원가, 가공원가 환산량에 제품 1단위당 표준수량을 곱한 값이다.
>
> • 표준가격(SP) : 기초에 설정한 원가요소별 표준가격이다.

예제 05 표준종합원가계산

(주)서울은 표준원가계산제도를 사용하고 있다. 설정된 제품 단위당 표준원가는 다음과 같으며 전기와 당기의 표준원가는 동일하다.

	표준수량	표준가격	표준원가
직접재료원가	3kg	₩2	₩6
직접노무원가	2시간	5	10
변동제조간접원가	2시간	3	6
고정제조간접원가	2시간	4	8
			₩30

고정제조간접원가 배부율은 월간 기준조업도 20,000직접노동시간(10,000개)을 기준으로 산출된 것이다. 20×1년 6월의 생산활동에 관한 자료는 다음과 같으며 재료원가는 공정의 초기시점에 가공원가는 공정전체에 걸쳐 균등하게 투입된다.

기초재공품	2,000단위	(40%)
당월착수	8,000	
완성품	9,000	
기말재공품	1,000	(80%)

6월에 실제발생한 원가자료는 다음과 같다.

직접재료	
월초재고	5,000 kg (₩2.5/kg)
당월구입	25,000 kg (₩2.5/kg)
월말재고	2,000 kg
직접노무원가	
직접노무시간	20,000 시간(₩4.5/시간)
변동제조간접원가	₩50,000
고정제조간접원가	60,000

[물음 1] 다음 사항이 포함된 6월의 제조원가보고서를 작성하시오.

1) 당월 완성품환산량

2) 완성품원가와 기말재공품원가

[물음 2] 재료원가 가격차이는 구입시점에서 분리되며, 모든 원가차이는 연말에 매출원가에서 일괄 조정된다. 원가요소와 관련된 원가차이를 분석하시오.

해답

[물음 1] 제조원가보고서

제조원가보고서(선입선출법)

(20×1년 6월 1일 ~ 6월 30일)

	[단계 1]	[단계 2] 완성품환산량		
	물량흐름	재료원가	가공원가	
기초재공품	2,000개(40%)			
당기착수량	8,000			
	10,000개			
당기완성품				
기초재공품	2,000개	–	1,200개	
당기착수	7,000	7,000개	7,000	
기말재공품	1,000(80%)	1,000	800	
	10,000개	8,000개	9,000개	
[단계 3] 총원가의 요약				
기초재공품원가		–	–	₩31,200*1
당기투입원가		48,000	216,000	264,000
합 계		₩48,000	₩216,000	₩295,200
완성품환산량		÷8,000개	÷9,000개	
[단계 4] 환산량 단위당 원가		₩6	₩24	

[단계 5] 총원가의 배분

완성품원가		
기초재공품	₩31,200[*1] + ₩6 × − + ₩24 × 1,200 =	₩60,000[*2]
당기착수완성품	6 × 7,000 + 24 × 7,000 =	210,000
		₩270,000
기말재공품원가	6 × 1,000 + 24 × 800 =	25,200
합 계		₩295,200

[*1] 전기에 투입된 기초재공품원가 : 2,000개 × ₩6 + 800개 × ₩24 = ₩31,200

[*2] 전기와 당기의 단위당 표준이 동일하므로 2,000개 × (₩6 + ₩24)로 나타낼 수 있다.

별해

자료정리

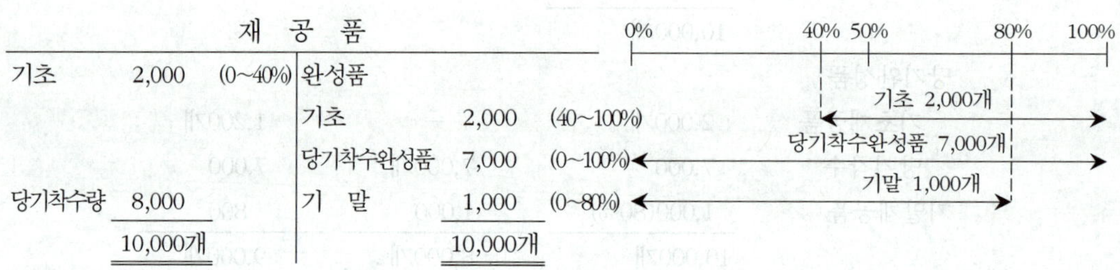

재공품					
기초	2,000	(0~40%)	완성품		
			기초	2,000	(40~100%)
			당기착수완성품	7,000	(0~100%)
당기착수량	8,000		기 말	1,000	(0~80%)
	10,000개			10,000개	

선입선출법			재료원가(0%)	가공원가(0~100%)
기초재공품	2,000 (40~100%)		−	1,200개
당기착수완성품	7,000 (0~100%)		7,000개	7,000
기말재공품	1,000 (0~80%)		1,000	800
A. 완성품환산량		②	8,000개	9,000개
B. 총원가				
기초재공품			−	−
당기투입원가	(SQ × SP)	③	₩48,000	₩216,000
합 계			₩48,000	₩216,000
C. 환산량 단위당 원가(1.1)		①	₩6[*1]	₩24[*2]

[*1] 3kg × ₩2/kg = ₩6

[*2] 2시간 × (₩5/시간 + ₩3/시간 + ₩4/시간) = ₩24

※ 표준종합원가계산에서 당기투입원가는 다음의 순서에 의한다.
① 환산량 단위당 원가(단위당 표준원가 기초 설정)
② 완성품환산량 계산
③ 당기투입원가(표준원가계산 = ① × ②)

[물음 2] 원가차이

1) 직접재료원가 : 가격차이를 구입시점에서 분리하는 경우

$AQ_p \times AP$	$AQ_p \times SP$
25,000kg × ₩2.5/kg	25,000kg × ₩2/kg
= ₩62,500	= ₩50,000

구입가격차이 ₩12,500(U)

$AQ_u \times SP$	$SQ \times SP$	$SQ \times SP$
28,000kg × ₩2/kg	8,000개* × 3kg × ₩2/kg	8,000개 × ₩6/개
= ₩56,000	= ₩48,000	= ₩48,000

능률차이 ₩8,000(U)

* 재료원가 환산량

2) 직접노무원가

AQ × AP	AQ × SP	SQ × SP	SQ × SP
20,000시간 × ₩4.5/시간	20,000시간 × ₩5/시간	9,000개* × 2시간 × ₩5/시간	9,000개 × ₩10/개
= ₩90,000	= ₩100,000	= ₩90,000	= ₩90,000

임률차이 ₩10,000(F)　　능률차이 ₩10,000(U)

* 가공원가 환산량

3) 변동제조간접원가

AQ × AP	AQ × SP	SQ × SP	SQ × SP
	20,000시간 × ₩3/시간	9,000개* × 2시간 × ₩3/시간	9,000개 × ₩6/개
₩50,000	= ₩60,000	= ₩54,000	= ₩54,000

소비차이 ₩10,000(F)　　능률차이 ₩6,000(U)

* 가공원가 환산량

4) 고정제조간접원가

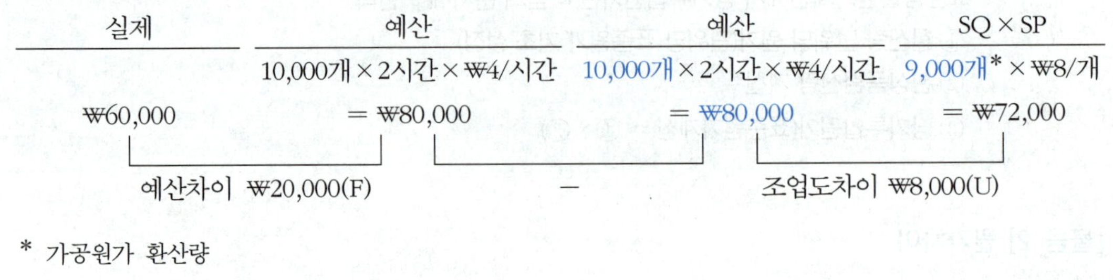

* 가공원가 환산량

2 공손품이 있는 경우 표준종합원가계산

(1) 분리계산법과 비분리계산법

공손품이 있는 경우 표준종합원가계산의 원가계산은 분리계산법과 비분리계산법하에서 다음과 같이 서로 다르게 나타난다.

1) 분리계산법

① 공손의 환산량을 인식하므로 정상공손원가와 비정상공손원가를 구할 수 있다.

② 환산량 단위당원가는 정상공손을 반영하지 않은 단위당 표준원가이다.

③ 정상공손원가는 배분하고 비정상공손원가는 비용으로 처리한다.

2) 비분리계산법

① 공손과 관련된 환산량을 인식하지 않으므로 정상공손원가와 비정상공손원가는 알 수 없다.

② 공손과 관련된 환산량을 인식하지 않으므로 분리계산법에 비하여 완성품환산량은 감소한다.

③ 완성품환산량 감소시 단위당 원가가 증가하므로 분리계산법과 달리 환산량 단위당 원가에 정상공손원가를 반영한다. 이러한 경우 환산량 단위당 원가에 정상공손원가가 반영되어 검사시점 통과 유무에 상관없이 완성품과 재공품에 공손원가가 배분되므로 논리적으로 타당하지 않게 된다.

④ 분리계산법에 비해 환산량은 감소하고 단위당 표준원가는 증가되므로 분리계산법과 장부금액이 동일하지 않다.

(2) 분리계산법과 비분리계산법에서의 단위당 완성품원가

단위당 표준원가가 재료원가는 ₩6(3kg×₩2)이고 가공원가는 ₩24(2시간×₩12)이라고 가정한다. 단, 재료원가는 공정의 초기에 가공원가는 공정전반에 걸쳐 발생한다. 공손의 검사는 공정의 60% 시점에서 이루어지며, 정상공손 허용률이 검사시점을 통과한 양품수량의 5%인 경우 분리계산법과 비분리계산법 하에서의 단위당 완성품원가는 다음과 같다.

	분리계산법		비분리계산법	
1) 재료원가	(3kg × ₩2)	₩6.00	(3.15kg*1 × ₩2)	₩6.30
2) 가공원가	(2시간 × ₩12)	24.00	(2.06시간*2 × ₩12)	24.72
3) 단위당 표준원가		₩30.00		₩31.02
4) 정상공손원가				
① 재료원가	(₩6 × 0.05 × 1.0)	0.30		–
② 가공원가	(₩24 × 0.05 × 0.6)	0.72		–
5) 합　계		₩31.02		₩31.02

*1 3kg + 3kg × 0.05 = 3.15kg

*2 2시간 + 2시간 × 0.6 × 0.05 = 2.06시간

1) 분리계산법

① 환산량 단위당 원가는 정상공손을 반영하지 않은 단위당 표준원가이므로 재료원가는 ₩6이고 가공원가는 ₩24이다. 이 단위당 표준원가에 공손의 환산량을 포함한 각각의 환산량을 곱하여 원가요소별 장부금액(SQ × SP)을 구한다.

② 정상공손원가는 배분하고 비정상공손원가는 비용으로 처리한다. 그러나 전기와 당기의 표준이 동일하고 공손수량이 검사를 통과한 합격품의 일정비율인 경우에는 완성품수량에 정상공손이 반영된 완성품원가 ₩31.02를 곱하여도 동일한 값을 구할 수 있다. 또한 기말재공품의 경우 검사시점을 통과하였다면 정상공손원가 ₩1.02를 기말재공품의 수량만큼 배분한다.

2) 비분리계산법

① 환산량 단위당 원가는 정상공손을 반영한 단위당 표준원가이므로 재료원가는 ₩6.3이고 가공원가는 ₩24.72이다. 정상공손이 반영된 단위당 표준원가에 공손의 환산량은 포함하지 않은 각각의 환산량을 곱하여 장부금액(SQ × SP)을 구한다. 그러므로 분리계산법의 장부금액(SQ × SP)과 동일하지 않고 원가차이도 다르게 나타난다.

② 정상공손이 반영된 완성품원가 ₩31.02를 완성품수량에 곱한다. 기말재공품의 경우에는 검사시점 통과 유무에 상관없이 재료원가와 가공원가환산량에 정상공손이 반영된 재료원가(₩6.3)와 가공원가(₩24.72)를 각각 곱하여 구한다. 이는 검사시점 통과 유무에 상관없이 재공품에 정상공손원가를 배분하므로 논리적으로 타당하지 않다.

▶ 예제 06 표준종합원가계산 공손이 있는 경우 (분리계산법)

(주)서울은 표준원가계산제도를 사용하고 있다. 설정된 제품단위당 표준원가는 다음과 같으며 전기와 당기의 표준원가는 동일하다.

	표준수량	표준가격	표준원가
직접재료원가	3kg	₩2	₩6
직접노무원가	2시간	5	10
변동제조간접원가	2시간	3	6
고정제조간접원가	2시간	4	8
			₩30

고정제조간접원가 배부율은 월간 기준조업도 20,000직접노동시간을 기준으로 산출된 것이다. 20×1년 6월의 생산활동에 관한 자료는 다음과 같으며 재료원가는 공정의 초기 시점에 가공원가는 공정전체에 걸쳐 균등하게 투입된다. 제품에 대한 검사는 공정의 60%시점에서 실시되며 검사를 통과한 양품수량의 5%를 정상공손으로 허용하고 있다.

기초재공품	2,000단위 (40%)
당월착수	8,000단위
완성품	9,000단위
기말재공품	500단위 (80%)

6월에 실제발생한 원가자료는 다음과 같다.

직접재료	
월초재고	5,000 kg
당월구입	25,000 kg(₩2.5/kg)
월말재고	2,000 kg
직접노무원가	
직접노무시간	20,000 시간(₩4.5/시간)
변동제조간접원가	₩50,000
고정제조간접원가	60,000

[물음 1] 다음 사항이 포함된 6월의 제조원가보고서를 작성하시오.

1) 당월 완성품환산량
2) 비정상공손원가
3) 완성품원가와 기말재공품원가

[물음 2] 재료원가 가격차이는 구입시점에서 분리되며, 원가차이는 연말에 매출원가에서 일괄 조정된다. 모든 원가차이를 분석하시오.

해답

[물음 1]

제조원가보고서(선입선출법)
(20×1년 6월 1일 ~ 6월 30일)

	[단계 1]	[단계 2] 완성품환산량	
	물량흐름	재료원가	가공원가
기초재공품	2,000개(40%)		
당기착수량	8,000		
	10,000개		
당기완성품			
기초재공품	2,000개	–	1,200개
당기착수	7,000	7,000	7,000
기말재공품	500 (80%)	500	400
정상공손	475 (60%)	475	285
비정상공손	25 (60%)	25	15
	10,000개	8,000개	8,900개

[단계 3] 총원가의 요약

기초재공품원가	–	–	₩31,200
당기투입원가	48,000	213,600	261,600
합 계	₩48,000	₩213,600	₩292,800
완성품환산량	÷8,000개	÷8,900개	

[단계 4] 환산량 단위당 원가 ₩6 ₩24

[단계 5] 총원가의 배분

완성품원가		
기초재공품	₩31,200*1 + ₩6 × – + ₩24 × 1,200 =	₩60,000*2
당기착수완성품	6 × 7,000 + 24 × 7,000 =	210,000
		₩270,000
기말재공품원가	6 × 500 + 24 × 400 =	12,600
정상공손	6 × 475 + 24 × 285 =	9,690
비정상공손	6 × 25 + 24 × 15 =	510
합 계		₩292,800

*1 전기에 투입된 기초재공품원가 2,000개(0~40%) : 2,000개 × ₩6 + 800개 × ₩24 = ₩31,200

*2 전기와 당기의 단위당 표준이 동일하므로 2,000개 × (₩6 + ₩24)로 나타낼 수 있다.

• 정상공손원가 배분

	배분전 원가	정상공손원가	배분후 원가
완 성 품	₩270,000	₩9,180*	₩279,180
기말재공품	12,600	510*	13,110
정상공손	9,690	(9,690)	–
비정상공손	510	–	510
	₩292,800	₩0	₩292,800

* $₩9,690 \times \frac{9,000개}{9,500개} = ₩9,180$, $₩9,690 \times \frac{500개}{9,500개} = ₩510$

별해

자료정리

재 공 품					
기초	2,000	(0~40%)	완성품		
			기초	2,000	(40~100%)
			당기착수완성품	7,000	(0~100%)
당기착수량	8,000		기 말	500	(0~80%)
			정상공손	475	(0~60%)
			비정상공손	25	(0~60%)
	10,000개			10,000개	

0% 40% 50% IP = 60% 80% 100%

기초 2,000개

당기착수완성품 7,000개

기말 500개

공손 500개

정상공손수량 (2,000 + 7,000 + 500) × 0.05 = 475개

선입선출법		재료원가(0%)	가공원가(0~100%)	
기초재공품	2,000 (40~100%)	−	1,200개	
당기착수완성품	7,000 (0~100%)	7,000개	7,000	
기말재공품	500 (0~80%)	500	400	
정상공손	475 (0~60%)	475	285	
비정상공손	25 (0~60%)	25	15	
A. 완성품환산량		8,000개	8,900개	
B. 총원가				합 계
기초재공품		−	−	₩31,200
당기투입원가(SQ × SP)		₩48,000	₩213,600	261,600
합 계		₩48,000	₩213,600	₩292,800
C. 환산량 단위당 원가(1.1)		₩6*1	₩24*2	

*1 3kg × ₩2/kg = ₩6 *2 2시간 × (₩5/시간 + ₩3/시간 + ₩4/시간) = ₩24

※ 완성품 단위당 원가는 완성품원가(₩279,180)에서 완성품수량(9,000개)을 나누어주면 ₩31.02/개 이 되는데, 이는 제품 단위당 표준원가를 이용하여 다음과 같이 간편하게 구할 수도 있다.

	표준원가
재료원가	₩6.00
가공원가 (₩10 + ₩6 + ₩8)	24.00
합 계	₩30.00
정상공손원가	1.02
재료원가 : ₩6 × 0.05*1 × 100%*2 = ₩0.30	
가공원가 : 24 × 0.05*1 × 60%*3 = 0.72	
	₩31.02

*1 정상공손허용률 *2 공손품 재료원가완성도 *3 공손품 가공원가완성도

정상공손허용률의 도출과정

① 정상공손원가의 재료원가와 가공원가는 다음과 같이 완성품원가에 배분된다.

$$\text{직접재료원가 : } (₩6 \times 475\text{개} \times 100\%) \times \frac{9{,}000\text{개}}{9{,}500\text{개}}$$

$$\text{가 공 원 가 : } (₩24 \times 475\text{개} \times 60\%) \times \frac{9{,}000\text{개}}{9{,}500\text{개}}$$

② 위의 식에서 분모에 있는 검사를 통과한 수량 9,500개를 정상공손수량 밑으로 이동하면 다음과 같은 식이 도출된다.

$$\text{직접재료원가 : } \left(₩6 \times \frac{475\text{개}}{9{,}500\text{개}} \times 100\%\right) \times 9{,}000\text{개}$$

$$\text{가 공 원 가 : } \left(₩24 \times \frac{475\text{개}}{9{,}500\text{개}} \times 60\%\right) \times 9{,}000\text{개}$$

③ 위의 식을 정상공손허용률로 나타내면 다음과 같다.

$$\text{직접재료원가 : } \left(₩6 \times \frac{475\text{개}}{9{,}500\text{개}} \times 100\%\right) \times 9{,}000\text{개}$$

$$= ₩6 \times 0.05 \times 100\% \times 9{,}000\text{개}$$

$$\text{가 공 원 가 : } \left(₩24 \times \frac{475\text{개}}{9{,}500\text{개}} \times 60\%\right) \times 9{,}000\text{개}$$

$$= ₩24 \times 0.05 \times 60\% \times 9{,}000\text{개}$$

[물음 2] 모든 원가차이

1) 산출량 차이 : 비정상공손손실 ₩510

2) 투입량 차이

① 직접재료원가 : 가격차이를 구입시점에서 분리하는 경우

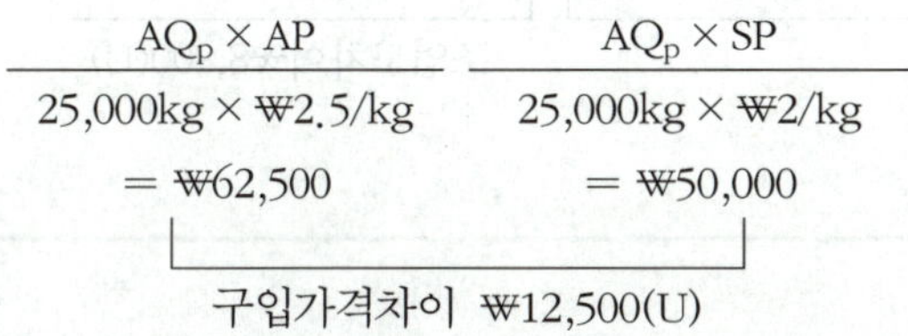

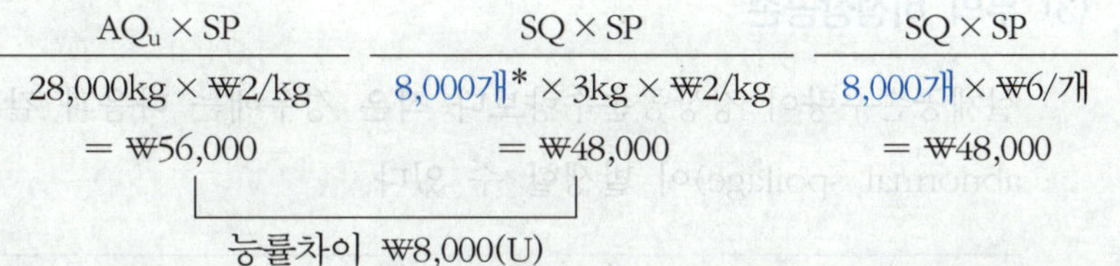

* 재료원가 환산량

② 직접노무원가

AQ × AP	AQ × SP	SQ × SP	SQ × SP
20,000시간 × ₩4.5/시간	20,000시간 × ₩5/시간	8,900개* × 2시간 × ₩5/시간	8,900개 × ₩10/개
= ₩90,000	= ₩100,000	= ₩89,000	= ₩89,000

가격차이 ₩10,000(F) 　 능률차이 ₩11,000(U)

* 가공원가 환산량

③ 변동제조간접원가

AQ × AP	AQ × SP	SQ × SP	SQ × SP
	20,000시간 × ₩3/시간	8,900개* × 2시간 × ₩3/시간	8,900개 × ₩6/개
₩50,000	= ₩60,000	= ₩53,400	= ₩53,400

소비차이 ₩10,000(F) 　 능률차이 ₩6,600(U)

* 가공원가 환산량

④ 고정제조간접원가

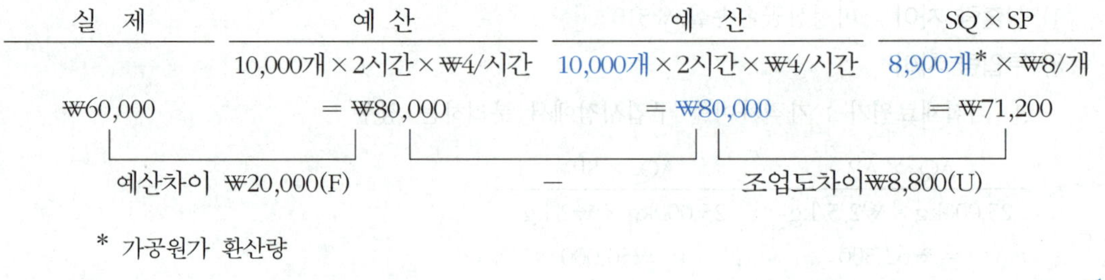

(3) 부의 비정상공손

실제공손수량이 정상공손수량보다 적은 경우에는 다음과 같이 부의 비정상공손(negative abnormal spoilage)이 발생할 수 있다.

❖ 부의 비정상공손 ❖

	case (1)	case (2)
정상공손	80개	100개
비정상공손	–	(20)
합 계	80개	80개

실제 발생한 공손수량이 80개이고 정상공손 허용수량이 100개인 경우 정상공손수량과 비정상공손수량은 다음과 같이 결정된다.

- case (1) : 정상공손 허용수량이 100개이지만 실제공손수량이 80개이므로 정상공손수량을 실제 발생한 수량인 80개로 한다. 이러한 경우에는 비정상공손은 나타나지 않는다.
- case (2) : 실제공손수량이 정상공손 허용수량보다 적은 것은 제조부문의 효율적인 생산을 통해 달성된 것이다. 표준원가계산 하에서 이러한 차이는 성과평가에 반영되어야 하므로 부의 비정상공손이 나타난다. 이와 같이 부의 비정상공손을 인식하는 경우에는 정상공손은 허용수량인 100개가 되며, 부의 비정상공손은 20개가 된다.

부의 비정상공손을 인식하지 않든 인식하든 총물량과 총환산량은 항상 동일하다. 그러나 부의 비정상공손을 인식하는 경우에는 부의 비정상공손이 나타나므로 이를 제조부문의 성과평가에 반영하고 회계처리는 비정상공손과 달리 기타수익으로 처리하면 될 것이다.

COST&MANAGEMENT ACCOUNTING

객관식 연습문제

01 표준원가에 대한 설명 중 옳지 않은 것은?

① 표준원가계산 적용시 표준에서 벗어난 것을 중점적으로 통제하고 관리할 수 있다.

② 표준이 사전에 설정되므로 종업원의 동기부여에 기여하고 책임회계를 가능하게 한다.

③ 제품원가계산시 매출원가와 재고자산가액의 계산이 쉬워져 기장업무와 관련된 비용을 절감할 수 있다.

④ 재료원가 가격차이를 사용시점에서 분리하는 경우 기말원재료는 어떠한 원가차이도 배분받지 않는다.

⑤ 재료원가 가격차이를 구입시점에서 분리하는 경우 기말원재료는 원재료의 능률차이를 배분 받는다.

02 (주)서울은 표준원가계산을 채택하고 있다. 20×9년 재료원가와 관련된 자료는 다음과 같다.

제품단위당 표준투입량	10kg	재료단위당 표준가격	₩20
실제 직접재료원가	₩21,560	재료단위당 실제 구입가격	22
20×9년의 제품생산량	100개		

직접재료원가 능률차이는 얼마인가?

① ₩1,960(U) ② ₩400(F) ③ ₩440(F)
④ ₩2,000(U) ⑤ ₩1,560(U)

03 서울회사는 표준원가계산제도를 채택하고 있다. 다음은 원재료의 표준원가와 실제원가의 차이에 관한 자료이다.

실제원가	
직접재료원가 실제 사용량	3,200kg, ₩11/kg
실제 완성품 생산수량	2,000단위
재료원가 원가차이	
직접재료원가 가격차이	9,600(F)
직접재료원가 능률차이	2,800(U)

서울회사의 제품 2,000단위에 대한 표준재료원가와 제품 1단위당 표준투입량은 얼마인가?

	제품 2,000단위 표준재료원가	제품 1단위당 표준투입량		제품 2,000단위 표준재료원가	제품 1단위당 표준투입량
①	₩42,000	1.5kg	②	₩44,800	2.0kg
③	₩35,200	32.0kg	④	₩42,000	1.3kg
⑤	₩47,600	2.5kg			

04 (주)세무는 표준원가제도를 채택하고 있다. 20×1년 직접재료원가와 관련된 표준 및 실제원가 자료가 다음과 같을 때, 20×1년의 실제 제품생산량은 몇 단위인가?

실제 발생 직접재료원가	₩28,000
직접재료단위당 실제구입원가	₩35
제품단위당 표준재료투입량	9kg
직접재료원가 가격차이	₩4,000 불리
직접재료원가 수량차이	₩3,000 유리

① 90단위　② 96단위　③ 100단위
④ 106단위　⑤ 110단위

05 다음은 서울회사의 원재료에 관한 표준원가이다.

원재료 A : 2kg, ₩20　　　　원재료 B : 3kg, ₩10

당기 중 8,000개의 제품이 완성되었고, 기초재공품과 기말재공품은 없었다. 원재료의 실제사용량은 A가 14,000kg(kg당 ₩22)이고, B가 28,000kg(kg당 ₩9)이었다. 재료배합차이(mix variance)와 수율차이(yield variance)는 얼마인가? (다음 보기 중 F는 유리, U는 불리를 의미함)

	배합차이	수율차이		배합차이	수율차이
①	₩28,000(F)	₩28,000(U)	②	₩28,000(U)	₩28,000(F)
③	₩28,400(F)	₩36,400(U)	④	₩36,400(F)	₩28,400(F)
⑤	₩36,400(F)	₩28,000(F)			

06 (주)세무는 20×1년 초에 영업을 개시하였으며, 표준원가계산제도를 채택하고 있다. 직접재료와 관련된 자료는 다음과 같다. 2025 세무사

- 제품 단위당 직접재료 표준투입량 : 2.5kg
- 직접재료 표준가격 : ₩10/kg
- 직접재료 실제 구입가격 : ₩15/kg
- 직접재료 구입가격차이 : ₩12,500(불리)
- 직접재료 능률차이 : ₩5,000(유리)

20×1년 기말 직접재료 재고량이 500kg일 때, 실제 제품 생산량은? (단, 기말 재공품은 없다.)

① 400단위　② 600단위　③ 800단위
④ 1,000단위　⑤ 1,200단위

07 서울상사는 표준원가계산제도를 사용한다. 다음은 이 회사의 4월 중 생산활동과 관련한 직접노무원가에 대한 자료이다.

직접노무원가 표준임률	시간당 ₩10,000
허용 표준직접작업시간	8,000시간
실제 직접노무원가 임률	시간당 ₩9,500
직접노무원가가 유리한 능률차이	₩4,800,000

직접노무원가 임률차이는 얼마인가?

① ₩3,760,000(U) ② ₩3,760,000(F) ③ ₩2,850,000(F)
④ ₩2,850,000(U) ⑤ ₩0

08 표준원가계산제도를 이용하고 있는 서울페인트의 20×9년 9월 생산자료는 다음과 같다.

재공품			
기 초	200개 (30%)	완성품	950개
착수량	?	기 말	150개 (40%)

제품 단위당 표준투입량은 2시간, 직접노무시간당 표준임률은 ₩12/시간이며, 실제 직접노무원가는 ₩18,500이 발생하였다. 임률차이가 ₩1,500(U)일 때 직접노무원가 능률차이는 얼마인가?

① ₩1,500(U) ② ₩2,800(F) ③ ₩2,800(U)
④ ₩4,300(F) ⑤ ₩5,800(F)

09 서울(주)의 표준원가계산제도는 제조간접원가의 배부에 있어서 직접작업시간을 배부기준으로 사용한다. 다음은 이 회사의 원가차이분석에 필요한 자료이다.

제조간접원가 실제 발생액	₩15,000
고정제조간접원가 실제 발생액	7,200
고정제조간접원가 예산액	7,000
실제 작업시간	3,500시간
표준작업시간	3,800시간
변동제조간접원가 배부율	시간당 ₩2.50

변동제조간접원가 소비차이는 얼마인가?

① ₩1,700(F) ② ₩750(U) ③ ₩750(F)
④ ₩1,500(U) ⑤ ₩950(F)

10 (주)국세는 표준원가계산제도를 채택하고 있으며, 제품 5,000단위를 기준으로 제조간접원가에 대한 표준을 설정하고 있다. (주)국세의 원가에 관한 자료는 다음과 같다.

제조간접원가예산	₩1,800,000 + ₩100 × 기계시간
제품단위당 표준기계시간	5시간
실제변동제조간접원가발생액	₩5,000,000
실제고정제조간접원가발생액	₩2,000,000
실제기계시간	51,000시간
실제생산량	10,000단위

(주)국세가 4분법을 이용하여 제조간접원가에 대한 차이분석을 수행할 경우에 유리한 차이가 발생하는 것으로만 나열된 것은?

① 소비차이, 능률차이 ② 능률차이, 예산차이 ③ 예산차이, 조업도차이
④ 소비차이, 예산차이 ⑤ 소비차이, 조업도차이

11 (주)한강의 당기 초 생산활동과 관련된 예산자료는 다음과 같다.

구 분	예 산
생산량(기준조업도)	1,000단위
단위당 고정제조간접원가	₩200
단위당 변동제조간접원가	₩125

당기의 실제생산량은 1,100단위이었고 실제제조간접원가 총액은 ₩355,000이었다. 제조간접원가 총차이를 통제가능차이와 조업도차이로 나누어 분석할 때 다음 중 옳은 것은?

	통제가능차이	조업도차이
①	₩0	₩1,500 유리
②	₩2,500 유리	₩0
③	₩17,500 불리	₩20,000 유리
④	₩24,500 유리	₩22,500 불리
⑤	₩30,000 불리	₩32,000 불리

12 (주)대한은 표준원가계산제도를 사용하여 제품의 원가를 계산하며, 관련 자료는 다음과 같다.

• 실제직접노무원가 총발생액 ₩260,400
• 실제제조간접원가 총발생액 192,000
• 고정제조간접원가 예산액 60,000

실제 총직접노무시간	14,000시간
실제생산량에 허용된 표준노무시간	15,000시간
실제최대조업도(practical capacity)	12,000시간

직접노무원가 임률차이는 ₩8,400 불리한 차이이며, 직접노무시간당 총제조간접원가 표준배부율이 시간당 ₩13.5일 때, (주)대한의 고정제조간접원가 조업도차이는 얼마인가? 단, U(Unfavorable)는 불리한 차이, F(Favorable)는 유리한 차이를 의미하며 기준조업도는 실제최대조업도를 적용한다. 2025 회계사

① ₩13,500 F ② ₩15,000 F ③ ₩19,200 F
④ ₩13,500 U ⑤ ₩15,000 U

13 (주)세무는 표준원가계산을 사용하고 있으며, 월간 기준조업도는 제품 1,200단위를 생산할 수 있는 6,000기계시간이다. (주)세무의 20×1년 4월 각 조업도 수준별 제조간접원가 변동예산은 다음과 같다.

제조간접원가	조업도 수준 5,000기계시간	6,000기계시간	7,000기계시간
변동제조간접원가			
소모품비	₩1,000	₩1,200	₩1,400
간접노무원가	1,500	1,800	2,100
계	₩2,500	₩3,000	₩3,500
고정제조간접원가	9,000	9,000	9,000
총제조간접원가	₩11,500	₩12,000	₩12,500

(주)세무는 20×1년 4월 중 제품 1,300단위를 생산하였다. 이와 관련하여 6,800기계시간이 사용되었고 실제 변동제조간접원가는 ₩4,200이며, 실제 고정제조간접원가는 ₩9,400이다. (주)세무의 20×1년 4월 고정제조간접원가 생산조업도차이는 얼마인가?

① ₩1,000 불리한 차이 ② ₩1,000 유리한 차이
③ ₩750 불리한 차이 ④ ₩750 유리한 차이
⑤ ₩0 차이 없음

14 아래 자료에 근거한 다음 설명 중 옳지 않은 것은?

	실 제	표 준
기본(기초)원가	₩170,000	₩150,000
변동제조간접원가	₩471,500	₩400,000
기계시간당 변동제조간접원가 배부율	₩23	₩20
제품단위당 기계시간	41시간	40시간

① 변동제조간접원가 표준배부율과 예정배부율이 같다면, 정상(평준화)원가계산에 의한 총변동제조원가는 ₩580,000이다.
② 예상생산량 600개에 대한 예산 총변동제조원가는 ₩660,000이다.
③ 변동제조간접원가 총차이는 ₩71,500(불리)이다.

④ 변동제조간접원가 능률차이는 ₩11,500(불리)이다.
⑤ 기본(기초)원가의 변동예산차이는 ₩20,000(불리)이다.

15 서울전자는 표준원가계산제도를 사용하고 있으며, 20×8년과 20×9년의 표준은 동일하다. 20×8년에는 2,000단위의 제품을 생산하였으며, 고정제조간접원가의 조업도차이는 ₩1,000(U), 소비차이 ₩800(F)이었다. 20×9년에는 2,500단위의 제품을 생산하였으며, 고정제조간접원가는 조업도차이가 ₩1,500(F), 소비차이가 ₩600(U)이다. 그렇다면 20×9년의 고정제조간접원가 실제 발생액은 얼마인가?

① ₩8,600　② ₩9,400　③ ₩9,800
④ ₩10,600　⑤ ₩11,600

16 (주)서울은 20×1년에 영업활동을 개시한 회사로서 표준원가계산제도를 수행하고 있다. 20×1년 12월 31일 차이배분 전 각 계정의 잔액과 원가차이는 다음과 같다.

(1) 계정잔액

	원재료	재공품	제 품	매출원가	합 계
직접재료원가	–	₩2,000	₩3,000	₩5,000	₩10,000
직접노무원가	–	1,000	1,500	2,500	5,000
변동제조간접원가	–	400	600	1,000	2,000
고정제조간접원가	–	600	900	1,500	3,000
합 계	₩0	₩4,000	₩6,000	₩10,000	₩20,000

(2) 원가차이
- 직접재료원가 : 가격차이 ₩0, 능률차이 ₩500(U)
- 직접노무원가 : 임률차이 ₩400(F), 능률차이 ₩800(F)
- 변동제조간접원가 총차이 ₩200(F)
- 고정제조간접원가 총차이 ₩300(U)

위의 원가차이를 원가요소별로 배분 후 실제 매출원가를 계산하면 얼마인가?

① ₩19,400　② ₩9,600　③ ₩9,700
④ ₩10,300　⑤ ₩10,400

17 (주)대한은 표준원가계산제도를 채택하고 있으며, 20×1년도 생산 및 제조와 관련된 자료는 다음과 같다. 2020 회계사

• 직접재료 구매량	3,100kg
• 직접재료 실제사용량	2,900kg
• 직접재료 단위당 표준사용량	3kg
• 직접재료 단위당 표준가격	₩50/kg
• 직접재료 단위당 실제가격	₩60/kg
• 예상(기준)생산량	800개
• 실제생산량	1,000개
• 제조간접원가예산액(Y)	Y = ₩700,000 + ₩500 × 기계시간
• 제품단위당 표준기계시간	7시간
• 실제총기계시간	8,000시간
• 기계시간당 실제변동제조간접원가	₩470/기계시간
• 실제고정제조간접원가	₩820,000

(주)대한의 20×1년도 직접재료원가 가격차이(구매량기준), 직접재료원가 수량차이, 변동제조간접원가 소비차이, 변동제조간접원가 능률차이, 고정제조간접원가 조업도차이 중 옳지 않은 것은?

① 직접재료원가 가격차이(구매량기준) : ₩31,000 (불리한 차이)
② 직접재료원가 수량차이 : ₩5,000 (유리한 차이)
③ 변동제조간접원가 소비차이 : ₩240,000 (유리한 차이)
④ 변동제조간접원가 능률차이 : ₩500,000 (불리한 차이)
⑤ 고정제조간접원가 조업도차이 : ₩120,000 (불리한 차이)

01	02	03	04	05	06	07	08	09	10
⑤	②	①	③	①	④	②	⑤	⑤	⑤
11	**12**	**13**	**14**	**15**	**16**	**17**			
③	②	④	④	⑤	③	⑤			

01 정답 ⑤

⑤ 재료원가 가격차이를 구입시점에서 분리하는 경우 기말원재료는 원재료의 구입가격차이를 배분받는다.

02 정답 ②

AQ × AP	AQ × SP	SQ × SP
980kg × ₩22	980kg × ₩20	100개 × 10kg × ₩20/kg
= ₩21,560	= ₩19,600	= ₩20,000

가격차이 ₩1,960(U) **능률차이 ₩400(F)**

03 정답 ①

AQ × AP	AQ × SP	SQ × SP
3,200kg × ₩11	3,200kg × ₩14	2,000 × x × ₩14/kg
= ₩35,200	= ₩44,800	= ₩42,000

가격차이 ₩9,600(F) 능률차이 ₩2,800(U)

1) 2,000 × x × ₩14 = **₩42,000**

2) 1단위당 표준투입량(x)= **1.5kg**

04 정답 ③

AQ × AP	AQ × SP	SQ × SP
800kg × ₩35/kg	800kg × ₩30/kg	**100단위** × 9kg × ₩30/kg
= ₩28,000	= ₩24,000	= ₩27,000

가격차이 ₩4,000(U) 능률차이 ₩3,000(F)

05 정답 ①

	AQ × AP	AQ × AM(실제배합비율) × SP	AQ × BM(표준배합비율) × SP	SQ × SP
A	14,000 × ₩22 = ₩308,000	14,000 × ₩20 = ₩280,000	$42{,}000 \times \frac{2}{5} \times$ ₩20 = ₩336,000	8,000 × 2 × ₩20 = ₩320,000
B	28,000 × ₩9 = 252,000	28,000 × ₩10 = 280,000	$42{,}000 \times \frac{3}{5} \times$ ₩10 = 252,000	8,000 × 3 × ₩10 = 240,000
	₩560,000	₩560,000	₩588,000	₩560,000

배합차이 ₩28,000(F) **수율차이 ₩28,000(U)**

06 정답 ④

$AQ_p \times AP$	$AQ_p \times SP$
2,500kg[①] × ₩15/kg = ₩37,500	2,500kg[①] × ₩10/kg = ₩25,000

구입가격차이 ₩12,500 (U)

$AQ_u \times SP$	$SQ \times SP$
2,000kg[②] × ₩10/kg = ₩20,000	**1,000단위** × 2.5kg × ₩10/kg = ₩25,000

능률차이 ₩5,000 (F)

[①] 직접재료 구입량 : ₩12,500 ÷ (₩15/kg − ₩10/kg) = 2,500kg

[②] 직접재료 투입량 : 2,500kg − 500 = 2,000kg

∴ 실제 제품 생산량 : **1,000단위**

07 정답 ②

AQ × AP	AQ × SP	SQ × SP
7,520시간 × ₩9,500/시간 = 71,440,000	7,520시간 × ₩10,000/시간 = 75,200,000	8,000시간 × ₩10,000/시간 = 80,000,000

임률차이 **₩3,760,000(F)** 능률차이 ₩4,800,000(F)

08 정답 ⑤

재	공	품		가공원가(균등)
기 초	200 (0~30%)	완성품		
		기 초	200 (30~100%)	140
		당기착수완성품	750 (0~100%)	750
착수량	900	기 말	150 (0~40%)	60
				950개

AQ × AP	AQ × SP	SQ × SP
		950개 × (2시간×₩12/시간)
₩18,500	₩17,000	= ₩22,800

임률차이 ₩1,500(U) **능률차이 ₩5,800(F)**

09 정답 ⑤

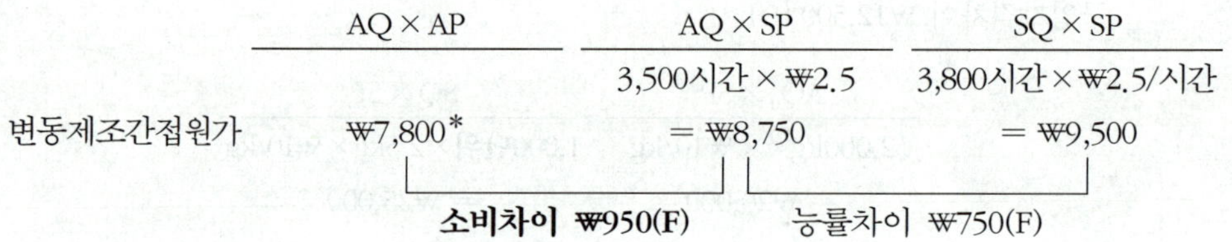

	AQ × AP	AQ × SP	SQ × SP
		3,500시간 × ₩2.5	3,800시간 × ₩2.5/시간
변동제조간접원가	₩7,800*	= ₩8,750	= ₩9,500

소비차이 ₩950(F) 능률차이 ₩750(F)

* 실제 변동제조간접원가 = 실제 제조간접원가 − 실제 고정제조간접원가
= ₩15,000 − ₩7,200

10 정답 ⑤

1) 변동제조간접원가

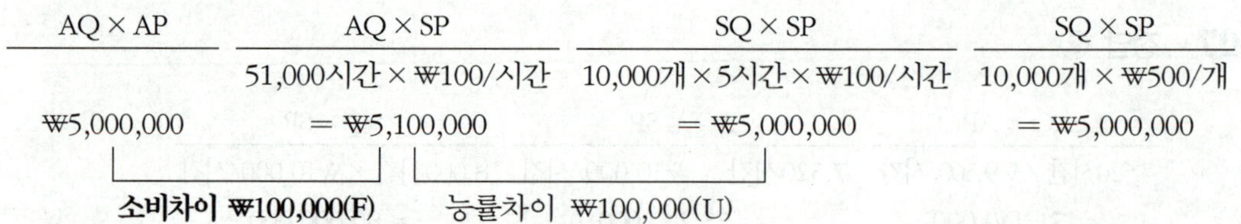

AQ × AP	AQ × SP	SQ × SP	SQ × SP
	51,000시간 × ₩100/시간	10,000개 × 5시간 × ₩100/시간	10,000개 × ₩500/개
₩5,000,000	= ₩5,100,000	= ₩5,000,000	= ₩5,000,000

소비차이 ₩100,000(F) 능률차이 ₩100,000(U)

2) 고정제조간접원가

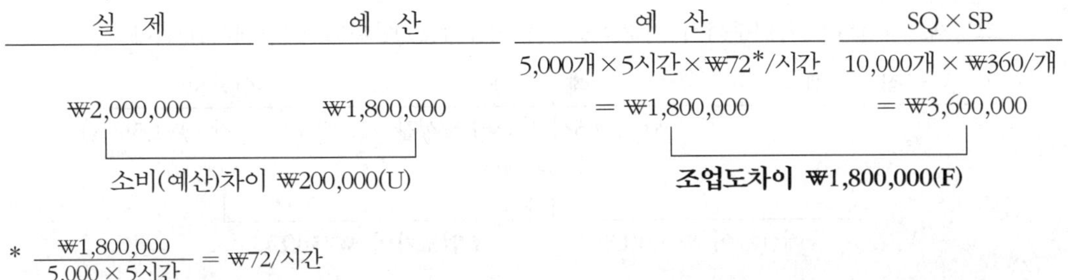

* $\frac{₩1,800,000}{5,000 \times 5시간}$ = ₩72/시간

11 정답 ③

제조간접원가의 차이를 2분법으로 나타내는 경우 다음과 같다.

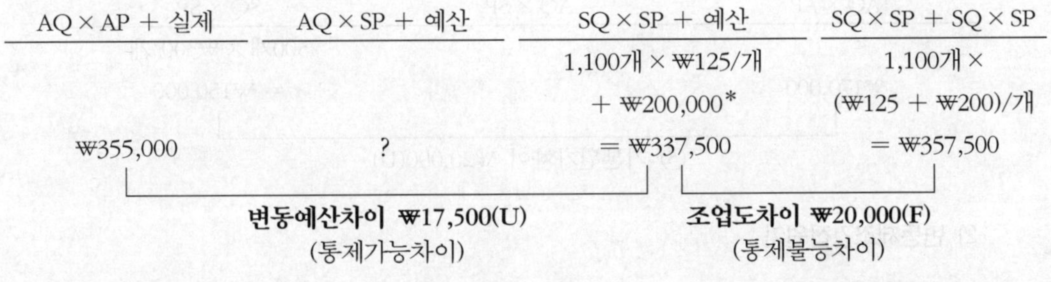

* 1,000개 × ₩200/개

12 정답 ②

예산	배부액
12,000시간 × ₩5①	15,000시간 × ₩5①
= ₩60,000	= ₩75,000

조업도차이 ₩15,000 (F)

① 고정제조간접원가 표준배부율 : $\frac{₩60,000}{12,000시간}$ = ₩5/시간

13 정답 ④

고정제조간접원가 차이분석시 기준조업도는 제품 1,200단위(6,000기계시간)이다.

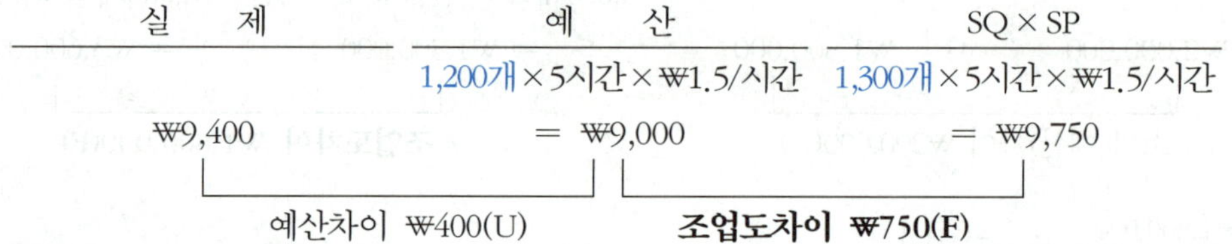

14 정답 ④

1) 기본원가(직접재료원가 + 직접노무원가)

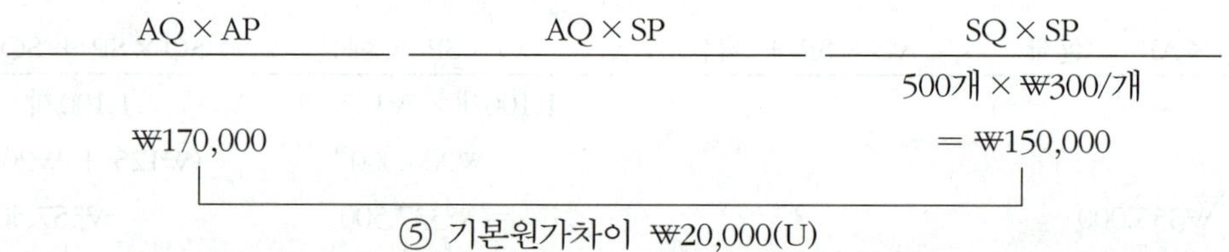

2) 변동제조간접원가

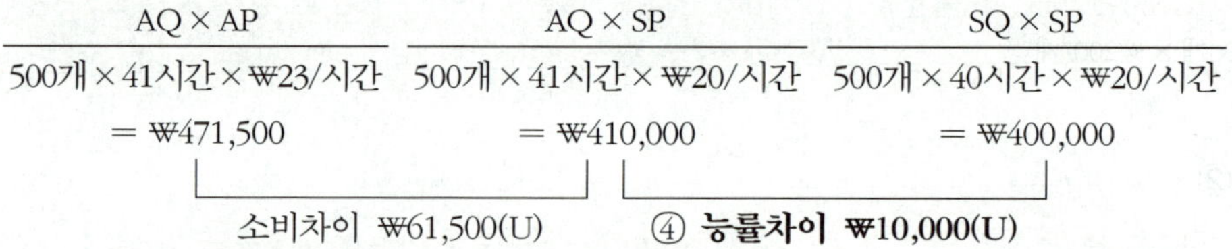

① 정상원가계산의 경우 직접원가는 실제원가를 변동제조간접원가는 노동시간당 예정배부율에 실제 노동시간을 곱한다.

₩170,000(실제기본원가) + ₩20 × (500개 × 41시간)* = ₩580,000

* 예정배부율 × 실제노동시간

② 500개에 대한 변동제조원가의 변동예산을 600개로 조정한다.

$$\frac{₩150,000 + ₩400,000}{500개} \times 600개 = ₩660,000$$

③ 변동제조간접원가 총차이 : ₩61,500(U) + ₩10,000(U)

= ₩71,500(U)

15 정답 ⑤

1) 원가차이

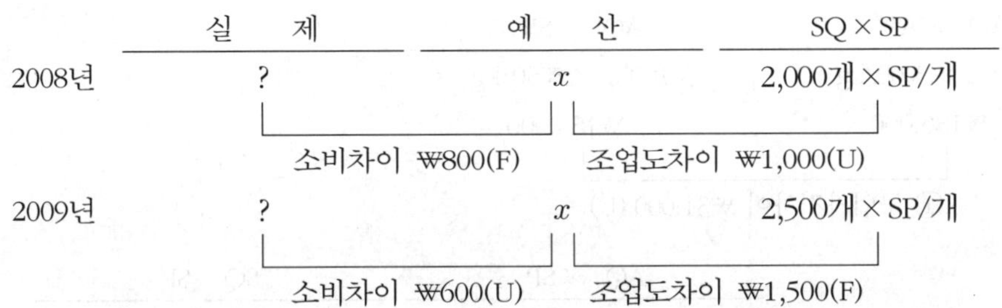

2) x개 × SP − 2,000개 × SP = ₩1,000(불리) … ①
 2,500개 × SP − x개 × SP = ₩1,500(유리) … ②
 ①식 + ②식인 경우 SP = ₩5/개

3) 20×9년 장부금액은 2,500개 × ₩5/개 = ₩12,500이고, 실제 발생액은 소비차이와 조업도차이 고려시 **₩11,600**이다.

16 정답 ③

표준매출원가		₩10,000
원가차이		
직접재료원가	$₩500(U) \times \frac{₩5,000}{₩10,000} =$	250
직접노무원가	$(1,200)(F) \times \frac{₩2,500}{₩5,000} =$	(600)
변동제조간접원가	$(200)(F) \times \frac{₩1,000}{₩2,000} =$	(100)
고정제조간접원가	$300(U) \times \frac{₩1,500}{₩3,000} =$	150
실제 매출원가		**₩9,700**

17 정답 ⑤

1) 직접재료원가

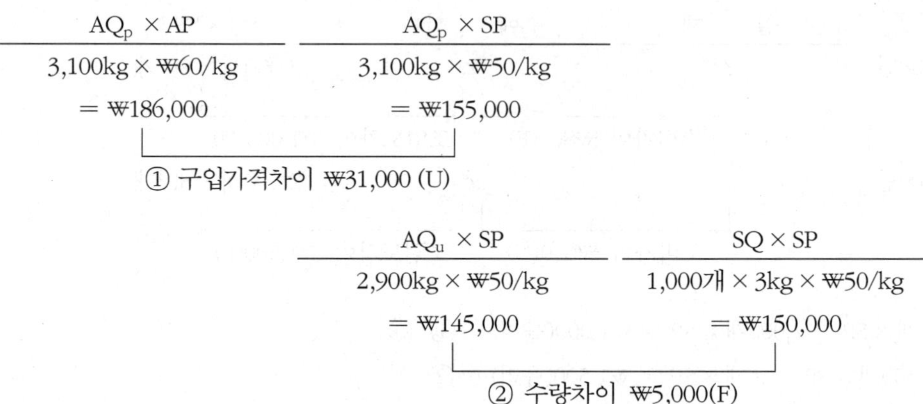

2) 변동제조간접원가

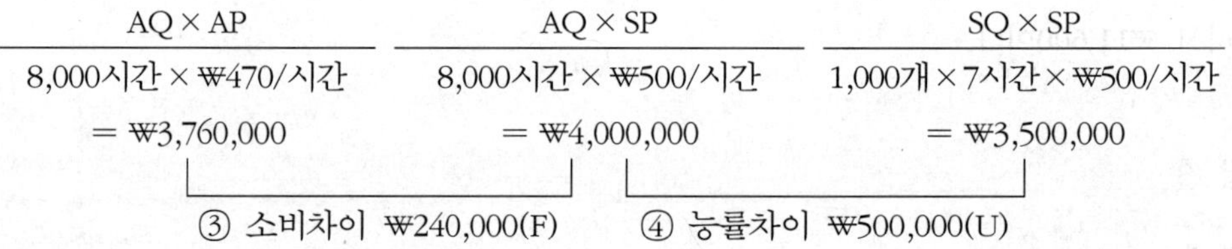

3) 고정제조간접원가

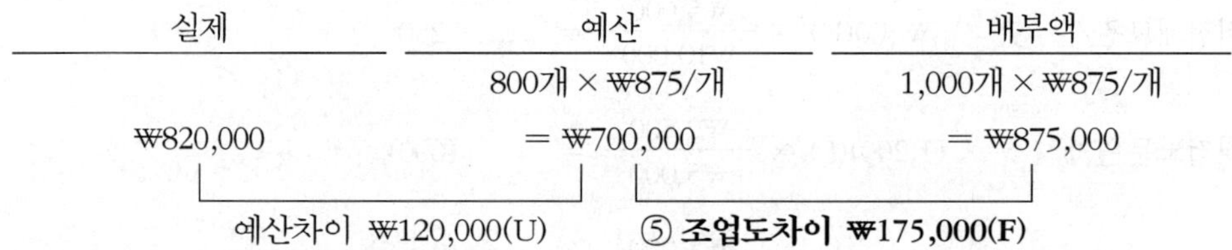

COST&MANAGEMENT ACCOUNTING

주관식 **연습문제**

01 항목별 원가차이

당기에 영업을 개시한 (주)서울은 원가관리를 목적으로 표준원가계산시스템을 사용하고 있으며, 직접노동시간을 기준으로 제조간접원가를 배부하고 있다. 제품 1단위당 표준원가는 다음과 같다.

	표준수량(원가)	표준가격	단위당 표준원가
직접재료원가	3 kg	₩5/kg	15/개
직접노무원가	2시간	3/시간	6
변동제조간접원가	2시간	2/시간	4
고정제조간접원가	2시간	5/시간	10
			₩35/개

(1) (주)서울의 연간 고정제조간접원가 예산은 ₩100,000이고, 기준조업도는 20,000직접노동시간이다.

(2) 당기생산량은 6,000개이며, 재공품재고는 존재하지 않는다. 당기생산과 관련되어 기말에 집계된 실제원가는 다음과 같다.

직접재료원가	16,800kg ×	₩6/kg =	₩100,800
직접노무원가	10,800시간 ×	₩2.5/시간 =	27,000
변동제조간접원가			21,600
고정제조간접원가			90,000
합 계			₩239,400

(3) 당기에 구입한 원재료는 20,000kg(₩6/kg)이다.

[물음 1] 직접재료원가에 대하여 다음 물음에 답하시오.

1) 원재료계정을 표준원가로 기록하는 경우 직접재료원가 차이를 구하시오.

2) 원재료계정을 실제원가로 기록하는 경우 직접재료원가 차이를 구하시오.

[물음 2] 직접노무원가의 차이를 구하시오

[물음 3] 변동제조간접원가에 대하여 다음 물음에 답하시오.

1) 변동제조간접원가의 소비차이와 능률차이를 구하시오.

2) 변동제조간접원가의 능률차이의 발생원인을 서술하시오.

해답

[물음 1] 원재료 원가차이

1) 원재료계정을 표준원가로 기록한다는 것은 원재료 구입시점에서 가격차이를 분리한다는 것이다.

$AQ_P \times AP$	$AQ_P \times SP$
20,000kg × ₩6/kg = ₩120,000	20,000kg × 5/kg = ₩100,000

구입가격차이 ₩20,000(U)

$AQ_u \times SP$	$SQ \times SP$
16,800kg × 5/kg = ₩84,000	6,000개 × 3kg × 5/kg = ₩90,000

능률차이 ₩6,000(F)

2) 원재료계정을 실제원가로 기록한다는 것은 원재료 사용시점에서 가격차이를 분리한다는 것이다.

$AQ_u \times AP$	$AQ_u \times SP$	$SQ \times SP$
16,800kg × ₩6/kg = ₩100,800	16,800kg × 5/kg = ₩84,000	6,000개 × 3kg × 5/kg = ₩90,000

가격차이 ₩16,800(U) 능률차이 ₩6,000(F)

[물음 2] 직접노무원가차이

$AQ \times AP$	$AQ \times SP$	$SQ \times SP$
10,800시간 × 2.5/시간 = ₩27,000	10,800시간 × 3/시간 = ₩32,400	6,000개 × 2시간 × 3/시간 = ₩36,000

임률차이 ₩5,400(F) 능률차이 ₩3,600(F)

[물음 3] 변동제조간접원가차이

1) 소비차이와 능률차이

AQ × AP	AQ × SP	SQ × SP
10,800시간 × 2/시간 = 21,600	10,800시간 × 2/시간 = 21,600	6,000개 × 2시간 × 2/시간 = 24,000

소비차이 –　　　능률차이 ₩2,400(F)

2) 능률차이의 원인

능률차이의 발생원인은 변동제조간접원가를 구성하는 개별항목의 능률적 또는 비능률적 사용이기보다는 변동제조간접원가의 배부기준으로 선택된 조업도의 사용에 있어서의 능률과 관련된 것이다.

02 제조간접원가 차이분석

(주)서울은 단일제품을 생산하여 판매하는 회사로 표준원가계산제도를 채택하고 있다. 20×1년의 고정예산상 변동제조간접원가는 ₩120,000이고, 고정제조간접원가는 ?이다. 또한 생산량 10,000단위와 1단위당 3기계시간이 허용되었다. 기말에 집계된 실제기계시간은 20,000시간이며, 다음은 20×1년 12월 31일 (주)서울의 제조간접원가 자료이다.

	실제	변동예산	장부금액
변동제조간접원가	₩70,000	₩60,000	₩60,000
고정제조간접원가	110,000	90,000	?

[물음 1] 예정조업도(기계시간)는 얼마인가?

[물음 2] 기계시간당 표준변동제조간접원가(SP)는 얼마인가?

[물음 3] 기계시간당 표준고정제조간접원가(SP)는 얼마인가?

[물음 4] 당기총제조원가상 고정제조간접원가(장부금액)는 얼마인가?

[물음 5] 20×1년 실제생산량은 얼마인가?

해답

자료정리

[20×1.1.1.]

1) 변동제조간접원가(SP) : $\dfrac{\text{변동제조간접원가예산}}{\text{기준조업도}} = \dfrac{₩120{,}000}{10{,}000\text{단위} \times 3\text{시간}} = ₩4/\text{시간}$

2) 고정제조간접원가(SP) : $\dfrac{\text{고정제조간접원가예산}}{\text{기준조업도}} = \dfrac{₩90{,}000}{10{,}000\text{단위} \times 3\text{시간}} = ₩3/\text{시간}$

[20×1.1.1.~12.31.]

1) 변동제조간접원가 배부액 = 실제생산량 × 허용시간 × SP
   ₩60,000 = 실제생산량 × 3시간 × ₩4/시간
   실제생산량 = 5,000단위
   (SQ = 실제생산량 × 허용시간 = 5,000단위 × 3시간 = 15,000시간)

2) 고정제조간접원가 배부액 = 실제생산량 × 허용시간 × SP
   = 5,000단위 × 3시간 × ₩3/시간
   = ₩45,000

3) 변동제조간접원가

AQ × AP	AQ × SP	SQ × SP	SQ × SP
20,000시간 × ₩3.5/시간	20,000시간 × ₩4/시간	5,000단위 × 3시간 × ₩4/시간	5,000단위 ×₩12/개
= ₩70,000	= ₩80,000	= ₩60,000	= ₩60,000

소비차이 ₩10,000(F)　　능률차이 ₩20,000(U)

4) 고정제조간접원가

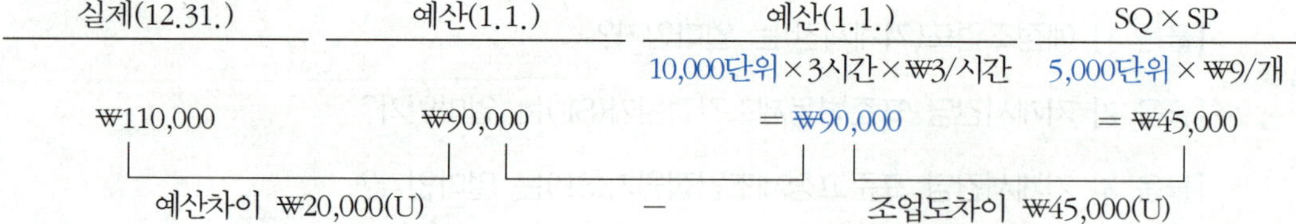

실제(12.31.)	예산(1.1.)	예산(1.1.)	SQ × SP
		10,000단위 × 3시간 × ₩3/시간	5,000단위 × ₩9/개
₩110,000	₩90,000	= ₩90,000	= ₩45,000

예산차이 ₩20,000(U)　　－　　조업도차이 ₩45,000(U)

[물음 1] 예정조업도 = **30,000시간**

[물음 2] SP(변동제조간접원가) = **₩4/시간**

[물음 3] SP(고정제조간접원가) = ₩3/시간

[물음 4] 고정제조간접원가 장부금액 = ₩45,000

[물음 5] 실제생산량 = 5,000단위

03 표준종합원가계산

(주)서울은 표준원가계산제도를 사용하고 있다. 이 회사가 설정한 제품단위당 표준원가는 다음과 같으며, 전기와 당기의 단위당 표준원가는 동일하다.

	표준수량	표준가격	표준원가
직접재료원가	2ℓ	₩7/ℓ	₩14
직접노무원가	3시간	₩7/시간	21
변동제조간접원가	3시간	₩2/시간	6
고정제조간접원가	3시간	₩3/시간	9
			₩50

고정제조간접원가 월간 예산은 ₩63,000이며, 기준조업도는 7,000단위이다. 20×1년 10월의 생산활동에 관한 자료는 다음과 같다.

기초재공품	1,000단위	(가공원가 완성도 50%)
완성품	5,000	
기말재공품	2,000	(가공원가 완성도 70%)
공손품	1,000	

재료는 공정초에 모두 투입되며 가공원가는 전공정을 통하여 평균적으로 발생한다. 검사는 공정의 60% 시점에서 실시되며, 합격품 수량의 10%를 정상공손으로 허용하고 있다. 10월의 실제발생 원가자료는 다음과 같다.

직접재료	
기초재고	–
당월구입	15,000ℓ(₩7.2/ℓ)
기말재고	1,500ℓ
직접노무원가	
직접노무시간	18,500시간(₩6.8/시간)
변동제조간접원가	₩36,400
고정제조간접원가	₩60,000

원재료 계정은 표준원가로 기록되며 모든 원가차이는 연말에 일괄하여 조정된다.

[물음 1] 다음 사항이 포함된 10월의 제조원가보고서를 작성하시오.

1) 완성품원가와 기말재공품원가
2) 정상공손이 포함된 완성품단위당원가

[물음 2] 모든 원가차이를 분석하시오.

해답

자료정리

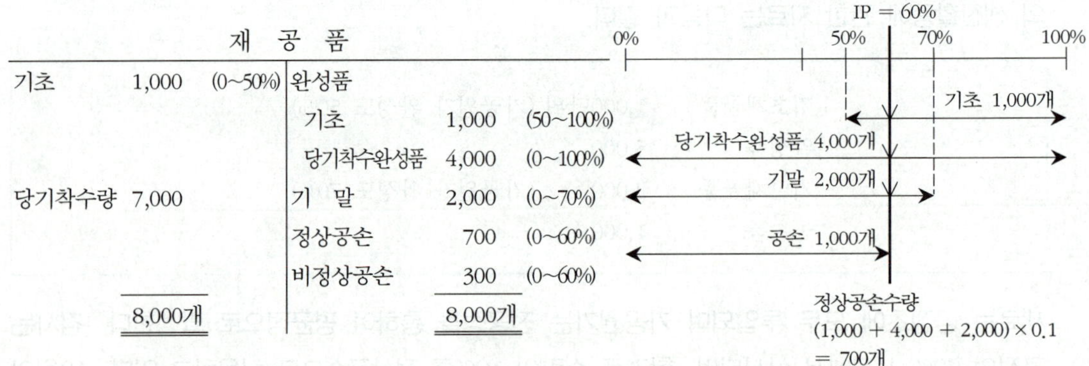

[물음 1] 제조원가보고서

1) 완성품원가 = **₩267,800**, 기말재공품원가 = **₩85,520**

2) 정상공손이 포함된 완성품단위당원가 = **₩53.56**

① 제조원가보고서

선입선출법		재료원가	가공원가	
기초재공품	1,000 (50~100%)	–	500	
당기착수완성	4,000 (0~100%)	4,000	4,000	
기말재공품	2,000 (0~70%)	2,000	1,400	
정상공손	700 (0~60%)	700	420	
비정상공손	300 (0~60%)	300	180	
A. 완성품환산량		7,000개	6,500개	
B. 총원가				합 계
기초재공품원가		–	–	₩32,000*1
당기투입원가		₩98,000	₩234,000	332,000
합 계		₩98,000	₩234,000	₩364,000
C. 환산량 단위당 원가		₩14	₩36	
완성품				
기초재공품	₩32,000*1	+ ₩14 × –	+ ₩36 × 500 =	₩50,000
당기착수완성품		14 × 4,000 +	36 × 4,000 =	200,000
합 계				₩250,000*2
기말재공품		14 × 2,000 +	36 × 1,400 =	78,400
정상공손		14 × 700 +	36 × 420 =	24,920
비정상공손		14 × 300 +	36 × 180 =	10,680
합 계				₩364,000

*1 기초재공품은 전기에 기말재공품으로서 전기 완성도는 50%이다. 그러므로 재료원가의 완성품환산량은 1,000개이고 가공원가의 완성품환산량은 500개이다.

1,000 × ₩14 + 500 × ₩36 = ₩32,000

*2 전기와 당기의 단위당 표준원가가 동일한 경우에는 완성품수량에 단위당 표준원가를 곱하여 완성품원가를 쉽게 구할 수 있다.

5,000 × (₩14 + ₩36) = ₩250,000

② 정상공손원가의 재배분

	배분전 원가	정상공손	배분후 원가
완성품원가	₩250,000	₩17,800*1	₩267,800*2
기말재공품	78,400	7,120*1	85,520*3
정상공손	24,920	(24,920)	–
비정상공손	10,680	–	10,680
합 계	₩364,000	–	₩364,000

*1 $₩24,920 \times \frac{5,000개}{7,000개} = ₩17,800$, $₩24,920 \times \frac{2,000개}{7,000개} = ₩7,120$

*2 5,000개 × ₩53.56 = ₩267,800

*3 기말재공품 재료원가 + 기말재공품 가공원가 + 정상공손
(2,000개 × ₩14) + (1,400개 × ₩36) + (2,000개 × ₩3.56) = ₩85,520

③ 제품 단위당 표준원가

	표준수량	표준가격	표준원가
직접재료원가	2ℓ	₩7/ℓ	₩14.00
직접노무원가	3시간	₩7/시간	21.00
변동제조간접원가	3시간	₩2/시간	6.00
고정제조간접원가	3시간	₩3/시간	9.00
합 계			₩50.00
정상공손허용액*			3.56
정상품 단위당 표준원가			₩53.56

* (1) 정상공손 허용률과 검사시점에서의 직접재료원가와 가공원가의 완성도를 이용하여 제품 단위당 정상공손 허용액을 구할 수 있다.

직접재료원가 : ₩14 × 0.1 × 1 = ₩1.40
가 공 원 가 : ₩36 × 0.1 × 0.6 = 2.16
₩3.56

(2) 정상공손허용률의 도출과정
1. 정상공손원가의 재료원가와 가공원가는 다음과 같이 완성품원가에 배분된다.

직접재료원가 : $(₩14 \times 700개 \times 100\%) \times \frac{5,000개}{7,000개} = ₩7,000$

가 공 원 가 : $(₩36 \times 700개 \times 60\%) \times \frac{5,000개}{7,000개} = ₩10,800$

위의 식에서 분모에 있는 검사를 통과한 수량 7,000개를 정상공손수량으로 이동하면 다음과 같은 식이 도출된다.

직접재료원가 : $(₩14 \times \frac{700개}{7,000개} \times 100\%) \times 5,000개 = ₩7,000$

가 공 원 가 : $(₩36 \times \frac{700개}{7,000개} \times 60\%) \times 5,000개 = ₩10,800$

2. 위의 식을 정상공손허용률로 나타내면 다음과 같다.

직접재료원가 : $(₩14 \times \frac{700개}{7,000개} \times 100\%) \times 5,000개$

$= ₩14 \times 0.1 \times 5,000개 = ₩7,000$

가 공 원 가 : $(₩36 \times \frac{700개}{7,000개} \times 60\%) \times 5,000개$

$= ₩36 \times 0.1 \times 0.6 \times 5,000개 = ₩10,800$

[물음 2] 원가차이

1) 산출량 차이

비정상공손 = ₩10,680

2) 투입된 원가요소차이

① 직접재료원가

$AQ_P \times AP$	$AQ_P \times SP$
15,000ℓ × ₩7.2/ℓ = ₩108,000	15,000ℓ × ₩7/ℓ = ₩105,000

구입가격차이 ₩3,000(U)

$AQ_u \times SP$	$SQ \times SP$	$SQ \times SP$
13,500ℓ × ₩7/ℓ = ₩94,500	7,000개* × 2ℓ × ₩7/ℓ = ₩98,000	7,000개 × ₩14/개 = ₩98,000

능률차이 ₩3,500(F)

* 재료원가 환산량

② 직접노무원가

$AQ \times AP$	$AQ \times SP$	$SQ \times SP$	$SQ \times SP$
18,500시간 × ₩6.8/시간 = ₩125,800	18,500시간 × ₩7/시간 = ₩129,500	6,500개* × 3시간 × ₩7/시간 = ₩136,500	6,500개 × ₩21/개 = ₩136,500

임률차이 ₩3,700(F) **능률차이 ₩7,000(F)**

* 가공원가 환산량

③ 변동제조간접원가

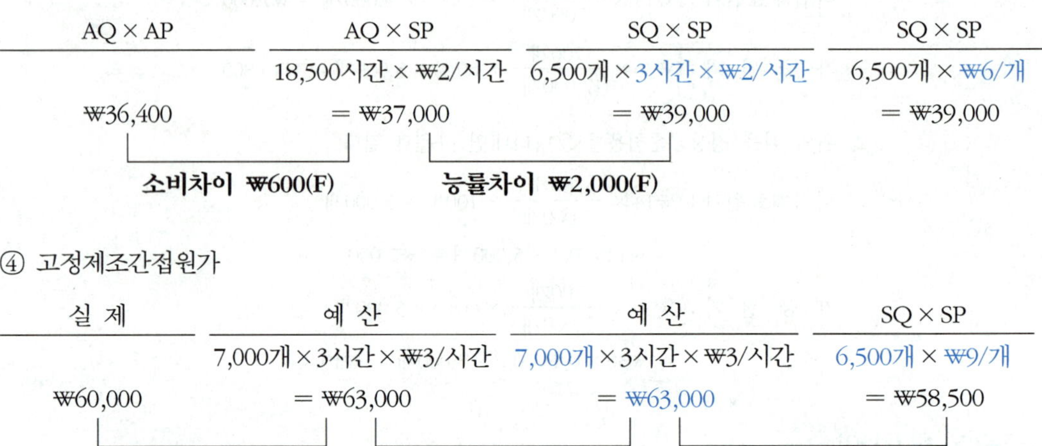
AQ × AP
AQ × SP
SQ × SP
SQ × SP
18,500시간 × ₩2/시간
6,500개 × 3시간 × ₩2/시간
6,500개 × ₩6/개
₩36,400
= ₩37,000
= ₩39,000
= ₩39,000
소비차이 ₩600(F)
능률차이 ₩2,000(F)
④ 고정제조간접원가
실 제
예 산
예 산
SQ × SP
7,000개 × 3시간 × ₩3/시간
7,000개 × 3시간 × ₩3/시간
6,500개 × ₩9/개
₩60,000
= ₩63,000
= ₩63,000
= ₩58,500
예산차이 ₩3,000(F)
–
조업도차이 ₩4,500(U)

제 7 장

전부원가·변동원가·초변동원가계산

cost & management accounting

SECTION 01 원가의 흐름과 여러 원가계산의 비교

제품원가계산은 제품 생산활동의 성격과 원가집계방식의 차이에 따라 다음과 같이 개별원가계산과 종합원가계산으로 나누어진다.

- 개별원가계산 : 다품종소량생산을 하며 원가를 직접재료원가, 직접노무원가와 제조간접원가로 분류한다.
- 종합원가계산 : 동일품종을 대량생산하며 원가를 재료원가와 가공원가로 분류한다.

또한 원가의 측정방법에 따라 실제원가계산, 정상원가계산과 표준원가계산으로 나누어진다. 물론 실제원가계산을 제외한 정상원가계산과 표준원가계산은 기말에 장부금액과 실제발생한 원가와의 차이를 재무제표에 반영하여 외부보고를 하여야 한다.

- 실제원가계산 : 모든 원가항목이 실제원가이다.
- 정상원가계산 : 직접재료원가, 직접노무원가는 실제원가이고 제조간접원가는 예정배부율을 사용하여 배부한다.
- 표준원가계산 : 모든 원가요소에 대해 제품 1단위당 표준원가를 설정하여 배부한다.

마지막으로 제품원가의 구성항목에 따라 전부원가계산, 변동원가계산과 초변동원가계산으로 분류된다. 전부원가계산, 변동원가계산과 초변동원가계산 모두 발생한 원가는 항상 동일하며, 어느 원가계산을 적용하느냐에 따라 다음과 같이 제품원가와 기간비용이 달라진다.

- 전부원가계산 : 직접재료원가, 직접노무원가, 변동제조간접원가와 고정제조간접원가를 제품원가에 포함시킨다.
- 변동원가계산 : 직접재료원가, 직접노무원가와 변동제조간접원가만을 제품원가에 포함시키고 고정제조간접원가는 기간비용으로 처리한다.
- 초변동원가계산 : 직접재료원가만을 제품원가에 포함시키고 나머지 원가들은 모두 기간비용으로 처리한다.

구 분	전부원가계산	변동원가계산	초변동원가계산
제 품 원 가	직접재료원가 직접노무원가 변동제조간접원가 고정제조간접원가	직접재료원가 직접노무원가 변동제조간접원가 ―	직접재료원가 ― ― ―
기 간 비 용	― ― ― 판매비와관리비	― ― 고정제조간접원가 판매비와관리비	직접노무원가 변동제조간접원가 고정제조간접원가 판매비와관리비

예제 01 손익계산서 작성과 이익차이 조정

20×1년도에 영업을 개시한 (주)서울의 당기총제조원가는 직접재료원가 ₩100,000, 직접노무원가 ₩200,000, 변동제조간접원가 ₩300,000, 고정제조간접원가 ₩400,000이다.

당기총제조원가 ₩1,000,000 중 50%는 매출원가로 나머지 50%는 균등하게 기말재공품과 기말제품의 재고로 구성된다. 20×2년도에는 당기총제조원가가 발생되지 않았으며 모든 재고는 판매되었다고 가정 시 다음 물음에 답하시오. 단 2개 연도에 걸친 매출은 각각 ₩600,000이다.

또한 20×1년도의 기말재공품은 20×2년도의 기초재공품으로서 추가적인 원가 투입 없이 판매되었다고 가정한다.

[물음 1] 전부원가계산에 의한 20×1년, 20×2년도 손익계산서를 작성하시오.

[물음 2] 변동원가계산에 의한 20×1년, 20×2년도 손익계산서를 작성하시오.

[물음 3] 초변동원가계산에 의한 20×1년, 20×2년도 손익계산서를 작성하시오.

[물음 4] 직접재료원가와 직접노무원가만을 제품의 원가로 인정하는 경우 20×1년, 20×2년도 손익계산서를 작성하시오.

[물음 5] 다음 각각의 물음에 대해 답하시오.

1) 20×1년도의 전부원가계산과 변동원가계산의 이익차이를 조정하시오.
2) 20×1년도의 변동원가계산과 초변동원가계산의 이익차이를 조정하시오.
3) 20×1년도의 전부원가계산과 초변동원가계산의 이익차이를 조정하시오.

[물음 6] 다음 각각의 물음에 대해 답하시오.

1) 20×2년도의 전부원가계산과 변동원가계산의 이익차이를 조정하시오.
2) 20×2년도의 변동원가계산과 초변동원가계산의 이익차이를 조정하시오.
3) 20×2년도의 전부원가계산과 초변동원가계산의 이익차이를 조정하시오.

해답

자료정리

(1)은 직접재료원가, (2)는 직접노무원가, (3)은 변동제조간접원가, (4)는 고정제조간접원가를 나타낸다.

20×1년 재공품

	전 부	변 동	초변동		전 부	변 동	초변동
기 초	–			(1)	₩75,000	₩75,000	₩75,000
				(2)	150,000	150,000	–
				(3)	225,000	225,000	–
				(4)	300,000	–	–
	전 부	변 동	초변동		전 부	변 동	초변동
(1)	₩100,000	₩100,000	₩100,000	(1)	₩25,000	₩25,000	₩25,000
(2)	200,000	200,000	200,000	(2)	50,000	50,000	–
(3)	300,000	300,000	300,000	(3)	75,000	75,000	–
(4)	400,000	400,000	400,000	(4)	100,000	–	–

20×1년 제 품

	전 부	변 동	초변동		전 부	변 동	초변동
기 초	–			(1)	₩50,000	₩50,000	₩50,000
				(2)	100,000	100,000	–
				(3)	150,000	150,000	–
				(4)	200,000	–	–
	전 부	변 동	초변동		전 부	변 동	초변동
(1)	₩75,000	₩75,000	₩75,000	(1)	₩25,000	₩25,000	₩25,000
(2)	150,000	150,000	–	(2)	50,000	50,000	–
(3)	225,000	225,000	–	(3)	75,000	75,000	–
(4)	300,000	–	–	(4)	100,000	–	–

[물음 1] 전부원가계산

	20×1년	20×2년	합 계
1. 매 출	₩600,000	₩600,000	₩1,200,000
2. 매출원가	500,000	500,000	1,000,000
3. 매출총이익	₩100,000	₩100,000	₩200,000

[물음 2] 변동원가계산

	20×1년	20×2년	합 계
1. 매 출	₩600,000	₩600,000	₩1,200,000
2. 변동매출원가	300,000	300,000	600,000
3. 공헌이익	₩300,000	₩300,000	₩600,000
4. 고정제조간접원가	400,000	—	400,000
5. 영업이익	₩(100,000)	₩300,000	₩200,000

[물음 3] 초변동원가계산

	20×1년	20×2년	합 계
1. 매 출	₩600,000	₩600,000	₩1,200,000
2. 직접재료원가	50,000	50,000	100,000
3. 재료처리량공헌이익	₩550,000	₩550,000	₩1,100,000
4. 운영비용			
(1) 직접노무원가	200,000	—	200,000
(2) 변동제조간접원가	300,000	—	300,000
(3) 고정제조간접원가	400,000	—	400,000
5. 영업이익	₩(350,000)	₩550,000	₩200,000

[물음 4] 기본원가계산

이는 존재하지 않는 원가계산으로 개념설명을 위한 예제일 뿐이다.

	20×1년	20×2년	합 계
1. 매 출	₩600,000	₩600,000	₩1,200,000
2. 기본원가	150,000	150,000	300,000
3. 이익	₩450,000	₩450,000	₩900,000
4. 운영비용			
(1) 변동제조간접원가	300,000	—	300,000
(2) 고정제조간접원가	400,000	—	400,000
5. 이익	₩(250,000)	₩450,000	₩200,000

[물음 5] [물음 6] 20×1년과 20×2년의 이익차이조정

	20×1년	20×2년	합 계
1. 전부원가계산	₩100,000	₩100,000	₩200,000
− 기말재고자산	(200,000)	−	−
+ 기초재고자산	−	200,000	−
2. 변동원가계산	₩(100,000)	₩300,000	₩200,000
− 기말재고자산	(250,000)	−	−
+ 기초재고자산	−	250,000	−
3. 초변동원가계산	₩(350,000)	₩550,000	₩200,000

1) 전부원가계산과 변동원가계산의 이익차이의 조정

전부원가계산과 변동원가계산의 차이점은 고정제조간접원가에 대한 비용인식시점이 다르다는 것이다. 20×1년도 고정제조간접원가 발생액은 ₩400,000으로 전부원가계산이든 변동원가계산이든 동일하지만 다음과 같은 차이가 있다.

20×1년	전부원가계산	변동원가계산
비 용	₩200,000	₩400,000
재 고 자 산	200,000	−
고정제조간접원가	₩400,000	₩400,000

앞에서 본 바와 같이 전부원가계산은 고정제조간접원가를 매출원가로 ₩200,000, 나머지 ₩200,000은 기말재고자산으로 처리한다. 그러나 변동원가계산은 고정제조간접원가 발생액 ₩400,000을 기간비용으로 처리한다.

전부원가계산이 변동원가계산에 비해 손익계산서상 비용처리된 고정제조간접원가가 ₩200,000 더 적으므로 전부원가계산의 이익이 변동원가계산의 이익보다 더 크게 나타난다. 그러므로 자산화된 기말재고의 고정제조간접원가를 비용으로 처리하면 전부원가계산의 이익이 변동원가계산의 이익으로 조정된다.

	20×1년
전부원가계산이익	₩100,000
(−) 기말재고자산*1	(200,000)
(+) 기초재고자산*2	−
변동원가계산이익	₩(100,000)

*1 기말재고자산에 포함된 고정제조간접원가

*2 기초재고자산에 포함된 고정제조간접원가

※ 양 방법의 이익차이를 조정하려면 원가항목 중에서도 고정제조간접원가를 조정해야 하며, 고정제조간접원가 중에서도 자산화된 고정제조간접원가를 조정해준다. 즉, 비용으로 처리된 고정제조간접원가가 아니라 자산화된 고정제조간접원가가 조정대상이 된다.

2) 변동원가계산과 초변동원가계산의 이익차이조정

변동원가계산은 직접노무원가와 변동제조간접원가를 제품의 원가로 인정하고 초변동원가계산은 기간비용으로 처리한다. 그러므로 직접노무원가와 변동제조간접원가를 보는 관점이 서로 다르다. 여기서 주의할 점은 비용 처리된 직접노무원가, 변동제조간접원가는 조정대상이 아니며, 오직 재고자산에 포함된 직접노무원가와 변동제조간접원가만이 조정대상이다.

	20×1년
변동원가계산이익	₩(100,000)
(−) 기말재고자산*1	(250,000)
(+) 기초재고자산*2	−
초변동원가계산이익	₩(350,000)

*1 기말재공품과 기말제품에 포함된 직접노무원가 + 변동제조간접원가
= (₩50,000 + ₩75,000) + (₩50,000 + ₩75,000) = ₩250,000

*2 기초재공품과 기초제품에 포함된 직접노무원가 + 변동제조간접원가

변동원가계산은 당기에 발생한 직접노무원가와 변동제조간접원가를 매출원가와 기말재고자산에 포함시켰다. 그러나 초변동원가계산은 모두 비용으로 처리하였다. 이러한 경우 변동원가계산이익이 초변동원가계산이익과 동일해지려면 변동원가계산도 초변동원가계산처럼 직접노무원가와 변동제조간접원가를 모두 비용처리하면 될 것이다.

즉, 매출원가에 있는 직접노무원가와 변동제조간접원가는 이미 비용처리 되었으므로 조정대상이 아니고 기말재고자산에 포함되어 있는 직접노무원가와 변동제조간접원가를 변동원가계산이익에서 차감해주면 될 것이다. 물론 기초재고에 포함되어 있는 직접노무원가와 변동제조간접원가는 기말재고와 반대로 가산을 해주면 될 것이다.

3) 전부원가계산과 초변동원가계산의 이익차이조정

전부원가계산은 직접노무원가, 변동제조간접원가와 고정제조간접원가를 제품의 원가로 인정하고 초변동원가계산은 기간비용으로 처리한다. 그러므로 재료원가를 제외한 나머지 원가들을 보는 관점이 서로 다르다.

여기서 주의할 점은 비용처리된 직접노무원가, 변동제조간접원가와 고정제조간접원가는 조정대상이 아니며, 오직 재고자산에 포함된 직접노무원가, 변동제조간접원가와 고정제조간접원가만이 조정대상이다. 차이조정을 하면 다음과 같다.

	20×1년
전부원가계산이익	₩100,000
(−) 기말재고자산*1	(450,000)
(+) 기초재고자산*2	—
초변동원가계산이익	₩(350,000)

*1 기말재공품과 기말제품에 포함된 직접노무원가 + 변동제조간접원가 + 고정제조간접원가 = (₩50,000 + ₩75,000 + ₩100,000) + (₩50,000 + ₩75,000 + ₩100,000) = ₩450,000

*2 기초재공품과 기초제품에 포함된 직접노무원가 + 변동제조간접원가 + 고정제조간접원가

전부원가계산의 경우 당기에 발생한 직접노무원가, 변동제조간접원가와 고정제조간접원가를 매출원가와 기말재고자산에 포함시켰다. 그러나 초변동원가계산은 모두 비용으로 처리하였다. 이러한 경우 전부원가계산이익이 초변동원가계산이익과 동일해지려면 전부원가계산도 초변동원가계산처럼 직접노무원가, 변동제조간접원가와 고정제조간접원가를 모두 비용처리하면 될 것이다.

즉, 매출원가에 있는 직접노무원가, 변동제조간접원가와 고정제조간접원가는 이미 비용처리 되었으므로 조정대상이 아니고 기말재고자산에 포함되어 있는 직접노무원가, 변동제조간접원가와 고정제조간접원가를 전부원가계산이익에서 차감해주면 될 것이다. 물론 기초재고에 포함되어 있는 직접노무원가, 변동제조간접원가와 고정제조간접원가는 기말재고와 반대로 가산을 해주면 될 것이다.

❖ 비용과 재고자산의 관계 ❖

20×1년	전부원가계산		변동원가계산		초변동원가계산
1. 비 용	₩500,000	<	₩700,000	<	₩950,000
2. 재고자산	500,000	>	300,000	>	50,000
3. 합 계	₩1,000,000	=	₩1,000,000	=	₩1,000,000

SECTION

02 전부원가계산과 변동원가계산

1 전부원가계산

전부원가계산은 원가행태와 관계없이 제조활동과 관련된 모든 원가를 제품원가에 포함시키는 원가계산방법으로 흡수원가계산(absorption costing)이라고도 한다. 전부원가계산은 주로 외부보고목적(재무제표작성 및 법인세 결정)으로 이용된다.

(1) 이론적 근거

제품생산을 위하여 고정제조간접원가도 반드시 발생하는 원가이므로 제품원가에 포함되어야 한다. 이를 원가부착개념(cost−attach concept)이라고 한다.

(2) 전부원가계산의 특징

① 전부원가계산에서는 직접재료원가, 직접노무원가, 변동제조간접원가와 고정제조간접원가 모두를 제품원가로 인정하므로 제조원가 중 기간비용 처리할 금액은 없다.

② 매출에서 매출원가를 차감하여 매출총이익을 구하고 매출총이익에서 판매관리비를 차감하여 영업이익을 구한다.

③ 판매관리비는 변동판매관리비와 고정판매관리비의 합이다.

④ 이익이 판매량뿐만 아니라 생산량에 의해서도 영향을 받는다. 이로 인해 과다생산으로 인한 이익조작 가능성이 있다.

(3) 전부원가계산의 장점과 단점

장 점	단 점
• 수익 · 비용대응의 원칙에 부합되는 원가계산방법이다. • 자의적으로 제조간접원가를 변동원가와 고정원가로 분류할 필요가 없다. • 외부보고용 재무제표원칙에 부합되는 방법이다.	• 과다생산으로 인한 이익조작 가능성이 있다. • 조업도에 따른 단위당 고정제조간접원가의 변화와 이로 인한 손익계산서작성의 번거로움이 있다. • 제품원가의 오도*로 인한 전제품의 폐지화 현상이 발생될 수 있다.

* 제품원가의 오도(misleading product cost) : 제품을 여러 가지 생산하는 경우 제품에 제조간접원가를 잘못 배부하여 제품원가가 과대 또는 과소계상 되는 것을 말한다. 어느 하나의 제품에 제조간접원가가 과대계상되어 손실이 발생하면 해당 제품을 폐지할 수도 있는데, 해당제품이 폐지되더라도 고정제조간접원가는 감소되지 않고 다른 제품들에게 전가된다. 추가로 전가된 고정제조간접원가로 인해 다른 제품들도 손실이 발생한다면 역시 그 제품들도 폐지될 수 있다. 이와 같이 모든 제품이 폐지되는 현상을 전제품의 폐지화(death spiral)현상이라고 한다.

전부원가계산의 경우 이익이 생산량에 의해 영향을 받게 된다. 다음은 전부원가계산 하에서 판매량은 일정한데, 제품을 과다생산하는 경우 이익증가의 과정을 보여준다.

• 실제원가계산 : 제품을 과다생산하는 경우 단위당 고정제조간접원가가 감소되어 매출원가는 감소되고 재고자산은 증가되어 이익이 증가된다.

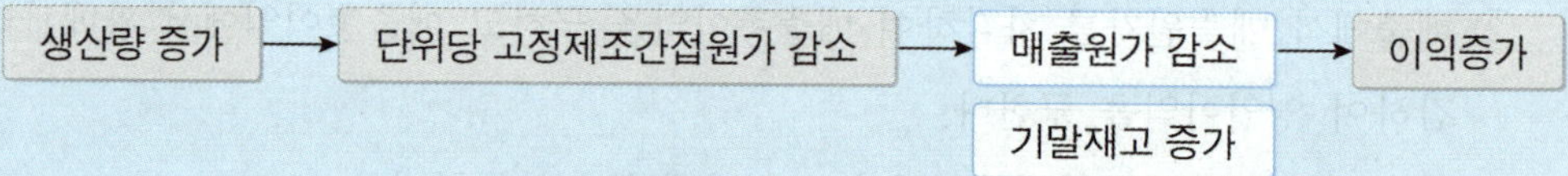

• 정상 · 표준원가계산 : 기초에 각각 예정배부율과 표준배부율로 단위당 고정제조간접원가가 확정되어 있어 과다생산으로 인해 단위당 고정원가는 실제원가계산과 달리 감소되지 않는다. 그러나 과다생산을 하는 경우 유리한 조업도차이가 발생되어 이를 손익에 반영시 이익이 증가하게 된다.

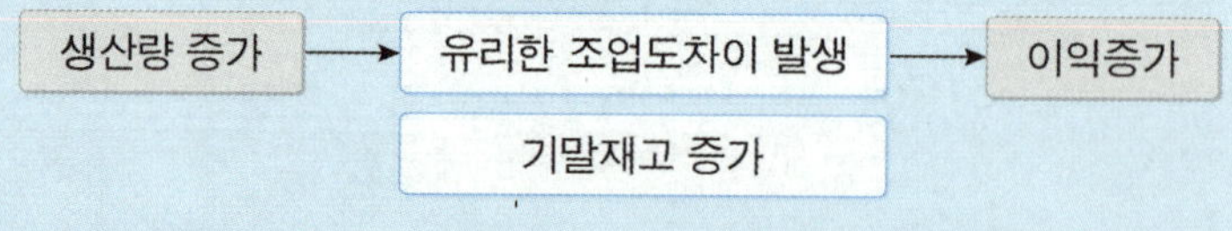

앞에서 본 바와 같이 전부원가계산 하에서 생산자는 과다생산을 하여 이익을 조작하려고 한다. 이러한 과다생산을 방지하기 위한 방법은 다음과 같다.

① 부문생산자에게 과다재고에 대한 재고유지비용과 기회비용을 부과한다.

② 생산과 재고수준에 영향을 받지 않는 변동원가계산으로 성과평가를 한다.

③ 적시생산(JIT)시스템을 도입하여 불필요한 재고수준을 낮춘다.

④ 장기적인 이익이나 주가변동, 총매출액 및 불량률의 변동 등과 같은 장기적인 성과평가의 척도를 적용한다.

▶ 예제 02 전부원가계산의 문제점(1) : 과다생산

당기에 영업을 개시한 (주)서울은 실제원가계산을 적용한다. 당기에 발생한 원가는 고정제조간접원가 ₩100,000만 있으며, 다른 원가는 발생하지 않았다고 가정한다. 또한 판매량은 1,000단위이고 단위당 판매가격은 ₩200이다. 다음 물음에 답하시오.

[물음 1] 생산량이 1,000단위인 경우 전부원가계산하에서의 이익은 얼마인가?

[물음 2] 생산량이 2,000단위인 경우 전부원가계산하에서의 이익은 얼마인가?

[물음 3] 생산량이 1,000단위와 2,000단위인 경우 변동원가계산의 이익은 각각 얼마인가?

[물음 4] 1) [물음 1]과 [물음 3]의 이익차이를 조정하시오.
2) [물음 2]와 [물음 3]의 이익차이를 조정하시오.

해답

[물음 1] 전부원가계산이익(1,000단위 생산)

생산량이 1,000단위인 경우 단위당 원가는 ₩100(= $\frac{₩100,000}{1,000개}$)이다. 그러므로 매출원가는 ₩100,000(1,000개 × ₩100)이다. 이를 나타내면 다음과 같다.

제품

차변		대변	
기 초	–	판 매	1,000
		(FC = ₩100,000)	
생 산	1,000	기 말	–
(FC = ₩100,000)			

전부원가계산

매출	₩200,000*1
매출원가	100,000*2
매출총이익	₩100,000

*1 1,000 × ₩200 *2 1,000 × ₩100

[물음 2] 전부원가계산이익(2,000단위 생산)

생산량이 2,000단위인 경우 단위당 원가는 ₩50(= $\frac{₩100,000}{2,000개}$)이다. 그러므로 매출원가는 ₩50,000(1,000개 × ₩50)이다. 이를 나타내면 다음과 같다.

제 품

기 초	−	판 매	1,000
		(FC = ₩50,000)	
생 산	2,000	기 말	1,000
(FC = ₩100,000)		(FC = ₩50,000)	

전부원가계산

매 출	₩200,000*1
매 출 원 가	50,000*2
매 출 총 이 익	₩150,000

*1 1,000 × ₩200 = ₩200,000

*2 1,000 × ₩50 = ₩50,000

당기에 발생한 고정제조간접원가 ₩100,000 중 ₩50,000은 매출원가에 나머지 ₩50,000은 기말재고에 포함된다. 즉, 판매량이 일정한 상태에서 생산량이 증가하면 고정제조간접원가 일부가 기말재고로 포함되어 매출원가가 감소된다. 이러한 경우 이익이 생산량에 의해 증가하게 되므로 경영자는 과다생산의 유인을 갖게 된다.

[물음 3] 변동원가계산 이익

전부원가계산과 달리 변동원가계산은 고정제조간접원가를 전액 비용으로 처리하므로 매출원가와 기말재고에 고정제조간접원가는 포함되지 않는다. 오직 이익이 판매량에 의해서만 결정된다. 그러므로 생산량이 1,000단위이든 2,000단위이든 변동원가계산의 이익은 동일하다.

1) 생산량이 1,000단위인 경우

제 품

기 초	−	판 매	1,000
		(FC = −)	
생 산	1,000	기 말	−
(FC = ₩100,000)			

변동원가계산

매 출	₩200,000*
변 동 원 가	−
공 헌 이 익	₩200,000
고 정 원 가	100,000
영 업 이 익	₩100,000

* 1,000 × ₩200 = ₩200,000

2) 생산량이 2,000단위인 경우

제품			
기 초	–	판 매	1,000
		(FC = –)	
생 산	2,000	기 말	1,000
(FC = ₩100,000)		(FC = –)	

변동원가계산	
매 출	₩200,000*
변 동 원 가	–
공 헌 이 익	₩200,000
고 정 원 가	100,000
영 업 이 익	₩100,000

* 1,000 × ₩200 = ₩200,000

[물음 4] 이익차이조정

전부원가계산과 변동원가계산은 재고자산에 포함되어 있는 고정제조간접원가 만큼 이익차이가 발생한다.

1) [물음 1]과 [물음 3]의 이익차이 조정

	전부원가계산이익	₩100,000
(–)	기말재고자산	–
(+)	기초재고자산	–
	변동원가계산이익	₩100,000

2) [물음 2]와 [물음 3]의 이익차이 조정

	전부원가계산이익	₩150,000
(–)	기말재고자산	(50,000)
(+)	기초재고자산	–
	변동원가계산이익	₩100,000

전부원가계산의 경우 당기에 발생한 고정제조간접원가(₩100,000)를 매출원가(₩50,000)와 기말재고자산(₩50,000)에 포함시켰다. 그러나 변동원가계산은 모두 비용(₩100,000)으로 처리 하였다. 이러한 경우 전부원가계산이익이 변동원가계산이익과 동일해지려면 전부원가계산도 변동원가계산처럼 기말제품의 고정제조간접원가를 모두 비용으로 처리하면 될 것이다.

즉, 매출원가에 있는 고정제조간접원가는 이미 비용처리 되었으므로 조정대상이 아니고 기말재고자산에 포함되어 있는 고정제조간접원가를 비용처리하면 될 것이다. 물론 기초재고자산에 포함되어 있는 고정제조간접원가는 기말재고와 반대로 가산을 해주면 된다.

예제 03 전부원가계산의 문제점(2) : 제품원가의 오도

(주)서울은 표준형과 고급형의 2가지 자동차용 에어컨을 생산하는 회사로서 재고를 보유하지 않는 정책을 갖고 있다. 또한 고정제조간접원가는 직접노무원가를 기준으로 배부되며, 제품별 수익성은 다음과 같다.

	표준형	고급형	합 계
매 출	₩500,000	₩1,000,000	₩1,500,000
매 출 원 가			
변동제조원가	300,000	450,000	750,000
고정제조간접원가	250,000	350,000	600,000
매 출 총 이 익	₩(50,000)	₩200,000	₩150,000

[물 음] (주)서울은 표준형의 수익성이 없다고 판단하고 표준형의 폐지를 결정하였다. 이러한 의사결정이 (주)서울의 이익에 미치는 영향은 얼마인가? (단, 고정제조간접원가는 회피불가능한 원가이다.)

해답

표준형 에어컨을 폐지함으로써 모든 고정제조간접원가가 고급형 에어컨으로 이전되어 고급형 에어컨의 수익성과 회사전체의 수익성이 악화되게 된다. 표준형 에어컨 폐지시 증분손실은 표준형 에어컨의 공헌이익 ₩200,000이다.

	고급형
매 출	₩1,000,000
매 출 원 가	
변동제조원가	450,000
고정제조간접원가	600,000
매 출 총 이 익	₩(50,000)

2 변동원가계산

변동원가계산(variable costing)은 변동제조원가만을 제품의 원가로 인정한다. 고정제조간접원가는 생산규모와 관련하여 발생한 설비원가로서 제품 생산과는 관련 없이 단지 시간이 경과함에 따라 발생되므로 기간비용 처리한다.

이와 같이 고정제조간접원가를 비용으로 처리하는 경우 변동원가계산은 전부원가계산과 달리 생산량의 변동에 의한 이익변화를 차단할 수 있게 된다. 이러한 변동원가계산에 의한 손익계산서는 판매량에 의해서만 이익이 영향을 받으므로 예산편성, 미래계획수립 및 성과평가 등의 내부의사결정목적에 사용된다.

(1) 이론적 근거

변동제조원가는 한 번 발생하면 미래에 동일한 원가를 회피할 수 있으므로 제조원가로 취급한다. 그러나 고정제조간접원가는 미래에 생산을 중지하더라도 계속 발생하여 회피할 수 없으므로 제조원가로 취급하지 않고 기간비용으로 처리한다. 이를 원가회피개념(cost−avoidance concept)*이라고 한다.

* 원가회피개념 : 미래에 회피할 수 있는 원가만을 자산으로 보는 개념이다.

(2) 변동원가계산의 손익계산서상 특징

① 변동원가계산에서는 모든 비용을 원가행태별로 변동원가와 고정원가로 분리한다.

② 변동제조원가와 달리 고정제조간접원가는 기간비용 처리한다.

③ 매출에서 먼저 변동원가를 차감하여 공헌이익을 산출한다. 공헌이익(contribution margin)이란 변동원가가 회수된 이익으로서 판매량에 따라 증감한다.

④ 판매량이 증가하는 경우 공헌이익은 증가하고 고정원가는 생산량에 상관없이 일정하므로 이익이 증가한다. 즉, 이익은 판매량에 의한 영향을 받는다.

⑤ 판매량은 일정한데 생산량 증가시 변동제조원가는 증가한다. 그러나 매출원가로 비용처리 되는 것은 판매량에 의해 결정되므로 생산량이 증가해도 변동제조원가는 손익에 영향을 미치지 못한다.

⑥ 변동원가계산은 고정제조간접원가 발생액 전부를 비용으로 처리하는데, 고정제조간접원가 총액은 생산량에 상관없이 일정하다. 그러므로 전부원가계산과 달리 변동원가계산은 고정제조간접원가의 경우 생산량에 의해 이익이 영향을 받지 않는다.

⑦ 변동원가는 변동제조원가와 변동판매관리비의 합이고 고정원가는 고정제조간접원가와 고정판매관리비의 합이다.

(3) 변동원가계산의 장점과 단점

장 점	단 점
• 이익이 생산과 재고수준에 영향을 받지 않아 성과평가에 유용하다. • 변동원가와 고정원가로 분류하므로 원가관리 및 통제에 유용하다. • 목표이익을 쉽게 구할 수 있으므로 이익관리 및 계획수립과 같은 단기적 의사결정에 유용하다. • 공통고정원가를 임의적으로 배분하지 않아 제품과 부문에 대한 의사결정을 오도하지 않는다.	• 고정제조간접원가의 중요성을 간과하여 장기적 이익에 대한 계획을 오도할 수 있다. • 모든 원가를 변동원가와 고정원가로 구분하는 것은 현실적으로 매우 어렵다. • 고정제조간접원가의 자산성을 무시하고 기간비용으로 처리하므로 수익 · 비용대응의 원칙에 위배된다. • 외부보고목적으로 사용될 수 없다.

(4) 자동화된 생산환경과 변동원가계산제도의 중요성 감소

현대의 생산방식은 자동화된 설비로 고정원가의 비중이 증가하고 다양한 제품을 생산하게 되었다. 그러나 변동원가계산은 원가구성 중 변동원가의 비중이 높고 제품이 다양하지 않을 경우 유용하므로 현대적인 생산방식 하에서는 그 중요성이 감소된다.

3 전부원가계산과 변동원가계산의 손익계산서 비교

전부원가계산과 변동원가계산하에서의 손익계산서는 다음과 같다.

전부원가계산		변동원가계산	
1. 매 출	×××	1. 매 출	×××
2. 매 출 원 가	×××	2. 변동원가*2	×××
3. 매출총이익	×××	3. 공헌이익	×××
4. 판매관리비*1	×××	4. 고정원가*3	×××
5. 영 업 이 익	×××	5. 영업이익	×××

*1 변동판매관리비 + 고정판매관리비

*2 변동매출원가 + 변동판매관리비

*3 고정제조간접원가 + 고정판매관리비

SECTION
03 초변동원가계산

1 의 의

초변동원가계산(super−variable costing, 쓰루풋 원가계산 throughput costing)은 직접재료원가만을 매출원가와 재고자산으로 인정하고 나머지 발생된 모든 금액은 기간비용이 된다. 초변동원가계산이 재료원가를 제외한 다른 비용들을 고정원가로 보는 이유는 다음과 같다.

① 현대의 생산방식이 자동화 방식으로 전환되면서 일정설비를 유지하기 위한 노무원가와 제조간접원가는 생산량의 변동에 크게 영향을 받지 않는 고정원가적인 성격을 가지게 되었기 때문이다.

② 원가계산기간이 매우 단기간인 경우 재료원가를 제외한 나머지 원가는 조업도와 관련이 없는 고정원가의 성격을 갖게 된다.

2 초변동원가계산의 손익계산서상 특징

① 제품원가로 직접재료원가(재료처리원가 포함)만을 인정한다. 그러므로 매출원가와 재고자산의 구성은 직접재료원가 항목 한 가지만 있다.

② 매출에서 매출원가(직접재료원가) 차감시 이를 재료처리량 공헌이익(throughput contribution)이라고 한다.

③ 재료처리량 공헌이익에서 운영비용(operating expense)을 차감하면 초변동원가계산상 영업이익을 구할 수 있다. 운영비용은 원재료와 재공품을 쓰루풋(일괄생산량)으로 변환시키기 위한 지출액으로 당기총제조원가상 직접노무원가, 변동제조간접원가, 고정제조간접원가와 변동판매관리비, 고정판매관리비가 있다.

④ 판매량이 증가하는 경우 재료처리량 공헌이익은 증가하므로 이익이 증가된다.

⑤ 판매량은 일정한데 생산량이 증가하는 경우 비용으로 처리되는 직접노무원가와 변동제조간접원가가 증가되어 이익이 감소된다. 여기서 주의 할 점은 전부원가계산과 달리 과다생산시 이익이 아닌 손실이 발생한다는 것이다.

초변동원가계산

1. 매　　출	×××
2. 직접재료원가	×××
3. 재료처리량공헌이익	×××
4. 운영비용	
(1) 직접노무원가	×××
(2) 변동제조간접원가	×××
(3) 고정제조간접원가	×××
(4) 변동판매비와 관리비	×××
(5) 고정판매비와 관리비	×××
5. 영업이익	×××

3 초변동원가계산의 장점과 단점

장　　점	단　　점
• 직접재료원가를 제외한 나머지 모든 원가는 기간비용으로 처리되므로 변동원가계산처럼 변동원가와 고정원가로 나눠지지 않는 혼합원가에 대한 고민을 할 필요가 없다. • 전부원가계산과 달리 과다생산으로 인한 재고자산 보유에 대한 유인이 없어져 재고관련비용이 감소하게 된다. • 재고자산 보유에 대한 유인감소로 경영자로 하여금 생산량보다는 판매량을 증가시키도록 유도한다.	• 직접재료원가만을 제품원가로 인정하므로 원가가산율에 의한 가격결정시 판매가격이 너무 낮게 설정된다. • 재고누적을 방지하는 데에만 관심을 갖기 때문에 재고부족으로 인한 기회비용을 간과 할 수 있다. • 운영비용은 발생 즉시 비용처리하기 때문에 수익 · 비용 대응의 원칙에 위배 된다. • 현금창출공헌이익에 관심을 집중하다보면 판매량을 증가시키기 위해 판매 가격을 부당히 인하할 가능성이 있다. 이는 기업의 이익에 악영향을 미칠 수 있다.

SECTION
04 각 원가계산제도별 영업이익

1 각 원가계산제도별 판매량, 생산량과 이익의 관계

(1) 전부원가계산

1. 판매량이 증가 또는 감소시 이익은 증가 또는 감소된다.
   판매량증가 → 이익증가,   판매량감소 → 이익감소

2. 생산량이 증가 또는 감소시 이익의 증감은 다음과 같다.
   ① 생산량 증가시 단위당 고정제조간접원가가 감소되어 매출원가가 감소된다. 매출원가 감소시 이익은 증가 : 과다생산의 문제점 발생
   ② 생산량 감소시 단위당 고정제조간접원가가 증가되어 매출원가가 증가된다. 매출원가 증가시 이익은 감소된다.
   생산량증가 → 이익증가,   생산량감소 → 이익감소

전부원가계산의 이익(증가, 감소) = f[판매량(증가, 감소)]
전부원가계산의 이익(증가, 감소) = f[생산량(증가, 감소)]

(2) 변동원가계산

1. 판매량이 증가 또는 감소시 공헌이익은 증가 또는 감소하고 고정제조간접원가는 일정하므로 영업이익은 증가 또는 감소된다.
   판매량증가 → 이익증가,   판매량감소 → 이익감소

2. 전부원가계산과 달리 고정제조간접원가를 전액 비용으로 처리하므로 고정제조간접원가는 생산량에 영향을 받지 않는다. 그러므로 변동원가계산 이익은 오로지 판매량에 의해서만 결정된다.
   생산량증가 → 이익동일,   생산량감소 → 이익동일

변동원가계산의 이익(증가, 감소) = f[판매량(증가, 감소)]
변동원가계산의 이익(동일, 동일) = f[생산량(증가, 감소)]

(3) 초변동원가계산

1. 판매량이 증가 또는 감소시 이익은 증가 또는 감소된다.
   판매량증가 → 이익증가, 판매량감소 → 이익감소

2. 변동원가계산은 변동제조원가를 판매량에 대응하여 매출원가로 처리된다. 그러나 초변동원가계산은 변동제조원가 중 직접노무원가와 변동제조간접원가를 전액 비용으로 처리한다. 즉, 직접노무원가와 변동제조간접원가의 경우 초변동원가계산은 변동원가계산과 달리 판매량에 의한 매출원가가 아니라 생산량에 의해 발생된 원가가 전액 당기비용으로 처리된다.
   그러므로 생산량 증가시 비용 처리되는 직접노무원가와 변동제조간접원가가 증가되어 이익은 감소된다. 반대로 생산량 감소시에는 직접노무원가와 변동제조간접원가가 감소되어 이익은 증가된다.
   앞에서 본 바와 같이 초변동원가계산은 생산량 증가시 이익이 오히려 감소하므로 전부원가계산처럼 과다생산을 하여 과다한 재고를 보유하려는 유인을 제거할 수 있다.
   생산량증가 → 이익감소, 생산량감소 → 이익증가

초변동원가계산의 이익(증가, 감소) = f[판매량(증가, 감소)]
초변동원가계산의 이익(감소, 증가) = f[생산량(증가, 감소)]

2 원가계산제도별 재고수준이 이익에 미치는 영향비교

(1) 당해 연도의 이익비교

당기에 발생한 원가와 관련하여 각 원가계산제도별 이익은 다음과 같다(단, 전기와 당기의 단위당 원가가 동일한 경우를 가정한다).

1. 생산량 = 판매량 (기초재고 = 기말재고) : 재고수준이 불변

전부원가계산이익 = 변동원가계산이익 = 초변동원가계산이익

어느 원가계산이든 비용화된 원가가 동일하므로 이익도 동일하다.

2. 생산량 > 판매량 (기초재고 < 기말재고) : 재고수준의 증가

전부원가계산이익 > 변동원가계산의 이익 > 초변동원가계산이익

① 변동원가계산과 달리 전부원가계산에서는 고정제조간접원가의 일부가 기말재고자산에 포함되어 차기로 이연되므로 비용처리되는 금액이 작다. 그러므로 재고증가시 자산화된 고정제조간접원가가 증가되므로 전부원가계산의 이익이 변동원가계산의 이익보다 크다.

② 초변동원가계산과 달리 변동원가계산은 직접노무원가와 변동제조간접원가의 일부가 기말재고자산에 포함되어 차기로 이연되므로 비용 처리되는 금액이 작다. 그러므로 재고증가시 자산화된 직접노무원가와 변동제조간접원가가 증가되므로 변동원가계산의 이익이 초변동원가계산의 이익보다 크다.

3. 생산량 < 판매량 (기초재고 > 기말재고) : 재고수준의 감소

전부원가계산이익 < 변동원가계산의 이익 < 초변동원가계산이익

① 재고감소시 자산화되는 고정제조간접원가가 감소되므로 전부원가계산의 이익이 변동원가계산의 이익보다 작다.

② 재고감소시 자산화되는 직접노무원가와 변동제조간접원가가 감소되므로 변동원가계산의 이익이 초변동원가계산의 이익보다 작다.

※ 만약 전기와 당기의 단위당 원가가 동일하지 않다면 앞의 식들은 성립하지 않을 수 있다. 일반적으로 재고가 증가시 전부원가계산이익이 변동원가계산 이익보다 크지만 기초재고의 단위당 고정원가가 당기생산분 보다 너무 크다면 변동원가계산의 이익이 전부원가계산의 이익보다 더 크게 나타난다.

	전부원가계산이익	₩100,000
(−)	기말재고자산	(100 × ₩10)
(+)	기초재고자산	50 × ₩100
	변동원가계산이익	₩104,000

위에서 확인할 수 있듯이 재고에 포함되어 있는 고정제조간접원가는 수량과 단위당 고정제조간접원가의 곱이다. 그러므로 수량이 증가하더라도 단위당 고정제조간접원가의 차이금액이 큰 경우에는 변동원가계산이익이 전부원가계산이익보다 클 수 있다.
마찬가지로 변동원가계산과 초변동원가계산의 이익차이 조정시 기말재고자산과 기초재고자산의 단위당 직접노무원가와 단위당 변동제조간접원가의 차이가 크다면 앞의 식들은 성립하지 않을 수 있다.

(2) 전체기간의 이익비교

전체기간에 걸쳐 이익을 비교해 본다면 생산량과 판매량이 일치하므로 세 방법하의 이익은 모두 같게 된다.

▶ 예제 04 생산량이 동일한 경우 2개연도의 이익차이 조정

20×1년도에 영업을 개시한 (주)서울의 실제 원가자료는 다음과 같으며 제품의 단위당 판매가격은 ₩300이다.

	단위당 변동원가	고정원가
직접재료원가	₩20	–
직접노무원가	30	–
제조간접원가	40	₩100,000
판매관리비	10	50,000

재공품재고는 보유하지 않으며, 20×1년과 20×2년의 제품재고수준은 다음과 같다.

	20×1년	20×2년
기초제품	–	200개
생산수량	1,000개	1,000
판매수량	800	1,200
기말제품	200	–

[물음 1] 전부원가계산에 의한 20×1년, 20×2년도의 손익계산서를 작성하시오.

[물음 2] 변동원가계산에 의한 20×1년, 20×2년도의 손익계산서를 작성하시오.

[물음 3] 초변동원가계산에 의한 20×1년, 20×2년도의 손익계산서를 작성하시오.

[물음 4] 1) 20×1년도의 전부원가계산과 변동원가계산의 이익차이를 조정하시오.
2) 20×1년도의 변동원가계산과 초변동원가계산의 이익차이를 조정하시오.
3) 20×1년도의 전부원가계산과 초변동원가계산의 이익차이를 조정하시오.

[물음 5] 1) 20×2년도의 전부원가계산과 변동원가계산의 이익차이를 조정하시오.
2) 20×2년도의 변동원가계산과 초변동원가계산의 이익차이를 조정하시오.
3) 20×2년도의 전부원가계산과 초변동원가계산의 이익차이를 조정하시오.

해답

자료정리

20×1년

기초	–	판매	800
생산	1,000	기말	200

20×2년

기초	200	판매	1,200
생산	1,000	기말	–

	변동원가계산
가 격(P)	₩300
변동원가(VC)	20 + 30 + 40 + 10
공헌이익(CM)	₩200
고정원가(FC)	
(1) 제조간접원가	₩100,000
(2) 판매관리비	50,000

	전부원가계산
가 격(P)	₩300
전부원가(VC+fc)	20 + 30 + 40 + (100, 100)*
매출총이익	₩110
판매관리비	₩10 · Q + ₩50,000

* 단위당 고정제조간접원가

$$\frac{\text{고정제조간접원가}}{\text{생산량}} = \frac{₩100{,}000}{1{,}000\text{개}}$$

[물음 1] 전부원가계산 손익계산서

	20×1년	20×2년	합 계
1. 매　　출	₩240,000	₩360,000	₩600,000
2. 매출원가	152,000	228,000	380,000
기초제품	–	38,000*3	
완 성 품	190,000*1	190,000*4	
기말제품	38,000*2	–	
3. 매출총이익	₩88,000	₩132,000	₩220,000
4. 판매관리비	58,000	62,000	120,000
5. 영업이익	₩30,000	₩70,000	₩100,000

*1 (₩20 + ₩30 + ₩40 + ₩100) × 1,000개 = ₩190,000

*2 (₩20 + ₩30 + ₩40 + ₩100) × 200개 = ₩38,000

*3 (₩20 + ₩30 + ₩40 + ₩100) × 200개 = ₩38,000

*4 (₩20 + ₩30 + ₩40 + ₩100) × 1,000개 = ₩190,000

[물음 2] 변동원가계산 손익계산서

	20×1년	20×2년	합 계
1. 매　　출	₩240,000	₩360,000	₩600,000
2. 변동원가	80,000*1	120,000*2	200,000
3. 공헌이익	₩160,000	₩240,000	₩400,000
4. 고정원가	150,000*3	150,000*3	300,000
5. 영업이익	₩10,000	₩90,000	₩100,000

*1 (₩20 + ₩30 + ₩40 + ₩10) × 800개 = ₩80,000

*2 (₩20 + ₩30 + ₩40 + ₩10) × 1,200개 = ₩120,000

*3 ₩100,000 + ₩50,000 = ₩150,000

[물음 3] 초변동원가계산

	20×1년	20×2년	합 계
1. 매　　출	₩240,000	₩360,000	₩600,000
2. 직접재료원가	16,000	24,000	40,000
기초제품	–	4,000*2	
완 성 품	20,000*1	20,000*3	
기말제품	4,000*2	–	
3. 재료처리량공헌이익	₩224,000	₩336,000	₩560,000

4. 운영비용			
(1) 직접노무원가	30,000*4	30,000*4	60,000
(2) 변동제조간접원가	40,000*5	40,000*5	80,000
(3) 고정제조간접원가	100,000	100,000	200,000
(4) 변동판매비	8,000*6	12,000*7	20,000
(5) 고정판매비	50,000	50,000	100,000
5. 영업이익	₩(4,000)	₩104,000	₩100,000

*1 ₩20 × 1,000개 = ₩20,000 *2 ₩20 × 200개 = ₩4,000 *3 ₩20 × 1,000개 = ₩20,000
*4 ₩30 × 1,000개 = ₩30,000 *5 ₩40 × 1,000개 = ₩40,000 *6 ₩10 × 800개 = ₩8,000
*7 ₩10 × 1,200개 = ₩12,000

[물음 4] [물음 5] 20×1년과 20×2년의 이익차이조정

	20×1년	20×2년	합 계
1. 전부원가계산	₩30,000	₩70,000	₩100,000
− 기말재고자산	(20,000)*1	−	−
+ 기초재고자산	−	20,000*3	−
2. 변동원가계산	₩10,000	₩90,000	₩100,000
− 기말재고자산	(14,000)*2	−	−
+ 기초재고자산	−	14,000*4	−
3. 초변동원가계산	₩(4,000)	₩104,000	₩100,000

*1 기말재고에 포함되어 있는 고정제조간접원가 : ₩100 × 200개 = ₩20,000

*2 기말재고에 포함되어 있는 직접노무원가와 변동제조간접원가 : (₩30 + ₩40) × 200개 = ₩14,000

*3 기초재고에 포함되어 있는 고정제조간접원가 : ₩100 × 200개 = ₩20,000

*4 기초재고에 포함되어 있는 직접노무원가와 변동제조간접원가 : (₩30 + ₩40) × 200개 = ₩14,000

20×1년도에는 생산수량이 판매수량보다 많으므로 전부원가계산이익이 가장 크며 초변동원가계산의 이익이 가장 작다. 20×2년도에는 판매수량이 생산수량보다 많아 전부원가계산이익이 가장 작고 초변동원가계산의 이익이 가장 크다.

▶ 예제 05 판매량은 일정하고 생산량은 감소하는 경우 3개연도의 이익차이 조정

20×1년도에 영업을 개시한 (주)서울의 실제 원가자료는 다음과 같으며 제품의 단위당 판매가격은 ₩500이다.

	단위당 변동원가	고정원가
직접재료원가	₩20	−
직접노무원가	30	−
제조간접원가	40	₩120,000
판매관리비	10	50,000

재공품재고는 보유하지 않으며 20×1년, 20×2년과 20×3년의 제조원가와 판매관리비는 동일하게 발생하였다. 또한, 제품재고는 다음과 같다.

	20×1년	20×2년	20×3년
기초제품	−	200개	200개
생산수량	1,000개	800	600
판매수량	800	800	800
기말제품	200	200	−

선입선출법 가정시 다음 물음에 답하시오.

[물음 1] 전부원가계산에 의한 20×1년, 20×2년, 20×3년도의 손익계산서를 작성하시오.

[물음 2] 변동원가계산에 의한 20×1년, 20×2년, 20×3년도의 손익계산서를 작성하시오.

[물음 3] 초변동원가계산에 의한 20×1년, 20×2년, 20×3년도의 손익계산서를 작성하시오.

[물음 4] 1) 20×1년도의 전부원가계산과 변동원가계산의 이익차이를 조정하시오.
2) 20×1년도의 변동원가계산과 초변동원가계산의 이익차이를 조정하시오.
3) 20×1년도의 전부원가계산과 초변동원가계산의 이익차이를 조정하시오.

[물음 5] 20×2년도의 이익차이를 [물음 4]와 같은 순서로 조정하시오.

[물음 6] 20×3년도의 이익차이를 [물음 4]와 같은 순서로 조정하시오.

해답

자료정리

20×1년

기초	–	판매	800
생산	1,000	기말	200

20×2년

기초	200	판매	800
생산	800	기말	200

20×3년

기초	200	판매	800
생산	600	기말	–

	변동원가계산		전부원가계산
가 격(P)	₩500	가 격(P)	₩500
변동원가(VC)	20 + 30 + 40 + 10	전부원가(VC+fc)	20 + 30+ 40 + (120, 150, 200)*
공헌이익(CM)	₩400	매출총이익	₩?
고정원가(FC)		판매관리비	₩10 · Q + ₩50,000
(1) 제조간접원가	₩120,000		
(2) 판매관리비	50,000		

* 단위당 고정제조간접원가

$$\frac{\text{고정제조간접원가}}{\text{생산량}} = \frac{₩120,000}{1,000개}, \frac{₩120,000}{800개}, \frac{₩120,000}{600개}$$

[물음 1] 전부원가계산 손익계산서

	20×1년	20×2년	20×3년	합 계
1. 매 출	₩400,000	₩400,000	₩400,000	₩1,200,000
2. 매출원가	168,000	186,000	222,000	576,000
기초제품	–	₩42,000*2	₩48,000*4	
완성품	₩210,000*1	192,000*3	174,000*5	
기말제품	42,000*2	48,000*4	–	
3. 매출총이익	₩232,000	₩214,000	₩178,000	₩624,000
4. 판매관리비	58,000	58,000	58,000	174,000
5. 영업이익	₩174,000	₩156,000	₩120,000	₩450,000

*1 (₩20 + ₩30 + ₩40 + ₩120) × 1,000개 = ₩210,000
20×1년의 생산량은 1,000단위이므로 단위당 고정제조간접원가는 ₩120,000/1,000개 = ₩120이다.

*2 (₩20 + ₩30 + ₩40 + ₩120) × 200개 = ₩42,000

*3 (₩20 + ₩30 + ₩40 + ₩150) × 800개 = ₩192,000
20×2년의 생산량은 800단위이므로 단위당 고정제조간접원가는 ₩120,000/800개 = ₩150이다.

*4 (₩20 + ₩30 + ₩40 + ₩150) × 200개 = ₩48,000

*5 (₩20 + ₩30 + ₩40 + ₩200) × 600개 = ₩174,000
20×3년의 생산량은 600단위이므로 단위당 고정제조간접원가는 ₩120,000/600개 = ₩200이다.

[물음 2] 변동원가계산 손익계산서

	20×1년	20×2년	20×3년	합 계
1. 매 출	₩400,000	₩400,000	₩400,000	₩1,200,000
2. 변동원가	80,000*1	80,000*1	80,000*1	240,000
3. 공헌이익	₩320,000	₩320,000	₩320,000	₩960,000
4. 고정원가	170,000*2	170,000*2	170,000*2	510,000
5. 영업이익	₩150,000	₩150,000	₩150,000	₩450,000

*1 (₩20+₩30+₩40+₩10) × 800개 = ₩80,000　*2 ₩120,000+₩50,000 = ₩170,000

변동원가계산의 손익은 전부원가계산과 달리 생산량에 의한 영향을 받지 않고 오직 판매량에 의한 영향만을 받는다. 즉, 판매량이 동일한 경우 영업이익도 동일하다.

[물음 3] 초변동원가계산

	20×1년	20×2년	20×3년	합 계
1. 매 출	₩400,000	₩400,000	₩400,000	₩1,200,000
2. 직접재료원가	16,000	16,000	16,000	48,000
기초제품	–	₩4,000*2	₩4,000*4	
완성품	₩20,000*1	16,000*3	12,000*5	
기말제품	4,000*2	4,000*4	–	
3. 재료처리량공헌이익	₩384,000	₩384,000	₩384,000	₩1,152,000
4. 운영비용				
(1) 직접노무원가*6	30,000	24,000	18,000	72,000
(2) 변동제조간접원가*7	40,000	32,000	24,000	96,000
(3) 고정제조간접원가	120,000	120,000	120,000	360,000
(4) 변동판매비*8	8,000	8,000	8,000	24,000
(5) 고정판매비	50,000	50,000	50,000	150,000
5. 영업이익	₩136,000	₩150,000	₩164,000	₩450,000

*1 ₩20 × 1,000개 = ₩20,000　*2 ₩20 × 200개 = ₩4,000　*3 ₩20 × 800개 = ₩16,000

*4 ₩20 × 200개 = ₩4,000　*5 ₩20 × 600개 = ₩12,000

*6 ₩30 × 1,000개 = ₩30,000,　₩30 × 800개 = ₩24,000,　₩30 × 600개 = ₩18,000

*7 ₩40 × 1,000개 = ₩40,000,　₩40 × 800개 = ₩32,000,　₩40 × 600개 = ₩24,000

*8 ₩10 × 800개 = ₩8,000,　₩10 × 800개 = ₩8,000,　₩10 × 800개 = ₩8,000

매년 판매량이 동일한 경우 재료처리량 공헌이익은 동일하다. 그러나 영업이익은 동일하지 않은데, 그 이유는 운영비용 중 직접노무원가와 변동제조간접원가는 생산량에 의해 변화되는 변동원가이기 때문이다. 만약 3개연도의 생산량이 동일하다면 3개연도의 직접노무원가와 변동제조간접원가도 동일하게 나타난다.

[물음 4] [물음 5] [물음 6] 20×1년, 20×2년과 20×3년의 이익차이조정

	20×1년	20×2년	20×3년	합 계
1. 전부원가계산	₩174,000	₩156,000	₩120,000	₩450,000
− 기말재고자산	(24,000)*1	(30,000)*5	−	−
+ 기초재고자산	−	24,000*3	30,000*7	−
2. 변동원가계산	₩150,000	₩150,000	₩150,000	₩450,000
− 기말재고자산	(14,000)*2	(14,000)*6	−	−
+ 기초재고자산	−	14,000*4	14,000*8	−
3. 초변동원가계산	₩136,000	₩150,000	₩164,000	₩450,000

*1 기말재고에 포함되어 있는 고정제조간접원가 : ₩120 × 200개 = ₩24,000

*2 기말재고에 포함되어 있는 직접노무원가와 변동제조간접원가 : (₩30+₩40) × 200개 = ₩14,000

*3 기초재고에 포함되어 있는 고정제조간접원가 : ₩120 × 200개 = ₩24,000

*4 기초재고에 포함되어 있는 직접노무원가와 변동제조간접원가 : (₩30+₩40) × 200개 = ₩14,000

*5 기말재고에 포함되어 있는 고정제조간접원가 : ₩150 × 200개 = ₩30,000

*6 기말재고에 포함되어 있는 직접노무원가와 변동제조간접원가 : (₩30+₩40) × 200개 = ₩14,000

*7 기초재고에 포함되어 있는 고정제조간접원가 : ₩150 × 200개 = ₩30,000

*8 기초재고에 포함되어 있는 직접노무원가와 변동제조간접원가 : (₩30+₩40) × 200개 = ₩14,000

SECTION

05 각 원가계산방법별 영업이익의 차이조정

일반적으로 인정된 회계원칙에서는 전부원가계산만을 인정한다. 그러므로 기중에 경영관리목적으로 변동원가계산을 적용하던 기업들은 외부보고 및 세무목적상 전부원가계산으로 전환하여야 한다.
다음은 원가측정방법에 따라 전부원가계산 영업이익과 변동원가계산 영업이익의 차이조정에 대한 설명이다.

1 실제원가계산에서의 이익차이 조정

실제원가계산에서는 모든 원가가 실제원가로 측정되기 때문에 원가차이는 발생하지 않는다. 즉, 원가차이는 정상원가계산과 표준원가계산 적용시에만 나타난다.

원 가 요 소	실제전부원가계산	실제변동원가계산
직접재료원가	실제원가	실제원가
직접노무원가	실제원가	실제원가
변동제조간접원가	실제원가	실제원가
고정제조간접원가	실제원가	실제원가(기간비용)

양 방법의 이익을 조정할 때는 기말재고자산과 기초재고자산에 포함되어 있는 고정제조간접원가만 조정하면 된다. 양 방법하의 이익을 조정하는 방법은 다음과 같다.

전부원가계산하의 영업이익	×××
(−) 기말재고자산에 포함된 고정제조간접원가*1	(×××)
(+) 기초재고자산에 포함된 고정제조간접원가*2	×××
변동원가계산하의 영업이익	×××

*1 기말재고의 단위당 실제고정제조간접원가 $= \dfrac{\text{당기실제고정제조간접원가}}{\text{당기실제생산량}}$

*2 기초재고의 단위당 실제고정제조간접원가 $= \dfrac{\text{전기실제고정제조간접원가}}{\text{전기실제생산량}}$

※ 실제원가계산의 경우 단위당 고정제조간접원가가 기말재고와 기초재고의 경우 서로 다르다. 그러므로 단위당 고정제조간접원가를 기말재고와 기초재고에 대해 두 번 구해야 한다. 그러나 실제원가계산이므로 원가차이는 발생하지 않는다.

전부원가계산의 이익에서 변동원가계산의 이익으로 조정하려면 기말재고자산에 포함된 고정제조간접원가만큼 차감하고 기초재고자산에 포함된 고정제조간접원가는 가산한다. 여기서 주의할 점은 재고자산이 재공품인 경우에는 제품과 달리 가공원가 진행률 만큼 고정제조간접원가를 인식한다. 기말재공품의 경우에는 기말재공품의 수량에 기말재공품의 가공원가 진행률을 곱하여 차감을 하고 기초재공품의 경우에는 기초재공품의 수량에 기초재공품의 가공원가 진행률을 곱하여 가산을 한다.

2 정상원가계산에서의 이익차이 조정

정상원가계산은 직접재료원가와 직접노무원가는 실제발생액을 제조간접원가는 예정배부를 하여 집계하는 원가계산방법이다.

원 가 요 소	정상전부원가계산	정상변동원가계산
직접재료원가	실제원가	실제원가
직접노무원가	실제원가	실제원가
변동제조간접원가	실제수량 × 예정배부율	실제수량 × 예정배부율
고정제조간접원가	실제수량 × 예정배부율	실제원가(기간비용)

- 정상전부원가계산 : 변동제조간접원가뿐만 아니라 고정제조간접원가도 예정배부하기 때문에 변동제조간접원가와 고정제조간접원가에서 배부차이가 발생한다.
- 정상변동원가계산 : 고정제조간접원가는 비용 처리하므로 배부차이는 없다. 그러나 변동제조간접원가에 대해서는 예정배부를 하므로 변동제조간접원가에 대한 배부차이는 발생한다.

양 방법의 이익을 조정할 때는 고정제조간접원가에서만 차이가 나므로 고정제조간접원가와 관련된 항목들만 조정을 한다. 즉, 기말재고자산과 기초재고자산에 포함되어 있는 고정제조간접원가 배부액과 재고자산에 포함된 고정제조간접원가 관련 배부차이만 조정하면 된다.

물론 고정제조간접원가 배부차이를 매출원가나 기타비용으로 처리한 경우에는 조정대상이 아니고 오로지 재고자산에 포함된 경우에만 차이조정을 한다.

(1) 배부차이를 매출원가 또는 기타비용으로 처리한 경우

전부원가계산하의 영업이익	×××
(−) 기말재고자산에 포함된 고정제조간접원가*1	(×××)
(+) 기초재고자산에 포함된 고정제조간접원가*1	×××
(±) 기말재고로 이연된 고정제조간접원가 배부차이	−
변동원가계산하의 영업이익	×××

(2) 배부차이를 기말재고자산으로 이연하는 경우

전부원가계산하의 영업이익	×××
(−) 기말재고자산에 포함된 고정제조간접원가*1	(×××)
(+) 기초재고자산에 포함된 고정제조간접원가*1	×××
(±) 기말재고로 이연된 고정제조간접원가 배부차이	×××*2
변동원가계산하의 영업이익	×××

*1 기말(기초)재고수량 × 단위당 고정제조간접원가 예정배부율

$$\text{단위당 고정제조간접원가 예정배부율} = \frac{\text{고정제조간접원가예산}}{\text{예정조업도(생산량기준)}}$$

*2 과소배부액(불리)은 차감하고 과대배부액(유리)은 가산한다.

※ 정상원가계산하에서 기초에 단위당 고정제조간접원가의 예정배부율을 설정한 경우 기중에 배부율이 변하지는 않으므로 동일한 단위당 예정배부율을 사용한다. 그러나 실제원가계산이 아니므로 배부차이가 발생하게 되는데, 이를 재고에 포함하여 이연하는 경우에는 차이를 조정해줘야 한다.

예제 06 정상원가계산에서의 차이조정

20×1년에 영업을 개시한 (주)서울은 정상원가계산을 사용하고 있으며, 다음은 기초에 설정한 제품단위당 제조간접원가에 대한 예산 자료이다.

	예 산	예정조업도	단위당 원가
변동제조간접원가	₩300,000	10,000개	₩30/개
고정제조간접원가	200,000	10,000개	20/개

재공품재고는 존재하지 않으며, (주)서울의 20×1년도 실제생산수량은 5,000단위, 이 중 4,000단위를 단위당 ₩200에 판매하였다. 다음은 20×1년도에 (주)서울이 생산한 제품에 관한 실제자료이다.

판매가격	₩200
변동원가	
직접재료원가	50
직접노무원가	20
변동제조간접원가	30
변동판매관리비	10
공헌이익	₩90
고정원가	
제조간접원가	₩120,000
판매관리비	130,000

[물음 1] 원가차이를 매출원가에서 전액 조정하는 경우 전부원가계산에 의한 손익계산서를 작성하시오.

[물음 2] 원가차이를 재고자산으로 전액 이연하는 경우 전부원가계산에 의한 손익계산서를 작성하시오.

[물음 3] 변동원가계산에 의한 손익계산서를 작성하시오.

[물음 4] [물음 1]과 [물음 3]의 이익차이를 조정하시오.

[물음 5] [물음 2]와 [물음 3]의 이익차이를 조정하시오.

해답

자료정리

20×1년			
기초	–	판매	4,000
생산	5,000	기말	1,000

(3) 변동제조간접원가

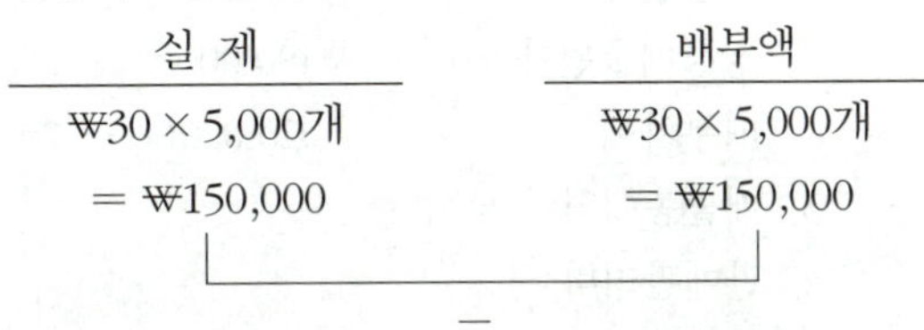

(4) 고정제조간접원가

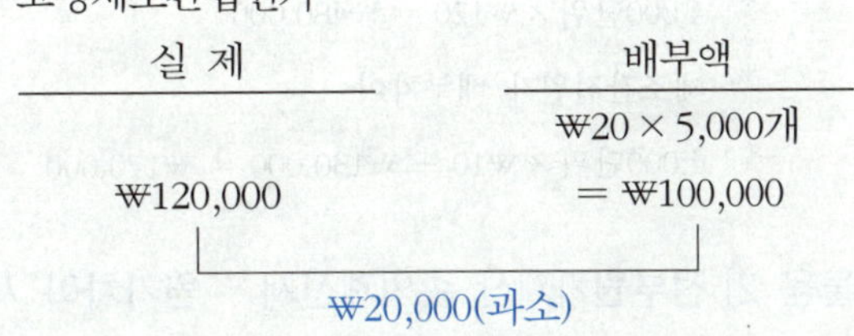

	변동원가계산
가　　격(P)	₩200
변동원가(VC)	50 + 20 + 30*1 + 10
공헌이익(CM)	₩90
고정원가(FC)	
(1) 제조간접원가	₩120,000(실제)
(2) 판매관리비	130,000

	전부원가계산
가　　격(P)	₩200
전부원가(VC+fc)	50 + 20 + 30*1 + 20*2
매출총이익	₩80
판매관리비	₩10 · Q + ₩130,000

*1 변동제조간접원가 예정배부율 = $\frac{\text{₩}300{,}000}{10{,}000\text{개}}$

*2 고정제조간접원가 예정배부율 = $\frac{\text{₩}200{,}000}{10{,}000\text{개}}$

정상변동원가계산에서의 고정제조간접원가는 항상 실제금액을 사용한다. 왜냐하면, 배부차이가 존재한다 하여도 변동원가계산은 고정제조간접원가를 제품원가로 인정하지 않으므로 재고원가나 매출원가가 될 수 없으며, 기타비용으로 처리하여야 한다. 이러한 경우 고정제조간접원가 금액은 항상 실제금액으로 나타나게 된다.

[물음 1] 전부원가계산 손익계산서 : 원가차이 매출원가에서 조정

		20×1년
1. 매 출		₩800,000
2. 매출원가		500,000
정상매출원가	₩480,000*1	
배부차이	20,000(과소)*2	
3. 매출총이익		₩300,000
4. 판매관리비		170,000*3
5. 영업이익		₩130,000

*1 4,000단위 × ₩120 = ₩480,000

*2 제조간접원가 배부차이

*3 4,000단위 × ₩10 + ₩130,000 = ₩170,000

[물음 2] 전부원가계산 손익계산서 : 원가차이 재고자산에서 조정

		20×1년
1. 매 출		₩800,000
2. 매출원가		480,000
정상매출원가	₩480,000	
3. 매출총이익		₩320,000
4. 판매관리비		170,000
5. 영업이익		₩150,000

[물음 3] 변동원가계산 손익계산서

		20×1년
1. 매 출		₩800,000
2. 변동원가		440,000
정상변동원가	₩440,000*	
3. 공헌이익		₩360,000
4. 고정원가		250,000
5. 영업이익		₩110,000

* 4,000단위 × ₩110 = ₩440,000

[물음 4] 이익차이조정

전부원가계산하의 영업이익	₩130,000
(−) 기말재고 고정제조간접원가	(1,000 × ₩20*1)
(+) 기초재고 고정제조간접원가	−
(±) 원가차이	−*2
변동원가계산하의 영업이익	₩110,000

*1 고정제조간접원가 단위당 예정배부율

*2 고정제조간접원가가 예정배부율이므로 배부차이가 발생하지만 ,배부차이를 매출원가에 반영하였으므로 기말재고로 이연된 배부차이는 없게 된다.

[물음 5] 이익차이조정

전부원가계산하의 영업이익	₩150,000
(−) 기말재고 고정제조간접원가	(1,000 × ₩20*1)
(+) 기초재고 고정제조간접원가	−
(±) 원가차이	(20,000)(과소)*2
변동원가계산하의 영업이익	₩110,000

*1 고정제조간접원가 단위당 예정배부율

*2 고정제조간접원가가 예정배부율이므로 배부차이가 발생하고, 배부차이를 기말재고로 이연하였으므로 기말재고에 포함된 배부차이를 조정한다.

3 표준원가계산에서의 이익차이 조정

표준원가계산에서는 기초에 설정한 제품 1단위당 표준원가를 이용하여 제품원가계산을 한다.

원 가 요 소	표준전부원가계산	표준변동원가계산
직접재료원가	표준수량 × 표준가격	표준수량 × 표준가격
직접노무원가	표준수량 × 표준임률	표준수량 × 표준임률
변동제조간접원가	표준수량 × 표준배부율	표준수량 × 표준배부율
고정제조간접원가	표준수량 × 표준배부율	실제원가(기간비용)

- 표준전부원가계산 : 모든 원가요소에서 원가차이가 발생한다.
- 표준변동원가계산 : 직접재료원가, 직접노무원가, 변동제조간접원가의 원가차이와 고정제조간접원가는 예산차이만 발생한다. 변동원가계산은 고정제조간접원가를 제품의 원가로 인정하지 않으므로 장부금액(SQ×SP)을 계상할 수 없다. 그러므로 예산과 실제발생액의 차이인 예산차이만 있고 조업도차이는 발생하지 않는다. 물론 변동원가계산에서는 고정제조간접원가를 제품원가로 인정하지 않으므로 예산차이가 발생한다 하여도 이를 제품원가에 포함시키는 것이 아니라 기간비용 처리한다. 그러므로 고정제조간접원가는 항상 실제원가로 보고된다.

양 방법의 이익을 조정할 때는 고정제조간접원가에서만 차이가 나므로 고정제조간접원가와 관련된 항목들만 조정을 한다. 즉, 기말재고자산과 기초재고자산에 포함되어 있는 고정제조간접원가 배부액과 재고자산에 포함된 고정제조간접원가 관련 배부차이만 조정하면 된다. 일반적으로 예산차이와 조업도차이가 있는데, 예산차이는 양 방법 모두 있는 차이이므로 조정하지 않고 조업도차이만 조정을 한다.

여기서 주의할 점은 조업도차이가 발생하더라도 기말재고로 포함되어 이연되는 경우에만 조정대상이지 전부원가계산 손익계산서에 조업도차이가 반영된 경우에는 조정대상이 되지 않는다. 왜냐하면 이익차이 조정은 재고에 포함되는 경우에만 가능하기 때문이다.

※ 고정제조간접원가 예산차이

고정제조간접원가의 예산차이를 변동원가계산과 전부원가계산 모두 비용으로 처리하면 이익차이 조정시 고려대상이 아니다. 그러나 전부원가계산이 예산차이를 기말재고에 포함시켜 이연시킨다면 이익차이 조정시 고려해줘야 한다.

(1) 원가차이를 매출원가 또는 기타비용으로 처리한 경우

전부원가계산하의 영업이익	×××
(−) 기말재고자산에 포함된 표준고정제조간접원가*1	(×××)
(+) 기초재고자산에 포함된 표준고정제조간접원가*1	×××
(±) 기말재고로 이연된 고정제조간접원가 조업도차이	−
변동원가계산하의 영업이익	×××

(2) 원가차이를 기말재고자산으로 이연하는 경우

전부원가계산하의 영업이익	×××
(−) 기말재고자산에 포함된 표준고정제조간접원가*1	(×××)
(+) 기초재고자산에 포함된 표준고정제조간접원가*1	×××
(±) 기말재고로 이연된 고정제조간접원가 조업도차이	×××*2
변동원가계산하의 영업이익	×××

*1 기말(기초)재고수량 × 단위당 고정제조간접원가 표준배부율(SP)

$$\text{단위당 고정제조간접원가 표준배부율(SP)} = \frac{\text{고정제조간접원가예산}}{\text{기준조업도}}$$

*2 불리(U)한 차이는 차감하고 유리(F)한 차이는 가산한다.

※ 표준원가계산하에서 기초에 단위당 고정제조간접원가의 표준배부율(SP)을 설정한 경우 기중에 표준배부율이 변하지 않으므로 기초재고와 기말재고 모두 동일한 표준배부율을 사용한다. 그러나 실제원가계산이 아니므로 고정제조간접원가의 원가차이는 발생하고 조업도차이가 재고로 이연된 경우 조정대상에 포함된다.

예제 07 표준원가계산에서의 차이조정

20×1년에 영업을 개시한 (주)서울은 표준원가계산을 사용하고 있으며, 다음은 기초에 설정한 제품단위당 표준원가 자료이다.

	표준수량	×	표준가격	=	단위당 표준원가
직접재료원가	3kg		₩5/kg		₩15/개
직접노무원가	2시간		3/시간		6
변동제조간접원가	2시간		2/시간		4
고정제조간접원가	2시간		5/시간		10
					₩35/개

(주)서울의 연간 고정제조간접원가 예산은 ₩100,000이고, 기준조업도는 20,000직접노동시간이다. 또한 20×1년의 실제생산량은 9,000단위이며, 이 중 8,000단위를 단위당 ₩100에 판매하였다.

재공품재고는 존재하지 않으며, 고정제조간접원가 조업도차이를 제외한 어떠한 원가차이도 발생하지 않았다. (주)서울은 원가차이를 전액 매출원가에서 조정하고 있으며, 변동판매관리비와 고정판매관리비는 각각 단위당 ₩5과 ₩50,000이다.

[물음 1] 전부원가계산에 의한 손익계산서를 작성하시오.

[물음 2] 원가차이를 재고자산으로 전액 이연하는 경우 전부원가계산에 의한 손익계산서를 작성하시오.

[물음 3] 변동원가계산에 의한 손익계산서를 작성하시오.

[물음 4] [물음 1]과 [물음 3]의 이익차이를 조정하시오.

[물음 5] [물음 2]와 [물음 3]의 이익차이를 조정하시오.

해답

자료정리

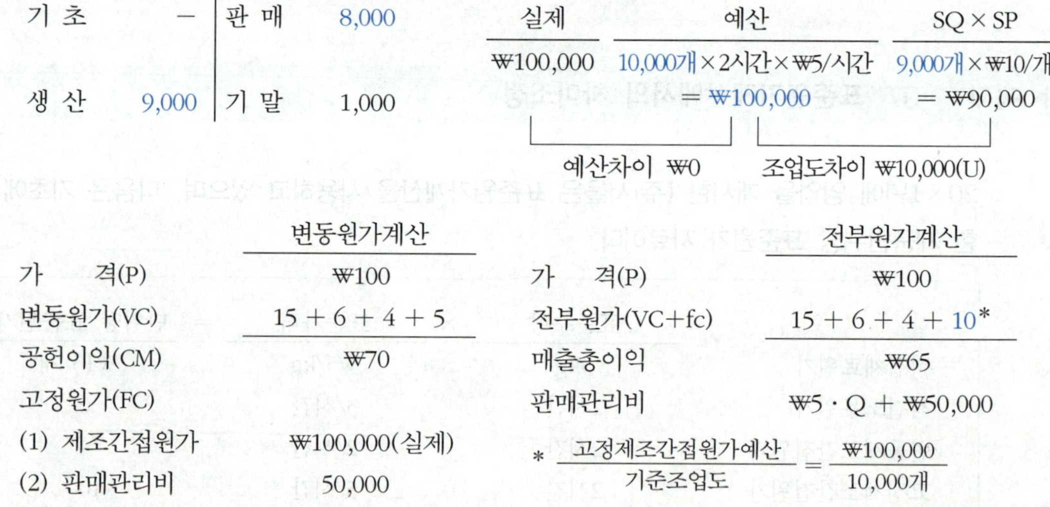

제품			
기 초	−	판 매	8,000
생 산	9,000	기 말	1,000

4) 고정제조간접원가

실제	예산	SQ × SP
₩100,000	10,000개 × 2시간 × ₩5/시간 = ₩100,000	9,000개 × ₩10/개 = ₩90,000

예산차이 ₩0　　조업도차이 ₩10,000(U)

	변동원가계산
가　　격(P)	₩100
변동원가(VC)	15 + 6 + 4 + 5
공헌이익(CM)	₩70
고정원가(FC)	
(1) 제조간접원가	₩100,000(실제)
(2) 판매관리비	50,000

	전부원가계산
가　　격(P)	₩100
전부원가(VC+fc)	15 + 6 + 4 + 10*
매출총이익	₩65
판매관리비	₩5 · Q + ₩50,000

$* \dfrac{\text{고정제조간접원가예산}}{\text{기준조업도}} = \dfrac{₩100,000}{10,000개}$

표준변동원가계산에서의 고정제조간접원가는 항상 실제금액을 사용한다. 왜냐하면, 예산차이가 있다 하여도 변동원가계산은 고정제조간접원가를 제품원가로 인정하지 않아 원가차이가 재고원가로 이연되거나 매출원가가 될 수 없기 때문이다. 그러므로 기타비용으로 처리하며, 이러한 경우 고정제조간접원가 금액은 항상 실제금액으로 나타나게 된다.

[물음 1] 전부원가계산 손익계산서 : 조업도차이 매출원가에서 조정

1. 매 출		₩800,000
2. 매출원가		290,000
표준매출원가	₩280,000*	
조업도차이	10,000(U)	
3. 매출총이익		₩510,000
4. 판매관리비		90,000
5. 영업이익		₩420,000

* 8,000단위 × (₩15 + ₩6 + ₩4 + ₩10) = ₩280,000

[물음 2] 전부원가계산 손익계산서 : 조업도차이 재고자산에서 조정

1. 매 출		₩800,000
2. 매출원가		280,000
표준매출원가	₩280,000*	
3. 매출총이익		₩520,000
4. 판매관리비		90,000
5. 영업이익		₩430,000

* 8,000단위 × (₩15 + ₩6 + ₩4 + ₩10) = ₩280,000

[물음 3] 변동원가계산 손익계산서

1. 매 출	₩800,000
2. 변동원가	240,000*
3. 공헌이익	₩560,000
4. 고정원가	150,000
5. 영업이익	₩410,000

* 8,000단위 × (₩15 + ₩6 + ₩4 + ₩5) = ₩240,000

[물음 4] 이익차이조정

전부원가계산하의 영업이익	₩420,000
(−) 기말재고 고정제조간접원가	(1,000 × ₩10[*1])
(+) 기초재고 고정제조간접원가	− × ₩10[*1]
(±) 고정제조간접원가 원가차이	−[*2]
변동원가계산하의 영업이익	₩410,000

*1 고정제조간접원가의 단위당 표준원가

*2 표준원가이므로 예정조업도와 실제생산량이 다른 경우 조업도차이가 발생하는데, 조업도차이를 매출원가에 반영하였으므로 기말재고로 이연된 원가차이는 없게 된다.

[물음 5] 이익차이조정

전부원가계산하의 영업이익	₩430,000
(−) 기말재고 고정제조간접원가	(1,000 × ₩10[*1])
(+) 기초재고 고정제조간접원가	− × ₩10[*1]
(±) 고정제조간접원가 원가차이	(10,000)(U)[*2]
변동원가계산하의 영업이익	₩410,000

*1 고정제조간접원가의 단위당 표준원가

*2 표준원가이므로 예정조업도와 실제생산량이 다른 경우 조업도차이가 발생하는데, 조업도차이를 기말재고로 이연하였으므로 기말재고에 포함된 조업도차이를 조정한다.

COST&MANAGEMENT ACCOUNTING

객관식 **연습문제**

01 전부원가계산과 변동원가계산에 대한 설명으로 옳은 것은?

① 변동원가계산의 영업이익은 판매량뿐만 아니라 생산량에 따라서도 좌우된다.
② 전부원가계산 하에서는 생산과잉으로 인한 바람직하지 못한 재고의 누적을 막을 수 있다.
③ 전부원가계산에 의해 매출원가가 표시되는 손익계산서는 성격별 포괄손익계산서라고 한다.
④ 초변동원가계산은 직접재료원가와 직접노무원가만 재고가능원가로 처리한다.
⑤ 변동원가계산은 정상원가계산, 표준원가계산, 개별원가계산, 종합원가계산을 사용하는 기업에 적용할 수 있다.

02 변동원가계산의 유용성에 대한 다음의 설명 중 옳지 않은 것은?

① 변동원가계산 손익계산서에는 이익계획 및 의사결정 목적에 유용하도록 변동원가와 고정원가로 분리되고 공헌이익이 보고된다.
② 변동원가계산에서는 일반적으로 고정제조간접원가를 기간비용으로 처리한다.
③ 변동원가계산에서는 판매량과 생산량의 관계에 신경을 쓸 필요 없이 판매량에 기초해서 공헌이익을 계산한다.
④ 변동원가계산에 의해 가격을 결정하더라도 장기적으로 고정원가를 회수하지 못할 위험은 없다.
⑤ 제품의 재고수준을 높이거나 낮춤으로써 이익을 조작할 수 있는 가능성은 없다.

03 변동원가계산, 전부원가계산 및 초변동원가계산에 대한 설명으로 옳지 않은 것은?

① 원가계산과 관련된 표준은 변동원가계산에는 사용될 수 없고 전부원가계산에서만 사용된다.
② 전부원가계산에서 계산된 영업이익은 판매량뿐만 아니라 생산량의 변화에도 영향을 받는다.
③ 변동원가계산에서는 고정제조간접원가를 기간비용으로 인식하지만, 전부원가계산에서는 제품원가로 인식한다.
④ 초변동원가계산은 직접재료원가만을 제품원가에 포함하고 나머지 제조원가는 모두 기간비용으로 처리한다.
⑤ 초변동원가계산은 판매가 수반되지 않은 상황에서 생산량이 많을수록 영업이익이 낮게 계산되므로 불필요한 재고의 누적을 방지하는 효과가 변동원가계산보다 훨씬 크다.

❖ 다음은 [문제 4] ~ [문제 5]에 관련된 자료이다.

(주)서울은 20×4년 초 영업을 개시한 회사로서 단일제품을 생산 · 판매하고 있다. 20×4년 10,000단위를 생산하였으나, 8,000단위를 단위당 ₩1,000에 판매했다. (주)서울의 원가자료는 다음과 같다.

	단위당 변동원가	연간고정원가
직접재료원가	₩200	
직접노무원가	150	
제조간접원가	50	₩3,000,000
판매관리비	50	750,000

04 앞의 자료를 이용하여 초변동원가계산과 변동원가계산에 의한 순이익을 구하면 얼마인가?

	초변동원가계산	변동원가계산
①	₩250,000	₩650,000
②	100,000	650,000
③	650,000	650,000
④	1,250,000	1,250,000
⑤	650,000	1,250,000

05 앞의 자료를 이용하여 전부원가계산에 의한 순이익을 구하면 얼마인가?

① ₩100,000 ② ₩250,000 ③ ₩650,000
④ ₩1,000,000 ⑤ ₩1,250,000

06 (주)국세의 20×1년도 전부원가계산에 의한 영업이익은 ₩1,000,000이다. (주)국세의 원가자료가 다음과 같을 경우 20×1년도 변동원가계산에 의한 영업이익은 얼마인가? (단, 원가요소 금액은 총액이다.)

	수 량(단위)	직접 재료원가	직접 노무원가	변동제조 간접원가	고정제조 간접원가
기초재공품	200	₩50,000	₩30,000	₩20,000	₩240,000
기 초 제 품	400	100,000	70,000	40,000	700,000
기말재공품	500	100,000	65,000	25,000	500,000
기 말 제 품	300	75,000	90,000	35,000	600,000
매 출 원 가	1,000	1,000,000	750,000	650,000	2,000,000

① ₩640,000　② ₩840,000　③ ₩900,000
④ ₩1,100,000　⑤ ₩1,160,000

07 2009년 초에 영업을 개시한 한 회사의 1월과 2월 중에 발생한 원가자료는 다음과 같다.

	2009년 1월	2009년 2월
생산량	90개	100개
판매량	70개	90개
고정제조간접원가	₩1,350	₩1,400
고정판매비용	₩850	₩900

2월 중 변동원가계산에 의한 영업이익이 ₩210이었다면, 전부원가계산에 의한 2월 중 영업이익은 얼마인가? 단, 회사는 실제 원가계산을 적용하고 있으며, 재고자산의 원가흐름은 선입선출법을 가정한다.

① ₩300　② ₩330　③ ₩360
④ ₩400　⑤ ₩420

08 20×1년 초 설립된 (주)대한은 단일제품을 생산 및 판매하고 있으며, 1월과 2월의 단위당 판매가격은 동일하다. (주)대한의 20×1년 1월과 2월의 생산 및 판매와 관련된 자료는 다음과 같다.

구 분	1월	2월
생 산 량	9,000단위	9,000단위
판 매 량	6,000단위	12,000단위
고정제조간접원가	₩1,800,000	₩1,920,000
고정판매관리비	₩800,000	₩1,000,000

(주)대한은 선입선출법에 의해 실제원가계산제도를 적용하고 있으며, 재공품 재고를 보유하지 않는다. 20×1년 2월의 전부원가계산방법에 의한 영업이익이 ₩1,200,000이라면 변동원가계산방법에 의한 영업이익은 얼마인가? 단, 공손 및 감손은 발생하지 않는다. 2025 회계사

① ₩640,020 ② ₩980,000 ③ ₩1,420,000
④ ₩1,800,000 ⑤ ₩1,840,020

09 (주)광주는 실제원가로 제품원가를 계산하고 있다. (주)광주는 2010년 1월초에 개업하였으며, 2010년과 2011년의 제품 생산량과 판매량, 원가자료는 다음과 같다.

구 분	2010년	2011년
생 산 량	10,000개	14,000개
판 매 량	8,000개	15,000개
고정제조간접원가	₩240,000	?
고정판매관리비	₩180,000	₩230,000

2011년의 전부원가계산에 의한 이익은 ₩500,000이고, 변동원가계산에 의한 이익은 ₩528,000이었다. 2011년에 발생된 고정제조간접원가는 얼마인가? (단, 2010년과 2011년의 기초재공품 및 기말재공품은 없으며, 물량 및 원가흐름은 선입선출법을 가정한다.)

① ₩200,000 ② ₩220,000 ③ ₩240,000
④ ₩260,000 ⑤ ₩280,000

10 20×1년 초에 설립된 (주)국세는 노트북을 제조하여 판매하고 있다. (주)국세는 재고자산의 원가흐름 가정으로 선입선출법을 적용하며, 실제원가계산으로 제품원가를 산출한다. (주)국세의 매월 최대 제품생산능력은 1,000대이며, 20×1년 1월과 2월의 원가자료는 다음과 같다.

구 분	1월	2월
생 산 량	900대	800대
판 매 량	800대	?
고정제조간접원가	₩180,000	₩200,000

2월의 전부원가계산 하의 영업이익이 변동원가계산 하의 영업이익보다 ₩20,000만큼 큰 경우, (주)국세의 2월 말 제품재고수량은 얼마인가? (단, 매월 말 재공품은 없는 것으로 가정한다.)

① 160대 ② 170대 ③ 180대
④ 190대 ⑤ 200대

11 다음은 (주)한국의 원가계산을 위한 자료이다. 고정제조간접원가 및 고정판매관리비는 각각 ₩2,400,000 및 ₩1,000,000으로 매년 동일하며, 단위당 판매가격과 변동원가도 각 연도와 상관없이 일정하다.

	20×1년	20×2년	20×3년
기초재고수량(개)	–	4,000	4,000
생 산 량(개)	20,000	16,000	12,000
판 매 량(개)	16,000	16,000	16,000
기말재고수량(개)	4,000	4,000	–
단위당 판매가격			₩1,000
단위당 변동원가			
직접재료원가		₩40	
직접노무원가		60	
변동제조간접원가		80	
변동판매관리비		20	

다음의 원가계산 결과에 관한 설명 중 옳은 것을 모두 열거한 것은? 단, 기초 및 기말재고는 모두 완성품이며, 재공품 재고는 존재하지 않는다.

(가) 20×1년 전부원가계산의 영업이익은 변동원가계산의 영업이익보다 ₩480,000 더 크다.
(나) 20×2년 변동원가계산의 영업이익과 초변동원가계산(throughput costing 또는 super – variable costing)의 영업이익은 같다.
(다) 변동원가계산의 영업이익은 상기 3개년 모두 동일하다.
(라) 초변동원가계산의 영업이익은 상기 3개년 동안 매년 증가한다.
(마) 변동원가계산 영업이익과 초변동원가계산 영업이익 차이의 절댓값은 20×1년보다 20×3년의 경우가 더 크다.

① (가), (나), (마) ② (나), (다), (라) ③ (다), (라), (마)
④ (가), (나), (다), (라) ⑤ (가), (나), (다), (라), (마)

12 다음은 (주)서울기계의 제조간접원가, 생산 및 판매량에 관한 자료이다.

제조간접원가	
단위당 변동원가	₩1,000
고정원가	3,000,000
생산 및 판매량	
기초제품재고량	2,000개
생 산 량	18,000
판 매 량	19,000

고정제조간접원가 배부율을 계산하기 위한 기준조업도는 20,000개이며, 과대 또는 과소배부된 제조간접원가는 전액 매출원가에서 조정된다. 변동원가계산에 의한 순이익이 ₩6,000,000일 때 전부원가계산에 의한 순이익은 얼마인가? 단, 고정제조간접원가 배부율은 기초제품과 당기제품에 동일하게 적용된다.

① ₩5,850,000 ② ₩5,950,000 ③ ₩6,050,000
④ ₩6,150,000 ⑤ ₩6,250,000

13 (주)서울의 당기 원가자료는 다음과 같다. 원가차이는 조업도차이만 존재하며, 원가차이를 전액 재고자산으로 이연할 경우 변동원가계산과 전부원가계산에 의한 이익차이는 얼마인가?

기초제품수량	1,000단위	기말제품수량	1,500단위
당기판매량	9,000단위	기준조업도	10,000단위
조업도차이	₩5,000(U)		

① ₩1,000 ② ₩5,000 ③ ₩10,000
④ ₩15,000 ⑤ ₩20,000

해답 해설

01	02	03	04	05	06	07	08	09	10
⑤	④	①	①	⑤	②	②	④	⑤	①
11	12	13							
④	①	③							

01 정답 ⑤

① 변동원가계산의 영업이익은 오직 판매량에 따라 결정된다.
② 전부원가계산의 가장 큰 단점은 과잉생산에 의한 불필요한 재고의 누적이다.
③ 전부원가계산에 의해 매출원가가 표시되는 손익계산서는 기능별 포괄손익계산서이다.
④ 초변동원가계산은 직접재료원가만 재고가능원가로 처리한다.

02 정답 ④

④ 변동원가계산에 의해 가격을 결정시 변동원가만 반영되므로 장기적으로 고정원가를 회수하지 못할 수 있다.

03 정답 ①

전부원가계산, 변동원가계산, 초변동원가계산 모두 표준원가계산의 적용이 가능하다.

04 정답 ①

	변동원가계산		전부원가계산
가　격(P)	₩1,000	가　격(P)	₩1,000
변동원가(VC)	200 + 150 + 50 + 50	전부원가(VC+fc)	200 + 150 + 50 + 300
공헌이익(CM)	₩550	매출총이익	₩300
고정원가(FC)		판매관리비	₩50 · Q + ₩750,000
(1) 제조간접원가	₩3,000,000		
(2) 판매관리비	750,000		

1) 초변동원가계산의 이익

= (가격 − 재료원가 − 변동판매비) × 판매량

− (직접노무원가 + 변동제조간접원가) × 생산량 − 고정원가

= (₩1,000 − ₩200 − ₩50) × 8,000단위 − (₩150 + ₩50) × 10,000단위 − ₩3,750,000

= **₩250,000**

2) 변동원가계산의 이익

= (P − VC) × 판매량 − 고정원가

= (₩1,000 − ₩450) × 8,000단위 − ₩3,750,000

= **₩650,000**

05 정답 ⑤

전부원가계산이익 = ₩300 × 8,000개 − (₩50 × 8,000개 + ₩750,000)

= **₩1,250,000**

전부원가계산이익	**₩1,250,000**
(−) 기말재고에 포함된 고정제조간접원가	(2,000개 × ₩300)
(+) 기초재고에 포함된 고정제조간접원가	−
변동원가계산이익	₩650,000
(−) 기말재고에 포함된 직접노무원가와 변동제조간접원가	2,000개 × (₩150 + ₩50)
(+) 기초재고에 포함된 직접노무원가와 변동제조간접원가	−
초변동원가계산이익	₩250,000

06 정답 ②

전부원가계산과 변동원가계산의 이익은 재고자산에 포함되어 있는 고정제조간접원가를 조정한다.

전부원가계산이익	₩1,000,000
(−) 기말재공품	(500,000)
(−) 기말제품	(600,000)
(+) 기초재공품	240,000
(+) 기초제품	700,000
변동원가계산이익	**₩840,000**

07 정답 ②

제품(1월)

기 초	–	판매량	70
생산량	90	기 말	20

제품(2월)

기 초	20	판매량	90
생산량	100	기 말	30

단위당 고정제조간접원가 $= \dfrac{₩1,350}{90단위} = ₩15$

단위당 고정제조간접원가 $= \dfrac{₩1,400}{100단위} = ₩14$

	전부원가계산 영업이익		₩330
(−)	기말재고의 고정제조간접원가 :	30단위 × ₩14 =	(420)
(+)	기초재고의 고정제조간접원가 :	20단위 × ₩15 =	300
	변동원가계산 영업이익		₩210

08 정답 ④

자료정리

제품(1월)

기초	–	판매	6,000
생산	9,000	기말	3,000
	9,000		9,000

제품(2월)

기초	3,000	판매	12,000
생산	9,000	기말	–
	12,000		12,000

(1) 1월 단위당 고정제조간접원가

$\dfrac{₩1,800,000}{9,000단위} = @200$

(2) 전부 / 변동원가계산 영업이익 차이

	전부원가계산 영업이익 :		₩1,200,000
(+)	기초재고 고정제조간접원가 :	3,000단위 × @200 =	600,000
	변동원가계산 영업이익 :		₩1,800,000

09 정답 ⑤

제품(2010년)			
기 초	–	판매량	8,000
생산량	10,000	기 말	2,000

제품(2011년)			
기 초	2,000	판매량	15,000
생산량	14,000	기 말	1,000

단위당 고정제조간접원가 = $\frac{₩240,000}{10,000단위}$ = ₩24　　단위당 고정제조간접원가 = $\frac{₩280,000}{14,000단위}$ = ₩20

전부원가계산이익			₩500,000
(–) 기말재고의 고정제조간접원가 :	1,000단위 × ₩20	=	(20,000)
(+) 기초재고의 고정제조간접원가 :	2,000단위 × ₩24	=	48,000
변동원가계산이익			₩528,000

2011년에 발생한 고정제조간접원가는 2011년도 매출원가와 기말재고에 포함되어 있다. 그러므로 2011년에 발생한 고정제조간접원가는 2011년 기말재고에 포함된 단위당 고정제조간접원가를 통하여 추정한다.

전부원가계산의 이익과 변동원가계산의 이익차이를 통하여 기말재고에 포함되어 있는 고정제조간접원가를 구하고 여기에 기말재고수량을 나누어 2011년도의 단위당 고정제조간접원가를 추정한다. 2011년도 단위당 고정제조간접원가 ₩20에 2011년도 생산수량 14,000단위를 곱하면 2011년도 고정제조간접원가는 **₩280,000**이다.

10 정답 ①

1) 우선 2월의 기초재고와 기말재고에 포함된 단위당 고정제조간접원가를 구한다.

제품(1월)			
기 초	–	판매량	800
생산량	900	기 말	900

제품(2월)			
기 초	100	판매량	?
생산량	800	기 말	160

단위당 고정제조간접원가 = $\frac{₩180,000}{900단위}$ = ₩200　　단위당 고정제조간접원가 = $\frac{₩200,000}{800단위}$ = ₩250

2) 전부원가계산과 변동원가계산의 이익 차이가 ₩20,000이고 기초재고에 포함되어 있는 고정제조간접원가가 ₩20,000이므로 기말재고에 포함된 고정제조간접원가는 ₩40,000이다. 그러므로 ₩40,000에서 기말재고의 단위당 고정제조간접원가 ₩250을 나누어 주면 기말재고의 수량은 **160단위**가 된다.

	전부원가계산이익		?
(−)	기말재고의 고정제조간접원가 :	**160단위** × ₩250 =	(₩40,000)
(+)	기초재고의 고정제조간접원가 :	100단위 × ₩200 =	20,000
	변동원가계산이익		?

11 정답 ④

제품(20×1년)		제품(20×2년)		제품(20×3년)	
기 초 −	판 매 16,000	기 초 4,000	판 매 16,000	기 초 4,000	판 매 16,000
생 산 20,000	기 말 4,000	생 산 16,000	기 말 4,000	생 산 12,000	기 말 −

	변동원가계산		전부원가계산
가 격(P)	₩1,000	가 격(P)	₩1,000
변동원가(VC)	40 + 60 + 80 + 20	전부원가(VC+fc)	40 + 60 + 80 + ?
공헌이익(CM)	₩800	매출총이익	₩?
고정원가(FC)		판매관리비	₩20 · Q + ₩1,000,000
(1) 제조간접원가	₩2,400,000		
(2) 판매관리비	1,000,000		

(가) 20×1년에 전부원가계산과 변동원가계산의 이익차이는 다음과 같다. 전부원가계산의 이익이 변동원가계산의 이익보다 ₩480,000 더 크다.

	전부원가계산이익	?
(−)	기말재고	(4,000 × ₩120*)
(+)	기초재고	−
	변동원가계산이익	?

* $\frac{₩2,400,000}{20×1년\ 생산량}$

(나) 20×2년에 생산량과 판매량이 동일하므로 변동원가계산과 초변동원가계산의 이익은 동일하다.

(다) 판매량이 3개년 모두 동일하므로 변동원가계산의 이익은 동일하다.

(라) 3개년 동안 생산량이 감소하므로 초변동원가계산의 이익은 증가한다.

(마) 20×1년과 20×2년의 기말재고와 기초재고의 수량이 4,000개이므로 변동원가계산과 초변동원가계산의 영업이익 차이의 절댓값은 동일하다.

12 정답 ①

1)

제 품			
기 초	2,000	판매량	19,000
생산량	18,000	기 말	1,000

$$고정제조간접원가(SP) = \frac{₩3,000,000}{20,000개} = ₩150/개$$

2) 고정제조간접원가

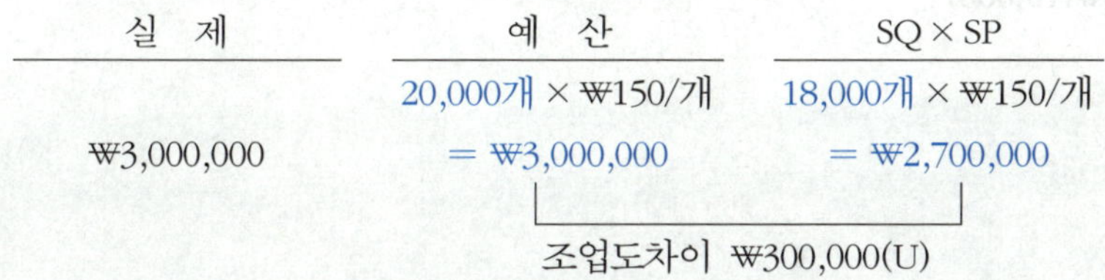

3) 이익차이조정

전부원가계산이익		**₩5,850,000**
(−) 기말재고의 고정제조간접원가 :	1,000개 × ₩150 =	(150,000)
(+) 기초재고의 고정제조간접원가 :	2,000개 × ₩150 =	300,000
변동원가계산이익		₩6,000,000

제조간접원가 배부차이가 매출원가에서 조정되었으므로 기말재고에 포함된 조업도차이는 없다. 그러므로 조업도차이를 이익차이조정시 고려하지 않는다.

13 정답 ③

제 품			
기 초	1,000	판매량	9,000
생산량	9,500	기 말	1,500

1) 고정제조간접원가

실 제	예 산	SQ × SP
10,000개 × SP/개	10,000개 × SP/개	9,500개 × SP/개

조업도차이 ₩5,000(U)

10,000 × SP/개 − 9,500 × SP/개 = ₩5,000

SP = ₩10/개

2) 이익차이 조정

	전부원가계산이익	?
(−)	기말재고의 고정제조간접원가	(1,500개 × ₩10)
(+)	기초재고의 고정제조간접원가	1,000개 × ₩10
(+)	원가차이(U)	(₩5,000)
	변동원가계산이익	?

∴ 이익차이 = ₩(15,000) + 10,000 + (5,000)

= **₩(10,000)**

COST&MANAGEMENT ACCOUNTING

주관식 연습문제

01 이익차이의 조정

(주)서울은 단일제품을 생산 · 판매하고 있다. 20×1년 7월의 기초재고는 500단위이었고, 1,000단위를 판매하였다. 제품 단위당 판매가격은 ₩300이며 7월의 원가자료는 다음과 같다. 단, 원가의 흐름은 선입선출법을 가정한다.

	단위당 변동원가	고정원가
직접재료원가	₩20	
직접노무원가	30	
제조간접원가	50	₩150,000

기초재고의 단위당 원가와 7월의 단위당 원가가 동일하다고 가정시 다음 물음에 답하시오.

[물음 1] 생산량이 1,000단위인 경우 전부원가계산하에서의 이익은 얼마인가?

[물음 2] 생산량이 1,500단위인 경우 전부원가계산하에서의 이익은 얼마인가?

[물음 3] 생산량이 800단위인 경우 전부원가계산하에서의 이익은 얼마인가?

[물음 4] 변동원가계산의 경우 이익은 얼마인가?

[물음 5] 1) [물음 1]과 [물음 4]의 이익차이를 조정하시오.

2) [물음 2]와 [물음 4]의 이익차이를 조정하시오.

3) [물음 3]과 [물음 4]의 이익차이를 조정하시오.

해답

[물음 1] 전부원가계산이익 : 생산량 1,000단위

생산량이 1,000단위인 경우 단위당 고정제조간접원가는 ₩150 = $\left(\dfrac{₩150,000}{1,000개}\right)$ 이다.

당기에 발생한 고정제조간접원가 ₩150,000 중 ₩75,000(500개 × ₩150)은 매출원가에 나머지 ₩75,000(500개 × ₩150)은 기말재고에 포함된다.

제	품		
기 초	500	판 매	1,000
(₩250/개)			
생 산	1,000	기 말	500
VC = ₩100/개			
FC = ₩150,000			

전부원가계산	
매출	₩300,000
매출원가	250,000*
매출총이익	**₩50,000**

* 1,000 × (₩20 + ₩30 + ₩50 + ₩150) = ₩250,000

[물음 2] 전부원가계산이익 : 생산량 1,500단위

생산량이 1,500단위인 경우 단위당 원가는 ₩100 = $\left(\dfrac{₩150,000}{1,500개}\right)$이다.

당기에 발생한 고정제조간접원가 ₩150,000 중 ₩50,000(500개 × ₩100)은 매출원가에 나머지 ₩100,000(1,000개 × ₩100)은 기말재고에 포함된다.

제	품		
기 초	500	판 매	1,000
(₩200/개)			
생 산	1,500	기 말	1,000
VC = ₩100/개			
FC = ₩150,000			

전부원가계산	
매출	₩300,000
매출원가	200,000*
매출총이익	**₩100,000**

* 1,000 × (₩20 + ₩30 + ₩50 + ₩100) = ₩200,000

[물음 3] 전부원가계산이익 : 생산량 800단위

생산량이 800단위인 경우 단위당 고정제조간접원가는 ₩187.5 = $\left(\dfrac{₩150,000}{800개}\right)$이다.

당기에 발생한 고정제조간접원가 ₩150,000 중 ₩93,750(500개 × ₩187.5)은 매출원가에 나머지 ₩56,250(300개 × ₩187.5)은 기말재고에 포함된다.

제	품		
기 초	500	판 매	1,000
(₩287.5/개)			
생 산	800	기 말	300
VC = ₩100/개			
FC = ₩150,000			

전부원가계산	
매출	₩300,000
매출원가	287,500*
매출총이익	₩12,500

* 1,000 × (₩20 + ₩30 + ₩50 + ₩187.5) = ₩287,500

[물음 4] 변동원가계산 이익

전부원가계산과 달리 변동원가계산은 고정제조간접원가를 전액 기간비용처리하므로 매출원가와 재고에 고정제조간접원가는 포함되지 않는다. 오직 이익이 판매량에 의해서만 결정된다. 그러므로 생산량에 상관없이 변동원가계산의 이익은 동일하다.

제	품		
기 초	500	판 매	1,000
생 산	?	기 말	?
VC = ₩100/개			
FC = ₩150,000			

변동원가계산	
매출	₩300,000
변동원가	100,000*
공헌이익	₩200,000
고정원가	150,000
영업이익	₩50,000

* 1,000 × (₩20 + ₩30 + ₩50) = ₩100,000

[물음 5] 이익차이 조정

전부원가계산과 변동원가계산은 재고자산에 포함되어 있는 고정제조간접원가 만큼 이익차이가 발생한다.

1) [물음 1]과 [물음 4]의 이익차이 조정

재고자산의 변화가 없으므로 두 원가계산의 이익은 동일하다.

전부원가계산이익		₩50,000
(−) 기말재고자산	500 × ₩150 =	(75,000)
(+) 기초재고자산	500 × ₩150 =	75,000
변동원가계산이익		₩50,000

2) [물음 2]와 [물음 4]의 이익차이 조정

재고자산이 증가하는 경우 전부원가계산의 이익이 더 크다.

전부원가계산이익			₩100,000
(−) 기말재고자산	1,000 × ₩100	=	(100,000)
(+) 기초재고자산	500 × ₩100	=	50,000
변동원가계산이익			₩50,000

3) [물음 3]과 [물음 4]의 이익차이 조정

재고자산이 감소하는 경우 변동원가계산의 이익이 더 크다.

전부원가계산이익			₩12,500
(−) 기말재고자산	300 × ₩187.5	=	(56,250)
(+) 기초재고자산	500 × ₩187.5	=	93,750
변동원가계산이익			₩50,000

※ 전기와 당기의 단위당 고정제조간접원가가 동일한 경우 다음과 같다.

생산량 > 판매량 : 전부원가계산이익 > 변동원가계산이익

생산량 = 판매량 : 전부원가계산이익 = 변동원가계산이익

생산량 < 판매량 : 전부원가계산이익 < 변동원가계산이익

그러나 전기와 당기의 단위당 고정제조간접원가가 다른 경우에는 성립하지 않을 수 있다.

02 실제원가계산과 표준원가계산의 비교

단일제품을 생산하는 (주)서울의 원가자료는 다음과 같다.

단위당 판매가격		₩100
단위당 변동원가		
직접재료원가	₩20	
직접노무원가	5	
변동제조간접원가	15	
변동판매관리비	10	50
단위당 공헌이익		₩50

또한 고정제조간접원가와 고정판매관리비는 각각 ₩100,000과 ₩50,000이 발생하였으며, 판매량 및 재고수준은 다음과 같다.

	1월	2월
기초제품	–	1,000개
생 산 량	4,000개	5,000
판 매 량	3,000	5,000
기말제품	1,000	1,000

(주)서울은 선입선출법을 사용한다. 다음 물음에 답하시오.

[물음 1] 2월의 전부원가계산 손익계산서를 작성하시오.

[물음 2] 2월의 변동원가계산 손익계산서를 작성하시오.

[물음 3] 전부원가계산과 변동원가계산의 이익차이를 조정하시오.

[물음 4] 표준원가계산을 가정한다. 고정제조간접원가 예산이 ₩100,000이고 기준조업도는 4,000단위이다. 다른 원가차이는 없고 오직 고정제조간접원가의 조업도차이만 있다. 조업도차이는 매출원가에서 전액 조정된다. 2월의 전부원가계산과 변동원가계산의 손익계산서를 작성하고 이익차이를 조정하시오.

[물음 5] 표준원가계산을 가정한다. 고정제조간접원가 예산이 ₩100,000이고 기준조업도는 4,000단위이다. 다른 원가차이는 없고 오직 고정제조간접원가의 조업도차이만 있다. 조업도차이는 재고자산에 전액 포함되어 이연된다. 2월의 전부원가계산과 변동원가계산의 손익계산서를 작성하고 이익차이를 조정하시오.

해답

1월 제품

기 초	–	판 매	3,000
생 산	4,000	기 말	1,000
	4,000개		4,000개

2월 제품

기 초	1,000	판 매	5,000
생 산	5,000	기 말	1,000
	6,000개		6,000개

변동원가계산

가 격(P)	₩100
변동원가(VC)	20+5+15+10
공헌이익(CM)	₩50
고정원가(FC)	
(1) 제조간접원가	₩100,000
(2) 판매관리비	50,000

전부원가계산

가 격(P)	₩100
전부원가(vc+fc)	20+5+15+(25, 20)*
매출총이익	₩35, ₩40
판매관리비	₩10Q + ₩50,000

* 1월 : ₩100,000/4,000개 = ₩25
2월 : ₩100,000/5,000개 = ₩20

[물음 1] 실제전부원가계산

2월 손익계산서

1. 매 출	5,000 × ₩100	=	₩500,000
2. 매출원가			
기초제품	1,000 × ₩65*1 = ₩65,000		
당기제품제조원가	5,000 × ₩60*2 = 300,000		
기말제품	1,000 × ₩60 = 60,000		305,000
3. 매출총이익			₩195,000
4. 판매관리비	5,000 × ₩10 + ₩50,000	=	100,000
5. 영업이익			₩95,000

*1 ₩20 + ₩5 + ₩15 + ₩25 = ₩65
*2 ₩20 + ₩5 + ₩15 + ₩20 = ₩60

[물음 2] 실제변동원가계산

❖ 2월 손익계산서 ❖

1. 매 출	5,000 × ₩100	=	₩500,000
2. 변동원가	5,000 × 50*	=	250,000
3. 공헌이익			₩250,000
4. 고정원가	₩100,000 + ₩50,000	=	150,000
5. 영업이익			₩100,000

* ₩20 + ₩5 + ₩15 + ₩10 = ₩50

[물음 3] 2월의 이익차이 조정

전부원가계산 순이익			₩95,000
(−) 기말재고자산*[1]	1,000 × ₩20	=	(20,000)
(+) 기초재고자산*[2]	1,000 × ₩25	=	25,000
변동원가계산 순이익			₩100,000

*[1] 기말재고자산에 포함되어 있는 고정제조간접원가

*[2] 기초재고자산에 포함되어 있는 고정제조간접원가

자료정리

1월 제품

기 초	−	판 매	3,000
생 산	4,000	기 말	1,000
	4,000개		4,000개

2월 제품

기 초	1,000	판 매	5,000
생 산	5,000	기 말	1,000
	6,000개		6,000개

〈2월 고정제조간접원가〉

실 제	예 산	SQ × SP
	4,000개 × ₩25	5,000개 × ₩25
₩100,000	= ₩100,000	= ₩125,000

예산차이 ₩0　　조업도차이 ₩25,000(F)

	변동원가계산
가 격(P)	₩100
변동원가(VC)	20 + 5 + 15 + 10
공헌이익(CM)	₩50
고정원가(FC)	
(1) 제조간접원가	₩100,000(실제)
(2) 판매관리비	50,000

	전부원가계산
가 격(P)	₩100
전부원가(vc+fc)	20 + 5 + 15 + 25*
매출총이익	₩35
판매관리비	₩10Q + ₩50,000

* $\frac{\text{고정제조간접원가예산}}{\text{기준조업도}} = \frac{₩100,000}{4,000\text{단위}} = ₩25$

[물음 4] 표준원가계산 : 원가차이를 매출원가로 조정

1) 전부원가계산

2월 손익계산서			
1. 매 출	5,000 × ₩100	=	₩500,000
2. 매출원가	5,000 × ₩65*		300,000
조업도차이	(25,000)(F)		
3. 매출총이익			₩200,000
4. 판매관리비	5,000 × ₩10 + ₩50,000	=	100,000
5. 영업이익			₩100,000

* ₩20 + ₩5 + ₩15 + ₩25 = ₩65

2) 변동원가계산

2월 손익계산서			
1. 매 출	5,000 × ₩100	=	₩500,000
2. 변동원가	5,000 × ₩50*	=	250,000
3. 공헌이익			₩250,000
4. 고정원가	₩100,000(실제) + ₩50,000	=	150,000
5. 영업이익			₩100,000

* ₩20 + ₩5 + ₩15 + ₩10 = ₩50

3) 이익차이의 조정

전부원가계산 순이익		₩100,000
(－) 기말재고자산*1	1,000 × ₩25 ＝	(25,000)
(＋) 기초재고자산*2	1,000 × ₩25 ＝	25,000
(±) 원가차이		－*3
변동원가계산 순이익		₩100,000

*1 기말재고자산에 포함되어 있는 고정제조간접원가(SQ × SP)

*2 기초재고자산에 포함되어 있는 고정제조간접원가(SQ × SP)

*3 고정제조간접원가 조업도차이를 손익계산서에 반영하였으므로 재고자산에 포함되어 있는 조업도차이는 없다.

[물음 5] 표준원가계산 : 원가차이를 재고자산으로 이연

1) 전부원가계산

2월 손익계산서

1. 매 출	5,000 × ₩100	＝	₩500,000
2. 매출원가	5,000 × ₩65*	＝	325,000
조업도차이	－		
3. 매출총이익			₩175,000
4. 판매관리비	5,000 × ₩10 ＋ ₩50,000	＝	100,000
5. 영업이익			₩75,000

* 제품단위당 표준원가

₩20 ＋ ₩5 ＋ ₩15 ＋ ₩25 ＝ ₩65

2) 변동원가계산

2월 손익계산서

1. 매 출	5,000 × ₩100	＝	₩500,000
2. 변동원가	5,000 × ₩50*	＝	250,000
3. 공헌이익			₩250,000
4. 고정원가	₩100,000(실제) ＋ ₩50,000	＝	150,000
5. 영업이익			₩100,000

* ₩20 ＋ ₩5 ＋ ₩15 ＋ ₩10 ＝ ₩50

3) 이익차이의 조정

전부원가계산 순이익		₩75,000
(−) 기말재고자산*1	1,000 × ₩25 =	(25,000)
(+) 기초재고자산*2	1,000 × ₩25 =	25,000
(±) 원가차이(조업도차이 유리)		25,000(F)*3
변동원가계산 순이익		₩100,000

*1 기말재고자산에 포함되어 있는 고정제조간접원가(SQ × SP)

*2 기초재고자산에 포함되어 있는 고정제조간접원가(SQ × SP)

*3 목표보다 1,000개 더 생산하였으므로 유리한 차이이다. (1,000개 × ₩25 = 25,000)

03 생산량이 변동될 경우 이익차이의 조정

(주)서울의 판매담당 이사인 김이사는 판매량의 변화에 따라 이익이 얼마나 변화하는가를 예측하고자 한다. 김씨는 2/4분기의 월별 손익계산서를 보고 어느 정도 만족스러워 하고 있는데, 왜냐하면 2/4분기 동안 월간 판매량이 꾸준히 증가하여 순이익도 증가하는 것으로 나타났기 때문이다. (주)서울의 2/4분기 월별 손익계산서는 다음과 같다.

	4월	5월	6월
매출(₩100/개)	₩5,000,000	₩5,500,000	₩6,000,000
매출원가			
기초재고	250,000	1,000,000	1,250,000
당기제품제조원가	3,250,000	3,000,000	2,000,000
기말재고	(1,000,000)	(1,250,000)	(250,000)
	₩2,500,000	₩2,750,000	₩3,000,000
매출총이익	2,500,000	2,750,000	3,000,000
판매비와관리비*	(2,450,000)	(2,650,000)	(2,850,000)
순손익	₩50,000	₩100,000	₩150,000

* 제품 단위당 변동판매비와관리비는 ₩40이다.

김이사는 판매량의 변화에 따른 이익의 변화를 좀 더 밀접하게 나타내줄 수 있는 보다 좋은 원가계산 방법이 있을 것이라고 확신하고 있다.

한편, 4월의 기초재고는 5,000개였으며, 월별 생산량은 4월에 65,000개, 5월에 60,000개, 6월에 40,000개였다. 월별 고정제조간접원가 예산은 ₩1,800,000이고 기준조업도는 월 60,000개이다. 위의 손익계산서는 수정전 장부금액이고, 원가차이는 조업도차이만 존재하며, 연말까지 이연하여 매출원가에서 조정한다. 재고자산의 평가방법은 선입선출법이다.

[물음 1] 변동원가계산방법을 사용하여 월별 공헌손익계산서를 작성하시오.

[물음 2] 4, 5, 6월의 전부원가계산 영업이익과 변동원가계산의 영업이익 차이를 조정하시오.

[물음 3] 실제원가계산 하에서 전부원가계산과 변동원가계산의 이익은 판매량, 생산량과 어떤 관계가 있는지 서술하시오.

해답

자료정리

4월				5월				6월			
기초	5,000	판매	50,000	기초	20,000	판매	55,000	기초	25,000	판매	60,000
생산	65,000	기말	20,000	생산	60,000	기말	25,000	생산	40,000	기말	5,000
	70,000		70,000		80,000		80,000		65,000		65,000

예산	SQ × SP	예산	SQ × SP	예산	SQ × SP
60,000개 × ₩30 = ₩1,800,000	65,000개 × ₩30 = ₩1,950,000	60,000개 × ₩30 = ₩1,800,000	60,000개 × ₩30 = ₩1,800,000	60,000개 × ₩30 = ₩1,800,000	40,000개 × ₩30 = ₩1,200,000
조업도차이 ₩150,000(F)		조업도차이 ₩0		조업도차이 ₩600,000(U)	

	변동원가계산		전부원가계산
가 격(P)	₩100	가 격(P)	₩100
변동원가(VC)	20 + 40	전부원가(vc+fc)	20 + 30*2
공헌이익(CM)	₩40	매출총이익	₩50
고정원가(FC)		판매관리비	₩40Q + ₩450,000
(1) 제조간접원가	₩1,800,000*1		
(2) 판매비와 관리원가	450,000		

*1 변동원가계산에서 고정제조간접원가는 항상 실제원가를 사용한다.

*2 $\frac{\text{고정제조간접원가예산}}{\text{기준조업도}} = \frac{₩1,800,000}{60,000개} = ₩30$

[물음 1] 변동원가계산이익

	4월	5월	6월
매 출	₩5,000,000	₩5,500,000	₩6,000,000
변동원가	3,000,000	3,300,000	3,600,000
공헌이익	₩2,000,000	₩2,200,000	₩2,400,000
고정원가	2,250,000	2,250,000	2,250,000
영업이익	₩(250,000)	₩(50,000)	₩150,000

[물음 2] 이익차이조정

4월 전부원가계산이익	₩50,000	5월 전부원가계산이익	₩100,000	6월 전부원가계산이익	₩150,000
− 기말제품 : 20,000 × ₩30 =	(600,000)	− 기말제품 : 25,000 × ₩30 =	(750,000)	− 기말제품 : 5,000 × 30 =	(150,000)
+ 기초제품 : 5,000 × ₩30 =	150,000	+ 기초제품 : 20,000 × ₩30 =	600,000	+ 기초제품 : 25,000 × 30 =	750,000
± 원가차이(F)	150,000	± 원가차이	−	± 원가차이(U)	(600,000)
4월 변동원가계산이익	₩(250,000)	5월 변동원가계산이익	₩(50,000)	6월 변동원가계산이익	₩150,000

[물음 3] 판매량과 생산량이 이익에 미치는 영향

전부원가계산하에서의 이익은 판매량뿐만 아니라 생산량에 의해서도 영향을 받는다. 만약 특정기간의 생산량이 판매량을 초과하는 경우(4월) 고정제조간접원가의 일부가 차기 이후로 이월됨으로써 이익이 높게 계상되며, 반대로 판매량이 생산량을 초과하는 경우(6월) 기초재고자산에 포함된 고정제조간접원가가 비용으로 나타나게 되어 이익이 낮게 계상된다.

한편, 변동원가계산하에서의 이익은 오직 판매량에 의해 영향을 받을 뿐 생산량에 의해서는 영향을 받지 않는다.

04 재공품이 존재하는 경우의 이익차이 조정

(주)서울은 내부의사결정 목적으로는 변동원가계산을, 외부보고 목적으로는 전부원가계산을 사용하고 있으며, 실제 발생한 제품단위당 원가는 다음과 같다.

직접재료원가 : 2kg × ₩500/kg =	₩1,000
직접노무원가	2,000
변동제조간접원가	1,000
고정제조간접원가	1,500

직접재료는 공정 착수시점에 전량 투입되고, 가공원가는 공정 전체에 걸쳐 계속 발생하며, 재고자산 평가시 선입선출법을 사용한다(전기와 당기의 단위당 원가는 동일하다고 가정한다). 당기에 매입한 직접재료는 9,000kg이며, 제품단위당 판매가격은 ₩8,000이다. 기초재고와 기말재고에 관련된 내용은 다음과 같다.

	원재료	재공품	제 품
기초재고	1,000kg	1,000개(40%)	500개
기말재고	2,000kg	500개(60%)	1,000개

[물음 1] 전부원가계산 손익계산서를 작성하시오.

[물음 2] 변동원가계산을 사용할 때 공헌이익과 영업이익은 얼마인가?

[물음 3] 전부원가계산과 변동원가계산의 이익차이를 조정하시오.

해답

자료정리

원재료				재공품				제 품			
기 초	1,000kg	투 입	8,000kg	기 초	1,000 (0~40%)	완성품	4,500	기 초	500	판 매	4,000
생 산	9,000	기 말	2,000	착수량	4,000 (8,000 ÷ 2kg)	기 말	500 (0~60%)	완성품	4,500	기 말	1,000

	변동원가계산		전부원가계산
가　격(P)	₩8,000	가　격(P)	₩8,000
변동원가(VC)	1,000+2,000+1,000	전부원가(vc+fc)	1,000+2,000+1,000+(1,500*, 1,500*)
공헌이익(CM)	₩4,000	매출총이익	₩2,500
고정원가(FC)	? (실제)		

* 전기와 당기의 단위당 고정제조간접원가는 동일하다.

변동원가계산손익계산서를 작성하기 위해서는 고정제조간접원가 발생액을 추정해야 한다.

[물음 1] 전부원가계산

전부원가계산 손익계산서

매　출	4,000 × ₩8,000 =	₩32,000,000
매출원가	4,000 × ₩5,500 =	22,000,000
매출총이익		₩10,000,000

[물음 2] 변동원가계산

변동원가계산 손익계산서

매　출	4,000 × ₩8,000 =	₩32,000,000
변동원가	4,000 × ₩4,000 =	16,000,000
공헌이익		₩16,000,000
고정원가		6,600,000*
영업이익		₩9,400,000

* 고정제조간접원가 = 가공원가환산량 × 단위당 고정제조간접원가
= 4,400개 × ₩1,500
= ₩6,600,000

선입선출법		재료원가(0%)	가공원가(0~100%)
기초재공품	1,000 (40~100%)	–	600
당기착수완성품	3,500 (0~100%)	3,500	3,500
기말재공품	500 (0~60%)	500	300
완성품환산량		4,000개	4,400개

[물음 3] 이익차이 조정

전부원가계산이익			₩10,000,000
(－) 기말재공품	:	500 × 0.6 × ₩1,500 =	(450,000)
(－) 기 말 제 품	:	1,000 × ₩1,500 =	(1,500,000)
(＋) 기초재공품	:	1,000 × 0.4 × ₩1,500 =	600,000
(＋) 기 초 제 품	:	500 × ₩1,500 =	750,000
변동원가계산이익			₩9,400,000

이익차이조정시 주의할 점은 다음과 같다.

1) 재공품은 완성이 되지 않았으므로 재공품의 수량에 완성도를 곱해준다.

2) 제품은 완성품이므로 재공품과 달리 완성도를 곱할 필요가 없다.

제 8 장

원가의 분류와 추정

cost & management accounting

SECTION
01 원가의 개념과 분류

1 원가의 개념

- 원가(cost) : 특정한 목적을 달성하기 위하여 희생된 또는 희생될 경제적 자원을 화폐단위로 측정한 것을 말한다. 특정목적이란 재화의 생산 또는 용역의 공급을 말하며, 희생은 지출원가와 기회비용으로 나누어진다.
- 지출원가(outlay costs) : 제품을 생산 또는 서비스를 공급하기 위해 지출된 금액으로 외부보고와 관련된다.
- 기회비용(opportunity costs) : 경제적 자원을 특정목적 이외의 다른 대안에 사용했더라면 얻을 수 있는 최대이익으로 의사결정과 관련된다.

비용(expense)은 당해 회계기간 동안에 이미 효익(수익창출)을 받은 것으로 수익에 대응되어 소멸되는 원가이다. 반면에 수익을 창출하지 않으면서 소멸되는 원가를 손실(loss)이라고 한다.

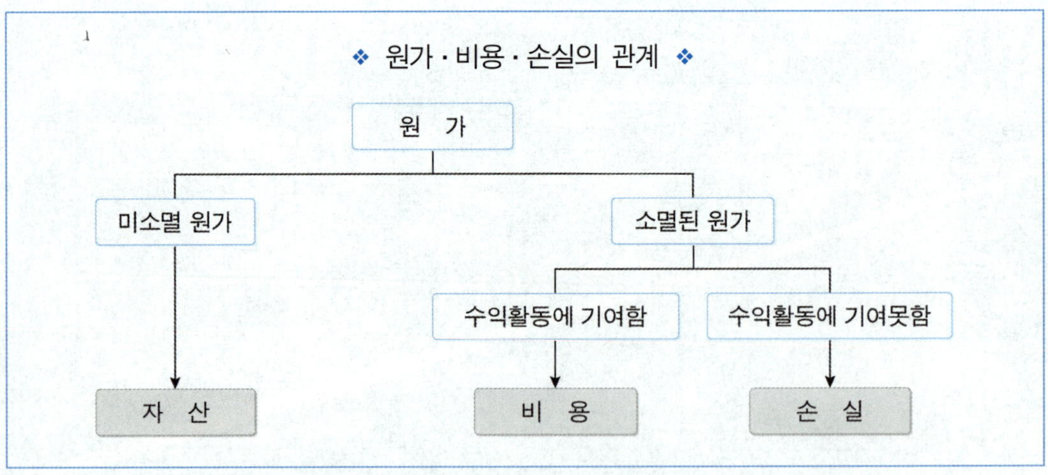

2 원가의 분류 : 상이한 목적에 상이한 원가

상이한 목적에 상이한 원가(different costs for different purpose)란 경영자의 목적에 따라 필요한 원가정보도 다르다는 것이다. 따라서 경영자의 특정목적에 맞게 다음과 같이 다양하게 분류된 원가정보가 제공되어야 한다.

(1) 기능적 원가분류

외부공표용 재무제표 작성과 관련된 원가는 제조원가와 비제조원가로 분류된다. 제조원가는 제품원가(product cost)로서 제품에 대한 추적가능성에 따라 직접원가와 간접원가로 나누어진다.

- 제조원가(manufacturing cost) : 재고가능원가로서 자산으로 처리한 후 판매시에 비용으로 인식한다. 제조원가로는 직접재료원가, 직접노무원가와 제조간접원가가 있다.
- 비제조원가(nonmanufacturing cost) : 재고불능원가로서 발생한 기간에 즉시 비용처리한다. 비제조원가로는 판매비와 관리비 등이 있다.

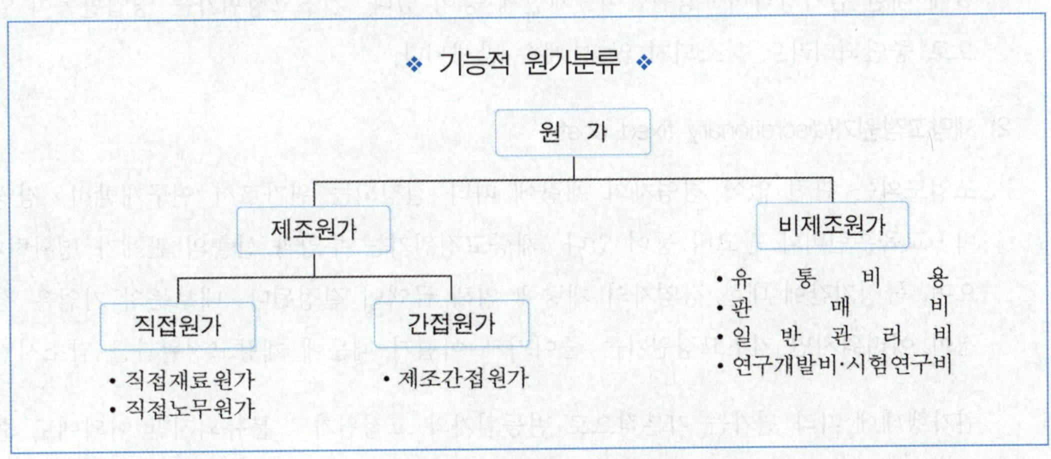

(2) 원가행태에 따른 원가분류

원가행태(cost behaviour)는 조업도 등 원가동인의 변화에 따라 총원가가 변하는 양상을 말한다. 원가는 원가행태에 따라 다음과 같이 변동원가와 고정원가로 분류된다.

- 변동원가(variable cost) : 조업도가 변화함에 따라 총액이 비례적으로 증감하는 원가를 말한다. 변동원가는 단위당 원가가 일정하다. 변동원가로는 직접재료원가, 직접노무원가, 변동제조간접원가와 변동판매관리비 등이 있다.
- 고정원가(fixed cost) : 조업도의 변화와 관계없이 총액이 항상 일정하게 발생하는 원가를 말한다. 고정원가는 단위당 원가가 조업도에 따라 증감한다. 고정원가로는 고정제조간접원가와 고정판매관리비 등이 있다.

또한 고정원가는 계획설정 및 통제목적으로 다음과 같이 기초고정원가와 재량고정원가로 나누어진다.

1) 기초고정원가(committed fixed cost)

영업활동을 위해 기초적인 고정자산을 보유함으로써 발생하는 원가로서 임차료 · 공장시설에 대한 감가상각비 · 임원급여 · 재산세 등이 있다. 기초고정원가는 영업활동이 일시적으로 중단되더라도 감소되지 않고 계속 발생된다.

2) 재량고정원가(discretionary fixed cost)

조업도와는 관련 없이 경영자의 재량에 따라 결정되는 원가로서 연구개발비 · 경영자문비 · 교육훈련비와 광고비 등이 있다. 재량고정원가는 투입과 산출의 관계가 명확하지 않으며, 특정기간에 대한 경영자의 재량에 의해 금액이 결정된다. 대부분의 기업은 경영환경이 어려워지면 기초고정원가는 줄이기가 어렵기 때문에 재량고정원가를 감소시킨다.

원가행태에 따라 원가는 기본적으로 변동원가와 고정원가로 분류되지만 이외에도 준변동원가와 준고정원가가 있다.

- 준변동원가(semi-variable cost) : 조업도의 변화와 관계없이 발생하는 일정액의 고정원가와 조업도의 변화에 따라 단위당 일정비율로 증가하는 변동원가의 합으로 혼합원가(mixed cost)라고도 한다. 예를 들어 사용량과 상관없이 일정요금이 확정되어 있고 사용을 하면서 요금이 증가하는 전력비의 경우가 준변동원가에 해당된다.
- 준고정원가(semi-fixed cost) : 특정범위의 조업도에서 일정하지만 조업도가 특정범위를 벗어나면 일정액만큼 증가하는 원가를 말하며 단계원가(step cost)라고도 한다. 이러한 준고정원가는 생산투입요소의 불가분성(indivisibilities) 때문에 계단형의 원가행태를 지닌다. 준고정원가의 예로는 생산감독자의 급료를 들 수 있다. 1명의 생산감독자가 100명의 종업원을 감독할 수 있고 기업이 종업원을 50명 또는 150명 추가로 채용시 이를 관리하기 위해 기업은 감독자를 0.5명 또는 1.5명과 같이 분할하여 채용할 수 없고 감독자를 1명 또는 2명을 추가로 채용해야 한다.

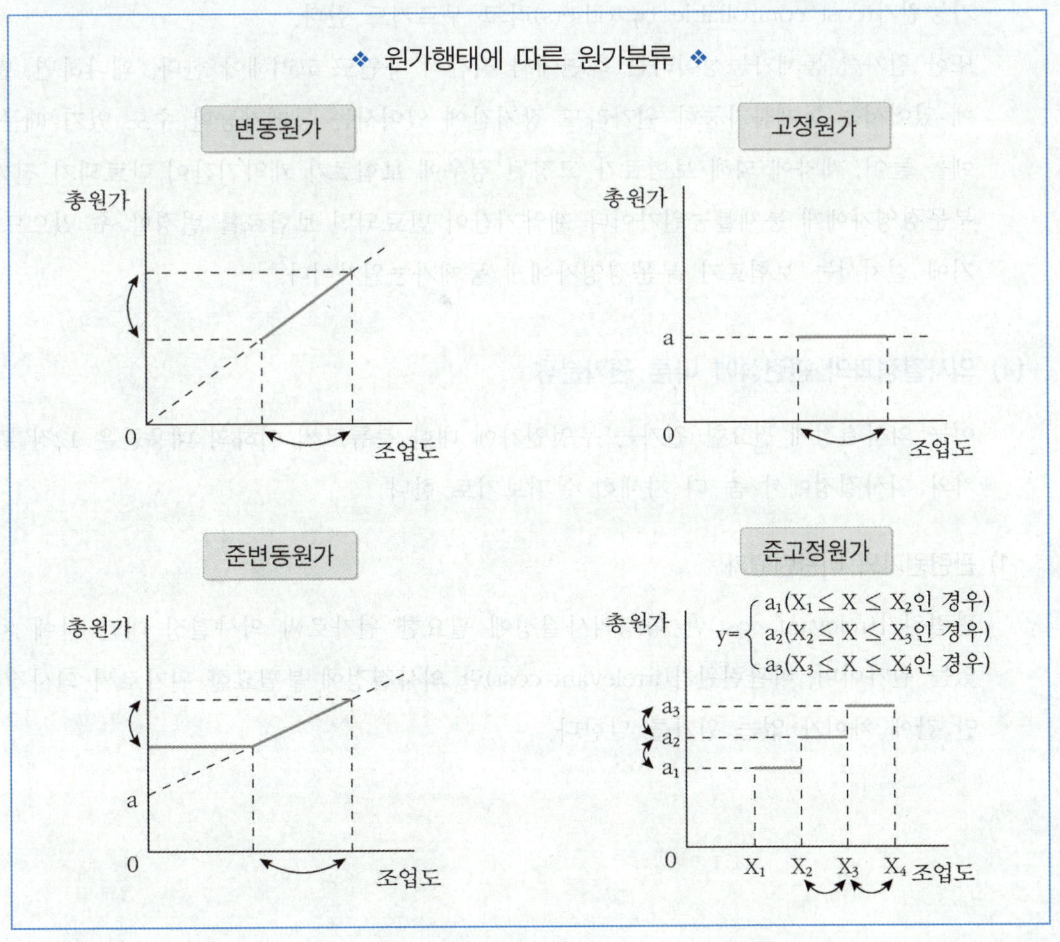

(3) 통제가능성에 따른 원가분류

원가의 발생에 대해 특정경영자가 통제할 수 있는지의 여부에 따라 통제가능원가(controllable cost)와 통제불능원가(un-controllable cost)로 분류되는데, 통제가능성에 따른 분류는 성과평가제도에서 책임범위의 결정과 관련된다.

통제가능원가란 일정기간 동안 특정원가를 통제할 수 있는 권한을 갖고 있어서 실질적으로 영향을 미칠 수 있는 원가를 말하며, 특정경영자의 수준에서 그 발생을 통제할 수 없는 원가를 통제불능원가라고 한다.

특정원가에 대한 통제가능성 여부는 특정책임중심점의 경영자에 따라 구분되는데, 예를 들어 기계장치의 감가상각비는 현장관리자에게는 통제불능할지라도 기계의 투자나 처분에 대한 결정권한을 가지고 있는 최고경영자에게는 통제가능한 원가가 된다. 따라서 통제가능원가를 자기통제가능원가(cost controllable by me) 그리고 통제불능원가를 타인통제가능원가(cost controllable by others)라고 부르기도 한다.

또한 원가를 통제가능성이라는 측면에서 시간적 차원도 고려해야 한다. 왜냐하면, 단기간에 있어서는 통제불가능한 원가라도 장기간에 있어서는 통제가능할 수도 있기 때문이다. 예를 들어, 계약에 의해 보험료가 고정된 경우에 보험료가 계약기간이 만료되기 전까지는 부문경영자에게 통제불능원가이나 계약기간이 만료되면 보험료를 변경할 수 있으므로 장기에 걸쳐서는 보험료가 부문경영자에게 통제가능원가이다.

(4) 의사결정과의 관련성에 따른 원가분류

이는 의사결정에 필요한 원가는 무엇인가에 대한 분류로써 이하의 내용들은 12장 관련원가와 의사결정에서 좀 더 자세히 살펴보기로 한다.

1) 관련원가와 비관련원가

관련원가(relevant cost)란 특정의사결정에 필요한 원가로써 의사결정 대안 간에 차이가 있는 원가이며, 비관련원가(irrelevant cost)란 의사결정에 불필요한 원가로써 의사결정 대안 간에 차이가 없는 원가를 말한다.

2) 현금지출원가와 기회비용

현금지출원가(out－of－pocket cost)란 특정대안을 선택함으로써 수반되는 현금지출액을 의미한다. 이에 반해 기회비용(opportunity cost)이란 선택 가능한 여러 대안을 분석시 특정대안을 선택함으로써 포기하게 되는 차선안의 효익을 의미하고, 현금지출을 수반하지 않고 회계장부에 기록되지 않는다는 점에서 현금지출원가와 차이가 있다. 기회비용을 측정하고 확인하는 것은 어려운 일이지만 관리회계에서 합리적인 의사결정을 위해 반드시 고려해야한다.

3) 매몰원가

매몰원가(sunken cost)는 과거의 의사결정으로 인하여 발생된 원가로서 미래의 의사결정에 전혀 영향력을 행사할 수 없는 원가이며 기발생원가라고도 한다. 따라서 의사결정시 고려할 필요가 없는 비관련원가이다.

4) 회피가능원가와 회피불능원가

회피가능원가(escapable cost)는 의사결정에 따라 회피할 수 있는 원가이며, 회피불능원가는 의사결정에 관계없이 계속 발생되는 원가이다. 따라서 회피가능원가는 의사결정대안 간에 차이가 나는 미래원가로서 관련원가가 된다.

일반적으로 회피가능원가는 변동원가이며, 고정원가는 회피불능원가일수도 있고 회피가능원가일 수도 있다. 예를 들어 기계장치를 구입한 후 감가상각을 하는 경우 기계장치 감가상각비는 회피불능원가이다. 그러나 기계장치를 리스하여 사용하는 경우 중도에 계약을 해지 할 수 있다면 계약해지 이후의 리스료는 더 이상 지급할 필요가 없으므로 회피가능원가가 될 것이다.

5) 차액원가와 한계원가

차액원가(differential cost)란 재화나 용역을 추가 생산할 때 추가적으로 발생되는 원가로서 특정대안의 총원가와 다른 대안의 총원가의 차이를 말한다. 이에 반하여 한계원가란 재화나 용역을 한 단위 더 생산할 때 추가적으로 발생하는 원가이다.

SECTION 02

원가의 추정

1 원가추정의 기초

원가행태에 따라 원가는 크게 변동원가와 고정원가로 분류되는데, 원가행태를 함수의 형태로 표현한 것을 원가함수라고 한다.

- 원가함수(cost function) : 원가와 원가동인간의 관계를 의미하는데, 원가함수를 추정하는 것은 원가와 원가의 발생에 영향을 미치는 특정 변수간의 관계를 알아내는 것이다.
- 원가추정(cost estimation) : 원가행태를 결정하는 과정이다.
- 원가예측(cost prediction) : 추정된 원가함수를 이용하여 특정 활동수준에서 미래에 발생될 원가를 예측하는 것이다.

경영자는 미래원가를 예측하기 위해 추정된 원가함수를 이용하는데, 원가함수를 추정하기 위한 가정은 다음과 같다.

① 총원가수준의 변동은 단일 원가동인의 변동으로 설명될 수 있다. 이는 조업도만이 원가에 영향을 줄 수 있다는 것이다.

② 원가행태는 관련범위 내에서 선형함수로 나타낼 수 있다. 선형함수로 나타낼 경우 변동원가는 단위당 변동원가가 일정하고 고정원가는 총액이 일정하다고 가정한다.

2 원가함수의 추정방법

원가함수를 추정하는 방법은 다음과 같이 산업공학적 방법과 과거자료에 기초한 추정방법으로 나누어진다. 과거자료를 분석하는 방법은 과거의 조업도와 원가간의 관계를 이용하여 미래에도 그와 같은 관계로 원가가 발생할 것이라는 전제하에 원가함수를 추정한다. 이에는 계정분석법 · 산포도법 · 고저점법 · 회귀분석법 등이 있다.

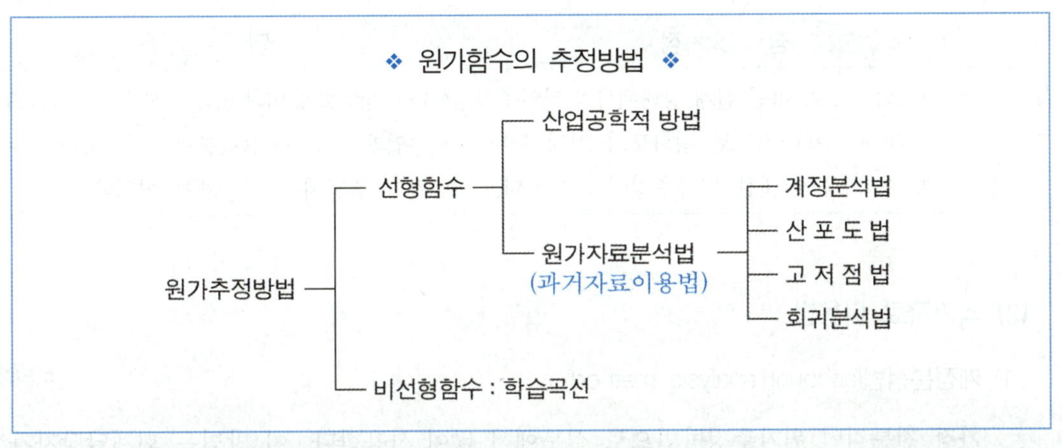

❖ 추정방법들 간의 상충관계 ❖

추 정 방 법	추정의 정확성	추정비용
계 정 분 석 법	가장 낮음	가장 적음
산 포 도 법	↑	↑
고 저 점 법		
회 귀 분 석 법	↓	↓
산업공학적방법	가장 높음	가장 많음

(1) 산업공학적 방법(industrial engineering method)

재료 · 노동력 · 설비 · 동력 · 생산능률 · 생산방법 등에 대한 공학적 평가를 통해 원가함수를 계량적으로 추정하는 방법이다. 공학적 평가란 재료소요량의 평가, 시간연구, 동작연구 등과 같은 정밀한 작업측정을 말한다.

이 방법은 노동력 및 설비 등에 대한 공학적 평가를 근거로 원가행태를 계량적으로 분석하여 투입과 산출간의 관계를 물량단위로 나타낸 측정치를 얻고, 이 측정치에 투입자원의 단위당 가격을 곱하여 표준원가를 산정한다.

장 점	단 점
• 과거의 자료가 아닌 현재 상태에서의 작업측정에 의해 이루어지므로 정확도가 가장 높다. • 새로운 제품에 대한 원가추정이 가능하다.	• 다른 방법들에 비해 비용과 시간이 많이 소요된다. • 투입과 산출간의 물량관계가 명확하지 않은 간접원가 추정에는 적용하기 어렵다.

(2) 과거자료 이용법

1) 계정분석법(account analysis method)

가장 전통적인 원가추정방법으로 실무에서 많이 사용한다. 이 방법은 회계담당자가 총계정원장의 각 계정에 기입되어 있는 원가를 전문적인 판단 또는 회의를 통하여 모든 원가를 변동원가와 고정원가로 구분하여 추정하는 방법이다.

장 점	단 점
• 필요한 자료를 얻기가 쉽고 추정이 간편하다.	• 회계담당자의 주관적인 판단에 크게 의존하므로 객관적이지 못하다.

예제 01 계정분석법

(주)서울의 경리부장인 김씨는 20×7년도의 계획 설정에 필요한 원가함수를 추정하기 위하여 모든 제조원가를 다음과 같이 고정원가와 변동원가로 분류하였다. 지난해의 생산량은 1,000단위이었다.

계정과목	원가총액	변동원가 비율
직접재료원가	₩20,000	100%
직접노무원가	30,000	100
제조간접원가		
감독자급여	10,000	60
수선유지비	5,000	80
감가상각비	10,000	–
합 계	₩75,000	

[물음 1] 계정분석법을 이용하여 제품 단위당 변동원가와 고정제조간접원가를 추정하시오.

[물음 2] 20×7년도의 예정생산량이 1,500단위인 경우 총제조원가를 추정하시오.

해답

[물음 1] 원가함수의 추정

계 정 과 목	변 동 원 가	고 정 원 가
직 접 재 료 원 가	₩20,000	—
직 접 노 무 원 가	30,000	—
제 조 간 접 원 가		
감 독 자 급 여	6,000	₩4,000
수 선 유 지 비	4,000	1,000
감 가 상 각 비	—	10,000
합 계	₩60,000	₩15,000

단위당 변동원가 $= \dfrac{₩60,000}{1,000} = ₩60/개$

고정제조간접원가 = ₩15,000

[물음 2] 20×7년도 총제조원가

총제조원가 = ₩60 × 1,500 + ₩15,000
= ₩105,000

2) 고저점법(high－low method)

관련범위 내의 최고조업도수준과 최저조업도수준에서 관찰된 원가자료를 이용하여 고정원가와 변동원가를 추정하는 방법이다.

이 방법은 최고조업도와 최저조업도에서의 총고정원가와 단위당 변동원가가 동일하다고 가정하고 두 조업도의 원가차이는 모두 변동원가의 차이에 의해 나타나는 것으로 본다. 고저점법은 모든 자료를 이용하지 않으므로 최고조업도나 최저조업도가 비정상적인 상황에서 이루어진 경우 올바른 원가함수를 도출할 수 없다. 이러한 문제점은 두 번째나 세 번째로 높고 낮은 조업도의 원가자료를 이용하면 해결할 수 있다.

장 점	단 점
• 필요한 자료를 얻기가 쉽고 추정이 간편하다. • 계정분석법과 달리 회계담당자의 주관이 개입되지 않아 객관적이다. • 회귀분석법에 비하여 자료가 제한된 경우에도 접근이 가능하다.	• 모든 표본자료를 사용하지 않고 오직 고점과 저점만을 사용하므로 두 점이 모집단을 대표하지 못할 경우 정확한 원가함수를 도출하기 어렵다. • 원가에 영향을 미치는 변수가 2개 이상인 경우 사용할 수 없다.

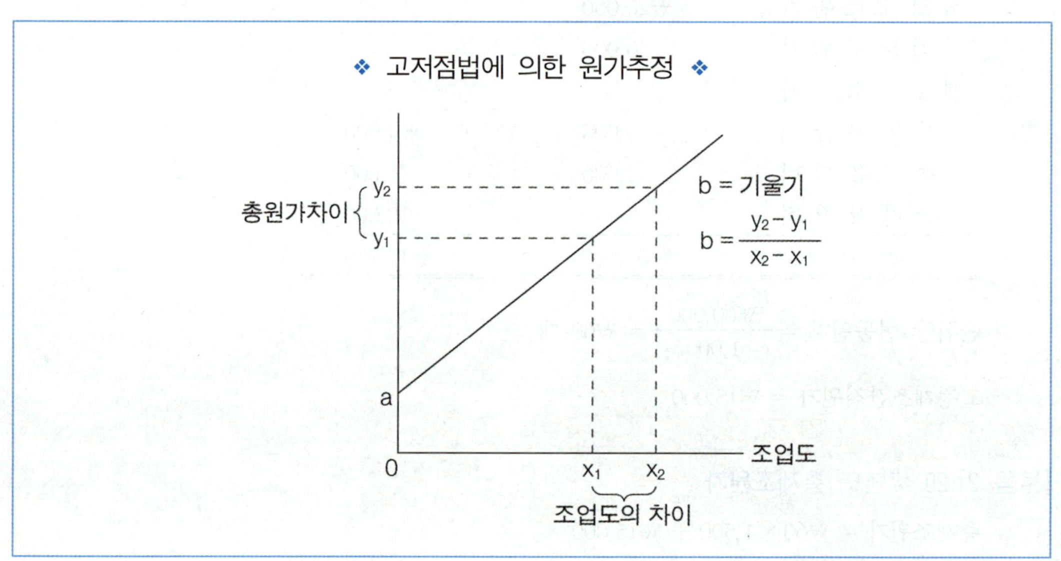

$$\text{단위당 변동원가(b)} = \frac{\text{최고조업도에서의 총원가} - \text{최저조업도에서의 총원가}}{\text{최고조업도} - \text{최저조업도}}$$

$$\begin{aligned}\text{고정원가(a)} &= \text{최고조업도에서의 총원가} - (\text{단위당 변동원가} \times \text{최고조업도}) \\ &= \text{최저조업도에서의 총원가} - (\text{단위당 변동원가} \times \text{최저조업도})\end{aligned}$$

예제 02 고저점법

(주)서울의 20×1년도 상반기의 기계시간과 제조간접원가에 대한 실제원가자료는 다음과 같다.

월 별	기 계 시 간	제조간접원가
1월	1,750시간	₩92,500
2월	2,000	100,000
3월	1,250	73,000
4월	1,850	95,500
5월	1,950	98,000
6월	1,200	76,000
합 계	10,000시간	₩535,000

[물음 1] 고저점법을 이용하여 기계시간당 변동제조간접원가와 고정제조간접원가를 추정하시오.

[물음 2] 20×1년도 7월의 예정기계시간이 1,000시간인 경우 7월의 제조간접원가는 얼마인가?

해답

[물음 1] 원가함수의 추정

고점과 저점은 최고원가와 최저원가가 아니라 조업도가 가장 크고 가장 작은 두 점을 말하므로 자료 중 고점과 저점은 2월 자료와 6월 자료가 된다.

2월 : ₩100,000 = a + 2,000 × b … ①

6월 : ₩76,000 = a + 1,200 × b … ②

①식에서 ②식을 차감하면 b = ₩30/시간이고, 이를 ①식 또는 ②식에 대입하면 a = ₩40,000/월이다.

$$\text{기계시간당 변동제조간접원가(b)} = \frac{\text{최고조업도에서의 총원가} - \text{최저조업도에서의 총원가}}{\text{최고조업도} - \text{최저조업도}}$$

$$= \frac{₩100,000 - ₩76,000}{2,000\text{시간} - 1,200\text{시간}}$$

$$= ₩30/\text{시간}$$

고정제조간접원가(a) = ₩40,000/월

[물음 2] 20×1년도 7월의 제조간접원가

제조간접원가 = ₩40,000 + ₩30 × 1,000시간

= ₩70,000

3) 산포도법(scattergraph method)

산포도법은 조업도와 과거원가의 자료를 도표에 점으로 표시하고 모든 점들을 대표할 수 있는 선을 눈대중으로 대략 같게 해주는 직선을 찾아내어 이를 통해 미래의 원가를 추정하는 방법이다.

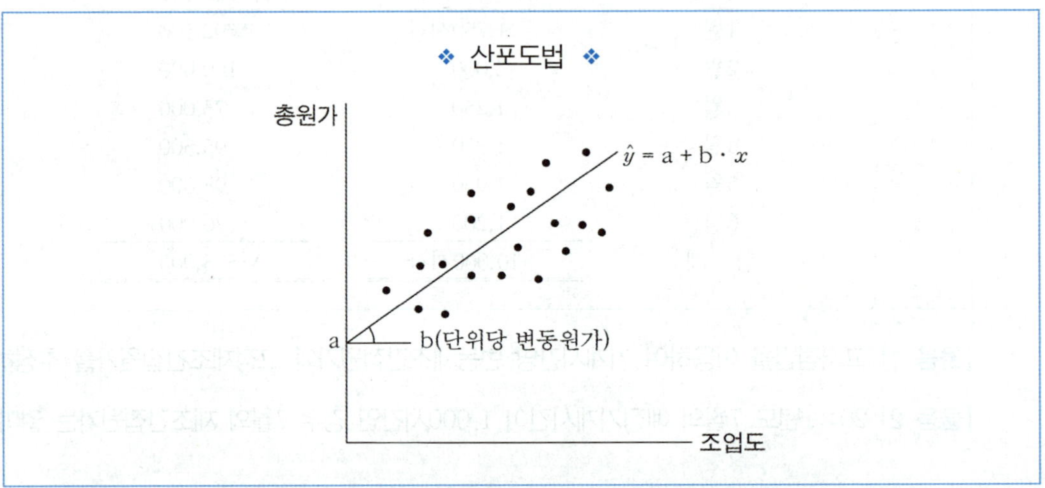

산포도법은 주로 예비적으로 원가자료를 분석하여 독립변수(조업도)와 종속변수(원가)가 선형의 원가함수로 나타낼 수 있는지를 파악한다. 만약 선형의 원가함수로 나타낼 수 있다면 그 다음 단계로 다른 방법들을 사용하여 원가추정을 하게 된다.

장 점	단 점
• 이해하기 쉽게 비정상적인 상황에서 발생한 관찰치를 쉽게 발견하여 제거 할 수 있다. • 고저점법과 달리 많은 과거자료를 이용한다.	• 분석자의 판단에 따라 그 결과가 다르게 나타날 수 있다.

4) 회귀분석법(regression analysis method)

하나 또는 그 이상의 독립변수(조업도)의 단위당 변화가 종속변수(원가)의 변화량에 미치는 영향을 측정하여 원가함수를 추정하는 방법이다.

회귀분석법에서는 1차함수(a+b · x)로 나타나는 원가와 조업도간의 관계를 최소자승법을 통해 추정한다. 최소자승법(least squares method)이란 실제원가(y_i)와 원가함수($\hat{y_i}$)에 의해 추정한 원가의 차이 즉, 잔차(e_i)의 제곱의 합을 최소화하는 a와 b를 추정하는 방법이다.

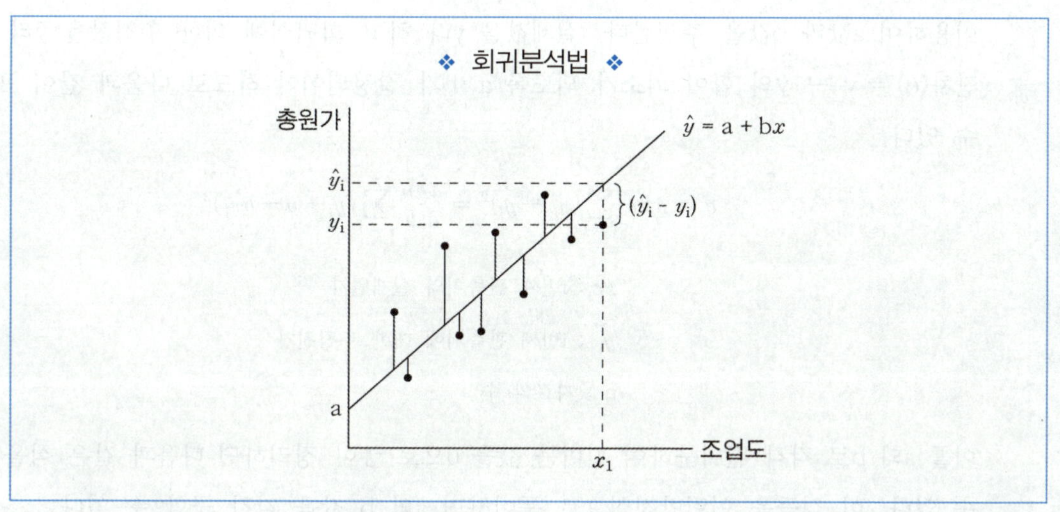

결정계수(coefficient of determination)는 두 변수(a, b)간의 선형관계의 정도를 측정하는 방법으로 r^2으로 표시된다. 이는 종속변수의 변동 중에서 독립변수에 의해서 설명된 부분을 비율로 나타내는데, 0에서 1의 값을 가진다. 예를 들어 수선유지비를 기계시간에 의해 추정한 결과 결정계수가 0.8이라면 이는 수선유지비 발생액의 80%가 기계시간에 의해 설명이 되고 나머지 20%는 다른 요인들에 의해 설명이 된다는 것이다. 그러므로 추정된 여러 회귀선 중 결정계수가 1에 가까운 회귀선을 사용하여 원가추정을 하면 될 것이다.

장 점	단 점
• 계정분석법, 산포도법과 달리 관찰자의 주관이 개입되지 않아 객관적이다. • 다중회귀분석의 경우 독립변수가 2개 이상인 경우에도 사용할 수 있다.	• 계산과정이 복잡하다. • 엄격한 통계적 가정이 만족되지 않으면 무의미한 결과가 도출될 수 있다.

회귀분석법은 독립변수를 하나만 사용하는 단순회귀분석(simple regression analysis)과 2개 이상의 독립변수를 사용하는 다중회귀분석(multiple regression analysis)으로 나누어지는데, 이러한 회귀분석법은 모든 과거자료를 이용하므로 고저점법에 비해 추정오차가 작다.

① 단순회귀분석

단순회귀분석은 하나의 독립변수(조업도)와 종속변수(총원가)간의 관계를 분석하여 원가함수를 결정하는 회귀분석방법이다. 단순회귀식은 '$\hat{y} = a + bx$'로 표시되며 최소자승법을 이용하여 a값과 b값을 추정한다. 실제값을 y라 하고 회귀식에 의한 추정값을 $\hat{y}$라 하면 잔차(e) = y － $\hat{y}$의 합이 최소가 되도록 a, b가 결정되어야 하므로 다음과 같이 표시할 수 있다.

$$q = Min\sum_{i=1}^{n}(y_i - \hat{y_i})^2 = \underset{a,b}{Min}\sum_{i=1}^{n}(y_i - a - bx_i)^2$$

y_i : i번째 관측치의 실제원가

$\hat{y_i}$: i번째 관측치에 대한 추정원가

n : 자료의 수

이를 a와 b로 각각 편미분하여 편미분 값을 0으로 놓아 정리하면 다음과 같은 식을 얻을 수 있다. 이 식들을 연립방정식으로 풀이하면 a와 b 값을 각각 구할 수 있다.

$$\sum_{i=1}^{n} y_i = na + b\sum_{i=1}^{n} x_i$$

$$\sum_{i=1}^{n} x_i y_i = a\sum_{i=1}^{n} x_i + b\sum_{i=1}^{n} x_i^2$$

② 다중회귀분석

다중회귀분석은 둘 이상의 독립변수(조업도)와 종속변수(총원가)간의 관계를 분석하여 원가함수를 결정하는 회귀분석방법이다. 단순회귀분석법은 다음의 예제 3처럼 연립방정식을 통해 가능하지만 다중회귀분석은 엑셀과 같은 프로그램에 의해 원가함수를 추정한다.

예제 03 회귀분석법

(주)서울은 20×1년 4개월 동안 작업한 실제기계시간과 실제발생한 제조간접원가는 다음과 같다.

	제조간접원가(y)	기계시간(x)
1월	₩350	800
2월	350	1,200
3월	150	400
4월	550	1,600

[물 음] 회귀분석법에 의해 원가함수를 추정하시오.

해답

	x	y	x^2	xy
1월	800	350	640,000	280,000
2월	1,200	350	1,440,000	420,000
3월	400	150	160,000	60,000
4월	1,600	550	2,560,000	880,000
	$\Sigma x = 4{,}000$	$\Sigma y = 1{,}400$	$\Sigma x^2 = 4{,}800{,}000$	$\Sigma xy = 1{,}640{,}000$

$\Sigma y = na + b\Sigma x$

$\Sigma xy = a\Sigma x + b\Sigma x^2$

$1{,}400 = 4a + 4{,}000b$ ………………………… ①

$1{,}640{,}000 = 4{,}000a + 4{,}800{,}000b$ …………… ②

①식과 ②식을 풀이하면 $b = 0.3,\ a = 50$

$\hat{y} = 50 + 0.3x$

SECTION 03 활동기준원가계산(ABC)에서의 원가추정

지금까지는 원가발생에 영향을 미치는 요인이 하나라고 가정하고 원가함수를 추정하였다. 그러나 생산의 복잡성으로 인하여 원가에 영향을 미치는 요인이 다양화되어 기존의 추정방법으로는 원가추정에 한계가 있다.

활동기준원가계산하의 원가추정은 원가변동에 대한 요인이 하나가 아닌 활동별 원가동인으로 파악하고 추정하므로 보다 정확한 원가추정방법이다. 활동기준원가계산하의 원가함수추정은 앞에서 설명한 방법들과 다중회귀분석이 이용되며, 다중회귀분석이란 앞에서 살펴본 바와 같고 두 개 이상의 독립변수(원가동인)를 사용하여 종속변수를 추정하는 기법이다.

예제 04 ABC하에서의 원가추정

활동기준원가계산을 적용하는 (주)서울은 20×1년도 제조간접원가에 대한 활동별 자료를 통하여 원가추정을 하려고 한다.

(1) 활동 및 활동별 원가동인

활　동	원가동인
구매주문	구매주문횟수
조　립	직접노동시간
검　사	검사시간

(2) 원가추정함수

제조간접원가 = ₩50,000 + ₩100 · X_1 + ₩20 · X_2 + ₩50 · X_3

X_1 : 구매주문횟수　X_2 : 직접노동시간　X_3 : 검사시간

[물　음] 원가동인이 다음과 같은 경우 원가추정함수를 이용하여 20×1년도 제조간접원가를 추정하시오.

구매주문횟수 = 100회, 직접노동시간 = 2,000시간, 검사시간 = 100시간

해답

$$제조간접원가 = ₩50,000 + ₩100 \cdot X_1 + ₩20 \cdot X_2 + ₩50 \cdot X_3$$
$$= ₩50,000 + ₩100 \cdot 100회 + ₩20 \cdot 2,000시간 + ₩50 \cdot 100시간$$
$$= ₩105,000$$

SECTION
04 학습곡선

제품 생산시 작업자들이 특정작업을 반복적으로 수행함으로써 경험을 쌓게 되면 생산성이 향상되어 단위당 노동시간 및 단위당 원가가 감소하게 된다. 이처럼 생산량이 증가함에 따라 일정하게 노동시간 또는 단위당 노무원가가 감소하는 현상을 학습효과(learning effect)라 한다.

학습효과에 의한 경우 제품의 생산량이 증가함에 따라 원가가 체계적으로 감소하면서 비선형원가함수로 나타나는데, 이를 학습곡선(learning curve)이라고 한다. 학습곡선은 생산계획의 수립, 표준의 설정, 계약의 입찰결정 등 관리회계의 여러 분야에서 이용된다.

1 학습곡선의 의의

1) 개념

학습곡선이란 생산량이 증가함에 따라 노동시간이나 노무원가가 일정하게 감소하는 비선형의 원가함수를 의미한다.

2) 학습효과가 적용되는 원가

학습효과는 노동시간의 감소와 관련된 직접노무원가와 감독비용과 같은 변동제조간접원가에 영향을 준다.

3) 학습효과의 발생원인

학습효과의 발생원인은 제품의 재설계 및 표준화로 인한 반복 작업을 통한 노동생산성의 증대에 기인한다.

4) 학습효과와 제품의 수명주기

제품의 수명주기에서 학습곡선현상은 주로 제품의 초기단계(도입기)에 대부분 발생하며 성숙단계나 안정단계에서는 그 효과가 크게 감소된다.

5) 한계성

학습곡선현상은 복잡한 공정을 가진 노동집약적 산업에 있어서 유용하다. 그러나 공장자동화로 인한 직접노동시간의 감소, 생산과정의 단순화와 이직률의 증가로 그 중요성은 감소되었다.

이와 같은 학습곡선은 가정에 따라 누적평균원가모형과 증분단위원가모형으로 구분된다.

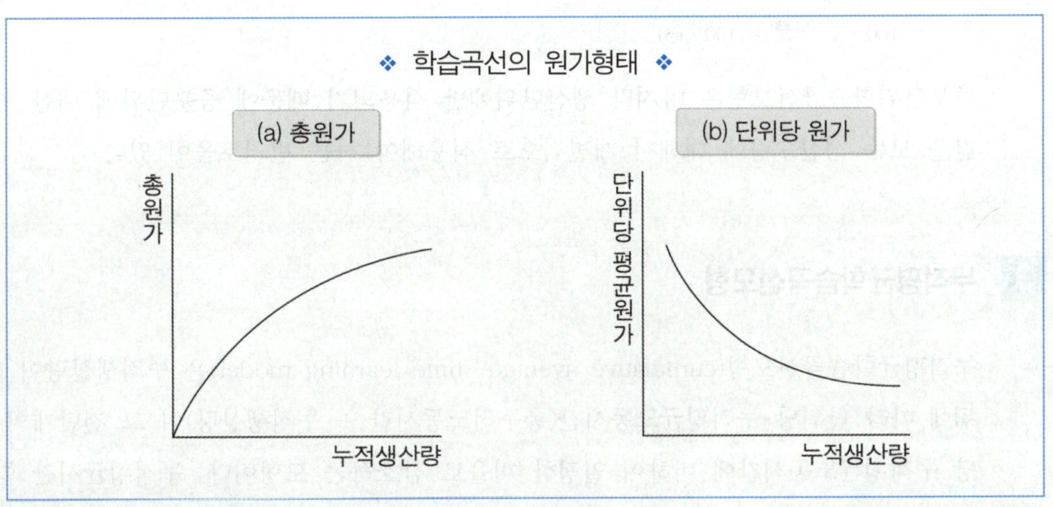

2 증분단위학습곡선모형

증분단위학습곡선모형(incremental unit−time learning model)이란 누적생산량(X)이 2배가 될 때마다 누적생산량(2X)의 마지막 1단위 노동시간 즉, 증분단위시간이 전 단계 누적생산량의 마지막 1단위 노동시간에 대해 일정한 비율로 감소하는 모형이다. 증분단위시간 학습모형식은 다음과 같다.

$$m = a \cdot X^{-b}$$

m = 마지막단위 생산시간, X = 누적생산량, a = 첫단위 생산시간, b = 학습지수$\left(\frac{\log 학습률}{\log 2}\right)$

예를 들면, 누적생산량이 1단위일 때 증분단위시간이 100시간이고 누적생산량이 2단위일 때 증분단위시간이 90시간일 경우 2단위에 대한 총시간은 190시간이 된다. 이와 같은 경우 증분단위시간이 100시간에서 90시간으로 감소되므로 90%의 학습률(단, 90% 학습곡선의 학습지수 b=0.152)을 가진 증분단위원가모형의 학습곡선을 따른다.

누적생산량(Q)	증분단위시간(△TH)	총누적노동시간(TH)
1	100시간	100시간
2	90(100 × 0.9)	190
3	84.6*	274.6
4	81(90 × 0.9)	355.6

* $m = 100 \cdot X^{-0.1520} = 100 \cdot (3)^{-0.1520}$

증분단위학습곡선모형은 마지막 생산단위에만 적용되기 때문에 증분단위에 대한 증분시간을 모든 생산수량에 대해서 개별적으로 적용해야 하는 번거로움이 있다.

3 누적평균학습곡선모형

누적평균학습곡선모형(cumulative average−time learning model)은 누적생산량이 2배가 됨에 따라 단위당 누적평균노동시간(총누적노동시간 ÷ 누적생산량)이 그 전단계의 단위당 누적평균노동시간에 비하여 일정한 비율로 감소하는 모형이다. 누적평균시간 학습모형식은 다음과 같다.

$$Y = a \cdot X^{-b}$$

Y = 단위당 평균시간, X = 누적생산량, a = 첫단위 생산시간, b = 학습지수$\left(\frac{\log 학습률}{\log 2}\right)$

예를 들면, 누적생산량이 1단위일 때 단위당 누적평균노동시간이 100시간이고(총누적노동시간도 100시간) 누적생산량이 2단위일 때(추가로 1단위 생산) 단위당 누적평균노동시간이 90시간일 경우(총누적노동시간 = 2단위 × 90시간) 이는 다음과 같은 90%의 학습률을 가진 누적평균원가모형의 학습곡선을 따른다.

누적생산량(Q)	단위당 누적평균노동시간(AH)	총노동시간(TH)
1	100시간	100시간
2	90(100 × 0.9)	180
4	81(90 × 0.9)	324
8	72.9(81 × 0.9)	583.2

예제 05 누적평균학습곡선

(주)서울은 새로운 제품 A를 생산하여 판매하고 있다. 이 제품의 첫 단위 직접노동시간은 10시간이며, 노동시간당 임률은 ₩100/시간이다. 제품 A생산에는 90%의 학습률이 적용되며 (주)서울은 제품 A를 총 8단위 생산하였다. 누적평균시간 학습모형을 가정시 다음 물음에 답하시오.

[물음 1] 제품 A를 4단위 생산시 직접노무원가는 총 얼마인가?

[물음 2] 제품 A를 8단위 생산시 직접노무원가는 총 얼마인가?

[물음 3] 제품 A를 4단위 생산 후 추가로 4단위를 생산하는 경우 직접노무원가 증가액은 얼마인가?

해답

자료정리

누적생산량(Q)	평균시간(AH)		총시간(TH)
1	10시간		10시간
		0.9	
2	9*1		18
		0.9	
4	8.1*2		32.4
		0.9	
8	7.29*3		58.32

*1 10시간 × 0.9 = 9시간, *2 9시간 × 0.9 = 8.1시간, *3 8.1시간 × 0.9 = 7.29시간

[물음 1] 4단위 생산시 직접노무원가

제품 A를 4단위 생산하는 경우 노동시간은 총 32.4시간이고 직접노무원가는 ₩3,240(32.4시간 × ₩100/시간)이다.

[물음 2] 8단위 생산시 직접노무원가

제품 A를 8단위 생산하는 경우 노동시간은 총 58.32시간이고 직접노무원가는 ₩5,832(58.32시간 × ₩100/시간)이다.

[물음 3] 직접노무원가 증가액

제품 A를 4단위 생산하는 경우 직접노무원가는 ₩3,240(32.4시간 × ₩100/시간)이고 제품 A를 8단위 생산하는 경우 직접노무원가는 ₩5,832(58.32시간 × ₩100/시간)이다. 그러므로 제품 A를 4단위 추가 생산하는 경우 직접노무원가 증가액은 ₩2,592(₩5,832 − ₩3,240)이다.

COST&MANAGEMENT ACCOUNTING

객관식 **연습문제**

01 다음 중 원가추정방법에 관한 설명으로 옳지 않은 것은?

① 회귀분석법은 결정계수가 1에 가까울수록 만족스러운 추정을 달성한다.
② 고저점법은 원가자료 중 가장 큰 원가수치의 자료와 가장 작은 원가수치의 자료를 사용하여 추정하는 방법으로 두 원가수치의 차이는 고정원가라고 가정한다.
③ 계정분석법을 사용하면 각 계정을 변동원가와 고정원가로 구분하는데 자의성이 개입될 수 있다.
④ 산업공학분석법은 간접원가 추정에 어려움이 있다.
⑤ 산업공학분석법은 과거자료 없이 미래원가를 추정하는데 사용된다.

02 대한회사의 지난 6개월간 전력비는 다음과 같다. 기계시간이 전력비에 대한 원가동인이라면 32,375 기계시간이 예상되는 7월의 전력비는 고저점법에 의해 얼마로 추정되는가?

월 별	기계시간	전 력 비
1월	34,000	₩610,000
2월	31,000	586,000
3월	33,150	507,000
4월	32,000	598,000
5월	33,750	650,000
6월	31,250	575,000

① ₩259,000　　② ₩338,000　　③ ₩595,000
④ ₩597,000　　⑤ ₩600,000

03 (주)세무의 지난 6개월간 기계가동시간과 기계수선비에 대한 자료는 다음과 같다. (주)세무가 고저점법을 사용하여 7월의 기계수선비를 ₩2,019,800으로 추정하였다면, 예상 기계가동시간은? (단, 기계수선비의 원가동인은 기계가동시간이다.)

월	기계시간	기계수선비
1	3,410시간	₩2,241,000
2	2,430	1,741,000
3	3,150	1,827,000
4	3,630	2,149,000
5	2,800	2,192,500
6	2,480	1,870,000

① 2,800시간　② 3,140시간　③ 3,250시간
④ 3,500시간　⑤ 3,720시간

04 36개월간 수선유지비에 대한 원가추정을 한 결과 다음과 같은 두 가지 원가추정방정식을 구하였다.

$\hat{y}$ = ₩3,000,000 + ₩2,625 · x_1

단, x_1 : 기계작업시간
$\hat{y}$: 월간 수선유지비
결정계수 = 0.8

$\hat{y}$ = ₩2,900,000 + ₩2,930 · x_2

단, x_2 : 직접노동시간
$\hat{y}$: 월간 수선유지비
결정계수 = 0.6

어느 달의 기계작업시간이 1,500시간이고, 직접노동시간이 1,400시간일 때, 보다 설명력이 높은 원가추정방정식을 이용한 수선유지비의 변동예산액은 얼마인가?

① ₩6,937,500　② ₩7,002,000　③ ₩3,937,500
④ ₩6,337,500　⑤ ₩6,150,000

05 (주)국세는 정상개별원가계산제도를 이용하여 제조원가를 계산하고 있다. 기계시간은 2,500시간, 직접노무시간은 3,000시간으로 예상하고 있으며, 회귀분석법을 이용하여 연간 제조간접원가예산을 수립하는데 필요한 원가함수를 다음과 같이 추정하였다.

총제조간접원가 = ₩500,000 + ₩300 × 기계시간 (설명력(R^2) = 0.9)

(주)국세의 기초재고자산은 없으며 당기에 세 가지 작업(#1, #2, #3)을 시작하여 작업 #1, #2가 완성되었다. 이 세 가지 작업에 대한 당기 원가자료는 다음과 같다.

	#1	#2	#3	합 계
직접재료원가	₩150,000	₩150,000	₩200,000	₩500,000
직접노무원가	250,000	150,000	100,000	500,000
기 계 시 간	1,000시간	600시간	400시간	2,000시간
직접노무시간	1,300시간	800시간	400시간	2,500시간

기말에 확인한 결과 당기에 발생한 실제제조간접원가는 ₩1,100,000이며, 당기에 작업 #2만 판매되었다. (주)국세가 제조간접원가 배부차이를 매출원가에서 전액조정할 경우 재무제표에 인식될 매출원가는 얼마인가?

① ₩650,000 ② ₩700,000 ③ ₩800,000
④ ₩900,000 ⑤ ₩1,080,000

06 다음 자료를 이용하여 최초 16단위를 생산할 때 추정되는 누적 총 노무시간은 몇 분인가? (단, 노무시간은 누적평균시간모형을 따른다.)

누적생산량	누적 총노무시간(분)
1단위	10,000분
2	18,000

① 81,920분 ② 98,260분 ③ 104,976분
④ 112,654분 ⑤ 130,321분

07 (주)서울은 지난 5년간 막대한 연구개발비를 투자한 결과 최근 신제품 개발에 성공하였다. 20×1년에 (주)서울은 신제품 1,000개를 처음으로 생산하였으며, 이에 대한 원가자료는 다음과 같았다.

직접재료원가	₩800,000
직접노무원가(시간당 ₩10)	500,000

변동제조간접원가는 직접노무원가의 100%로 배부되며, 고정제조간접원가는 연간 ₩750,000이 발생한다. (주)서울은 신제품을 생산함에 있어서 90%의 학습곡선을 사용하고 있다. (주)하늘로부터 3,000개의 특별주문 제의를 받았을 때, (주)서울이 3,000개에 대해 제시 가능한 최소판매가격은 얼마인가?

① ₩2,240,000 ② ₩3,040,000 ③ ₩4,640,000
④ ₩5,640,000 ⑤ ₩6,140,000

08 (주)세무는 당기에 신제품을 개발하여 지금까지 2,000단위를 생산 및 판매하였으며, 처음 1,000단위 생산에 소요된 원가는 다음과 같다.

• 직접재료원가	₩400,000
• 직접노무원가(1,000시간×₩2,000)	2,000,000
• 변동제조간접원가(직접노무원가의 50%)	1,000,000
• 고정제조간접원가	3,200,000

(주)세무의 제품 생산은 80%의 누적평균시간 학습곡선을 따른다고 가정한다. 최근 공공기관으로부터 신제품 2,000단위를 주문받았다. 이 주문에 대해 발생할 것으로 예상되는 변동제조원가 총액은? 2024 세무사

① ₩1,920,000 ② ₩2,880,000 ③ ₩3,280,000
④ ₩3,680,000 ⑤ ₩5,600,000

해답 해설

01	02	03	04	05	06	07	08		
②	④	③	①	②	③	③	④		

01 정답 ②

고저점법은 원가자료 중 최고조업도수준의 자료와 최저조업도수준의 자료를 사용하여 추정하는 방법으로 두 원가수치의 차이는 변동원가의 차이이다.

02 정답 ④

고저점법을 이용하여 원가함수 도출시 최고조업도와 최저조업도는 1월과 2월이다.

$$b = \frac{₩610,000 - ₩586,000}{34,000\text{시간} - 31,000\text{시간}} = ₩8/\text{시간}$$

$$a = ₩610,000 - 34,000\text{시간} \times ₩8 = ₩338,000$$

7월의 조업도가 32,375 기계시간이므로 7월의 전력비는 다음과 같다.

$$y = ₩338,000 + ₩8 \cdot 32,375\text{시간}$$
$$= ₩597,000$$

03 정답 ③

1) 고저점법을 이용하여 기계수선비의 기계가동시간당 변동제조간접원가와 고정제조간접원가를 추정한다.
최고조업도는 4월이고 최저조업도는 2월이다.
(2월) ₩1,741,000 = a + 2,430시간 × b …… ①
(4월) ₩2,149,000 = a + 3,630시간 × b …… ②
②에서 ①식을 차감하면 b = ₩340/시간, a = ₩914,800이고 추정식은 다음과 같다.
기계수선비 = ₩914,800 + X · ₩340/시간

2) 7월의 예상 기계가동시간

7월의 기계수선비 = ₩914,800 + X · ₩340/시간
₩2,019,800 = ₩914,800 + X · ₩340/시간

∴ X = **3,250시간**

04 정답 ①

두 가지 원가추정 방정식 중 결정계수가 높은 것이 설명력이 높으므로 기계작업시간을 선택한다.

$\hat{y}$ = ₩3,000,000 + ₩2,625 × 1,500기계시간 = **₩6,937,500**

05 정답 ②

1) 제조간접원가 예정배부율 $= \dfrac{\text{제조간접원가예산}}{\text{예정조업도}}$

$= \dfrac{₩500{,}000 + ₩300 \times 2{,}500\text{기계시간}}{2{,}500\text{기계시간}}$

= ₩500/기계시간

2) 제조간접원가 예정배부

실제조업도 × 예정배부율 = 2,000기계시간 × ₩500/기계시간

= ₩1,000,000

3) 제조간접원가 배부차이

실제 제조간접원가	예정배부
	2,000시간 × ₩500/시간
₩1,100,000	= ₩1,000,000

배부차이 ₩100,000(과소)

4) 매출원가

#2의 직접재료원가 + 직접노무원가 + 제조간접원가 예정배부 + 배부차이

= ₩150,000 + ₩150,000 + 600시간 × ₩500/시간 + ₩100,000(과소)

= **₩700,000**

06 정답 ③

1) 2단위 생산시 총시간과 1단위 생산시 총시간을 이용하여 단위당 누적 평균시간을 추정한다.

2) 2단위 생산시 단위당 평균시간과 1단위 생산시 단위당 누적 평균시간을 이용하여 학습률을 추정한다.

3) 학습률 $= \dfrac{9{,}000\text{분}}{10{,}000\text{분}} = 90\%$

4) 생산량이 2배 증가시마다 평균시간에 90%를 곱한다.

5) 생산량이 16단위인 경우 평균시간은 6,561분이고 총시간은 **104,976분**이다.

Q(생산량)	AH(평균시간)	TH(총시간)
1	10,000분	10,000분
2	9,000분	18,000분
4	8,100분	32,400분
8	7,290분	58,320분
16	6,561분	**104,976분**

07 정답 ③

	생산량	×	단위당 평균노무원가	=	누적 총노무원가	
3,000개	1,000개		₩500 (×0.9)		₩500,000	₩1,120,000
	2,000		450 (×0.9)		900,000	
	4,000		405		1,620,000	

추가노무원가 = ₩1,620,000 − ₩500,000 = ₩1,120,000

추가원가(3,000개) = ₩800,000 × 3 + ₩1,120,000 + ₩1,120,000 × 100% = **₩4,640,000**

08 정답 ④

(1) 증분시간

누적 생산량	누적평균시간	총노무시간	증분시간
1,000단위	1시간 (×0.8)	1,000시간	
2,000	0.8시간 (×0.8)	1,600시간	960시간
4,000	0.6시간	2,560시간	

(2) 변동제조원가

직접재료원가	: ₩400,000 × 2	=	₩800,000
직접노무원가	: 960시간 × ₩2,000	=	1,920,000
변동제조간접원가	: ₩1,920,000 × 50%	=	960,000
변동제조원가	:		**₩3,680,000**

COST&MANAGEMENT ACCOUNTING

주관식 연습문제

01 계정분석법

자동차 정비업체인 (주)서울의 20×1년도에 자동차 1,000대를 수리하였으며, 이에 대한 원가자료는 다음과 같다.

계 정	원 가
일반정비공	₩80,000,000
고급정비공	50,000,000
전기요금	10,000,000
정비소 임차료	10,000,000
감가상각비	20,000,000
정비소 기타관리비	6,000,000
합 계	₩176,000,000

일반정비공에 대한 비용은 수리하는 자동차 1대당 발생하며, 고급정비공에 대한 비용은 자동차수리 대수와 상관없이 1년을 기준으로 지급된다. 전기요금 중 ₩4,000,000은 고정원가이며, 정비소 기타관리비 중 50%는 고정원가이다.

[물음 1] 각 계정의 원가를 변동원가와 고정원가로 구분하시오.

[물음 2] 계정분석법을 이용하여 원가함수를 추정하시오.

[물음 3] 20×2년도에 자동차 수리대수를 1,200대로 예측하는 경우 계정분석법을 이용하여 원가를 추정하시오.

해답

[물음 1] 변동원가와 고정원가

계정과목	변동원가	고정원가
일 반 정 비 공	₩80,000,000	—
고 급 정 비 공	—	₩50,000,000
전 기 요 금	6,000,000	4,000,000
정 비 소 임 차 료	—	10,000,000
감 가 상 각 비	—	20,000,000
정비소 기타관리비	3,000,000	3,000,000
합 계	₩89,000,000	₩87,000,000

단위당 변동원가 $= \dfrac{₩89,000,000}{1,000} =$ **₩89,000/대**

고정제조간접원가 = **₩87,000,000**

[물음 2] 계정분석법에 의한 원가 함수

총원가 = **₩87,000,000 + ₩89,000 · Q**

[물음 3] 20×2년도 원가추정

20×2년도 총원가 = ₩87,000,000 + ₩89,000 · Q

= **₩193,800,000**

02 고저점법에 의한 원가추정(1) : 부의 고정원가

다음은 (주)서울의 20×1년도 월간 직접노동시간과 제조간접원가 발생액에 대한 자료이다. (주)서울은 고저점법에 의해 제조간접원가 예산을 편성하고 있다.

20×1년	직접노동시간	제조간접원가 발생액
1월	20,000시간	₩150,000
2월	18,000	140,000
3월	21,000	160,000
4월	17,000	120,000
5월	22,000	190,000
6월	18,000	150,000
7월	16,000	125,000
8월	23,000	202,000
9월	24,000	195,000
10월	20,000	160,000
11월	18,000	142,000
12월	21,000	170,000

[물음 1] 정상조업도가 22,000 직접노동시간이라고 할 때 위의 자료를 이용하여 20×2년 1월의 예정제조간접원가를 구하시오.

[물음 2] 고저점법에 의한 원가추정 시 부(−)의 고정원가의 의미를 설명하시오.

해답

[물음 1] 제조간접원가 추정

조업도가 가장 높은 9월과 가장 낮은 7월을 이용하여 원가를 추정한다.

9월 : ₩195,000 = a + 24,000 × b ··· ①

7월 : ₩125,000 = a + 16,000 × b ··· ②

①식에서 ②식을 차감하면 b = ₩8.75/시간이고 이를 ①식 또는 ②식에 대입하면 a = ₩(15,000)/월 이 된다.

1) 기계시간당 변동제조간접원가(b) $= \dfrac{\text{최고조업도에서의 총원가} - \text{최저조업도에서의 총원가}}{\text{최고조업도} - \text{최저조업도}}$

$= \dfrac{₩195,000 - ₩125,000}{24,000 - 16,000}$

$=$ ₩8.75/개

2) 고정제조간접원가(a) = ₩(15,000)/월

3) 제조간접원가 = ₩(15,000) + ₩8.75 × X

4) 20×2년 1월 예정제조간접원가 = ₩(15,000) + ₩8.75 × 22,000시간

= **₩177,500**

[물음 2] 부의 고정원가

상기 원가추정 방정식에서 ₩(15,000)/월은 고정원가를 의미하는 것이 아니다. 즉, 고저점법을 이용하여 원가방정식을 추정하는 경우에는 원가축의 절편이 음수가 될 수 있는데, 그 이유는 본래의 원가함수가 비선형임에도 불구하고, 원가방정식을 선형으로 추정하거나 조업도가 영(0)인 점이 관련범위 밖에 있기 때문이다. 따라서 음의 고정원가는 실제원가의 추정치가 아니라 관련범위 밖의 원가자료를 이용하여 원가방정식을 추정한 결과로서 도출된 수치에 불과하며 그 자체로는 아무런 의미를 가지지 못한다. 따라서 경영자가 조업도 수준이 0일 경우의 고정원가 추정은 계정분석법을 적용하면 될 것이다.

03 고저점법에 의한 원가추정(2) : 완성품환산량

제조업을 영위하는 (주)서울은 선입선출법에 의한 종합원가계산을 적용하고 있다. 다음 자료는 20×1년도 1월부터 4월까지의 (주)서울의 제조간접원가와 물량의 흐름에 관한 자료이다.

	1월	2월	3월	4월
제조간접원가	₩4,000,000	₩2,000,000	₩2,500,000	₩3,000,000
완성수량	2,000개	1,400개	1,800개	1,800개
기초재공품	300(2/3*)	?	1,000(0.8*)	?
기말재공품	800(0.75*)	1,000(0.8*)	400(0.5*)	−

* 가공원가 완성도

[물음 1] 제품원가계산을 위한 제조간접원가의 완성품환산량을 구하시오.

[물음 2] 월간 제조간접원가의 원가추정을 위한 제조간접원가의 완성품환산량을 구하고 고저점법을 이용하여 월간 제조간접원가의 원가추정방정식을 결정하시오.

해답

[물음 1] 완성품환산량

	1월	2월	3월	4월
기초재공품(추가)	100개*1	200개*2	200개*3	200개*4
당기착수완성품	1,700	600	800	1,400
기말재공품	600*1	800*2	200*3	–
가공원가환산량	**2,400개**	**1,600개**	**1,200개**	**1,600개**

*1 300개 × (1−2/3) = 100개, 800개 × 0.75 = 600개

*2 800개 × (1−0.75) = 200개, 1,000개 × 0.8 = 800개

*3 1,000개 × (1−0.8) = 200개, 400개 × 0.5 = 200개

*4 400개 × (1−0.5) = 200개

[물음 2] 제조간접원가 추정방정식

가공원가환산량이 가장 많은 1월과 가장 적은 3월을 이용하여 원가를 추정한다.

1월 : ₩4,000,000 = a + 2,400개 × b … ①

3월 : ₩2,500,000 = a + 1,200개 × b … ②

①식에서 ②식을 차감하면 b = ₩1,250/개이고, 이를 ①식 또는 ②식에 대입하면 a = ₩1,000,000 / 월이 된다.

1) 기계시간당 변동제조간접원가(b) = $\frac{\text{최고조업도에서의 총원가} - \text{최저조업도에서의 총원가}}{\text{최고조업도} - \text{최저조업도}}$

$= \frac{₩4,000,000 - ₩2,500,000}{2,400 - 1,200}$

= ₩1,250/개

2) 고정제조간접원가(a) = ₩1,000,000/월

3) 제조간접원가 = **₩1,000,000 + ₩1,250 · X**

04 고저점법과 활동원가에 의한 추정

서울병원은 100개의 병실을 보유하고 있는 산부인과 병원이다. 다음은 20×2년도 2월과 3월에 집계된 원가자료이다.

	2월	3월
환자입원일수	1,800일	2,600일
간호사 급료	₩24,000,000	₩32,000,000
식당비용	12,000,000	15,000,000
조제실	10,000,000	13,000,000
세탁비용	6,000,000	8,000,000
의료기구 감가상각비	40,000,000	40,000,000
	₩92,000,000	₩108,000,000

서울병원은 고저점법을 이용하여 원가함수를 추정하고 있다. 다음 물음에 답하시오.

[물음 1] 원가함수를 결정하시오.

[물음 2] 환자입원일당 수익은 ₩50,000이다. 4월에 목표이익이 ₩10,000,000이라면 환자입원일 수는 얼마나 되어야 하는가?

[물음 3] 병원원가의 원가추정에 대하여 활동기준원가계산을 적용시 다음과 같은 원가추정식이 도출된다고 가정한다. 다음의 원가 추정식을 이용하여 4월의 원가를 추정하시오. 단, 추정된 4월의 환자 수는 총 500명이었으며, 환자입원일수는 2,000일이다.

병원원가 = ₩50,000,000 + ₩5,000 · X_1 + ₩20,000 · X_2 + ₩10,000 · X_3

(X_1 = 환자수, X_2 = 환자입원일수, X_3 = 병원객실수)

해답

[물음 1] 병원의 원가함수

2월 : ₩92,000,000 = a + 1,800 × b ··· ①

3월 : ₩108,000,000 = a + 2,600 × b ··· ②

①식에서 ②식을 차감하면 b = ₩20,000이고 이를 ①식 또는 ②식에 대입하면 a = ₩56,000,000/월이 된다.

1) 입원일당 변동원가 $= \dfrac{\text{최고조업도에서의 총원가} - \text{최저조업도에서의 총원가}}{\text{최고조업도} - \text{최저조업도}}$

$= \dfrac{₩108,000,000 - ₩92,000,000}{2,600 - 1,800}$

$=$ ₩20,000/일

2) 고정원가(a) = ₩56,000,000/월

3) 총원가 = **₩56,000,000 + ₩20,000 · X**

[물음 2] 목표입원일수

(₩50,000 − ₩20,000) × Q − ₩56,000,000 = ₩10,000,000

Q = **2,200일**

[물음 3] 활동기준원가계산에 의한 추정

병원원가 = ₩50,000,000 + ₩5,000 · X_1 + ₩20,000 · X_2 + ₩10,000 · X_3

= ₩50,000,000 + ₩5,000 · 500 + ₩20,000 · 2,000 + ₩10,000 · 100

= ₩50,000,000 + ₩2,500,000 + ₩40,000,000 + ₩1,000,000

= **₩93,500,000**

(X_1 = 환자수, X_2 = 환자입원일수, X_3 = 병원객실수)

05 학습곡선

(주)서울은 최초 부품 100단위를 생산하여 판매하였는데 그에 대한 자료는 다음과 같다.

직접재료원가	₩100,000
직접노무원가(₩10/시간)	50,000
변동제조간접원가	80,000*
기타관리비	10,000*

* 변동제조간접원가와 기타관리비는 직접노무원가에 비례하여 발생한다.

[물음 1] 추가로 부품 700단위를 생산하는 경우 제품관련 총 증분비용은 얼마인가? 단, 80%의 누적평균시간 학습곡선을 가정하시오.

[물음 2] [물음 1]의 연속이다. 판매가격 결정시 원가가산율 20%를 적용하는 경우 추가생산분 700단위의 제품 단위당 판매가격은 얼마인가?

해답

[물음 1] 제품관련 총증분비용

1) 증분시간

생산량(Q)	×	평균시간(AH)	=	총시간(TH)	증분시간(△TH)
100		50시간		5,000시간*	
		↓ 0.8			
200		40			15,480시간
		↓ 0.8			
400		32			
		↓ 0.8			
800		25.6		20,480시간	

* ₩50,000 ÷ ₩10/시간 = 5,000시간

2) 총증분비용

직접재료원가	₩700,000*1
직접노무원가	154,800*2
변동제조간접원가	247,680*3
기타관리비	30,960*4
	₩1,133,440

*1 $\frac{₩100,000}{100단위}$ × 700단위 = ₩700,000　　*2 15,480시간 × ₩10/시간 = ₩154,800

*3 ₩154,800 × 1.6 = ₩247,680　　*4 154,800 × 0.2 = ₩30,960

[물음 2] 단위당 판매가격

판매가격	x
단위당원가	₩1,619.2*
단위당이익	₩1,619.2 × 0.2 (← × 0.2)

* $\frac{₩1,133,440}{700단위}$ = ₩1,619.2

x − ₩1,619.2 = ₩1,619.2 × 0.2

∴ x = **₩1,943**

제 9 장

원가·조업도·이익분석

cost & management accounting

SECTION 01

CVP분석의 의의와 기본가정

1 CVP분석의 의의

원가－조업도－이익분석(cost－volume－profit analysis : CVP분석)

조업도의 단기적인 변화가 수익과 원가 및 이익에 미치는 영향을 분석하는 기법이다.

CVP분석은 제품의 조업도, 단위당 가격, 단위당 변동원가와 총고정원가 및 매출배합 등의 관계를 분석하여 아래와 같이 단기적인 의사결정에 광범위하게 이용되는 것은 물론이고 원가구조전략과 같은 장기적인 의사결정에도 활용된다.

- 기업의 생산과 판매계획 및 이익계획수립
- 신제품의 목표가격결정
- 특별주문 수락여부 의사결정
- 제품라인의 폐지 및 신제품라인의 추가여부 의사결정
- 생산방식의 결정 등과 같은 원가구조전략의 의사결정

2 CVP분석의 기본가정

CVP분석의 기본가정은 기업의 복잡한 경영활동을 단기적인 관점에서 단순화시키기 위해 다소 비현실적인 측면이 있지만 다음과 같은 가정을 한다.

1) 모든 원가는 변동원가와 고정원가로 분류된다.

변동원가는 조업도의 변동에 따라 비례적으로 증감하는 원가이고, 고정원가는 조업도의 변동에 관계없이 총원가가 일정하다. 이러한 경우 원가행태에 따라 변동원가는 단위당 원가가 일정하고 고정원가는 총원가가 일정하다.

2) 판매가격, 변동원가와 고정원가는 관련범위 내에서 선형이다.

현실적으로 가격할인, 학습효과 그리고 설비의 증가 등으로 가격, 변동원가와 고정원가가 일정하지 않지만 관련범위 내에서는 일정하다고 가정한다.

3) 조업도만이 수익과 원가에 영향을 미치는 유일한 요소이다.

조업도 이외에 다른 요소들 예를 들면 원재료의 가격과 품질, 작업자의 기술수준, 제품의 품질과 시장상황 등 다양한 요소에 의해 영향을 받을 수 있지만 CVP분석의 기본가정은 오직 조업도에 의해서만 영향을 받는다고 가정한다.

4) 재고자산의 수준은 일정하다.

이는 재고수준의 변동이 없거나 재고가 없다는 것으로 신축적인 생산정책과 재고정책으로 재고자산이 큰 문제가 되지 않는다는 것이다. 이러한 가정으로 변동원가계산과 전부원가계산의 순이익과 손익분기점은 동일하게 된다.

5) 단일제품 또는 매출배합이 일정한 복수제품을 생산 · 판매한다.

기본가정에서는 단일제품을 생산 · 판매하며, 복수제품일 경우에는 제품 간 매출배합이 일정하다고 가정한다. 복수제품일 경우에는 수많은 매출배합이 있을 수 있고 매출배합의 수만큼 손익분기점이 있겠지만 일정한 매출배합으로 생산 · 판매된다는 가정하에 손익분기점을 구하게 되므로 손익분기점은 하나만 있다.

6) 분석기간은 화폐의 시간가치가 중요하지 않을 정도로 단기간이다.

기본적인 CVP모형은 조업도가 크게 변동하는 장기적인 분석이 아니라 단기간의 관련범위 내에서의 분석을 전제로 한다. 따라서 화폐의 시간가치는 무시한다.

3 변동원가와 고정원가 분류시 고려할 사항

① 노무원가가 조업도와 무관하게 지급되거나, 노조에 의해 최저임금이 보장되는 경우 노무원가는 변동원가가 아니라 고정원가로 분류된다.

② 조직구조에 따라 변동원가와 고정원가가 달라질 수 있다. 예를 들어 제조업에서 변동원가인 연료비가 서비스업에서는 고정원가가 될 수 있다. 제조업은 제품생산량에 의하여 연료비가 비례적으로 발생하지만 서비스업인 항공업은 주어진 스케줄에 의해 항공기를 확정적으로 운행하므로 연료비가 고정원가가 된다.

③ CVP분석의 기본가정은 원가를 변하게 하는 요인이 조업도 하나라고 가정하여 원가분류를 한다. 그러나 제품의 다양성과 제조간접원가의 증가 등으로 전통적인 원가계산하에서의 원가분류는 원가를 발생시키는 다수의 원가동인이 인식되지 않아 원가예측의 신뢰성이 감소된다. 그러므로 이러한 경우에는 다양한 활동에 근거한 활동기준원가계산하에서의 CVP분석이 필요하다.

④ 고려되는 기간범위에 따라 변동원가와 고정원가가 바뀔 수 있다. 기간범위가 길어짐에 따라 관리할 수 있는 활동자원의 범위가 커지게 되어 변동원가 부분이 커지게 되며, 기간범위가 짧아질수록 고정원가 부분이 커지게 된다.

SECTION 02

CVP분석

CVP분석의 기본적인 전제는 선형의 수익함수와 원가함수를 가정한다. 그러므로 단위당 판매가격, 단위당 변동원가와 총고정원가가 일정하다. 또한 기타손익과 특별손익이 없다고 가정하기 때문에 영업이익까지 분석한다.

영업이익 = 총수익 − 총원가

= 매출액 − 총변동원가 − 총고정원가

= 판매가격 × 판매량 − 변동원가 × 판매량 − 총고정원가

영업이익 = (판매가격 − 변동원가) × 판매량 − 총고정원가

= (P − VC) × Q − FC

영업이익 = 매출액 × 공헌이익률 − 총고정원가

- 공헌이익(contribution margin) : 매출액에서 변동원가를 차감한 금액으로서 고정원가를 회수하고 영업이익을 창출하는데 공헌하는 이익이다. 공헌이익은 경영활동의 계획 설정이나 특별의사결정문제의 분석 등에 주로 이용된다.

1) 단위당 공헌이익(unit contribution margin) : 단위당 판매가격에서 단위당 변동원가를 차감한다.

2) 총공헌이익(total contribution margin) : 매출액에서 총변동원가를 차감한다.

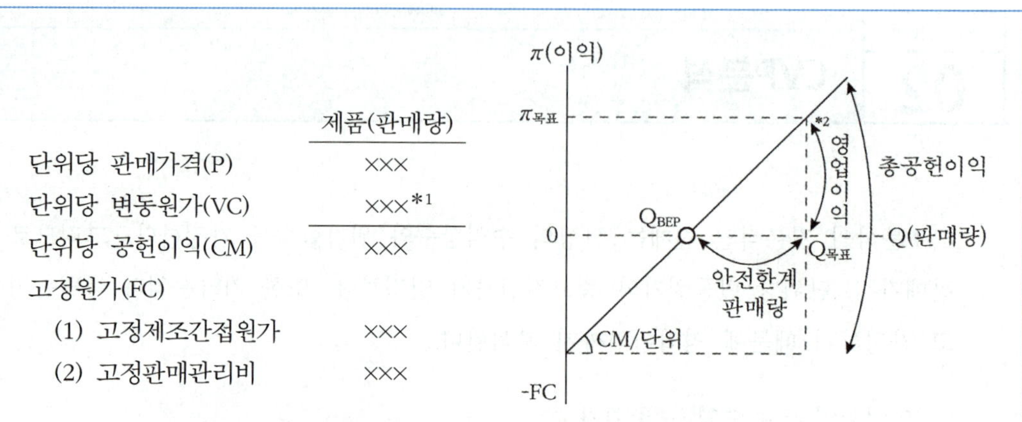

	제품(판매량)
단위당 판매가격(P)	×××
단위당 변동원가(VC)	×××[*1]
단위당 공헌이익(CM)	×××
고정원가(FC)	
(1) 고정제조간접원가	×××
(2) 고정판매관리비	×××

[*1] 직접재료원가 + 직접노무원가 + 변동제조간접원가 + 변동판매비와 관리비

[*2] 안전한계판매량 × 단위당공헌이익 = 안전한계매출액 × 공헌이익률

$$안전한계율 = \frac{Q_{목표} - Q_{BEP}}{Q_{목표}} = \frac{영업이익}{총공헌이익}$$

$$영업레버리지도 = \frac{Q_{목표}}{Q_{목표} - Q_{BEP}} = \frac{총공헌이익}{영업이익}$$

- 공헌이익률(contribution margin ratio) : 매출액에 대한 공헌이익의 비율로서 단위당 공헌이익과 단위당 판매가격을 이용하여 구하거나 총공헌이익과 매출액을 이용하여 계산할 수도 있다.

$$공헌이익률 = \frac{단위당\ 판매가격 - 단위당\ 변동원가}{단위당\ 판매가격} = \frac{단위당\ 공헌이익}{단위당\ 판매가격}$$

$$공헌이익률 = \frac{매출액 - 총변동원가}{매출액} = \frac{총공헌이익}{매출액}$$

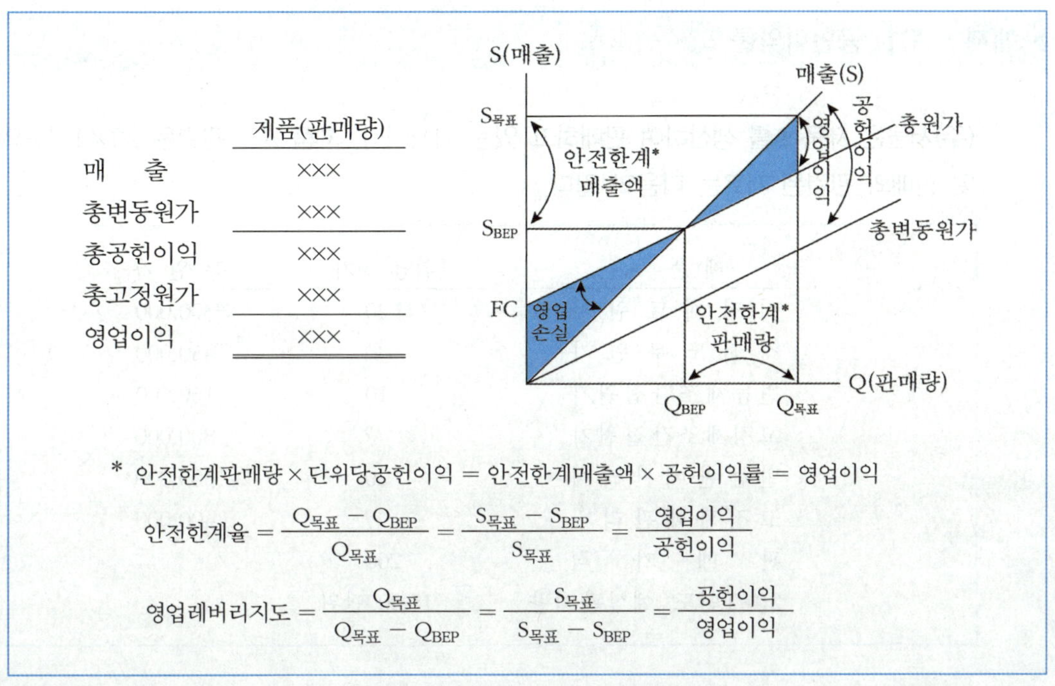

	제품(판매량)
매　　출	×××
총변동원가	×××
총공헌이익	×××
총고정원가	×××
영업이익	×××

* 안전한계판매량 × 단위당공헌이익 = 안전한계매출액 × 공헌이익률 = 영업이익

$$안전한계율 = \frac{Q_{목표} - Q_{BEP}}{Q_{목표}} = \frac{S_{목표} - S_{BEP}}{S_{목표}} = \frac{영업이익}{공헌이익}$$

$$영업레버리지도 = \frac{Q_{목표}}{Q_{목표} - Q_{BEP}} = \frac{S_{목표}}{S_{목표} - S_{BEP}} = \frac{공헌이익}{영업이익}$$

매출액에 대한 변동원가의 비율을 변동원가율이라고 하는데, 변동원가율과 공헌이익률의 합은 다음과 같이 항상 1이 된다.

$$변동원가율 + 공헌이익률 = 1$$

$$\frac{총변동원가}{매출액} + \frac{총공헌이익}{매출액} = 1$$

예제 01 공헌이익률

(주)서울은 제품 A를 생산하여 판매하고 있는 회사이다. 제품 A와 관련된 20×1년도의 생산 및 판매와 관련된 자료는 다음과 같다.

제 품 A	단위당 원가	총 원 가
직 접 재 료 원 가	₩20	₩300,000
직 접 노 무 원 가	30	450,000
변동제조간접원가	10	150,000
고정제조간접원가	?	800,000
변 동 판 매 관 리 비	20	300,000
고 정 판 매 관 리 비	?	400,000
판 매 가 격	200	
20×1년도 예상판매량	15,000단위	

[물음 1] (주)서울의 20×1년도 영업이익을 구하시오.

[물음 2] (주)서울의 공헌이익률과 변동원가율을 구하시오.

해답

자료정리

	제품 A(15,000단위)		총 액
단위당 판매가격(P)	₩200	매 출	₩3,000,000
단위당 변동원가(VC)	80	총변동원가	1,200,000
단위당 공헌이익(CM)	₩120	총공헌이익	₩1,800,000
총고정원가(FC)			
(1) 제조간접원가	₩800,000	총고정원가	1,200,000
(2) 판매관리비	400,000	영업이익	₩600,000

(단위당: 0.4 × ₩200 = 80, ₩200 × 0.6 = ₩120 / 총액: 0.4 × ₩3,000,000 = 1,200,000, ₩3,000,000 × 0.6 = ₩1,800,000)

[물음 1] 20×1년도 영업이익

영업이익 = (P − VC) × Q − FC

= (₩200 − ₩80) × 15,000 − (₩800,000 + ₩400,000)

= ₩600,000

[물음 2] 공헌이익률과 변동원가율

1) $공헌이익률 = \frac{판매가격 - 변동원가}{판매가격}$

$= \frac{공헌이익}{판매가격} = \frac{₩120}{₩200} = 0.6$

2) $변동원가율 = \frac{변동원가}{판매가격} = \frac{₩80}{₩200} = 0.4$

---

(1) 손익분기점

손익분기점(break−even point)은 총수익과 총원가가 일치하는 또는 총공헌이익이 총고정원가와 일치하는 판매량 또는 매출액을 말한다. 손익분기점에서는 영업이익이 항상 0이 된다.

1) 손익분기점 판매량

손익분기점 판매량은 영업이익이 0인 판매량으로서 총고정원가를 단위당 공헌이익으로 나누어 구한다.

$$(판매가격 - 변동원가) \times 판매량 - 총고정원가 = 영업이익$$

$$(P - VC) \times Q_{BEP} - FC = ₩0$$

$$Q_{BEP} = \frac{FC}{P - VC}$$

2) 손익분기점 매출액

손익분기점 매출액은 영업이익이 0인 매출액으로서 총고정원가를 공헌이익률로 나누어 구한다. 이렇게 구한 손익분기점 매출액을 판매가격으로 나누면 손익분기점 판매량을 구할 수 있다.

매출액 − 총변동원가 − 총고정원가 = 영업이익

매출액 − 매출액 × 변동원가율 − 총고정원가 = 영업이익

매출액 × (1 − 변동원가율) − 총고정원가 = 영업이익

매출액 × 공헌이익률 − 총고정원가 = 영업이익

손익분기점 매출액의 경우 영업이익이 0 이므로 위의 식은 다음과 같다.

$$\text{매출액} \times \text{공헌이익률} - \text{총고정원가} = \text{영업이익}$$

$$\text{손익분기점 매출액} \times \text{공헌이익률} - FC = ₩0$$

$$\text{손익분기점 매출액}(S_{BEP}) = \frac{FC}{\text{공헌이익률}}$$

또한 손익분기점 판매량과 손익분기점 매출액은 고정원가 회수와 관련된다.

$$(P - VC) \times Q_{BEP} = FC$$

$$S_{BEP} \times \text{공헌이익률} = FC$$

예제 02 손익분기점

(주)서울은 제품 A를 생산하여 판매하고 있는 회사이다. 제품 A와 관련된 20×1년도의 생산 및 판매와 관련된 자료는 다음과 같다.

제 품 A	단위당 원가	총 원 가
직 접 재 료 원 가	₩20	₩300,000
직 접 노 무 원 가	30	450,000
변동제조간접원가	10	150,000
고정제조간접원가	?	800,000
변 동 판 매 관 리 비	20	300,000
고 정 판 매 관 리 비	?	400,000
판 매 가 격	200	
20×1년도 예상판매량	15,000단위	

[물음 1] (주)서울의 손익분기점 판매량을 구하시오.

[물음 2] (주)서울의 손익분기점 매출액을 구하시오.

해답

자료정리

	제품 A(15,000단위)
단위당 판매가격(P)	₩200
단위당 변동원가(VC)	80
단위당 공헌이익(CM)	₩120
총고정원가(FC)	
(1) 제조간접원가	₩800,000
(2) 판매관리비	400,000

[물음 1] 손익분기점 판매량

$(P - VC) \times Q_{BEP} - FC = \pi$

$(₩200 - ₩80) \times Q_{BEP} - ₩1,200,000 = ₩0$

$$Q_{BEP} = \frac{₩1,200,000}{₩120}$$

$Q_{BEP} = $ **10,000단위**

[물음 2] 손익분기점 매출액

매출액 × (1 − 변동원가율) − 총고정원가 = 영업이익

손익분기점 매출액 × 공헌이익률 − FC = ₩0

$$\text{손익분기점 매출액}(S_{BEP}) = \frac{₩1,200,000}{0.6} = \textbf{₩2,000,000}$$

(2) 목표이익

목표이익은 기업이 달성하기 위해 노력하는 이익으로써 경영자는 특정기간에 특정 목표이익을 달성하기 위해 필요한 목표판매량 또는 목표매출액에 대해 궁금할 것이다. 목표판매량과 목표매출액은 앞의 손익분기점을 구하는 공식에서 영업이익을 0이 아닌 목표이익으로만 변경해주면 된다.

1) 목표 판매량

$$(\text{판매가격} - \text{변동원가}) \times \text{판매량} - \text{총고정원가} = \text{목표이익}$$

$$\text{목표 판매량} = \frac{\text{총고정원가} + \text{목표이익}}{\text{판매가격} - \text{변동원가}}$$

$$Q = \frac{FC^{*1} + \pi^{*2}}{P - VC}$$

*1 손익분기점 판매량 × 단위당공헌이익

*2 안전한계 판매량 × 단위당공헌이익

2) 목표 매출액

$$\text{매출액} \times (1 - \text{변동원가율}) - \text{총고정원가} = \text{영업이익}$$

$$\text{목표 매출액} \times (1 - \text{변동원가율}) - \text{총고정원가} = \text{목표이익}$$

$$\text{목표 매출액} = \frac{\text{총고정원가} + \text{목표이익}}{\text{공헌이익률}}$$

$$= \frac{FC^{*1} + \pi^{*2}}{\text{공헌이익률}}$$

*1 손익분기점 매출액 × 공헌이익률

*2 안전한계 매출액 × 공헌이익률

목표매출액을 단위당 판매가격으로 나누어주면 다음과 같이 목표판매량을 구할 수 있다.

$$\text{목표 판매량} = \frac{\text{목표매출액}}{\text{판매가격}}$$

예제 03 목표판매량

(주)서울은 제품 A를 생산하여 판매하고 있는 회사이다. 제품 A와 관련된 20×1년도의 생산 및 판매와 관련된 자료는 다음과 같으며 (주)서울의 목표이익은 ₩600,000이다.

제품 A	단위당 원가	총 원 가
직 접 재 료 원 가	₩20	₩300,000
직 접 노 무 원 가	30	450,000
변동제조간접원가	10	150,000
고정제조간접원가	?	800,000
변 동 판 매 관 리 비	20	300,000
고 정 판 매 관 리 비	?	400,000
판 매 가 격	200	
20×1년도 예상판매량	?	

[물음 1] 목표이익을 달성하기 위한 (주)서울의 목표판매량을 구하시오.

[물음 2] 생산 및 판매와 관련된 자료는 없는 것으로 가정한다. (주)서울의 변동원가율이 0.4이고 손익분기점매출액이 ₩2,000,000인 경우 목표이익 ₩600,000을 달성하기 위한 목표매출액을 구하시오. 또한 판매가격이 단위당 ₩200인 경우 목표판매량은 얼마인가?

해답

자료정리

	제품 A
단위당 판매가격(P)	₩200
단위당 변동원가(VC)	80
단위당 공헌이익(CM)	₩120
총고정원가(FC)	
(1) 제조간접원가	₩800,000
(2) 판매관리비	400,000
목표이익	₩600,000

[물음 1] 목표판매량

$(P - VC) \times Q - FC = \pi$

$(₩200 - ₩80) \times Q - ₩1{,}200{,}000 = ₩600{,}000$

$₩120 \times Q - ₩1{,}200{,}000 = ₩600{,}000$

$$Q = \frac{₩1{,}200{,}000 + ₩600{,}000}{₩120}$$

$= \mathbf{15{,}000}$**단위**

[물음 2] 목표매출액

손익분기점 매출액을 이용하여 총고정원가를 추정한다. 변동원가율이 0.4이므로 공헌이익률은 0.6이고, 손익분기점에서의 공헌이익은 총고정원가와 일치한다.

1) 총고정원가

매출액 × (1 − 변동원가율) − 총고정원가 = 영업이익

손익분기점매출액 × 공헌이익률 − 총고정원가 = ₩0

총고정원가 = 손익분기점매출액 × 공헌이익률

$= ₩2{,}000{,}000 \times (1 - 0.4)$

$= ₩2{,}000{,}000 \times 0.6$

$= ₩1{,}200{,}000$

2) 목표매출액

매출액 × (1 − 변동원가율) − 총고정원가 = 영업이익

목표매출액 × (1 − 변동원가율) − 총고정원가 = 목표이익

$$목표매출액 = \frac{총고정원가 + 목표이익}{공헌이익률}$$

$$= \frac{₩1{,}200{,}000 + ₩600{,}000}{(1 - 0.4)}$$

$= \mathbf{₩3{,}000{,}000}$

3) 목표매출액에서 단위당 판매가격을 나누어 주면 목표판매량을 구할 수 있다.

$$목표판매량 = \frac{목표매출액}{판매가격}$$

$$= \frac{₩3{,}000{,}000}{₩200}$$

$= \mathbf{15{,}000}$**단위**

(3) 안전한계

안전한계(margin of safety)란 특정매출액(특정판매량)에 대한 위험의 척도로서 특정매출액(특정판매량)에서 손익분기점 매출액(손익분기점 판매량)을 차감시 손익분기점을 초과하는 매출액(판매량)을 말한다.

안전한계가 높다는 것은 불황시 기업이 비교적 시장에 잘 대처해 나갈 수 있는 어느 정도의 여유를 갖고 있다는 것이며, 안전한계가 낮다는 것은 매출이 조금만 감소하여도 기업에 손실이 발생할 수 있다는 것이다. 이와 같이 안전한계는 특정매출액에서 매출액이 감소하더라도 손실이 발생하지 않는 매출한도의 최대감소분을 나타낸 것으로 기업의 안정성을 분석하는데 유용한 지표가 된다.

$$\text{안전한계 매출액} = \text{매출액} - \text{손익분기점 매출액}$$

$$\text{안전한계 판매량} = \text{판매량} - \text{손익분기점 판매량}$$

안전한계율(margin of safety ratio)은 안전한계 매출액(안전한계 판매량)과 매출액(판매량)의 비율로서 이는 다음과 같다.

$$\begin{aligned}
\text{안전한계율} &= \frac{Q - Q_{BEP}}{Q} \\
&= \frac{Q - Q_{BEP}}{Q} \times \frac{P}{P} \\
&= \frac{P \cdot Q - P \cdot Q_{BEP}}{P \cdot Q} \times \frac{\text{공헌이익률}}{\text{공헌이익률}} \\
&= \frac{\text{매출액} - \text{손익분기점매출액}}{\text{매출액}} \times \frac{\text{공헌이익률}}{\text{공헌이익률}} \\
&= \frac{\text{공헌이익} - \text{고정원가}}{\text{공헌이익}} \\
&= \frac{\text{영업이익}}{\text{공헌이익}}
\end{aligned}$$

위의 식과 관련된 내용을 정리하면 다음과 같다.

1) 매출액 × 공헌이익률 = 공헌이익

2) 손익분기점 매출액 × 공헌이익률 = 고정원가

3) 안전한계 매출액 × 공헌이익률 = 영업이익*

* 1)식에서 2)식을 차감한 값이다.

안전한계는 손익분기를 초과하는 이익으로서 안전한계 판매량(안전한계 매출액)에 단위당 공헌이익(공헌이익률)을 곱하면 특정매출액에 대한 영업이익을 간단히 구할 수 있다.

안전한계 판매량 × 단위당공헌이익 = 영업이익

위의 식에서 분모와 분자에 판매가격을 곱하면 다음과 같은 식이 도출된다.

$$(Q - Q_{BEP}) \times \text{단위당 공헌이익} \times \frac{P}{P} = \text{영업이익}$$

$$(Q - Q_{BEP}) \times P \times \frac{\text{단위당 공헌이익}}{P} = \text{영업이익}$$

(매출액 − 손익분기점 매출액) × 공헌이익률 = 영업이익

안전한계 매출액 × 공헌이익률 = 영업이익

안전한계를 이용한 영업이익을 정리하면 다음과 같다.

안전한계 판매량 × 단위당 공헌이익 = 영업이익

안전한계 매출액 × 공헌이익률 = 영업이익

예제 04 안전한계와 안전한계율

(주)서울은 제품 A를 생산하여 판매하고 있는 회사이다. 제품 A와 관련된 20×1년도의 생산 및 판매와 관련된 자료는 다음과 같다.

제품 A	단위당 원가	총 원 가
직 접 재 료 원 가	₩20	₩300,000
직 접 노 무 원 가	30	450,000
변동제조간접원가	10	150,000
고정제조간접원가	?	800,000
변 동 판 매 관 리 비	20	300,000
고 정 판 매 관 리 비	?	400,000
판 매 가 격	200	
20×1년도 예상판매량	15,000단위	

[물음 1] (주)서울의 안전한계 판매량을 구하시오.

[물음 2] (주)서울의 안전한계 매출액을 구하시오.

[물음 3] (주)서울의 안전한계율을 구하시오.

[물음 4] 안전한계 판매량과 안전한계 매출액을 이용하여 영업이익을 각각 구하시오.

해답

자료정리

	제품 A(15,000단위)
단위당 판매가격(P)	₩200
단위당 변동원가(VC)	80
단위당 공헌이익(CM)	₩120
총고정원가(FC)	
(1) 제조간접원가	₩800,000
(2) 판매관리비	400,000

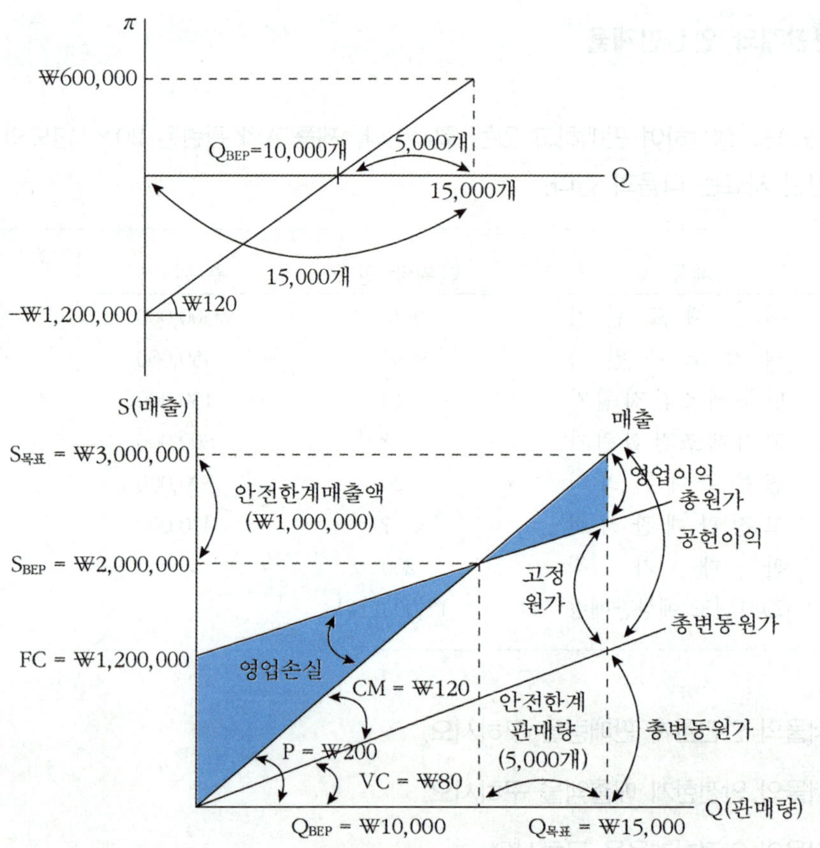

1) 영업이익 = 5,000개 × ₩120 = ₩1,000,000 × 0.6 = ₩600,000

2) $$안전한계율 = \frac{Q_{목표} - Q_{BEP}}{Q_{목표}} = \frac{S_{목표} - S_{BEP}}{S_{목표}} = \frac{영업이익}{총공헌이익}$$

$$= \frac{15,000 - 10,000}{15,000} = \frac{₩3,000,000 - ₩2,000,000}{₩3,000,000} = \frac{₩600,000}{₩1,800,000} = \frac{1}{3}$$

3) $$영업레버리지도 = \frac{Q_{목표}}{Q_{목표} - Q_{BEP}} = \frac{S_{목표}}{S_{목표} - S_{BEP}} = \frac{총공헌이익}{영업이익}$$

$$= \frac{15,000}{15,000 - 10,000} = \frac{₩3,000,000}{₩3,000,000 - ₩2,000,000} = \frac{₩1,800,000}{₩600,000} = 3$$

[물음 1] 안전한계 판매량

우선 손익분기점 판매량을 구하고 그 다음 안전한계 판매량을 구한다.

1) 손익분기점 판매량

$(P - VC) \times Q_{BEP} - FC = \pi$

$(₩200 - ₩80) \times Q_{BEP} - ₩1,200,000 = ₩0$

$₩120 \times Q_{BEP} - ₩1,200,000 = ₩0$

$$Q_{BEP} = \frac{₩1,200,000}{₩120}$$

$= 10,000$단위

2) 안전한계 판매량 = 판매량 − 손익분기점 판매량

= 15,000단위 − 10,000단위

= **5,000단위**

[물음 2] 안전한계 매출액

손익분기점 매출액을 먼저 구하고 그 다음 안전한계 매출액을 구한다.

1) 손익분기점 매출액 = ₩200 × 10,000단위

= ₩2,000,000

2) 안전한계 매출액 = 매출액 − 손익분기점 매출액

= ₩200 × 15,000단위 − ₩200 × 10,000단위

= ₩200 × (15,000단위 − 10,000단위)

= **₩1,000,000**

[물음 3] 안전한계율

안전한계율은 다음과 같이 판매량 또는 매출액 이용하여 구할 수 있다.

$$1)\ 안전한계율 = \frac{판매량 - 손익분기점\ 판매량}{판매량}$$

$$= \frac{15,000개 - 10,000개}{15,000개}$$

$= 0.333(33.3\%)$

$$2)\ 안전한계율 = \frac{매출액 - 손익분기점\ 매출액}{매출액}$$

$$= \frac{₩3,000,000 - ₩2,000,000}{₩3,000,000}$$

$= 0.333(33.3\%)$

[물음 4] 영업이익

안전한계 판매량과 안전한계 매출액을 이용한 영업이익은 다음과 같다.

1) 영업이익 = 안전한계 판매량 × 공헌이익

= (15,000개 − 10,000개) × ₩120

= **₩600,000**

2) 영업이익 = 안전한계 매출액 × 공헌이익률

$$= ₩1,000,000 \times \frac{₩120}{₩200}$$

= **₩600,000**

---

(4) 법인세를 고려한 CVP분석

지금까지는 CVP분석에서 손익분기수량을 구하는 경우 법인세는 고려되지 않았다. 물론 법인세를 고려한다 할지라도 손익분기점의 계산에는 영향을 미치지 않는다. 왜냐하면 손익분기점에서는 이익이 없으므로 법인세가 없기 때문이다.

그러나 법인세를 고려할 경우 목표이익에 대한 목표판매량은 영향을 받게 될 것이다. 이를 나타내면 다음의 식과 같다.

1) 법인세를 고려한 손익분기점 판매량

[(판매가격 − 변동원가) × 판매량 − 총고정원가] × (1 − t_c) = 영업이익

$[(P - VC) \times Q - FC] \times (1 - t_c) = ₩0$

$$Q_{BEP} = \frac{FC}{P - VC}$$

위의 공식에서 확인할 수 있듯이 법인세를 고려한 손익분기점 판매량은 법인세가 없는 경우의 손익분기점 판매량과 동일하다.

2) 법인세를 고려한 목표판매량

[(판매가격 − 변동원가) × 판매량 − 총고정원가] × (1 − t_c) = 영업이익

$[(P - VC) \times Q - FC] \times (1 - t_c) = \pi$

$$Q = \frac{FC + \pi^*}{P - VC}$$

위의 공식에서 π^*는 세후이익을 세전이익($= \frac{\pi}{1-t_c}$)으로 전환한 값이며 법인세를 고려한 목표판매량은 법인세로 인한 이익감소로 법인세가 없는 경우의 목표판매량보다는 더 많을 것이다.

예제 05 세후 목표이익

(주)서울은 제품 A를 생산하여 판매하고 있는 회사이다. 제품 A와 관련된 20×1년도의 생산 및 판매와 관련된 자료는 다음과 같으며 법인세율은 20%이다.

제품 A	단위당 원가	총 원 가
직 접 재 료 원 가	₩20	₩300,000
직 접 노 무 원 가	30	450,000
변동제조간접원가	10	150,000
고정제조간접원가	?	800,000
변 동 판 매 관 리 비	20	300,000
고 정 판 매 관 리 비	?	400,000
판 매 가 격	200	

[물음 1] (주)서울의 손익분기점 판매량을 구하시오.

[물음 2] (주)서울의 세후목표이익이 ₩480,000인 경우 세후목표이익을 달성하기 위한 (주)서울의 목표판매량과 목표매출액을 구하시오.

해답

자료정리

	제품 A(?단위)
단위당 판매가격(P)	₩200
단위당 변동원가(VC)	80
단위당 공헌이익(CM)	₩120
총고정원가(FC)	
(1) 제조간접원가	₩800,000
(2) 판매관리비	400,000

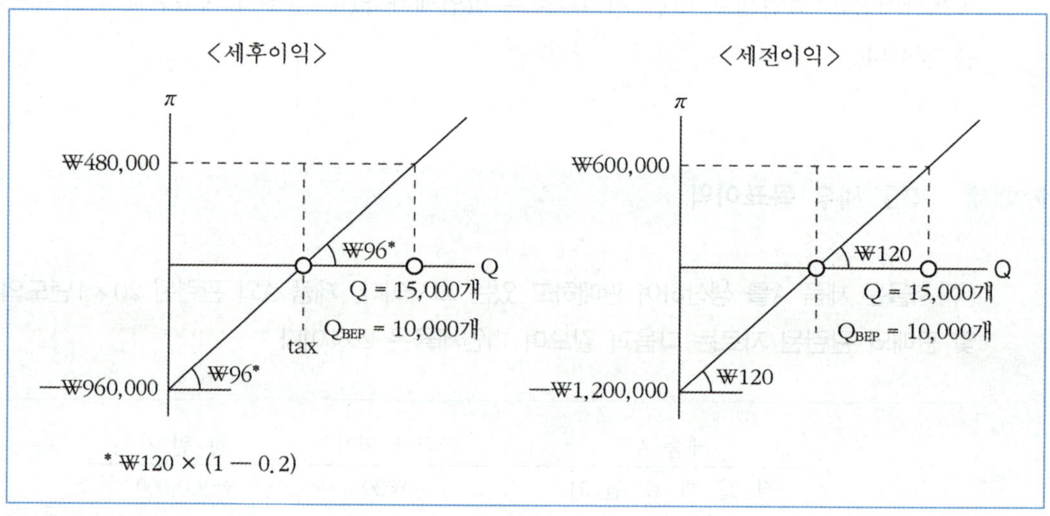

* ₩120 × (1 − 0.2)

[물음 1] 손익분기점 판매량

손익분기점 판매량은 법인세 유무와 상관없이 항상 동일하다.

$$[(P - VC) \times Q_{BEP} - FC] \times (1 - t_c) = \pi$$

$$[(P - VC) \times Q_{BEP} - FC] \times (1 - t_c) = ₩0$$

$$Q_{BEP} = \frac{FC}{P - VC}$$

$$= \frac{₩1,200,000}{₩120}$$

$$= \mathbf{10,000단위}$$

[물음 2] 목표판매량과 목표매출액

1) 목표판매량

법인세를 고려하는 경우에는 세후목표이익을 세전이익으로 전환하고 세전이익에 총고정원가를 합산한 금액을 단위당 공헌이익으로 나누어 준다.

$$[(P - VC) \times Q - FC] \times (1 - t_c) = \pi$$

$$[(₩200 - ₩80) \times Q - ₩1,200,000] \times (1 - 0.2) = ₩480,000$$

$$Q = \frac{FC + \pi^*}{P - VC}$$

$$= \frac{₩1,200,000 + \frac{₩480,000}{1 - 0.2}}{₩120}$$

$$= \mathbf{15,000단위}$$

2) 목표매출액

법인세를 고려하는 경우에는 세후목표이익을 세전이익으로 전환하고 세전이익에 총고정원가를 합산한 금액을 공헌이익률로 나누어 준다.

$$[목표\ 매출액 \times (1 - 변동원가율) - 총고정원가] \times (1 - t_c) = 목표이익$$

$$[목표\ 매출액 \times 공헌이익률 - 총고정원가] = \frac{목표이익}{1 - t_c}$$

$$목표\ 매출액 = \frac{총고정원가 + \frac{목표이익}{1 - t_c}}{공헌이익률}$$

$$= \frac{₩1,200,000 + \frac{₩480,000}{1 - 0.2}}{0.6}$$

$$= \mathbf{₩3,000,000}$$

---

(5) 원가구조와 영업레버리지

원가구조(cost structure)란 변동원가와 고정원가의 상대적인 비율을 말한다. 일반적으로 투자금액이 작은 기업은 고정원가가 작고 변동원가가 크므로 공헌이익이 작은 반면에 투자금액이 큰 기업은 고정원가가 크고 변동원가가 작아 공헌이익이 크게 나타난다. 이처럼 원가구조는 공헌이익에 직접적인 영향을 미쳐 기업의 영업이익에 영향을 미친다.

이러한 원가구조는 영업레버리지와 관련된다. 영업레버리지(operating leverage)는 기업에서 사용되고 있는 고정원가의 상대적인 크기를 나타내는 정도로서 변동원가와 비교하여 상대적으로 고정원가의 비중이 큰 기업의 경우에는 영업레버리지가 크며, 반대로 고정원가의 비중이 작은 기업의 경우에는 영업레버리지가 작다.

영업레버리지가 큰 경우에는 매출액이 조금만 변동하여도 영업이익이 크게 증가하지만, 매출액이 감소시에는 영업이익이 크게 감소한다. 따라서 매출액이 점차 증가하는 상황에서는 상대적으로 고정원가의 비중이 큰 원가구조를 가짐으로써 영업레버리지가 큰 것이 유리하며, 매출액이 점차 감소하는 상황에서는 상대적으로 변동원가의 비율이 큰 원가구조를 가짐으로써 영업레버리지가 작은 것이 유리하다. 다시 말하면 호경기의 경우에는 시설투자를 통해 고정원가를 높이는 것이 유리하지만, 불경기의 경우에는 시설투자 규모를 감소시켜 고정원가를 낮추는 것이 유리하다.

영업레버리지의 크기를 영업레버리지도(degree of operating leverage : DOL)라고 하며, 이는 다음과 같이 도출된다.

$$\text{영업레버리지도(DOL)} = \frac{\text{영업이익변화율}}{\text{매출액변화율}} = \frac{\dfrac{(P - VC) \times \triangle Q}{(P - VC) \times Q - FC}}{\dfrac{P \times \triangle Q}{P \times Q}}$$

위의 식에서 P와 △Q를 제거하면 다음과 같다.

$$\text{영업레버리지도(DOL)} = \frac{\dfrac{(P - VC)}{(P - VC) \times Q - FC}}{\dfrac{1}{Q}}$$

$$= \frac{(P - VC) \times Q}{(P - VC) \times Q - FC}$$

$$= \frac{CM}{CM - FC} = \frac{\text{공헌이익}}{\text{영업이익}}$$

위의 도출과정을 정리하면 다음과 같다.

$$영업레버리지도(DOL) = \frac{영업이익변화율}{매출액변화율} = \frac{공헌이익}{영업이익}$$

영업레버리지도는 안전한계율과 다음과 같은 관계가 있다.

$$영업레버리지도(DOL) = \frac{1}{안전한계율} = \frac{판매량}{안전한계판매량}$$

	영업레버리지도(DOL)	안전한계율(M/S)
1) 손익분기점	무 한	0
2) 매출증가시	작아지지만 1보다는 크다.	증가하지만 1보다는 작다.

* 고정원가가 없는 경우 영업레버리지도와 안전한계율의 값은 모두 1이 된다.

영업레버리지도는 매출액의 변동이 영업이익에 미치는 영향을 나타내는 지표로서, 손익분기점에서는 영업이익이 0이므로 손익분기점에서는 영업레버리지도가 무한이었다가 매출액이 증가할수록 공헌이익은 증가하고 고정원가는 일정하므로 영업레버리지도가 점차 작아져 1에 근접한다. 매출증가시 1에 근접하는 이유는 매출액이 아주 큰 경우에도 고정원가는 일정하므로 매출액변화율에서 차지하는 비중이 작아 매출액변화율과 영업이익변화율이 거의 동일해지기 때문이다. 또한 손익분기점 이하에서는 영업이익이 음수이므로 영업레버리지도도 음수를 갖게 된다.

이러한 영업레버리지도에 매출액의 변화율에 곱하면 영업이익의 변화율을 구할 수 있다.

$$영업이익\ 변화율 = 영업레버리지도(DOL) \times 매출액\ 변화율$$

또한 영업레버리지도는 항상 일정한 것이 아니며, 원가구조의 변동이나 판매수준의 변동에 따라 달라진다.

1) 원가구조

투자규모가 큰 기업의 경우 고정원가가 크므로 영업레버리지도가 크며, 투자규모가 작은 기업의 경우 고정원가가 작으므로 영업레버리지도는 작아진다.

2) 판매수준

동일한 원가구조이더라도 매출액(판매량)이 많아질수록 영업레버리지도는 작아지며 매출액(판매량)이 작아질수록 영업레버리지도는 커진다.

영업레버리지도가 크다는 것은 그 기업의 영업이익이 많다거나 영업실적이 좋다는 것이 아니라, 매출액의 변화에 따라 영업이익이 매우 민감하게 변화는 것을 의미한다. 이와 같은 영업레버리지도는 매출액의 변동에 따라 영업이익이 얼마나 변동하는가를 신속하게 경영자에게 알려줄 수 있다.

예제 06 영업레버리지도(DOL)

A회사와 B회사는 동일제품을 생산 · 판매하고 있다. A회사는 대규모 설비투자를 하여 고정원가가 높고 변동원가율은 낮은 원가구조이다. 반대로 B회사는 소규모 설비투자를 하여 고정원가가 낮고 변동원가율이 높은 원가구조이다. 20×1년도 영업활동에 관한 두 회사의 자료는 다음과 같다.

	A 회 사	B 회 사
매 출	₩300,000	₩300,000
변 동 원 가	150,000	225,000
공 헌 이 익	₩150,000	₩75,000
고 정 원 가	100,000	25,000
영 업 이 익	₩50,000	₩50,000
판 매 량	1,500단위	1,500단위

[물음 1] 20×1년도 A회사와 B회사의 영업레버리지도(DOL)와 안전한계율을 각각 구하시오.

[물음 2] 매출액이 현재보다 10% 증가시 두 회사의 영업이익은 각각 얼마가 되겠는가?

[물음 3] 매출액이 현재보다 10% 감소시 두 회사의 영업이익은 각각 얼마가 되겠는가?

[물음 4] 매출액이 현재보다 10% 증가와 10% 감소시 두 회사의 변동원가계산 손익계산서를 각각 작성하시오.

해답

자료정리

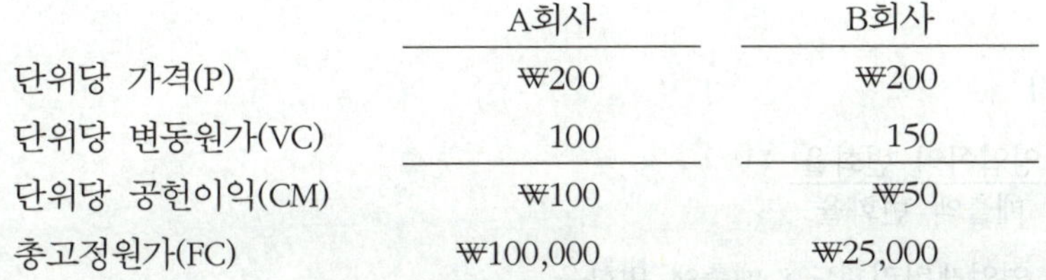

	A회사	B회사
단위당 가격(P)	₩200	₩200
단위당 변동원가(VC)	100	150
단위당 공헌이익(CM)	₩100	₩50
총고정원가(FC)	₩100,000	₩25,000

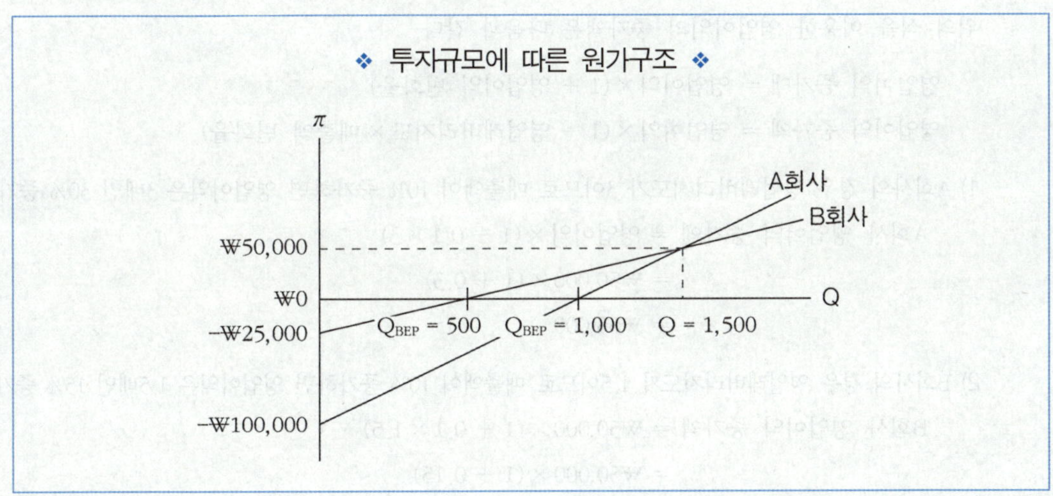

❖ 투자규모에 따른 원가구조 ❖

[물음 1] 영업레버리지도(DOL)와 안전한계율

영업레버리지도와 안전한계율은 반비례한다.

1) 영업레버리지도

$$\text{영업레버리지도} = \frac{\text{공헌이익}}{\text{영업이익}} = \frac{\text{판매량}}{\text{판매량} - \text{손익분기점 판매량}}$$

$$\text{A회사} = \frac{₩150,000}{₩50,000} = \frac{1,500\text{단위}}{1,500\text{단위} - 1,000\text{단위}} = 3$$

$$\text{B회사} = \frac{₩75,000}{₩50,000} = \frac{1,500\text{단위}}{1,500\text{단위} - 500\text{단위}} = 1.5$$

2) 안전한계율

$$안전한계율 = \frac{영업이익}{공헌이익} = \frac{판매량 - 손익분기점\ 판매량}{판매량}$$

$$A회사 = \frac{₩50,000}{₩150,000} = \frac{1,500단위 - 1,000단위}{1,500단위} = 0.333(33.3\%)$$

$$B회사 = \frac{₩50,000}{₩75,000} = \frac{1,500단위 - 500단위}{1,500단위} = 0.666(66.6\%)$$

[물음 2] 영업이익의 증가

$$영업레버리지도 = \frac{영업이익\ 변화율}{매출액\ 변화율}$$

영업이익 변화율 = 영업레버리지도 × 매출액 변화율

위의 식을 이용한 영업이익의 증가액은 다음과 같다.

영업이익 증가액 = 영업이익 × (1 + 영업이익 변화율)

영업이익 증가액 = 영업이익 × (1 + 영업레버리지도 × 매출액 변화율)

1) A회사의 경우 영업레버리지도가 3이므로 매출액이 10% 증가하면 영업이익은 3배인 30% 증가한다.

A회사 영업이익 증가액 = 영업이익 × (1 + 0.1 × 3)
= ₩50,000 × (1 + 0.3)
= ₩65,000

2) B회사의 경우 영업레버리지도가 1.5이므로 매출액이 10% 증가하면 영업이익은 1.5배인 15% 증가한다.

B회사 영업이익 증가액 = ₩50,000 × (1 + 0.1 × 1.5)
= ₩50,000 × (1 + 0.15)
= ₩57,500

[물음 3] 영업이익의 감소

1) A회사의 경우 영업레버리지도가 3이므로 매출액이 10% 감소하면 영업이익은 3배인 30%가 감소한다.

A회사 영업이익 감소액 = 영업이익 × (1 − 0.1 × 3)
= ₩50,000 × (1 − 0.3)
= ₩35,000

2) B회사의 경우 영업레버리지도가 1.5이므로 매출액이 10% 감소하면 영업이익은 1.5배인 15% 감소한다.

B회사 영업이익 감소액 = ₩50,000 × (1 − 0.1 × 1.5)
= ₩50,000 × (1 − 0.15)
= ₩42,500

[물음 4] 변동원가계산 손익계산서

1) A회사

10% 감소 ← Q = 1,500단위 → 10% 증가

	Q = 1,350단위	Q = 1,500단위	Q = 1,650단위
매출	₩270,000	₩300,000	₩330,000
변동원가	135,000	150,000	165,000
공헌이익	₩135,000	₩150,000	₩165,000
고정원가	100,000	100,000	100,000
영업이익	₩35,000	₩50,000	₩65,000
	30% 감소		30% 증가
영업레버리지도	3.857	3.000	2.538
안전한계율	0.259	0.333	0.394

2) B회사

10% 감소 ← Q = 1,500단위 → 10% 증가

	Q = 1,350단위	Q = 1,500단위	Q = 1,650단위
매출	₩270,000	₩300,000	₩330,000
변동원가	202,500	225,000	247,500
공헌이익	₩67,500	₩75,000	₩82,500
고정원가	25,000	25,000	25,000
영업이익	₩42,500	₩50,000	₩57,500
	15% 감소		15% 증가
영업레버리지도	1.588	1.500	1.435
안전한계율	0.630	0.666	0.697

3) 영업레버리지도

① 원가구조 : A회사가 B회사보다 고정원가가 더 크므로 모든 판매수량에서 영업레버리지도가 더 크다.

② 판매수준 : 각 회사의 매출액이 증가함에 따라 영업레버리지도는 감소하고 매출액이 감소하여 손익분기점에 가까워질수록 영업레버리지도는 계속 증가한다.

4) 안전한계율

매출액이 증가할수록 안전한계율은 증가하고 매출액이 감소할수록 안전한계율은 감소한다.

SECTION

03 확장된 CVP분석

(1) 비선형함수하의 CVP분석

기본적인 CVP분석하에서는 판매가격, 변동원가와 고정원가는 관련범위 내에서 일정하다고 가정하였다. 그러나 시장규모의 확대, 가격할인, 물가인상, 생산능률, 학습효과와 설비증가 등으로 판매가격, 변동원가와 고정원가가 변화하는데 이에 대한 분석을 비선형함수하의 CVP분석이라고 한다.

비선형함수하의 CVP분석은 조업도의 변화에 따라 구간별로 단위당 판매가격과 단위당 변동원가 및 총고정원가를 반영하여 접근하면 될 것이다.

일반적으로 판매가격과 원가가 관련범위 내에서 일정한 경우에는 손익분기점 판매량이 1개이지만 비선형함수하에서는 여러 개가 나타날 수도 있는데, 예를 들어 거액의 고정원가가 추가로 발생하여 이익이 손실로 전환되거나 부의 공헌이익이 발생하는 경우가 이에 해당될 것이다.

예제 07 비선형함수하의 CVP분석

(주)서울은 단위당 판매가격이 ₩300이고 단위당 변동원가가 ₩200인 제품을 생산하여 판매하고 있다. 최대조업도는 연간 8,000단위이고, 연간 고정원가는 조업도에 따라 다음과 같이 변동된다.

연간 조업도	누적 고정원가
0 < Q ≤ 3,000단위	₩400,000
3,000 < Q ≤ 6,000단위	500,000
6,000 < Q ≤ 8,000단위	700,000

[물 음] (주)서울의 손익분기점 판매량을 구하시오.

해답

자료정리

	0단위 < Q≤3,000단위	3,000단위 < Q≤6,000단위	6,000단위 < Q≤8,000단위
단위당 판매가격(P)	₩300/단위	₩300/단위	₩300/단위
단위당 변동원가(VC)	200/단위	200/단위	200/단위
단위당 공헌이익(CM)	₩100/단위	₩100/단위	₩100/단위
고정원가	₩400,000	₩100,000	₩200,000
누적고정원가	400,000	500,000	700,000

1) 0단위 < Q ≤ 3,000단위

① 0 < Q ≤ 3,000단위까지의 이익 : 3,000단위 × ₩100 − ₩400,000 = ₩(100,000)

② 손익분기점이 존재하지 않는다.

2) 3,000단위 < Q ≤ 6,000단위

① 0 < Q ≤ 3,000단위까지의 이익 : 3,000단위 × ₩100/단위 − ₩400,000 = ₩(100,000)

② ₩(100,000) (증분고정원가)

③ $3{,}000\text{단위} + \dfrac{₩200{,}000^{*}}{₩100} = 5{,}000\text{단위}$(손익분기점 판매량)

* 3,000단위까지의 손익이 ₩(100,000)이고 3,000단위 < Q ≤ 6,000단위의 구간에서 고정원가가 추가로 ₩(100,000) 발생하므로 총 ₩200,000만 회수하면 손익분기점이 된다.

3) 6,000단위 < Q ≤ 8,000단위

① 0 < Q ≤ 6,000단위까지의 이익 : 6,000단위 × ₩100/단위 − ₩500,000 = ₩100,000

② ₩(200,000)(증분고정원가)

③ $6{,}000\text{단위} + \dfrac{₩100{,}000^{*}}{₩100} = 7{,}000\text{단위}$(손익분기점 판매량)

* 6,000단위까지의 이익이 ₩100,000이고 6,000단위 < Q ≤ 8,000단위의 구간에서 고정원가가 추가로 ₩(200,000) 발생하므로 총 ₩100,000만 회수하면 된다.

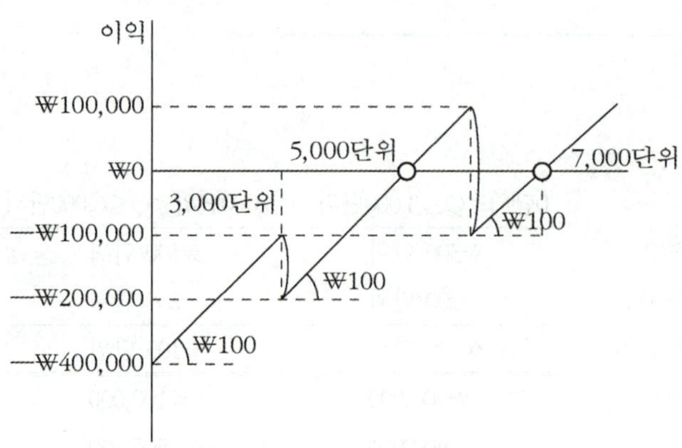

∴ 손익분기점 판매량 = **5,000단위**, **7,000단위**

(2) 복수제품의 CVP분석

두 가지 이상의 제품을 생산·판매하는 경우 이에 대한 CVP분석을 복수제품의 CVP분석이라고 한다. 복수제품의 CVP분석시에는 제품들의 매출배합이 일정하다고 가정하는데, 그 이유는 여러 제품을 생산·판매하는 경우 매출배합에 따라 수많은 손익분기점이 도출될 수 있기 때문이다.

앞에서 언급한 매출배합이란 판매되는 제품들의 상대적인 비율을 말하며, 이는 판매량이나 매출액을 기준으로 표현할 수 있다.

예를 들어 제품 A와 제품 B의 판매량이 각각 100단위와 50단위이고 매출액으로는 각각 ₩1,000인 경우 판매량기준으로는 2 : 1이고 매출액기준으로는 50% : 50%가 될 것이다. 여기서 주의할 점은 배합비율이 판매수량기준인 경우에는 묶음법으로 배합비율이 매출액기준일 경우에는 가중평균공헌이익률법으로 복수제품의 CVP분석을 하면 될 것이다.

다음 자료는 복수의 제품을 일정한 배합비율로 생산·판매하는 (주)서울의 변동원가계산에 의한 원가자료로서 이를 통해 묶음법과 가중평균공헌이익률법을 적용해 본다.

	제품 A (100단위)		제품 B (50단위)		합 계	
1. 매 출	₩1,000	(₩10)	₩1,000	(₩20)	₩2,000	
2. 변동원가	600	(6) × 0.4	700	(14) × 0.3	1,300	× 0.35
3. 공헌이익	₩400	(₩4)	₩300	(₩6)	₩700	
4. 고정원가					560	
5. 영업이익					₩140	

1) 묶음법(꾸러미법)

판매량 배합비율에 의한 접근으로 개별제품들이 제품별로 각각 판매되는 것이 아니라 묶음별로 판매된다고 가정한다. 이러한 경우에는 개별제품의 공헌이익이 아닌 묶음에 의한 공헌이익을 이용하여 손익분기점 묶음수량을 구하고 1묶음에 포함되어 있는 각 제품의 수량을 곱하여 개별제품의 손익분기점 판매량을 구한다. 이와 같은 접근은 판매량의 비율이 모든 묶음 내에서 동일하다고 가정한다.

묶음법에 의한 경우 (주)서울의 각 제품에 대한 손익분기점 판매량은 다음과 같다.

① 1묶음당 공헌이익 = 2개 × ₩4 + 1개 × ₩6

= ₩14

② 1묶음당 공헌이익 × Q_{BEP} − 고정원가 = ₩0

₩14 × Q_{BEP} − ₩560 = ₩0

Q_{BEP} = 40묶음

③ 제품 A 손익분기점 판매량 = 40묶음 × 2개 = 80개

제품 B 손익분기점 판매량 = 40묶음 × 1개 = 40개

2) 가중평균공헌이익률법

매출액 배합비율에 의한 접근으로 각 제품의 매출액 비율에 각 제품의 공헌이익률을 곱하여 가중평균공헌이익률을 구하고 이를 통해 손익분기점매출액을 구한다.

가중평균공헌이익률이란 총매출액과 총공헌이익의 비율로서 (주)서울의 경우 0.35(=

$\frac{₩700}{₩2,000}$)이다. 그러나 전체 손익이 주워지지 않을 경우에는 앞에서 언급한 방법으로 가중평균공헌이익률을 구하고 각 제품의 손익분기점 매출액과 손익분기점 판매량을 구한다.

가중평균공헌이익률법에 의한 경우 (주)서울의 각 제품에 대한 손익분기점 판매량은 다음과 같다.

① 가중평균공헌이익률 = 제품 A 매출액비율 × 제품 A 공헌이익률 + 제품 B 매출액비율 × 제품 B 공헌이익률

$$= 0.5 \times \frac{₩400}{₩1,000} + 0.5 \times \frac{₩300}{₩1,000}$$

$$= 0.5 \times 0.4 + 0.5 \times 0.3$$

$$= 0.35$$

② 매출액 × 공헌이익률 − 총고정원가 = 영업이익

손익분기점 매출액 × 공헌이익률 − 총고정원가 = ₩0

손익분기점 매출액 × 0.35 − ₩560 = ₩0

$$\text{손익분기점 매출액} = \frac{₩560}{0.35} = ₩1,600$$

③ $$\text{제품 A 손익분기점 판매량} = \frac{\text{손익분기점 매출액} \times \text{매출액비율}}{\text{판매가격}}$$

$$= \frac{₩1,600 \times 0.5}{₩10}$$

= 80개

$$\text{제품 B 손익분기점 판매량} = \frac{₩1,600 \times 0.5}{₩20}$$

= 40개

복수제품의 CVP분석시 주의할 점은 묶음법(꾸러미법)에 의한 손익분기점 판매량과 가중평균공헌이익률법에 의한 손익분기점 판매량은 앞에서 확인할 수 있듯이 동일한 자료를 분석하는 것이므로 항상 동일하다.

(3) 현금흐름분기점

조업이 단축되는 불황기에는 발생주의에 의한 이익보다 현금이나 운전자본에 대해 더 큰 관심을 경영자는 갖게 된다. 그 이유는 손익계산서상 영업손실이라도 현금흐름에 어느 정도 여유가 있다면 조업을 계속하는 것이 기업의 입장에서 바람직하기 때문이다. 또한 이용 가능한 현금을 최저수준으로 유지하려고 하는 기업이나 지나치게 많은 현금을 보유함으로써 기회비용이 커지는 기업의 경우에도 경영자는 현금흐름의 분석에 매우 큰 관심을 갖게 된다.

이와 같이 현금흐름에 큰 관심을 갖고 있는 경영자들은 현금의 유입액과 유출액이 일치되는 판매량이나 매출액을 나타내는 현금흐름분기점(cash break−even point)에 대해 궁금한데, 현금흐름분기점은 일반적인 손익분기점 판매량에 감가상각비와 같은 현금지출이 수반하지 않는 고정원가를 가산하면 쉽게 구할 수 있다.

1) 법인세비용이 존재하지 않는 경우

$$매출액 - 변동원가 - 고정원가 + 감가상각비\ 등 = ₩0$$

$$[(P - VC) \times Q - FC] + dep = ₩0$$

2) 법인세비용이 존재하는 경우

$$[매출액 - 변동원가 - 고정원가] \times (1 - t_c) + 감가상각비\ 등 = ₩0$$

$$[(P - VC) \times Q - FC] \times (1 - t_c) + dep = ₩0$$

예제 08 현금흐름분기점

(주)서울은 한 종류의 제품만을 생산 · 판매하고 있는 회사로서 판매하는 제품의 단위당 판매가격은 ₩100이고 단위당 변동원가는 ₩80이다. 당기의 총고정원가는 ₩15,000이며, 총고정원가에는 건물과 기계장치에 대한 감가상각비가 ₩6,000이 포함되어 있다. 정액법에 의해 감가상각비를 계산하고 있으며, 현금지출을 수반하지 않는 비용항목은 감가상각비뿐이다.

[물음 1] 법인세가 존재하지 않는다고 가정시 아래의 물음에 답하시오.

1) 손익분기점 판매량을 구하시오.

2) 현금흐름분기점 판매량을 구하시오.

[물음 2] 법인세율이 25%라고 가정시 아래의 물음에 답하시오.

1) 손익분기점 판매량을 구하시오.

2) 현금흐름분기점 판매량을 구하시오.

해답

자료정리

	제 품
단위당 판매가격(P)	₩100
단위당 변동원가(VC)	80
단위당 공헌이익(CM)	₩20
총고정원가(FC)	₩15,000(dep = ₩6,000 포함)

[물음 1] 법인세가 존재하지 않는 경우

1) 손익분기점 판매량

[(P − VC) × Q − FC] = ₩0

(₩100 − ₩80) × Q − ₩15,000 = ₩0

Q = **750개**

2) 현금흐름분기점

[(P − VC) × Q − FC] + dep = ₩0

(₩100 − ₩80) × Q − ₩15,000 + ₩6,000 = ₩0

Q = **450개**

[물음 2] 법인세가 존재하는 경우(tax=25%)

1) 손익분기점 판매량

[(P − VC) × Q − FC] × $(1 - t_c)$ = ₩0

[(₩100 − ₩80) × Q − ₩15,000] × (1 − 0.25) = ₩0

Q = **750개**

2) 현금흐름분기점

$[(P - VC) \times Q - FC] \times (1 - t_c) + dep = ₩0$

$[(₩100 - ₩80) \times Q - ₩15{,}000] \times (1 - 0.25) + ₩6{,}000 = ₩0$

$Q = 350$**개**

(4) 전부원가계산하의 CVP분석

기본적인 CVP분석에서는 재고가 없거나 재고가 있더라도 그 수준이 일정하다고 가정하였다. 이러한 경우에는 생산량과 판매량이 일치하므로 전부원가계산과 변동원가계산의 손익분기점과 이익은 동일할 것이다.

그러나 생산량과 판매량이 일치하지 않으면 전부원가계산과 변동원가계산의 손익분기점과 이익은 서로 같지 않다. 변동원가계산은 고정제조간접원가를 기간비용으로 처리하므로 이익이 판매량에 의해서만 결정되어 재고수준에 상관없이 손익분기점과 이익이 기본적인 CVP분석과 동일하지만 전부원가계산은 고정제조간접원가를 제조원가에 포함시켰다가 판매된 부분만 비용으로 처리하므로 기본적인 CVP분석과 다르게 된다.

전부원가계산하에서 손익분기점을 도출할 때는 고정제조간접원가를 기간비용으로 처리하지 않고 제품의 매출원가로 인식하면 된다. 즉, 고정제조간접원가를 생산량으로 나누어 단위당 고정제조간접원가를 구하고 이를 단위당 가격에서 차감만 해주면 된다.

1) 변동원가계산의 CVP 분석

(판매가격 − 변동원가) × 판매량 − 총고정원가 = 영업이익

$(P - VC) \times Q - FC = \pi$

$$Q_{BEP} = \frac{FC}{P - VC}$$

2) 전부원가계산의 CVP 분석

(판매가격 − 변동원가) × 판매량 − 총고정원가 = 영업이익

(판매가격 − 변동원가) × 판매량 − 고정제조간접원가 − 고정판매관리비 = 영업이익

$(P - VC) \times Q_{BEP} - FC_1{}^{*1} - FC_2{}^{*2} = ₩0$

$(P - VC - fc^{*3}) \times Q_{BEP} - FC_2 = ₩0$

$$Q_{BEP} = \frac{FC_2}{P - VC - fc}$$

*1 고정제조간접원가 *2 고정판매관리비 *3 단위당 고정제조간접원가 = $\frac{\text{고정제조간접원가}}{\text{생산량}}$

위의 전부원가계산 공식에서 단위당 고정제조간접원가(fc)는 원가의 측정시기에 따라 다음과 같이 나누어진다.

	실제원가계산	정상원가계산	표준원가계산
단위당 고정제조간접원가	$\frac{\text{실제고정제조간접원가}}{\text{실제생산량}}$	$\frac{\text{고정제조간접원가예산}}{\text{예정조업도}}$	$\frac{\text{고정제조간접원가예산}}{\text{기준조업도}}$
원가차이	−	과소배부 : 비용처리 과대배부 : 수익처리	불리한 차이 : 비용처리 유리한 차이 : 수익처리

앞에서 보듯이 실제원가계산은 단위당 고정제조간접원가가 생산량에 따라 달라지므로 전부원가계산하의 CVP분석은 생산량에 따라 여러 개의 손익분기점 판매량이 도출된다.

정상원가계산과 표준원가계산은 단위당 고정제조간접원가가 일정하지만 실제원가가 아니므로 고정제조간접원가와 관련된 배부차이를 조정하는데, 조업도차이는 실제조업도와 기준(예정)조업도와의 차이이므로 생산량에 따라 조업도차이가 달라지며 이로 인해 여러 개의 손익분기점 판매량이 도출된다.

▶ 예제 09 전부원가계산하의 CVP분석

(주)서울은 핸드폰을 제조하는 회사로서 판매가는 단위당 ₩1,500이고 단위당 변동원가는 ₩500이다. 또한 고정원가는 고정제조간접원가와 고정판매비와 관리비가 각각 ₩100,000과 ₩50,000이다. 당기의 생산량이 200단위인 경우 변동원가계산과 전부원가계산하의 손익분기점 판매량을 각각 구하시오.

해답

자료정리

	제 품
단위당 판매가격(P)	₩1,500
단위당 변동원가(VC)	500
단위당 공헌이익(CM)	₩1,000
총고정원가(FC)	
(1) 제조간접원가	₩100,000
(2) 판매비와 관리비	50,000

1) 변동원가계산하의 손익분기점 판매량

(단위당 판매가격 − 단위당 변동원가) × 판매량 − 고정원가 = ₩0

$(P - VC) \times Q_{BEP} - FC = ₩0$

$(₩1,500 - ₩500) \times Q_{BEP} - ₩150,000 = ₩0$

∴ 변동원가계산하의 손익분기점 판매량 = **150단위**

2) 전부원가계산하의 손익분기점 판매량

(단위당 판매가격 − 단위당 변동원가 − 단위당 고정제조간접원가) × 판매량 − 고정판매관리비 = ₩0

$(₩1,500 - ₩500 - ₩500^{*}) \times Q_{BEP} - ₩50,000 = ₩0$

$$Q_{BEP} = \frac{₩50,000}{₩1,500 - ₩500 - ₩500} = 100단위$$

$$* \ \frac{고정제조간접원가}{생산량} = \frac{₩100,000}{200단위}$$

∴ 전부원가계산하의 손익분기점 판매량 = **100단위**

(5) 활동기준원가계산(ABC)하에서의 CVP분석

기본적인 CVP분석은 변동원가와 고정원가를 오직 단일조업도(판매량)에 의해 분류하고 이를 분석하므로 신뢰성이 떨어진다. 신뢰성 있는 CVP분석을 위해서는 제조간접원가를 발생원인에 따라 활동계층별로 분류한 활동기준원가계산을 도입하면 될 것이다.

활동기준원가계산하의 CVP분석은 제조간접원가를 활동계층별 단위수준활동 제조간접원가와 비단위수준활동 제조간접원가로 분류하므로 보다 정확한 분석을 할 수 있다.

비단위수준활동으로는 묶음수준활동, 제품수준활동과 설비수준활동이 있으며, 제품단위수준활동과 비단위수준활동으로 구성되어 있는 활동기준원가계산의 총원가는 다음과 같은 식으로 나타난다.

$$총원가 = a_1x_1 + \underbrace{a_2x_2 + a_3x_3 + a_4x_4}_{비단위수준활동\ 변동원가} + \underbrace{fc_1 + fc_2 + fc_3 + fc_4}_{활동기준원가계산하의\ 고정원가}$$

단, a_1 : 단위수준활동의 단위당 변동원가 　 x_1 : 단위수준활동의 원가동인 총수

a_2 : 배치수준활동의 단위당 변동원가 　 x_2 : 배치수준활동의 원가동인 총수

a_3 : 제품수준활동의 단위당 변동원가 　 x_3 : 제품수준활동의 원가동인 총수

a_4 : 설비수준활동의 단위당 변동원가 　 x_4 : 설비수준활동의 원가동인 총수

원 가 계 층	변 동 원 가	고 정 원 가
제 품 단 위 수 준	$a_1 \cdot x_1$*	fc_1
배 치 수 준	$a_2 \cdot x_2$	fc_2
제 품 유 지 수 준	$a_3 \cdot x_3$	fc_3
설 비 유 지 수 준	$a_4 \cdot x_4$	fc_4

* 전통적인 원가계산에서는 제품단위수준변동원가만을 변동원가로 보며 이를 제외한 나머지 항목들은 모두 고정원가로 본다.

기본적 CVP분석은 변동원가가 판매량에 의해서만 영향을 받는다고 가정했다. 그러나 활동기준원가계산하에서는 판매량과 인과관계가 있는 단위수준활동뿐만 아니라 판매량과 관련이 없는 비단위수준활동의 변동원가도 고려해야 한다.

기본적 CVP분석에 활동기준원가계산을 도입하여 손익분기점을 구하는 경우 비단위수준활동 변동원가는 판매량에 따라 변하지 않으므로 고정원가로 간주된다. 만약 비단위수준활동 변동원가가가 증가 또는 감소된다면 이는 고정원가의 증감으로 반영하면 될 것이다.

판매가격 × 판매량 = 단위수준 변동원가 × 판매량 + $\underbrace{a_2x_2 + a_3x_3 + a_4x_4}_{\text{비단위수준활동 변동원가}}$ + 활동기준 고정원가

판매가격 × 판매량 = 단위수준 변동원가 × 판매량 + $\underbrace{a_2x_2 + a_3x_3 + a_4x_4 + \text{활동기준 고정원가}}_{\text{고정원가로 간주하는 금액}}$

$$\text{손익분기점 판매량} = \frac{a_2x_2 + a_3x_3 + a_4x_4 + \text{활동기준고정원가}}{\text{판매가격} - \text{단위수준 변동원가}} = \frac{\text{고정원가}}{\text{판매가격} - \text{단위수준 변동원가}}$$

예제 10 활동기준원가계산하의 CVP분석

(주)서울은 단일제품을 생산 · 판매하고 있다. 제품 단위당 판매가격은 ₩100이며, 원가에 관한 자료는 다음과 같다.

1) 변동활동원가

원 가 동 인	원가동인당 변동원가
판 매 량	₩50
재료처리횟수	100
작업준비횟수	200

재료처리활동의 원가동인은 재료처리횟수이며 배치규모는 20단위이다. 또한 작업준비활동의 원가동인은 작업준비횟수이며 배치규모는 40단위이다.

2) 활동기준원가계산하에서의 고정활동원가는 ₩1,000이고 현재 생산가능한 조업도 수준은 100단위이다.

[물음 1] 활동기준원가계산하에서 손익분기점 판매량을 구하시오.

[물음 2] 현재판매량은 40단위라고 가정한다. 추가주문으로 30단위를 추가생산한다면 이에 대한 증분비용을 구하시오.

해답

자료정리

	$Q^s = 40$
판매가격(P)	₩100
변동원가(VC)	50
공헌이익(CM)	₩50

$$\text{고정원가(FC)} \quad ₩100 \cdot X_1 + ₩200 \cdot X_2 + ₩1,000$$

$$= ₩100 \cdot \frac{Q}{20} + ₩200 \cdot \frac{Q}{40} + ₩1,000$$

[물음 1] 손익분기점판매량

1) 구간별 고정원가

재료처리활동은 20단위씩 작업준비활동은 40단위씩 활동원가가 증가되는데, 이를 나타내면 다음과 같다.

수 량	재료처리활동	작업준비활동	고정활동원가	합 계
0 ~ 20개	₩100 · 1회	₩200 · 1회	₩1,000	₩1,300
20 ~ 40개	₩100 · 2회	₩200 · 1회	₩1,000	₩1,400
40 ~ 60개	₩100 · 3회	₩200 · 2회	₩1,000	₩1,700
60 ~ 80개	₩100 · 4회	₩200 · 2회	₩1,000	₩1,800
80 ~ 100개	₩100 · 5회	₩200 · 3회	₩1,000	₩2,100

2) 구간별 손익분기점판매량

기본적인 CVP분석에서 비단위수준 활동원가는 고정원가이다.

수 량	고정원가	÷ 단위당 공헌이익	손익분기점
0 ~ 20개	₩1,300	₩50	26개(부적합)
20 ~ 40개	₩1,400	₩50	**28개(적합)**
40 ~ 60개	₩1,700	₩50	34개(부적합)
60 ~ 80개	₩1,800	₩50	36개(부적합)
80 ~ 100개	₩2,100	₩50	42개(부적합)

[물음 2] 추가생산시 증분비용

30단위 추가생산시 증분비용은 다음과 같다. 단, 재료처리횟수와 작업준비횟수는 배치비용이므로 1.5회, 0.75회가 아니라 각각 2회와 1회가 증가한다.

$$₩50 \times 30 + ₩100 \cdot \frac{30}{20} + ₩200 \cdot \frac{30}{40}$$

$$= ₩1,500 + ₩100 \cdot 2회 + ₩200 \cdot 1회$$

$$= \mathbf{₩1,900}$$

COST&MANAGEMENT ACCOUNTING

객관식 연습문제

01 다음은 원가-조업도-이익(CVP) 분석에 관한 설명이다. 이 중 적합하지 않은 표현은 어느 것인가?

① 손익분기점에서는 순이익이 0이므로 법인세가 없다.
② 공헌이익이 총고정원가보다 클 경우에는 이익이 발생한다.
③ 생산량과 판매량이 다른 경우에도 변동원가계산의 손익분기점은 변화가 없다.
④ 총원가 중에서 고정원가의 비중이 클수록 영업레버리지도는 작아진다.
⑤ 안전한계율에 공헌이익률을 곱하면 매출액순이익률이 계산된다.

02 원가-조업도-이익(CVP)분석과 영업레버리지도(DOL)에 대한 다음 설명 중 옳지 않은 것은? 단, 아래의 보기에서 변동되는 조건 외의 다른 조건은 일정하다고 가정한다.

2024 회계사

① 단위당 공헌이익이 커지면 손익분기점은 낮아진다.
② 공헌이익이 총고정원가보다 클 경우에는 이익이 발생한다.
③ 생산량과 판매량이 다른 경우에도 변동원가계산의 손익분기점은 변화가 없다.
④ 영업이익이 0보다 클 때, 고정원가가 감소하면 영업레버리지도는 낮아진다.
⑤ 영업이익이 0보다 클 때, 안전한계율이 높아지면 영업레버리지도는 높아진다.

03 (주)세무의 20×1년 연간 실제 매출액은 ₩100,000이고 연간 실제 고정원가는 ₩30,000이며, 변동원가율은 60%, 법인세율은 20%이다. 다음 설명 중 옳은 것은?

① 영업레버지도는 4이다.
② 당기순이익은 ₩10,000이다.
③ 판매량이 5% 증가하면 영업이익은 ₩1,600 증가한다.
④ 안전한계율(M/S비율)은 33.3%이다.
⑤ 손익분기매출액은 ₩70,000이다.

04 (주)서울은 A제품의 판매전략 선택시 도매상을 이용할 것인지 자체 영업조직을 구축할 것인지 검토하고 있다. 두 가지 판매전략에 대한 자료는 다음과 같다.

	도매상	자체판매
판매수수료	매출액 20%	매출액 5%
연간 고정판매관리비	–	₩300,000,000

A제품 판매가격은 단위당 ₩20,000, 변동제조원가는 ₩9,000, 고정제조간접원가는 ₩900,000,000 이다. 두 판매전략이 무차별한 판매량은 얼마인가?

① 30,000 ② 50,000 ③ 80,000
④ 100,000 ⑤ 120,000

05 서울회사의 내년 예상 손익자료는 다음과 같다.

단위당 판매가격		₩20
단위당 변동원가		8
총고정원가		₩69,000
임차료	₩15,000	
급 여	44,000	
광고비 및 기타	10,000	

만약 현재 예상된 고정급여를 연간 ₩30,000으로 삭감하고 그 대신 매출액의 5%를 성과급으로 판매사원에게 지급한다면 손익분기 판매량은 어떻게 변화하고, 또한 급여방식의 변화 전과 후에 기업의 이익이 같아지게 하는 판매량은 얼마인가?

	손익분기점 변화	동일이익 판매량		손익분기점 변화	동일이익 판매량
①	750단위 감소	14,000단위	②	500단위 증가	12,000단위
③	650단위 감소	10,000단위	④	800단위 증가	16,000단위
⑤	600단위 감소	20,000단위			

06 (주)세무는 단일 제품을 생산 · 판매하고 있으며, 단위당 변동원가는 ₩400이고, 손익분기매출액은 ₩100,000이고, 공헌이익률은 20%이다. 목표이익 ₩80,000을 달성하기 위한 제품의 생산 · 판매량은?

① 1,000단위 ② 1,100단위 ③ 1,200단위
④ 1,300단위 ⑤ 1,400단위

07 서울(주)의 손익분기점 매출액은 ₩360,000이고, 공헌이익률은 30%이다. 이 회사가 ₩84,000의 영업이익을 달성하고자 한다면 총매출액은 얼마이어야 하는가?

① ₩1,524,000 ② ₩640,000 ③ ₩480,000
④ ₩560,000 ⑤ ₩660,000

08 다음은 (주)국세의 조업도 변화에 따른 총수익, 총변동원가 및 총고정원가를 그래프로 나타낸 것이다.

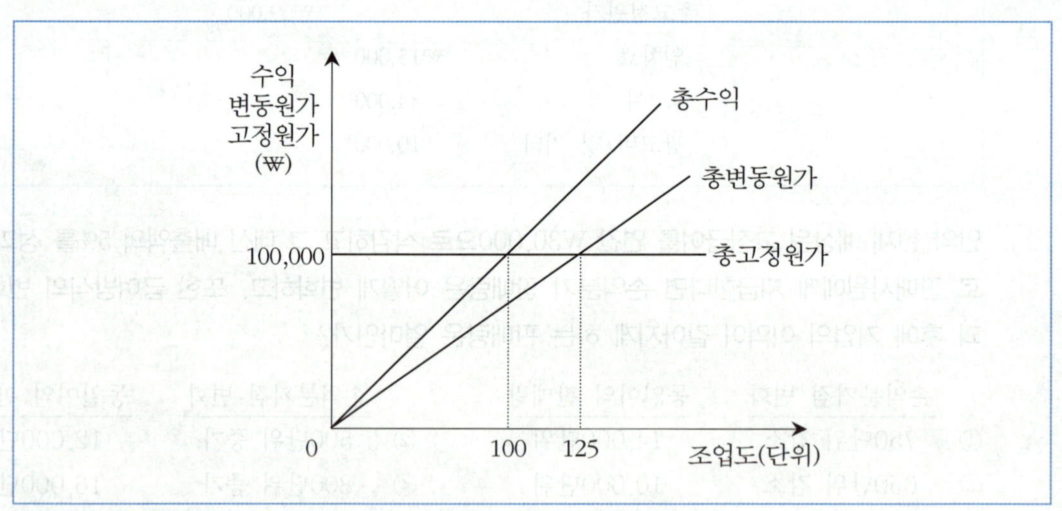

위 그래프를 이용할 경우, (주)국세가 안전한계율 37.5%를 달성하는데 필요한 목표 판매수량은 몇 단위인가?

① 600단위 ② 700단위 ③ 800단위
④ 900단위 ⑤ 1,000단위

09 (주)세무는 주문을 받고 생산하여 판매하는 기업이다. 단위당 직접재료원가 ₩6,200, 단위당 변동 가공원가(전환원가) ₩11,800이며 연간 고정제조간접원가는 ₩4,200,000이다. 20×0년도에 280개를 주문 받아 판매하였으며, 매출총이익률은 25%였다. 판매가격과 원가구조가 20×0년과 동일하다면 20×1년도에 ₩1,000,000 이상의 매출총이익을 얻기 위한 최소 판매량은?

① 160개　② 170개　③ 180개
④ 190개　⑤ 200개

10 (주)국세는 단일제품을 생산하고 있으며, 주문받은 수량만을 생산하여 해당 연도에 모두 판매한다. (주)국세의 법인세율은 40% 단일세율이며, 관련 자료는 다음과 같다.

구 분	20×1년	20×2년
매출액	₩2,000,000	₩2,500,000
제품단위당 변동원가	600	720
총고정원가	400,000	510,000

(주)국세의 20×1년 세후이익은 ₩240,000이며, 20×2년 세후이익은 20×1년보다 10% 증가하였다. (주)국세의 20×2년 공헌이익률은 얼마인가?

① 36%　② 38%　③ 40%
④ 42%　⑤ 44%

11 (주)서울은 제품 A와 제품 B를 생산 · 판매한다. (주)서울은 변동원가계산방법을 사용하며 당기 예상판매 및 예상원가 자료는 다음과 같다.

구 분	제품 A	제품 B	합 계
판 매 수 량	300개	700개	1,000개
총 매 출 액	₩30,000	₩42,000	₩72,000
총변동원가	15,000	21,000	36,000
총고정원가			21,600

매출배합이 일정하다고 가정하고 손익분기점을 달성하기 위한 두 제품의 판매수량은 각각 얼마인가?

	제품 A	제품 B		제품 A	제품 B
①	130개	504개	②	162개	378개
③	180개	420개	④	203개	473개
⑤	210개	490개			

12 (주)서울은 A, B, C 세 가지 제품을 만들고 있는 회사이다. 이들 제품에 관한 자료는 다음과 같다.

	제품 A	제품 B	제품 C
단위당 판매가격	₩120	₩100	₩150
단위당 변동원가	72	70	120

또한 월 고정원가는 ₩40,000이다. 세 가지 제품의 매출구성비(매출액 기준)가 5 : 2 : 3일 때, ₩12,000의 세전순이익을 달성하기 위하여 필요한 총매출액은 얼마인가?

① ₩128,200 ② ₩125,000 ③ ₩166,667
④ ₩162,500 ⑤ ₩150,000

13 (주)대한은 단일제품을 생산 및 판매하고 있으며, 판매량이 증가함에 따라 판매량 구간별로 단위당 판매가격을 다르게 적용하고 있다(예 : 판매량이 6,000개인 경우 5,000개까지는 단위당 ₩100의 판매가격을 적용하고, 나머지 1,000개에 대해서는 단위당 ₩80의 판매가격을 적용). 판매량 구간에 따른 단위당 판매가격은 다음과 같다.

판매량 구간	단위당 판매가격
5,000개 이내	₩100
5,001개~10,000개	80
10,000개 초과	70

단위당 변동비는 ₩60이며 고정비는 ₩280,000이다. (주)대한의 관련범위 내 최대생산능력은 20,000개이다. (주)대한의 손익분기판매량은 몇 개인가? 2025 회계사

① 2,000개 ② 4,000개 ③ 7,000개
④ 9,000개 ⑤ 11,500개

14 (주)김해의 차기 연간 경영활동에 관한 자료가 다음과 같다.

- 단위당 판매가격 ₩1,000
- 총고정원가 (감가상각비 ₩2,000,000포함) ₩5,000,000
- 단위당 변동원가 ₩500
- 예상판매량 10,000개

법인세율이 20%일 경우 현금흐름분기점 판매량은 몇 개인가? (단, 감가상각비를 제외한 나머지 수익과 비용은 모두 현금거래로 이루어진 것이며, 손실이 발생할 경우 법인세가 환급된다고 가정한다.)

① 4,900개 ② 5,000개 ③ 5,100개
④ 5,200개 ⑤ 5,300개

15 (주)서울중공업의 올해 예상판매량은 10,000단위이다. 판매가격 및 원가자료는 다음과 같다.

단위당 판매가격	₩100
단위당 변동제조원가	40
연간 고정제조간접원가	200,000(감가상각비 ₩20,000 포함)
단위당 변동판매비와관리비	5
연간 고정판매비와관리비	75,000(감가상각비 ₩13,000 포함)

법인세율은 40%이다. 다음 중 옳은 것은?

	손익분기점	법인세효과전 현금흐름분기점	법인세효과후 현금흐름분기점
①	5,000단위	4,000단위	4,400단위
②	5,000	4,400	4,400
③	5,000	4,400	4,000
④	4,400	5,000	4,000
⑤	4,400	4,000	5,000

16 (주)서울은 실제 원가계산을 사용하는데 변동제조간접원가는 존재하지 않는다. 다음 자료를 이용하여 변동원가계산(variable costing)과 전부원가계산(absorption costing)하에서의 손익분기점을 구하면 각각 얼마인가?

기초재고수량	300단위
기말재고수량	200단위
실제판매량	4,100단위
단위당 판매가격	₩10,000
고정제조간접원가	₩4,000,000
고정판매 및 관리비	₩6,000,000
단위당 직접재료원가	₩2,600
단위당 직접노무원가	₩2,400

	변동원가계산	전부원가계산		변동원가계산	전부원가계산
①	2,000단위	2,800단위	②	500단위	2,000단위
③	2,000단위	2,000단위	④	2,000단위	1,500단위
⑤	800단위	1,500단위			

17 (주)세무항공은 항공기 1대를 이용하여 김포와 제주간 노선을 주 5회 왕복운항하고 있으며, 이 항공기의 좌석수는 총 110석이다. 이 노선의 항공권은 1매당 편도요금은 ₩30,000이고, 항공권을 대행판매하는 여행사에 판매된 요금의 3%가 수수료로 지급되며, 항공권 1매당 예상되는 기내식사비용은 ₩1,100이다. 편도운항당 연료비는 ₩700,000이 소요되며, 비행설비 임차료와 공항사용료는 매주 ₩4,800,000이며 승무원 급여와 복리후생비는 매주 ₩7,800,000이 발생한다. (주)세무항공이 손익분기점에 도달하기 위해 매주 최소 판매해야 할 항공권 수량은? (단, 항공권은 편도기준으로 여행사를 통해서만 판매된다.)

① 475매 ② 575매 ③ 600매
④ 700매 ⑤ 775매

01	02	03	04	05	06	07	08	09	10
④	⑤	①	④	①	①	②	③	⑤	②
11	12	13	14	15	16	17			
③	④	④	②	③	④	④			

01 정답 ④

$$\text{영업레버리지도(DOL)} = \frac{\text{공헌이익}}{\text{영업이익}}$$

$$= \frac{(\text{매출액} - \text{변동원가})}{(\text{매출액} - \text{변동원가} - \text{고정원가})}$$

위의 식에서 보는 바와 같이 총원가 중에서 고정원가 비중이 클수록 분모가 작아져서 영업레버리지도는 커진다.

02 정답 ⑤

⑤ $\text{안전한계율} = \frac{\text{영업이익}}{\text{공헌이익}}$, $\text{영업레버리지도} = \frac{\text{공헌이익}}{\text{영업이익}}$

안전한계율과 영업레버리지도는 반비례관계이므로 안전한계율이 높아지면 영업레버리지도는 낮아진다.

03 정답 ①

	20×1년	판매량 5% 증가
매출	₩100,000	₩105,000
변동원가	60,000	63,000
공헌이익	₩40,000	₩42,000
고정원가	30,000	30,000
영업이익	₩10,000	₩12,000
법인세(20%)	2,000	2,400
당기순이익	₩8,000	₩9,600

① $\text{영업레버리지도(DOL)} = \frac{\text{공헌이익}}{\text{영업이익}} = \frac{₩40,000}{₩10,000} = 4$

② 당기순이익은 ₩8,000이다.

③ 판매량이 5% 증가하면 영업레버리지도가 4이므로 영업이익은 4배인 20%가 증가한다.
영업이익 증가액 = ₩10,000 × (0.05 × 4배) = ₩2,000

④ 안전한계율 $= \frac{\text{영업이익}}{\text{공헌이익}} = \frac{₩10,000}{₩40,000} = 0.25$

⑤ 손익분기점 매출액 $= \frac{\text{고정원가}}{\text{공헌이익률}} = \frac{₩30,000}{0.4} = ₩75,000$

04 정답 ④

	도매상	자체판매
가격	₩20,000	₩20,000
변동원가	9,000 + 20,000 × 0.2	9,000 + 20,000 × 0.05
공헌이익	₩7,000	₩10,000
고정원가	₩900,000,000	₩900,000,000 + ₩300,000,000

₩7,000 · Q − ₩900,000,000 = ₩10,000 · Q − ₩900,000,000 − ₩300,000,000
Q = **100,000개**

05 정답 ①

변경 전		변경 후	
가격	₩20	가격	₩20
변동원가	8	변동원가	8 + 20 × 0.05
공헌이익	₩12	공헌이익	₩11
고정원가	₩69,000	고정원가	₩55,000*

* ₩69,000 − ₩14,000 = ₩55,000

1) 손익분기점

변경 전	변경 후
₩12 · Q − ₩69,000 = 0	₩11 · Q − ₩55,000 = 0
Q = 5,750단위	Q = 5,000단위

∴ 손익분기판매량은 **750단위 감소**한다.

2) ₩12 · Q − ₩69,000 = ₩11 · Q − ₩55,000
∴ Q = **14,000개**

06 정답 ①

1) 고정원가 = 손익분기점 매출액 × 공헌이익률

= ₩100,000 × 0.2

= ₩20,000

2) 목표판매량

	Q = ?
가　　격	₩500*
변동원가	400
공헌이익	₩100
고정원가	₩20,000

* 공헌이익률이 20%이므로 변동원가율은 80%이다.

그러므로 제품의 단위당 판매가격은 $\frac{₩400}{0.8}$ = ₩500

$$Q_{목표} = \frac{고정원가 + 목표이익}{공헌이익}$$

$$= \frac{₩20,000 + ₩80,000}{₩100}$$

= **1,000단위**

07 정답 ②

1) 고정원가 = 손익분기점 매출액 × 공헌이익률

= ₩360,000 × 0.3

= ₩108,000

2) 매출액 × 공헌이익률 − 고정원가 = 영업이익

매출액 × 0.3 − ₩108,000 = ₩84,000

∴ 매출액 = **₩640,000**

08 정답 ③

1) 원가추정

	Q = ?
가 격	₩1,000*1
변동원가	800*2
공헌이익	₩200
고정원가	₩100,000

*1 $\frac{₩100,000}{100단위} = ₩1,000$, *2 $\frac{₩100,000}{125단위} = ₩800$

$$Q_{BEP} = \frac{고정원가}{공헌이익} = \frac{₩100,000}{₩200} = 500단위$$

2) 안전한계율 37.5%를 달성하기 위한 목표판매량

$$\frac{목표판매량 - 손익분기점판매량}{목표판매량} = 0.375$$

$$\frac{X - 500단위}{X} = 0.375$$

∴ X = **800단위**

09 정답 ⑤

	Q = 280
가 격	P
변 동 원 가	₩6,200 + 11,800
공 헌 이 익	P − ₩18,000
고 정 원 가	₩4,200,000
영 업 이 익	280 · P × 25%

1) 판매가격(P)의 추정

280단위 · P × 25% = 280단위 × (P − ₩18,000) − 4,200,000

∴ P = ₩44,000

2) 20×1년 최소판매량(Q)

$$Q \geq \frac{₩4,200,000(고정원가) + 1,000,000(목표매출총이익)}{(₩44,000 - 6,200 - 11,800)}$$

Q ≥ **200개**

10 정답 ②

1) 매출액에 공헌이익률(X)을 곱하여 공헌이익을 구한다.

2) 20×2년의 세후이익은 20×1년의 세후이익보다 10% 증가하였다.

3) 위의 자료를 통하여 20×2년의 공헌이익률을 구하면 다음과 같다.

(₩2,500,000 · X − ₩510,000) · (1 − 0.4) = ₩240,000 · 1.1

∴ X(공헌이익률) = **0.38**

11 정답 ③

1) 1묶음당 공헌이익 = 3개 × ₩50 + 7개 × ₩30 = ₩360

2) ₩360 × Q − ₩21,600 = ₩0

Q = 60묶음

제품 A = 60묶음 × 3개 = **180개**

제품 B = 60묶음 × 7개 = **420개**

12 정답 ④

	A	B	C
가격	₩120	₩100	₩150
변동원가	72	70	120
공헌이익	₩48	₩30	₩30
공헌이익률	0.4	0.3	0.2
매출액비율	0.5	0.2	0.3

1) 가중평균 공헌이익률 = 0.4 × 0.5 + 0.3 × 0.2 + 0.2 × 0.3 = 0.32

2) 목표매출액

S × 0.32 − ₩40,000 = ₩12,000

∴ 매출액(S) = **₩162,500**

13 정답 ④

(1) 5,000개 이내

(₩100 − 60) × Q − 280,000 = ₩0

∴ Q = 7,000개 (X)

(2) 5,001개 ~ 10,000개

(₩100 − 60) × 5,000개 + (₩80 − 60) × Q − 280,000 = ₩0

∴ Q = 4,000개 (O)

∴ 손익분기점 판매량(Q) = 5,000개 + 4,000 = **9,000개**

14 정답 ②

현금흐름은 발생주의이익에 현금유출이 없는 감가상각비를 가산하면 된다.

$[(P - VC) \times Q - FC] \times (1 - t_c) + Dep = CF$

[(₩1,000 − ₩500) × Q − ₩5,000,000] × (1 − 0.2) + ₩2,000,000 = ₩0

∴ Q(현금분기점 판매량) = **5,000개**

15 정답 ③

	Q = ?
매 출	₩100
변동원가	40 + 5
공헌이익	₩55
고정원가	(1) ₩200,000(dep = ₩20,000 포함)
	(2) ₩75,000 (dep = ₩13,000 포함)

1) 손익분기점

$(P - VC) \times Q - FC = \pi$

₩55 × Q_{BEP} − ₩275,000 = 0

∴ Q_{BEP} = **5,000단위**

2) 법인세 효과전 현금흐름분기점

$[(P - VC) \times Q - FC] \times (1 - t_c) + dep = CF$

(₩55 × Q_{BEP} − ₩275,000) (1 − 0) + ₩33,000 = 0

∴ Q_{BEP} = **4,400단위**

3) 법인세 효과후 현금흐름분기점

$[(P - VC) \times Q - FC] \times (1 - t_c) + dep = CF$

$(₩55 \times Q_{BEP} - ₩275{,}000)(1 - 0.4) + ₩33{,}000 = 0$

$\therefore Q_{BEP} =$ **4,000단위**

16 정답 ④

1) 변동원가계산

$(P - VC) \times Q - FC = \pi$

$₩5{,}000 \times Q_{BEP} - ₩10{,}000{,}000 = 0$

$\therefore Q_{BEP} =$ **2,000단위**

2) 전부원가계산

단위당 고정제조간접원가(fc) = ₩4,000,000 ÷ 4,000개(생산량) = ₩1,000

$(P - VC - fc) \times Q - FC = \pi$

$(₩10{,}000 - ₩2{,}600 - ₩2{,}400 - ₩1{,}000) \times Q_{BEP} - ₩6{,}000{,}000 = 0$

$\therefore Q_{BEP} =$ **1,500단위**

17 정답 ④

	Q = ?
단위당 가격(P)	₩30,000
단위당 변동원가(VC)	1,100 + 900 (3%)
단위당 공헌이익(CM)	₩28,000/매
연 료 비	₩700,000/편도
총고정원가(FC)	
(1) 임 차 료	₩4,800,000/주
(2) 급 여	₩7,800,000/주

1) 1주일에 5회 왕복하므로 연료비는 다음과 같다.

₩700,000/편도 × 10회 = ₩7,000,000

2) 손익분기점 판매량

$$Q_{BEP} = \frac{\text{연료비} + \text{임차료} + \text{급여}}{\text{단위당 공헌이익}}$$

$$= \frac{₩7{,}000{,}000 + ₩4{,}800{,}000 + ₩7{,}800{,}000}{₩28{,}000} = \textbf{700매}$$

COST&MANAGEMENT ACCOUNTING

주관식 **연습문제**

01 기본적 CVP분석 종합

(주)간다자동차는 대당 판매가격이 ₩700인 승용차를 제작하여 판매하고 있으며, 회사의 원가자료는 다음과 같다.

	대당 변동원가	연간 고정원가
직접재료원가	₩200	
직접노무원가	150	
제조간접원가	50	₩3,000,000
판 매 관 리 비	50	750,000

아래의 물음은 상호 독립적이다.

[물음 1] 손익분기점 판매량과 손익분기점 매출액은 얼마인가?

[물음 2] 판매수량이 10,000대인 경우에 순이익(순손실)은 얼마인가?

[물음 3] 판매가격이 10% 하락하면, 손익분기점 판매량은 얼마로 변하는가?

[물음 4] 직접노무원가가 10% 상승하면, 손익분기점 판매량은 얼마로 변하는가?

[물음 5] 내년도 예상판매량이 20,000대라면 안전한계(margin of safety)와 안전한계율은 각각 얼마인가? 또한 안전한계와 공헌이익률을 이용하여 목표영업이익을 구하시오.

[물음 6] 내년에 ₩60,000의 이익을 얻기 위해 필요한 판매량은 얼마인가?

[물음 7] 회사의 법인세율이 40%일 경우에 법인세차감후 순이익이 ₩60,000이 되기 위해서 필요한 법인세차감전 순이익과 판매량은 얼마인가?

[물음 8] 회사의 법인세율이 40%이고 고정제조간접원가 중 현금지출이 없는 비용(감가상각비 등)이 ₩450,000이라면 현금흐름분기점 판매량은 얼마인가?

해답

자료정리

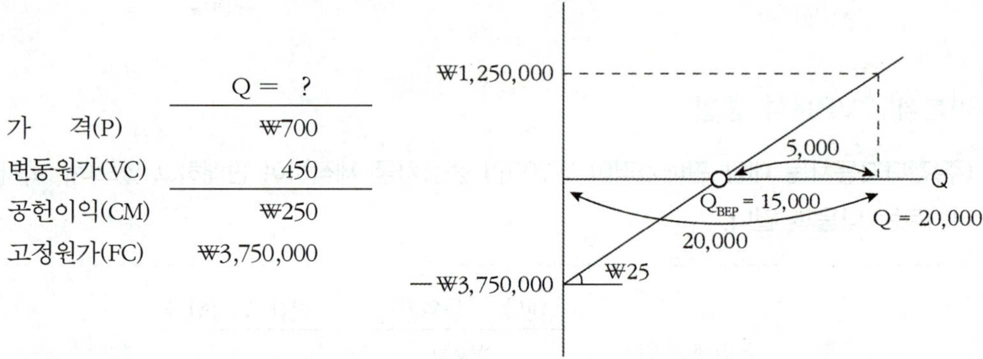

	Q = ?
가 격(P)	₩700
변동원가(VC)	450
공헌이익(CM)	₩250
고정원가(FC)	₩3,750,000

[물음 1] 손익분기점 판매량(Q_{BEP})과 손익분기점매출액(S)

1) $(P - VC) \times Q_{BEP} - FC = ₩0$

$$Q_{BEP} = \frac{₩3,750,000}{₩250} = \mathbf{₩15,000대}$$

2) $S_{BEP} = 15,000 \times ₩700 = \mathbf{₩10,500,000}$

[물음 2] 10,000대 판매시의 순이익

총공헌이익(₩250 × 10,000대)	₩2,500,000
고 정 원 가	3,750,000
순 손 실	**₩1,250,000**

[물음 3] 판매가격이 10% 하락한 경우

$$Q_{BEP} = \frac{₩3,750,000}{₩700 \times 0.9 - ₩450} = \mathbf{20,833대}$$

[물음 4] 직접노무원가가 10% 상승한 경우

$$Q_{BEP} = \frac{₩3,750,000}{₩700 - ₩465^{*}} = \mathbf{15,957대}$$

* ₩200 + ₩150 × 1.1 + ₩50 + ₩50 = ₩465

[물음 5] 안전한계, 안전한계율

1) 안전한계

	매출액	판매량
예 상	₩14,000,000	20,000대
손익분기점	10,500,000	15,000
안전한계	**₩3,500,000**	**5,000대**

2) 안전한계율 $= \dfrac{5{,}000\text{대}}{20{,}000\text{대}} = \dfrac{₩3{,}500{,}000}{₩14{,}000{,}000} = \mathbf{0.25}$

3) 목표영업이익 = 안전한계 × 공헌이익률

$= ₩3{,}500{,}000 \times \dfrac{250}{700}$

$= \mathbf{₩1{,}250{,}000}$

[물음 6] 목표이익 ₩60,000을 얻기 위한 판매량

$(₩250 \times Q - ₩3{,}750{,}000) = ₩60{,}000$

$Q = \mathbf{15{,}240}$

[물음 7] 세후목표이익 ₩60,000을 얻기 위한 판매량

$(₩250 \times Q - ₩3{,}750{,}000) \times (1 - 0.4) = ₩60{,}000$

$Q = \mathbf{15{,}400}$

[물음 8] 현금흐름분기점 판매량

$(₩250 \times Q - ₩3{,}750{,}000) \times (1 - 0.4) + ₩450{,}000 = ₩0$

$Q = \mathbf{12{,}000}$

02 민감도 분석

(주)서울은 20×1년 중에 1,000개의 제품을 생산하여 모두 판매하였다. 영업활동과 관련된 손익을 공헌이익 손익계산서로 나타내면 다음과 같다.

	단위당 원가	총 액
매 출 액	₩200	₩200,000
변동원가	140	140,000
공헌이익	₩60	₩60,000
고정원가		
(1) 제조간접원가	20	20,000
(2) 판매관리비	10	10,000
영업이익		₩30,000

다음 각 물음은 상호 독립적이다.

[물음 1] (주)서울은 연간 광고비를 증가시키면 매출액이 10% 증가한다고 한다. 최대로 지급 가능한 연간 광고비는 얼마인가?

[물음 2] (주)서울은 제품에 들어가는 부품의 일부를 값이 싼 부품으로 대체함으로써 단위당 변동원가를 ₩10 감소시키는 방안을 검토하고 있다. 그런데 단위당 변동원가를 감소시키면 제품의 품질이 떨어져 판매수량이 100개가 감소될 것으로 예측하고 있다. 부품 교체시 (주)서울의 총영업이익은 얼마가 되겠는가?

[물음 3] (주)서울은 매출액을 증가시키기 위하여 제품의 단위당 판매가격을 ₩10만큼 인하하고 아울러 광고비를 연간 ₩20,000만큼 증가시키는 방안을 검토하고 있다. 이 방안이 실시되면 제품의 연간 판매량이 20%만큼 증가할 것으로 예상하고 있다. 이때 (주)서울의 영업이익은 얼마가 되겠는가?

[물음 4] (주)서울은 새로운 기계의 도입여부를 검토하고 있다. 만일 새로운 기계를 도입하게 되면 변동원가는 절감되지만, 고정원가는 연간 ₩10,000이 증가된다. 판매량과 다른 요인들이 변화하지 않는다고 가정할 때, 현재의 영업이익을 유지하기 위해서 절감되어야 할 단위당 변동원가는 얼마인가?

[물음 5] (주)서울은 판매원의 급료를 현재의 고정급료(연간 ₩5,000) 대신에 판매원이 판매한 제품 1개당 ₩10씩의 판매수수료를 지급하는 방식으로 변경할 것을 고려하고 있다. 변경시 제품의 연간 판매량이 30%만큼 증가될 것으로 예상하고 있다. 변경시 새로운 영업이익은 얼마가 되겠는가?

[물음 6] (주)서울은 외부업자로부터 100개의 제품을 구입하겠다는 특별주문을 받았다. 이 특별주문을 수락하더라도 고정원가의 증가는 없으며 정규적인 판매활동에도 아무런 영향이 없을 것으로 예상된다. (주)서울이 특별주문거래로부터 ₩2,000의 영업이익을 얻으려면 단위당 판매가격을 얼마로 설정해야 하는가?

해답

자료정리

	제 품(1,000개)
가 격(P)	₩200
변동원가(VC)	140
공헌이익(CM)	₩60
고정원가(FC)	₩30,000

[물음 1] 매출액 10% 증가시 최대지급가능 광고비

매출액 10% 증가는 판매량 10% 증가이므로 증가되는 판매수량은 100개이고 총판매수량은 1,100개이다.

1) 기존영업이익(1,000개)

(₩200 − ₩140) × 1,000개 − ₩30,000 = ₩30,000

2) 새로운 영업이익(1,100개)

(₩200 − ₩140) × 1,100개 − ₩30,000 = ₩36,000

3) 증가되는 영업이익이 ₩6,000(₩36,000 − ₩30,000)이므로 **최대지급 가능한 광고비는 ₩6,000**이다.

[물음 2] 변동원가 감소와 판매량 감소시 새로운 영업이익

	제품(1,000개 − 100개)
가　격(P)	₩200
변동원가(VC)	140 − 10
공헌이익(CM)	₩70
고정원가(FC)	₩30,000

새로운 영업이익(900개)

= (₩200 − ₩130) × 900개 − ₩30,000

= **₩33,000**

[물음 3] 가격인하와 광고비 증가시 새로운 영업이익

	제품(1,000개 + 200개)
가　격(P)	₩200 − ₩10
변동원가(VC)	140
공헌이익(CM)	₩50
고정원가(FC)	₩30,000 + ₩20,000

새로운 영업이익(1,200개)

= (₩190 − ₩140) × 1,200개 − ₩50,000

= **₩10,000**

[물음 4] 기계장치 구입시 감소되어야할 변동원가

	제품(1,000개)
가　격(P)	₩200
변동원가(VC)	140 − X
공헌이익(CM)	₩60 + X
고정원가(FC)	₩30,000 + ₩10,000

[₩200 − (₩140 − X)] × 1,000개 − ₩40,000 = ₩30,000

X = **₩10**

기존의 영업이익 ₩30,000을 유지하기 위해 감소시켜야 하는 변동원가는 **개당 ₩10**이다.

[물음 5] 판매수수료를 고정원가에서 단위당 변동원가로 전환

	제품(1,300개)
가　격(P)	₩200
변동원가(VC)	140 + 10
공헌이익(CM)	₩50
고정원가(FC)	₩30,000 − ₩5,000

새로운 영업이익(1,300개)

= (₩200 − ₩140 − ₩10) × 1,300개 − (₩30,000 − ₩5,000)

= **₩40,000**

[물음 6] 특별주문에 대한 판매가격

	제 품(1,000개)	특별주문(100개)
가　격(P)	₩200	X
변동원가(VC)	140	140
공헌이익(CM)	₩60	X − ₩140
고정원가(FC)	₩30,000	

1) 특별주문에 대한 고정원가증가는 없으며, 영업이익이 ₩2,000이므로 판매가격은 다음과 같다.

(X − ₩140) × 100개 = ₩2,000

X = **₩160**

2) CVP분석 도표

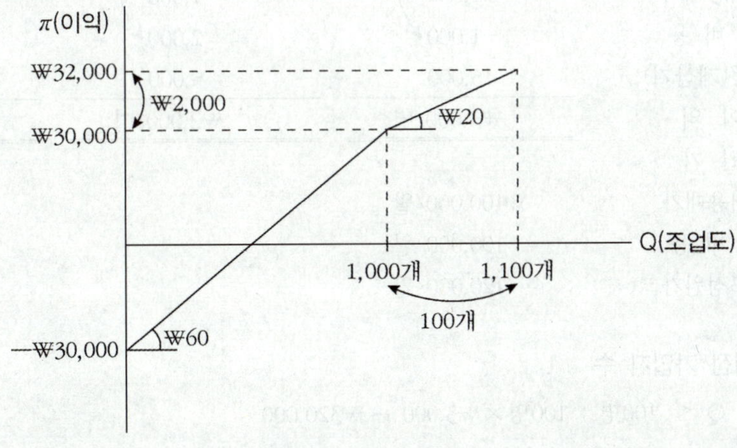

03 비선형함수하의 CVP분석(1)

(주)서울은 북한 개성시에 인터넷 방송을 하고자 사업성 검토를 하고 있다. 다음 자료를 보고 질문에 답하시오.

1) 북한당국은 방송허용대가로 매월 ₩100,000과 200명까지는 ₩1,000/명, 200명 초과는 ₩1,500/명을 받기로 하였다.
2) (주)서울은 인터넷방송을 위한 서버비용으로 매월 ₩100,000을 지불하고 100명까지는 수입의 10%를 그 후부터는 20%를 지불한다.
3) 인터넷 방송신청자는 매월 ₩10,000/명의 회원비 납부로 모든 방송을 시청할 수 있다.
4) (주)서울의 기타 발생한 고정원가는 매월 ₩120,000이며 모든 방송신청자에게 사은품으로 계산기를 (₩5,000)주기로 하였다.

[물 음] 손익분기점 가입자 수는 몇 명인가?

해답

1) 구간별 공헌이익과 고정원가

	0 < Q ≤ 100명	100명 < Q ≤ 200명	200명 < Q
가 격	₩10,000	₩10,000	₩10,000
변 동 원 가			
방송허용대가	1,000	1,000	1,500
서 버 비 용	1,000 (× 0.1)	2,000 (× 0.2)	2,000
사은품(계산기)	5,000	5,000	5,000
공 헌 이 익	₩3,000/명	₩2,000/명	₩1,500/명
고 정 원 가			
방송허용대가	₩100,000/월		
서 버 비 용	100,000/월		
기타고정원가	120,000/월		

2) 손익분기점 가입자 수

① 0 < Q ≤ 100명 : 100명 × ₩3,000 − ₩320,000
= ₩(20,000)(손익분기점이 존재하지 않는다)

② 100명 < Q ≤ 200명 : $100명 + \frac{₩20,000^*}{₩2,000} = \mathbf{110명}$

* 100명까지의 손익이 (₩20,000)이므로 101~200명 구간에서 ₩20,000만 회수하면 손익분기점이 된다.

③ 200명 < Q : 이 구간에서 단위당 공헌이익이 (−)이거나 추가고정원가가 발생되지 않는다면 손익분기점은 존재하지 않는다.

04 비선형함수하의 CVP분석(2)

(주)ET는 제품 A를 생산하여 판매하고 있다. 제품 A의 생산구간별 추정 변동원가(평균단가)는 〈자료 1〉, 제품 A의 생산구간별 추정 총고정원가는 〈자료 2〉와 같다.

〈자료 1〉

제품 A의 생산구간별 추정 변동원가

생산구간	1~1,000개	1,001~3,000개	3,001~5,000개
변동원가 (평균단가)	₩15	₩20	₩25

〈자료 2〉

제품 A의 생산구간별 추정 총고정원가

생산구간	1~2,000개	2,001~5,000개
총고정원가	₩170,000	₩200,000

[물음 1] 제품 A의 판매가격별 제품 판매(수요)량은 아래와 같다고 예상한다. (주)ET는 이익을 극대화하기 위해 단위당 제품 판매가격을 얼마로 설정해야 하는가?

개당 판매가격	판매(수요)량
₩200	1,000개
₩150	2,000개
₩120	3,000개
₩95	4,000개
₩80	5,000개

[물음 2] (주)ET가 제품 A의 개당 판매가격을 ₩140으로 책정할 경우, 제품 A에 대한 제품 판매(수요)는 최대 5,000개라고 가정한다. 목표이익 ₩90,000을 달성하기 위해서는 제품 A를 몇 개 판매해야 하는가? (소수점 이하는 반올림 하시오.)

해답

[물음 1] 이익극대화 판매가격

	0 < Q ≤ 1,000	1,000 < Q ≤ 2,000	2,000 < Q ≤ 3,000	3,000 < Q ≤ 5,000
가 격(P)	?	?	?	?
변동원가(VC)	₩15	₩20	₩20	₩25
공헌이익(CM)	?	?	?	?
고정원가(FC)	₩170,000		₩30,000*	

* 2,000개 초과시 증가되는 고정원가는 ₩30,000이다.

1) P = ₩200, Q = 1,000개

영업이익 = (₩200 − ₩15) × 1,000 − ₩170,000
= ₩15,000

2) P = ₩150, Q = 2,000개

영업이익 = (₩150 − ₩15) × 1,000 + (₩150 − ₩20) × 1,000 − ₩170,000
= ₩95,000

3) P = ₩120, Q = 3,000개

영업이익 = (₩120 − ₩15) × 1,000 + (₩120 − ₩20) × 2,000 − ₩200,000
= **₩105,000**

4) P = ₩95, Q = 4,000개

영업이익 = (₩95 − ₩15) × 1,000 + (₩95 − ₩20) × 2,000 + (₩95 − ₩25) × 1,000 − ₩200,000
= ₩100,000

5) P = ₩80, Q = 5,000개

영업이익 = (₩80 − ₩15) × 1,000 + (₩80 − ₩20) × 2,000 + (₩80 − ₩25) × 2,000 − ₩200,000
= ₩95,000

판매가격이 **₩120**일 때 영업이익이 ₩105,000으로 극대화된다.

[물음 2] 목표판매량

	$0 < Q \leq 1,000$	$1,000 < Q \leq 2,000$	$2,000 < Q \leq 3,000$	$3,000 < Q \leq 5,000$
가 격(P)	₩140	₩140	₩140	₩140
변동원가(VC)	15	20	20	25
공헌이익(CM)	₩125	₩120	₩120	₩115
고정원가(FC)	₩170,000		₩30,000*	

* 2,000개 초과시 증가되는 고정원가는 ₩30,000이다.

1) Q = 2,000개 판매시

영업이익 = (₩140 − ₩15) × 1,000 + (₩140 − ₩20) × 1,000 − ₩170,000
= ₩75,000

2) Q = 2,000개 초과 판매시

① 증가되는 고정원가는 ₩30,000이다. 그러므로 2,000개를 초과하여 생산하는 경우 고정원가가 증가하므로 영업이익은 ₩75,000 − ₩30,000 = ₩45,000이다.

② 목표이익 ₩90,000이 되기 위해서는 추가로 ₩45,000의 이익이 필요하다.

③ 추가이익 ₩45,000을 ₩120의 공헌이익으로 회수한다.

$$2,000\text{개} + \frac{₩45,000}{₩120} = \mathbf{2,375개}$$

④ Q = 2,375개인 경우 영업이익

영업이익 = (₩140 − ₩15) × 1,000 + (₩140 − ₩20) × 1,375 − ₩200,000
= ₩90,000

05 복수제품의 CVP분석

(주)서울은 A, B, C 세가지 제품을 생산하여 판매하고 있으며 이와 관련된 생산 및 원가자료는 다음과 같다.

	제품 A	제품 B	제품 C	합 계
판매량	3,000단위	2,000단위	1,000단위	6,000단위
단위당 판매가격	₩200	₩400	₩600	
단위당 변동원가	100	200	300	
단위당 공헌이익	₩100	₩200	₩300	?
고정제조간접원가	₩20,000	₩30,000	₩50,000	₩100,000
고정판매비와관리비	30,000	40,000	70,000	140,000

[물음 1] (주)서울의 변동원가계산에 의한 순이익은 얼마인가?

[물음 2] (주)서울의 영업레버리지도는 얼마인가?

[물음 3] 위의 판매량 배합비율이 일정하다고 가정시 각 제품별 손익분기점 판매량을 구하시오.

[물음 4] 가중평균공헌이익률법을 이용하여 손익분기점 매출액을 구하시오.

해답

[물음 1] 손익계산서

	제품 A	제품 B	제품 C	합 계
매 출	₩600,000	₩800,000	₩600,000	₩2,000,000
변 동 원 가	300,000	400,000	300,000	1,000,000
공 헌 이 익	₩300,000	₩400,000	₩300,000	₩1,000,000
고 정 원 가				
제조간접원가	20,000	30,000	50,000	₩100,000
판매비와관리비	30,000	40,000	70,000	140,000
영 업 이 익				₩760,000

[물음 2] 영업레버리지도

$$\text{영업레버리지도} = \frac{\text{공헌이익}}{\text{영업이익}} = \frac{₩1,000,000}{₩760,000} = \mathbf{1.3158}$$

[물음 3] 손익분기점 판매량

매출배합비율 A : B : C = 3 : 2 : 1이므로 묶음당 공헌이익은 다음과 같다.

묶음당 공헌이익 = 3 × ₩100 + 2 × ₩200 + 1 × ₩300 = ₩1,000/묶음

₩1,000 · Q묶음 − (₩100,000 + ₩140,000) = 0

Q묶음 = 240묶음

제품 A : 240묶음 × 3 = **720단위**

제품 B : 240묶음 × 2 = **480단위**

제품 C : 240묶음 × 1 = **240단위**

[물음 4] 손익분기점 매출액

제품 A, B, C의 가중평균공헌이익률은 다음과 같다.

1) 가중평균공헌이익률

① $\text{가중평균공헌이익률} = \frac{\text{총공헌이익}}{\text{총매출액}} = \frac{₩1,000,000}{₩2,000,000} = 0.5$

② 가중평균공헌이익률(각 제품별 매출액비율 × 각 제품별 공헌이익률)

= 0.3 × 0.5 + 0.4 × 0.5 + 0.3 × 0.5

= 0.5

2) 손익분기점 매출액

손익분기점 매출액을 S라 하면

S_{BEP} × 0.5 − (₩100,000 + ₩140,000) = ₩0

S_{BEP} = **₩480,000**

3) 각 제품별 손익분기점 판매량

제품 A : (₩480,000 × 0.3) ÷ ₩200 = 720단위

제품 B : (₩480,000 × 0.4) ÷ ₩400 = 480단위

제품 C : (₩480,000 × 0.3) ÷ ₩600 = 240단위

06 두 대안의 비교

서울영화사는 신작영화를 제작하기로 하였다. 서울영화사는 신작영화에 대하여 감독과 주연 배우에게 지급할 금액은 제외하고 ₩10,000,000의 예산을 편성하였다. 새 영화의 감독과 주연 배우를 대신하여 교섭을 진행하고 있는 대리인은 다음과 같은 두 가지 방안을 제시하였다.

〈방안 1〉
영화의 흥행 성공에 따른 추가보상을 전혀 하지 않는 조건으로 감독과 주연 배우에게 고정급으로 총 ₩8,000,000을 지급한다.

〈방안 2〉
감독과 주연배우에게 고정급 총 ₩2,000,000을 지급하고, 영화흥행에서 얻게 되는 영화사 총수익의 15%를 추가로 지급한다.

서울영화사는 종로마케팅사에 신작영화 배급권을 위임하였다. 종로마케팅사는 마케팅자금 ₩1,500,000을 전액 부담하는 조건으로 영화사 총수익의 25%를 흥행료로 받게 된다. 서울영화사는 이 영화로부터 벌어들이는 총관람료 수입 중 80%를 수익으로 받을 예정이다. 1인당 관람료는 조조할인 등에 관계없이 항상 ₩10,000이다.

[물음 1] 두 방안에 대한 손익분기점을 달성하기 위한 관객수를 각각 구하시오.

[물음 2] 4,000명의 관객이 영화를 관람하였다고 가정시 두 방안에 대한 이익을 각각 구하시오.

[물음 3] 〈방안 1〉이 〈방안 2〉보다 더 많은 영업이익을 영화사 측에 제공하는 관객수는 몇 명 이상인가?

해답

자료정리

	방안 1	방안 2
가격	₩8,000	₩8,000
변동원가	8,000 × 0.25	8,000 × (0.25 + 0.15)
공헌이익	₩6,000	₩4,800
고정원가	₩18,000,000*1	₩12,000,000*2

*1 ₩10,000,000 + ₩8,000,000 = ₩18,000,000　　*2 ₩10,000,000 + ₩2,000,000 = ₩12,000,000

1) 서울영화사는 이 영화로부터 벌어들이는 총관람료 수입 중 80%를 수익으로 받을 예정이므로 1인당 ₩8,000(= ₩10,000 × 0.8)의 수익이 발생된다.

2) 종로마케팅사는 서울영화사 수익에 25%를 받는다.

3) 〈방안 1〉과 달리 〈방안 2〉는 고정급 이외에 서울영화사 수익에 15%를 감독과 주연배우에게 추가로 지급한다.

4) 고정원가는 예산 ₩10,000,000과 〈방안 1〉은 고정급 ₩8,000,000을 〈방안 2〉는 고정급 ₩2,000,000을 감독과 주연배우에게 지급한다.

[물음 1] 손익분기점

〈방안 1〉

$$Q_{BEP} = \frac{\text{고정원가}}{\text{가격} - \text{변동원가}} = \frac{₩10,000,000 + ₩8,000,000}{₩8,000 - ₩2,000} = \mathbf{3,000\text{명}}$$

〈방안 2〉

$$Q_{BEP} = \frac{\text{고정원가}}{\text{가격} - \text{변동원가}} = \frac{₩10,000,000 + ₩2,000,000}{₩8,000 - ₩3,200} = \mathbf{2,500\text{명}}$$

[물음 2] 대안의 선택

〈방안 1〉 ₩6,000 × 4,000명 − ₩18,000,000 = **₩6,000,000**

〈방안 2〉 ₩4,800 × 4,000명 − ₩12,000,000 = **₩7,200,000**

[물음 3] 관객수의 범위

₩6,000 × Q − ₩18,000,000 ≥ ₩4,800 × Q − ₩12,000,000

Q ≥ **5,000명**

관객수가 5,000명 이상인 경우 〈방안 1〉이 〈방안 2〉의 이익보다 더 크다. 또한 관객수가 5,000명인 경우 두 대안의 이익은 다음과 같이 동일하다.

〈방안 1〉 ₩6,000 × 5,000 − ₩18,000,000 = ₩12,000,000

〈방안 2〉 ₩4,800 × 5,000 − ₩12,000,000 = ₩12,000,000

07 전부원가계산 CVP분석

(주)서울은 간장을 제조하는 회사로서 다음의 자료는 간장 제조에 대한 20×1년도 원가자료이다. 간장 1병의 가격은 ₩1,000/병이며 (예정조업도 = 50,000병), 당기에는 어떠한 원가 차이도 없었다.

20×1년 01월 01일	기초재고 0병
20×1년 12월 31일	기말재고 ?병
고정제조간접원가	₩5,000,000(예산)
기타고정운영비	₩4,000,000(예산)
직접재료원가	₩250/병
직접노무원가	200/병
변동제조간접원가	150/병
변동판매비와관리비	100/병

[물음 1] 변동원가계산하의 손익분기점을 계산하시오.

[물음 2] 전부원가계산하의 손익분기점을 계산하시오.

해답

자료정리

	제 품(?병)
가 격(P)	₩1,000/병
변동원가(VC)	700/병*
공헌이익(CM)	₩300/병
고정원가(FC)	
(1) 제조간접원가	₩5,000,000
(2) 기타운영비	4,000,000

* ₩250 + ₩200 + ₩150 + ₩100 = ₩700

[물음 1] 변동원가계산하의 손익분기점 판매량

(₩1,000 − ₩250 − ₩200 − ₩150 − ₩100) · Q_{BEP} − (₩5,000,000 + ₩4,000,000) = ₩0

₩300 · Q_{BEP} − ₩9,000,000 = 0

Q_{BEP} = **30,000병**

[물음 2] 전부원가계산 손익분기점 판매량

1) 전부원가계산은 변동원가계산과 달리 고정제조간접원가를 제품단위당 원가로 포함한다. 그러므로 고정제조간접원가 예산 ₩5,000,000을 예정조업도 50,000병으로 나누어 단위당 고정제조간접원가 ₩100을 구한다.

2) 단위당 고정제조간접원가를 변동원가계산하의 단위당 공헌이익에서 추가로 차감한다.

(₩1,000 − ₩250 − ₩200 − ₩150 − ₩100 − ₩100*) × Q_{BEP} − ₩4,000,000 = ₩0

₩200 · Q_{BEP} − ₩4,000,000 = 0

Q_{BEP} = **20,000병**

$$* \text{ 단위당 고정제조간접원가} = \frac{\text{고정제조간접원가 예산}}{\text{예정조업도}} = \frac{₩5,000,000}{50,000\text{병}} = ₩100/\text{병}$$

제 10 장

관련원가와 의사결정

cost & management accounting

CHAPTER 10 관련원가와 의사결정

경영자들은 업무를 수행하는 관리순환과정에서 여러 가지 유형의 의사결정에 직면한다. 이러한 의사결정은 다음과 같이 단기의사결정과 장기의사결정으로 나누어지는데, 이번 장은 단기의사결정과 관련된 내용이다.

- 관리순환과정(management process) : 경영자는 조직의 목표를 정하고 이를 달성하기 위해 계획을 수립한다. 또한 수립된 계획을 실행한 후에는 실제성과가 계획과 일치하는지를 검토한다. 검토 후에는 차후의 계획 및 의사결정과정에 피드백하면서 경영의 효율성을 증대시킨다. 경영자가 수행하는 이러한 일련의 활동들을 관리순환과정이라고 한다.
- 의사결정(decision making) : 일정한 목적 또는 목표를 달성하기 위해 여러 가지 선택가능한 행동 또는 방법 중에서 최적의 행동 또는 방법을 선택하는 것을 말한다.

단 기 의 사 결 정	장 기 의 사 결 정
의사결정기간이 보통 1년 이내의 단기이므로 화폐의 시간가치는 고려하지 않는다.	의사결정기간이 1년 이상의 장기이므로 화폐의 시간가치를 고려한다. 이는 자본예산과 관련된다.
① 손익분기점분석 ② 특별주문의 수락여부 의사결정 ③ 자가제조 또는 외부구입여부 의사결정 ④ 중간제품의 추가가공여부 의사결정 ⑤ 제약조건 분석 등	① 설비투자 의사결정 ② 신제품 개발 등

경영자는 위와 같은 의사결정을 합리적으로 수행하기 위해서는 수치화된 양적 요소뿐만 아니라 질적 요소도 수집해야 한다. 이러한 요소들은 모두 의사결정을 위해 중요하므로 경영자는 보다 합리적인 의사결정을 위해 양적요소 외에 질적 요소도 함께 고려해야 한다.

- 양적 요소(quantitative factor) : 재무적 요소와 비재무적 요소로 나누어지며 재무적 요소는 제품원가나 관리비등 화폐단위로 나타낼 수 있으며, 비재무적 요소는 시장점유율, 반품률, 생산소요시간, 서비스처리시간 등 화폐가 아닌 일정한 수치로 나타낼 수 있다.
- 질적 요소(qualitative factor) : 화폐나 수치로 측정하기 어려운 정보로서 고객과 종업원의 만족도, 공급업자와 노사와의 관계, 기업과 관련된 법적문제와 기업이미지에 미치는 영향 등이 이에 해당된다.

SECTION 01

의사결정의 방법

단기의사결정에 대한 유형별 분석을 살펴보기에 앞서 의사결정과 관련된 기본적인 내용들을 다음 예제를 통해 살펴보도록 한다.

예제 01 관련의사결정

(주)서울은 의자를 1,000단위 생산하여 자사의 매장에서만 판매하고 있다. 그러나 경영자는 이익증대를 위해 새로운 거래처인 할인마트에 추가 판매할 것인가를 고민하고 있다. (주)서울의 최대조업도는 1,500단위이며, 현재 유휴설비를 임대하여 ₩50,000의 임대수익을 얻고 있다. 다음은 (주)서울과 관련된 원가자료이다.

	(1,000단위) 현재 판매	(500단위) 할인마트 추가판매분
단위당 판매가격	₩200	₩200
단위당 변동원가	150	150
고정제조간접원가*	50,000	−
고정판매관리비	10,000	−
임대수익	50,000	−

* 감가상각비 : ₩40,000포함

[물 음] 회사의 경영자는 현재의 매장판매와 할인마트 추가판매의 대안 중 어느 대안을 선택하겠는가?

해답

자료정리

1) 원가정보

	최대조업도(1,500단위)	
	현재 판매(1,000단위)	마트추가 판매(500단위)
단위당 판매가격(P)	₩200	₩200
단위당 변동원가(VC)	150	150
단위당 공헌이익(CM)	₩50	₩50

총고정원가(FC)

① 고정제조간접원가 ₩50,000(감가상각비 : ₩40,000포함)

② 고정판매관리비 10,000

2) 임대수익 ₩50,000

단기의사결정과 관련된 접근방법으로는 다음과 같이 총액접근법과 증분접근법이 있다.

1 총액접근법

총액접근법은 각 대안별로 총수익과 총비용을 구하여 각 대안 중 가장 큰 이익을 나타내는 대안을 선택하는 방법이다. 각 대안간 이익은 위의 자료분석을 이용하여 쉽게 구할 수 있다.

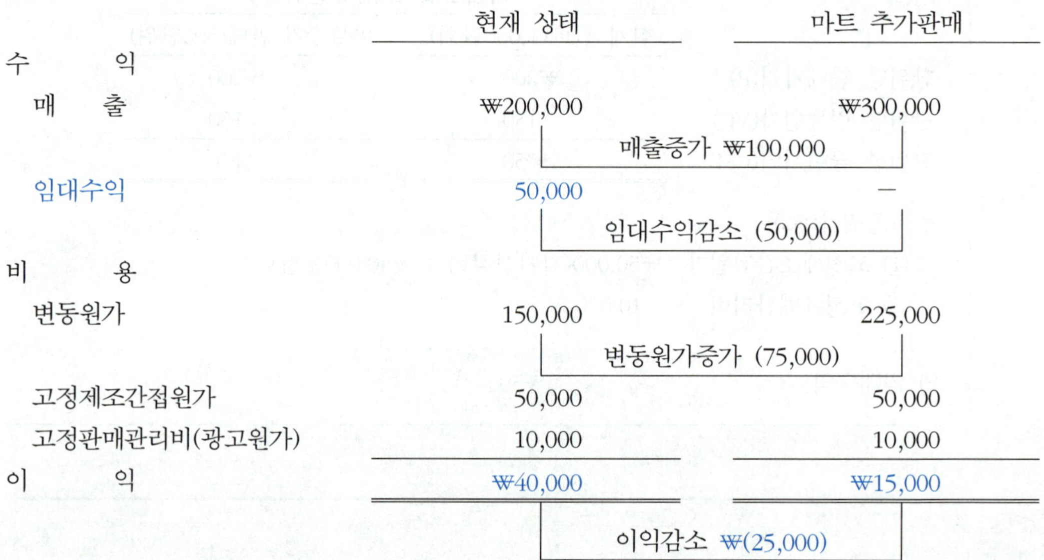

	현재 상태		마트 추가판매
수　　익			
매　출	₩200,000		₩300,000
		매출증가 ₩100,000	
임대수익	50,000		–
		임대수익감소 (50,000)	
비　　용			
변동원가	150,000		225,000
		변동원가증가 (75,000)	
고정제조간접원가	50,000		50,000
고정판매관리비(광고원가)	10,000		10,000
이　　익	₩40,000		₩15,000
		이익감소 ₩(25,000)	

총액접근법에 의한 경우 할인마트에 추가판매시 회사의 총이익이 ₩25,000 감소하므로 할인마트에 판매하는 의사결정은 기각된다.

이와 같이 총액접근법은 각 대안별 수익과 비용을 고려하여 총이익을 구한 후 각 대안별 총이익의 비교를 통해 의사결정을 하므로 계산상의 번거로움이 있다. 또한 의사결정과 관련이 없는 비관련원가까지도 분석을 함으로써 의사결정과 관련된 중요한 원가항목이 무엇인지 알 수가 없다.

2 순액접근법(증분접근법)

순액접근법은 총액접근법과는 달리 각 대안 간에 차이가 발생하는 항목들만을 선택하여 관련수익과 관련비용을 구하여 의사결정을 하게 된다. 물론 두 방법에 의한 증분손익은 동일하지만 순액접근법이 총액접근법보다 편리하여 더 많이 사용되고 있다.

(1) 관련항목

1) 관련수익과 관련원가

관련수익이란 두 대안 간에 차이가 발생하는 수익으로서 예제 1의 경우 현재 매출이 ₩200,000이고 할인마트에 추가판매시 총매출이 ₩300,000이므로 매출차이 ₩100,000이 관련수익이 된다. 즉, 할인마트에 대한 추가매출액이 관련수익이 된다.

관련원가란 두 대안 간의 원가차이로서 현재의 변동원가가 ₩150,000이고 할인마트를 통한 추가판매시 변동원가가 ₩225,000이므로 차이금액 ₩75,000이 관련원가가 된다.

2) 기회비용

기회비용(opportunity cost)이란 선택 가능한 대안 중에서 특정대안을 선택하였을 경우 포기하게 되는 차선안의 이익을 의미한다. 즉, 자원을 현재의 용도가 아닌 차선의 용도에 사용했더라면 얻을 수 있는 최대수익이다. 예제 1의 경우 할인마트에 추가 판매하는 경우 기존의 임대수익 ₩50,000을 포기해야 하는데, 임대수익 ₩50,000이 기회비용이 된다. 이와 같은 기회비용은 발생주의에 의한 손익계산서에 측정되지는 않지만 의사결정시에는 반드시 고려되어야 한다.

(2) 비관련항목

비관련항목은 두 대안 간에 차이가 없는 항목으로 증분접근법에 의한 의사결정시 고려할 필요가 없다. 예제 1의 경우 기존판매량 1,000개에 대한 매출, 변동원가 그리고 고정제조간접원가(감가상각비 ₩40,000포함) ₩50,000과 고정판매관리비 ₩10,000은 비관련수익, 비관련원가가 된다.

기존 판매량 1,000개에 대한 매출은 할인마트를 통해 판매하든 판매하지 않든 미래현금수입에 차이가 발생하지 않으므로 비관련수익이 된다.

또한 비관련원가는 과거에 현금이 지출된 매몰원가와 미래에 현금이 지출될 비관련원가로 나눠지는데 이는 다음과 같다.

1) 매몰원가

매몰원가(sunk cost)란 경영자가 통제할 수 없는 과거의 의사결정으로 발생한 역사적 원가로서 어떤 대안이 선택되든 변하지 않는 원가이다. 이처럼 매몰원가는 미래의 상황과 관련이 없을 뿐만 아니라 대안 간에도 차이가 없기 때문에 의사결정에서 제외된다.

예제 1에서 감가상각비 ₩40,000은 1,000단위를 판매하든 할인마트를 통해 1,500단위를 판매하든 이미 발생한 비용으로서 기계구입과 관련한 총현금지출은 과거에 이미 발생하였다. 그러므로 어느 대안을 선택해도 두 대안 모두 감가상각비가 계상될 것이다. 즉, 두 대안 간에 감가상각비에 대한 차이는 없다.

2) 미래현금지출 비관련원가

예제 1에서 기존판매량 1,000개에 대한 변동원가와 현금지출 고정제조간접원가 ₩10,000 그리고 고정판매관리비 ₩10,000은 미래에 지급되지만 두 대안 모두 발생되는 비용으로서 의사결정에 차이가 나지 않기 때문에 비관련원가이다.

앞에서 살펴본 증분접근법에 따라서 예제 1을 풀이하면 다음과 같다.

증분수익		
공헌이익 증가	500개 × (₩200 − ₩150) =	₩25,000
증분비용		
임대수익 감소		50,000
증분이익		₩(25,000)

위의 식에서 보듯이 증분접근법은 총액접근법과 동일한 증분손익이 도출되지만 상대적으로 매우 간편한 방법이다. 그러나 증분접근법은 관련수익과 관련비용이 무엇인지를 명확히 알아야 접근할 수 있는 방법이므로 각 상황별 관련항목들에 대한 수많은 연습이 선행되어야 한다.

SECTION

02 의사결정의 여러 유형

1 특별주문의 수락 또는 거절

기업에서는 거래가 없던 고객으로부터 예상치 못한 특별주문(special order)을 받는 경우가 있다. 보통 특별주문은 대량구매를 조건으로 정상가격보다 낮은 가격을 제의해 오는데, 이와 같은 비경상적인 특별주문을 받았을 때 경영자는 이를 수락할 것인가 또는 거절할 것인가에 대한 의사결정을 해야 한다.

특별주문의 의사결정은 유휴생산능력(idle capacity)에 따라 다음과 같이 두 가지 유형으로 나누어진다.

1) 유휴생산능력이 충분한 경우

최대조업도에서 정규판매량을 차감시 남는 여유조업도가 특별주문을 생산하기에 충분한 경우 의사결정은 다음과 같다.

유휴생산능력이 충분한 경우

- 1단계 : 특별주문과 관련된 공헌이익 증가를 고려한다.
- 2단계 : 특별주문과 관련된 고정판매관리비 증가가 있는 경우 이를 고려한다.

2) 유휴생산능력이 충분하지 않은 경우

최대조업도에서 정규판매량을 차감시 남는 여유조업도가 특별주문을 생산하기에 충분하지 않은 경우 관련손익 분석이 위의 1단계, 2단계와 동일하지만 부족한 조업도에 대한 관련비용을 아래의 대처방법인 대안에 따라 추가로 고려한다.

유휴생산능력이 충분하지 않는 경우

- 1단계 : 특별주문과 관련된 공헌이익 증가를 고려한다.
- 2단계 : 특별주문과 관련된 고정판매관리비 증가가 있는 경우 이를 고려한다.

• 3단계 : 유휴생산능력이 충분하지 않으므로 다음 대안들을 추가로 고려한다.
(대안 1) 특별주문으로 정규판매수량이 감소시 감소되는 정규판매분의 공헌이익을 고려한다.
(대안 2) 특별주문으로 인하여 증가되는 설비구입비 또는 설비에 대한 리스료를 고려한다.

(대안 1) 부족한 조업도만큼 정규판매를 감소시키는 경우
특별주문이 특별주문 전체수량에 대한 수락 또는 기각일 경우에는 특별주문 일부만을 수락할 수는 없다. 그러므로 경영자는 특별주문수량 전량을 수락하기 위해 부족한 수량만큼 정규판매를 감소시켜 정규판매 일부분을 특별주문으로 전환시킬 수 있다.

(대안 2) 부족한 조업도에 대하여 설비를 증가시키는 경우
유휴생산능력이 충분하지 않을 경우 정규판매를 감소시킬 수도 있지만 기계장치를 구입하거나 설비를 리스하여 생산능력을 증가시킬 수도 있다. 이런 경우에는 관련비용으로 설비구입비 또는 설비에 대한 리스료를 인식하면 된다. 설비구입과 관련하여 주의할 점은 특별주문생산 후 구입한 기계장치가 판매가능한 경우 구입가격에서 판매가액을 차감한 순액을 관련비용으로 고려한다.

앞에서 본 바와 같이 특별주문 수락시 이익이 증가한다면 경영자는 특별주문을 수락하려 할 것이다. 그러나 특별주문을 수락하는 것이 단기적으로 기업의 이익을 증가시키더라도 양적 요소만을 가지고 의사결정을 하는 것이 아니라 질적 요소도 함께 고려해야 한다. 예를 들어 특정고객에 대한 할인판매가 정규시장에서 기존고객의 반발로 정규시장의 판매가격이 인하되거나 고객들이 이탈된다면 경영자는 특별주문의 거절을 고려해봐야 한다.

* 의사결정시 고려할 질적 요소
① 장기적인 가격구조에 미치는 영향 및 기존고객의 불만
② 덤핑으로 인한 법적문제
③ 유휴생산능력을 활용한 다른 투자기회의 발견 등 경영자의 조직관리능력

예제 02 특별주문의사결정

(주)서울은 단일제품을 생산하여 단위당 ₩300에 시장에 판매하고 있는 회사로서 최대생산능력은 1,000단위이며 이에 근거한 원가자료는 다음과 같다.

	단위당 원가	총 원 가
직 접 재 료 원 가	₩20	₩20,000
직 접 노 무 원 가	30	30,000
변동제조간접원가	40	40,000
고정제조간접원가	50	50,000
변 동 판 매 관 리 비	10	10,000
고 정 판 매 관 리 비	100	100,000

(주)서울은 지금까지 내수판매만 하여 왔으나 외국의 구매업자로부터 단위당 ₩250에 200단위의 제품을 구입하겠다는 특별주문을 받았다. 특별주문을 수락할 경우에는 단위당 변동판매관리비가 ₩30씩 추가로 발생하고 고정판매관리비도 ₩10,000만큼 증가된다.

[물음 1] 정규판매량이 800단위인 경우 특별주문의 수락여부를 결정하시오.

[물음 2] [물음 1]과 달리 정규판매량이 1,000단위이라고 가정한다. 아래의 각각의 물음에 대하여 특별주문의 수락여부를 결정하시오.

1) 정규판매를 200단위 감소시키는 경우
2) 생산설비 증가를 위하여 설비 임차료 ₩20,000이 발생하는 경우, 또는 기계장치를 ₩30,000에 구입하여 특별주문 생산 후 ₩10,000에 처분하는 경우

해답

자료정리

	최대조업도(1,000단위)	
	정규판매(?단위)	특별주문(200단위)
단위당 가격(P)	₩300	₩250
단위당 변동원가(VC)	20 + 30 + 40 + 10	20 + 30 + 40 + 10 + 30
단위당 공헌이익(CM)	₩200	₩120
총고정원가(FC)		
(1) 제조간접원가	₩50,000	
(2) 판매관리비	100,000	₩10,000

[물음 1] 특별주문 수락여부(여유조업도가 충분한 경우)

정규판매량이 800단위인 경우에는 여유조업도가 충분하므로 특별주문을 모두 수락할 수 있다. 이런 경우에는 특별주문으로 인한 공헌이익 증가와 고정원가 증가만 고려해주면 된다.

[증분접근법]

증분수익	
특별주문 공헌이익 증가(200단위 × ₩120)	₩24,000
증분비용	
고정판매비 증가	10,000
증분이익	₩14,000

[총액접근법]

	정규판매(800단위)	정규판매(800단위) + 특별주문(200단위)
매 출 액	₩240,000	₩240,000 + ₩50,000
변 동 원 가	80,000	80,000 + 26,000
공 헌 이 익	₩160,000	₩160,000 + ₩24,000
고 정 원 가	150,000	150,000 + 10,000
영 업 이 익	₩10,000	₩10,000 + ₩14,000

특별주문 수락시 영업이익이 ₩14,000 증가하므로 특별주문을 수락한다.

[물음 2] 특별주문 수락여부(여유조업도가 충분하지 않는 경우)

정규판매량이 1,000단위인 경우에는 여유조업도가 없으므로 특별주문을 수락시 아래와 같이 여러 가지 사항을 고려해야 한다.

1) 정규판매를 200단위 감소시키는 경우

정규판매에 대한 공헌이익감소분을 추가로 고려한다.

[증분접근법]

증분수익	
특별주문 공헌이익 증가(200단위 × ₩120)	₩24,000
증분비용	
정규판매 공헌이익 감소(200단위 × ₩200)	40,000
고정판매비증가	10,000
증분이익	₩(26,000)

[총액접근법]

	정규판매(1,000단위)	정규판매(800단위) + 특별주문(200단위)
매 출 액	₩300,000	₩240,000 + ₩50,000
변 동 원 가	100,000	80,000 + 26,000
공 헌 이 익	₩200,000	₩160,000 + ₩24,000
고 정 원 가	150,000	150,000 + 10,000
영 업 이 익	₩50,000	₩10,000 + ₩14,000

특별주문 수락시 영업이익이 ₩26,000 감소하므로 특별주문을 수락하지 않는다.

2) 생산설비 증가를 위해 임차료 ₩20,000이 발생하는 경우

기계장치 구입 후 처분으로 인한 증분비용도 ₩20,000이다.

[증분접근법]

증분수익	
특별주문 공헌이익 증가(200단위 × ₩120)	₩24,000
증분비용	
임차료(또는 설비 증가)	20,000*
고정판매비 증가	10,000
증분이익	₩(6,000)

* 설비증가는 ₩20,000(₩30,000 − ₩10,000)이다.

[총액접근법]

	정규판매(1,000단위)	정규판매(1,000단위)+특별주문(200단위)
매 출 액	₩300,000	₩300,000 + ₩50,000
변 동 원 가	100,000	100,000 + 26,000
공 헌 이 익	₩200,000	₩200,000 + ₩24,000
고 정 원 가	150,000	150,000 + 30,000*
영 업 이 익	₩50,000	₩50,000 + ₩(6,000)

* 설비증가(₩20,000)와 고정판매관리비(₩10,000) 증가

특별주문 수락시 영업이익이 ₩6,000 감소하므로 특별주문을 수락하지 않는다.

2 부품의 자가제조 또는 외부구입

기업은 일반적으로 외부에서 구입한 부품들을 조립하여 완제품을 생산하지만 원활한 제품 생산을 위해 부품을 직접 자가제조하기도 한다. 이와 같은 경우 경영자는 부품을 자가제조 또는 외부구입(make or buy decision)할 것인가에 대한 의사결정을 해야 한다.

기업이 부품을 자가제조하는 경우와 외부구입하는 경우의 장점은 다음과 같다.

자 가 제 조	외 부 구 입
① 외부공급업자에 대한 의존도가 낮아 원활하게 제품을 생산할 수 있다.	① 부품생산과 관련된 인적·물적설비를 보유할 필요가 없으므로 다른 부분에 역량을 집중할 수 있다.
② 자가제조시 외부공급업자에 비해 용이하게 부품의 품질수준을 통제할 수 있다.	② 부품의 기술혁신이 급격한 경우 전문적인 외부업체가 원가와 품질면에서 유리하다.

경영자가 부품의 자가제조와 외부구입에 대한 의사결정을 하는 경우에는 다음과 같이 판매가격이 일정하다는 가정하에 총원가 최소화로 접근하면 될 것이다.

부품의 자가제조 또는 외부구입과 관련된 의사결정

- 1단계 : 자가제조시 총원가와 외부구입시 총원가를 비교하여 외부구입시 자가제조보다 총원가가 감소하는 경우에는 외부구입하고 원가가 증가하는 경우에는 자가제조를 한다. 총원가는 변동원가와 고정원가로 구성되며 감독자급여, 기계리스료 등 회피가능한 고정원가(avoidable fixed cost)가 있는 경우에는 이를 의사결정에 고려한다.
- 2단계 : 부품을 외부구입하는 경우 기존설비를 임대하거나 기존설비로 다른 제품을 생산할 수도 있다. 이러한 경우에는 유휴생산능력으로 인한 임대수익 또는 생산되는 다른 제품의 공헌이익을 추가로 고려한다.

* 의사결정시 고려할 질적 요소

① 공급업체의 생산능력과 기술수준 및 신뢰성
② 공급업체와의 장기적인 수급관계
③ 원활할 수급관계를 위해 부품공급처 다변화의 필요성
④ 부품의 향후 시장전망과 중요성

▶ 예제 03 부품의 자가제조 또는 외부구입

(주)서울은 완제품의 생산에 필요한 기계부품을 자가제조하고 있다. 기계부품 2,000단위의 자가제조와 관련된 원가자료는 다음과 같다.

	단위당 원가	총 원 가
직접재료원가	₩40	₩80,000
직접노무원가	20	40,000
변동제조간접원가	10	20,000
고정제조간접원가	40	80,000
합 계	₩110	₩220,000

최근에 이 회사는 외부공급업자로부터 단위당 ₩100에 이 부품을 안정적으로 공급하겠다는 제의를 받았다. 부품을 외부에서 구입할 경우 고정제조간접원가 중 감독자급료 ₩20,000은 회피가능하다.

[물음 1] 부품을 외부구입할 경우 유휴생산능력의 대체적 용도가 없다고 가정시 부품의 자가제조 또는 외부구입을 결정하시오.

[물음 2] 외부구입을 할 경우 유휴설비를 타제품의 제조활동에 활용하여 공헌이익 ₩60,000이 증가한다고 가정시 부품의 자가제조 또는 외부구입을 결정하시오.

[물음 3] 외부구입할 경우 유휴설비를 외부에 ₩45,000에 임대할 수 있다고 가정하고 부품의 자가제조 또는 외부구입을 결정하시오.

해답

자료정리

	자가제조(2,000단위)	외부구입(2,000단위)
단위당 판매가격	?	?
단위당 변동원가	₩40 + ₩20 + ₩10	₩100
공 헌 이 익	?	?
총 고 정 원 가	₩80,000	₩80,000 − ₩20,000

[물음 1] 자가제조 또는 외부구입 의사결정

① 자가제조시 총원가 = (₩40 + ₩20 + ₩10) × 2,000 + ₩80,000

= ₩220,000

② 외부구입시 총원가 = ₩100 × 2,000 + ₩60,000

= ₩260,000

외부구입시 총원가가 ₩40,000 더 크므로 부품을 자가제조한다.

[물음 2] 타제품 생산 고려

[증분접근법]

증분수익	
타제품 공헌이익 증가	₩60,000
증분비용	
외부구입시 총원가 증가	40,000
증분이익	₩20,000

외부구입시 증분이익이 ₩20,000이므로 부품을 외부구입한다.

[물음 3] 임대수익의 고려

[증분접근법]

증분수익	
임대수익 증가	₩45,000
증분비용	
외부구입시 총원가 증가	40,000
증분이익	₩5,000

외부구입시 증분이익이 ₩5,000이므로 부품을 외부구입한다.

3 보조부문의 유지 또는 폐쇄

보조부문의 유지 또는 폐쇄 의사결정은 제조부문의 생산활동을 지원하는 보조부문을 계속 운영할 것인가 또는 보조부문의 운영을 중단하고 보조부문의 용역을 외부에서 구입할 것인가에 대한 의사결정이다.

기업은 종업원의 점심식사를 직접 제공할 수도 있지만 외부용역업체가 입주하여 종업원에게 점심을 제공할 수도 있다. 이러한 예가 보조부문의 유지 또는 폐쇄 의사결정에 해당된다.

보조부문의 유지 또는 폐쇄와 관련된 의사결정

- 1단계 : 여러 보조부문 중에서 특정 보조부문 폐지시 외부에서 구입하는 용역량은 폐쇄하기 전 공급되는 용역량 보다는 감소된다. 왜냐하면 다른 보조부문이 폐지되는 특정 보조부문에게 더 이상 용역을 공급하지 않기 때문이다. 그러므로 폐지되는 특정 보조부문과 다른 보조부문 상호 간에 제공되는 용역비율을 곱하여 감소되는 비율을 구하고 여기에 폐지되는 특정 보조부문의 용역량을 곱하면 감소되는 용역량을 구할 수 있다.
- 2단계 : 특정 보조부문 폐지시 특정 보조부문의 변동원가는 전액 감소되고 다른 보조부문의 변동원가도 특정보조부문에게 공급하는 용역비율만큼 감소된다. 다른 보조부문의 변동원가가 감소되는 이유는 다른 보조부문이 폐지되는 특정 보조부문에게 더 이상 용역을 공급하지 않기 때문이다.
- 3단계 : 특정 보조부문이 폐지되더라도 일반적으로 고정원가는 감소되지 않는다. 그러나 특정 보조부문이든 다른 보조부문이든 회피가능한 고정원가(avoidable fixed cost)가 있다면 이를 의사결정에 고려한다.

보조부문의 유지 또는 폐쇄는 보조부문의 용역을 자가제조할 것인가 또는 외부구입할 것인가에 대한 의사결정이다. 그러므로 보조부문의 유지 또는 폐쇄시 고려할 질적 요소는 부품의 자가제조 또는 외부구입에 대한 의사결정과 동일하다.

예제 04 보조부문의 유지 또는 폐쇄

(주)서울은 두 개의 보조부문 수선부문, 동력부문과 두 개의 제조부문 A와 B를 보유하고 있으며 각 보조부문에서 다른 부문에 제공하는 연간 예상용역량과 예상원가는 다음과 같다.

	보조부문		제조부문		
	수선부문	동력부문	A	B	합 계
수선부문	–	200시간	600시간	200시간	1,000시간
동력부문	800kWh	–	600kWh	600kWh	2,000kWh
변동원가	₩40,000	₩50,000	₩200,000	₩300,000	
고정원가	60,000	150,000	300,000	100,000	

동력부문의 고정원가 중 ₩20,000은 감독자급여로 동력부문 폐지시 회피가능하며, 수선부문의 고정원가는 전부 기계장치와 관련된 감가상각비이다.

[물음 1] (주)서울은 동력부문에서 제공하던 용역을 외부로부터 구입하고자 한다. 이러한 경우 외부로부터 구입해야 하는 동력부문의 전력량은 얼마인가?

[물음 2] (주)서울이 동력을 외부에서 ₩40/kWh에 구입시 증분이익은 얼마인가?

[물음 3] 동력부문에서 제공하던 용역을 외부로부터 구입할 경우 지불할 수 있는 최대금액은 얼마인가?

해답

자료정리

1) 용역제공비율

	보조부문		제조부문		
	수선부문	동력부문	A	B	합 계
수선부문	–	0.2	0.6	0.2	1,000시간
동력부문	0.4	–	0.3	0.3	2,000kWh
변동원가	₩40,000	₩50,000	₩200,000	₩300,000	
고정원가	60,000	150,000	300,000	100,000	

2) 외부구입하는 용역제공비율의 계산

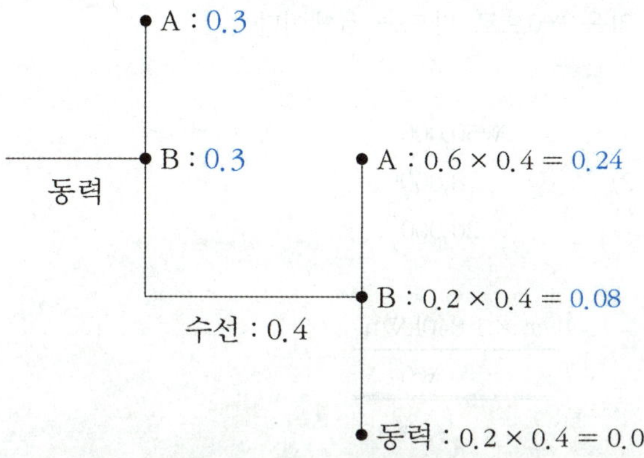

수선부문의 동력부문에 대한 용역제공비율은 0.4 × 0.2 = 0.08 이다. 그러므로 외부구입하는 용역비율은 (1 − 0.08) = 0.92이다.

[물음 1] 외부구입하는 동력량

외부구입하는 동력량 = 2,000kWh × (1 − 0.2 × 0.4) = 1,840kWh

[물음 2] 외부구입시 증분이익

외부구입시 폐지되는 보조부문의 변동원가는 전액 감소되고, 다른 보조부문은 폐지되는 보조부문에 공급하는 용역비율만큼 변동원가가 감소한다.

[증분접근법]

증분수익	
동력부문 변동원가 감소	₩50,000
수선부문 변동원가 감소(₩40,000 × 0.2)	8,000
동력부문 고정원가 감소	20,000
증분비용	
외부구입비용 증가(₩40 × 1,840kWh)	73,600
증분이익	₩4,400

외부구입시 증분이익이 ₩4,400이므로 동력을 외부구입한다.

[물음 3] 최대지급가능금액

최대지급가능금액은 대체로 인한 증분손익을 ₩0으로 만드는 금액이다.

증분수익	
동력부문 변동원가 감소	₩50,000
수선부문 변동원가 감소(₩40,000 × 0.2)	8,000
동력부문 고정원가 감소	20,000
증분비용	
외부구입비용 증가	x × 1,840kWh
증분이익	₩0

₩78,000 − x × 1,840kWh ≥ ₩0

x ≤ ₩42.39/kWh

외부구입시 최대지급가능금액은 ₩42.39/kWh이다.

4 제품의 폐지 또는 추가

여러 가지 제품을 생산하는 기업들은 사업연도 말에 제품별 수익성분석을 하게 된다. 수익성분석을 통해 경영자는 실적이 좋지 않은 제품을 폐지하거나 새로운 제품을 생산하여 회사의 이익을 증가시킬 수 있다.

제품의 폐지 또는 추가여부와 관련된 의사결정

- 1단계 : 제품 폐지시 폐지되는 제품의 공헌이익을 먼저 고려한다.
- 2단계 : 특정제품을 폐지하더라도 일반적으로 고정원가는 감소되지 않는다. 이는 회피불능고정원가(unavoidable fixed cost)로서 특정제품을 폐지하더라도 계속 발생한다. 그러나 회피가능고정원가(avoidable fixed cost)가 있는 경우에는 이를 고려해 준다. 회피가능고정원가에는 특정제품과 관련된 감독자급여 · 광고선전비 · 기계리스료 · 보험료 등이 있다.
- 3단계 : 제품을 폐지하는 경우 새로운 제품을 생산하거나 생산설비의 일부를 임대할 수 있는데, 새로운 제품을 생산하는 경우에는 그로 인한 공헌이익 증가를 고려하고 생산설비를 임대하는 경우에는 그로 인한 임대수익을 고려한다.

* 의사결정시 고려할 질적 요소

① 제품의 구색 맞추기와 기업의 이미지

② 대체효과 등 타제품의 판매에 영향을 미치는 정도

③ 제품 추가시 제품의 재설계나 리엔지니어링

예제 05 제품라인의 폐지 또는 추가

(주)서울은 A, B, C 의 세 가지 제품을 생산 · 판매하고 있다. 지난 해의 제품별 공헌이익손익계산서는 다음과 같다.

	A	B	C	합 계
매 출 액	₩20,000	₩16,000	₩2,000	₩38,000
변 동 원 가	16,000	11,200	1,200	28,400
공 헌 이 익	₩4,000	₩4,800	₩800	₩9,600
고 정 원 가	4,200	4,000	700	8,900
영 업 이 익	₩(200)	₩800	₩100	₩700

[물음 1] 제품 A를 폐지하더라도 고정원가 ₩4,200 중 ₩1,200은 계속 발생된다. 이러한 경우 제품 A의 폐지여부를 결정하시오.

[물음 2] [물음 1]에서 제품 A를 폐지하고 제품 A의 설비와 공간을 이용하여 제품 B를 추가 생산하고자 한다. 이러한 경우 제품 B(공헌이익률 30%)와 관련하여 매출액이 ₩20,000 증가하며, 제품 A에 배부된 고정원가는 감소분 없이 계속해서 발생된다. 이러한 경우 제품 A의 폐지여부를 결정하시오.

해답

[물음 1] 제품 폐지여부 의사결정

제품 A를 폐지하는 경우 (주)서울의 영업이익은 다음과 같다.

[총액접근법]

	A	B	C	합 계
매 출 액	–	₩16,000	₩2,000	₩18,000
변동원가	–	11,200	1,200	12,400
공헌이익	–	₩4,800	₩800	₩5,600
고정원가	₩1,200	4,000	700	5,900
영업이익	₩(1,200)	₩800	₩100	₩(300)

제품 A와 관련된 손익만이 관련수익과 관련원가이므로 제품의 공헌이익과 고정원가만 분석하면 다음과 같이 간단히 증분손익을 구할 수 있다.

[증분접근법]

증분수익	
고정원가 감소	₩3,000*
증분비용	
제품 A 공헌이익 감소	4,000
증분이익	₩(1,000)

* 회피가능고정원가 : ₩4,200 − ₩1,200 = ₩3,000

[물음 2] 제품폐지여부 의사결정(타제품 생산)

제품 A의 설비를 이용하여 제품 B(공헌이익률 30%) 생산시 (주)서울의 영업이익은 다음과 같다.

[총액접근법]

	A	B	C	합 계
매 출 액	–	₩36,000	₩2,000	₩38,000
변동원가	–	25,200	1,200	26,400
공헌이익	–	₩10,800	₩800	₩11,600
고정원가	₩4,200	4,000	700	8,900
영업이익	₩(4,200)	₩6,800	₩100	₩2,700

[증분접근법]

증분수익	
제품 B 공헌이익 증가	₩6,000*
증분비용	
제품 A 공헌이익 감소	4,000
증분이익	₩2,000

* 제품 B 매출증가에 대한 공헌이익 증가분 : ₩20,000 × 0.3 = ₩6,000

5 결합제품의 추가가공여부 의사결정

결합제품을 분리점에서 판매할 수도 있고 추가 가공하여 판매할 수도 있는 경우 경영자는 결합제품의 추가가공여부에 대한 의사결정을 해야 한다.

결합제품의 추가가공여부 의사결정은 해당 결합제품의 분리점에서의 판매가치와 최종판매가치를 비교하고 추가가공원가를 고려한다. 물론 결합원가와 다른 제품의 손익은 특정 제품과 아무런 관련이 없는 비관련원가로서 고려대상이 아니다.

* 의사결정시 고려할 질적 요소

① 추가가공한 제품에 대한 수요 및 시장성

② 추가가공설비를 구입하기 위한 자금조달의 가능성

③ 추가가공설비의 대체적 용도가 존재하는지의 여부

예제 06 추가가공여부 의사결정

(주)서울은 원재료를 공정Ⅰ에 투입하여 두 개의 제품 A와 B를 제조한다. 최근 한 달 동안 원재료 50,000단위를 제품 A 30,000단위와 반제품 B 20,000단위로 가공하는데 결합원가가 ₩150,000이 발생하였다. 그리고 반제품 B를 공정Ⅱ에 투입하여(추가가공원가₩60,000) 전부 완성하였다. 제품 A와 B의 단위당 판매가격은 각각 ₩3과 ₩7이다.

다음 물음에 답하시오.

[물 음] 반제품 B를 분리점에서 ₩3.5에 판매할 수 있는 경우 경영자는 이를 분리점에서 판매해야 하는가 아니면 추가가공해서 판매해야 하는가?

해답

자료정리

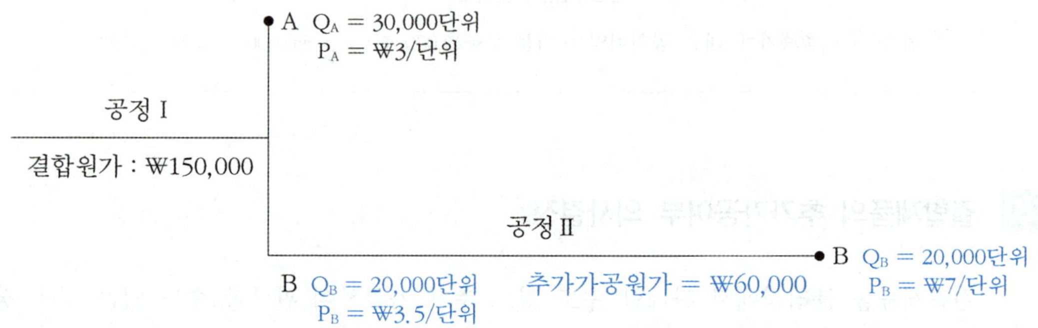

[증분접근법]

증분수익	
제품 B 매출 증가	₩70,000*
증분비용	
추가가공원가	60,000
증분이익	₩10,000

* 20,000단위 × ₩7 − 20,000단위 × ₩3.5 = ₩70,000

추가가공시 증분이익이 ₩10,000 이므로 제품 B를 추가가공한다.

[총액접근법]

1) 분리점에서 판매시

〈 손익계산서 〉

	제품 A	반제품 B	합 계
매 출	₩90,000	₩70,000	₩160,000
결 합 원 가	?	?	150,000
손 익	?	?	₩10,000

2) 추가가공 후 판매시

〈 손익계산서 〉

	제품 A	제품 B	합 계
매 출	₩90,000	₩140,000	₩230,000
결 합 원 가	?	?	150,000
추가가공원가	–	60,000	60,000
손 익	?	?	₩20,000

추가가공시 증분이익이 ₩10,000이므로 제품 B를 추가가공한다.

6 투입배합의사결정

기업이 여러 종류의 원재료를 사용하여 제품을 생산하는 경우에는 일정한 품질수준을 유지하면서 특정제품에 필요한 성분의 함량이 포함될 수 있도록 투입원재료의 비율을 조절한다. 투입원재료비율 조정시 경영자는 투입되는 원재료의 총원가가 최소화되어 이익이 극대화되도록 원재료의 투입배합비율을 결정해야 한다.

예제 07 원재료배합 의사결정

(주)서울은 여러 가지 원료를 배합하여 저농도의 유아용 알부민을 생산하고 있다. 유아용 알부민에는 고단위 단백질이 함유되어야 하며 원료의 배합은 자유로이 할 수 있다. 고단위 단백질은 다음의 4가지 원료로부터 뽑아낼 수 있으며, 이에 대한 원가정보는 다음과 같다.

원 료	고단위 단백질 함유량	파운드당 원가
A	50%	₩17
B	20	5
C	15	4.5
D	25	8

[물음 1] 각 원료에 대한 단백질의 파운드당 원가를 구하시오.

[물음 2] 원가최소화를 이루기 위한 원료배합의 순서를 결정하시오.

[물음 3] 유아용 알부민의 질을 유지하기 위해서는 최소한 A원료가 고단위 단백질의 40%를 차지해야 한다. 고단위 단백질 1톤을 추출하기 위한 A, B, C, D의 투입량은 얼마인가? 그 때의 원가를 계산하시오. 단 1톤은 2,000파운드로 간주한다.

해답

[물음 1] 단백질의 파운드당 원가

원 료	파운드당 원가	파운드당 단백질 산출량	단백질의 파운드당 원가
A	₩17.0	0.5파운드	₩34 $\left(\frac{₩17}{0.5\text{파운드}}\right)$
B	5.0	0.2파운드	25 $\left(\frac{₩5}{0.2\text{파운드}}\right)$
C	4.5	0.15파운드	30 $\left(\frac{₩4.5}{0.15\text{파운드}}\right)$
D	8.0	0.25파운드	32 $\left(\frac{₩8}{0.25\text{파운드}}\right)$

[물음 2] 원료배합 순서의 결정

원 료	파운드당 단백질 원가	원료배합순서
A	₩34 $\left(\frac{₩17}{0.5\text{파운드}}\right)$	④ 순위
B	25 $\left(\frac{₩5}{0.2\text{파운드}}\right)$	① 순위
C	30 $\left(\frac{₩4.5}{0.15\text{파운드}}\right)$	② 순위
D	32 $\left(\frac{₩8}{0.25\text{파운드}}\right)$	③ 순위

[물음 3] 최적투입배합

원료배합순서에도 불구하고 최소한 A원료가 40%를 차지하므로 A원료가 원가배합순서 중 ①순위가 된다.

원료 배합순서	원 료	단백질 산출량	원료 투입량	총원가
①	A	800파운드*1 × ₩34	1,600파운드*2 × ₩17	₩27,200*3
②	B	1,200파운드*4 × ₩25	6,000파운드*5 × ₩5	30,000*6
③	C	–	–	–
④	D	–	–	–
합 계	–	2,000파운드	7,600파운드	₩57,200

*1 2,000파운드 × 0.4 = 800파운드 *2 800파운드/0.5 = 1,600파운드

*3 1,600파운드 × ₩17 = ₩27,200 *4 2,000파운드 − 800파운드 = 1,200파운드

*5 1,200파운드/0.2 = 6,000파운드 *6 6,000파운드 × ₩5 = ₩30,000

7 제약자원이 있는 경우의 의사결정

기업이 제품을 생산하기 위해서는 여러 가지 생산요소를 투입하는데, 생산과정에서 모든 생산요소를 제한 없이 무한정 사용할 수 있는 기업은 그리 많지 않다. 이와 같은 경우 경영자들은 제한된 자원을 어떻게 효율적으로 활용하여 기업의 이익을 극대화할지에 대한 의사결정 문제에 부딪치게 된다.

(1) 제약요소가 하나인 경우

여러 가지 제품을 생산하는 기업이 사용하는 생산요소 중 어느 한 자원에 대한 사용이 제한되어 있다면 이익극대화를 위해 제품단위당 공헌이익이 아닌 제약자원단위당 공헌이익이 큰 순서대로 제품을 생산할 것이다. 즉, 제약요소가 하나인 경우에는 제품의 우선생산순위를 결정해야 한다.

제약자원단위당 공헌이익은 제품단위당 공헌이익에서 각 제품별로 소요되는 제약자원을 나눠준 값이다. 제약자원의 예는 다음과 같다.

보통 일반학생들이 아르바이트를 알아볼 때 가장 우선시 하는 것은 시간당 급여일 것이다. 왜냐하면 학생들이 하루에 최대한 일할 수 있는 시간은 24시간으로 제한되어 있기 때

문이다. 그러므로 두 개 이상의 아르바이트자리가 있는 경우 선택의 기준은 당연히 시간당 급여이므로 우선 시간당 급여가 높은 일자리를 선택하여 근무를 할 것이고 시간의 여유가 있다면 그 여유시간으로 나머지 아르바이트를 할 것이기 때문이다.

아르바이트자리를 알아보는 학생들과 마찬가지로 기업도 자원에 제약이 있고 여러 가지 제품을 생산하는 경우에는 제약자원단위당 공헌이익이 큰 순서대로 제품을 생산하여 이익을 극대화시킬 것이다.

제약자원으로는 노무시간, 기계시간 또는 원재료 사용량 등이 될 수 있으며, 이러한 제약자원들은 단기적으로 신축적인 조정을 할 수 없으므로 발생된다.

예제 08 제약자원이 하나인 경우(1)

(주)서울은 제품 A와 B 두 가지 제품을 생산 · 판매하고 있다. 두 제품에 관한 자료는 다음과 같다.

	제품 A	제품 B
판매가격	₩40	₩60
변동원가	32	42
공헌이익	₩8	₩18
공헌이익률	20%	30%

동일한 기계장치를 이용하여 제품 A 와 B를 생산하고 있는데, 기계장치에 대해 이 회사가 이용할 수 있는 최대기계시간은 연간 3,000시간이다. 제품 A 1단위 생산시 소요되는 기계시간은 1시간이며, 제품 B 1단위를 생산하는 데는 소요되는 기계시간은 3시간이다. 또한 제품 A와 제품 B의 시장수요는 각각 연간 1,500단위씩이다.

[물음 1] 회사의 이익을 극대화하기 위해서는 어느 제품을 각각 몇 단위씩 생산 · 판매해야 하는가?

[물음 2] 제품 B의 시장수요가 연간 300단위인 경우 [물음 1]에 다시 답하시오.

해답

자료정리

[물음 1] 최적생산량(내부제약)

1) 제약자원단위당 공헌이익을 통하여 생산우선순위를 결정한다.

	최대조업도(3,000시간)	
	제품 A (1,500단위)	제품 B (1,500단위)
단위당 판매가격(P)	₩40	₩60
단위당 변동원가(VC)	32	42
단위당 공헌이익(CM)	₩8	₩18
÷ 제약자원	÷1시간	÷3시간
제약자원단위당 공헌이익	₩8/시간	₩6/시간
생산우선순위	①순위	②순위

2) 생산우선순위를 이용하여 제품생산량을 결정한다.

(1순위) 제품 A : 1,500단위 × 1시간 = 1,500시간

(2순위) 제품 B : Min[500단위 × 3시간, 1,500단위] = 1,500시간

합계 3,000시간

3) 제품 A = 1,500단위, 제품 B = 500단위를 생산한다.

[물음 2] 최적생산량(외부제약)

1) 생산우선순위를 이용하여 제품생산량을 결정한다.

(1순위) 제품 A : 1,500단위 × 1시간 = 1,500시간

(2순위) 제품 B : Min[500단위 × 3시간 = 1,500시간, 300단위]

합계 3,000시간

2) 제품 A = 1,500단위, 제품 B = 300단위를 생산한다. 제품 B는 500단위를 생산할 수 있지만 시장 수요가 300단위이므로 300단위만 생산한다.

예제 09 제약자원이 하나인 경우(2)

(주)서울은 주요부품 A, B, C를 사용하여 제품을 생산 · 판매하고 있다. 이들 부품은 자가제조할 수도 있고 외부에서 구입하여 사용할 수도 있다. 회사는 추가적인 설비투자를 고려하지 않고 있으며, 고정제조간접원가는 외부에서 구입하더라도 계속 발생하므로 회피불가능하다. 부품에 대한 원가정보는 다음과 같으며 자가제조하는데 사용할 수 있는 총기계시간은 연간 3,000시간이다.

	부품 A	부품 B	부품 C
자가제조시			
직접재료원가	₩4,000	₩5,000	₩6,000
직접노무원가	2,000	3,000	3,000
변동제조간접원가	2,000	1,000	1,500
	₩8,000	₩9,000	₩10,500
부품단위당기계시간	1시간	2시간	5시간
연간 소요량	2,000개	1,500개	2,000개
부품단위당 외부구입가격	₩9,000	₩10,500	₩9,500

[물 음] 회사는 어느 부품을 얼마나 자가제조하여야 하는가?

해답

자료정리

1) 제약자원단위당 공헌이익을 통하여 자가제조 우선순위를 결정한다.

	부품 A (2,000개)	부품 B (1,500개)	부품 C (2,000개)
외부구입가격	₩9,000	₩10,500	₩9,500
자가제조시 변동원가	8,000	9,000	10,500
비용감소	₩1,000	₩1,500	₩(1,000)
÷ 제약자원	÷ 1시간	÷ 2시간	
제약자원단위당 비용감소	₩1,000/시간	₩750/시간	
생산우선순위	①순위	②순위	외부구입

2) 생산우선순위를 이용하여 부품생산 수량을 결정한다.

(1순위) 부품 A : 2,000개 × 1시간 = 2,000시간

(2순위) 부품 B : 500개 × 2시간 = 1,000시간

3,000시간

3) 부품 A = 2,000개, 부품 B = 500개를 자가제조

부품 B = 1,000개, 부품 C = 2,000개를 외부구입

(2) 제약요소가 둘 이상인 경우

여러 제품을 생산하는 기업이 사용하는 생산요소 중 둘 이상의 자원이 제한되어 있는 경우에는 제약자원의 단위당 공헌이익이 자원마다 달라 생산우선순위를 결정할 수 없고 분석이 매우 복잡해진다. 그러므로 제약자원단위당 공헌이익에 의한 생산우선순위가 아닌, 선형계획법(linear programming)을 사용하여 제품생산량에 대한 최적해를 구한다.

선형계획법에 의해 최적해를 도출하는 방법에는 도해법과 심플렉스법이 있는데, 보다 간편한 방법인 도해법을 통해 이익이 극대화되는 생산량을 구하도록 한다.

도해법은 자원에 대한 제약조건식을 통해 실행가능영역을 도출한 후 이 영역의 범위 내에서 목적함수의 최적화 즉, 기업의 이익 최대화 또는 원가를 최소화하는 제품들의 생산량을 결정하는 방법이다.

도해법에 의한 최적생산수량의 결정은 다음과 같다.

- 1단계 : 목적함수를 표시하는데 이는 이익의 극대화 또는 원가최소화로 나타난다.
- 2단계 : 제한된 자원의 수에 따라 제약조건식을 나타낸다.
- 3단계 : 제약조건을 그래프로 표시한 후 모든 제약조건을 만족시키는 실행가능 영역을 표시한다.
- 4단계 : 최적해는 꼭지점에서 결정되므로 실행가능영역 중 목적함수 값을 가장 충족시키는 최적해를 찾아낸다.

▶ 예제 10 제약자원이 둘 이상인 경우

(주)서울은 제품 A와 제품 B를 생산하여 판매하고 있다. 두 제품과 관련된 원가자료는 다음과 같으며, 두 제품 생산에 필요한 원재료와 기계시간은 각각 200kg과 250시간으로 제한되어 있다.

	제품 A	제품 B
단위당 판매가격	₩300	₩200
단위당 변동제조원가	120	100
단위당 변동판매관리비	100	50
단위당 공헌이익	₩80	₩50
원재료	2kg	1kg
기계시간	1시간	2시간

[물 음] 제품 A와 제품 B에 대한 시장수요가 충분하다고 할 때, 회사의 이익을 극대화하기 위한 제품 A와 B의 최적제품배합과 최대이익을 구하시오.

해답

1) 목적함수

Max Z = ₩80 · A + ₩50 · B

2) 제약조건

원재료사용량 : 2 · A + 1 · B ≤ 200kg ··· ① (내부제약)

기계시간 : 1 · A + 2 · B ≤ 250시간 ··· ② (내부제약)

3) 실행가능영역의 도해

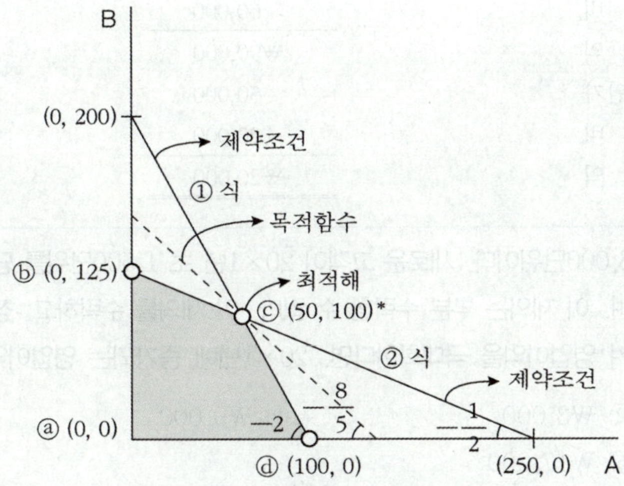

* 제약조건의 ①식과 ②식을 이용함

4) 최적해의 도출

꼭지점	좌 표	공헌이익
ⓐ	(0, 0)	₩80 · 0 + ₩50 · 0 = −
ⓑ	(0, 125)	₩80 · 0 + ₩50 · 125 = ₩6,250
ⓒ	(50, 100)	₩80 · 50 + ₩50 · 100 = 9,000
ⓓ	(100, 0)	₩80 · 100 + ₩50 · 0 = 8,000

5) 최적제품배합 : 이익이 극대화되는 제품 A 50개와 제품 B 100개를 생산한다.

COST&MANAGEMENT ACCOUNTING

객관식 연습문제

01 (주)세무의 정상판매량에 기초한 20×1년 예산손익계산서는 다음과 같다.

매 출 액 (5,000단위 × ₩60)	₩300,000
변 동 매 출 원 가	150,000
변 동 판 매 비	60,000
공 헌 이 익	₩90,000
고정제조간접원가	50,000
고 정 판 매 비	20,000
영 업 이 익	₩20,000

(주)세무의 연간 최대생산능력은 6,000단위이다. 새로운 고객이 20×1년 초 1,500단위를 단위당 ₩50에 구입하겠다고 제의하였으며, 이 제의는 부분 수락할 수 없다. 이 제의를 수락하고, 정상가격에 의한 기존의 거래를 감소시켜 영업이익을 극대화한다면, 20×1년에 증가되는 영업이익은?

① ₩1,000 ② ₩3,000 ③ ₩9,000
④ ₩14,000 ⑤ ₩17,000

02 (주)대한은 단일제품 A를 생산 및 판매하고 있으며, 관련범위 내 연간 최대생산능력은 10,000개이다. (주)대한은 현재 제품 A를 7,500개 생산하여 단위당 판매가격 ₩600으로 국내 정규시장에 모두 판매하고 있다. 제품 A의 원가 관련 정보는 다음과 같다. 2025 회계사

- 기초원가(prime cost) : 단위당 ₩400
- 제조간접원가 원가함수 : Y = 1,185,000 + 100X
  (Y = 총제조간접원가(₩), X = 제품 생산수량(개))
- 변동판매관리비 : 단위당 ₩30
- 고정판매관리비 : ₩700,000

최근 해외 거래처 ABC Inc.은 (주)대한에게 제품 A 3,000개를 단위당 ₩550에 특별주문할 수 있는지 문의하였다. 특별주문 수락 시 (주)대한은 특별주문 수량에 대해서는 단위당 50%의 변동판매관리비를 절감할 수 있으나, 고정판매관리비 ₩20,000과 단위당 ₩10의 특수 원재료 원가가 추가 발생할 것으로 예상된다. (주)대한이 ABC Inc.의 특별주문을 수락한다면 영업이익에 미치는 영향은 얼마인가? 단, (주)대한은 ABC Inc.의 특별주문을 전량 수락하거나 거절하여야 하며, 특별주문 수락 시 국내시장 판매를 일부 포기하여야 한다.

① ₩20,000 증가 ② ₩35,000 증가 ③ ₩40,000 증가
④ ₩55,000 증가 ⑤ ₩170,000 증가

03 (주)국세는 야구공을 생산 · 판매하고 있으며, 월간 최대생산능력은 30,000단위이다. (주)국세가 생산하는 야구공의 단위당 원가자료는 다음과 같다.

직 접 재 료 원 가	₩200
직 접 노 무 원 가	100
변동제조간접원가	50
고정제조간접원가	100
변동판매비와관리비	25
고정판매비와관리비	30

(주)국세는 현재 정상주문에 대해 단위당 ₩500의 가격으로 판매를 하고 있는데, 최근 해외사업자로부터 할인된 가격으로 3,000단위를 구입하겠다는 특별주문을 받았다. (주)국세가 이 주문을 수락할 경우에는 생산능력의 제한으로 인하여 기존 정상주문 중 1,200단위의 판매를 포기해야 한다. 그러나 특별주문 수량에 대한 단위당 변동판매비와관리비는 ₩5 만큼 감소할 것으로 예상하고 있다. (주)국세가 해외사업자의 특별주문에 대하여 제시할 수 있는 단위당 최저 판매가격은 얼마인가?

① ₩370 ② ₩375 ③ ₩420
④ ₩425 ⑤ ₩500

04 (주)서울의 최대조업도는 100,000개이며, 현재 60,000개를 생산하여 정상판매하고 있다. 현재 특별주문이 개당 ₩80에 X개가 들어와 이에 대한 타당성을 검토하고 있다. 개당 직접노무원가는 학습효과로 연간 생산량이 80,000개를 초과하는 부분에 대해서는 ₩10으로 감소할 것이다. (주)서울이 정상판매와 특별주문을 합한 총이익 ₩2,100,000을 얻기 위한 특별주문 판매량(X)은 몇 개인가?

	제품 A
정상판매가격	₩100
직접재료원가	10
직접노무원가	20
변동제조간접원가	30
총고정제조간접원가	500,000

① 0개 ② 5,000개 ③ 10,000개
④ 15,000개 ⑤ 20,000개

05 (주)국세는 현재 제품 생산에 필요한 부품 10,000단위를 자가제조하여 사용하고 있는데, 최근에 외부의 제조업자가 이 부품을 전량 납품하겠다고 제의하였다. (주)국세가 이러한 제의에 대한 수락 여부를 검토하기 위하여 원가자료를 수집한 결과, 10,000단위의 부품을 제조하는데 발생하는 총제조원가는 다음과 같으며, 최대로 허용 가능한 부품의 단위당 구입가격은 ₩330으로 분석되었다.

직접재료원가	₩1,800,000
직접노무원가	700,000
변동제조간접원가	500,000
고정제조간접원가	500,000
총제조원가	₩3,500,000

이 경우 (주)국세가 회피가능한 고정제조간접원가로 추정한 최소 금액은 얼마인가?

① ₩150,000 ② ₩200,000 ③ ₩250,000
④ ₩300,000 ⑤ ₩500,000

06 선풍기 제조회사인 (주)국세는 소형모터를 자가제조하고 있다. 소형모터 8,000개를 자가제조하는 경우, 단위당 원가는 다음과 같다.

직 접 재 료 원 가	₩7
직 접 노 무 원 가	3
변 동 제 조 간 접 원 가	2
특수기계 감가상각비	2
공통제조간접원가 배부액	5
제 품 원 가	19

(주)한국이 (주)국세에게 소형모터 8,000개를 단위당 ₩18에 공급할 것을 제안하였다. (주)국세가 (주)한국의 공급제안을 수용하는 경우, 소형모터 제작을 위해 사용하던 특수기계는 다른 용도로 사용 및 처분이 불가능하며, 소형모터에 배부된 공통제조간접원가의 40%를 절감할 수 있다. (주)국세가 (주)한국의 공급제안을 수용한다면, 자가제조하는 것보다 얼마나 유리 또는 불리한가?

① ₩24,000 불리 ② ₩32,000 불리 ③ ₩24,000 유리
④ ₩32,000 유리 ⑤ 차이 없음

07 (주)세무는 부품 A를 매년 1,000단위씩 자가생산하여 제품 생산에 사용하고 있는데, 부품 A 생산과 관련된 원가자료는 다음과 같다.

	단위당 원가
직 접 재 료 원 가	₩150
직 접 노 무 원 가	30
변 동 제 조 간 접 원 가	20
고 정 제 조 간 접 원 가	40
합 계	₩240

(주)하청이 부품 A를 단위당 ₩215에 전량 공급해주겠다는 제안을 하였다. (주)하청의 제안을 수락하면 부품 A의 생산 공간을 부품 B 생산에 이용할 수 있어 부품 B의 총제조원가를 매년 ₩7,000 절감할 수 있고, 부품 A의 고정 기술사용료가 매년 ₩9,000 절감된다.

한편 (주)간청은 (주)세무에게 다른 제안을 하였다. (주)간청의 제안을 수락하면 부품 A의 총 고정제조간접원가가 매년 10% 절감되나, 부품 A의 생산 공간을 부품 B 생산에 이용할 수 없어 부품 B의 총제조원가는 절감되지 않는다.

(주)간청의 기술지도로 인하여 부품 A의 고정 기술사용료는 매년 ₩7,000 절감된다. 각 제안별 수락에 따른 영업이익 증감액이 동일하게 되는 (주)간청의 제안가격은?

① ₩180　② ₩198　③ ₩202
④ ₩210　⑤ ₩212

08 (주)세무는 두 개의 보조부문(S1, S2)과 두 개의 제조부문(A, B)을 통해 제품을 생산하고 있다. 각 보조부문에서 다른 부문에 공급하는 연간 예상 용역량은 다음과 같다.

	보조부문		제조부문		
	S1	S2	A	B	합 계
S1	–	200kW	500kW	300kW	1,000kW
S2	300시간	–	450시간	250시간	1,000시간

S1이 제공하는 전력의 kW당 변동원가는 ₩100이고, S2가 제공하는 서비스의 시간당 변동원가는 ₩80이다. (주)세무는 (주)한국으로부터 전력을 kW당 ₩120에 공급하겠다는 제안을 받았다. (주)세무가 이 제안을 받아들여 S1을 폐지하고 필요한 전력을 전량 (주)한국으로부터 공급받는 경우, 이익 증가액은? 2025 세무사

① ₩4,000　② ₩11,200　③ ₩12,800
④ ₩13,600　⑤ ₩14,400

09 (주)한국은 제품 A와 제품 B를 생산 · 판매하고 있다. 제품 A와 제품 B 각각에 대한 연간최대조업도 100,000단위의 활동수준에서 예상되는 20×1년도 생산 및 판매와 관련된 자료는 다음과 같다.

구분	제품 A	제품 B
단위당 판매가격	₩120	₩80
단위당 변동원가		
직접재료원가	₩30	₩12
직접노무원가	₩20	₩15
변동제조간접원가	₩7	₩5
변동판매관리비	₩12	₩8
단위당 고정원가		
추적가능 고정제조간접원가	₩16	₩18
공통고정비	₩15	₩10
단위당 총원가	₩100	₩68
연간최대생산능력	100,000단위	100,000단위

제품별 추적가능 고정제조간접원가는 해당 제품의 생산을 중단하면 회피가능하나, 공통고정비는 제품 A 혹은 제품 B의 생산을 중단해도 계속해서 발생한다. (주)한국은 20×1년 초에 향후 1년 동안 제품 A 80,000단위와 제품 B 60,000단위를 생산 · 판매하기로 계획하였다. 그런데 (주)한국이 기존의 계획을 변경하여 20×1년에 제품 B를 생산하지 않기로 한다면, 제품 A의 20×1년도 연간 판매량은 원래 계획한 수량보다 15,000단위 증가할 것으로 예측된다. (주)한국이 20×1년에 제품 B의 생산을 전면 중단할 경우, 이익에 미치는 영향은?

① ₩165,000 감소 ② ₩165,000 증가 ③ ₩240,000 증가
④ ₩265,000 감소 ⑤ ₩265,000 증가

10 (주)한국은 제품라인별로 부문 X, 부문 Y 및 부문 Z를 유지하고 있다. (주)한국의 지난달 부문별 및 회사전체의 매출액, 비용, 이익에 관한 정보는 다음과 같다.

	부문 X	부문 Y	부문 Z	회사전체
매 출 액	₩1,250	₩750	₩500	₩2,500
변 동 비	500	250	300	1,050
공헌이익	750	500	200	1,450
고정비				
급여	325	205	150	680
감가상각비	10	20	20	50
기타일반관리비	260	156	104	520
총고정비	595	381	274	1,250
영업이익(손실)	₩155	₩119	₩(74)	₩200

(주)한국의 재무담당이사(CFO)가 부문 Z의 폐지여부 결정을 하기 위해 세 부문에 부과되는 비용들에 대해 분석한 결과는 다음과 같다.

(1) 급여는 각 부문에 속한 종업원들에게 직접 지급되며, 부문 Z가 폐지될 경우 회사는 부문 Z에 근무하는 종업원들을 추가 비용의 발생없이 즉시 해고시킬 수 있다.

(2) 감가상각비는 각 부문의 설비에 대한 것이다. 각 부문의 설비는 부문의 특성에 맞게 주문제작된 것이기 때문에, 부문 Z가 폐지될 경우 부문 Z의 설비는 시장가치가 없다.

(3) 기타일반관리비는 회계 · 구매 · 관리비용을 나타내며, 각 부문의 매출액을 기준으로 각 부문에 배부된다. 부문 Z가 폐지되더라도 매월 발생하는 기타일반관리비 총액은 변동하지 않을 것으로 예상된다.

(주)한국이 부문 Z를 폐지하기로 결정한 경우, 부문 Z가 사용하던 유휴 공간 및 설비에 대한 대체적 용도가 없다. 다음 설명 중 옳지 않은 것은?

① 지난달 회사전체 공통고정비는 ₩520이다.

② 지난달 부문 X에 대해 추적가능한 고정비는 ₩325이다.

③ 지난달 부문 Y에 대한 공통고정비 배부전 부문이익(segment margin)은 ₩275이다.

④ 부문 Z를 폐지하기로 결정한 경우, 회피가능한 고정비는 월 ₩150이다.

⑤ 부문 Z를 폐지하기로 결정한 경우, 회사전체의 영업이익은 월 ₩50만큼 감소할 것이다.

11 서울전자는 A, B, C의 세 가지 결합제품을 생산하고 있으며, 결합원가는 분리점에서의 상대적 판매가치에 의해 배분된다. 관련 자료는 다음과 같다.

	A	B	C	합 계
결합원가	?	₩10,000	?	₩50,000
분리점에서의 판매가치	₩80,000	?	?	200,000
추가가공원가	3,000	2,000	₩5,000	
추가가공후 판매가격	85,000	42,000	90,000	

만약, A, B, C 중 하나만을 추가가공한다면 어느 제품을 추가가공하는 것이 가장 유리하며, 이때 추가가공으로 인한 이익은 얼마인가?

① A, ₩2,000 ② B, ₩1,000 ③ C, ₩3,000
④ B, ₩5,000 ⑤ C, ₩5,000

12 (주)대한은 동일한 직접재료 X를 사용하여 두 가지 제품 A와 B를 생산 및 판매한다. 다음은 (주)대한이 생산 및 판매하고 있는 각 제품의 단위당 판매가격, 변동원가 및 공헌이익에 관한 자료이다. 2024 회계사

구 분	제품 A		제품 B	
단위당 판매가격		₩1,800		₩2,400
단위당 변동원가				
직접재료원가	₩320		₩400	
기타변동원가	₩960		₩1,400	
합 계		₩1,280		₩1,800
단위당 공헌이익		₩520		₩600

(주)대한은 공급업체로부터 직접재료 X를 매월 최대 4,000kg까지 구입가능하며, 직접재료 X의 구입가격은 kg당 ₩80이다. (주)대한의 각 제품에 대한 매월 최대 시장수요량이 800단위(제품 A)와 400단위(제품 B)일 경우, (주)대한이 달성할 수 있는 최대공헌이익은 얼마인가?

① ₩240,000 ② ₩416,000 ③ ₩448,000
④ ₩512,000 ⑤ ₩656,000

❖ 다음 자료를 이용하여 [문제 13] ~ [문제 14]에 답하시오.

(주)서울은 서로 독립된 사업부 A와 B를 운영하고 있다. 사업부 A는 제품 X, Y와 Z를 생산 · 판매하며 이와 관련한 자료는 다음과 같다.

	제품 X	제품 Y	제품 Z
단위당 판매가격	₩1,000	₩1,500	₩2,000
단위당 기초원가	500	800	500
단위당 변동제조간접원가	100	200	300
단위당 변동판매관리비	100	100	200
연간 외부 예상 수요량	5,000단위	3,000단위	1,000단위
단위당 기계소요시간	1시간	2시간	2시간

사업부 A가 보유한 기계의 연간 실제적 최대조업도는 10,000시간이다.

13 당해 사업부의 이익을 최대화하기 위한 제품 X, Y와 Z의 생산량은 얼마인가?

	X	Y	Z
①	10,000개	–	1,000개
②	5,000	1,500개	1,000
③	5,000	3,000	1,000
④	4,000	3,000	–
⑤	–	5,000	–

14 제품 X와 달리 제품 Y와 제품 Z는 하나의 묶음으로 생산된다고 가정한다. 수량의 배합비율은 예상수요의 비율과 일치하며, 나머지 자료는 모두 동일하다고 가정시 이익을 최대화하기 위한 제품 X, Y와 Z의 생산량은 얼마인가?

	X	Y	Z
①	10,000개	–	1,000개
②	5,000	2,000개	1,000
③	5,000	1,875	625
④	4,000	3,000	–
⑤	–	5,000	–

❖ 다음은 [문제 15] ~ [문제 16]에 관련된 자료이다.

서울산업은 부품 A, B, C, D를 사용하여 제품을 생산하고 있다. 이들 부품은 자체에서 생산될 수도 있고 외부에서 구입할 수도 있다. 이들 부품의 자체생산에 활용할 수 있는 총기계시간은 연간 6,000시간이며 변동제조원가만이 회피가능원가이다.

각 부품과 관련한 정보는 다음과 같다.

	A	B	C	D
직접재료원가	₩2,000	₩4,000	₩6,000	₩8,000
직접노무원가	1,000	2,000	2,000	2,000
변동제조간접원가	500	1,000	1,000	1,500
단위당 변동제조원가	₩3,500	₩7,000	₩9,000	₩11,500
부품단위당 소요기계시간	2시간	3시간	1시간	3시간
연간 소요량	15,000단위	1,000단위	3,000단위	1,000단위
부품 단위당 외부구입가격	₩4,000	₩8,500	₩10,000	₩11,000

15 회사는 각 부품별 소요량을 어떤 방법으로 조달하는 것이 가장 유리한가?

	A	B	C	D
①	외부구입	외부구입	외부구입	외부구입
②	자체생산	자체생산	외부구입	외부구입
③	자체생산	외부구입	자체생산	외부구입
④	외부구입	자체생산	자체생산	외부구입
⑤	자체생산	자체생산	자체생산	외부구입

16 부품 D의 단위당 구입가격이 현재의 예상가격 ₩11,000에서 최소한 얼마 이상 올라가야 부품 D를 자체생산하는 것이 유리한가?

① ₩1,000 이상 ② ₩1,250 이상 ③ ₩2,000 이상
④ ₩3,000 이상 ⑤ ₩3,500 이상

17 (주)한국은 일반형과 고급형으로 분류되는 두 종류의 정수기를 생산 · 판매하고 있다. 일반형과 고급형 정수기 한 단위를 생산하는데 소요되는 기계시간은 각각 1시간과 2시간이다. 이 회사가 매월 사용가능한 최대 기계시간은 총 6,000시간이다. (주)한국이 20×1년 3월에 대해 예측한 일반형과 고급형 정수기의 판매가격, 원가 및 시장수요량에 관한 자료는 다음과 같다.

항 목	일반형	고급형
단위당 판매가격	₩42	₩64
단위당 변동원가	₩26	₩40
단위당 고정원가	₩6	₩6
단위당 총원가	₩32	₩46
시장수요량	2,500단위	1,500단위

(주)한국은 20×1년 3월의 판매예측에 포함하지 않았던 한 고객으로부터 고급형 정수기 500단위를 단위당 ₩74의 가격에 20×1년 3월중에 구입하고자 하는 특별주문을 받았다. (주)한국이 이 고객의 특별주문을 수락할 경우 해당 제품의 단위당 변동원가에 미치는 영향은 없다. (주)한국이 이 고객의 특별주문을 수락할 경우, 20×1년 3월 영업이익은 얼마만큼 증가하게 될 것인가?

① ₩6,000　② ₩9,000　③ ₩11,000
④ ₩14,000　⑤ ₩17,000

18 (주)대한은 한복 A와 한복 B를 생산하여 판매하고 있다. 한복 A와 한복 B의 제작에 사용되는 재료인 명주와 염료는 1년에 각각 100kg과 150리터만 확보가 가능하다. 한복 A에 대한 시장수요는 무한하나, 한복 B에 대한 시장수요는 연간 70단위이다. 단위당 공헌이익 및 생산관련 재료사용량이 다음과 같을 때 최적 제품배합에 의한 총공헌이익은 얼마인가?

구 분	한복 A	한복 B
단위당 공헌이익	₩3,000	₩1,000
단위당 명주 사용량	1kg	1kg
단위당 염료 사용량	2리터	1리터

① ₩225,000　② ₩200,000　③ ₩160,000
④ ₩150,000　⑤ ₩100,000

해답 해설

01	02	03	04	05	06	07	08	09	10
②	①	③	③	④	②	④	②	②	②
11	12	13	14	15	16	17	18		
⑤	④	②	③	④	③	③	①		

01 정답 ②

	최대조업도(6,000단위)	
	정규(5,000단위)	특별(1,500단위)
가 격	₩60	₩50
변 동 원 가	30*1 + 12*2	30*1 + 12*2
공 헌 이 익	₩18	₩8
고 정 원 가	₩70,000*3	

*1 $\frac{₩150,000}{5,000\text{단위}} = ₩30$

*2 $\frac{₩60,000}{5,000\text{단위}} = ₩12$

*3 ₩50,000 + ₩20,000 = ₩70,000

특별주문 수락시 증분이익은 다음과 같다.

증분수익		₩12,000
특별주문 공헌이익 증가	1,500개 × ₩8 = ₩12,000	
증분비용		9,000
정규판매 공헌이익 감소	500개 × ₩18 = 9,000	
증분이익		₩3,000

02 정답 ①

자료정리

	최대조업도(10,000개)	
	정규(7,500개)	특별(3,000개)
판 매 가 격	₩600	₩50
변 동 원 가	400+100+30	400+100+(30×50%)+10
공 헌 이 익	₩70	₩25
고 정 원 가		
제조간접원가	1,185,000	
판매관리비	700,000	+ 20,000

(+) 특별주문 공헌이익	:	3,000개 × ₩25 =	₩75,000
(−) 정규시장 공헌이익	:	500개[①] × ₩70 =	(35,000)
(−) 특별주문 판매관리비	:		(20,000)
증분손익	:		**₩20,000**

① 정규시장 판매 감소 : 3,000개 − (10,000 − 7,500) = 500개

03 정답 ③

	최대조업도(30,000개)	
	정규판매(?개)	특별판매(3,000개)
가 격	₩500	X
변 동 원 가	350 + 25	350 + 20
공 헌 이 익	₩125	X − ₩370

증분수익	
특별주문 공헌이익 증가	3,000개 × (X − ₩370)
증분비용	
정규판매 공헌이익 감소	1,200개 × ₩125
증분이익	₩0

3,000개 × (X − ₩370) − 1,200개 × ₩125 ≥ ₩0

∴ 판매가격(X) ≥ **₩420**

04 정답 ③

1) 자료정리

	0 < Q ≤ 60,000	60,000 < Q ≤ 80,000	80,000 < Q ≤ 100,000
가 격	₩100	₩80	₩80
변동원가	60	60	50
공헌이익	40	20	30
고정원가	₩500,000		

2) 특별주문수량

	기존(Q = 60,000)	특별주문(Q = x)	합 계
공헌이익	₩40 × 60,000	₩20 × x	
고정원가	500,000	–	
영업이익	₩1,900,000	₩200,000	₩2,100,000

특별주문수량(Q) = $\frac{₩200,000}{₩20}$ = **10,000개**

05 정답 ④

	자가제조(10,000단위)	외부구입(10,000단위)
가 격	?	?
변동원가	180 + 70 + 50	330
공헌이익	?	?
고정원가	₩500,000	₩500,000 − X

1) 자가제조시 총원가 = 10,000단위 × ₩300 + ₩500,000 = ₩3,500,000

2) 외부구입시 총원가 = 10,000단위 × ₩330 + (₩500,000 − X) = ₩3,800,000 − X

3) 회피가능한 고정제조간접원가

₩3,500,000 = ₩3,800,000 − X

∴ X = **₩300,000**

06 정답 ②

	자가제조(8,000단위)	외부구입(8,000단위)
가 격	?	?
변 동 원 가	₩7 + ₩3 + ₩2	₩18
공 헌 이 익	?	?
고 정 원 가		
특수기계	₩2 × 8,000	₩2 × 8,000
공통원가	₩5 × 8,000	₩5 × 8,000 − ₩5 × 8,000 × 0.4

1) 자가제조시 총원가

자가제조하는 경우 단위당 변동원가는 ₩12이고 고정원가는 특수기계와 공통원가 단위당 고정원가 ₩7에 생산량 8,000단위를 곱하면 ₩56,000이 된다.

총원가 = 8,000단위 × ₩12 + ₩16,000 + ₩40,000 = ₩152,000

2) 외부구입시 총원가

외부구입하는 경우 단위당 구입가는 ₩18이고 공통원가가 단위당 40% 감소하므로 ₩3이 된다. 그러므로 단위당 고정원가는 특수기계 ₩2과 공통원가 ₩3이다.

총원가 = 8,000단위 × ₩18 + ₩16,000 + ₩24,000 = ₩184,000

3) 외부구입시 총원가가 ₩32,000 증가하므로 **외부구입시 ₩32,000 불리**하다.

07 정답 ④

	자가제조(1,000단위)	(주)하청(1,000단위)	(주)간청(1,000단위)
가 격	?	?	?
변 동 원 가	₩150+₩30+₩20	₩215	x
공 헌 이 익	?	?	?
고 정 원 가	₩40,000*1	₩24,000*2	₩29,000*3

*1 1,000 × ₩40(부품 A 고정원가)

*2 부품 A와 부품 B의 원가증감을 편의상 함께 반영함
₩40,000(부품 A 고정원가) − ₩7,000(부품 B 원가절감) − ₩9,000(부품 A 원가절감)

*3 부품 A와 부품 B의 원가증감을 편의상 함께 반영함
₩40,000(부품 A 고정원가) − ₩40,000 × 0.1(부품 A 고정원가 절감) − ₩7,000(부품 A 원가절감)

1) (주)하청 총원가 = 1,000 × ₩215 + ₩24,000 = ₩239,000

2) (주)간청 총원가 = 1,000 × X + ₩29,000

3) 각 제안별 영업이익이 동일하게 되는 (주)간청의 제안가격

₩239,000 = 1,000 × X + ₩29,000

∴ X = **₩210**

08 정답 ②

(1) 외부구입 용역량

$$200kW \times \frac{1,000시간 - 300}{1,000시간} + 500kW + 300kW = 940kW$$

(2) 증분손익

(−) 외부구입금액	:	940kW × ₩120	=	₩(112,800)
(+) S1 변동원가 감소	:	1,000kW × ₩100	=	100,000
(+) S2 변동원가 감소	:	300시간 × ₩80	=	24,000
증분손익	:			**₩11,200**

09 정답 ②

1) 자료정리

	제품 A(80,000단위)	제품 B(60,000단위)
가격	₩120	₩80
변동원가	30 + 20 + 7 + 12	12 + 15 + 5 + 8
공헌이익	₩51	₩40
추적(회피)가능고정원가	₩1,600,000*	₩1,800,000*

* 100,000단위 × ₩16 = ₩1,600,000, 100,000단위 × ₩18 = ₩1,800,000

2) 제품 B 생산 중단 시 증분손익

증분수익		₩2,565,000
제품 A 공헌이익 증가 : 15,000단위 × ₩51 =	₩765,000	
제품 B 고정원가 감소 :	1,800,000	
증분비용		(2,400,000)
제품 B 공헌이익 감소 : 60,000단위 × ₩40 =	2,400,000	
증분이익		**₩165,000**

10 정답 ②

② 지난달 부문 X에 대해 추적가능한 고정비는 급여(₩325)와 감가상각비(₩10)의 합인 ₩335이다.

1) 급여는 각 부문에 속한 종업원들에게 직접 지급되므로 추적가능하다. 또한 부문 폐지시 즉시 해고시킬 수 있으므로 회피가능한 고정비이다.
2) 감가상각비는 각 부문의 설비에 대한 것이므로 추적가능하다. 그러나 부문 폐지시 시장가치가 없으므로 회피불능한 고정비이다.
3) 기타일반관리비는 각 부문과 직접 관련하여 발생된 것이 아니므로 추적불가능하다. 또한 부문 폐지시 총액이 변동하지 않으므로 회피불능한 고정비이다.

11 정답 ⑤

1) 자료정리

제 품	분리점에서의 판매가치	비 율	결합원가
A	₩80,000	0.4	₩20,000
B	40,000	0.2*1	10,000
C	80,000	0.4*2	20,000
	₩200,000	1.0	₩50,000

*1 결합원가 배부액 비율 = ₩10,000/₩50,000

*2 제품 A, B의 비율이 0.4, 0.2이므로 제품 C는 0.4가 된다.

2) 증분손익

	A	B	C
증분수익*	₩5,000	₩2,000	₩10,000
증분비용	3,000	2,000	5,000
증분이익	₩2,000	−	₩5,000

* 추가가공후 판매가치 − 분리점에서의 판매가치

제품 C가 ₩5,000으로 가장 유리하다.

12 정답 ④

	(재료 X 4,000kg)			
	제품 A (800단위)		제품 B (400단위)	
단위당 판매가격	₩1,800		₩2,400	
단위당 변동원가	1,280		1,800	
단위당 공헌이익	₩520		₩600	
재료 X 투입량	4kg[①]		5kg[①]	
kg당 공헌이익	₩130/kg		₩120/kg	
생산우선순위	① 순위		② 순위	
생산량	800단위		160단위	
재료 X 총투입량	3,200kg	+	800kg	= 4,000kg

① 재료 X 투입량 : $\frac{₩320}{₩80} = 4kg$, $\frac{₩400}{₩80} = 5kg$

∴ 최대공헌이익 : 800단위 × ₩520 + 160단위 × ₩600 = **₩512,000**

13 정답 ②

	최대조업도(10,000시간)		
	제품 X (5,000단위)	제품 Y (3,000단위)	제품 Z (1,000단위)
단위당 판매가격(P)	₩1,000	₩1,500	₩2,000
단위당 변동원가(VC)	700	1,100	1,000
단위당 공헌이익(CM)	₩300	₩400	₩1,000
단위당 생산소요시간	÷ 1시간	÷ 2시간	÷ 2시간
제약자원 단위당 공헌이익	₩300	₩200	₩500

(1순위) 제품 Z : 1,000단위 × 2시간 = 2,000시간

(2순위) 제품 X : 5,000단위 × 1시간 = 5,000시간

(3순위) 제품 Y : min [1,500단위 × 2시간 = 3,000시간 ; 3,000단위]

10,000시간

제품의 최적생산량은 다음과 같다.

제품 X = **5,000단위**, 제품 Y = **1,500단위**, 제품 Z = **1,000단위**

14 정답 ③

1) 제품 Y와 제품 Z가 묶음으로 생산되므로 제약자원 단위당 공헌이익을 다음과 같이 구한다.

1. 묶음생산시 공헌이익 = 제품 Y(3단위) + 제품 Z(1단위)
= 3단위 × ₩400 + 1단위 × ₩1,000
= ₩2,200

2. 제약자원단위당 공헌이익 = $\frac{₩2,200}{3단위 \times 2시간 + 1단위 \times 2시간}$
= ₩275/시간

2) 묶음생산시 제약자원 단위당 공헌이익보다 제품 X의 제약자원 단위당 공헌이익이 더 크므로 생산우선순위는 다음과 같다.

(1순위) 제품 X	: 5,000단위 × 1시간 =	5,000시간
(3순위) 제품 Y와 Z	: 625묶음 × 8시간 =	5,000시간
		10,000시간

3) 제품의 최적생산량은 다음과 같다.

제품 X = **5,000단위**

제품 Y = 625묶음 × 3단위 = **1,875단위**, 제품 Z = 625묶음 × 1단위 = **625단위**

15 정답 ④

	A(15,000개)	B(1,000개)	C(3,000개)	D(1,000개)
외부구입가격	₩4,000	₩8,500	₩10,000	₩11,000
자가제조원가	3,500	7,000	9,000	11,500
원가증감	₩500	₩1,500	1,000	(₩500)
기계시간	÷ 2시간	÷ 3시간	÷ 1시간	외부구입
기계시간당 원가절감액	₩250	₩500	₩1,000	
자가제조 우선순위	③	②	①	

자가제조 생산량

(1순위) C	: 3,000 × 1시간 =	3,000시간
(2순위) B	: 1,000 × 3시간 =	3,000시간
(3순위) A	: − × 2시간 =	−
		6,000시간

부품 B와 C만 자가제조한다.

16 정답 ③

1) 부품 D 자가제조시 부품 B의 자가제조를 포기해야 한다.

부품 B 기계시간당 공헌이익 ≤ 부품 D 기계시간당 공헌이익

₩500/시간 ≤ (X − ₩11,500)/3시간

X ≥ ₩13,000

2) 현재보다 부품 D의 가격이 최소한 **₩2,000 이상** 올라가야 한다.

17 정답 ③

	최대조업도(6,000시간)		
	일반형 (2,500개)	고급형 (1,500개)	특별(고급형) (500개)
가 격	₩42	₩64	₩74
변동원가	26	40	40
공헌이익	₩16	₩24	₩34
	÷ 1시간	÷ 2시간	÷ 2시간
제약 CM	₩16/시간	₩12/시간	₩17/시간
생산순위	①순위	②순위	

증분수익		
특별주문 공헌이익 증가	500개 × ₩34 =	₩17,000
증분비용		
고급형 공헌이익 감소	500시간 × ₩12/시간 =	6,000
증분이익		₩11,000

① 특별주문 수락시 공헌이익이 ₩17,000(500개 × ₩34) 증가한다.

② 특별주문과 관련된 고정원가의 증가는 없다.

③ 최대조업도는 6,000시간이다. 그리고 기존 판매량 일반형 2,500개(2,500시간)와 고급형 1,500개(3,000시간)는 총 5,500시간이 필요하다. 그러므로 여유조업도는 500시간이다. 그러므로 기회비용은 아래의 ④와 같다.

④ 특별주문 수락시 생산우선 순위가 낮은 고급형을 500시간 포기한다. 이러한 경우 기회비용은 500시간 × ₩12/시간 = ₩6,000이다.

⑤ 특별주문 수락시 공헌이익이 ₩17,000 증가하고 기회비용이 ₩6,000이므로 **증분이익은 ₩11,000**이다.

18 정답 ①

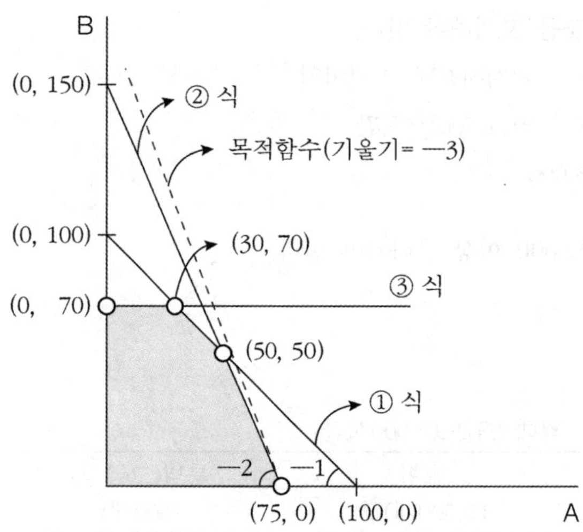

1) 목적함수와 제약요소의 고려

Max Z = ₩3,000 · A + ₩1,000 · B

명주 사용량 : 1 · A + 1 · B ≤ 100 …… ① (내부제약)

염료 사용량 : 2 · A + 1 · B ≤ 150 …… ② (내부제약)

한복 B : B ≤ 70 …… ③ (외부제약)

이익선의 기울기가 $-3\left(=\dfrac{₩3,000}{₩1,000}\right)$이므로 한복 A를 75단위 전량 생산한다.

2) 총공헌이익

총공헌이익 = 75단위 × ₩3,000

= **₩225,000**

COST&MANAGEMENT ACCOUNTING

주관식 **연습문제**

01 특별주문수락 여부(1)

(주)서울은 현재 한 가지 제품만을 생산 · 판매하고 있는 회사로서 제품 1,000단위에 대한 원가자료는 다음과 같다.

	단위당 원가	원가총액
직접재료원가	₩20	₩20,000
직접노무원가	30	30,000
변동제조간접원가	50	50,000
고정제조간접원가	100	100,000
변동판매관리비	50	50,000
고정판매관리비	50	50,000
합계	₩300	₩300,000

① 제품단위당 판매가격은 ₩350이다.

② 정규판매 1,000단위 이외에 (주)대한으로부터 단위당 ₩300에 200단위를 일시에 구입하겠다는 특별주문을 받았다.

③ 특별주문을 수락하는 경우에도 고정제조간접원가는 추가로 발생하지 않는다. 그러나 ₩5,000의 고정판매비가 추가로 발생한다.

[물음 1] 연간 최대조업도가 1,200단위인 경우 특별주문의 수락 여부를 결정하시오.

[물음 2] 연간 최대조업도는 1,100단위이다. 다음 각각의 경우 특별주문의 수락 여부를 결정하시오.

1) 정규판매를 100단위 감소시키는 경우
2) 부족한 생산량을 위하여 기계장치를 ₩30,000에 구입하는 경우
3) 부족생산량 100단위를 단위당 ₩255에 외부로부터 구입하여 재판매하는 경우

[물음 3] 연간 최대조업도가 1,200단위인 경우 특별주문의 단위당 최소판매가격은 얼마인가?

해답

자료정리

	최대조업도(1,200단위)	
	정규판매(1,000단위)	특별주문(200단위)
단위당 판매가격(P)	₩350	₩300
단위당 변동원가(VC)	20 + 30 + 50 + 50	20 + 30 + 50 + 50
단위당 공헌이익(CM)	₩200	₩150
총 고 정 원 가		
(1) 제 조 간 접 원 가	₩100,000	–
(2) 판 매 관 리 비	50,000	₩5,000

[물음 1] 여유조업도가 충분한 경우

여유조업도 : 최대조업도 − 정규시장 = 1,200단위 − 1,000단위 = 200단위

여유조업도(200단위) = 특별주문(200단위)

증분수익		₩30,000
특별주문 공헌이익 증가 : 200단위 × ₩150 = ₩30,000		
증분비용		5,000
특별주문 고정판매비 증가 :	5,000	
증분이익		₩25,000

특별주문 수락시 **증분이익이 ₩25,000**이므로 **특별주문을 수락**한다.

[물음 2] 여유조업도가 충분하지 않은 경우

여유조업도 : 최대조업도 − 정규시장 = 1,100단위 − 1,000단위 = 100단위

여유조업도(100단위) < 특별주문(200단위) : 특별주문수량 200단위 중 100단위가 부족한 상태이다.

1) 정규판매량 100단위 감소

증분수익		₩30,000
특별주문 공헌이익 증가 : 200단위 × ₩150 = ₩30,000		
증분비용		25,000
특별주문 고정판매비 증가 :	5,000	
정규판매량 100단위 감소 : 100단위 × ₩200 =	20,000	
증분이익		₩5,000

특별주문 수락시 **증분이익이 ₩5,000**이므로 **특별주문을 수락**한다.

2) 설비를 임차하는 경우

증분수익		₩30,000
특별주문 공헌이익 증가 : 200단위 × ₩150 =	₩30,000	
증분비용		35,000
특별주문 고정판매비 증가	5,000	
기계장치구입	30,000	
증분이익		₩(5,000)

특별주문 수락시 **증분손실이 ₩5,000**이므로 **특별주문을 거절**한다.

3) 부족분 100단위 외부구입 후 재판매

증분수익		₩14,500
특별주문 공헌이익 증가 : 100단위 × ₩150 =	₩15,000	
부족분 100단위 외부구입 후 재판매 : 100단위 × (₩300 − ₩255 − ₩50) =	(500)	
증분비용		5,000
특별주문 고정판매비 증가	5,000	
증분이익		₩9,500

특별주문 수락시 **증분이익이 ₩9,500**이므로 **특별주문을 수락**한다.

[물음 3] 특별주문의 최소판매가격

연간 최대조업도가 1,200단위인 경우 특별주문 200단위를 여유조업도 200단위(1,200단위−1,000단위)로 생산할 수 있다.

단위당 판매가격(P)	x
단위당 변동원가(VC)	20 + 30 + 50 + 50
단위당 공헌이익(CM)	x − ₩150/단위
고정판매비	₩5,000

특별주문 수락시 최소한 이익이 ₩0보다 커야 하는데 이는 다음과 같은 식으로 나타낼 수 있다.

$(x - ₩150) \cdot Q - ₩5,000 \geq 0$

$(x - ₩150) \cdot 200$단위 $- ₩5,000 \geq 0$

$x \geq$ **₩175**

특별주문의 단위당 최소판매가격은 **₩175**이다.

02 특별주문수락 여부(2)

(주)세무는 2011년 7월 1일에 설립된 타월을 제조하는 기업이다. (주)세무는 7월 한 달 동안 타월 3,000장을 제조하여 모두 판매하였으며, 재고를 보유하지 않는 정책을 사용하고 있다. (주)세무의 7월 영업성과는 다음과 같고, 8월에도 7월과 동일한 영업상황이 유지될 것으로 예상하고 있다.

매 출 액	₩6,000,000
매출원가	3,600,000
판 매 비	2,100,000
영업이익	₩300,000

(주)세무의 모든 원가는 생산량을 원가동인으로 하여 변동원가와 고정원가로 분류 할 수 있다. 타월의 변동판매비는 ₩500이며, 타월의 단위당 제조원가 ₩1,200에 대한 원가요소별 구성내역은 다음과 같다.

	단위당 변동원가	단위당 고정원가
직접재료원가	₩600	—
직접노무원가	50	₩150
제조간접원가	100	300
합 계	₩750	₩450

(주)세무는 서울에서 2011년 8월 31일 개장할 예정인 한국호텔로부터 8월 중에 타월 500장을 단위당 ₩1,100원에 공급해달라는 1회성 주문을 받았다. 단, 한국호텔의 특별주문에는 판매비가 추가로 소요되지 않는다.

(주)세무는 한국호텔의 특별주문을 소화할 수 있는 충분한 생산능력을 보유하고 있으며, 한국호텔의 특별주문을 소화하더라도 기존 타월의 판매량과 판매가격은 변하지 않는다. 그러나 (주)세무는 특별주문용 호텔타월에 인쇄될 한국호텔 로고의 디자인비용 ₩2,240을 그래픽디자인 회사인 (주)수정에게 지급해야 하고, 디자인이 완성된 로고를 타월에 인쇄하기 위해 타월 한 장당 ₩10의 인쇄비를 추가로 부담할 것으로 예상된다. (주)세무가 생산하여 판매하는 일반타월과 호텔타월은 로고 인쇄여부를 제외하면 제품의 특성이나 품질이 동일하다.

[물음 1] 한국호텔의 특별주문과 관련된 (주)세무의 증분손익을 구하고 특별주문의 수락여부를 결정하시오.

[물음 2] (주)세무가 한국호텔의 특별주문을 수락하면, 호텔타월 2장당 1장의 비율로 일반타월의 판매량이 감소한다고 가정한다. 이 경우 한국호텔의 특별주문과 관련한 (주)세무의 증분손익을 구하고 이를 근거로 특별주문의 수락 여부를 결정하시오.

[물음 3] (주)세무가 한국호텔의 특별주문을 수락하지 않을 경우, 2011년 8월의 타월판매에 대한 손익분기점 판매량을 계산하시오.

[물음 4] (주)세무는 지방에 있는 한국호텔의 체인에도 타월을 공급할 수 있게 되었다. 이로 인해 2011년 8월 한 달 동안 일반타월과 호텔타월 간의 판매량 매출배합은 2:1이 될 것으로 예상되었다. (주)세무는 한국호텔 체인의 주문을 충족시킬 수 있을 만큼 충분한 생산능력을 보유하고 있다. 따라서 호텔타월은 한국호텔 체인에 공급하더라도, 기존 일반타월의 판매수량과 판매가격에는 아무런 영향이 없다. (주)세무의 2011년 8월 일반타월과 호텔타월의 손익분기점 판매량을 계산하시오. 단, 호텔타월의 가격과 원가에 관한 정보는 서울에서 개장하는 한국호텔로부터의 특별주문과 동일하다고 가정한다.

해답

자료정리

	최대조업도	
	일반타월 (3,000장)	호텔타월 (500장)
단위당 판매가격(P)	₩2,000	₩1,100
단위당 변동원가(VC)	600 + 50 + 100 + 500	600 + 50 + 100 + 10
단위당 공헌이익(CM)	₩750	₩340
총고정원가		
(1) 노무원가	₩450,000*2	₩2,240*1
(2) 제조간접원가	900,000*3	
(3) 판매관리비	600,000*4	

*1 로고의 디자인비용

*2 ₩150 × 3,000장 = ₩450,000

*3 ₩300 × 3,000장 = ₩900,000

*4 ₩2,100,000 − ₩500 × 3,000장 = ₩600,000

[물음 1] 여유조업도가 충분한 경우

호텔타월 주문 수락시 증분이익은 다음과 같다.

증분수익		
호텔타월 공헌이익 증가	500장 × ₩340 =	₩170,000
증분비용		
호텔타월 디자인비용 증가		2,240
증분이익		₩167,760

특별주문 수락시 **이익이 ₩167,760 증가**하므로 **특별주문을 수락**한다.

[물음 2] 여유조업도가 충분하지 않은 경우

호텔타월 주문 수락시 일반타월이 감소하는 경우 증분이익은 다음과 같다.

증분수익		
호텔타월 공헌이익 증가	500장 × ₩340 =	₩170,000
증분비용		
호텔타월 디자인비용 증가		2,240
일반타월 공헌이익 감소	250장 × ₩750 =	187,500
증분이익		₩(19,740)

특별주문 수락시 **이익이 ₩19,740 감소**하므로 **특별주문을 거절**한다.

[물음 3] 손익분기점 판매량

호텔타월 특별주문을 고려하지 않으므로 일반타월의 공헌이익과 고정원가로 손익분기점을 구해야 한다.

$$(P - VC) \cdot Q - FC = \pi$$

$$Q_{BEP} = \frac{₩450,000 + ₩900,000 + ₩600,000}{₩2,000 - ₩1,250}$$

$$= \mathbf{2,600장}$$

[물음 4] 복수제품의 손익분기점 판매량

호텔타월을 고려하는 경우 일반타월과 호텔타월의 매출배합은 2 : 1 이다. 이는 복수의 제품을 생산하는 경우에 손익분기점을 구하는 것이므로 묶음당 공헌이익을 구하고 이를 고정원가에서 나누어 손익분기점 묶음을 구해야 한다.

1) 묶음당 공헌이익

1묶음당 공헌이익 = 2 × ₩750 + 1 × ₩340 = ₩1,840

2) 손익분기점 묶음

$(P - VC) \cdot Q_{묶음} - FC = \pi$

$$Q_{묶음} = \frac{₩450,000 + ₩900,000 + ₩600,000 + ₩2,240}{₩1,840}$$

= 1,061묶음

3) 각 제품의 손익분기점 판매량

일반타월 = 1,061 × 2장 = **2,122장**

호텔타월 = 1,061 × 1장 = **1,061장**

---

03 특별주문 의사결정

(주)서울은 현재 수도권에 위치한 기업으로 팩스를 매월 3,000단위 생산하여 판매하고 있다. 당사의 제품 단위당 판매가격은 ₩210이며, 생산과 관련된 기타자료는 다음과 같다.

단위당 직접재료원가	₩10
단위당 직접노무원가	₩30
단위당 기타변동원가	₩50
월간 고정제조간접원가	₩25,000
월간 고정판매관리비	₩15,000

위의 자료를 이용하여 다음 물음에 답하시오.

[물음 1] 회사의 경영진은 매월 ₩10,000의 고정급여를 받는 판매사원 대신 판매단위당 ₩15의 판매수수료를 받는 판매사원을 채용하면 판매량이 15% 증가할 것으로 확신하고 있다. 만약 고정급(월 ₩10,000) 판매사원을 판매 수수료(판매단위당 ₩15)를 받는 판매사원으로 대체하는 경우, 이 회사의 영업이익은 매월 얼마만큼 증가 혹은 감소하게 될 것인지 계산하시오.

[물음 2] 직접노무원가의 시간당 임률은 ₩10이며, 직접노무인력과 관련된 월간 최대이용가능시간은 9,000시간이라고 가정한다. (주)서울이 생산하는 팩스를 외국의 바이어가 150단위 특별주문하였으며, 특별주문과 관련된 팩스는 기타변동원가에 포함된 ₩10의 변동판매관리비가 감소될 것이다. 특별주문과 관련된 이익이 ₩15,000이라면 회사가 제시할 수 있는 팩스의 단위당 판매가격은 얼마인가?

※ 다음 자료를 이용하여 [물음 3]에 답하시오.

(주)서울은 현재 보통품질의 팩스 외에 새로운 고품질의 팩스기계를 개발하여 판매하기 시작하였다. 월간 고정제조간접원가와 고정판매관리비는 각각 ₩30,000과 ₩15,000이고 보통품질과 고품질의 팩스와 관련된 원가자료는 다음과 같다.

	보통품질	고품질
단위당 직접재료원가	₩10	₩20
단위당 직접노무원가	₩30	₩40
단위당 기타변동원가	₩50	₩100
단위당 판매가격	₩210	₩360
월간 예상수요량	600단위	1,800단위

직접노무원가의 임률은 시간당 ₩10이고 직접노무인력의 최대이용가능한 시간은 월 10,000시간이다. 현재는 두 제품을 월간 예상수요량만큼 생산하며, 이에 대한 조업도는 9,000노무시간이다.

[물음 3] (주)서울은 단위당 가격 ₩240에 고품질제품 310단위에 대한 특별주문을 접수 받았다. 단, 특별주문은 310단위 전량에 대하여 수락하거나 거절한다. 이 특별주문으로 영업이익은 얼마나 증가하는가?

해답

[물음 1] 판매수수료

	Q=3,000단위	Q=3,450단위
단위당 판매가격(P)	₩210	₩210
단위당 변동원가(VC)	90	90 + 15
단위당 공헌이익(CM)	₩120	₩105
총 고 정 원 가(FC)		
(1) 제조간접원가	₩25,000	₩25,000
(2) 판매관리비	15,000	5,000

1) 변경 전 : 3,000 × ₩120 − (₩25,000 + ₩15,000) = ₩320,000

2) 변경 후 : 3,450 × ₩105 − (₩25,000 + ₩5,000) = ₩332,250

3) 고정급여 대신 판매수수료를 지급하는 경우 **증분이익이 ₩12,250**이다.

[물음 2] 특별주문수락여부 의사결정

특별주문수락시 여유조업도가 없으므로 정규판매 150단위를 감소시킨다.

	최대조업도(3,000단위)	
	정규판매(3,000단위)	특별주문(150단위)
단위당 가격(P)	₩210	X
단위당 변동원가(VC)	90	90 − 10
단위당 공헌이익(CM)	₩120	X − ₩80
총 고 정 원 가(FC)		
(1) 제조간접원가	₩25,000	
(2) 판매관리비	15,000	

증분수익 : 특별주문공헌이익증가	150 × (X − ₩80)
증분비용 : 정규판매공헌이익감소	150 × ₩120
증분이익	₩15,000

150 × (X − ₩80) − 150 × ₩120 = ₩15,000

X = **₩300**

특별주문의 단위당 판매가격은 **₩300**이다.

[물음 3] 특별주문수락여부 의사결정

자료정리

	최대조업도(10,000시간)		
	보통품질(600단위)	고품질(1,800단위)	특별주문(310단위)
단위당 판매가격(P)	₩210	₩360	₩240
단위당 변동원가(VC)	90	160	160
단위당 공헌이익(CM)	₩120	₩200	₩80
노무시간	÷ 3시간	÷ 4시간	÷ 4시간
시간당 공헌이익	₩40/시간	₩50/시간	₩20/시간
생산우선순위	3순위	2순위	1순위

1) 제품별 생산량

(1순위) 특별주문 : 310단위 × 4시간 = 1,240시간

(2순위) 고품질 : 1,800단위 × 4시간 = 7,200시간

(3순위) 보통품질 : min [520단위 × 3시간 = 1,560시간 / 600단위]

합계 10,000시간

2) 생산량변화와 이익증가

	보통품질	고품질	특별주문
수락 전	600단위	1,800단위	–
수락 후	520단위	1,800단위	310단위
	(80)단위 × ₩120		310단위 × ₩80
증분손익	= (₩9,600)	–	= ₩24,800

3) 특별주문 수락시 **이익이 ₩15,200 증가**한다.

별해

① 현재 보통품질과 고품질 팩스를 예상 판매량만큼 생산하여도 여유조업도 1,000노무시간이 있다.

② 특별주문은 1,240노무시간(310단위 × 4노무시간)이 필요하지만 여유조업도는 1,000노무시간이다.

③ 그러므로 제약자원 단위당공헌이익이 낮은 보통품질 팩스를 240노무시간을 포기한다.

증분수익			₩24,800
특별주문 공헌이익 증가 :	310단위 × ₩80 =	₩24,800	
증분비용			9,600
보통품질 공헌이익 감소 :	240노무시간 × ₩40/노무시간 =	9,600	
증분이익			₩15,200

04 제약자원이 한 개인 경우(1)

(주)서울은 세 가지 제품 A, B, C를 생산 · 판매하고 있다. 내년도에 예상되는 판매량 및 이와 관련된 자료는 다음과 같다.

	제품 A	제품 B	제품 C
예상판매량(단위)	3,000	5,000	4,000
단위당 판매가격	₩40	₩30	₩20
단위당 변동원가			
직접재료원가	₩12	₩10	₩8
직접노무원가	8	5	3
제조간접원가	5	3	2
단위당 고정원가	2	2	2
단위당 총원가	₩27	₩20	₩15

제품 A, B, C를 각각 100단위씩 생산하는데 소요되는 기계시간은 각 20시간, 15시간, 10시간이다. 회사의 연간 이용가능한 기계시간은 2,050시간이며, 조업도는 단기적으로 변동이 없다.

[물음 1] 회사는 이익극대화를 위해 제품 A, B, C를 각각 몇 단위씩을 생산해야 하는가?

[물음 2] 한 외국회사가 단위당 ₩45에 제품 A를 2,000단위 구입하겠다는 제의를 해왔다. 이 주문과 관련된 기회비용은 얼마인가?

[물음 3] 기계고장으로 인하여 이용가능한 기계시간이 1,550시간으로 감소되었다고 가정하자. 이러한 경우 이익극대화를 위해 제품 A, B, C를 각각 몇 단위씩 생산해야 하는가?

해답

자료정리

	최대조업도(2,050시간)			
	제품 A (3,000단위)	제품 B (5,000단위)	제품 C (4,000단위)	특별 A (2,000단위)
단위당 판매가격(P)	₩40	₩30	₩20	₩45
단위당 변동원가(VC)	25	18	13	25
단위당 공헌이익(CM)	₩15	₩12	₩7	₩20
÷ 기계시간	÷ 0.2시간	÷ 0.15시간	÷ 0.1시간	÷ 0.2시간
제약자원 공헌이익	₩75/시간	₩80/시간	₩70/시간	₩100/시간
생산우선순위	2순위	1순위	3순위	
생산우선순위	3순위	2순위	4순위	1순위

[물음 1] 이익극대화 생산량

1) 제품별 생산량

(1순위) 제품 B :	5,000단위 × 0.15시간 =	750시간
(2순위) 제품 A :	3,000단위 × 0.2시간 =	600시간
(3순위) 제품 C : min [	7,000단위 × 0.1시간 =	700시간
	4,000단위	2,050시간

2) 이익극대화를 위한 각 제품의 생산량 필요한 총기계시간(1,750시간)이 연간 이용가능한 기계시간(2,050시간)보다 적으므로 회사는 각 제품의 예상판매량만큼 모두 생산할 수 있다.

∴ 제품 A : **3,000단위**, 제품 B : **5,000단위**, 제품 C : **4,000단위**

[물음 2] 특별주문 기회비용

1) 특별주문 수락시 제품별 생산량

(1순위) 특별 A :	2,000단위 × 0.2시간 =	400시간
(2순위) 제품 B :	5,000단위 × 0.15시간 =	750시간
(3순위) 제품 A :	3,000단위 × 0.2시간 =	600시간
(4순위) 제품 C : min [	3,000단위 × 0.1시간 =	300시간
	4,000단위	2,050시간

2) 특별주문수락시 제품 C의 생산량이 4,000단위에서 3,000단위로 감소하므로 특별주문에 대한 기회비용은 **제품 C의 공헌이익 감소분 ₩7,000**(1,000단위 × ₩7)이다.

[물음 3] 이익극대화 생산량

1) 제품별 생산량

(1순위) 제품 B :	5,000단위 × 0.15시간 =	750시간
(2순위) 제품 A :	3,000단위 × 0.2시간 =	600시간
(3순위) 제품 C : min [	2,000단위 × 0.1시간 =	200시간
	4,000단위	1,550시간

2) 이익극대화를 위한 각 제품의 생산량

제품 A = **3,000단위**, 제품 B = **5,000단위**, 제품 C = **2,000단위**

05 제약자원이 한 개인 경우(2)

(주)서울은 두 가지 제품 A, B를 생산하고 있으며, 두 제품에 대한 정보는 다음과 같다.

	제품 A	제품 B
단위당 변동원가		
직접재료원가	₩24	₩20
직접노무원가	12	4
변동제조간접원가	4	2
단위당 고정원가	6	6
단위당 총원가	₩46	₩32
단위당 판매가격	₩55	₩34
예상 판매량	20,000단위	30,000단위

한편, 제품 A는 100단위의 배치크기로, 제품 B는 200단위의 배치크기로 생산된다. 각 배치생산은 10기계시간이 소요되며, 총 4,000기계시간의 생산능력은 적어도 다음 1년 동안에는 증가시킬 수 없다.

[물음 1] 제품 A와 B의 제약자원 단위당 공헌이익을 구하시오.

[물음 2] 어느 제품을 생산하는 것이 보다 수익성이 높은지를 결정하시오. 또한 각 제품의 생산량을 계산하시오.

[물음 3] (주)서울은 제품 A를 단위당 ₩58에 10,000단위를 특별주문하였다. 특별주문은 전량에 대해 수락하거나 거절한다.

1) 이 특별주문과 관련된 기회비용을 구하시오.
2) 이 특별주문에 대한 수락 여부를 결정하시오.

해답

자료정리

	최대조업도(4,000기계시간)		
	제품 A (20,000단위)	제품 B (30,000단위)	특별주문 A (10,000단위)
단위당 판매가격(P)	₩55	₩34	₩58
단위당 변동원가(VC)	24 + 12 + 4	20 + 4 + 2	24 + 12 + 4
단위당 공헌이익(CM)	15/단위	8/단위	18/단위
÷ 기 계 시 간	÷ 0.1시간	÷ 0.05시간	÷ 0.1시간
기계시간당 공헌이익	₩150/기계시간	₩160/기계시간	₩180/기계시간
생산우선순위	②	①	
특별주문 A 생산시 생산우선순위	③	②	①

[물음 1] 제약자원 단위당 공헌이익

(주)서울의 제약자원은 기계시간이므로 기계시간당 공헌이익이 제약자원 단위당 공헌이익이다.

제품 A = **₩150/기계시간**
제품 B = **₩160/기계시간**

[물음 2] 최적생산량

(1순위) 제품 B : 30,000단위 × 0.05기계시간 = 1,500기계시간

(2순위) 제품 A : min [25,000단위 × 0.1기계시간 = 2,500기계시간 / 20,000단위]

합계 4,000기계시간

① 제품 B의 기계시간당 공헌이익이 제품 A보다 크므로 **제품 B를 우선 생산**한다.

② 제품 A는 판매량(외부제약)이 20,000단위이므로 20,000단위만 생산한다.

③ 각 제품의 생산량은 제품 B = **30,000단위**, 제품 A = **20,000단위**이다.

④ 제품 A와 제품 B를 예상판매량만큼 모두 생산하여도 여유조업도 500기계시간이 있다(최대조업도는 4,000기계시간이다).

[물음 3] 특별주문 수락여부 의사결정

특별주문 A의 공헌이익이 가장 크므로 우선 생산하고 제품 B와 제품 A의 순서로 제품을 생산한다(기계시간이 4,000기계시간이므로 최대 4,000기계시간까지 생산 가능하다).

	제품 A	제품 B	특별주문 A
기존 생산량	20,000단위	30,000단위	−
새로운 생산량	15,000*	30,000*	10,000단위*
증분수량	(5,000)단위	−	10,000단위

* (1순위) 특별주문 A : 10,000단위 × 0.1기계시간 = 1,000기계시간
(2순위) 제 품 B : 30,000단위 × 0.05기계시간 = 1,500기계시간
(3순위) 제 품 A : min [15,000단위 × 0.1기계시간 = 1,500기계시간, 20,000단위]
합계 4,000기계시간

1) 특별주문의 기회비용

제품 A의 판매량 5,000단위 감소분 : 5,000단위 × ₩15 = **₩75,000**

2) 특별주문의 수락여부

증분수익		₩180,000
특별주문 A 공헌이익 증가 : 10,000단위 × ₩18 =	₩180,000	
증분비용		75,000
제품 A 공헌이익 감소 : 5,000단위 × ₩15 =	75,000	
증분이익		₩105,000

특별주문 수락시 **증분이익이 ₩105,000**(₩180,000 − ₩75,000)이므로 **특별주문을 수락**한다.

별해

증분수익		₩180,000
특별주문 A 공헌이익 증가 : 10,000단위 × ₩18 =	₩180,000	
증분비용		75,000
제품 A 공헌이익 감소* : 500시간 × ₩150/기계시간 =	75,000	
증분이익		**₩105,000**

* 특별주문 A는 1,000기계시간(10,000단위 × 0.1기계시간)이 필요하지만 여유조업도는 500기계시간이다. 그러므로 제약자원단위당 공헌이익이 낮은 제품 A를 500기계시간 포기한다.

06 자가제조여부 의사결정

(주)서울은 원형모뎀을 제조하는 회사로서 주요 부품인 모뎀회로판을 자가제조하고 있다. 20×1년과 20×2년의 모뎀회로판 자가제조시 원가정보는 다음과 같다.

	20×1년 기존원가	20×2년 예산원가
직접재료원가	₩180/개	₩170/개
직접노무원가	50/개	45/개
작업준비비와 재료처리비 및 품질검사비의 배치당원가	₩1,600/배치	₩1,500/배치
회피가능 고정제조간접원가	₩320,000	₩320,000
회피불능 고정제조간접원가	800,000	800,000

(주)서울은 20×1년도에 배치당 200개씩 40회의 정량생산으로 8,000개를 제조하였으며, 20×2년에는 10,000개의 부품이 소요되며 배치당 125개씩 80회의 정량생산이 필요할 것으로 판단하고 있다. 그런데 (주)서울은 동일한 모뎀회로판을 20×2년도에 (주)대한으로부터 개당 ₩300에 구입할 것을 제안받았다고 한다. 다음 물음에 답하시오.

[물음 1] 20×2년 자가제조시의 부품단위당 전부원가를 구하시오.

[물음 2] (주)서울은 (주)대한의 공급제안을 수락할 것인가?

[물음 3] [물음 2]의 연속문제이다. 유휴생산능력을 활용하여 특수회로판을 제작 · 판매하는 투자 기회를 발견하였을 경우 부품을 외부구입하기 위한 특수회로판의 증분매출은 얼마인가?

> 1. 특수회로판 증분매출 : ?
> 2. 특수회로판 증분원가 : ₩2,150,000

해답

자료정리

	자가제조(10,000개)	외부구입(10,000개)
단위당 판매가격(P)	?	?
단위당 변동원가(VC)	₩170 + ₩45 + ₩12	₩300
단위당 공헌이익(CM)	?	?
고 정 원 가(FC)		
(1) 회피가능 고정원가	₩320,000	–*
(2) 회피불능 고정원가	800,000	₩800,000

* 회피가능한 고정원가이므로 외부구입시에는 발생하지 않는다.

[물음 1] 20×2년 자가제조시 단위당 원가

$$총원가 = ₩170 + ₩45 + ₩12 + \frac{₩1,120,000}{10,000} = ₩339/개$$

[물음 2] 자자제조 · 외부구입 의사결정

자가제조시 총원가 = (₩170 + ₩45 + ₩12) × 10,000개 + (₩320,000 + ₩800,000)
= ₩3,390,000

외부구입시 총원가 = ₩300 × 10,000개 + ₩800,000
= ₩3,800,000

외부구입시 총원가가 ₩410,000 더 많으므로 (주)서울은 모뎀회로판을 **자가제조**한다.

[물음 3] 외부구입의사결정

증분수익	
특수회로판 예상매출	X
증분비용	
외부구입시 총원가 증가	₩410,000*
특수회로판 예상비용	2,150,000
증분이익	₩0

* ₩3,800,000 − ₩3,390,000 = ₩410,000

특수회로판의 증분매출(X)이 **₩2,560,000 이상**이어야 한다.

07 보조부문의 폐지여부

(주)서울은 두 개의 제조부문과 두 개의 보조부문을 운영하고 있다. 각 부문의 발생원가와 각 보조부문에서 다른 부문으로 제공한 용역량은 다음 자료와 같다.

제공부문 \ 사용부문	제조부문		보조부문	
	P_1	P_2	S_1	S_2
S_1	200시간	100시간	−	100시간
S_2	2,400kWh	2,400kWh	1,200kWh	−

S_2의 회피가능한 고정원가는 ₩3,000이며, 변동원가는 전력생산량에 따라 발생된다. 외부에서 전력을 구입시 100kWh당 ₩500의 가격으로 구입 가능하며, 각 보조부문에 발생한 원가의 구성내용은 다음과 같다.

	S_1	S_2
변 동 원 가	₩10,000	₩20,000
고 정 원 가	20,000	5,000
합 계	₩30,000	₩25,000

[물음 1] (주)서울이 현재의 생산수준을 유지하기 위해서 외부로부터 구입하여야 하는 전력량은 얼마인가?

[물음 2] (주)서울이 외부로부터 전력을 구입할 경우 절감되는 총원가는 얼마인가?

[물음 3] (주)서울의 전력 외부구입에 대한 의사결정을 하시오.

[물음 4] 전력단위당 외부공급자에게 지불할 수 있는 kWh당 최대금액은 얼마인가?

해답

자료정리

	보조부문		제조부문		
	S_1	S_2	P_1	P_2	합 계
S_1	—	0.25	0.5	0.25	400시간
S_2	0.2	—	0.4	0.40	6,000kWh
VC	₩10,000	₩20,000	?	?	
FC	20,000	5,000	?	?	

[물음 1] 외부로부터 구입해야 하는 전력량

외부구입전력량 = 6,000kWh × (1 − 0.2 × 0.25)

= **5,700kWh**

[물음 2] 총원가 절감액

S_2 폐지시 S_2의 변동원가는 전액 발생되지 않고 회피가능한 현금지출고정원가도 발생되지 않는다. 또한 S_1의 변동원가도 감소하는데 S_1이 S_2에 제공하는 용역비율 25%만큼도 발생되지 않는다(S_2 폐지시 더 이상 S_1이 용역을 제공할 필요가 없기 때문이다).

S_2 변동원가	₩20,000
S_1 변동원가* : ₩10,000 × 0.25 =	2,500
S_2 고정원가	3,000
합 계	**₩25,500**

* S_1이 S_2에 제공한 용역비율

[물음 3] 의사결정

전력외부구입시 **₩3,000 손실**이므로 전력을 **자가제조**한다.

증분수익		₩25,500
S_2 변동원가 감소	₩20,000	
S_1 변동원가 감소	2,500	
S_2 고정원가 감소	3,000	
증분비용		28,500
전력외부구입비용 : $5{,}700\text{kWh} \times \dfrac{₩500}{100\text{kWh}} =$	28,500	
증분이익		₩(3,000)

[물음 4] kWh당 최대 외부구입가격

총원가감소액 ÷ 외부구입전력량 $= \dfrac{₩25{,}500}{5{,}700\text{kWh}} =$ **₩4.473/kWh**

08 도해법

(주)서울은 제품 A와 제품 B를 생산하는 기업으로서 각 제품은 1공정과 2공정을 거쳐 생산된다. 다음은 1공정과 2공정의 생산능력 및 각 제품별 공헌이익과 공정별 소요시간이다.

	제품 A	제품 B	사용가능시간
공헌이익	₩60/개	₩40/개	
1 공정	20시간	10시간	10,000시간
2 공정	10	30	12,750

[물음 1] 도해법을 이용하여 제품 A와 제품 B의 최적제품배합을 구하시오.

[물음 2] 2공정에서의 제품 A와 제품 B의 소요시간이 각각 30시간과 10시간인 경우 최적제품배합을 구하시오.

[물음 3] 제품 B의 수요가 600개일 경우 물음 2의 최적제품배합을 구하시오.

해답

[물음 1] 최적제품배합

1) 목적함수

Max Z = ₩60 · A + ₩40 · B

2) 제약조건

1공정 소요시간 : 20 · A + 10 · B ≤ 10,000 · · · ① (내부제약)

2공정 소요시간 : 10 · A + 30 · B ≤ 12,750 · · · ② (내부제약)

3) 실행가능영역의 도해

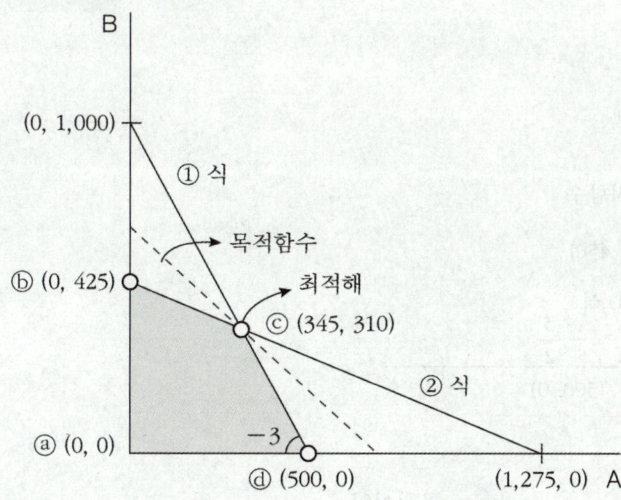

4) 최적해의 도출

꼭지점	좌 표	공헌이익
ⓐ	(0, 0)	₩60 · 0 + ₩40 · 0 = −
ⓑ	(0, 425)	₩60 · 0 + ₩40 · 425 = ₩17,000
ⓒ	(345, 310)	₩60 · 345 + ₩40 · 310 = 33,100
ⓓ	(500, 0)	₩60 · 500 + ₩40 · 0 = 30,000

5) 최적제품배합 : 이익이 극대화 되는 **제품 A 345개**와 **제품 B 310개**를 생산한다.

[물음 2] 제품소요시간의 변화

제품 A와 제품 B의 2공정에서의 소요시간에 30시간과 10시간인 경우 생산가능영역의 꼭지점을 대입하여 최적해를 바로 도출한다.

1) 목적함수

Max Z = ₩60 · A + ₩40 · B

2) 제약조건

1공정 소요시간 : 20 · A + 10 · B ≤ 10,000 · · · ① (내부제약)

2공정 소요시간 : 30 · A + 10 · B ≤ 12,750 · · · ② (내부제약)

3) 실행가능영역의 도해

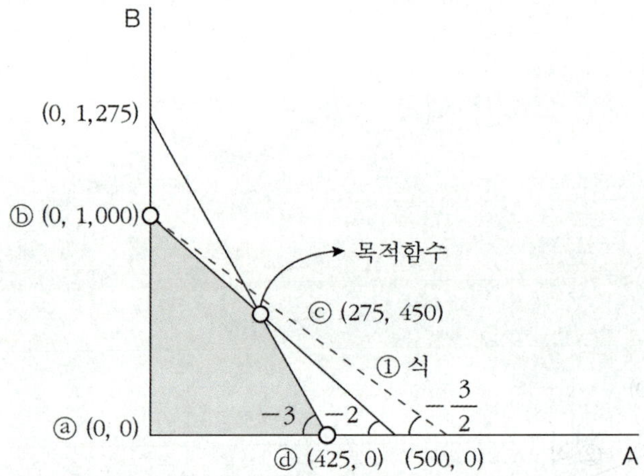

4) 최적해의 도출

꼭지점	좌 표	공헌이익
ⓐ	(0, 0)	₩60 · 0 + ₩40 · 0 = −
ⓑ	(0, 1,000)	₩60 · 0 + ₩40 · 1,000 = ₩40,000
ⓒ	(275, 450)	₩60 · 275 + ₩40 · 450 = 34,500
ⓓ	(425, 0)	₩60 · 425 + ₩40 · 0 = 25,500

5) 최적제품배합 : 이익이 극대화 되는 **제품 B 1,000개**를 생산한다.

[물음 3] 수요의 제약(외부제약)

제품 B의 수요가 600개인 경우 제약조건(외부제약)이 하나 더 추가된다.

3) 실행가능영역의 도해

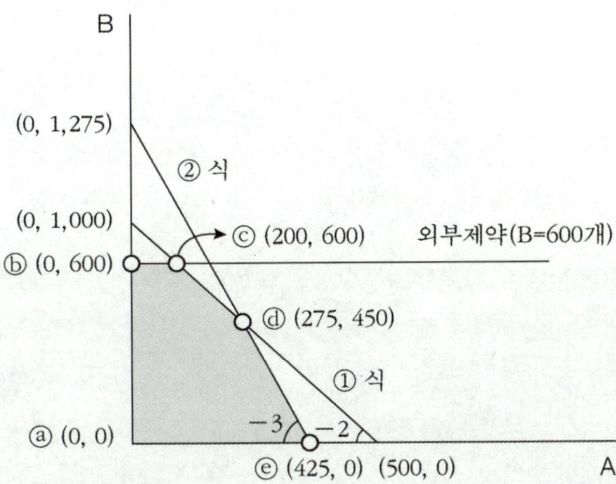

4) 최적해의 도출

꼭지점	좌 표	공헌이익
ⓐ	(0, 0)	₩60 · 0 + ₩40 · 0 = −
ⓑ	(0, 600)	₩60 · 0 + ₩40 · 600 = ₩24,000
ⓒ	(200, 600)	₩60 · 200 + ₩40 · 600 = 36,000
ⓓ	(275, 450)	₩60 · 275 + ₩40 · 450 = 34,500
ⓔ	(425, 0)	₩60 · 425 + ₩40 · 0 = 25,500

5) 최적제품배합 : 이익이 극대화 되는 **제품 A 200개**와 **제품 B 600개**를 생산한다.

제 11 장

불확실성하의 의사결정

cost & management accounting

SECTION

01 의사결정

의사결정이란 여러 가지 선택 가능한 대안 중 기업의 특정목적을 달성하는 최적대안의 선택을 말한다. 이러한 의사결정은 경영자에게 의사결정에 필요한 정보가 얼마나 정확하고 충분한가에 따라 다음과 같이 확실성하의 의사결정과 불확실성하의 의사결정으로 분류된다.

- 확실성하의 의사결정(decision making under certainty) : 의사결정과 관련된 미래의 상황이 확정적으로 주어진 경우의 의사결정을 말하며, 단기 · 장기의사결정과 관련된 관련원가와 자본예산은 확실성하의 의사결정이다.
- 불확실성하의 의사결정(decision making under uncertainty) : 의사결정과 관련된 미래의 상황이 불확실한 경우의 의사결정을 말한다.

본 장에서는 의사결정과 관련하여 미래의 상황이 불확실한 경우 기업이 이익극대화를 위해 불확실성에 대응하는 방법과 불확실성하의 의사결정에서 위험을 회피하기 위한 정보의 가치에 대해 알아볼 것이다. 정보의 가치란 의사결정에 정보를 사용함으로써 얻을 수 있는 최적대안의 결과에 대한 기대가치의 증가를 의미한다.

SECTION

02 불확실성하의 의사결정모형

1 불확실성하의 의사결정과정

불확실성하의 의사결정은 다음과 같은 절차에 따라 의사결정을 하게 된다.

1) 1단계 : 의사결정의 목적설정

의사결정으로는 기대이익의 극대화, 기대비용의 최소화와 기대효용극대화가 있으며, 수치화된 의사결정기준을 목적함수(objective function)라고 한다.

2) 2단계 : 의사결정을 위한 가능한 모든 행동대안의 확인

대안(alternatives)이란 의사결정자가 취할 수 있는 행동으로써 합리적인 의사결정을 위해서는 가능한 모든 대안을 확인해야 한다. 대안과 관련된 정보수집은 매우 중요한데, 이는 의사결정의 질을 높일 수 있다.

3) 3단계 : 의사결정과 관련되어 미래발생가능한 모든 상황의 파악

의사결정자는 의사결정과 관련된 미래의 발생가능한 상황(state of nature)을 모두 파악해야 하는데, 이 상황들은 상호배타적이어야 한다. 상호배타적이라는 것은 특정대안을 선택하면 다른 대안은 선택하지 못하는 것을 말한다.

4) 4단계 : 미래에 발생 가능한 상황에 대한 사전확률부여

미래의 불확실성으로 인해 어떤 상황이 발생할지 확실하게 알 수 없지만, 미래에 각 상황의 발생가능성 정도에 대해 주관적으로 확률(probability)을 부여할 수 있다. 어느 정도의 확률을 부여할 것인가는 수집한 관련정보의 양과 질에 의해 결정된다.

5) 5단계 : 특정행동대안과 특정상황의 결합에 의해 얻게 될 성과표 작성

특정대안별로 미래의 발생가능한 상황을 고려하여 기대가치 혹은 기대효용을 계산한다. 이때 작성되는 것이 성과표인데, 성과표(payoff table)는 특정대안과 특정상황과의 각 결합에 대한 상이한 성과를 요약한 표를 말한다.

6) 6단계 : 최적행동대안의 선택

성과표에 의한 성과를 가지고 1단계 의사결정의 목적을 만족하는 최적대안을 선택한다.

❖ 성 과 표 ❖

	상황		
	S_1	S_2	
행동대안	$P(S_1)$	$P(S_2)$	E(a)
a_1	a_1 선택시 S_1의 성과	a_1 선택시 S_2의 성과	a_1의 기대가치
a_2	a_2 선택시 S_1의 성과	a_2 선택시 S_2의 성과	a_2의 기대가치

예제 01-1 불확실성하의 의사결정모델 구축단계

(주)서울은 발렌타인데이에 '사랑의 케익'을 단위당 ₩8,000에 판매하려고 한다. '사랑의 케익'을 직접 생산하여 판매할 경우 단위당 변동원가는 ₩5,500이며, 고정원가의 증가는 ₩1,000,000이다. 이와 달리 케익을 외부에서 구입하여 재판매할 경우 단위당 외부구입가는 ₩6,000이 될 것이며 고정원가 증가는 없다고 한다.

다음 자료는 (주)서울이 예측한 '사랑의 케익'에 대한 수요량과 그에 대한 발생확률이다.

수요량	확 률
1,000개	0.4
3,000개	0.6

[물 음] (주)서울은 '사랑의 케익'을 직접 생산하여 판매할 것인지 아니면 외부로부터 구입하여 재판매할 것인지를 결정해야 한다. 성과표를 작성하고 이에 대한 의사결정을 하시오.

해답

1) 성과표 작성

행동대안	상황 $S_1 = 1,000$개 $P(S_1) = 0.4$	상황 $S_2 = 3,000$개 $P(S_2) = 0.6$	E(a)
a_1 : 자가제조*	₩1,500,000	₩6,500,000	₩4,500,000(선택)
a_2 : 재판매*	2,000,000	6,000,000	4,400,000(기각)

* 자가제조와 재판매의 손익

	자가제조 (Q^S = ?)	재판매 (Q^S = ?)
가 격(P)	₩8,000	₩8,000
변동원가(VC)	5,500	6,000
공헌이익(CM)	₩2,500	₩2,000
고정원가(FC)	₩1,000,000	–

2) 최적행동대안의 선택

성과표를 이용하여 최적행동대안을 선택하므로 (주)서울은 기대가치기준에 의해 자가제조를 선택할 것이다. 자가제조시 기대이익은 ₩4,500,000이다.

2 불확실성하의 의사결정시 최적행동대안의 선택기준

(1) 기대가치기준

기대가치기준(expected value criterion)이란 이익극대화 또는 비용극소화를 이루게 해주는 기업의 최적행동대안 선택기준으로 기대가치(기댓값)를 사용하는 것을 말한다.

기대가치는 성과표에 나타난 특정상황하에서의 성과에 특정상황의 발생확률을 곱한 후, 행동 대안별로 이를 모두 가산하여 구한다. 이렇게 구한 기대가치를 기준으로 선택된 최적행동대안의 기대가치를 기존정보하의 기대가치라고 한다.

이 기준은 사용이 편리하지만 의사결정자가 행동대안에 갖는 위험에 대한 태도를 고려하지 않는다는 단점이 있다.

(2) 기대효용기준

기대효용기준(expected utility criterion)이란 각 대안별로 기대효용을 구하여 이를 극대화시켜주는 대안을 선택하는 것을 말한다. 효용(utility)은 의사결정자가 행동대안에 갖는 주관적인 만족도이며, 효용을 부(wealth)의 관계로 나타낸 것이 효용함수(utility function)이다. 의사결정자의 위험에 대한 태도에 따라 다음과 같이 위험중립형, 위험회피형과 위험선호형으로 나누어진다.

1) 위험중립형 효용함수

위험중립형 효용함수(risk neutral utility function)는 선형의 효용함수로서 부의 증가에 따라 효용도 증가하며, 그 증가율이 일정한 효용함수이다. 위험중립형 효용함수를 가진 의사결정자는 위험을 전혀 고려하지 않으므로 기대가치에 의해 선택되는 대안과 기대효용에 의해 선택되는 대안은 항상 같게 된다. 그러므로 의사결정자가 위험중립형이라면 의사결정시 기대가치가 큰 행동대안을 선호한다.

2) 위험회피형 효용함수

위험회피형 효용함수(risk aversion utility function)는 부가 증가되는 경우 효용이 증가하지만 한계효용체감의 법칙에 따라 그 증가율이 점차 감소하는 효용함수이다. 이 효용함수는 부가 증가하는 경우 한계효용이 체감하므로 오목한 형태의 효용함수로 나타난다. 그러므로 의사결정자가 위험회피형이라면 동일한 조건하에서 의사결정시 위험이 작은 행동대안을 선호한다.

3) 위험선호형 효용함수

위험선호형 효용함수(risk loving utility function)는 부가 증가되는 경우 효용이 증가하지만 한계효용체증의 법칙에 따라 그 증가율이 점차 증가하는 효용함수이다. 이 효용함수는 부가 증가하는 경우 한계효용이 체증하므로 볼록한 형태의 효용함수로 나타난다. 그러므로 의사결정자가 위험선호형이라면 동일한 조건하에서 의사결정시 위험이 큰 행동대안을 선호한다.

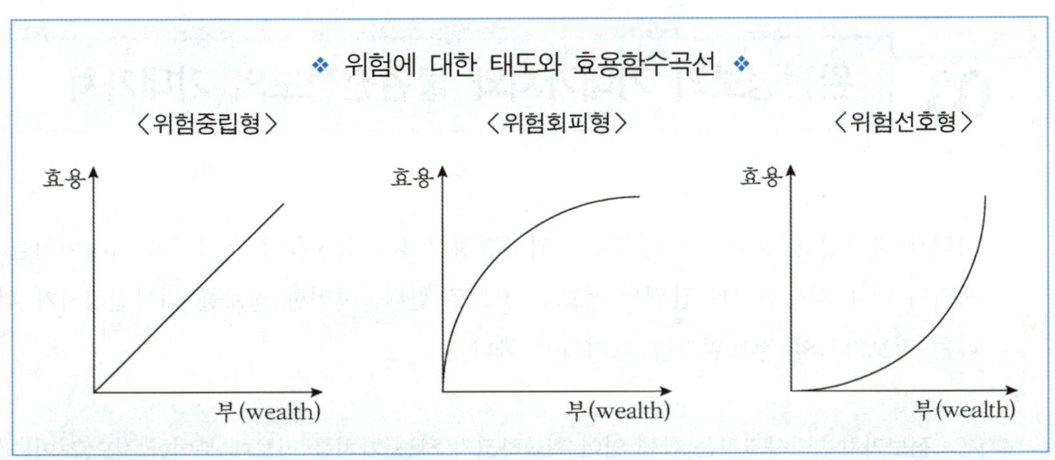
❖ 위험에 대한 태도와 효용함수곡선 ❖
〈위험중립형〉
〈위험회피형〉
〈위험선호형〉
효용
부(wealth)

SECTION

03 완전정보의 기대가치와 불완전정보의 기대가치

미래가 불확실한 경우 의사결정자는 의사결정시 불확실성을 감소시키고 기대이익을 증가시키기 위해 의사결정과 관련된 정보를 필요로 한다. 이러한 정보를 의사결정자가 취득할 때는 정보가치와 정보원가를 고려해야 한다.

- 정보가치 : 의사결정을 함에 있어 획득하고자 하는 가치를 정보에 부여한 것으로 이는 완전정보의 기대가치와 불완전정보의 기대가치로 나누어진다. 완전정보란 미래의 상황이 어떻게 될지 100% 확실하게 알려줄 수 있는 정보를 말하며, 불완전정보란 100% 확실하지는 않지만 어느 정도 확실한 정보를 말한다.
- 정보원가 : 정보를 취득하는데 소요되는 원가로서 정보가치까지 최대지급이 가능하다.

1 완전정보의 기대가치(EVPI)와 정보취득 의사결정

(1) 완전정보의 기대가치

완전정보의 기대가치란 100% 확실한 정보를 얻음으로써 증가되는 추가기대이익이다. 이는 의사결정자가 현재의 상황에서 완전정보를 얻기 위해 지급할 수 있는 최대금액과 일치한다.

(2) 완전정보의 기대가치의 도출

완전정보의 기대가치(expected value of perfect information)
= 완전정보하의 기대가치(expected value with perfect information)
− 기존정보하의 기대가치(expected value with current information)

• 완전정보의 기대가치 : 완전정보하의 기대가치에서 기존정보하의 기대가치를 차감한 값이다. 완전정보의 기대가치는 의사결정자가 완전한 정보를 취득하는데 지급할 수 있는 정보원가의 최대지급액과 일치한다.

• 완전정보하의 기대가치 : 의사결정자가 완전한 정보가 주워져 각각의 상황에서 최적의사결정을 할 때의 기대가치이다.

• 기존정보하의 기대가치 : 사전확률에 의해 평가한 대안별 기대가치 중에서 의사결정자가 선택한 최적대안의 기대가치이다.

예제 01-2 완전정보의 기대가치(EVPI)

[물 음] 예제 1의 자료를 이용하여 완전정보의 기대가치를 구하시오. 또한 완전정보에 대해 최대지급가능한 금액은 얼마인가?

해답

1) 완전정보의 기대가치(EVPI)

완전정보하의 기대가치	₩4,700,000*
기존정보하의 기대가치	4,500,000
완전정보의 기대가치	₩200,000

* 0.4 × ₩2,000,000 + 0.6 × ₩6,500,000 = ₩4,700,000

EVPI = (0.4 × ₩2,000,000 + 0.6 × ₩6,500,000) − ₩4,500,000

= ₩200,000

2) 완전정보에 대해 최대지급가능금액은 ₩200,000이다.

2 불완전정보의 기대가치(EVSI)와 불완전정보취득 의사결정

(1) 불완전정보의 기대가치

불완전정보의 기대가치란 확실하지 않은 정보를 얻음으로써 증가되는 추가기대이익이다. 이는 의사결정자가 현재의 상황에서 불완전정보를 얻기 위해 지급할 수 있는 최대금액과 일치한다.

(2) 불완전정보의 기대가치의 도출

불완전정보의 기대가치 (expected value of sample information)
= 불완전정보하의 기대가치(expected value with sample information)
− 기존정보하의 기대가치(expected value with current information)

- 불완전정보의 기대가치 : 불완전정보하의 기대가치에서 기존정보하의 기대가치를 차감한 값이다. 불완전정보의 기대가치는 의사결정자가 불완전한 정보를 취득하는데 지급할 수 있는 정보원가의 최대지급액과 일치한다.
- 불완전정보하의 기대가치 : 의사결정자가 불완전한 정보가 주어져 각각의 상황에서 최적 의사결정을 할 때의 기대가치이다.
- 기존정보하의 기대가치 : 사전확률에 의해 평가한 대안별 기대가치 중에서 의사결정자가 선택한 최적대안의 기대가치이다.

(3) 불완전정보하의 기대가치의 도출

① 베이지안 정리(Baysian theorem)에 의하여 사전확률을 사후확률로 수정하고, 각 보고서가 제출될 확률을 도출한다.

$$P(S_i|Y_j) = \frac{P(S_i \cap Y_j)}{P(Y_j)} = \frac{P(Y_j \cap S_i)}{P(Y_j)} = \frac{P(Y_j|S_i)P(S_i)}{P(Y_j)}$$

- 사전확률(prior probability) : 경영자가 최초로 예상한 확률로서 추가정보가 전혀 없는 상태의 확률을 말한다.
- 조건부확률(conditional probability) : 정보의 정확도를 나타내는 확률이다.
- 결합확률(joint probability) : 사전확률과 조건부확률의 곱이다.
- 사후확률(posterior probability) : 사전확률에 추가적인 정보를 가지고 조정된 좀 더 정확하고 객관적인 확률로서 특정정보(Y_i)를 받았다고 가정할 때 특정사건(S_i)이 발생할 확률을 말한다. 사후확률은 특정정보(Y_i)별로 집계된 결합확률을 이용하여 구한다.

② 각 보고서별 사후확률로 수정하여 성과표를 작성하고, 각 보고서별 대안의 기댓값을 구하여 최적대안을 선택한다.

③ 불완전정보하의 기대가치는 다음과 같이 도출된다.

불완전정보하의 기대가치(expected value with sample information)

= Σ특정보고서가 제출될 확률 × 제출된 특정보고서하의 최적대안의 기대가치

예제 01-3 불완전정보의 기대가치(EVSI)

예제 1의 연속이다. 수요예측전문가인 점술가 김씨는 (주)서울의 케익 수요에 대한 비관적 보고서(수요 : 1,000개)와 낙관적 보고서(수요 : 3,000개)를 제출하였는데, 이는 각각 90%의 예측정확성을 가지고 있다. (주)서울은 김씨의 수요예측을 이용하여 자가제조할 것인지 아니면 외부구입하여 재판매 할 것인지를 결정하려고 한다. 다음 물음에 답하시오.

[물 음] 예제 1의 자료를 이용하여 불완전정보의 기대가치를 구하시오. 그리고 김씨의 정보제공에 대해 최대지급가능액은 얼마인가?

해답

1) 불완전정보의 기대가치

① 성과표

행 동(대안)	상황 $S_1 = 1,000$개 $P(S_1) = 0.4$	$S_2 = 3,000$개 $P(S_2) = 0.6$	E(a)
a_1 : 자가제조	₩1,500,000	₩6,500,000	₩4,500,000(선택)
a_2 : 외부구입	2,000,000	6,000,000	4,400,000(기각)

② 결합확률표

보고서	상황 $S_1 = 1,000$개 $P(S_1) = 0.4$	$S_2 = 3,000$개 $P(S_2) = 0.6$	$P(Y_i)$
$Y_1 = 1,000$개	$0.9 \times 0.4 = 0.36$	$0.1 \times 0.6 = 0.06$	$P(Y_1) = 0.36 + 0.06 = 0.42$
$Y_2 = 3,000$개	$0.1 \times 0.4 = 0.04$	$0.9 \times 0.6 = 0.54$	$P(Y_2) = 0.04 + 0.54 = 0.58$

③ 사후확률표

보고서	상황 $S_1 = 1,000$개 $P(S_1) = 0.4$	$S_2 = 3,000$개 $P(S_2) = 0.6$
$Y_1 = 1,000$개	36/42	6/42
$Y_2 = 3,000$개	4/58	54/58

④ 각 보고서하에서의 최적행동대안

- 보고서 Y_1일 때

$$EV(a_1) = ₩1,500,000 \times \frac{36}{42} + ₩6,500,000 \times \frac{6}{42} = \frac{₩93,000,000}{42} \text{ (기각)}$$

$$EV(a_2) = ₩2,000,000 \times \frac{36}{42} + ₩6,000,000 \times \frac{6}{42} = \frac{₩108,000,000}{42} \text{ (선택)}$$

- 보고서 Y_2일 때

$$EV(a_1) = ₩1,500,000 \times \frac{4}{58} + ₩6,500,000 \times \frac{54}{58} = \frac{₩357,000,000}{58} \text{ (선택)}$$

$$EV(a_2) = ₩2,000,000 \times \frac{4}{58} + ₩6,000,000 \times \frac{54}{58} = \frac{₩332,000,000}{58} \text{ (기각)}$$

⑤ 불완전정보하의 기대가치

$$\left(\frac{₩108,000,000}{42} \times \frac{42}{100}\right) + \left(\frac{₩357,000,000}{58} \times \frac{58}{100}\right) = ₩4,650,000$$

⑥ 불완전정보의 기대가치(EVSI)

불완전정보하의 기대가치	₩4,650,000
기존정보하의 기대가치	4,500,000
불완전정보의 기대가치	₩150,000

2) 김씨의 정보제공에 대해 최대지급가능금액은 ₩150,000(EVSI)이다.

※ 결합확률을 이용한 불완전정보하의 기대가치

이 방법은 결합확률을 그대로 이용하여 구하는 방법으로 ⑥불완전정보의 기대가치를 구할 때 사후 확률을 다시 조정할 필요가 없어 편리한 방법이다.

1) 불완전정보하의 기대가치

① 보고서 Y_1일 때

$EV(a_1) = ₩1,500,000 \times 0.36 + ₩6,500,000 \times 0.06 =$ ₩930,000(기각)

$EV(a_2) = ₩2,000,000 \times 0.36 + ₩6,000,000 \times 0.06 =$ ₩1,080,000(선택)

② 보고서 Y_2일 때

$EV(a_1) = ₩1,500,000 \times 0.04 + ₩6,500,000 \times 0.54 =$ ₩3,570,000(선택)

$EV(a_2) = ₩2,000,000 \times 0.04 + ₩6,000,000 \times 0.54 =$ ₩3,320,000(기각)

2) 불완전정보의 기대가치

$EVSI = (₩1,080,000 + ₩3,570,000) - ₩4,500,000 = ₩150,000$

SECTION 04

예측오차의 원가

예측오차(cost of prediction error)의 원가란 잘못 예측하여 최적화를 달성하지 못해 발생하는 원가로서 조건부손실 또는 기회손실이라고도 한다. 이는 정보의 중요성을 부각시키는 개념으로 예측오차의 원가는 다음과 같다.

> 예측오차의 원가 = 사후적 최적의사결정의 결과 − 최초의사결정의 결과

기존정보하에서 기대가치기준에 의해 최적안을 선택한 후 발생하는 예측오차에 해당 발생확률을 곱하면 완전정보의 기대가치(EVPI)를 구할 수 있다.

예제 01-4 예측오차

예제 1의 자료를 이용하여 예측오차와 예측오차를 이용하여 완전정보의 기대가치를 구하시오. 단, 기존정보하에서 (주)서울은 자가제조를 선택하였다고 가정한다.

해답

1) 예측오차

기존정보하에서 기대이익이 큰 자가제조를 선택하면 실제 수요량이 3,000개인 경우에는 예측오차가 없지만 실제 수요량이 1,000개인 경우에는 다음과 같은 예측오차가 발생된다.

사후적 최적의사결정의 결과	₩2,000,000*1
최초의사결정의 결과	1,500,000*2
	₩500,000

*1 외부구입이므로 수요가 1,000개인 경우 이익은 ₩2,000,000이다.

*2 자가제조이므로 수요가 1,000개인 경우 이익은 ₩1,500,000이다.

2) 완전정보의 기대가치

예측오차에 사전확률을 곱하면 완전정보의 기대가치를 구할 수 있다.

EVPI = ₩500,000 × 0.4 = ₩200,000

SECTION

05 차이조사 의사결정

1 차이조사

경영자는 표준원가계산하에서 보고서에 중요한 원가차이가 발견되면 이를 조사하여 제조공정의 문제점을 발견하고 수정조치를 취해야 한다. 그러나 조사시 조사비용이 발생하므로 모든 차이를 조사하는 것이 아니라 추가적인 이익이 기대되는 경우에만 조사를 하게 된다.

2 차이조사 의사결정의 모형

차이조사 의사결정의 행동대안은 차이를 조사하는 대안과 조사하지 않는 대안이 있다. 의사결정을 할 때에는 두 대안의 관련원가를 다음과 같이 분석한다.

① 조사를 하는 경우에는 조사비용을 고려한다. 또한 공정이 정상상태에서는 발생하지 않지만 공정이 비정상상태에 있는 경우에는 이에 대한 교정비용이 있으므로 이를 추가로 고려해준다.

② 조사하지 않는 대안의 관련원가는 공정이 비정상상태에 있어 발생하는 손실이 있다. 이는 재료의 낭비, 불량품과 관련된 제품원가와 판매기회상실 등의 기회비용을 모두 포함한다.

❖ 차이조사와 관련된 성과표 ❖

	상황		
	정상(P)	비정상(1−P)	E(a)
a_1 : 조사	조사비용	조사비용+교정비용	×××
a_2 : 비조사	−	비정상손실	×××

예제 02 차이조사 의사결정

(주)서울은 가방을 제조하는 회사로서 생산부의 20×1년 영업활동보고서에는 다음과 같은 분석사항이 포함되어 있다.

표준재료원가	₩300,000
재료원가 가격차이	–
재료원가 능률차이	16,000(U)
실제재료원가	₩316,000

생산부의 책임자는 원가차이에 대한 조사여부를 결정하기 위하여 다음과 같은 정보를 수집하였다.

• 원가차이에 대한 조사비용	₩4,000
• 생산부에 이상이 있는 경우 이에 대한 수정비용	8,000
• 생산부에 이상이 있는 경우 비정상손실	40,000
• 생산부가 정상상태에 있을 확률	0.9

[물음 1] (주)서울이 불리한 재료수량차이에 대한 차이조사를 실시하여야 하는가를 결정하시오.

[물음 2] 생산부의 책임자는 공정이 정상상태에 있을 확률의 추정치(90%)의 정확성에 대하여 확신을 갖고 있지 못하다. (주)서울의 두 가지 가능한 행동 대안들을 동일하다고 평가하기 위해서는 생산부가 정상상태에 있을 확률추정치가 얼마여야 하는가?

[물음 3] (주)서울은 상담고문을 고용하면 조언을 얻을 수 있기 때문에 생산부의 공정상태를 정확하게 추정할 수 있다. 상담고문이 제공하는 이러한 완전정보의 기대가치는 얼마인가?

해답

[물음 1]

1) 성과표

	상황		E(a)
	S_1 = 정상 $P(S_1)$ = 0.9	S_2 = 비정상 $P(S_2)$ = 0.1	
a_1 : 조사	₩4,000	₩4,000 + ₩8,000	₩4,800(기각)
a_2 : 비조사	−	40,000	4,000(선택)

2) 조사를 하지 않는 경우의 비용이 더 작으므로 조사를 하지 않는다.

[물음 2] 공정의 정상상태확률

P × ₩4,000 + (1 − P) × ₩12,000 = (1 − P) × ₩40,000

P = **0.875**

[물음 3] 완전정보의 기대가치(EVPI)

완전정보의 기대가치(EVPI)

완전정보하의 기대비용	₩(1,200)*
기존정보하의 기대비용	(4,000)
완전정보의 기대가치	**₩2,800**

* 0.9 × ₩0 + 0.1 × ₩12,000 = ₩1,200

SECTION 06

불확실성하의 의사결정에 대한 기타문제

1 통계적 분석 방법

경영자들은 단기적인 계획을 수립할 때 CVP분석을 자주 활용하는데, 이익을 결정하는 변수들인 판매량, 단위당 판매가격, 단위당 변동원가와 총고정원가 중 하나 또는 그 이상의 변수가 불확실하다면 경영자는 이러한 불확실성이 이익에 미치는 영향을 분석하여 여러 대안들의 기대이익을 평가해야 한다.

다음은 이와 같은 불확실성이 이익에 미치는 영향을 분석하기 위한 확률분포에 대한 설명들이다.

(1) 이산확률분포

이산확률분포란 독립변수와 독립변수의 확률값이 연속성을 지니지 못하고 특정값으로 존재하는 경우의 확률분포이다. 예를 들어 미래의 시장수요가 특정확률 값으로 각각 주어질 때 이를 이용하여 독립변수(판매수량)의 기댓값, 종속변수(이익)의 기댓값을 구할 수 있다.

예제 03 이산확률분포

(주)서울은 한 단위당 가격이 ₩100, 변동원가가 ₩60이고 고정원가가 ₩100,000인 제품을 생산하고 있다. 다음은 이 제품과 관련된 20×1년도 판매량에 대한 확률분포 자료이다.

판매량	확 률
1,000단위	0.1
2,000	0.2
3,000	0.4
4,000	0.25
5,000	0.05

[물음 1] (주)서울의 20×1년도 기대판매량은 얼마인가?

[물음 2] (주)서울의 20×1년도 기대이익은 얼마인가?

[물음 3] 20×1년도에 손실과 이익이 발생할 확률은 각각 얼마인가?

해답

자료정리

	제 품(?)
가 격(P)	₩100
변동원가(VC)	60
공헌이익(CM)	₩40
고정원가(FC)	₩100,000

[물음 1] 기대판매량

E(Q) = 0.1 × 1,000 + 0.2 × 2,000 + 0.4 × 3,000 + 0.25 × 4,000 + 0.05 × 5,000

= **2,950단위**

[물음 2] 기대이익

E(π) = (P − VC) × E(Q) − FC

= (₩100 − ₩60) × 2,950 − ₩100,000

= **₩18,000**

[물음 3] 손실과 이익이 발생할 확률

$$\text{손익분기수량} = \frac{₩100,000}{₩40} = 2,500\text{단위}$$

손실이 발생할 확률 = 0.3(0.1 + 0.2)

이익이 발생할 확률 = 0.7(0.4 + 0.25 + 0.05)

(2) 균등분포

균등분포(uniform distribution)는 일정한 구간 내에서 각각의 확률변수가 갖는 확률값이 모두 동일한 연속확률분포를 말한다. 이를 나타내면 다음과 같다.

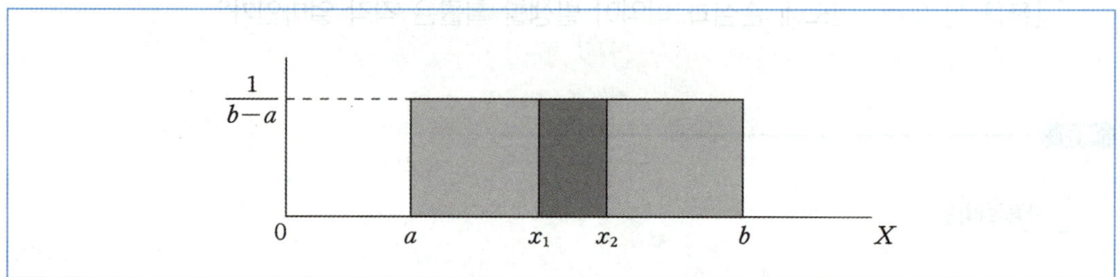

위의 그림에서 전체구간의 사각형의 확률값이 1이고 전체구간의 확률값이 균등하므로 전체구간에서 임의의 구간이 차지하는 확률을 나타낸다면 이는 다음과 같다.

$$P(x_1 \le x \le x_2) = \frac{x_2 - x_1}{b - a}$$

균등분포의 가정 하에서는 위의 산식을 이용하여 손익분기점을 넘을 확률이나 일정한 기대이익을 넘을 확률 등을 구할 수 있다.

예제 04 균등분포

(주)서울은 20×1년도에 신제품 A를 생산하려고 한다. 제품의 단위당 판매가격과 변동원가는 각각 ₩100과 ₩60이며 고정원가는 연간 ₩50,000이다. 연간 판매량이 1,000단위에서 3,000단위의 구간에서 균등분포라고 가정할 경우 다음 물음에 답하시오.

[물음 1] 20×1년도의 연간 기대판매량과 기대이익을 구하시오.

[물음 2] 손익분기점 이상이 될 확률을 구하시오.

[물음 3] 20×1년도의 연간 기대이익이 ₩10,000에서 ₩50,000일 확률을 구하시오.

해답

자료정리

	제품 A
가　　격(P)	₩100
변동원가(VC)	60
공헌이익(CM)	₩40
고정원가(FC)	₩50,000

[물음 1] 기대판매량과 기대이익

1) 기대판매량

$$\frac{3{,}000\text{개} + 1{,}000\text{개}}{2} = \mathbf{2{,}000\text{개}}$$

2) 기대이익

$$\frac{₩70{,}000^{*} - ₩10{,}000^{*}}{2} = \mathbf{₩30{,}000}$$

* 3,000개 × ₩40 − ₩50,000 = ₩70,000,　　1,000개 × ₩40 − ₩50,000 = ₩(10,000)

[물음 2] 손익분기점 이상이 될 확률

1) 손익분기점 판매량

(₩100 − ₩60) × Q − ₩50,000 = ₩0

Q = 1,250개

2) 손익분기점 이상이 될 확률

$$\frac{\text{손익분기점 이상구간}}{\text{전체구간}} = \frac{3{,}000\text{개} - 1{,}250\text{개}}{3{,}000\text{개} - 1{,}000\text{개}}$$

$$= 0.875$$

[물음 3] 기대이익을 달성할 확률

1) 기대이익 ₩10,000인 경우 판매량

(₩100 − ₩60) × Q − ₩50,000 = ₩10,000

Q = 1,500개

2) 기대이익 ₩50,000인 경우 판매수량

(₩100 − ₩60) × Q − ₩50,000 = ₩50,000

Q = 2,500개

3) 기대이익구간에 포함될 확률

$$\frac{\text{기대이익구간}}{\text{전체구간}} = \frac{2{,}500\text{개} - 1{,}500\text{개}}{3{,}000\text{개} - 1{,}000\text{개}}$$

$$= 0.5$$

(3) 정규분포

정규분포는 연속확률분포 중 하나로서 그 모양은 확률변수의 기댓값을 중심으로 완전대칭의 종형구조를 갖는 확률분포이다.

예를 들어 어느 학교의 영어성적과 수학성적이 정규분포를 이룬다고 가정해 보자. 영어성적의 평균은 80점, 표준편차는 10점이고 수학성적은 평균이 75점, 표준편차는 20점이라고 할 경우 이를 그림으로 나타내면 다음과 같다.

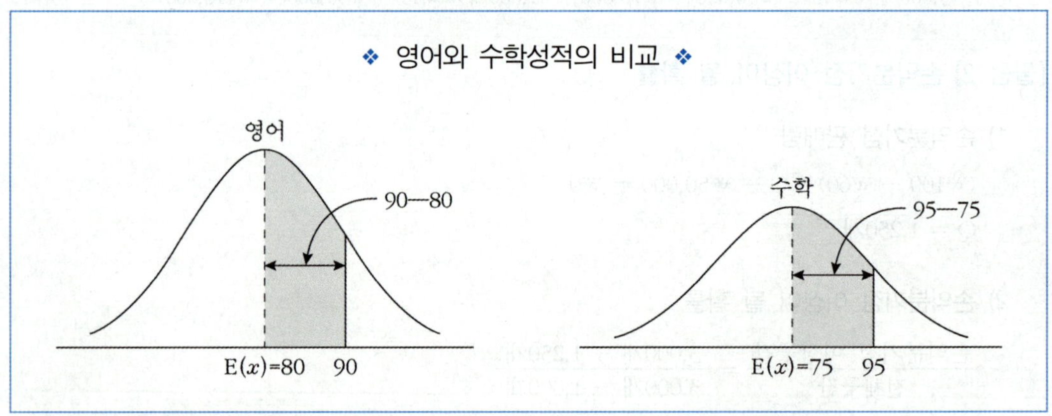

앞의 그림에서 보듯이 정규분포는 다음과 같은 특성을 가지고 있다.

① 정규분포의 모양과 위치는 확률변수의 기댓값과 표준편차에 의해 결정된다.

② 정규분포상에서의 확률은 이산분포에서의 확률과 다르게 주어진 확률변수하에서 특정값으로 주어지는 것이 아니라 확률변수의 일정구간 하에서 곡선의 면적으로 정의된다.

정규분포하에서는 위와 같은 특성을 이용하여 손익분기점이나 목표이익을 달성할 수 있는 확률을 구할 수 있다. 그러나 정규분포는 모집단에 따라 기댓값과 표준편차가 다르므로 다양한 정규분포를 표준화할 필요성에 의해 표준정규분포가 만들어졌다.

표준정규분포란 정규분포에서는 어느 모집단에서나 확률변수가 기댓값과 표준편차 단위 사이에서 발생할 확률이 동일하다는 것을 이용하여 정규분포를 기댓값이 0이고 표준편차가 1이 되도록 표준화한 것이다. 표준정규분포에서는 기댓값으로부터 표준편차의 몇 배 정도가 떨어져 있는가를 다음과 같이 표준화된 확률변수 Z로 나타내기 때문에 Z−분포라고도 한다.

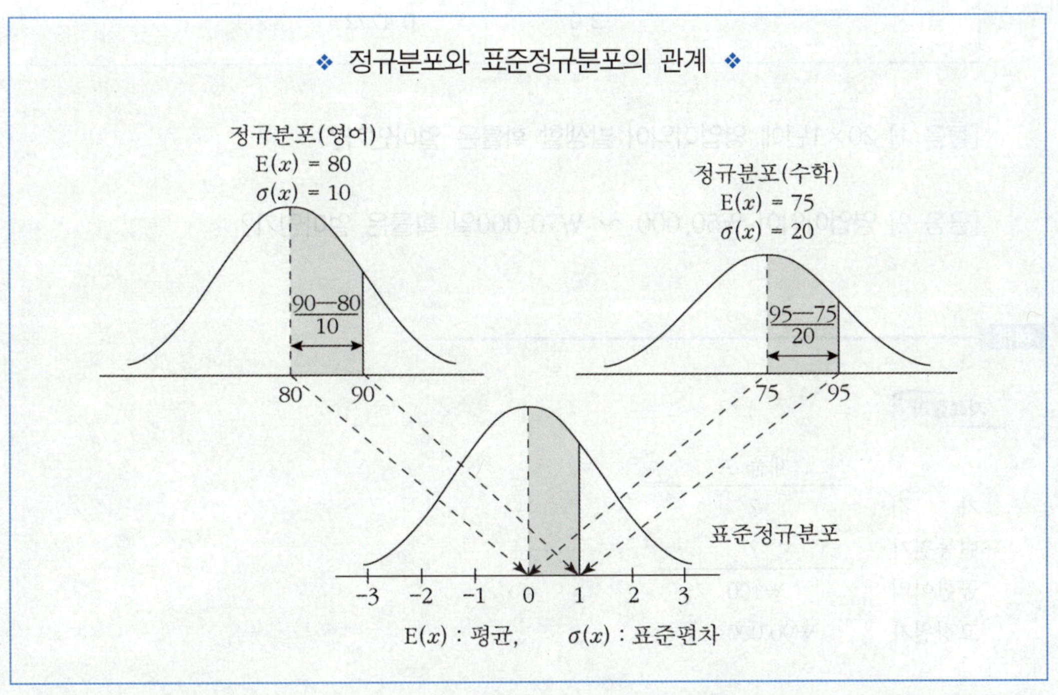

앞의 영어, 수학성적의 정규분포를 위의 식을 이용하여 표준정규분포로 전환하면 다음 그림과 같으며, 각 분포의 빗금친 부분의 면적(확률)은 모두 동일하다.

▶ 예제 05 정규분포

(주)서울은 단위당 공헌이익이 ₩100인 제품 A를 생산하여 판매하고 있다. 연간 고정원가는 ₩90,000이고 20×1년의 연간 판매량이 평균 1,200단위 표준편차 200단위의 정규분포를 따른다고 할 때 다음 물음에 답하시오.

Z	P(0 ≤ Z ≤ Z)
1.0	0.3413
1.5	0.4332
2.0	0.4772

[물음 1] 20×1년에 영업이익이 발생할 확률은 얼마인가?

[물음 2] 영업이익이 ₩50,000 ~ ₩70,000일 확률은 얼마인가?

해답

자료정리

	제품 A
가 격	?
변동원가	?
공헌이익	₩100
고정원가	₩90,000

[물음 1]

1) 제품A 손익분기점 판매량 : $\frac{₩90,000}{₩100}$ = 900개

2) 표준정규분포

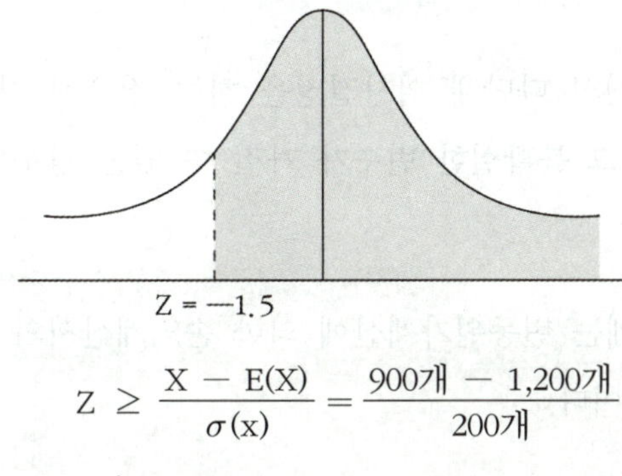

$$Z \geq \frac{X - E(X)}{\sigma(x)} = \frac{900개 - 1{,}200개}{200개}$$

$$\geq -1.5$$

3) $P(Z \geq -1.5) = 0.5 + P(0 \leq Z \leq 1.5)$

$= 0.5 + 0.4332 = \mathbf{0.9332}$

[물음 2]

1) 제품 A 영업이익이 ₩50,000과 ₩70,000인 경우 판매량

$$Q = \frac{₩50{,}000 + ₩90{,}000}{₩100} = 1{,}400개$$

$$Q = \frac{₩70{,}000 + ₩90{,}000}{₩100} = 1{,}600개$$

2) 표준정규분포

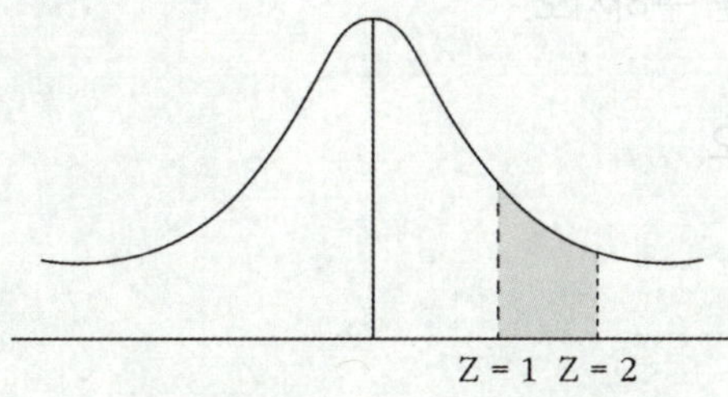

$$\frac{1{,}400개 - 1{,}200개}{200개} \leq Z \leq \frac{1{,}600개 - 1{,}200개}{200개}$$

$$1 \leq Z \leq 2$$

3) $P(1 \leq Z \leq 2) = P(0 \leq Z \leq 2) - P(0 \leq Z \leq 1)$

$= 0.4772 - 0.3413$

$= \mathbf{0.1359}$

2 의사결정수

의사결정수(decision tree)란 연속적으로 일련의 다단계 의사결정을 하는 경우에 적합한 기법으로 불확실한 독립변수가 둘 이상이고 그 불확실한 변수가 가질 수 있는 경우의 수가 소수인 경우에 사용하는 방법이다.

의사결정수를 적용하여 결합확률을 구할 시에는 변동원가계산에 의한 손익계산서의 순서대로 자료를 정리하는 것이 보다 편리할 것이다.

예제 06 의사결정수를 이용한 방법

(주)서울의 제품에 대한 연간 수요량, 단위당 공헌이익 및 고정원가에 대한 확률분포는 다음과 같다.

수요량	확 률	공헌이익	확 률	고정원가	확 률
2,000단위	0.6	₩100/개	0.7	₩100,000	0.8
3,000	0.4	60	0.3	200,000	0.2

[물음 1] 의사결정수를 이용하여 기대영업이익을 구하시오.

[물음 2] 손실과 이익이 발생할 확률을 구하시오.

해답

[물음 1] 의사결정수

수요량	공헌이익	총공헌이익	고정원가	영업이익	결합확률	예상이익
2,000단위 (0.6)	₩100 (0.7)	200,000	₩100,000(0.8)	₩100,000	0.336	**₩33,600**
		200,000	200,000(0.2)	–	0.084	–
	₩60 (0.3)	120,000	100,000(0.8)	20,000	0.144	**2,880**
		120,000	200,000(0.2)	(80,000)	0.036	**(2,880)**
3,000단위 (0.4)	₩100 (0.7)	300,000	100,000(0.8)	200,000	0.224	**44,800**
		300,000	200,000(0.2)	100,000	0.056	**5,600**
	₩60 (0.3)	180,000	100,000(0.8)	80,000	0.096	**7,680**
		180,000	200,000(0.2)	(20,000)	0.024	**(480)**
					1	₩91,200

[물음 2] 손실과 이익이 발생할 확률

손실이 발생할 확률 : 0.036 + 0.024 = **0.06**

이익이 발생할 확률 : 0.336 + 0.144 + 0.224 + 0.056 + 0.096 = **0.856**

3 민감도 분석

민감도 분석(sensitivity analysis)이란 CVP분석에서의 제품 단위당 판매가격, 변동원가, 고정원가와 판매량 등과 같은 독립변수가 변화될 때 종속변수(이익)의 반응도를 분석하는 방법이다. 민감도분석은 불확실성하에서 확률변수를 모르는 경우에 적용하는 방법이다.

▶ 예제 07 민감도 분석

(주)서울의 20×1년도 예산손익계산서는 다음과 같다.

	제 품(10,000개)
매 출	₩1,000,000
변동원가	600,000
공헌이익	₩400,000
고정원가	100,000
영업이익	₩300,000

[물음 1] 단위당 판매가격 ₩20 인하시 판매량이 20% 증가된다. 이러한 경우 영업이익은 얼마가 되겠는가?

[물음 2] 변동원가가 물가상승으로 인해 단위당 ₩10 증가시 영업이익은 얼마가 되겠는가?

[물음 3] 영업사원의 연간급여 ₩50,000을 제품판매량에 대해 단위당 ₩5 지급으로 변환시 판매수량은 10% 증가한다. 영업이익은 얼마인가?

해답

자료정리

	제 품(10,000개)
가 격(P)	₩100
변동원가(VC)	60
공헌이익(CM)	₩40
고정원가(FC)	₩100,000

[물음 1] 판매가격 ₩20 인하

	제 품(12,000개)
가 격(P)	₩80
변동원가(VC)	60
공헌이익(CM)	₩20
고정원가(FC)	₩100,000

영업이익 = (P − VC) × Q − FC
= (₩80 − ₩60) × 12,000 − ₩100,000
= **₩140,000**

[물음 2] 변동원가 ₩10 증가

	제 품(10,000개)
가 격(P)	₩100
변동원가(VC)	60 + 10
공헌이익(CM)	₩30
고정원가(FC)	₩100,000

영업이익 = (P − VC) × Q − FC
= (₩100 − ₩70) × 10,000 − ₩100,000
= **₩200,000**

[물음 3] 고정원가를 변동원가로 전환

	제 품(11,000개)
가 격(P)	₩100
변동원가(VC)	60 + 5
공헌이익(CM)	₩35
고정원가(FC)	₩50,000

영업이익 = (P − VC) × Q − FC
= (₩100 − ₩65) × 11,000 − ₩50,000
= **₩335,000**

COST&MANAGEMENT ACCOUNTING

객관식 **연습문제**

01 불확실성의 의사결정에 대한 설명 중 옳지 않은 것은?

① 완전정보는 정보취득원가와 상관없이 항상 취득할 가치가 있다.

② 불확실성은 발생 가능한 상황에 대한 확률로 나타낸다.

③ 완전정보의 기대가치는 불완전정보의 기대가치보다 항상 크거나 같다.

④ 완전정보를 가지고 최적의 의사결정을 하면 예측오류의 오차는 발생하지 않는다.

⑤ 불완전정보는 미래상황에 대한 불확실성을 완전히 없애지 못하는 정보이다.

02 다음 중 불확실성하의 의사결정에 관한 설명으로 가장 타당하지 않은 것은 어느 것인가?

① 미래의 발생 가능한 상황들은 모두 알려져 있지만 그 중에서 어떤 특정상황이 실제로 발생할지는 모르는 상태에서 내리는 의사결정을 불확실성하의 의사결정이라고 한다.

② 불확실성하의 의사결정은 확실성하의 의사결정과는 달리 미래의 발생 가능한 상황들과 각 상황이 발생할 확률을 추가적으로 고려할 필요가 있다.

③ 불확실성하의 의사결정에 사용되는 정보의 유용성은 사전확률을 사후확률로 변경시킨 결과에 따른 의사결정자의 기대가치 또는 기대효용의 증가분에 의하여 평가할 수 있다.

④ 불완전정보의 기대가치(expected value of imperfect information)는 불완전정보에 의하여 수정된 사후확률을 이용하여 계산한 최적안의 기대가치와 불완전정보를 사용하기 전의 사전확률에 의한 최적안의 기대가치 차이로 계산할 수 있다.

⑤ 완전정보의 기대가치(expected value of perfect information)는 완전정보에 의한 미래의 상황별 최적안의 선택에 따른 기대가치로서 위험중립형 의사결정자가 정보의 구입비용으로 지불할 수 있는 최대금액이 된다.

03 (주)목포는 갑회사로부터 유휴설비를 1년간 임대해 달라는 요청을 받았다. (주)목포는 설비 임대료와 관련하여 다음과 같이 두 가지 대안을 제시받았다.

> • 대안 1 : 갑회사의 연간 제품판매량 × ₩40 + ₩50,000
> • 대안 2 : 갑회사의 연간 제품판매량 × ₩70

갑회사의 1년간 판매량이 1,000단위일 확률은 40%이며, 2,000단위일 확률은 60%라고 한다. (주)목포의 입장에서 기대이익을 극대화하려면 어느 대안을 선택해야 하며, 그 기대임대료는 얼마인가?

① 대안 2, ₩104,000 ② 대안 2, ₩130,000 ③ 대안 2, ₩90,000
④ 대안 1, ₩112,000 ⑤ 대안 1, ₩114,000

04 김밥을 말아서 판매하는 서울이는 한국시리즈가 진행되는 야구장에서 김밥을 판매하려고 한다. 김밥의 단위당 제조원가는 ₩400이며, 판매가격은 ₩1,000이다. 야구는 야간경기이기 때문에 야구장에서 팔고 남은 김밥은 쉬게 되어 폐기처분해야 하며, 미리 만들어 간 김밥이 다 팔린 후에는 추가로 김밥을 만들어 팔 수 없다. 김밥의 예측판매량은 다음과 같다.

판매량	2,500개	3,000개	3,500개
확 률	0.4	0.3	0.3

김밥의 판매량에 관하여 완전한 예측을 해주는 완전정보시스템이 있다면 그러한 완전정보의 기대가치는 얼마인가?

① ₩0 ② ₩90,000 ③ ₩170,000
④ ₩220,000 ⑤ ₩270,000

05 (주)대한은 제품 A와 제품 B 중 어느 것을 생산 · 판매할 것인지 결정하기 위해 외부경제연구소로부터 시장 상황에 대한 예측정보를 얻으려고 한다.

1) (주)대한은 미래의 시장 상황을 호황과 불황으로 나누고, 외부경제연구소의 예측정보를 얻기 전에 각 상황에 대한 확률과 영업이익을 다음과 같이 예상하였다.

대안	시장 상황	
	호황(확률 : 60%)	불황(확률 : 40%)
제품 A	₩1,200	₩900
제품 B	₩850	₩1,100

2) 외부경제연구소는 시장 상황에 대해 호황이라고 예측하는 정보(R_1) 또는 불황이라고 예측하는 정보(R_2)를 제공한다.

3) (주)대한은 시장 상황에 대해 사전에 예상한 확률과 외부경제연구소의 예측정확도를 고려하여 각 정보(R_1과 R_2)가 제공될 확률을 계산하였다. 각각의 정보가 제공될 확률, 정보가 주어졌을 때의 최적대안 및 최적대안의 기대영업이익은 다음과 같다.

구분	R_1	R_2
정보가 제공될 확률	56%	44%
최적대안	제품 A	제품 B
최적대안의 기대영업이익	₩1,157	₩1,032

(주)대한이 외부경제연구소의 예측정보에 대해 지불할 수 있는 최대금액은 얼마인가?

① ₩10 ② ₩12 ③ ₩22
④ ₩55 ⑤ ₩80

06 서울LED는 제품 A를 현재의 생산라인에 추가하려고 한다. 제품 A의 판매가격은 ₩10으로 예측되며, 이 제품을 제조하는데 연간 총고정제조원가 ₩900,000이 들고, 단위당 변동제조원가는 ₩7이 들 것으로 추정된다. 과거 경험을 기초로 제품 A에 대한 수요와 그 확률분포는 다음과 같이 예측된다.

수요(수량)	제품 A의 확률
100,000 이상 200,000 미만	0.1
200,000 이상 300,000 미만	0.2
300,000 이상 400,000 미만	0.4
400,000 이상 500,000 미만	0.2
500,000 이상	0.1

만일 이 회사가 제품 A를 추가하는 경우 제품 A로부터 손익분기점 이상의 매출을 달성할 확률은 얼마인가?

① 0.1 ② 0.3 ③ 0.4
④ 0.7 ⑤ 0.9

07 (주)세무는 단일 제품을 생산 · 판매하는데 단위당 판매가격은 ₩400이고 단위당 변동원가는 ₩220이며, 총 고정원가는 ₩1,080,000이다. 당기 예상 매출액은 ₩1,000,000부터 ₩3,000,000 사이에서 균등분포(uniform distribution)를 이룬다. 3,000단위 이하 판매될 확률(a)과 손실이 발생하지 않을 확률(b)의 합(a+b)은? 2025 세무사

① 40% ② 50% ③ 60%
④ 70% ⑤ 80%

08 (주)대한은 단일제품을 생산하며 20×1년의 판매가격 및 원가자료는 다음과 같다.

항 목	단위당 금액
판매가격	₩50
변동제조원가	20
변동판매비	5

고정제조원가와 고정판매비는 각각 ₩20,000과 ₩10,000이다. (주)대한의 경영자는 판매촉진을 위해 인터넷 광고를 하려고 한다. 인터넷 광고물 제작에는 ₩5,000의 고정판매비가 추가로 지출된다. 인터넷 광고를 하지 않을 경우 판매량은 1,200단위와 1,800단위 사이에서 균등분포(uniform distribution)를 이루고, 인터넷 광고를 하면 판매량은 1,500단위와 2,000단위 사이에서 균등하게 분포한다. (주)대한이 인터넷 광고를 함으로써 기대영업이익은 얼마나 증가 또는 감소하는가?

① ₩0　② ₩1,250 증가　③ ₩1,250 감소
④ ₩2,250 증가　⑤ ₩2,250 감소

09 (주)서울은 기념품을 생산한다. 1억원의 고정원가로 100만개를 생산 · 판매하며, 판매가는 단위당 ₩100에서 ₩500 사이로 결정될 것이고, 단위당 변동원가는 ₩100에서 ₩200 사이에서 결정될 것인데 불확실하다. 단위당 판매가와 변동원가는 균일분포(uniform distribution)를 가지는데 서로 독립적으로 결정된다. 이익이 발생할 확률은 얼마인가?

① 60%　② 87.5%　③ 75%
④ 66.6%　⑤ 62.5%

10 (주)세무는 고급생수를 단위당 ₩2,000에 판매하려 한다. 단위당 변동원가는 ₩1,000이며, 월간 고정원가는 ₩3,000,000이다. 고급생수의 수요량은 불확실하지만 월간 기대판매량이 4,200개, 표준편차는 800개의 정규분포를 따른다고 가정할 때, 월간 목표영업이익이 ₩400,000 이상 발생할 확률은? (단, 다음의 표준정규분포표를 이용하여 계산한다.)

z	P(Z≤z)	z	P(Z≤z)	z	P(Z≤z)
0.5	0.691	1.0	0.841	1.5	0.933
2.0	0.977	2.5	0.994	3.0	0.999

2024 세무사

① 69.1% ② 84.1% ③ 93.3%
④ 97.7% ⑤ 99.4%

11 서울식품은 김밥 도시락을 단위당 판매가격 ₩1,000에 판매하려 한다. 단위당 변동원가는 ₩500이며, 월간 고정원가는 ₩750,000이다. 도시락의 수요량은 불확실하지만 정규분포를 이룰 것으로 보이며, 월간 기대판매량은 2,100개, 표준편차는 400개로 예상한다. 도시락 판매로 인해 이익이 발생할 확률은? 단, 아래의 표준정규분포표를 이용하여 계산하시오.

Z	$p(Z<)$	Z	$p(Z<)$	Z	$p(Z<)$
0.5	0.69	1.0	0.84	1.5	0.93
2.0	0.98	2.5	0.994	3.0	0.999

① 7% ② 69% ③ 84%
④ 93% ⑤ 98%

해답 해설

01	02	03	04	05	06	07	08	09	10
①	⑤	⑤	③	③	④	①	②	⑤	②
11									
④									

01 정답 ①

비용·효익의 관점에서 볼 때 완전한 정보를 취득하기 위한 비용이 그 완전한 정보로부터 얻는 효익을 초과한다면 그 정보를 취득할 필요는 없다.

02 정답 ⑤

⑤ 완전정보하의 기대가치는 완전정보에 의한 미래의 상황별 최적안의 선택에 따른 기대가치이고 완전정보의 기대가치(expected value of perfect information)는 완전정보하의 기대가치와 기존 정보하의 기대가치의 차이이다.

03 정답 ⑤

행동대안	$S_1 = 1,000$개 $P(S_1) = 0.4$	$S_2 = 2,000$개 $P(S_2) = 0.6$	E(a)
대안 1*[1]	₩90,000	₩130,000	**₩114,000(선택)**
대안 2*[2]	70,000	140,000	112,000(기각)

*[1] 제품판매량 × ₩40 + ₩50,000

*[2] 제품판매량 × ₩70

04 정답 ③

1) 자료정리

	정상판매	폐기분
가　　격	₩1,000	₩0
변동원가	400	400
공헌이익	₩600	₩(400)

2) 생산량(확률)

	S_1 = 2,500개 $P(S_1)$ = 0.4	S_2 = 3,000개 $P(S_2)$ = 0.3	S_3 = 3,500개 $P(S_3)$ = 0.3	$E(a)$
(a_1) 2,500개 준비	₩1,500,000*[1]	₩1,500,000*[1]	₩1,500,000*[1]	₩1,500,000(×)
(a_2) 3,000개 준비	1,300,000*[2]	1,800,000*[3]	1,800,000*[3]	1,600,000(○)
(a_3) 3,500개 준비	1,100,000*[4]	1,600,000*[5]	2,100,000*[6]	1,550,000(×)

*[1] 2,500(판매량) × (₩1,000 − ₩400) = ₩1,500,000

*[2] 2,500(판매량) × ₩1,000 − 3,000(생산량) × ₩400 = ₩1,300,000

*[3] 3,000(판매량) × (₩1,000 − ₩400) = ₩1,800,000

*[4] 2,500(판매량) × ₩1,000 − 3,500(생산량) × ₩400 = ₩1,100,000

*[5] 3,000(판매량) × ₩1,000 − 3,500(생산량) × ₩400 = ₩1,600,000

*[6] 3,500(판매량) × (₩1,000 − ₩400) = ₩2,100,000

3) EVPI

완전정보하의 기댓값	₩1,500,000 × 0.4 + ₩1,800,000 × 0.3 + ₩2,100,000 × 0.3 =	₩1,770,000
기존정보하의 기댓값		1,600,000
완전정보의 기대가치		**₩170,000**

05 정답 ③

1) 기존정보하의 기대가치

	P(호황) = 60%	P(불황) = 40%	$E(a)$
제품 A	₩1,200	₩900	₩1,080(선택)
제품 B	₩850	₩1,100	₩950(기각)

2) 결합확률과 사후확률

	결합확률			사후확률	
	P(호황) = 60%	P(불황) = 40%	보고확률	P(호황)	P(불황)
R_1=호황	? × 0.6 = ?	? × 0.4 = ?	**0.56**	$\frac{?}{0.56}$	$\frac{?}{0.56}$
R_2=불황	? × 0.6 = ?	? × 0.4 = ?	**0.44**	$\frac{?}{0.44}$	$\frac{?}{0.44}$

3) 각 보고서하에서의 최적대안 결정

① 호황(R_1)이라는 보고서가 입수될 경우

제품 A 기대가치 $= (₩1,200 \times \frac{?}{0.56}) + (₩900 \times \frac{?}{0.56}) =$ ₩1,157 (선택)

제품 B 기대가치 $= (₩850 \times \frac{?}{0.56}) + (₩1,100 \times \frac{?}{0.56}) =$? (기각)

② 불황(R_2)이라는 보고서가 입수될 경우

제품 A 기대가치 $= (₩1,200 \times \frac{?}{0.44}) + (₩900 \times \frac{?}{0.44}) =$? (기각)

제품 B 기대가치 $= (₩850 \times \frac{?}{0.44}) + (₩1,100 \times \frac{?}{0.44}) =$ ₩1,032 (선택)

4) 불완전정보하의 기대가치

(₩1,157 × **0.56**) + (₩1,032 × **0.44**) = ₩1,102

5) 불완전정보의 기대가치

EVSI = 불완전정보하의 기대가치 − 기존정보하의 기대가치

= ₩1,102 − 1,080

= **₩22**

06 정답 ④

1) 자료정리

가　격	₩10
변동원가	7
공헌이익	₩3
고정원가	₩900,000

$(P - VC) \times Q_{BEP} - FC = ₩0$

$Q_{BEP} = \frac{₩900,000}{₩10 - ₩7} = 300,000$개

2) 손익분기점 이상을 보고할 확률은 손익분기점 수량 300,000개보다 클 확률이므로 이는 다음과 같다.

P = 0.4 + 0.2 + 0.1 = **0.7**

07 정답 ①

(1) 판매량 범위

$$\frac{₩1,000,000}{₩400} \sim \frac{₩3,000,000}{₩400} = 2,500\text{단위} \sim 7,500\text{단위}$$

(2) 3,000단위 이하 판매될 확률(a)

$$\frac{3,000\text{단위} - 2,500}{7,500\text{단위} - 2,500} = 10\%$$

(3) 손익분기점 판매량

$$\frac{₩1,080,000}{₩400 - 220} = 6,000\text{단위}$$

(4) 손실이 발생하지 않을 확률(b)

$$\frac{7,500\text{단위} - 6,000}{7,500\text{단위} - 2,500} = 30\%$$

$\therefore\ a + b = 10\% + 30\% = \mathbf{40\%}$

08 정답 ②

1) 자료정리

	광고 전 (1,500단위①)	광고 후 (1,750단위②)
가격	₩50	₩50
변동원가	20 + 5	20 + 5
공헌이익	₩25	₩25
고정원가		
제조간접원가	₩20,000	₩20,000
판매관리비	10,000	10,000 + 5,000

* 판매량이 균등분포를 이루고 있으므로 기대판매량은 다음과 같다.

① 광고 전 판매량 $= \frac{1,200\text{단위} + 1,800\text{단위}}{2} = 1,500\text{단위}$

② 광고 후 판매량 $= \frac{1,500\text{단위} + 2,000\text{단위}}{2} = 1,750\text{단위}$

2) 기대영업이익

① 광고 전 기대영업이익 : 1,500단위 × ₩25 − 30,000 = ₩7,500

② 광고 후 기대영업이익 : 1,750단위 × ₩25 − 35,000 = ₩8,750

∴ 기대영업이익 증가액 : ₩8,750 − 7,500 = **₩1,250 (증가)**

09 정답 ⑤

1) 자료정리

	판매량(1,000,000개)
가　　격	₩100 ≤ P ≤ ₩500
변동원가	₩100 ≤ VC ≤ ₩200
공헌이익	?
고정원가	₩100,000,000

$E(\pi) = 1{,}000{,}000 \times (P - VC) - ₩100{,}000{,}000 \geq 0$

$P - VC \geq ₩100$

2) 이익이 발생할 확률

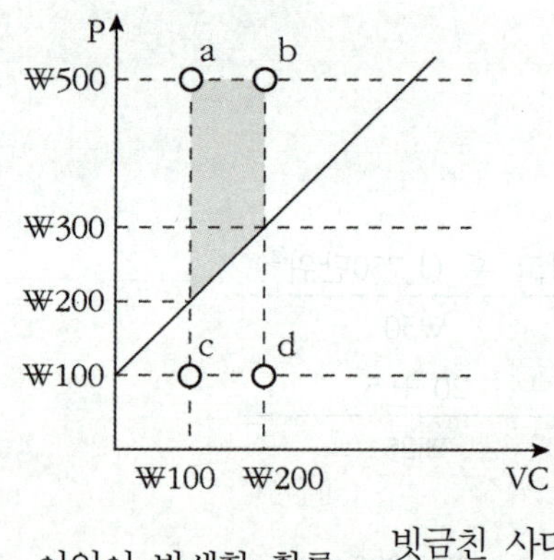

$$\text{이익이 발생할 확률} = \frac{\text{빗금친 사다리꼴 면적}}{\text{사각형 abcd 면적}}$$

$$= \frac{(₩200 \times ₩100) + (₩100 \times ₩100 \times \frac{1}{2})}{400 \times 100}$$

$$= \mathbf{0.625}$$

10 정답 ②

자료정리

단위당 판매가격	₩2,000
단위당 변동원가	1,000
단위당 공헌이익	₩1,000
고 정 원 가	₩3,000,000

(1) 목표이익 판매량

$$\frac{₩3,000,000 + 400,000}{₩1,000} = 3,400\text{단위}$$

(2) 목표이익 발생확률

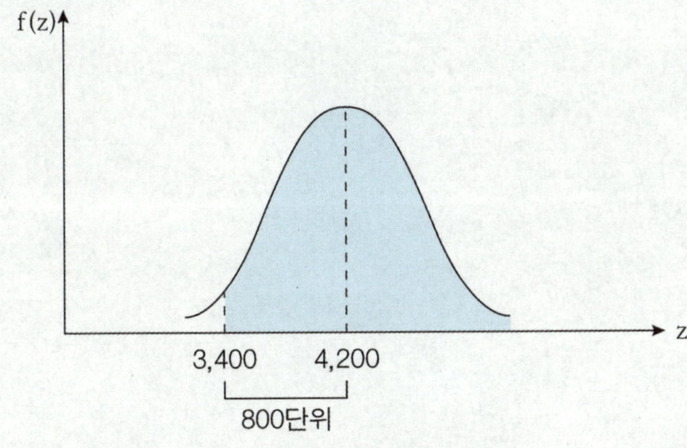

$$z \geq \frac{X\text{-}E(x)}{\sigma(x)} = \frac{3,400\text{단위} - 4,200}{800\text{단위}} = -1.0$$

$P(z \geq -1.0) = P(z \leq 1.0) =$ **0.841(84.1%)**

11 정답 ④

1) 자료정리

	Q_S(2,100개)
가 격	₩1,000
변동원가	500
공헌이익	₩500
고정원가	₩750,000

2) 이익이 발생할 확률 = 손익분기점 이상일 확률

$$Q_{BEP} = \frac{₩750,000}{₩500} = 1,500\text{개}$$

$$Z \geq \frac{X - E(X)}{\sigma X} = \frac{1,500-2,100}{400} = -1.5$$

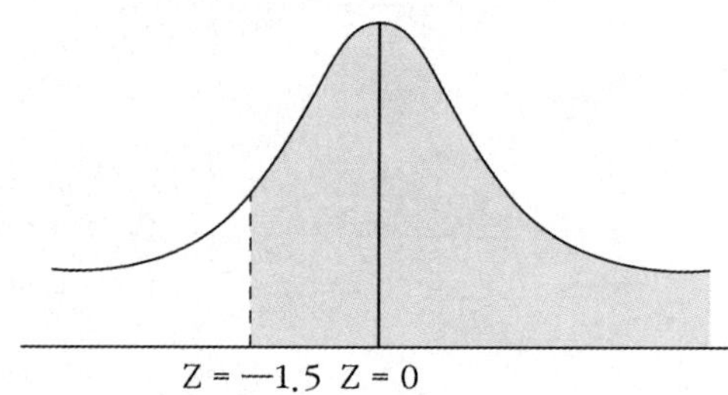

$$P(Z \geq -1.5) = 0.5 + P(0 \leq Z \leq 1.5)$$
$$= \mathbf{0.93}$$

COST&MANAGEMENT ACCOUNTING

주관식 연습문제

01 EVPI와 예측오차

(주)서울은 최근 개발이 완료된 신제품을 생산하기 위하여 두 가지의 생산방식을 고려중에 있다. 그 중 하나는 노동집약적인 방법이고 다른 하나는 자본집약적인 방법이다. 신제품 판매시 판매가격은 ₩100/단위이고 변동원가는 각각 두 방법이 ₩50과 ₩20이다. 물론 고정원가도 발생되며 그 금액은 각각 ₩50,000과 ₩100,000이다.

신제품의 예측수요가 확실하다면 위 대안 중 하나를 선택하면 되겠지만 미래의 시장수요는 각각 1,000단위와 3,000단위로 예측하고 있으며 수요에 대한 사전확률은 0.6과 0.4로서 불확실하다. 위의 자료를 이용하여 다음 물음에 답하시오.

[물음 1] 성과표를 작성하여 의사결정을 하시오.

[물음 2] 완전정보의 기대가치는 얼마인가?

[물음 3] 예측오차를 구하시오. 또한 이를 이용하여 완전정보의 기대가치를 구하시오.

해답

자료정리

	노동집약적	자본집약적
가　격(P)	₩100	₩100
변동원가(VC)	50	20
공헌이익(CM)	₩50	₩80
고정원가(FC)	₩50,000	₩100,000

[물음 1] 성과표

행 동(대안)	상황 $S_1 = 1,000$ $P(S_1) = 0.6$	$S_2 = 3,000$ $P(S_2) = 0.4$	E(a)
(a_1) 노동집약적	−*1	₩100,000*2	₩40,000(기각)
(a_2) 자본집약적	(20,000)*3	140,000*4	44,000(선택)

*1 ₩50 × 1,000 − ₩50,000 = 0

*2 ₩50 × 3,000 − ₩50,000 = ₩100,000

*3 ₩80 × 1,000 − ₩100,000 = (20,000)

*4 ₩80 × 3,000 − ₩100,000 = ₩140,000

∴ **자본집약적인 방법을 선택**한다.

[물음 2] 완전정보의 기대가치(EVPI)

완전정보의 기대가치(EVPI)

완전정보하의 기대가치	₩56,000*
기존정보하의 기대가치	44,000
완전정보의 기대가치	**₩12,000**

* 0.6 × ₩0 + 0.4 × ₩140,000 = ₩56,000

[물음 3] 예측오차

자본집약적 생산방식을 선택시 수요량이 1,000단위인 경우 예측오차는 ₩20,000이 된다. 예측오차가 ₩20,000인 경우 완전정보의 기대가치는 **₩12,000(₩20,000 × 0.6)**이 된다.

02 최적구입량의 결정

(주)서울은 잠실야구장에서 핫도그매점을 운영하고 있다. 프로야구가 폭발적인 인기를 누리고 있어서 관중석은 늘 만원이다. 때때로 핫도그가 과부족 상태에 있어 판매를 하지 못해 (주)서울은 과거연도의 판매실적을 검토하였으며 그 결과는 다음과 같다.

판매량	경 기 수
1,000단위	5회
2,000	10
3,000	20
4,000	15
	50회

핫도그의 판매가격은 단위당 ₩50이고 단위당 외부구입비용은 ₩30이다. 팔리지 않은 핫도그는 회사 방침상 폐기처분하고 있다.

[물음 1] (주)서울의 핫도그 주문량에 대한 성과표를 작성하시오.

[물음 2] 기대가치를 극대화하기 위해서는 어떤 대안이 선택되겠는가?

[물음 3] 완전정보의 기대가치를 구하시오.

해답

[물음 1] 성과표

행동(대안)	$S_1 = 1,000$ $P(S_1) = 0.1$	$S_2 = 2,000$ $P(S_2) = 0.2$	$S_3 = 3,000$ $P(S_3) = 0.4$	$S_4 = 4,000$ $P(S_4) = 0.3$
(a_1) 1,000개 구입	₩20,000*1	₩20,000	₩20,000	₩20,000
(a_2) 2,000개 구입	(10,000)*2	40,000*5	40,000	40,000
(a_3) 3,000개 구입	(40,000)*3	10,000*6	60,000*8	60,000
(a_4) 4,000개 구입	(70,000)*4	(20,000)*7	30,000*9	80,000*10

*1 1,000 × ₩20 = ₩20,000

*2 1,000 × ₩50 − 2,000 × ₩30 = ₩(10,000)

*3 1,000 × ₩50 − 3,000 × ₩30 = ₩(40,000)

*4 1,000 × ₩50 − 4,000 × ₩30 = ₩(70,000)

*5 2,000 × ₩20 = ₩40,000

*6 2,000 × ₩50 − 3,000 × ₩30 = ₩10,000

*7 2,000 × ₩50 − 4,000 × ₩30 = ₩(20,000)

*8 3,000 × ₩20 = ₩60,000

*9 3,000 × ₩50 − 4,000 × ₩30 = ₩30,000

*10 4,000 × ₩20 = ₩80,000

[물음 2] 최적행동대안

$EV(a_1)$ = ₩20,000

$EV(a_2)$ = 0.1 × ₩(10,000) + 0.2 × ₩40,000 + 0.4 × ₩40,000 + 0.3 × ₩40,000
= ₩35,000

$EV(a_3)$ = 0.1 × ₩(40,000) + 0.2 × ₩10,000 + 0.4 × ₩60,000 + 0.3 × ₩60,000
= ₩40,000

$EV(a_4)$ = 0.1 × ₩(70,000) + 0.2 × ₩(20,000) + 0.4 × ₩30,000 + 0.3 × ₩80,000
= ₩25,000

핫도그 3,000개 구입시 기대가치가 가장 크다.

[물음 3] 완전정보의 기대가치(EVPI)

완전정보의 기대가치(EVPI)

완전정보하의 기대가치	₩58,000*
기존정보하의 기대가치	40,000
완전정보의 기대가치	**₩18,000**

* 0.1 × ₩20,000 + 0.2 × ₩40,000 + 0.4 × ₩60,000 + 0.3 × ₩80,000 = ₩58,000

완전정보의 기대가치는 **₩18,000**이다.

03 차이조사 의사결정

RNA 회사는 트랜지스터를 이용하여 TV용 부품 및 VTR용 부품을 생산하는 기업이다. 연간 생산판매에 관한 자료는 다음과 같다.

	TV용 부품	VTR용 부품
최대생산능력	200,000	1,000,000
연간생산판매	180,000	800,000
단위당 제조원가		
직접재료원가*1	₩9,000	₩12,000
직접노무원가	4,000	9,000
변동제조간접원가	2,000	7,200
고정제조간접원가*2	1,000	2,000
합 계	₩16,000	₩30,200
단위당 판매가격	₩45,000	₩92,000
단위당 변동판매비	5,000	17,000

*1 트랜지스터 포함 *2 전액공통원가 배부액

두 가지 제품 모두 영업이익에 상당한 공헌을 하고 있다. 그런데 VTR용 부품 제조공정은 정밀을 요하는 공정이므로 최근 수선을 제공하는 진단사가 다음과 같은 제안을 해왔다.

- 자신들의 통계에 의하면, VTR 제조공정이 연간 1회 고장이 날 확률은 0.15이다.
- 연간계약으로 수시로 고장 여부를 검사하는 검사비는 ₩20,000,000이다.
- 검사결과 고장이 난 경우 수선비로 지출되는 원가는 RNA 회사 규모의 조업라인에서는 ₩160,000,000이다.

이와 같은 자료를 제시받은 RNA 회사의 경영진은 기획실로부터 “연간 1회 고장이 나서 VTR용 부품생산에 지장을 주게 되면, VTR용 부품의 예산 생산판매량이 평균 1% 감소될 것”이라는 보고를 받았다.

[물음 1] RNA 회사의 VTR 라인이 동종업계의 제조라인과 고장날 확률이 동일하다면, RNA 회사는 진단사의 제안을 수락해야 하는지 의사결정 하시오.

[물음 2] RNA 회사는 연초에 VTR라인은 점검하면 1년 이내 고장이 날 것인지 또는 나지 않을 것인지를 정확이 예측할 수 있는 최첨단 장비를 갖춘 로보컴 회사가 있다는 사실을 알았다. RNA 회사가 로보컴 회사에 지불할 수 있는 최대가격은 얼마인가?

[물음 3] RNA 회사의 경영자는 자신의 회사는 숙련공들에 의하여 제품라인이 가동되기 때문에 진단사가 주장하는 산업평균고장률보다는 고장날 확률이 낮다고 확신하고 있다. RNA 회사가 진단사의 검사를 받지 않은 것이 유리하기 위해서는 최대한 고장날 확률이 얼마 이하여야 하는가?(소수점 셋째 자리까지 표시)

[물음 4] 위의 해답과 관계없이 RNA 회사의 경영자는 자사 라인의 고장률은 평균 5%미만이며, 작년에 대대적인 수선을 하였기 때문에 금년에는 전혀 고장나지 않는다고 확신을 하여 진단사와 검사계약을 체결하지 않는다. 그러나 실제로 고장이 발생하였다면 RNA 회사의 예측오차의 원가는 얼마인가?

해답

[물음 1] 기대가치

	상 황		
	S_1 = 정상 $P(S_1) = 0.85$	S_2 = 고장 $P(S_2) = 0.15$	E(a)
(a_1) 검사받음	₩20,000,000	₩180,000,000*1	₩44,000,000
(a_2) 검사받지 않음	–	374,400,000*2	56,160,000

*1 연초에 고장날 것이라는 예측이 있으면 S사와 검사계약을 체결하고 ₩20,000,000을 지출하고 고장이 나면 수선비를 ₩160,000,000을 지불한다.

*2 단위당 공헌이익 : ₩92,000 − ₩28,200 − ₩17,000 = ₩46,800
생산판매량의 감소 : 800,000개 × 0.01 = 8,000개
공헌이익의 감소 : ₩46,800 × 8,000 = ₩374,400,000

검사를 받는 경우가 비용이 더 적으므로 **검사를 받는다.**

[물음 2] EVPI

완전정보하의 기대가치 : ₩0 × 0.85 + ₩180,000,000 × 0.15 =	₩27,000,000
기존정보하의 기대가치 :	44,000,000
완전정보의 기대가치	**₩17,000,000**

[물음 3] 임계확률

	상황	
	S_1 = 정상 $P(S_1) = (1-P)$	S_2 = 고장 $P(S_2) = P$
(a_1) 검사받음	₩20,000,000	₩180,000,000
(a_2) 검사받지 않음	–	374,400,000

₩20,000,000 × (1−P) + ₩180,000,000 × P = ₩374,400,000 × P

P = **0.093**

[물음 4] 예측오차

① 고장이 나지 않을 것으로 예측한 경우 검사받지 않는 대안을 선택한다.

② 실제로 고장이 났으나 검사를 받지 않았으므로 ₩374,400,000이 지출된다.

③ 만약 고장이 날것으로 예측했다면 검사를 받을 것이므로 ₩180,000,000이 지출된다.

④ 예측오차의 원가 : ₩374,400,000 − ₩180,000,000 = **₩194,400,000**

04 균등분포

서울회사는 단일 제품을 생산 · 판매하고 있다. 지난 해 제품의 원가자료는 다음과 같다.

단위당 변동원가	₩250
고정원가	1,000,000

제품은 주문에 의해서만 생산되기 때문에 재고는 발생하지 않는다. 이 회사의 마케팅관리자는 다음과 같은 제품의 가격분석 결과를 제시하고 있다.

(1) 제품의 단위당 판매가격을 ₩500으로 설정하면, 총매출액의 확률분포는 ₩1,500,000과 ₩3,000,000 사이에서 동일하다. 이러한 확률분포하에서 ₩2,250,000의 매출액을 달성하거나 초과할 확률은 50%이다.

(2) 제품의 단위당 판매가격을 ₩350으로 설정하면, 총매출액의 확률분포는 ₩3,000,000과 ₩4,500,000 사이에서 동일하다. 이러한 확률분포하에서 ₩3,750,000의 매출액을 달성하거나 초과할 확률은 50%이다.

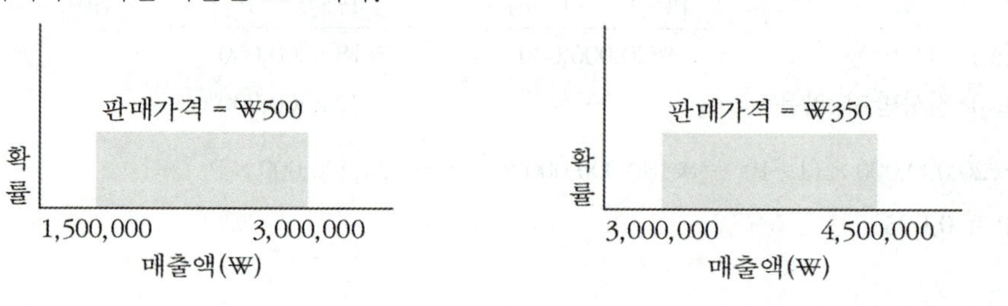

[물음 1] 마케팅관리자가 위의 각 경우에 있어서 손익분기점 또는 양(+)의 영업이익을 달성할 확률을 극대화하는 전략을 선택한다고 가정하시오.

1) 단위당 ₩500의 가격으로 판매한다고 할 때, 손익분기점 이상일 확률은 얼마인가?
2) 단위당 ₩350의 가격으로 판매한다고 할 때, 손익분기점 이상일 확률은 얼마인가?

[물음 2] 기대영업이익의 극대화가 더 나은 목표라고 가정할 경우, 어느 가격전략이 더 높은 기대영업이익수준을 달성할 수 있는가? 단, 기대영업이익을 계산할 때 각 가격전략하에서의 기대매출액을 이용하시오.

해답

[물음 1] 손익분기점 이상일 확률

1) ₩500의 판매가격에서 단위당 공헌이익은 ₩250(= ₩500 − ₩250)이며, 손익분기점 판매량과 매출액은 각각 4,000단위(= ₩1,000,000 ÷ ₩250)와 ₩2,000,000이다. 이 판매량(매출액)수준과 동일하거나 초과할 확률은 2/3이다.

2) ₩350의 판매가격에서 단위당 공헌이익은 ₩100(= ₩350 − ₩250)이며, 손익분기점 판매량과 매출액은 각각 10,000단위(= ₩1,000,000 ÷ ₩100)와 ₩3,500,000이다. 이 판매량(매출액)수준과 동일하거나 초과할 확률은 2/3이다.

따라서 양(+)의 영업이익을 보여주는 확률을 극대화 하고자 한다면, 두 전략이 무차별하다.

[물음 2] 판매가격의 선택

1) 판매가격이 ₩500인 경우

① 기대매출액 : ₩2,250,000(= ₩500 × 4,500단위)

② 기대영업이익 : [(₩500 − ₩250) × 4,500단위] − ₩1,000,000 = ₩125,000

2) 판매가격이 ₩350인 경우

① 기대매출액 : ₩3,749,900(= ₩350 × 10,714단위)

② 기대영업이익 : [(₩350 − ₩250) × 10,714단위] − ₩1,000,000 = ₩71,400

∴ **판매가격이 ₩500인 전략**이 기대영업이익을 극대화할 수 있다.

---

05 불확실성하의 CVP분석

(주)서울이 생산하는 제품A의 단위당 판매가격 및 원가자료는 다음과 같다.

판 매 가 격	₩100
변동제조원가	50
변 동 판 매 비	10
고정제조간접비	10,000
고정판매관리비	5,000
법 인 세 율	40%

※ 다음의 각 물음들은 서로 독립적이라고 가정한다.

[물음 1] 1) 세후목표순이익 ₩1,200을 달성하기 위한 판매량

2) 세후 순이익 ₩1,200에서의 영업레버리지도

[물음 2] 변동제조원가가 20% 상승할 확률이 40%이고 50% 상승할 확률이 60%일 때 세후 기대목표순이익 ₩1,200을 달성하기 위한 판매량은 얼마인가?

※ 다음의 물음들은 법인세율이 없다고 가정하고 답하시오.

[물음 3] (주)서울의 전문경영자는 TV광고시 판매량이 증가할 것으로 기대하고 있다. TV광고를 하지 않을 경우 판매량은 300kg과 400kg 사이에서 균등확률분포를 이루고 TV광고를 하는 경우에는 판매량이 370kg과 610kg 사이에서 균등확률분포를 이룬다. 이 때 각각의 기대순손익을 구하고 광고에 대한 의사결정을 하시오. 단, TV광고비는 ₩7,000이다.

[물음 4] (주)서울의 전문경영자는 기본급 없이 성과급으로만 연봉을 지급받는다고 한다. 성과급은 순이익의 1%이며 순손실이 발생하는 경우에는 전혀 지급되지 않는다. 전문경영자 입장에서 증분이익을 구하고 TV광고에 대한 의사결정을 하시오.

[물음 5] 위의 성과급제도의 문제점을 지적하고 개선책을 제시하시오.

해답

[물음 1] 목표판매량, 영업레버리지도

1) 목표판매량

[(판매가격 − 변동원가) × 판매량 − 고정원가] × $(1 - t_c) = \pi$

$[(P - VC) \times Q - FC] \times (1 - t_c) = \pi$

(₩40 × Q − ₩15,000) × (1 − 0.4) = ₩1,200

목표판매량 = **425kg**

2) 영업레버리지도

$$\text{영업레버리지도(DOL)} = \frac{\text{공헌이익}}{\text{영업이익}} = \frac{₩17,000^{*1}}{₩2,000^{*2}} = \mathbf{8.5}$$

*1 ₩40 × 425kg = ₩17,000 *2 ₩40 × 425kg − ₩15,000 = ₩2,000

[물음 2] 목표판매량

1) 기대변동제조원가

= (₩50 × 1.2) × 0.4 + (₩50 × 1.5) × 0.6

= ₩69

2) 목표판매량

[(판매가격 − 변동원가) × 판매량 − 고정원가] × (1 − t_c) = π

[(P − VC) × Q − FC] × (1 − t_c) = π

((₩100 − ₩69 − ₩10) × Q − ₩15,000) × (1 − 0.4) = ₩1,200

목표판매량 = **809.5kg**

[물음 3] 균등확률

1) TV광고를 하지 않는 경우

① $E(Q) = \frac{300kg + 400kg}{2}$

$= 350kg$

② $E(\pi)$ = ₩40 × 350Kg − ₩15,000

= ₩(1,000)

2) TV광고를 하는 경우 : 광고비 ₩7,000 증가

① $E(Q) = \frac{370kg + 610kg}{2} = 490kg$

② $E(\pi)$ = ₩40 × 490Kg − (₩15,000 + ₩7,000)

= ₩(2,400)

TV광고를 하지 않는 것이 유리하다.

[물음 4] 전문경영자의 의사결정

1) TV광고를 하지 않는 경우

① $Q_{BEP} = \frac{FC}{CM}$

$= \frac{₩15,000}{₩40} = 375kg$

② 손익분기점을 넘을 확률

$P(r) = \frac{400kg - 375kg}{400kg - 300kg} = 25\%$

③ 기대순이익

$$E(\pi) = \frac{\pi(400kg) + \pi(375kg)}{2}$$

$$= \frac{₩1,000 + ₩0}{2} = ₩500$$

④ 전문경영자의 기대성과급

₩500 × 0.25 × 0.01 = **₩1.25**

2) TV광고를 하는 경우

① $Q_{BEP} = \frac{\text{고정원가}}{\text{단위당 공헌이익}}$

$$= \frac{₩15,000 + ₩7,000}{₩40} = 550kg$$

② 손익분기점을 넘을 확률

$$P(r) = \frac{610kg - 550kg}{610kg - 370kg} = 25\%$$

③ 기대순이익

$$E(\pi) = \frac{\pi(610kg) + \pi(550kg)}{2}$$

$$= \frac{₩2,400 + ₩0}{2} = ₩1,200$$

④ 전문경영자의 기대성과급

₩1,200 × 0.25 × 0.01 = **₩3**

전문경영자는 기대성과급을 극대화하기 위하여 **TV광고를 선택**한다.

[물음 5] 기존 성과급제도의 문제점

당사의 성과급제도는 순이익의 1%를 성과급으로 지급하고 순손실에 대해서는 성과급이 지급되지 않는다. 따라서 회사전체의 최적의사결정과는 상반된 의사결정이 이루어지는 준최적화 현상이 발생되고 있다. 이를 방지하기 위해서는 전문경영자에게 순손실에 대한 책임도 부여해야 할 것이다.

제 12 장

책임회계와 성과평가

cost & management accounting

SECTION 01 계획과 예산

1 예산의 의의

기업의 경영자는 미래의 불확실성에 대처하고 성공적인 경영활동을 수행하기 위해 사전에 계획을 수립할 필요가 있다. 계획은 기업 내의 경영자계층에 따라 다음과 같이 전략적 계획과 장기계획 및 예산으로 분류할 수 있다.

- **전략적 계획** : 전략적 계획(strategic planning)은 최고경영층에서 수립하는 계획으로서 기업의 장기적인 경영정책, 경영목표와 기업특성을 포함한다.
- **장기계획** : 장기계획(long-term planning)은 중간경영층이 전략적 계획을 달성하기 위해 필요한 대체안들을 식별하고 선택하는 문제와 관련된 것이다. 장기계획에는 장기수요의 예측, 신규공장이나 설비에 대한 투자계획과 주요제품라인의 변경 등이 포함된다.
- **예산** : 예산(budget)이란 기업의 전략적 계획과 장기계획을 기초로 미래에 대한 경영활동의 계획을 공식적으로 구체화하여 화폐단위로 표시한 것을 말한다. 계획단계에서 특정기간에 대하여 예산을 설정하는 것을 예산편성(budgeting)이라고 하며, 예산을 이용해서 기업의 경영활동을 통제하는 것을 예산통제(budgetary control)라고 한다.

(1) 예산의 기능

예산의 기능(유용성)은 다음과 같다.

1) 계획기능

예산은 경영자가 기업의 목표를 설정하고 그 목표를 능률적이고 효율적으로 달성하기 위해 기업의 모든 구성원에게 목표의식을 갖게 하고 계획을 수립하도록 강요하는데, 이를 예산의 계획기능(planning)이라고 한다.

2) 의사소통 및 조정기능

예산은 다양한 기능을 수행하는 각 부문경영자들 간의 의사소통(communication)을 통하여 수립되므로 기업전체의 목표와 각 부문의 목표를 조정(coordination)하는 역할을 한다.

3) 통제기능

예산은 실제성과와 비교를 통하여 부문경영자가 얼마나 효율적으로 목표를 달성하였는가를 평가할 수 있게 성과평가의 기준을 제공해주는데, 이를 예산의 통제기능(control)이라고 한다.

그러나 예산을 편성하거나 변화를 줄 경우 계획과 통제단계에서 구성원들 간에 갈등이 발생해 계획기능과 통제기능이 약화될 수 있다. 그러므로 갈등관계를 해소하기 위해 예산편성시 최고경영자를 참여시켜 부서간의 갈등관계를 조정하거나, 예산위원회(budget committee)를 조직하여 부문책임자들이 전문화된 지식을 서로 교환하고 예산편성시 동의를 얻게 해 갈등을 감소시킨다.

(2) 예산의 역기능

① 단기목표인 예산을 지나치게 강조할 경우 기업의 장기적인 계획달성에 악영향을 줄 수 있다.

② 종업원의 참여와 의견이 배제된 권위적인 예산편성을 하는 경우 종업원의 사기를 떨어뜨려 종업원의 동기부여에 악영향을 미칠 수 있다.

③ 부문의 목표를 달성하기 위한 조직 간의 과다경쟁으로 조직전체의 목표를 달성하지 못하는 준최적화가 발생할 수 있다.

④ 목표를 달성하지 못했을 경우 책임회피를 위해 종업원이 성과를 조작할 수 있다.

(3) 효과적인 예산의 전제조건

효과적인 예산(effective budget)이란 조직의 장기목표를 성공적으로 달성할 수 있도록 그 기능을 다하는 예산을 의미하며, 효과적인 예산의 전제조건은 다음과 같다.

1) 기업전체의 목표설정

기업의 전략적 계획과 장기계획에 기초하여 기업전체의 목표가 설정되어야 한다.

2) 목표의 분할

기업전체의 목표가 행동지침으로서 의미를 가지려면 기업전체의 목표가 하위부문의 목표로 분할되어 의미 있게 설정되어야 한다.

3) 목표일치성

하위목표는 기업전체의 목표와 일치해야 하고, 하위목표들이 서로 조화를 이루어야 한다.

4) 목표의 수용

기업의 종업원들이 하위목표에 대하여 위압감을 느끼지 않고 수용해야 한다.

5) 피드백

예산은 반드시 피드백절차와 성과평가절차에 연계되어야 한다.

2 예산의 분류

(1) 종합예산과 부문예산

예산대상이 되는 조직의 범위에 따른 분류로써 다음과 같이 종합예산과 부문예산이 있다.

- 종합예산(master budget) : 판매 · 생산 · 구매 등 기업전체를 대상으로 하는 예산이다.
- 부문예산(departmental budget) : 기업의 하위부문을 대상으로 하는 예산이다.

(2) 단기예산과 장기예산

예산대상이 되는 기간에 따른 분류로써 다음과 같이 단기예산과 장기예산이 있다.

- 단기예산(short-run budget) : 연말에 차년도 1년간의 판매가격과 매출원가, 판매량과 생산량 및 영업활동에 필요한 자금조달 등에 대한 예산이다.
- 장기예산(long-run budget) : 예산기간이 1년 이상인 예산으로서 유형자산의 취득과 자본조달이나 다년간의 연구개발비 지출과 같은 조직의 전략적 계획과정을 반영하는 예산이다.

(3) 고정예산과 변동예산

예산대상이 되는 조업도에 따른 분류로써 다음과 같이 고정예산과 변동예산이 있다.

- 고정예산(static budget) : 예산기간 중에 계획된 특정의 단일조업도를 기준으로 한 예산을 말한다. 고정예산은 조업도에 대한 영향을 별도로 구분하지 못하거나 조업도의 변동에 대한 책임을 질 경우 성과평가에 사용된다. 예를 들어 연구개발부서와 목표판매량을 책임져야 하는 판매부문에 주로 적용된다.
- 변동예산(flexible budget) : 조업도의 변화에 따라 신축적으로 조정되는 예산으로 주로 생산부문경영자의 성과평가에 사용된다.

(4) 기타

1) 계속예산

계속예산(rolling budget)은 특정기간에 대하여 예산을 설정한 후 기간이 경과함에 따라 지나간 한 달 또는 한 분기의 예산을 제거하고 새로운 한 달 또는 한 분기의 예산을 추가함으로써 항상 12개월의 예산이 유지되도록 편성한 예산을 말한다. 이러한 경우 예산기간 말에 경영자가 근시안적으로 판단하는 것을 방지하는데 효과가 있다.

2) 증분예산과 영기준예산

증분예산(incremental budget)은 차년도의 예산을 편성시 당해 연도의 예산을 기초로 각 항목별로 차년도의 가격변동과 조업도변동을 예상하여 그 증분만을 반영한 예산을 말한다. 영기준예산(zero-base budget)은 전년도의 예산은 무시하고 부문경영자가 매년 예산 전체를 다시 원점에서 재검토하고 편성한 예산을 말한다. 영기준예산은 주로 기업에 새로운 경영자가 영입되어 기업에 대한 정보가 없으며 조직의 새로운 전략을 수립하는 경우에 사용된다.

SECTION 02

종합예산

1 의 의

종합예산(master budget)은 기업전체를 대상으로 하여 보통 1년 단위로 편성한 예산을 말한다. 종합예산에는 기업의 모든 하부조직들이 달성해야 할 목표를 비롯하여 기업 전체적으로 달성해야 할 이익, 현금흐름, 재무상태 등에 대한 목표치가 모두 포함된다.

종합예산과 관련되어 주의할 점은 특정조업도와 관련되어 있는 종합예산은 고정예산이라는 것이다. 또한 종합예산은 달성해야 할 목표를 총액으로 나타낸 총액개념이고 표준원가는 사전에 설정한 단위당 원가로서 단위당 개념이다. 그러므로 단위당 표준원가에 연간 기대조업도를 곱하면 종합예산상 당기총제조원가를 구할 수 있다.

2 종합예산의 편성방법

1) 권위적 예산편성방법(authoritative approach to budgeting)

최고경영자가 각 계층의 경영자를 참여시키지 않고 예산을 편성하는 방법으로 상의하달식(top-down) 예산편성방법이다. 주로 의사결정권한이 상부에 집중되어 있는 중앙집권적 조직에서 사용한다.

2) 참여적 예산편성방법(participative approach to budgeting)

각 계층의 경영자를 예산편성에 적극적으로 참여시켜 모든 종업원들이 최종예산을 받아들일 때까지 예산편성과정을 계속하는 방법으로 하의상달식(bottom-up) 예산편성방법이다. 이 방법의 목적은 실행가능성이 높은 예산을 편성하고 종업원으로 하여금 서로를 이해하고 조직전체의 목표달성을 위해 협조하는데 있다. 주로 환경의 변화가 많거나 규모가 큰 조직에 적합한 방법이지만 서로의 의견을 조율하는데 많은 시간이 소요되며 예산슬랙* (budgetary slack)이 발생할 수 있는 단점이 있다.

* 예산슬랙 : 목표를 달성하기 쉽게 하려고 고의적으로 예산을 느슨하게 편성하는 것을 말한다. 예를 들어 예상판매량을 낮게 설정하거나 예상원가를 높게 설정하는 것이 이에 해당된다.

3) 자문적 예산편성방법(consultative approach to budgeting)

최고경영자가 예산편성시 종업원들의 의견을 구한 다음 예산을 확정하는 방법이다. 이 방법은 비록 최고경영자가 종업원들에게 의견을 구해도 이는 보조적으로만 사용되며 예산을 확정짓는 것은 결국 최고경영자이다.

3 종합예산의 구성요소

종합예산은 기업전체의 총괄적인 행동계획을 화폐단위로 표시한 것으로써 다음과 같이 운영예산과 재무예산으로 구성된다.

- 운영예산(operating budget) : 기업의 판매와 생산 및 구매와 같이 주요 영업활동과 관련된 예산으로서 판매예산, 매출원가예산, 판매관리비예산과 제조예산 등으로 구성되며 최종적으로 예산손익계산서가 작성된다.
- 재무예산(financial budget) : 영업활동의 근거가 되는 투자 및 재무활동에 대한 예산으로 현금유입액과 현금유출액 및 전반적인 재무상태에 대한 현금예산, 예산재무상태표와 예산현금흐름표가 작성된다. 재무활동은 운영예산의 결과로써 영업활동이 결정될 때까지는 알 수 없으므로 운영예산이 재무예산보다 먼저 작성된다.

4 종합예산의 편성

종합예산의 편성절차는 제품원가계산절차와 달리 역방향으로 이루어진다. 즉, 제품원가계산은 생산이 이루어지는 순서대로 행하지만, 종합예산의 편성은 판매예산(판매예측)과 기말재고예산을 통하여 제조예산(생산량예산)을 예측하고 제조원가예산(직접재료원가, 직접노무원가, 제조간접원가) 및 원재료예산 등의 순서로 이루어진다. 이는 제품원가계산이 과거활동의 재무적 결과를 보고하는데 중점을 두고 있지만, 종합예산편성은 미래활동에 대한 재무적 결과의 예측에 중점을 두고 있기 때문이다.
다음은 종합예산의 편성절차에 대한 요약으로서 앞에서 언급한 것처럼 판매예측에서 출발하여 추정재무제표를 작성함으로써 완결된다.

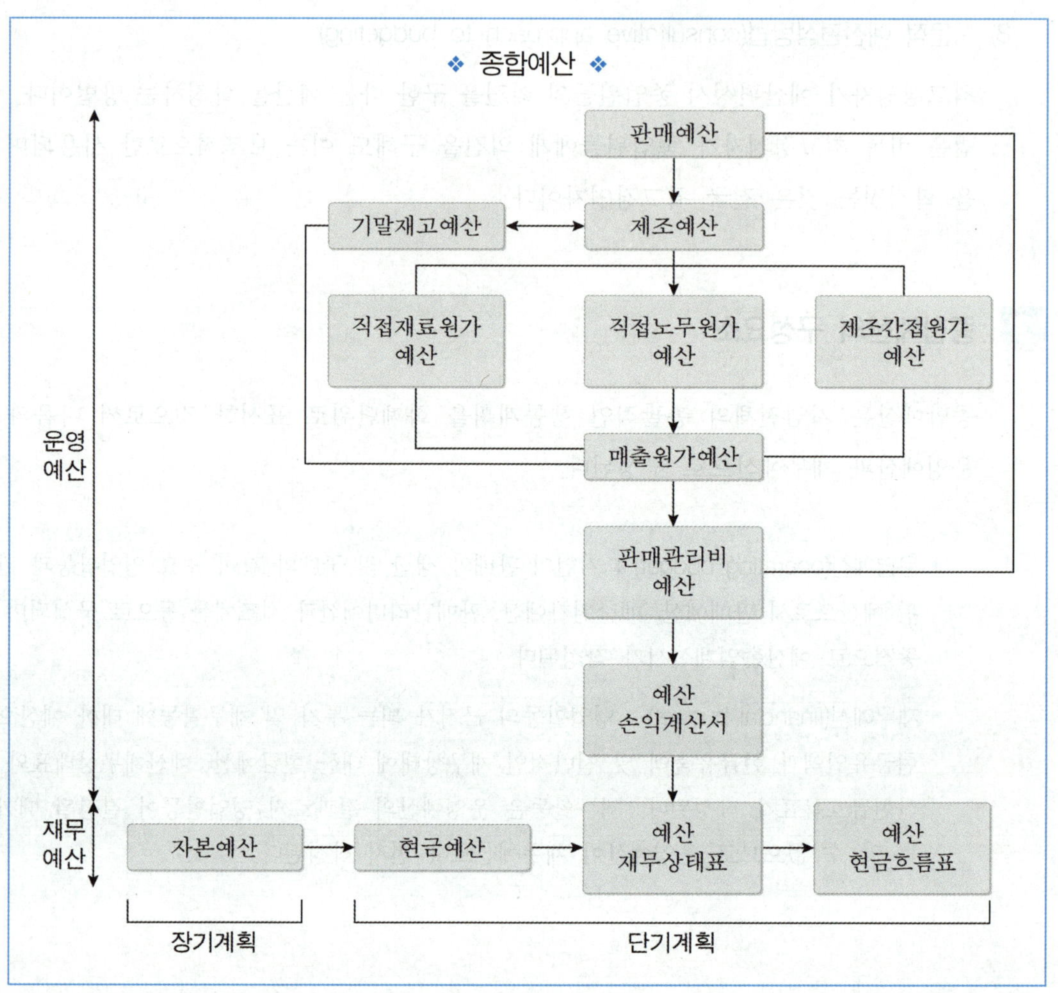

❖ 종합예산 ❖
판매예산
기말재고예산
제조예산
직접재료원가
예산
직접노무원가
예산
제조간접원가
예산
매출원가예산
판매관리비
예산
예산
손익계산서
운영
예산
재무
예산
자본예산
현금예산
예산
재무상태표
예산
현금흐름표
장기계획
단기계획

예제 01 종합예산의 편성

(주)서울은 한 종류의 자동차부품을 생산 · 판매하고 있다. 이 회사에 새로 채용된 회계담당자는 20×1년 12월 31일 현재의 재무상태표와 기타자료를 이용하여 20×2년도의 종합예산을 편성하고자 한다. 다음은 전기의 재무상태표와 판매수량, 원가에 대한 예측자료이다.

재 무 상 태 표

(주)서 울 20×1년 12월 31일 현재 (단위 : 원)

차변	금액	대변	금액
현금 및 현금성자산	₩50,000	매입채무	₩10,000
매출채권	46,000	장기차입금	50,000
원재료(2,000kg × ₩2)	4,000	자본금	250,000
제 품(100개 × ₩50)	5,000	자본잉여금	50,000
토 지	45,000	이익잉여금	40,000
건물 및 기계장치	350,000		
감가상각누계액	(100,000)		
	₩400,000		₩400,000

1) 제품의 단위당 예산판매가격은 ₩100이며 20×2년의 예상판매량은 1월에 1,800개, 2월에 1,500개, 3월에 2,000개이다. 모든 매출은 외상매출이며 외상매출금의 50%는 판매한 달에 회수되며, 나머지 50%는 다음 달에 회수된다.

2) (주)서울의 20×1년 12월 31일 제품재고량은 100개이고, 제품의 월말재고량은 다음 달 예상판매량의 20%를 재고로 보유하고자 한다. 또한 (주)서울은 재공품재고를 보유하지 않는 정책을 갖고 있다.

3) 제품단위당 변동제조원가 표준은 다음과 같으며, 1월의 고정제조간접원가예산은 ₩30,000(감가상각비 ₩10,000포함)이다.

(i) 직접재료원가	5kg × ₩2	=	₩10
(ii) 직접노무원가	2시간 × 5	=	10
(iii) 변동제조간접원가	2시간 × 4	=	8
			₩28

4) (주)서울은 원재료의 월말재고량으로 다음 달 목표생산량의 생산에 소요되는 원재료의 10%를 재고로 보유하고자 한다. 직접재료의 매입은 모두 외상으로 이루어지며 외상매입 중 60%는 구입한 달에 나머지 40%는 다음 달에 지급된다.

5) 변동판매관리비는 단위당 ₩5이며 고정판매관리비는 ₩20,000(감가상각비 ₩5,000 포함)이다.

6) 원재료매입액과 건물 및 기계에 대한 감가상각비를 제외한 모든 비용은 현금 지급한다.

7) 장기차입금의 이자율은 연 12%이고 1월에 (주)서울은 현금배당으로 ₩10,000을 지급하였다. 또한 (주)서울의 법인세율은 40%이다.

자료정리

1월 원재료

차변	대변
2,000kg (₩2/kg)	10,000kg (₩2/kg)
8,800kg (₩2/kg)	800kg*1 (₩2/kg)

1월 제품

차변	대변
100 (₩50)	1,800*2
2,000	300 (₩43)
(1) 2,000×5kg×₩2	
(2) 2,000×2시간×₩5	
(3) 2,000×2시간×₩4	
(4) ₩30,000*3 (dep : ₩10,000)	

2월 제품

차변	대변
300 (1,500 × 0.2)	1,500
1,600	400 (2,000 × 0.2)

3월 제품

차변	대변
400 (2,000×0.2)	2,000

*1 1월 기말 원재료 : 1,600단위 × 5kg × 0.1 = 800kg

*2 매출원가 : 100단위 × ₩50 + 1,700단위 × ₩43 = ₩78,100

*3 $\frac{\text{고정제조간접원가예산}}{\text{기준조업도}} = \frac{₩30,000}{2,000\text{개}} = ₩15/\text{개}$

(1) 판매예산

판매예산(sales budget)은 종합예산의 출발점이며 다른 모든 예산의 기초가 된다. 왜냐하면 재고수준 · 생산량 · 제조원가 · 판매관리비 등의 다른 예산들은 모두 판매를 위한 것이거나 판매의 결과로 나타난 것으로 매출액의 결정에 따라 달라지기 때문이다.

이러한 판매예산은 판매예측(sales forecast)을 통해 편성되는데 판매예측은 판매예산의 근거가 됨은 물론이고 운영예산의 다른 예산들과 재무예산의 기초자료가 된다. 따라서 판매예측을 얼마나 정확하게 예측하느냐에 따라 합리적인 종합예산을 편성할 수 있게 된다.

일반적으로 판매예측은 마케팅부서의 책임 하에서 수행되는데 판매예측기법에는 영업사원의 판매예측 또는 과거의 시장판매량에 대한 시계열분석법 등이 있다.

판매예산이란 다음 기에 판매될 것으로 예상되는 예상판매량과 예상매출액에 대한 예산으로 판매예산을 수립한 후 이를 바탕으로 생산계획을 수립할 수 있다.

> 판매예산 = 예상판매량 × 단위당 예상판매가격

▶ 예제 01-1 판매예산

예제 1에 의한 1월과 2월의 판매예산을 편성하시오.

해답

1월 판매예산 : 1,800개 × ₩100 = ₩180,000

2월 판매예산 : 1,500개 × ₩100 = ₩150,000

(2) 제조예산

판매예산이 편성된 다음에는 이에 따른 제품생산계획을 수립해야 하는데, 제품생산계획은 제조(생산량)예산의 형태로 작성된다. 제조예산(production budget)은 회사가 예산기간 중에 제조해야 할 목표생산량을 나타내는 것으로써, 이는 판매예산과 재고정책에 따라 결정된다. 재고정책은 시장수요에 적절히 대응할 수 있는 안전재고와 생산에 소요되는 기간 등을 고려하여 결정한다.

이러한 재고정책이 수립되면 목표생산량은 다음과 같이 일정기간의 예산판매량에 기말의 목표재고량을 가산한 후 기초의 실제재고량을 차감하여 구한다.

> 목표생산량 = 예상판매량 + 기말 목표재고량 − 기초 실제재고량

예제 01-2 제조예산

예제 1에 의한 1월과 2월의 제조예산을 편성하시오.

해답

	1월	2월	3월
예 상 판 매 량	1,800개	1,500개	2,000개
기말제품재고량	300*1	400*2	
합 계	2,100개	1,900개	
기초제품재고량	100	300	
목 표 생 산 량	2,000개	1,600개	

*1 1,500개 × 0.2 = ₩300 *2 2,000개 × 0.2 = ₩400

(3) 제조원가예산

제조원가예산(manufacturing cost budget)은 목표생산량을 제조하기 위해 발생하는 당기 총제조원가에 대한 예산으로써 직접재료원가예산, 직접노무원가예산과 제조간접원가예산으로 나누어진다.

1) 직접재료원가예산과 원재료구입예산

- 직접재료원가예산(direct materials budget) : 목표생산량을 생산하는데 소요될 직접재료원가에 대한 예산이다. 직접재료원가예산은 목표생산량에 제품단위당 직접재료원가를 곱하여 결정한다.
- 원재료구입예산(material purchase budget) : 생산에 소요되는 원재료사용량과 기말원재료재고에서 기초원재료재고를 차감하여 결정한다.

직접재료원가예산 = 목표생산량 × 제품 단위당 직접재료원가

원재료구입예산 = 원재료 목표구입량* × 원재료 단위당 구입원가

* 원재료 목표구입량 = 원재료 사용량 + 기말 원재료재고 − 기초 원재료재고

예제 01-3 직접재료원가예산과 원재료구입예산

예제 1에 의한 1월의 직접재료원가예산과 원재료구입예산을 편성하시오.

해답

	1월	2월
목 표 생 산 량	2,000개	1,600개
× 단위당 직접재료원가	× (5kg × ₩2)	× (5kg × ₩2)
직접재료원가 예산	₩20,000	₩16,000

원재료사용수량	10,000kg
기 말 원 재 료	800*
합 계	10,800kg
기 초 원 재 료	2,000
원재료 목표구입량	8,800kg
×단위당 구입원가	× ₩2
원재료 구입예산	₩17,600

* (1,600개 × 5kg) × 0.1 = 800kg

2) 직접노무원가예산

직접노무원가예산(direct labor budget)이란 회사가 목표생산량을 생산하는데 필요한 직접노무원가 지출에 대한 예산으로 다음과 같이 계산된다.

직접노무원가예산 = 목표생산량 × 제품단위당 직접노무원가

예제 01-4 직접노무원가예산

예제 1에 의한 1월의 직접노무원가예산을 편성하시오.

해답

직접노무원가예산 = 목표생산량 × 제품단위당 직접노무원가
= 2,000개 × (2시간 × ₩5)
= ₩20,000

3) 제조간접원가예산

제조간접원가예산(overhead cost budget)은 목표생산량을 생산하는데 필요한 제조간접원가에 대한 예산이다. 제조간접원가는 직접재료원가, 직접노무원가와는 달리 예상되는 제조간접원가를 원가행태별로 나누어 편성하는데, 그 이유는 제조간접원가가 각각 다른 원가행태를 갖고 있기 때문이다. 그러므로 변동제조간접원가예산은 연간 기대조업도에 사전에 결정한 변동제조간접원가 표준배부율을 곱하여 결정하고 고정제조간접원가는 예산기간 중 관련범위 내에서 조업도의 증감에 관계없이 일정하리라고 예측되는 총액을 예산으로 설정한다.

변동제조간접원가예산 = 목표생산량 × 제품단위당 변동제조간접원가
제조간접원가예산 = 변동제조간접원가예산 + 고정제조간접원가예산

예제 01-5 제조간접원가예산

예제 1에 의한 1월의 제조간접원가예산을 편성하시오.

해답

제조간접원가예산 = 변동제조간접원가예산 + 고정제조간접원가예산
= 목표생산량 × 제품단위당 변동제조간접원가 + 고정제조간접원가예산
= 2,000개 × (2시간 × ₩4) + ₩30,000
= ₩46,000

(4) 매출원가예산

매출원가예산(cost of goods sold budget)은 예산기간에 목표판매량에 대해 예상되는 제품의 원가를 말한다. 매출원가예산은 예산기간의 기초제품재고와 완성품원가에서 기말제품재고를 차감하여 구한다.

완성품원가와 관련하여 주의할 점은 재공품계정에서 기초재공품과 기말재공품을 고려하여 완성품원가를 구해야 하지만 기말재공품을 예상하기가 매우 힘들기 때문에 이를 없다고 가정하거나 기초재공품원가와 기말재공품원가가 동일하다고 가정하여 예산을 편성한다.

매출원가예산 = 기초제품재고액 + 완성품원가 − 기말제품재고액

▶ 예제 01-6 매출원가예산

예제 1에 의한 1월의 매출원가예산을 편성하시오. 단, 선입선출법을 가정한다.

해답

기초제품재고액 :	100개 × ₩50	=	₩5,000
완 성 품 원 가 :	2,000개 × ₩43*	=	86,000
기말제품재고액 :	300개 × ₩43*	=	(12,900)
매 출 원 가 :			₩78,100

* $₩10 + ₩10 + ₩8 + \frac{₩30,000}{2,000개} = ₩43$

(5) 판매관리비예산

판매관리비예산(selling and administrative expenses budget)이란 예산기간 동안 제조활동 이외의 판매활동과 관리활동에서 발생할 것으로 예상되는 비용에 대한 예산이다. 판매관리비도 제조간접원가의 경우처럼 원가행태에 따라 변동판매관리비와 고정판매관리비로 나누어 예산을 편성한다.

▶ 예제 01-7 판매관리비예산

예제 1에 의한 1월의 판매관리비예산을 편성하시오.

해답

판매관리비예산 : ₩5 × 1,800개 + ₩20,000 = ₩29,000

(6) 예산손익계산서

예산손익계산서(budgeted income statement)는 예산기간의 경영성과를 나타내는 보고서이다. 예산손익계산서에는 수익 · 비용 및 이익 등에 대한 예측자료가 표시되는데, 이들 자료는 앞에서 수립한 판매예산 · 매출원가예산 · 판매관리비예산 등을 바탕으로 작성된다. 여기에 추가로 매출 및 매입할인, 기타수익과 기타비용에 대한 예측자료도 포함된다. 외부보고목적의 재무제표작성은 전부원가계산에 의하므로 전부원가계산에 의한 손익계산서를 작성해야 한다. 그러나 내부관리목적을 위해서는 변동원가계산에 의한 공헌이익손익계산서를 작성하기도 한다.

예제 01-8 예산손익계산서

예제 1에 의한 1월의 예산손익계산서를 작성하시오.

해답

예산 손익계산서

매출액	₩180,000
매출원가	78,100
매출총이익	₩101,900
판매관리비	29,000
영업이익	₩72,900
지급이자(1%/월)	500
법인세차감전순이익	₩72,400
법인세(40%)	28,960
순이익	₩43,440

(7) 현금예산

현금예산(cash budget)이란 현금의 수입액과 지출액에 대한 예산이다. 현금예산은 영업활동수준이 현금상태에 미치는 영향을 예측하는 것으로써 불필요한 현금보유와 현금부족을 방지하는데 도움을 준다. 기업은 손익계산서상에 손실이 발생하더라도 영업활동을 계속할 수는 있지만 현금이 없으면 운영될 수 없기 때문에 현금흐름관리는 단기적 계획설정과정에서 매우 중요하다.

현금예산은 영업활동과 투자 및 재무활동에 대한 현금흐름을 반영하여야 하며, 이러한 거래는 판매예산과 생산예산, 판매관리비예산, 자본예산 등에서 파악되어야 한다.

기말현금 = 기초현금 + 현금유입액 − 현금유출액

현금 유입항목	현금 유출항목
현금매출, 외상매출채권 회수	원재료의 현금매입, 매입채무의 지급
이자와 배당금수익	급여, 제조간접원가* 지급
부채의 차입	판매관리비*, 현금이자 지급
주식발행(무상증자 제외)	법인세비용
자산의 처분	배당금 지급
	고정자산에 대한 지출

* 제조간접원가와 판매관리비 중 감가상각비는 현금유출액에 포함되지 않으므로 제외된다.

예제 01-9 현금예산

예제 1에 의한 1월의 현금예산을 편성하시오.

해답

현 금 예 산

기초현금				₩50,000
현금유입액				136,000
1월 매출	₩180,000 × 0.5	=	₩90,000	
이월 매출채권			46,000	
현금유출액				140,020
1월 매입	₩17,600 × 0.6	=	₩10,560	
이월 매입채무			10,000	
직접노무원가	2,000 × 2시간 × ₩5	=	20,000	
변동제조간접원가	2,000 × 2시간 × ₩4	=	16,000	
고정제조간접원가	₩30,000 − ₩10,000*	=	20,000	
판매관리비	₩29,000 − ₩5,000*	=	24,000	
이자비용			500	
법인세비용			28,960	
배당금지급			10,000	
기말현금				₩45,980

* 감가상각비(현금유출이 없는 비용)

(8) 예산재무상태표

예산재무상태표(budgeted statement of financial position)는 예산기간 말의 기업의 재무상태를 나타내는 보고서이다. 이는 기초의 재무상태표를 출발점으로 하여 예산기간 동안의 영업결과에 대한 자료와 자산 및 부채들의 변동을 반영하여 작성된다. 예산재무상태표의 당기순이익은 예산손익계산서의 당기순이익과 항상 일치해야 한다.

예제 01-10 예산재무상태표

예제 1에 의한 1월말의 예산재무상태표를 작성하시오.

해답

재 무 상 태 표

(주)서울	20×2년 1월 31일 현재		(단위 : 원)
현금 및 현금성자산	₩45,980	매입채무	₩7,040*2
매출채권	90,000*1	장기차입금	50,000
원재료(800kg×₩2)	1,600	자본금	250,000
제품(300개×₩43)	12,900	자본잉여금	50,000
토지	45,000	이익잉여금	73,440*3
건물 및 기계장치	350,000		
감가상각누계액	(115,000)		
	₩430,480		₩430,480

*1 ₩180,000 × 0.5 = ₩90,000

*2 ₩17,600 × 0.4 = ₩7,040

*3 ₩40,000 + ₩43,440(당기순이익) − ₩10,000 = ₩73,440

SECTION
03 분권화와 책임회계

1 분권화

기업의 규모가 커지고 경영환경이 불확실해지고 기술이 복잡해짐에 따라 경영자가 기업의 모든 것을 관리한다는 것은 사실상 불가능하다. 이러한 이유로 신속한 의사결정과 책임소재를 명확히 하기 위해 의사결정권한이 최고경영자로부터 하위경영자에게로 위임되었는데, 이를 분권화(decentralization)라 한다. 이러한 분권화의 장점과 단점은 다음과 같다.

장 점	단 점
① 최고경영자는 일상적인 수많은 문제에서 벗어나 장기계획설정과 부문간의 노력을 조정하는데 주력할 수 있다. ② 부문경영자들은 특정부문에 대한 상황을 보다 상세히 이해하고 있으므로 보다 적절한 의사결정을 신속히 내릴 수 있다. ③ 분권화는 부문경영자에게 동기부여가 되며, 성과평가에 보다 더 효율적인 기준을 제공한다.	① 자기부문의 이익만을 추구하여 기업전체의 목표에 어긋나는 목표불일치가 발생할 수 있다. ② 부문간 업무가 중복될 수 있다. ③ 부문간에 정보를 공유하지 않는 경우 정보와 관련된 비용이 이중으로 발생할 수 있다.

2 책임회계

책임회계(responsibility accounting)란 조직의 목표를 효율적으로 달성하기 위해 조직 안에 최고경영자로부터 하부경영자까지 다양한 책임중심점을 설정하고, 각 책임중심점에 대한 예산과 실적을 비교하여 이에 대해 보상을 하거나 책임을 묻는 회계시스템이다.

책임중심점(responsibility center)은 일련의 특정 활동들에 대해 책임을 갖는 조직단위로서 경영자가 관리하는 조직의 하위단위인 구성원이나 부문 및 사업부 등을 말한다.

책임중심점의 경영자들은 서로 다른 의사결정권한을 갖게 되며 이에 따라 서로 다른 성과평가척도가 적용되는데, 위임된 권한과 책임의 정도에 따라 책임중심점은 원가중심점과 수익중심점, 이익중심점 및 투자중심점으로 나누어진다.

3 책임중심점의 종류

(1) 원가중심점

원가중심점(cost center)이란 조직 내에서 가장 의사결정권한이 적은 책임중심점으로 특정원가의 발생에 대해서만 책임을 갖는 책임중심점이다. 따라서 원가중심점의 경영자는 원가를 관리하고 원가절감을 주된 목표로 삼는다.

제조기업의 경우 각 제조부문과 보조부문이 독립된 원가중심점이 될 수 있으며, 특정제조부문 안에 여러 개의 원가중심점이 있을 수 있다. 그 예로는 제조부문, 전산실, 회계부, 인사부, 연구개발부 등이 있다.

이러한 원가중심점은 부문경영자의 재량권 정도에 따라 표준원가중심점과 재량원가중심점으로 나눌 수 있다.

- 표준원가중심점(engineered cost center) : 표준원가중심점은 사전에 투입 · 산출관계가 명확히 알려진 표준원가(standard cost)를 기초로 예산관리가 수행된다. 그러므로 원가중심점 경영자에게 원가지출한도에 대한 재량권이 주어지지 않는다. 제조부문과 보조부문이 이에 해당되며, 성과평가는 표준원가와 실제원가를 비교하여 이루어진다.
- 재량원가중심점(discretionary cost center) : 사전에 결정된 표준원가라는 것이 없기 때문에 원가중심점 경영자의 재량에 따라 원가지출한도가 결정된다. 관리부문 · 광고선전부 · 연구개발부문 등이 이에 속한다.

(2) 수익중심점

수익중심점(revenue center)은 원가와의 대응관계를 고려함이 없이 수익의 실현에 대해서만 관리책임을 갖는 책임중심점이다. 따라서 수익중심점의 경영자는 수익의 실현에 대해서만 관리활동을 수행하고 수익의 극대화를 주된 목표로 삼는다. 제품의 판매를 담당하는 판매부문이 수익중심점이 될 수 있다.

판매부문을 수익중심점으로 파악하여 성과를 평가하면 판매부문은 오직 매출증가에만 관심이 있기 때문에 이와 관련된 판매관리비 등의 비용이 과대하게 발생할 수 있다. 그러므로 기업 전체적인 관점에서는 판매부문을 수익중심점보다는 비용에 대해서도 책임을 부과하는 이익중심점으로 파악하여 운영하는 것이 보다 바람직하다.

(3) 이익중심점

이익중심점은 원가와 수익에 대해서 관리책임을 지는 책임중심점이다. 이익중심점의 경영자는 원가중심점이나 수익중심점의 경우와는 달리 원가와 수익 모두에 대하여 책임을 갖고 영업활동을 관리한다. 이익중심점으로는 제품별, 지역별로 설정되어 있는 판매부문과 분권화된 조직의 사업부 등이 있다.

판매부문이 이익중심점으로 설정될 경우에는 매출과 판매관리비에 대하여 책임을 갖고, 사업부가 이익중심점인 경우에는 매출과 제조원가와 판매관리비에 대하여 책임을 갖는다.

(4) 투자중심점

투자중심점(investment center)은 원가 · 수익 및 투자의사결정 모두에 대해서 관리책임을 갖는 책임중심점으로서 여러 가지의 중심점 중 가장 포괄적이고 광범위한 책임중심점이다. 투자중심점의 경영자는 투자된 금액에 대한 목표이익을 달성해야 한다. 그러므로 투자중심점의 경영자는 이익을 얻기 위해 얼마나 효율적으로 투자금액이 이용되었는가에 따라 평가되어야 한다. 투자금액이 반영된 측정방법으로는 투자수익률(ROI), 잔여이익(RI) 및 경제적부가가치(EVA) 등이 있으며, 투자중심점의 예로는 분권화된 사업부와 최고경영자가 있다.

4 성과보고서

책임회계에서는 모든 책임중심점의 영업성과를 측정하여 권한에 상응하는 책임을 평가하는데, 책임평가를 위한 보고서를 성과보고서(performance report)라고 한다. 성과보고서를 작성하면 경영자로 하여금 차이금액에 주의를 집중시키게 하여 예외에 의한 관리(management by exception)가 가능하게 된다.

책임회계는 예산과 달리 통제가능성(controllability)에 따라 통제가능원가와 통제불능원가로 구분되므로 성과보고서에는 사업부경영자가 통제할 수 있는 통제가능원가만 포함된다. 또한 원가를 특정부문에의 추적가능성(traceability) 여부에 따라 추적가능한 고정원가와 공통원가로 구분하고 추적가능한 고정원가를 특정사업부에 배부하여 사업부의 성과평가에 사용한다.

앞에서 언급한 것처럼 통제가능성에 따라 고정원가는 통제가능고정원가와 통제불능고정원가로 나누어지는데, 통제불능고정원가는 부문경영자가 단기적으로 통제할 수 없지만 특정부문에 추적될 수 있고 그 부문이 존재함으로서 발생되는 고정원가이다. 통제가능고정원가로는 광고선전비, 교육훈련비와 경영자문비 등이 있고 통제불능고정원가로는 건물 및 설비의 감가상각비, 보험료와 부문 경영자의 급료 등이 있다.

또한 추적가능성에 따라 추적가능고정원가와 공통고정원가로 나누어지는데, 추적가능고정원가는 특정부문에 추적할 수 있는 고정원가로서 통제가능성에 따라 통제가능원가와 통제불능원가로 나누어진다. 공통고정원가는 회사의 전반적인 영업활동을 수행하는데 발생하는 고정원가로 특정부문에 추적할 수 없는 원가를 말한다. 공통고정원가로는 기업의 광고선전비, 최고경영자의 보수와 여러 부문에서 공동으로 사용하는 설비의 감가상각비 등이 있는데, 공통고정원가는 성과보고서 작성시 임의적으로 사업부에 배분해서는 안된다.

다음은 기업에 고정원가가 있는 경우 추적가능성과 통제가능성에 의한 손익계산서를 나타낸 것이다.

❖ 공헌이익접근법에 의한 손익계산서 ❖

	사업부 A	사업부 B	합 계
매 출 액	₩10,000	₩20,000	₩30,000
변동원가	5,000	8,000	13,000
(1) 공헌이익	₩5,000	₩12,000	₩17,000
통제가능고정원가	2,000	4,000	6,000
(2) 사업부의 통제가능이익	₩3,000	₩8,000	₩11,000
통제불능고정원가	1,000	5,000	6,000
(3) 사업부의 이익	₩2,000	₩3,000	₩5,000
미배분 공통고정원가			4,000
(4) 법인세 차감전 이익			₩1,000

SECTION
04 고정예산과 변동예산 및 성과보고서

1 고정예산

고정예산(static budget)은 계획된 특정조업도를 기준으로 편성한 예산이다. 즉, 일정기간 동안의 생산량의 변화여부를 고려하지 않고 하나의 조업도수준을 전제로 하여 편성한 예산을 말한다. 예를 들면 종합예산에서 기초에 설정된 목표판매량을 기준으로 매출액과 변동원가, 고정원가에 대한 예산을 편성한 것이 고정예산이다.

이러한 고정예산은 기업이 예산기간 중에 달성해야 할 목표를 나타낸다. 따라서 고정예산은 목표달성도 측정에 이용할 수 있으며, 이익중심점인 판매부문의 성과평가에 유용하다. 그러나 고정예산은 특정의 단일조업도를 전제로 수립된 예산이므로 실제조업도와 고정예산의 조업도는 대부분 일치하지 않아 고정예산과 실제성과를 비교하여 능률을 측정할 수는 없다. 따라서 고정예산은 능률을 중요시 하는 제조부문의 성과평가에는 사용할 수 없다.

2 변동예산

변동예산(flexible budget)은 예산기간에 예상되는 일정범위의 여러 조업도에 대응하여 편성한 예산이다. 즉, 단일조업도수준에 근거하는 고정예산과 달리 관련범위내의 모든 조업도수준에 대하여 설정되므로 조업도수준에 따라 변동하는 예산이다. 일반적으로 변동예산은 성과평가목적으로 비교하기 위해 고정예산에 실제조업도를 반영한 예산이다.

변동예산에서는 실제성과(실제조업도)와 실제생산량(실제조업도)에 허용된 변동예산을 비교하므로 제조부문의 효율성을 측정할 수 있으며, 제조부문의 통제불가능한 고정제조간접원가의 조업도차이는 제외되므로 제조부문의 경우 유용한 성과평가기준이 된다.

3 성과보고서 작성시 주의할 점

성과보고서는 제조부문의 경우 효율성 측정과 관련하여 실제생산량에 근거한 변동예산을 기초로 작성되며, 판매부문의 경우에는 효과성 측정과 관련되어 판매량을 달성해야 할 책임이 있으므로 고정예산을 기초로 작성된다.

① 원가를 원가행태에 따라 변동원가와 고정원가로 구분한다.

② 고정예산을 변동예산으로 전환시 고정원가를 제외한 모든 요소들은 실제조업도 수준으로 조정을 하지만 고정제조간접원가와 고정판매관리비는 조업도와 상관없이 일정하므로 고정예산과 변동예산의 고정원가는 항상 일치한다.

③ 제조부문 성과평가시 고정제조간접원가의 조업도차이는 성과보고서에서 제외한다. 그 이유는 통제불능원가인 조업도차이에 대해 제조부문의 책임이 없기 때문이다.

예제 02 성과보고서

(주)서울은 20×1년도에 예상판매량 1,000개를 기초로 다음과 같은 공헌이익손익계산서를 작성하였다.

고 정 예 산

생산 및 판매량		1,000개
매출액 : (1,000개 × ₩300)		₩300,000
변동원가		
직접재료원가 : (1,000개 × 5kg × ₩4/kg)	₩20,000	
직접노무원가 : (1,000개 × 5시간 × ₩6/시간)	30,000	
변동제조간접원가 : (1,000개 × 5시간 × ₩10/시간)	50,000	
변동판매비와 관리비 : (1,000개 × ₩20)	20,000	120,000
공헌이익		₩180,000
고정원가		
고정제조간접원가	100,000	
고정판매관리비	50,000	150,000
영업이익		₩30,000

20×1년도에 실제로 생산한 제품은 600개이었으며 실제 발생한 자료는 다음과 같다.

실 제 성 과		
생산 및 판매량		600개
매출액 : (600개 × ₩320)		₩192,000
변동원가		
직접재료원가 : (3,125kg × ₩4.8/kg)	₩15,000	
직접노무원가 : (3,840시간 × ₩5)	19,200	
변동제조간접원가	33,000	
변동판매비와 관리비 : (600개 × ₩25)	15,000	82,200
공헌이익		₩109,800
고정원가		
고정제조간접원가	80,000	
고정판매관리비	60,000	140,000
영업이익		₩(30,200)

(주)서울의 판매부문은 이익중심점이고 생산부문은 원가중심점이다. 그러므로 판매부문은 매출과 판매관리비에 대하여 책임을 지며 제조부문은 원가에 대해서 책임을 가지고 있다. 다음 물음에 답하시오.

[물음 1] (주)서울의 실제성과와 변동예산, 고정예산을 비교하는 성과보고서를 작성하시오.

[물음 2] 판매부분과 생산부문이 책임져야할 차이는 각각 얼마인가?

[물음 3] 고정예산의 영업이익을 실제영업이익으로 전환하시오.

해답

자료정리

	(1,000, 600) 변동원가계산		(1,000, 600) 전부원가계산
가　　격(P)	₩300	가　　격(P)	–
변동원가(VC)	5kg × ₩4kg + 5시간 × ₩6/시간 + 5시간 × ₩10/시간 + 20	전부원가(VC + fc)	20 + 30 + 50 + 100*
공헌이익(CM)	₩180	매출총이익	–
고정원가(FC)		판매관리비	–
(1) 제조간접원가	₩100,000		
(2) 판매관리비	50,000		

$* \dfrac{\text{고정제조간접원가예산}}{\text{기준조업도}} = \dfrac{₩100,000}{1,000}$

[물음 1] 성과보고서

	실제성과	변동예산차이	변동예산*3	매출조업도차이	고정예산
판매량	600개	–	600개	400개(U)	1,000개
매출액	₩192,000	₩12,000(F)*2	₩180,000		₩300,000
변동원가					
직접재료원가	15,000	3,000(U)	12,000		20,000
직접노무원가	19,200	1,200(U)	18,000		30,000
변동제조간접원가	33,000	3,000(U)	30,000		50,000
변동판매관리비	15,000	3,000(U)	12,000		20,000
합　계	₩82,200	₩10,200(U)	₩72,000		₩120,000
공헌이익	₩109,800	₩1,800(F)	₩108,000	₩72,000(U)*1	₩180,000
고정원가					
고정제조간접원가	80,000	20,000(F)	100,000		100,000
고정판매관리비	60,000	10,000(U)	50,000		50,000
영업이익(손실)	₩(30,200)	₩11,800(F)	₩(42,000)	₩72,000(U)*1	₩30,000

*1 목표판매량을 달성하지 못하여 그로 인한 공헌이익(영업이익)의 감소
(1,000 − 600) × ₩180 = ₩72,000(U)

*2 목표판매가격을 초과 달성하여 그로 인한 이익의 증가
600 × (₩300 − ₩320) = ₩12,000(F)

*3 고정원가를 제외한 나머지 항목은 고정예산에서 600개/1,000개 = 0.6를 적용한다.

[물음 2] 판매부문과 제조부문의 책임

1) 판매부문은 매출가격차이(₩12,000(F))와 매출조업도차이(₩72,000(U)) 그리고 판매관리비(₩3,000(U) + ₩10,000(U))에 대한 책임을 진다.

2) 제조부문은 직접재료원가(₩3,000(U)), 직접노무원가(₩1,200(U)), 변동제조간접원가(₩3,000(U)), 고정제조간접원가(₩20,000(F))에 대한 책임을 진다.

[물음 3] 이익차이의 조정

고정예산상의 영업이익		₩30,000
판매부문의 이익차이		
① 매출가격차이	₩12,000(F)	
② 매출조업도차이	72,000(U)	
③ 변동판매관리비차이	3,000(U)	
④ 고정판매관리비차이	10,000(U)	(73,000)(U)
생산부문의 원가차이		
① 직접재료원가차이	₩3,000(U)	
② 직접노무원가차이	1,200(U)	
③ 변동제조간접원가차이	3,000(U)	
④ 고정제조간접원가차이	20,000(F)	12,800(F)
실제영업이익		₩(30,200)

SECTION

05 원가중심점의 성과평가

원가중심점은 원가에 대해서만 책임을 지는 중심점으로서 제조부문이 이에 해당된다. 제조부문의 성과평가와 관련된 내용은 다음과 같다.

1 제조부문의 성과평가

제조부문의 성과평가는 제조부문의 효율성과 관련되므로 제조원가와 관련된 실제성과와 변동예산의 차이만이 성과평가의 대상이 된다. 예제 1을 제조부문과 관련된 성과보고서로 나타내면 다음과 같다.

	실제(600개)	변동예산(600개)	변동예산차이
직 접 재 료 원 가	₩15,000	₩12,000	₩3,000(U)
직 접 노 무 원 가	19,200	18,000	1,200(U)
변동제조간접원가	33,000	30,000	3,000(U)
고정제조간접원가	80,000	100,000	20,000(F)
합 계	₩147,200	₩160,000	₩12,800(F)

제조부문의 변동예산성과보고서 작성과 관련하여 중요한 사항은 다음과 같다.

① 제조부문은 통제불가능한 고정제조간접원가의 조업도차이에 대해 책임을 지지 않는다.

② 원재료의 가격차이를 구입시점에서 분리하는 경우에는 구입가격차이를 구매부문에서 책임지므로 제조부문은 능률차이만을 책임지어야 한다. 그러므로 AQu × SP를 실제원가로 보아 능률차이만을 제조부문이 책임진다.

2 제조부문의 원가차이분석

예제 2의 경우 표준원가계산하에서의 원가차이는 다음과 같다.

(1) 직접재료원가

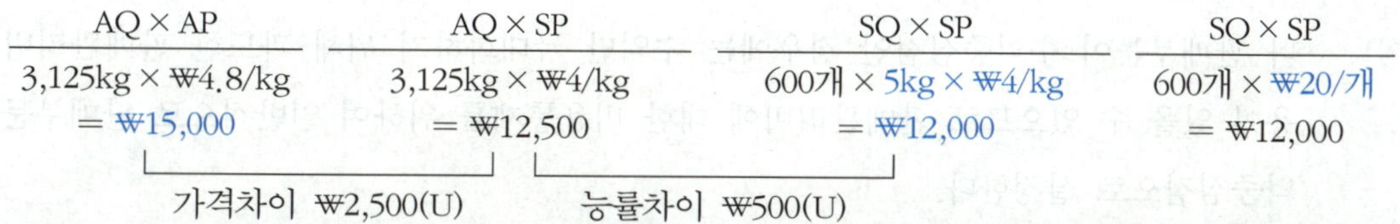

(2) 직접노무원가

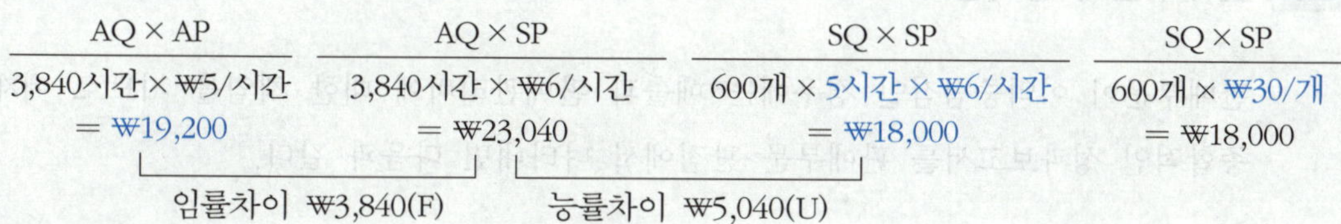

(3) 변동제조간접원가

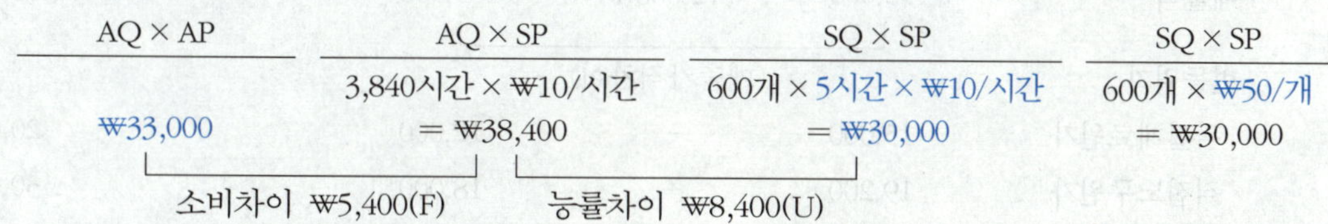

(4) 고정제조간접원가

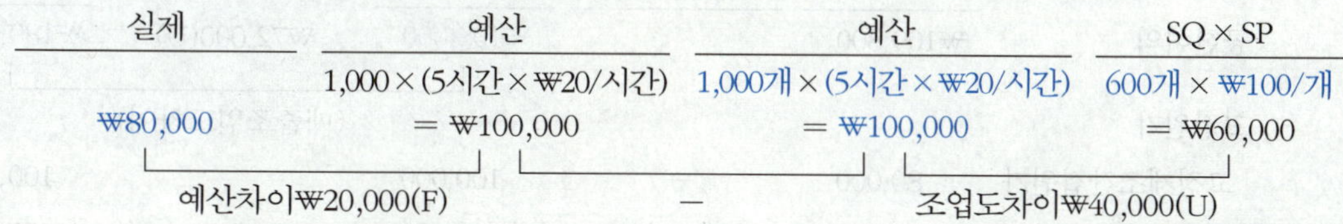

위에서 확인한 바와 같이 변동예산은 고정제조간접원가를 제외한 고정예산의 변동제조원가를 실제조업도 수준으로 비례조정한 것이며, 장부금액은 고정제조간접원가를 포함한 고정예산의 총제조원가를 실제조업도 수준으로 비례조정한 것이다.

SECTION 06 수익 및 이익중심점의 성과평가

수익중심점은 수익에 대해서만 책임을 갖는 중심점으로 판매부문이 이에 해당된다. 그러나 판매부문이 수익중심점인 경우에는 수익만 극대화하기 위해 과도한 판매관리비의 사용이 있을 수 있으므로 판매관리비에 대한 비용통제를 위하여 일반적으로 판매부문을 이익중심점으로 설정한다.

1 판매부문의 성과평가

판매부문이 이익중심점인 경우에는 매출과 판매관리비에 대한 책임을 지므로 예제 1의 종합적인 성과보고서를 판매부문 관점에서 나타내면 다음과 같다.

	실제성과	변동예산차이	변동예산	매출조업도차이	고정예산
판매량	600개	−	600개	400개(U)	1,000개
매출액	₩192,000	₩12,000(F)	₩180,000		₩300,000
		(매출가격차이)			
변동원가					
직접재료원가	15,000	−	12,000		20,000
직접노무원가	19,200	−	18,000		30,000
변동제조간접원가	33,000	−	30,000		50,000
변동판매관리비	15,000	3,000(U)	12,000		20,000
합 계	₩82,200	₩9,000(F)	₩72,000		₩120,000
공헌이익	₩109,800		₩108,000	₩72,000(U)	₩180,000
				(매출조업도차이)	
고정원가					
고정제조간접원가	80,000	−	100,000		100,000
고정판매관리비	60,000	10,000(U)	50,000		50,000
영업이익(손실)	₩(30,200)	₩1,000(U)	₩(42,000)	₩72,000(U)	₩30,000

판매부문을 이익중심점으로 설정한 경우 판매부문은 매출가격차이(₩12,000(F)), 매출조업도차이(₩72,000(U))와 판매관리비(₩3,000(U)+₩10,000(U))에 대한 책임을 진다. 그러므로 판매부문과 관련된 총차이는 ₩73,000(U)이다.

2 매출총차이

매출총차이(total sales variance)란 매출가격차이와 매출조업도차이의 합을 말한다. 매출가격차이는 제품의 판매가격으로 인한 차이로서 실제판매가격과 예산판매가격의 차이이고 매출조업도차이는 변동예산의 공헌이익과 고정예산의 공헌이익의 차이이다.

매출총차이 = 실제총공헌이익* − 예산공헌이익
= AQ × (AP − SV) − BQ × (BP − SV)

AQ : 실제판매량　　BQ : 예산판매량

AP : 실제판매가격　　BP : 예산판매가격

SV : 표준변동원가(변동판매관리비포함)

* 실제손익계산서상의 실제공헌이익이 아니라 표준변동원가를 차감한 공헌이익이다. 이는 종합적인 성과보고서에는 나타나지 않는 임의적인 공헌이익으로 매출총차이를 위한 임의적인 금액일 뿐이다.

매출총차이는 표준원가와 달리 비용이 아닌 매출과 공헌이익의 분석이므로 고정예산보다 변동예산과 실제성과의 금액이 크면 유리(F)한 차이, 반대로 작으면 불리(U)한 차이가 된다. 그러나 표준원가에서는 수익이 아닌 비용이므로 장부금액보다 실제원가가 크면 불리(U)한 차이, 작으면 유리(F)한 차이가 된다.

예제 1의 자료를 매출총차이로 나타내면 다음과 같다.

매출총차이 = 실제총공헌이익 − 예산공헌이익
= AQ × (AP − SV) − BQ × (BP − SV)
= 600개 × (₩320 − ₩120*) − 1,000개 × (₩300 − ₩120*)
= ₩120,000 − ₩180,000
= ₩60,000(U)

* 직접재료원가(₩20) + 직접노무원가(₩30) + 변동제조간접원가(₩50) + 변동판매관리비(₩20)

3 매출가격차이와 매출조업도차이

(1) 매출가격차이

매출가격차이(sales price variance)란 실제판매량하에서 실제판매가격과 예산판매가격의 차이로서 실제매출액과 변동예산매출액의 차이로 나타난다. 매출가격차이는 다음과 같다.

매출가격차이 = 실제매출액 − 변동예산매출액
= AQ × AP − AQ × BP
= AQ × (AP − BP)

그러나 위의 식을 매출차이가 아닌 공헌이익의 차이로도 나타낼 수 있는데, 매출가격차이를 그대로 유지하면서 이를 공헌이익의 차이로 나타내기 위해서는 실제매출액과 변동예산매출액에 표준변동원가를 차감해주면 동일한 매출가격차이를 구할 수 있다. 이는 다음과 같다.

매출가격차이 = 실제매출액 − 변동예산매출액
= AQ × AP − AQ × BP
= AQ × (AP − SV) − AQ × (BP − SV)

AQ : 실제판매량　　BP : 예산판매가격
AP : 실제판매가격　　SV : 표준변동원가(변동판매관리비포함)

예제 2의 매출가격차이를 가격차이와 공헌이익차이로 나타내면 각각 다음과 같다.

① 매출가격차이 = 실제매출액 − 변동예산매출액
= AQ × AP − AQ × BP
= AQ × (AP − BP)
= 600개 × (₩320 − ₩300)
= ₩12,000(F)

② 매출가격차이 = 실제총공헌이익 − 변동예산공헌이익
= AQ × (AP − SV) − AQ × (BP − SV)
= 600개 × (₩320 − ₩120) − 600 × (₩300 − ₩120)
= ₩120,000 − ₩108,000
= ₩12,000(F)

위의 실제총공헌이익은 실제손익계산서상의 실제공헌이익이 아니라 표준변동원가를 차감한 공헌이익이다. 이는 종합적인 성과보고서에는 나타나지 않는 임의적인 공헌이익으로 매출총차이를 공헌이익으로 분석하기 위한 임의적인 금액일 뿐이다.

(2) 매출조업도차이

매출조업도차이(sales volume variance)란 변동예산(실제판매량)과 고정예산(예산판매량)의 영업이익의 차이 또는 공헌이익의 차이이다. 즉, 예산판매량과 실제판매량의 공헌이익 차이이다.

매출조업도차이 = 변동예산공헌이익 − 고정예산공헌이익

= AQ × (BP − SV) − BQ × (BP − SV)

AQ : 실제판매량　　BQ : 예산판매량

BP : 예산판매가격　　SV : 표준변동원가(변동판매관리비포함)

매출조업도차이가 판매부문의 책임인 이유는 변동예산과 고정예산의 영업이익 차이가 예산판매량을 달성하지 못한 판매부문에 있기 때문이다. 만약 판매부문이 예산판매량을 달성하였다면 변동예산의 영업이익과 고정예산의 영업이익은 서로 동일할 것이다. 이러한 이유로 제조부문은 변동예산과 고정예산의 어떠한 원가차이도 책임을 지지 않게 된다.

매출조업도차이를 공헌이익의 차이로 나타낼 수 있는 이유는 변동예산과 고정예산의 고정원가는 항상 서로 동일하므로 영업이익의 차이인 매출조업도차이를 변동예산과 고정예산의 공헌이익의 차이로 나타낼 수 있기 때문이다.

예제 1의 매출조업도차이는 다음과 같다.

매출조업도차이 = 변동예산공헌이익 − 고정예산공헌이익

= AQ × (BP − SV) − BQ × (BP − SV)

= 600개 × (₩300 − ₩120) − 1,000개 × (₩300 − ₩120)

= ₩108,000 − ₩180,000

= ₩72,000(U)

위의 공헌이익의 차이를 영업이익의 차이로 나타내고자 한다면 변동예산과 고정예산의 공헌이익에서 예산상 고정원가 ₩150,000을 각각 차감하면 된다. 이는 변동예산과 고정예산의 영업이익으로서 각각 ₩(42,000)과 ₩30,000이며, 이는 매출조업도차이 ₩72,000(U)와 동일하다.

지금까지의 매출차이에 대한 분석을 차이분석모형으로 나타내면 다음과 같다.

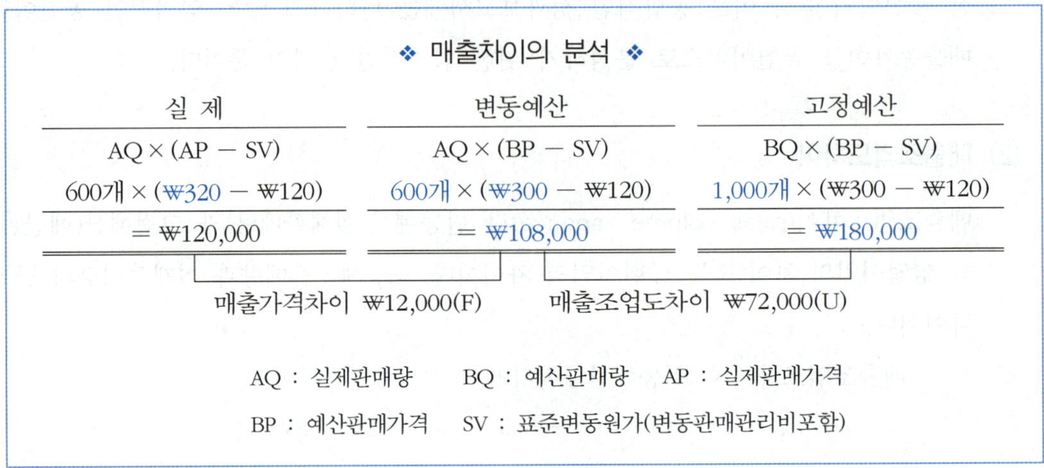

매출차이의 분석은 판매부문과 관련된 분석이므로 제조부문의 어떠한 원가차이도 포함이 되서는 안된다. 만약 위의 AQ × (AP − SV)에서 변동판매관리비를 제외한 제조부문의 표준변동제조원가(SV)를 실제변동제조원가로 사용하는 경우에는 매출가격차이분석에 제조부문의 변동제조원가와 관련된 변동예산차이가 포함된다. 이 차이는 판매부문이 아닌 제조부문의 책임이다. 이러한 이유로 매출가격차이 분석시 실제변동원가가 아닌 표준변동원가를 사용해야 한다.

4 복수의 제품이 생산 · 판매되는 경우 매출조업도차이의 분석

기업이 판매량과 공헌이익이 서로 다른 두 가지 이상의 제품을 생산하여 판매하는 경우에는 기초에 각 제품별 예산판매량뿐만 아니라 예산배합비율(예산상 상대적 판매비율)을 미리 결정한다. 이러한 경우 각 제품의 실제배합비율과 예산상 배합비율의 차이로 인하여 배합차이가 발생하므로 매출배합차이를 고려하여 보다 세밀하게 매출차이를 분석해야 한다. 기업은 매출차이를 매출가격차이와 매출조업도차이로 구분하며 복수의 제품을 생산하는 경우 매출조업도차이는 매출배합차이와 매출수량차이로 나누어진다.

(1) 매출배합차이

매출배합차이(sales mix variance)란 예산공헌이익이 그대로 유지된다고 가정할 때 실제 판매수량하에서의 실제매출배합과 예산매출배합의 예산공헌이익의 차이이다.

(2) 매출수량차이

매출수량차이(sales quantity variance)란 예산매출배합이 그대로 유지된다고 가정할 때 실제매출수량과 예산매출수량의 예산공헌이익의 차이이다.

매출배합차이와 매출수량차이는 매출조업도차이를 세분한 것으로서 이를 간단한 모형으로 나타내면 다음과 같다.

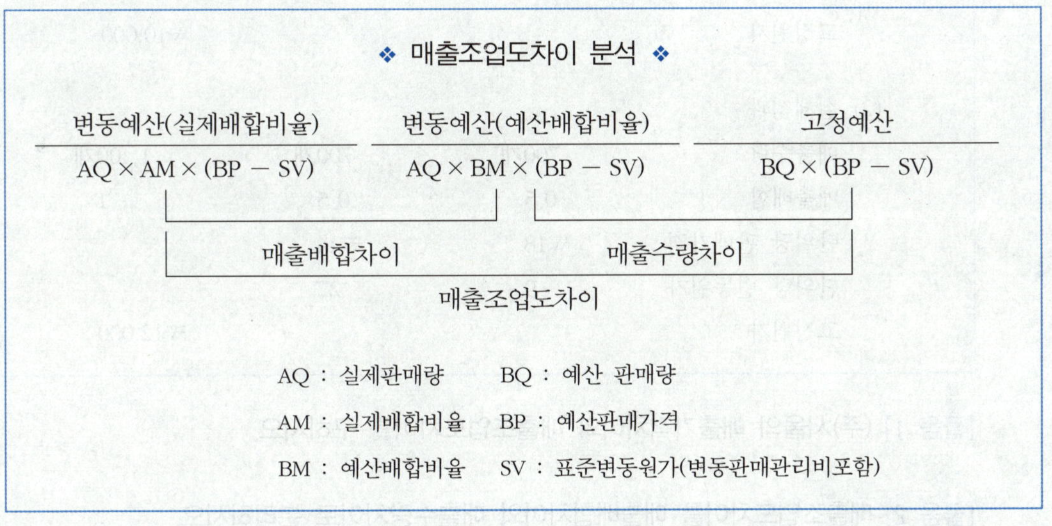

예제 03 복수제품

(주)서울은 제품 A와 제품 B를 생산 · 판매하는 회사로서 다음은 제품과 관련된 20×1년도의 예산과 실제성과에 대한 자료이다.

	제품 A	제품 B	합 계
(1) 종합예산			
매출수량	400개	600개	1,000개
매출배합	0.4	0.6	1
단위당 판매가격	₩20	₩40	
단위당 변동원가	10	20	
고정원가			₩10,000
(2) 실제성과			
매출수량	700개	700개	1,400개
매출배합	0.5	0.5	1
단위당 판매가격	₩18	₩44	
단위당 변동원가	9	22	
고정원가			₩12,000

[물음 1] (주)서울의 매출가격차이와 매출조업도차이를 구하시오.

[물음 2] 매출조업도차이를 매출배합차이와 매출수량차이로 분리하시오.

해답

[물음 1] 매출가격차이와 매출조업도차이

	실 제	변동예산	고정예산
	AQ × (AP − SV)	AQ × (BP − SV)	BQ × (BP − SV)
제품 A	700개 × (₩18 − ₩10)	700개 × (₩20 − ₩10)	400개 × (₩20 − ₩10)
제품 B	700개 × (₩44 − ₩20)	700개 × (₩40 − ₩20)	600개 × (₩40 − ₩20)
	= ₩22,400	= ₩21,000	= ₩16,000

매출가격차이 ₩1,400(F)　　매출조업도차이 ₩5,000(F)

[물음 2] 매출배합차이와 매출수량차이

	변동예산(실제배합비율)	변동예산(예산배합비율)	고정예산
	AQ × AM × (BP − SV)	AQ × BM × (BP − SV)	BQ × (BP − SV)
제품 A	1,400개 × 0.5 × (₩20 − ₩10)	1,400개 × 0.4 × (₩20 − ₩10)	400개 × (₩20 − ₩10)
제품 B	1,400개 × 0.5 × (₩40 − ₩20)	1,400개 × 0.6 × (₩40 − ₩20)	600개 × (₩40 − ₩20)
	= ₩21,000	= ₩22,400	= ₩16,000

매출배합차이 ₩1,400(U)　　매출수량차이 ₩6,400(F)

(3) 시장점유율차이와 시장규모차이

기업의 매출수량은 그 시장에서 차지하는 기업의 시장점유율과 시장의 규모에 따라 영향을 받는다. 그러므로 매출수량차이는 시장점유율차이와 시장규모차이로 나누어진다. 기업의 입장에서 시장점유율은 기업의 노력여부에 따라 결정되므로 통제가능하며, 시장규모는 기업의 입장에서 통제할 수 없는 부분이다. 이러한 이유로 매출수량차이는 통제가능성 여부에 따라 시장점유율차이와 시장규모차이로 나누어진다.

1) 시장점유율차이

시장점유율차이(market-share variance)는 실제시장규모가 그대로 유지된다고 가정할 때 실제시장점유율과 예산시장점유율의 차이로 인한 예산공헌이익의 차이를 말한다.

2) 시장규모차이

시장규모차이(market-size variance)는 예산시장점유율이 그대로 유지된다고 가정할 때 실제시장규모와 예산시장규모의 차이로 인한 예산공헌이익의 차이를 말한다. 시장규모차이는 판매부문이 통제할 수 없으므로 성과평가시 제외된다.

시장점유율차이와 시장규모차이는 매출수량차이를 세분한 것으로 이를 나타내면 다음과 같다.

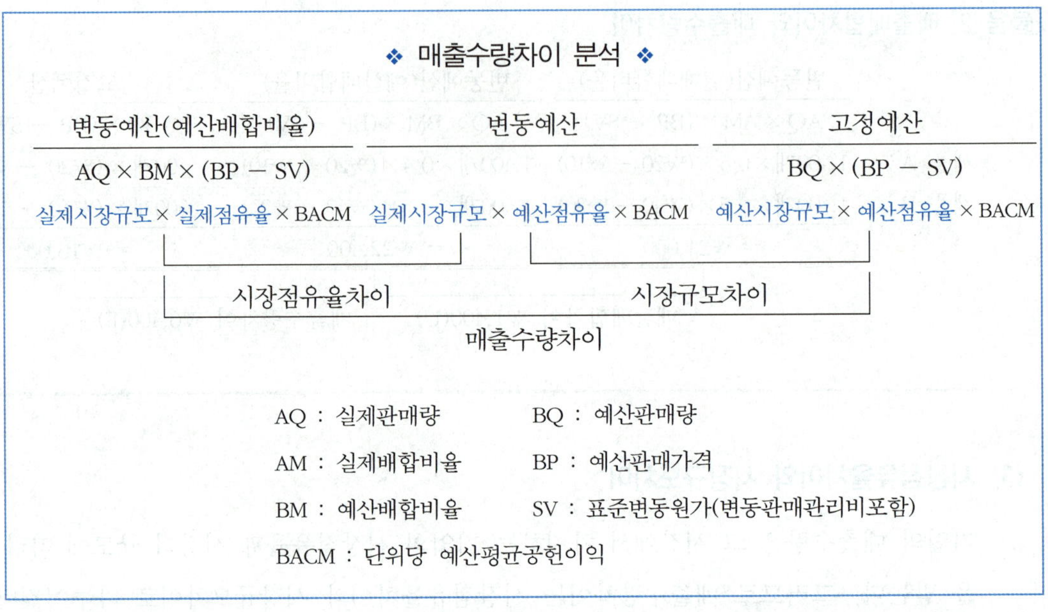

시장점유율차이와 시장규모차이는 복수의 제품을 생산하는 경우 개별제품별로는 분석하지 않고 제품의 예산평균공헌이익을 이용하여 차이분석을 하는데, 예산평균공헌이익(budgeted average contribution margine : BACM)이란 종합예산(고정예산)의 제품별 예산배합비율에 제품별 예산공헌이익의 곱으로 나타난다.

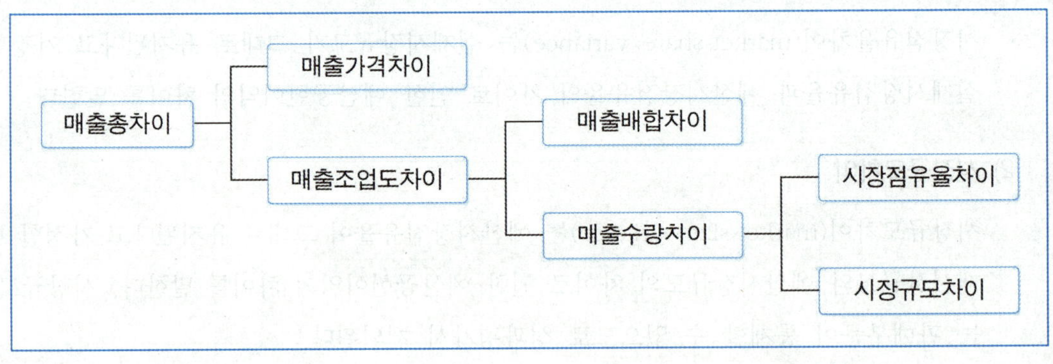

예제 04 시장점유율차이와 시장규모차이

예제3의 복수제품을 생산 · 판매하고 있는 (주)서울의 매출수량차이는 ₩6,400(유리)이었다. 기초에 예측한 시장규모는 12,500개이었으며 실제시장규모는 20,000개이었다.

[물 음] (주)서울의 매출수량차이를 시장점유율차이와 시장규모차이로 세분하시오.

해답

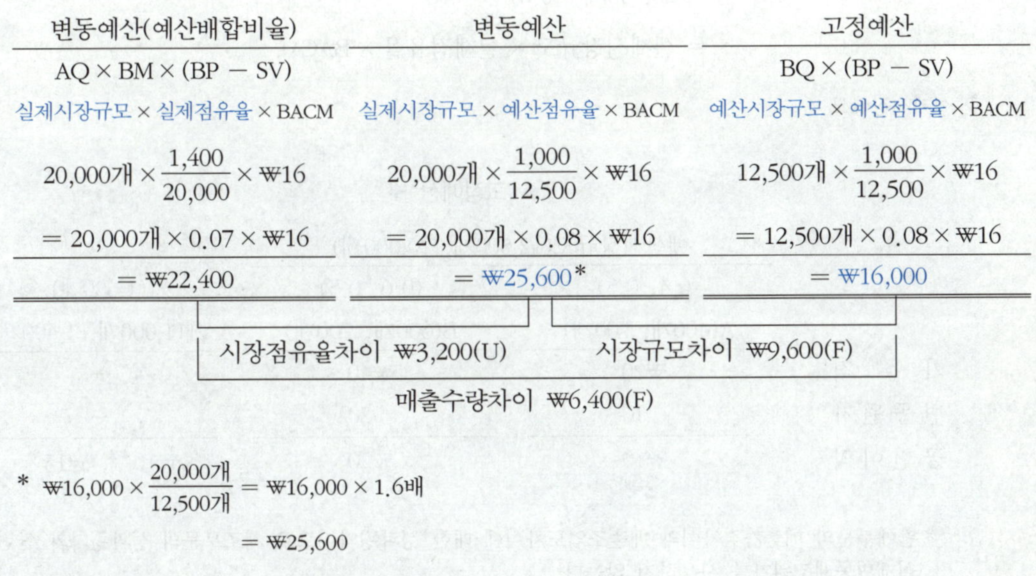

* $₩16,000 \times \frac{20,000개}{12,500개} = ₩16,000 \times 1.6배$
$= ₩25,600$

① 시장점유율차이가 불리한 이유는 예산점유율은 8%($= \frac{1,000}{12,500}$)인데 실제점유율은 7%($= \frac{1,400}{20,000}$)이므로 1% 만큼 목표를 달성하지 못하였기 때문이고, 시장규모차이가 유리한 이유는 기초에 예측한 시장규모보다 7,500개가 더 많았기 때문이다.

② 변동예산(예산배합비율)은 제품 A와 제품 B에 대한 것으로서 다음과 같은 방법에 의해 '실제시장규모 × 실제점유율 × BACM'으로 도출된 것이다. 먼저 변동예산(예산배합비율)은 제품 A와 제품 B의 실제총판매량 1,400개에 대하여 예산배합비율을 곱한 공헌이익이다. 이는 1,400개에 대하여 단위당 예산평균공헌이익 ₩16으로 나타낼 수 있

으며, 분모와 분자에 실제시장규모를 곱하면 총금액이 동일하면서 '실제시장규모 × 실제시장점유율 × 예산평균공헌이익'으로 나타낼 수 있다.

$$\begin{aligned} AQ \times BM \times (BP - SV) &= 1{,}400\text{개} \times 0.4 \times (₩20 - ₩10) + 1{,}400\text{개} \times 0.6 \times (₩40 - ₩20) \\ &= 1{,}400\text{개} \times [0.4 \times (₩20 - ₩10) + 0.6 \times (₩40 - ₩20)] \\ &= 1{,}400\text{개} \times ₩16 \\ &= 20{,}000\text{개}^{*} \times \frac{1{,}400}{20{,}000^{*}} \times ₩16 \\ &= 20{,}000\text{개} \times 0.07 \times ₩16 \\ &= \text{실제시장규모} \times \text{실제점유율} \times BACM \end{aligned}$$

* 실제시장규모

❖ 고정예산 ❖

	예산시장규모(12,500개, 20,000개)		
	(0.4, 0.5)	(0.6, 0.5)	(1,600개)
	A(400개, 700개)	B(600개, 700개)	계(1,000개, 1,400개)
가 격	₩20	₩40	–
변 동 원 가*1	10	20	–
공 헌 이 익	₩10	₩20	₩16*2, ₩15*3

*1 판매부문의 매출가격차이와 매출조업도차이에 대한 성과평가이므로 제조부문의 성과평가와 관련된 실제변동제조원가를 사용하지 않는다.

*2 예산배합비율 : 0.4 × ₩10 + 0.6 × ₩20 = ₩16

*3 실제배합비율 : 0.5 × ₩10 + 0.5 × ₩20 = ₩15

SECTION

07 투자중심점의 성과평가

투자중심점(investment center)이란 수익 및 원가뿐만 아니라 투자의사결정에 따른 이익도 책임을 지는 가장 포괄적인 책임중심점이다. 투자중심점의 경영자는 여러 가지 제품라인을 관리하며 영업규모를 확장할 수 있는 투자의사결정권한도 갖고 있다. 또한 투자중심점의 경영자는 자신의 사업부와 관련된 자산과 외상매입금과 같은 단기부채에 대해서도 권한을 갖고 있다. 그러나 사채발행이나 주식발행과 같은 자본조달의사결정은 본부에 있다. 그러므로 투자중심점의 성과보고서에는 이자비용이나 배당금이 포함되서는 안될 것이다.

1 투자수익률

투자수익률(return on investment : ROI)은 투자중심점의 영업이익과 투자자산과의 상대적 비율을 나타내는 수익성지표이다.

투자수익률은 투자중심점의 영업이익을 투자중심점의 영업자산으로 나누어서 산출한다. 영업이익은 지급이자와 법인세를 차감하기전의 이익을 말하며, 영업자산에는 현금 · 매출채권 · 재고자산 등 유동자산과 생산활동을 위해 필요한 유형자산을 포함한다. 그러므로 미래에 사용할 목적으로 보유하고 있는 토지나 임대중인 공장과 건물 등의 비영업자산은 영업자산에 포함하지 않는다.

$$\text{투자수익률} = \frac{\text{영업이익}}{\text{영업자산}}$$

투자수익률은 투자액을 고려한 수익성지표이므로 투자중심점의 성과평가에 유용하게 적용할 수 있다. 또한 투자수익률은 일정비율로 표시되기 때문에 사업부간의 수익률을 상호비교할 수도 있다. 이러한 투자수익률은 다음과 같이 분모와 분자에 매출액을 곱하여 매출액이익률과 자산회전율로 분리하여 나타낼 수도 있다.

$$\text{투자수익률} = \frac{\text{영업이익}}{\text{영업자산}}$$

$$= \frac{\text{영업이익}}{\text{매출액}} \times \frac{\text{매출액}}{\text{영업자산}}$$

$$= \text{매출액이익률} \times \text{자산회전율}$$

- 매출액이익률(return on sales, sales margin) : 매출액의 실현과 관련하여 영업비용을 얼마나 효율적으로 관리하였는지에 대한 경영자의 능력을 측정하는 수익성지표이다.
- 자산회전율(asset turnover) : 투자중심점에서 투자한 영업자산으로부터 실현된 매출액을 나타내는 활동성지표로써 자산 이용도를 나타낸다.

투자수익률을 증가시키기 위해서는 원가를 절감하거나 매출액을 증가시켜 매출액이익률을 증가시키거나 운전자본의 감소 또는 진부화된 재고자산을 처분하여 총자산을 감소시켜 자산회전율을 증가시키는 방안이 있다.

장 점	단 점
• 투자중심점의 이익과 투자액을 동시에 고려하므로 투자중심점의 경영자를 성과평가하는데 유용하다. • 투자규모가 다른 투자중심점이나 기업간의 성과를 비교하는데 유용하다.	• 이익이 발생하는 신규투자안의 투자수익률이 기존의 투자수익률 보다 낮은 경우 투자안을 기각하여 목표불일치가 발생할 수 있다. • 투자수익률이 큰 사업부는 위험성 있는 자산에 투자하였을 가능성이 있는데, 투자수익률은 투자안의 위험을 인식하지 못한다. • 자본예산 의사결정은 현금흐름을 분석하지만 투자수익률에 의한 성과 평가는 회계적이익이므로 의사결정과 성과평가의 일관성이 결여된다.

예제 05 투자수익률(ROI)

(주)서울의 투자중심점인 종로사업부에 관한 20×1년의 영업활동결과는 다음과 같다.

매 출 액	₩300,000
영업이익	30,000
영업자산	150,000

[물음 1] 투자수익률을 구하시오.

[물음 2] 매출액이익률과 자산회전율을 구하시오.

해답

[물음 1] 투자수익률

$$\text{투자수익률} = \frac{\text{투자중심점 영업이익}}{\text{투자중심점 영업자산}} = \frac{₩30,000}{₩150,000} = 0.2$$

[물음 2] 매출액이익률과 자산회전율

$$\text{매출액이익률} = \frac{\text{투자중심점 영업이익}}{\text{투자중심점 매출액}} = \frac{₩30,000}{₩300,000} = 0.1$$

$$\text{자산회전율} = \frac{\text{투자중심점 매출액}}{\text{투자중심점 영업자산}} = \frac{₩300,000}{₩150,000} = 2$$

2 잔여이익

잔여이익(residual income)은 특정 투자중심점이 사용하는 영업자산으로부터 그 중심점이 획득해야 하는 최저필수수익률을 초과하는 영업이익을 말한다.

최저필수수익률이란 회사전체의 자본비용으로 특정 투자중심점의 경우에는 특정 투자중심점의 위험을 반영한다.

잔여이익 = 투자중심점 영업이익 − (투자중심점 영업자산 × 최저필수수익률)
= 투자중심점 영업자산 × 투자수익률 − (투자중심점 영업자산 × 최저필수수익률)
= 투자중심점 영업자산 × (투자수익률 − 최저필수수익률)

잔여이익으로 성과평가시 특정중심점은 투자수익률이 최저필수수익률보다 크기만 하면 신규투자안을 채택하므로 투자수익률법(ROI)의 단점인 목표불일치 문제를 해결할 수 있다.

장 점	단 점
• 잔여이익법은 잔여이익이 발생시 새로운 투자안을 채택하므로 투자수익률과 달리 목표불일치가 발생하지 않는다. • 최저필수수익률에 각 사업부의 위험을 반영하므로 투자수익률법보다 각 사업부에 대한 올바른 성과평가를 할 수 있다.	• 각각의 투자중심점의 투자규모가 다를 경우 투자중심점간 성과비교가 어렵다. • 자본예산 의사결정은 현금흐름을 분석하지만 잔여이익법에 의한 성과 평가는 회계적이익이므로 투자수익률과 마찬가지로 의사결정과 성과평가의 일관성이 결여된다.

그러나 잔여이익은 투자규모가 다른 투자중심점과의 투자안에 대한 성과를 직접적으로 비교할 수 없다. 이러한 경우에는 잔여이익을 영업자산으로 나눈 잔여이익률(residual return on investment)을 사용하면 투자수익률처럼 다른 투자중심점과의 비교가 가능하다.

앞에서 설명한 투자수익률과 잔여이익은 모두 단기지향적이다. 그러므로 투자수익률로 성과평가시 경영자들은 수선유지비 · 교육훈련비 및 판매원수수료 등을 줄이려고 노력하게 되고 잔여이익에 의해 평가받는 경영자도 동일한 행동을 취할 수 있다. 이와 같은 행동은 장기적으로 거액의 수선유지비를 발생시키거나 제품의 품질저하로 매출감소 등을 발생시킬 수 있다.

예제 06 투자수익률(ROI)과 잔여이익(RI)의 비교

(주)서울의 투자중심점인 종로사업부는 지난 해 ₩100,000을 투자하여 ₩15,000의 영업이익을 얻었다. 한편, 회사가 투자안의 수락기준으로 설정한 최저필수수익률은 10%이다. 종로사업부는 현재 ₩50,000을 투자하면 ₩6,000의 영업이익을 획득할 수 있는 신규사업을 검토하고 있다.

[물음 1] 투자수익률(ROI)을 기준으로 종로사업부의 성과평가를 하는 경우 신규투자안의 채택여부를 결정하시오.

[물음 2] 잔여이익(RI)을 기준으로 종로사업부의 성과평가를 하는 경우 신규투자안의 채택여부를 결정하시오.

해답

자료정리

투자 전		투자 후	
₩100,000	₩100,000	₩150,000	₩150,000
× 0.15	× 0.1	× 0.14	× 0.1
₩15,000	₩10,000	₩21,000	₩15,000

[물음 1] 투자수익률(ROI)

	현 재	신규투자안 수락시
투자수익률(ROI)	$\frac{₩15,000}{₩100,000} = 0.15$	$\frac{₩15,000 + ₩6,000}{₩100,000 + ₩50,000} = 0.14$

신규투자안 수락시 투자수익률이 현재의 투자수익률보다 낮아지므로 종로사업부는 신규사업을 기각한다. 이러한 경우 **목표불일치 현상이 발생**한다.

[물음 2] 잔여이익(RI)

	현 재	신규투자안 수락시
잔여이익(RI)	₩15,000 − ₩100,000 × 0.1 = **₩5,000**	₩21,000 − ₩150,000 × 0.1 = **₩6,000**
	₩100,000 × (0.15 − 0.1) = **₩5,000**	₩150,000 × (0.14 − 0.1) = **₩6,000**

신규투자안 수락시 잔여이익이 현재보다 ₩1,000 증가하므로 종로사업부는 신규사업을 채택한다. 이와 같이 잔여이익의 경우에는 투자수익률법에서 발생할 수 있는 **목표불일치가 발생하지 않는다.**

예제 07 잔여이익(RI)

(주)서울은 규모가 다른 사업부 A와 B로 구성되어 있으며 이들은 투자중심점으로 설계 · 운영되고 있다. 각 사업부의 영업활동과 관련된 자료는 다음과 같으며, 최저필수수익률은 두 사업부 모두 동일하게 10%이다.

	사업부 A	사업부 B
영업자산	₩200,000	₩50,000
영업이익	24,000	8,000

[물음 1] 각 사업부의 잔여이익을 구하시오.

[물음 2] 잔여이익에 의하여 두 사업부 경영자의 성과를 평가하시오. 그리고 이에 대한 문제점과 해결방법은 무엇인가?

해답

자료정리

사업부 A		사업부 B	
₩200,000	₩200,000	₩50,000	₩50,000
× 0.12	× 0.1	× 0.16	× 0.1
₩24,000	₩20,000	₩8,000	₩5,000

[물음 1] 잔여이익(RI)

	사업부 A	사업부 B
잔여이익(RI)	₩24,000 − ₩200,000 × 0.1 = **₩4,000**	₩8,000 − ₩50,000 × 0.1 = **₩3,000**
	₩200,000 × (0.12 − 0.1) = **₩4,000**	₩50,000 × (0.16 − 0.1) = **₩3,000**

[물음 2] 성과평가

잔여이익을 기준으로 사업부경영자의 성과를 평가할 경우 사업부 A가 사업부 B보다 잔여이익이 더 크므로 사업부 A가 더 좋은 성과를 낸 것으로 평가하게 된다. 그러나 사업부 A의 잔여이익이 더 큰 이유는 사업부 A의 경영자가 경영을 잘해서가 아니라 영업자산의 절대액이 사업부 B보다 크기 때문이다. 이와 같이 잔여이익법은 투자규모가 상이한 경우 투자중심점간의 성과비교가 올바르게 이루어지지 않는다.

이러한 문제를 해결하는 방법은 각 사업부의 잔여이익률을 계산하는 것이다. 잔여이익률은 사업부 A가 2%($\frac{₩4,000}{₩200,000}$), 사업부 B가 6%($\frac{₩3,000}{₩50,000}$)로 사업부 B가 더 높게 나타난다. 따라서 사업부 B의 성과가 더 좋은 것으로 평가할 수 있다.

3 경제적 부가가치

경제적 부가가치(economic value added, EVA)란 기업이 영업활동을 통해 벌어들인 세후 영업이익에서 주주와 채권자에 대한 자본비용을 차감한 초과이익이다.

$$\begin{aligned}\text{경제적 부가가치} &= \text{세후영업이익} - \text{투하자본에 대한 자본비용}\\ &= \text{영업이익} \times (1 - \text{세율}) - \text{투하자본} \times \text{가중평균자본비용}\\ &= (\text{투하자본수익률}^{*} - \text{가중평균자본비용}) \times \text{투하자본}\end{aligned}$$

$$^{*}\ \text{투하자본수익률(ROIC)} = \frac{\text{세후영업이익}}{\text{투하자본}}$$

채권자는 투자한 자금에 대해 이자만을 획득하므로 초과이익인 경제적부가가치는 모두 주주에게 귀속된다. 그러므로 경제적부가가치에 의한 성과평가는 각 투자중심점의 경영자가 주주부의 극대화에 얼마나 기여하였는가를 평가할 수 있다.

(1) 투하자본

투하자본(invested capital : IC)이란 주주와 채권자의 투자금액으로서 자본비용이 발생하는 항목을 말한다. 투하자본은 다음의 재무상태표를 보면 쉽게 이해할 수 있다.

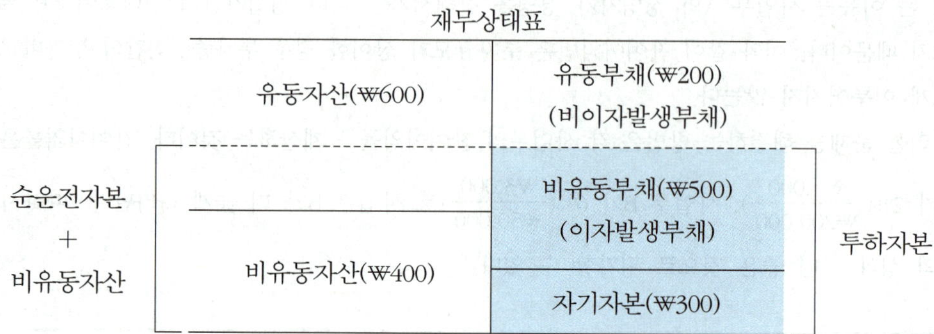

즉, 경제적 부가가치를 계산할 때에는 유동부채를 비이자발생부채로 간주하므로, 자본비용이 발생하는 항목은 이자발생부채인 비유동부채와 배당금을 지급해야 하는 자기자본임을 알 수 있다. 따라서 투하자본은 다음과 같이 계산된다.

투하자본 = 자본비용이 발생하는 항목
= 비유동부채(₩500) + 자기자본(₩300)
= 총자산(₩1,000) − 유동부채(₩200)
= 순운전자본(유동자산 − 유동부채) + 비유동자산

한편, 투하자본에 대한 자본비용은 투하자본의 장부금액을 기준으로 계산되므로 투하자본은 시장가치가 아닌 장부금액으로 계산함에 주의해야 한다.

(2) 가중평균자본비용

가중평균자본비용(weighted average cost of capital : WACC)이란 기업이 영업활동을 위해 조달된 자금에 대하여 지급되는 비용으로서 다음과 같이 계산된다.

$$\text{가중평균자본비용} = \frac{\text{자기자본시장가치}}{\text{자기자본시장가치} + \text{부채시장가치}} \times \text{자기자본비용}$$
$$+ \frac{\text{부채시장가치}}{\text{자기자본시장가치} + \text{부채시장가치}} \times \text{부채이자율} \times (1 - \text{세율})$$

위의 산식에서 보듯이 가중평균자본비용은 투하자본과는 달리 장부금액이 아닌 시장가치를 이용하여 계산한다. 그리고 부채에 대한 이자비용은 세금공제항목이므로 법인세효과를 고려하여 계산함에 주의해야 한다.

(3) 경제적 부가가치의 계산

경제적 부가가치 = 영업이익 × (1 − 세율) − 투하자본 × 가중평균자본비용

= 영업이익 × (1 − 세율) − (비유동부채+자기자본) × 가중평균자본비용

= 영업이익 × (1 − 세율) − (총자산 − 유동부채) × 가중평균자본비용

= 영업이익 × (1 − 세율) − (순운전자본 + 비유동자산) × 가중평균자본비용

= 투하자본 × (ROIC − 가중평균자본비용)

장 점	단 점
• 주주부의 측정과 관련된 EVA를 성과평가지표로 사용하면 주주와 경영자간의 대리인비용이 감소된다. • 회계상 손익계산서는 타인자본비용만 고려하지만 EVA는 자기자본비용도 고려한다.	• EVA의 영업이익 · 투하자본 · 가중평균 자본비용이 정형화 되어 있지 않아 산정기준에 따라 결과가 다르게 산출될 수 있다. • EVA는 현재의 투하자본과 관련된 단기성과평가이므로 EVA에 의해 경영자를 평가할 경우 기업의 장기 성장과 관련된 미래의 투자안을 소홀히 할 수 있다.

(4) 경제적 부가가치는 잔여이익과 다음과 같은 차이점이 있다.

① 잔여이익은 영업이익을 사용하고 경제적부가가치는 세후영업이익을 사용한다.

② 잔여이익이 최저필수수익률을 적용하는데 반하여 경제적부가가치는 이자비용의 법인세 절감효과를 반영한 가중평균자본비용을 적용한다.

SECTION

08 경영자의 성과에 대한 보상

소유주가 경영하는 기업의 경우에는 경영자에 대한 보상 문제는 불필요하다. 그러나 대부분의 기업은 전문경영자를 고용하고 의사결정권한을 위임하는데, 이와 같이 소유와 경영이 분리된 기업은 경영자의 능력이 부족하거나 필요한 수준보다 성실히 업무를 수행하지 않을 경우 기업가치 증가에 문제가 발생하게 된다.

문제점의 해결방안으로는 경영자의 능력이 부족할 경우 경영자 채용시 소유주가 관여해야 하며 경영자 교육프로그램을 수립해야 한다. 만약 경영자가 성실히 업무를 수행하지 않는 경우에는 소유주가 경영자를 통제하거나 경영자의 목표가 소유주의 목표와 일치하도록 보상제도를 수립하는 것이다.

경영자에 대한 보상제도 수립시 주의할 점은 경영자가 기업전체를 위한 목적적합한 행동을 하도록 경영자에 대한 보상은 성과평가에 근거하여 이루어져야하며, 경영자가 통제할 수 없는 요소들은 제외하고 오직 경영자가 통제할 수 있는 요소들에 한하여 보상제도가 수립되어야 한다. 경영자에 대한 보상의 종류는 다음과 같다.

1) 현금보상(cash compensation)

현금보상에는 급여인상과 상여금이 있다. 많은 기업의 경우 경영자의 성과평가가 좋게 나타날 경우 일정수준의 급여인상과 이익에 근거한 신축성 있는 상여금을 지급한다. 이익에 근거한 이익기준 보상시스템(income-based compensation)은 소유주의 목적인 이익극대화에 도움이 되지만 조직전체의 관점에서 역기능을 수행할 수가 있다. 예를 들어 이익극대화를 위해 필요한 수선활동을 지연시키거나 고정제조간접원가를 이연시키기 위해 제품을 과잉생산할 경우 기계고장으로 생산에 차질이 있거나 재고관련 유지비용이 증가하여 기업의 이익에 악영향을 미치게 된다.

2) 주식선택권(stock option)

주식선택권이란 경영자에게 일정 기간 내에 자기회사의 주식을 사전에 약정된 금액으로 매입할 수 있는 권리를 부여하는 것으로써, 기업의 성과가 좋아 주가가 상승할 경우 시장 가격보다 낮은 가격으로 주식을 매입하여 이득을 얻는 성공보수이다. 이는 경영자를 주주로 귀속시킴으로써 목표일치성을 달성함은 물론 주식선택권으로 취득된 주식이 일정 기간동안 행사되지 않게 하여 경영자가 장기적인 성과에 초점을 맞추도록 한다.

3) 비현금보상(noncash compensation)

비현금보상은 현금보상과 상호보완관계가 있으며, 이에는 승진이나 사무실의 위치 · 의사결정권한 · 휴가 등이 있다.

COST&MANAGEMENT ACCOUNTING

객관식 연습문제

01 다음 중 예산과 관련된 설명으로 옳지 않은 것은?

① 운영예산은 다음 예산연도의 운영계획을 나타내며, 예산대차대조표(또는 예산재무상태표)에 총괄된다.

② 종합예산편성의 첫 단계는 판매량 예측이다.

③ 연속갱신예산제도는 예산기간 말에 근시안적으로 판단하는 것을 방지하는 효과가 있다.

④ 참여예산제도를 운영하는 경우에는 예산수립참여자의 악용 가능성에 대비하여야 한다.

⑤ 영기준예산제도를 운영하는 경우에는 예산편성을 위한 노력이 많이 든다.

02 종업원이 예산편성 과정에 참여하는 참여예산(participative budget)에 관한 설명으로 옳지 않은 것은?

① 종업원들의 다양한 관점과 판단을 예산에 반영할 수 있다.

② 종업원은 최고경영층에서 일방적으로 하달하는 예산목표보다 참여예산의 목표를 더 잘 달성하려는 유인이 있다.

③ 예산여유(budgetary slack)를 발생시킬 위험이 있다.

④ 예산편성을 위한 소요시간이 길어질 수 있다.

⑤ 예산편성시 조직전체의 목표는 고려할 필요가 없으며 각 부서의 목표와 방침에 따른다.

03 서울회사는 제품단위당 원재료 4g이 소요되며 g당 가격은 ₩0.8이며, 다음 분기 재료 목표사용량의 25%를 분기말 재고로 유지한다. 분기별 생산량은 다음과 같다. 1분기의 재료구입액은 얼마인가?

	1분기	2분기
실제 생산량(목표 생산량)	24,000	35,000

① ₩84,500　② ₩85,600　③ ₩86,400

④ ₩87,200　⑤ ₩88,800

04 다음은 (주)세무의 20×1년 분기별 생산량예산의 일부 자료이다. 제품생산을 위하여 단위당 2g의 재료가 균일하게 사용되며, 2분기의 재료구입량은 820g으로 추정된다.

	2분기	3분기
생산량예산	400단위	500단위

(주)세무가 다음 분기 예산 재료사용량의 일정 비율만큼 분기 말 재고로 유지하는 정책을 사용하고 있다면 그 비율은?

① 9%　② 10%　③ 11%
④ 12%　⑤ 13%

05 (주)한국은 단일의 제품 A를 생산·판매하고 있다. 이 회사가 20×1년 3월에 대한 예산을 수립할 목적으로 수집한 자료의 일부는 다음과 같다.

(1) 20×1년 3월, 4월 및 5월에 대한 제품 A의 월별 판매예측은 다음과 같다.

구 분	예상판매량
3월	100단위
4월	120단위
5월	140단위

(2) 제품을 한 단위 생산하는데 소요되는 직접재료원가는 ₩20이며, 이는 계속 유지될 것으로 예상된다.

(3) 이 회사는 20×1년 2월말 현재 재고자산으로 제품 100단위를 생산할 수 있는 직접재료와 40단위의 제품을 보유하고 있다.

(4) 20×1년 3월부터 이 회사는 제품의 경우 다음 달 예상판매량의 50%에 해당하는 제품을 월말에 재고로 보유하며, 직접재료의 경우 다음 달 생산에 필요한 직접재료의 80%를 월말에 재고로 보유하는 재고정책을 취하고 있다.

(5) 직접재료의 매입은 즉시 현금으로 지급된다.

(6) 월초재공품과 월말재공품은 없다.

(주)한국의 20×1년 3월 직접재료 매입예산 금액은 얼마인가?

① ₩2,000　② ₩2,080　③ ₩2,320
④ ₩2,480　⑤ ₩2,640

06 금년 초에 설립된 서울물산은 상품구매원가의 120%로 상품가격을 책정하고 있다. 회사는 매월 구매상품의 40%는 현금구입하고 나머지 60%는 외상구입한다. 외상구입대금은 구입한 달의 다음 달에 지급한다. 1, 2, 3월의 예상 매출액은 다음과 같으며 매월기말재고로 그 다음 달 예산 판매량의 30%를 보유하는 정책을 실시하고 있다. 단, 3개월 동안의 판매가격 및 구매단가는 불변이다.

	예상 매출액
1월	₩9,600
2월	12,000
3월	15,600

구입대금 지급으로 인한 회사의 2월 중 예상 현금지출액은 얼마인가?

① ₩8,760 ② ₩9,160 ③ ₩10,960
④ ₩13,152 ⑤ ₩10,512

07 (주)세무의 외상매출대금은 판매 당월(첫째 달)에 60%, 둘째 달에 35%, 셋째 달에 5% 회수된다. 20×1년 12월 31일 재무상태표의 매출채권 잔액은 ₩70,000이며, 이 중 ₩60,000은 20×1년 12월 판매분이고, ₩10,000은 20×1년 11월 판매분이다. 20×2년 1월에 현금매출 ₩80,000과 외상매출 ₩350,000이 예상될 때, 매출과 관련된 20×2년 1월의 현금유입액과 1월 말 매출채권 잔액은?

	현금유입액	매출채권 잔액		현금유입액	매출채권 잔액
①	₩335,000	₩145,000	②	₩345,000	₩145,000
③	₩345,000	₩147,500	④	₩352,500	₩145,000
⑤	₩352,500	₩147,500			

08 단일상품을 구입하여 판매하고 있는 (주)국세는 20×1년 초에 당해 연도 2분기 예산을 편성 중에 있다. 20×1년 4월의 외상매출액은 ₩3,000,000, 5월의 외상매출액은 ₩3,200,000 그리고 6월의 외상매출액은 ₩3,600,000으로 예상된다. (주)국세의 매출은 60%가 현금매출이며, 40%가 외상매출이다. 외상매출액은 판매일로부터 1달 뒤에 모두 현금으로 회수된다. (주)국세는 상품을 모두 외상으로 매입하며, 외상매입액은 매입일로부터 1달 뒤에 모두 현금으로 지급한다. (주)국세는 다음 달 총판매량의 20%를 월말재고로 보유하며, 매출총이익률은 20%이다. (주)국세가 20×1년 5월 중 상품 매입대금으로 지급할 현금은 얼마인가? (단, 월별판매 및 구입단가는 변동이 없다고 가정한다.)

① ₩6,000,000　　② ₩6,080,000　　③ ₩6,400,000
④ ₩6,560,000　　⑤ ₩6,600,000

09 책임회계제도하에서 작성되는 내부의 책임중심점에 대한 성과보고서에 관한 설명 중 옳지 않은 것은?

① 통제가능원가와 통제불능원가로 구분하여야 한다.
② 해당 책임중심점에 배분된 고정제조간접비도 포함시켜야 한다.
③ 조직도표와 일관성을 유지하여야 한다.
④ 통제가능원가의 실제와 표준과의 차이를 포함시켜야 한다.
⑤ 예외에 의한 관리가 가능하도록 작성하여야 한다.

❖ 다음은 [문제 10] ~ [문제 12]에 관련된 자료이다.

(주)서울자동차는 소형승용차와 대형승용차를 생산 · 공급한다. 단위당 도매가격은 소형승용차 ₩60, 대형승용차 ₩120이다. 20×1년의 예산과 실제 영업성과가 다음과 같이 제시되었다.

1) 실제 손익계산서

	소 형	대 형	합 계
판 매 량	86	74	160
매 출	₩5,074	₩8,510	₩13,584
변 동 비	4,300	6,068	10,368
공 헌 이 익	₩774	₩2,442	₩3,216

2) 고정예산 손익계산서

	소 형	대 형	합 계
판 매 량	120	80	200
매 출	₩7,200	₩9,600	₩16,800
변 동 비	6,000	6,400	12,400
공 헌 이 익	₩1,200	₩3,200	₩4,400

3) 실제 시장규모 : 1,280대

예산상 시장규모 : 2,000대

10 매출 가격차이와 매출 조업도차이는 각각 얼마인가?

	매출 가격차이	매출 조업도차이		매출 가격차이	매출 조업도차이
①	₩580(U)	₩456(F)	②	₩580(F)	₩456(U)
③	456(U)	580(F)	④	456(U)	580(U)
⑤	456(U)	456(F)			

11 매출 배합차이와 매출 수량차이는 각각 얼마인가?

	매출 배합차이	매출 수량차이		매출 배합차이	매출 수량차이
①	₩300(F)	₩880(F)	②	₩300(F)	₩880(U)
③	400(U)	780(F)	④	400(F)	780(U)
⑤	500(U)	680(U)			

12 시장 점유율차이와 시장 규모차이는 각각 얼마인가?

	시장 점유율차이	시장 규모차이		시장 점유율차이	시장 규모차이
①	₩600(F)	₩700(F)	②	₩600(F)	₩1,004(U)
③	605(U)	1,004(U)	④	704(F)	1,584(U)
⑤	704(U)	1,584(U)			

13 (주)서울의 3월 예산 대비 실적자료는 다음과 같다. 동 자료를 토대로 당초 예상보다 영업이익이 ₩200만큼 줄어든 원인을 (ㄱ) 판매가격차이, (ㄴ) 변동원가차이, (ㄷ) 고정원가차이 이외에 중요한 차이항목인 매출 조업도차이(net sales volume variance : 일명, 순판매수량차이)를 추가하여 경영진에게 의미있게 요약 · 보고하고자 한다. 매출 조업도차이의 금액은 얼마인가? (유리한 차이는 (F)로, 불리한 차이는 (U)로 표시한다)

	3월 실적(actual)	3월 예산(budget)
판매수량	400개	300개
매 출 액	₩7,200	₩6,000
변동원가	4,800	3,000
고정원가	1,400	1,800
영업이익	₩1,000	₩1,200

① ₩1,800(F) ② ₩600(F) ③ ₩1,000(U)
④ ₩1,800(U) ⑤ ₩1,000(F)

14 동남컨설팅의 모든 컨설팅용역은 책임연구원 1명과 보조연구원 2명이 수행하고 있다. 동남컨설팅의 컨설팅용역 수행에 관한 20×1년 1월과 2월의 예산과 실제 자료는 다음과 같다.

구 분	책임연구원 1명당	보조연구원 1명당
시간당 예산공헌이익	₩100,000	₩50,000
매월 예산투입시간	140시간	180시간
1월 실제투입시간	?	171시간
2월 실제투입시간	?	153시간

동남컨설팅의 모든 연구원이 컨설팅용역을 수행하는 데 실제 투입한 총시간은 20×1년 1월과 2월에 각각 450시간씩인 것으로 파악되었다. 컨설팅용역 수행에 투입된 시간에 의할 경우, 공헌이익을 기준으로 계산한 책임연구원과 보조연구원의 1월과 2월 매출배합차이는 각각 얼마인가?

	20×1년 1월		20×1년 2월	
	책임연구원	보조연구원	책임연구원	보조연구원
①	₩1,800,000불리	₩900,000유리	₩1,800,000유리	₩900,000불리
②	₩900,000불리	₩1,800,000유리	₩900,000불리	₩1,800,000유리
③	₩1,800,000유리	₩900,000불리	₩1,800,000불리	₩900,000유리
④	₩900,000유리	₩1,800,000불리	₩900,000유리	₩1,800,000불리
⑤	₩1,800,000유리	₩900,000유리	₩1,800,000불리	₩900,000불리

15 (주)국세는 사무용과 가정용 복사기를 판매한다. (주)국세는 20×1년 복사기 시장규모가 800,000대 일 것으로 예측했으나, 실제 시장규모는 700,000대로 집계되었다. 20×1년 예산과 실제 결과에 대한 자료가 다음과 같을 때, (주)국세의 시장점유율 차이는 얼마인가?

〈20×1년도 예산〉

제품종류	판매단가	단위당 변동원가	판매수량 및 비율	
			수 량	비 율
사무용	₩1,200	₩700	20,000대	25%
가정용	900	500	60,000대	75%
합 계			80,000대	100%

〈20×1년도 실제 결과〉

제품종류	판매단가	단위당 변동원가	판매수량 및 비율	
			수 량	비 율
사무용	₩1,100	₩625	25,200대	30%
가정용	820	400	58,800대	70%
합 계			84,000대	100%

① ₩3,840,000 불리 ② ₩4,960,000 불리 ③ ₩5,270,000 불리
④ ₩4,750,000 유리 ⑤ ₩5,950,000 유리

16 분권화와 책임회계, 성과평가와 관련하여 다음의 설명 중 가장 적절한 것은?

① 분권화(decentralization)로부터 얻을 수 있는 효익으로 내부이전가격의 신속한 결정을 들 수 있다.

② 원가중심점은 특정 원가의 발생에만 통제책임을 지는 책임중심점으로 판매부문이 한 예가 될 수 있다.

③ 하부경영자가 자신의 성과측정치를 극대화할 때 기업의 목표도 동시에 극대화될 수 있도록 하부경영자의 성과측정치를 설정해야 하는데, 이를 목표일치성(profit center)이라고 한다.

④ 잔여이익(residual income)이 갖고 있는 준최적화(sub－optimization)의 문제점을 극복하기 위하여 투자수익률이라는 개념이 출현하였다.

⑤ 투자수익률법은 투자규모가 다른 투자중심점을 상호비교하기가 어렵다는 문제점이 있는 반면에 잔여이익법에는 이런 문제점이 없다.

17 투자수익률(ROI), 잔여이익(RI) 및 경제적 부가가치(EVA)에 대한 설명으로 옳지 않은 것은?

① ROI를 전문경영자의 보상평가기준으로 사용한다면 대리인비용이 절감되고 투자안의 경제성 평가기준으로 사용될 수 있다.

② EVA는 타인자본비용뿐만 아니라 자기자본비용도 고려하여 산출한다.

③ EVA는 주주의 입장에서 바라보는 이익개념으로 기업고유의 영업활동에서 창출된 순가치의 증가분을 의미한다.

④ ROI는 회사 전체적으로 채택되는 것이 유리한 투자안을 부당하게 기각할 가능성이 있지만, RI와 EVA는 그럴 가능성이 없다.

⑤ RI는 ROI의 단점인 준최적화 현상을 보완하기 위하여 개발되었다.

18 투자중심점(investment center)의 투자성과 평가지표에 관한 다음의 설명 중 가장 타당하지 않는 것은?

① 투자수익률(return on investment : ROI)은 투하자본에 대한 투자이익의 비율을 나타내는 수익성 지표이며, 매출이익률에 자산회전율을 곱하여 계산할 수 있다.

② 투자수익률은 기업의 여러 투자중심점의 성과를 비교하는데 유용할 수 있지만, 투자수익률의 수준이 투자중심점 경영자의 성과평가기준으로 사용될 경우에는 목표불일치 문제를 야기할 수 있다.

③ 잔여이익에 의한 투자중심점 성과평가는 투자수익률에 의한 준최적화 문제를 해결할 수 있으며, 각기 다른 투자규모의 투자중심점들의 성과를 잔여이익에 의하여 직접적으로 비교평가 할 수 있는 장점이 있다.

④ 경제적 부가가치(economic value added : EVA)는 세후영업이익에서 투하자본에 대한 자본비용을 차감하여 계산할 수 있다.

⑤ 경제적 부가가치의 관점에서는 영업이익이 당기순이익보다 기업의 경영성과를 평가하는데 유용한 지표라고 본다.

19 (주)국세는 분권화된 세 개의 사업부(X, Y, Z)를 운영하고 있다. 이들은 모두 투자중심점으로 설계되어 있으며, (주)국세의 최저필수수익률은 20%이다. 각 사업부와 관련된 정보는 다음과 같다.

	X	Y	Z
자산회전율	4회	6회	5회
영 업 이 익	₩400,000	₩200,000	₩210,000
매 출 액	₩4,000,000	₩2,000,000	₩3,000,000

투자수익률(ROI)이 높은 사업부 순서대로 옳게 배열할 것은?

① X > Y > Z　　② X > Z > Y　　③ Y > X > Z
④ Y > Z > X　　⑤ Z > Y > X

20 (주)한국의 투자중심점인 A사업부의 지난해 영업과 관련된 자료는 다음과 같다.

- 매출액 ₩1,000,000
- 총변동원가 300,000
- 공헌이익 700,000
- 총고정원가 500,000
- 영업이익 200,000
- 평균영업자산 625,000

A사업부가 새로운 투자기회를 고려하지 않는다면, A사업부의 당기 성과와 평균영업자산은 지난해와 동일한 수준을 유지할 것이다. 그러나 당기에 A사업부가 고려중인 투자안에 연간 평균 ₩120,000만큼 투자하게 되면, 이 새로운 투자안으로부터 예상되는 연간 수익, 원가 및 공헌이익률 관련 자료는 다음과 같다.

- 매출액 ₩200,000
- 총고정원가 90,000
- 공헌이익률 60%

투자안의 채택 여부를 결정할 때 회사전체와 각 사업부에 적용되는 최저필수수익률은 15%이다. 만약 A사업부가 새로운 투자안을 채택한다면, A사업부의 올해 예상되는 잔여이익(residual income)은 얼마인가?

① ₩106,250 ② ₩110,450 ③ ₩118,250
④ ₩121,450 ⑤ ₩124,450

21 다음은 (주)서울의 남부사업부와 중부사업부의 재무상태표와 손익계산서 자료의 일부이다.

	남부사업부	중부사업부
총 자 산	₩2,000,000	₩10,000,000
유 동 부 채	500,000	3,000,000
세전영업이익	250,000	2,000,000

(주)서울의 가중평균자본비용 계산에 관련된 자료는 다음과 같다.

장기부채 : 시장가치	₩7,000,000	이 자 율	10%
자기자본 : 시장가치	7,000,000	자 본 비 용	14%

법인세율은 40%이다. 남부사업부와 중부사업부의 경제적 부가가치(EVA)는 얼마인가? 단, 각 사업부에는 동일한 가중평균자본비용을 적용한다.

	남부사업부	중부사업부		남부사업부	중부사업부
①	₩100,000	₩130,000	②	₩50,000	₩130,000
③	0	500,000	④	50,000	200,000
⑤	100,000	200,000			

22 (주)세무는 사업부의 성과를 평가하기 위해 각 사업부의 경제적 부가가치(EVA)를 계산하고자 한다. 사업부 중 한 곳인 중부사업부와 관련된 자료는 다음과 같다.

- 총자산 : ₩400,000
- 투자수익률(ROI) : 30%
- 유동부채 : ₩100,000

(주)세무의 두 가지 자금원천 중 하나인 타인자본의 시장가치는 ₩400,000이고, 그에 대한 이자율은 10%이다. 나머지 원천인 자기자본의 시장가치는 ₩600,000이고 그에 대한 자본비용은 15%이다. 투자수익률 계산시 총자산과 세전영업이익을 사용하였다. 각 사업부의 경제적 부가가치 계산은 기업전체의 가중평균자본비용을 적용하며, 경제적 부가가치를 계산하기 위한 세전영업이익은 투자수익률 계산시의 영업이익과 동일하였다. (주)세무에게 적용되는 법인세율이 20%일 때, 중부사업부의 경제적 부가가치는? 2024 세무사

① ₩57,400 ② ₩58,000 ③ ₩58,400
④ ₩59,000 ⑤ ₩59,400

01	02	03	04	05	06	07	08	09	10
①	⑤	②	②	④	③	⑤	②	②	④
11	12	13	14	15	16	17	18	19	20
②	④	⑤	①	⑤	③	①	③	③	③
21	22								
③	⑤								

01 정답 ①

운영예산은 다음 예산연도의 운영계획을 나타내며, 이를 통해 예산손익계산서가 작성된다.

02 정답 ⑤

⑤ 참여예산의 목적은 실행가능성이 높은 예산을 편성하고 서로를 이해하며 조직전체의 목표달성을 위해 협조하는데 있다.

03 정답 ②

1분기 원재료

기 초	24,000×4g×25%＝	24,000g	투 입	24,000 × 4g ＝	96,000g
구 입		107,000g	기 말	35,000×4g×25%＝	35,000g
		131,000g			131,000g

∴ 재료구입액 = 107,000g × ₩0.8 = **₩85,600**

04 정답 ②

2분기 원재료

기 초	X	사 용	400 × 2g
구 입	820g	기 말	X + 20g

1) 기초원재료를 X라고 가정시 2분기 기말원재료는 다음과 같다.

기말원재료 = 기초 + 구입 − 사용

= X + 820g − 800g

= X + 20g

2) 2분기 기초원재료(1분기 기말원재료)는 2분기 사용량에 일정비율이고, 2분기 기말원재료(3분기 기초원재료)는 3분기 사용량에 일정비율이다.

3) 일정비율을 Y라고 가정시 다음과 같은 식이 성립한다.

$800g \times Y = X$ ······ ①

$1,000g \times Y = X + 20g$ ······ ②

①식을 ②에서 대입하면 다음과 같다.

$1,000g \times Y = 800g \times Y + 20g$

$200g \times Y = 20g$

$\therefore Y = 10\%$

05 정답 ④

1) 3월과 4월의 제품계정

예상판매량과 재고자산의 수량은 다음과 같다.

3월 제품

기 초	40	매출원가	100
생 산	120	기 말	120 × 0.5

4월 제품

기 초	60	매출원가	120
생 산	130	기 말	140 × 0.5

2) 3월 원재료 계정

① 2월말 제품 100단위를 생산할 수 있는 재료를 보유하고 있으므로 3월 기초원재료는 제품 100단위를 생산할 수 있는 재료이다.

② 기말원재료는 4월 생산량에 80%이다.

③ 3월에 120단위를 생산하므로 120단위를 사용한다.

④ 매입액은 124단위이고 제품 1단위당 재료원가 ₩20을 곱하여 매입액을 구한다.

3월 원재료

기 초	100	사 용	120
매 입	124	기 말	130 × 0.8

∴ 3월 원재료 매입액 = 124 × ₩20 = **₩2,480**

06 정답 ③

	1월	2월	3월
매출원가	$\frac{₩9,600}{1.2}$ = ₩8,000	$\frac{₩12,000}{1.2}$ = ₩10,000	$\frac{₩15,600}{1.2}$ = ₩13,000

1월 상품			
기 초	₩0	매출원가	₩8,000
매 입	11,000	기 말	3,000*1

2월 상품			
기 초	₩3,000	매출원가	₩10,000
매 입	10,900	기 말	3,900*2

*1 ₩10,000 × 0.3 = ₩3,000

*2 ₩13,000 × 0.3 = ₩3,900

∴ 2월 현금지출액 = 1월 매입액 × 60% + 2월 매입액 × 40%
= ₩11,000 × 0.6 + ₩10,900 × 0.4
= **₩10,960**

07 정답 ⑤

1) 월별 매출액 추정

① 20×1년 12월 매출채권 잔액 중 20×1년 11월 판매분 매출채권 잔액이 ₩10,000이므로

20×1년 11월 매출액은 $\frac{₩10,000}{0.05}$ = ₩200,000이다.

② 20×1년 12월 매출채권 잔액 중 20×1년 12월 판매분 매출채권 잔액이 ₩60,000이므로

20×1년 12월 매출액은 $\frac{₩60,000}{0.35+0.05}$ = ₩150,000이다.

2) 매출 및 현금회수액

	현금매출	외상매출		
		20×1년 11월 매출	20×1년 12월 매출	20×2년 1월 매출
20×1년 11월 회수		₩200,000①×0.60		
20×1년 12월 회수		200,000①×0.35	₩150,000②×0.60	
20×2년 1월 회수	₩80,000	200,000①×0.05	150,000②×0.35	₩350,000×0.60
20×2년 2월 회수			150,000②×0.05	350,000×0.35
20×2년 3월 회수				350,000×0.05

3) 20×2년 1월 현금유입액

₩80,000 + 200,000 × 0.05 + 150,000 × 0.35 + 350,000 × 0.60 = **₩352,500**

4) 20×2년 1월 말 매출채권 잔액

₩150,000 × 0.05 + 350,000 × 0.35 + 350,000 × 0.05 = **₩147,500**

08 정답 ②

1) 외상매출액의 비율이 40%이므로 외상매출액에 40%를 나누어 주면 매출액을 구할 수 있다.

2) 매출총이익률이 20%이므로 매출에 대한 매출원가율은 80%이다.

3) 그러므로 4월과 5월의 매출원가는 다음과 같다.

$$4월\ 매출원가 = \frac{₩3,000,000}{0.4} \times 0.8 = ₩6,000,000$$

$$5월\ 매출원가 = \frac{₩3,200,000}{0.4} \times 0.8 = ₩6,400,000$$

4) 기말재고는 다음 달 매출원가의 20%를 재고로 보유하므로 4월과 5월의 기초재고는 다음과 같다.

4월 기초재고 = ₩6,000,000 × 0.2 = ₩1,200,000

5월 기초재고 = ₩6,400,000 × 0.2 = ₩1,280,000

4월				5월			
기 초	₩1,200,000	매출원가	₩6,000,000	기 초	₩1,280,000	매출원가	₩6,400,000
매 입	6,080,000	기 말	1,280,000	매 입	6,560,000	기 말	1,440,000*2

5) 4월의 매입은 ₩6,080,000이고 매입은 외상매입으로 다음 달에 지급하므로 5월 중 상품 매입대금으로 지급할 현금은 **₩6,080,000**이다.

09 정답 ②

배분된 고정제조간접원가는 전부원가계산하에서 발생하는 오류로서 해당 중심점의 경영자가 통제할 수 없는 원가이다. 그러므로 성과보고서에 포함되지 않는다.

10 정답 ④

	AQ × (AP − SV)	AQ × (BP − SV)	BQ × (BP − SV)
소 형 차	86 × (₩ 59 − ₩50)	86 × (₩60 − ₩50)	120 × (₩60 − ₩50)
대 형 차	74 × (₩115 − ₩80)	74 × (₩120 − ₩80)	80 × (₩120 − ₩80)
공 헌 이 익	₩3,364	₩3,820	₩4,400

매출 가격차이 ₩456(U) **매출 조업도차이 ₩580(U)**

11 정답 ②

	AQ × (BP − SV)	AQ × BM × (BP − SV)	BQ × (BP − SV)
소 형 차	86 × (₩60 − ₩50)	160 × 0.6 × (₩60 − ₩50)	120 × (₩60 − ₩50)
대 형 차	74 × (₩120 − ₩80)	160 × 0.4 × (₩120 − ₩80)	80 × (₩120 − ₩80)
공헌이익	₩3,820	₩3,520	₩4,400

매출 배합차이 ₩300(F) **매출 수량차이 ₩880(U)**

※ AQ × BM = 총실제 판매량 × 예산상 판매배합비율

12 정답 ④

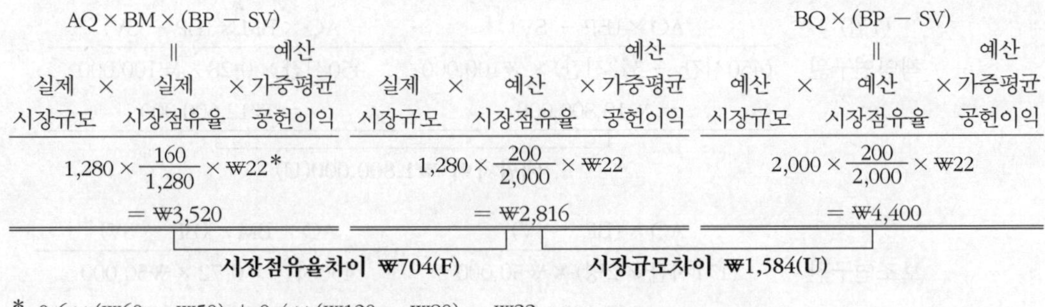

AQ × BM × (BP − SV)		BQ × (BP − SV)
실제 시장규모 × 실제 시장점유율 × 예산 가중평균 공헌이익	실제 시장규모 × 예산 시장점유율 × 예산 가중평균 공헌이익	예산 시장규모 × 예산 시장점유율 × 예산 가중평균 공헌이익
$1,280 \times \frac{160}{1,280} \times$ ₩22* = ₩3,520	$1,280 \times \frac{200}{2,000} \times$ ₩22 = ₩2,816	$2,000 \times \frac{200}{2,000} \times$ ₩22 = ₩4,400

시장점유율차이 ₩704(F) **시장규모차이 ₩1,584(U)**

* 0.6 × (₩60 − ₩50) + 0.4 × (₩120 − ₩80) = ₩22

13 정답 ⑤

매출 조업도차이는 변동예산 공헌이익과 고정예산 공헌이익의 차이다.

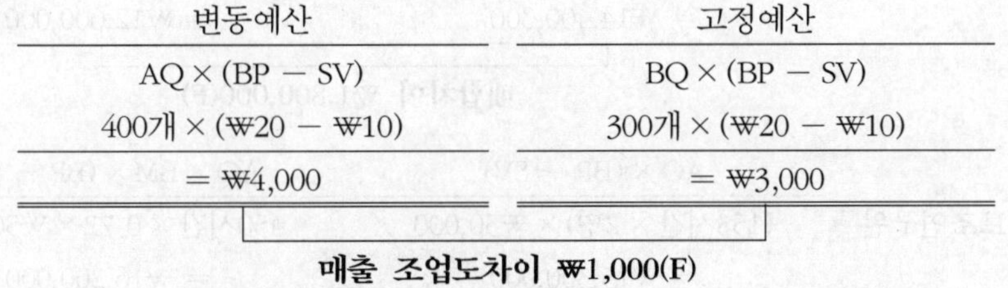

변동예산	고정예산
AQ × (BP − SV)	BQ × (BP − SV)
400개 × (₩20 − ₩10)	300개 × (₩20 − ₩10)
= ₩4,000	= ₩3,000

매출 조업도차이 ₩1,000(F)

14 정답 ①

(1) 책임연구원 1명당 보조연구원이 2명이므로 예산상 배합비율은 다음과 같다.

1) 책임연구원 예산투입시간 + 보조연구원 예산투입시간

= 140시간 + (180시간 × 2명) = 500시간

2) 책임연구원 예산상 투입비율 $= \dfrac{140\text{시간}}{500\text{시간}} = 0.28$

보조연구원 예산상 투입비율 $= \dfrac{306\text{시간}}{500\text{시간}} = 0.72$

(2) 실제투입시간

1월 : 책임연구원 = 450시간 − 342시간 = 108시간

보조연구원 = 171시간 × 2명 = 342시간

2월 : 책임연구원 = 450시간 − 306시간 = 144시간

보조연구원 = 153시간 × 2명 = 306시간

(3) 1월과 2월의 배합차이

(1월)	AQ × (BP − SV)	AQ × BM × (BP − SV)
책임연구원	(450시간 − 342시간) × ₩100,000 = ₩10,800,000	450시간 × 0.28 × ₩100,000 = ₩12,600,000

배합차이 ₩1,800,000(U)

	AQ × (BP − SV)	AQ × BM × (BP − SV)
보조연구원	(171시간 × 2명) × ₩50,000 = ₩17,100,000	450시간 × 0.72 × ₩50,000 = ₩16,200,000

배합차이 ₩900,000(F)

(2월)	AQ × (BP − SV)	AQ × BM × (BP − SV)
책임연구원	(450시간 − 306시간) × ₩100,000 = ₩14,400,000	450시간 × 0.28 × ₩100,000 = ₩12,600,000

배합차이 ₩1,800,000(F)

	AQ × (BP − SV)	AQ × BM × (BP − SV)
보조연구원	(153시간 × 2명) × ₩50,000 = ₩15,300,000	450시간 × 0.72 × ₩50,000 = ₩16,200,000

배합차이 ₩900,000(U)

15 정답 ⑤

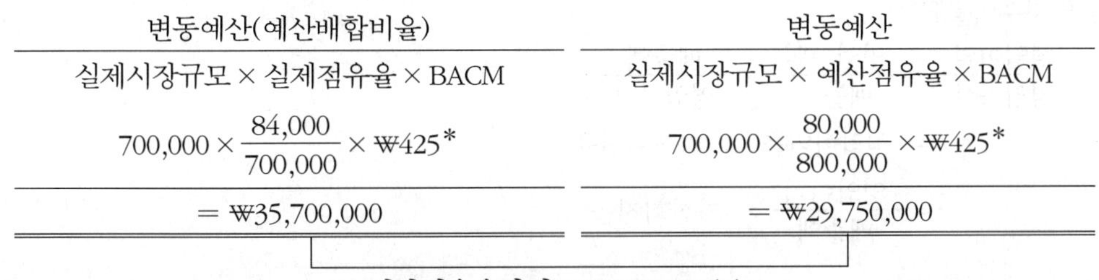

변동예산(예산배합비율)	변동예산
실제시장규모 × 실제점유율 × BACM	실제시장규모 × 예산점유율 × BACM
$700,000 \times \frac{84,000}{700,000} \times$ ₩425*	$700,000 \times \frac{80,000}{800,000} \times$ ₩425*
= ₩35,700,000	= ₩29,750,000

시장점유율차이 ₩5,950,000(F)

* 사무용 예산상배합비율 × (BP − SV) + 가정용 예산상배합비율 × (BP − SV)
= 0.25 × (₩1,200 − ₩700) + 0.75 × (₩900 − ₩500) = ₩425

16 정답 ③

① 분권화되면 자유로운 부문의사결정이 가능하므로 회사 전체적 관점인 이전가격 의사결정은 다소 시간이 걸리게 된다.
② 제조부문에 대한 설명이다.
④ 준최적화 문제가 투자수익률법에서 발생하므로 이에 대한 보완으로 잔여이익법이 출현하였다.
⑤ 잔여이익법은 이익의 절대적 금액 크기의 비교이므로 투자규모가 상이할 때 적절한 성과평가 도구가 될 수 없다.

17 정답 ①

ROI기준은 준최적화가 발생될 수 있어 전문경영자의 보상평가기준으로 적당하지 않은 방법이다.

18 정답 ③

잔여이익은 투자규모가 상이한 경우 투자안의 성과를 직접적으로 비교할 수 없으므로 잔여이익을 영업자산으로 나눈 잔여이익률을 사용하면 투자중심점간 비교가 가능하다.

19 정답 ③

1) 투자수익률(ROI)

$$\frac{영업이익}{영업자산} = \frac{영업이익}{매출액} \times \frac{매출액}{영업자산}$$

$$= 영업이익률 \times 자산회전율$$

$$= \frac{영업이익}{매출액} \times 자산회전율$$

2) 투자수익률(ROI)이 높은 순서

$$X = \frac{₩400,000}{₩4,000,000} \times 4회 = \mathbf{0.4\ (2순위)}$$

$$Y = \frac{₩200,000}{₩2,000,000} \times 6회 = \mathbf{0.6\ (1순위)}$$

$$Z = \frac{₩210,000}{₩3,000,000} \times 5회 = \mathbf{0.35\ (3순위)}$$

20 정답 ③

1) 새로운 투자안의 영업이익

₩200,000 × 0.6 − ₩90,000 = ₩30,000

2) A사업부의 잔여이익

A사업부 전체 영업이익 − A사업부 전체투자금액 × 최저필수수익률

= (₩200,000 + ₩30,000) − (₩625,000 + ₩120,000) × 0.15

= **₩118,250**

21 정답 ③

$$WACC = k_e \times \frac{S}{S+B} + k_d \times (1-t_c) \times \frac{B}{S+B}$$

$$= 0.14 \times \frac{₩7,000,000}{₩14,000,000} + 0.1 \times (1 - 0.4) \times \frac{₩7,000,000}{₩14,000,000}$$

$$= 0.1$$

1) 남부 EVA = 세전영업이익 × $(1-t_c)$ − WACC × (총자산 − 유동부채)

= ₩250,000 × (1 − 0.4) − 0.1 × (₩2,000,000 − ₩500,000)

= 0

2) 중부 EVA = $₩2,000,000 \times (1 - 0.4) - 0.1 \times (₩10,000,000 - ₩3,000,000)$

$= \mathbf{₩500,000}$

22 정답 ⑤

(1) 가중평균자본비용

$$\frac{₩400,000}{400,000 + 600,000} \times 10\% \times (1 - 20\%) + \frac{₩600,000}{400,000 + 600,000} \times 15\% = 12.2\%$$

(2) 세전이익

$$ROI = \frac{\text{영업이익}}{₩400,000} = 30\%$$

∴ 영업이익 = ₩120,000

(3) 경제적 부가가치

$₩120,000 \times (1 - 20\%) - (400,000 - 100,000) \times 12.2\% = \mathbf{₩59,400}$

주관식 연습문제

01 판매예산을 통한 생산예산 편성

두 가지 제품 A와 B를 생산 · 판매하는 (주)서울은 20×1년도 판매예산을 다음과 같이 수립하였다.

판매예산(20×1년)

	단 위	판매가격	매출액
제품 A	6,000	₩2,500	₩15,000,000
제품 B	2,000	1,500	3,000,000
			₩18,000,000

[물 음] (주)서울은 20×1년도말의 적정재고수준을 제품 A는 1,000단위, 제품 B는 200단위를 유지 하려고 계획하고 있다. 20×0년도말의 재고가 제품 A는 1,200단위, 제품 B는 150단위라 할 때, 20×1년도 (주)서울의 제조예산(생산수량)을 작성하시오.

해답

자료정리

❖ 제조예산(20×1년) ❖

	제품 A	제품 B
예 상 판 매 량	6,000단위	2,000단위
기말제품재고량	1,000	200
합 계	7,000단위	2,200단위
기초제품재고량	1,200	150
목 표 생 산 량	5,800단위	2,050단위

02 생산예산과 원재료구입예산

제조업을 영위하는 (주)서울은 20×1년 7월에 제품 2,000단위를 판매할 계획이며, 매달 5%의 매출신장률을 기대하고 있다. 회사의 새로운 재고정책에 의하면 20×1년 3분기부터 적정 제품재고량은 차월 예상판매량의 80%이다. 제품 1단위 생산에는 4파운드의 원재료가 필요하며 파운드당 가격은 ₩1.2이다. 20×1년 6월말 제품재고는 1,500단위이고 원재료재고는 8,000파운드이다.

[물음 1] 20×1년 3분기의 목표생산량을 구하시오. 단, 단수 미만은 생산하지 않는다고 가정한다.

[물음 2] [물음 1]과는 관계없이 (주)서울은 20×1년 9월 30일로 종료하는 3개월 동안 6,000단위의 제품을 생산할 계획이라고 가정한다. 또한 회사는 3개월 기간의 말에 그 기간 동안 사용된 직접재료의 25%에 상당하는 원재료재고를 보유한다고 가정한다. 20×1년 9월 30일로 종료하는 3개월 동안에 회사가 구입해야 하는 직접재료예산은 얼마인가?

해답

[물음 1] 3개월 동안의 목표생산량

1) 월별 예상판매수량

20×1년	예상판매량
7월	2,000단위
8월	2,100*1
9월	2,205*2
10월	2,315*3

*1 2,000단위 × 1.05 = 2,100단위 *2 2,100단위 × 1.05 = 2,205단위 *3 2,205단위 × 1.05 = 2,315단위

2) 3분기 목표생산량

1. 3분기 예상판매수량	6,305단위*1
2. 9월 30일 목표재고량	1,852*2
3. 6월 30일 재고량	1,500
4. 합 계(1+2−3)	6,657단위

*1 2,000단위 + 2,100 + 2,205 = 6,305단위 *2 2,315단위 × 0.8 = 1,852단위

[물음 2] 3개월 동안의 목표구입량

1) 원재료 목표구입량

1. 원재료 사용량	24,000 파운드*1
2. 9월 30일 목표재고량	6,000 *2
3. 6월 30일 재고량	8,000
4. 원재료 목표구입량	22,000 파운드

*1 6,000 × 4파운드 = 24,000파운드

*2 24,000파운드 × 25% = 6,000파운드

2) 원재료구입예산

원재료구입예산 = 원재료목표구입량 × 파운드당 구입원가

= 22,000파운드 × ₩1.2/파운드

= ₩26,400

03 생산예산을 통한 제조원가예산편성

기계부품을 생산하고 있는 (주)서울은 최근 여러 부문관리자 사이의 의사소통이 원만하지 않은 것에 대한 해결책으로 20×1년도 3/4분기에 대한 예산을 작성하기로 하고 다음과 같은 생산예산을 편성하였다.

	단 위
추정판매량(3/4분기)	18,600
기 말 목 표 재 고	5,000
합 계	23,600
기 초 제 품 재 고	5,600
생 산 량	18,000

제조원가에 관련된 자료는 다음과 같다.

1) 원재료 관련자료

원재료	제품단위당 필요량	단 가	기초재고	적정기말재고
A	6단위	₩240/단위	35,000	42,000
B	4	360	30,000	28,000
C	2	120	14,000	14,000

2) 직접노무원가 관련자료

공 정	직접노동시간	노동시간당 임률
성 형	0.8시간/단위	₩1,600/시간
조 립	2시간	1,000
완 성	0.25시간	1,200

3) 제조간접원가 관련자료

공장에서는 상반기 6개월 동안 27,000단위를 생산하였는데 6개월간의 실제 변동제조간접원가는 ₩14,850,000이었다. 하반기 6개월 동안의 변동제조간접원가는 지난 6개월간과 동일한 비율로 발생하리라 예측된다. 고정제조간접원가도 지난 6개월과 동일한 비율로 발생하리라 예측된다. 고정제조간접원가는 상반기 동안 ₩9,350,000이 발생하였는데 올해의 고정제조간접원가 예산은 ₩18,600,000이다.

앞의 제조예산과 자료들을 이용하여 다음 물음에 답하시오.

[물음 1] 원재료구입예산

[물음 2] 직접노무원가예산

[물음 3] 제조간접원가예산

해답

[물음 1] 원재료구입예산

	A	B	C
원재료 사용량	108,000	72,000	36,000
기말원재료	42,000	28,000	14,000
합계	150,000	100,000	50,000
기초원재료	35,000	30,000	14,000
원재료 목표구입량	115,000	70,000	36,000
단위당 가격	× ₩240	× ₩360	× ₩120
재료구입 예산	**₩27,600,000**	**₩25,200,000**	**₩4,320,000**

[물음 2] 직접노무원가예산

공정	생산량	노동시간	합계	임률	직접노무원가
성형	18,000단위	0.8시간/단위	14,400시간	₩1,600	₩23,040,000
조립	18,000	2시간	36,000	1,000	36,000,000
완성	18,000	0.25시간	4,500	1,200	5,400,000
합계					**₩64,440,000**

[물음 3] 제조간접원가예산

생산량	18,000단위
단위당 변동제조간접원가	× ₩550*1
예산 변동제조간접원가	₩9,900,000
고정제조간접원가	4,650,000*2
총제조간접원가	**₩14,550,000**

*1 ₩14,850,000/27,000단위 = ₩550

*2 ₩18,600,000/4분기 = ₩4,650,000

04 현금예산

다음은 (주)서울의 20×1년 회계장부로부터 입수된 자료이다.

20×1년	매 입	매 출
3월	₩42,000	₩72,000
4월	48,000	66,000
5월	36,000	60,000
6월	54,000	78,000

고객으로부터 상품판매에 대한 현금회수액은 판매한 달에 70%, 한달 후에 20%, 두달 후에 9%이고 나머지는 회수불가능한 것으로 예측된다. 또한 상품매입액은 다음 달에 전액 결제되며 이 경우 매입대금의 2% 상당액을 현금할인 받는 정책을 취하고 있다.

7월에 예상되는 매출액과 매입액은 각각 ₩66,000과 ₩60,000이고, 제반비용에 대한 현금지출액 예산은 ₩14,400이다. 또한 7월 1일 현재 현금잔액은 ₩20,000이다.

[물음 1] 7월의 현금수입액을 구하시오.

[물음 2] 7월의 현금지출액을 구하시오.

[물음 3] 7월말 현금잔액을 구하시오.

해답

[물음 1] 7월 현금수입액

20×1년	매 출 액	회수비율	예상 회수액
5월	₩60,000	9%	₩5,400
6월	78,000	20%	15,600
7월	66,000	70%	46,200
			₩67,200

[물음 2] 7월 현금지출액

1. 7월에 지급될 6월 매입액	₩54,000
2. 2% 현금할인액	(1,080)
3. 7월 비용지출액	14,400
	₩67,320

[물음 3] 7월말 현금잔액

1. 7월초 현금잔액	₩20,000
2. 7월 현금수입액	67,200
3. 7월 현금지출액	(67,320)
4. 월말 현금잔액	**₩19,880**

05 매출차이분석

(주)서울자동차는 소형승용차와 대형승용차를 생산 · 공급한다. 20×1년의 예산과 실제영업성과는 다음과 같다.

1) 실제손익계산서

	소 형	대 형	합 계
판 매 량	400단위	800단위	1,200단위
매 출	₩36,000	₩40,000	₩76,000
변 동 원 가	20,000	24,000	44,000
공 헌 이 익	₩16,000	₩16,000	₩32,000

2) 예산손익계산서

	소 형	대 형	합 계
판 매 량	600단위	400단위	1,000단위
매 출	₩60,000	₩24,000	₩84,000
변 동 원 가	24,000	12,000	36,000
공 헌 이 익	₩36,000	₩12,000	₩48,000

3) 시장규모

	소형 · 대형의 합계
실제시장규모	15,000단위
예산시장규모	10,000

4) 20×1년의 예산고정원가는 ₩30,000이고 실제고정원가는 ₩20,000이다.

[물음 1] 매출가격차이, 매출조업도차이, 매출배합차이, 매출수량차이를 구하시오.

[물음 2] 판매부문과 생산부문의 성과평가를 하고 예산상의 순이익과 실제순이익의 차이를 조정하시오.

[물음 3] 시장점유율차이와 시장규모차이를 구하시오. 이 중 판매부문 책임자와 관련 있는 부분은 어느 것인가?

[물음 4] 실제성과, 변동예산 및 종합예산을 비교하는 성과보고서를 작성하시오.

해답

[물음 1] 매출가격차이와 매출조업도차이

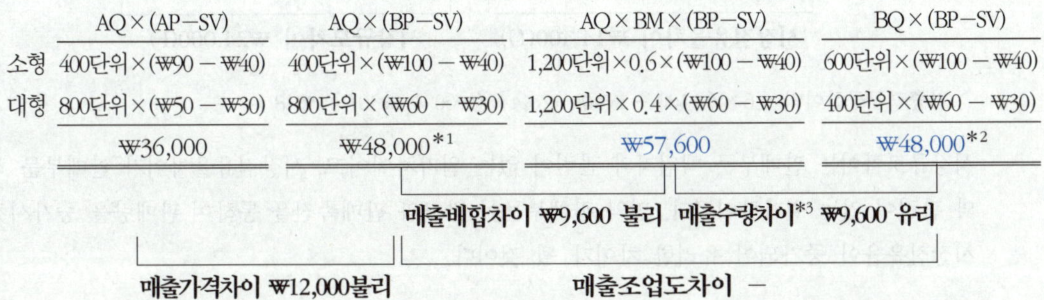

	AQ × (AP−SV)	AQ × (BP−SV)	AQ × BM × (BP−SV)	BQ × (BP−SV)
소형	400단위 × (₩90 − ₩40)	400단위 × (₩100 − ₩40)	1,200단위 × 0.6 × (₩100 − ₩40)	600단위 × (₩100 − ₩40)
대형	800단위 × (₩50 − ₩30)	800단위 × (₩60 − ₩30)	1,200단위 × 0.4 × (₩60 − ₩30)	400단위 × (₩60 − ₩30)
	₩36,000	₩48,000*1	₩57,600	₩48,000*2

매출배합차이 ₩9,600 불리　매출수량차이*3 ₩9,600 유리

매출가격차이 ₩12,000불리　매출조업도차이 −

*1 변동예산 공헌이익

*2 고정예산 공헌이익

*3 매출수량차이 = 시장점유율차이 + 시장규모차이

[물음 2] 이익차이 조정

고정예산영업이익		₩18,000
판매부문		12,000(U)
매출가격차이	₩12,000(U)	
매출조업도차이	−	
제조부문		6,000(F)
변동제조원가 변동예산차이	4,000(U)*	
고정제조간접원가 예산차이	10,000(F)	
실제 영업이익		₩12,000

*

	AQ × AP	SQ × SP
소 형	400단위 × ₩50	400단위 × ₩40
대 형	800단위 × ₩30	800단위 × ₩30
	₩44,000	₩40,000

[물음 3] 시장점유율차이와 시장규모차이

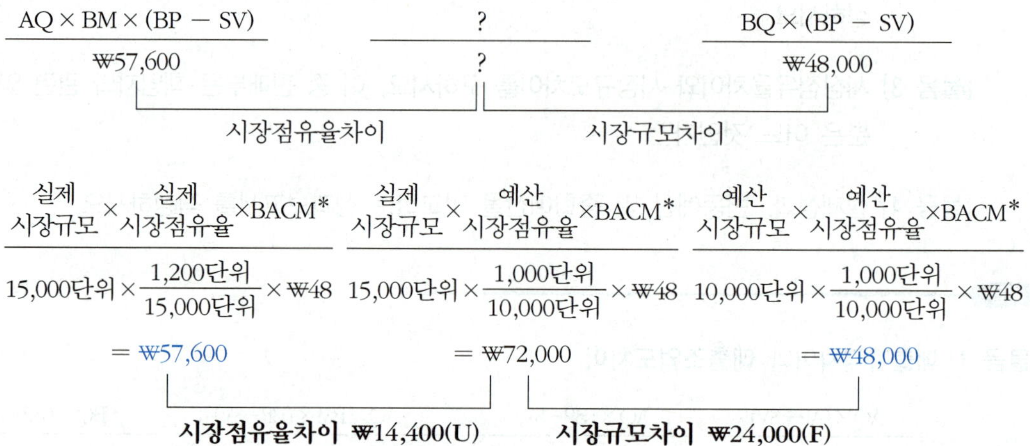

* 가중평균공헌이익 0.6 × (₩100 − ₩40) + 0.4 × (₩60 − ₩30) = ₩48

시장규모차이는 판매부문 책임자와 관련이 없는 원가차이이고, 시장점유율차이가 판매부문 책임자와 관련이 있는 원가차이이다. 만약 판매부문이 광고와 판매촉진을 통하여 판매량을 증가시켰다면 시장점유율이 증가되어 유리한 차이가 될 것이다.

[물음 4] 성과보고서

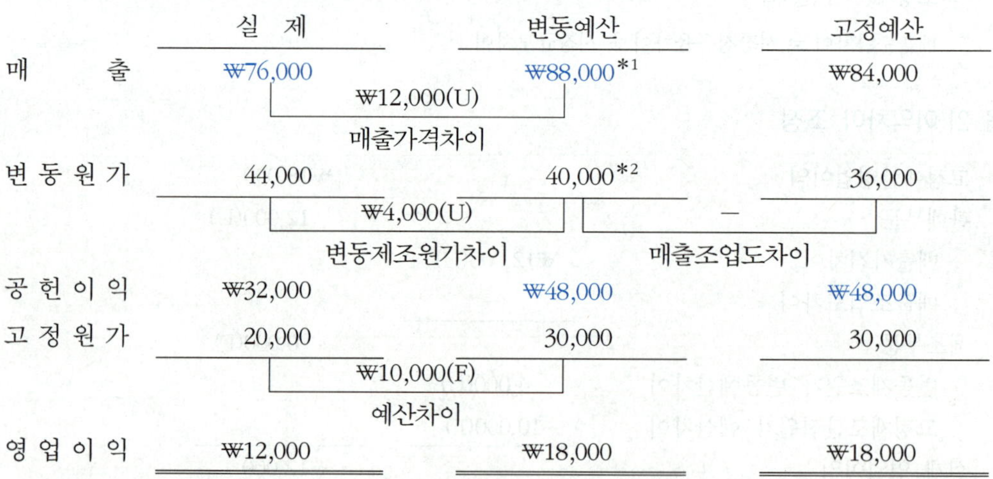

	실 제		변동예산		고정예산
매 출	₩76,000	₩12,000(U) 매출가격차이	₩88,000*1		₩84,000
변 동 원 가	44,000	₩4,000(U) 변동제조원가차이	40,000*2	− 매출조업도차이	36,000
공 헌 이 익	₩32,000		₩48,000		₩48,000
고 정 원 가	20,000	₩10,000(F) 예산차이	30,000		30,000
영 업 이 익	₩12,000		₩18,000		₩18,000

*1 400단위 × ₩100 + 800단위 × ₩60 = ₩88,000

*2 400단위 × ₩40 + 800단위 × ₩30 = ₩40,000

06 이익차이분석 : 종합예산의 추정

(주)서울은 당년도의 종합예산자료를 수해로 인하여 소실하였다. 당년도 성과평가를 위하여 종합예산자료를 제반정보로 추정해야 할 상황이다. 당년도의 실제영업결과는 다음과 같다.

판매수량		1,200단위
매 출 액		₩672,000
변동원가		208,600
매출원가	₩147,200	
판매관리비	61,400	
공헌이익		₩463,400
고정원가		318,200
고정제조간접원가	205,000	
고정판매관리비	113,200	
영업이익		₩145,200

당사의 기획부서의 담당자에 의하면 판매단가 ₩500으로 1,080단위를 생산 · 판매하기로 계획을 세웠으며 예산상 총공헌이익은 ₩380,000이었다고 한다. 예산상 변동판매관리비는 매출액의 10%이며 고정제조간접비는 기준조업도 1,080단위 하에서 단위당 ₩200으로 추정하고 있다. 또한 기획부장의 메모지에는 예산상의 순이익이 단위당 ₩100으로 기록되어 있다.

[물음 1] 종합예산을 편성하시오.

[물음 2] 매출가격차이와 매출조업도차이를 구하시오.

해답

[물음 1] 종합예산

판매수량		1,080단위
매 출 액		₩540,000*1
변동원가		160,000
매출원가	₩106,000*3	
판매관리비	54,000*2	
공헌이익		₩380,000
고정원가		272,000
고정제조간접비	216,000*4	
고정판매관리비	56,000*6	
영업이익		₩108,000*5

*1 1,080 × ₩500 = ₩54,000

*2 1,080 × ₩500 × 0.1 = ₩54,000

*3 (₩540,000 − ₩380,000) − ₩54,000 = ₩106,000

*4 1,080 × ₩200 = ₩216,000

*5 1,080 × ₩100 = ₩108,000

*6 ₩380,000 − ₩216,000 − ₩108,000 = ₩56,000

[물음 2] 매출가격차이와 매출조업도차이

	실 제	변동예산차이	변동예산	매출조업도차이	고정예산
매 출 액	₩672,000		₩600,000		₩540,000
		₩72,000(F)*1 (매출가격차이)			
변동원가					
제조원가	147,200	29,400(U)	117,800		106,000
판 관 비	61,400	1,400(U)	60,000		54,000
공헌이익	₩463,400	₩41,200(F)	₩422,200		₩380,000
				₩42,200(F)*2 (매출조업도차이)	
고정원가					
제조원가	205,000	11,000(F)	216,000		216,000
판 관 비	113,200	57,200(U)	56,000		56,000
영업이익	₩145,200	₩5,000(U)	₩150,200		₩108,000

*1 ₩72,000

*2 ₩42,222

07 투자수익률, 매출액순이익률, 총자산회전율(1)

다음 자료는 (주)서울의 과거 2년간 자료이다. 과거 2년간 자료를 이용하여 다음 물음에 답하시오.

	20×1년	20×2년
매 출 액	₩25,000,000	₩25,000,000
영 업 이 익	1,500,000	1,400,000
평균투자액	10,000,000	10,000,000

[물음 1] 20×1년도와 20×2년도의 투자수익률(ROI)을 구하시오.

[물음 2] 20×1년도와 20×2년도의 매출액순이익률과 총자산회전율을 구하시오.

[물음 3] 20×2년도에 투자수익률(매출액순이익률 × 총자산회전율)이 감소된 이유를 설명하시오.

해답

[물음 1] 투자수익률

20×1년 : ₩1,500,000/₩10,000,000 = 0.15

20×2년 : ₩1,400,000/₩10,000,000 = 0.14

[물음 2] 매출액순이익률과 총자산회전율

	20×1년	20×2년
매출액순이익률	6.0%*1	5.6%*1
총 자 산 회 전 율	2.5회*2	2.5회*2

*1 영업이익/매출 = ₩1,500,000/₩25,000,000 = 6.0%, ₩1,400,000/₩25,000,000 = 5.6%

*2 매출/투자액 = ₩25,000,000/₩10,000,000 = 2.5회, ₩25,000,000/₩10,000,000 = 2.5회

[물음 3] 투자수익률 감소 이유

투자수익률이 감소한 이유는 20×2년도에 매출액순이익률이 감소하였기 때문이다.

08 투자수익률, 매출액순이익률, 총자산회전율(2)

다음 자료는 (주)서울의 과거 2년간 자료이다. 과거 2년간 자료를 이용하여 다음 물음에 답하시오.

	20×1년	20×2년
매 출 액	₩40,000,000	₩50,000,000
영 업 이 익	3,000,000	3,200,000
평 균 투 자 액	20,000,000	20,000,000

[물음 1] 20×1년도와 20×2년도의 투자수익률(ROI)을 구하시오.

[물음 2] 20×1년도와 20×2년도의 매출액순이익률과 총자산회전율을 구하시오.

[물음 3] 20×1년도에 투자수익률(매출액순이익률 × 총자산회전율)이 증가된 이유를 설명하시오.

[물음 4] 기업이 부문경영자의 성과평가를 위해 투자수익률을 이용하는 경우 부문경영자는 투자수익률을 높이기 위하여 비생산적인 행동을 하기도 한다.
다음 각각의 사항에 대하여 부문경영자가 현재의 성과평가를 개선하기 위하여 취할 수 있는 비생산적인 행동을 제시하시오. 또한 그러한 행동이 조직전체의 관점에서 바람직하지 못한 이유를 지적하시오.

1) 재고자산에 대한 투자
2) 진부화된 비효율적인 설비의 대체
3) 연구개발

해답

[물음 1] 투자수익률(ROI)

20×1년 : ₩3,000,000/₩20,000,000 = 0.15

20×2년 : ₩3,200,000/₩20,000,000 = 0.16

[물음 2] 매출액순이익률과 총자산회전율

	20×1년	20×2년
매출액순이익률	7.5%*1	6.4%*1
총 자 산 회 전 율	2.0회*2	2.5회*2

*[1] ₩3,000,000/₩40,000,000 = 7.5%, ₩3,200,000/₩50,000,000 = 6.4%

*[2] ₩40,000,000/₩20,000,000 = 2.0회, ₩50,000,000/₩20,000,000 = 2.5회

[물음 3] 투자수익률 증가 이유

투자수익률이 증가한 이유는 20×2년도에 매출액순이익률 감소율보다 총자산회전율 증가율이 더 크기 때문이다.

[물음 4] 부문경영자의 비생산적인 행동

1) 재고자산을 감소시킬 경우 사업부 투자액은 감소될 것이며 ROI는 증가할 것이다. 이는 재고자산 부족으로 수요를 충족시키지 못할 가능성도 있다.

2) 진부화된 구설비는 낮은 장부가액으로 계상되어 있으므로 높은 ROI를 수반한다. 따라서 사업부 경영자는 효율적인 신설비의 대체를 원하지 않을 수도 있다. 왜냐하면 높은 ROI를 가진 사업부는 낮은 ROI의 투자안을 기각할 가능성이 있으며, 설사 사업부의 ROI를 초과하는 투자안이라 할지라도 전통적인 감가상각방법하에서는 최초연도에 ROI가 낮게 나타나는 경우가 많기 때문이다.

3) 연구개발비의 감소는 사업부의 ROI를 증가시킬 것이다. 이는 신제품 개발기회의 감소로 장기적인 관점에서의 기업 성장에 저해가 될 것이다.

---

09 투자수익률(ROI)과 잔여이익(RI)

(주)서울은 사업부 X, Y와 Z의 분권화된 사업부를 운영하고 있으며, 당사의 경영진은 투자안에 대하여 최소한 15%의 수익률을 요구하고 있다. 다음은 각 사업부의 영업 및 투자와 관련된 20×1년도 자료이다.

사 업 부	순 이 익	투 자 액
X	₩30,000,000	₩200,000,000
Y	50,000,000	250,000,000
Z	22,000,000	100,000,000

당사는 현재 연간 ₩9,000,000의 이익을 창출하는 ₩50,000,000의 새로운 투자안을 검토하고 있다.

[물음 1] 각 사업부의 투자수익률(ROI)과 우선순위를 결정하시오.

[물음 2] 각 사업부의 잔여이익(RI)과 우선순위를 결정하시오.

[물음 3] 새로운 투자안의 투자수익률과 잔여이익을 구하시오.

[물음 4] 위의 투자를 각 사업부에 추가 할 경우 각 사업부의 투자수익률과 잔여이익을 구하고 그 영향을 분석하시오.

해답

[물음 1] 투자수익률(ROI)

사업부	ROI(영업이익/투자액)	우선순위
X	₩30,000,000/₩200,000,000 = 0.15	③
Y	₩50,000,000/₩250,000,000 = 0.20	②
Z	₩22,000,000/₩100,000,000 = 0.22	①

[물음 2] 잔여이익(RI)

사업부	RI	우선순위
X	−*1	③
Y	₩12,500,000*2	①
Z	₩7,000,000*3	②

*1 ₩30,000,000 − ₩200,000,000 × 0.15 = 0

*2 ₩50,000,000 − ₩250,000,000 × 0.15 = ₩12,500,000

*3 ₩22,000,000 − ₩100,000,000 × 0.15 = ₩7,000,000

[물음 3] 새로운 투자안의 투자수익률과 잔여이익

투자수익률 = ₩9,000,000/₩50,000,000 = **0.18**

잔여이익 = ₩9,000,000 − ₩50,000,000 × 0.15 = **₩1,500,000**

[물음 4] 새로운 투자안 반영 후 각 사업부의 ROI와 RI

1) 투자수익률(ROI)

사업부	투자안 반영 후 ROI(영업이익/투자액)
X	(₩30,000,000 + ₩9,000,000) / (₩200,000,000 + ₩50,000,000) = **0.1560**
Y	(₩50,000,000 + ₩9,000,000) / (₩250,000,000 + ₩50,000,000) = **0.1967**
Z	(₩22,000,000 + ₩9,000,000) / (₩100,000,000 + ₩50,000,000) = **0.2067**

추가투자안의 투자수익률(ROI)이 0.18이므로 X사업부의 투자수익률을 증가시키지만 Y와 Z 사업부의 투자수익률은 감소된다. 이러한 경우 새로운 투자안이 회사의 최저필수수익률을 초과함에도 불구하고 투자수익률로 투자안 평가시 Y와 Z 사업부는 새로운 투자안을 기각하게 되어 준최적화 현상이 발생하게 된다.

2) 잔여이익(RI)

사업부	투자안 반영 후 잔여이익(RI)
X	₩1,500,000*1
Y	14,000,000*2
Z	8,500,000*3

*1 (₩30,000,000 + ₩9,000,000) − (₩200,000,000 + ₩50,000,000) × 0.15 = ₩1,500,000

*2 (₩50,000,000 + ₩9,000,000) − (₩250,000,000 + ₩50,000,000) × 0.15 = ₩14,000,000

*3 (₩22,000,000 + ₩9,000,000) − (₩100,000,000 + ₩50,000,000) × 0.15 = ₩8,500,000

새로운 투자안의 잔여이익은 ₩1,500,000이므로 각 사업부의 이익을 ₩1,500,000만큼 증가시킨다. 그러므로 잔여이익으로 투자안 평가시 모든 사업부는 새로운 투자안을 선택하게 된다.

10 잔여이익과 경제적 부가가치(EVA)

(주)서울은 임대사업부와 운수사업부로 구성되어 있으며 전년도에 보고된 영업결과는 다음과 같다. 단, 최저 필수수익률은 12%이다.

	임대사업부	운수사업부
총 자 산	₩65,000,000	₩95,000,000
유 동 부 채	12,000,000	20,000,000
세전영업이익	7,500,000	16,000,000

[물음 1] 유동부채를 차감한 총자산과 세전영업이익을 기준으로 잔여이익을 구하시오.

[물음 2] 당사의 자금원천은 이자율 10%인 시가 9억원의 고정부채와 자기자본이익률 15%인 시가 6억원의 자본으로 조달되었다. 세율은 40%이고 당사는 양사업부가 유사한 위험수준에 직면하고 있으므로 동일한 가중평균자본비용을 적용한다. 각 사업부의 경제적 부가가치(EVA)를 계산하시오.

[물음 3] [물음 1]과 [물음 2]에서 각 사업부의 성과평가에 대하여 설명하시오.

해답

[물음 1] 잔여이익(RI)

	잔여이익(RI)
임대사업부	**₩1,140,000***1
운수사업부	**7,000,000***2

*1 ₩7,500,000 − (₩65,000,000 − ₩12,000,000) × 0.12 = ₩1,140,000

*2 ₩16,000,000 − (₩95,000,000 − ₩20,000,000) × 0.12 = ₩7,000,000

[물음 2] 경제적부가가치(EVA)

1) 가중평균자본비용(WACC)

$$\text{가중평균자본비용} = \frac{6\text{억}}{6\text{억} + 9\text{억}} \times 0.15 + \frac{9\text{억}}{6\text{억} + 9\text{억}} \times 0.1 \times (1 - 0.4)$$

$$= 0.06 + 0.036$$

$$= 0.096$$

2) 경제적부가가치

	경제적부가가치(EVA)
임대사업부	**₩(588,000)***1
운수사업부	**2,400,000***2

*1 ₩7,500,000 × (1 − 0.4) − (₩65,000,000 − ₩12,000,000) × 0.096 = ₩(588,000)

*2 ₩16,000,000 × (1 − 0.4) − (₩95,000,000 − ₩20,000,000) × 0.096 = ₩2,400,000

[물음 3] 잔여이익과 경제적부가가치의 성과평가 비교

1) 잔여이익이나 경제적부가가치법이나 운수사업부가 임대사업부보다 더 성과가 좋다는 것을 나타내 준다.

2) 경제적부가가치가 부(−)인 임대사업부의 경우에는 기업가치를 감소시키고 있는 사업부가 된다. 따라서 지속적으로 경제적부가가치가 부(−)가 되는 경우에는 임대사업부의 폐쇄여부를 검토해야 한다.

제 13 장

대체가격결정

cost & management accounting

CHAPTER 13

대체가격결정

기업의 규모가 커지고 복잡해짐에 따라 기업은 분권화된 조직형태를 이루게 된다. 분권화된 조직은 여러 개의 사업부로 나누어지고 각각의 이익중심점 또는 투자중심점이 되어 독립적인 성과평가가 이루어진다.

독립적으로 성과가 측정되는 사업부들은 서로 간에 거래가 이루어지기도 하는데, 하나의 사업부에서 다른 사업부로 재화나 용역이 이전되는 경우 이를 내부거래 또는 대체거래라 하고 사내 대체되는 재화나 용역에 부여되는 가격을 대체가격(transfer price, 이전가격)이라 한다.

또한 내부대체시 재화나 용역을 제공하는 사업부를 공급부서 또는 공급사업부라 하고, 재화나 용역을 수취하는 사업부를 수요(구매)부서 또는 수요(구매)사업부라 한다.

공급사업부와 수요사업부 간에 내부대체와 관련된 대체가격은 각 사업부의 이익측정에 다음과 같이 영향을 미친다.

	공급사업부	수요사업부	회사전체
대체가격 높음	수익증가(이익증가)	원가증가(이익감소)	변화 없다.
대체가격 낮음	수익감소(이익감소)	원가감소(이익증가)	변화 없다.

1) 내부대체가격에 따라 공급사업부와 수요사업부의 이익은 영향을 받는다. 그러므로 내부대체가격에 따라 각 사업부의 투자수익률과 잔여이익도 달라진다.

2) 회사전체의 이익은 내부대체가격에 영향을 받지 않는다.

3) 회사전체의 이익은 내부대체가격이 아니라 내부대체 성립여부에 영향을 받는다.

공급사업부는 대체가격이 높게 설정될수록 이익은 커지고, 수요사업부의 이익은 작아진다. 왜냐하면, 대체가격은 공급사업부의 입장에서는 수익이고 수요사업부의 입장에서는 원가가 되기 때문이다. 따라서 공급사업부는 가급적 높은 대체가격을 원하고, 수요사업부는 가급적 낮은 대체가격을 원한다.

그러나 대체가격은 회사전체의 이익에는 영향을 미치지 않는데, 그 이유는 내부대체와 관련된 공급사업부의 수익과 수요사업부의 원가는 동일한 금액이므로 서로 상쇄되기 때문이다. 이와 같이 대체가격은 각 사업부의 이익과 성과평가에는 영향을 미치지만 회사전체의 이익에는 영향을 미치지 못한다.

각 사업부의 이익과 달리 회사전체의 이익은 대체가격과는 관련이 없고 내부대체 성립여부만 관련이 있다. 즉, 내부대체를 하는 경우와 내부대체를 하지 않는 경우에 회사전체의 이익은 달라지게 된다.

SECTION
01 대체가격결정시 고려할 기준

앞에서 본 바와 같이 대체가격결정은 내부대체거래의 수익성평가, 사업부의 성과평가와 재고자산가액의 결정 등에 영향을 미치게 되는데, 대체가격결정시 합리적인 대체가격결정은 매우 어려운 문제이다. 따라서 다음과 같이 여러 가지의 선택기준을 고려하여 대체가격을 결정해야 한다.

1 목표일치성기준

목표일치성기준(goal congruence)은 각 사업부의 경영자가 자기사업부의 이익을 극대화할 때 회사전체의 이익도 극대화되도록 대체가격을 결정해야 한다는 기준이다.
최고경영자는 목표일치성기준을 충족하며 각 사업부를 동기부여하기 위해 대체가격을 특정금액으로 확정하는 것이 아니라 일정한 범위로 설정한다. 대체가격이 일정한 범위 내에 설정되면 목표불일치로 인한 준최적화(sub-optimization)*가 발생되지 않고 목표일치성기준이 달성될 수 있다.

* 준최적화란 부문경영자의 최적의사결정이 기업전체의 최적의사결정이 되지 못하는 상황을 말한다. 내부대체시 회사전체의 이익이 증가하는 경우 각 사업부의 자율적인 의사결정으로 인한 준최적화가 발생되지 않게 대체가격을 일정범위로 설정하면 각 사업부와 회사전체의 의사결정이 일치된다.

2 성과평가기준

성과평가기준(performance evaluation)이란 각 사업부의 성과를 공정하게 평가할 수 있도록 내부대체가격을 설정해야 한다는 기준이다. 내부거래에서 대체가격이 어떻게 설정되느냐에 따라 각 사업부의 이익은 크게 달라진다. 그러므로 대체가격이 합리적으로 설정되지 않는다면 각 사업부의 성과평가는 공정성을 상실하게 되며, 이는 각 사업부의 경영자로 하여금 회사전체의 목표에 일치하지 않는 행동을 발생시킬 수 있다.
이 기준에 의하면 내부거래가 이루어지기 전에 각 사업부의 이익에 미치는 영향 등을 공정하게 평가하여 관련 사업부 경영자들 간에 대체가격을 협상하는 것이 필요하다.

3 자율성기준

자율성기준(autonomy)은 대체가격의 설정과 내부대체 성립여부에 대한 의사결정에 있어서 분권화된 사업부가 자신의 이익을 위해 자율적으로 의사결정을 내릴 수 있다는 기준이다.

그러나 자율성기준은 각 사업부가 자신의 이익만을 중시하여 목표일치성을 달성하지 못하고 준최적화가 발생할 수 있다. 이러한 준최적화는 분권화된 사업부에 자율성을 부여함에 따라 치루어야 하는 대가가 될 것이다.

4 공기관에 대한 재정관리기준

공기관에 대한 재정관리기준(fiscal management)은 국세청, 물가통제기관, 신용평가기관이나 공정거래위원회 등의 공기관이 인정하는 대체가격의 범위 내에서 기업에게 최대한 유리하도록 대체가격을 결정해야 한다는 기준이다.

사업부가 여러 나라에 분산되어 있는 다국적기업의 경우에는 각 나라마다 적용되는 세율과 법령이 서로 다르므로 대체가격을 어떻게 설정하느냐에 따라 기업전체의 세후이익이 달라질 수 있다. 기업전체의 이익을 극대화하기 위해서 일반적으로 세율이 높은 나라에서는 이익이 적게 세율이 낮은 나라에서는 이익이 많게 대체가격을 결정한다.

SECTION
02 대체가격설정의 일반공식

내부대체시 자율성으로 인한 준최적화를 방지하고 목표일치성을 달성하기 위한 대체가격의 설정방법은 다음과 같다.

1 공급사업부의 최소대체가격

공급사업부가 내부대체시 손실이 발생되지 않게 최소한 받아야 하는 대체가격인 최소대체가격은 내부대체를 위해 1단위 추가 생산시 발생하는 변동원가에 내부대체로 인한 기회비용과 고정원가를 고려하여 결정한다.

기회비용의 고려는 공급사업부의 유휴설비능력 보유 여부에 따라 달라지는데 내부대체를 위한 여유조업도가 충분한 경우에는 기회비용은 고려하지 않으며, 여유조업도가 충분하지 않은 경우에는 외부판매분의 공헌이익 상실분을 기회비용으로 고려해야 한다. 이러한 논리는 관련원가분석의 특별주문 수락여부와 동일한데, 특별주문 수락시 여유조업도가 충분하지 않은 경우 정규판매 감소로 인한 공헌이익의 감소분을 의사결정에 반영하는 것과 동일하다.

여유조업도가 충분하지 않을 경우 외부판매분을 감소시키지 않고 설비증가를 통해 내부대체를 할 수도 있는데, 이러한 경우에도 고정원가의 증가를 고려해 주면 된다. 물론 이 밖에도 내부대체와 관련하여 증가되는 비용이 있다면 이를 모두 고려해주어야 한다.

$$\text{최소대체가격} = \text{내부대체시 단위당 변동원가} + \frac{\text{고정원가} + \text{기회비용}}{\text{내부대체수량}}$$

예제 01 공급사업부의 최소대체가격

(주)서울은 A사업부와 B사업부로 구성되어 있다. A사업부는 부품을 생산하여 이를 외부에 판매하거나 B사업부에 내부대체 할 수 있으며, B사업부도 A사업부의 부품을 내부대체 받거나 외부에서 구입할 수 있다. B사업부는 부품 200단위에 대해서 내부대체를 원하고 있으며, 다음은 A사업부와 관련된 생산자료이다.

최대생산능력	:	1,000단위
단위당 외부시장가격	:	₩200
단위당 변동원가(변동판매비 ₩20포함)	:	120
고정원가(1,000단위 기준)	:	50

[물음 1] A사업부의 외부시장수요가 800단위, 900단위, 1,000단위인 경우 최소대체가격은 각각 얼마인가? 단, 내부대체시에도 변동판매비가 발생한다고 가정한다.

[물음 2] 내부대체시 변동판매비가 발생하지 않는 경우 물음 1에 다시 답하시오.

[물음 3] A사업부의 외부시장수요가 1,000단위인 경우 외부판매를 감소시키지 않고 내부대체시 설비를 증가하기로 하였다. 이에 대한 고정원가 증가액이 ₩15,000인 경우 최소대체가격은 얼마인가? 단, 내부대체시 변동판매비는 발생하지 않는다고 가정한다.

해답

자료정리

	A(1,000단위)	
	외부(?단위)	내부(200단위)
가 격	₩200	TP
변동원가	100 + 20	₩120*1 or ₩100*2
공헌이익	₩80	TP − ₩120 or TP − ₩100

*1 물음 1의 변동원가

*2 물음 2의 변동원가

[물음 1] 최소대체가격

여유조업도에 따른 최소대체가격의 변화는 다음과 같다.

1) 외부시장수요가 800단위인 경우 : 내부대체 200단위인 경우 외부판매감소분은 없다.

최소대체가격 = 단위당 변동원가 + 기회비용

= ₩120 + ₩0

= ₩120

2) 외부시장수요가 900단위인 경우 : 내부대체 200단위인 경우 외부판매 100단위 공헌이익 상실

최소대체가격 = 단위당 변동원가 + 기회비용

$$= ₩120 + \frac{100 \times ₩80}{200}$$

= ₩160

3) 외부시장수요가 1,000단위인 경우 : 내부대체 200단위인 경우 외부판매 200단위 공헌이익 상실

최소대체가격 = 단위당 변동원가 + 기회비용

$$= ₩120 + \frac{200 \times ₩80}{200}$$

= ₩200

[물음 2] 변동판매비가 발생하지 않는 경우의 최소대체가격

변동판매비가 없는 경우의 최소대체가격은 다음과 같다.

1) 외부시장수요가 800단위인 경우 : 내부대체 200단위인 경우 외부판매 감소분은 없다.

최소대체가격 = 단위당 변동원가 + 기회비용

= ₩100 + ₩0

= ₩100

2) 외부시장수요가 900단위인 경우 : 내부대체 200단위인 경우 외부판매 100단위 공헌이익 상실

최소대체가격 = 단위당 변동원가 + 기회비용

$$= ₩100 + \frac{100 \times ₩80}{200}$$

= ₩140

3) 외부시장수요가 1,000단위인 경우 : 내부대체 200단위인 경우 외부판매 200단위 공헌이익 상실

최소대체가격 = 단위당 변동원가 + 기회비용

$$= ₩100 + \frac{200 \times ₩80}{200}$$

$$= ₩180$$

[물음 3] 고정원가를 고려한 최소대체가격

외부시장수요가 1,000단위인 경우 : 내부대체 200단위인 경우 고정원가 ₩15,000 증가

최소대체가격 = 단위당 변동원가 + 단위당 증분 고정원가

$$= ₩100 + \frac{₩15,000}{200}$$

$$= ₩175$$

2 수요사업부의 최대대체가격

수요사업부가 내부대체를 받는 경우 손실이 발생되지 않으면서 최대한 지급할 수 있는 최대대체가격은 다음과 같다.

수요사업부는 내부대체 받는 부품과 동일한 부품을 외부시장에서 구입할 수 있다면 이 부품의 외부구입가격을 지급하려고 할 것이다. 또한 수요사업부는 부품을 이용하여 완제품 생산시 이익이 발생해야 되므로 완제품의 판매가격에서 부품을 제외한 추가변동원가(수요사업부에서 발생하는 변동제조원가 + 변동판매관리비)를 차감한 금액까지 지급하려고 할 것이다. 그러므로 최대대체가격은 이 두 가지 조건을 모두 고려하여 작은 값으로 결정된다. 위의 조건 중 완제품의 판매가격에서 부품을 제외한 단위당 변동원가가 조건식이 되는 이유는 이 금액 이상을 지급하여 구매 후 추가가공하여 판매하면 수요사업부에서는 부의 공헌이익이 발생하게 되어 손실이 증가되기 때문이다. 이러한 경우 수요사업부는 완제품을 생산할 필요가 없게 된다.

최대대체가격 = MIN(외부구입가격, 완제품의 판매가격 − 부품을 제외한 단위당 변동원가*)

* 부의 공헌이익이 수요사업부에 발생하지 않게 해준다.

수요사업부에서도 내부대체와 관련하여 고정원가가 증가 또는 감소될 수 있는데, 이러한 경우에는 앞에서 구한 최대대체가격에 단위당 고정원가의 증감을 추가로 고려한다.
예를 들어 연비가 좋은 하이브리드차는 유지비가 적으므로 지급할 수 있는 가격이 높고 연비가 좋지 않은 일반차는 유지비가 많으므로 가격이 낮다. 이와 같은 논리로 내부대체 시 고정원가가 감소하는 경우에는 최대로 지급할 수 있는 최대대체가격에 가산하고 고정원가가 증가하는 경우에는 반대로 최대대체가격에서 차감한다.

예제 02 수요사업부의 최대대체가격

(주)서울은 A사업부와 B사업부로 구성되어 있다. A사업부는 부품을 생산하여 이를 외부에 판매하거나 B사업부에 내부대체할 수 있으며 B사업부도 A사업부의 부품을 내부대체 받거나 외부에서 구입할 수 있다. B사업부는 부품 200단위에 대해서 내부대체를 원하고 있으며, 다음은 B사업부와 관련된 생산자료이다.

최대생산능력	:	200단위
단위당 완제품의 시장가격	:	₩500
단위당 부품의 외부구입가격	:	200
단위당 추가변동원가(변동판매비 ₩20포함)	:	150
고정원가(200단위 기준)	:	100

[물음 1] B사업부의 최대대체가격은 얼마인가?

[물음 2] 부품의 외부구입가격이 ₩400인 경우 B사업부의 최대대체가격은 얼마인가?

해답

자료정리

	B(200단위)
가 격	₩500
변동원가	(TP, ₩200 or ₩400) + ₩150
공헌이익	₩500 − TP − ₩150, ₩500 − ₩200 − ₩150

[물음 1] 최대대체가격

B사업부의 최대대체가격은 다음과 같다.

최대대체가격 = Min(완제품의 판매가격 − 부품을 제외한 단위당 변동원가, 외부구입가격)
= Min(₩500 − ₩150, ₩200)
= ₩200

[물음 2] 최대대체가격

외부구입가격이 ₩400일 때 사업부 B는 부품을 외부에서 구입하여 생산하는 경우 부의 공헌이익이 발생하므로 최대대체가격 설정시 외부구입가격은 고려대상에서 제외된다.

최대대체가격 = Min(완제품의 판매가격 − 부품을 제외한 단위당 변동원가, 외부구입가격)
= Min(₩500 − ₩150, ₩400)
= ₩350

3 기업전체 및 각 사업부입장에서의 대체여부판단과 목표일치성문제

지금까지 분권화된 조직에서의 내부거래시 공급사업부가 허용할 수 있는 최소대체가격과 수요사업부가 허용할 수 있는 최대대체가격에 대해서 살펴보았다. 그렇다면 대체가격과 관련되어 기업전체입장 및 각 사업부입장에서의 대체여부와 목표일치성은 어떻게 되는지 살펴보기로 한다.

(1) 공급사업부의 최소대체가격이 수요사업부의 최대대체가격보다 낮은 경우

최소대체가격이 최대대체가격보다 낮은 경우에는 내부대체시 대체가격에 상관없이 기업전체적으로 증분이익이 발생한다. 그러므로 공급사업부와 수요사업부가 내부대체를 할 수 있게 최소대체가격과 최대대체가격 사이에서 대체가격이 결정되어야 한다. 만약 대체가격이 최소대체가격과 최대대체가격의 구간 이외에서 결정되면 공급사업부 또는 수요사업부에서 손실이 발생하여 내부대체를 하지 않으므로 회사의 전체이익이 감소된다.

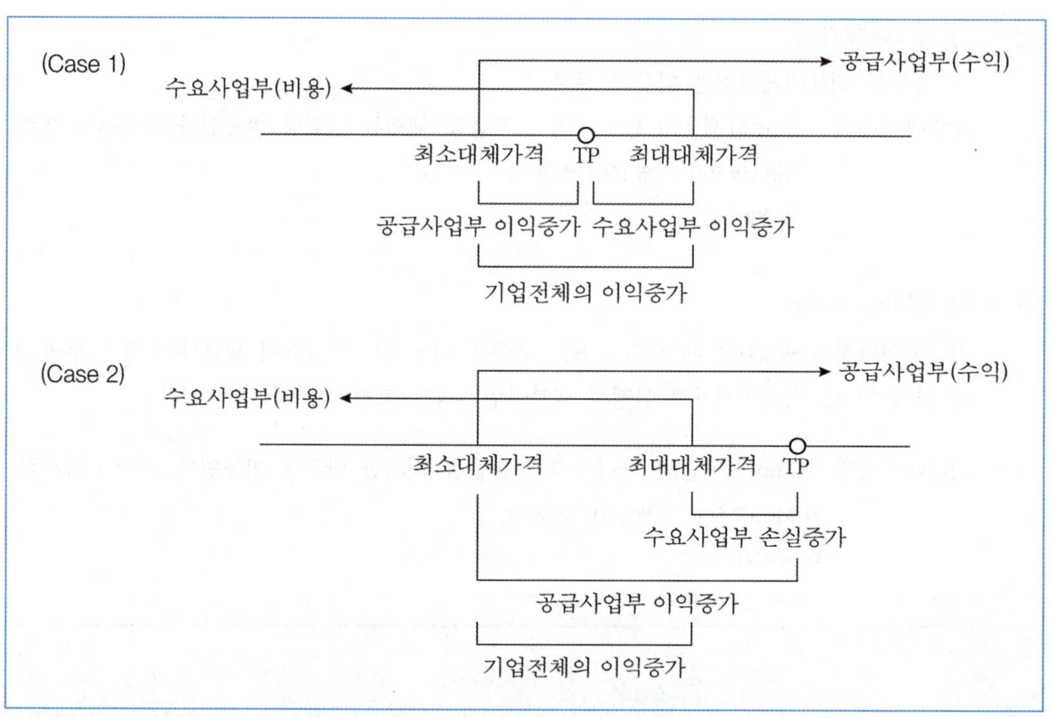

1) 기업전체의 관점

앞의 그림 (Case 1)과 (Case 2)의 경우에는 내부대체시 대체가격에 상관없이 최대대체가격과 최소대체가격의 차이만큼 증분이익이 발생되므로 기업전체적으로는 내부대체를 하는 것이 유리하다.

2) 각 사업부 관점

각 사업부 입장에서는 대체가격이 어느 수준에서 결정되느냐에 따라 대체거래의 성립여부가 달라진다. 최소대체가격 이하에서는 공급사업부에 손실이 발생하여 내부대체를 반대하고 최대대체가격 이상에서는 수요사업부에 손실이 발생하여 내부대체를 반대하므로 기업전체의 이익에 반하는 준최적화가 발생한다.

그러므로 기업전체와 각 사업부의 목표가 일치되게 최소대체가격과 최대대체가격 사이에서 대체가격을 결정해야 한다.

3) 목표일치성기준과 자율성기준

내부대체시 증분이익이 발생하는 경우 기업 전체적으로는 내부대체를 원할 것이고 각 사업부들은 대체가격이 최소대체가격과 최대대체가격 범위 내에서만 설정된다면 각 사업부들도 증분이익이 발생하므로 내부대체를 원하여 기업전체와 각 사업부간의 목표일치성기준을 달성할 수 있다.

그러나 대체가격이 대체가격범위를 벗어나는 경우에는 어느 한 쪽의 사업부가 증분손실이 발생하게 되고 자율성기준에 의해 내부대체를 하지 않으므로 기업전체와 각 사업부간의 목표불일치로 인한 준최적화가 발생하게 된다.

(2) 공급사업부의 최소대체가격이 수요사업부의 최대대체가격보다 높은 경우

최소대체가격이 최대대체가격보다 높은 경우에는 내부대체시 대체가격에 상관없이 기업전체적으로 증분손실이 발생한다. 이러한 경우에는 어떠한 내부대체가격도 공급사업부 또는 수요사업부가 반대하므로 기업전체의 입장과 항상 의견이 일치한다. 그러므로 목표불일치로 인한 준최적화가 발생되지 않는다.

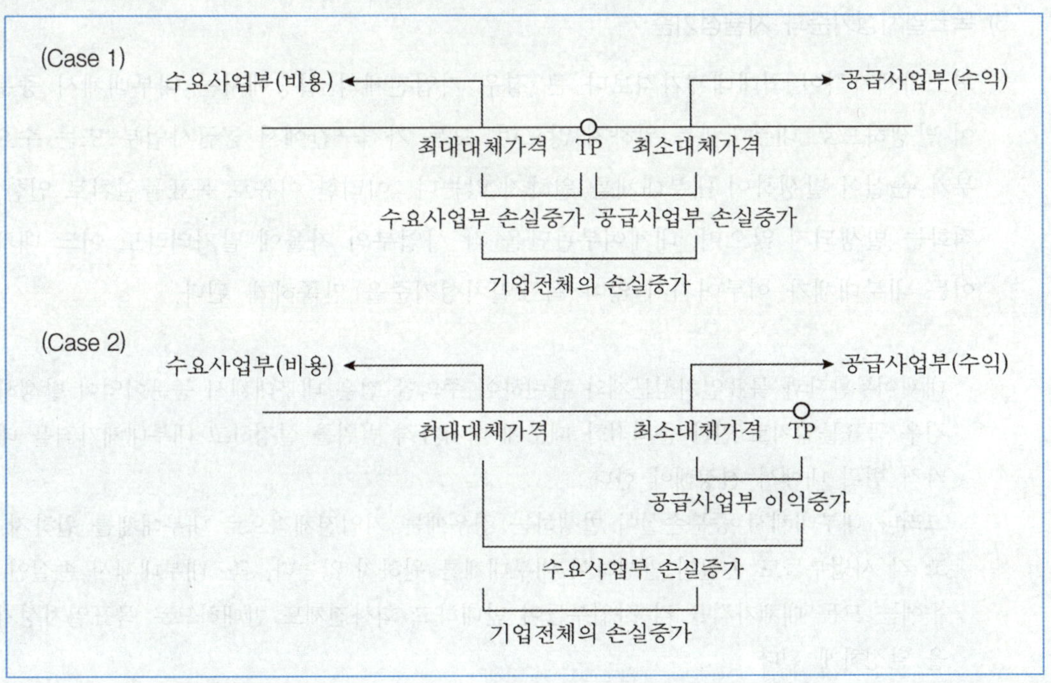

1) 기업전체의 관점

앞의 그림 (Case 1)과 (Case 2)의 경우에는 내부대체시 대체가격에 상관없이 최소대체가격과 최대대체가격의 차이만큼 증분손실이 발생되므로 기업 전체적으로는 내부대체를 하지 않는 것이 유리하다.

2) 각 사업부 관점

각 사업부 입장에서는 대체가격이 어느 수준에서 결정되느냐에 따라 대체거래의 성립여부가 달라진다. 최소대체가격 이하에서는 공급사업부에 손실이 발생하여 내부대체를 반대하고 최대대체가격 이상에서는 수요사업부에 손실이 발생하여 내부대체를 반대한다. 기업은 모든 대체가격에서 내부대체를 반대하고 각 사업부도 모든 대체가격에서 반대하므로 목표불일치로 일한 준최적화가 발생되지 않는다. 그러므로 기업전체와 각 사업부의 목표가 일치되는 대체가격은 모든 대체가격이 된다.

3) 목표일치성기준과 자율성기준

최소대체가격이 최대대체가격보다 큰 경우 기업전체의 입장에서는 내부대체시 증분손실이 발생하므로 내부대체를 원하지 않으며, 모든 가격구간에서 공급사업부 또는 수요사업부가 손실이 발생하여 내부대체를 원하지 않는다. 이러한 이유로 목표불일치로 인한 준최적화는 발생되지 않으며, 대체여부판단을 각 사업부의 자율에 맡기더라도 어느 대체가격이든 내부대체가 이루어지지 않아 목표일치성기준을 만족하게 된다.

대체여부판단과 목표일치성문제와 관련하여 주의할 점은 내부대체시 증분이익이 발생하는 경우 목표불일치로 인한 준최적화 때문에 대체가격 범위를 설정하고 내부대체가격을 대체가격 범위 내에서 결정해야 한다.
그러나 내부대체시 증분손실이 발생하는 경우에는 기업전체적으로 내부대체를 원하지 않고 각 사업부들도 손실이 발생하여 내부대체를 원하지 않는다. 즉, 내부대체시 손실인 경우에는 모든 대체가격을 각 사업부들이 반대하고 회사전체도 반대하므로 목표일치성기준을 달성하게 된다.

예제 03 대체거래가 회사전체의 이익에 미치는 영향

(주)서울은 사업부 A와 B를 이익중심점으로 가지고 있다. 사업부 B는 사업부 A의 부품을 사용하여 제품을 만들고 있으며, 사업부 B가 부품을 외부구입하는 경우 단위당 ₩100에 구입할 수 있다. 현재 사업부 A의 최대조업도는 10,000단위이며, 사업부 B는 부품 5,000단위가 필요하다. 부품을 내부대체하는 경우에는 사업부 A의 변동판매관리비는 발생하지 않는다.

	사업부 A	사업부 B
가 격	₩100	₩200
변동제조원가	50	50
변동판매비와관리비	10	–
고정제조간접원가	100,000	100,000

[물음 1] 사업부 A가 현재 10,000단위를 생산하여 전량 외부판매하고 있다면, 사업부 A가 5,000단위를 내부대체하기 위한 사업부 A와 사업부 B의 대체가격범위와 내부대체로 인한 (주)서울의 관련증분손익은 얼마인가?

[물음 2] 내부대체시 외부판매분 감소 이외에도 사업부 A의 고정제조간접원가가 ₩100,000 증가한다고 가정할 경우 [물음 1]에 다시 답하시오.

해답

	사업부 A		사업부 B
	외부판매	내부대체	
판매가격(P)	₩100	TP	₩200
변동원가(VC)	50 + 10	₩50*	[TP, ₩100] + ₩50
공헌이익(CM)	₩40	TP − ₩50	₩200 − TP − ₩50, ₩200 − ₩100 − ₩50
고정원가(FC)	₩100,000	₩100,000	₩100,000

* 내부대체시 변동판매관리비는 발생하지 않는다.

	사업부 A(10,000개)	사업부 B(5,000개)
1) 외부구입	외부판매 : 10,000개 + 내부대체 : –	내부대체 : – + 외부구입 : 5,000개
2) 내부대체	외부판매 : 5,000개 + 내부대체 : 5,000개	내부대체 : 5,000개 + 외부구입 : –

[물음 1] 대체가격

1) 최소대체가격 = 변동원가 + 기회비용

= ₩50 + ₩40

= ₩90

2) 최대대체가격 : ₩100

Min ┌ 외부구입가격 : ₩100
    └ 부품단위당 지출가능원가 : ₩200 − ₩50 = ₩150

[공헌이익 손익계산서 접근법]

1) 내부대체하지 않는 경우

	사업부 A (외부판매 : 10,000단위 + 내부대체 : 0단위)	사업부 B (내부대체 : 0단위 + 외부구입 : 5,000단위)	합 계
매 출	10,000단위 × ₩100 + −	− + 5,000단위 × ₩200	−
변 동 원 가	10,000단위 × 60 + −	− + 5,000단위 × (₩100 + ₩50)	−
공 헌 이 익	10,000단위 × ₩40 + −	− + 5,000단위 × ₩50	₩650,000

2) 내부대체하는 경우

	사업부 A (외부판매 : 5,000단위 + 내부대체 : 5,000단위)	사업부 B (내부대체 : 5,000단위 + 외부구입 : 0단위)	합 계
매 출	5,000단위 × ₩100 + 5,000단위 × TP	5,000단위 × ₩200 + −	−
변 동 원 가	5,000단위 × 60 + 5,000단위 × 50	5,000단위 × (TP + ₩50) + −	−
공 헌 이 익	5,000단위 × ₩40 + 5,000단위 × TP − 5,000단위 × ₩50	5,000단위 × ₩150 − 5,000단위 × TP	₩700,000

3) ① 대체시 회사의 증분이익 : ₩50,000

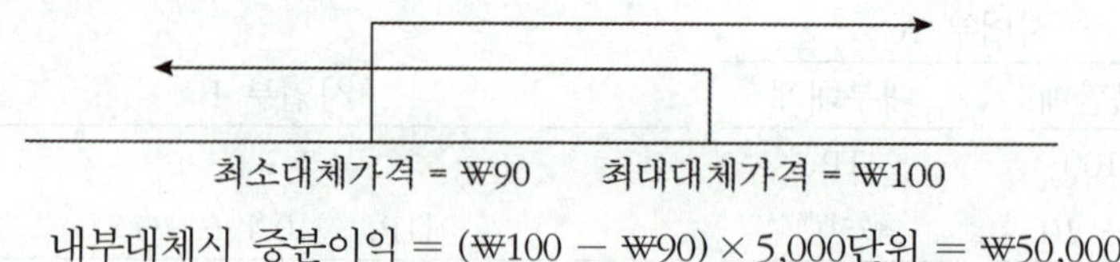

내부대체시 증분이익 = (₩100 − ₩90) × 5,000단위 = ₩50,000

② 최소대체가격 : ₩90

₩400,000 ≤ ₩200,000 + 5,000 · TP − ₩250,000

TP ≥ ₩90

③ 최대대체가격 : ₩100

₩250,000 ≤ ₩750,000 − 5,000 · TP

TP ≤ ₩100

❖ 내부대체가격별 각 사업부의 손익 ❖

TP	A	+	B	=	합 계
₩90	–		10		10
100	10		–		10
95	5		5		10
80	(10)		20		10
110	20		(10)		10

① 대체가격에 상관없이 내부대체시 회사의 전체이익은 단위당 ₩10씩 증가한다.

② 대체가격에 따라 각 사업부의 대체시 증분손익은 달라진다.

③ 목표불일치로 인한 준최적화가 발생할 수 있으므로 적정대체가격은 최소대체가격과 최대대체가격 사이에서 결정된다.

[물음 2] 고정원가 증가시 최소대체가격

1) 최소대체가격 = 변동원가 + 기회비용

$$= ₩50 + \left(₩40 + \frac{₩100,000^*}{5,000단위} \right) = ₩110$$

* 5,000단위 내부대체시 고정원가 ₩100,000이 증가한다.

2) 최대대체가격 : ₩100

Min ┌ 외부구입가격 : ₩100
　　└ 부품단위당 지출가능원가 : ₩200 − ₩50 = ₩150

[공헌이익 손익계산서 접근법]

1) 내부대체하지 않는 경우

	사업부 A (외부판매 : 10,000단위 + 내부대체 : 0단위)	사업부 B (내부대체 : 0단위 + 외부구입 : 5,000단위)	합 계
공헌이익	10,000단위 × ₩40 + –	– + 5,000단위 × ₩50	₩650,000
고정원가	100,000	100,000	200,000
영업이익	₩300,000	₩150,000	₩450,000

2) 내부대체하는 경우

	사업부 A (외부판매 : 5,000단위 + 내부대체 : 5,000단위)	사업부 B (내부대체 : 5,000단위 + 외부구입 : 0단위)	합 계
공헌이익	5,000단위×₩40 + 5,000단위×TP − 5,000단위×₩50	5,000단위 × ₩150 − 5,000단위 × TP	₩700,000
고정원가	200,000*	100,000	300,000
영업이익	5,000단위 × TP − ₩250,000	₩650,000 − 5,000단위 × TP	₩400,000

* 고정원가 ₩100,000이 증가한 상태이다.

3) ① 대체시 회사의 증분이익 : ₩(50,000)

최대대체가격 = ₩100　　최소대체가격 = ₩110

내부대체시 증분이익 = (₩100 − ₩110) × 5,000단위 = ₩(50,000)

② 최소대체가격 : ₩110

₩300,000 ≤ ₩5,000 · TP − ₩250,000

TP ≥ ₩110

③ 최대대체가격 : ₩100

₩150,000 ≤ ₩650,000 − ₩5,000 · TP

TP ≤ ₩100

❖ 내부대체가격별 각 사업부의 손익 ❖

TP	A	+	B	=	합 계
₩110	−		(10)		(10)
100	(10)		−		(10)
105	(5)		(5)		(10)
80	(30)		20		(10)
130	20		(30)		(10)

① 대체가격에 상관없이 내부대체시 회사의 전체이익은 단위당 ₩10씩 감소한다.

② 대체가격에 따라 각 사업부의 대체시 증분손익은 달라진다.

③ 목표불일치로 인한 준최적화가 발생하지 않는다. 그러므로 대체가격 전범위구간이 올바른 의사결정을 유도하는 대체가격이다.

SECTION

03 대체가격의 결정방법

대체가격의 결정은 사업부 경영자에게 회사전체의 이익을 극대화하기 위한 동기부여 수단이 되며, 사업부의 성과측정에 사용되므로 매우 중요하다. 그러나 대체가격을 결정시 고려할 기준인 목표일치성기준, 성과평가기준과 자율성기준 등을 모두 완벽하게 충족하며 대체가격을 결정하는 것은 매우 어려우므로 다음과 같은 방법들에 의해 대체가격을 결정한다.

1 직접중재

내부대체시 공급사업부는 높은 가격을 받으려하고 수요사업부는 낮은 가격을 주려고 하므로 대체가격 결정시 공급사업부와 수요사업부는 분쟁의 소지가 있다.

이러한 분쟁이 있는 경우 회사전체의 이익을 위해 최고경영자가 직접 개입하여 특정대체가격을 결정하는 방법이 직접중재이다.

그러나 직접중재는 사업부의 자율성을 침해하고 최고경영자의 주의를 분산시키는 문제점이 있으므로 대체거래의 규모가 커 중요하거나 대체거래의 발생빈도가 낮은 경우에만 사용하며, 발생빈도가 높은 경우에는 다른 방법들을 모색해야 한다.

2 시장가격기준

시장가격기준은 중간제품이 거래되는 외부시장이 완전경쟁적이고 시장가격을 쉽게 알 수 있을 때 사용하는 방법으로 목표일치성, 성과평가와 자율성기준을 모두 만족시키는 가장 이상적인 대체가격이다.

※ 시장가격기준이 가장 이상적인 기준인 이유

① 공급사업부와 수요사업부가 외부에서 거래되는 시장가격으로 대체하면 사업부의 불만 없이 사업부의 성과를 공정하게 평가할 수 있다. 그러므로 시장가격은 성과평가기준을 만족시킨다.

② 내부대체시 이익인 경우 대체가격이 시장가격이면 공급사업부와 수요사업부 모두 외부시장과의 거래로 이익이 증가되지 않으므로 내부대체를 할 것이다. 이와 같은 각 사업부의 의사결정이 회사전체의 이익을 증가시키므로 최고경영자의 개입은 필요가 없게 된다. 이와 같이 시장가격은 목표일치성기준과 자율성기준을 만족시킨다.

그러나 공급부서에 유휴생산능력이 존재하고 외부시장이 불완전경쟁이며 사업부 간에 의존도가 높은 경우에는 시장가격기준을 사용할 수 없다. 의존도가 높다는 것은 공급사업부가 주로 수요사업부에만 공급하는 경우를 말하며, 수요사업부에만 공급하므로 외부시장이 없어 중간제품의 시장가격을 알 수 없다. 시장가격을 알 수 없으므로 시장가격기준을 사용할 수 없다.

3 원가기준

원가기준은 주로 중간제품의 시장가격이 없거나 입수하기 어려운 경우에 사용하는 방법이다. 원가기준은 변동원가기준과 전부원가기준이 있다.

원가기준은 표준원가를 사용하는데, 그 이유는 실제원가를 기준으로 한 대체가격은 공급사업부의 비능률이 수요사업부로 전가될 수 있기 때문이다. 표준원가 사용시 공급사업부의 원가차이를 통제할 책임은 공급사업부가 갖게 되며, 표준원가만을 대체가격에 반영하므로 비능률로 인한 차이가 수요사업부에 전가되지 않는다.

(1) 변동원가기준

변동원가기준은 변동원가를 대체가격으로 결정하는 방법이다. 변동원가를 대체가격으로 결정하는 것은 공급사업부에 유휴생산능력이 충분한 경우 주로 적용하는 기준이다. 공급사업부의 경우 대체가격이 변동원가이면 공급사업부는 고정원가도 회수하지 못하여 성과평가시 불리하다.

(2) 전부원가기준

전부원가기준은 시장가격보다는 낮으나 변동원가보다는 높은 전부원가를 대체가격으로 결정하는 방법이다. 전부원가는 회사의 장부상 원가를 이용하여 쉽게 구할 수 있으며, 변동원가를 초과하는 만큼 공급사업부에 이익이 증가된다.

원가기준에 의한 대체가격결정은 내부거래시 공급사업부에게 이익을 주지 못하므로 동기부여와 성과평가에 문제가 발생된다. 그러므로 성과평가시 어느 정도의 이익을 공급사업부도 나타내기 위해 표준변동원가 또는 표준전부원가에 일정한 이익을 가산하여 대체가격으로 결정할 수도 있다.

> ※ 원가기준 적용시 주의할 점
>
> 수요사업부의 외부구입가격이 공급사업부의 변동원가보다는 크고 전부원가보다 작은 경우에는 수요사업부가 유휴생산능력이 충분함에도 불구하고 변동원가가 아닌 전부원가로 대체시 대체가 성립되지 않아 목표불일치로 준최적화가 발생될 수 있다.
> 그러므로 시장가격을 알 수 없는 경우 원가기준 적용시 유휴생산능력이 충분한 경우에는 변동원가를 적용하고 내부대체시 고정원가가 증가하는 경우에는 이를 반영한 전부원가를 적용한다.

4 협상가격

협상가격이란 공급사업부와 수요사업부가 타협을 통하여 합의한 가격을 대체가격으로 결정하는 방법이다. 합의된 협상가격은 대체가격의 결정기준인 목표일치성기준, 성과평가기준 및 자율성기준을 동시에 충족시킬 수 있다. 그러나 협상에 상당한 시간과 자원이 소비되며 협상가격에 따라 성과평가가 영향을 받아 사업부 간에 갈등관계가 초래되거나 다른 사업부의 정보를 악용할 수 있는 문제점이 있다.

5 이중대체가격

이중대체가격은 공급사업부와 수요사업부간에 서로 다른 두 개의 대체가격을 적용하는 방법이다. 예를 들어 공급사업부가 원하는 가격으로 본사에 공급을 하면 수요사업부는 원하는 가격으로 본사에서 구입을 한다. 그리고 이에 대한 차이를 본사(회사전체 차원)에서 보전을 하게 되다.

이는 내부대체가 유리한 경우 준최적화를 방지하고 목표일치성기준과 공정한 성과평가에 부합되도록 내부거래를 유도한다. 그러나 이중대체가격은 기록이 복잡하고 다국적기업의 경우 조세문제를 발생시킬 수 있는 문제점이 있어 목표일치성기준을 충족하지만 많이 사용되지는 않는다.

❖ 이전가격결정 방법의 비교 ❖

고려요소	시장가격	원가기준	협상가격
경영노력에 대한 동기부여	동기부여함	예산원가에 의하면 가능함. 실제원가에 의하면 원가를 통제할 유인이 적음	동기부여함
목표일치성	경쟁시장에서 가능	가능함*[1]	가능함*[2]
하위단위 성과평가	경쟁시장에서 유용	공급부문은 전부원가를 초과하지 않으면 이익이 없으므로 성과평가에 유용하지 않다.	유용하나 협상력에 따라 영향을 받음
하위단위 자율성유지	경쟁시장에서 가능	규칙에 근거하기 때문에 불가능	부문경영자의 협상에 의하기 때문에 가능함
적용 용이성	시장유무에 따라 상이	용이	협상에 시간이 많이 소요되므로 용이하지 않음

*[1] 공급사업부에 여유조업도가 충분함에도 대체가격을 변동원가기준이 아닌 전부원가기준으로 설정하면 목표불일치가 발생할 수 있다.

*[2] 협상결렬시 불가능하다.

SECTION 04

다국적기업의 대체가격

두 개 이상의 국가에 사업부나 종속회사를 갖고 있는 다국적기업은 대체가격 결정이 매우 복잡하다. 왜냐하면 목표일치성, 성과평가, 자율성기준 이외에 법인세 및 수입관세의 최소화, 인플레이션과 환율변동 및 본국송금제한 등의 위험도 고려해야 하기 때문이다. 앞에서 언급한 추가적 고려사항들은 모두 중요하지만 그 중에서도 법인세와 관련하여 기업의 세후이익을 극대화하는 방법은 어떻게 되는지 살펴보도록 하자.

세율이 다른 두 나라 간에 내부대체가 있는 경우 회사전체의 세전이익은 내부대체가격에 상관없이 동일하지만 납부해야 할 총 세금은 대체가격에 따라 달라지므로 세금을 최소화하기 위해 세율이 높은 나라에서는 이익이 적게, 세율이 낮은 나라에서는 이익이 많게 한다. 예를 들어 공급사업부가 소재해 있는 나라의 세율이 낮은 경우에는 대체가격을 높게 책정하여 이익을 증가시키고, 세율이 높은 경우에는 대체가격을 낮게 책정하여 이익을 감소시킨다. 마찬가지로 수요사업부가 소재해 있는 나라의 세율이 높은 경우에는 대체가격을 높게 책정하여 이익을 감소시키고 세율이 낮은 경우에는 대체가격을 낮게 책정하여 이익을 증가시킨다.

이와 같이 다국적기업의 대체가격은 각국의 세율을 고려하여 기업전체의 세후이익을 극대화시키도록 결정한다. 그러나 이러한 다국적기업의 행동은 조세당국의 입장에서는 조세회피이므로 각국의 조세당국은 자국의 세금을 최소화하는 대체가격을 선택할 수 없도록 규제를 한다. 그러므로 조세당국이 정한 대체가격을 추가로 고려하여 다국적기업은 대체가격을 결정해야 한다.

예제 04 다국적기업의 대체가격

다국적기업인 (주)서울은 한국과 미국에 각각 사업부를 두고 있다. 한국사업부에서 생산하는 부품의 단위당 변동원가는 ₩100이며, 연간 고정원가는 ₩100,000이다. 20×1년에 부품 2,000개를 생산하여 그 중 60%는 한국시장에 단위당 ₩200에 판매하였으며, 나머지 40%는 미국에 수출하여 추가가공하였다. 미국에서 추가 가공하는데 소요되는 단위당 변동원가는 ₩20이며 연간 고정원가는 ₩15,000이다. 미국에서의 완제품 단위당 판매가격은 ₩250이다.

한국사업부는 현재 부품에 대한 외부시장수요가 1,200개이며, 한국의 법인세율은 40%이다. 또한 미국의 법인세율은 25%이다.

[물음 1] 다음과 같은 기준으로 대체가격을 설정할 때, 한국과 미국에서의 법인세차감후 순이익을 구하시오.

1) 시장가격
2) 전부원가
3) 변동원가

[물음 2] 각 사업부의 성과평가를 법인세 차감후 순이익에 의해서 한다면, 한국 사업부의 경영자와 미국사업부의 경영자가 각각 받아들일 수 있는 대체가격은 [물음 1]의 어느 것인가?

[물음 3] 법인세 측면만을 고려하여 대체가격을 설정할 경우 다국적기업인 (주)서울의 입장에서 채택할 대체가격은 [물음 1]의 어느 것인가?

해답

자료정리

	한국(2,000개)		
	외부(1,200개)	내부(800개)	미국(800개)
가 격	₩200	TP	₩250
변 동 원 가	100	₩100	(TP, ?) + ₩20
공 헌 이 익	₩100	TP − ₩100	₩250 − TP − ₩20, ?
고 정 원 가	₩100,000		₩15,000

[물음 1] 각 방법하의 세후이익

각 방법하에 세전이익은 동일하지만 세후이익은 동일하지 않다.

1) 시장가격 : 내부대체가격 = ₩200

	한 국	미 국	합 계
매 출	₩400,000*1	₩200,000	₩600,000
대 체 원 가	−	160,000*2	160,000
변 동 원 가	200,000	16,000	216,000
고 정 원 가	100,000	15,000	115,000
세 전 이 익	₩100,000	₩9,000	₩109,000
법 인 세	40,000(40%)	2,250(25%)	42,250
세 후 이 익	₩60,000	₩6,750	₩66,750

*1 2,000단위 × ₩200 = ₩400,000

*2 800단위 × ₩200 = ₩160,000

2) 전부원가 : 내부대체가격 = ₩150

	한 국	미 국	합 계
매 출	₩360,000*1	₩200,000	₩560,000
대 체 원 가	−	120,000*2	120,000
변 동 원 가	200,000	16,000	216,000
고 정 원 가	100,000	15,000	115,000
세 전 이 익	₩60,000	₩49,000	₩109,000
법 인 세	24,000(40%)	12,250(25%)	36,250
세 후 이 익	₩36,000	₩36,750	₩72,750

*1 단위당 전부원가 : ₩100 + ₩100,000/2,000단위 = ₩150
매 출 : 1,200단위 × ₩200 + 800단위 × ₩150 = ₩360,000

*2 800단위 × ₩150 = ₩120,000

3) 변동원가 : 내부대체가격 = ₩100

	한 국	미 국	합 계
매 출	₩320,000*1	₩200,000	₩520,000
대 체 원 가	−	80,000*2	80,000
변 동 원 가	200,000	16,000	216,000
고 정 원 가	100,000	15,000	115,000
세 전 이 익	₩20,000	₩89,000	₩109,000
법 인 세	8,000(40%)	22,250(25%)	30,250
세 후 이 익	₩12,000	₩66,750	₩78,750

*1 1,200단위 × ₩200 + 800단위 × ₩100 = ₩320,000

*2 800단위 × ₩100 = ₩80,000

[물음 2] 공급사업부의 이익극대화 대체가격

한국사업부의 경영자는 법인세차감후 순이익이 가장 큰 방법인 시장가격을 대체가격으로 설정하고자 할 것이다. 그러나 미국사업부의 경영자는 법인세차감후 순이익이 가장 큰 변동원가를 대체가격으로 설정하고자 할 것이다.

[물음 3] (주)서울의 이익극대화 대체가격

다국적기업인 (주)서울의 입장에서는 법인세가 가장 낮은(즉, 세후이익이 가장 많은) 변동원가를 대체가격으로 설정하고자 할 것이다.

대체가격	법 인 세	세후이익
시장가격	₩40,000 + ₩2,250 = ₩42,250	₩60,000 + ₩6,750 = ₩66,750
전부원가	24,000 + 12,250 = 36,250	36,000 + 36,750 = 72,750
변동원가	8,000 + 22,250 = 30,250	12,000 + 66,750 = 78,750

COST&MANAGEMENT ACCOUNTING

객관식 연습문제

01 다음 중 사내대체가격을 결정하는 원칙으로 옳지 않은 것은?

① 목표일치성에 부합하는 공급부서의 최소대체가격은 변동원가이다.

② 사업부간 관련이 적은 경우는 보통 시장가격이 최저가격이 된다.

③ 공급부서의 유휴생산능력이 있는 경우 대체거래시 처음에는 변동원가만을 고려하여 시작한다.

④ 사업부간 경쟁이 심한 경우에는 시장가격이 대체가격이 된다.

⑤ 기업 전체의 관점에서 본 관련원가와 사업부 관점에서 본 대체가격의 경제성을 고려하여 결정한다.

02 (주)서울은 서로 독립적으로 운영되는 중간사업부와 최종사업부로 이루어져 있다. 중간사업부는 중간제품을 생산해 이를 최종사업부에 공급하거나 경쟁적인 외부시장에 판매한다. 최종사업부는 중간제품을 가공하여 이를 외부시장에 판매한다. 회사의 최고경영자는 사업부의 자율경영을 촉진하기 위해 중간제품에 대한 내부 이전가격(transfer pricing)제도의 도입을 검토 중이다. 이와 관련된 다음 설명 중 적절하지 않은 것은?

① 회사가 중간사업부를 이익중심점 또는 투자중심점으로 설정하기 위해서는 내부 이전가격제도의 도입이 필요하다.

② 중간제품에 대한 경쟁적인 외부시장이 있을 경우에는 원칙적으로 외부 시장가격을 이전가격으로 채택하는 것이 장기적으로 회사의 이익 증대에 유리하다.

③ 이익중심점인 중간사업부로 하여금 공정개선 및 기술혁신을 통한 원가절감을 이루도록 하기 위해서는 시장가격보다 고정원가를 포함한 단위당 제품원가를 이전가격으로 채택하는 것이 효과적이다.

④ 회사 전체에 이익이 되도록 이전가격제도를 운영하기 위해서는 최종사업부가 중간제품을 외부로부터 구입하는 것을 허용해야 한다.

⑤ 이전가격제도를 도입하게 되면 각 사업부의 경영자는 회사 전체의 성과보다는 자신의 사업부의 성과를 극대화하고자 할 수 있다.

03 (주)갑은 분권화된 사업부 1과 사업부 2를 이익중심점(이익책임단위)으로 설정하고 있다. 사업부 1은 반제품 A를 생산하여 사업부 2에 이전(대체)하거나 외부시장에 판매할 수 있다. 사업부 2가 제품 B를 생산하려면, 반제품 A를 사업부 1로부터 구입하여야 하며 외부시장에서 구입할 수는 없다. 반제품 A와 제품 B에 관한 단위당 자료는 다음과 같다.

사업부 1 : 반제품 A의 생산 · 판매	사업부 2 : 제품 B의 생산 · 판매
• 외부판매가격 : ₩25	• 외부판매가격 : ₩80
• 변 동 원 가 : ₩10	• 변동가공원가 : ₩30
	• 변동판매관리비 : ₩5

만약 사업부 1이 유휴생산능력을 보유하고 있지 않다면, 두 사업부간 이전거래(대체거래)가 이루어지는 반제품 A의 단위당 사내이전가격(사내대체가격)은 얼마인가?

① ₩10과 ₩15 사이 ② ₩10과 ₩25 사이 ③ ₩10과 ₩45 사이
④ ₩25과 ₩35 사이 ⑤ ₩25과 ₩45 사이

04 (주)대한의 분권화된 사업부 A와 사업부 B는 이익중심점으로 설정되어 있다. 사업부 A에서 생산되는 제품 X는 사업부 B에 대체하거나 외부시장에 판매할 수 있다. 사업부 B는 제품 X를 주요부품으로 사용하여 완제품을 생산하고 있으며, 공급처는 자유롭게 선택할 수 있다. 현재 사업부 A는 10,000단위의 제품 X를 전부 외부시장에 판매하고 있으며, 사업부 B는 현재 연간 5,000단위의 제품 X를 단위당 ₩84의 가격으로 외부공급업자로부터 구입하고 있다. 사업부 A에서 생산되는 제품 X와 관련된 자료는 다음과 같다.

• 단위당 외부판매가격	₩90
• 단위당 변동원가(변동판매비와관리비 포함)	₩60
• 연간 고정원가	₩2,000,000
• 연간 최대생산능력	10,000단위

최근 (주)대한은 사업부 B의 생산에 필요한 5,000단위의 제품 X의 사내대체를 검토하였다. 사내대체를 할 경우, 사업부 A가 단위당 ₩20의 변동판매비와관리비를 절감할 수 있다면 사업부 A가 사내대체를 수락할 수 있는 최소 대체가격은 얼마인가? 2024 회계사

① ₩40 ② ₩60 ③ ₩70
④ ₩84 ⑤ ₩90

05 (주)세무는 이익중심점인 A, B 두 개의 사업부로 구성되어 있다. A사업부는 부품을 생산하여 외부시장에 판매할 수도 있고, B사업부에 내부대체할 수도 있다. A사업부의 부품 최대생산능력은 4,000단위이고, 단위당 변동원가는 ₩600이며, 외부시장에 단위당 ₩1,000에 3,000단위를 판매할 것으로 예상된다. 이 같은 상황에서 A사업부는 B사업부로부터 1,600단위를 내부대체해 줄 것을 요청받았다. 다만, 내부대체 수량에 대해서는 A사업부의 변동원가가 단위당 ₩50 감소한다. A사업부가 1,600단위를 전량 대체하는 경우, 단위당 최소대체가격은?

2025 세무사

① ₩600 ② ₩650 ③ ₩700
④ ₩750 ⑤ ₩800

06 (주)세무는 사업부 A와 사업부 B를 이익중심점으로 운영하고 있다. 사업부 B는 사업부 A에 고급형 제품 X를 매월 10,000단위 공급해 줄 것을 요청하였다. 사업부 A는 현재 일반형 제품 X를 매월 50,000단위를 생산 · 판매하고 있으나, 고급형 제품 X를 생산하고 있지 않다. 회계부서의 원가분석에 의하면 고급형 제품 X의 단위당 변동제조원가는 ₩120, 단위당 포장 및 배송비는 ₩10으로 예상된다. 사업부 A가 고급형 제품 X 한 단위를 생산하기 위해서는 일반형 제품 X 1.5단위의 생산을 포기하여야 한다. 일반형 제품 X는 현재 단위당 ₩400에 판매되고 있으며, 단위당 변동제조원가와 단위당 포장 및 배송비는 각각 ₩180과 ₩60이다. 사업부 A의 월 고정원가 총액은 사업부 B의 요청을 수락하더라도 변동이 없을 것으로 예상된다. 사업부 A가 현재와 동일한 월간 영업이익을 유지하기 위해서는 사업부 B에 부과해야 할 고급형 제품 X 한 단위당 최소 판매가격은 얼마인가? (단, 사업부 A의 월초 재고 및 월말 재고는 없다.)

① ₩220 ② ₩270 ③ ₩290
④ ₩370 ⑤ ₩390

❖ 다음 자료를 이용하여 [문제 7] ~ [문제 8]에 답하시오.

경주용 자동차를 생산하는 (주)서울은 엔진제작 기술이 뛰어난 회사를 인수 · 합병하였다. (주)서울은 분권화된 조직구조를 갖고 있으며, 인수 · 합병된 회사를 자율권이 보장되는 엔진사업부의 형태로 운영될 예정이다. 엔진사업부의 월간 최대생산량은 10,000단위이며, 엔진의 단위당 제조원가는 다음과 같다.

구 분	단위당 금액
변동제조원가	₩10
고정제조원가	5*
합 계	₩15

* 생산량 10,000단위 기준

엔진의 외부판매가격은 단위당 ₩20이다. (주)서울의 완성차사업부는 매월 3,000단위의 엔진이 필요한데, 지금까지는 모두 외부로부터 단위당 ₩17에 구입하여 왔다. 한편, 이 회사의 최고경영자는 회사전체의 이익을 극대화하기 위해 완성차사업부가 엔진사업부로부터 엔진을 구입하기를 희망하고 있다.

07 엔진의 수요가 충분하기 때문에 엔진사업부가 생산한 모든 엔진을 현재의 가격으로 외부에 판매할 수 있다고 가정한다. 엔진사업부가 외부구입가격과 동일한 가격으로 완성차사업부에 매월 3,000단위의 엔진을 공급한다면, 회사전체의 이익은 얼마나 증가 혹은 감소하겠는가?

① ₩9,000 감소　② ₩9,000 증가　③ ₩59,000 증가
④ ₩59,000 증가　⑤ ₩48,000 감소

08 엔진사업부가 외부에 판매할 수 있는 최대수량이 매월 6,000단위로 제한되어 있다고 가정한다. 이러한 경우 대체가격의 범위는 얼마인가?

① ₩5 ≤ TP ≤ ₩12　② ₩5 ≤ TP ≤ ₩17　③ ₩10 ≤ TP ≤ ₩12
④ ₩10 ≤ TP ≤ ₩17　⑤ ₩12 ≤ TP ≤ ₩17

09 (주)서울은 분권화된 사업부 A와 B를 이익중심점으로 설정하고 있다. 사업부 A는 중간제품을 생산하고 있는데, 연간 생산량의 20%를 사업부 B에 대체하고, 나머지는 외부시장에 ₩750에 판매하고 있다. 현재 사업부 A의 연간 최대생산능력은 10,000단위로서 전량을 외부시장에 판매할 수도 있다.

사업부 A에서 생산되는 중간제품의 변동제조원가는 단위당 ₩450이며, 외부판매와 관련된 변동판매비와관리비는 단위당 ₩10이 발생한다. 고정원가는 생산량 · 판매량에 상관없이 항상 일정한 금액으로 유지된다.

사업부 B는 그동안 사업부 A에 대체받아 오던 2,000단위의 중간제품을 내년도부터 단위당 ₩820의 가격으로 구입할 수 있다. 회사는 사업부 경영자들에게 판매처 및 공급처를 자유로이 선택할 수 있는 권한을 부여하고 있다.

만일 사업부 A가 사업부 B에 대체해 오던 중간제품 2,000단위를 외부시장에 판매하고, 사업부 B는 외부공급업자로부터 구입한다면, 기존의 정책에 비하여 회사 전체의 입장에서는 어떤 변화가 초래되겠는가?

① ₩140,000의 이익 감소를 초래한다.
② ₩160,000의 이익 감소를 초래한다.
③ ₩160,000의 이익 증가를 초래한다.
④ ₩140,000의 이익 증가를 초래한다.
⑤ 개별 사업부의 이익수치가 달라질 뿐 회사 전체의 이익에는 변동이 초래되지 않는다.

10 (주)서울은 A, B 두 개의 사업부를 가지고 있다. 사업부 A는 부품을 생산하여 사업부 B에 대체하거나 외부에 판매할 수 있다. 완제품을 생산하는 사업부 B는 부품을 사업부 A에서 매입하거나 외부시장에서 매입할 수 있다. 사업부 A와 B의 단위당 자료는 다음과 같다.

사업부 A		사업부 B	
부품의 외부판매가격	₩9,000	최종제품의 외부판매가격	₩20,000
변동원가	6,000	추가변동원가	3,000
고정원가	2,000	고정원가	5,000

A, B 두 사업부 사이의 대체가격결정과 관련된 다음의 설명 중 옳은 것은?

① A사업부는 부품을 외부에 단위당 ₩9,000에 팔 수 있으므로 사업부 B에 ₩9,000 이하로 공급해서는 안 된다.
② A사업부에 유휴생산능력이 있을 때에는 ₩6,000~₩9,000의 범위 내에서 어떤 대체가격을 결정하느냐에 따라 회사 전체의 이익이 영향을 받는다.
③ A사업부에 유휴생산능력이 없으며, B사업부가 외부에서 부품을 단위당 ₩8,500에 매입할 수 있더라도 회사 전체의 이익을 위해서 두 사업부는 거래를 해야 한다.
④ B사업부가 A사업부 이외에서 부품을 구입할 수 없다면 A사업부는 유휴생산능력이 없더라도 외부판매를 줄이고 B사업부에 부품을 공급하는 것이 회사 전체의 이익에 도움이 된다.
⑤ B사업부는 A사업부로부터 부품을 단위당 ₩12,000 이하로 매입하면 이익을 올릴 수 있으므로 대체가격을 ₩12,000 이하로 결정하면 된다.

11 (주)대한은 무선비행기생산부문과 엔진생산부문으로 구성되어 있다. 엔진생산부문에서는 무선비행기 생산에 사용하는 엔진을 자체생산하며, 엔진 1개당 ₩100의 변동원가가 발생한다. 무선비행기생산부문은 엔진을 내부대체 받는 경우 외부구입 보다 연간 ₩100,000의 고정원가가 증가한다고 한다. 외부업체가 (주)대한의 무선비행기생산부문에 연간 사용할 20,000개의 엔진을 1개당 ₩90에 납품하겠다고 제의했다. 엔진생산부문은 자체 생산 엔진을 외부에 판매하지 못한다. 각 부문이 부문이익을 최대화하기 위하여 자율적으로 의사결정을 한다면 사내대체가격의 범위에 대한 설명으로 옳은 것은?

① 사내대체가격이 ₩85에서 ₩100사이에 존재한다.
② 사내대체가격이 ₩90에서 ₩100사이에 존재한다.
③ 사내대체가격이 ₩95에서 ₩100사이에 존재한다.

④ 사내대체가격의 범위는 존재하지 않는다.

⑤ 엔진생산부문 사내대체가격의 하한은 ₩95이다.

12 (주)서울은 A사업부와 B사업부를 운영하고 있다. A사업부는 매년 B사업부가 필요로 하는 부품 1,000개를 단위당 ₩2,000에 공급한다. 동 부품의 단위당 변동원가는 ₩1,900이며, 단위당 고정원가는 ₩200이다. 다음연도부터 A사업부가 부품단위당 공급가격을 ₩2,200으로 인상할 계획을 발표함에 따라 B사업부도 동 부품을 외부업체로부터 단위당 ₩2,000에 구매하는 것을 고려하고 있다. B사업부가 외부업체로부터 부품을 단위당 ₩2,000에 공급받는 경우 A사업부가 생산설비를 다른 생산활동에 사용하면 연간 ₩150,000의 현금운영원가가 절감된다.

(1) A사업부가 부품을 B사업부에 공급하는 경우, 대체가격(transfer price)은 얼마인가? 단, 대체가격은 대체시점에서 발생한 단위당 증분원가와 공급사업부의 단위당 기회비용의 합계로 결정한다.

(2) B사업부가 부품을 외부업체로부터 공급받는 경우, (주)서울의 연간 영업이익 증가(감소)는 얼마인가?

	(1)		(2)	
①	대체가격	₩2,050	영업이익 감소	₩50,000
②	대체가격	2,050	영업이익 증가	50,000
③	대체가격	2,100	영업이익 감소	200,000
④	대체가격	2,100	영업이익 증가	50,000
⑤	대체가격	2,200	영업이익 증가	100,000

해답 해설

01	02	03	04	05	06	07	08	09	10
①	③	⑤	③	③	④	①	④	②	④
11	12								
④	②								

01 정답 ①

목표일치성에 부합하는 공급부서의 최소대체가격은 증분(변동)원가 + 기회비용이다.

02 정답 ③

전부원가로 내부대체하는 경우보다 시장가격으로 내부대체시 중간사업부의 이익이 더 크므로 공정 개선 및 기술혁신을 통한 원가절감을 이루려고 할 것이다.

03 정답 ⑤

	사업부 1 외 부	사업부 1 내 부	사업부 2
가 격	₩25	TP	₩80
변동원가	10	₩10	(TP, −) + 35
공헌이익	₩15	TP − ₩10	

1) 최소대체가격

TP최소 ≥ 변동원가 + 기회비용

≥ ₩10 + ₩15

≥ ₩25

2) 최대대체가격

TP최소 ≤ Min(판매가격 − 추가변동원가, 외부구입가격)

≤ Min(₩80 − ₩35, −)

≤ ₩45

3) 대체가격범위

₩25 ≤ TP ≤ ₩45

04 정답 ③

	사업부 A (10,000단위)		
	외부 (10,000단위)	내부 (5,000단위)	사업부 B (5,000단위)
판 매 가 격	₩90	TP	
변 동 원 가	60	40	(TP, ₩84)
공 헌 이 익	₩30	TP − 40	
고 정 원 가	₩2,000,000		

$$TP_{최소} = \underbrace{₩40}_{변동원가} + \underbrace{30}_{기회비용} = ₩70$$

05 정답 ③

자료정리

	A사업부 (4,000단위)	
	외부 (3,000단위)	내부 (1,600단위)
판 매 가 격	₩1,000	TP
변 동 원 가	600	600 − 50 = 550
공 헌 이 익	₩400	TP − 550

$$TP_{최소} = \underbrace{₩550}_{변동원가} + \underbrace{\frac{600단위^{①} \times ₩400}{1,600단위}}_{기회비용} = ₩700$$

① 외부판매 포기수량 : 1,600단위 − (4,000 − 3,000) = 600단위

06 정답 ④

	사업부 A(50,000개)	
	외부 : 일반형(50,000개)	내부 : 고급형(10,000개)
가 격	₩400	TP
변 동 원 가	180 + 60	120 + 10
공 헌 이 익	₩160	TP − ₩130

최소대체가격은 내부대체시 단위당 변동원가에 기회비용을 고려한다. 주의할 점은 내부대체 1단위당 외부판매를 1.5단위 포기해야 한다.

$$
\begin{aligned}
TP_{최소} &= 변동원가 + 기회비용 \\
&= ₩130 + \frac{10{,}000개 \times 1.5 \times ₩160}{10{,}000개} \\
&= ₩370
\end{aligned}
$$

07 정답 ①

	엔진(10,000개)		
	외부(?개)	내부(3,000개)	자동차(3,000개)
가 격	₩20	TP	?
변동원가	10	₩10	(TP, ₩17) + ?
공헌이익	₩10	P − ₩10	

1) $TP_{최소}$ = ₩10 + ₩10

   $TP_{최소}$ = ₩20

2) $TP_{최대}$ = 17

3) 대체시 **증분손실**은 (₩17 − ₩20) × 3,000개 = **(₩9,000)**이다.

08 정답 ④

1) $TP_{최소}$ = ₩10

2) $TP_{최대}$ = 17

3) 대체가격 범위 : **₩10** ≤ TP ≤ **₩17**

09 정답 ②

	A(10,000개)		
	외부(10,000개)	내부(2,000개)	B(2,000개)
가 격	₩750	TP	?
변동원가	450 + 10	₩450	(TP, ₩820) + ?
공헌이익	₩290	TP − ₩450	

1) 최소대체가격 = 변동원가 + 기회비용

= ₩450 + ₩290

= ₩740

2) 최대대체가격 = ₩820

3) 대체시 증분이익 = ($TP_{최대}$ − $TP_{최소}$) × 대체수량

= (₩820 − ₩740) × 2,000개

= ₩160,000

내부대체시 증분이익이 ₩160,000인데, 그럼에도 불구하고 외부구입한다면 **회사 전체의 증분손실은 ₩160,000**이 된다.

10 정답 ④

	A		B
	외 부	내 부	B
가 격	₩9,000	TP	₩20,000
변 동 원 가	6,000	₩6,000	(TP, ₩8,500) + ₩3,000
공 헌 이 익	₩3,000	TP − ₩6,000	₩17,000 − TP, ₩8,000

① 최소대체가격은 유휴설비가 존재하는 경우 ₩6,000이고, 유휴설비가 존재하지 않는 경우는 ₩9,000(₩6,000 + ₩3,000)이다.

② 대체가격범위는 회사 전체의 이익 증감과는 아무런 관련이 없다.

③ 최소대체가격 = ₩9,000, 최대대체가격 = ₩8,500이므로 대체시 대체수량 1단위당 ₩500의 손실이 발생하므로 대체하지 않는다.

④ 1) 최소대체가격 : 유휴생산능력이 없으므로 기회비용을 고려한다.

$TP_{최소}$ = 변동원가 + 기회비용

= ₩6,000 + ₩3.000

= ₩9,000

2) 최대대체가격 : 완제품 판매가격에서 추가변동원가 차감

$TP_{최대}$ = ₩20,000 − ₩3,000

= ₩17,000

3) 내부대체시 회사의 이익은 ₩8,000(₩17,000 − ₩9,000) 증가한다.

⑤ 최대대체가격은 Min(₩20,000 − ₩3,000, 외부구입가격)이므로 ₩12,000이 최대대체가격이라고 확정지을 수는 없다.

11 정답 ④

	엔진(20,000개)		
	외부(−)	내부(20,000개)	무선비행기(20,000개)
가 격	−	TP	?
변동원가	−	₩100	(TP, ₩90) + ?
공헌이익	−	TP − ₩100	
고정원가	?	−	? + ₩100,000(증가)

1) $TP_{최소}$ = ₩100

2) $TP_{최대} = ₩90 - \dfrac{₩100,000}{20,000개}$ (내부대체시 고정원가증가분)

= ₩85

3) 최소대체가격이 ₩100이고 최대대체가격이 ₩85이므로 사내대체가격의 범위는 존재하지 않는다. 만약 대체를 한다면 회사전체의 증분손실이 ₩300,000이 될 것이다.

12 정답 ②

	A		
	외부	내부(1,000개)	B(1,000개)
가 격	?	TP	?
변동원가	₩1,900	₩1,900	(TP, ₩2,000) + ?
공헌이익	?	TP − ₩1,900	
고정원가	?	₩150,000(증가)	?

1) 최소대체가격 = 변동원가 + 현금운영원가

$= ₩1,900 + \dfrac{₩150,000}{1,000개}$

= ₩2,050

2) 최대대체가격 = ₩2,000(외부구입가격)

3) 대체시 증분이익 $= (TP_{최대} - TP_{최소}) \times$ 대체수량

$= (₩2,000 - ₩2,050) \times 1,000$개

$= (₩50,000)$

최소대체가격은 ₩2,050이고, 내부대체시 증분손실이 ₩50,000이므로 **외부구입시에는 증분이익이 ₩50,000**이 된다.

COST&MANAGEMENT ACCOUNTING

주관식 연습문제

01 대체가격 기본문제

(주)서울은 두 개의 사업부 A와 B를 이익중심점으로 가지고 있다. 사업부 A는 생산한 부품을 사업부 B에 내부대체하거나 외부에 판매할 수 있으며, 사업부 B도 부품을 사업부 A에게서 내부대체 받거나 외부에서 구입할 수 있다(단, 사업부 B에 내부대체시 변동판매비는 발생하지 않는다). 현재 사업부 A의 최대조업도는 1,000단위이며, 사업부 B는 연간 200개의 부품이 필요하다.

	A사업부	B사업부
외부판매가격	₩300	₩600
변동제조원가	100	350*
변동판매비와관리비	50	50
고정원가	₩100,000	₩200,000

* 사업부 A의 부품 외부구입가격 ₩250이 포함 되어있다.

[물음 1] 다음 각각의 경우 사업부 A의 최소대체가격은 얼마인가?

1) 사업부 A의 외부시장수요가 800개이고 유휴설비를 이용하여 임대시 임대수익이 ₩10,000인 경우
2) 사업부 A의 외부시장수요가 900개이고 유휴설비를 이용하여 임대시 임대수익이 ₩5,000인 경우
3) 사업부 A의 외부시장수요가 1,000개이고 유휴설비가 없는 경우

[물음 2] 다음 각각의 경우 사업부 B의 최대대체가격은 얼마인가?

1) 사업부 B의 원가자료가 상기 자료와 같은 경우 사업부 B의 최대대체가격을 구하시오.
2) 사업부 B의 완제품 판매가격과 변동제조원가(외부구입부품제외)가 각각 ₩150과 ₩100이 인상된 경우
3) 사업부 B의 부품외부구입가격이 ₩300으로 인상된 경우

[물음 3] 내부대체시 사업부 A의 유휴조업도에 상관없이 최소대체가격이 동일한 경우 사업부 A의 외부시장가격은 얼마가 되어야하는가?

[물음 4] 회사 전체손익이 내부대체 유무와 상관없이 동일한 경우 사업부 A의 외부시장가격은 얼마가 되어야하는가? 단, 사업부 A는 900단위를 외부판매하고 있다.

해답

자료정리

	A(1,000개)		B(200개)
	외부(?개)	내부(200개)	
가 격	₩300	TP	₩600
변 동 원 가	100 + 50	₩100	(TP, 250) + ₩150
공 헌 이 익	₩150	TP − ₩100	₩600 − TP − ₩150, ₩200
고 정 원 가	₩100,000		₩200,000

[물음 1] 사업부 A의 최소대체가격

1) 사업부 A의 외부시장수요가 800개이고 유휴설비를 이용하여 임대시 임대수익이 ₩10,000인 경우

최소대체가격 = 단위당 변동원가 + 기회비용

$$= ₩100 + \frac{₩10,000}{200}$$

= **₩150**

2) 사업부 A의 외부시장수요가 900개이고 유휴설비를 이용하여 임대시 임대수익이 ₩5,000인 경우

최소대체가격 = 단위당 변동원가 + 기회비용

$$= ₩100 + \frac{100 \times ₩150 + ₩5,000}{200}$$

= **₩200**

3) 사업부 A의 외부시장수요가 1,000개인 경우

최소대체가격 = 단위당 변동원가 + 기회비용

$$= ₩100 + \frac{200 \times ₩150}{200}$$

= **₩250**

[물음 2] 사업부 B의 최대대체가격

1) 사업부 B의 최대대체가격

최대대체가격 = Min(완제품의 판매가격 − 부품을 제외한 단위당 변동원가, 외부구입가격)

= Min(₩600 − ₩150, ₩250)

= **₩250**

2) 완제품 판매가격과 변동원가가 각각 ₩150과 ₩100이 인상된 경우

최대대체가격 = Min(완제품의 판매가격 − 부품을 제외한 단위당 변동원가, 외부구입가격)

= Min(₩750 − ₩250, ₩250)

= **₩250**

3) 부품외부구입가격이 ₩300으로 인상된 경우

최대대체가격 = Min(완제품의 판매가격 − 부품을 제외한 단위당 변동원가, 외부구입가격)

= Min(₩600 − ₩150, ₩300)

= **₩300**

[물음 3] 외부시장가격

유휴조업도에 상관없이 동일하기 위해서는 사업부 A의 외부판매에 대한 공헌이익이 ₩0이어야 한다. 이러한 경우 기회비용의 값이 ₩0이 되어 최소대체가격은 유휴조업도에 상관없이 항상 같아지게 된다. 이러한 경우 사업부 A의 변동원가와 외부판매가격은 같아진다. 그러므로 사업부 A의 외부판매가격은 **₩150**이 되어야 한다.

[물음 4] 외부시장가격

회사의 전체손익이 내부대체 유무와 상관없이 동일하기 위해서는 최소대체가격과 최대대체가격이 동일하여야 한다.

1) 최대대체가격 = Min(완제품의 판매가격 − 부품을 제외한 단위당 변동원가, 외부구입가격)

= Min(₩600 − ₩150, ₩250)

= ₩250

2) 최대대체가격이 ₩250이므로 최소대체가격도 ₩250이어야 한다.

3) 최소대체가격 = 변동원가 + 기회비용

$$₩250 = ₩100 + \frac{100 \times (X - ₩150)}{200}$$

X(외부판매가격) = **₩450**

최소대체가격이 ₩250인 경우 내부대체시 변동원가 단위당 ₩100이므로 단위당 기회비용이 150이어야 한다. 이러한 경우 부품 A의 외부판매가격은 ₩450이 된다.

02 고정원가 증가시 대체가격

(주)서울은 갑사업부와 을사업부를 운영하고 있다. 갑사업부에서는 매트리스와 의자를 제작하고 을사업부에서는 침대를 제작한다.

을사업부는 생산되는 침대의 매트리스를 갑사업부에서 내부대체 받고 있으며, 각 사업부의 책임자들은 내부거래에 관한 자율권을 부여받고 있다. 최근에 외부공급업자로부터 을사업부에 매트리스를 단위당 ₩136에 판매하겠다는 제의가 들어왔다. 갑사업부에서 을사업부로 이전될 때 매트리스는 현재 ₩140에 내부대체되고 있으므로 을사업부의 책임자는 외부구입에 대하여 깊은 고민을 하고 있다. 갑사업부의 매트리스에 대한 원가자료는 다음과 같다.

단위당 직접재료원가	₩40	단위당 판매가격	₩140
단위당 직접노무원가	20	최대생산능력	20,000단위
변동제조간접원가	20	내부대체 수량	10,000단위
고정제조간접원가	20*		
총 단위원가	₩100		

* ₩400,000/20,000단위 = ₩20

[물음 1] 갑사업부가 현재 최대조업도로 생산을 하여 단위당 ₩140에 외부에 판매할 수 있다면, 을 사업부가 제안한 ₩136의 가격에 대하여 갑사업부의 책임자는 어떠한 결정을 내리게 되겠는가? 또한 이 경우 회사에 미치는 영향은 어떠한가?

[물음 2] 갑사업부의 제품에 대한 외부수요가 10,000단위인 경우 최소대체가격과 최대대체가격은 각각 얼마인가? 또한 이 경우 회사에 미치는 영향은 어떠한가?

[물음 3] 갑사업부의 제품에 대한 외부수요가 10,000단위인 경우 최소대체가격과 최대대체가격은 각각 얼마인가? 단, 내부대체시 갑사업부의 고정원가는 ₩100,000증가하고 을사업부의 고정원가는 ₩100,000감소한다.

[물음 4] 대체가격결정시 고려해야할 기준으로는 무엇이 있는가? 이에 대해 서술하시오.

해답

자료정리

	갑 사업부 (20,000개)		
	외부(20,000개)	내부(10,000개)	을 사업부(10,000개)
가 격	₩140	TP	?
변동원가	80	80	(TP, ₩136) + ?
공헌이익	₩60	TP − ₩80	
고정원가	₩400,000		?

[물음 1] 기회비용이 있는 경우 내부대체 의사결정

갑 사업부가 모든 제품을 판매할 수 있다면 대체를 하지 않는 것이 회사의 이익을 증가시킨다.

1) 최소대체가격 = 변동원가 + 기회비용
= ₩80 + ₩60
= ₩140

2) 최대대체가격 = Min(판매가격 − 추가변동원가, 외부구입가격)
= Min(?, ₩136)
= ₩136

3) 대체시 이익이 감소하므로 **대체를 하지 않는 것이 회사 전체적으로 이익**이 된다.
내부대체시 회사 전체의 증분손익
= 내부대체수량 × (최대대체가격 − 최소대체가격)
= 10,000단위 × (₩136 − ₩140)
= (₩40,000)

[물음 2] 내부대체 의사결정

갑 사업부의 생산능력이 충분하므로 내부대체를 하는 것이 회사의 이익을 증가시킨다.

1) 최소대체가격 = 변동원가 + 기회비용
= ₩80 + −
= ₩80

2) 최대대체가격 = Min(판매가격 − 추가변동원가, 외부구입가격)

= Min(?, ₩136)

= ₩136

3) 대체시 이익이 증가하므로 **대체를 하는 것이 회사 전체적으로 이익**이 된다.

회사 전체의 증분손익

= 내부대체수량 × (최대대체가격 − 최소대체가격)

= 10,000단위 × (₩136 − ₩80)

= **₩560,000**

[물음 3] 고정원가의 증감

갑사업부와 을사업부의 고정원가가 각각 증가 또는 감소하는 경우 최소대체가격과 최대대체가격은 다음과 같다.

1) 갑사업부에서 내부대체시 고정원가가 증가한다.

최소대체가격 = 변동원가 + 고정원가

$$= ₩80 + \frac{₩100,000}{10,000개}$$

= ₩80 + ₩10

= **₩90**

2) 을사업부의 경우 내부대체시 고정원가가 감소하므로 갑사업부에게 지급할 수 있는 가격이 증가하게 된다.

최대대체가격 = Min(판매가격 − 추가변동원가, 외부구입가격) + 고정원가감소

= Min(?, ₩136) + 고정원가 감소

$$= ₩136 + \frac{₩100,000}{10,000개}$$

= **₩146**

[물음 4] 대체가격 설정시 고려할 기준

각 사업부간에 이익이 되도록 목표일치성기준, 성과평가기준, 자율성기준과 공기관에 대한 재정관리기준을 고려하여 대체가격을 결정한다.

① 목표일치성기준 : 각 사업부의 대체여부에 대한 의사결정이 조직전체의 의사결정과 일치해야한다는 기준이다.

② 성과평가기준 : 각 사업부의 이익이 공정하게 평가되도록 대체가격이 설정되어야 한다는 기준이다.

③ 자율성기준 : 각 사업부가 자율적으로 의사결정을 할 수 있어야 한다는 기준으로 이러한 경우 준최적화가 발생될 수 있다.

④ 공기관에 대한 재정관리기준 : 공기관이 인정하는 범위 내에서 기업의 이익을 최대화할 수 있게 대체가격이 설정되어야 한다는 기준이다.

03 이익극대화 대체수량

(주)오토는 엔진을 생산하는 엔진사업부와 엔진사업부가 생산한 엔진을 다른 부품과 조립하여 완성품으로 만드는 조립사업부로 구성되어 있다. 조립사업부는 엔진을 내부대체를 받을 수도 있지만 외부시장에서 구입할 수도 있다. 엔진사업부가 만드는 엔진에 대한 생산 및 판매자료는 다음과 같다.

엔진사업부	
연간 엔진 최대생산 가능량	2,000단위
연간 엔진 외부 판매수량	1,700단위
엔진 외부 판매가격	단위당 ₩10,000
엔진 단위당 변동제조원가	6,000
연간 총고정제조간접원가	1,000,000
엔진 외부판매시 단위당 변동판매비	1,800

조립사업부가 엔진 800단위를 엔진사업부로부터 내부대체 받으려고 한다. [물음 1]과 [물음 2]에 답하시오.

[물음 1] 조립사업부는 800단위의 엔진을 단위당 ₩7,200에 전량 내부대체해 줄 것을 엔진사업부에 요구하고 있다. 엔진사업부의 사업부장은 사업부 성과를 높이기 위해서 조립사업부의 내부대체 요구를 받아들일 것인지 의사결정을 내려야 한다. 구체적인 분석으로써 800단위 전량에 대한 내부대체 수락 혹은 거부에 대한 의사결정을 하시오. 내부대체할 경우 변동판매비는 발생하지 않는다.

[물음 2] [물음 1]에서처럼 만약 조립사업부가 엔진사업부로부터 800단위의 엔진 전량을 단위당 ₩7,200에 내부대체 받지 못할 경우, 엔진을 외부시장에서 단위당 ₩8,300에 800단위 전량을 구입하려고 한다. 조립사업부가 외부에서 엔진을 구입하게 되면 단위당 구입 부대비용이 ₩200 발생한다. 그러나 내부대체가격이 적정 범위 내에 있다면 관련 사업부들이 서로 요구하는 대체가격이 상이하여도 최고경영자가 내부대체를 중재할 수 있다. (주)오토의 사장이 중재하여 엔진사업부와 조립사업부가 받아들일 수 있는 대체가격의 범위(최소대체가격과 최대대체가격)는 어떻게 되는지 분석하여 제시하시오. 단, 각 사업부는 자신들의 성과를 최대한 높이려고 노력하는 것으로 가정한다.

해답

자료정리

	엔진사업부		조립사업부
	외부판매	내부판매	
판매가격	₩10,000	TP	₩25,000
변동원가	6,000 + 1,800	₩6,000	(TP, 8,300 + 200) + –
공헌이익	₩2,200	TP – ₩6,000	₩25,000 – TP, ₩16,500
고정원가	₩1,000,000		

[물음 1] 내부대체 의사결정

$$최소대체가격 = 변동원가 + 기회비용$$

$$= ₩6,000 + \frac{500단위 \times ₩2,200}{800단위}$$

$$= ₩7,375$$

엔진사업부는 최소한 ₩7,375을 받아야 하는데 조립사업부가 ₩7,200에 내부대체한다면 엔진사업부는 (₩7,375 – ₩7,200) × 800단위 = **₩140,000 손실**이므로 **내부대체를 거절**한다.

[물음 2] 대체가격의 범위

1) 최대대체가격 = 외부구입비용 + 추가변동원가

= ₩8,300 + ₩200

= ₩8,500

2) 최소대체가격 = ₩7,375

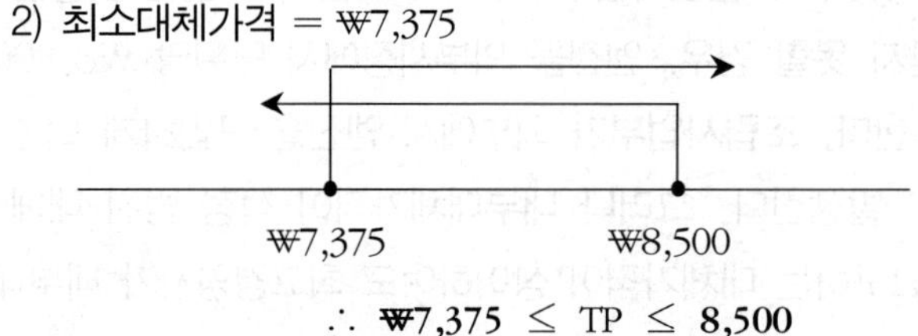

∴ **₩7,375 ≤ TP ≤ 8,500**

엔진을 내부대체한다면 회사전체의 이익은 (8,500 − 7,375) × 800단위 = ₩900,000 증가된다.

제 14 장

자본예산

cost & management accounting

CHAPTER 14

자본예산

신기계의 구입이나 공장설비의 자동화 또는 새로운 연구개발 프로젝트나 신제품 개발에 대한 투자의사결정들은 거액의 자본을 필요로 하며 투자안의 내용연수만큼 장기적으로 기업의 이익에 영향을 미치게 된다. 자본예산이란 이러한 기업의 장기투자의사결정과 관련하여 미래에 가장 바람직한 투자안을 평가 · 선택하는 일련의 체계적인 과정을 뜻한다. 따라서 자본예산에 관한 의사결정은 기업의 장기적 수익성과 관련된 것이며, 특히 투자자원이 제한되어 있는 기업이 여러 가지의 투자기회를 가지고 있을 때 자본예산은 투자의사결정과 관련된 매우 유용한 정보를 기업에게 제공해 준다. 이하 자본예산과 관련된 기본적인 내용들을 살펴보기로 한다.

SECTION 01
자본예산의 기초

(1) 자본예산의 의의

자본예산에서 자본(capital)이란 기업의 장기적인 투자전략과 관련된 유형자산 등을 말한다. 따라서 자본예산(capital budgeting)은 유형자산에 대한 투자를 효율적으로 수행하기 위해 미래에 보다 바람직한 투자안을 식별·평가하고 특정기준에 적합한 투자안을 선택하는 과정을 의미한다. 즉, 자본예산은 유형자산에 대한 투자안의 경제적 타당성을 평가하는 체계적인 접근방법이라고 할 수 있다.

일반적으로 경영자들이 직면하는 유형자산에 대한 투자의사결정문제는 다음과 같다.

① 신설비의 구입 : 원가를 절감하기 위하여 신설비를 구입해야 하는가?

② 공장확장 : 생산능력이나 매출액을 증가시키기 위해 새로운 공장이나 시설을 증축해야 하는가?

③ 설비선정 : 여러 가지 설비들 중 어느 것을 구입하는 것이 원가 측면에서 가장 효율적인가?

④ 리스 또는 구입 : 새로운 공장설비를 리스로 도입할 것인가 아니면 구입할 것인가?

⑤ 설비대체 : 기존의 설비를 지금 대체하여야 하는가 아니면 차후에 대체해야 하는가?

이러한 유형의 투자의사결정은 다음과 같은 측면에서 그 중요성이 있으므로 의사결정시 신중을 기해야 한다.

① 유형자산에 대한 투자는 일반적으로 장기간이 소요된다. 따라서 경제환경의 변화에 따른 미래 불확실성으로 인하여 최초의 투자시점에서 예측한 결과보다 불리한 결과를 초래할 가능성이 있으며, 장기투자의사결정이므로 투자의사결정을 내릴 때 화폐의 시간적 가치를 반드시 고려해야 한다.

② 수요의 변화에 따라 신축성 있게 구입량을 변경할 수 있는 단기적인 유동자산과는 달리, 기업의 유형자산은 일단 결정되면 생산능력을 오랜 기간동안 변경할 수 없다. 이러한 유형자산의 경직성은 제품의 수요가 생산능력을 초과하여 설비능력을 확장해야 하는 경우 설비에 대한 추가적인 과대지출이나 재고부족에 의한 판매기회상실을 가져온다.

③ 유형자산에 대한 투자는 대부분 거액의 자금이 소요되므로 기업에 중대한 재무적 위험을 초래할 수 있다. 또한 토지를 제외한 대부분의 유형자산은 감가성 자산이며, 이러한 자산은 내용연수 동안에 자산의 가치가 감소되기 때문에 투자수익률(ROI)을 계산하기가 매우 어렵다.

(2) 자본예산의 편성단계

자본예산은 투자안에 대한 장기적 계획을 결정하는 것이다. 이는 주로 여러 기간에 걸친 투자안에 초점을 두는 의사결정과 통제기법으로서 기업의 전략과 목표에 맞추어져야 한다. 이러한 자본예산의 편성단계는 다음과 같다.

1) 1단계 : 식별단계(identification stage)

어느 투자안이 기업의 전략과 목표를 달성할 수 있는지를 식별하기 위한 단계이다. 예를 들어, 수익증대라는 제품차별화전략의 목표는 새로운 제품 · 고객 · 시장 등을 개발하기 위한 투자안에 의해 달성될 수 있고, 원가우위전략은 생산성이나 효율성을 개선하는 투자안에 의해 달성될 수 있다. 어떤 투자안에 투자할 것인지를 식별하는 것은 통상 라인경영자의 책임으로 기업의 전략과 목표에 항상 연계되어야 한다.

2) 2단계 : 탐색단계(search stage)

기업의 전략과 목표를 달성할 수 있는 여러 개의 대체적인 투자안을 탐색하기 위한 단계이다. 기업의 각 부문에서 파견된 종업원으로 구성된 분석팀은 대체적인 기술 · 기계 및 투자안의 내용을 평가한다. 일부 대안들은 초기에 기각되기도 하고, 다른 대안들은 정보획득단계에서 더욱 철저하게 평가된다.

3) 3단계 : 정보획득단계(information-acquisition stage)

대체적인 투자안의 예상원가와 예상결과들을 고려하는 단계로서 이들 결과는 재무적 혹은 비재무적일 수 있다. 자본예산은 재무적요소를 강조하지만 비재무적요소도 중요하다. 비재무적요소는 관리회계담당자가 이를 파악하는데 중요한 역할을 한다.

4) 4단계 : 선택단계(selection stage)

실행할 투자안을 선택하는 단계이다. 기업은 예상원가보다 예상결과(효익)가 가장 큰 투자안을 선택한다. 분석과정에서는 단지 재무적인 예상결과만을 고려한다. 경영자는 분석과정에서 도출된 결론을 비재무적인 요소까지 고려하여 최종적으로 재평가한다. 이렇게 투자안의 원가와 효익을 분석하는 것은 통상 관리회계담당자의 책임이다.

5) 5단계 : 자본조달단계(financing stage)

투자안을 실행하는데 소요되는 자금을 조달하는 단계이다. 자금조달의 원천으로는 내부적으로 조성된 현금과 자본시장에서 주식과 채권의 발행으로 조달된 자금이 될 수 있다. 자금조달은 통상 재무담당부서의 책임이다.

6) 6단계 : 실행 및 통제단계(implementation and control stage)

투자안을 실행에 옮기고 그 성과를 측정하는 단계이다. 투자안이 실행됨에 따라 자본지출이 예정대로 그리고 예산범위 내에서 이루어지고 있는지의 여부를 검토하여야 한다. 투자안이 현금유입액을 창출함에 따라 조정과 통제활동에 투자안을 선택할 때 행한 예측결과와 실제결과를 비교 · 분석하는 투자안의 사후감사를 포함시킬 수 있다.

(3) 투자안의 현금흐름의 추정

투자안에 관한 의사결정에 있어서는 회계적 이익을 사용하는 것이 아니라 현금흐름(cash flow)을 이용한다. 투자안의 현금흐름이란 투자를 수행했을 때 기업에 발생하는 현금유입에서 현금유출을 차감한 것으로 이러한 의미에서 순현금흐름(net cash flow)이라고 한다. 현금흐름의 추정에 관하여 다음과 같이 ① 투자시점 ② 투자기간 중 ③ 투자기간 종료시점으로 나누어 살펴보도록 한다.

1) 투자시점의 현금흐름

특정 투자안에 대한 투자시점의 현금흐름은 투자대상자산의 취득원가와 투자대상자산의 취득에 따른 설치 및 시운전에 필요한 비용 등 취득한 자산을 이용할 수 있도록 준비하는데 소요되는 모든 운전자본을 포함한다. 투자시점에서 영업활동을 위하여 투자대상자산을 취득하는 경우에는 운전자본에 대한 추가투자가 수반되는 것이 일반적이다. 예를 들어, 유형자산을 취득하여 신제품을 생산할 경우에는 원재료 · 재공품 · 제품 등의 재고자산이 증가하게 되고, 신제품의 판매로 인하여 매출채권이 증가하게 되므로 이를 현금흐름에 포함시켜야 한다. 따라서 유형자산에 대한 투자시 추가적으로 소요되는 운전자본은 투자시점의 현금유출액으로 처리해야 한다.

2) 투자기간 중의 현금흐름

투자란 미래에 실현될 수익을 얻기 위해서 현재의 자금을 지출하는 것이므로 유형자산에 대한 투자로 인하여 미래의 영업현금흐름이 증가하게 될 것이다. 따라서 투자기간별로 투자로 인한 영업현금흐름을 파악해야 하는데, 이 경우에는 다음 사항들에 주의하여야 한다.

① 현금흐름 발생시점의 가정

투자기간 중의 영업현금흐름은 연간 균등하게 발생하지만 평가의 단순화를 위하여 각 기간의 현금흐름이 해당 기간말에 전액 발생한다고 가정하는 것이 일반적이다. 즉, 2011년도의 현금흐름이 ₩500이라면 이는 2011년 12월말에 ₩500이 유입된 것으로 보는 것이다.

② 법인세후 기준

모든 현금흐름은 법인세효과를 고려하여 분석하여야 한다. 왜냐하면 투자안으로부터의 영업현금흐름은 대부분 과세대상항목이므로 기업에 유입되거나 기업으로부터 유출되는 실제의 현금흐름은 법인세를 차감한 후의 현금흐름이기 때문이다.

예를 들어 법인세율이 30%일 때, ₩100의 수익발생은 ₩100의 현금유입 뿐만 아니라 ₩100 수익에 대한 ₩30(= ₩100 × 0.3)의 세금을 납부해야 한다. 따라서 ₩100의 수익은 현금유입으로, ₩30의 법인세는 현금유출로 처리하여 순현금흐름은 ₩70이 된다. 반면 ₩70의 비용발생은 ₩70의 현금유출 뿐만 아니라 ₩70의 비용으로 인하여 ₩21(= ₩70 × 0.3)의 세금을 감소시킨다. 따라서 비용에 따른 현금유출은 ₩49이다.

③ 비현금흐름의 제외

유형자산에 대한 감가상각비와 같이 현금지출을 수반하지 않는 비용은 현금유출액에 포함시켜서는 안 된다. 그러나 감가상각비는 법인세가 존재하는 경우 법인세로 인한 현금유출을 감소시키는 역할을 할 수 있다. 이러한 감가상각비 감세효과(tax shield effects of depreciation)는 현금유출을 감소시키므로 현금유입으로 처리해야 한다.

예를 들어 법인세율이 30%인 경우를 가정해 보자. 감가상각비가 없을 경우의 영업이익이 ₩1,000이라면 납부해야 할 법인세는 ₩300이다. 반면에 감가상각비가 ₩400이라면 이익은 ₩600이 될 것이고 이에 따라 납부해야 할 법인세는 ₩180이 된다. 즉, 감가상각비 ₩400에 대한 30%인 ₩120만큼의 납부해야 할 법인세가 줄게 되는 것이다. 감가상각비는 현금유출이 아니기 때문에 이에 대한 순현금흐름은 ₩820(= ₩1,000 − ₩180)이 된다. 이는 감가상각비를 제외한 이익 ₩600에서 이에 대한 법인세 ₩180을 차감한 후 감가상각비 ₩400을 따로 가산해도 동일한 결과가 된다. 감가상각비를 dep, 법인세율을 t, 감가상각비 차감전의 영업이익을 E라고 할 때 위의 내용을 식으로 표현하면 다음과 같다.

구 분	표 현 식	사 례
감가상각비 절세효과	$= dep \times t$	$=$ ₩$400 \times 0.3 =$ ₩120
순현금흐름	$(E - dep) \times (1 - t) + dep$ $= E \times (1 - t) + dep \times t$ $= E - (E - dep) \times t$	$=$ (₩$1,000 -$ ₩$400) \times (1 - 0.3) +$ ₩$400 =$ ₩820 $=$ ₩$1,000 \times (1 - 30\%) + 400 \times 0.3 =$ ₩820 $=$ ₩$1,000 -$ (₩$1,000 -$ ₩$400) \times 0.3 =$ ₩820

④ 금융비용의 제외

이자와 배당과 같은 금융비용(또는 자본조달비용)은 현금유출이지만 이를 영업현금흐름의 현금유출액에 포함시켜서는 안 된다. 왜냐하면 투자의사결정과정에서 필요한 현금흐름은 영업과정에서 발생한 영업현금흐름만을 말하기 때문이다. 자본조달의사결정과 관련된 금융비용은 영업활동과는 무관하며, 이는 추후에 설명하겠지만 할인율에서 자동적으로 고려되기 때문에 영업현금흐름에 금융비용을 고려하지 않는다. 즉, 법인세후 영업현금흐름이 ₩820이고 배당과 이자지급 또는 차입원금의 상환 등으로 ₩100의 현금유출이 발생하였다하더라도 순현금흐름은 ₩820이 되는 것이다.

3) 투자종료시점의 현금흐름

투자안 종료시점의 현금흐름은 운전자본회수액과 투자된 유형자산의 처분에 따른 현금유입액이 있다.

① 운전자본의 회수에 따른 현금흐름

투자시점에서 소요된 운전자본은 투자종료시점에서 회수되는 것이 일반적이다. 예를 들어 생산량을 증대시킬 목적으로 기계를 추가로 구입하고 이에 따라 원재료를 추가로 구입하기 위해서 운전자본을 지출하였다고 하자. 투자안이 종료되는 시점에서는 기계를 처분할 것이므로 그 기계를 위한 원재료도 더 이상 보유할 필요가 없다. 따라서 이 원재료는 처분될 것이며 이로써 최초시점의 원재료 투자액은 그대로 회수된다. 즉, 최초 투자시점에서 ₩100의 운전자본이 현금유출로 고려된다면, 투자종료시점에서는 이 ₩100의 운전자본이 회수되는 것으로 보아 현금유입으로 처리한다는 것이다.

② 유형자산 처분에 따른 현금흐름

투자된 유형자산의 처분에 따른 현금유입액도 투자종료시점에서의 현금흐름에 포함시켜야 한다. 다만 유형자산의 경우는 투자기간 중 감가상각이 되므로 최초 투자액을 현금유입으로 처리하지 않고 투자종료시점에서의 처분가치인 잔존가치만큼 현금유입으로 처리한다. 그러나 유형자산의 처분가액과 처분시점의 장부가액이 일치하지 않는 경우에는 유형자산처분손익이 발생하게 되므로 이에 대한 법인세효과를 고려해야 한다.

예를 들어 최초 ₩1,000의 투자로 3년 후 잔존가치가 ₩100인 기계장치를 구입하였다고 하자. 그러면 3년말 시점까지 기계장치는 감가상각되어 장부가치는 ₩100이 되어 있을 것이며, 이를 처분하면 ₩100의 현금유입이 발생할 것이다. 일반적으로는 이렇게 잔존가치로 처분되어 잔존가치만큼의 현금이 유입되는 것으로 처리하면 된다. 그러나 법인세율이 30%이고 잔존가치(처분시점의 장부가액)가 ₩100인데 반하여 처분가치가 ₩140인 경우, 기계의 처분으로 ₩140의 현금유입이 발생한다. 이 때 기계처분으로 ₩40의 처분이익이 발생하게 되고, 이에 대한 ₩12(= ₩40 × 0.3)의 추가적인 법인세를 납부하여야 한다. 따라서 처분에 따른 순현금흐름은 처분가치 ₩140에 처분이익에 따른 추가적인 법인세 ₩12을 차감한 ₩128(현금유입)이 된다. 만약 처분가액이 ₩80이라면 처분손실 ₩20에 대한 법인세 감소효과 ₩6을 현금유입으로 고려하여, 순현금흐름은 처분가치 ₩80에 처분손실에 따른 법인세 감소분 ₩6을 가산한 ₩86(현금유입)이 된다.

예제 01 현금흐름의 측정

(주)서울은 구입가격 ₩340,000의 기계장치 매입을 고려하고 있다. 이 기계장치로 인해 매년 말 ₩170,000의 수익창출이 예상되며, ₩35,000의 유지비용(감가상각비 제외)이 발생한다. 또한 순운전자본은 최초 ₩60,000이 투입된다. 기계장치의 경제적 내용연수가 3년이고 잔존가치는 ₩40,000이며, 법인세율은 20%이다.

[물음 1] 투자시점의 현금흐름을 구하시오.

[물음 2] 투자기간 중의 현금흐름을 구하시오.

[물음 3] 투자기간 종료시점의 현금흐름을 구하시오.

[물음 4] 기계장치의 잔존가치는 ₩40,000인데 반하여 3년 후 실제로 ₩50,000에 처분가능한 경우를 가정하여 [물음 3]에 답하시오.

해답

[물음 1] 투자시점의 현금흐름

= − ₩340,000 − ₩60,000 = − ₩400,000

[물음 2] 연간 감가상각비

$$= \frac{₩340,000 - ₩40,000}{3} = ₩100,000$$

현금수익에서 현금비용만을 차감한 이익 = ₩170,000 − ₩35,000 = ₩135,000

투자기간 중의 현금흐름 = ₩135,000 × (1 − 20%) + ₩100,000 × 20% = ₩128,000

[물음 3] 투자기간 종료시점의 현금흐름

= ₩40,000 + ₩60,000 = ₩100,000

전체 투자에 따른 기간별 현금흐름은 다음과 같다.

	t = 0	t = 1	t = 2	t = 3
기 계 장 치 구 입	−₩340,000			₩40,000
순 운 전 자 본	−60,000			60,000
영 업 현 금 흐 름		₩128,000	₩128,000	128,000
투자안의 순현금흐름	−₩400,000	₩128,000	₩128,000	₩228,000

[물음 4] 투자기간 종료시점의 현금흐름

= 기계장치처분가액 + 순운전자본 + 영업현금흐름

= [₩50,000 − (₩50,000 − ₩40,000) × 0.2] + ₩60,000 + ₩128,000 = ₩236,000

SECTION 02 자본예산모형

경영자가 투자안의 경제성을 객관적으로 평가하기 위해 투자안이 현금흐름이나 순이익에 미치는 영향을 분석하는데 사용되는 기법을 자본예산기법 또는 자본예산모형이라 한다. 이 자본예산모형은 화폐의 시간적 가치를 고려하지 않는 비할인모형과 시간적 가치를 고려하는 할인모형의 두 가지 형태로 구분된다. 많은 자본예산기법이 있으나 이에 관한 자세한 사항은 재무관리서적을 참조하고, 본서에서는 비할인모형으로 회수기간법과 회계적 이익률법, 할인모형으로 순현재가치법과 내부수익률법을 설명하기로 한다.

(1) 회수기간법

회수기간법(payback period method)은 최초의 투자액을 회수하는데 소요되는 기간을 계산하고 회수기간을 중심으로 투자안을 평가하는 방법이다. 여기서 회수기간이란 투자안의 연간 순현금유입액으로 순투자액을 회수하는데 소요되는 기간을 말한다. 회수기간법의 기본전제는 회수기간이 빠른 투자안이 더 바람직한 투자안이라는 것이다. 따라서 특정 투자안의 회수기간이 기업이 목표로 정한 기준회수기간보다 짧으면 채택하고 길면 기각한다. 만약 여러 투자안을 고려하는 경우라면 그때는 회수기간이 가장 짧은 투자안을 선택하면 될 것이다.

회수기간을 구할 때 유의사항으로는 회수기간을 구하는데 사용되는 투자액과 현금유입액은 모두 증분개념을 사용한다는 것이다. 예를 들어, 구기계를 신기계로 대체하는 경우 분자는 신기계의 취득원가에서 구기계의 처분가액을 차감한 금액이며, 분모도 신기계의 구입으로 절약되는 연간 현금유출액 또는 증가되는 현금유입액이다.

예제 02 회수기간법

다음 투자안의 회수기간을 각각 구하시오.

1) (주)서울은 포장기계를 구입하기 위하여 ₩150,000이 소요되는 투자안을 마련하고 있다. 투자안에 따르면 8년에 걸쳐 매년 ₩50,000의 원가가 절감될 것으로 예상한다.

2) (주)서울은 포장기계를 구입하기 위하여 ₩130,000이 소요되는 투자안을 마련하고 있다. 투자안에 따르면 8년에 걸쳐 매년 ₩50,000의 원가가 절감될 것으로 예상한다.

3) (주)서울은 현재 ₩100,000이 소요되는 투자안을 고려하고 있다. 현금유입액과 관련된 자료는 다음과 같다.

연 도	현금유입액	누적 현금유입액
1	₩30,000	₩30,000
2	30,000	60,000
3	20,000	80,000
4	40,000	120,000
5	40,000	160,000

해답

1) $\text{회수기간} = \dfrac{₩150{,}000}{₩50{,}000} = 3\text{년}$

2) $\text{회수기간} = \dfrac{₩130{,}000}{₩50{,}000} = 2.6\text{년}$

3) 3년도 말에 투자자금 중 ₩20,000이 미회수되었고 4년도에 ₩40,000이 회수되므로 회수기간은 3.5년이 된다.

이러한 회수기간법은 회수기간의 계산이 간편하고 이해하기 쉬우며, 기업의 유동성을 고려하며 투자안의 대략적인 위험을 확인할 수 있다는 장점 때문에 실무에서 광범위하게 사용되고 있다. 그러나 회수기간법은 다음과 같은 단점을 가지고 있다.

① 회수기간 이후의 현금흐름을 무시한다. 특정투자안의 수익성은 투자기간 전체를 통해 평가되어야 하나 회수기간법은 회수기간 내의 현금흐름만을 고려할 뿐, 회수기간 이후의 현금흐름을 무시함으로 인해 잘못된 의사결정을 내리게 할 수 있다.

② 회수기간법에 의하면 투자원금이 빨리 회수되는 투자안이 최고의 투자안이 되므로 수익성 있는 장기투자안은 기각될 가능성이 높다.

③ 화폐의 시간적 가치를 고려하지 않는다. 일반적으로 투자지출액은 투자초기에 이루어지고 현금회수는 그 이후 연도에 이루어지므로, 화폐의 시간가치를 고려하지 않은 상태에서 현금회수액의 합계가 투자지출액과 일치한다고 해서 투자지출액이 모두 회수된 것은 아니다. 이러한 문제를 보완한 것이 할인회수기간법이다. 즉, 할인회수기간은 미래 발생하는 현금흐름의 현재가치를 구하여 이를 이용하여 회수기간을 구한 것으로 화폐의 시간적 가치를 고려하고 있다. 그러나 그 이외의 회수기간법이 갖는 단점은 그대로 가지고 있다.

예제 03 회수기간법의 문제점

(주)서울은 다음과 같은 현금흐름이 발생하는 상호 배타적인 투자안을 고려중이다. 회수기간법에 의하면 어느 투자안에 투자해야 하는가?

	t = 0	t = 1	t = 2	t = 3	t = 4
투자안 1	−₩100	₩50	₩30	₩40	₩60
투자안 2	−100	50	30	20	60
투자안 3	−100	20	30	50	60
투자안 4	−100	20	30	50	600

[물음 1] 회수기간법에 의하면 위 네 개의 투자안 중 어느 것을 선택하여야 하는가?

[물음 2] 투자안 2, 3 중 하나를 선택할 때 나타나는 회수기간법의 문제점은?

[물음 3] 할인율이 10%라고 할 때 투자안 2와 3의 할인회수기간은 얼마인가?

[물음 4] 투자안 3, 4 중 하나를 선택할 때 나타나는 회수기간법의 문제점은?

해답

[물음 1]

투자안 1의 회수기간은 2.5년이다. 이는 현금흐름이 연중 균일하게 발생한다는 가정하에 ₩100이라는 투자원금이 2년 6개월 시점에 모두 회수된다는 것이다. 나머지 투자안 2, 3, 4의 회수기간은 모두 3년이므로, 회수기간이 가장 짧은 투자안 1을 채택하는 것이 바람직하다.

[물음 2]

투자안 2와 3을 비교해 보면 둘 다 회수기간은 3년으로 동일하지만 그 현금이 조기 회수되는 투자안 2가 더 나은 투자안일 것이다. 이는 회수기간법이 화폐의 시간가치를 무시함으로써 생기는 문제점이다.

[물음 3]

할인회수기간은 다음과 같이 각 시점에 발생하는 현금흐름을 연도별로 각각 할인하여 계산한다.

	t = 0	t = 1	t = 2	t = 3	t = 4
투자안 2	−₩100	₩45.45	₩24.79	₩15.03	₩40.98
투자안 3	−100	18.18	24.79	37.57	40.98

투자안 2의 할인회수기간은 3.36년, 투자안 3의 할인회수기간은 3.47년으로 투자안 2의 할인회수기간이 좀 더 짧다. 미래 현금유입액이 현재가치계산으로 인하여 더 작아지기 때문에 할인회수기간은 회수기간보다 짧을 수 없으며, 할인회수기간법은 회수기간법이 가지고 있는 다른 단점을 그대로 지니고 있다.

[물음 4]

투자안 3과 4의 회수기간을 비교해 보면 둘 다 3년으로 동일하여 회수기간법에 의하면 두 투자안은 무차별하다고 평가될 수 있다. 그러나 회수기간 후 발생하는 현금유입액의 크기는 투자안 4가 훨씬 더 크므로 투자안 4가 더 나은 투자안임을 알 수 있다. 이는 회수기간법이 회수기간 후에 발생하는 현금흐름을 무시하기 때문에 발생하는 문제점이다.

(2) 회계적 이익률법

회계적 이익률법(accounting rate of return method)은 회계적 이익률을 기준으로 투자안을 평가하는 기법으로서 평균이익률법(average rate of return method)이라고도 한다. 즉, 특정 투자안의 회계적 이익률이 기업이 사전에 설정해 둔 목표이익률보다 높으면 그 투자안을 채택하고, 낮으면 기각한다. 또한 투자안이 여러 개인 경우에는 회계적 이익률이 가장 높은 투자안을 선택한다. 이 방법은 다른 방법과는 달리 현금흐름을 이용하는 것이 아니라 회계적 순이익을 이용한다는 것이 특징이다.

$$회계적\ 이익률 = \frac{연평균순이익}{최초투자액(또는\ 평균투자액)}$$

$$단,\ 평균투자액 = \frac{최초투자액 + 추정잔존가치}{2}$$

여기에서 분모로는 최초투자액이나 평균투자액을 사용할 수 있으며, 평균투자액은 최초투자액과 추정잔존가치의 합을 2로 나눈 값이다. 모든 투자안에 대하여 최초 투자액이나 평균투자액을 일관성 있게 적용한다면 어느 방법을 사용하든 투자의사결정에는 아무런 영향이 없다. 다만 차이는 평균투자액을 사용하면 분모가 더 작게 계산되므로 회계적 이익률이 보다 높게 계산된다는 점이다. 또한 분자인 연평균순이익은 단순히 투자기간 동안의 순이익 합계를 투자기간으로 나눈 것이며 이 때의 순이익이란 장부상의 당기순이익을 말한다.

예제 04 회계적 이익률법

(주)서울은 최초 투자액이 ₩90,000인 설비투자안을 고려하고 있다. 이 회사는 감가상각방법으로 정액법을 적용하고 있으며, 신설비의 내용연수는 4년이고 잔존가치는 ₩10,000이다. 이 투자로 인한 연간 현금유입액은 ₩36,000으로 추정된다.

[물음 1] 최초 투자액과 평균 투자액에 대한 회계적 이익률을 구하시오.

[물음 2] 법인세율이 20%임을 가정하고 [물음 1]에 다시 답하시오. 단, 회계상의 세전순이익은 [물음 1]의 수치를 그대로 사용한다.

해답

[물음 1] 회계적 이익률

회계적 이익률법에서는 회계상의 순이익을 사용하므로 이 문제에서 주어진 현금흐름을 회계상의 순이익으로 전환하는 과정이 필요하다. 순이익에는 감가상각비가 이미 차감되어 있으나 현금흐름에서는 이를 차감하지 않았을 것이므로 현금흐름에 감가상각비를 차감하여 순이익을 구할 수 있다.

순이익 = ₩36,000 − ₩20,000 = ₩16,000

$$최초투자액을\ 이용한\ 회계적\ 이익률 = \frac{₩16,000}{₩90,000} = 17.78\%$$

$$평균투자액 = \frac{₩90,000 + ₩10,000}{2} = ₩50,000$$

$$평균투자액을\ 이용한\ 회계적\ 이익률 = \frac{₩16,000}{₩50,000} = 32\%$$

[물음 2] 법인세가 있는 경우의 회계적 이익률

[물음 1]의 순이익은 법인세가 없는 경우의 순이익이므로 세전순이익이다. 여기에 법인세를 차감하면 회계적 이익률에 사용되는 세후 순이익을 구할 수 있다.

$$세후\ 순이익 = ₩16,000 \times (1 - 20\%) = ₩12,800$$

$$최초투자액을\ 이용한\ 회계적\ 이익률 = \frac{₩12,800}{₩90,000} = 14.22\%$$

$$평균투자액을\ 이용한\ 회계적\ 이익률 = \frac{₩12,800}{₩50,000} = 25.6\%$$

---

1) 장점

① 이해하기 쉬울 뿐만 아니라 회계적 이익률의 계산에 필요한 자료를 재무제표로부터 쉽게 구할 수 있다.

② 회수기간법과는 달리 수익성을 고려하고 있다.

③ 회계적 이익률이 회계자료를 이용해 구한 투자수익률(ROI)를 나타내므로 투자안의 수익성평가와 부문 및 부문경영자의 성과평가를 일관성 있게 할 수 있다.

2) 단점

① 회수기간법과 마찬가지로 화폐의 시간적 가치를 고려하지 않기 때문에 투자안의 수명이 길수록 회계적이익률은 과대하게 계상될 우려가 있다.

② 현금흐름이 일정하지 않을 경우 잘못된 의사결정을 내리게 될 가능성이 높다.

③ 현금흐름과는 다른 회계적 순이익을 사용하므로 발생주의 회계가 가지는 문제점인 투자안의 진정한 투자수익률과 다를 수 있다는 단점이 존재한다.

(3) 순현재가치법

순현재가치법(net present value method) 또는 순현가법이란 투자로부터 예상되는 총현금유입액의 현재가치에서 그 투자에 소요될 총현금유출액의 현재가치를 차감한 순현재가치를 기준으로 투자안을 평가하는 방법이다. 이 기법에 따른 순현재가치(NPV ; net present value)를 구하는 수식은 다음과 같다.

$$순현재가치(NPV) = \sum_{t=1}^{n} \frac{CF_t}{(1+k)^t} - CF_0$$

이 식에서 CF_0는 초기투자금액을 나타내며, k는 할인율을 말한다. 할인율이란 미래현금흐름의 현재가치를 구하는데 사용하는 이자율을 말하며, 이는 투자안을 수락하기 위하여 요구되는 최저필수수익률 또는 자본비용의 의미가 있다. 여기에서 자본비용(cost of capital)이란 투자에 사용되는 자금을 조달하는데 드는 비용으로 채권으로 자금을 조달한 경우에는 이자비용이, 주식으로 자금을 조달한 경우에는 주주가 투자액을 다른 투자안에 투자하였을 경우 얻을 수 있었던 수익률 즉, 기회비용을 의미한다. 따라서 순현재가치를 구함에 있어 할인율로 자본비용을 사용하게 되므로 이자비용과 배당과 같은 실질적인 현금유출이 있어도 투자안의 현금흐름을 측정함에 있어서는 이를 현금유출로 보지 않는 것이다*.

* 간단한 예를 들어 본다면 ₩100을 투자하는데 있어 이를 이자율 10%로 차입하였다고 가정해 보자. 이러한 투자로 인하여 1년 후 ₩115이 유입된다고 하자. 따라서 NPV는 다음과 같이 구할 수 있다.

$$NPV = \frac{₩115}{1 + 0.1} - ₩100 = ₩4.54원(채택)$$

사실 이 투자안은 100원을 투자하여 1년 후 ₩115을 받으므로 15%의 투자수익률을 갖는 투자안인데 10%로 차입가능하다면 투자하는 것이 유리할 것이다. 그런데 만약 ₩100 차입에 따른 이자비용 ₩10을 현금유출이라고 하여 투자안의 현금흐름에서 차감하게 되면 NPV가 다음과 같이 계산된다.

$$NPV = \frac{₩115 - ₩10}{1 + 0.1} - ₩100 = -₩4.54원(기각)$$

이는 잘못된 결과가 되는데, 그 이유는 할인율에서 이미 이자비용을 반영하고 있는 상태에서 현금흐름에 다시 한번 이자비용을 차감하게 되면 이중으로 이자비용을 차감한 결과가 되기 때문이다.

다음에 있는 순현가곡선은 자본비용의 변화에 따라 순현재가치가 어떻게 나타나는지를 나타낸 곡선으로, 이는 자본비용의 변화에 따라 순현재가치가 얼마나 민감하게 변화하는지를 쉽게 확인할 수 있다.

[그림 1] 순현가 곡선

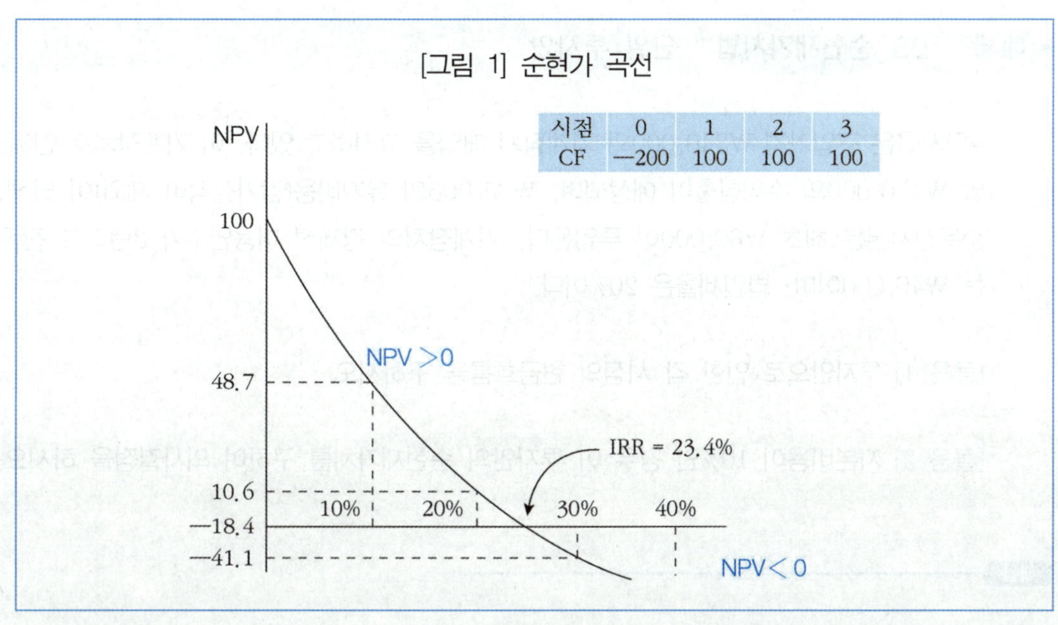

이 순현재가치법에서의 의사결정기준은 다음과 같다.

① 단일 투자안의 경우에는 투자안의 순현재가치가 0보다 크면 채택하고, 0보다 작으면 기각한다.

② 상호배타적인 투자안의 경우에는 각 투자안의 순현재가치를 비교하여 그 중 순현재가치가 가장 큰 투자안을 선택한다. 여기에서 순현재가치를 비교·분석하는 데에는 기본적으로 총액접근법과 증분접근법이 있으며, 일반적으로는 증분접근법을 사용한다. 여기에서 증분접근법이란 순현재가치를 구하는 현금흐름을 증분의 개념으로 측정하는 방법을 말한다.

③ 투자안들의 우선순위를 결정하는 경우에는 각 투자안의 순현재가치를 비교하여 순현재가치가 큰 투자안 순서로 채택한다.

▶ 예제 05 순현재가치법 : 단일 투자안

(주)서울은 구입가격 ₩340,000의 기계장치 매입을 고려하고 있다. 이 기계장치로 인해 매년말 ₩170,000의 수익창출이 예상되며, ₩35,000의 유지비용(감가상각비 제외)이 발생한다. 순운전자본은 최초 ₩60,000이 투입된다. 기계장치의 경제적 내용연수가 3년이고 잔존가치는 ₩40,000이며, 법인세율은 20%이다.

[물음 1] 투자안으로 인한 각 시점의 현금흐름을 구하시오.

[물음 2] 자본비용이 10%인 경우 이 투자안의 순현재가치를 구하여 의사결정을 하시오.

해답

[물음 1] 기간별 현금흐름

투자에 따른 기간별 현금흐름은 다음과 같다*.

* 예제 1과 동일한 예제이다.

	t = 0	t = 1	t = 2	t = 3
기계장치 구입	−₩340,000			₩40,000
순운전자본	−60,000			60,000
영업현금흐름		₩128,000	₩128,000	128,000
투자안의 순현금흐름	−₩400,000	₩128,000	₩128,000	₩228,000

[물음 2] 순현재가치

$$NPV = \frac{₩128,000}{1+10\%} + \frac{₩128,000}{(1+10\%)^2} + \frac{₩128,000}{(1+10\%)^3} + \frac{₩100,000}{(1+10\%)^3} - ₩400,000$$

$$= ₩128,000 \times \underbrace{2.4869}_{\text{3년 연금의 현가}} + ₩100,000 \times \underbrace{0.7513}_{\text{3년 일시불의 현가}} - ₩400,000 = -₩6,546.8$$

이 투자안의 순현재가치가 0보다 작으므로 투자안을 기각한다.

예제 06 순현재가치법 : 상호배타적 투자안

(주)서울은 제품을 고객에게 배달하는 데 필요한 차량으로 봉고와 트럭 중 어느 하나를 구입하고자 한다. 다음은 봉고와 트럭에 관한 자료이다.

	봉 고	트 럭
취 득 원 가	₩20,000	₩25,000
연간 현금운영원가	3,500	2,000
내 용 연 수	3년	3년
잔 존 가 치	₩5,000	₩7,000

(주)서울은 정액법으로 감가상각하며, 법인세율은 40%이고 자본비용은 10%이다.

[물음 1] 총액접근법으로 봉고와 트럭에 대한 각각의 순현재가치를 구하고 의사결정을 하시오.

[물음 2] 증분접근법으로 순현재가치를 구하여 의사결정을 하시오.

해답

[물음 1] 총액접근법

① 봉고를 구입

	t = 0	t = 1	t = 2	t = 3
취 득 원 가	−₩20,000			
세후 운영원가		−₩3,500 × (1−0.4)	−₩3,500 × (1−0.4)	−₩3,500 × (1−0.4)
감가상각비 감세액		5,000 × 0.4	5,000 × 0.4	5,000 × 0.4
처 분 가 치				5,000
합 계	−₩20,000	−₩100	−₩100	₩4,900

$$NPV_{봉고} = -\frac{₩100}{1.1} - \frac{₩100}{1.1^2} + \frac{₩4,900}{1.1^3} - ₩20,000 = -₩16,492원$$

봉고를 구입하는 것은 현재 −₩16,492을 지급하는 것과 동일한 효과가 있다.

② 트럭을 구입

	t = 0	t = 1	t = 2	t = 3
취 득 원 가 세후 운영원가 감가상각비 감세액 처 분 가 치	−₩25,000	−₩2,000×(1−0.4) 6,000×0.4	−₩2,000×(1−0.4) 6,000×0.4	−₩2,000×(1−0.4) 6,000×0.4 7,000
합 계	−₩25,000	₩1,200	₩1,200	₩8,200

$$NPV_{트럭} = \frac{1,200}{1.1} + \frac{1,200}{1.1^2} + \frac{8,200}{1.1^3} - ₩25,000 = -₩16,757원$$

트럭을 구입하는 것은 현재 −₩16,757을 지급하는 것과 동일한 효과가 있다.

③ 의사결정

봉고의 순현가가 트럭의 순현가보다 크므로 봉고를 구입하는 것이 유리하다.

[물음 2] 증분접근법

봉고를 구입하는 것은 트럭구입을 포기해야 한다는 것이다. 따라서 증분접근법에 의한 현금흐름은 봉고를 구입하는 경우의 현금흐름에서 트럭을 구입하는 경우의 현금흐름을 차감하여 다음과 같이 구한다.

	t = 0	t = 1	t = 2	t = 3
취 득 원 가 세후 운영원가 감가상각비 감세액 처 분 가 치	₩5,000	−₩1,500×(1−0.4) −1,000×0.4	−₩1,500×(1−0.4) −1,000×0.4	−₩1,500×(1−0.4) −1,000×0.4 −2,000
합 계	₩5,000	−₩1,300	−₩1,300	−₩3,300

$$NPV_{봉고-트럭} = -\frac{₩1,300}{1.1} - \frac{₩1,300}{1.1^2} - \frac{₩3,300}{1.1^3} + ₩5,000 = ₩265$$

순현가가 0보다 크다는 것은 투자안을 채택하여야 한다는 의미이다. 여기에서의 투자안이란 봉고를 구입하는 대신 트럭을 포기하는 것이므로, 결국 봉고를 구입하는 것이 유리하다는 의미이다. 만약 순현가가 0보다 작게 계산되면 트럭을 구입하는 것이 유리하다는 의미가 된다.

(4) 내부수익률법

내부수익률법(internal rate of return method)이란 투자안의 내부수익률을 계산하고 이를 자본비용과 비교함으로써 자본예산 의사결정을 하는 방법이다. 여기서 내부수익률(IRR)이란 투자에 소요되는 현금유출액의 현재가치와 투자로부터 예상되는 현금유입액의 현재가치를 동일하게 해주는 할인율을 의미한다. 즉, 내부수익률은 투자안의 순현재가치를 0이 되도록 하는 할인율이 된다. 이는 [그림 1]에서 순현가곡선의 x절편이 바로 순현재가치가 0이 되는 지점이므로 순현가곡선이 x축을 통과하는 지점에서의 할인율이 바로 내부수익률이 된다. 내부수익률의 경제적 의미는 투자기간동안의 연평균투자수익률의 의미가 있다.

$$\sum_{t=1}^{n}\frac{CF_t}{(1+IRR)^t}=CF_0 \text{ 또는 } \sum_{t=1}^{n}\frac{CF_t}{(1+IRR)^t}-CF_0=0$$

이러한 내부수익률을 구하는 것은 쉽지 않은 일이며, 시행착오법(trial and error method)* 또는 컴퓨터나 공학용 · 재무용 계산기를 이용하여 구할 수 있다. 보간법(interpolation method)을 이용할 수도 있으나, 이는 [그림 1]의 순현가곡선이 직선임을 가정한 방법이므로 내부수익률의 근사값을 구할 수 있을 뿐이다.

* 예를 들어 최초 200을 투자하면 3년간 매년 100의 현금흐름이 발생하는 투자안의 내부수익률을 구하기 위해서는 다음과 같은 식의 해를 구해야 한다.

$$-200+\frac{100}{(1+\text{IRR})}+\frac{100}{(1+\text{IRR})^2}+\frac{100}{(1+\text{IRR})^3}=0$$

시행착오법은 우선 임의의 값을 IRR에 대입하여 식을 만족하는지 확인한 후 이를 조금씩 개선해 나가는 방법이다. 즉, IRR에 0%를 대입해 보면 위 식의 좌변은 100이 되어 등식을 만족시키지 못한다. 따라서 IRR은 0%보다 큰 값이 되어야 함을 알 수 있다. IRR에 20%를 대입한 경우 역시 좌변은 10.65가 되어 IRR은 20%보다도 큰 값이 되어야 하며, IRR에 30%를 대입하면 좌변은 −18.39가 되어 IRR은 20%와 30% 사이에 존재함을 알 수 있다. 이러한 식으로 점점 그 범위를 좁혀 나가면 등식을 만족시키는 IRR 값은 23.37%임을 알 수 있다.

내부수익률법에 의한 투자의사결정은 다음과 같이 내부수익률과 자본비용을 비교하여 이루어진다.

① 단일 투자안의 경우에는 투자안의 내부수익률이 자본비용보다 높으면 채택하고, 낮으면 기각한다.

② 상호배타적인 투자안의 경우에는 각 투자안의 내부수익률을 비교하여 내부수익률이 가장 높은 투자안을 선택한다.

③ 투자안들의 우선순위를 결정하는 경우에는 내부수익률이 자본비용보다 높은 투자안들 중에서 내부수익률이 높은 투자안 순서로 채택한다.

예제 07 내부수익률법 : 보간법

(주)서울은 다음과 같은 현금흐름을 가진 투자기회가 있다.

	t = 0	t = 1	t = 2	t = 3
현 금 흐 름	−₩3,500	₩1,500	₩1,500	₩1,500

이 투자기회는 적용하는 할인율에 따라 순현재가치가 다음과 같이 산출되었다. 투자안의 내부수익률을 보간법을 이용해 추정하시오.

할인율	5%	10%	15%	20%
순현재가치	₩585	₩230	−₩75	−₩340

해답

순현재가치가 0인 할인율이 내부수익률이므로 내부수익률은 10%와 15% 사이에 존재함을 알 수 있다.

$+5\% : -305 = +x\% : -230$ ➡ $x\% = 3.77\%$

IRR = 10% + 3.77% = 13.77%

할인율 : 10% ⟷ (+5%) 15%

10% ⟷ (+x%) IRR%

NPV : 230 ⟷ (−305) −75

230 ⟷ (−230) 0

자본비용이 10%인 경우 내부수익률 13.77%가 자본비용보다 더 높으므로 투자안을 채택하여야 한다. 자본비용이 10%인 경우 순현재가치가 230원으로 0보다 크므로 투자안을 채택하여야 한다. 따라서 내부수익률법에 의한 결과와 순현재가치법에 의한 결과가 동일하다. 하지만 항상 그런 것은 아니다. 이는 뒤에서 상호배타적인 투자안의 의사결정에서 다룰 것이다.

이러한 내부수익률법은 투자안의 수익성과 화폐의 시간적 가치를 모두 고려한다는 점에서 회수기간법이나 회계적 이익률법보다는 우수하지만 다음과 같은 단점이 존재한다.

① 현금흐름이 일정하지 않은 경우에 내부수익률을 구하기가 쉽지 않다.

② 내부수익률법은 투자기간 동안의 현금흐름을 내부수익률로 재투자할 수 있다고 가정하고 있다. 그러나 투자가 이루어지는 투자안의 내부수익률은 수익성이 있는 투자안의 경우 필수수익률보다 높은 이익률로서 현실적으로 내부수익률로 계속적으로 재투자할 수 있을 만큼 양호한 투자기회가 항상 존재하는 것은 아니다.

③ 내부수익률이 여러 개 존재할 수 있다. 일반적인 경우에는 최초 투자시 현금유출, 그 이후에는 현금유입의 형태로 현금흐름의 부호전환이 1회 발생하는데, 만약 투자기간 중에 현금유출이 발생하는 등 현금흐름의 부호전환이 1회보다 많은 경우 다수의 내부수익률이 존재하거나 또는 내부수익률이 존재하지 않을 수 있다. 이러한 다수의 내부수익률은 모두 경제적 의미가 없는 것이므로 이를 본래 내부수익률이 가진 연평균투자수익률로 사용할 수가 없다.

한편, 연간 순현금유입액이 일정하고 투자안의 내용연수가 회수기간의 2배 이상인 경우에는 회수기간의 역수가 내부수익률의 추정치로 이용될 수 있다. 만약 연간 순현금유입액이 일정하지 않은 경우에는 회수기간의 역수를 내부수익률의 추정치로 사용할 수 없다는 점에 유의하여야 한다.

(5) 순현재가치법과 내부수익률법의 비교

독립적인 하나의 투자안에 대한 투자여부를 결정할 때에는 순현재가치법과 내부수익률법의 평가결과가 동일하다. 그러나 하나의 투자안이 채택되면 다른 투자안은 자동적으로 거부되는 상호배타적 투자안에 대한 평가에 있어서는 두 방법의 결과가 다를 수 있다.

1) 독립적인 단일 투자안

독립적인 단일 투자안을 평가하는 경우에는 순현재가치법과 내부수익률법의 결과가 동일하다. [그림 2]에 의하면 순현재가치가 0보다 큰 경우에는 항상 내부수익률이 자본비용보다 크다.

투자안 채택	무차별	투자안 기각
$NPV > 0$ $IRR > k$	$NPV = 0$ $IRR = k$	$NPV < 0$ $IRR < k$

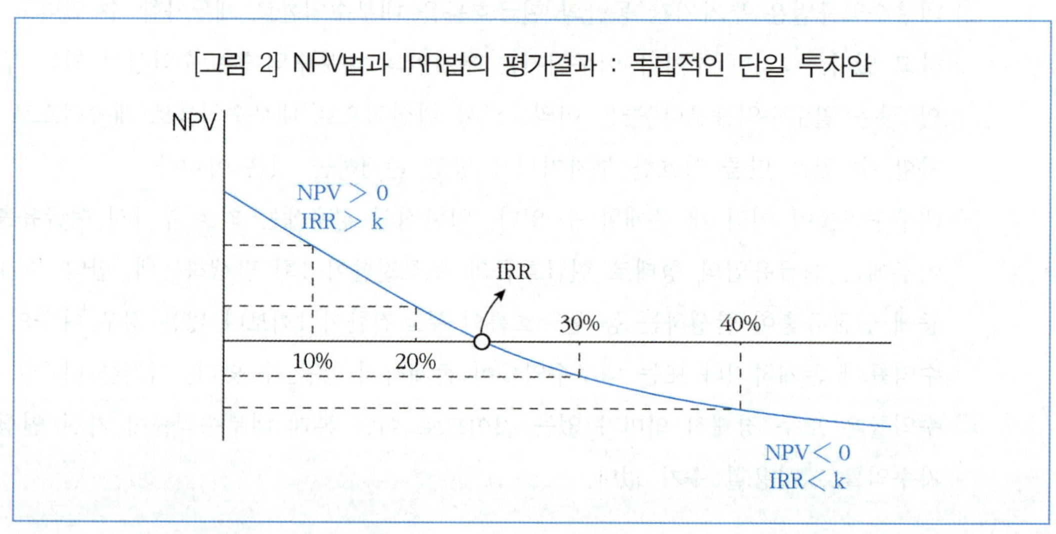

[그림 2] NPV법과 IRR법의 평가결과 : 독립적인 단일 투자안

2) 상호배타적인 복수투자안

상호배타적 투자안의 경우 [그림 3]에서와 같이 순현재가치법과 내부수익률법에 의한 의사결정이 불일치할 수 있다. 피셔수익률(Fisher's rate of return)이란 두 투자안의 순현재가치를 같게 하는 할인율로, 자본비용이 피셔수익률보다 작은 구간에서 순현재가치법에 의하면 A투자안이 채택되므로, B투자안을 채택하는 내부수익률법과는 그 결과가 상이하다. 이는 순현가곡선의 기울기가 달라서 발생하는 현상이다. 즉, 교차점 좌측에서는 두 방법의 결과가 상이하며, 우측은 두 방법의 결과가 동일함을 알 수 있다. 순현가곡선의 기울기는 현금흐름의 발생양상, 투자규모와 내용연수에 따라 달라지는데, 현금흐름의 크기가 클수록, 발생시기가 먼 미래일수록 기울기는 커진다.

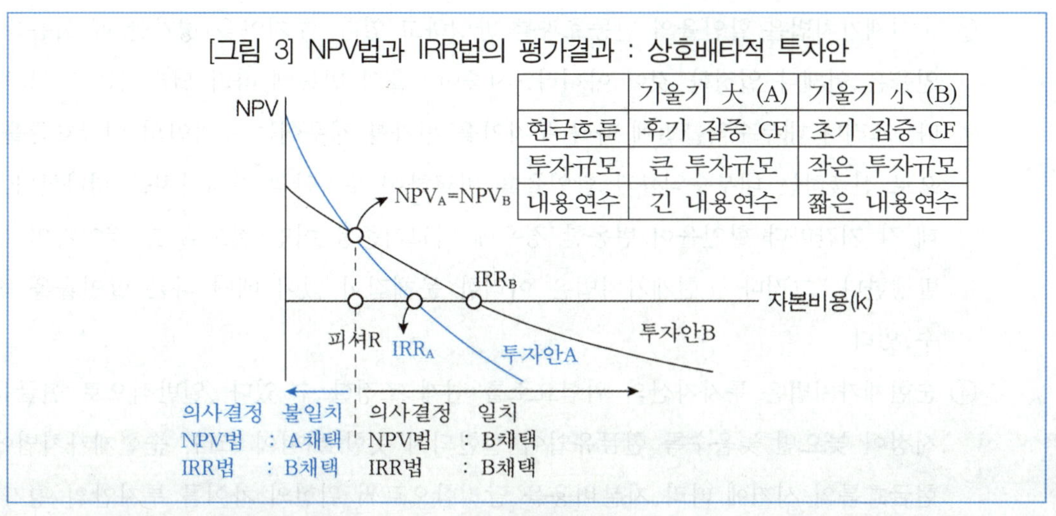

	기울기 大 (A)	기울기 小 (B)
현금흐름	후기 집중 CF	초기 집중 CF
투자규모	큰 투자규모	작은 투자규모
내용연수	긴 내용연수	짧은 내용연수

① 단일투자안 또는 상호독립적 투자안 : 의사결정 일치

② 상호배타적 투자안

- 기회비용 > 피셔수익률 ➡ 의사결정 일치
- 기회비용 < 피셔수익률 ➡ 의사결정 불일치

3) 순현재가치법의 비교우위

투자안을 평가하는 방법으로 순현재가치법과 내부수익률법에 의한 평가결과가 다르게 나타날 경우에는 순현재가치법을 기준으로 투자안을 평가하는 것이 더욱 합리적이다. 그것은 순현재가치법이 내부수익률법에 비해 다음과 같은 장점이 있기 때문이다.

① 순현재가치법은 재투자수익률에 대한 가정이 합리적이다. 내부수익률법은 내부수익률로 재투자할 수 있다고 가정하고 있다. 이 가정은 현재와 같은 투자수익률을 가진 유리한 투자기회가 미래에도 계속 존재한다는 것을 의미하는데, 치열한 경쟁을 해야 하는 기업환경을 고려해 볼 때 너무 낙관적인 가정이다. 반면에 순현재가치법은 투자안으로부터 유입되는 현금이 최저필수수익률과 동일한 수익률로 재투자된다고 가정하므로 재투자에 대한 가정이 보다 현실적이다.

② 순현재가치법은 사용하기가 내부수익률법에 비해 편하다. 내부수익률을 구하기 위해서는 시행착오법과 같은 과정을 거쳐야 하지만 순현재가치는 자본비용을 할인율로 이용하여 손쉽게 구할 수 있다. 또한, 내부수익률법으로 투자안을 평가할 때는 투자안으로부터 예상되는 현금흐름의 양상에 따라 내부수익률이 전혀 존재하지 않거나 복수의 내부수익률이 나타날 수 있다.

③ 순현재가치법은 할인율의 변동효과를 반영하고 있다. 투자안을 평가할 때 사용되는 할인율은 언제나 일정한 것이 아니라, 시중이자율의 변동에 따라 달라지는 것이 보통이다. 그러나 내부수익률법에 따라 투자안을 평가할 경우에는 투자안의 현금흐름을 대상으로 산출하는 내부수익률과 할인율을 비교하여 투자안의 투자가치를 평가한다. 그런데 각 기간마다 할인율이 변동할 경우에 비교기준을 어떤 것으로 할 것인가의 문제가 발생한다. 그러나 순현재가치법은 이러한 문제점이 없어 매년 다른 할인율을 적용할 수 있다.

④ 순현재가치법은 투자자산의 위험요소를 쉽게 조정할 수 있다. 일반적으로 현금유입의 시점이 늦으면 늦을수록 현금유입이 실현되지 못할 위험이 크다. 순현재가치법에서는 현금흐름의 시기에 따라 자본비용을 달리함으로써 위험의 차이를 투자안의 평가에 반영할 수 있다. 순현재가치법에서 투자안의 위험에 따라 조정된 할인율을 이용하는 방법을 위험조정할인율법(risk adjusted discount rate method)이라고 한다. 그러나 내부수익률법에서는 할인율을 선택할 수 없기 때문에 위험요소를 반영하기가 쉽지 않다.

⑤ 순현재가치법은 가치가산의 원리가 성립한다. 순현재가치법에서는 여러 개의 독립적인 투자안을 결합한 하나의 투자조합의 순현재가치가 각 투자안의 순현재가치를 구하여 단순합계한 것과 같은데, 이를 가치가산의 원리라고 한다. 즉 다음과 같은 식이 성립하는 것이다.

$$NPV_{A+B} = NPV_A + NPV_B$$

그러나 내부수익률법에서는 각 투자안의 내부수익률과 투자조합의 내부수익률간에 가치가산의 원리가 성립되지 않기 때문에 투자조합의 내부수익률을 다시 구해야 하는 번거로움이 따른다.

SECTION

03 자본예산의 기타문제

(1) 자본예산과 CVP분석

앞에서 다뤘던 CVP분석은 화폐의 시간가치가 무시되는 단기간의 수익성을 분석하는 모형이었다. 그러나 내용연수가 1년 이상인 투자안의 채택여부에 관한 의사결정문제를 다루는 자본예산에서도 CVP분석모형을 이용할 수 있는데, 이를 복수기간의 CVP분석(multi-period CVP analysis)이라고 한다. 그런데 자본예산과 결합된 복수기간의 CVP분석에서 손익분기점은 항상 현금흐름분기점을 의미한다. 왜냐하면 투자안의 평가는 현금흐름을 기초로 이루어지기 때문이다.

복수기간의 CVP분석에서 손익분기점 판매량은 투자안의 내용연수 동안의 현금유입액의 현재가치와 최초투자액을 일치시키는 판매량을 말한다. 즉, 순현재가치를 0으로 만드는 판매량이 바로 손익분기점 판매량이 되는 것이다. 다음의 식은 법인세가 존재하지 않는 경우의 손익분기점 판매량에 관한 식을 나타낸 것이다.

$$\text{순현재가치(NPV)} = [(P - VC)Q_{BEP} - FC] \times \text{연금의 현가계수} - I_0 = 0$$

단, P : 단위당 판매가격 VC : 단위당 변동원가
FC : 현금지출고정원가 I_0 : 최초투자액
Q_{BEP} : 손익분기점 판매량

위 식을 Q_{BEP}에 대하여 정리하면 다음과 같은 식을 얻을 수 있다.

$$Q_{BEP} = \frac{FC \times \text{연금의 현가계수} + I_0}{(P - VC) \times \text{연금의 현가계수}}$$

$$= \frac{FC}{(P - VC)} + \frac{I_0}{(P - VC) \times \text{연금의 현가계수}}$$

예제 08 자본예산과 CVP분석

(주)서울은 신기계를 구입하여 제품을 생산 · 판매할 것을 고려하고 있다. 제품의 단위당 판매가격은 ₩100, 단위당 변동원가는 ₩60, 연간 현금지출고정원가는 ₩20,000이다. 신기계의 취득원가는 ₩40,000, 내용연수는 5년, 잔존가치는 없다. 회사는 정액법으로 감가상각을 한다.

[물음 1] 화폐의 시간적 가치를 무시하고, 연간 손익분기점 판매량을 구하시오.

[물음 2] 자본비용이 12%일 때, 신기계를 구입할 수 있는 연간 최소판매량을 구하시오. 단, 이자율 12%, 5년의 연금의 현가계수는 3.605이다.

해답

1) $\text{감가상각비} = \dfrac{₩40{,}000}{5} = ₩8{,}000$

$Q_{BEP} = \dfrac{₩20{,}000 + ₩8{,}000}{(₩100 - ₩60)} = 700\text{개}$

2) $Q_{BEP} = \dfrac{₩20{,}000}{(₩100 - ₩60)} + \dfrac{₩40{,}000}{(₩100 - ₩60) \times 3.605} = 777\text{개}$

(2) 투자의사결정과 성과평가

대부분의 조직에서 성과평가시스템으로 발생주의모형을 적용하고 있는데, 이는 현금흐름할인모형에 근거한 투자의사결정과 갈등관계를 초래할 수 있다. 즉, 현금흐름할인모형에 의하면 투자하는 것이 최적의사결정이나, 발생주의모형에 의하면 초기의 성과평가가 나쁘게 되어 최적의사결정을 기각할 수 있기 때문이다. 예를 들면, 조직전체 관점에서 바람직한 의사결정에 대하여 발생주의모형에 근거를 둔 투자수익률(ROI $= \dfrac{\text{순이익}}{\text{투자액}}$)로 성과평가를 할 경우 투자액의 증가와 초기의 과대상각으로 인하여 투자수익률이 낮아져 성과평가가 나빠질 수 있기 때문이다. 따라서 이러한 갈등관계를 해소하기 위해서 발생주의 모형에 의한 성과평가와 병행하여 현금흐름모형하의 투자의사결정도 사후검증을 통하여 성과평가가 이루어져야 할 것이다.

(3) 자동화된 생산환경하에서 투자의 정당화

많은 기업들이 적시생산방식이나 컴퓨터통합제조방식과 관련한 장기적인 설비투자 등으로 성공적인 경영을 하고 있다. 따라서 경영자들은 자동화설비 등의 투자에 많은 관심을 보이고 있으나 직관적으로 정당성을 인정하고 있을 뿐 의사결정이 부의 순현가가 도출되어 투자안을 기각해야 할 상황에 직면해 있다.

이는 근본적으로 전통적인 자본예산하에서의 분석이 주로 노무원가의 절감에서 발생한 현금흐름에 초점을 맞추었기 때문이고, 자동화관련 설비의 효익에 대하여는 제대로 반영하지 못하였기 때문이다. 그러면 이하 전략적인 차원에서 자동화설비 등을 투자해야 하는 필요성과 부의 순현가가 도출되는 문제점을 검토해보자.

1) 자동화설비 투자안에 대한 전략적 차원의 유용성

상기 자동화설비 등의 투자안은 다음과 같이 잠재적인 이익의 증대효과가 크나, 추정에 어려움이 있고 위험이 수반된다는 특징이 있다.

① 불합격률을 감소시킴으로써 제품의 품질을 개선할 수 있다.

② 제품생산의 공정시간을 단축할 수 있어 고객의 요구와 주문에 신속히 대응함으로써 고객지향적인 제품을 생산할 수 있다.

③ 비부가가치활동의 제거로 조직재편성(Restructuring)에 도움을 줄 수 있다.

④ 재고수준의 감소로 공장면적 요구량의 감소와 진부화의 위험성 감소 등의 효익이 있다.

2) 부(−)의 순현가문제의 해결

순현가법에 의한 의사결정모형은 경제적으로나 수리적으로 정교한 모형이지만 적용시 다음과 같은 문제점이 있다.

① 자동화로 인하여 영업레버리지가 높아질 것으로 인식하여 자본비용을 실제보다 높게 설정하는 경향이 있다. 물론 이는 조기에 투자자금을 회수하는 투자안을 선호하게 하여 투자시의 위험을 감소시키는 긍정적인 측면도 있다. 그러나 이는 부문경영자가 주로 단기적인 성과에만 관심을 갖게 하는 문제점이 있으며, 조직의 생산성과 품질을 향상시킬 수 있는 신기술을 기각할 수도 있어 조직의 경쟁력을 유지하는데 문제점이 발생할 수 있다.

② 고려되는 투자대상기간을 너무 짧게 인식한다. 그러나 자동화설비의 효익은 투자종료 후에도 지속될 수 있다.
③ 공정의 유연성과 공정시간의 단축, 제품의 품질향상, 재고수준의 감소등과 같은 계량화하기 어려운 효익을 제대로 고려하지 못하고 있다.
④ 영업현금흐름액 추정시 불확실성이 크다.

3) 자본예산과 사후검증

자본예산에서 사후검증(post audit)이란 자본예산의 추정치와 실제결과를 비교·검토하여 차기의 계획에 반영하는 것이다. 그런데 자본예산의사결정은 현금흐름액과 내용연수 등 많은 추정치에 의존하고 있음에도 불구하고 많은 조직에서 사후검증을 하지 않고 있다. 따라서 자본예산 의사결정은 사후검증을 통하여 재평가할 필요성이 있으며 사후검증의 중요성은 다음과 같다.

① 조직의 관리자는 추정치와 실제결과를 비교함으로써 어떠한 추정치가 잘못되었는가를 확인하여 미래의 유사한 의사결정시 추정치의 정확성을 높일 수 있다.
② 사후검증은 의사결정자의 능력을 평가할 수 있는 자료가 되며, 올바른 의사결정을 한 경영자에게는 적절한 보상계획을 세울 수 있다.
③ 투자안의 사후검증을 하지 않을 경우 의사결정자는 투자안의 수락을 위하여 현금흐름액의 추정치를 계속적으로 과대평가할 수 있다.

4) 활동기준원가계산과 관련현금흐름의 측정

현금흐름할인모형의 유용성은 현금흐름 추정치의 정확성에 의존하는데, 특히 현금흐름이 복잡하여 여러 가지 계량화하기 힘든 효익을 수반하는 고도로 자동화된 설비등의 투자에 있어서 현금흐름을 정확히 추정하기는 어렵다.
활동기준원가회계시스템은 원가를 활동별로 집계하고 각각의 활동에 대한 원가동인을 확인함으로써 현금흐름예측치의 정확성을 높일 수 있으며, 이는 전통적 시스템하에서 고정원가로 간주되었던 원가들이 적절한 원가동인에 따라 변하는 변동원가로 변환되기 때문이다. 따라서 결국 활동기준원가계산하에서는 현금흐름예측치의 신뢰성을 높일 수 있는 것이다.

COST&MANAGEMENT ACCOUNTING

객관식 연습문제

01 내부수익률법과 순현가법의 가장 근본적인 차이점은 무엇인가?

① 화폐의 시간가치를 고려하느냐의 문제
② 현금흐름을 중심으로 하느냐의 문제
③ 재투자수익률을 무엇으로 하느냐의 문제
④ 회계적이익을 고려하느냐의 문제
⑤ 회수기간을 고려하느냐의 문제

02 자본예산에서 순현가법과 내부수익률법의 평가결과가 다른 경우, 순현가법을 따르는 것이 바람직하다고 한다. 다음 중 순현가법의 우위를 설명하는 이유로 옳지 않은 것은?

① 순현가법에서는 할인율로 재투자한다고 가정하고 있으나, 내부수익률법에서는 내부수익률로 재투자한다고 가정하고 있다.
② 내부수익률법에 의할 경우, 내부수익률이 존재하지 않거나 또는 내부수익률이 복수로 존재하는 경우가 있을 수 있다.
③ 할인율이 매기 변동하는 경우, 내부수익률법에 이를 반영하는 것은 곤란하지만, 순현가법에서는 비교적 용이하게 이를 반영할 수 있다.
④ 여러 개의 투자안을 결합하는 분석을 실시하는 경우, 순현가법은 개별투자안의 순현가를 독립적으로 구하여 합산하면 되지만, 내부수익률법은 개별투자안의 내부수익률을 독립적으로 구하여 합산하는 방법을 사용할 수 없다.
⑤ 투자규모가 다른 투자안을 비교하는 경우, 순현가는 각 투자안의 투자규모에 대비한 상대적 성과에 대한 정보를 제공하지만, 내부수익률은 절대적 성과에 대한 정보만 제공한다.

03 하나기업은 5년 전에 기계를 4,000만원에 구입하였다. 구입했을 시 하나기업은 이 기계를 8년 동안 사용하며 8년 후 잔존가치는 없을 것으로 예상하였다. 하나기업은 이 기계를 현재 2,000만원에 매각할 예정이다. 자산처분 시점에서의 현금흐름으로 적절한 금액은 얼마인가? 감가상각비는 정액법으로 계산하며 법인세율은 30%이다.

① 2,000만원　　② 2,150만원　　③ 1,500만원
④ 1,850만원　　⑤ 1,650만원

04 (주)세무는 신제품 생산을 위해 새로운 기계를 구입하려고 한다. 새로운 기계와 관련된 자료는 다음과 같다.

• 구입원가	₩1,200,000
• 추정내용연수	5년
• 추정잔존가액	₩200,000
• 감가상각방법	정액법

새로운 기계로부터 예상되는 세전영업현금흐름은 매년 ₩300,000이다. 다음 설명으로 옳은 것은? (단, 법인세율은 30%이다.)
2024 세무사

① 매년 예상되는 순현금유입액은 ₩210,000이다.
② 회수기간은 3.84년이다.
③ 평균투자액은 ₩600,000이다.
④ 매년 예상되는 법인세차감전순이익은 ₩70,000이다.
⑤ 평균투자액에 대한 회계적이익률은 10%이다.

05 (주)한국은 기존의 생산라인 제어시스템을 교체하는 것을 고려하고 있다. 시스템이 교체되는 경우 (주)한국은 연간 약 50억원의 비용을 절감할 수 있을 것으로 예상된다. 신규 시스템의 구입 비용은 총 200억원이며 내용연수는 5년이다. 이 시스템은 정액법으로 감가상각되며 5년 사용 후 잔존 가치는 없을 것으로 예상된다. 현재의 시스템도 전액 감가상각되었고 시장가치는 없다. 한편, 신규 시스템을 가동하기 위하여 순운전자본이 약 10억원 가량 추가로 필요하다. (주)한국의 법인세율은 20%이고 이 투자안에 대한 할인율은 15%라면 이 투자안의 순현가는 약 얼마인가?

(n=5)	현재가치계수	연금의 현재가치계수
15%	0.4972	3.3522
20%	0.4019	2.9906

① 66억원 ② 49억원 ③ −44억원
④ −49억원 ⑤ −66억원

해답 해설

01	02	03	04	05					
③	⑤	④	⑤	③					

01 정답 ③

순현재가치법과 내부수익률법의 근본적인 차이점은 재투자수익률의 가정의 차이와 절대적인 수치이냐 상대적인 수치이냐의 차이이다.

02 정답 ⑤

내부수익률은 투자규모를 무시한 1원당 투자수익률에 관한 정보(상대적 성과)를 제공하고, 순현가는 초과이익의 현재가치에 관한 정보(절대적 성과)를 제공한다.

03 정답 ④

CF = 2,000 − (2,000 − 1,500) × 0.3 = **1,850만원**

04 정답 ⑤

(1) 순현금유입액

$$\underbrace{₩300,000 \times (1 - 30\%)}_{\text{세후영업현금흐름}} + \underbrace{₩200,000^{①} \times 30\%}_{\text{감가상각비 감세효과}} = \mathbf{₩270,000}$$

① 감가상각비 : $\frac{(₩1,200,000-200,000)}{5\text{년}} = ₩200,000$

(2) 회수기간

$$\frac{₩1,200,000}{₩270,000} = \mathbf{4.44년}$$

(3) 평균투자액

$$\frac{₩1,200,000 + 200,000}{2} = \mathbf{₩700,000}$$

(4) 법인세차감전순이익

₩300,000 − 200,000 = **₩100,000**

(5) 회계적이익률

1) 세후순이익 : ₩100,000 × (1 − 30%) = ₩70,000

2) 평균투자액을 이용한 회계적이익률 : $\frac{₩70,000}{₩700,000}$ = 10%

05 정답 ③

연간 현금흐름 = ₩50 × (1 − 0.2) + $\frac{₩200}{5}$ × 0.2 = ₩48억

NPV = −₩200 − ₩10 + ₩48 × 3.3522 + ₩10 × 0.4972 = **−₩44억**

(순운전자본 10억원은 현재 지출되어 투자수명이 끝나는 5년 후 전액 유입되는 것으로 가정한다.)

COST&MANAGEMENT ACCOUNTING

주관식 **연습문제**

01 기본적인 자본예산기법

(주)서울은 신형설비를 구입하는 투자안을 검토하고 있다. 투자와 관련된 자료는 다음과 같다.

최초 투자액	₩75,000,000
연간 영업비 절감액(감가상각비 제외)	25,000,000
잔존가치	0
내용연수	5년
세　　율	40%

할인율	현가계수(n=5)	연금의 현가계수(n=5)
12%	0.567	3.605
14%	0.519	3.433

[물음 1] (주)서울의 감가상각방법이 정액법임을 가정하여 다음을 구하라.

① 회수기간
② 자본비용이 12%인 경우의 순현재가치
③ 내부수익률
④ 회계적 이익률(평균투자액 기준)

[물음 2] 만약 이 투자안에 최초 투자액 이외에 추가로 순운전자본 ₩10,000,000이 투자될 경우 회계적 이익률(평균투자액 기준)을 구하라.

해답

[물음 1] 자본예산의 여러 기법

① 연간 발생하는 현금흐름 = ₩25,000,000 × (1 − 0.4) + ₩15,000,000 × 0.4
= ₩21,000,000

$$회수기간 = \frac{75,000,000}{21,000,000} = \mathbf{3.57년}$$

* 연간 일정한 현금흐름이 발생하는 경우 회수기간은 위와 같이 간단히 구할 수도 있다.

② NPV = ₩21,000,000 × 3.605 − ₩75,000,000 = **₩705,000**

③ k = 12% : NPV = ₩21,000,000 × 3.605 − ₩75,000,000 = ₩705,000

k = 14% : NPV = ₩21,000,000 × 3.433 − ₩75,000,000 = −₩2,907,000

2% : 3,612,000 = x% : 705,000 ➡ x = 0.39% ➡ IRR = 12% + 0.39% = **12.39%**

④ 회계상 순이익 = (₩25,000,000 − ₩15,000,000) × (1 − 0.4) = ₩6,000,000

$$\text{평균투자액} = \frac{₩75,000,000 + ₩0}{2} = ₩37,500,000$$

$$\text{회계적 이익률} = \frac{6,000,000}{37,500,000} = \mathbf{16\%}$$

[물음 2] 순운전자본이 존재할 때의 회계적 이익률

$$\text{평균투자액} = \frac{75,000,000 + 0}{2} + ₩10,000,000 = ₩47,500,000$$

$$\text{회계적 이익률} = \frac{₩6,000,000}{₩47,500,000} = \mathbf{12.6\%}$$

---

02 생산방안의 선택

(주)서울전자는 자동차용 배터리를 생산하는 회사로서 2가지 생산방안을 검토하고 있다. 배터리의 수요량은 연간 100,000단위이며, 판매단가는 ₩50,000이고 관련된 자료는 다음과 같다.

	노동집약적 공정(A)	자본집약적 공정(B)
단위당 변동비	₩20,000	₩10,000
연간 현금지출고정영업비	400,000,000	600,000,000
최초 설비투자액	4,000,000,000	6,000,000,000

상기 2가지 종류의 설비는 4년말(투자종료시점) 잔존가치가 없으며 정액법에 의한 감가상각을 할 예정이다. 법인세율은 40%이며 자본비용은 16%이다. 단, 이자율 16%, 4년의 연금의 현가계수는 2.7982이다.

[물음 1] 어느 공정이 높은 이익을 창출하겠는가?

[물음 2] 어느 공정이 높은 최초투자액 기준의 회계적 이익률을 달성할 수 있는가?

[물음 3] 어느 공정이 높은 순현재가치를 창출하겠는가?

해답

[물음 1] 회계적 이익

이익(A) = {(₩50,000 − ₩20,000) × 100,000 − ₩400,000,000 − ₩1,000,000,000}(1 − 0.4)
= ₩960,000,000

이익(B) = {(₩50,000 − ₩10,000) × 100,000 − ₩600,000,000 − ₩1,500,000,000}(1 − 0.4)
= ₩1,140,000,000

자본집약적 공정(B)의 이익이 더 높다.

[물음 2] 회계적 이익률(최초 투자액 기준)

$$\text{회계적 이익률(A)} = \frac{₩960,000,000}{₩4,000,000,000} = 24\%$$

$$\text{회계적 이익률(B)} = \frac{₩1,140,000,000}{₩6,000,000,000} = 19\%$$

노동집약적 공정(A)의 회계적 이익률이 더 높다.

물음 1과 2의 결과의 차이는 투자규모의 차이에 의한 것이다. 즉, 자본집약적 공정의 경우 더 큰 투자규모로 인하여 이익도 많이 발생한다. 그러나 규모 대비 이익률을 의미하는 회계적 이익률은 오히려 노동집약적 공정이 더 큰 것으로 나타나서 투자금액 대비 효율성은 노동집약적 공정이 더 큰 것으로 볼 수 있다. 물론 물음 1과 2 모두 현금흐름이 아니라 회계적 이익을 사용한다는 단점은 존재한다.

[물음 3] 순현재가치

CF(A) = {(₩50,000 − ₩20,000) × 100,000 − ₩400,000,000} × (1 − 0.4) + ₩1,000,000,000 × 0.4
= ₩1,960,000,000

NPV(A) = ₩1,960,000,000 × 2.7982 − ₩4,000,000,000 = ₩1,484,472,000

CF(B) = {(₩50,000 − ₩10,000) × 100,000 − ₩600,000,000} × (1−0.4) + ₩1,500,000,000 × 0.4
= ₩2,640,000,000

NPV(B) = ₩2,640,000,000 × 2.7982 − ₩6,000,000,000 = ₩1,387,248,000

노동집약적 공정(A)의 순현재가치가 더 크다.

03 회수기간법과 할인회수기간법

다음과 같은 현금흐름이 발생하는 상호배타적인 투자안이 존재한다.

	0	1	2	3
A투자안	−7,500	4,000	3,500	1,500
B투자안	−5,000	2,500	1,200	3,000

[물음 1] 회수기간법에 의하면 어느 투자안을 선택하는가?

[물음 2] 할인회수기간법에 의하면 어느 투자안을 선택하는가? 단, 적절한 할인율은 6%이다.

해답

[물음 1] 회수기간법

회수기간(A) = 2년

$$\text{회수기간(B)} = 2 + \frac{1,300}{3,000} = 2.43\text{년}$$

회수기간이 짧은 **A투자안**을 선택한다.

[물음 2] 할인회수기간법

	t = 0	t = 1	t = 2	t = 3
A투자안	−₩7,500	₩3,774	₩3,115	₩1,259
B투자안	−5,000	2,358	1,068	2,519

$$\text{할인회수기간(A)} = 2 + \frac{₩611}{₩1,259} = 2.49\text{년}$$

$$\text{할인회수기간(B)} = 2 + \frac{₩1,574}{₩2,519} = 2.62\text{년}$$

할인회수기간이 짧은 **A투자안**을 선택한다. 할인회수기간은 현재가치계산으로 인하여 회수기간보다 더 길다.

04 회계적 이익률

(주)서울은 신규 투자안 채택 여부에 관해 고민하고 있다. 신규투자안을 위해서 최초 4,000원의 기계를 투자하여야 한다. 기계의 내용연수는 3년이며 잔존가치는 1,000원이다. 기계는 내용연수동안 정액법으로 감가상각할 예정이고, 다음은 투자안 채택시 예상되는 3년간의 수익과 비용(감가상각비 제외)이다. 법인세율은 30%이며, 회사가 목표로 하는 회계적이익률은 20%이다. 이 투자안의 회계적이익률을 구하고 투자안을 평가하라.

	t = 1	t = 2	t = 3
수 익	₩5,000	₩3,000	₩2,900
비 용	3,000	1,500	1,000

해답

회계적 평균이익률을 구하기 위해서는 먼저 평균순이익(Average Net Income)을 구해야 한다.

	t = 1	t = 2	t = 3
수 익	₩5,000	₩3,000	₩2,900
비 용	(3,000)	(1,500)	(1,000)
감가상각비	(1,000)	(1,000)	(1,000)
영업이익(EBT)	₩1,000	₩500	₩900
법인세(Tax)	(300)	(150)	(270)
순이익(Net Income)	₩700	₩350	₩630

$$\text{평균순이익} = \frac{₩700 + ₩350 + ₩630}{3} = ₩560$$

$$\text{평균투자액} = \frac{\text{취득원가} + \text{잔존가치}}{2} = \frac{₩4,000 + ₩1,000}{2} = ₩2,500$$

$$\text{회계적이익률} = \frac{\text{평균순이익}}{\text{평균투자액}} = \frac{₩560}{₩2,500} = 22.4\%$$

따라서 이 투자안의 회계적이익률은 목표치인 20%보다 크므로 **투자안을 채택**하여야 한다.

제 15 장

새로운 관리회계시스템

cost & management accounting

CHAPTER 15

새로운 관리회계시스템

기업은 치열한 경쟁에서 생존하고 성장하기 위해 고객이 원하는 제품과 서비스를 보다 낮은 원가로 시장에 공급해야한다. 또한 제품과 서비스의 질을 유지하며 제품과 서비스를 혁신하기 위해 주의를 기울여야 할 것이다.

앞에서 언급한 제품과 서비스를 보다 낮은 원가로 시장에 공급한다는 것은 원가절감과 관련될 것이며, 제품과 서비스의 질을 유지한다는 것은 품질과 관련될 것이다. 또한 혁신은 제품의 설계와 개발활동과 관련될 것이다. 이와 같이 기업의 원가절감, 품질과 개발활동에 대한 성과를 측정하고 평가하기 위해 다음과 같은 새로운 관리회계시스템이 개발되었다.

SECTION

01 수명주기원가계산

1 의의

- 수명주기원가계산(life cycle costing) : 제품수명주기(product life cycle) 동안 발생하는 총수명주기원가를 절감할 수 있는 방법을 모색하는 원가관리기법으로 원가통제보다는 원가절감을 목적으로 한다.

제품수명주기는 제품의 기획시점부터 폐기시점까지의 기간을 의미하는데, 이는 다음과 같이 생산자수명주기와 고객수명주기로 나누어진다.

- 생산자수명주기(producer life cycle) : 제품을 기획하고 연구개발 · 설계한 후 이를 생산하여 판매하고 고객서비스를 하는 단계까지를 말한다.
- 고객수명주기(customer life cycle) : 고객이 제품을 구입하고 서비스를 받으며 사용 · 폐기하는 단계까지를 말한다.

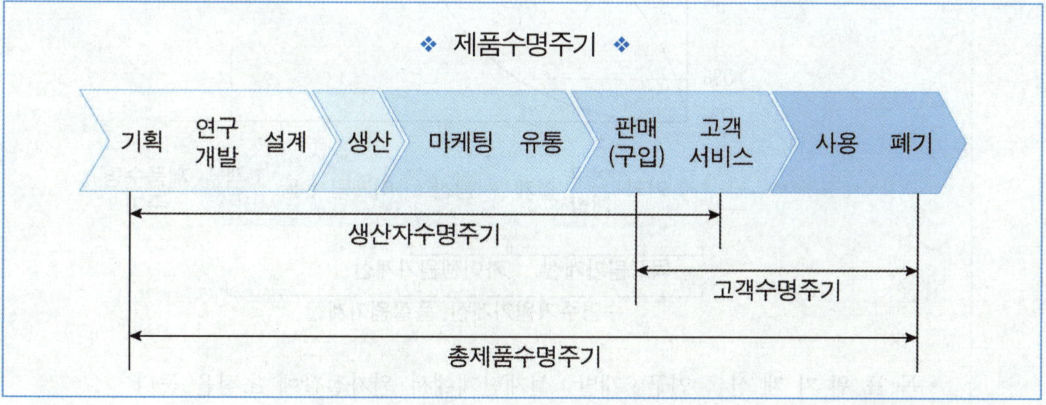

고객수명주기와 관련하여 고객이 제품을 구입한 후 이를 유지, 보수, 처분하는데 발생되는 비용을 구입후원가(postpurchase cost)라고 하는데, 구입후원가가 낮은 제품일수록 고객의 만족도가 높아 제품의 시장점유율은 높을 것이다. 그러므로 수명주기원가계산은 제품수명주기 동안에 발생하는 총수명주기원가에 구입후원가도 포함하여 이를 절감하기 위해 노력한다.

2 수명주기원가계산의 중요성

수명주기원가계산은 제품수명주기 동안에 발생하는 총수명주기원가를 절감할 수 있는 방법을 모색하는 것이다. 그런데 총수명주기 중 원가절감은 생산이 착수되기 전에 이미 대부분 결정(고착화)된다. 즉, 수명주기원가의 90% 혹은 그 이상이 개발단계에서 결정되므로 제품생산 이전인 개발단계에서 원가절감을 위한 노력을 기울여야 한다.

수명주기원가계산은 제품수명주기가 짧은 제품을 생산하는 기업에서 특히 중요하다. 만약 제품의 수명주기가 길다면 제품의 재설계나 원가절감 등의 방법을 사용하여 목표이익을 달성할 수 있다. 그러나 짧은 수명주기의 제품을 보유하고 있는 기업은 이러한 방법을 사용할 충분한 시간이 없으므로 수명주기계획을 철저히 수립하여 제품을 생산해야 한다. 이때 활동기준원가계산에서 산출된 활동원가정보를 이용하면 원가절감에 도움이 될 수 있다.

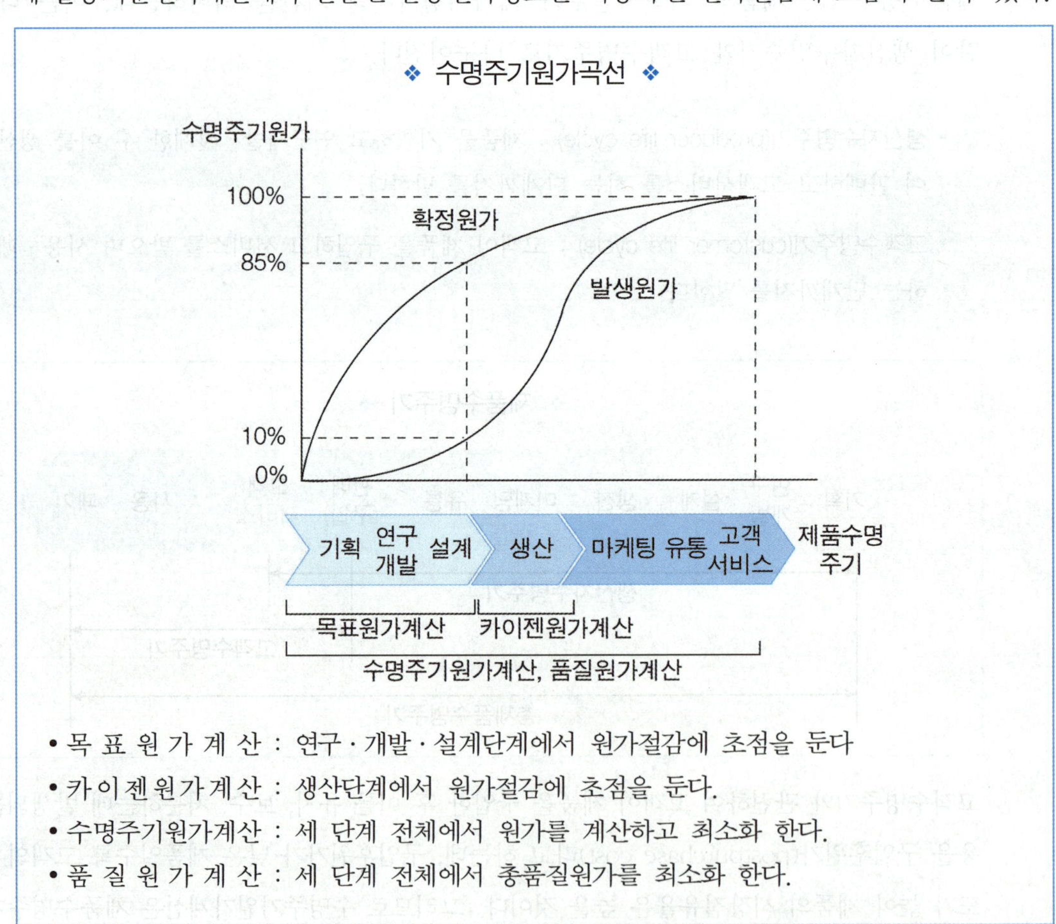

- 목 표 원 가 계 산 : 연구 · 개발 · 설계단계에서 원가절감에 초점을 둔다
- 카이젠원가계산 : 생산단계에서 원가절감에 초점을 둔다.
- 수명주기원가계산 : 세 단계 전체에서 원가를 계산하고 최소화 한다.
- 품 질 원 가 계 산 : 세 단계 전체에서 총품질원가를 최소화 한다.

SECTION

02 목표원가계산

1 의의

적시생산시스템의 도입으로 기업은 더 이상 제조단계에서의 원가절감이 곤란해지자 생산이전단계에 관심을 갖게 되었고 이에 따라 생산이전단계에서의 원가절감을 강조하는 목표원가계산을 사용하게 되었다.

- 목표원가계산(target costing) : 제품의 기획 · 연구개발단계에서 고객이 원하는 가격과 품질 · 납기 등을 맞추며 동시에 적정한 이익을 얻게 해주는 목표원가를 달성하기위한 시장지향적인 원가관리기법이다.

전통적으로 기업은 제품원가에 적정한 이익을 가산하여 판매가격을 결정하지만, 목표원가계산에서는 역으로 제품의 시장가격을 근거로 목표이익을 차감하여 목표원가를 설정한다. 이러한 목표원가계산은 다음과 같은 기본원칙을 가지고 있다.

① 시장가격으로부터 최대허용가능원가인 목표원가가 도출된다.

② 제품 및 공정의 사전설계를 통해 불필요한 원가발생을 제거한다.

③ 급변하는 환경하에서 가격, 품질, 납기 등에 대한 고객의 요구를 명확히 반영해야 한다.

④ 제품수명주기 전체에 걸친 총원가의 절감에 초점을 맞추는데, 이는 가치공학이나 가치분석의 방법을 통해 이루어진다.

⑤ 목표원가계산은 여러 가지 복잡한 활동을 함께 수반하므로 이를 위해서는 둘 이상의 분야에 걸치는 팀의 사용이 필요하다. 또한 기업내부뿐만 아니라 기업외부의 관계자들도 적극적으로 원가절감에 참여시킨다.

2 목표원가계산의 절차

1) 1단계 : 목표가격의 결정

경쟁회사의 제품과 고객의 욕구 및 수요변화 등에 대한 시장조사를 통하여 잠재 고객이 원하는 신제품을 결정하고 이에 대한 적정수준의 목표가격을 결정한다.

2) 2단계 : 목표이익의 결정

기업의 중장기 이익계획목표를 달성하는데 필요한 목표이익을 결정한다. 목표이익은 제품수명주기 동안 달성할 이익이다.

3) 3단계 : 목표가격에서 목표이익을 차감한 목표원가의 설정

4) 4단계 : 목표원가를 달성하기 위한 여러 가지 원가절감방안의 모색

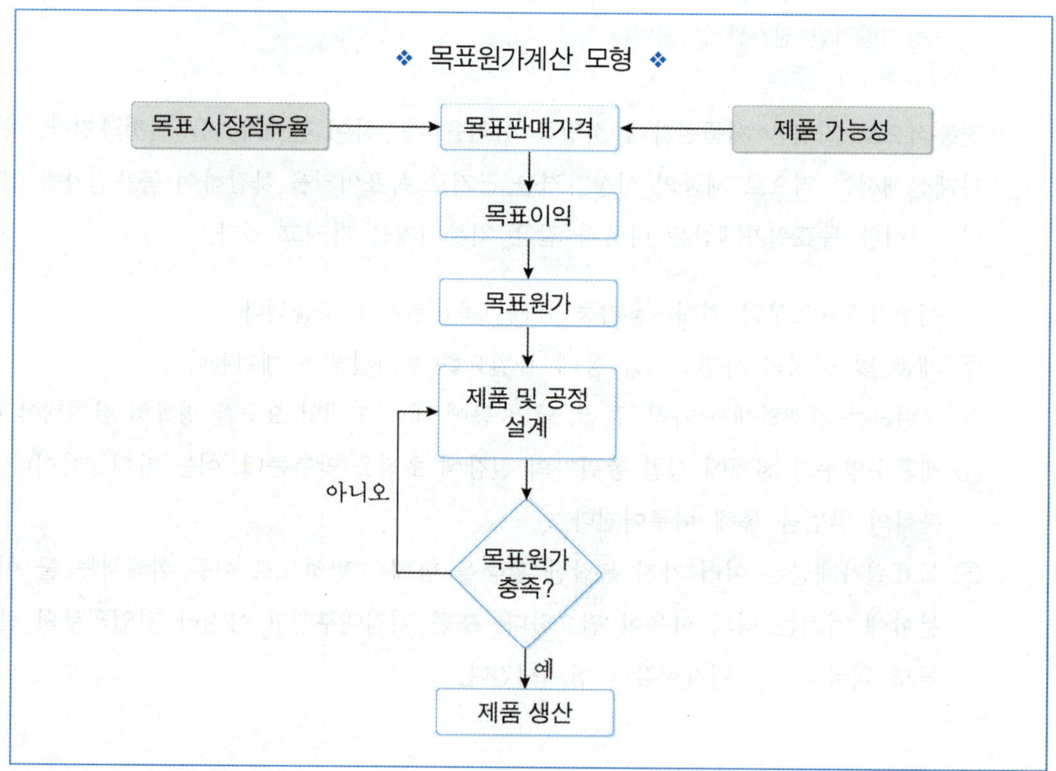

3 목표원가 달성을 위한 원가절감방안

1) 가치공학(value engineering)

원가절감과 제품가치를 동시에 추구하기 위해 제품의 설계, 소재, 생산기술, 생산공정 등을 검토하고 개선하여 일정한 품질수준을 유지하면서 원가를 절감하는 기법으로 가치분석이라고도 한다. 과거에 가치공학은 제조단계에서 발생하는 원가절감에 관심이 있었지만 현대적 의미의 가치공학은 목표원가 달성을 위해 전체수명주기에 걸쳐 원가를 최소화할 수 있도록 제품개발과 설계, 생산을 공학적으로 접근한다.

2) 동시공학(concurrent engineering)

순차적인 단계로 진행되던 과거의 제품 개발과는 달리 모든 부서가 제품 개발단계에서 통합된 정보망과 전산시스템의 지원 아래 동시진행과 상호교류를 하는 기법이다. 동시공학은 개발과 테스트까지의 전 과정을 동시에 반복 진행하므로 신제품의 개발기간과 납기를 단축하고 제조원가의 절감 및 품질향상을 이룰 수 있다.

3) 게스트엔지니어링(guest engineering)

조립산업에서 생긴 말로서 기업이 협력업체를 손님처럼 귀하게 여겨 동반자적 관계를 유지하고 기술을 공유하는 것을 말한다. 게스트엔지니어링은 제품의 기획과 설계과정에서부터 협력업체와 한 팀을 이루어 공동으로 기술개발에 참여한다. 이러한 경우 기존에 협력업체를 배제한 상황에서 설계도를 작성하여 발생하는 비효율적인 요소를 사전에 예방하므로 원가를 절감할 수 있고, 협력업체와 보다 좋은 관계를 유지할 수 있게 된다.

4 전통적인 원가관리와 목표원가계산의 차이점

전통적인 원가관리는 다음과 같은 특징이 있다.

① 전통적인 원가관리는 목표원가와 달리 고객들의 요구보다는 기업 내부의 원가효율성에 초점을 맞추고 있고 생산 후에 나타나는 불리한 원가차이만을 원가절감 대상으로 삼는다.

② 원가절감 노력을 기업 내부에서만 제한적으로 수행할 뿐, 기업 외부의 가치사슬까지 확대하지는 않는다.

③ 전통적인 원가관리기법은 환경이 안정적이고 예측가능한 상황에서 적용 가능하지만 급격하게 변화하고 예측불가능한 현대적인 환경에서는 적절하지 못하다.

❖ 전통적인 원가관리와 목표원가관리의 차이점 ❖

구 분	전통적 원가관리	목표원가관리
원가기획시	시장상황 고려 안함	시장상황을 고려
가격결정	원가 → 판매가격	시장가격 → 원가
원가관리의 책임	원가담당자	목표원가에 참여한 범능적 팀
외부환경과의 관계	외부환경 무시(폐쇄적) : 기업 내부의 원가효율성 측정에만 초점을 맞춤	외부환경 고려(개방적) : 고객욕구 및 경쟁위협에 대처하기 위하여 외부환경과 상호작용함
고려하는 변수의 수	적음 : 기업 외부 및 기업 내 다른 부문에 대해 고려안함	많음 : 각 부서 간 그리고 가치사슬 구성원들 간의 복합적인 관계를 고려함
규제 및 통제의 형태	사후적으로 이미 발생한 원가에 기초한 원가차이 정보를 이용하여 시정조치	사전적으로 실제생산 이전에 미래에 발생할 원가에 기초하여 원가절감을 도모함
규제 및 통제의 목적	표준이나 예산범위 이내로 원가가 발생하도록 관리	제품의 전체 수명주기 동안 고객과 생산기업 모두를 위한 지속적인 원가개선을 도모함

5 목표원가계산의 문제점

① 생산담당자들이 목표원가를 달성하려는 중압감으로 스트레스를 받을 수 있다.
② 하청업자나 공급자에게 납품일정을 맞추고 원가를 절감하도록 압력행사시 하청업자나 공급자와의 관계가 악화될 수 있다.
③ 목표원가를 달성하기 위해 과도한 개발시간이 소요되는 경우 제품의 시장진입 시기를 놓쳐 판매기회를 놓칠 수 있다.

예제 01 목표원가

(주)서울은 시장조사 결과 신제품을 개발하기로 하였다. 추정자료에 의하면, 신제품의 목표가격은 ₩100이고 예상판매량은 10,000단위이다. 당사의 목표이익률이 20%인 경우 목표원가를 계산하시오. 또한 고정원가 추정액이 ₩500,000으로 예상될 경우 단위당 변동원가를 구하시오.

해답

단위당 목표가격		₩100
단위당 목표이익	(₩100 × 0.2)	20
단위당 목표원가		₩80
단위당 목표고정원가		50*
단위당 목표변동원가		₩30

* $\frac{₩500,000}{10,000단위} = ₩50$

SECTION 03

카이젠원가계산

1 의의

- 카이젠원가계산(kaizen costing, 개선) : 지속적이고 점진적인 제조공정의 개선을 통해 원가를 절감하려는 개선활동을 의미한다.

이러한 카이젠원가계산은 원가를 절감함으로 목표원가계산과 유사하다. 그러나 목표원가계산은 신제품에 대한 제품수명주기 중 연구개발이나 설계변경을 통한 제품의 혁신적인 원가절감과 관련되고 카이젠원가계산은 지속적인 제조공정의 능률향상을 통한 기존제품의 원가절감과 관련된다.

2 카이젠원가계산의 절감과정

카이젠원가계산에서 원가절감은 다음과 같이 지속적인 개선사이클인 계획(plan)－실행(do)－검토(check)－개선(act)을 통해 달성된다.

- 계획단계 : 원가절감이 반영된 카이젠표준(kaizen standard)을 설정한다. 카이젠표준이란 달성가능한 표준원가이다.
- 실행단계 : 설정된 카이젠표준을 달성하기 위해 행동을 취한다.
- 검토단계 : 실행 후 실제원가와 카이젠표준을 비교하여 그 차이를 검토한다.

3 표준원가와 카이젠원가계산의 차이점

전통적인 원가통제방법은 경영자나 공학자들이 원가분석을 하여 표준원가를 설정하고, 설정된 표준원가의 달성여부나 표준원가와 실제원가의 차이분석에 초점을 맞추고 있다. 그러나 카이젠원가는 원가절감목표의 달성여부와 카이젠원가와 실제원가 절감액을 대비한 차이분석에 초점을 맞춘다.

❖ 표준원가계산과 카이젠원가계산의 차이점 ❖

구 분	표준원가계산	카이젠원가계산
개 념	원가통제시스템	원가절감시스템
가 정	생산공정의 안정성 공정개선과 원가절감에 가장 적합한 지식을 가진 사람은 공학자와 경영자들이다.	생산공정의 지속적인 개선 공정개선과 원가절감에 가장 적합한 지식을 가진 사람은 작업자들이다.
목 표	사전에 설정된 표준원가의 달성 표준원가를 매년 또는 분기별로 수립	원가절감목표의 달성 원가절감목표는 매달 수립
차 이 분 석	연단위 또는 반년단위의 표준설정 실제원가와 표준원가의 비교	월단위의 원가절감 목표설정 카이젠원가와 실제원가를 비교

4 카이젠원가계산의 문제점

카이젠원가계산에서는 작업자들이 과중한 원가절감의 압력을 받게 된다. 이러한 문제점을 방지하기 위해 신제품이 개발되어 양산되기 전까지 원가유지기간을 인위적으로 설정하여 이 기간 동안 원가절감의 방법을 습득할 수 있도록 한다.

예제 02 카이젠원가

(주)서울은 자동차를 만드는 회사이다. 회사는 20×1년 3월에 1,000대의 자동차를 생산하였으며, 이와 관련된 단위당 직접재료원가와 직접노무원가는 다음과 같다.

	대당 실제사용량	단위당 원가		실제원가
직접재료원가	100kg	₩10/kg	=	₩1,000/대
직접노무원가	10시간	50/시간	=	500/대
				₩1,500/대

회사는 4월부터 카이젠원가를 도입하였으며 매월 원가절감목표를 2%로 설정하였다.

다음은 4월에 한달 동안 생산한 자동차 1,000대와 관련된 실제원가이다.

	4월
직접재료원가	₩1,020,000
직접노무원가	480,000
합 계	₩1,500,000

[물 음] 4월의 직접재료원가와 직접노무원가의 목표카이젠원가와 원가차이를 구하시오.

해답

[물 음] 4월의 카이젠원가와 원가차이

	실제원가	카이젠원가	원가차이
직접재료원가	₩1,020,000	₩980,000*1	₩40,000(U)
직접노무원가	480,000	490,000*2	10,000(F)
			₩30,000(U)

*1 1,000대 × ₩1,000 × (1 − 0.02) = ₩980,000

*2 1,000대 × ₩500 × (1 − 0.02) = ₩490,000

직접재료원가는 원가절감을 달성하지 못하였지만 직접노무원가는 원가절감 목표를 초과 달성하였다.

SECTION
04 품질원가계산

1 의의

기업은 제품과 서비스를 보다 낮은 원가로 고객에게 공급하는 것도 중요하지만 제품과 서비스의 질을 유지하는 것도 매우 중요하다. 이는 품질과 관련되며 품질이란 고객의 기대에 대한 일치성(confirmity), 신뢰성(reliability) 등으로 다양하게 정의된다. 품질은 다음과 같이 설계품질과 적합품질이 있다.

- 설계품질(quality of design) : 고객의 요구에 따라 제품이 설계되었는가에 대한 것으로써 소비자 품질이라고도 한다. 만약, 고객의 요구대로 제품이 설계되었다면 설계품질은 높은 것이다.
- 적합품질(quality of conformance) : 제품이 설계된 대로 적합하게 작동하는가에 대한 것으로써 생산자 품질이라고도 한다. 불량품은 적합품질이 낮아 제대로 작동하지 않는 제품을 말한다.

기업은 제품의 적합품질에 대하여 지속적인 관심을 갖고 품질개선을 위해 노력해야 한다. 왜냐하면 품질개선시 원가도 절감되고 고객만족을 통해 기업의 수익도 증가되기 때문이다. 지금까지는 불량품과 관련된 적합품질이 중요하였지만 최근에는 설계품질도 매우 중요하다. 그러므로 기업은 고객을 만족시키는 제품을 설계한 후 적합품질을 통하여 설계명세서에 맞게 제품을 생산하도록 노력해야 할 것이다.

2 품질원가의 종류

- 품질원가(cost of quality) : 기업이 생산하는 제품이나 서비스의 품질과 관련하여 발생하는 모든 원가를 말한다.

품질과 관련하여 발생하는 품질원가는 다음과 같이 통제활동 및 실패활동으로 나누어진다.

- 통제활동(control activities) : 불량품이 발생할 가능성이 있기 때문에 불량품을 예방하거나 혹은 발견하기 위해 수행되는 활동이다. 이러한 통제활동은 예방활동과 평가활동으로 나누어진다.
- 실패활동(failure activities) : 불량품이 발생하였기 때문에 이에 대한 대응으로 기업 혹은 고객에 의해서 수행되는 활동이다. 만약 불량품이 고객에게 전달되기 전에 불량품에 대한 대응이 수행되면 이 활동은 내부실패활동이다. 그러나 고객에게 전달된 후 불량품에 대한 대응이 수행되면 외부실패활동으로 분류된다.

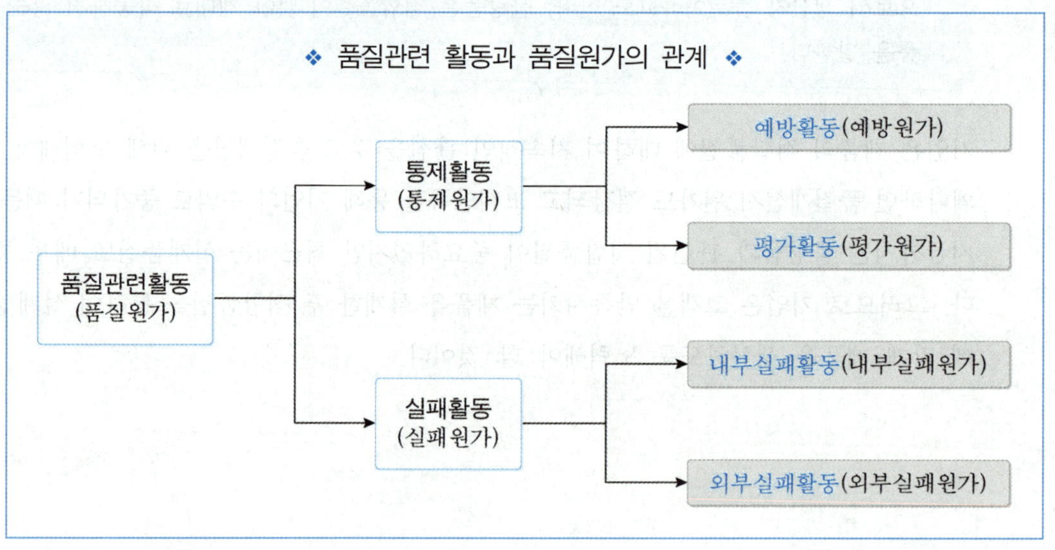

1) 예방원가(prevention cost) : 기업이 제조하는 제품이나 제공하는 서비스에 있어서 불량품이 발생하지 않도록 하기 위해 지출하는 원가이다. 일반적으로 예방원가를 많이 지출할수록 불량품의 발생가능성은 낮아져 실패원가는 감소된다.

2) 평가원가(appraisal cost) : 기업이 제조하는 제품이나 제공하는 서비스가 고객의 요구수준을 만족시키고 있는지 또는 기업이 제조하는 제품이 설계명세서의 내용과 일치하는지를 평가하기 위해 지출하는 원가이다.

3) 내부실패원가(internal failure cost) : 제품을 고객에게 인도하기 전에 내부적으로 기준품질에 미달하는 불량품을 발견하는 경우 발생되는 원가이다. 이러한 불량품의 발견은 평가활동에 의해서 이루어진다.

4) 외부실패원가(external failure cost) : 불량품이 고객에게 인도된 후 발생되는 원가이다. 내부실패원가와 더불어 불량품이 발생하지 않으면 발생되지 않는 원가이다. 이러한 외부실패원가는 모든 품질원가 중에서 기업에게 가장 큰 손해를 입힐 수 있다.

예방활동은 제품의 하자를 제거하지만 평가활동은 하자를 발견할 뿐 제거할 수는 없다. 이러한 이유로 예방활동이 평가활동보다 더욱 중요한데, 기업이 예방활동에 노력하면 실패원가가 감소되고 평가원가도 감소될 것이다.

앞에서 설명한 품질원가에 대해 기업이 예산을 편성하는 경우 일반적인 규칙은 없지만 실패원가는 기업의 이미지와 이익에 좋지 않은 영향을 미치므로 바람직한 예산편성은 다음과 같다.

예방원가 > 평가원가 > 내부실패원가 > 외부실패원가

❖ 품질원가의 종류 ❖

예방원가	평가원가
품질엔지니어링 품질관리교육 및 훈련 품질관리계획수립 신제품의 디자인 분석 품질개선을 위한 토의 납품업체의 평가 공급자에게 제공될 기술지원 시장조사	검사구역의 공장설비 원재료의 검사 포장작업검사 제품수용판정 제조공정수용판정 제품사용 고객에 대한 현장검사 품질검사(제품검사) 납품업체의 부품에 대한 평가

내부실패원가	외부실패원가
작업폐물 재 작 업 불량품으로 인한 제조작업중단 제품하자의 원인분석 재 검 사 재 시 험 디자인 변경	나쁜평판으로 인한 판매기회의 상실 반품, 에누리 및 할인 제품보증수리 보증기간이 지난 수리와 교환 고객불만처리 제품리콜 손해배상금

3 품질원가의 최적분포

실패원가는 불량품의 발생에 따라 비례해서 증가한다. 반면에 통제원가는 그 지출액이 증가할수록 불량품이 감소하므로 통제원가는 불량품의 발생률과 역의 관계에 있다. 이러한 통제원가와 실패원가의 관계를 관점에 따라 나누면 다음과 같다.

1) 전통적인 관점

불량품의 발생과 역의 관계에 있는 통제원가와 불량품의 발생에 따라 증가하는 실패원가의 합계가 최소가 되는 최적의 균형점이 있다고 가정한다. 최적의 균형점에서 총품질원가는 최소가 되고 이 최적의 점을 허용품질수준(acceptable quality level : AQL)이라고 한다. 그러므로 전통적인 관점은 사실상 불량품을 어느 정도 인정한다.

2) 최근의 관점

최근에는 총품질원가와 불량률을 동시에 감소시킬 수 있다고 본다. 이러한 주장은 전사적 품질관리(total quality management : TQM*)의 개념에 근거를 두고 있으며, 불량품이 존재하지 않는 무결점(zero-defect)수준의 상태가 최적의 품질수준이라는 것이다. 그러므로 실패원가는 없으며, 통제원가는 불량률 감소에 따라 증가하다가 일정 시점을 넘어서면 오히려 감소되어 어느 정도의 통제원가만 발생된다.

예를 들어 품질원가 도입초기에는 종업원에 대한 품질교육 또는 공급업체에 대한 평가 등 많은 예방원가가 지출되지만 어느 정도 시스템이 갖추어지고 품질에 대한 인식이 높아지면 불량률도 감소되고 불량률이 감소되면 평가원가도 감소될 것이다.

* 소비자의 욕구를 충족시키기 위해 전종업원이 참여하여 제품의 설계단계에서 생산에 이르기까지 불량률을 영으로 만들고자 하는 조직전체의 계획 및 통제시스템을 말한다.

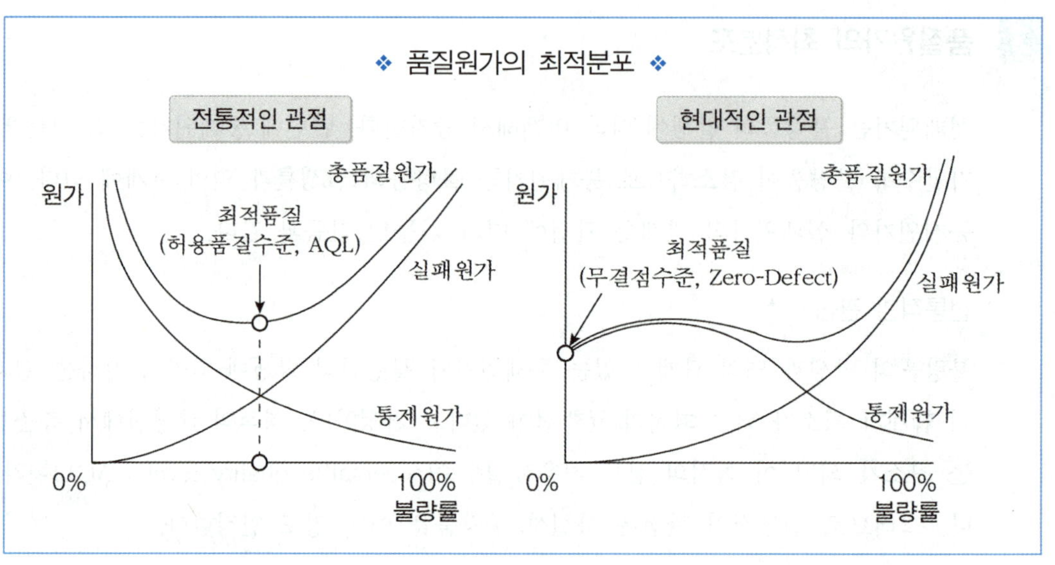

4 품질원가보고서

품질원가에 대한 정보를 수집하고 이를 보고하는 품질원가보고서(quality cost report)는 기업의 예방원가 · 평가원가 · 내부실패원가 · 외부실패원가를 집계한 것이다. 이와 같이 집계한 품질원가보고서는 경영자에게 품질원가의 유형과 크기 및 추이를 알려줄 수 있다. 품질원가보고서는 매출액에 대한 각 품질원가의 비율로 나타내거나 총품질원가 중 각 품질원가가 차지하는 비율로도 나타낼 수 있다.

5 품질원가정보의 유용성

① 경영자에게 품질이 갖는 재무적인 중요성을 깨닫게 해준다.

② 품질원가보고서를 통해 품질성과의 개선을 측정할 수 있다.

③ 서로 다른 품질개선노력을 비교하고 상충관계를 파악할 수 있는 기회를 제공한다.

6 품질원가정보의 한계점

① 품질원가를 단순히 측정하고 보고하는 것만으로는 품질문제가 해결되지 않는다. 그러므로 품질개선을 위한 별도의 활동이 필요하다.

② 품질원가보고서에 중요한 품질원가가 누락될 수 있다. 예를 들어 고객불만족에 의한 판매기회의 상실은 재무적으로 측정하기가 곤란하여 품질원가보고시 생략된다.

예제 03 품질원가보고서

(주)서울은 20×1년도에 대한 품질원가보고서를 작성하기 위하여 다음과 같은 자료를 수집하였다.

매 출 액	₩8,100,000
디자인 분석	405,000
제 품 리 콜	135,000
재 검 사	67,500
납품재료검사	54,000
품 질 훈 련	135,000
공정수용판정	67,500
작 업 폐 물	47,250
판매기회상실	270,000
원 재 료 검 사	40,500
반품된 제품	128,250

[물음 1] 매출액 대비 품질원가보고서를 작성하시오.

[물음 2] 종류별 품질원가의 분포 보고서를 작성하시오. 그리고 이에 대한 당신의 의견을 간단히 설명하시오.

해답

[물음 1] (주)서울의 20×1년도 매출액 대비 품질원가보고서

품질원가			매출액에 대한 비율
예방원가		₩540,000	6.67%
디자인 분석	₩405,000		
품질훈련	135,000		
평가원가		162,000	2.00%
납품재료검사	₩54,000		
공정수용판정	67,500		
원재료검사	40,500		
내부실패원가		114,750	1.42%
재 검 사	₩67,500		
작업폐물	47,250		
외부실패원가		533,250	6.58%
제품리콜	₩135,000		
판매기회상실	270,000		
반품된 제품	128,250		
총품질원가		₩1,350,000	16.67%

[물음 2] 품질원가의 분포보고서

1) 종류별 품질원가의 분포 보고서

품질원가		상대적 분포
예방원가	₩540,000	40.0%
평가원가	162,000	12.0%
내부실패원가	114,750	8.5%
외부실패원가	533,250	39.5%
총품질원가	₩1,350,000	100.0%

2) 실패원가가 총품질원가에 대해 48% 수준이다. 이것은 예방 및 평가활동에 더 많은 투자를 함으로써 품질을 개선할 수 있는 기회가 많음을 나타내고 있다.

SECTION
05 활동기준경영(ABM)

1 의의

• 활동기준경영(activity-based management, ABM) : 활동기준원가계산(ABC)의 활동정보를 활용하여 고객의 가치를 개선하고 이러한 가치의 제공으로 기업의 경영성과를 개선시키기 위한 관리기법이다.

경영성과를 개선시키기 위한 활동기준경영은 원가관점과 프로세스관점을 가지고 있다. 이 두 가지 관점을 나타내면 다음과 같다.

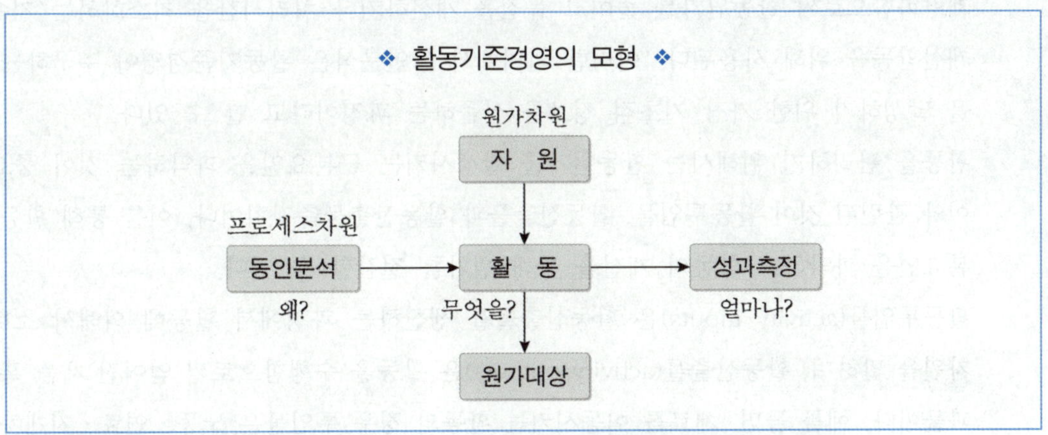

원가관점(자원 → 활동 → 원가대상)은 원가대상에 관한 원가정보를 제공하는 것으로 이는 활동기준원가계산(ABC)과 관련된다. 활동기준원가계산은 자원동인을 통하여 자원원가를 활동원가에 배분하고 활동원가를 활동동인에 의해 제품과 고객에 배부하는 원가할당의 과정이다. 이와 같은 원가관점의 목표는 원가배분의 정확성을 개선하는 것으로 제품원가계산과 전략적 원가관리에 유용하다.

프로세스관점(동인분석 → 활동분석 → 성과측정)은 어떤 활동이 수행되고 그들이 왜 수행되며, 그들이 어떻게 잘 수행되는지에 관한 정보를 제공한다. 이러한 프로세스관점은 지속적인 개선을 수행하여 원가를 절감하는데 목표가 있다. 지속적인 개선여부는 다음의 프로세스 가치분석을 통하여 측정할 수 있다.

2 프로세스 가치분석

프로세스 가치분석(process value analysis ; PVA)은 원가보다는 활동의 보고에 초점을 두고 전체성과의 극대화를 강조한다. 프로세스 가치분석은 다음과 같이 동인분석, 활동분석, 성과측정으로 이루어져 있다.

(1) 동인분석 : 근본요인의 정의

동인분석(driver analysis)은 활동원가를 발생시키는 근본요인을 파악하는 것을 말한다. 동인분석은 프로세스개선을 위한 가장 기초적인 단계로써 원가동인의 효과를 파악하고 계량화함으로써 활동원가를 줄이고 품질을 개선하거나 처리시간을 최소화하는 지속적인 개선활동을 위해 사용된다. 이러한 의미에서 동인분석은 활동기준경영이 추구하는 목적을 달성하기 위한 가장 기초적 정보를 산출하는 과정이라고 할 수 있다.

활동을 관리하기 위해서는 활동원가를 발생시키는 근본요인을 파악하는 것이 중요한데 이와 관련된 것이 활동투입물, 활동산출물과 활동산출물측정치이다. 이를 통해 활동의 근본요인을 파악하고 활동의 개선을 통해 원가를 절감할 수 있다.

활동투입물(activity inputs)은 활동산출물을 생산하는 과정에서 활동에 의해서 소비되는 자원을 말하며, 활동산출물(activity outputs)은 활동을 수행함으로써 얻어진 제품 혹은 결과물이다. 예를 들면, 재료를 이동시키는 활동의 경우 투입물은 노동 · 연료 · 지게차 등이 되고, 산출물은 재료이동이다.

활동산출물측정치(activity output measure)는 활동을 수행하여 얻어진 산출물을 계량적으로 나타내는 측정단위를 의미한다. 예를 들면, 재료이동횟수는 재료이동활동의 산출물 측정치이다. 또한 활동산출물측정치는 활동소비량을 나타내는 것으로 활동동인(activity driver) 또는 원가동인(cost driver)이라고 한다.

활동소비량이 변하면 활동원가도 변하는데 예를 들어, 재료이동횟수가 증가하게 되면, 재료이동활동은 더 많은 투입물(예, 노동 · 연료 등)을 소비하기 때문에 재료이동활동원가도 증가한다.

(2) 활동분석 : 가치내용의 식별과 평가

활동분석(activity analysis)은 활동을 파악하고 이에 대한 평가를 하는 과정이다. 기업은 활동분석을 통해 다음과 같은 분석과 평가가 이루어진다.

① 기업이 어떠한 활동들을 수행하고 있는가?

② 활동들을 수행하기 위하여 투입되는 인력 및 소요되는 시간과 자원은 얼마나 되는가?

③ 이러한 활동들로 인하여 기업의 가치는 얼마나 증가하는가?

앞에서와 같이 활동의 가치내용을 평가하면 경영자는 낭비를 제거할 수 있으며, 이로 인해 원가가 절감될 수 있다. 따라서 활동분석시 원가절감을 위해 불필요한 활동을 제거해야 하는데, 이에 따라 활동은 다음과 같이 부가가치활동과 비부가가치활동으로 나눌 수 있다.

1) 부가가치활동과 비부가가치활동

부가가치활동(value-added activities)은 기업에 필요한 활동으로서 제품이나 서비스에 대한 고객의 가치를 증가시키는 활동을 말하며, 이러한 활동을 효율적으로 수행하기 위하여 발생하는 원가를 부가가치원가(value-added costs)라고 한다. 또한 부가가치활동이지만 비효율적으로 수행되어 발생하는 원가는 비부가가치원가(nonvalue-added costs)라고 한다. 반면에 비부가가치활동(nonvalue-added activities)은 기업에 불필요한 활동으로서 비효율적으로 수행되고 있는 활동을 말하며, 이러한 활동에 의해서 발생되는 원가도 비부가가치원가(nonvalue-added costs)라고 한다.

활동분석은 모든 비부가가치활동을 식별하여 이를 제거하고, 부가가치활동의 효율성을 증가시키는 것이다.

❖ 부가가치활동과 비부가가치활동 ❖

활동	부가가치활동	비부가가치활동
제품설계	○	
작업준비		○
대기		○
운반		○
가공	○	
재작업		○
수선		○
저장		○
검사		○
제품배달	○	

2) 활동경영을 통한 원가절감

활동경영에 의한 원가절감은 다음과 같이 네 가지 방법에 의해서 이루어진다.

① 비부가가치활동의 제거

비부가가치활동들을 제거(activity elimination)하여 원가를 절감한다. 예를 들어, 검수작업 활동은 높은 품질의 부품을 구입시 생략될 수 있는 활동이다. 따라서 기업은 높은 품질의 부품을 공급하는 업체를 지정함으로써 비부가가치원가를 절감할 수 있다.

② 활동의 선택

제품생산과 관련하여 여러 가지 대안이 있는 경우에 대안별로 활동을 분석하여 원가를 최소화할 수 있는 활동을 선택(activity selection)하여 원가를 절감한다. 예를 들어, 제품설계에 여러 가지 대안이 있는 경우 각각의 대안에 대한 활동을 분석하여 이 중에서 최소의 원가를 발생시키는 활동이 포함된 설계전략을 선택한다.

③ 활동의 감소

활동을 수행하는데 필요한 시간과 자원을 줄이는 활동의 감소(activity reduction)를 통해 원가를 절감한다. 이를 통해 필요한 활동의 효율성을 높이게 되어 원가를 절감할 수 있다. 예를 들어, 제품의 품질을 개선할 경우 고객불만이 감소함으로써 고객불만처리활동의 원가가 절감된다.

④ 활동의 공유

신제품 생산시 다른 제품의 활동을 사용하여 활동의 효율성을 높이는 활동의 공유(activity sharing)를 통해 원가를 절감한다. 예를 들어, 신제품을 설계할 때 기존제품의 부품을 사용할 수 있도록 설계할 경우 이들 부품과 관련된 활동은 이미 있으므로 새로운 부품을 고안하고 제조하기 위한 새로운 활동의 발생을 회피할 수 있다.

(3) 활동성과의 평가

수익성을 개선하기 위해서는 활동이 얼마나 잘 수행되었는가를 평가하는 것이 중요하다. 활동성과의 평가는 재무적 또는 비재무적인 방법으로 이루어지는데, 주로 효율성 · 품질 및 시간과 같은 세 가지 측면에 중점을 두고 있다.

① 효율성(efficiency)은 활동의 투입물과 산출물의 관계를 말한다. 효율성을 개선하기 위해서는 적은 활동투입물을 가지고 동일한 활동산출물을 얻는 것이다.

② 품질(quality)은 활동을 처음 수행할 때 올바르게 수행하는 것을 의미한다. 활동산출물이 불량이면 활동이 반복되고 불필요한 원가가 증가돼 효율성이 감소된다.

③ 활동을 수행하는데 투입되는 시간(time)도 중요하다. 만약 활동을 수행하는 시간이 길어지면 자원의 소비가 증가되어 원가가 증가되고 고객의 요구에 대한 대응능력이 저하된다.

(4) 활동성과의 재무적 측정치

활동성과의 측정치는 기업이 수행한 특정 활동의 성과를 나타내는 척도로서 재무적 측정치와 비재무적 측정치가 있다. 이 중 재무적 측정치는 활동의 변화가 원가에 미치는 영향에 관한 정보를 제공한다. 활동성과의 재무적 측정치로 활용되는 정보로는 부가가치원가와 비부가가치원가의 분석 · 활동기준예산 · 활동생산능력관리 등이 있다.

1) 부가가치원가와 비부가가치원가

부가가치표준(value added standard)은 비부가가치활동을 완전히 제거한 상태이거나 또는 비록 필요한 활동이라 하더라도 비효율을 완전히 제거한 상태이다. 그러므로 비부가가치활동은 부가가치활동과 달리 부가가치표준수량은 항상 영(0)이다.

부가가치원가는 부가가치표준수량에 원가동인의 단위당 표준가격을 곱하여 계산하고, 비부가가치원가는 원가동인의 실제수량과 부가가치표준수량의 차이에 단위당 표준가격을 곱하여 계산한다.

앞에서와 같이 비부가가치원가를 파악하는 것은 현재 발생하고 있는 낭비적인 요소를 밝히고 개선하는데 목적이 있다.

❖ 부가가치원가와 비부가가치원가의 계산 ❖

부가가치원가 = 활동동인의 부가가치표준수량 × 단위당 표준가격

비부가가치원가 = (원가동인의 실제수량* − 부가가치표준수량) × 단위당 표준가격

* 실제수량의 계산

1) 필요할 때마다 취득하는 변동자원 : 활동동인의 실제사용량

2) 사용전에 미리 취득된 고정자원 : 활동동인의 실제사용가능량

부가가치표준의 달성은 단기간에 이루어질 수 있는 것이 아니다. 경영자들은 작업자들(또는 팀)에게 부가가치표준이라는 목표를 향해 지속적으로 노력할 수 있도록 동기부여를 해야 하고 이에 따른 보상도 주어져야 한다.

예제 04 부가가치원가와 비부가가치원가의 계산

(주)서울은 20×1년에 네 가지 활동에 대한 부가가치표준을 개발하였다. 이와 관련된 원가자료는 다음과 같다. 단, 각 활동동인의 단위당 실제가격과 표준가격은 동일하다고 가정한다.

활 동	활동동인	부가가치표준수량 (SQ)	실제수량 (AQ)	단위당표준가격 (SP)
부품구매	구매횟수	1,000	1,400	₩150
부품수령	수령횟수	2,000	3,000	100
부품이동	이동횟수	0	1,000	200
작업준비	준비시간	0	4,000	60

[물 음] 활동별 부가가치원가, 비부가가치원가 및 실제원가를 나타내는 보고서를 작성하시오.

해답

[물 음] 부가가치 및 비부가가치원가보고서

활 동	부가가치원가*1 (SQ × SP)	+	비부가가치원가*2 (AQ − SQ) × SP	=	실제원가*3 (AQ × AP)
부품구매	₩150,000		₩60,000		₩210,000
부품수령	200,000		100,000		300,000
부품이동	0		200,000		200,000
작업준비	0		240,000		240,000
합 계	₩350,000		₩600,000		₩950,000

	AQ × AP*3	AQ × SP	SQ × SP*1
(1) 부품구매	1,400 ×₩150	1,400 ×₩150	1,000 ×₩150
(2) 부품수령	3,000 × 100	3,000 × 100	2,000 × 100
(3) 부품이동	1,000 × 200	1,000 × 200	− × 200
(4) 작업준비	4,000 × 60	4,000 × 60	− × 60
	₩950,000	₩950,000	₩350,000 (부가가치원가)

*2 비부가가치원가 ₩600,000

2) 활동기준예산

활동기준예산 설정은 기초에 활동기준원가계산에서 제공된 원가동인에 근거하여 동질적인 원가집합으로 분류 후 모든 예산원가를 단위수준 · 배치수준 · 제품수준 · 설비수준과 같이 활동원가계층별로 구분하여 예산을 설정한다. 이러한 활동기준예산은 보다 정확한 정보를 제공하여 논리적인 예산편성을 가능하게 해준다.

또한 활동기준예산은 지속적인 업무프로세스의 개선을 통해 계획된 투입자원과 실제발생한 원가간의 차이인 비부가가치원가의 제거와 개별활동에 대한 미사용자원을 식별하는데 도움을 준다.

3 활동기준변동예산

(1) 의의

활동기준변동예산(activity-based flexible budgeting)은 활동산출물이 변화함에 따라 활동원가가 어떻게 변화하는지를 예측한 예산이다.

활동기준변동예산의 절차는 다음과 같다.

- 1단계 : 발생행태와 원가동인이 유사한 활동들은 같은 활동으로 묶는다.
- 2단계 : 각 활동별로 활동의 특성을 나타내는 원가동인을 사용하여 실제조업도에서 허용되는 예산원가를 구한다. 이 때 각 원가동인별로 원가를 추정하기 위해 고저점법이나 회귀분석법 등을 사용한다.
- 3단계 : 실제발생액과 활동기준변동예산의 활동원가차이를 분석한다.

활동원가차이분석은 1단계에서 각 활동을 발생행태에 따라 구분하여 변동부분과 고정부분으로 원가를 추정한다. 이러한 경우 보다 정확하게 원가를 추정할 수 있으므로 성과측정시 정확한 정보를 제공한다.

(2) 활동기준변동예산하의 활동원가차이분석

활동기준변동예산하에서 원가차이를 분석하기 위해서는 먼저 활동들과 관련된 원가동인의 부가가치표준수량을 결정하고, 분석대상이 되는 활동들을 부가가치활동과 비부가가치활동으로 구분해야 한다. 그리고 원가차이는 활동원가를 변동활동원가와 고정활동원가로 구분하여 계산한다.

1) 변동활동원가

필요에 따라 취득하는 자원(변동자원)을 사용하는 변동활동원가는 필요에 따라 자원을 취득하므로 사용된 활동수량과 취득된 활동수량이 일치한다. 이러한 변동활동원가차이는 소비차이와 능률차이로 구분된다.

- 소비차이(spending variance) : 실제로 사용한 활동에 대하여 지출된 실제가격과 표준가격의 차이를 말한다.
- 능률차이(efficiency variance) : 실제로 사용된 활동수량과 부가가치표준수량의 차이에 표준원가를 곱하여 계산하다. 부가가치활동과 달리 비부가가치활동은 부가가치표준수량(SQ)은 영(0)이므로 부가가치원가는 영(0)이 된다. 능률차이는 비부가가치원가를 의미하며, 앞으로 기업이 활동관리를 통하여 제거해야 한다.

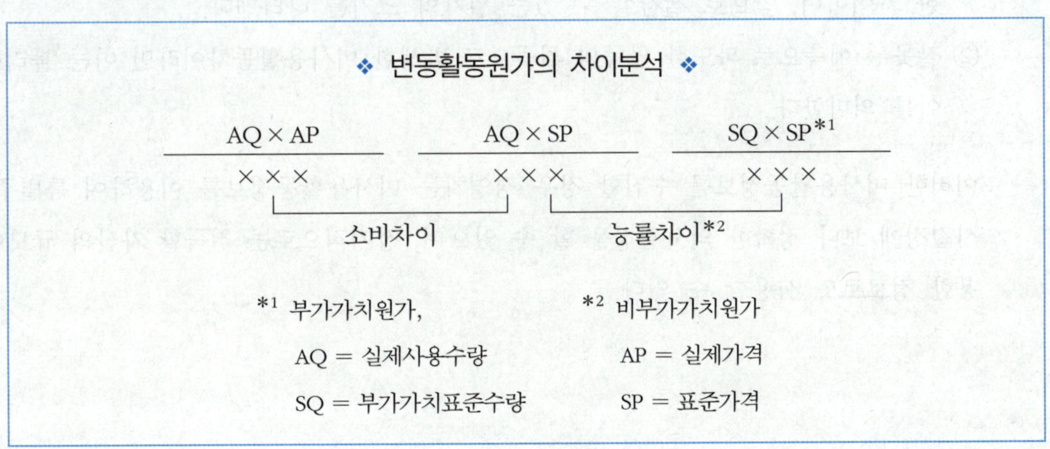

2) 고정활동원가

사용 전에 미리 취득된 자원(확정자원)을 사용하는 고정활동원가는 소비차이, 활동수량차이 및 미사용활동차이로 구분된다.

- 소비차이(spending variance) : 기업이 사용 전에 미리 취득한 활동의 실제사용가능수량에 대해 지출한 실제원가와 예산의 차이를 말한다. 따라서 소비차이는 실제로 취득한 활동의 실제사용가능수량(AQ_p)에 대해 지출한 실제가격과 표준가격이 어느 정도 차이가 나는지에 대한 정보를 제공한다.
- 활동수량차이(activity volume variance) : 사용 전에 미리 취득된 활동의 실제사용가능수량(AQ_p)과 활동의 부가가치표준수량(SQ)의 차이에 표준가격을 곱하여 계산한다. 활동수량차이는 비부가가치원가를 의미하며, 앞으로 기업이 활동관리를 통해 제거해야 한다.
- 미사용활동차이(unused capaicity variance) : 변동활동원가와 달리 고정활동원가는 실제 취득한 활동수량(AQ_p)과 실제 사용한 활동수량(AQ_u)이 일치하지 않는다. 따라서 기업이 사용 전에 미리 취득한 활동의 실제사용가능수량((AQ_p)과 활동의 실제사용수량(AQ_u)의 차이에 표준가격을 곱하여 미사용활동차이를 구한다. 미사용활동차이는 그 발생원인에 따라 다음과 같이 유리하거나 또는 불리할 수 있다.

① 미사용활동차이가 기업의 활동수량차이를 제거하기 위한 노력한 결과라면 이는 유리한 차이이며, 앞으로 절감할 수 있는 원가의 크기를 나타낸다.

② 잘못된 예측으로 과도한 활동의 취득으로 발생한 미사용활동차이라면 이는 불리한 차이를 의미한다.

이러한 미사용활동정보를 수집할 경우 경영자는 미사용활동정보를 이용하여 특별주문의사결정에 보다 정확한 의사결정을 할 수 있으며, 장기적으로는 취득할 자산의 규모에 유용한 정보로도 사용할 수 있다.

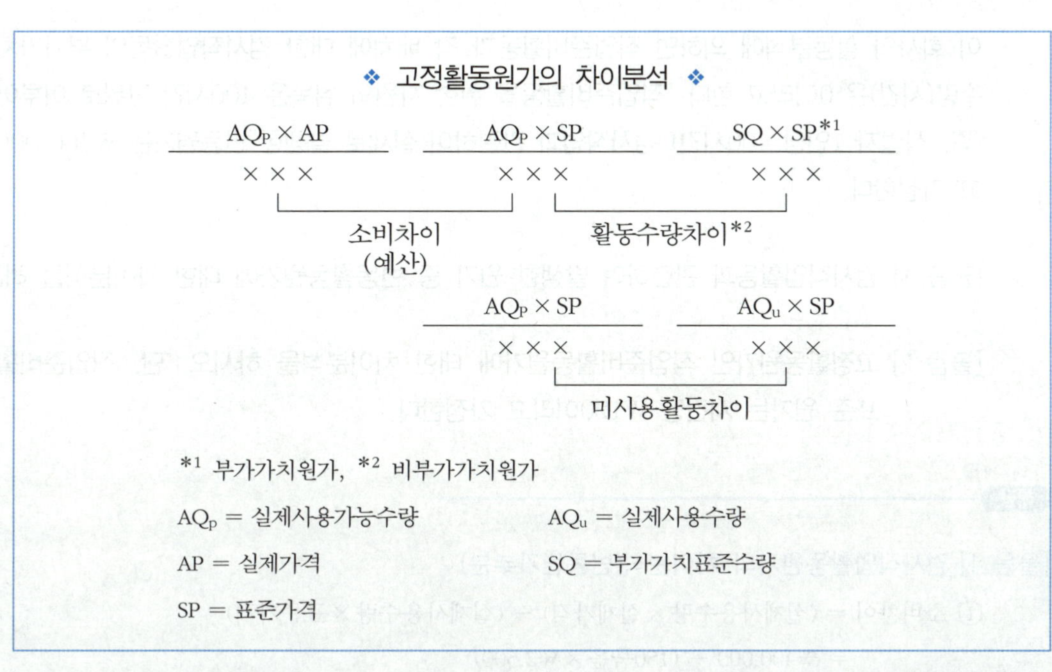

예제 05 활동기준변동예산과 원가차이분석

(주)서울은 활동기준에 의한 변동예산을 수립하고 매년도 말에 실제원가와 비교하여 성과를 측정하고 있다. 다음은 세 가지 활동에 대한 변동예산을 수립하는 방법과 20×1년도에 실제로 발생한 원가 자료이다.

활 동	변동예산 수립방법	실제발생원가
직접노동	₩40 × 직접노동시간	₩920,000
작업준비	₩720,000(전액 고정원가)	730,000
검사작업	₩150,000 + ₩2,500 × 생산묶음의 수	550,000

20×1년도의 실제로 사용된 활동의 수량은 다음과 같다.

직접노동시간	22,000시간
취득한 작업준비시간	6,000시간(실제사용시간은 4,700시간)
검사작업 생산묶음의 수	150묶음

이 회사의 활동분석에 의하면 작업준비활동과 각 배치에 대한 검사작업활동의 부가가치표준수량(시간)은 0이라고 한다. 작업준비활동을 위한 자원의 취득은 400시간 단위로 이루어지며(즉, 작업자 1인당 400시간) 검사작업과 관련하여 실제로 발생한 변동원가는 ₩400,000이라고 가정한다.

[물음 1] 검사작업활동과 관련하여 발생한 원가 중 변동활동원가에 대한 차이분석을 하시오.

[물음 2] 고정활동원가인 작업준비활동원가에 대한 차이분석을 하시오. 단, 작업준비활동의 표준 원가는 시간당 ₩120이라고 가정한다.

해답

[물음 1] 검사작업활동원가의 차이분석(변동원가부분)

① 소비차이 = (실제사용수량 × 실제가격) − (실제사용수량 × 표준가격)
= ₩400,000 − (150묶음 × ₩2,500)
= ₩25,000(불리)

② 능률차이 = (실제사용수량 × 표준가격) − (부가가치표준수량 × 표준가격)
= (150묶음 × ₩2,500) − (0 × ₩2,500)
= ₩375,000(불리)

AQ × AP	AQ × SP	SQ × SP
	150 × ₩2,500	− × ₩2,500
= ₩400,000	= ₩375,000	= −

소비차이 ₩25,000(U) 능률차이₩375,000(U)

[물음 2] 고정활동원가인 작업준비활동원가의 차이분석

① 소비차이 = (실제사용가능수량 × 실제가격) − (실제사용가능수량 × 표준가격)
= ₩730,000 − (6,000시간 × ₩120)
= ₩730,000 − ₩720,000
= ₩10,000(불리)

② 활동수량차이 = (실제사용가능수량 − 부가가치표준수량) × 표준가격
= (6,000시간 − 0시간) × ₩120
= ₩720,000(불리)

③ 미사용활동차이 = (실제사용가능수량 − 실제사용수량) × 표준가격
= (6,000시간 − 4,700시간) × ₩120
= ₩156,000

$AQ_p \times AP$	$AQ_p \times SP$	$SQ \times SP$
	6,000시간 × ₩120	− × ₩120
= ₩730,000	= ₩720,000	= −

소비(예산)차이 ₩10,000(u)
활동수량차이 ₩720,000(u)

$AQ_p \times SP$	$AQ_u \times SP$
6,000시간 × ₩120	4,700시간 × ₩120
= ₩720,000	= ₩564,000

미사용활동차이 ₩156,000

SECTION 06 재고관리모형

1 재고관리모형

재고관리란 최적의 재고수준을 찾아내어 재고관리비용을 최소화하여 기업의 이익을 극대화하려는 것이다. 재고관리비용은 다음과 같다.

(1) 재고관리비용

재고관리비용 = 재고주문비용 + 재고유지비용 + 재고부족비용

1) 재고주문비용

재고주문비용(inventory ordering cost)이란 필요한 물품을 주문해서 입고될 때까지 구매 및 조달에 수반되는 모든 비용을 말한다. 주문비용에는 주문서류관련비용, 사무비, 운송비, 선적 및 하역비, 검수비용 등이 있다. 재고주문비용은 주문횟수에 비례하여 발생하므로 주문횟수에 1회 주문비용을 곱하여 구한다.

$$\text{총재고주문비용} = \text{1회 주문비용}(O) \times \text{주문횟수}\left(\frac{D}{Q}\right)$$

D : 연간수요량　　Q : 1회 재고주문량

2) 재고유지비용

재고유지비용(inventory carrying cost)이란 구입한 재고를 유지하고 보관하는데 드는 비용이다. 재고유지비용에는 창고사용료, 보험료, 창고관련 감가상각비, 재고자산 감모 및 평가손실 등이 있다. 재고유지비용은 평균재고량에 비례하여 발생하므로 평균재고량에 단위당 연간 재고유지비용을 곱하여 구한다.

$$총재고유지비용 = 단위당\ 연간\ 재고유지비용(C) \times 평균재고(\frac{Q}{2})$$

Q : 1회 재고주문량

3) 재고부족비용

재고부족비용(inventory shortage cost stockout cost)이란 재고가 부족함으로써 발생되는 비용으로서 기회비용의 성격을 갖는다. 재고부족비용에는 판매기회의 상실, 고객의 불신, 생산계획의 차질로 인하여 발생하는 손실 등 이다.

(2) 경제적 주문량

경제적 주문량(EOQ : economic order quantity)이란 재고유지비용과 재고주문비용의 합이 최소가 되는 1회 주문량을 말한다. 즉, 재고관리비용이 최소가 되는 1회 주문량을 말한다.

1) 기본가정

① 재고자산에 대한 연간소요량이 일정하다.
② 발주시점과 인도시점사이의 기간인 조달기간(lead time)이 일정하다.
③ 사용량은 시간의 경과에 비례한다.
④ 단위당 재고유지비용과 1회 주문비용 및 구입단가는 일정하다.
⑤ 재고부족은 발생하지 않는다.

2) 경제적 주문량 결정의 기본원리

경제적 주문량은 재고부족비용이 발생되지 않는다고 가정하므로 다음과 같이 재고유지비용과 재고주문비용만을 최소화하면 될 것이다.

$$재고관리비용(TC) = 재고주문비용 + 재고유지비용$$
$$= O \cdot \frac{D}{Q} + C \cdot \frac{Q}{2}$$

O : 1회 주문비용 D : 연간수요량 C : 단위당 재고유지비용

3) 경제적 주문량 (EOQ)의 도출

경제적 주문량(EOQ : economic order quantity)이란 재고관리비용을 최소화하기 위한 주문량을 말한다. 이는 위의 식에서 Q에 대해 미분하면 다음과 같이 도출된다.

$$Q(EOQ) = \sqrt{\frac{2 \cdot D \cdot O}{C}}$$

D : 연간수요량 O : 1회 주문비용 C : 단위당 재고유지비용

경제적주문량(EOQ)은 재고관리비용이 최소가 되는 1회 주문량으로 재고유지비용과 재고주문비용이 일치한다.

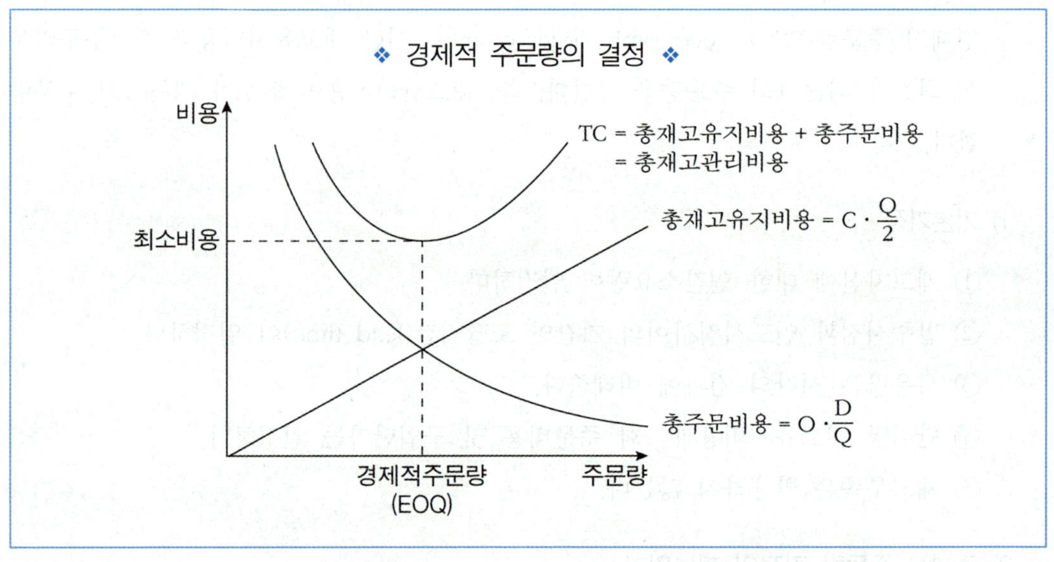

예제 06 경제적주문량

(주)서울은 연간 10,000개의 부품을 단위당 ₩2,000에 구입하고 있다. 부품에 대한 1회주문비용은 ₩4,000이고 연간 재고유지비용은 단위당 ₩320이다.

[물음 1] 경제적주문량을 구하시오.

[물음 2] 1회 주문량이 각각 다음과 같을 경우 총재고관리비용을 구하시오.

1) 200개 2) 500개 3) 1,000개

해답

[물음 1] 경제적주문량

$$Q(EOQ) = \sqrt{\frac{2 \cdot D \cdot O}{C}}$$

$$= \sqrt{\frac{2 \cdot 10{,}000개 \cdot ₩4{,}000}{₩320}} = 500개$$

[물음 2] 재고관리비용

	총재고주문비용	+	총재고유지비용	=	총재고관리비용
1)	$\frac{10{,}000개}{200개} \times ₩4{,}000 = ₩200{,}000$		$\frac{200개}{2} \times ₩320 = ₩32{,}000$		₩232,000
2)	$\frac{10{,}000개}{500개} \times ₩4{,}000 = ₩80{,}000$		$\frac{500개}{2} \times ₩320 = ₩80{,}000$		160,000
3)	$\frac{10{,}000개}{1{,}000개} \times ₩4{,}000 = ₩40{,}000$		$\frac{1{,}000개}{2} \times ₩320 = ₩160{,}000$		200,000

2 재주문점

재주문점(ROP : reorder point)이란 재고가 사용되어 어느 정도 남았을 때 주문할 것인가와 관련된 의사결정으로 재주문해야 하는 재고수준을 말한다.

(1) 확실성하의 재주문점

특정기간 동안의 사용량이 일정하고 공급자로부터의 조달기간도 일정한 경우에는 조달기간 동안의 사용량만큼 남았을 때가 재주문점이 된다.

$$\text{재주문점}(R) = \text{1일 사용량} \times \text{조달기간}$$
$$= \frac{D}{n} \times L$$

단, D : 재고관리대상기간 동안의 총재고사용량
n : 재고관리대상기간 동안의 재고사용일
L : 조달기간

(2) 안전재고와 불확실성하의 재주문점

확실성하의 재주문점은 사용량과 조달기간이 일정하다고 가정하였으나 현실적으로는 일정하지 않고 불확실하다. 따라서 사용량과 조달기간이 불확실하기 때문에 재고부족이 발생할 수 있다. 이러한 재고부족으로 인하여 초래되는 기회원가를 방지하기 위해 보유하는 여유분의 재고가 안전재고(safety stock)이다.

안전재고는 재고부족의 불확실성에 대비하여 여유로 보유하는 일정량의 재고로 경영자의 의사결정에 의해 결정된다. 안전재고가 있는 경우의 재주문점은 다음과 같다.

$$\text{재주문점}(R) = \text{1일 사용량} \times \text{조달기간} + \text{안전재고}$$
$$= \frac{D}{n} \times L + S$$

단, D : 재고관리대상기간 동안의 총재고사용량
n : 재고관리대상기간 동안의 재고사용일
L : 조달기간
S : 안전재고

한편, 안전재고수준은 다음과 같은 요인에 의해 영향을 받게 된다.

① 수요예측의 불확실성이 클수록 높아지게 된다.

② 재고부족으로 인한 기회비용이 클수록 높아지게 된다.

③ 물품도착이 지연될 가능성이 클수록 높아지게 된다.

④ 재고유지비용이 낮을수록 높아지게 된다.

(3) 안전재고와 EOQ모형

안전재고를 보유하면 안전재고와 관련된 비용만큼 총재고비용은 증가하게 된다. 왜냐하면 안전재고는 여유재고량이므로 기본재고만을 유지할 때 보다는 재고량이 증가하기 때문이다. 그러나 안전재고를 고려해도 경제적 주문량은 같아진다. 왜냐하면 경제적주문량(EOQ)은 재고비용을 Q에 대해 미분하여 계산하나, 안전재고로 인한 총비용의 증가는 상수에 불과하며, 상수의 미분은 0이 되기 때문에 Q에 미치는 영향이 없기 때문이다.

예제 07 재주문점

(주)서울은 연간 10,000개의 부품이 필요하다. 연간 작업일수는 200일, 부품의 정상조달기간은 10일이며 안전재고수준은 200개이다. 부품은 연간 균등하게 사용된다.

[물 음] 재주문점을 결정하시오.

해답

재주문점의 재고수준 = 조달기간동안의 사용량 + 안전재고

$$= \frac{D}{n} \times L + S$$

$$= \frac{10{,}000개}{200일} \times 10일 + 200개$$

$$= 700개$$

SECTION

07 적시생산시스템

1 의의

• 적시생산시스템(just-in-time production system : JIT) : 일본의 도요다 자동차회사가 생산공정의 부품을 필요로 할 때 적시에 원재료 및 부품을 공급받아 제조하여 판매하는 시스템을 체계화한 것이다.

다시 말하면 적시생산시스템은 원재료의 구입에서부터 제조를 거쳐 판매에 이르는 전 공정의 합리화와 생산성 향상을 통해 낭비를 제거하고 필요한 시기에 필요한 양 만큼을 생산할 수 있도록 통제하는 시스템이다. 그러므로 적시생산시스템을 도입한 기업은 필요한 원재료만을 구입하고 생산성을 향상하므로 재고유지원가의 절감과 과잉생산으로 인한 낭비제거로 원가절감이 가능하다. 또한 효율적인 생산으로 제품의 제조시간이 감소되어 고객에게 좀 더 신속히 제품을 공급함으로써 고객만족도도 증가 된다.

그러나 이러한 적시생산시스템도 문제점은 있는데, 예를 들어 노사분규나 기상이변으로 원재료공급이 지연되거나 예측수요보다 실제수요가 증가하는 경우 재고부족으로 인해 판매기회가 상실될 수도 있다.

2 적시생산시스템의 성공요건

① 적시생산시스템은 여러 제품을 소규모롯트로 생산하므로 작업준비횟수가 증가된다. 그러므로 원가를 절감하기 위해 작업준비시간이 감소되어야 한다.

② 공정이동시간을 줄이기 위하여 공정재배치가 이루어져야 한다. 유사한 기능을 갖고 있는 기계들이 단일공정에 모여 있는 것이 아니라, 작업장 제조방식과 같이 유사한 제품의 생산흐름에 따라 기계가 배치되도록 한다.

③ 새로운 성과평가척도와 보상제도가 수립되어야 한다. 예를 들어 성과평가척도로 적시생산시스템은 공정시간을 총통과시간으로 나눈 비율인 제조주기효율성(MCE)을 적용한다.

④ 공급업자를 소수로 정예화하여 장기공급계약을 체결한다. 따라서 공급업자로부터 낮은 가격에 안정적인 품질의 원료를 공급받을 수 있고 주문비용을 감소시킬 수 있다.

3 특징

① 적시생산시스템은 비부가가치활동을 제거하여 생산활동을 단순화시킨다. 즉, 제조소요시간을 최대한 단축시키는데, 제조소요시간은 공정시간, 검사시간, 이동시간, 대기시간 및 저장시간 등으로 구성된다. 이 중 공정시간만을 부가가치시간으로 간주하고 나머지 시간은 비부가치시간으로 간주하여 이를 최소화하려한다. 이러한 경우 제조주기효율성(MCE)은 1에 가까워질 것이다.

② 재고자산은 기업의 부가가치에 전혀 도움을 주지 못하므로 재고자산의 보유나 공손품 보수 등을 비부가치활동으로 취급한다.

③ 수요에 의해 생산계획이 이루어지는 수요견인시스템(demand-pull system)이다.

④ 생산일정계획은 자기작업에 대해 책임을 지는 종업원의 참여를 통해 이루어진다.

⑤ 종업원참여를 통한 전사적품질관리(TQM)를 통해 원가를 관리한다.

4 적시생산시스템의 구성요소

(1) 셀방식의 공정배치

전통적인 생산공정에서는 여러 종류의 제품을 생산하는 경우에도 동일한 기능을 수행하는 기계와 이 기계에 대한 전문작업자를 배치하였다. 이와 같은 기능별 공정배치는 각 제품이 하나의 공정에서 전문화된 부문을 통과하며 복수의 제품을 생산한다. 복수의 제품이 이동하므로 재료처리비용이 생산소요시간이 많이 발생한다.

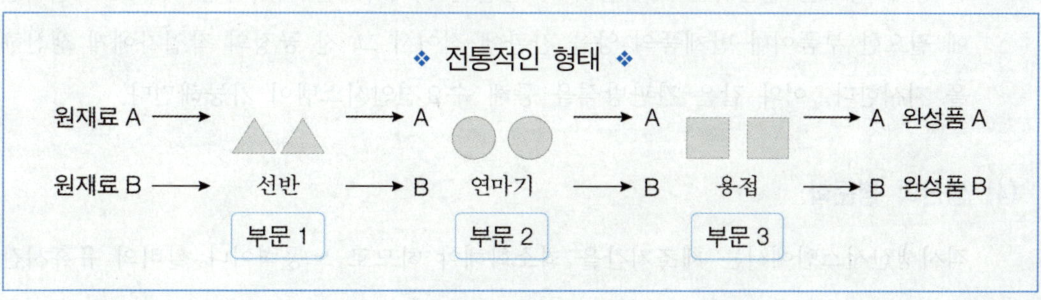

적시생산시스템은 특정제품을 생산하는데 필요한 기계를 한 곳에 모두 배치하여 효율적인 생산이 가능하도록 한다. 이를 셀방식의 공정배치라고 한다.

셀방식의 공정배치에서는 각각의 제조 셀에 원재료를 보관하므로 원재료 운반이나 창고관리로 인한 비용이 절감되고 이동거리가 최소화되어 생산소요시간이 감소된다.

적시생산시스템에서는 각각의 제품이 자신의 셀을 통과한다. 각각의 제품을 가공하는데 필요한 모든 기계는 셀 내에 위치하며, 각 셀은 하나의 제품 혹은 하나의 조립품 생산에 사용된다.

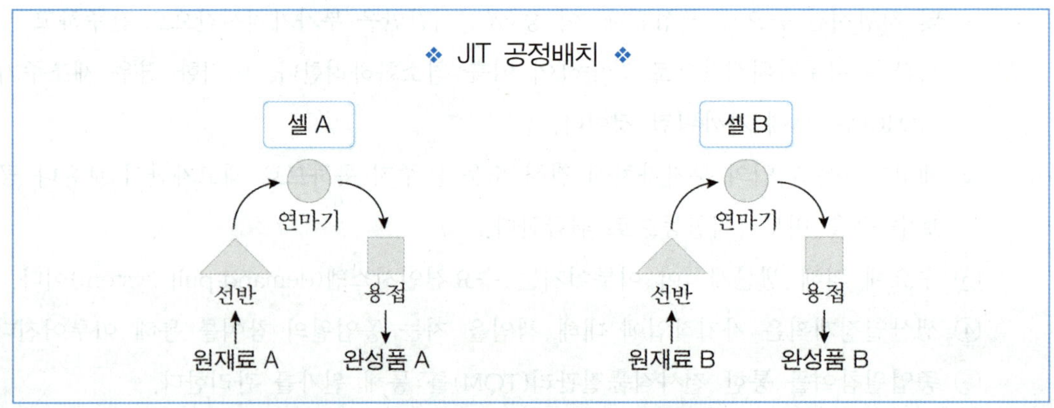

(2) 다기능공제도

특정 셀 내에서 여러 공정이 포함되어 있으므로 작업자는 셀 내의 모든 작업공정을 수행할 수 있도록 교육·훈련을 받는다.

(3) 간판방식(kanban system)

모든 공정에서 필요로 하는 부품이 필요한 시간에 필요한 양만큼 생산될 수 있도록 간판을 통해 정보를 전달하는 시스템이다. 간판은 지시카드를 의미하는 것으로 작업자는 작업에 필요한 부품이나 반제품의 양을 간판에 적어서 그 전 공정의 작업자에게 생산해줄 것을 지시한다. 이와 같은 간판방식을 통해 수요견인시스템이 가능해진다.

(4) 생산의 평준화

적시생산시스템에서는 제조기간을 최소화해야 하므로 노동력이나 설비의 유휴시간을 최소화해야 한다. 유휴시간을 최소화하기 위해서는 각 공정의 작업자가 한 번의 작업에 소요되는 시간이 동일하게 유지되어야 한다. 즉, 각 공정의 작업량이 평준화 되어야 한다.

(5) 소규모의 롯트 생산

반복생산에 있어 매일 수요변동에 적응하고 불필요한 재고를 줄이기 위해서는 롯트(묶음)당 생산량을 작게 한다. 또한 소규모 롯트 생산을 하면 작업준비횟수가 증가하게 되므로 원가절감을 위해 작업준비시간을 단축시켜야 한다.

(6) 소수의 협력업체와 강한 유대관계

적시생산시스템에서는 수요에 따라서 즉시 제품을 생산하여야 하므로 공급업체가 양질의 부품을 정시에 납품하여야 한다. 따라서 장기계약을 통하여 소수의 안정된 공급업체와 협력관계를 유지하여야 한다.

5 적시생산시스템이 원가관리회계에 미친 영향

(1) 원가의 추적가능성 증대

적시생산시스템에서는 원재료 구매 · 취급 · 보관 등의 활동이나 설비는 단일의 생산라인을 위해 사용되고 이들 원가는 개별생산라인의 직접원가로 분류되므로 원가의 추적가능성이 증대된다.

(2) 정확한 제품원가계산

셀방식의 공정배치로 일부원가에 대한 직접추적가능성이 증대되어 보다 정확한 제품원가계산이 가능하다.

(3) 재공품평가의 단순화와 원가흐름의 중요성 감소

적시생산시스템에서는 기초 및 기말재공품이 거의 없으므로 완성품수량과 당기작업 완성품환산량은 차이가 없게 된다. 따라서 기말재공품에 대한 평가의 과정을 무시할 수 있어 재공품평가를 위한 노력을 절감할 수 있다. 또한 원가흐름의 가정(선입선출법과 평균법)에 관계없이 매출원가가 거의 같다.

(4) 원재료 구입가격의 하락

적시생산시스템 도입시 원재료 공급자와 장기적인 계약을 체결하여 재료를 공급받기 때문에 유리한 구입가격조건으로 원재료 구입가격은 낮아진다.

(5) 공손원가의 감소

여유재고가 없으므로 공손품이 발생하면 공정이 멈추게 되어 생산이 이루어지지 않는다. 이와 같은 경우 추가 공손이 발생되지 않게 된다. 적시생산시스템은 정상적인 공손을 허용하지 않으므로 발생한 모든 공손을 비정상공손으로 처리한다.
후속공정에 공손이 전달되지 않도록 하는 장치는 다음과 같다.

- 지도카 : 자동화를 의미하는 말로서, 기계가 부품을 생산하고 난 후 자동으로 검사하여 결함이 발견되면 생산을 멈추고 사람에게 알려준다.
- 포카요케 : 실수를 피한다는 말로서, 제조라인에 설치되는 작업미스를 방지하는 장치이다.

SECTION 08

역류원가계산

1 의의

전통적인 원가계산하에서는 원재료를 구입하여 이를 투입하고, 재공품이 완성되면 이를 판매하여 매출원가를 계상하는 순차적인 회계처리를 하였다. 그러나 적시생산시스템에서는 상이한 제품들을 소규모의 롯트로 빈번하게 생산하기 때문에 회계처리가 증가되어 전통적인 원가계산하에서는 회계처리비용이 많이 발생된다.

따라서 적시생산시스템에서는 회계기록을 단순화 시키고 적시생산하에서 적합하지 않은 계정들을 제거한 역류원가계산을 사용한다.

- 역류원가계산(backflush costing) : 산출물에 초점을 맞추고 생산순서의 역순으로 판매된 제품과 기말재고자산에 제조원가를 배분하는 단순화된 표준원가계산제도이다.

2 회계처리

거래를 인식하여 분개하는 시점을 회계기장시점(trigger point)이라 하는데, 역류원가계산은 회계기장시점을 어디까지 지연시키느냐에 따라 다음과 같이 세 가지 유형으로 구분된다.

	분 개 시 점	적 용 상 황
유형 1	원재료 구입시와 제품 완성시	재공품이 거의 없는 경우
유형 2	원재료 구입시와 제품 판매시	재공품과 제품이 거의 없는 경우
유형 3	제품 완성시	원재료와 재공품이 거의 없는 경우

시점 \ 유형	유형 1	유형 2	유형 3
원재료 구입시	(차) 재공원재료 AQ×SP 재료구입가격차이 ××× (대) 매입채무 AQ×AP	(차) 재고자산 AQ×SP 재료구입가격차이 ××× (대) 매입채무 AQ×AP	분개없음
가공원가 발생시	(차) 가공원가 AQ×AP (대) 제 좌 AQ×AP	좌 동	좌 동
제품 완성시	(차) 제품(표준) ××× (대) 재공원재료 AQ×AP 가공원가 SQ×SP	분개없음	(차) 제품(표준) ××× 재료구입가격차이 ××× 재료수량차이 ××× (대) 매입채무 AQ×AP 가공원가 SQ×SP
제품 판매시	(차) 매출원가(표준) ××× (대) 제품(표준) ×××	(차) 매출원가(표준) ××× (대) 재고자산 ××× 가공원가 ×××	(차) 매출원가(표준) ××× (대) 제품(표준) ×××
재고실사 후 장부 가액비교	(차) 재료수량차이 ××× (대) 재공원재료 ×××	(차) 재료수량차이 ××× (대) 재고자산 ×××	분개없음
원가차이 조정	(차) 매출원가 ××× (대) 재료구입가격차이 ××× 재료수량차이 ××× 가공원가 ×××	좌 동	좌 동

유형 1이 가장 일반적인 형태이고, 유형 2는 가공원가가 재고자산에 포함되지 않고 기간비용으로 처리되므로 초변동원가계산과 그 내용이 동일하다.

3 역류원가계산의 특징

① 원재료를 구입과 동시에 공정에 투입하므로 원재료계정과 재공품계정을 통합하여 재공원재료계정을 사용한다.

② 역류원가계산에서는 직접노무원가의 비중이 작기 때문에 직접노무원가를 별도로 추적하지 않고 제조간접원가와 합하여 가공원가계정에 포함시킨다.

③ 표준원가계산을 사용하므로 원가차이가 발생한다. 원가차이는 재고자산이 거의 없으므로 매출원가에서 조정한다.

예제 08 역류원가계산

(주)서울은 단일제품을 생산하고 있다. 기초재고는 없고 표준원가는 다음과 같이 설정하고 있다.

직접재료원가	₩20
가공원가	10
단위당 표준원가	₩30

(주)서울의 최근 한 달간 활동에 관한 자료는 다음과 같다.

1) 원재료 외상구입액은 ₩2,000,000이었다.
2) 제품 90,000단위를 생산하는데 표준가액으로 ₩1,800,000의 원재료가 직접재료로 투입되었다.
3) 제품 90,000단위를 생산하는데 가공원가 ₩960,000이 발생하였다.
4) 제품 90,000단위가 완성되었으며 그 중 80,000단위를 단위당 ₩50에 판매하였다.

[물 음] (주)서울은 역류원가계산을 하고 있다. 다음 각 방법(유형)에 따라 필요한 회계처리를 하라.

1) 유형 1 : 원재료 구입시점과 제품 완성시점에서 분개
2) 유형 2 : 원재료 구입시점과 제품 판매시점에서 분개
3) 유형 3 : 제품생산과 완성시점에서 분개

해답

1) 유형 1

① 원재료 구입

(차) 재 공 원 재 료	2,000,000	(대) 매 입 채 무	2,000,000

② 가공원가 발생

(차) 가 공 원 가	960,000	(대) 제 좌	960,000

③ 제품 완성시점

(차) 제 품(30 × 90,000)	2,700,000	(대) 재공원재료	1,800,000
		가공원가(10 × 90,000)	900,000

④ 제품의 판매

(차) 매출원가(30 × 80,000)	2,400,000	(대) 제 품	2,400,000
매출채권(50 × 80,000)	4,000,000	매 출	4,000,000

⑤ 초과(또는 부족) 배부가공원가의 조정

(차) 매 출 원 가	60,000	(대) 가 공 원 가	60,000

2) 유형 2

① 원재료 구입

(차) 재 고 자 산	2,000,000	(대) 매 입 채 무	2,000,000

② 가공원가 발생

(차) 가 공 원 가	960,000	(대) 제 좌	960,000

③ 제품 완성시점

— 분개 없음 —

④ 제품의 판매

(차) 매출원가(30 × 80,000)	2,400,000	(대) 제좌(20 × 80,000)	1,600,000
		가공원가(10 × 80,000)	800,000
(차) 매출채권(50 × 80,000)	4,000,000	(대) 매 출	4,000,000

⑤ 초과(또는 부족) 배부가공원가의 조정

(차) 매 출 원 가	160,000	(대) 가 공 원 가	160,000

3) 유형 3

① 원재료 구입

— 분개 없음 —

② 가공원가 발생

(차) 가 공 원 가	960,000	(대) 제 좌	960,000

③ 제품완성시점

(차) 제 품(30 × 90,000)	2,700,000	(대) 매 입 채 무	1,800,000
		가공원가(10 × 90,000)	900,000

④ 제품의 판매

(차) 매출원가(30 × 80,000)	2,400,000	(대) 제 품	2,400,000
매출원가(50 × 80,000)	4,000,000	매 출	4,000,000

⑤ 초과(또는 부족)배부가공원가의 조정

(차) 매 출 원 가	60,000	(대) 가 공 원 가	60,000

SECTION

09 제약이론

1 의의

- 제약이론(theory of constraints : TOC) : 기업의 존재이유가 돈을 버는 것이란 전제하에 기업의 목표를 달성하는데 제약이 되는 요인을 찾아 단기적으로는 제약요인을 고려하여 최적의사결정을 하고, 장기적으로는 지속적인 개선과정을 통하여 기업의 전체적인 최적화를 달성해 이익을 극대화하는 프로세스 중심의 경영혁신기법이다.

앞에서 언급한 제약(constraints)이란 기업의 성과를 제한하는 요소로서 특정기계, 특정작업자, 시장수요의 부족과 회사규정이나 정책 등이 이에 해당된다. 대부분의 기업은 하나 또는 그 이상의 제약이 있으며 이러한 제약요소들을 제거 혹은 완화하는 경우 기업의 성과는 개선될 것이다.

2 제약이론의 5단계 절차

기업의 자원들을 연결된 하나의 사슬이라고 가정시 사슬의 힘은 사슬을 이루고 있는 고리들 중 가장 약한 고리에 의해 결정된다. 따라서 사슬의 힘을 증가시키려면 사슬의 약한 고리를 찾아내어 그 고리를 강화해 주어야 한다.
제약이론은 앞에서 예를 든 사슬의 고리처럼 약한 고리인 제약요인을 파악하고 제거해 성과를 향상시키는 방법을 찾아내는 것인데, 이와 관련된 절차는 다음과 같다.

1단계 : 조직의 목표를 달성하는데 장애가 되는 모든 제약요인을 찾아낸다.
(identify the system's constraints)

제약요인은 공급능력이 시장수요보다 적은 자원을 가리킨다. 따라서 각 자원의 공급능력을 계산해 내고 이 중에서 시장수요보다 적은 공급능력을 가진 자원은 일단 제약으로 볼 수 있다. 제약요인은 유형적인 제약자원뿐만이 아니라 무형적인 것 예를 들어 기업의 정책이나 관행 등 기업의 목표 달성에 장애가 되는 모든 요인들을 포함한다.

2단계 : 제약요인을 최대한 활용할 수 있는 방안을 모색한다.
(decide how to exploit the system's constraints)

우선 제약요인을 최대로 가동하여 효율성을 극대화한다. 이는 여러 가지의 제품을 생산시 제약자원(bottleneck resource)이 있는 경우 제약자원 단위당 공헌이익이 큰 순서대로 제품을 생산하면 될 것이다. 이외에도 제약자원의 숨겨진 공급능력을 찾아내거나 품질개선을 통해 불량률을 낮추거나 제약요인에 대한 아웃소싱의 방법 등을 이용하여 새로운 설비의 투자 없이도 제약자원의 공급능력을 높이는 방법을 모색한다.

3단계 : 병목현상이 없는 모든 비제약요인을 제약요인의 결정에 종속시킨다.
(subordinate everything else to the decision in step 2)

비제약자원은 생산능력이 시장수요보다 큰 자원을 말하며 비제약자원은 제약자원에 비해 초과생산능력 혹은 여유생산능력을 가지고 있다. 이러한 여유생산능력이 생산활동에 사용되면 과다한 재고가 쌓이게 되는 재고과잉 문제가 발생된다. 따라서 비제약자원이 가지고 있는 여유생산능력은 생산활동에 쓰여질 것이 아니라 그냥 유휴 상태로 놔두고 제약자원의 사용량 만큼만 비제약자원을 사용하면 될 것이다. 이를 통해 기업 내의 모든 제약자원과 비제약자원의 사용은 동조화(synchronization)된다.
자원의 동조화와 관련된 것이 DBR(drum-buffer-rope)스케줄링인데, 이는 제품의 흐름을 통제하고 관리하는 기법으로서 원자재를 첫 공정이 아니라 가공능력이 가장 낮은 제약공정의 가공속도에 맞추어 투입한다. 그러므로 여러 공정이 있는 경우 제약공정의 생산량이 결정되면 다른 공정의 생산량이 결정된다.

4단계 : 제약자원의 공급능력을 향상시킨다.
(elevate the system's constraints)

제약자원의 공급능력을 향상시킴으로써 기업 전체의 공급능력을 향상시킨다. 그 예로는 생산시설의 증가나 새로운 종업원의 채용 등이 있다.

5단계 : 다시 첫 단계로 돌아가 전 과정을 반복한다.

4단계 결과 제약요인이 제거되어 기업의 성과가 개선되면 다시 첫 단계로 돌아가 전 과정을 반복한다. 왜냐하면 새로운 제약요인이 나타날 수 있기 때문이다. 이러한 반복과정은 TOC가 일회성이 아닌 전반적인 성과개선을 목표로 한 지속적인 개선프로세스(ongoing improvement process)라는 것을 의미한다.

3 DBR 생산방식

DBR(drum-buffer-rope)생산방식은 TOC의 제약요인 관리의 다섯 단계를 생산관리에 적용시켜 개발한 경영기법이다. DBR 생산방식은 공정을 통과하는 제품의 흐름을 통제하고 관리하는 기법으로서 원자재를 첫 공정이 아니라 가공능력이 가장 낮은 제약자원의 가공속도에 맞추어 투입한다. 따라서 원자재 투입의 속도는 제약자원의 부품 가공속도에 맞추어 결정된다. 이는 TOC가 각 공정의 효율적인 생산에 의한 효율성보다는 기업의 이익을 극대화하기 위해 각 공정의 생산이 동조화되므로 효과성과 관련된다.

DBR 생산방식은 드럼, 버퍼, 로프로 구성되며, 이 세 가지 요소를 적절히 고려하여 생산일정계획을 수립하면 제약자원의 생산능력은 최대로 활용되면서 초과재고는 최소화된다.

❖ DBR 생산방식 ❖

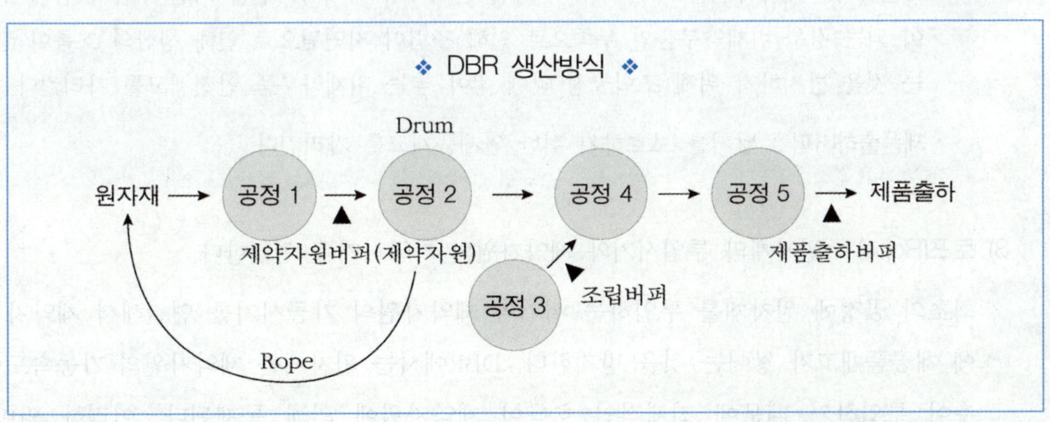

1) 드럼(Drum) : 제약자원을 최대로 가동시킬 작업스케줄(Drum)을 작성한다.

기업은 제약자원의 생산흐름을 통제하기 위해 제약자원을 최대한 가동시킬 작업스케줄을 작성하고, 나머지 자원들의 작성스케줄을 제약자원의 작업스케줄에 연계시킴으로써 비제약자원을 제약자원에 종속시킨다.

예를 들어 1공정, 2공정과 3공정이 있고 2공정이 제약공정이며 최대생산량이 1,000단위라면 1공정과 3공정은 2공정보다 더 많이 생산할 수 있지만 제약공정인 2공정에 맞추어 1,000단위만을 생산해야 한다.

2) 버퍼(Buffer) : 타임버퍼를 결정한다.

타임버퍼(time buffer)는 머피(murphy ; 기계고장, 종업원의 결근, 파업 등 예측 및 통제가 불가능한 사건)로부터 제약자원을 보호하고 제약자원을 항상 최대한 가동시키기 위해 제약자원 앞에 놓여진 안전재고를 가리킨다.

DBR에서는 제약자원버퍼(constraint buffer), 조립버퍼(assembly buffer)와 그리고 제품출하버퍼(shipping buffer)라는 세 종류의 타임버퍼를 필요로 한다.

- 제약자원버퍼 : 제약자원 앞 공정에서 발생하는 문제로 인해 제약자원으로 흘러 들어가는 부품의 흐름이 끊기지 않도록 제약자원 앞에 쌓아 두는 안전재고를 말하며, 제약자원의 가동률이 100%를 유지할 수 있도록 해준다. 이러한 경우 비제약자원이 가지는 생산능력은 불필요한 초과생산능력(excess capacity)이 아니라 제약자원을 보호하기 위한 여유생산능력(protective capacity)이다.
- 조립버퍼 : 제약자원을 거친 부품이 다음 단계에서 비제약자원을 거친 부품과 함께 조립이 되는 경우 비제약부품의 부족으로 인해 조립이 지연됨으로 인해 생산의 흐름이 끊기는 것을 방지하기 위해 조립공정 앞에 쌓아 놓는 비제약부품 안전재고를 가리킨다.
- 제품출하버퍼 : 납기를 보호하기 위한 완제품재고를 가리킨다.

3) 로프(Rope) : 원자재의 투입시기와 제약자원의 가공시기를 연결한다.

최초의 공정에 원자재를 투입하는 시기와 제약자원의 가공시기를 연결해서 제약자원 앞에 재공품재고가 쌓이는 것을 방지한다. DBR에서는 원자재를 제약자원의 가동속도에 맞추어 투입하기 때문에 전체적인 흐름이 제약자원에 의해 통제된다. 이러한 의미에서 DBR을 제약자원 풀시스템(constraint resource pull system)으로 볼 수 있다.

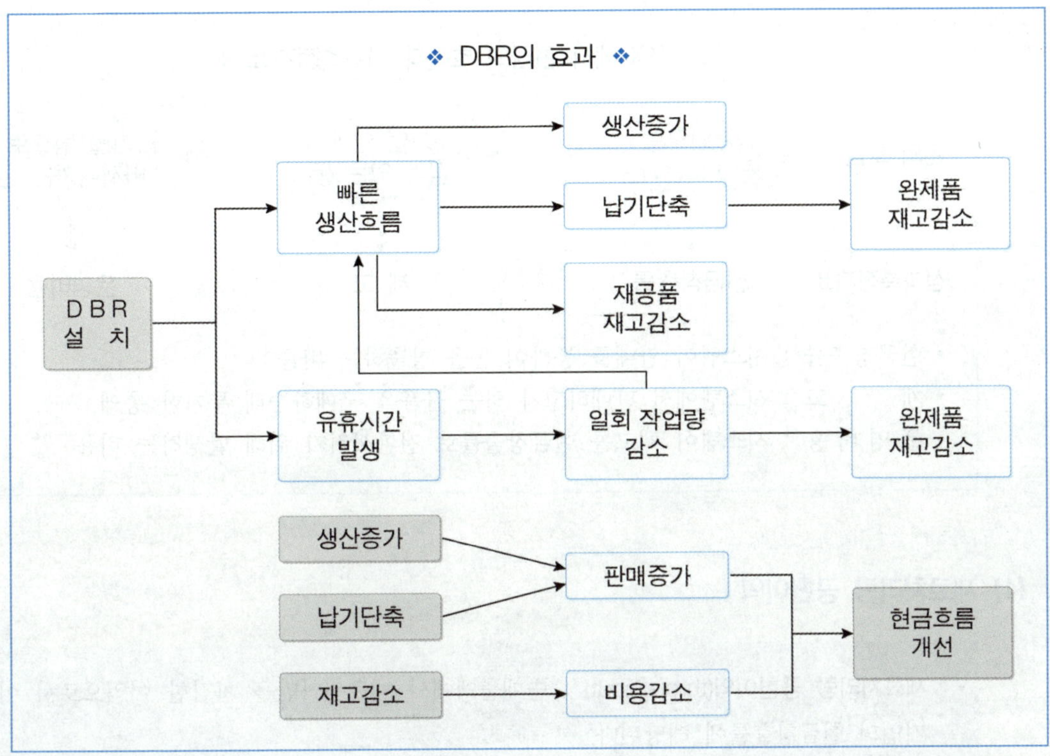

4 쓰루풋회계(cash throughput accounting, 현금창출회계)

TOC는 기업의 목표를 돈을 버는 것에 있다고 가정하므로 기업의 성과측정시 고려할 사항은 다음과 같다.

① 기업으로 들어오는 돈. 이는 현금창출과 관련된다.

② 기업내부에 잠겨 있는 돈. 이는 재고와 관련된다.

③ 기업 밖으로 빠져나가는 돈. 이는 운영비용과 관련된다.

이는 기업으로 들어오는 돈이 늘어나고 기업내부에 잠겨 있는 돈과 기업 밖으로 빠져나가는 돈이 줄어든다면 즉, 현금창출을 증가시키고 재고와 운영비용을 감소시키면 기업은 돈을 벌게 될 것이다.

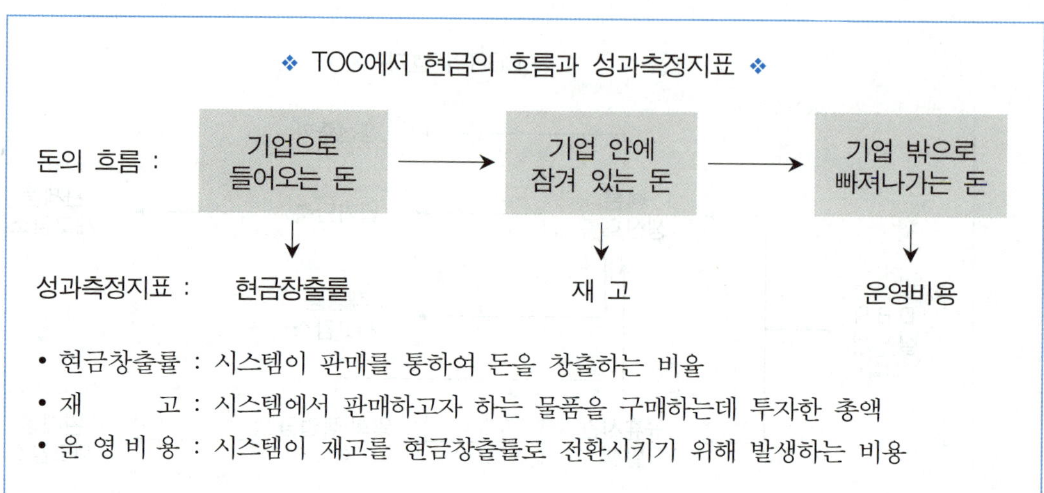

(1) 재료처리량 공헌이익

- 재료처리량 공헌이익(throughput) : 순매출액에서 재료원가만을 차감한 이익으로서 이는 기업의 현금창출률에 해당된다.

기업의 현금창출을 구하기 위해 재료원가를 순매출액에서 차감하는 이유는 공급업체로부터 재료를 구입하기 위해 지불한 재료원가는 공급업체의 현금창출이지 공급을 받는 기업의 현금창출이 아니기 때문이다.

(2) 재고

- 재고(inventory) : 기업 내에 묶여 있는 돈으로서 원재료재고, 재료원가만 포함된 재공품재고 및 완제품재고와 토지, 기계설비 등의 고정자산이다.

예를 들어 설비를 구입하면 이는 재고가 되고 사용하면 사용된 만큼 재고에서 운영비용으로 전환된다.

(3) 운영비용

- 운영비용(operating expense) : 기업이 재고를 현금으로 전환시키는데 발생하는 총비용을 말한다. 원가행태와 관계없이 노무원가, 제조간접원가, 판매관리비 등 재료원가를 제외한 모든 비용을 포함한다. 그러므로 TOC에서는 총비용을 단순하게 재료원가와 운영비용 두 가지로 분류한다.

5 제약자원이론(TOC)과 다른 관리회계기법과의 관련성

TOC와 비교될 수 있는 원가관리기법으로는 목표원가계산(target costing)과 활동기준원가계산(ABC)을 들 수 있다.

목표원가계산은 원가관리의 초점을 제품수명주기의 초기부분인 연구 · 개발에 두는 반면에, TOC는 제조활동에 초점을 두고 있다. 즉, TOC는 원자재와 구매부품이 처리되어 최종제품으로 그리고 고객에게 배달되는 과정의 속도에 초점을 맞추고 있다.

ABC도 TOC와 마찬가지로 제품의 수익성을 평가한다. 그러나 TOC는 일주일 이내의 생산일정과 관련되므로 기간이 매우 짧아 단기적인 관점을 취하고, ABC는 장기적인 관점을 취한다. 또한 TOC와는 달리 ABC는 자원의 제약을 고려하지 않으므로 단기적인 최적제품배합을 결정할 때에는 사용될 수 없다.

❖ TOC와 ABC의 차이점 ❖

구　분	TOC	ABC
주요목적	현금창출률의 극대화 (단기적인 접근방법)	정확한 원가정보의 산출 (장기적인 접근방법)
제약자원 생산능력	확실하게 분석함(TOC의 기본적인 초점)	확실하게 분석하지 않음
원가동인	직접적으로 활용하지 않음	직접적으로 활용함 (ABC의 기본적인 초점)
적용영역	생산흐름과 단기적인 제품배합의 최적화	전략적 가격결정과 이익계획

예제 09 제약이론

(주)서울은 A공정과 B공정을 통해 제품을 생산한다. 다음은 공정에 대한 원가자료이다.

	A공정	B공정
월 생 산 능 력	8,000단위	10,000단위
투입량기준공손율	5%	10%
단위당 재료원가	₩200	₩300
월 간 운 영 비 용	₩1,000,000	₩1,500,000

제품의 단위당 판매가격은 ₩1,000이다. A공정에서의 투입량기준 공손율은 5%이고 B공정에서의 투입량기준 공손율은 10%이다. 두 공정 모두 제품에 대한 검사시점은 100%이다. 단, 변동원가는 재료원가뿐이며 운영비용은 모두 고정원가이다.

[물음 1] 완성품은 모두 판매된다고 가정시 (주)서울의 영업이익은 얼마인가?

[물음 2] 품질개선으로 A공정의 공손율을 2% 감소시키는 경우 (주)서울의 증분이익은 얼마인가? 단, A공정의 품질개선비는 월간 ₩50,000이다.

[물음 3] 품질개선으로 B공정의 공손율을 5% 감소시키는 경우 (주)서울의 증분이익은 얼마인가? 단, B공정의 품질개선비는 월간 ₩200,000이다.

다른 모든 자료는 동일하고 A공정과 B공정의 월 생산능력이 각각 10,000단위와 8,000단위인 경우 다음 물음에 다시 답하시오.

	A공정	B공정
월 생 산 능 력	10,000단위	8,000단위
투입량기준공손율	5%	10%
단위당 재료원가	₩200	₩300
월 간 운 영 비 용	₩1,000,000	₩1,500,000

[물음 4] 완성품은 모두 판매된다고 가정시 (주)서울의 영업이익은 얼마인가?

[물음 5] 품질개선으로 A공정의 공손율을 2% 감소시키는 경우 (주)서울의 증분이익은 얼마인가? 단, A공정의 품질개선비는 월간 ₩50,000이다.

[물음 6] 품질개선으로 B공정의 공손율을 5% 감소시키는 경우 (주)서울의 증분이익은 얼마인가? 단, B공정의 품질개선비는 월간 ₩200,000이다.

해답

자료정리

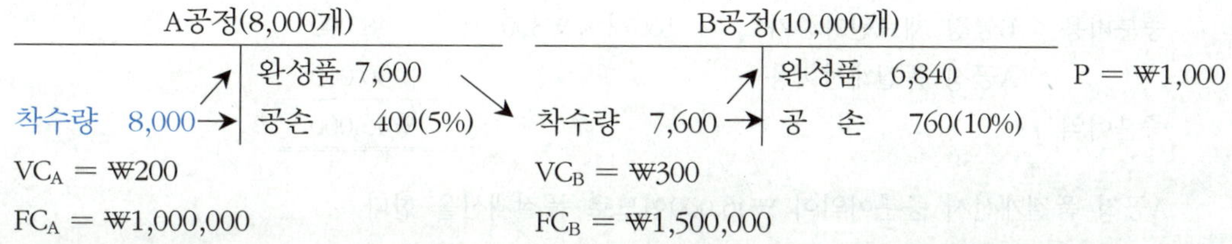

VC_A = ₩200　　　　　　　　VC_B = ₩300

FC_A = ₩1,000,000　　　　　FC_B = ₩1,500,000

1) A공정이 애로공정이므로 A공정에서 물량의 흐름을 시작한다.
2) A공정에서 8,000단위 중 7,600단위만 완성되어 B공정으로 대체된다.
3) B공정은 7,600단위를 대체받아 6,840단위를 완성시킨다.

[물음 1] 영업이익

1) 매　　출 : 최종완성품 6,840단위에 판매가격을 곱해준다.
2) 재료원가 : 각 공정의 재료원가에 착수량을 곱해준다.
3) 운영원가 : 각 공정의 운영원가를 그대로 차감해준다.

1. 매　　출	6,840 × ₩1,000	=	₩6,840,000
2. 재료원가	8,000 × ₩200 + 7,600 × ₩300	=	3,880,000
3. 공헌이익			₩2,960,000
4. 운영비용	₩1,000,000 + ₩1,500,000	=	2,500,000
5. 영업이익			₩460,000

[물음 2] A공정의 품질개선

1) A공정을 품질개선하는 경우 A공정의 공손율이 3%로 감소된다.
2) A공정이 애로공정이므로 A공정에서 물량의 흐름을 시작한다.
3) A공정에서 8,000단위 중 7,760단위만 완성되어 B공정으로 대체된다.
4) B공정은 7,760단위를 대체받아 6,984단위를 완성시킨다.

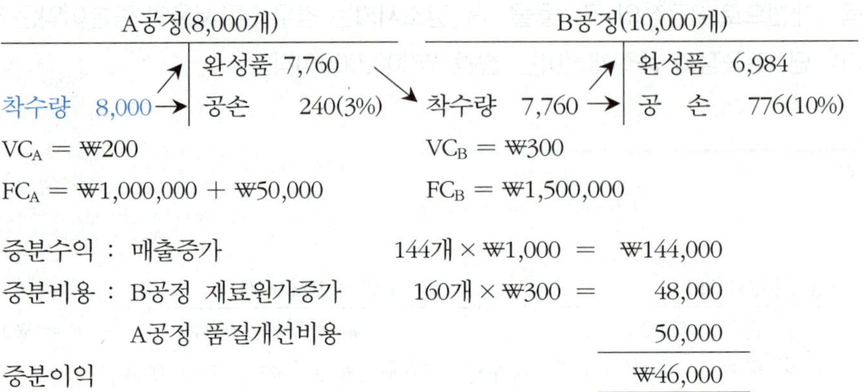

증분수익 :	매출증가	144개 × ₩1,000 =	₩144,000
증분비용 :	B공정 재료원가증가	160개 × ₩300 =	48,000
	A공정 품질개선비용		50,000
증분이익			₩46,000

A공정 품질개선시 증분이익이 ₩46,000이므로 품질개선을 한다.

[물음 3] B공정의 품질개선

1) B공정을 품질개선하는 경우 B공정의 공손율이 5%로 감소된다.
2) A공정이 애로공정이므로 A공정에서 물량의 흐름을 시작한다.
3) A공정에서 8,000단위 중 7,600단위만 완성되어 B공정으로 대체된다.
4) B공정은 7,600단위를 대체받아 7,220단위를 완성시킨다.

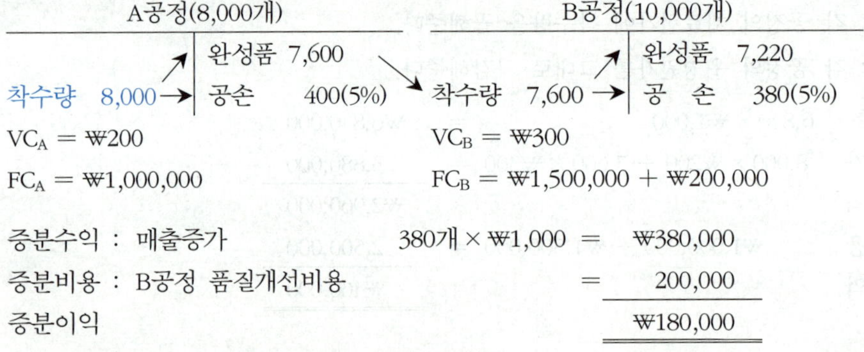

증분수익 :	매출증가	380개 × ₩1,000 =	₩380,000
증분비용 :	B공정 품질개선비용	=	200,000
증분이익			₩180,000

B공정 품질개선시 증분이익이 ₩180,000이므로 품질개선을 한다.

자료정리

A공정(10,000개)

착수량 8,421	완성품 8,000		
	공손 421(5%)		

B공정(8,000개)

착수량 8,000	완성품 7,200		
	공 손 800(10%)		

P = ₩1,000

VC_A = ₩200

FC_A = ₩1,000,000

VC_B = ₩300

FC_B = ₩1,500,000

1) B공정이 애로공정이므로 B공정에서 물량의 흐름을 시작한다.

2) B공정에서 8,000단위 중 7,200단위만 최종 완성된다.

3) A공정은 B공정에 8,000단위를 대체해야 하므로 착수량은 8,421단위이다. A공정 착수량은 완성품 수량 8,000단위를 0.95로 나누어준다. 즉, 8,421단위를 투입하면 공손이 발생하므로 A공정에서 8,000단위가 완성된다.

[물음 4] 영업이익

1) 매　　출 : 최종완성품 7,200단위에 판매가격을 곱해준다.

2) 재료원가 : 각 공정의 재료원가에 착수량을 곱해준다.

3) 운영원가 : 각 공정의 운영원가를 그대로 차감해준다.

1. 매　출	7,200 × ₩1,000 =	₩7,200,000
2. 재료원가	8,421 × ₩200 + 8,000 × ₩300 =	4,084,200
3. 공헌이익		₩3,115,800
4. 운영비용	₩1,000,000 + ₩1,500,000 =	2,500,000
5. 영업이익		₩615,800

[물음 5] A공정의 품질개선

1) A공정을 품질개선하는 경우 A공정의 공손율이 3%로 감소된다.

2) B공정이 애로공정이므로 B공정에서 물량의 흐름을 시작한다.

3) B공정에서 8,000단위 중 7,200단위만 완성된다.

4) A공정은 B공정에 8,000단위를 대체해야 하므로 착수량은 8,247단위이다. A공정 착수량은 완성품 수량 8,000단위를 0.97로 나누어준다. 즉, 새로운 A공정의 공손율이 3%이므로 8,247단위를 투입시 완성이 97%가 되어 A공정에서 8,000단위가 완성된다.

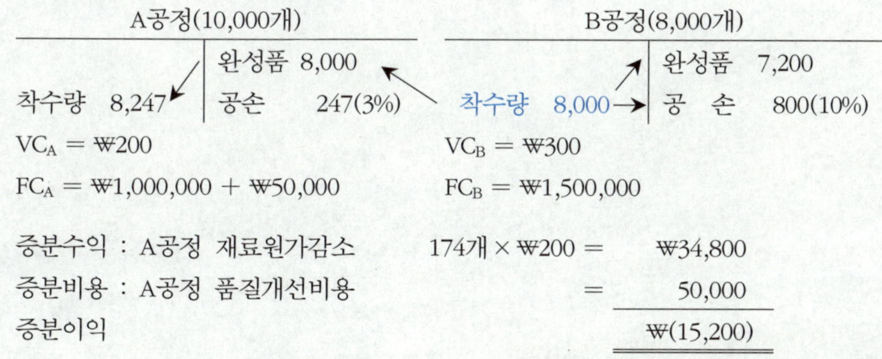

증분수익 : A공정 재료원가감소	174개 × ₩200 =	₩34,800
증분비용 : A공정 품질개선비용	=	50,000
증분이익		₩(15,200)

A공정 품질개선시 증분손실이 ₩15,200이므로 품질개선을 하지 않는다.

[물음 6] B공정의 품질개선

1) B공정을 품질개선하는 경우 B공정의 공손율이 5%로 감소된다.

2) B공정이 애로공정이므로 B공정에서 물량의 흐름을 시작한다.

3) B공정에서 8,000단위 중 7,600단위만 완성된다.

4) A공정은 B공정에 8,000단위를 대체해야 하므로 착수량은 8,421단위이다. A공정 착수량은 완성품 수량 8,000단위를 0.95로 나누어준다. 즉, A공정의 공손율이 5%이므로 8,421단위를 투입시 완성이 95%이므로 8,000단위가 완성된다.

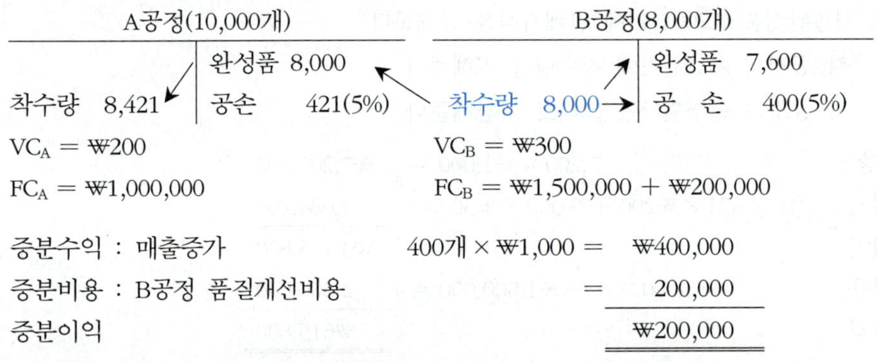

증분수익 : 매출증가	400개 × ₩1,000 =	₩400,000
증분비용 : B공정 품질개선비용	=	200,000
증분이익		₩200,000

B공정 품질개선시 증분이익이 ₩200,000이므로 품질개선을 한다.

COST&MANAGEMENT ACCOUNTING

객관식 연습문제

01 다음 중 제품수명주기원가계산의 설명으로 옳지 않은 것은?

① 연구개발 및 설계주기에서 발생하는 원가는 수명주기 전체의 원가에서 차지하는 비중이 매우 크므로 이를 잘 고려해야 한다.

② 수명주기원가계산을 통하여 제품의 개발단계에서 폐기시까지의 총원가를 파악할 수 있으므로 개별제품의 수익성을 보다 합리적으로 분석할 수 있다.

③ 수명주기 전체의 원가는 대부분 생산주기 이전인 연구개발 및 설계단계에서 결정되므로 연구개발 및 설계단계에서부터 수명주기 전체의 원가를 고려하여 합리적이고 체계적인 원가절감 방안을 모색하도록 한다.

④ 공장의 자동화가 이루어지면서 제조주기에서 원가를 절감할 수 있는 여지는 매우 작아졌으며, 대부분의 원가가 생산 이전에 결정되어진다.

⑤ 최근의 기업경영 환경에서는 제품의 종류가 많아지고 제품수명주기가 짧아지면서 제품원가와 기간비용의 구분보다 특정제품의 수명주기 전체의 원가를 집계하는 것이 경영자에게 보다 유용한 정보를 제공한다.

02 목표원가계산(target costing)에 대한 설명으로 옳지 않은 것은?

① 목표원가는 기업이 내부적으로 기술진이나 생산담당자들이 분석평가에 의하여 설정하는 부가가치 표준과는 상이할 수 있다.

② 목표원가는 외부시장환경과 경쟁업체의 대응 정도 등을 고려하여 기업이 목표로 설정한 시장점유율의 유지 또는 목표로 하는 이익을 달성하기 위하여 전략적인 차원에서 책정하는 원가이다.

③ 목표원가는 목표가격에서 목표이익을 차감하여 결정한다.

④ 목표원가계산기법은 원가우위(cost leadership)전략과 연계하여 실시할 수 있다.

⑤ 목표원가계산은 표준원가계산과 마찬가지로 제조단계에서의 원가절감을 강조한다.

03 (주)갑의 신제품 개발팀은 신제품을 위한 다양한 제품 사양을 개발하였다. (주)갑은 개발한 제품 사양이 모두 포함된 신제품 A를 제조할 것인지 아니면 제품 사양들 중 일부가 제외된 신제품 B를 제조할 것인지를 결정하고자 한다. 어느 신제품을 생산하여 출시하더라도 생산 및 판매와 관련된 예상고정원가 총액은 ₩2,000,000이며, 신제품의 목표이익률은 판매가격의 30%이다.

신제품 A와 신제품 B의 생산 및 판매와 관련된 추가자료는 다음과 같다.

	신제품 A	신제품 B
단위당 예상판매가격	₩5,000	₩4,000
단위당 예상변동원가	2,500	1,900
예상생산 · 판매량	?	2,500단위

다음 설명 중 옳지 않은 것은?

① 신제품 A의 단위당 목표원가는 ₩3,500이다.

② (주)갑은 신제품 A의 단위당 목표원가를 달성하기 위해 최소한 2,000단위 이상을 생산 · 판매하여야 한다.

③ 신제품 B의 단위당 목표원가는 ₩2,800이다.

④ 신제품 B를 생산 · 판매하면 목표이익률을 달성할 수 있다.

⑤ 만약 신제품 A의 예상생산 · 판매량이 2,000단위 이상이면, (주)갑은 신제품 B 대신 신제품 A를 생산 · 판매하는 것이 유리하다.

04 다음은 품질원가에 대한 설명이다. 다음 설명 중 옳지 않은 것은?

① 품질은 설계품질과 적합품질이 있고 이는 각각 소비자품질 또는 생산자 품질이라고도 한다.

② 품질원가는 통제활동과 관련된 예방원가, 평가원가와 실패활동과 관련된 내부실패원가, 외부실패원가가 있다.

③ 품질과 실패원가는 반비례관계에 있다.

④ 불량품에 대한 전통적인 관점과 달리 최근의 관점은 불량품이 존재하지 않는 무결점(zero-defect)수준의 상태가 최적의 품질수준이라고 본다.

⑤ 기업이 예방활동에 더욱 노력하면 실패원가만 감소되고 평가원가는 감소되지 않는다.

05 품질원가에 관한 설명으로 옳지 않은 것은?

① 일반적으로 원재료 검사비용은 예방원가로 분류한다.

② 일반적으로 보증기간 내 수리와 교환은 외부실패원가로 분류한다.

③ 품질원가는 제품의 품질에 문제가 발생한 경우 이를 해결하기 위하여 발생하는 원가를 포함한다.

④ 허용품질수준관점(acceptable quality level view)에서는 통제원가와 실패원가 사이에 부(−)의 관계가 있는 것으로 본다.

⑤ 무결점수준관점(zero defects view)에서는 불량률이 0(zero)이 될 때 품질원가가 최소가 되므로, 불량률이 0이 되도록 품질원가를 관리해야 한다고 본다.

06 품질원가에 대한 다음 설명 중 옳은 것은? 2025 회계사

① 제품이나 서비스가 규격에 적합한지 측정하고 분석하기 위해 지출되는 비용인 평가원가는 근본적으로 불량이나 오류의 발생을 줄이거나 제거한다.

② 불량품으로 인한 평판 악화 때문에 발생하는 판매기회 상실과 관련 매출의 감소는 품질원가에 포함되지 않는다.

③ 통제원가와 실패원가는 일반적으로 정(+)의 관계에 있다.

④ 원재료 검사비용은 일반적으로 예방원가로 분류한다.

⑤ 외부실패원가는 품질원가 중에서 일반적으로 가장 규모가 큰 원가이다.

07 (주)대한은 자동차를 생산하여 판매한다. (주)대한의 원가관리 담당자는 효율적으로 원가를 관리하기 위해 다음과 같이 제품의 품질원가(예방원가, 평가원가, 내부실패원가, 외부실패원가로 구성)를 측정하였다. 2020 회계사

내 용	품질원가
불량률을 낮추기 위한 생산직원들의 교육훈련비	₩5,400
제조단계에서 발생한 불량품을 폐기하기 위해 지불한 비용	₩6,100
공정별 품질검사를 진행하는 직원들의 관리비	₩3,200
완성품을 검사하는 기계의 수선유지비	₩10,200
고객 제품보증수리센터에서 근무하는 직원의 인건비	₩24,700
높은 품질의 부품조달을 위한 우수협력 업체 조달 비용	₩2,300
품질검사 과정에서 발견한 불량품 재작업으로 인해 발생한 생산직원의 특근수당	₩7,400
제품 리콜로 인해 발생한 미래매출감소의 기회원가	₩9,300
총합계	₩68,600

(주)대한이 지금보다 예방원가를 50% 확대하면 내부실패원가와 외부실패원가를 각각 20%와 10% 절감할 수 있다고 한다. (주)대한이 지금보다 예방원가를 50% 확대할 때 품질원가의 총합계는 얼마인가?

① ₩65,200 ② ₩66,350 ③ ₩67,280
④ ₩72,000 ⑤ ₩73,050

08 (주)국세는 김치냉장고를 생산하여 판매한다. (주)국세의 원가관리담당자는 20×1년에 생산한 김치냉장고 2,000대의 품질원가를 분석하여, 다음과 같은 품질원가보고서를 작성하였다.

구 분		품질원가
내부실패원가	반품재작업	₩40,000
	불량품재작업	20,000
예 방 원 가	보증수리원가	100,000
	설계엔지니어링	20,000
평 가 원 가	예방설비점검	20,000
	재공품검사	20,000
외부실패원가	제품검사	30,000
	클레임 제기로 인한 추정 손해배상액	200,000
합 계		₩450,000

그런데 원가관리담당자가 작성한 품질원가보고서를 검토하던 (주)국세의 경영자는 보고서에 품질원가 구분상 오류가 있음을 발견하였다. (주)국세의 경영자는 원가관리담당자에게 보고서의 오류를 수정하도록 지시하였다. 오류가 수정된 품질원가보고서에 근거한 다음 설명 중 옳지 않은 것은?

① 내부실패원가는 ₩60,000이다.

② 예방원가는 ₩40,000이다.

③ 외부실패원가는 ₩340,000이다.

④ 평가원가는 ₩50,000이다.

⑤ 실패원가 대비 통제원가(예방 및 평가원가) 비율은 25%이다.

09 활동기준원가계산(ABC : activity-based costing), 활동기준관리(또는 활동기준경영 ABM : activity-based management) 및 제품수명주기원가계산에 대한 다음의 설명 중 옳지 않은 것은?

① 활동기준원가계산에서는 제품의 생산을 위하여 사용한 자원만을 제품원가에 포함시키고 미사용된 자원은 기간비용으로 처리한다.

② 총원가 중 간접원가가 차지하는 비중이 높고 다품종 소량생산체제를 유지하고 있는 기업의 경우 활동기준원가계산을 도입함으로써 보다 정확한 원가를 도출할 수 있다.

③ 활동기준관리를 통하여 파악된 비부가가치활동에는 검사, 이동, 대기, 저장 등의 활동이 있다.
④ 제품수명주기원가계산은 특정 제품이 고안된 시점부터 폐기되는 시점까지의 모든 원가를 식별하여 측정한다.
⑤ 제품수명주기원가는 시장상황의 검토를 통하여 예상되는 제품의 목표가격을 확인한 후 기업이 필요로 하는 목표이익을 차감하여 결정된다.

10 (주)서울의 활동기준성과보고서는 50회의 실제검사활동수준에서 실제검사원가는 ₩100,000이라고 보고하였는데, 이에 대한 추가적인 분석내용은 다음과 같다.

검사원가	실제원가	예산원가
고정원가	₩60,000	₩57,000
변동원가	40,000	35,000

고정검사원가는 1인당 ₩28,500씩 지급되는 두 명의 검사원에 대한 급료이다. 각 검사원은 30배치의 검사를 충분히 수행할 수 있는 능력을 가지고 있다. 활동분석에 의하면 각 배치에 대한 검사작업활동의 부가가치표준수량(배치)은 0이다. 변동감사원가는 검사기간 동안에 사용된 재료와 관련된 것이다. (주)서울의 고정원가에 대한 미사용활동차이를 구하시오.

① ₩9,500 ② ₩8,500 ③ ₩9,800
④ ₩9,800 ⑤ ₩9,950

11 (주)서울의 재고자산과 관련된 자료는 다음과 같다.

경제적 주문량(EOQ)	4,000단위
올해의 총주문비용	?
연간 재고자산 사용량(D)	500,000단위
단위당 연간 재고유지비용(C)	₩100

(주)서울의 1회 주문 비용은 얼마인가?

① ₩1,600 ② ₩1,700 ③ ₩1,800
④ ₩1,850 ⑤ ₩1,900

12 다음 중 적시재고관리시스템(just-in-time inventory system)의 장점에 해당하지 않는 것은?

① 재고유지비용의 절감
② 재고저장공간의 절약
③ 생산준비시간의 단축
④ 재고자산에 소요되는 자금의 절약
⑤ 제품 품절에서 오는 위험의 회피

13 제품이 생산되어 고객에게 발송되기 이전까지의 과정은 다음과 같이 시간의 개념으로 표현될 수 있다.

- 공정시간(processing time) : 제품의 가공에 소요되는 시간
- 저장시간(storage time) : 원재료 또는 제품의 재고로서 저장되어 있는 시간
- 대기시간(queue time) : 다음 작업으로 이동하기 전에 대기하는 시간
- 이동시간(moving time) : 다음 작업장으로 이동하는 시간
- 검사시간(inspectin time) : 검사에 소요되는 시간

적시재고관리(Just-In-Time)시스템에서 제거 또는 최소화하고자 의도하는 것의 조합은?

① 공정, 저장, 대기시간
② 저장, 대기, 이동시간
③ 공정, 대기, 이동시간
④ 공정, 저장, 검사시간
⑤ 공정, 저장, 이동시간

14 다음 중에서 역류원가계산(backflush costing)에 대한 설명으로 가장 타당한 것은?

① 역류원가계산방법을 사용하는 기업은 표준원가를 사용하지 않고 항상 실제원가를 사용한다.
② 역류원가계산방법은 생산공정의 리드타임(lead time)이 긴 기업에서 주로 사용한다.
③ 역류원가계산방법의 장점 중의 하나는 순차적 계산방법에 비하여 기계의 흔적을 더 잘 추적할 수 있다는 것이다.
④ 역류원가계산방법에서는 재고자산의 수준이 낮아져서 주문이 필요한 시점에서만 분개가 이루어진다.
⑤ 역류원가계산방법에서는 재료구입부터 제품판매까지의 분개기록 중 일부가 생략될 수 있다.

15 전략적 원가관리(Strategic Cost Management) 기법에 관한 설명으로 옳은 것을 모두 고른 것은?

> ㄱ. 제약이론(Theory of Constraints)에 의하면 병목공정의 처리능력을 확장시키기 위해서는, 재료처리량 공헌이익(Throughput contribution)이 병목공정 처리능력 확장에 소요되는 원가보다 커야 한다.
> ㄴ. 목표원가계산(Target Costing)을 생산단계에 적용하는 경우 효과가 가장 크게 나타난다.
> ㄷ. 카이젠원가계산(Kaizen Costing)에서는 프로세스를 개선시키는데 가장 크게 공헌할 수 있는 조직구성원은 경영자와 공학자라고 가정한다.
> ㄹ. 품질원가계산(Quality Costing)은 통제원가(예방 및 평가원가)와 실패원가를 포함한 품질관련원가를 최소화시키면서 품질수준을 최대화시키는데 목적이 있다.
> ㅁ. 수명주기원가계산(Life Cycle Costing)과 품질원가계산을 환경문제에 적용하면, 탄소배출량을 줄이면서 환경관련원가도 절감할 수 있다.

① ㄱ, ㄴ, ㄹ ② ㄱ, ㄷ, ㅁ ③ ㄱ, ㄹ, ㅁ
④ ㄴ, ㄷ, ㄹ ⑤ ㄴ, ㄷ, ㅁ

16 전략적 원가관리에 관한 설명으로 옳지 않은 것은?

① 목표원가계산(target costing)은 제품개발 및 설계단계부터 원가절감을 위한 노력을 기울여 목표원가를 달성하고자 한다.
② 카이젠원가계산(kaizen costing)은 제조이전단계에서의 원가절감에 초점을 맞추고 있다.
③ 품질원가계산(quality costing)은 예방원가, 평가원가, 실패원가 간의 상충관계에 주목한다.
④ 제품수명주기원가(product life-cycle cost)는 제품의 기획 및 개발 · 설계에서 고객서비스와 제품폐기까지의 모든 단계에서 발생하는 원가를 의미한다.
⑤ 제약이론(theory of constraints)은 기업의 목표를 달성하는 과정에서 병목공정을 파악하여 이를 집중적으로 관리하고 개선해서 기업의 성과를 높이는 방법이다.

※ 다음은 [문제 17] ~ [문제 18]에 관련된 자료이다.

서울가구는 기계공정과 마무리공정에서 사무용 의자를 만들고 있다. 이에 관련된 자료는 다음과 같다.

	기계공정	마무리공정
연간 처리능력	1,000단위	800단위
연간 생산수량	800단위	800단위
고정운영원가(직접재료원가 제외)	₩8,000,000	₩4,800,000
단위당 고정운영원가	₩10,000	₩6,000

의자는 단위당 ₩90,000에 판매되고, 기계공정 초기에 단위당 ₩40,000의 직접재료원가가 투입된다. 이외에 다른 변동원가가 없으며, 생산된 완제품은 모두 판매할 수 있다.

17 서울가구는 마무리공정의 처리능력을 100단위 증가시킬 수 있는 최신설비를 마무리공정에 설치할 것을 고려하고 있다. 이 최신설비의 연간 원가는 ₩4,000,000이다. 회사가 이 설비를 설치한다면 얼마의 순이익이 추가로 발생하는가?

① ₩0 ② ₩1,000,000 ③ (₩4,000,000)
④ ₩4,000,000 ⑤ ₩8,000,000

18 서울가구는 현재 마무리공정에서 200단위의 불량품을 생산했다. 이 불량품으로 인해 발생하는 증분손실은 얼마인가?

① ₩0 ② ₩4,800,000 ③ ₩8,000,000
④ ₩10,000,000 ⑤ ₩18,000,000

19 서울기계는 두 가지 공정을 거쳐 제품을 생산하는 회사이며, 관련 자료는 다음과 같다.

	제1공정	제2공정
연간 최대생산능력	1,000단위	600단위
연간 고정원가	₩2,000	₩1,000
단위당 변동원가	₩30	₩10

제품은 단위당 ₩60에 판매되며, 생산된 제품은 생산량에 관계없이 판매가 가능하다고 가정한다. 제2공정에 연간 리스료가 ₩1,000인 기계장치 1대를 리스하여 투입하면, 연간 100단위의 제품을 추가로 생산할 수 있다. 동 기계장치 1대를 리스할 경우 증분손익은 얼마인가?

① 증분이익 ₩500　② 증분손실 ₩500　③ 증분이익 ₩1,000
④ 증분이익 ₩5,000　⑤ 증분이익 ₩9,000

20 인왕공구는 A공정과 B공정을 거쳐 가정용 공구를 생산 · 판매한다. 다음은 두 공정의 생산에 관한 자료이다.

	A 공정	B 공정
월 생산능력	10,000개	15,000개
착수량 단위당 변동원가	₩500	₩100
총고정원가	₩100,000	₩200,000

A공정에서 작업이 완료된 중간제품은 불량품을 제외하고 전량 B 공정으로 대체된다. A공정이 완료된 시점에서 검사한 중간제품 중 10%가 불량품이 되며, 동 불량품은 B 공정으로 대체되지 않고 전량 폐기된다. B공정이 완료된 시점에서 검사한 완제품 중 5%는 불량품이 되며, 동 불량품은 전량 폐기된다. B공정을 거친 완제품은 단위당 ₩1,500에 판매되며 수요는 무한하다. 만약 A공정의 불량률을 7%로 낮출 수 있는 새로운 작업방법을 실행하기 위해서는 월 ₩150,000의 추가비용이 필요하다면 새로운 작업방법을 수행하는 것이 회사의 월간 이익을 얼마나 증가 또는 감소시키는가?

① ₩150,000 감소　② ₩427,500 증가　③ ₩247,500 증가
④ ₩150,000 증가　⑤ ₩30,000 증가

01	02	03	04	05	06	07	08	09	10
①	⑤	⑤	⑤	①	⑤	②	①	⑤	①
11	12	13	14	15	16	17	18	19	20
①	⑤	②	⑤	③	②	②	⑤	③	③

01 정답 ①

① 총원가의 대부분은 연구개발과 설계단계에서 결정(locked-in)되고, 대부분의 원가는 제조단계에서 발생한다.

02 정답 ⑤

⑤ 목표원가계산은 제조 이전단계인 제품의 연구개발과 설계단계에서의 원가절감을 중요시 한다.

03 정답 ⑤

	신제품 A (?단위)		신제품 B (2,500단위)	
가 격	₩5,000		₩4,000	
변동원가	2,500		1,900	
공헌이익	₩2,500	30%	₩2,100	30%
고정원가	₩2,000,000		₩2,000,000	
목표이익(30%)	₩1,500		₩1,200	

① 신제품 A의 단위당 가격에서 단위당 목표이익을 차감시 목표원가는 ₩3,500이다.

② 신제품 A의 단위당 변동원가는 ₩2,500이므로 단위당 고정원가는 ₩1,000 이하여야 한다. 총고정원가가 ₩2,000,000이므로 단위당 고정원가가 ₩1,000 이하이기 위해서는 최소한 2,000단위 이상을 생산 · 판매해야 한다.

③ 신제품 B의 단위당 가격에서 단위당 목표이익을 차감시 목표원가는 ₩2,800이다.

④ 목표이익을 달성하기 위해서는 신제품 B의 단위당 변동원가가 ₩1,900이므로 단위당 고정원가는 ₩900 이하여야 한다. 총고정원가가 ₩2,000,000이고 목표생산량이 2,500단위이므로 단위당 고정원가는 ₩800이다. 고정원가가 ₩900 이하이므로 목표이익을 달성할 수 있다.

⑤ 신제품 A의 목표판매량이 2,000단위이고 신제품 B의 판매량이 2,500단위인 경우 목표이익이 더 큰 신제품 B를 생산한다.

신제품 A = 2,000 × ₩2,500 − ₩2,000,000 = ₩3,000,000

신제품 B = 2,500 × ₩2,100 − ₩2,000,000 = ₩3,250,000

04 정답 ⑤

⑤ 기업이 예방활동에 더욱 노력하면 평가원가도 감소된다. 예를 들어 좋은 공급업체를 선정하면 공급업체가 공급하는 원재료 및 부품에 대한 검사가 감소된다. 이는 평가원가의 감소에 해당된다.

05 정답 ①

① 원재료 검사비용은 평가원가이다. 또한 원재료를 납품하는 업체에 대한 평가에 대한 비용은 예방원가이다.

06 정답 ⑤

① 근본적으로 불량이나 오류의 발생을 줄이거나 제거하기 위해 지출되는 비용은 **예방원가**이다.

② 불량품으로 인한 평판 악화 때문에 발생하는 판매기회 상실과 관련 매출의 감소는 **품질원가(외부실패원가)에 포함**된다.

③ 통제원가와 실패원가는 일반적으로 **역(−)의 관계**에 있다.

④ 원재료 검사비용은 일반적으로 **평가원가**로 분류한다.

⑤ 통제가 잘 이루어지지 않아 품질수준이 낮은 경우, 외부실패원가가 품질원가 중에서 가장 큰 규모로 발생할 가능성이 있다.

07 정답 ②

예방원가	평가원가	내부실패원가	외부실패원가	합 계
₩5,400	₩3,200	₩6,100	₩24,700	
2,300	10,200	7,400	9,300	
₩7,700	₩13,400	₩13,500	₩34,000	₩68,600
× (1 + 50%)		× (1 − 20%)	× (1 − 10%)	
₩11,550	₩13,400	₩10,800	₩30,600	**₩66,350**

08 정답 ①

예 방 원 가	설계엔지니어링	₩20,000
	예방설비점검	20,000
평 가 원 가	재공품검사	20,000
	제품검사	30,000
내부실패원가	불량품재작업	20,000
	–	–
외부실패원가	반품재작업	40,000
	보증수리원가	100,000
	클레임 제기로 인한 추정 손해배상액	200,000

① 내부실패원가는 ₩20,000이다.

09 정답 ⑤

⑤ 시장상황의 검토를 통하여 예상되는 제품의 목표가격을 확인한 후 기업이 필요로 하는 목표이익을 차감하여 목표원가가 결정된다.

10 정답 ①

$AQ_p \times AP$	$AQ_p \times SP$	$SQ \times SP$
= ₩60,000	60 × ₩950 = ₩57,000	– × ₩950 = ₩0

$AQ_p \times SP$	$AQ_u \times SP$
60 × ₩950 = ₩57,000	50 × ₩950 = ₩47,500

미사용활동차이 ₩9,500

11 정답 ①

$$EOQ = \sqrt{\frac{2 \cdot D \cdot O}{C}}$$

$$4{,}000 = \sqrt{\frac{2 \cdot 500{,}000\text{단위} \cdot O}{₩100}}$$

∴ 1회 주문 비용(O) = **₩1,600**

12 정답 ⑤

적시재고관리시스템은 안전재고를 보유하지 않으므로 전통적 생산방식보다 재고조건으로 인한 판매기회상실 위험에는 더 크게 노출되어 있다.

13 정답 ②

JIT시스템에서는 공정시간만이 부가가치활동이고 나머지 활동은 비부가가치활동으로서 제거 또는 최소화하고자 하는데 이에는 저장시간, 대기시간, 이동시간, 검사시간 등이 있다.

14 정답 ⑤

③ 역류원가계산방법은 순차적인 계산방법에 비해 분개기록 중 일부를 생략하기 때문에 거래의 흔적을 추정해야 하므로 더 잘 추적할 수는 없다.

15 정답 ③

(ㄴ) 목표원가계산(Target Costing)을 생산단계가 아니라 생산이전단계에 적용하는 경우 효과가 가장 크게 나타난다.

(ㄷ) 카이젠원가계산(Kaizen Costing)에서는 프로세스를 개선시키는데 가장 크게 공헌할 수 있는 조직구성원은 경영자와 공학자가 아니라 현장의 작업자라고 가정한다.

16 정답 ②

② 카이젠원가계산은 제조단계에서의 원가절감에 초점을 맞추고 있다.

17 정답 ②

1) 현재

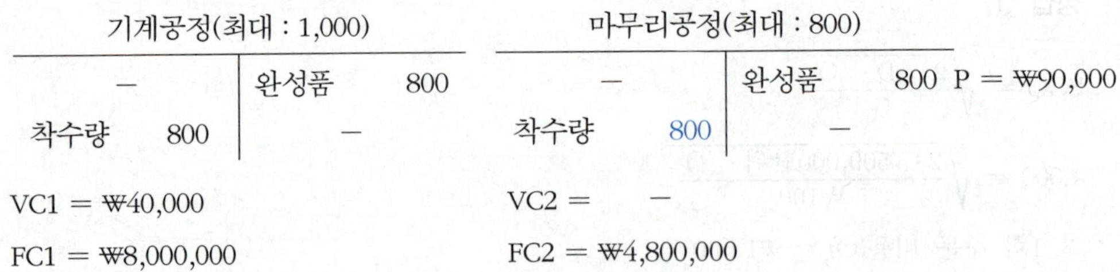

2) 설비증가

기계공정(최대 : 1,000)				마무리공정(최대 : 900*)			
	–	완성품	900		–	완성품	900
착수량	900		–	착수량	900*		–

* 800 + 100

3) 증분손익

증분수익		₩9,000,000
매출증가	100 × ₩90,000 = ₩9,000,000	
증분비용		8,000,000
1공정 재료원가 증가	100 × ₩40,000 = ₩4,000,000	
설비원가	4,000,000	
증분이익		**₩1,000,000**

18 정답 ⑤

기계공정(최대 : 1,000)				마무리공정(최대 : 800)			
	–	완성품	800		–	완성품	600
착수량	800		–	착수량	800	불량품	200

불량품 수만큼 판매하지 못하므로 매출감소는 다음과 같다.

200개 × ₩90,000 = **₩18,000,000**

19 정답 ③

1) 현재

1공정(최대 : 1,000)				2공정(최대 : 600)			
	–	완성품	600		–	완성품	600
착수량	600		–	착수량	600		–

P = ₩60

VC_1 = ₩30　　　　VC_2 = ₩10

FC_1 = ₩2,000　　　　FC_2 = ₩1,000

2) 공정개선 후

1공정(최대 = 1,000)		2공정(최대 = 700*)		
–	완성품 700	–	완성품 700	P = ₩60
착수량 700	–	착수량 700*	–	

VC_1 = ₩30　　　　VC_2 = ₩10

FC_1 = ₩2,000　　　　FC_2 = ₩1,000 + ₩1,000 = ₩2,000

* 600 + 100

3) 증분손익

증분수익		₩6,000
매출증가	100 × ₩60 = ₩6,000	
증분비용		5,000
1공정 변동원가 증가	100 × ₩30 = ₩3,000	
2공정 변동원가 증가	100 × ₩10 = 1,000	
리스료	1,000	
증분이익		**₩1,000**

20 정답 ③

증분수익		
매출액 증가분	10,000단위 × 3% × 95% × ₩1,500 =	₩427,500
증분비용		
B공정의 변동원가 증가분	10,000단위 × 3% × ₩100 =	30,000
월 추가비용		150,000
증분이익		**₩247,500**

COST&MANAGEMENT ACCOUNTING

주관식 연습문제

01 수명주기원가계산

(주)서울은 제품수명주기가 3년으로 예상되는 신제품을 개발하기로 하고, 이 제품과 관련하여 다음과 같은 예산자료를 확보하였다. 단, 화폐의 시간가치는 무시한다.

	1차년도	2차년도	3차년도
생산 및 판매량	5,000단위	20,000단위	15,000단위
단위당 판매가격	₩45	₩40	₩35
연구개발 및 설계원가	₩90,000	₩10,000	—
제 조 원 가			
단위당 변동원가	₩16	₩15	₩15
배치당 변동원가	70	60	60
배치크기	40단위	50단위	50단위
고정원가	₩60,000	₩60,000	₩60,000
마케팅원가			
단위당 변동원가	₩3.60	₩3.20	₩2.80
고정원가	₩40,000	₩30,000	₩30,000
유 통 원 가			
단위당 변동원가	₩1	₩1	₩1
배치당 변동원가	12	12	10
배치크기	20단위	16단위	12단위
고정원가	₩24,000	₩24,000	₩24,000
단위당 고객서비스원가	₩2	₩1.5	₩1.5

[물음 1] 신제품의 연도별 예산수명주기영업이익을 계산하시오.

[물음 2] 연구개발 및 설계단계에서 발생하는 원가가 총예산제품수명주기원가에서 차지하는 비율을 계산하시오.

[물음 3] [물음 2]의 분석은 총제품수명주기원가의 80% 이상이 연구개발 및 설계단계 이후에서 확정된다는 사실을 알려준다. 이러한 사실은 신제품의 원가관리에 어떠한 의미를 가지고 있는지 설명하시오.

해답

[물음 1] 신제품의 연도별 예산수명주기영업이익

	1차년도	2차년도	3차년도	합 계
매 출 액	₩225,000	₩800,000	₩525,000	₩1,550,000
연구개발 및 설계	90,000	10,000	–	100,000
제 조 원 가				
변동원가	88,750	324,000	243,000	655,750
고정원가	60,000	60,000	60,000	180,000
마케팅 원가				
변동원가	18,000	64,000	42,000	124,000
고정원가	40,000	30,000	30,000	100,000
유 통 원 가				
변동원가	8,000	35,000	27,500	70,500
고정원가	24,000	24,000	24,000	72,000
고객서비스원가	10,000	30,000	22,500	62,500
총 원 가	₩338,750	₩577,000	₩449,000	₩1,364,750
영업이익	**₩(113,750)**	**₩223,000**	**₩76,000**	₩185,250

[물음 2] 비율계산

1) 연구개발과 설계단계의 예산수명주기원가 : ₩100,000
2) 총예산제품수명원가 : ₩1,364,750
3) 비 율 $= \frac{₩100,000}{₩1,364,750} = 7.33\%$

[물음 3]

[물음 2]를 통해 총제품수명주기원가의 7.33%만이 연구개발과 설계단계에서 발생하며 그 이후에 신제품의 총제품수명주기원가 중 80%이상이 발생될 것이라는 사실을 알 수 있다. 이것은 (주)서울이 신제품의 설계단계가 끝나게 되면, 신제품의 원가를 변경하거나 혹은 절감하기가 어렵다는 것을 의미한다. 따라서 총제품수명주기원가를 절감하고 관리하기 위해서는 원가가 결정되기 전에 설계를 변경하는 조치를 하여야 한다.

02 목표원가와 부가가치원가

(주)서울은 이익중심점으로 간주되는 두 개의 공장을 가지고 있다. 하나는 부산에 있고, 다른 하나는 광주에 있다. 과거 두 공장 모두 ₩450의 판매가격으로 연간 20,000단위씩을 판매하였다. 최근 광주공장은 제품의 판매가격을 ₩400으로 인하하였는데, 이는 광주공장이 '비부가가치원가'를 감소시켜 제조원가와 판매비를 절감하였기 때문에 가능하였다. 현재 광주공장의 제조원가와 판매비는 제품 단위당 ₩350이다. 광주공장의 경영자는 부산공장이 자기 공장과 비슷한 결과를 얻을 수 있도록 원가회계담당자를 부산공장에 파견해주겠다는 제의를 하였다. 부산공장의 경영자는 그의 공장이 광주공장은 물론 다른 경쟁업체와 보조를 맞추어야 한다는 것을 알고 이 제의를 즉각 수용하였다. 부산공장의 마케팅담당자는 부산지역의 경쟁업체들이 동종 제품의 판매가격을 인하하였기 때문에 이러한 판매가격에 대응하지 않으면 매출액은 급격하게 떨어질 것이라고 주장하였다. 마케팅담당자는 연말에 판매가격을 ₩390으로 인하하면 시장점유율이 20% 증가할 것이라고 확신하였다. 부산공장의 경영자는 이 주장에 동의하면서도 현재의 단위당 이익은 유지하고자 한다. 또한 그는 자기공장이 적어도 광주공장의 단위당 원가 ₩350과 같게 할 수 있는지 그리고 광주공장이 사용한 방법을 채택하여 원가를 절감할 수 있는지 알고 싶어 한다.

다음은 부산공장이 최근 20,000단위를 생산할 때 투입물의 실제원가, 부가가치표준수량 및 실제사용량에 대한 자료이다. 단, 원가동인의 실제원가와 표준원가는 같다고 가정하시오.

	부가가치표준수량	실제사용수량	실제원가
재료사용(kg)	237,500	250,000	₩5,250,000
노동작업(시간)	57,000	60,000	750,000
작업준비(시간)	–	4,000	300,000
재료처리(이동횟수)	–	10,000	700,000
보증작업(수리횟수)	–	10,000	1,000,000
			₩8,000,000

[물음 1] 부산공장의 경영자가 원하는 대로 단위당 이익을 유지하면서 시장점유율을 20% 증가시킬 수 있는 목표원가를 계산하시오.

[물음 2] 단위당 비부가가치원가를 계산하시오. 부산공장이 비부가가치원가를 완전히 제거할 경우 제품의 단위당 원가를 광주공장과 동일하게 유지할 수 있는가? 만일 당신이 부산공장의 경영자라면 시장점유율을 증가시킬 수 있는 목표원가를 달성하기 위해 어떠한 조치를 취하겠는가?

[물음 3] 부산공장이 원가절감을 위해서 노력할 때 벤치마킹은 어떠한 역할을 하는가?

[물음 4] 목표원가(target costs)와 부가가치원가(value-added costs)의 차이점을 설명하시오.

해답

[물음 1] 목표원가

현재의 단위당 원가 : $\frac{₩8,000,000}{20,000단위}$ = ₩400

현재의 단위당 이익 : ₩450 − ₩400 = ₩50

현재의 단위당 이익을 유지하면서 시장점유율을 증가시킬 수 있는 목표원가 :

₩390 − 목표원가 = ₩50

∴ 목표원가 = **₩340**

[물음 2] 비부가가치원가

재료이동 : (250,000 − 237,500) × ₩21	₩262,500
노동작업 : (60,000 − 57,000) × ₩12.5	37,500
작업준비 : (4,000 − 0) × ₩75	300,000
재료처리 : (10,000 − 0) × ₩70	700,000
보증작업 : (10,000 − 0) × ₩100	1,000,000
합 계	₩2,300,000
생산량 및 판매량	÷ 20,000
단위당 비부가가치원가	**₩115**

현재의 단위당 원가 − 단위당 비부가가치원가 = ₩400 − ₩115 = ₩285

이것은 ₩340의 목표원가 혹은 광주공장의 단위당 원가 ₩350보다 훨씬 작다. 따라서 광주공장의 단위당 원가에 대응할 수 있으며, 시장점유율을 증가시킬 수 있는 목표원가를 달성할 수 있다. 문제는 원가절감을 얼마나 빠르게 달성할 수 있는가 하는 것이다. 부산공장의 경영자는 광주공장의 경험을 활용하여 비부가가치원가를 빠르게 절감하려고 할 것이다. 그리고 장기적으로는 원가감소가 가능할 것이므로 단기적으로 이익이 감소하더라도 판매가격을 ₩390으로 인하하여 증가된 시장점유율의 이점을 이용하려고 할 것이다.

[물음 3] 벤치마킹

광주공장은 표준을 설정하고 판매가격을 인하할 수 있는 원가절감을 어떻게 달성했는가에 대한 정보를 공유할 것을 제의하였다. 부산공장은 광주공장의 제의를 수용하여 광주공장과 같거나 혹은 더 큰 원가절감을 달성하고자 노력할 것이므로 벤치마킹은 중요한 역할을 한다.

[물음 4] 목표원가와 부가가치원가

목표원가(target costs)는 외부시장환경과 경쟁업체의 대응 정도를 고려하여 기업이 목표로 설정한 시장점유율의 유지나 또는 목표로 하는 이익을 달성하기 위하여 전략적인 차원에서 설정하는 원가로써, 전략적으로 설정하는 판매가격에서 제품단위당 요구되는 목표이익을 차감한 잔액이 목표원가가 된다. 이에 반하여 부가가치원가(value-added costs)는 부가가치활동을 수행하기 위하여 발생하는 원가로써, 이는 기업이 내부적으로 기술진이나 생산담당자들의 원가동인의 분석에 의하여 설정하는 원가동인의 부가가치표준수량에 원가동인의 단위당 표준원가를 곱하여 계산한다.

03 품질원가보고서

우리나라는 2002년 7월 1일부터 본격적으로 시행된 제조물책임법에 대하여 국내기업들은 제품결함관련 손해배상을 부담하게 되었다. 그 결과 경영자들은 품질경쟁력을 높이기 위한 방안을 신중히 검토하고 품질관리와 신제품개발에 총력을 기울이고 있다. 두 가지 형태의 냉장고를 생산 · 판매하고 있는 (주)서울도 이러한 상황을 고려하여 품질관리에 대한 전면적인 검토를 하게 되었다. 즉, 경영자는 두 가지 냉장고의 품질을 믿을 수 없어 품질관리를 위하여 원가를 계산하여 전사적 품질관리를 시도하게 되었다.

품질원가에 대한 전반적인 자료를 수집한 결과 일반적으로 품질원가는 네 가지 범주로 구분된다는 것을 파악하고, 품질원가를 요약하여 품질원가보고서를 작성하기로 하였다.

(주)서울의 각 냉장고와 관련된 품질관리 자료를 요약하면 다음과 같다.

구 분	A형	B형
생산 및 판매수량	10,000단위	5,000단위
단위당 판매가격	₩200,000	₩150,000
단위당 변동원가	₩120,000	₩80,000
설계개선에 소요된 시간	6,000시간	1,000시간
단위당 품질검사시간	1시간	0.5시간
재작업 수량비율	4%	10%
냉장고당 재작업원가	₩50,000	₩40,000
고객의 요구에 따른 수선비율	3%	8%
냉장고당 수선원가	₩40,000	₩50,000
불량품으로 인하여 상실된 추정매출수량	−	300단위
손해배상추정액	₩10,000,000	₩5,000,000

품질관리와 관련하여 설계개선에 참가한 직원과 품질검사원의 임률은 각각 다음과 같다.

설계개선에 참가한 직원 : 시간당 ₩7,500
품질검사원 : 시간당 4,000

[물음 1] (주)서울의 품질원가를 네 가지 범주로 구분하여 A형과 B형 냉장고에 대한 품질원가와 매출액 대비 범주별 원가비율을 나타내는 품질원가보고서를 작성하시오(비율은 %로 나타내고, 소수점 셋째자리에서 반올림하시오).

[물음 2] (주)서울의 매출액 대비 각 범주별 품질원가의 비율에 기초하여 냉장고 A형과 B형에 대한 품질원가를 비교 설명하시오.

[물음 3] 무결점(zero defects)을 추구하는 현대기업의 품질원가 형태를 품질원가와 품질수준(quality of conformance)의 관계를 이용하여 도표로 나타내시오.

해답

[물음 1] 품질원가보고서

A형 매출액 = ₩200,000/대 × 10,000대 = ₩2,000,000,000

구 분	계 산 근 거	원 가	비 율(%)
예방원가			
설계개선	6,000시간 × ₩7,500/시간	₩45,000,000	2.25
평가원가			
검사비용	10,000대 × 1시간/대 × ₩4,000/시간	40,000,000	2.00
내부실패원가			
재작업원가	10,000대 × 4% × ₩50,000/대	20,000,000	1.00
외부실패원가			
수선비용	10,000대 × 3% × ₩40,000/대	12,000,000	0.60
손해배상액		10,000,000	0.50
합 계		₩127,000,000	6.35

B형 매출액 = ₩150,000/대 × 5,000대 = ₩750,000,000

구 분	계 산 근 거	원 가	비 율(%)
예방원가			
설계개선	1,000시간 × ₩7,500/시간	₩7,500,000	1.00
평가원가			
검사비용	5,000대 × 0.5시간/대 × ₩4,000/시간	10,000,000	1.33
내부실패원가			
재작업원가	5,000대 × 10% × ₩40,000/대	20,000,000	2.67
외부실패원가			
수선비용	5,000대 × 8% × ₩50,000/대	20,000,000	2.67
손해배상액		5,000,000	0.67
상실된 매출수량	300대 × (₩150,000 − ₩80,000)/대	21,000,000	2.80
합 계		₩83,500,000	11.14

[물음 2] A형과 B형의 품질원가 비교설명

A형 냉장고는 품질원가에서 예방원가와 평가원가의 비율이 B형 냉장고와 비교하여 상대적으로 매우 높은 반면, 내부실패원가와 외부실패원가가 현저하게 낮게 발생하고 있다.

B형 냉장고는 예방원가와 평가원가의 비율이 낮으나 실패원가가 매우 높게 발생하고 있음을 볼 때, 통제원가(예방원가와 평가원가)와 실패원가(내부실패원가와 외부실패원가) 사이에는 상충관계

가 있음을 알 수 있다.

전체적으로 A형은 품질원가 비율이 5%에 불과하지만, B형은 10%가 넘게 발생하고 있어 품질문제가 심각한 것으로 판단된다. 따라서 B형 냉장고의 품질을 높이기 위하여 설계의 개선과 품질평가에 대한 노력이 더욱 필요하다.

[물음 3] 무결점주의에서의 품질원가 형태

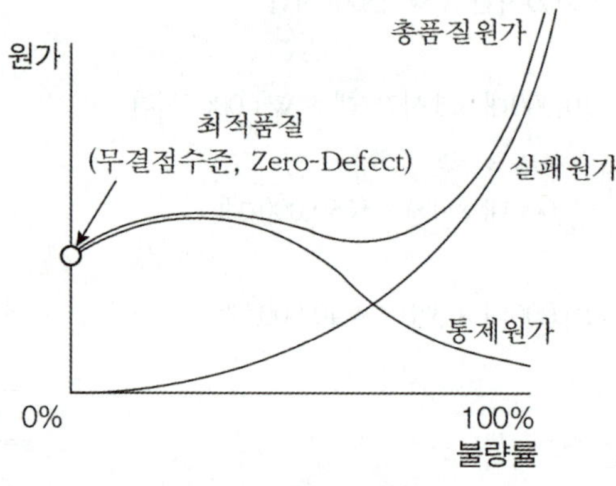

04 활동기준경영과 미사용활동을 고려한 특별주문

(주)서울은 게임용 로봇을 제조하는 회사로서 20×1년도 제조활동과 관련하여 다음과 같이 분석하였다. 실제 발생한 원가동인 단위당 실제원가(AP)는 단위당 표준가격(SP)과 같다고 가정한다.

활동구분	원가동인	부가가치 표준수량	수량 단위당 표준가격	실제사용된 원가동인수
구매활동	주문횟수	400회	₩20	500회
작업준비활동	작업준비시간	–	30	300시간
가공활동	기계시간	1,400시간	10	1,800시간

1) 작업준비활동과 관련하여 1인당 취득된 작업시간은 100시간으로 총 작업준비인원 3명에 대해 ₩9,000이다.

2) 작업준비활동과 달리 구매활동원가 및 가공활동원가는 변동활동원가이다.

다음 물음에 답하시오.

[물음 1] (주)서울의 20×1년도에 발생한 비부가가치원가를 계산하시오.

[물음 2] (주)서울은 20×2년도에 프로세스 개선활동을 추진하여 실제 사용된 작업준비시간을 20% 감소시켰다. 작업준비활동의 미사용 활동차이를 구하시오.

※ 다음의 자료를 이용하여 물음에 답하시오.

20×2년도에 (주)서울은 신기술개발을 통해 인공지능을 탑재한 신개념 로봇개발에 성공하였다. 다음은 신개념 로봇의 1단위당 생산과 관련된 자료이다.

직접재료원가	₩50
직접노무원가	10
원재료주문횟수	2회
작업준비시간	2시간
기계시간	2시간

[물음 3] 외국의 어떤 바이어로부터 신개념 로봇 20단위를 단위당 ₩180에 납품에 달라는 특별주문을 받았다. (주)서울에서 이 제안을 수락할 것인지 여부를 결정하시오. 단, 작업준비시간과 관련하여 특별주문수락 전 미사용 작업준비시간은 60시간이다.

[물음 4] [물음 3]과 달리 특별주문수량이 40단위인 경우 (주)서울은 이 제안을 수락할 것인지 여부를 결정하시오.

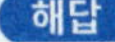

자료정리

1) 구매활동

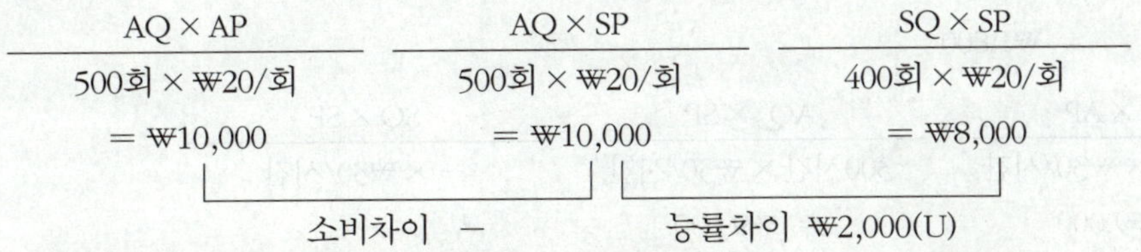

2) 작업준비활동

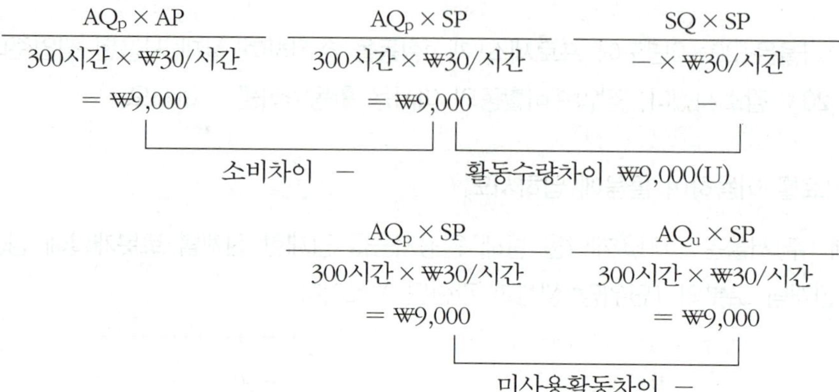

3) 가공활동

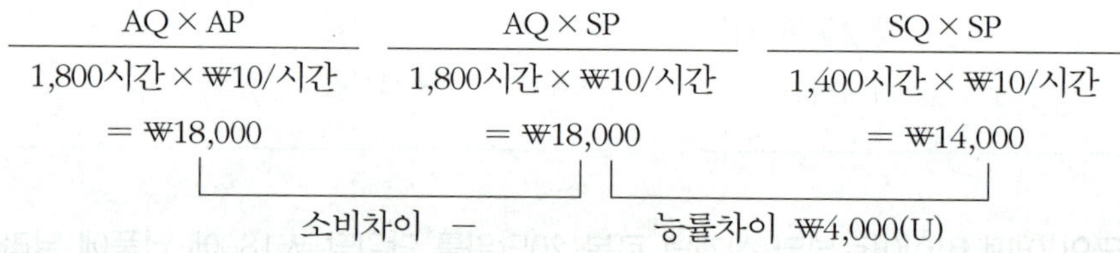

[물음 1] 비부가가치원가

비부가가치원가는 제품 생산의 효율성과 관련되므로 능률차이와 활동수량차이가 비부가가치원가에 해당된다.

구매활동	(500회 − 400회) × ₩20 =	₩2,000
작업준비활동	(300시간 − 0시간) × ₩30 =	9,000
가공활동	(1,800시간 − 1,400시간) × ₩10 =	4,000
		₩15,000

[물음 2] 작업준비활동 미사용활동원가

미사용활동원가 = [300시간 − 300시간 × (1 − 0.2)] × ₩30
= ₩1,800

$AQ_p \times AP$	$AQ_p \times SP$	$SQ \times SP$
300시간 × ₩30/시간	300시간 × ₩30/시간	− × ₩30/시간
= ₩9,000	= ₩9,000	−

소비차이 − 활동수량차이 ₩9,000(U)

$AQ_p \times SP$	$AQ_u \times SP$
300시간 × ₩30/시간 = ₩9,000	300시간 × (1 − 0.2) × ₩30/시간 = ₩7,200

미사용활동차이 ₩1,800(F)

[물음 3, 4]

자료정리

특별주문과 관련된 단위당 증분원가는 다음과 같다.

단위당 변동원가	₩50 + ₩10 =	₩60
단위당 구매활동	2회 × ₩20 =	40
단위당 가공활동	2시간 × ₩10 =	20
		₩120

[물음 3] 특별주문 20단위 수락시 증분이익

작업준비활동과 관련하여 미사용 작업준비시간이 60시간이고 특별주문은 40작업준비시간(20×2시간)을 필요하므로 작업준비활동과 관련된 원가증가는 없다.

증분수익		
매출증가	₩180 × 20 =	₩3,600
증분비용		
단위당 원가증가	₩120 × 20 =	(2,400)
증분이익		₩1,200

특별주문 수락시 **증분이익이 ₩1,200**이므로 **특별주문을 수락**한다.

[물음 4] 특별주문 40단위 수락시 증분이익

1) 현재 미사용 작업준비시간 = 60시간
2) 필요한 작업준비시간 = 40단위 × 2시간 = 80시간
3) 특별주문 수락시 작업준비시간이 20시간 부족하다. 그러나 고정비의 불가분성에 의해 0.2명(20시간)을 고용하는 것이 아니라 1명(100시간)을 추가 고용해야 한다.

증분수익		
매출증가	₩180 × 40 =	₩7,200
증분비용		
단위당 원가증가	₩120 × 40 =	(4,800)
작업준비원가증가(1명 추가고용)		(3,000)
증분이익		₩(600)

특별주문 수락시 **증분손실이 ₩600**이므로 **특별주문을 거절**한다.

---

05 제약이론

(주)서울은 두 개의 공정을 통해 제품을 생산하는데 단위당 가격은 ₩1,000이다. 1공정에서 투입량 기준으로 5%의 공손이 발생하며, 완성품만이 2공정으로 대체되는데 2공정에서도 투입량 기준으로 5%의 공손이 발생하며 합격품은 모두 판매된다. 단, 모든 공손은 정상공손이고 검사시점은 100%이다.

	1공정	2공정
최대조업도	10,000단위	15,000단위
단위당 직접재료원가	₩500	₩300
고정제조간접원가	₩200,000/월	₩285,000/월

위의 자료를 이용하여 다음 물음에 답하시오.

[물음 1] (주)서울의 월간 이익은 얼마인가?

[물음 2] (주)서울의 월간 손익분기점 판매량은 1공정 투입량을 기준으로 몇 단위인가?

[물음 3] 1공정과 2공정의 정상공손원가는 얼마인가?

[물음 4] 1공정에서 공손율이 3%로 줄어들 때 회사의 이익은 얼마나 증가하는가? 이 경우 월간 품질개선비용이 ₩100,000 발생한다

[물음 5] 2공정에서 공손율이 2% 감소할 때 회사의 이익은 얼마나 증가하는가? 이 경우 월간 품질개선비용이 ₩150,000 발생한다.

[물음 6] 1공정 폐쇄시 내부대체되는 1공정의 완성품 9,500단위를 외부에서 구입할 때 단위당 최대 구입가격은 얼마인가? 이 경우 1공정의 고정원가는 50% 감소하고, 2공정의 고정원가는 10% 증가한다.

[물음 7] [물음 6]의 연속이다. (주)서울은 9,500단위 외부구입 이외에 추가로 외부구입을 5,500단위하려고 한다. 이 경우 추가 외부구입분 5,500단위에 대한 단위당 최대 지불가능금액은 얼마인가?

해답

1공정

–		완성품	9,500개
착수량	10,000개	정상공손(5%)	500

2공정

–		완성품	9,025개	P = ₩1,000개
착수량	9,500개	정상공손(5%)	475	

VC_1 = ₩500/개 　　　　VC_2 = ₩300/개

FC_1 = ₩200,000/월 　　　FC_2 = ₩285,000/월

[물음 1] 월간이익

매　　출	: 9,025개 × ₩1,000	=	₩9,025,000
변 동 원 가	: 10,000개 × ₩500 + 9,500개 × ₩300	=	7,850,000
공 헌 이 익			₩1,175,000
고 정 원 가	: ₩200,000 + ₩285,000	=	485,000
이　　익			₩690,000

[물음 2] 월간 손익분기점 판매량

1공정

		완성품	0.95개
착수량	1개	정상공손	0.05

2공정

		완성품	0.9025개
착수량	0.95개	정상공손	0.0475

$(0.9025 \times P - 1 \times VC_1 - 0.95 \times VC_2) \times Q - FC_1 - FC_2 = ₩0$

(0.9025 × ₩1,000 − ₩500 − 0.95 × ₩300) × Q − ₩200,000 − ₩285,000 = ₩0

₩117.5 · Q = ₩485,000

Q = **4,127.66개**

(검 증)

매 출	: 4,127.66 × 0.9025 × ₩1,000	=	₩3,725,213
변 동 원 가	: 4,127.66 × ₩500 + 4,127.66 × 0.95 × ₩300	=	3,240,213
공 헌 이 익			₩485,000
고 정 원 가	: ₩200,000 + ₩285,000	=	485,000
이 익			₩0

[물음 3] 정상공손원가

1공정		재료원가	가공원가
당기착수완성품	9,500개	9,500개	9,500개
정상공손	500개	500개	500개
A. 완성품환산량		10,000개	10,000개
B. 당기투입원가		?	₩200,000
C. 단위당 원가		₩500	₩20

완 성 품 ₩500 × 9,500개 + ₩20 × 9,500개 = ₩4,940,000

정상공손 ₩500 × 500개 + ₩20 × 500개 = ₩260,000

정상공손원가 배분시 완성품원가의 배분후 원가는 ₩5,200,000(₩4,940,000 + ₩260,000)이다.

2공정		전공정원가	재료원가	가공원가
당기착수완성품	9,025개	9,025개	9,025개	9,025개
정상공손	475개	475개	475개	475개
A. 완성품환산량		9,500개	9,500개	9,500개
B. 당기투입원가		₩5,200,000	?	₩285,000
C. 단위당 원가		₩547,368	₩300	₩30

완 성 품 ₩547,368 × 9,025개 + ₩300 × 9,025개 + ₩30 × 9,025개 = ₩7,918,246.2

정상공손 ₩547,368 × 475개 + ₩300 × 475개 + ₩30 × 475개 = ₩416,750

1공정 정상공손원가 : **₩260,000**, 2공정 정상공손원가 : **₩416,750**

[물음 4] 1공정 품질개선

1공정				2공정			
—		완성품	9,700개	—		완성품	9,215개
착수량	10,000개	정상공손(3%)	300	착수량	9,700개	정상공손(5%)	485

증분수익			₩190,000
매출증가	: (9,215개 − 9,025개) × ₩1,000 =	₩190,000	
증분비용			160,000
2공정 변동원가 증가	: (9,700개 − 9,500개) × ₩300 =	60,000	
품질개선비용		100,000	
증분이익			₩30,000

증분이익이 ₩30,000이므로 1공정 품질개선을 한다.

(검 증)

매　　출	: 9,215 × ₩1,000 =	₩9,215,000
변 동 원 가	: 10,000개 × ₩500 + 9,700개 × ₩300 =	7,910,000
공 헌 이 익		₩1,305,000
고 정 원 가	: ₩485,000 + ₩100,000(품질개선비) =	585,000
영 업 이 익		₩720,000

최초의 영업이익은 ₩690,000이다. 그러므로 **증분이익은 ₩30,000**(₩720,000 − ₩690,000)이다.

[물음 5] 2공정 품질개선

1공정				2공정			
—		완성품	9,500개	—		완성품	9,215개
착수량	10,000개	정상공손(5%)	500	착수량	9,500개	정상공손(3%)	285

증분수익		₩190,000
매출증가 : (9,215개 − 9,025개) × ₩1,000 =	₩190,000	
증분비용		150,000
품질개선비용	150,000	
증분이익		**₩40,000**

증분이익이 ₩40,000이므로 2공정 품질개선을 한다.

(검 증)

매　　출	: 9,215 × ₩1,000 =	₩9,215,000
변 동 원 가	: 10,000개 × ₩500 + 9,500개 × ₩300 =	7,850,000
공 헌 이 익		₩1,365,000
고 정 원 가	: ₩485,000 + ₩150,000(품질개선비) =	635,000
영 업 이 익		₩730,000

최초의 영업이익은 ₩690,000이다. 그러므로 증분이익은 ₩40,000(₩730,000 − ₩690,000)이다.

[물음 6] 외부구입가격

증분수익			₩5,100,000
1공정 고정원가 감소 : ₩200,000 × 0.5	=	₩100,000	
1공정 변동원가 감소 : 10,000개 × ₩500	=	5,000,000	
증분비용			₩28,500 + 9,500개 × x
2공정 고정원가 증가 : ₩285,000 × 0.1	=	₩28,500	
외부구입가격 :		9,500개 × x	
증분이익			₩5,071,500 − 9,500개 × x

₩5,100,000 − (₩28,500 + 9,500개 × x) ≥ 0

x ≤ **₩533.842**

최대 외부구입가격은 단위당 **₩533.842**이다.

[물음 7] 추가분 외부구입가격

증분수익		
매출 증가	: 0.95 × 5,500개 × ₩1,000 =	₩5,225,000
증분비용		
2공정 변동원가 증가	: 5,500개 × (₩300 + x) =	₩1,650,000 − 5,500개 × x
증분이익		₩3,575,000 − 5,500개 × x

₩5,225,000 − 5,500개 × (₩300 + ₩x) ≥ 0

x ≤ **₩650**

추가 외부구입분 5,500단위에 대한 단위당 최대지불가능금액은 **₩650**이다.

제 16 장

전략적 성과평가

cost & management accounting

SECTION 01 전략적 원가관리

기업은 치열한 경쟁 속에서 성장과 생존을 하기 위해 전략들을 계획하고 그 중에서 최적의 전략을 선택하는데, 이를 전략적 계획과 전략적 의사결정이라고 한다. 전략적 계획과 전략적 의사결정은 전통적인 원가정보 이외에도 고객, 공급자와 제품설계에 관한 정보 등을 필요로 한다.

또한 경쟁우위(competitive advantage)를 얻기 위해 기업이 전략개발과 의사결정에 있어 원가정보를 활용하는 것을 전략적 원가관리(strategic cost management)라고 한다.

전략적 원가관리와 관련하여 사용되는 원가정보로는 가치사슬분석, 균형성과표, 제품수명주기원가계산, 목표원가계산, 카이젠원가계산, 품질원가, 적시생산시스템 등이 있다.

경쟁우위란 경쟁자가 제공하는 것 보다 더 낮은 원가로 동일한 고객가치를 창출하거나 경쟁자가 제공하는 것과 동일한 혹은 더 낮은 원가로 보다 나은 고객가치를 창출하는 것이다. 이러한 경쟁우위를 획득하고 유지하는 데는 일반적으로 원가우위전략(cost leadership strategy)과 차별화전략(differentiation strategy)이 있다.

- 원가우위전략 : 경쟁자보다 더 낮은 원가로 고객에게 동일한 혹은 더 나은 고객가치를 제공하는 전략이다. 즉, 고객의 희생을 최소화함으로써 고객가치를 증가시킨다.
- 차별화전략 : 고객이 받는 것을 증가시킴으로써 고객가치를 증가시키는 전략이다. 이를 위해서는 제품특성이 경쟁자의 것과 구별될 수 있도록 만들어져야 하는데, 이러한 차별화는 다른 제품과 차이가 나도록 제품의 유·무형의 가치를 증대시킴으로써 발생된다. 예를 들어 제품의 고품질, 탁월한 서비스, 혁신적 디자인, 기술력, 브랜드 이미지 등이 차별화에 해당된다.

전략의 선택과 관련된 의사결정을 위해서는 다양한 원가정보와 정부의 규제와 같은 비원가정보도 요구된다. 이러한 보다 다양한 정보에는 다음과 같은 2가지 사항이 포함되어야 한다.

① 조직환경과 조직의 내부활동에 관한 정보

② 미래에 대해 통찰력을 제공할 수 있는 미래지향적인 정보

위의 사항 중 조직환경과 조직의 내부활동에 관한 정보는 다음에 설명할 가치사슬분석과 관련되고 미래지향적인 정보는 제품수명주기원가계산과 관련된다.

SECTION
02 가치사슬분석

기업의 전략인 원가우위전략과 제품차별화전략을 성공적으로 수행하기 위해서는 가치사슬(value chain)에 대한 이해가 선행되어야 한다. 여기서 가치란 기업이 제공하는 재화나 서비스에 대해 고객이 기꺼이 지불할 용의가 있는 것을 의미한다.

원재료를 구입하여 제품을 생산하고 최종사용자인 소비자가 제품을 처분하기까지 연속된 기업의 활동들이 고객에게 가치를 제공하는데, 이러한 연속된 일련의 활동을 가치사슬이라 한다.

가치사슬은 크게 내부가치사슬과 공급사슬관리가 있는데, 내부가치사슬은 기업 내에서 수행되는 활동 간의 관계이고, 공급사슬관리는 공급자 및 고객과 함께 수행되는 활동 간의 관계를 말한다.

1 가치사슬분석

- 가치사슬분석(value chain analysis) : 경쟁우위를 확보하고 전략을 실행하기 위해 고객의 가치를 증가시키는 기업의 연속된 활동 속에서 활동들의 강점이나 약점 및 차별화 요인을 분석하고, 나아가 각 활동단계별 원가동인을 분석하여 경쟁우위의 원천을 결정하는 과정이다.

2 내부가치사슬

내부가치사슬의 활용은 원가를 절감하고 고객가치를 증가시키기 위해 내부 활동들 간의 관계를 평가하고 이용하는 것이다.

예를 들면, 제품설계와 개발활동은 생산활동과 밀접하게 연결되어 있다. 제품원가는 설계방식에 따라 달라지므로 어떤 요인에 의해 달라지는가를 알기 위해서는 원가동인을 명확하게 파악해야 한다. 따라서 활동의 원가동인을 파악하는 것은 내부가치사슬을 이해하고 이용하는데 필수적이다. 그러므로 원가동인을 파악하여 부품 수가 여러 가지 생산활동의 원가동인이라는 것을 설계엔지니어가 알고 있다면 짧은 리드타임(소요시간)과 높은 품질을 갖도록 부품수를 적게 제품을 재설계하여 전체적인 원가를 감소시킬 수 있다.

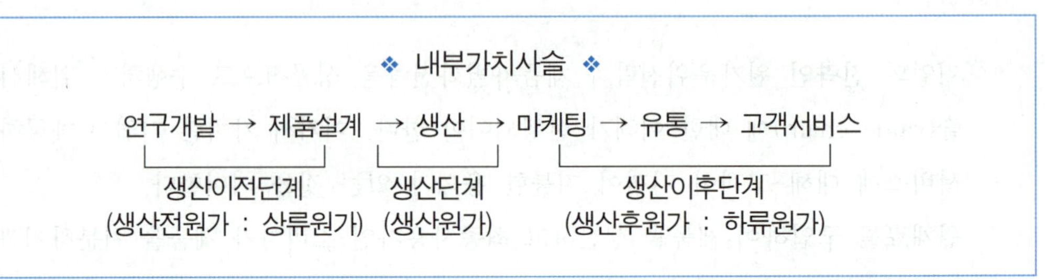

3 공급사슬관리

공급사슬관리(supply chain management)란 최초의 공급업체로부터 최종고객에 이르기까지의 상호 연결되는 일련의 가치창출과정을 의미한다.

모든 기업들은 공급자와 고객을 포함하는 공급사슬이라는 광범위한 가치사슬에 속해 있으므로 내부가치사슬과 공급사슬관리를 활용하여 경쟁우위를 확보하고 전략을 성공적으로 실행해야 한다.

공급업체와 고객에 대한 관계분석을 하고 관리하는 공급사슬관리는 다음과 같이 경쟁우위를 확보할 수 있다. 예를 들어 기업이 전사적 품질관리를 통해 불량률을 낮추려고 한다면 기업의 노력이외에도 공급업체가 결함이 없는 원재료와 부품을 공급해야만 한다. 따라서 이러한 관계가 인식되면 양질의 원재료와 부품을 공급받을 수 있도록 공급자와 장기공급계약을 맺어 신뢰성을 쌓아야 한다.

공급업체와 마찬가지로 고객도 기업에 상당한 영향을 줄 수 있다. 예를 들어, 유휴생산능력을 활용하여 그동안 도매상에 공급하던 제품을 품질수준을 낮추어 저가격으로 소매상에 공급하였다고 가정하자. 이러한 경우 기존제품을 판매하던 도매상이 큰 타격을 입을 수 있으므로 이를 고려해야 할 것이다.

❖ 공급사슬 ❖

공급자 → 내부가치사슬 → 수요자

SECTION 03

균형성과표(BSC)

1 전통적인 책임회계의 문제점

전통적인 책임회계는 급변하는 환경하에서 다음과 같은 문제점을 갖고 있으며, 이에 대한 문제점을 극복하기 위해 균형성과표가 등장하게 되었다.

1) 내부적 측면에만 초점(internal focus)

표준원가와 실제원가와의 차이만 성과평가의 대상이다. 그러므로 전통적인 책임회계는 원가차이에 대한 원인규명이 아닌 사후적인 결과만을 중요시한다.

2) 노무원가 대한 지나친 강조(overemphasis on labor)

전통적인 책임회계는 노무원가차이분석에 초점을 맞추고 있다. 그러나 자동화된 생산환경하에서는 노무원가가 차지하는 비중이 낮아 노동의 효율성보다는 공정의 효율성을 강조하고 원가절감이외에 품질도 중요시한다.

3) 비부가가치원가의 무시(ignores nonvalue-added cost)

전통적인 책임회계는 제거해야 할 대상인 비부가가치원가를 구분하지 못하고 이를 포함한 원가를 보고한다. 그러나 공정의 지속적인 개선을 위해서는 비부가가치원가를 파악하여 제거해야 한다.

4) 잘못된 동기부여(perverse incentive)

전통적인 책임회계는 표준의 달성만을 목표로 하므로 기업전체측면에서 역기능을 수행할 수 있다. 예를 들어, 유리한 재료가격차이를 위해 구매부서는 저질의 원재료를 구입하거나 또는 필요이상의 구매를 할 가능성이 있다.

5) 재무적인 측정치에 대한 강조(overemphasis on financial measures)

전통적인 책임회계는 재무적인 측정치에만 초점을 맞추었으나, 현대의 책임회계는 품질, 납기, 고객만족도 등 비재무적인 측정치가 고려된 다차원적인 성과평가기준이 활용된다.

❖ 전통적 책임회계와 현대의 책임회계의 차이점 ❖

기　　　준	전통적 책임회계제도	현대의 책임회계제도
환　　　경	정적이고 안정적인 환경	동적이고 급격한 경쟁적인 환경
의사결정권한	조직단위와 개인, 재무적 책임	공정과 팀, 다차원적 가치사슬
성과측정기준	예산과 고정적인 표준에 초점, 달성가능한 표준원가(재무적)	최적의 공정 · 활동, 역동적인 고객가치, 시간 · 품질 · 효율(비재무적)
성 과 평 가	실제원가와 표준원가의 비교, 통제가능원가	적시납품, 원가절감, 생산성, 공정의 효율성, 원가추세, 품질, 총통과시간감소
보　　　상	예산기준 성과평가에 근거한 개인보상, 승진과 보너스 및 급여인상	다차원적 성과평가기준에 의한 개인보상, 팀성과의 그룹기준 보상

2 균형성과표의 의의

• 균형성과표(balanced scorecard) : 노튼(Norton)박사와 캐플란(Kaplan)교수가 공동으로 개발한 새로운 성과평가시스템이다. 이는 기업 내의 비전과 전략을 구체화하고 모든 역량을 집중하여 실행할 수 있도록 동기부여하는 평가측정치가 필요하다는 인식하에서 개발되었다. 이러한 균형성과표는 기업의 목적을 어떻게 달성할 수 있는가에 대한 구체적인 방법론이기도 하다.

균형성과표는 다음의 항목들이 균형을 이루도록 설계되어야 한다.

① 단기적인 성과와 장기적인 성과의 균형
② 외부평가측정치와 내부평가측정치의 균형
③ 재무적 측정지표와 비재무적 측정지표의 균형
④ 선행측정치와 후행측정치의 균형

이러한 균형을 이루도록 설계된 균형성과표는 과거의 재무적 성과평가만을 적용하여 단기적인 성과에만 치중하고, 유형자산에 대한 투자에만 관심을 유도하는 전통적인 성과평가의 문제점을 해결하였다.

균형성과표에서 성과측정치 선택시 주의할 점은 다음과 같다.

① 성과측정치는 기업의 전략과 일관되어야 한다.

② 성과측정치는 이해가능하고 통제가능해야 한다.

③ 성과표는 너무 많은 측정치를 갖지 말아야 한다. 이는 집중부족과 혼동을 가져올 수 있기 때문이다.

3 균형성과표의 네 가지 관점

균형성과표의 네 가지 영역으로는 다음과 같이 외부평가측정치로써의 재무적 관점과 고객만족 관점, 내부평가지표로써의 내부프로세스 관점과 학습 · 성장관점이 있다.

균형성과표는 네 가지 관점 중 학습 및 성장을 통하여 조직의 내부프로세스를 개선하고 이러한 개선으로 인하여 고객이 만족하게 되면 결과적으로 재무성과가 개선된다고 가정한다.

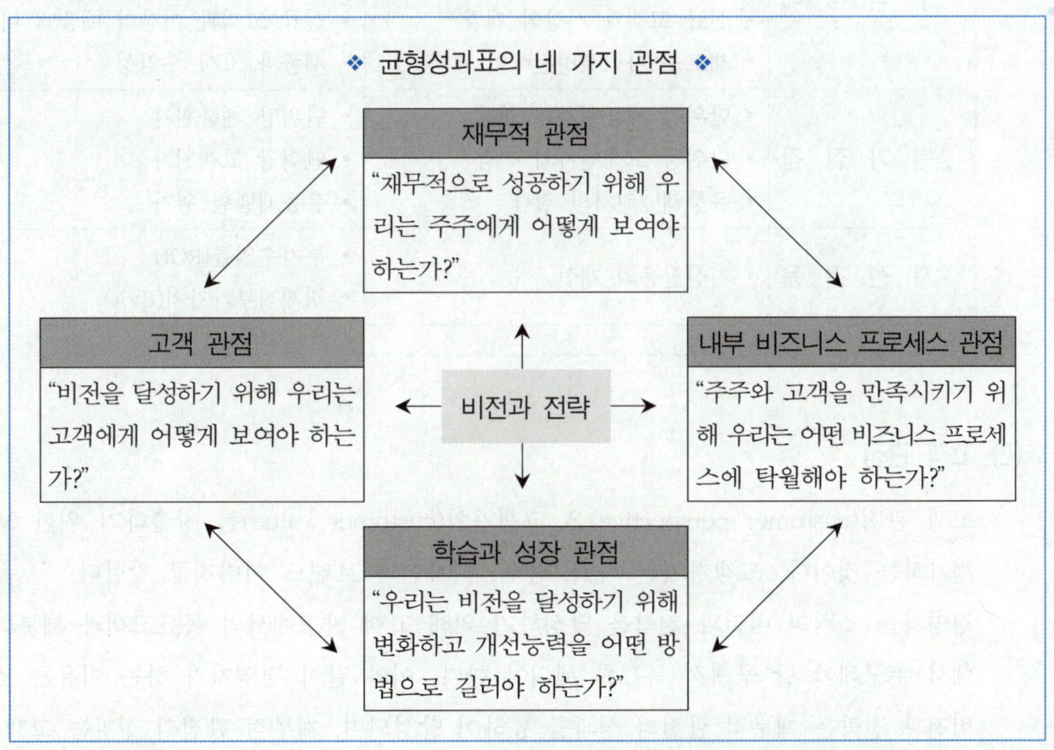

(1) 재무적 관점

재무적 관점(financial perspective)은 주주의 입장에서 기업의 비전을 달성하기 위한 평가지표로써 재무적 성과의 개선을 평가하는 것이다. 최종적으로 기업의 비전은 재무적 성과지표로 달성된다.

재무적 관점은 경영자가 주주의 입장이 되도록 동기부여를 하는데, 재무적 관점의 목표는 수익증대, 원가절감 및 자산활용이 있다. 자산활용의 경우 과거에는 투자수익률(ROI)이나 영업이익과 같은 지표에서 최근에는 경제적부가가치(EVA)나 현금흐름 등에 초점을 맞추고 있다.

❖ 재무적 관점의 목표와 측정지표 ❖

구 분	목 표	측정지표
수 익 증 대	• 신제품수 증가 • 새로운 응용분야의 창출 • 신규 고객과 시장의 개발 • 새로운 가격결정전략의 채택	• 신제품의 매출액 비율 • 새로운 응용분야의 매출액 비율 • 신규 고객과 시장의 매출액 비율 • 제품과 고객 수익성
원 가 절 감	• 단위당 제품원가의 절감 • 단위당 고객원가의 절감 • 유통채널원가의 절감	• 단위당 제품원가 • 단위당 고객원가 • 유통채널별 원가
자 산 운 용	• 자산활용의 개선	• 투자수익률(ROI) • 경제적부가가치(EVA)

(2) 고객 관점

고객 관점(customer perspective)은 고객가치(customer value)를 창출하기 위한 노력을 평가하는 것이다. 고객가치란 가격, 품질, 디자인과 브랜드 이미지를 말한다.

경영자는 조직의 비전과 전략을 달성하기 위해 고객 관점에서의 목표고객과 세분화시장에서 추구해야 할 구체적 목표를 세워야 한다. 이와 같이 경영자가 하는 이유는 조직의 비전과 전략은 재무적 관점의 성과를 통하여 달성되며, 재무적 관점의 성과는 고객을 통하여 달성되기 때문이다.

고객 관점은 경영자가 고객의 입장이 되도록 동기부여를 하며, 해당 목표고객과 시장에서 기업의 성과를 파악하기 위해 고객만족도와 기존고객유지율 및 적시 납품률 등과 같은 외부평가측정치를 사용한다.

❖ 고객 관점의 목표와 측정지표 ❖

목 표	측정지표
• 시장점유율의 증가	• 시장점유율
• 고객유지율의 증가	• 신규고객증가율 · 기존고객유지율 · 반복구매율
• 신규고객의 증가	• 신규고객의 수
• 고객만족도의 증가	• 고객만족도
• 고객수익성의 증가	• 고객수익성
• 가격의 인하	• 가격
• 구입후원가*의 절감	• 구입후 원가
• 제품기능의 개선	• 고객만족도
• 제품품질의 개선	• 반품률
• 납품신뢰성의 증가	• 정시납품률
• 제품이미지 및 명성의 개선	• 고객만족도

* 구입후원가(post-purchase cost) : 고객이 제품 구입 후 제품을 유지, 보수, 처분하는 데 지출되는 비용이다.

(3) 내부프로세스 관점

내부프로세스 관점(internal business process perspective)은 고객과 주주들을 위한 가치를 제공하는데 필요한 내부프로세스에 초점을 두고 이에 대해 평가하는 것이다.

내부프로세스 관점은 자원의 소비와 제품 및 서비스를 고객에게 제공하는 일련의 활동이 프로세스를 통해 이루어지고, 그 결과로 인해 재무적 관점과 고객 관점의 성과가 달성된다고 본다.

내부프로세스는 전략들이 실행되는 수단으로써 고객관점과 재무적관점에 영향을 미치는 중요한 프로세스의 식별을 필요로 한다.

내부프로세스 관점이 요구하는 기본 틀을 제공하기 위해서는 프로세스 가치사슬이 정의되어야 하는데, 프로세스 가치사슬(process value chain)은 다음과 같이 혁신프로세스, 운영프로세스와 판매 후 서비스 프로세스로 구성된다.

- 혁신프로세스(innovation process) : 새롭고 잠재적인 고객욕구를 예상하고 이들 욕구를 만족시킬 수 있는 신제품과 서비스를 개발하는 프로세스
- 운영프로세스(operating process) : 고객들에게 기존 제품이나 서비스를 생산하여 신속하게 전달하는 프로세스
- 판매후 서비스 프로세스(postsales service process) : 제품이나 서비스가 고객에게 전달된 이후에 중요하고 즉각적인 서비스를 제공하여 고객을 만족시키는 프로세스

결국 내부프로세스 관점은 경영자가 고객에게 가치를 부여할 수 있도록 내부적인 공정을 개선하도록 동기부여를 하며, 주주 및 고객목표를 달성하기 위해 핵심프로세스를 파악하고 ABC정보를 이용하여 원가와 품질 및 불량률 등을 개선하는 것이다.

❖ 프로세스 관점의 목표와 측정지표 ❖

	목 표	측정지표
혁신프로세스	• 신제품수의 증가 • 독점제품의 증가 • 제품개발소요시간의 단축	• 총제품 대비 신제품의 수, R&D비용 • 독점제품의 수익비율, 특허출원건수 • 제품개발소요시간
운영프로세스	• 프로세스 품질의 향상 • 프로세스 효율성의 개선 • 프로세스 시간의 단축	• 품질원가, 산출물수율, 불량률, 1차 합격률 • 단위원가, 원가추세, 생산성(산출 / 투입) • 생산소요시간, 속도 • 제조과정능률(MCE)
판매후서비스 프 로 세 스	• 서비스 품질의 향상 • 서비스 효율성의 개선 • 서비스 시간의 단축	• 서비스 처리시간

※ 운영프로세스

운영프로세스에서 목표로 강조되는 것은 프로세스품질의 향상, 프로세스시간의 단축 그리고 프로세스 효율성의 개선 등이다.

프로세스 품질의 측정지표는 품질원가, 불량률 등이 있고 프로세스 효율성의 측정지표는 주로 프로세스 원가와 프로세스 생산성이 있다. 또한 프로세스시간 측정지표는 고객대응시간, 생산소요시간(cycle time), 제조과정능률(manufacturing cycle efficiency; MCE) 등이 있다.

다음은 프로세스시간 측정과 관련된 고객대응시간과 제조주기효율성에 대한 설명이다.

1. 고객대응시간

기업에게 핵심적인 경쟁우위를 가져다주는 고객대응시간(customer-response time)은 고객의 주문시점에서부터 제품과 서비스를 인도할 때까지 소요되는 시간이다. 기업은 고객의 요구에 즉시 대응할 수 있도록 고객대응시간을 단축하는데 노력한다.

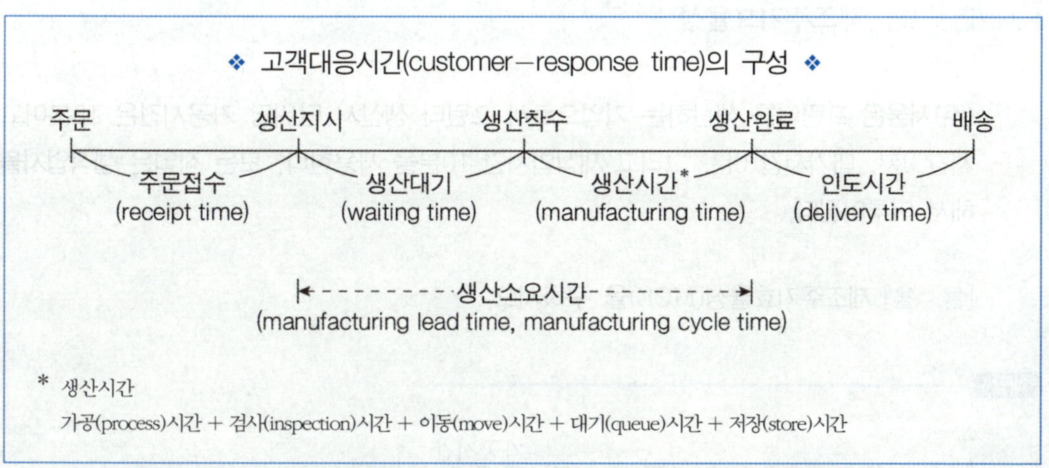

만약 기업이 고객대응시간을 감소시킨다면 재고자산의 감소와 함께 다음과 같은 장점이 있다.

① 재고유지비용 및 자본비용의 감소

② 공장 및 창고의 감소로 인한 원가절감

③ 재고진부화의 위험감소

④ 고객에 대한 신속한 대응 및 조달기간의 감소

2. 제조주기효율성

제조주기효율성(manufacturing cycle efficiency; MCE)은 생산소요시간에 대한 실제가공시간의 비율을 말한다. 생산소요시간(cycle time, lead time)은 재료를 조달하여 완제품이 생산될 때까지 제품 한 단위를 생산하는데 소요되는 시간을 말한다.

$$MCE = \frac{\text{가공시간}}{\text{대기시간} + \text{이동시간} + \text{가공시간} + \text{검사시간} + \text{기타 비부가가치시간}}$$

가공시간은 원재료를 완제품으로 전환하는데 걸리는 시간으로 부가가치시간에 해당되며, 가공시간 이외의 다른 모든 시간은 낭비적인 비부가가치시간으로 간주된다. 제조주기효율성을 개선시키는 방법은 비부가가치시간을 줄이는 것이고 비부가가치시간을 제로(0)까지 줄이는 경우 제조주기효율성은 1이 될 것이다.

예제 01 제조주기효율성

(주)서울은 프린터를 생산하는 기업으로서 프린터 생산시 단위당 가공시간은 15분이고 이동시간 9분, 대기시간 6분, 그리고 재작업시간 10분을 사용한다. 모든 작업은 셀작업자들에 의해서 이루어진다.

[물 음] 제조주기효율성(MCE)을 구하시오.

해답

$$MCE = \frac{\text{가공시간}}{\text{대기시간} + \text{이동시간} + \text{가공시간} + \text{검사시간} + \text{기타 비부가가치시간}}$$

$$= \frac{15\text{분}}{40\text{분}} = 0.375$$

제조주기효율성이 증가하면 비부가가치시간이 감소함으로써 실제프로세스시간이 단축될 것이다. 이러한 경우 단위당 가공원가는 감소된다.

(4) 학습과 성장 관점

기업이 장기적으로 성장하고 발전하기 위해서는 재무적지표가 개선되고 고객을 만족시키기 위해 프로세스를 효율적으로 운영해야한다. 이를 위해서는 숙련된 종업원과 조직문화 그리고 정보시스템을 갖추고 있어야 하는데, 이에 대해 평가하는 것이 학습과 성장관점(learning and growth or infrastructure perspective)이다.

이 관점의 세 가지 주요 목표는 종업원 능력의 향상, 동기부여 · 권한부여 및 협력의 증가, 정보시스템 능력의 향상 등이다.

1) 종업원 능력

종업원 능력을 측정하는 세 가지 측정지표로는 종업원 만족도, 종업원 이직률, 그리고 종업원 생산성(종업원 1인당 매출액) 등이 있다. 종업원의 생산성을 높이기 위해서는 교육과 훈련시간을 늘려야 한다.

2) 동기부여, 권한부여 및 협력

종업원 1인당 제안건수와 종업원 1인당 실행 제안건수가 동기부여 및 권한부여를 측정하는 지표들이다. 이는 종업원 관여도와 참여의 질을 측정할 수 있다.

3) 정보시스템 능력

정보시스템의 능력을 향상시킨다는 것은 프로세스를 개선하고 새로운 프로세스를 효과적으로 실행할 수 있도록 종업원들에게 정보를 좀 더 정확하고 적시에 제공한다는 것을 의미한다.

❖ 학습 및 성장 관점의 목표와 측정지표 ❖

목 표	측정지표
• 종업원 역량 증대	• 종업원 만족도, 종업원 이직률 종업원 생산성(종업원 1인당 매출액), 훈련시간, 작업이행률 (중요한 작업요구 사항의 이행률)
• 동기부여 및 협력 증대	• 종업원 1인당 제안수, 종업원 1인당 실행되는 제안수
• 정보시스템 역량 증대	• 실시간 피드백 역량을 가진 프로세스 비율, 고객 및 제품 정보에 대한 온라인접근권을 지닌 종업원의 비율

4 균형성과표 작성시 고려사항

① 네 가지 관점의 평가지표들 간에 인과관계가 있어야 한다. 성과평가시스템은 적절하게 조직의 전략을 관리할 수 있도록 목표간에 그리고 평가지표간에 인과관계가 있어야 하는데, 이를 나타낸 것이 전략지도(strategy map)이다.

② 바람직한 성과평가시스템은 내부프로세스와 고객서비스 및 제품의 개선이 어떻게 재무적 성과의 개선을 가져오는지 명확하게 기술할 수 있어야 한다.

③ 동인평가지표와 결과평가지표는 서로 관련성이 있어야 한다.

④ 평가지표는 조직의 행동과 프로세스를 변화시킬 수 있어야 한다.

예제 02 전략지도

(주)서울의 품질개선전략은 다음과 같이 일련의 가정하에 작성되었다.

> 1) 종업원기술개선과 프로세스 재설계를 하면 생산소요시간(사이클타임)이 개선된다.
> 2) 생산소요시간(사이클타임)의 개선은 납기신뢰성의 개선과 제조원가의 절감을 가져온다.
> 3) 납기신뢰성의 개선은 고객만족도를 증가시키고, 고객유지를 증가시켜 시장점유율이 증가할 것이다.
> 4) 시장점유율이 증가하면, 매출액이 증가할 것이다.
> 5) 매출액이 증가하면, 이익이 증가할 것이다.

[물 음] 품질개선전략의 인과관계를 나타내는 전략지도를 작성하시오.

해답

[전략지도]

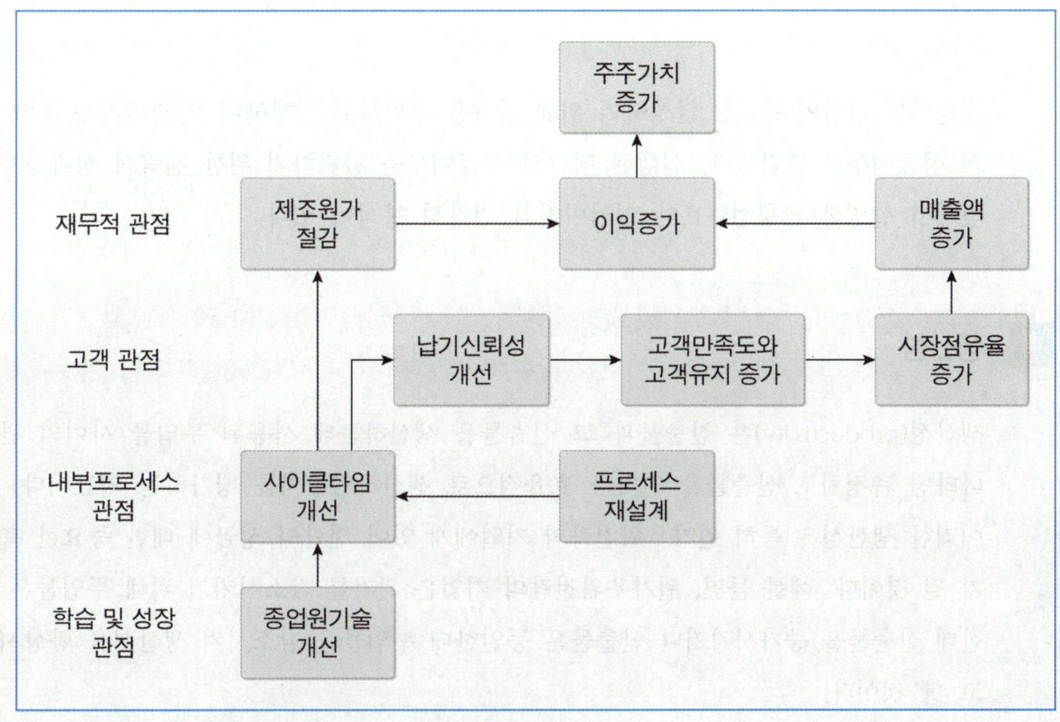
주주가치 증가
재무적 관점
제조원가 절감
이익증가
매출액 증가
고객 관점
납기신뢰성 개선
고객만족도와 고객유지 증가
시장점유율 증가
내부프로세스 관점
사이클타임 개선
프로세스 재설계
학습 및 성장 관점
종업원기술 개선

SECTION

04 생산성과 영업이익의 전략적 분석

경영자는 기업의 목표를 달성하기 위해 전략을 수립하고 실행하며, 성과평가를 통해 전략의 성공여부를 판단한다. 실행된 전략의 성공여부를 판단하기 위한 전략적 성과평가로는 앞에서 설명한 균형성과표와 영업이익의 전략적 분석이 있다.

1 생산성

생산성(productivity)은 산출물과 그 산출물을 생산하는데 사용된 투입물 사이의 관계를 나타낸 측정치로 산출물을 얼마나 효율적으로 생산하였는지를 평가하는 지표이다.
이러한 생산성은 특히 원가우위전략의 기업에게 있어 전략의 성공에 대한 중요한 측정치가 될 것이다. 예를 들면, 원가우위전략의 기업은 원가를 감소시키기 위해 투입물은 동일한데 산출물을 증가시키거나 산출물은 동일한데 투입물을 감소시켜 생산성을 향상시키려고 할 것이다.

$$\text{생산성 지수} = \frac{\text{산출물(output)}}{\text{투입물(input)}}$$

생산성은 투입요소별로 분리하여 측정될 수 있으며, 전체를 결합하여 측정될 수도 있다. 원재료, 노무원가, 자본 등의 각 투입요소별로 생산성을 측정하는 것을 부분생산성이라 하고, 모든 투입요소의 결합된 생산성을 측정하는 것을 전체생산성이라고 한다.

(1) 부분생산성

부분생산성(partial productivity)은 단일요소의 투입물에 대한 산출물의 비율로 계산한다.

$$\text{부분생산성} = \frac{\text{생산된 산출물의 수량}}{\text{사용된 투입물의 수량}}$$

부분생산성은 투입물에 대한 가격을 고려하지 않고 단순히 물량에 기초하여 측정된 수치이다. 부분생산성은 전년도의 생산성과 비교하거나 벤치마크를 통해 경쟁업체의 생산성과 비교한다.

부분생산성은 특정 요소의 효율적 활용여부에 초점을 두기 때문에 기업 내의 모든 사람들이 이해하기 쉽다는 장점이 있다. 예를 들어, 직접재료 단위당 생산량이나 노동시간당 생산량 등의 형태로 나타내면 해당 종업원들이 쉽게 이해할 수 있다.

그러나 부분생산성은 모든 투입요소의 생산성을 한 번에 종합적으로 고려하지 못하기 때문에 자칫 오류를 범하기 쉽다. 예를 들어, 새로운 자동화공정을 도입하는 경우 생산 초기에는 불량품이나 작업폐물이 증가할 수 있다. 이런 경우 불량품과 작업폐물의 증가로 직접재료의 생산성은 낮아질 것이다. 그러나 자동화에 따른 인력감소로 인해 노동생산성은 현저히 증가하여 노동생산성의 유리한 효과가 직접재료생산성의 불리한 효과를 상쇄하고도 남아 전체생산성이 높아질 수 있기 때문이다.

이와 같이 투입요소간의 상충관계(trade-off)가 존재할 수 있기 때문에 모든 투입요소의 생산성을 종합적으로 고려한 전체생산성도 함께 고려해야 한다.

(2) 전체생산성

1) 의의

전체생산성(total productivity)은 개별적인 단일 투입물이 아니라 모든 투입요소의 생산성을 한꺼번에 종합적으로 고려하는 것으로 다음과 같이 기술효율성과 가격효율성에 의해 영향을 받는다.

① 기술효율성(technical efficiency)은 모든 비부가가치활동은 제거되고 부가가치활동은 주어진 산출물을 얻기 위해 최소한의 수량만 투입되는 것을 말한다.

② 가격효율성(price efficiency)은 기술효율성이 달성된 상태에서 가장 원가가 저렴한 투입요소들로 생산배합이 이루어지는 것을 말한다.

기업에서의 생산성 개선프로그램은 전체생산효율성을 향상시키기 위해서 추진되는데, 이러한 전체생산효율성(total productive efficiency)은 기술효율성과 가격효율성의 두 가지 조건이 동시에 충족될 때 달성된다.

2) 전체생산성의 측정

전체생산성(total productivity)은 총요소생산성(total factor productivity)이라고도 하며, 모든 투입요소를 종합적으로 고려하여 측정된 생산성을 말한다. 이는 생산에 투입된 투입요소의 원가를 고려하여 계산된다.

$$\text{총요소생산성} = \frac{\text{생산된 산출물의 수량}}{\text{사용된 모든 투입물의 원가}}$$

전체생산성은 투입요소간의 상충효과를 고려하여 투입배합조정을 통한 전체생산성 효과를 파악할 수 있고 품질향상 등을 통해 전체투입량을 감소시켜 얻는 전체생산성 효과도 정확하게 파악할 수 있으므로 일부 투입요소의 생산성만을 개선하고자 하는 잘못된 의사결정을 방지할 수 있다.

이러한 장점 때문에 기업전체의 전략적 목표를 설정하고 평가하는 데는 전체생산성을 사용하지만 다음과 같은 단점이 있다.

① 전체생산성은 투입원가 단위당 산출물로 계산되므로 운영부서의 담당자들이 이해하기 어렵고 그 변화의 원인을 정확하게 파악하는 것이 곤란하다.

② 기간별로 생산성을 비교하는 경우에 기간별 전체생산성의 크기만을 가지고 비교하는 것은 무의미한 결과를 가져올 수 있다. 투입요소의 단가가 인상되는 경우에 전체생산성이 바뀔 수가 있는데, 이는 기업이 생산성을 향상시키기 위해 노력한 성과와는 무관하기 때문이다. 이러한 문제점 때문에 기간별 전체생산성을 비교하는 경우 모든 전체생산성을 계산할 때 단위당 가격은 당기의 투입물 가격만을 적용하여 계산한다.

③ 재무적 측정치인 전체생산성은 수요크기의 변화, 산출물가격의 변화 및 투입재료의 구매정책 변화나 판매정책의 변화가 생산성에 미치는 효과를 고려하지 못한다. 예를 들어, 대량생산이 이루어져 대량구매를 통해서 생산요소의 구입단가가 낮아진다면 전체생산성은 높아지겠지만, 이러한 변화는 작업자들의 생산성 변화와는 무관한 것이다. 그러므로 전체생산성은 순수한 생산성변화 뿐만 아니라 여러 혼합요인(confounding factor)에 기인한 효과를 포함하고 있다.

3) 이익연계생산성

총요소생산성을 측정시에도 중요성이 낮은 투입요소까지는 고려하지 않고 주요 투입요소만을 대상으로 총요소생산성을 측정하는데, 이러한 측정방법에는 이익연계생산성(profit-linked productivity)이 있다.

생산성 변화를 측정하는 방법은 생산성 변화가 당기 이익에 미치는 영향을 평가하는 것이다. 이러한 생산성 변화로 인한 이익의 변화정도를 측정하는 것을 이익연계생산성 측정(profit-linked productivity measurement)이라고 하는데, 이는 다음과 같은 규칙을 따른다.

이익연계 규칙(profit-linkage rule) : 당기에 어떠한 생산성 변화도 없다고 가정하고 당기에 사용되었을 투입요소의 원가를 계산하고, 이 원가와 생산성의 변화로 인한 실제 사용된 투입요소의 원가를 비교한다. 이 원가차이가 생산성 변화로 인한 이익의 변화정도이다.

이익연계규칙을 적용하기 위해서는 생산성 변화가 없다고 가정하고 당기에 사용되었을 투입요소의 수량을 구해야 하는데, 이것을 생산성중립수량(productivity-neutral quantity ; PNQ)이라고 한다.

특정 투입요소의 생산성중립수량은 당기 산출량을 전기 생산성 지수로 나누어 구한다. 이렇게 구한 생산성중립수량은 당기산출량을 위해 생산성 변화가 없었을 경우의 투입량이 될 것이다. 그러므로 이 생산성중립수량과 실제투입량을 비교하면 생산성 변화를 측정할 수 있다.

$$\begin{aligned}\text{생산성중립수량(PNQ)} &= \frac{\text{당기 산출량}}{\text{전기 생산성 지수}} \\ &= \text{당기 산출량} \times \frac{\text{전기 투입량}}{\text{전기 산출량}} \\ &= \text{전기 투입량} \times \frac{\text{당기 산출량}}{\text{전기 산출량}}\end{aligned}$$

예제 03 생산성 분석

(주)서울의 전기와 당기에 대한 원가자료는 다음과 같다.

	전기		당기	
수 익	240개 × ₩30 =	₩7,200	250개 × ₩32 =	₩8,000
비 용				
직접재료원가	1,200kg × ₩3 =	3,600	1,300kg × ₩4 =	5,200
직접노무원가	60시간 × ₩15 =	900	50시간 × ₩13 =	650
합 계		₩4,500		₩5,850
영 업 이 익		₩2,700		₩2,150

[물음 1] 전기와 당기의 원가요소별 부분생산성을 계산하고 비교 평가하시오.

[물음 2] 전기와 당기의 총요소생산성을 계산하고 비교 평가하시오.

[물음 3] 전기를 기준으로 당기의 생산성중립수량을 구하시오.

[물음 4] [물음 3]의 연속이다. 이익연계생산성을 구하시오.

해답

[물음 1] 원가요소별 부분생산성

	전기	당기
직접재료원가	$\frac{240개}{1,200kg} = 0.2개/kg$	$\frac{250개}{1,300kg} = 0.192개/kg$
직접노무원가	$\frac{240개}{60시간} = 4개/시간$	$\frac{250개}{50시간} = 5개/시간$

직접재료원가의 생산성은 전기에 0.2개/kg에서 당기에 0.192개/kg로 낮아졌지만 직접노무원가의 생산성은 전기에 4개/시간에서 당기에 5개/시간로 높아졌다.

[물음 2] 총요소생산성

	전기	당기
총 원 가	$\frac{240개}{₩4,500} = 0.053개/₩$	$\frac{250개}{₩5,850} = 0.0427개/₩$

총요소생산성은 전기에 0.053개/₩에서 당기에 0.0427개/₩로 감소되었다.

[물음 3] 생산성중립수량

생산성중립수량(PNQ)은 전기에 비해 전혀 생산성 변화가 없다고 가정할 경우 당기에 투입되었을 재료와 노동의 수량을 의미한다.

1) 생산성중립수량(PNQ)의 식은 다음과 같다.

$$\text{생산성중립수량} = \frac{\text{당기 산출량}}{\text{전기 생산성 지수}} = \text{당기산출량} \times \frac{\text{전기 투입량}}{\text{전기 산출량}}$$

2) 당기 직접재료원가와 직접노무원가의 생산성중립수량

	당기
직접재료원가	$250\text{개} \times \frac{1{,}200\text{kg}}{240\text{개}} = 1{,}250\text{kg}$
직접노무원가	$250\text{개} \times \frac{60\text{시간}}{240\text{개}} = 62.5\text{시간}$

[물음 4] 이익연계생산성

생산성중립원가(productivity-neutral cost)는 각각의 생산성중립수량에 각 투입요소별 단위당 실제원가를 곱하면 된다. 이렇게 구한 생산성중립원가에서 당기원가를 차감하면 생산성이 이익에 미치는 효과인 이익연계생산성을 구할 수 있다.

	전기(생산성중립원가)	당기(실제원가)
직접재료원가	$250\text{개} \times \frac{1{,}200\text{kg}}{240\text{개}} \times ₩4$ $= 1{,}250\text{kg} \times ₩4 = ₩5{,}000$	$1{,}300\text{kg} \times ₩4 = ₩5{,}200$
직접노무원가	$250\text{개} \times \frac{60\text{시간}}{240\text{개}} \times ₩13$ $= 62.5\text{시간} \times ₩13 = ₩812.5$	$50\text{시간} \times ₩13 = ₩650$
	₩5,812.5	₩5,850

이익연계생산성 ₩37.5(불리)

위의 분석에 의하면 생산방식의 변화는 기업에 불리한 영향을 미쳤다는 것을 알 수 있다. 즉, 생산성 변화로 인한 원가의 증가로 이익이 ₩37.5 만큼 감소한 것이다.

이러한 이익연계생산성 효과는 각각의 투입요소별로 나눌 수도 있다. 재료생산성 하락은 ₩200의 이익감소를 가져온 반면에 노동생산성의 증가는 ₩162.5의 이익증가를 가져왔다. 이처럼 이익연계생산성은 부분생산성 효과뿐만 아니라 총생산성 효과도 나타내는데, 총이익연계생산성 수치는 투입요소별 이익연계생산성 수치의 합이다.

(3) 영업이익의 전략적 분석

전략의 성공여부를 파악하기 위해서는 전기와 당기의 영업이익에 대한 차이를 분석해야 한다. 이러한 분석을 위해서 영업이익의 변화를 판매량의 변화 효과(성장요소), 판매가격 및 투입원가의 변화 효과(가격회복요소), 그리고 생산성(생산성요소) 등 세 가지 요소로 구분한다.

앞에서 언급한 영업이익의 변화요인을 다음과 같이 나타낼 수 있는데, 생산성에 대해서는 앞의 예제 3에서 설명하였기 때문에 여기서는 성장요소와 가격회복요소에 대해서만 살펴보기로 한다.

영업이익의 변화 =	판매량의 변화	+	판매가격 및 투입원가의 변화	+	생산성의 변화
	(성장요소)		(가격회복요소)		(생산성요소)

1) 성장요소

성장요소(growth factor)는 판매량이 변화함에 따라 수익과 비용이 변화하고, 이로 인한 영업이익의 변화를 측정하는 것이다. 성장요소가 영업이익에 미치는 순효과는 수익과 비용이 결합된 성장효과이며, 시장규모차이와 시장점유율차이의 합과 같다.

① 성장요소의 수익효과

판매량이 변화하면 총수익이 변화하게 된다. 따라서 성장요소의 수익효과는 판매량의 총수익에 미치는 영향을 측정하는 것이며, 이는 단위당 판매가격이 일정하다고 가정 시 다음과 같다.

성장요소의 수익효과 = (당기판매량 − 전기판매량) × 전기 단위당판매가격

예제 3의 경우 성장요소의 수익효과를 계산하면 다음과 같다.

성장요소의 수익효과 = (250개 − 240개) × ₩30 = ₩300 (유리)

위의 분석은 전기의 자료를 벤치마크로 사용하여 판매량이 전기의 240,000개에서 당기의 250,000개로 증가했을 때 총수익의 변화를 계산한 것이다. 단위당 판매가격이 일정하므로 ₩300(유리)은 오직 판매량의 증가에 기인한 것이다.

② 성장요소의 비용효과

판매량의 변화는 회사의 영업비용에도 영향을 미친다. 성장의 비용효과는 투입요소의 단위당 원가와 생산성이 일정하다고 가정하고, 판매량의 변화로 인한 영업비용의 변화를 측정하는 것이다. 성장요소의 비용효과는 투입요소별로 다음과 같이 계산한다.

> 성장요소의 비용효과 = (전기투입량 − 생산성중립수량) × 전기 단위당 원가

위의 식은 투입−산출 관계(생산성)가 전기의 수준으로 유지될 경우에 변화된 산출량을 생산하는데 필요한 투입량의 변화를 의미한다.

성장의 비용효과는 변동원가요소에만 적용되고, 고정원가요소는 변화된 산출량이 공장 또는 설비 추가와 같은 상이한 수준에서 운영될 필요가 있을 경우에만 적용되며 일반적인 경우에는 그 차이금액이 나타나지 않는다.

예제 3의 경우 투입요소별 성장요소의 비용효과를 계산하면 다음과 같다.

재료의 비용효과 = (1,200kg − 1,250kg) × ₩3 = (₩150) (불리)

노동의 비용효과 = (60시간 − 62.5시간) × ₩15 = (₩37.5) (불리)

따라서 예제 3의 경우 성장요소로 인한 영업이익의 순효과는 다음과 같다.

성장요소의 수익효과		₩300.0 (유리)
성장요소의 비용효과		
직접재료원가	₩150.0 (불리)	
직접노무원가	37.5 (불리)	187.5 (불리)
성장요소로 인한 영업이익 증감액		₩112.5 (유리)

2) 가격회복요소

가격회복요소(price-recovery factor)는 제품의 판매가격과 투입원가의 변화로 인한 영업이익의 변화를 측정하는 것이다.

성장요소와 마찬가지로 가격회복요소는 수익효과와 비용효과로 구분할 수 있다.

① 가격회복요소의 수익효과

제품의 판매가격 변화가 총수익에 미치는 영향을 측정하는 것이며, 제품의 판매가격이 일정할 경우에는 발생하지 않는다.

> 가격회복요소의 수익효과 = (당기의 단위당 판매가격 − 전기의 단위당 판매가격) × 당기 판매량

예제 3의 경우 가격회복의 수익효과를 계산하면 다음과 같다.

가격회복의 수익효과 = (₩32 − ₩30) × 250 = ₩500 (유리)

② 가격회복요소의 비용효과

제품생산에 사용되는 투입요소의 단가 변화가 영업비용에 미치는 영향을 측정하는 것이다. 가격회복요소의 비용효과를 측정하기 위해서는 전기의 생산성 수준에서 당기의 산출량을 생산하기 위해서 사용되었을 투입량 즉, 생산성중립수량을 파악해야 한다. 따라서 가격회복요소의 비용효과는 생산성중립수량을 적용하여 투입요소별로 다음과 같이 계산한다.

> 가격회복요소의 비용효과 = (전기 단위당원가 − 당기 단위당원가) × 생산성중립수량

예제 3의 경우 가격회복요소의 비용효과를 투입요소별로 계산하면 다음과 같다.

재료의 비용효과 = (₩3 − ₩4) × 1,250kg = ₩(1,250) (불리)

노동의 비용효과 = (₩15 − ₩13) × 62.5시간 = ₩125 (유리)

따라서 예제 3의 경우 가격회복요소로 인한 영업이익의 순효과는 다음과 같다.

가격회복요소의 수익효과		₩500 (유리)
가격회복요소의 비용효과		
직접재료원가	₩1,250 (불리)	
직접노무원가	125 (유리)	1,125 (불리)
가격회복요소로 인한 영업이익 증감액		₩625 (불리)

예제 3의 분석내용을 총정리하면 다음과 같다.

	전기	당기	차이	
수　　익	₩7,200	₩8,000	₩800	(유리)
투입원가	4,500	5,850	(1,350)	(불리)
이　　익	₩2,700	₩2,150	₩(550)	(불리)

위의 영업이익의 변화를 성장요소, 가격회복요소와 생산성요소로 나누면 다음과 같다.

1. 성장요소로 인한 영업이익 증감액	₩112.5	(유리)
2. 가격회복요소로 인한 영업이익 증감액	(625.0)	(불리)
3. 생산성요소로 인한 영업이익 증감액(이익연계생산성)	(37.5)	(불리)
이익 증감액	₩(550.0)	(불리)

(주)서울이 차별화전략을 수립하였으며, 차별화전략을 수행하여 판매량이 6개 증가하였다면 6개만 차별화전략에 따른 시장점유율 증가와 관련된 것 이고 10개 중 나머지 판매량 4개의 증가는 시장규모의 증가와 관련될 것이다. 이러한 경우 영업이익의 변화는 다음과 같이 측정된다.

1. 시장규모효과		
성장요소로 인한 영업이익 증가액 : ₩112.5 × 0.4	₩45.0	(유리)
(시장규모차이)		
2. 차별화효과		
성장요소로 인한 영업이익 증가액 : ₩112.5 × 0.6	67.5	(유리)
(시장점유율차이)		
가격회복요소로 인한 영업이익 감소액	(625.0)	(불리)
3. 원가우위효과		
생산성요소로 인한 영업이익 감소액(이익연계생산성)	(37.5)	(불리)
4. 이익증감액	₩(550.0)	(불리)

(주)서울은 차별화전략을 수립하여 실행하였지만 영업이익은 감소하였다. 위의 영업이익 변화를 분석하면 다음과 같다.

1. 시장규모효과 : 기업의 전략실행과 관련 없는 시장규모가 커져 이익이 증가하였다.
2. 차별화효과 : 차별화전략과 관련된 차별화효과는 손실인데, 차별화를 위해 보다 높은 직접재료원가가 투입되었지만 판매가격이 이를 충분히 보상 받지 못하였으므로 (주)서울의 차별화전략은 성공하지 못하였다.

3. 원가우위효과 : 전기에 비해 당기의 생산성이 감소되어 손실이 발생되었다. 원가우위효과는 원가우위전략인 기업을 평가하는 경우에 유용한 자료가 된다.

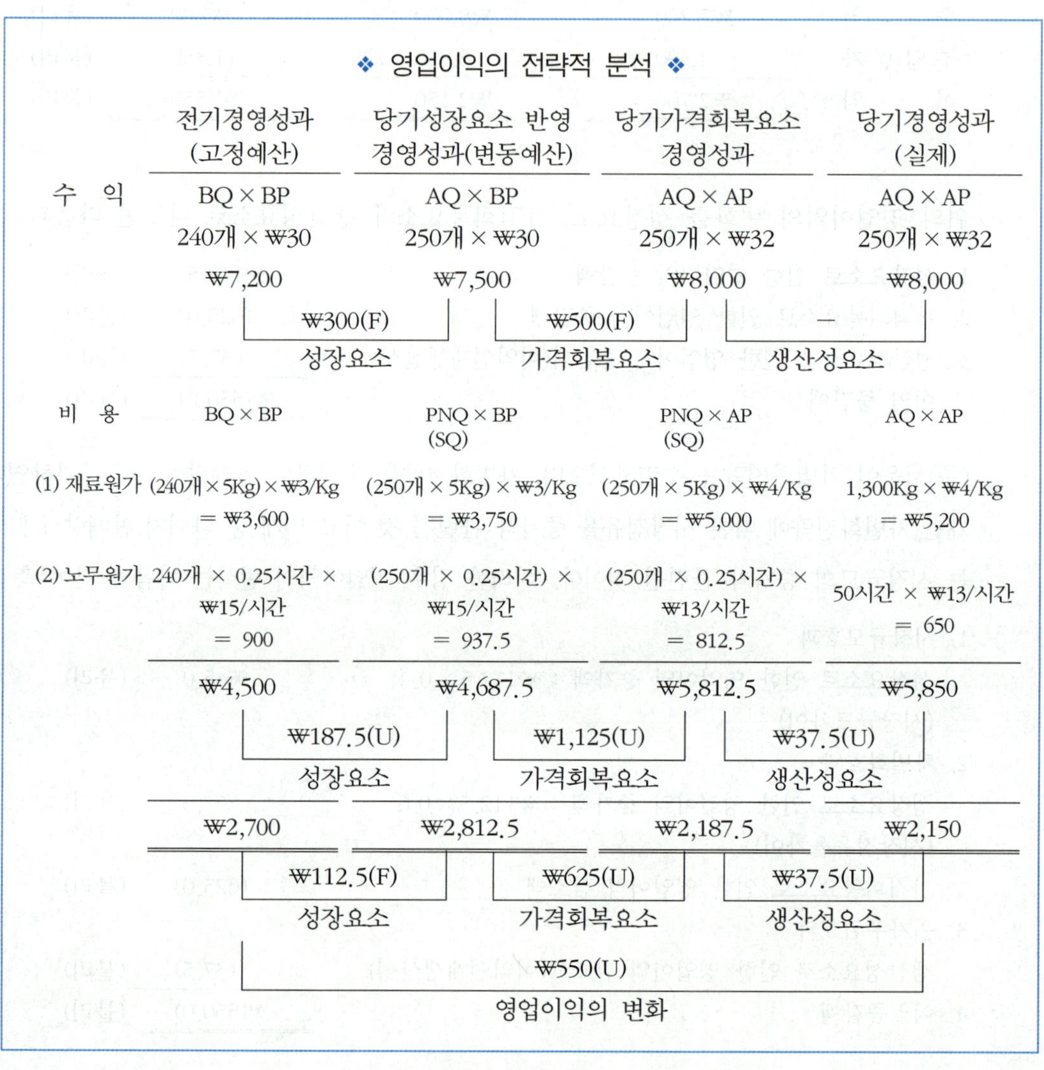

❖ 영업이익의 전략적 분석 ❖

	전기경영성과 (고정예산)	당기성장요소 반영 경영성과(변동예산)	당기가격회복요소 경영성과	당기경영성과 (실제)
수 익	BQ × BP	AQ × BP	AQ × AP	AQ × AP
	240개 × ₩30	250개 × ₩30	250개 × ₩32	250개 × ₩32
	₩7,200	₩7,500	₩8,000	₩8,000
	성장요소 ₩300(F)	가격회복요소 ₩500(F)	생산성요소 –	
비 용	BQ × BP	PNQ × BP (SQ)	PNQ × AP (SQ)	AQ × AP
(1) 재료원가	(240개 × 5Kg) × ₩3/Kg = ₩3,600	(250개 × 5Kg) × ₩3/Kg = ₩3,750	(250개 × 5Kg) × ₩4/Kg = ₩5,000	1,300Kg × ₩4/Kg = ₩5,200
(2) 노무원가	240개 × 0.25시간 × ₩15/시간 = 900	(250개 × 0.25시간) × ₩15/시간 = 937.5	(250개 × 0.25시간) × ₩13/시간 = 812.5	50시간 × ₩13/시간 = 650
	₩4,500	₩4,687.5	₩5,812.5	₩5,850
	성장요소 ₩187.5(U)	가격회복요소 ₩1,125(U)	생산성요소 ₩37.5(U)	
	₩2,700	₩2,812.5	₩2,187.5	₩2,150
	성장요소 ₩112.5(F)	가격회복요소 ₩625(U)	생산성요소 ₩37.5(U)	
	영업이익의 변화 ₩550(U)			

COST&MANAGEMENT ACCOUNTING

객관식 연습문제

01 다음 중 다양한 원가계산방법에 대한 설명으로 올바른 것은?

① 목표원가계산(Target Costing)은 표준원가계산과 동일하게 제조단계의 원가절감을 강조한다.

② 카이젠원가계산(Kaizen Costing)은 점진적이고 지속적인 원가절감보다는 내부프로세스의 혁신적인 변화를 추구한다.

③ 가치사슬원가계산(Supply Chain Costing)은 생산 전 활동과 관련된 원가와 생산 후 활동과 관련된 원가를 구분할 수 있다.

④ 활동기준원가계산(Activity Based Costing)은 비부가가치원가를 계산할 수 없다.

⑤ 제품수명주기원가계산(Life Cycle Costing)은 장기적 의사결정보다는 단기적 의사결정에 더욱 유용하다.

02 원가관리기법과 관련한 새로운 접근방법들에 대한 설명으로써 옳은 것은?

① 카이젠원가계산은 제품제조이전단계에서의 지속적인 원가절감에 초점을 둔다.

② 목표원가계산 기법은 기존의 표준원가계산과 마찬가지로 제품제조단계에서의 원가절감을 강조한다.

③ 제품수명주기원가계산은 제품제조단계에서의 원가절감을 강조한다.

④ 가치사슬원가계산에 있어서 제품생산 이전에 발생된 활동과 관련된 원가는 물론 제품생산 이후에 발생된 활동과 관련된 원가도 분석한다.

⑤ 품질원가분석에 있어서 제품보증수리비용은 내부실패원가에 해당한다.

03 다음은 최신 관리회계 기법에 관해 설명한 것이다. 이중에서 적절하지 않은 표현은 어떤 것인가?

① 목표원가계산(Target Costing)은 제품의 수명주기 중에서 연구개발 및 설계 단계에 초점을 맞추는 원가관리 기법이다.

② 제약자원이론(Theory of Constraint)에서는 직접재료원가만을 진정한 변동원가로 본다.

③ 카이젠원가계산(Kaizen Costing)은 제조단계에서의 원가절감에 초점을 맞추고 있다.

④ 품질원가계산(Quality Costing)에서 낭비, 재가공, 폐품원가 등은 외부실패원가에 해당한다.

⑤ 균형성과표(Balanced Scorecard)는 조직의 전략과 성과평가시스템을 연계시키는 것이 강조된다.

04 다음 중 균형성과표(BSC)에 대한 설명으로 옳지 않은 것은?

① 비영리단체에서도 재무적 관점, 고객관점, 내부프로세스관점, 학습과 성장관점을 사용할 수 있다.

② 전략과 연계된 주요평가지표(KPI)를 사용한다.

③ 관점 사이의 인과관계를 전략체계도(strategy map)로 나타낸다.

④ 미국에서 시작된 기법이다.

⑤ 균형성과표는 전략의 구체화와 의사소통보다 성과보상에 초점이 맞추어진 제도이다.

05 균형잡힌 성과기록표(Balanced Scorecard)에 대한 설명 중 옳지 않은 것은?

① 재무적 관점, 고객의 관점, 내부프로세스 관점, 학습과 성장의 관점에서 성과를 측정한다.

② Kaplan과 Norton에 의해 개발된 개념이다.

③ 조직의 전략과 성과평가시스템을 연계하는 점이 강조된다.

④ 재무적 관점은 경제적 부가가치(EVA), 고객 관점은 시장점유율, 내부프로세스 관점은 수율(yield rate)로 측정할 수 있다.

⑤ 균형잡힌 성과기록표의 장점은 계량화된 객관적인 측정치만을 사용하는 것이다.

06 균형성과표(제도)에 관련된 설명으로 가장 옳지 않은 것은?

① 균형성과표는 기업의 가치를 향상시키기 위해 전통적인 재무적지표 이외에 다양한 관점의 성과지표가 측정되어야 한다는 것을 강조하고 있다.

② 고객의 관점은 고객만족에 대한 성과를 측정하는데 고객만족도 조사, 고객확보율, 고객유지율, 반복구매정도 등의 지표가 사용된다.

③ 내부프로세스의 관점은 원가를 낮은 수준에서 유지하여 제품을 저렴한 가격으로 고객에게 제공할 수 있도록 기업내부의 업무가 효율적으로 수행되는 정도를 의미하는데 불량률, 작업폐물, 재작업률, 수율, 납기, 생산처리시간 등의 지표가 사용된다.

④ 학습과 성장의 관점은 기존의 프로세스와 제품에 만족하지 않고 기술 및 제품의 혁신적인 발전을 추구하는 정도를 의미하는데 종업원만족도, 전략적 직무충족도 등의 지표가 이용된다.

⑤ 재무적 성과는 수익을 제공하는 고객으로부터 달성될 수 있으므로 고객관점지표가 재무적 지표의 동인이 될 수 있으나, 내부프로세스의 효율성 향상과 재무적 성과에 따라 학습과 성장의 지표가 달성되므로 결국 학습과 성장의 지표가 최종적인 결과물이 된다.

07 균형성과표(BSC)에 관한 설명으로 옳지 않은 것은?

① 조직구성원들이 조직의 전략을 이해하여 달성하도록 만들기 위해, 균형성과표에서는 전략과 정렬된 핵심성과지표(Key Performance Indicators)를 설정한다.

② 전략 달성에 초점을 맞춘 조직을 구성하여, 조직구성원들이 전략을 달성하는데 동참할 수 있도록 유도한다.

③ 조직의 사명과 비전에 근거하여 다양한 관점에서 전략을 도출한 후, 도출된 전략의 인과관계를 도식화한다.

④ 균형성과표에서 전략에 근거하여 도출한 재무적 성과측정치는 비재무적 성과측정치의 선행지표가 된다.

⑤ 조직구성원들은 전략 달성을 위한 의사소통 수단으로 핵심성과지표를 사용한다.

08 성과평가와 관련된 다음 설명 중 옳지 않은 것은?

① 경제적부가가치(EVA)를 계산할 때 연구개발비 자산화는 경제적부가가치를 감소시킬 수 있다.

② 균형성과표(BSC)는 내부관점(내부프로세스 관점, 학습과 성장 관점)과 외부관점(재무적 관점, 고객 관점)간의 균형을 추구한다.

③ 기업의 균형성과표(BSC)에서 내부프로세스 관점의 성과지표는 학습과 성장 관점의 성과지표에 대해 선행지표인 것이 일반적이다.

④ 총자산회전율이 커져도 매출이익률이 작아지면 총자산이익률은 작아질 수 있다.

⑤ 원가중심점(원가책임단위), 수익중심점(수익책임단위) 등의 분류는 통제가능성의 원칙이 적용된 것이다.

09 균형성과표(Balanced Scorecard : BSC)에 대한 내용 중 옳지 않은 것은?

① 전사적인 BSC는 하부조직의 BSC를 먼저 수립한 후 하의상달식으로 구축한다.

② BSC에서 관점의 수와 명칭은 조직별로 다를 수 있다.

③ BSC는 대학교나 정부기관과 같은 비영리조직에도 적용된다.

④ 성과지표는 조직의 비전과 전략에 연계되어 선정되어야 한다.

⑤ 전략체계도는 관점 간의 인과관계를 보여준다.

해답 해설

01	02	03	04	05	06	07	08	09	
③	④	④	⑤	⑤	⑤	④	③	①	

01 정답 ③

① 목표원가계산(Target Costing)은 제품의 설계단계에서 원가절감을 강조한다.

② 카이젠원가계산(Kaizen Costing)은 점진적이고 지속적인 원가절감을 추구한다.

④ 활동기준원가계산(Activity Based Costing)은 비부가가치원가를 계산할 수 있다.

⑤ 제품수명주기원가계산(Life Cycle Costing)은 장기적인 의사결정에 더욱 유용하다.

02 정답 ④

① 카이젠원가계산은 제품제조단계에서의 지속적인 원가절감에 초점을 둔다.

② 목표원가계산 기법은 기존의 표준원가계산과 달리 제품제조이전단계에서의 원가절감을 강조한다.

③ 제품수명주기원가계산은 제품수명주기 전과정에서의 원가절감을 강조한다.

⑤ 품질원가분석에 있어서 제품보증수리비용은 외부실패원가에 해당한다.

03 정답 ④

낭비, 재가공, 폐품원가 등은 내부실패원가에 해당한다.

04 정답 ⑤

균형성과표는 전략을 구체화하고 의사소통에 초점을 맞추는 제도이다.

05 정답 ⑤

BSC의 장점은 계량화된 객관적인 측정치뿐 아니라 비재무적 측정치를 함께 사용한다는 것이다.

※ 종업원의 만족도와 고객의 만족도는 측정은 비재무적인 측정치이다.

06 정답 ⑤

학습과 성장의 지표는 내부프로세스 관점, 고객 관점 및 재무적 관점의 성과지표에 영향을 미치는 선행지표가 된다.

07 정답 ④

④ 균형성과표는 학습 및 성장을 통하여 조직의 내부프로세스를 개선하고 이러한 개선으로 고객이 만족하게 되면 최종적으로 재무성과가 개선된다고 본다. 그러므로 비재무적 성과측정치가 재무적 성과측정치의 선행지표가 된다. 예를 들어 측정지표 중 종업원의 만족도가 증가하면 생산성 지표가 개선되고 불량률이 감소되어 고객만족도가 증가되므로 최종적으로 재무적지표들이 개선될 것이다.

08 정답 ③

내부프로세스 관점의 성과지표는 학습과 성장 관점의 성과지표에 대한 후행지표이다.

09 정답 ①

① BSC는 기업의 비전과 전략을 구체화하므로 상부조직의 BSC를 먼저 수립한 후 상의하달식으로 구축된다.

COST&MANAGEMENT ACCOUNTING

주관식 연습문제

01 균형성과표 (BSC)

균형성과표(balanced scorecard)란 새로운 성과평가시스템으로서 기업 내의 비전과 전략을 구체화하고 모든 역량을 집중하여 실행할 수 있도록 동기부여하는 평가측정치가 필요하다는 인식 하에서 개발되었다. 균형성과표는 성과에 대한 네 가지 관점인 재무적 관점, 고객 관점, 내부프로세스 관점, 학습과 성장 관점을 강조한다. 네 가지 관점은 달성해야 하는 다양한 전략적 목적과 이를 측정하는 다양한 측정지표로 구성되어 있다.

[물음 1] 다음은 관점별 전략적 목적과 성과측정치를 나타내고 있다.

전략적 목적	성과측정치
Ⓐ 주주의 가치를 증가시킨다.	① 공손율
Ⓑ 새로운 고객을 증가시킨다.	② 투자수익률(ROI)
Ⓒ 종업원의 기술을 제고한다.	③ 실시간 피드백을 가진 공정비율
Ⓓ 신제품 수를 증가시킨다.	④ 종업원당 평균 훈련시간
Ⓔ 자산 활용을 개선한다.	⑤ 고객유지율
Ⓕ 고객을 유지한다.	⑥ 주당순이익
Ⓖ 제조품질을 향상시킨다.	⑦ 신규고객 증가율
Ⓗ 정보시스템 능력을 증가시킨다.	⑧ R&D비용

균형성과표의 네 가지 관점별로 가장 관련된 전략적 목적을 선택하고, 각 전략적 목적에 대해 가장 적합한 성과측정치를 리스트에서 선택하여 다음 [답안양식]에 맞게 작성하시오.

[답안양식]

구 분	전략적 목적	성과측정치
(1) 재무적 관점	*[예시] : Ⓐ*	*[예시] : ⑥*
(2) 고객 관점		
(3) 내부프로세스 관점		
(4) 학습과 성장 관점		

[물음 2] (주)대한은 다음과 같이 측정지표들간의 계량화된 관계를 지니는 부분적인 균형성과표를 개발하였다.

① 종업원당 평균 훈련시간을 100시간 증가시키면 공손율이 0.5% 포인트 감소할 것이며, 평균 생산소요시간이 1시간 감소할 것이다. 종업원당 평균 훈련시간을 1시간 증가시키는데 ₩300의 원가가 소요된다.

② 공손율이 0.1% 포인트 감소할 때마다 비례적으로 평균 생산소요시간은 0.2시간이 감소할 것이고, 고객유지율은 0.5% 포인트가 증가할 것이다.

③ 평균 생산소요시간이 1시간 감소할 때마다 비례적으로 고객유지율은 1% 포인트가 증가할 것이다.

④ 고객유지율이 1% 포인트 증가하면, 그에 비례하여 매출총이익률이 0.8% 포인트 증가할 것이다.

(주)대한의 전기 매출액이 ₩1,000,000일 경우, 당기에 100시간의 종업원 평균 훈련시간 증가에 따른 매출총이익 증가분을 계산하시오. (단, 종업원 훈련비용은 매출원가에 포함한다.)

해답

[물음 1] 관점별 전략적 목적과 측정지표

구 분	전략적 목적	성과측정치
(1) 재무적 관점	Ⓐ 주주의 가치를 증가시킨다.	⑥ 주당순이익
	Ⓔ 자산 활용을 개선한다.	② 투자수익률(ROI)
(2) 고객 관점	Ⓑ 새로운 고객을 증가시킨다.	⑦ 신규고객 증가율
	Ⓕ 고객을 유지한다.	⑤ 고객유지율
(3) 내부프로세스 관점	Ⓖ 제조품질을 향상시킨다.	① 공손율
	Ⓓ 신제품 수를 증가시킨다.	⑧ R&D비용
(4) 학습과 성장 관점	Ⓗ 정보시스템 능력을 증가시킨다.	③ 실시간 피드백을 가진 공정비율
	Ⓒ 종업원의 기술을 제고한다.	④ 종업원당 평균 훈련시간

[물음 2] 재무성과 측정

(1) 측정지표들의 후행지표로의 연결

	① 종업원 훈련시간	② 공손율	③ 생산소요시간	④ 고객유지율
종업원 훈련시간	(100시간 ↑)	0.5%p ↓	1시간 ↓	
공손율		(0.5%p ↓)	1시간 ↓	2.5%p ↑
생산소요시간			(2시간 ↓)	2.0%p ↑
				4.5%p ↑

∴ 매출총이익 증가율 : 4.5% × 0.8 = 3.6%

(2) 재무적 성과 측정

(−) 종업원 훈련비용	: 100시간 × ₩300	=	₩(30,000)
(+) 매출총이익 증가	: ₩1,000,000 × 3.6%	=	36,000
증분손익	:		₩6,000

홍상연

경희대학교 경제학과 졸업
한국공인회계사

전 삼정KPMG 회계법인
위너스경영아카데미 강사

현 나무경영아카데미 강사

주요저서

원가관리회계(샘앤북스)
객관식 외부감사법과 공인회계사법(샘앤북스)
원가관리회계 : 세무사 1차 객관식 문제집(상경사)
원가관리회계 : 회계사 1차 객관식 문제집(상경사)
원가관리회계 : 세무사 2차 주관식 연습서(상경사)
원가관리회계 : 회계사 2차 주관식 연습서(상경사)
원가관리회계 : 세무사 1차 대비 모의고사집(상경사)
원가관리회계 : 세무사 2차 대비 모의고사집(상경사)
원가관리회계 : 회계사 2차 대비 모의고사집(상경사)
원가관리회계 : 회계사 2차 기출문제집(상경사)
원가관리회계 1.5 Dongchable(상경사)
세무사 2차 원가관리회계 주제별 기출문제집(세경사)
구해줘! 원가(세경사)
회계감사 요약집(탐진)
회계감사 기출실록(상경사)
회계감사 모의고사집(상경사)
CPA 단기에 합격하기(북랩)

|7th Edition|

원가관리회계

발 행 일 | 2009. 4. 30. 1판 발행
2011. 8. 19. 2판 발행
2014. 1. 18. 3판 발행
2017. 1. 20. 4판 발행
2021. 5. 3. 5판 발행
2024. 1. 5. 6판 발행
2026. 1. 5. 7판 1쇄 발행

저자와의 협의하에 인지를 생략합니다.

저 자 | 홍 상 연
발 행 인 | 이 낙 규
발 행 처 | 주식회사 샘앤북스
등록번호 | 신고 제 2013-000086 호
주 소 | 서울특별시 영등포구 양평로22길 21, 선유도코오롱디지털타워 310호
전 화 | 02-323-6763 **팩 스** | 02-323-6764
이 메 일 | wisdom6763@hanmail.net

편집 및 디자인 홍수기 · 김용재 · 김은서 | **도서관리** 김보영

정가 44,000원

ISBN 979-11-5626-583-2 93320

샘앤북스